21世纪中国高校法学
系列教材

民法实训教程

主　编　房绍坤

副主编　于大水　石春玲　张迎秀　范李瑛

撰稿人（以姓氏笔画为序）

于大水　王洪平　石春玲　申静梅

刘　鎏　吴万军　张玉东　张迎秀

李珂丽　范李瑛　赵延波　管洪彦

中国人民大学出版社

·北京·

前　言

法学是一门理论科学，更是一门实践科学。民法体系庞大，内容广博，要真正领会掌握民法的精神、理论和制度，并非纯粹的理论训练所能胜任，尚须将理论付诸实践，来往穿梭于理论与实践之间，唯此方能收学习的事半功倍之效。中国的民法学和民法制度主要脱胎于大陆法系，民法教学方法当然也难脱其窠臼，“讲光抄”、“背多分”的传统教学方式在现今民法教学中仍居主导地位。这一传统教学方法长于理论训练，却绌于实践技能的培养，与法学和法律的实践性大相径庭，确有适时改进的必要。为改变“重理论、轻实践”的教学局面，我们组织了部分高校富有实践经验的民法教师编写了《民法实训教程》一书。

本教程的内容架构以最高人民法院最新发布的《民事案件案由规定》为依据。以“案由”为线索勾连民法学理论和实践不失为有效一途，因为案由反映了案件所涉民事法律关系的性质，是对争讼民事法律关系的高度概括，而编制民事案件案由的主要法律依据又是《民法通则》、《物权法》、《合同法》、《侵权责任法》、《民事诉讼法》等最核心的民事实体法和民事程序法，因而以《民事案件案由规定》为依据编写《民法实训教程》是有其合理性和必要性的。《民事案件案由规定》将第一级案由分为十大类，分别是：人格权纠纷；婚姻家庭、继承纠纷；物权纠纷；合同、无因管理、不当得利纠纷；知识产权与竞争纠纷；劳动争议、人事争议；海事海商纠纷；与公司、证券、保险、票据等有关的民事纠纷；侵权责任纠纷；适用特殊程序案件案由。这一分类遵循的显然是“大民法”的思路，但考虑到民法与商法的关系、实体法与程序法的关系、课程体系与教学实践的需要以及教材的篇幅体量等因素，本教程以人格权纠纷、合同纠纷（含无因管理和不当得利纠纷）、侵权责任纠纷、物权纠纷、婚姻家庭纠纷、继承纠纷作为分析对象，选取100个典型案由和案例。在编写体例上，本教程未设篇章，不追求体系的完整性，也未将部分与整体、部分与部分之间的逻辑关联作为考虑的重点，这主要是由本教程的“实训”性质决定的。

在微观层次上，本教程每个案由和案例的编写包括三大部分：一是“司法案例”，二是“案由与焦点”，三是“评注与问题”。“司法案例”部分，在基本不改变原判内容的基础上进行编写，根据个案需要，分别拆分为“基本案情”、“一审诉辩主张”、“一审判决”、“二审诉辩主张”、“二审判决”等部分。“案由与焦点”部分，分别注明了所选案例的一级案由、二级案由、三级案由、四级案由（若有四级案由的话），并就案例所涉焦点性的法律问题和事实问题作了高度概括。“评注与问题”部分，针对所选案例的主要事实和法律问题，选择重要之点进行评析，并根据所评注的内容有针对性地提出问题或者提出延伸性的问题，以启迪学生的思维和深化对问题的认识。若说本教程有不同于中国传统案例教材的地方，则主要体现为“评注与问题”部分。该部分内容体现了“英美法特色”，是对英美法系案例教程中“Notes and Questions”部分的借鉴。在“评注与问题”部分，我们没有面面俱到地撰写基本理论，也没有面面俱到地分析相关的全部法律规定，而只是论及相关理论、制度和问题的重要之“点”，于“面”的问题未予顾及。

本教程由房绍坤担任主编，于大水、石春玲、张迎秀、范李瑛担任副主编，王洪平、刘鎏、申静梅、吴万军、李珂丽、张玉东、赵延波、管洪彦参加了编写工作。初稿完成后，先由分册的副主编作初步统稿，最后由主编统稿、定稿，王洪平博士协助主编完成统稿、定稿工作。

由于水平有限，编写经验不足，本教程无论是定位、体系架构还是案例选取、内容编写等方面，肯定存在诸多的不足甚至缺陷，尚祈同行教师和同学在使用中不吝赐教。

房绍坤

2012 年 4 月 30 日

目　　录

第一部分　人格权纠纷

第二部分　合同纠纷、无因管理纠纷、不当得利纠纷

第三部分 侵权责任纠纷

第四部分 物权纠纷

第五部分 婚姻家庭纠纷

第六部分 继承纠纷

第一部分

人格权纠纷

1. 生命权纠纷

司法案例

康继武诉谭静等案

重庆市云阳县人民法院（2010）云法民初字第1936号

基本案情

原告：康继武。

委托代理人：王朝惠、高传亮。

被告：谭静。

被告：云阳县泥溪乡人民政府。

法定代表人：阳恒，乡长。

委托代理人：李钦白、彭祖权。

被告：云阳县旅游局。

法定代表人：何红宇，局长。

委托代理人：蔡德慧。

被告：云阳县河龙电力开发有限公司。

法定代表人：彭锡明，董事长。

委托代理人：陈中明。

原告康继武与被告谭静等人身损害赔偿纠纷一案，重庆市九龙坡区人民法院于2010年7月26日移送我院审理。本院受理后，根据原告的申请，通知云阳县泥溪乡人民政府、云阳县旅游局、云阳县河龙电力开发有限公司作为本案被告参加诉讼。本院依法组成合议庭，由审判员汪军担任审判长，与人民陪审员蒲东梅、赵容组成合议庭，共同负责对案件进行审判，适用普通程序并于2010年9月17日、11月9日公开开庭进行了审理。原告康继武及其委托代理人高传亮、王朝惠到庭参加了诉讼。被告云阳县泥溪乡人民政府的委托代理人李钦白、被告云阳县旅游局的委托代理人蔡德慧、被告云阳县河龙电力开发有限公司的法定代表人彭锡明及委托代理人陈中明到庭参加了诉讼。被告谭静经本院传票传唤，未到庭参加诉讼，本院依法缺席进行了审理。本案现已审理终结。

2009年7月，被告谭静的近亲属谭超在网上发布了组织到潭獐峡旅游的信息。重庆、万州等地的35名人员自愿参与本次活动。2009年7月10日晚，35人来到重庆市万州区长滩镇一个废弃的度假村露营，次日中午来到位于万州区梨树乡的龙头村一组，由周太平带领该团人员从龙头村老湾出发，到达潭獐峡落子地河坝，未经任何人许可进入潭獐峡，向云阳方向进行漂流，在云阳县龙窟峡境内遭遇洪水，致包括谭超在内的19人死亡。

诉辩主张

原告诉称：2009年7月11日，包括原告亲属在内的35名旅游人员在原重庆行健户外运动店店主谭超的组织下，前往重庆市云阳县龙窟峡景区游玩，在游玩期间，遭遇洪水，导致19人死亡。原告方认为，谭超作为一位经常组织户外运动的组织者，应当对该次活动的危险性具有前瞻意识，尤其应当意识到雨天在山洪易发地带组织旅游活动的危险性，同时应当就各类突发危险采取充分的安全保障措施，然而谭超却不顾旅游人员的一再提醒，未做充分准备即前往龙窟峡旅游，导致19人遇难，其应当承担相应的责任。由于谭超本人在此次事故中遇难，其遗产继承人谭静应当在继承遗产的范围内承担责任。

被告云阳县旅游局作为旅游业的主管部门，应当对景区旅游服务质量及旅游设施进行监督管理。然而，被告云阳县旅游局对龙窟峡风景区设施极度匮乏的现状视而不见，反而基于营利目的与被告云阳县河龙电力开发有限公司、云阳县泥溪乡人民政府共同对不具备开发条件的龙窟峡风景区进行经营性开放，并进行了政策性推广、宣传，故云阳县旅游局应当对本次事故承担一定的责任。

被告云阳县河龙电力开发有限公司、云阳县泥溪乡人民政府以营利为目的，在未建立安全管理制度，配备安全管理人员和必要的安全设备的情况下，违法开展旅游经营活动，其行为是导致该次事故的直接原因。

被告云阳县旅游局、云阳县河龙电力开发有限公司、云阳县泥溪乡人民政府盲目开发自然旅游资源，未履行法定的安全保障义务。根据《中华人民共和国民法通则》（以下简称《民法通则》）第106条和最高人民法院《关于审理人身损害赔偿案件适用法律若干问题的解释》（以下简称《人身损害赔偿解释》）第6条的规定，三被告应当承担相应的赔偿责任。

综上所述，谭超、云阳县旅游局、云阳县河龙电力开发有限公司、云阳县泥溪乡人民政府的共同过错，导致本次事故的发生，故应当连带承担赔偿责任。鉴于谭超在本次事故中死亡，故请求法院判令谭超的继承人谭静在继承财产范围内与其余被告承担连带赔偿责任。具体诉讼请求为：死亡赔偿金287 360.00元、精神抚慰金50 000.00元、丧葬费13 492.50元、差旅费10 000.00元，并承担本案诉讼费。

原告举示的证据包括：户籍资料、死亡证明、云阳县人民政府2006年至2008年的政府工作报告、利川新闻网的新闻内容、《重庆日报》电子版2009年6月19日中的内容、北京旅游网2008年9月11日中证明龙窟峡已经对外开放的内容、云阳网2009年7月16日记载云阳县泥溪乡人民政府发布的关于火山峡景区漂流停业整改的紧急通知。证据还包括：新浪网中陈建华的博客内容、三峡传媒网2006年5月10日中的内容、新华网重庆频道2009年5月4日中的内容、云阳火山峡漂流的宣传资料、云阳网2009年6月10日的内容、云阳县人民政府公众信息网2009年6月2日中的内容、中国新闻图片网2009年4月27日内容、照片、《重庆日报》2009年6月19日第18/19版、公证书及光盘、中央电视台新闻30分栏目截图、中央电视台今日说法《峡谷惊魂》以及出庭证人杨玉姝、张黎明、唐玉莲的出庭证言。

被告谭静没有到庭，亦未提交书面答辩意见。

被告云阳县泥溪乡人民政府辩称：本次事故是遇难者等人自发组织的户外旅游和探险活动所致，其参与者不是从云阳县泥溪乡境内进入潭獐峡，而是从万州梨树乡境内进入没有开放的潭獐峡区域。没有开放的区域，就无景区经营和管理者；且本次活动的参与者没有在万州潭獐峡景区或者云阳县任何景区购买门票，没有建立旅游合同关系。本案的发生是不可抗力的自然灾害所致，云阳县泥溪乡人民政府不是本案的赔偿主体，不应当承担赔偿责任。

被告云阳县泥溪乡人民政府出示的证据包括：组织机构代码证，云阳县安全生产监督管理局询问吴凯、李某某、唐某某、陈某某、万某的笔录，新华社、中广网的报道，云阳县旅游局监制、重庆市勘测院编制的云阳旅游地图，云阳县人民政府上报重庆市政府的潭獐峡“7·11”山洪灾害处置情况报告，谭超在网上发布的帖子，中央电视台今日说法《峡谷惊魂》，照片两张，调查许安术（云阳县泥溪乡协和村支书）、何某某、卢某某的笔录，职工工资花名册。

被告云阳县旅游局辩称：云阳龙窟峡未作为旅游景区开放，云阳县旅游局不是云阳县龙窟峡场所及旅游管理的权利主体和义务主体。本次活动是参与者自发、自主、自由的个人行为。谭超带领参与者进入万州潭獐峡游玩，途中基于天气等原因，参与者与当地村民均提出不安全的意见，但其缺乏安全意识，遭遇洪水，导致19人遇难，与各级人民政府和云阳县旅游局无关，故请求驳回原告对云阳县旅游局的诉讼请求。

云阳县旅游局出示的证据为：发放潭獐峡“7·11”灾害抚慰金的登记表。

被告云阳县河龙电力开发有限公司辩称：本公司并没有开发经营潭獐峡，而是经营火山峡漂流，故不应当承担责任。

云阳县河龙电力开发有限公司出示的证据包括：与云阳县旅游局签订的火山峡电站漂流协议书、云阳县旅游局的证明。

重庆市云阳县人民法院审理查明：2009年7月，谭超在网上发布了组织到潭獐峡旅游的信息，重庆市、万州等地的35名人员自愿参与本次活动。2009年7月10日晚，35人来到万州区长滩镇一个废弃的度假村露营。次日中午来到位于万州区梨树乡的龙头村一组，由周太平带领该团人员从龙头村老湾出发，到达潭獐峡落子地河坝，未经任何人的许可进入潭獐峡向云阳方向进行漂流，在云阳县龙窟峡境内遭遇洪水，致19人死亡。另查明，云阳县南三峡自然风景区包括龙窟峡、火山峡、藏龙峡，被告云阳县河龙电力开发有限公司开发经营的系火山峡。

法院依照职权向云阳县公安局复制了询问栗某某、冉某某、陈某某、万某、郑某某、龙某某、曾某某、唐某某、杨某某、邓某、唐某、邹某某、张某、张某、吴凯、况某某的笔录、重庆市万州区公安局“7·11山洪灾害调查情况”。各当事人出示的证据均经庭审质证，来源合法，与本案有关联，本院予以采证，各证据之间能相互印证的上述事实，本院予以确认。

法院判决

法院经审理认为：谭超通过网络发布外出活动的消息，而后参与人自发参加，没有经过任何主管部门的批准，故此次活动的性质是自发组织的自助活动。在活动过程中遭遇洪水，导致19人死亡，系突发洪水所致。该团从潭獐峡非开发、非开放区域进入潭獐峡，没有经过任何人的允许，没有告知任何主管部门，属于擅自进入该区域，且遭遇洪水的云阳龙窟峡并没有进行营利性开放。综上所述，本案中35名参与者擅自进入未开发开放区域进行自助旅游，其应当对自身的安全等事宜承担相应的责任，故云阳县旅游局、云阳县泥溪乡人民政府不应当承担责任；原告提交的证据不足以证明被告云阳县河龙电力开发有限公司系云阳县龙窟峡的开发者、经营者，其不应当承担责任；原告提交的证据不足以证明被告谭静系谭超的遗产继承人，故谭静不应当承担责任。本案经本院审判委员会讨论决定，依照《人身损害赔偿解释》第6条、《中华人民共和国继承法》（以下简称《继承法》）第33条、《中华人民共和国民事诉讼法》

（以下简称《民事诉讼法》）第130条、最高人民法院《关于民事诉讼证据的若干规定》（以下简称《民事诉讼证据规定》）第2条规定，判决如下：

驳回原告康继武的诉讼请求。

案件受理费2 204.00元，由原告康继武负担。

案由与焦点

1. 案由

本案的一级案由为“人格权纠纷”，二级案由为“人格权纠纷”，三级案由为“生命权纠纷”。

人格权是民法保护的一类重要的人身权，因人格权受到侵害而引发的纠纷即为人格权纠纷。生命权是一类重要的人格权，生命权以人的生命存续利益为客体，因生命权受到侵害而引发的纠纷即为生命权纠纷。与生命权纠纷密切相关的两类纠纷是健康权纠纷和身体权纠纷。

2. 焦点

本案争议的焦点在于：自助旅游中的组织者或者发起人、旅游景点的上级主管部门以及当地人民政府，对游客在旅游过程中所受到的伤亡损失是否承担责任的问题。

评注与问题

1. 侵害生命权民事责任的构成要件

（1）有侵害生命权的过错行为。侵害生命权的行为，都是行为人基于自己的过错而产生的，主观上包括故意和过失两种状态。就行为表现形式而言，通常表现是作为的形式。至于以不作为侵害生命权，则需要行为人对于受害人有特定的救助义务，这种作为的义务可以来自于法律规定，也可以来自于合同约定，还可以来自于行为人先前的高风险行为。

（2）有造成死亡的法律后果。从民法角度，侵害生命权必须有死亡后果的发生，如果仅仅有生命丧失的危险，或者仅仅造成健康受损，都不能构成生命权侵权。生命权侵权发生后，除了死亡这一严重损害，还有医疗费、误工费、交通费、护理费等财产损失，以及死者近亲属的精神损害。生命权损害既有直接受害人即死者本人，也有间接受害人即死者的近亲属。

（3）行为人的过错行为与受害人的死亡事实有因果关系。以作为的行为侵害生命权比较容易认定，以不作为行为侵害生命权，其行为与结果的因果关系则比较复杂。如果行为人实际履行了作为的义务，仍不能避免受害人的死亡，则不能认定行为人的不作为与受害人的死亡有因果关系。

根据以上条件，试分析本案中数被告是否应承担侵害生命权的民事责任。

2. 户外活动发起人对其他参与者是否具有安全保障义务

原告认为，谭超作为一位经常组织户外运动的组织者，应当对本次活动的危险性具有前瞻意识，尤其应当意识到雨天在山洪易发地带组织旅游活动的危险性，同时应当就各类突发危险采取充分的安全保障措施，然而谭超却违反此义务造成损害。原告所主张的谭超应负有的义务在理论上被认为是一种安全保障义务。

所谓安全保障义务，就是行为人依照法律、合同或者其先前危险行为而对特定人负有的保障其人身和财产安全的义务。安全保障义务的来源主要包括法律规定、合同义务、附随义务以及行为人的先前危险行为。违反安全保障义务的侵权行为，就是依照法律规定对他人负有安全保障义务的人，没有尽到此种义务，因而造成了他人人身或者财产权益损害，应当承担损害赔偿责任的行为。确定此类侵权行为的构成，其一是确定行为人对受害人是否负有必要的保障义务，其二是行为人是否违反了此种安全保障义务。在现实生活中，户外活动的组织者与参与者的关系被俗称为头驴和驴友的关系。头驴对于驴友是否有安全保障义务，理论上是有争议的。一般认为，驴友相约参加户外自助探险活动，如果法院判决头驴要为由此产生的恶果“埋单”，这样的判决可能会束缚人与人之间的正常交往，造成负面的社会影响。

事实上，作为头驴，并非网上发帖发起活动这么简单，而是约定俗成有诸多权利与义务，如制作行程规划、安排活动细节、控制人数和筛选人员、要求驴友听从自己指挥、预收活动经费、要求参与者准备必要装备，等等。本案中，自助游的发起者谭超，通过网上发帖发布户外活动的消息，参与者自愿参与户外活动。其本人在活动中没有营利行为，在网上发帖的行为，只能证明其是行为的发起人，不能证明其与参与者有明显的组织领导关系，驴友和他应当是平等的、自愿的、互助的关系，其头驴的身份并不明显，他本人不具有更多的注意义务和安全保障义务。

3. 遇难者是否应自担风险

目前国内外户外运动圈子内部达成的惯例是：所有活动自由结合、自愿参加、风险自担、责任自负，发起者不会对任何个人承担法律责任。也就是说，在自愿进行户外探险活动的时候，参加者都承认并遵守“自担风险”的原则。这里的“自担风险”是民法上的一项重要原则，是指“原告自愿承担一项异常危险活动造成损害风险的，不得就该损害获得赔偿”①。

户外运动与其他日常活动不同，这种活动本身是一项高风险的活动，这也是这种活动的一部分魅力所在。活动的参与者，作为理性的成年人，对于自己的户外活动所面临的风险预先和参与活动过程中都应当有所预见，但其甘冒风险而参与，应当认为是一种自担风险的行为，行为的后果自行承担。

4. 各户外活动参与者对于陷入危险的同伴是否有救助义务

侵权责任法上有一种作为的救助义务，该义务因救助者与被救助者之间的特殊关系而产生。这些特殊关系包括雇主和雇员之间、承运人与乘客之间、商事经营者与顾客之间、夫妻之间以及共同从事某种活动的朋友、伙伴之间的关系等。当一方当事人与另一方当事人结伴旅游时，如果一方当事人陷于无助的危险或者困境之中时，另一方当事人应当采取某种积极的措施对其进行救助。因为结伴旅游者之间存在信赖与被信赖、依赖与被依赖的关系。②

谭超作为户外活动的发起人，其和其他参与者基于共同的意愿，从事共同的活动，处于共同的环境，具备相互救助义务产生的前提。③ 作为活动发起人和活动的参与者之一，谭超和各个参与者都具有在同伴面临危险时的救助义务。谭超的这一义务因其死亡而消灭，其对其他人的死亡不承担因违反此义务而产生的责任。但是如果原告向其他生存者主张，其他生存者则有义务证明自己尽到了适当的救助义务。

5. 事发当地人民政府和旅游主管部门对于游客有无特定的安全保障义务

从广义上说，各级人民政府、任何国家机关都有义务保障人民群众的人身、财产安全。被告云阳县旅游局作为人民政府负责旅游行业管理的工作部门，有旅游安全管理义务，有责任确

---

① ［美］肯尼斯·S·亚伯拉罕、阿尔伯特·C·泰特选编：《侵权法重述——纲要》，许传玺、石宏等译，152页，北京，法律出版社，2006。

② 参见张民安：《侵权法上的作为义务》，229页，北京，法律出版社，2010。

③ 参见石春玲：《论侵权法上的伙伴救助义务》，载《法学杂志》，2010（9）。

保游客的人身安全。被告云阳县泥溪乡人民政府对于辖区内各种生产生活安全也有管理义务。但是，无论是旅游管理机关还是地方人民政府，其所负有的义务是管理义务，其与游客并无基于具体的法律关系或者某种事实关系而产生的特定安全保障义务。

在现实中，因地方人民政府以及国家机关管理失误导致受害人权益受损，受害人要求民事赔偿的案件时有发生，实务中对于受害人的诉求是否支持有较大争议。就本案来说，事故发生的直接原因是天气灾害和活动参加者自身对于危险的防范不足。在尚未开放的自然景区，活动参与者进行探险性质的户外活动，其行动所及范围以及活动时间，都超出了旅游管理机构和地方人民政府所能控制和防范的领域，不能认为当地人民政府和旅游管理机构管理失责，故云阳县旅游局、云阳县泥溪乡人民政府不应承担责任；

6. 责任人已死亡，是否还要承担侵权责任

如前所述，应当承认谭超对于野外运动的风险预见以及防范没有尽到必要的注意义务，其行为是有一定过错的，但是，其应尽的注意义务和其他参与旅游者的注意义务相同，因此每个活动的参与者都具有相同的过错，对于造成的损害应自行承担后果。

退一步，如果原告的主张成立，即谭超作为活动的发起人和组织者对其他活动参与者有安全保障义务，因未履行此义务导致损害发生，从而应承担责任，那么在谭超死亡后，该责任应如何认定和处理？也就是说，侵权人因自己的过错行为导致本人和其他受害人死亡，其侵权责任如何承担？侵权损害赔偿责任作为一种债，不具有专属性，不因为侵权人的死亡而当然消灭，如果有遗产的，应在其遗产限度内承担责任。所以，继承其遗产的继承人同时继承该债务，在所得遗产限度内承担偿还责任。

本案审判中，法院强调了活动参与者的风险自担，对于谭超是否具有安全保障义务以及是否应承担责任没有认定，仅以不能证明谭静为谭超的继承人为由驳回原告对于谭静的诉求，案件的处理略显粗糙。

（评注人：石春玲）

2. 健康权纠纷

司法案例

索风敏诉邓州市第一人民医院案

河南省南阳市中级人民法院（2011）南民再字第50号

基本案情

申请再审人（一审被告、二审上诉人）：邓州市第一人民医院。

法定代表人：刘伟。

委托代理人：陈文建，河南三贤律师事务所律师。

被申请人（一审原告、二审被上诉人）：索风敏。

委托代理人：王定杰、赵书勤，河南三贤律师事务所律师。

申请再审人邓州市第一人民医院与被申请人索风敏医疗损害赔偿纠纷一案，邓州市人民法院于2009年1月14日作出（2008）邓法民初字第684号民事判决。邓州市第一人民医院不服，向南阳市中级人民法院提起上诉，该院于2009年11月9日作出（2009）南民二终字第755号民事判决，已发生法律效力。邓州市第一人民医院仍不服，向河南省高级人民法院提出申诉，河南省高级人民法院于2010年12月4日作出（2010）豫民申字第00219号民事裁定，裁定对本案进行再审。河南省南阳市中级人民法院依法另行组成由李新华担任审判长，审判员李建新、代理审判员王伟凯参加的合议庭公开开庭审理了本案，邓州市第一人民医院的委托代理人、索风敏的委托代理人到庭参加了诉讼，本案现已审理终结。

审理查明：1994年6月25日，原告索风敏因生产小孩入住被告邓州市第一人民医院，6月27日在进行剖宫取胎术时，因原告失血过多，被输入被告自采的血液300cc。1994年7月6日，原告索风敏病愈出院。2007年，原告因身体不适，去医院检查时被发现抗一HCV阳性，原告随即又去北京中国人民解放军302医院做了进一步的诊断，诊断结果为："病毒性肝炎丙型慢性，轻度。"原告遂分三次入住该院治疗，第一次住院自2007年9月18日至2007年10月9日，计21天，共支出医疗费25 839.61元；第二次住院自2007年12月21日至2007年12月28日，计7天，共支出医疗费14 662.66元；第三次住院自2008年3月1日至2008年3月14日，计13天，共支出医疗费24 204.10元。在此期间，原告因往返北京，共支出交通费764

元。2008 年 6 月 13 日，原告又入住被告医院进行治疗，住院计 116 天（即自 2008 年 6 月 13 日至 2008 年 10 月 7 日），共支出医疗费 26 837.69 元。原告由于患病无法上班，其单位每月从原告应发工资中扣除 600 元作为另聘教师费用。2008 年 10 月 27 日，原告病情经南阳古城法医临床司法鉴定所鉴定，结论为："原告索风敏为丙型肝炎病毒携带者。"原告针对患病所受损失的赔付问题，在多次找被告协商无果后，诉至法院。

一审诉辩主张

原告索风敏主张：其于 1994 年于被告处剖宫产取胎时，因输血过多，输入被告自采血液，导致患丙型肝炎，要求被告承担由此产生的医疗费、护理费、误工费、住院伙食补助费、营养费、交通费、精神抚慰金等费用。

被告邓州市第一人民医院辩称：其医疗行为与原告的疾患没有因果关系，要求法院驳回原告的各种诉讼请求。

一审判决

邓州市人民法院一审认为：公民享有健康权，在其身体遭受不法侵害时，有依法获得赔偿的权利。原告索风敏在入住被告处接受医疗服务时，因被告的过失，使其患上了病毒性丙型肝炎，被告应对原告的损失承担相应的民事赔偿责任，但赔偿数额应依法计算，具体计算如下：医疗费（凭有效票据）为 91 544.06 元，住院伙食补助费（参照当地国家机关一般工作人员的出差伙食补助标准）为 15 元/天×157 天＝2 355 元，护理费（参照当地护工的劳务报酬标准）为 30 元/天×157 天＝4 710 元，营养费为 10 元/天×157 天＝1 570 元，误工费为 407 天（2007 年 9 月 18 日至 2008 年 10 月 27 日）×20 元/天（即 600 元÷30 天）＝8 140 元，交通费（凭有效票据）为 764 元；因原告在患病住院治疗期间，身心的确受到了很大的伤害，其请求精神损害赔偿理由正当，予以支持，但具体数额可根据当地的生活水平、被告的过错程度确定，以10 000元为宜，上述费用总计 118 903.06 元。被告辩称原告患上丙型肝炎与其无因果关系，不应承担赔偿责任的辩解，因被告作为医疗服务单位，其在为原告输血时，对所输血液履行采供血健康检查验证是法定义务，现其既不能举证证实所输血液中不含丙肝病毒，也不能证实原告在手术前或手术后因其他原因感染了丙肝，故对被告的辩称，不予支持。一审依照《民法通则》第 119 条及相关的民事法律政策之规定，判决：(1) 被告邓州市第一人民医院在本判决生效后 3 日内一次性赔偿原告索风敏医疗费、护理费、误工费、住院伙食补助费、营养费、交通费、精神抚慰金共计 118 903.06 元。(2) 驳回原告的其他诉讼请求。如果未按本判决指定的期间履行给付金钱义务，应当依照《民事诉讼法》第 229 条之规定，加倍支付迟延履行期间的利息。案件受理费 1 300 元由被告负担 1 000 元，原告负担 300 元。

二审诉辩主张

邓州市第一人民医院上诉称：(1) 丙肝传染有多种途径，原审认定被上诉人感染丙肝是因输血感染依据不足，且丙肝潜伏期为 2 周～16 周，被上诉人是在输血 13 年后出现症状，与上诉人的医疗行为之间无因果关系，也超过了 1 年的诉讼时效；(2) 被上诉人并未提供在中国人民解放军 302 医院住院的正规票据原件，仅提供了住院押金和费用清单复印件，对被上诉人主张的91 544.06元医疗费不应认定；(3) 被上诉人参加了城镇职工基本医疗保险，已分三次报销医疗费 51 395.38 元，对该部分应予扣除；(4) 被上诉人提供的用药清单上有不是治疗丙肝的药物，该部分费用应扣除；(5) 被上诉人感染丙肝，不能说是构成伤残，原审酌定10 000 元精神抚慰金无依据；(6) 被上诉人是教师，因患病不能上班，应按有关劳资规定发放工资，校方扣除每月 600 元作为另聘教师费用无法律依据，该 600 元也不能作为被上诉人误工费认定。

索风敏答辩称：(1) 被上诉人在上诉人医院手术输血，后被确定感染丙肝病毒事实清楚，根据法律有关规定，医院应当负医疗行为与损害后果之间无因果关系的举证责任；(2) 根据相关报道及实例，丙肝患者并不一定在短期内出现症状，许多是在历经十几年后才会出现症状，上诉人推断被上诉人不可能是因 1994 年输血感染丙肝病毒的观点不能成立；(3) 被上诉人 2007 年被确诊为丙肝病毒携带者，并于 2008 年不到 1 年时间提起诉讼，不超过诉讼时效；(4) 医疗费问题，有关费用清单原件被上诉人到医保中心报销时被医保中心归档保存，原审中上诉人也未对此提出异议；(5) 城镇职工基本医疗保险是国家对城镇职工的政策性照顾，该部分保险费用并不能减轻医院方的赔偿责任，不应扣减；(6) 被上诉人医疗费清单中并无治疗其他费用的药物，有些是辅助性药物，并无不合理用药；(7) 被上诉人感染丙肝，直接造成免疫力明显下降，原审支持精神抚慰金适当；(8) 误工费问题，被上诉人因感染丙肝被学校每月扣除 600 元，这是被上诉人实际减少的收入，原审以此支持误工费合适。

二审查明的事实与一审相同。

二审判决

二审法院认为：被上诉人索风敏 1994 年在上诉人邓州市第一人民医院手术输血，后于 2007 年被确诊为丙肝病毒携带者，该事实清楚，被上诉人邓州市第一人民医院认为，索风敏感染丙肝与医院的手术输血行为无关，但其并不能举证证明输血行为与索风敏感染丙肝病毒之间无因果关系，依法应承担相应的责任。索风敏从被确诊为丙肝病毒携带者到起诉之日，并未超过 1 年，本案并不超过诉讼时效。医疗费问题，原审结合被上诉人住院病历及用药清单认定医疗费数额并无不当，上诉人认为清单中存在不合理用药，但并不能提供有效证据证实，对此本院不予支持。对已报销费用应否扣除的问题，本院认为，城镇职工基本医疗保险是城镇职工所享受的国家政策性照顾，是城镇职工通过参加该保险所应享有的救济和帮助，不能作为减轻或免除侵权过错方赔偿责任的依据，上诉人上诉称该部分费用应扣除的理由不能成立。被上诉人感染丙肝病毒，直接造成其免疫力和身体其他机能的下降，造成生产、生活诸多不便，从而产生一定的精神痛苦，原审支持适当精神抚慰金并无不当。误工费问题，被上诉人因感染丙肝病毒每月实际减少 600 元收入，该减少部分作为其误工损失并无不当。综上，上诉人的上诉理由均不能成立。原审认定事实清楚，适用法律正确。故依照《民事诉讼法》第 153 条第 1 款第 1 项之规定，判决如下：驳回上诉，维持原判。二审案件受理费 1 300 元，由上诉人邓州市第一人民医院负担。

再审申辩主张

申请人邓州市第一人民医院申请再审称：(1) 丙肝传染有多种途径，认定索风敏患丙肝是因输血感染依据不足，一、二审判决推定索风敏所患丙肝是输血感染，不客观、不公正、不确切。丙肝潜伏期为2周～16周，而索风敏发病是在13年后的2007年，说明索风敏感染的丙肝，不是1994年在邓州市第一人民医院输血所感染的，与邓州市第一人民医院的医疗行为之间无因果关系。索风敏的主张也超过了1年的诉讼时效。(2) 索风敏所称在中国人民解放军302医院住院三次，在邓州市第一人民医院住院一次，但其未提供302医院和邓州市第一人民医院出具的医疗费正规发票原件，仅提供了住院押金和费用清单复印件，索风敏主张的91 544.06元医疗费不应认定。从用药清单复印件上看，明显有不是治疗丙肝的药物，该部分药费，邓州医院也不能赔偿。索风敏参加了城镇职工基本医疗保险，于2007年10月、2008年5月、2008年10月份三次已在医保中心报销医疗费共计51 395.38元，对报销的部分应予扣除，邓州市第一人民医院只应赔偿报销之后剩余部分的医疗费。(3) 索风敏是教师，因患病不能上班，应按人事部门有关劳资的规定发放工资，校方从患病教师工资中扣除600元作为另聘教师费用，无法律、法规规定，原审判决该600元作为索风敏的误工费，于法无据。2008年索风敏在邓州市腰店中心小学任教，而其提供的是邓州市张村中心小学的误工证明，认定该误工费显然不妥。(4) 索风敏所感染的丙肝，是否残疾，是何等级，无证据加以引证，所以，判决赔偿其10 000元精神抚慰金无依据。请求依法撤销原审判决，对本案进行再审，一、二审诉讼费由索风敏承担。

被申请人索风敏辩称：(1) 邓州市第一人民医院应对其医疗行为与患者损害有无因果关系承担举证责任，索风敏已证明在邓州市第一人民医院输血、治疗的事实，原审判决是客观、公正的；(2) 丙肝潜伏期目前仍没有权威的规定；(3) 索风敏真正知道身体不适是在2007年9月，在302医院就诊时才知道患丙肝，本案起诉并不超过诉讼时效期间；(4) 就诊发票原件提交给邓州医保中心了；(5) 用药清单中均是治疗丙肝的药物，其中有主治药物，也有辅助药物，这是医院出具的，患者不能决定；(6) 关于误工费，丙肝是传染病不能上班，被学校扣发600元，这是索风敏的实际损失，邓州市第一人民医院应当承担；(7) 侵权责任与医疗保险是两码事，如报销的部分扣除，是纵容医院的医疗损害行为，应当赔多少就赔多少，不能因保险的存在减轻医院的赔偿责任；(8) 法律规定有其他情形的精神损害抚慰金，不是只有在残疾的情况下才能赔偿。

再审判决

南阳市中级人民法院再审认为：一、二审事实认定清楚，有关因果关系、诉讼时效、误工费、精神抚慰金的问题二审已评析得很清楚和透彻，不再赘述。

另查明，对于索风敏四次住院医疗费的真实性问题，再审中邓州市第一人民医院仅对索风敏第二次住院即自2007年12月21日至2007年12月28日支出的医疗费14 662.66元的真实性提出异议，索风敏提供了加盖302医院公章的病历用药复印件及银行卡刷卡单，病历用药与费用清单用药复印件相一致、银行卡刷卡单的金额与索风敏提供的发票复印件的金额相一致，足以认定。

关于医保中心报销的医疗费是否应予扣除的问题，侵权人与受害人之间形成侵权法律关系，侵权人应当对受害人承担民事责任。受害人利用医保支付部分医疗费用属于受害人与保险机构之间形成的保险关系，受害人是否利用医保支付医疗费用与受害人所遭受的实际损失并无关联，如果在受害人享受医保待遇后，便将医保支付的医疗费用从侵权人的赔偿责任中扣除，这无异于让国家为侵权人的侵权行为“买单”。因此，城镇职工基本医疗保险是城镇职工所享受的国家政策性照顾，是城镇职工通过参加该保险所应享有的救济和帮助，不能作为减轻或免除侵权过错方赔偿责任的依据。邓州市第一人民医院的申诉理由不能成立，本院不予支持，一、二审认定事实清楚，处理适当。依据《民事诉讼法》第168条、第153条第1款第1项之规定，判决如下：

维持本院（2009）南民二终字第755号民事判决和邓州市人民法院（2008）邓法民初字第684号民事判决。

本判决为终审判决。

案由与焦点

1. 案由

本案的一级案由为"人格权纠纷"，二级案由为"人格权纠纷"，三级案由为"健康权纠纷"。

生命权、身体权保障人的生存利益，健康权保障人的生存幸福，因而健康利益为一类重要的人身利益，以自然人的健康利益为客体的民事权利即为健康权。自然人因生理机体正常运作及功能完善发挥遭受侵害而引发的纠纷即为健康权纠纷。

2. 焦点

本案争议的焦点在于被告的医疗行为与原告的损害之间是否具有因果关系，以及原告的医疗费、误工费损失的认定。

评注与问题

1. 法院关于医疗损害举证责任的分配是否正确

《民事诉讼证据规定》第4条第8项规定："因医疗行为引起的侵权诉讼，由医疗机构就医疗行为与损害结果之间不存在因果关系及不存在医疗过错承担举证责任。"此规定明确了医疗侵权纠纷中举证责任倒置的范围，就是医疗机构对在医疗活动中不存在过错以及医疗机构的医疗行为与损害后果之间不存在因果关系承担举证责任。然而应指出的是，《民事诉讼证据规定》规定在医疗侵权纠纷中，医疗机构对医疗行为与损害后果之间不存在因果关系以及不存在过错承担举证责任，但这并不意味着患者在医疗侵权纠纷中不承担任何举证责任。首先，患者要到法院起诉医疗机构，必须证明自己在该医疗机构就诊的事实，以证明自己的损害与医疗机构的医疗行为有事实上的关联，至于在法律上两者是否存在因果关系，则须由医院加以证明。这些事实可以通过患者在医疗机构就诊时的挂号、交费单据等证据证明。如果原告对于被告的医疗行为和自己的损害连起码的关联性都不能证明，则须承担败诉后果。其次，患者要对受损害的结果提供证据，受到了多大的伤害，造成了多么严重的后果，损害数额是怎样计算出来的，这些都是要由原告即患者提供证据加以证明的。最后，在医疗诉讼中，如果医疗机构提出了充分的证据证明了自己无过错，而此时就要求患者提供反驳的证据，否则，患者同样可能面临败诉的危险。

《中华人民共和国侵权责任法》（以下简称《侵权责任法》）第54条规定："患者在诊疗活

动中受到损害，医疗机构及其医务人员有过错的，由医疗机构承担赔偿责任。”根据这一规定并结合本案，请分析本案的举证责任应当如何分配？

2. 医疗保险报销的医疗费是否应在损害赔偿中扣减

民法中有损益相抵或者损益同销原则，即赔偿权利人基于发生损害的同一原因受有利益者，应从损害赔偿中扣减所受有的利益。我国法律对该原则尽管无明文规定，但在司法实践中，该原则已经得到公认。损益相抵原则的适用条件有三个，其一是原、被告之间构成侵权损害赔偿之债，其二是原告受有利益，其三是该利益与损害基于同一原因发生。本案中原告因被告的医疗行为受有损害，从而产生医疗费，是否应属于损益相抵情形呢？答案是否定的。首先，从两者的法律关系的性质来说，医疗保险属于合同法律关系，损害赔偿属于侵权损害赔偿法律关系，两者性质不同，产生的原因也不同；其次，从两者的目的来说，医疗保险的目的在于分散医疗费用负担，而不是减轻侵害人的责任，而后者是侵害人应承担的责任；再次，医疗保险的成本支出由投保人也就是通常是受害者本人承担，负担费用享有利益，这一利益不应由侵害人享有；最后，原《中华人民共和国保险法》（以下简称《保险法》）第 46 条规定：“被保险人因第三者的行为而发生死亡、伤残或者疾病等保险事故的，保险人向被保险人或者受益人给付保险金后，不享有向第三者追偿的权利，但被保险人或者受益人仍有权向第三者请求赔偿。”当然，2011 年 7 月 1 日实施的新《中华人民共和国社会保险法》（以下简称《社会保险法》）第 30 条第 2 款则明确规定：“医疗费用依法应当由第三人负担，第三人不支付或者无法确定第三人的，由基本医疗保险基金先行支付。基本医疗保险基金先行支付后，有权向第三人追偿。”总之，医疗保险报销的医疗费不应在损害赔偿中扣减，从而使侵害人受益。

3. 复印件能否作为诉讼证据

再审中邓州市第一人民医院仅对索风敏第二次住院即自 2007 年 12 月 21 日至 2007 年 12 月 28 日支出的医疗费 14 662.66 元的真实性提出异议，因索风敏未提供 302 医院和邓州市第一人民医院出具的医疗费正规发票原件，仅提供的是住院押金和费用清单复印件。那么，证据复印件在诉讼中有怎样的证明力呢？

我国现行法一方面强调了诉讼中书证、物证原件在诉讼中的重要性，另一方面又有限地认可了复印件作为诉讼证据的证明效力。《民事诉讼证据规定》第 49 条规定：“对书证、物证、视听资料进行质证时，当事人有权要求出示证据的原件或者原物。但有下列情况之一的除外：（一）出示原件或者确有困难并经人民法院准许出示复印件或者复制品的；（二）原件或者原物已不存在，但有证据证明复制件、复制品与原件、原物一致的。”第 69 条规定：“下列证据不能单独作为认定案件事实的依据：……（四）无法与原件、原物核对的复印件、复制品……”第 65 条又规定：“审判人员对单一证据可以从下列方面进行审核认定：（一）证据是否原件、原物，复印件、复制品与原件、原物是否相符……”依据上述规定，索风敏提供了加盖 302 医院公章的病历用药复印件及银行卡刷卡单，病历用药与费用清单用药复印件相一致、银行卡刷卡单的金额与索风敏提供的发票复印件的金额相一致，符合法律有关复印件作为证据的上述规定，足以证明案件事实。

4. 误工费应如何认定

该案各审法院判决邓州市第一人民医院赔偿索风敏误工费为：407 天（2007 年 9 月 18 日至 2008 年 10 月 27 日）×20 元（即 600 元÷30 天）＝8 140 元，邓州市第一人民医院认为索风敏是教师，因患病不能上班，应按人事部门有关劳资的规定发放工资，校方从患病教师工资中扣除 600 元作为另聘教师费用，于法无据。

误工费根据受害人的误工时间和收入状况确定。《人身损害赔偿解释》第 20 条规定：误工时间根据受害人接受治疗的医疗机构出具的证明确定。受害人因伤致残持续误工的，误工时间可以计算至定残日前一天。受害人有固定收入的，误工费按照实际减少的收入计算。受害人无固定收入的，按照其最近三年的平均收入计算；受害人不能举证证明其最近三年的平均收入状况的，可以参照受诉法院所在地相同或者相近行业上一年度职工的平均工资计算。索风敏作为教师，有固定收入，因病实际减少损失 8 140 元，有证据证明，法院依据上述规定判决予以赔偿是正确的。至于校方从其工资收入中每月扣除 600 元另聘教师，首先，依照现行法律和政策，不能认定这种做法违法；其次，这种做法是否于法有据，并非本案应关注的，本案所应关注的是索风敏的这一损失是否与其罹患丙肝有关，即最终邓州市第一人民医院的医疗行为与索风敏的这一损失是否有因果关系。

5. 辅助治疗的药物费用是否应予赔偿

案中邓州市第一人民医院主张，从用药清单复印件上看，明显有不是治疗丙肝的药物，对该部分药费不应赔偿。索风敏认为，用药清单中均是治疗丙肝的药物，其中有主治药物，也有辅助药物，这是医院出具的，患者不能决定。

《人身损害赔偿解释》第 19 条规定："医疗费根据医疗机构出具的医药费、住院费等收款凭证，结合病历和诊断证明等相关证据确定。赔偿义务人对治疗的必要性和合理性有异议的，应当承担相应的举证责任。"首先，案中邓州市第一人民医院只是对于医疗费药物使用存有异议，但并未提供足够的证据支持自己的观点。相反，索风敏所提供药费单据是与案件无利害冲突的第三人即治疗医院出具的，医院资质正规，用药决定权取决于治疗医生，证据有更强的说服力。其次，众所周知，身体是特定、具体而复杂的整体，医疗行为也是极其复杂的系统行为，治疗中辅助药物的使用十分正常。最后，在医疗费的赔偿上，应当贯彻凡是治疗损害的合理费用都应当予以赔偿的原则，以尽量保护受害人的合法权益，使其受到损害的权利得到恢复。处理人身损害赔偿案件的实际情况是，在损害已经发生的情况下，对赔偿发生争议起诉到法院才进行评断，而不是事先确定准则让当事人执行。① 以此为基点，对于医疗费的确定就不能过于教条和简单化，而是应当在一般情况下，作出有利于受害人的判断。

6. 本案的诉讼时效期间是否届满

《民法通则》第 136 条规定，身体受到伤害要求赔偿的，诉讼时效期间为 1 年。因此，案中原告所受损害应适用 1 年的诉讼时效。该 1 年的起算时间，依照《民法通则》第 137 条的规定，应从知道或者应当知道权利被侵害时起计算，但是，从权利被侵害之日起超过 20 年的，人民法院不予保护。

案中原告 1994 年 6 月 27 日被输入被告自采的血液 300cc，2007 年因身体不适，去医院检查时被发现抗一 HCV 阳性，随即又去北京中国人民解放军 302 医院做进一步的诊断，诊断结果为："病毒性肝炎丙型慢性，轻度"。最高人民法院《关于贯彻执行〈中华人民共和国民法通则〉若干问题的意见（试行）》（以下简称《民法通则意见》）第 168 条规定："人身损害赔偿的诉讼时效期间，伤害明显的，从受伤害之日起算；伤害当时未曾发现，后经检查确诊并能证明是由侵害引起的，从伤势确诊之日起算。"依照该规定，原告知道或者应当知道自己权利被侵害的时间是 2007 年在 302 医院最终确诊后，1 年诉讼时效自此时开始计算，原告在确诊后与被告多次交涉未果，遂向法院提起诉讼，该 1 年时效又因多次交涉而多次中断，所以其最终向人

① 参见杨立新：《侵权法论》，627 页，北京，人民法院出版社，2004。

民法院提起诉讼时，诉讼时效尚未届满。

这里附带说明，被告主张丙肝潜伏期为 2 周～16 周，而索风敏发病是在 13 年后的 2007 年，说明索风敏感染的丙肝不是 1994 年在邓州市第一人民医院输血所感染的，与邓州市第一人民医院的医疗行为之间无因果关系。医学文献表明，有些丙肝案例一开始有症状，转为慢性后无明显症状。案中原告患较轻微丙肝，多年后才发现身体不适并确诊也属正常，被告以丙肝通常潜伏期 2 周～16 周为由否定其医疗行为与原告损害的因果关系，依据不足。

（评注人：石春玲）

3. 身体权纠纷

司法案例

陈青宏诉唐小颖等案

重庆市云阳县人民法院（2009）云法民初字第 1734 号

基本案情

原告：陈青宏。

法定代理人：李翠碧，原告之母。

委托代理人：杨仲伟、向翠平。

被告：唐小颖。

委托代理人：唐宋。

被告：唐先祥，被告唐小颖之父。

委托代理人：唐宋。

被告：袁祖秀，被告唐小颖之母。

委托代理人：唐宋。

原告陈青宏与被告唐小颖、唐先祥、袁祖秀人身损害赔偿纠纷一案，本院于 2009 年 8 月 20 日立案受理后，依法由代理审判员罗浩适用简易程序于 2009 年 10 月 29 日、2010 年 12 月 3 日公开开庭进行了审理。原告的法定代理人李翠碧及其委托代理人杨仲伟、向翠平，被告的委托代理人唐宋到庭参加了诉讼。本案现已审理终结。

2008 年 6 月 4 日晚上 8 时，被告唐小颖过生日，其同班同学连同原告一共 17 人到被告唐小颖位于重庆市云阳县双江镇关坪路 225 号 6 单元 2—2 号的家里为其庆祝生日。在生日聚会参加者的提议下，由参加聚会的男生出钱购买了三件啤酒（共 36 瓶）。在聚会的过程中，离原告陈青宏不远处的啤酒瓶突然从桌上坠落，其飞溅起来的碎片击中原告并导致原告左面部裂伤，该创口长约 4cm，深 0.5cm，裂缘不整齐，形成的疤痕面积为 3.5cm×0.44cm，由于聚会的人数众多，没有人看清到底是什么原因导致啤酒瓶从桌上坠落。原告受伤后，在场的同学将其送往离被告家不远的贵华门诊部进行治疗，随后通知原告的母亲，其母将其转往云阳县中医院门诊治疗。云阳县中医院诊断原告左面颊部皮肤裂口伴感染，建议门诊治疗，后期行祛疤治疗。原告在云阳县中医院门诊治疗共用去医疗费 1 430.50 元。2008 年 9 月 27 日，云阳司法鉴定所评估原告左面部疤痕后期行微晶磨削术的治疗费用约需 3 000.00 元。诉讼过程中，被告唐小颖申请重新鉴定，重庆市西南司法鉴定所鉴定原告陈青宏左面部瘢痕已属稳定期，目前左面部瘢痕遗留对面容存在一定影响，选择行瘢痕切除整形术有望获得一定程度改善，其费用约人民币4 000.00元。

另查明，原告陈青宏在贵华门诊部治疗的费用已由被告唐小颖支付。治疗期间，经原告法定代理人电话联系被告唐先祥，被告唐先祥在电话中表示不要找唐小颖及其同学、老师，要求来参加生日的同学赔钱说不过去，治疗的钱打在唐小颖银行卡上，唐先祥先报销，原告脸上的疤痕问医生后再作处理。后被告唐先祥通过被告唐小颖向原告支付了医疗费 1 000.00 元。

诉辩主张

原告诉称：2008 年 6 月 4 日晚上 8 时，原告到被告唐小颖家中参加唐小颖的生日晚会。当时参加活动的同学共 17 人，原告坐在唐家客厅电视机右面最近的门前木椅上，突然室内啤酒瓶碎片飞溅，碎片击中原告并致原告左面部裂伤，创口长约 4cm、深 0.5cm，裂缘不整齐，形成疤痕面积是 3.5cm×0.44cm，且击掉原告所戴眼镜左边镜片，后眼镜被唐小颖扔掉。安全事故发生后，被告没有妥善处理现场。根据《人身损害赔偿解释》第 6 条的规定，被告应当承担相应的人身损害赔偿责任。另根据 2009 年《重庆市全国普通高等学校招生考生必读》第 38 条的规定：“面部疤痕不宜就读教育学类、公安学类各专业以及外交学、法学、新闻学、音乐表演、表演各专业。”可见，该面部伤害对原告今后求学、就业、恋爱、婚姻、发展造成了影响，因此原告主张被告赔偿原告精神抚慰金。事故发生后，因为被告唐先祥总是搪塞和推脱，现原告起诉至法院，请求人民法院依法判决三被告赔偿在未尽合理限度范围内的安全保障义务致使陈青宏遭受人身损害的相关费用 13 885.50 元；精神损害抚慰金 100 000.00 元；本案诉讼费用由被告承担。

原告出示的证据有：证人证言、医药费发票、用药清单、鉴定费发票、工资单、配眼镜收据、伤口照相收据、车票、处方、误工证明、鉴定意见书、被告唐先祥的电话录音、现场方位图，以证明原告所受损害事实及其与被告组织在其家庭中聚会的行为的因果关系，上述证据得到法院确认。

被告辩称：原告陈青宏不是被告唐小颖邀请的，而是同学自发组织去的；当时参加生日聚会的有 17 个同学是事实；被告唐小颖扔掉原告的眼镜不是事实；被告已支付了原告的医疗费；被告唐小颖已满 18 周岁，属于完全民事行为能力人，应当独立承担民事责任，该事故与被告唐先祥、袁祖秀无关。因为不知道是谁摔坏了啤酒瓶，被告唐小颖在这次事故中不存在过错，因而不应当承担责任，即使按照公平原则，被告唐小颖也不应当承担责任；原告受伤属于意外事件，不应当主张精神损害赔偿。

被告出示的证据有证人证言、重新鉴定费发票等，以求减轻损害事实以及其行为与损害的因果关系程度。上述证据被法院予以确认。

法院判决

云阳县人民法院经审理认为：《人身损害赔偿解释》第 6 条规定：从事住宿、餐饮、娱乐等经营活动或者其他社会活动的自然人、法人、其他组织，未尽合理限度范围内的安全保障义务致使他人遭受人身损害，赔偿权利人请求其承担相应赔偿责任的，人民法院应予支持。本案被告唐小颖作为生日聚会的举办者，又是在其自己的家里举办聚会，对现场具有他人不可比拟的控制能力，其最有可能了解整个场所的实际情况，预见可能发生的危险和损害，并且最有可能采取必要的措施防止损害的发生或者使之减轻。被告唐小颖在举办生日聚会的时候已经年满18周岁，在法律上讲是完全民事行为能力人，其自身应当具有一定的安全意识，其举办生日聚会时就应当要预见到举办过程中可能会产生安全事故，故其理应承担起生日聚会现场的安全保障义务，并承担相应的民事责任。考虑被告自身的注意能力和当时的客观情况，本院酌定原告承担40%的责任。根据《民法通则意见》第161条规定，行为人致人损害时年满18周岁的，应当由本人承担民事责任；没有经济收入的，由扶养人垫付。被告唐先祥、袁祖秀依法在本案中就被告唐小颖应当承担的民事责任承担垫付责任。原告主张的医疗费430.50元、交通费99.00元、财产（眼镜）损失319.00元、验伤鉴定费430.00元符合法律规定，本院予以支持。原告请求被告支付其母亲的误工费900.00元，主体资格不符，本院不予支持。对原告主张的护理费420.00元，因其未住院，又无证据证明需要护理，本院不予支持。对原告主张的营养费300.00元，因无证据证明，本院不予支持。按照《重庆市西南司法鉴定所司法鉴定意见书》的鉴定意见，本院确定原告的后续治疗费为4 000.00元。综上，原告的损失合计5 278.50元，被告唐小颖承担2 111.40元。对原告精神损害抚慰金的请求，考虑到原告为左脸面部受伤，对原告以后求学、就业以及以后的恋爱和婚姻都会产生一定的影响，应当予以支持。根据最高人民法院《关于确定民事侵权精神损害赔偿责任若干问题的解释》（以下简称《精神损害赔偿解释》）第10条的规定，原告主张的精神损害抚慰金的数额要考虑到侵权人的经济能力，被告作为一名中学生，自己尚未参加工作，没有独立生活的能力，因此，对原告的精神抚慰金，本院综合全案考虑，酌定10 000.00元。据此，依照《民法通则》第57条、第106条第2款，《民法通则意见》第161条，《人身损害赔偿解释》第6条第1款、第17条、第18条、第19条、第20条、第21条、第22条、第24条，《精神损害赔偿解释》第10条的规定，判决如下：

一、被告唐小颖于本判决生效后10日内赔偿原告陈青宏医疗费、财产损失费、交通费、验伤鉴定费、后续治疗费等损失合计2 111.40元，被告唐先祥、袁祖秀承担垫付责任。

二、被告唐小颖于本判决生效后10日内赔偿原告陈青宏精神损害抚慰金10 000.00元，被告唐先祥、袁祖秀承担垫付责任。

三、驳回原告陈青宏的其他诉讼请求。

如未按本判决指定的期间履行给付金钱义务，应当依照《民事诉讼法》第232条之规定，加倍支付迟延履行期间的债务利息。

案件受理费2 597.00元，减半收取1 298.50元，由原告陈青宏负担1 160.50元，被告唐小颖负担138.00元。

案由与焦点

1. 案由

本案的一级案由为“人格权纠纷”，二级案由为“人格权纠纷”，三级案由为“身体权纠纷”。

身体乃人的生命载体，身体利益为一类重要的人身利益，以身体利益为客体的民事权利即为身体权，对自然人身体完整利益及自由支配利益的侵害引起身体权纠纷。

2. 焦点

本案争议的焦点在于：被告唐小颖作为生日家庭聚会的组织者，对于参加者原告在其住所内所受到的伤害，在不能确定导致损害的具体致害人时，被告是否应当承担民事责任。对于原告所遭受的身体伤害，被告是否应进行精神损害赔偿。

评注与问题

1. 家庭聚会的组织者是否负有安全保障义务

本案判决认定被告唐小颖作为生日聚会的主办者具有此种义务，其依据是《人身损害赔偿解释》第6条的规定，即“从事住宿、餐饮、娱乐等经营活动或者其他社会活动的自然人、法人、其他组织，未尽合理限度范围内的安全保障义务致使他人遭受人身损害，赔偿权利人请求其承担相应赔偿责任的，人民法院应予支持”。依据该条规定，义务主体包括经营活动的经营者，也包括从事其他社会活动的自然人、法人、其他组织。

法院还认为，被告唐小颖作为生日聚会的举办者，又是在其自己的家里举办聚会，对现场具有他人不可比拟的控制能力，其最有可能了解整个场所的实际情况，预见可能发生的危险和损害，并且最有可能采取必要的措施防止损害的发生或者使之减轻。从法院判决看，法院认定被告对于原告的安全保障义务还基于其作为生日聚会场所的主人身份，也就是所谓的不动产权利人对于来访者所承担的危险控制义务。

关于安全保障义务的范围，理论和实务上有很大的争议，这种争议包括两个方面：其一是多大范围的主体负有安全保障义务，其二是义务主体对他人负有多大范围的安全保障义务。对于后者，形成的共识是必要的保障义务。所谓必要，就是根据经营者或者义务人提供的特殊经营活动的性质和实施的行为时所应当达到的注意程度。而对于前者，目前尚没有形成共识。一般安全注意义务理论，是在诚实信用原则之下基于分配正义的需要发展起来的。设定安全保障义务的目的，在于平衡利益和分配社会正义。因此，应当清楚地认识并正确地把握好这种平衡作用的力量，在对受害人提供必要保护的同时，不能不考虑过于宽泛的责任主体和过重的保障义务会使人动辄得咎，势必极大地增加社会交往的成本与风险，最终受到损害的将是社会本身，这不符合侵权法的制度目的。所以，《侵权责任法》第37条缩小了义务人范围，该条规定：“宾馆、商场、银行、车站、娱乐场所等公共场所的管理人或者群众性活动的组织者，未尽到安全保障义务，造成他人损害的，应当承担侵权责任。”依照该条规定，安全保障义务的义务人限于宾馆、商场、银行、车站、娱乐等公共场所的管理人和群众性活动的组织者。

结合本案，试分析被告唐小颖对于原告是否负有安全保障义务？如没有安全保障义务，是否被告的行为就意味着不构成侵权责任？

2. 身体权受侵害时受害人能否请求精神损害赔偿

精神损害赔偿是对于精神利益损害的赔偿，精神利益损害包括无形利益的损害，也包括精神痛苦。严重的人身损害如导致残疾、死亡，给予受害人及其近亲属以精神抚慰金，这在理论上没有争议，也得到了立法和实务的肯定。但对于身体权受到侵害，没有影响受害人健康的，是否也应进行精神损害赔偿，在理论、立法及实务上，尚无定论。

在立法上，《人身损害赔偿解释》第18条规定：“受害人或者死者近亲属遭受精神损害，赔偿权利人向人民法院请求赔偿精神损害抚慰金的，适用《最高人民法院关于确定民事侵权精神损害赔偿责任若干问题的解释》予以确定。”而《精神损害赔偿解释》第1条规定，人民法院应当受理的精神损害赔偿请求，包括身体权受到非法侵害的情形。从实际上讲，严重的侵害身体权达到一定程度，受害人身体的完整性受到损害，影响其外在形象，影响其就业、求偶等的机会，由此引起的精神损害和精神痛苦不言而喻。

3. 行为人能否以意外造成伤害为由而免除精神损害赔偿责任

意外造成损害是否免除精神损害赔偿责任？我国现行法律并无有关意外造成伤害免除精神

损害赔偿责任的明确规定。我国现行法律甚至对于因意外造成的伤害是否减轻或者免除责任也无明确规定，以至于理论和实务上对此有两种完全不同的观点：一种观点认为，意外事故不是因为当事人的故意和过失而发生，而是偶然发生的事故，是外在于当事人的意志和行为的事件，它表明当事人没有过错，因而应使当事人免责。[①] 另一种观点认为，意外事件不能构成抗辩事由，意外事件和不可抗力不能完全区别开来，许多被认定为意外事件的案件，要么属于过错侵权，要么属于不可抗力造成。[②]

依据《精神损害赔偿解释》第 10 条的规定，在确定精神损害赔偿数额时，侵权人的过错程度以及侵害的手段、场合、行为方式等具体情节都是确定精神损害赔偿数额的参考因素，如果确定损害是意外造成能够说明被告没有过错或者过错较轻的话，的确可以影响精神损害赔偿的数额确定。

那么，原告所受损害是否是因意外造成？依照法院认定，被告作为生日聚会的主办者和聚会场所的主人，对于包括原告在内的来访者具有安全保障义务，认定被告违反了安全保障义务，实际上就是认为被告没有尽到相应的注意义务，从而对于损害的造成具有过失。这样的责任认定实际上排除了原告伤害是意外造成的观点，自然也谈不上是否因意外而免除责任或者精神损害赔偿责任的问题。

4. 侵权人无经济能力，但致人损害时已年满 18 周岁，侵权责任如何承担

这是关于责任能力的问题。对于责任能力有两种理解：一种是行为人是否具有对自身违法行为负担损害赔偿的资格；一种是行为人的行为是否可以产生责任。按照这种理解，有时甚至把责任能力作为过错的基础。[③] 就本案而言，对于责任能力的理解属于前者，即被告唐小颖在举办生日聚会的时候已经年满 18 周岁，在法律上讲是完全民事行为能力人，但其尚在学校就读，不具有经济能力，唐小颖是否应对自己的行为后果承担民事责任？

被告唐小颖作为完全民事行为能力人，具备对自己的行为承担责任的资格，其作为在校学生，没有经济能力，所涉及的实际上是清偿能力问题。其经济条件有限，可以作为法院确定赔偿数额的酌定因素，但并不能免除其民事责任。《民法通则意见》第 161 条规定：“侵权行为发生时行为人不满十八周岁，在诉讼时已满十八周岁，并有经济能力的，应当承担民事责任；行为人没有经济能力的，应当由原监护人承担民事责任。行为人致人损害时年满十八周岁的，应当由本人承担民事责任；没有经济收入的，由扶养人垫付，垫付有困难的，也可以判决或者调解延期给付。”依据上述规定，法院判决由唐小颖的父母承担垫付责任是正确的。

5. 宴会中不请自来的客人是否享有安全保障权利

从被告角度看，这一问题涉及不动产权利人是否对非经邀请者承担合理注意义务。各国民法对于进入他人不动产者，有所谓两分法和三分法：两分法是区分合法进入者和非法进入者，对于他们，不动产权利人的注意义务有无以及大小也不同。对于合法进入者，不动产权利人应当对他们承担合理的注意义务，如果不动产权利人违反了其所承担的注意义务，没有控制好自己的物件或者环境，应当对合法进入者承担侵权责任；如果合法进入者在不动产权利人不动产上行为时也存在过失，法院可以适用过失相抵规则，责令合法进入者与不动产权利人共同分担损害。在被告是非法进入者时，法律并不要求不动产权人对非法进入者承担注意义务。三分法是将来访者区分为应邀来访者、被许可进入者和非法入侵者，不同身份决定不动产权利人注意义务的有无和大小，其中，被邀请来访和被许可进入者，不动产权利人对其注意义务只有微小

① 参见杨立新：《侵权法论》，222 页，北京，人民法院出版社，2004。

② 参见张新宝：《侵权责任法原理》，132 页，北京，中国人民大学出版社，2005。

③ 参见龙卫球：《民法总论》，233 页，北京，中国法制出版社，2002。

的差异。[①]

在我国，虽然法院会经常面临上述两种或者三种类型的案件，但是，它们在处理这些案件时，往往并不加以区分，而是认为不同类型案件应当同等对待，无论是哪种类型的案件，法院在处理时都要考虑被告行为的合理性和原告行为的合理性，并根据过失相抵规则责令被告对原告承担部分责任。

本案中，原告陈青宏是非经邀请而到被告唐小颖家参与被告生日聚会的人。按照两分法，原告是合法进入无疑。即使按照三分法，原告也更接近于第一种身份，因为原、被告是同学关系，原告得知被告生日聚会主动上门庆贺，即使没有受到邀请，也不同于被许可进入的陌生来访者，而是受到欢迎的客人，两者的行为均具有正当合理性。另外，法院在处理此类案件时，对于未成年人，即使是非法入侵者，一般也要求不动产权利人承担一定的注意义务。

（评注人：石春玲）

① 参见张民安：《侵权法上的作为义务》，138页，北京，法律出版社，2010。

4. 姓名权纠纷

司法案例

张开芬诉张开芬案

云南省丘北县人民法院（2007）丘民一初字第199号

基本案情

原告：张开芬。

委托代理人：李旸，宏阳法律服务所法律工作者。

委托代理人：张开福。

被告：张开芬（原名李珍）。

委托代理人：杜仲武，蒙自县人民法院退休干部。

委托代理人：王积紘，建水县经贸局退休干部。

原告张开芬与被告张开芬（原名李珍）姓名权纠纷一案，本院于2007年7月16日受理后，依法组成合议庭，于2007年8月7日公开开庭审理了本案。原告张开芬及其委托代理人李旸、张开福，被告张开芬（原名李珍）及其委托代理人杜仲武、王积紘到庭参加了诉讼。本案现已审理终结。

原、被告双方属于同村人，原告张开芬生于1979年10月16日，被告张开芬（原名李珍）生于1980年12月6日。1997年原告张开芬属于应届生辍学在家，被告张开芬（原名李珍）属于复读生，而按当时的招生规定，复读生录取分数线比应届生录取分数线高10分，于是被告张开芬（原名李珍）与原告张开芬的母亲李自仙及哥哥张开福协商同意，用原告张开芬的户口簿报名参加中考。9月考试成绩公布，被告张开芬（原名李珍）考试成绩为628分，被文山州卫校录取。因为报考姓名是张开芬，到学校报到所转户口的名字也只能是张开芬，被告张开芬（原名李珍）向原告张开芬的哥哥张开福要户口簿办理转户口手续，张开福以户口簿找不到为由拒绝。被告张开芬（原名李珍）的六舅毕永龙知道情况后，便拿了被告张开芬（原名李珍）的录取通知书到曰者镇派出所，谎称找不到户口簿、入学时间紧骗取曰者镇派出所开具了原告张开芬迁出户口的证明，并在原告张开芬的户口存根栏加盖了“迁出”印章。后被告张开芬（原名李珍）便拿着户口迁移证明到文山州卫校报到读书。在之后的读书、入团、工作、结婚等社会活动交往过程中均使用“张开芬”姓名至今。2003年，原告张开芬的哥哥持户口簿到曰者镇派出所办理其妻贺翠珍迁入户口和长女张雪娅的落户时，派出所的工作人员在核对户口簿与存根时发现，原告张开芬的户口在存根上已于 1997 年 9 月迁出，并已在户口簿原告张开芬姓名的登记卡上加盖“迁出”印章。后原告张开芬按照派出所的要求寻找盗用姓名人，查出自己的姓名是被被告张开芬（原名李珍）所用，即把户口簿交到被告家，要求被告把原告张开芬的户口迁回，被告张开芬（原名李珍）家找到毕永龙，请求其帮忙办理原告张开芬的户口，毕永龙因无法办理就用涂改液将曰者镇派出所在户口簿上的“迁出”印章涂盖，然后同年 8 月将户口簿交还原告张开芬家。2005 年原告张开芬认为有疑问，便持户口簿到派出所查询，派出所以擅自涂改户口为由而扣留户口簿，作出待查处理决定。2006 年，曰者镇派出所给予张开芬、张开福各罚款 1 000 元的行政处罚，处罚后曰者镇派出所又补办了张开福家的户口簿。在 2006 年补办户口簿后，补办的户口簿上仍然没有原告张开芬的户口。原告张开芬又再次找到被告张开芬（原名李珍），要求其迁回自己的户口，因原告张开芬已出嫁到丘北县锦屏镇马头山办事处桥头村，故被告张开芬（原名李珍）叫原告张开芬到夫家所在地开具接收证明，拿 3 张照片及夫家的户口簿给她，由她把原告张开芬户口过户到其夫家。原告张开芬按要求把夫家所在地接收证明、3 张照片、夫家户口簿交给被告张开芬（原名李珍）。被告张开芬（原名李珍）叫其夫苗万谷办理，苗万谷把被告张开芬的原名“李珍”过户到原告张开芬的夫家户口簿上，原告张开芬的姓名户口簿上就变成了“李珍”。为此，原告张开芬诉至法院，请求判令被告张开芬（原名李珍）停止侵害、恢复姓名、消除影响、赔礼道歉并赔偿经济损失 6 万元。

诉辩主张

原告诉称：原、被告是同村人，1997 年 9 月被告准备参加考试，因年龄过大，便抓住原告家憨厚朴实的特点，以查看原告户口簿年龄状况为由，骗取原告之母李自仙（盲人）将户口簿交其查看核对，并盗用原告姓名参加考试。后原告需办理身份证时，才知原告家的户口簿在被告手中，原告向被告要回户口簿，经查看没有涂改和添加的痕迹，时至 2003 年原告之兄持户口簿到曰者镇派出所办理其妻贺翠珍迁入户口和长女张雪娅的户口时，派出所工作人员在核对户口簿与户口存根时发现，原告在派出所的户口存根上已于 1997 年 9 月迁出至文山州卫校，并在户口簿原告登记卡上加盖迁出印章，导致原告无户口的危害结果。为此，原告只能按派出所的要求寻找盗用姓名人，而后才知盗用原告的姓名是被告张开芬（原名李珍）所为，当时即 2005 年被告保证恢复原告姓名，要求原告将户口簿交给她去办理。万万没有想到，被告却擅自用涂改液将原告户口登记卡上的迁出字样涂盖后交给原告收执。原告认为有疑，便持户口簿到曰者镇派出所咨询，派出所以擅自涂改为由将户口簿扣留，待调查处理。无奈，原告再次找到被告，被告表示由其来办理。2006 年被告持户口簿称是原告家的户口，原告到派出所核对，但仍然没有原告的户口。被告又采取诱骗的方法，要求原告在丘北县锦屏镇马头山办事处开具证明，并将证明和 3 张照片以及原告之夫的户口簿给她，由其一并办理原告户口并一次性迁入桥头村，被告又将原告的姓名张开芬落户为李珍，严重侵害了原告的姓名权，给原告造成经济损失，并遭受巨大的精神痛苦。为保护原告的合法权益，现诉至法院，请求判令被告张开芬（原名李珍）停止侵害、恢复姓名、消除影响、赔礼道歉并赔偿原告经济损失 6 万元。

原告张开芬为支持自己的诉讼请求，向法院列举了下列证据：

第一组证据：1 号证据：丘北县公安局曰者镇派出所常住人口登记表；2 号证据：原告张开芬 1998 年 6 月办理的身份证。1、2 号证据欲证明原告张开芬出生于 1979 年 10 月 16 日，常住人口登记表上姓名为张开芬，已被公安机关纳入户籍管理档案并办理了身份证，其户口 1997 年 9 月被迁出的事实。

第二组证据：3号证据：2006年3月18日协议书。欲证明被告张开芬（原名李珍）侵害原告张开芬姓名权的事实。

第三组证据：4号证据：丘北县公安局曰者镇派出所常住人口登记表；5号证据：被告张开芬（原名李珍）的身份证；6号证据：常住人口登记卡。4、5、6号证据欲证明被告张开芬原名叫李珍，出生于1980年12月6日，李珍的名字已被公安机关纳入户籍管理档案，2006年3月21日被迁出到丘北县公安局锦屏派出所的事实。

第四组证据：7号证据：2007年7月28日新寨村民委员会证明；8号证据：2007年7月9日丘北县大中型水库2006年第三、第四季度移民后期扶持资金兑现名单公示。7、8号证据欲证明原告张开芬属移民搬迁户，享有国家的各种优惠政策，而今后将会造成经济损失的事实。

第五组证据：9号证据：2007年1月31日收条。欲证明丘北县公安局双龙营派出所收到刘光发1 700元保证金的事实；10号证据：2007年2月6日丘北县公安局丘公（行）决字[2007]第75号行政处罚决定书。欲证明张开芬（原名李珍）被丘北县公安局行政拘留5日，罚款500元的事实。

被告张开芬（原名李珍）辩称：原告起诉状违背事实，被告并非“欺诈”、“骗取”、“盗用”原告姓名，而是相互同意的。首先，原告辍学在家不参加中考，被告便与原告商量，与其互换姓名，用原告（张开芬）的姓名报名参加中专升学考试，同时也征得原告母亲李自仙及哥哥张开福的同意，并且是原告的母亲李自仙叫其哥哥张开福将其户口簿拿给被告，被告才得以拿着原告家的户口簿到学校报名参加中考的。其次，按照被告当时自身的条件，也完全符合中考规定的要求，只不过被告属复读生，而按当时的招生规定，复读生录取分数线比应届生要高出10分，被告考虑到自身平时成绩虽然不错，但怕考试临场发挥不好，以原告应届生的身份报考被录取的把握会更大些，而并非被告不符合报考条件挤掉原告，盗用其名去报考。中考结束，被告的考试成绩总分为628分，被告的考试成绩达到并超过了录取分数线被文山州卫校录取。因为被告报考中考时用的是原告的姓名，学校在下发录取通知书时所写的名字自然是张开芬，被告到学校报到所转户口的名字也只能是张开芬。正因为如此，在考虑问题及处理问题时才顾此失彼，只想到自己是复读生，便用原告姓名以应届生身份报考，以求录取时能降低10分的录取分数线。但即便这样，当时也仍然不会想太多，只觉得当初原告家拿户口簿给被告去报名，现在要拿原告家的户口簿去转户口仍然不是问题，于是到原告家拿户口簿去转户口时，原告的哥哥张开福的回答是：户口簿找不到，拿不出户口簿来给被告转户口，要被告自己想办法解决户口问题。而被告又能有什么办法呢？此时被告才真正知道了问题的难度，户口转不了，书也就读不了，而报名时间却已到规定的最后时限，正在被告心灰意冷、一筹莫展地要放弃学业时，被告的六舅毕永龙也不肯轻易让被告放弃学业，拿着被告的录取通知书到曰者镇派出所。次日便将“张开芬”的户口迁移证明拿来交给被告。被告便拿着户口迁移证明到学校报到了。至于原告持户口簿到曰者镇派出所咨询，派出所以擅自涂改户口簿为由而扣留，并非被告个人所为，与被告无关。原告自愿以“李珍”姓名向锦屏镇马头山办事处桥头村反映，要求在桥头村（已婚丈夫家）落户，并开具了李珍户口落户接收证明，原告持接收证明交给曰者镇派出所。2005年12月14日，原告将李珍姓名户口迁移到马头山办事处桥头村落户至今，符合法定程序，意思表示真实。被告使用“张开芬”这一姓名读书、工作至今，从未做过违法乱纪的事情，未给社会造成任何不良影响，也从未给原告带来任何经济损失。2006年4月6日，丘北县公安局曰者镇派出所经查实，根据《中华人民共和国治安管理处罚法》的规定，分别对张开福、张开芬各罚款1 000元人民币的处罚，对该纠纷依法作了结案处理，其中张开福的罚款被告张开芬（原名李珍）也代为交付。综上所述，原、被告双方互相调换姓名的行为，符合《民法通则》第99条的规定，且已被公安机关依法作了罚款处罚结案，原告现提起的诉讼请求无法律依据，请求人民法院依法驳回原告的诉讼请求。

被告张开芬（原名李珍）作出答辩理由，向法院列举了下列证据：

1号证据：2007年7月28日委托代理人杜仲武、王积紘对李明的调查笔录。欲证明张开芬（原名李珍）于1997年4月的一个星期天叫自己帮忙把户口簿带回去还原告张开芬家的事实。

2号证据：2007年7月25日委托代理人杜仲武、王积紘对毕永龙的调查笔录。欲证明1997年9月张开芬（原名李珍）中考被文山州卫校录取，因为拿不到原告张开芬的户口簿，自己帮忙拿了被告张开芬（原名李珍）的录取通知书到曰者镇派出所，谎称找不到户口簿，把原告张开芬的户口从曰者镇派出所迁出；2003年7月原告张开芬家查出户口是由被告张开芬（原名李珍）迁出，把户口簿交到被告家，要求被告把原告张开芬的户口迁回，被告张开芬家找到自己，请求其帮忙办理原告张开芬的户口，自己因办不了就用涂改液将曰者镇派出所在户口簿的迁出印章涂盖，然后同年8月将户口簿交还原告家的事实。

3号证据：常住人口登记卡。欲证明李珍的户口于2005年12月14日迁至锦屏镇桥头村的事实。

4号证据：1997年7月7日成绩通知书。欲证明张开芬的中考成绩为628分的事实。

5号证据：准考证。欲证明中考准考证姓名为张开芬的事实。

6号证据：2006年4月6日收据。欲证明丘北县公安局曰者镇派出所分别收取张开芬、张开福各1 000元罚款的事实。

7号证据：2007年7月25日委托代理人杜仲武、王积紘对被告张开芬（原名李珍）的调查笔录。欲证明被告张开芬（原名李珍）使用原告张开芬姓名经过的事实。

8号证据：2007年8月4日被告张开芬（原名李珍）之夫苗万谷证明。欲证明被告张开芬（原名李珍）使用原告张开芬姓名经过的事实。

9号证据：2007年8月6日王乐旺证明。欲证明原告张开芬委托自己将其户口簿转交给苗万谷的事实。

通过各方当事人对上述证据的质证，法院认为，原告张开芬列举的第一组1、2号、第二组3号、第三组4、5、6号、第四组7、8号、第五组10号证据来源合法、具有客观真实性和关联性，其证明效力本院予以采信。列举的第五组9号证据缺乏关联性，其证明效力本院不予采信。被告张开芬（原名李珍）列举的1、2、3、4、5、6号证据来源合法、具有客观真实性和关联性，其证明效力本院予以采信。列举的7号证据属于被告张开芬（原名李珍）的陈述，不具备证据特征，其证明效力本院不予确认。列举的8、9号缺乏合法性和客观真实性，其证明效力本院不予采信。

法院判决

云南省丘北县人民法院经审理认为：被告张开芬（原名李珍）为达到上学目的，采取欺骗的手段，盗用原告张开芬姓名进行上学、工作、结婚等社会交往活动，严重侵犯了原告张开芬的合法权益，其行为侵犯了原告的姓名权，依法应承担民事侵权赔偿责任。原告张开芬请求判令停止侵害、赔礼道歉、赔偿经济损失，根据《民法通则》第99条，第120条，第134条第1、7、9、10项的规定，“公民享有姓名权，有权决定、使用和依照规定改变自己的姓名，禁止他人干涉、盗用、假冒”；“公民的姓名权、肖像权、名誉权、荣誉权受到侵害的，有权要求停止侵害，恢复名誉，消除影响，赔礼道歉，并可以要求赔偿损失”；“承担民事责任的方式主要有：停止侵害、赔偿损失、消除影响、赔礼道歉”。根据上述规定，原告张开芬请求被告张开芬（原名李珍）停止侵害、消除影响、赔礼道歉具有事实和法律依据，其请求本院予以支持。原告请求赔偿直接经济损失，无事实依据和法律依据，其请求本院不予支持；请求赔偿精神损失，根据《精神损害赔偿解释》第 10 条第 1、2、3、5、6 项的规定，“精神损害的赔偿数额根据以下因素确定：侵权人的过错程度；侵害的手段、场合、行为方式等具体情节；侵权行为所造成的后果；……侵权人承担责任的经济能力；受诉法院所在地平均生活水平”。根据该规定，原告张开芬请求被告张开芬（原名李珍）赔偿精神损失本院部分支持。被告张开芬（原名李珍）主张其用原告张开芬的姓名是双方同意，但未能列举相应证据证明，属举证不能。为此，根据《民法通则》第 99 条，第 120 条，第 134 条第 1、7、9、10 项及《精神损害赔偿解释》第 10 条第 1、2、3、5、6 项的规定，判决如下：

一、被告张开芬（原名李珍）自判决生效之日起立即停止对原告张开芬的侵害；

二、被告张开芬（原名李珍）自判决生效后 10 日内向原告张开芬口头赔礼道歉；

三、由被告张开芬（原名李珍）赔偿原告张开芬精神损失费 10 000 元，自判决生效后 30 日内一次履行完毕；

四、驳回原告张开芬的其他诉讼请求。

诉讼费 600 元，由被告张开芬（原名李珍）负担 50 元，由原告张开芬负担 550 元。

如果未按本判决指定的期间履行给付金钱义务，应当依照《民事诉讼法》第 232 条之规定，加倍支付迟延履行期间的债务利息。

案由与焦点

1. 案由

本案的一级案由为“人格权纠纷”，二级案由为“人格权纠纷”，三级案由为“姓名权纠纷”。

每个自然人都拥有自己的名字，不论是独一无二的名字还是与他人重名，自然人对自己的名字都拥有姓名权，因对他人姓名的自由确定、使用、变更等施加侵害而引发的纠纷构成姓名权纠纷。

2. 焦点

本案当事人双方对于被告长期使用原告姓名上学、工作、结婚等社会交往活动的事实没有异议，争议的焦点在于被告声称其最初使用原告姓名报名考学已征得原告及其母亲和哥哥同意，其后继续使用原告姓名是不得已而为之；2005 年，原告自愿与被告进行了姓名互换；其使用原告姓名张开芬以来，未从事违法行为，未给社会造成不良影响，未给原告造成经济损失，被告主张的上述事实是否影响被告对原告姓名侵权行为的成立？

评注与问题

1. 经原告同意冒名参加中考的行为是否合法

被告辩称：原告起诉状违背事实，被告并非“欺诈”、“骗取”、“盗用”原告姓名，而是相互同意的。被告与原告商量，与其互换姓名，用原告（张开芬）的姓名报名参加中专升学考试，同时也征得原告母亲李自仙及哥哥张开福的同意。被告经原告和其母、兄同意以原告名义参加中考的行为是否合法？

姓名权是自然人享有的决定、使用和依法改变自己的姓名，并要求他人尊重自己姓名的一种权利。自然人的姓名权包括决定权、使用权和依法改变姓名的权利。自然人设立姓名是为了表现其个人特征，并与社会其他成员相区别，同时只有以自己的名义从事各种社会活动，才能为自己设定和取得各种权利。有些情况下，特别是从事一些具有人身属性的行为时，自然人必须出示并使用自己的姓名，而且必须是经过法律登记的姓名，如案中升学考试的报名、就读、户籍迁移等；有些情况下，当事人可以自主决定是否出示姓名，以及是否使用自己的正式姓名，如作品署名、广告宣传等。

姓名具有强烈的专属性，每个姓名都与特定的人格相联系，即使重名，两个人都叫张三，也需要结合出生日期、住所等身份信息以区别此张三非彼张三。这就决定了姓名的不可转让性，也不允许在必须表明身份的情况下，将自己的姓名授权别人使用。在某些情况下，如进行广告宣传时，可以授权他人使用自己的姓名，但出于违背法律、公德和善良风俗目的而授权使用姓名是非法的。案中参加中考是人身性很强的行为，必须以自己的名义亲自进行，被告所进行的以原告名义参加中考，即使经过原告及其监护人同意，也是违法的。原告及其监护人也无权以此种方式处分自己的姓名，这是对姓名权的滥用。

2. 经原告同意使用其姓名是否可以作为被告侵权的抗辩理由

在侵害姓名权案件中，原告同意被告使用其姓名，可以成为被告的抗辩理由。[①] 案中被告以原告姓名参加中考，征得了原告及其监护人的同意，这种行为本身是违法行为，违反法律关于姓名权的立法精神和关于考试管理的规范，但就姓名权侵权本身来说，受害人同意可以构成侵权成立的抗辩理由，阻却违法。所以，在被告以原告名义参加中考之初，原告如果起诉被告姓名侵权，不能获得胜诉。

但是，被告自参加中考至原告提起诉讼，多年来一直使用原告的姓名读书、就业、结婚，参与各种社会活动，却是非经原告同意的侵权行为。尽管缘由来自于早年的以原告名义参加中考，囿于法律和规章的限制，被告一错再错，其中也有原告的最初过错，但是行为的实施者是被告，有责任纠正这一侵权行为的责任人也是被告，被告的姓名侵权行为成立。

3. 未使用受害人姓名从事违法行为，是否就不构成侵权

侵犯姓名权行为的构成，须具备以下条件：其一，行为人的行为指向特定受害人的姓名。行为人对他人姓名的使用，不是随意起了一个名字或者其名字偶然与他人重名，而是有特定的指向，如案中被告使用张开芬这个名字，即指向的是本案原告的名字“张开芬”。其二，行为人有干涉、盗用、假冒他人姓名的行为。其三，行为人主观上有故意。

盗用和假冒在法律上并未作出明显区分，理论和实践一般认为，盗用是指未经同意和授权，擅自使用他人姓名从事有害于他人和社会的行为，如盗用他人名字领取汇款，盗用的结果往往是直接损害了被盗用人的利益；假冒则是冒名顶替，如假冒他人的名字发表文章，假冒他人名字为产品做宣传等，其从事的行为本身未必是违法的，也不一定直接损害了被假冒人的利益，行为人往往为了某种私利而假冒他人名字。本案中被告的行为，即是一种假冒他人姓名的行为，其假冒他人姓名从事的考学、工作、生活等行为本身并不违法，但因其行为系假冒他人姓名，该假冒行为本身即构成违法和侵权。

被告声称其使用原告姓名张开芬以来，未从事违法行为，未给社会造成不良影响，未给原告造成经济损失，那么如果所述属实，试分析这是否影响侵权责任的成立呢？

4. 侵权人能否通过行使姓名变更权而使其侵权行为合法化

被告辩称 2005 年原告自愿与被告进行了姓名交换，以被告原有的名字李珍进行了户籍迁

---

① 参见王利明：《人格权法研究》，414 页，北京，中国人民大学出版社，2005。

移登记。但被告对这一主张不能提供证据支持，应承担举证不能的责任。但是，这其中蕴含一个问题，也就是被告能否行使姓名变更权，继续使用原告的姓名以弄假成真，从而使其侵权行为合法化？

自然人不得基于不正当目的而取与他人相同的姓名，故意造成姓名权冲突，以牟取非法利益。我国法律原则上不禁止自然人使用相同的姓名，两个以上自然人因使用相同的姓名而发生冲突，原则上也不视为相互侵权。但为牟取非法利益而使用与他人相同的姓名，则构成侵权。被告将姓名改为原告的名字，显然是为了非法目的而规避法律，是法律所不允许的。从形式上说，行使姓名变更权更改姓名，要履行特定的合法程序，被告以违法手段将姓名变更成原告的名字，行为自始不合法。

5. 侵犯姓名权应如何承担民事责任

原告张开芬诉至法院，请求判令被告张开芬（原名李珍）停止侵害、恢复姓名、消除影响、赔礼道歉并赔偿经济损失 6 万元。法院判决被告停止侵害、赔礼道歉、赔偿原告精神损失10 000元。与原告诉求相比，法院没有支持其恢复姓名、消除影响的诉求，也没有支持其经济损失赔偿要求，而是支持了精神损失赔偿 10 000 元，这种判决是否合理？

原告恢复姓名的诉求并不合理。原告张开芬的名字，并没有因为被告的侵权而丧失，而是因为被告也自称张开芬的行为，与原告的姓名产生冲突，侵犯了其姓名权以及受姓名权保护的相关的利益，被告停止侵权，原告的姓名利益即恢复圆满状态，无须另行恢复姓名。消除影响，是需要具体的措施来落实的，有些不利影响，因原告的停止侵权就会当然恢复，如原告可以持判决书由被告配合去办理恢复户籍的相关法律手续。

《民法通则》第 120 条规定："公民的姓名权、肖像权、名誉权、荣誉权受到侵害的，有权要求停止侵害，恢复名誉，消除影响，赔礼道歉，并可以要求赔偿损失。"该条中规定的赔偿损失，既包括财产损失，也包括精神损失。侵犯姓名权，既可能造成财产损失，也可以造成精神损失。财产损失的计算，按照《侵权责任法》第 20 条的规定，"侵害他人人身权益造成财产损失的，按照被侵权人因此受到的损失赔偿；被侵权人的损失难以确定，侵权人因此获得利益的，按照其获得的利益赔偿；侵权人因此获得的利益难以确定，被侵权人和侵权人就赔偿数额协商不一致，向人民法院提起诉讼的，由人民法院根据实际情况确定赔偿数额"。本案中被告使用原告的姓名生活和参加社会活动，未给原告造成明显的财产损失，被告也未因此获得明显的财产利益，因此，原告关于财产损失赔偿的诉求不能予以支持。

《侵权责任法》第 22 条规定："侵害他人人身权益，造成他人严重精神损害的，被侵权人可以请求精神损害赔偿。"被告长期擅自以原告姓名求学、结婚和参加社会活动，其行为损害了原告的与姓名有关的精神利益，造成了原告的精神痛苦，给原告造成了比较严重的精神损害，应承担相应的精神损害赔偿责任。当然，案件发生时，《侵权责任法》尚未出台和实施，但《精神损害赔偿解释 》的有关规定可以作为法院上述精神损害赔偿判决的依据。

（评注人：石春玲）

5. 肖像权纠纷

司法案例

蓝天野诉天伦王朝饭店等案

北京市东城区人民法院（2002）东民初字第6226号

基本案情

原告：蓝天野。

诉讼代理人：甄庆贵，北京市天时律师事务所律师。

被告：天伦王朝饭店有限公司。

法定代表人：栾京亮，董事长。

诉讼代理人：赵笑天，北京市博景泓律师事务所律师。

诉讼代理人：姜法君，北京市博景泓律师事务所律师。

被告：北京电影制片厂。

法定代表人：韩三平，厂长。

诉讼代理人：潘颂。

诉讼代理人：王荣宽。

原告蓝天野诉天伦王朝饭店有限公司（以下简称“天伦王朝饭店”）、北京电影制片厂（以下简称“北影厂”）肖像权、名誉权纠纷一案，经北京市东城区人民法院依法组成由审判长杨瑞玲、审判员陶苏英、代理审判员敖文燕参加的合议庭，对本案公开审理，现已审理终结。

2001年11月中旬，原告与友人一同在被告天伦王朝饭店地下一层“影艺食苑”餐厅用餐时，发现在该餐厅内摆放着含有其扮演的“秦二爷”形象的电影《茶馆》剧照的广告展示架，餐厅门楣处有电影《茶馆》剧照的广告灯箱。被告天伦王朝饭店的“影艺食苑”是于1998年装修后使用的，“影艺食苑”的门楣处有长280厘米，内容为电影剧照的灯箱，电影《茶馆》中的一幅22寸的，有原告饰演的“秦二爷”，其他二人饰演角色合影的人物剧照亦在其中。灯箱上无文字。在“影艺食苑”中名为“喜迎门”的厅房门口摆放着电影《茶馆》中的一幅24寸的，有原告饰演的“秦二爷”和其他二人饰演角色合影的人物剧照展示架，剧照下方有“‘老裕泰’茶馆，小小店面，人间天地，来来往往，各色人等。一杯清茶，几盘小吃，却将事事聊聊，天下事，身边事，不知不觉间，一切烦恼全消失了”的说明。现原告以被告天伦王朝饭店未经其许可使用其肖像、被告北影厂擅将含有其肖像的剧照许可他人使用，侵犯其合法权益为由诉至北京市东城区人民法院。

诉辩主张

原告蓝天野诉称：2001年11月中旬，我与友人一同在被告天伦王朝饭店地下一层“影艺食苑”餐厅用餐时，发现在该餐厅内摆放着含有我扮演的“秦二爷”形象的电影《茶馆》剧照的广告展示架，餐厅门楣处有电影《茶馆》剧照的广告灯箱。被告天伦王朝饭店虽在我要求下暂时撤走了广告展示架，但在我与其交涉餐厅门楣处广告灯箱处理一事未果后，又将广告展示架摆出。另据悉，被告天伦王朝饭店使用上述剧照已达4年之久。而我一直非常珍惜自己的艺术形象，从不曾以任何方式借曾塑造过的艺术形象做广告或许可他人营利性地使用我的形象。被告天伦王朝饭店未经我本人许可，擅自使用我的形象制作广告灯箱和展示架的行为不仅侵犯了我的肖像权，且使公众对我产生误解，影响了我的社会评价，构成了对我名誉权的侵犯，故起诉要求被告天伦王朝饭店立即停止使用含有我的形象的广告灯箱及广告展示架；赔礼道歉，恢复名誉；并支付侵害肖像权的赔偿金10万元，侵害名誉权赔偿金5万元及代理费、公证费、查询费等经济损失6 040元。

原告提交了如下证据：（1）被告天伦王朝饭店使用有其饰演角色照片的公证书、证人证言、被告天伦王朝饭店简介，用以证明被告天伦王朝饭店侵犯了其肖像权、名誉权。（2）收费单据，用以证明损失。

被告天伦王朝饭店辩称：我方在“影艺食苑”内使用电影《茶馆》中原告饰演的“秦二爷”剧照属实，但电影剧照不是肖像，我方并未使用原告肖像。肖像与电影剧照利用的识别性特征或知名度是不同的。该剧照的使用也是取得了电影《茶馆》的制片人北影厂的同意。且即使该剧照可以归入肖像之列，也是集体肖像，因该剧照共有3个人物，在集体肖像中，各肖像权人不得主张肖像权。我方使用的《茶馆》剧照并未侵犯原告的肖像权；另，该剧照使用目的不是为餐厅做广告，是为餐厅营造一种影视艺术文化氛围，此做法只能凸显原告的艺术造诣，并不会对原告的名誉权造成侵害，故不同意原告的诉讼请求。

被告提交了如下证据：被告与北京天都电影版权代理中心和其与北京缔创艺术公司的协议书，用以证明其使用剧照的合法性。

被告北影厂辩称：电影《茶馆》是1982年我厂拍摄的故事片，该影片的著作权归我厂享有。由于影片剧照是影片的一部分，因而《茶馆》剧照著作权亦属我厂享有。我厂有许可他人使用的权利。且原告作为表演者在影视作品表演中代表的不是其本人，是剧中人物即角色，角色形象不等于角色扮演者的个人形象，其不能代替角色享有角色的肖像权。而我厂在被告天伦王朝饭店为了宣传国产优秀影片、营造艺术氛围情况下许可其使用《茶馆》剧照不仅是行使自身权利，也是为了弘扬影视文化，并未侵犯原告的肖像权和名誉权，故不同意原告的诉讼请求。

被告北影厂出具的证据：被告合法使用剧照的材料，用以证明其使用剧照的合法性。

法院判决

北京市东城区人民法院经审理认为：肖像是自然人五官特征固定在物质载体上的视觉形象的再现。肖像具有形象再现性，即原像人的形象标志性。剧照是戏剧中某个场面或电影中某个镜头的照片。反映戏剧中某个场面或电影中某个镜头的照片中凡有人物的，属人物剧照，本案涉及的剧照，就是人物剧照。人物剧照能清晰再现表演者面部形象特征而得以与其他表演者相区分的，就是被再现的表演者肖像。既然这样的人物剧照是被再现的表演者的肖像，作为表演者的原像人就享有肖像权。换言之，表演者对除由其饰演的纯脸谱化或面部形象特征不清晰的剧照以外的其他人物剧照均享有肖像权。在涉案的人物剧照中，饰演“秦二爷”角色的表演者原告的面部形象特征清晰，一般公众也能够产生与原告相关的联想，由此足见原告对涉案剧照享有肖像权。

然而，被告北影厂认为原告作为表演者扮演的是角色，人物剧照表现的是角色，肖像亦应是角色肖像，这种认识是错误的。角色是戏剧或电影中表演者扮演的剧中人物。任何一个角色都不会要求表演者是特定的人，不同的表演者可以扮演相同的角色，在同一角色上就会承载着不同表演者的人格特征。角色表演者的不特定性否定了角色的专属性，角色不具有专属性，也就不存在角色的肖像。只有角色的表演者才对再现的固定在载体上的自己表演角色形象上体现的其个人形象即肖像享有肖像权。

而识别性是辨别不同的人或事物彼此相区别的特征。电影的识别性是辨别电影与戏剧及其他艺术形式相区别的特征。肖像识别性是辨别各自然人间相区别的形象特征。一幅能反映表演者面部形象特征的电影剧照不仅承载了电影的某个镜头，同时也承载了表演者的面部形象，具有双重的识别性。这双重识别性聚合在一起，相互不能替代。换言之，能够再现表演者形象特征的电影剧照客观上必然利用表演者的形象识别性。涉案剧照恰恰利用了原告的识别性特征。该剧照不仅令一般公众辨别出是电影《茶馆》中的镜头，且令一般公众分辨出饰演“秦二爷”角色的表演者是原告。可见，从识别性的角度看，原告对此剧照也享有肖像权。知名度则是著名的程度，它和识别性是两个不同的概念。被告天伦王朝饭店将知名度等同于识别性特征的观点有失偏颇。

至于二被告提出的剧照的使用、支配权归剧照的著作权人享有的观点，忽略了人物剧照的特性。根据前述可知，能清晰再现表演者面部形象特征的人物剧照是肖像，肖像多以作品形式存在，肖像作品上存在着肖像权与肖像作品著作权双重权利，两权利仅仅是聚合，不是吸收。肖像作品著作权的行使不能湮灭肖像权。电影也是属于肖像作品范畴，电影的著作权人在以电影播放形式行使著作权时无须征得表演者的同意，因表演者同意出演电影角色，是就其肖像在播放该电影的范围内以电影的方式使用的允诺，但这种使用不是无限的。超出从事与使用或宣传电影作品有关活动范围的使用就要征得表演者的许可或有特殊约定，包括电影的人物剧照。基于此，可以认定被告北影厂作为《茶馆》的制片人，在未与原告就肖像使用范围进行特殊约定的情况下允许被告天伦王朝饭店使用涉案剧照超出了其合理使用范围。被告天伦王朝饭店由此对涉案剧照的使用存在权利瑕疵。又鉴于涉案剧照上的人物不止一人，而多个个体聚合为集体，集体肖像是各权利人独立肖像的聚合，具有独立性与同一性的特征。权利人虽就其在集体肖像中个人肖像所享有的精神利益及转化的物质利益是独立、可分的，可集体肖像在物理上又具有不可分的特质，这就决定了集体肖像中的个人肖像权的行使要受到一定限制。且被告天伦王朝饭店使用涉案剧照正如其辩称的只是营造一个与“影艺食苑”相协调的艺术氛围，并不是做广告。因广告是以包括摆放、悬挂在内的形式介绍商品、服务的宣传。被告天伦王朝饭店使用剧照从摆放、搁置位置及门楣灯箱上无任何文字且展示架上的文字仅是剧照《茶馆》注释看，并非广告性质，其行为不具有直接的营利目的。基于此，二被告的行为不作侵犯肖像权认定。尽管如此，亦应明确被告天伦王朝饭店使用了有原告形象的集体肖像应向原告支付使用费，被告北影厂应对此承担连带责任。使用费的具体金额，本院将根据案件的具体情况酌定。同时考虑到诉讼是因二被告的行为引起，故二被告对原告主张的合理损失应负赔偿责任。

原告所述关于二被告的行为使公众对其产生误解，影响了其社会评价，侵犯其名誉权一节，因名誉感与名誉含义不同，名誉感是自然人对其内在价值的自我评价。名誉是自然人与法人就其自身价值所获得的社会评价。侵害名誉权是行为人实施侮辱、诽谤损害他人名誉的行为，二被告使用剧照的行为，并不具有捏造事实、丑化原告人格，贬损原告名誉的性质，亦不会降低原告的社会评价，原告所述是其主观感受，属名誉感的范畴。故对此本院不予支持。

北京市东城区人民法院依据《民法通则》第 4 条、第 100 条、第 101 条之规定，判决如下：

一、被告天伦王朝饭店有限公司于本判决生效之日起 15 日内给付原告蓝天野肖像使用费 6 000元，被告北京电影制片厂承担连带责任。

二、被告天伦王朝饭店有限公司、北京电影制片厂于本判决生效之日起 15 日内给付原告蓝天野损失费 1 040 元。

三、驳回原告蓝天野其他诉讼请求。

案件受理费 80 元，由二被告负担（于本判决生效后 7 日内交纳）。

案由与焦点

1. 案由

本案的一级案由为“人格权纠纷”，二级案由为“人格权纠纷”，三级案由为“肖像权纠纷”。

肖像包括人体的摄影照片、画像、雕像等。① 自然人有权制作和使用自己的肖像，任何他人不得非法干涉。未经允许而利用他人肖像引起的纠纷为肖像权纠纷。

2. 焦点

本案中各方当事人对于被告天伦王朝饭店使用原告蓝天野剧照的案件事实没有争议，争议的焦点在于对被告在饭店中使用原告剧照行为的性质认定，而行为性质的认定又取决于对如下几个问题的争议结论：其一，原告作为演员，其对自己所创作的角色“秦二爷”形象是否具有肖像权的问题；第二，原告作为演员所享有的对“秦二爷”形象的肖像权和制作单位北京电影制片厂所享有的剧照著作权的行使冲突问题；第三，原告蓝天野的肖像只是剧照中三人集体肖像之一，对于集体肖像权是否保护以及权利如何行使的问题；第四，被告天伦王朝饭店对于剧照的使用是否是以营利为目的以及该行为对于肖像侵权行为、名誉侵权行为的意义问题。解决了上述 4 个问题，纠纷的解决也就有了答案。

评注与问题

1. 演员对于其所表演角色是否有肖像权

被告辩称演员对于其所表演角色没有肖像权，因而被告使用剧照的行为不构成侵权。那么，演员对于其所表演的形象是否有肖像权？

肖像，“是指通过绘画、照相、雕塑、录像、电影艺术等形式使自然人以面部为主的外貌在物质载体上再现的视觉形象”②。关于肖像的定义，须强调两点：其一，肖像是反映以面部为主的外貌的视觉形象；其二，肖像总是与特定的主体相联系，具有专属性。剧照这一载体，

① 参见《辞海》（1999 年版缩印本），3165 页，上海，上海辞书出版社，2000。

② 杨立新：《人格权法》，212 页，北京，中国法制出版社，2006。

就是以表演者的面部形象为主要再现客体，反映的就是表演者的肖像。既然剧照反映的是肖像，肖像人就享有肖像权。不可否认，一个角色的形成，除了表演者的先天形象，还有编剧、导演等的创作活动影响，更直接的，还有演员、造型师、化妆师等的艺术创作行为的作用。但是，这些创作活动并不能完全涵盖表演者的肖像，除非这种创作以一种纯脸谱的形式代替了表演者的肖像。导演在挑选演员的时候，演员的形象与剧中角色形象的神形相似度从来都是要考虑的因素之一，观众对于角色乃至整部戏剧、影视的关注度也与某个特定演员的形象和表演有关，甚至知名演员对整个市场具有号召力，观众为这个演员去看演出，也不能脱离对该演员形象的肯定。化妆师、造型师等的创作活动，附加于不同演员的身上，仍不能改变演员肖像对角色外部形象所起到的核心区别作用。不同的表演者虽扮演同一角色，但各表演者与生俱有的面部的形象即表演者本人的形象是不同的，每个表演者都对固定在载体上的自己表演角色形象上体现的其个人形象即肖像享有肖像权。

2. 演员的肖像权与作品著作权之间的冲突如何处理

被告辩称，天伦王朝饭店对于原告剧照的使用经过了剧照著作权人北影厂的许可，是有权使用。实务中也有一种观点认为，演员即使对于载有其角色形象的剧照有肖像权，也因其与制作人签订的演出合同而对制作人进行了肖像使用的许可或者转让，如果制作人自行使用或者授权他人使用，制作人和被授权人对于剧照的使用都是有权使用，因而被告的行为不构成侵权。

肖像从来不是抽象的，而是附着于一定的载体上，以作品形式存在的。一个具体的肖像作品同时体现两方面的权益，一是肖像作品的著作权人所享有的著作权，二是肖像权人就该肖像所享有的人格利益。就同一肖像而言，这两方面的权益是冲突的，而法律就需要调整这种利益的冲突。[①] 对于冲突的协调，有两点需要注意。其一，在一般情况下，两种权利发生冲突时，肖像权作为人格权，其权利应当优先于著作权；其二，影视演员在同意参加影视剧的演出时，除非有特别约定，其对整部作品是无法主张肖像权的。演员的同意出演，意味着其对制作方制作、使用其肖像的授权，是演员对自己肖像权使用权的出让。实际上，这一行为本身也正是演员对肖像权行使的表现。这种肖像使用权的出让与转让只发生在演员与制作方之间，且只能是部分的、有限的转让。著作权人在约定范围、方式、时间内使用肖像作品属合法行为，超出范围、方式、时间使用应征得肖像权人的同意，否则构成侵权。如果允许制作方无限制使用或许可商家随意地、营业性地使用影视剧照，那么恐怕就会有制作方为牟取不当利益大量出售影视剧照使用权。

作为一幅肖像作品，涉案剧照上存在着原告肖像权与北影厂肖像作品著作权的双重权利，试分析北影厂对著作权的行使是否侵犯了原告的肖像权？

3. 如何行使集体肖像中的个人肖像权

被告天伦王朝饭店提出，肖像与电影剧照所利用的识别性特征或者说是知名度是不同的，饭店利用的是影片《茶馆》的知名度，而不是蓝天野的知名度。即使将涉案剧照归入肖像之列，也是集体肖像。在集体肖像中，各肖像权人享有的独立人格权转化或派生出的物质利益已为全体肖像权人所共有，其个人特征难以在集体肖像中凸显，因此，各肖像权人不得主张自己的肖像权。

集体肖像是数个肖像在同一载体中的再现，是各权利人独立肖像的集合体，因此，集体肖像具有独立性与同一性的双重特征。从法律意义上说，各权利人就其在集体肖像中之个人肖像所享有的精神利益和物质利益是独立的、可分的，各肖像权人在照片中享有独立的人格权；而从物理意义上说，集体肖像又具有不可分的特质，全体肖像权人对该集体肖像有不可分的精神

① 参见王利明主编：《人格权法新论》，362页，长春，吉林人民出版社，1994。

和物质利益。据此，本案中所涉剧照中三演员对各自的肖像都享有独立的肖像权，但在物理上，三者的肖像在同一载体上，使用其中一人之肖像不可避免会使用到其他人的肖像。

关于集体肖像与个人肖像之间的关系，理论上存在以下不同的观点：其一，集体肖像的单个肖像人不得单独主张肖像权，集体肖像的使用常常要经过作品上所有肖像人的同意。其二，如果一个肖像载体上反映的是几个人的肖像，而这几个人的肖像在一起，具有代表某个集体的含义时，该集体就是集体肖像的权利主体。其三，集体肖像中的每个肖像人都享有肖像权，只是这种权利因肖像作品在物理上具有不可分的特质而受到一定的限制。上述三种观点中，第一、二种观点要么从根本上否定了个人权利甚至集体权利，要么客观上导致权利无法行使而形同虚设。第三种观点兼具了个人和集体的权利，是有积极价值和现实意义的。任何权利都有界限，集体肖像中的每个肖像权人都不得阻止该作品中的其他人使用或允许作品以外的人使用，使用人在使用肖像后，要向作品中的其他肖像权人支付费用。结合本案，你支持哪一种观点？

4. 被告对原告肖像的使用是否是经营性使用

法院认为，被告天伦王朝饭店使用涉案剧照正如其辩称的只是营造一个与“影艺食苑”相协调的艺术氛围，并不是做广告。基于此，二被告的行为不作侵犯肖像权认定。

《民法通则意见》第139条规定：“以营利为目的，未经公民同意利用其肖像做广告、商标、装饰橱窗等，应当认定为侵犯公民肖像权的行为。”依据该规定，未经他人同意以营利为目的使用他人肖像均构成肖像侵权行为。至于以营利为目的，以何种方式使用，则其范围十分广泛，将肖像用于做广告并不是肖像侵权的唯一行为方式，只是比较典型的侵权行为方式，商标和橱窗装饰也是以营利为目的使用，当然还包括其他方式以营利为目的的使用。可见，构成肖像侵权的行为可以是各种以营利为目的的使用行为。被告将原告肖像用于装饰店堂，据称为烘托艺术氛围，而不是为了做广告。我们认为，被告的做法绝非为了公益，其行为即使不能直接认定为广告行为，也应认定为以营利为目的的使用，因为其艺术氛围的营造，是为了给顾客造成就餐的愉悦环境，受众也只是到这里来就餐的顾客，就餐环境的质量也直接影响顾客的就餐选择，所以毫无疑问，被告对于原告肖像的使用是以营利为目的的使用。

5. 以营利为目的使用肖像是否是肖像侵权行为构成的必备要件

法官对于被告行为的认定是自相矛盾的，不构成侵权，缘何要支付使用费，承担责任？一方面，以被告行为并非广告行为为由，否定被告的行为构成肖像侵权；另一方面，认定其对原告肖像的使用应支付使用费，被告北影厂应对使用费的支付承担连带责任。这里就蕴含着一个命题：侵权只能是以广告形式使用肖像，不以广告形式使用，无论是否以营利为目的，都不构成肖像权侵权，只需在原告主张权利时支付使用费即可。这就意味着权利人没有主张权利的使用成为法律调整的真空地带，这种认识显然是违反法律精神的。

在早期的立法、理论与实务中，都将以营利为目的使用他人肖像作为侵权责任的必备构成要件，但是近些年的理论和实务都认为未经同意擅自使用他人肖像，除非有阻却违法的理由，否则行为均构成侵权。我们有与判决书不同的观点，首先，以营利为目的擅自使用他人肖像用于广告宣传构成侵权；其次，以营利为目的使用他人肖像，即使这种使用不是以做广告的方式，也可以构成肖像侵权；最后，不以营利为目的擅自使用他人肖像，除非有阻却违法的理由，如出于公益需要，也可构成侵权。基于上述分析，我们认为被告的行为构成对原告的肖像侵权。

6. 被告的行为对原告的名誉权是否构成侵害

原告诉称，原告一直非常珍惜自己的艺术形象，从不曾以任何方式借曾塑造过的艺术形象做广告或许可他人营利性地使用其形象。被告天伦王朝饭店未经本人许可，擅自使用其形象制作广告灯箱和展示架的行为不仅侵犯了其肖像权，且使公众对其产生误解，影响了社会评价，构成了对其名誉权的侵犯。所谓名誉，是社会公众对一个特定主体所作出的评价，侵犯名誉权，是因为行为人的侵权行为导致社会公众对受害人的评价降低。当今社会，人们对于演员做广告宣传的行为已经完全认同，如果不是做了虚假广告，公众都会抱有理解的态度。况且如前所述，被告使用原告肖像还没有做公开的广泛传播，只是在店堂布置中使用，原告的曝光率也不是很高，所以不会对原告的名誉造成不利影响，不构成对原告的名誉侵权。

（评注人：石春玲）

6. 名誉权纠纷

司法案例

王菲诉张乐奕案

北京市朝阳区人民法院（2008）朝民初字第 10930 号

基本案情

原告：王菲。

委托代理人：张雁峰，北京市京都律师事务所律师。

委托代理人：董宇琼，北京市京都律师事务所律师。

被告：张乐奕。

委托代理人：李春谊，北京市中咨律师事务所律师。

原告王菲与被告张乐奕名誉权、隐私权纠纷一案，本院受理后，依法组成合议庭，公开开庭进行了审理。王菲的委托代理人张雁峰、董宇琼，张乐奕及其委托代理人李春谊到庭参加了诉讼。本案现已审理终结。

王菲与其妻姜岩于 2006 年 2 月 22 日登记结婚。2007 年 12 月 29 日晚，姜岩从自己居住楼房的 24 层跳楼自杀身亡。姜岩生前在网络上注册了名为“北飞的候鸟”的个人博客，并进行写作。在自杀前 2 个月，姜岩关闭了自己的博客，但一直没有中断博客的写作。姜岩在博客中以日记形式记载了自杀前两个月的心路历程，将王菲与案外女性东某的合影照片贴在博客中，认为二人有不正当两性关系，自己的婚姻很失败。姜岩的日记中显示出了丈夫王菲的姓名、工作单位地址等信息。姜岩在 2007 年 12 月 27 日第一次试图自杀前，将自己博客的密码告诉一名网友，并委托该网友在 12 小时后打开博客。2007 年 12 月 29 日姜岩跳楼自杀死亡后，姜岩的网友将博客密码告诉了姜岩的姐姐姜红，姜红将姜岩的博客打开。

张乐奕系姜岩的大学同学。得知姜岩死亡后，张乐奕于 2008 年 1 月 11 日注册了非经营性网站，名称与姜岩博客名称相同，即“北飞的候鸟”（网址：http：//orionchris. cn/）。在该网站首页，张乐奕介绍该网站是“祭奠姜岩和为姜岩讨回公道的地方”。张乐奕、姜岩的亲属及朋友先后在该网站上发表纪念姜岩的文章。张乐奕还将该网站与天涯网、新浪网进行了链接。姜岩的博客日记被一名网民阅读后转发在天涯网的社区论坛中，后又不断被其他网民转发至不同网站上。姜岩的死亡原因、王菲的“婚外情”行为等情节引发众多网民长时间、持续性的关注和评论。许多网民认为王菲的“婚外情”行为是促使姜岩自杀的原因之一；一些网民在参与评论的同时，在天涯网等网站上发起对王菲的“人肉搜索”，使王菲的姓名、工作单位、家庭住址等详细个人信息逐渐被披露；一些网民在网络上对王菲进行指名道姓地谩骂；更有部分网民到王菲和其父母住处进行骚扰，在王家门口墙壁上刷写、张贴“无良王家”、“逼死贤妻”、“血债血偿”等标语。直至本案审理期间，许多互联网网站上仍有大量网民的评论文章。

王菲认为，“北飞的候鸟”网站上刊登的部分文章中披露了其“婚外情”以及姓名、工作单位、住址等信息，并包含有侮辱和诽谤的内容，侵犯了其隐私权和名誉权，分别是：

1.《哀莫大于心死》一文。该文于2008年1月11日由张乐奕根据姜红口述整理而成，文章采用按照时间排序的方式向读者介绍了姜岩自杀事件发展的过程。在文章前部，张乐奕写到“这里的留言是开放的，不会像天涯那里被封帖”；介绍事件的人物时写到“姜岩：因为婚姻出现第三者而且无法承受丈夫及丈夫一家的屡次打击，在2007年12月29日晚上23:00选择自杀的女孩儿；王菲：姜岩的丈夫……”张乐奕将姜岩博客中王菲与东某的合影照片在该文中再次进行粘贴，将王菲与姜岩的住所地址、王菲的工作单位名称及地址进行了披露，描述了姜岩的姐姐姜红亲历的姜岩两次自杀行为及死亡的全部细节和过程，表达了对王菲及其家人极度不满的态度。王菲主张“北飞的候鸟”网站在刊登该文时使用了王菲的真实姓名，粘贴了王菲与东某的照片，构成侵犯其隐私权。

2.《静静的》一文。该文中有“我曾经设想过无数次再见到他的场景，我想，无论怎样，我都一定会先狠狠抽他几记响亮的耳光……只会在父母的羽翼下苟且的可怜虫而已”一段文字，并使用了王菲的真实姓名。王菲主张“北飞的候鸟”网站将带有这种侮辱性文字的文章予以刊登构成侵犯其名誉权，披露王菲的姓名构成侵犯其隐私权。

3.《心上的月光》一文。王菲主张“北飞的候鸟”网站在刊登该文时披露了王菲的真实姓名，构成侵犯其隐私权。

另外，张乐奕在“北飞的候鸟”网站上撰写了《青春透明如醇酒，可饮可尽可别离》一文，回忆了其与姜岩的交往过程。王菲认为，该文可以证明张乐奕与姜岩藕断丝连，是影响王菲与姜岩夫妻感情的因素之一。

另查：张乐奕在管理网站过程中，曾经删除了部分网友的留言，并在网站上留言，倡导网友“不要在这里报复性地贴任何人的通信方式、家庭住址，网络上有太多的地方可以搜索到，不要再让它们出现在这里”。

2008年3月11日，王菲委托北京市方圆公证处对从互联网中下载的“北飞的候鸟”网站、大旗网和天涯网三个网站中与本案相关的网页进行了证据保全，花费公证费2 050元。

王菲为了证实由于此事被工作单位盛世长城国际广告有限公司辞退而产生工资损失，向本院提供了工资清单及盛世长城国际广告有限公司在《大家好，我是姜岩的姐姐》一帖中回复的帖子，内容为：“……在得知此事原委之后，公司即决定让王菲、东某两名员工暂时停止工作，以妥善处理此事。其后不久，他们二人即向公司提请辞职，公司已予批准。”王菲的工资清单显示其2007年12月的月工资收入为19 300元。

在本案审理中，王菲承认与东某确实曾有“婚外情”。2008年1月19日，王菲作为乙方与姜岩的父母作为甲方签订关于姜岩后事处理的《协议书》。该协议第三部分第1条内容为“对于婚后乙方的不忠行为及以后发生的不幸事件，乙方向甲方表示诚挚的歉意”。

上述事实，有双方当事人当庭陈述、相关网站网页、证人证言等证据在案佐证。

诉辩主张

原告诉称：我与姜岩于2006年2月22日结婚，由于双方性格差异等原因，致婚后感情不和，尤其是2007年6月我生病后双方感情进一步恶化，2007年10月双方闹起离婚，2007年12月29日姜岩跳楼自尽。

自2008年1月10日开始，张乐奕在其注册的网站“北飞的候鸟”上刊登了《哀莫大于心死》、《静静的》、《心上的月光》、《青春透明如醇酒，可饮可尽可别离》等文章。这些文章中有对我及家人进行侮辱、诽谤的内容，如“王菲承认他全家都见过东某，且东某还住在他父母家，他父母还叫东某是可爱的小天使”、“这时她收到王菲父亲的一个短信，忽然情绪激动起来……”、“王菲的爸爸也不停打电话过来……后来他们之间有了三四次通话，他父亲一直在推脱，姜岩表现得很狂躁”、“我曾经设想过无数次再见到他的场景，我想，无论怎样，我都一定会先狠狠抽他几记响亮的耳光……只会在父母的羽翼下苟且的可怜虫而已”、“因为王家的态度，你迟迟不能下葬”，等等。同时，张乐奕还将我的姓名、照片、住址、工作单位等身份信息全部在网上非法披露。

张乐奕在其网站上刊登的这些文章严重失实，给我及家人的生活、工作、名誉造成极为恶劣而严重的影响：被网友骚扰，被工作单位辞退，其他单位也因之不敢聘用；父母住宅多次被人骚扰，门口两侧贴满诬陷恐吓标语；报刊、电视等多家媒体在报道姜岩死亡事件时作出了对我极不公正的报道……

因此，请求法院判令张乐奕立即停止侵害、删除“北飞的候鸟”网站上有关侵权信息，并在“北飞的候鸟”网站上为我恢复名誉，消除影响，赔礼道歉，赔偿我的工资损失3.5万元，精神损害抚慰金2万元，支付2 050元公证费用的三分之一。

被告辩称：王菲在与姜岩婚姻关系存续期间，与案外女性发生不正当关系，并与姜岩分居。2007年12月27日，姜岩因不堪王菲背叛及冷漠的伤害，曾服用药物自杀，后被及时发现送至医院抢救。但在29日晚，姜岩与王菲之父通话后，因绝望跳楼自杀身亡。姜岩生前通过其个人博客“北飞的候鸟”，以日记形式记录了因丈夫有第三者而受到极大伤害以致绝望的事实，对丈夫的不忠及冷漠进行了控诉，并对此类社会现象表达了无奈。

我是姜岩的大学同学。2008年1月8日，我接到姜岩亲属的电话，得知姜岩的噩耗，和姜岩其他的朋友一样，我对姜岩的死亡感到非常悲伤及同情。为对姜岩进行缅怀，姜岩的亲属、朋友自发设立了“北飞的候鸟”网站，由我出面申请注册了域名，并负责对网站进行管理。姜岩的亲属、朋友通过该网站发表纪念文章，并对姜岩生前的博客文章进行了收集整理。“北飞的候鸟”网站发表的相关文章对事件经过的陈述符合事实，对相关事件及人物的评价符合公序良俗，因此王菲诉我侵害其名誉权、隐私权的主张不成立。另外，王菲原工作单位于2008年1月11日发布的声明显示，王菲是主动向单位辞职，且其辞职时间为2008年1月11日之前，而“北飞的候鸟”网站申请注册时间为2008年1月11日，王菲所主张的工资损失不成立，且与“北飞的候鸟”网站的创立无因果关系。

综上，王菲因为对婚姻不忠导致妻子姜岩自杀，对于上述事件进行陈述以及评价，是法律赋予公民的权利，我的网站不构成对王菲名誉权的侵犯。我对于网站的管理行为符合国家法律、法规的规定。王菲所获社会评价与其对婚姻不忠诚的不道德行为相适应，损害后果证据不足，且与网站中刊登的文章无因果关系。基于以上事实及理由，请求法院判决驳回王菲的全部诉讼请求。

法院判决

北京市朝阳区人民法院经审理认为：我国婚姻法规定，夫妻应当相互忠实。根据王菲的当庭自认及王菲与姜岩父母的协议内容，可以证实王菲与案外人东某确有不正当男女关系，王菲的行为违背了我国的法律规定。根据姜岩的日记显示，姜岩因此遭受了巨大伤害，承受了巨大精神痛苦。王菲的这一行为不仅违背了法律规定，也背离了社会道德标准，本院予以批评。

公民享有名誉权，禁止用侮辱、诽谤、泄露他人隐私等方式损害公民的名誉。我国《互联网信息服务管理办法》及《互联网电子公告服务管理规定》中规定，互联网信息服务提供者应当向上网用户提供良好的服务，并保证所提供的信息内容合法。任何人不得在电子公告服务系统中发布含有侮辱或者诽谤他人、侵害他人合法权益的信息。电子公告服务提供者发现其电子公告服务系统中出现明显属于上述信息内容的，应当立即删除，保存有关记录，并向国家有关机关报告。

张乐奕作为姜岩的大学同学，在得知姜岩自杀身亡后，为了祭奠姜岩，抨击王菲的不忠行为，注册了“北飞的候鸟”网站。张乐奕在注册网站后，应当依法管理网站，对该网站中发布的帖子内容负责。

本案双方争议的焦点在于，张乐奕将王菲的真实姓名、工作单位、家庭住址、与其他女性有“婚外情”的信息在“北飞的候鸟”网站中进行披露，是否侵犯了王菲的隐私权和名誉权。

一、张乐奕的行为侵害了王菲的隐私权和名誉权

隐私一般是指仅与特定人的利益或者人身发生联系，且权利人不愿为他人所知晓的私人生活、私人信息、私人空间及个人生活安宁。隐私权一般指自然人享有的对自己的个人秘密和个人私生活进行支配并排除他人干涉的一种人格权。采取披露、宣扬等方式，侵入他人隐私领域、侵害私人活动的行为，就是侵害隐私权的行为。

公民的个人感情生活，包括婚外男女关系问题，均属个人隐私范畴。在正常的社会生活中，此类情况一般仅为范围较小的相对特定人所知晓，正常情况下，当事人一般不愿也不会向不特定的社会公众广为散布。本案中，张乐奕基于与姜岩的同学关系，知晓了王菲存在“婚外情”的事实，张乐奕在姜岩死亡后，不仅将此事实在“北飞的候鸟”网站上进行披露，还将该网站与其他网站相链接，扩大了该事实在互联网上的传播范围，使不特定的社会公众得以知晓，张乐奕的行为构成对王菲隐私权的侵害。

此外，在社会生活中，公民为了交往的需要，常常主动将姓名、工作单位、家庭住址等个人信息告知他人，这些个人信息有时也会被他人通过一定途径知晓和利用。这些个人信息的披露、使用等行为是否构成侵犯隐私权，应当视行为人对这些信息的取得方式、披露方式、披露范围、披露目的及披露后果等因素综合认定。

本案中，张乐奕对王菲的婚姻不忠行为持否定、批判的态度。其在网站上主动披露此事实和王菲的个人信息之前，明知披露对象已超出了相对特定人的范围，而且应当能够预知这种披露行为在网络中可能产生的后果。因此，张乐奕在网络中披露王菲“婚外情”和个人信息的行为，应属预知后果的有意为之。王菲的“婚外情”、姓名、工作单位等信息被披露，成为网民知晓其真实身份的依据之一，引发了众多网民的批评性言论及不满情绪，乃至形成了爆发和蔓延之势。因此，张乐奕在披露王菲婚姻不忠行为的同时，披露王菲的姓名、工作单位名称、家庭住址等个人信息，亦构成了对王菲隐私权的侵害。

名誉是指社会对特定民事主体品德、才能以及其他素质客观、综合的评价。名誉权是指民

事主体就自身属性和价值所获得的社会评价和自我评价享有的保有和维护的人格权。

张乐奕披露王菲的上述隐私内容后，在造成众多网民在不同网站上持续发布大量批评和谴责性言论的同时，引发众多网民使用“人肉搜索”的网络搜索模式，搜寻与王菲及其家人有关的任何信息，并逐步演变成对王菲进行密集地、长时间地、指名道姓地谩骂，甚至发生了网民到王菲及其父母住所张贴、刷写侮辱性标语等极端行为。张乐奕的披露行为对王菲的影响已经从网络发展到现实生活中，不仅严重干扰了王菲的正常生活，而且使王菲的社会评价明显降低。这种侵害结果的发生与张乐奕的披露行为之间存在直接的因果关系，因此，应当认定张乐奕以披露王菲隐私的方式造成了对王菲名誉权的侵害。

关于王菲所称的“北飞的候鸟”网站上刊登的部分文章捏造事实，构成诽谤、侮辱的诉讼主张，本院进行了相关事实的审查。庭审中，就上述问题王菲未提供证据证明真实情况，本院无法认定是否属于捏造事实，即无法认定张乐奕对王菲构成诽谤。

另，王菲认为“北飞的候鸟”网站登载的《静静的》一文中的一段文字对其构成了侮辱。本院认为，该文章系姜岩的亲属在姜岩不堪王菲的婚姻不忠行为而自杀后，发表的谴责王菲、宣泄个人感情的文章，该文章的文字并无异常过激之处。张乐奕在“北飞的候鸟”网站上登载该篇文章的行为不构成对王菲的侮辱。

二、关于张乐奕的侵权赔偿责任的承担

张乐奕作为“北飞的候鸟”网站的注册管理者，在自己管理的网站上撰写文章、登载网民的文章，享有言论自由的权利。但张乐奕的这些行为均应建立在遵守法律、法规的基础之上，并以不侵害他人的合法权益为前提。本案中，张乐奕本人及其他一部分网民撰写文章的内容已突破了法律的禁止性规定，侵犯了王菲的隐私权和名誉权，在产生了严重后果及王菲起诉后，张乐奕作为网站的管理者还不予以妥善处理，则张乐奕应当承担相应的侵权民事责任。具体方式包括停止侵害，将网站中的侵权信息（包括侵权文章及侵权图片）删除，赔礼道歉及赔偿相应损失。

张乐奕在“北飞的候鸟”网站上刊登《哀莫大于心死》、《静静的》、《心上的月光》三篇文章的行为均构成侵权，应予删除。因王菲未主张《青春透明如醇酒，可饮可尽可别离》一文侵犯其隐私权、名誉权，故对于该文章本院不要求张乐奕删除。

关于王菲要求的误工费损失。王菲提供的其原工作单位在网络上所发帖子的内容显示是王菲主动离职，而不是单位将其辞退，故此项诉讼请求证据不足，本院不予支持。

关于王菲要求的公证费用。因网络中的内容始终处于不断更新的状态，王菲为搜集证据而对相关网页采用公证的形式予以固定，因此而支出的费用属于取证的合理支出，王菲要求张乐奕承担部分公证费的诉讼请求合理，本院予以认可。

关于王菲要求的精神损害抚慰金。王菲因为此事件遭受到舆论压力，承受了较大精神痛苦，张乐奕应赔偿其精神损害抚慰金。但是，考虑到以下事实的存在，张乐奕的赔偿责任应予适当减轻：（1）在张乐奕披露相关情况之前，姜岩的博客已经打开，并为公众知晓，张乐奕的行为是事件影响进一步扩大的其中一个因素，并非唯一因素；（2）张乐奕在网站管理过程中，有主动删除部分侵权信息的行为；（3）在张乐奕的披露行为之外，同时还存在其他途径的披露行为，如姜岩的博客、其他网站上网民的“人肉搜索”等；（4）王菲的婚姻不忠行为属实，且为社会道德规范所否定。因此，王菲精神损害抚慰金的具体数额，由本院综合上述因素酌情确定。

综上，依据《民法通则》第101条，第134条第1款第1、7项之规定，判决如下：

一、被告张乐奕于本判决生效后7日内停止对原告王菲的侵害行为，删除刊登在“北飞的候鸟”网站（http：//orionchris. cn/）上的《哀莫大于心死》、《静静的》、《心上的月光》三篇文章及原告王菲与案外人东某的合影照片。

二、被告张乐奕于本判决生效后7日内在“北飞的候鸟”网站（http：//orionchris. cn/）首页上刊登向原告王菲的道歉函，刊登天数不得少于10天，道歉函的内容由本院核定；否则本院将本案判决书主要内容刊登于其他媒体上，费用由被告张乐奕承担。

三、被告张乐奕于本判决生效后7日内赔偿原告王菲精神损害抚慰金5 000元。

四、被告张乐奕于本判决生效后7日内赔偿原告王菲公证费用684元。

五、驳回原告王菲其他诉讼请求。

案由与焦点

1. 案由

本案的一级案由为“人格权纠纷”，二级案由为“人格权纠纷”，三级案由为“名誉权纠纷”。

名誉代表着他人及社会对自然人、法人和其他组织的一种人格评价，民事主体对自己的名誉利益享有名誉权，对他人名誉权的侵害构成名誉权纠纷。

2. 焦点

网络侵权是近些年侵犯人格权案件的高发形式，本案是此类案件中比较典型、影响比较大的案件。本案争议的焦点在于，被告张乐奕将原告王菲的真实姓名、工作单位、家庭住址、与其他女性有“婚外情”的信息在“北飞的候鸟”网站中进行披露，是否侵犯了王菲的隐私权和名誉权？在处理此类案件时，首先，要认定原告所受到的损害是否存在。本案中，损害事实既有虚拟世界的，也有现实中的；有物质的，也有精神的。从法院认定的事实看，王菲的名誉和隐私利益受到了损害，并且这种损害从虚拟世界延伸到现实世界，其损害事实的认定并不难。其次，要确定被告的行为与该损害事实是否具有因果关系。在互联网条件下，因果关系往往具有复杂性，行为与损害之间往往有多因一果、一因多果的特点，本案中被告的行为对于损害事实的发生到底起了怎样的作用需要甄别。在行为违法性方面，还需注意原告人格利益与公共利益的协调，本案就涉及保护原告权益与保护公民言论自由以及原告婚外情的不道德行为是否可以阻却被告行为违法的问题。

评注与问题

1. 如何界定隐私以及隐私泄露

本案中被告张乐奕注册了“北飞的候鸟”网站，并在网站上公布了原告王菲的真实姓名、工作单位、家庭住址、与其他女性有“婚外情”等信息。在案件审理中，被告律师曾指出，“北飞的候鸟”网站公布的信息是在网络上已经可以被搜索到的信息，因此不能认为是“隐私”。而王菲的律师则持相反观点。隐私是不愿意让别人知道的信息，而人们的姓名、家庭住址、电话号码等都是一般人在社会交往过程中会主动向外界披露的信息，这些信息是否属于隐私？王菲的上述信息，包括其婚外情事实，不仅相关人知情，在互联网上也可以搜索到，是否是隐私？

通常认为，个人姓名、住址、出生日期、身份证号、医疗记录、人事记录、照片等单独或与其他信息对照可以识别特定的个人的信息，只要是当事人不愿意让别人知道的信息都是隐私，当然，构成隐私的还包括私人空间和私人活动。一个自然人主动向他人公开的信息，并不意味着愿意向所有不特定人公开；某些人知道的信息，不意味着愿意让更多的人知道。所以，任何不愿意为不特定更多人所知悉的信息都是隐私。所谓隐私泄露，就是因为侵权人的违法行为，不适当地扩大了知悉隐私的人员范围。

2. 被告的行为是否侵犯了原告的隐私权

在互联网环境下，隐私侵权主要表现在行为人未经允许，在互联网对他人个人隐私实施了泄露行为。也有人认为，仅仅是泄露隐私的行为不足以构成侵权，还需要对被泄露信息的人的合法权益造成实际的侵害。我们认为，后者也是侵犯隐私权行为的构成条件。一方面，按照一般侵权责任的构成条件，违法行为和损害事实都是应当具备的条件。一个人如果在网上散布了他人信息，而没有造成他人损害，则不符合侵权责任的构成条件。另一方面，在互联网环境下，各种信息浩如烟海，很多信息会沉淀而毫无价值，也不会给当事人造成损害。同时，很多信息需要通过互联网提供和使用，过多的限制会妨碍正常的信息沟通和交流。

本案中，被告在“北飞的候鸟”网站公布的原告信息，尽管是在网络上已经可以被搜索到的信息，但是，被告的行为使这种信息进一步扩散，加大了传播范围，也促发了更多网民对于原告信息的关注和不当利用，对原告的损害由轻到重，由网络延伸到现实，对于原告造成的损害是显而易见的。另外，被告注册了“北飞的候鸟”网站，对于该网站就有管理职责，对于发布到该网站的侵权信息，有监管职责，被告尽管做了一定的工作，如删除部分信息，但仍没有完全尽到管理责任。所以，该侵权案件的违法行为、因果关系、损害事实等构成条件都一一具备。

也有人对于在网上泄露他人隐私的行为提出了主观上的要求，即这种泄露必须是出于不良动机，行为是属于侮辱和诽谤性质的，并且是明显的才构成侵权。你认为这种观点是否正确？

3. 被告的行为是否侵犯了原告的名誉权

本案并非单纯的泄露他人隐私案件，通常隐私的泄露会给受害人造成两方面的利益的损害。一是隐私的最直接价值损害，即隐私权人因其隐私被他人知晓，其羞耻心理受到了伤害，生活的宁静被破坏。二是某些信息的泄露会导致社会公众对受害人的评价降低，造成受害人的名誉损害，如本案中原告婚外情的隐私泄露会影响社会对他的认同度，造成名誉受损，但是如果侵权行为及其损害仅限于此，则原告所受到的还仅仅是隐私权损害。最高人民法院 1993 年在《关于审理名誉权案件若干问题的解答》中指出：对未经他人同意，擅自公布他人的隐私材料或者以书面、口头形式宣扬他人隐私，致他人名誉受到损害的，按照侵害他人名誉权处理。该规定是在我国隐私权尚未得到法律肯定的情况下，将泄露隐私作为侵害名誉权处理，只是一种权宜之计。

问题在于，被告在其注册的网站上所发表的《哀莫大于心死》、《静静的》、《心上的月光》三篇文章中，涉及原告王菲及其亲人的部分描述失实，并且对原告使用了侮辱性的字眼，影响了原告的社会声誉。同时，上述文章进一步引发了社会对于原告的极大关注，使事态几乎演化成为一场公众事件，有的网民对原告进行侮辱谩骂，并且这种侮辱谩骂从网络延伸到现实生活中，被告作为网站管理人，对于网民发布的侵权信息尽管有删除行为，但没有进行有效的监管。基于上述情形，是否可以认定被告的行为对原告构成了名誉侵权？

4. 原告不道德婚外情行为是否阻却了被告行为的违法性

被告辩称，王菲因为对婚姻不忠导致妻子姜岩自杀，对于上述事件进行陈述以及评价，是法律赋予公民的权利，其网站不构成对王菲名誉权的侵犯。被告的辩词蕴含两方面意思：其一，原告王菲所受到的损害不是因为被告的行为造成的，而是其婚外情的不道德行为造成的，被告的行为与原告的损害没有因果关系。其二，原告不道德的婚外情行为导致其妻子姜岩自杀，被告以及网民有权对原告的行为进行谴责或者评价，或者说原告的行为阻却了被告行为的违法性。

应当承认，原告的不道德婚外情行为的确是导致后续一系列结果的初始原因，但是任何因果关系链条都是有一定范围的，原告的不道德行为导致其妻自杀，其对妻子的死亡有一定责任，是导致其妻子死亡的过错方，引发知情者对其进行批评与谴责也是咎由自取，但是同样应当认识到，原告所受到的超出正常范围的隐私与名誉损害，原告由不道德的过错方转化为隐私与名誉侵权的受害人，却与被告的行为密不可分，被告的行为与原告的损害有因果关系。

至于原告的不道德行为，是否可以阻却被告行为的违法性，则是值得探讨的问题。在婚姻家庭中，一方对于另一方的背叛，尽管与主流道德观念不符合，在婚姻法中也规定有配偶者与他人同居导致离婚的，另一方可以要求损害赔偿，但是这种行为仍然是一种私的行为，是关涉具体当事人的行为，只有其行为所涉受害人即姜岩有权采取一定的拯救婚姻行为或者道义谴责行为。在姜岩死亡的情况下，姜岩的近亲属有权采取民事的或者适当的道义谴责的行为。但是，我们需要考虑的是，在婚姻关系中和对姜岩的死亡有过错的原告，其行为性质是否足以消减其应当享有的隐私权和名誉权，从而导致第三人或者社会公众可以通过网络形式向社会公开其隐私并毁损其名誉和尊严而不具有违法性?

5. 如何协调被告言论自由与原告权利保护的关系

本案侵权认定最大的难点在于个人权益和公众言论自由之间的平衡。如果仅从王菲的角度看，被告的行为侵犯了原告王菲的隐私权，但是从另一个角度看，保护王菲的隐私权似乎对于公众的言论自由构成损害。有人认为，姜岩事件已经成为公众事件，反映了一个社会道德观的巨大争议，本身就具有社会性。论坛并不是新闻机构，是一个巨大的网友自由交流的平台，网友自发表达的个人想法，各种角度、各种立场、各种方式都有，是多元化的而且是自由的，对于网友的言论自由应当予以保护。

这个问题，实际上是在很多人格权案件中都存在的个人人格利益与社会公共利益的冲突及其协调的问题。有关个人人格利益与公共利益的协调须满足如下条件：其一，出于公共利益的需要；其二，受害人的人格利益受到了损害；其三，受害人所受到的损害没有超过必要的限度。为了公共利益的需要，适当限制个人人格利益是可以的，特别是在一些涉及公众人物和公职人员的案件中，但是对何谓公共利益、何谓必要的限度都要有适当的把握。涉及到本案，原告是否应当牺牲其个人的隐私和名誉权，来换取被告和公众的言论自由值得思考。

（评注人：石春玲）

7. 荣誉权纠纷

司法案例

鞠瑛等诉郭晋荣案

江苏省无锡市中级人民法院（1994）锡民终字第74号

基本案情

上诉人（原审被告、反诉原告）：郭晋荣。

诉讼代理人：徐晨明，无锡市律师事务所律师。

被上诉人（原审原告、反诉被告）：鞠英。

被上诉人（原审原告、反诉被告）：刘士英。

被上诉人（原审原告、反诉被告）：周兆俊。

被上诉人（原审原告、反诉被告）：马惠忠。

诉讼代理人（受四被上诉人共同委托）：过丹，无锡市南长区律师事务所律师。

诉讼代理人：范辉，无锡市南长区律师事务所律师。

上诉人郭晋荣因荣誉权纠纷一案，不服江苏省无锡市郊区人民法院（1988）民字第482号民事判决，向无锡市中级人民法院提起上诉。无锡市中级人民法院依法组成由王全福任审判长，代理审判员邹建南、张建伟参加的合议庭公开审理了本案，于1994年6月15日审理终结。

二审法院认可一审法院认定的事实。一审法院查明：原告鞠瑛、刘士英、周兆俊、马惠忠与被告郭晋荣原均为无锡市锅厂技术科职工。1986年，他们5人自发组成技术科学法小组（以下简称“学法小组”）。1987年6月，中华全国总工会和《工人日报》社联合组织举办全国职工法律知识竞赛，规定个人或者集体均可参赛。其中，无锡是一个赛点，由无锡市总工会成立无锡赛点竞赛领导小组。竞赛分为初赛和复赛。学法小组成员郭晋荣、鞠瑛、刘士英以个人名义参加了初赛，学法小组也以集体的名义参加了初赛（署名技术科），试卷答题具体由郭晋荣执笔。经第一轮初赛后，署名技术科的答卷进入下一轮复赛，成绩为89.7分。1987年8月28日下午3时，郭晋荣持技术科准考证参加复赛，郭晋荣在姓名栏内填写了郭晋荣个人名字，并在该试卷上写上“因技术科学法小组成员在8月16日工作调动，故改由原技术科学法小组成员个人参加”的注释，但无锡赛点组织者将复赛参加者仍改为技术科。技术科复赛成绩为83分。最后，技术科初、复赛平均得分为86.35分，被评为无锡赛点全国一级个人优秀奖。嗣后，无锡赛点工作人员填发了由1987年全国职工法律知识竞赛组织委员会办公室事先打印下发的表彰授奖会议的通知，由郭晋荣代表学法小组进京领奖。同年9月4日，郭晋荣代表学法小组执笔撰写《学法的目的在于应用》一文。1987年9月，郭晋荣在北京代表学法小组领回奖品中华学习机微机一台，价值人民币799元。1987年9月22日，《无锡日报》登载了“无锡赛点38万职工读书学法”的消息，其中被评为一级优秀奖的有学法小组。同月24日，《工人日报》登载1987年全国职工法律知识竞赛获奖名单，其中学法小组荣获一级个人优秀奖。同年10月15日，1987年全国职工法律知识竞赛无锡赛点竞赛领导小组发文对学法小组等取得较好成绩的单位或个人进行表彰。1987年全国职工法律知识竞赛获奖的荣誉证书由全国组委会统一下发，无锡赛点竞赛领导小组在具体负责填写获奖者的姓名时，填写了“郭晋荣”个人名字。原告鞠瑛等4人得知此事后，以被告郭晋荣将学法小组集体一等奖荣誉和奖品占为己有为理由，向无锡市郊区人民法院提起诉讼，要求以学法小组名义享有该荣誉，并合理分割奖品。案件审理中被告提出了反诉。

一审诉辩主张

原告鞠英等诉称：1987年6月，全国总工会组织了全国职工普法知识竞赛，我们自发组成了学法小组进行参赛，获得了优秀成绩，被评为全国一级优秀奖。被告郭晋荣将全国一级优秀奖的荣誉和奖品占为己有，侵犯了学法小组其他成员的荣誉权，要求判决荣誉权归学法小组，奖品由全体成员分享。

被告郭晋荣辩称：全国职工普法知识竞赛的两次试卷，都是由我一人完成的，并获得了好成绩，被评为全国一级个人优秀奖。荣誉和奖品应归我个人所有。

被告郭晋荣反诉称：鞠英等四名原告散布舆论，说我侵犯了他们的荣誉权并要和我分割奖金和奖品，致使我精神受到长期痛苦，不得不拿出相当的精力，疲于应付社会舆论和压力。要求赔偿精神抚慰金1 000元以及因原告侵权造成的其他经济损失。

以上控辩主张，当事人双方提供了：（1）证人证言；（2）《工人日报》、《无锡日报》公布的获奖名单；（3）锡工发（1987）77号文件；（4）表彰授奖会议通知、荣誉证书等证据。

一审判决

无锡市郊区人民法院经过审理后认为：公民的荣誉权受法律保护。学法小组在1987年全国职工法律知识竞赛中获得一级个人优秀奖，是在1987年9月22日《无锡日报》和9月24日《工人日报》上公布的，并经核实无误。此次竞赛分初赛、复赛两个阶段，学法小组成员郭晋荣、鞠瑛、刘士英三人曾以个人名义参加初赛，但得分较低，未获得复赛资格，只有署名“无锡锅厂技术科”的答卷获得复赛资格。复赛时，按规定由学法小组的代表参加考试。评委按初、复赛总成绩评定学法小组为无锡赛点全国一级个人优秀奖，其荣誉应归学法小组全体成员享有，奖品中华学习机也应为学法小组全体成员共同所有。鉴于该奖品为一整体，不宜分割，故可根据全体成员的贡献大小作价归并处理。被告郭晋荣提出的反诉请求，应予驳回。依照《民法通则》第102条、第120条第1款之规定，于1993年9月16日判决如下：

一、无锡赛点全国一级个人优秀奖的荣誉为无锡锅厂技术科学法小组集体享有。

二、奖品中华学习机微机一台（价值799元）归郭晋荣所有，郭晋荣自本判决书生效后1个月内一次性给付鞠瑛、刘士英、周兆俊、马惠忠每人人民币80元。

三、驳回郭晋荣的反诉请求。

二审诉辩主张

被告郭晋荣对一审判决不服，上诉称：法律知识竞赛的两次试卷都是由我独立完成的，虽然在第一轮初赛中，答卷署名是无锡锅厂技术科，但学法小组并不存在，仅仅是署了技术科的名称；初赛和复赛的试卷由我一个人完成，并获了奖，荣誉应归我，奖品也应归我。一审判决将获奖荣誉判归学法小组无法律依据，请求二审改判。

被上诉人鞠瑛等四人辩称：学法小组是存在的，全国职工法律知识竞赛试卷，学法小组在一起讨论过，执笔人是上诉人。因此，荣誉权应归学法小组，奖品大家分割。一审判决正确，请求二审维持一审判决。

二审判决

江苏省无锡市中级人民法院认为：全国职工法律知识竞赛，无锡市锅厂技术科参加了初赛，在试卷上署名技术科。复赛时，由郭晋荣代表技术科参加，郭晋荣持技术科准考证进入考场，郭晋荣虽在试卷上注明“因技术科学法小组成员在 8 月 16 日工作调动，故改由原技术科学法小组成员个人参加”，但由于郭晋荣的注释未征求其他人的意见，系个人的主张，因而此“注释”无效。在复试试卷上，无锡赛点组织者发现了郭晋荣的注释，当即改正为竞赛者技术科。

无锡赛点工作人员填发由全国职工法律知识竞赛组织委员会办公室事先打印的表彰授奖会议通知，载明由郭晋荣代表无锡市锅厂技术科学法小组进京领奖，由此证明，荣誉是授予技术科学法小组的。荣誉归学法小组全体成员共有，奖品中华学习机也应归学法小组共有。鉴于中华学习机不宜分割，可按学法小组成员贡献大小作价处理。上诉人郭晋荣上诉称学法小组并不存在的理由不能成立；学法小组是客观存在的，并集体参加了法律知识竞赛。基于以上认定，判决如下：

维持一审判决，驳回上诉。

二审诉讼费 100 元，由上诉人郭晋荣负担。

案由与焦点

1. 案由

本案的一级案由为“人格权纠纷”，二级案由为“人格权纠纷”，三级案由为“荣誉权纠纷”。

荣誉以某种荣誉称号的获得为表征，获得荣誉意味着社会、国家对自然人、法人、其他组织作出了积极的正向评价，荣誉人对获得的荣誉利益享有荣誉权，对荣誉权的侵害构成荣誉权纠纷。

2. 焦点

本案争议的焦点在于，被告郭晋荣参与的一系列法律知识竞赛是代表个人进行的行为还是代表学法小组的参赛的行为，以此为依据，确定荣誉权属于郭晋荣个人还是属于学法小组。如果属于后者，郭晋荣的行为就构成了对学法小组其他成员的侵权。

评注与问题

1. 荣誉权纠纷属于人格权纠纷还是身份权纠纷

本案属于荣誉权纠纷，从纠纷的案由归属上仍属于人格权纠纷。但有一种观点认为，荣誉权属于身份权，从而此类纠纷不属于人格权纠纷。我们认为，这种观点是错误的。

荣誉是指特定的公民、法人或其他组织从特定组织依法获得的积极评价，它是由社会、国家通过特定的机关或组织给予公民、法人或其他组织的一种特殊的美名或称号。荣誉权是指民事主体对其获得的荣誉及其利益所享有的保持、支配的一种权利。《民法通则》对荣誉权作出了相关规定，该法第102条规定："公民、法人享有荣誉权，禁止非法剥夺公民、法人的荣誉称号。"荣誉权的获得应包括两个方面的因素：一是主体的突出贡献或突出表现，二是有关组织的承认并予以表彰或授予荣誉称号。

关于荣誉权的性质，有一种观点认为，因其是为某些人后天所得，而不是生而具有，因而荣誉权是一种身份权。荣誉权的客体在本质上与名誉权有共同之处，即都是社会对主体的评价。荣誉权是具有中国特色的民事权利，如立法上不将其作为独立的权利加以确认，其客体就应受名誉权保护。荣誉权立法的目的与其他精神性人格权一样，都是保护民事主体的人格尊严。尽管荣誉权与身份权一样，并非人人自出生即可享有，但因为荣誉评价更为积极和正式，因而一般人不易获得而已。因荣誉所获得的身份与身份权所保障的身份性质截然不同，后者如亲属权，是亲属之间的有相对关系的身份，并据此身份彼此享有权利和承担义务，而荣誉权是没有相对人的绝对权利。本案当事人因荣誉权归属发生争议，因而本案的一级和二级案由均为人格权纠纷。

2. 本案是形成之诉还是确认之诉

确认之诉是请求人民法院确认某种权利是否存在及其归属的诉讼，形成之诉是请求人民法院通过调解或者判决变更或者解除某种关系的诉讼。本案是一种确权诉讼即确认荣誉权归属的诉讼，还是一种形成之诉即分割奖品、结束共有关系的诉讼？有一种观点认为，该台中华学习机是奖给一级个人优秀奖的奖品，应归获奖者所有，故本案的实质是分割奖品这一共同财产。另一种观点认为，荣誉权是公民依法享有的保护自己所得的嘉奖、光荣称号等荣誉，并不受侵害和非法剥夺的权利。荣誉往往伴有直接或间接的物质利益，荣誉权是人格权中比较少有的往往同时伴有财产利益的权利。基于荣誉权所获得的财产利益，不能够与其所依存的荣誉权相分离而独立存在。本案中所涉及的中华学习机一台是基于荣誉的获得而得到的，是荣誉权这一特定的人格权所派生出来的财产权，两者具有不可分离性，谁享有荣誉权，谁亦同时享有奖品的所有权。结合本案事实，试分析本案应是形成之诉还是确认之诉？

3. 如何确认本案诉争权利的归属

本案中，对于荣誉究竟归谁享有也有分歧。一种意见主张，荣誉应由郭晋荣享有。理由是：复赛是由郭晋荣一人参加并独立完成，学法小组其他成员没有作出贡献，并且荣誉证书亦是颁发给郭个人的。另一种意见主张，荣誉应属学法小组享有。理由是：复赛是由郭晋荣代表学法小组独立参赛的。这次竞赛历经初、复赛两个阶段，复赛资格的取得是建立在"学法小组"初赛成绩优良的基础上的，也就是说，学法小组具备了复赛资格，郭晋荣才得以代表学法小组参加复赛，他本人没有复赛资格。所以，当他将学法小组的名义改为个人名义时，没有被认可，无锡赛点组织者作了更正。并且评委是按初、复赛两次得分的总成绩确定获奖者的。所以，这个荣誉不能归郭晋荣一人享有，学法小组全体成员都享有此荣誉。无锡赛点工作人员将荣誉证填发给郭晋荣个人是工作失误，但不能据此否认竞赛组委会按规定评出的获奖名单。

学法小组是一个组织体，由人组成，其行为也是由人来实施的，所以学法小组中的人就有了双重身份，既是独立的自然人主体，又是学法小组的代表者。在参赛的初期，也就是初赛时，郭晋荣等人以这两种身份都参加了比赛，但是两种身份不能混同。初试时，其以个人身份参加的比赛即遭淘汰，没有继续参赛资格，而以小组身份参加的比赛则取得了复赛资格。个人资格被淘汰，自然后来就不存在以个人身份参赛的问题。尽管郭晋荣在试卷中表明了自己代表个人参赛的态度，但事实上其个人已经没有参赛资格了，所以即使以个人身份得奖，这个奖项也是不合规范的，况且这种变动没有学法小组其他人的合意，没有得到参赛组织者的认可。至于学法小组的人员变动，并不影响学法小组的存在以及参赛资格，所以郭晋荣的参赛行为仍是学法小组行为，荣誉属于集体。考虑到郭晋荣在整个比赛中所作出的贡献明显大于其他成员，对荣誉的获得起了关键作用，所以对奖品的享有份额应优于其他成员。鉴于中华学习机的不可分割性，可以作价归并给郭晋荣所有。

4. 本案的反诉是否成立

所谓反诉，是指在已经开始的诉讼当中，被告借助同一程序对原告提起的与本案具有关联性的新的独立请求。提起反诉首先要具备提起诉讼的一般要件。根据《民事诉讼法》第 108 条的规定，起诉必须符合下列条件：（1）原告是与本案有直接利害关系的公民、法人和其他组织；（2）有明确的被告；（3）有具体的诉讼请求和事实理由；（4）属于人民法院受理民事诉讼的范围。

反诉的特征在于，除与本诉具有牵连性，还有独立性和对抗性。相对于本诉来说，反诉是一种完全独立的诉讼请求。被告提出反诉后，原告的起诉日后无论是自愿撤回或是被驳回，对反诉的审理均不影响，法院仍应对反诉继续审理并作出裁判。同样，反诉的撤回也不影响本诉的继续审理，即使没有本诉的存在或者本诉已结束，被告也可以另外单独地启动新的诉讼程序。因为，反诉本身就是独立的诉讼，只是为了方便起见，才与本诉进行合并审理。反诉的诉讼请求是针对本诉的诉讼请求提起的，目的在于抵消和排斥本诉的诉讼请求，以使自己胜诉，从而达到保护自己合法权益的目的。

原审被告郭晋荣反诉称：鞠英等四名原告散布舆论，说我侵犯了他们的荣誉权并要和我分割奖金和奖品，致使我精神受到长期痛苦，不得不拿出相当的精力，疲于应付社会舆论和压力，要求赔偿精神抚慰金 1 000 元以及因原告侵权造成的其他经济损失。试分析郭晋荣的反诉能否成立？

5. 本案是否需要追加被告[①]

有一种意见认为，无锡赛点工作人员填发的进京领奖的通知和荣誉证书未写“学法小组”，而是“郭晋荣”，侵犯了四原告的荣誉，应追加无锡市总工会为本诉被告。对于这个问题，首先，应分清无锡市总工会是否实施了侵权行为。侵权行为是指行为人因故意或过失以作为或不作为形式不法侵害他人人身权利或财产权利的行为。也就是说，构成侵权的要素之一，即行为人的行为使他人的人身权或财产权受到损害，行为与损害之间有必然的因果关系。从本案情况看，学法小组以及个人优秀奖是无锡赛点领导小组根据初、复赛的成绩确定并上报竞赛组委会批准的。填发的通知虽然是郭晋荣名字，但是指由其代表学法小组领奖，并非就此认定郭晋荣是获奖者，《工人日报》、《无锡日报》登出的获奖名单即证实了这一点。无锡赛点工作人员在填发荣誉证书时将获奖者写为“郭晋荣”个人，确系工作失误，但发生于名单刊登之后，而无

① 参见龚明辉、刘天兴：《鞠英等诉郭晋荣侵害荣誉权案》，见 http：//vip. chinalawinfo. com/Case/DisplayContent. asp？ Gid=117674166&keyword=最后访问日期：2011-08-10。

锡赛点领导小组也于1987年10月15日发文表彰了一级优秀奖无锡锅厂技术科学法小组。所以，这一失误不会导致原、被告或他人产生认识错误，郭晋荣代表学法小组执笔撰写了《学法的目的在于应用》，也说明了其明确知道获奖者为学法小组。所以，无锡市总工会未侵害包括原、被告在内的学法小组的荣誉权，不必追加为本案的共同诉讼人。

（评注人：石春玲）

8. 隐私权纠纷

司法案例

杨秀玲诉沈阳日报社案

辽宁省沈阳市中级人民法院（2005）沈民一权终字2026号

基本案情

上诉人（原审原告）：杨秀玲。

被上诉人（原审被告）：沈阳日报社。

法定代表人：张东毅，该社社长。

委托代理人：王秀奎，辽宁盛恒律师事务所律师。

上诉人杨秀玲因肖像权、名誉权、隐私权纠纷一案，不服沈阳市和平区人民法院（2005）和民权初字第625号民事判决，向本院提起上诉，本院依法组成由审判员王卉担任审判长，代理审判员石瑷丹、代理审判员孟雷参加评议的合议庭，公开开庭审理了本案。上诉人杨秀玲，被上诉人沈阳日报社的委托代理人王秀奎到庭参加了诉讼。本案现已审理终结。

2004年2月15日中午，《沈阳晚报》实习生都晨为做毕业创作与其奶奶共同来到杨秀玲住所。在征得杨秀玲同意后对杨秀玲母女进行了照片拍摄。当日下午，都晨听说该报社记者王晓辉欲拍摄有关单亲家庭的照片，即转告了杨秀玲母女的情况。2004年2月16日，都晨与王晓辉记者经杨秀玲同意，来到杨秀玲住所，告之王晓辉记者的真实身份，并告知其此次拍摄的目的是给单亲家庭心理调查的文字作配片，杨秀玲听后表示同意拍摄。双方在自然的交谈中，由王晓辉拍摄到一张由杨秀玲女儿侧脸亲吻杨秀玲眉头的照片。当日下午，为再一次确认杨秀玲母女是否同意将其照片刊登，都晨的妹妹持自家手机来到杨秀玲住所，由都晨向杨秀玲询问，杨秀玲在电话中明确答复："孩子还在念书，不要暴露孩子的名誉，你看着办。"2004年2月17日，沈阳晚报教育周刊发表了题为《父母离异未必就是孩子的不幸》（以下简称《未必不幸》）的文章，其间，将王晓辉拍摄的上述照片作为配片刊登。

一审诉辩主张

原告诉称：沈阳日报社主办的《沈阳晚报》在教育周刊版中使用原告与女儿的合影肖像，

侵犯两人的肖像权、名誉权、婚姻隐私、人格尊严等权利，请求人民法院责令被告沈阳日报社书面赔礼道歉，并赔偿经济损失 19 元和精神损失 10 000 元及继续侵权造成的精神损失 2 000元。

原告提交了如下证据：《沈阳晚报》教育周刊文章及杨秀玲母女照片。

被告辩称：被告拍摄和刊登杨秀玲母女的照片是经过其同意的，对方是了解照片使用用途的，照片的刊登用于正面宣传，鼓励积极向上，不构成对原告权利的侵犯。

被告提交了如下证据：（1）都晨的书证；（2）孙淑俊、都琳、王晓辉的证言。

一审判决

沈阳市和平区人民法院审理认为：《民法通则》第 100 条规定："公民享有肖像权，未经本人同意，不得以营利为目的使用公民的肖像。"第 101 条规定："公民、法人享有名誉权，公民的人格尊严受法律保护，禁止用侮辱、诽谤等方式损害公民、法人的名誉。"《沈阳晚报》教育周刊系具有维护社会公共利益性质的栏目，其发表的《未必不幸》文章，不存在以侮辱、诽谤等方式损害公民名誉的情形。且原告是在已经知晓被告拍摄目的的前提下，同意拍摄并同意被告对其照片予以刊登。因此，原告提出被告侵害其权利的主张不能成立，故对其提出的要求被告书面赔礼道歉并要求经济赔偿和精神损失的诉讼请求，不予支持。依据《民事诉讼法》第 64 条第 1 款、《民事诉讼证据规定》第 2 条之规定，判决驳回原告杨秀玲的诉讼请求。案件受理费 100 元，由原告承担。

二审诉辩主张

原告杨秀玲不服，上诉称：（1）一审认定事实错误。被上诉人的行为已经构成了以侮辱、诽谤、宣扬隐私等方式损害我和孩子的名声、名誉。被上诉人以肖像和"父母离异"等文字相结合侮辱肖像权人的形象、人格尊严；把文章的标题《未必不幸》与孩子的真实肖像紧密相连，构成了用诽谤的方法损害名誉；把"父母离异的孩子"和肖像相连，构成了用向大众宣扬上诉人婚姻状况隐私信息的方式损害上诉人的名声、名誉。（2）被上诉人未经我允许和授权，擅作主张把我和孩子的肖像搭配在罗抒的一篇文章中刊出，其行为侵害了我和孩子的肖像权、名声名誉权、婚姻状况隐私权、人格权。关于采访目的，我和孩子听到的都是"为这个特困而且是离婚的家庭做件好事拍些照片解决困难"，"了解情况向有关部门反映提高低保金"。我们并没有亲眼见到罗抒的文章，也没有在其文章上表态。把肖像和文章放在一起刊登，都晨、王晓辉并没有告知我们，而且被上诉人也没有提供在采访时我方能知道此信息的证据。（3）王晓辉、都晨、孙淑俊、都琳与被上诉人有利害关系，故四人的证言依法均不能作为认定事实的依据，一审采信了几人的证言、书证、证明，未审核证据的内容是否真实。

被上诉人沈阳日报社答辩称：一审认定事实清楚，证据确实充分，适用法律正确，程序合法，请求二审维持原判，驳回上诉人的诉讼请求。（1）我方拍摄照片是经过上诉人同意的，刊登文章的主要内容上诉人是清楚的，而且表扬了上诉人勤俭、吃苦耐劳的美德，不构成侵犯肖像权。（2）我方尊重记者职业道德进行了采访、拍照，从未说过给上诉人办理低保问题，告知上诉人是给心理调查的文章作配片，文章的主要内容都说了。（3）对于上诉人的婚姻状况问题，法律并没有将婚姻状况列为隐私权范畴，我方刊登的照片根本看不清小女孩的面孔。

上述事实，有杨秀玲提供的《沈阳晚报》教育周刊文章及杨秀玲母女照片、沈阳日报社提供的都晨的书证，孙淑俊、都琳、王晓辉的证言及双方当事人陈述等证据材料，已经庭审质证，法院予以确认，并在卷佐证。

二审判决

沈阳市中级人民法院经审理认为：本案的争议焦点在于被上诉人沈阳日报社将上诉人杨秀玲母女的合影照片作为《未必不幸》一文的配片刊登，是否侵犯上诉人母女的肖像权、名誉权、隐私权问题。肖像权是公民对自己的肖像享有利益并排斥他人侵害的权利。公民享有肖像权，未经本人同意，不得以营利为目的使用公民的肖像。本案上诉人承认照片的拍摄和刊登均经过其同意，但称被上诉人未明确告知照片为《未必不幸》一文作配片。都晨、王晓辉、孙淑俊几人的证言相互印证，可以证明拍摄时记者已将照片用途即给单亲家庭心理方面的材料配片告知上诉人。照片刊登前被上诉人征询上诉人的意见时，上诉人要求"不要暴露孩子的名誉"，也间接证明其对照片的用途是明知的。上诉人提出的被上诉人未经其同意使用其肖像的主张不能成立。同时，《沈阳晚报》教育周刊是具有社会公益和道德教育性质的栏目，被上诉人使用上诉人母女的肖像作为文章配片并非用于商业广告等营利目的，在使用中也未对肖像作歪曲、诋毁等不当处理，故未侵害上诉人母女的肖像权。

关于被上诉人将上诉人母女的照片作为文章配片刊登是否侵犯上诉人母女名誉权的问题，上诉人提出文章标题《未必不幸》和文章内容与孩子的真实肖像相连，损害了上诉人母女的名誉。法律规定，名誉权是公民或法人对自己在社会生活中获得的社会评价依法享有的不可侵犯的权利，是否构成侵犯名誉权，应当根据受害人确有名誉被损害的事实、行为人行为违法、违法行为与损害后果之间有因果关系、行为人主观上有过错来认定。《未必不幸》一文从正面分析、阐述家庭结构变化易引起子女产生情感冷淡等心理问题，但如果单亲父母用正确的方式与子女加强沟通，心理问题能够预防，甚至生活的变故也可能成为磨炼孩子的一笔人生财富，从而得出"父母离异未必就是孩子的不幸"的结论。该文主旨积极向上，从标题到内容通篇没有侮辱、诽谤性的语言，该文章使用上诉人之女亲吻其额头的照片作为配片，即使读者将二人与文中所述单亲父母与子女的情况相联系，客观上也不会降低母女二人的社会评价，上诉人称该文章和照片刊登后对其生活造成了损害后果，但未提供相应证据，故对其主张本院不予采信。综上，被上诉人没有实施侵害上诉人母女名誉权的行为，亦未造成损害结果，故肖像作为文章配片未侵害上诉人母女的名誉权。

隐私，指公民在生活中不愿公开，为他人知悉的秘密。公民就个人隐私享有不为他人知悉，禁止他人干涉的权利。关于上诉人提出的被上诉人把"父母离异的孩子"和母女肖像相连，向大众宣扬上诉人婚姻状况侵犯其隐私权的主张，第一，上诉人明知报社记者欲拍摄单亲家庭的照片而同意拍摄并同意在报纸上刊登，无论是为解决生活困难还是为文章作配片，都证明上诉人已默认将其婚姻状况公开；第二，上诉人称因其是特困户，离婚后靠父母的扶持和邻居的帮助生活，说明上诉人的婚姻状况其亲朋邻居是知道的；第三，被上诉人将上诉人母女的照片作为《未必不幸》一文的配片，选用了上诉人之女侧面的照片，且未公布二人的姓名，上诉人未能举证证明照片刊出后不特定的多人知悉其婚姻状况并给母女生活带来影响。综上，被上诉人不存在擅自宣扬他人隐私的行为，未侵犯上诉人母女的隐私权。上诉人要求被上诉人因侵犯其与女儿肖像权、名誉权、隐私权，赔偿其精神和经济损失的主张于法无据，本院不予支持。依据《民事诉讼法》第 153 条第 1 款第 1 项、《民法通则》第 101 条、《民法通则意见》第 139 条、最高人民法院《关于审理名誉权案件若干问题的解答》第 7 条第 1 项之规定，判决如下：

驳回上诉，维持原判。

二审案件受理费100元，经本院批准免交。

案由与焦点

1. 案由

本案的一级案由为“人格权纠纷”，二级案由为“人格权纠纷”，三级案由为“隐私权纠纷”。

自然人对自己的隐私信息享有隐私权。隐私信息是自然人不愿公开的、隐蔽的私密信息。以口头或者书面形式宣扬他人隐私信息造成一定影响的，构成隐私权侵害，因侵害隐私权而造成的纠纷为隐私权纠纷。

2. 焦点

本案争议的焦点主要有两个：一是关于案件事实方面的认定。被告在拍摄了原告的照片后，将其用于《教育周刊》文章《未必不幸》的配片，原告认为被告对其照片的这种使用方式未经其授权，而被告辩称这种使用得到了原告的同意。二是关于行为性质的认定。被告将原告照片用于《未必不幸》的配片，这种使用方式是否侵犯了原告的隐私权、肖像权、名誉权。当然，第一个问题的结论对第二个问题的结论是有影响的。

评注与问题

1. 自然人的婚姻状况是否属于个人隐私

有关婚姻状况是否为个人隐私而受到隐私权的保护的问题，理论与实务中是有争议的。原因在于人们对于婚姻的认识不同，有人认为婚姻尽管是个人事务，但是涉及公德和公共利益，因而婚姻状况不能作为个人隐私。也有人持相反观点，认为婚姻状况属于个人隐私。在社会生活中，很多事务并非非黑即白，非此即彼。自然人的各种私人信息，有的是绝对隐私，如个人的生理缺陷等信息；有的绝对非隐私，如单纯的姓名信息；有的则是模糊的和渐变的，如婚姻。我国立法对于婚姻的认识，也从公权可以绝对干预转变为逐渐承认其“私”的性质。有关制度的变革充分说明了这一点，例如，允许大学生和服刑人员结婚、取消结婚介绍信、取消强制婚检等。但是仍不可否认，婚姻会涉及社会管理、社会稳定、子女利益、道德价值、重婚等问题。同时，隐私是自然人不愿意为他人所知悉的与公共利益无关的个人信息。所谓“不愿为他人所知”，是按照公众的一般心理需求还是特定当事人心理需求？所谓的“他人”范围又怎样？依据不同的标准，结论也会不同。总之，我们倾向于婚姻可以作为隐私，但是应受到公共利益的限制，这就是应贯彻权利协调的原则，不是必须透露的场合可以不透露，不是必须知悉的人，权利人有权选择不为其知悉。

至于判决书中的观点，上诉人称因其是特困户，离婚后靠父母的扶持和邻居的帮助生活，说明上诉人的婚姻状况其亲朋邻居是知道的，以此否定原告对其婚姻状况的隐私欲望，对此观点，我们不予赞同。上诉人的婚姻状况愿意为亲朋邻居知悉，不意味着上诉人愿意为更多不特定人知悉。

2. 被上诉人使用上诉人的肖像是否获得其授权

本案上诉人承认照片的拍摄和刊登均经过其同意，但称被上诉人未明确告知照片为《未必不幸》一文作配片。上诉人称：关于采访目的，我和孩子听到的都是“为这个特困而且是离婚的家庭做件好事拍些照片解决困难”，“了解情况向有关部门反映提高低保金”，我们并没有亲眼见到罗抒的文章，也没有在其文章上表态。把肖像和文章放在一起刊登，都晨、王晓辉并没有告知我们。从上诉人的上述理由，我们可以认定或者推知：其一，照片的拍摄和刊登经过了上诉人同意；其二，上诉人知悉王晓辉等人作为《沈阳晚报》记者的身份；其三，上诉人知悉照片的拍摄和刊登用于反映与离异家庭有关的情况，该照片的使用与离异家庭有关；其四，作为理性成年人可知的常识，记者拍摄照片是用于报纸刊登，即使是向社会或有关部门反映，也是通过媒体刊登进行呼吁。

被上诉人提供的都晨、王晓辉、孙淑俊几人的证言，用以证明拍摄时记者已将照片用途即给单亲家庭心理方面的材料配片告知上诉人，上诉人表示“你看着办”，该证据足以证明上诉人知悉照片的用途。同时，“你看着办”表明上诉人希望不要对孩子的名誉造成损害，但具体的尺度授权被上诉人掌握。

以上分析结论使上诉人提出的被上诉人未经其同意使用其肖像的主张不能成立，所谓肖像侵权也是不成立的。

3. 被上诉人是否侵犯了上诉人的隐私权

隐私权是指自然人依法享有的对其个人的、与公共利益无关的私人信息、私人活动和私人空间进行自主支配，不受他人非法搜集、利用和侵扰的一种人格权。我国宪法和法律一度对隐私权没有明确肯定，但《精神损害赔偿解释》第1条规定对隐私利益予以保护。在《侵权责任法》中则明确肯定了隐私权这一具体人格权。

将上诉人母女的照片作为《未必不幸》一文的配片发表，两者相联系，的确能泄露上诉人的婚姻状况以及家庭结构。被上诉人关于法律未规定婚姻状况是作为隐私保护的答辩理由不足，究竟哪些是隐私、哪些不是隐私，法律没有也不会一一列举，实务和理论一般认为自然人不愿意为他人所知的关于自己的各种信息均可构成隐私。所以，如前所述，婚姻状况当然可以作为隐私加以保护。但是尽管如此，我们仍有理由认为被上诉人的行为并不构成隐私侵权。其一，上诉人对于被上诉人使用照片的目的、方式是知悉的并进行了授权。其二，被上诉人刊发的《未必不幸》文章以及配发的照片都反映了一种积极向上的精神内涵，对于离异家庭和孩子抱有肯定和关怀的态度。被上诉人以一般人的感受认为这样的使用不会造成对上诉人的伤害。其三，上诉人对于照片的刊发表达了一定的忧虑，希望保护女儿的名誉并授权被上诉人具体掌握分寸，被上诉人使用照片的时候，采取了一定的措施，如没有提及上诉人的姓名，对上诉人的女儿形象只使用了侧脸。其四，《沈阳晚报》教育周刊是具有社会公益和道德教育性质的栏目，上诉人即使有权利被侵害的自我感觉，但从一般社会公众来看，被上诉人的行为是可以接受或者容忍的，没有超出一般人的容忍限度，所以不构成侵权。

4. 被上诉人的行为是否损害了上诉人的名誉

名誉是社会公众对一个人的品行、能力等方面的评价。名誉侵权的行为主要表现为以语言、文字或者其他方式对受害人进行侮辱或者诽谤，从而影响了社会公众对受害人的评价。也有的是以泄露隐私的方式损害了社会公众对于当事人的评价。本案中被上诉人报社的行为没有对上诉人构成任何侮辱、诽谤，即使使用了上诉人的照片，透露了上诉人的婚姻信息，但完全不能引起社会对于上诉人的负面评价，没有对上诉人的名誉构成损害，不构成对上诉人的侵权。

5. 有利害关系之证人的证言，其效力如何

一般来说，效力高低是证据之间的比较，而不是对某种证据效力的绝对否认。如果没有相反的证据或更有效力的证据，则证据是可以采信的。至于有利害关系的人，其证言效力如何，

《民事诉讼证据规定》第69条规定："下列证据不能单独作为认定案件事实的依据：（一）未成年人所作的与其年龄和智力状况不相当的证言；（二）与一方当事人或者其代理人有利害关系的证人出具的证言……"可见，利害关系人的证言可以作为证据使用，只是在孤证的情况下不具有证明力。被告方有多个证人的证言、有录音证据等加以相互印证，尽管各证人与被告有一定的利害关系，但是这些证言仍可以采信。

（评注人：石春玲）

9. 人身自由权纠纷

司法案例

张群诉佛山市新一佳百货超市案

广东省佛山市中级人民法院（2004）佛中法民一终字第 307 号

基本案情

上诉人（原审被告）：佛山市新一佳百货超市有限公司。

法定代表人：李伟光。

委托代理人：刘依昌、林贵运，该公司职员。

被上诉人（原审原告）：张群。

上诉人佛山市新一佳百货超市有限公司因人身自由权纠纷一案，不服广东省佛山市禅城区人民法院（2003）佛禅法民一初字第 1372 号民事判决，向本院提起上诉。本院依法组成由杜秉沛任审判长，代理审判员林炜烽、吴健南组成的合议庭审理了本案。现已审理终结。本案由书记员刘斯华笔录。

二审法院认可一审法院查明并认定的事实。2003 年 9 月 20 日晚上，原审原告到被告商场购物。在商场三楼原告挑选了猪骨、鸡心枣和鸡蛋各 1 包，豆角 1 扎（商场标明为特价蔬菜），于 9 时 10 分左右到收款台核价付款。被告的收款员收取 10.20 元后将付款凭据电脑小票交给原告，电脑小票上打印有商品名称、数量、单价及金额。随后，原告携带所购商品经过三楼的出口处，将电脑小票交给被告的防损员，由其在小票上加盖一个“多谢惠顾”的红色印章。当原告走到手扶电梯处准备搭乘电梯时，被告的一名女员工上前拦住她，要查看原告的电脑小票，认为原告没有对全部商品付款，需要补钱，双方为此发生争执。被告的员工将原告带到防损部办公室，检查原告所购商品，认为其中豆角应为两小把捆成一扎，而原告的这扎豆角有三小把，怀疑原告偷窃。原告表示不知为何会是三小把。原告随即拨打电话 110 报警。警察到场处理后，被告在场的管理人员林贵运表示这是一次误会，并向原告赔礼道歉。到场的警察也认为既然被告的人员已赔礼道歉，可了结此事，随后离去。原告坚持要求与其发生争执的两名员工向其赔礼道歉，双方僵持不下。庭审中原告称其当晚 11 时 05 分离开被告商场，被告则称是商场晚上 10 时关门前原告离去。之后原、被告协商无果。至同月 24 日，原告为此事到佛山市禅城区公安局江湾派出所报案。原告是佛山市港联大不锈钢有限公司的员工，任车间后勤主管。原告于2003年10月8日起，多次到佛山市第二人民医院、佛山市第三人民医院门诊就诊，症状为头晕、头痛、失眠、胸闷、情绪低落等，佛山市第三人民医院诊断为抑郁症。后原告向法院起诉，要求被告就其侵权行为承担民事责任。

一审判决

原审审理认为：本案系原告认为被告强行扣留原告，搜查原告携带的物品，侵犯了原告的人身自由权而引致的纠纷。人身自由权作为一项基本的人格权利，是指自然人的活动不受非法干涉、拘束或者妨碍的权利。《中华人民共和国消费者权益保护法》（以下简称《消费者权益保护法》）第25条规定："经营者不得对消费者进行侮辱、诽谤，不得搜查消费者的身体及其携带的物品，不得侵犯消费者的人身自由。"本案中，原告将选购的商品全部交由被告收款人员核对计价，支付相应价款，拿走已付款商品时，原、被告的买卖合同关系即已履行完毕，这些商品已属原告所有。被告安排其防损员在顾客付款后核对其付款凭证，加盖印章，是其实施的防止商品损耗的检查措施。本案中原告自愿将电脑小票交由防损员核对盖章，视为原告接受被告的检查行为。被告庭审中称防损员在电脑小票上盖章的目的是欢迎顾客再次光临，这一解释明显不合情理，不予采信。原告经过被告的检查放行后，双方的消费法律关系已经终止。被告在没有证据证实原告偷窃了被告商品的情况下，阻拦准备搭乘电梯的原告，将原告带往办公室，检查原告携带的物品，显然违反了原告的意志，超出了经营者的权利范围，具有明显过错，构成了对原告人身自由权的侵犯，依法应承担侵权民事责任。被告虽提出原告所购豆角与当时商场所售有异，但无法指出是原告的行为所致，不能证明原告存在过错，其答辩意见于法无据，不予采纳。《消费者权益保护法》第43条规定："经营者违反本法第二十五条规定，侵害消费者的人格尊严或者侵犯消费者人身自由的，应当停止侵害、恢复名誉、消除影响、赔礼道歉，并赔偿损失。"原告要求被告书面赔礼道歉，于法有据，予以支持。被告以原告偷窃为由限制原告人身自由，必然会造成原告情绪和心理上的伤害，所以可以判断，原告随后出现的头痛、失眠等身体症状与被告的侵权行为有相对的因果关系，被告应赔偿原告就医所花费的医疗费。因双方发生纠纷，原告当时所购商品没有食用，搁置至开庭时已变质，被告应赔偿价款10.20元给原告。原告因准备诉讼、取证被单位扣工资，支出车费、查询工商登记费、打字复印费、照相费、电话费，属于原告的诉讼支出，原告要求赔偿没有法律依据，不予支持。原告虽受到精神伤害，但从纠纷发生情形分析，损害后果并不严重，原告请求精神损害抚慰金，不符合《精神损害赔偿解释》第8条第1款"因侵权致人精神损害，但未造成严重后果，受害人请求赔偿精神损害的，一般不予支持，人民法院可以根据情形判令侵权人停止侵害、恢复名誉、消除影响、赔礼道歉"的规定，不予支持。据此，依照《消费者权益保护法》第25条、第43条，《精神损害赔偿解释》第8条第1款的规定，判决：

一、被告佛山市新一佳百货超市有限公司于判决发生法律效力之日起5日内向原告张群书面赔礼道歉。赔礼道歉的具体内容须经法院审查。

二、被告佛山市新一佳百货超市有限公司于判决发生法律效力之日起5日内向原告张群赔偿医疗费476.20元及其他经济损失10.20元。

三、驳回原告张群的其他诉讼请求。

本案受理费100元，由被告承担。

二审诉辩主张

佛山市新一佳百货超市有限公司不服上述判决，提起上诉称：2003 年 9 月 20 日晚 9 时 10 分许，张群在佛山市新一佳百货超市有限公司商场购物付款后，场方发现张群所购的商品豆角本应系两小把捆成一扎，而张群所持的豆角却是三小把。场方仅是询问了张群，张群便为此而吵闹。为了不影响其他顾客购物，场方要求张群到办公室，但并没有实施强制扣留及搜查所携带物品等侵犯张群人身自由权的行为。事实上，警察接张群报案处理事件后，张群仍不愿离去。直至商场到了关店时间，办公室人员因参加消防培训而全部离开了办公室，张群才离去，根本不存在商场限制张群人身自由的事实。据此请求：撤销原判，改判驳回张群的诉讼请求。

被上诉人答辩认为：2003 年 9 月 20 日晚 9 时 10 分左右，张群在佛山市新一佳百货超市有限公司商场处购物付款。9 时 50 分左右，张群进了电梯口时，商场的女服务员说张群偷了东西，并强行带张群入防损部，交由一名叫向桂林的男服务员盘查。在此期间，他们要张群开包检查，因为一袋鸡蛋已放入包里。同时，他们又拿走一袋猪骨去别处检查。经查后也认为无偷窃现象，但却要张群承认偷窃行为。10 时 20 分，张群拨打 110 报警。警察到场后，一致认定张群是无辜的，责令商场员工赔礼道歉。而商场员工多次请求警员不要做现场笔录，并称系商场犯错等。民警离开商场的时间为 10 时 45 分。11 时 05 分，张群由商场保安带路，经由楼梯通道走出商场门口。11 时 30 分，张群已到派出所报案，根本不存在场方所称的不肯离去的情况。场方冤枉张群偷豆角系没有任何依据与理由的，因为扎豆角的绳子是绿色的，并印有新鲜蔬菜的字句。张群空手进入商场购物，何来 1 条绿色的绳子多偷 1 扎豆角？且张群在购物付款后又买了豆腐花吃，根本不知道自己所买的豆角多了 1 小扎。再者，场方系在检查了张群所携带的包等物品后，才改称张群多偷了 1 扎豆角的。请求法院依照《广东省关于实施〈中华人民共和国消费者权益保护法〉的办法》第 31 条的规定，判令场方承担停止侵害，恢复名誉，消除影响，赔礼道歉，并给予 5 万元以上的精神赔偿等民事责任。

被上诉人张群在二审期间提交了下列证据材料：

1. 佛山市第二人民医院门诊收费收据及病假证明各 2 张，佛山市第一、二人民医院门诊病历各 1 份，以证明张群因本案事件而遭受惊吓，需到医院进行诊疗。上诉人佛山市新一佳百货超市有限公司认为上述证据材料在一审期间并未提供，且张群并未对原判提出上诉，故不同意对上述证据材料进行质证。本院认为，上述门诊病历等证据材料形成于原判作出后，应属《民事诉讼证据规定》第 41 条所指的二审程序中新的证据的范畴。该证据来源合法，内容客观真实，且与本案具有关联性，应予采信。

2. 佛山市禅城区公安局信访回执及江湾派出所报案证明各 1 份，以证明张群为本案事件报案及公安机关受理的情况。上诉人佛山市新一佳百货超市有限公司认为上述证据材料在一审期间并未提供，且张群并未对原判提出上诉，故不同意对上述证据材料进行质证。本院认为，上述证据材料形成于原判作出后，其作为反映张群报案情况的补充证据，来源合法，且与本案具有关联性，应予采信。

经审查，本院对原审判决认定的事实予以确认。

二审判决

佛山市中级人民法院经审理认为：被上诉人因生活消费需要而进入上诉人对外经营的超市

商场购物，双方当事人间即确立消费服务合同及商品买卖合同的民事法律关系。按照超市独特的经营方式，顾客在开放性货架自由选择商品，最后到收银台交付货款后，即完成商品的交易过程。本案中，被上诉人已将其选购的商品全部交予上诉人的收款员核价付款，并携带已付款商品离开收银台。此时，涉讼双方间的商品买卖合同关系已告终结，作为合同标的物的特定商品的所有权亦已发生移转。在此之后，上诉人安排其防损员在顾客的付款凭据上加盖印章，系其单方设置的旨在防止商品损耗的非强制性措施，被上诉人自愿接受该项措施并将付款凭据交予防损员核对盖章，属于当事人意思自治的范畴，应予准许。《中华人民共和国宪法》（以下简称《宪法》）第 37 条及《消费者权益保护法》第 25 条规定，公民的人身自由不受侵犯。禁止非法搜查公民的身体；经营者不得对消费者进行侮辱、诽谤，不得搜查消费者的身体及其携带的物品，不得侵犯消费者的人身自由。本案中，在商品买卖合同关系业已终止的情况下，上诉人的员工怀疑被上诉人盗窃了其商品，将准备离开的被上诉人截回，并检查其享有完整物权的所携带物品，明显违背了被上诉人的真实意愿，属搜查及限制公民人身自由的违法行为，该行为对被上诉人依法享有的人身自由权构成了侵害或妨碍。依《消费者权益保护法》第 43 条之规定，上诉人应向被上诉人承担赔礼道歉、赔偿损失等民事责任。原审判决认定事实清楚，适用法律正确，处理恰当，应予维持。上诉人称其不存在限制被上诉人人身自由的行为，缺乏事实依据，本院不予采纳。

被上诉人在二审期间要求上诉人赔偿 5 万元以上的精神损害赔偿款，属其在二审答辩中要求变更或者补充第一审判决内容的请求，根据最高人民法院《关于民事经济审判方式改革问题的若干规定》第 36 条的规定，本院不予审查。

据此，依照《民事诉讼法》第 153 条第 1 款第 1 项的规定，判决如下：

驳回上诉，维持原判。

二审案件受理费 100 元，由上诉人佛山市新一佳百货超市有限公司承担。

案由与焦点

1. 案由

本案的一级案由为“人格权纠纷”，二级案由为“人格权纠纷”，三级案由为“人身自由权纠纷”。

自然人对自己的人身自由利益享有自主支配权，此种自主支配权即为人身自由权，对人身自由权的侵害形成人身自由权纠纷。

2. 焦点

本案争议的焦点在于：其一，被告对原告实施的行为性质如何？其二，超市防损与自助维权的限度在哪里？其三，被告是否应就其行为向原告承担精神损害赔偿责任？

评注与问题

1. 如何定性上诉人对被上诉人实施的行为

人身自由权是指自然人的人身免受非法限制、拘束、干涉或妨碍，可以在法定范围内依据自己的意志自由活动的权利。[①]《宪法》第 37 条第 1 款规定：“中华人民共和国公民的人身自由

① 参见王利明：《人格权法研究》，386 页，北京，中国人民大学出版社，2005。

不受侵犯。”《民法通则》虽未明确规定人身自由权，但《精神损害赔偿解释》明确规定了自然人享有人身自由权，并规定权利人在此权利受到侵害时有权要求精神损害赔偿。《消费者权益保护法》第25条也明确规定：“经营者不得对消费者进行侮辱、诽谤，不得搜查消费者的身体及其携带的物品，不得侵犯消费者的人身自由。”

本案中，被上诉人张群到上诉人商场购物，在钱物两清并出示购物小票接受防损查验后意欲离开的时候，超市员工怀疑其偷窃将其拦下，双方发生争执并被带到防损办公室接受检查。尽管超市声称其只是口头询问引发张群吵闹，为不影响其他顾客而要求张群到其办公室，但不能否认张群被滞留在被告防损办公室并非出于张群自愿，张群意欲离开超市被拦下、被要求到超市防损办公室、被要求开包接受检查，此一系列行为违背张群的意志，限制了张群的人身自由，属于侵犯张群人身自由权的行为。

2. 超市防损与自助维权的限度如何把握

所谓自助行为，是指权利人为保护其合法权益，在情况紧急而又不能及时请求国家机关予以援助的情况下，对他人的财产或自由施以扣押、拘束或其他相应措施，而为法律或公德所认可的行为。超市为了防止商品受损，有权采取自助维权的措施，但这种措施，首先，不能进行法律所明文禁止的行为。根据《消费者权益保护法》第25条的规定，任何侮辱、诽谤、搜查以及限制消费者自由的行为都是违法的。其次，须在合法限度内维权。这通常包括三种方式：其一，采取平和的询问和劝阻。这种方式可以适用于超市对有偷窃怀疑的人，主要表现为通过语言询问、引导、劝阻。如果通过这些方式即可达到目的，则不能采用外力拘束的手段。如本案中，上诉人怀疑张群有偷窃行为，对其加以阻拦询问是可以的。实施这一行为，在时间、地点上也要有所限制，这就是顾客尚未离开商场。如果顾客已经离开商场，则其与该商场作为顾客的特定联系完全消失，超市的这种询问和劝解则有越界之嫌。其二，适当的外力约束。经超市方询问和劝解，对方对于言语劝阻不理不睬，则可以使用一定的外力拘束，主要表现为拉扯，目的在于通过动作使对方暂时处于自己的控制之下，为申请公力救济赢得必要时间。这种行为的采用因为已经妨碍了对方的自由，接触了对方的身体，已经给对方造成了一定损害。所以这种行为的采取需注意两点：一是必须及时请求公力救济，不得长时间限制对方自由。将顾客带到办公室、私设公堂审讯、殴打、搜查身体和物品、长时间羁留而不是立即请求公力救济都是违法的，超市没有侦查、审讯和处罚的权力；二是这种行为的采取须有足够的对方偷窃证据，只有事后证明对方确实有偷窃行为，才能阻却超市限制对方自由的违法性。本案中，张群被带到防损办公室以及对其进行搜查的行为都是违法的。其三，必要的正当防卫行为。对有些违法犯罪人实施的行为必须立即制止，其行为符合对其采取正当防卫的实行前提，即为了使国家、公共利益、本人或者他人的人身、财产和其他合法权益免受正在进行的侵害，超市可实行正当防卫。但应注意的是，如果防卫行为明显超过必要限度造成重大损害的，则应负刑事责任和民事责任。

3. 承担精神损害赔偿责任的条件是什么

本案中，新一佳超市侵犯张群人身自由权的行为，给张群造成了精神损害，并引发其抑郁症状，但一、二审法院均对其精神损害赔偿请求未予以支持，这种处理结果是否正确？

所谓精神损害，包括人格利益的损害和精神痛苦。侵犯人格权的行为一定程度上都会造成受害人人格利益的损害，并引发精神痛苦。但是，并非有精神损害的受害人，其精神损害赔偿请求都应予以满足。《精神损害赔偿解释》第8条第1款规定：“因侵权致人精神损害，但未造成严重后果，受害人请求赔偿精神损害的，一般不予支持，人民法院可以根据情形判令侵权人停止侵害、恢复名誉、消除影响、赔礼道歉。”可见，只有因侵权导致受害人精神损害，并造成严重损害后果的，受害人的精神损害赔偿请求才会得到支持。对此，《侵权责任法》第22条亦作了明确规定："侵害他人人身权益，造成他人严重精神损害的，被侵权人可以请求精神损害赔偿。"

本案中，被告对原告人身自由权的侵犯，损害了原告的自由和尊严等人格利益，同时，原告主观上意识到这种侵犯和损害，在心理上产生屈辱、愤懑等负面情感，以至影响心理健康，罹患抑郁症。不得不承认，被告的行为导致原告的精神痛苦比较严重，以致引发了心理疾病。但是基于以下原因，法院没有支持原告的精神损害赔偿请求，仍属合理。第一，任何欲求的不满足都会产生精神痛苦，同时，同样行为与损害，施加于不同的人，其产生的精神痛苦的严重程度也有很大差异，也就是精神痛苦的主观性比较强。对精神痛苦的认定或者赔偿除了考虑个体差异外，也应考虑一般人对于相同行为和损害的承受程度。第二，精神损害的认定包括人格利益和精神痛苦两方面。本案中，被告的行为的确造成了原告自由以及尊严等人格利益的损害，但是仍属于比较轻微的损害。第三，侵权人的过错程度、场合、行为方式等对于精神损害的有无、大小以及是否赔偿都有影响。本案中被告的行为就过错尚谈不上恶意，就场合也尚可容忍，方式也谈不上十分恶劣。第四，判决对于原告因被侵权导致心理疾病的医疗费请求给予了支持。第五，考虑到精神损害的无形性和金钱的不可衡量性，精神损害的认定和赔偿数额的确定有很大的不确定性，所以本案中法官的决定应属正常。结合本案，请分析还有哪些理由可以支持法官的决定？

4. 二审期间能否提供新证据

《民事诉讼法》第 125 条规定，当事人在法庭上可以提出新的证据。据此，《民事诉讼证据规定》第 41 条规定：《民事诉讼法》第 125 条第 1 款规定的"新的证据"，是指以下情形："……（二）二审程序中的新的证据包括：一审庭审结束后新发现的证据；当事人在一审举证期限届满前申请人民法院调查取证未获准许，二审法院经审查认为应当准许并依当事人申请调取的证据。"上述规定说明，二审期间可以提供新的证据。这些证据可以是一审庭审结束后新发现的证据，也可以是一审期间申请过法院调查取证的证据。同时，《民事诉讼证据规定》第 42 条规定：当事人在二审程序中提供新的证据的，应当在二审开庭前或者开庭审理时提出；二审不需要开庭审理的，应当在人民法院指定的期限内提出。

本案中，被上诉人张群在二审期间提供的数份证据，均为一审结束后新发生和发现的证据，同时，张群权利受到侵犯后，其损害有延续和加重的情形，权利主张也在持续中，这也属于情理之中。证据真实可靠，法院应予以认可和采纳。

5. 二审期间被上诉人能否提出新要求

最高人民法院《关于民事经济审判方式改革问题的若干规定》第 36 条规定："被上诉人在答辩中要求变更或者补充第一审判决内容的，第二审人民法院可以不予审查。"依据该规定，实际上是否决了没有上诉的被上诉人在二审期间提出不同于一审判决的实体诉讼请求。本案中，被上诉人张群没有上诉，但在二审期间要求上诉人赔偿 5 万元以上的精神损害赔偿款，二审法院予以驳回是正确的。

（评注人：石春玲）

10. 一般人格权纠纷

司法案例

杨媛诉北京天九伟业公司案

北京市东城区人民法院（2004）东民初字第 3244 号

基本案情

原告：杨媛。

诉讼代理人：陈化刚，北京市致衡律师事务所律师。

诉讼代理人：史三八。

被告：北京天九伟业文化传媒有限公司。

法定代表人：卢俊卿，董事长。

诉讼代理人：张磊。

原告杨媛诉北京天九伟业文化传媒有限公司（以下简称“天九伟业公司”）人格权纠纷一案，北京市东城区人民法院依法组成由韩毅冰任审判长，代理审判员赵世浩、敖文燕参加的合议庭，对本案进行了公开审理，现已审理终结。

2004 年 5 月，天九伟业公司和其他单位共同举办“第三十三届环球洲际小姐北京大赛”。比赛组委会所公布的报名参赛条件中未限制经过整形的选手参赛。杨媛于 2004 年 2 月做了面部整形手术，手术后，杨媛多次为给其做整形手术的北京双华医院进行广告宣传。2004 年 5 月 13 日，杨媛向比赛组委会报名参赛。比赛组委会接受杨媛的申请后，与其签订了“第三十三届环球洲际小姐北京大赛参赛选手公约”，公约中有参赛选手在参赛期间不得参加国内外有关时装表演、广告、摄影、影视等活动，否则组委会有权取消其参赛资格的约定。杨媛参赛后，通过了初赛和复赛，进入了决赛。在决赛前，天九伟业公司于 2004 年 5 月 21 日书面通知杨媛，称“鉴于有关证据表明，您是人造美女，故组委会决定取消您参加总决赛的资格”。此后，一些新闻媒体对天九伟业公司取消杨媛参赛资格一事进行了报道。2004 年 5 月 26 日，天九伟业公司再次书面通知杨媛，称“鉴于您对第三十三届环球洲际小姐北京大赛的热情和一再表示的希望继续参赛的强烈愿望，经北京赛区组委会认真研究，并征得第三十三届环球洲际小姐大赛总部的同意，兹决定恢复您参加此次大赛的资格”。杨媛收到通知后，向天九伟业公司表示拒绝继续参赛，并将书面通知撕毁。现杨媛以其人格权受到侵害为由提起诉讼。

诉辩主张

原告诉称：我于2004年5月5日根据天九伟业公司公布的报名参赛条件，向其主办的“第三十三届环球洲际小姐北京大赛”组委会报名参赛，我为参加这次比赛做了大量准备工作，包括对自己的面部进行局部整形。参赛后，我通过了初赛和复赛，进入决赛。但天九伟业公司突然于2004年5月21日下午向我送达书面通知，称鉴于我是“人造美女”，故组委会决定取消我参加总决赛的资格。但对方公布的报名条件并没有限制经过整容的选手参赛。由于天九伟业公司突然以带有“人造美女”这种歧视性的文字表述、并以粗鲁的方式取消我的参赛资格，给我的人格尊严和名誉造成极大伤害，侵害了我的一般人格权。虽然事后天九伟业公司又恢复了我的参赛资格，但理由却是“我对这次大赛的热情和继续参赛的强烈愿望”，对方并未对原来错误地取消我的参赛资格进行纠正和解释，且侵害事实早已形成，因此，天九伟业公司恢复我的参赛资格，并不能免除其侵权责任。基于以上事实和理由，起诉要求天九伟业公司向我公开道歉，并支付精神损害赔偿金5万元，诉讼费用由被告承担。

被告辩称：我方取消杨媛的参赛资格正当、合法。按照杨媛在参赛前与组委会签订的“第三十三届环球洲际小姐北京大赛参赛选手公约”的规定，参赛选手在参赛期间不得参加国内外有关时装表演、广告、摄影、影视等活动，否则组委会有权取消其参赛资格。杨媛在进入决赛后，现身说法地给为其做整形手术的北京双华医院做广告模特，其行为违反了公约的规定，因此，我方取消其参赛资格是正当、合法的。另外，我方举办本次大赛的目的是选美，而不是比拼整形技术，如果不取消杨媛的参赛资格，势必给其他未整形的选手造成不公平。再者，我方作为一家知名国际性文化赛事主办单位，首先考虑的是大赛的社会和文化影响，杨媛是为了选美而去整形，如果我方同意杨媛继续参赛，而她又取得了比较好的名次，则势必对公众造成选美大赛鼓励整形的误导。在“人造美女”一词是否带有歧视性的问题上，我方认为“人造美女”乃是约定俗成的概念，不存在对杨媛的歧视，杨媛本人也认可并在公众场合和广告中使用过这一称呼。因此，我方的行为并未侵犯杨媛的合法权利。同时，假设原告所称的人格尊严和名誉权确实受到侵害，也与我方无关。因为我方只是将取消其参赛资格的通知交给了杨媛本人，并没有告知任何第三人，杨媛整形的具体细节也是我方所不得知的，故将上述情况向新闻媒体透露的主体也不是我方，我方当然不应对此承担责任。综上所述，我方认为原告的诉讼请求没有事实和法律依据，请求人民法院驳回原告的诉讼请求。

上述事实有下列证据证明：(1)大赛组委会公布的第三十三届环球洲际小姐北京大赛宣传材料；(2)杨媛填写的“第三十三届环球洲际小姐北京大赛报名表”；(3)大赛组委会与杨媛签订的“第三十三届环球洲际小姐北京大赛参赛选手公约”；(4)关于取消杨媛小姐参赛资格的通知；(5)关于恢复杨媛小姐参赛资格的通知；(6)被告证人覃蕾的证言；(7)杨媛为北京双华医院所做的广告，证明其曾为该医院宣传面部整形美容效果的事实。

法院判决

北京市东城区人民法院经审理认为：被告天九伟业公司与其他单位共同举办选美比赛，其有责任保证比赛公平、有序地进行。其组委会在公布的报名参赛条件中，对此次比赛参赛选手是否可以整形未提出明确的要求，致使原告杨媛做整形手术后报名参加了比赛。在比赛中，被告发现杨媛做过整形手术，认为其与未整形选手同台比赛有失公平，且有误导公众之嫌，决定取消原告继续参赛的资格，致使原告认为受到损害，这是导致此次纠纷的主要原因。对此，天九伟业公司应承担组织工作失误、并引起双方产生纠纷的主要责任。应当指出，人格尊严是对个人价值作出评价、并能获得他人尊重的权利，因此，人格尊严是主、客观评价的结合。原告的人格尊严是否受到侵害，不能仅以自我感觉作为评判标准，还应有客观评价作为依据。根据现有证据证实，被告作出取消原告参赛资格的决定，应是基于对选美比赛特定要求的考虑，其并未对原告做整形手术的行为提出非议，不能仅以此推断被告有侵犯原告人格权的主观故意。至于其在通知书中所使用的“人造美女”一词，是对经过整形后女性形象的特定称谓，该称谓已为社会普遍接受，并在各类媒体上广泛使用，不足以认定其中带有歧视、侮辱的内容，或是对原告个人价值作出贬低评价。且杨媛曾为整形医院做广告宣传，对公众并不隐讳其做过整形手术的事实，故被告天九伟业公司通知取消原告参赛资格的行为，不会导致公众对杨媛个人价值客观评价的降低。现原告认为被告侵犯其人格权，理由不足，本院不予认定。原告要求被告公开道歉、支付精神损害赔偿金，本院亦不予支持。关于原、被告双方就原告能否参加选美比赛，以及各方是否有违约行为的争议，属于合同范畴的权利与义务关系，原告并未就参赛合同争议提出相关诉讼请求，故本案不予处理。

根据《民法通则》第 101 条的规定，判决如下：

驳回原告杨媛的诉讼请求。

案由与焦点

1. 案由

本案的一级案由为“人格权纠纷”，二级案由为“人格权纠纷”，三级案由为“一般人格权纠纷”。

一般人格权与具体人格权相对。具体人格权以具体的人格利益为客体，如以生命利益、姓名利益、肖像利益等具体人格利益为客体形成了生命权、姓名权、肖像权等具体的人格权。一般人格权以一般性的人格利益为客体，如人的尊严利益为一般性的人格利益，民法不以“尊严权”的方式保护人格尊严，而是以一般人格权的方式保护人的尊严利益。侵害一般人格权引发的纠纷为一般人格权纠纷。一般人格权纠纷实质上为一级案由“人格权纠纷”的一个兜底性案由，未明确列举的具体人格权纠纷都可以纳入该案由。

2. 焦点

本案争议的焦点在于，被告在其组织的选美比赛中，中途取消原告的参赛资格以及使用“人造美女”的称谓是否对原告构成了侮辱和歧视，以至侵犯原告的人格尊严，构成侵犯原告一般人格权的侵权行为。

评注与问题

1. 本案涉及的纠纷性质是什么

近些年，医学整形美容对于社会公众来说已经是司空见惯的事情，由此发生的各种纠纷越来越多，除了整形本身发生的各种事故以及争执外，因整形而衍生的各种纠纷也时有发生。本案中原告杨媛为了参加选美比赛进行整容，进而被大赛组委会以“人造美女”为名取消参赛资格引发的所谓“歧视”即属于此类纠纷。

对“人造美女”的“歧视”所引发的纠纷，其性质如何？此类纠纷中的行为指向，并非指向姓名、肖像、名誉等具体客体，不能以具体人格权加以援用，这种行为是以“侮辱”、“歧视”方式，指向人的人格尊严，由此发生的纠纷，属于一般人格权纠纷。

一般人格权是相对于具体人格权而言的。具体人格权是以某一方面的具体人格利益为客体的人格权，如生命权、肖像权、名誉权等。一般人格权是以民事主体全部人格利益为客体的总括性权利，其内容包括：(1) 人格独立，表现为任何民事主体都享有平等的主体资格，不受他人支配、干涉、控制；(2) 人格自由，任何主体享有保持和发展自我人格的自由，不受约束和控制；(3) 人格尊严，任何人有权享有最起码的社会地位和社会尊重。尽管学者们将一般人格权的内容概括为人格独立、人格自由、人格尊严三项，但其具体内容是不能一一列举和穷尽的，它不仅包含全部具体人格权的内容，还包含具体人格权所不包括的内容。人们在自己的人格利益遭受损害，又不能援引具体人格权获得法律保护时，就可以依据一般人格权获得法律救济。

2. 我国关于一般人格权有无法律规定

在我国，一般人格权不仅在理论和实务上得到了认可，而且在法律上也有相应的渊源。《宪法》第 37 条规定：“中华人民共和国公民的人身自由不受侵犯。”第 38 条规定：“中华人民共和国公民的人格尊严不受侵犯。”《民法通则》第五章第四节对人格权专设规定，其第 101 条规定：“公民、法人享有名誉权，公民的人格尊严受法律保护，禁止用侮辱诽谤等方式损害公民、法人的名誉。”该条规定尽管以名誉、尊严为保护客体，但仍包含了一般人格权的内涵。《精神损害赔偿解释》第 1 条第 2 款规定：“违反社会公共利益、社会公德侵害他人隐私或者其他人格利益，受害人以侵权为由向人民法院起诉请求赔偿精神损害的，人民法院应当依法予以受理。”我们认为，这一规定虽不明确，但仍有限地认可了一般人格权制度。理由是：(1)“其他人格利益”涵盖了众多的人格利益，使自然人可以援引获得法律保护的人格利益范围大大扩大；(2) 对“其他人格利益”的保护使自然人的人格利益保护不再具有法律真空，问题只在于司法实践和法律观念对寻求保护的人格利益的认可程度。《侵权责任法》第 2 条第 2 款规定：“本法所称民事权益，包括生命权、健康权、姓名权、名誉权、荣誉权、肖像权、隐私权、婚姻自主权、监护权、所有权、用益物权、担保物权、著作权、专利权、商标专用权、发现权、股权、继承权等人身、财产权益。”这里的“人身权益”，当然也包括了一般人格利益。

3. 被告的行为是否构成人格侵权

所谓人格尊严，是指民事主体作为一个“人”所应有的最起码的社会地位并且受到他人和社会最起码的尊重。人格尊严是一种主观认识和客观态度的结合。首先，人格尊严是一种主观认识，即尊严感，是民事主体基于自己的社会地位、自身价值和社会对自己的态度所产生的主观感受。其次，人格尊严是一种社会态度，是一个社会及社会中的具体的人对他人作为“人”应有的尊重。这种尊重是对“人”最起码的态度。应当承认，每个主体，其种族、性别、相貌、能力、健康状况、受教育程度、财产多寡、社会地位等各有不同，这种差异是客观存在的，但社会对主体的态度不应因为这种差异而有区别，这些主体都应受到起码的尊重。从这种意义上讲，人格尊严具有客观因素。侵害人格尊严的侵权行为有两个构成条件，一是对他人实施了侮辱、歧视行为；二是这种行为造成了他人的尊严受损，这种行为不仅导致受害人的尊严感降低，而且超出了一般人的容忍限度，即客观上社会公众也认为该行为损害了原告的尊严。

本案中，被告在取消原告参赛资格的通知中使用了“人造美女”一词，该用语是对通过整形达到美容效果的女性的一种统称或简称，强调其与其他参赛选手的不同之处，虽然在一定程度上带有不支持、不认同的语气，但是远未达到侮辱的程度。而且，在原告为北京双华医院所做的广告中也出现了“打造中国第一人造模特杨媛”的用语，说明杨媛对“人造美女”、“人造模特”这类用语是可以接受的。从杨媛自身来讲，被告的行为使其尊严感受损，但是从社会一般公众的视角看，此事件的发生不足以损害杨媛的人格尊严。因此，该案不具备侵犯人格尊严的构成要件，法院判决驳回杨媛的诉讼请求是正确的。

4. 选美比赛中对“人造美女”设置限制条件是否构成歧视

如前所述，依照法治精神和民法规定，自然人权利能力一律平等，任何人都具有平等地位，有权受到平等对待和尊重，不受歧视。那么依照这种精神，在选美比赛中，对于“人造美女”设置限制条件，否定其参赛资格，是否是一种歧视行为？

所谓歧视，就是不平等看待。现实中每个人都有歧视他人的行为，不过表现的领域不同，表现程度也不同。构成歧视有以下几点条件：其一，被歧视的对象是受害人依靠后天努力难以得到改善的方面，如出身、年龄、性别、相貌等，或者歧视者的标准本身就有不公平，如户籍等。其二，被歧视的领域是有关就业、教育、居住等有关生存和尊严的领域。其三，歧视的效果是取消或损害了受害人的平等机会或平等待遇。在有些带有竞争性的领域，如各种比赛，制定一定的规则来限定参赛资格，以保证比赛的质量和公平竞争是完全可以的。以本案为例，原告作为“人造美女”，在就业、接受教育等领域，任何人不得设置条件对其资格加以限制，但在选美领域，主办单位为了正确导向和公平竞争限制其参赛资格则是可以的。

5. 被告以原告为“人造美女”为由取消其参赛资格是否正当

被告在原告报名参赛时，对其进行审查，符合被告确定的参赛条件，认可其参赛资格，双方成立一种组织和参赛的合同关系，原告有权参与被告组织的比赛，并按照相应的规则取得参赛名次和荣誉。在参赛过程中，被告以原告为“人造美女”为由取消其参赛资格，无论其出于何种动机，都是一种违约行为，原告为履行合同付出了大量的时间、精力、情感甚至金钱等，如果原告追究被告的违约责任，被告应承担相应责任。

如果被告预先设定了“人造美女”不具有参赛资格的条件，原告隐瞒了实情或者被告审查不严，被告可以因被欺诈或者误解，要求撤销与原告的比赛合同。但是被告在没有预先设定限制条件的情况下，无权中途取消原告的参赛资格，其行为是一种违约行为。当然，被告答辩称原告有做广告宣传的违约行为，其以该理由取消原告的参赛资格则是可以的。

（评注人：石春玲）

第二部分

合同纠纷、无因管理纠纷、不当得利纠纷

11. 债权人代位权纠纷

司法案例

刘桂春诉张娟等案

青岛市中级人民法院（2010）青民二终字第 81 号

基本案情

上诉人（原审原告）：刘桂春。

委托代理人：朱效坤。

委托代理人：朱浩然。

被上诉人（原审被告）：张娟。

委托代理人：张永平，山东中信德律师事务所律师。

委托代理人：周炯。

原审被告：周凤芝。

原审第三人：青岛金鑫信用担保有限公司。

法定代表人：禚祝欣，董事长。

上诉人刘桂春因与被上诉人张娟、原审被告周凤芝、原审第三人青岛金鑫信用担保有限公司（以下简称"金鑫公司"）债权人代位权纠纷一案，不服青岛市市南区人民法院（2008）南民重字第 30003 号民事判决，向本院提起上诉。本院受理后，依法组成合议庭公开开庭进行了审理。上诉人刘桂春的委托代理人朱效坤、朱浩然，被上诉人张娟的委托代理人张永平、周炯到庭参加了诉讼。原审被告周凤芝和原审第三人金鑫公司经本院合法传唤，未到庭参加诉讼。本案现已审理终结。

2004 年 8 月 24 日，原审被告周凤芝之夫王福林向徐坚中借款 845 000 元，约定 2005 年 8 月 24 日全部还清，如不按约定还款，王福林支付惩罚性违约金（自借款之日至实际还款之日按借款额的每日千分之二计算），并由王福林支付律师风险代理费（最高可按借款额的 30%）；原审第三人金鑫公司对借款额本金、违约金、律师风险代理费、诉讼费、执行费等实现债权的费用承担连带责任保证担保，担保期限为 2005 年 8 月 24 日至 2008 年 8 月 24 日。2004 年 7 月 28 日，周杰出具声明书，声明无偿以自己的名义代王福林购买位于青岛市燕儿岛路 19 号永乐花园 4 号楼 903 户房产，首付款 212 000 元系王福林以青岛太阳龙海洋食品有限公司的支票支付，按揭款由王福林以周杰的名义支付，该房产权属王福林所有。2004 年 8 月 24 日，王福林、周杰与金鑫公司签订抵押协议，约定王福林、周杰将位于青岛市燕儿岛路19号永乐花园4号楼903户房产抵押给金鑫公司，但未办理抵押登记手续。2004年10月21日，金鑫公司与王福林、本案另一被告张娟签订反担保协议，约定金鑫公司为王福林提供借款担保，为此要求王福林提供反担保，张娟同意以位于青岛市宁夏路139号1栋1单元501户的房产为王福林借款提供反担保，抵押金额为60万元，抵押期1年。反担保协议签订后，张娟与金鑫公司在青岛市国土资源和房屋管理局办理了抵押物登记手续。

上述协议签订后，王福林未能按约定期限履行还款义务，为此，徐坚中起诉王福林、周凤芝（王福林之妻）、王燏（王福林之女）、王彤（王福林之女）、金鑫公司、张娟、周杰至青岛市市南区人民法院。在该案诉讼期间，王福林于2005年7月9日死亡，王福林死亡后，其遗产由其妻周凤芝继承，其女王燏、王彤于2005年7月19日经公证声明放弃对王福林遗产的继承权。

青岛市市南区人民法院于2005年10月16日作出（2005）南民初字第30113号民事判决，判令：(1) 周凤芝于判决生效后10日内返还徐坚中借款本金845 000元并赔偿该款项的银行利息损失（期间自2004年8月24日至判决生效之日，按同期银行贷款利率计算利息）；(2) 金鑫公司对周凤芝上述义务的履行承担连带责任；(3) 驳回徐坚中其他诉讼请求。

2005年11月21日，金鑫公司向刘桂春借款200 800元，借款用途为履行（2005）南民初字第30113号民事判决书确定的金鑫公司对徐坚中承担的连带保证责任，并承诺该借款于2005年11月28日一次性付清，借款利息按同期银行贷款利率的4倍计算。2005年11月22日，徐坚中收到金鑫公司为履行（2005）南民初字第30113号民事判决书确定的连带保证责任而支付的200 800元。金鑫公司向刘桂春的借款到期后未能还款，为此，刘桂春起诉金鑫公司至青岛市市北区人民法院。青岛市市北区人民法院于2006年1月7日作出（2006）北民一初字第23号民事判决，判令：金鑫公司于判决生效后10日内偿还刘桂春借款200 800元及自2005年11月21日至实际还款之日止按同期银行贷款利率4倍计算的利息，案件受理费5 522元由金鑫公司承担。2006年2月8日，金鑫公司向刘桂春出具保证书，承诺：因向刘桂春借款200 800元超期未还，现已经法院判决生效，为履行还款义务，半月内其将依法对反担保人张娟通过诉讼进行追偿，以便偿还对刘桂春的债务，如违背该承诺，刘桂春可行使法律赋予的所有权利。保证书出具后，金鑫公司至今未能起诉张娟主张反担保权利。2006年12月23日，金鑫公司因未按时参加年检，被青岛市工商行政管理局吊销营业执照。

由于金鑫公司未能起诉周凤芝实现其债权，致使刘桂春的债权未能实现，已对刘桂春的债权造成了损害，因此，刘桂春向青岛市市南区人民法院提起诉讼，要求被告周凤芝、反担保人张娟返还金鑫公司的借款200 800元及其约定利息。

一审诉辩主张

原告诉称：2005年11月21日，金鑫公司向其借款200 800元，借款用途为履行（2005）南民初字第30113号民事判决书确定的金鑫公司对徐坚中承担的连带保证责任，并承诺该借款于2005年11月28日一次性付清，借款利息按同期银行贷款利率的4倍计算。2005年11月22日，徐坚中收到金鑫公司为履行（2005）南民初字第30113号民事判决书确定的连带保证责任而支付的200 800元。金鑫公司向刘桂春的借款到期后未能还款，原告依法向青岛市市北区人民法院提起诉讼，并经法院判决，金鑫公司应当偿还借款200 800元及自2005年11月21日至实际还款之日止按同期银行贷款利率4倍计算的利息。但判决生效后，金鑫公司并未履行判决，也未能按照保证书中的承诺要求被告张娟承担反担保责任，且2006年12月23日，金鑫公司因未按时参加年检，被青岛市工商行政管理局吊销营业执照，致使原告的债权一直未能实现，损害了原告的合法利益。作为代位权人，为维护自己的合法权利，请求法院判令被告周凤芝、张娟返还金鑫公司的借款 200 800 元及约定利息。

原告提交了如下证明材料：2005 年 11 月 21 日金鑫公司的借据、青岛市市北区人民法院（2006）北民一初字第 23 号民事判决书以及 2006 年 2 月 8 日金鑫公司出具的保证书各一份。

被告经法院合法传唤未到庭参加诉讼。

一审判决

青岛市市南区人民法院经审理认为：代位权制度作为债的保全制度之一，是指债务人怠于行使其对第三人享有的权利，而有损于债权人的债权时，债权人为保全自己的债权，以自己的名义代为行使债务人的权利。根据《中华人民共和国合同法》（以下简称《合同法》）第 73 条和最高人民法院《关于适用〈中华人民共和国合同法〉若干问题的解释（一）》（以下简称《合同法解释一》）的有关规定，债权人行使代位权应符合下列条件：（1）债权人对债务人的债权合法；（2）债务人的债权已到期；（3）债务人不履行其对债权人的到期债务，又不以诉讼方式或者仲裁方式向其债务人主张享有的具有金钱给付内容的到期债权，致使债权人的到期债权未能实现；（4）债务人的债权不是专属于债务人自身的债权。经青岛市市北区人民法院审理并下发（2006）北民一初字第 23 号民事判决书，认定金鑫公司应偿还刘桂春借款 200 800 元及相应利息，因此，刘桂春作为债权人对债务人金鑫公司享有合法到期债权。本案中，金鑫公司作为王福林的担保人，在徐坚中与王福林借款纠纷一案中，其履行了担保义务，向徐坚中支付 200 800元后，可依法向王福林追偿，因王福林已去世，周凤芝作为王福林的配偶及唯一财产继承人，应对王福林的上述债务承担清偿责任，即周凤芝应返还金鑫公司 200 800 元及自 2005 年 11 月 22 日至实际还款之日的利息损失，该利息损失应按人民银行规定的同期银行贷款利率计算。综上，刘桂春对金鑫公司的债权债务关系已经被人民法院的生效判决确认，刘桂春对金鑫公司的债权合法且已到期，金鑫公司对周凤芝的债权亦已到期，由于金鑫公司未通过诉讼或者仲裁的方式主张其对周凤芝的债权，致使刘桂春的债权未能实现，已对刘桂春的债权造成了损害，因此，刘桂春提起代位权诉讼要求周凤芝承担还款义务，理由正当，依法应予支持，刘桂春代位行使的债权范围应以金鑫公司对周凤芝的债权为限。

关于张娟为主债务人王福林提供的反担保物权是否可以作为刘桂春主张的代位权客体问题，原审法院认为，我国合同法及相关司法解释已明确规定：债务人不履行其对债权人的到期债务，又不以诉讼方式或者仲裁方式向其债务人主张享有的具有金钱给付内容的到期债权，致使债权人的债权未能实现的，债权人有权行使代位权，因此，代位权的客体应限定为债权。而本案中张娟以其自有房产为王福林提供了反担保，该抵押担保的本质属于一种担保物权，不属于以金钱给付为内容的到期债权。此外，只有出现债权消灭、担保物权实现、债权人放弃担保物权等情形才导致担保物权消灭，除此之外，担保物权不存在到期情况。

综上所述，刘桂春作为债权人只能针对金鑫公司的到期债权行使代位权，张娟提供的担保物权不属于刘桂春行使代位权的范围，因此，刘桂春代位行使金鑫公司对张娟的抵押权的诉讼请求，缺乏法律依据，原审法院不予支持。周凤芝、金鑫公司经原审法院合法传唤，无正当理由未到庭，可依法缺席判决。依照《民事诉讼法》第 130 条，《合同法》第 73 条，《中华人民共和国担保法》（以下简称《担保法》）第 4 条、第 33 条，最高人民法院《合同法解释一》第 11 条、第 13 条之规定，原审法院判决：（一）周凤芝于判决生效后 10 日内向刘桂春支付其所欠金鑫公司欠款 200 800 元。（二）周凤芝于判决生效后 10 日内赔偿刘桂春款项 200 800 元自

2005 年 11 月 22 日至判决生效之日止的利息损失，按人民银行规定的同期银行贷款利率计算。（三）驳回刘桂春的其他诉讼请求。如未按判决指定的期间履行给付金钱义务，应依照《民事诉讼法》第 232 条之规定，加倍支付延迟履行期间的债务利息。一审案件受理费 5 522 元，财产保全费 2 120 元，由周凤芝负担。

上诉审诉辩主张

刘桂春不服，向青岛市中级人民法院提起上诉，称：原审法院适用法律错误，首先，上诉人主张的代位权是代位行使债务人金鑫公司对次债务人王福林享有的债权，且该债权有张娟提供的房屋作抵押担保，并非单纯代位行使担保物权；而且担保物权是保障主债权顺利实现的一种从属权利，不能与主债权相分离而单独存在，上诉人代位行使金鑫公司对王福林的债权时，其效力当然及于该担保物权。这符合代位权法律制度的立法意图，既有利于保障债权人的合法权益，也有利于提高诉讼效率。其次，我国法律目前对担保物权能否成为代位权行使客体未作禁止性规定，而合同法属于民法范畴，代位权属于私权利，在民事法律领域，法无禁止即自由，法无禁止即权利，担保物权作为债权的附属权利，可以成为代位权的客体。综上，上诉人请求二审法院撤销原判并依法改判支持上诉人的各项诉讼请求。

被上诉人张娟答辩称：（1）担保物权并非具有金钱给付内容的到期债权，上诉人不享有代位权。（2）金鑫公司未经被上诉人同意，其转让抵押权的行为无效。（3）上诉人的普通债权应通过金鑫公司的清算程序或破产程序获得清偿，不能以代位权诉讼方式，获得比其他普通债权的优先受偿权。（4）上诉人已就本案所涉债权向青岛市市北区人民法院起诉过金鑫公司并获得胜诉，判决书已生效，上诉人不应就同一笔债权再起诉被上诉人。（5）被上诉人担保的债权已经得到清偿，而金鑫公司恶意履行债务，被上诉人作为反担保人不应再承担责任。

被上诉人提交青岛市市南区人民法院（2006）南执字第 135 号和（2007）南执字第 873 号民事裁定书各一份以及青岛市市南区人民法院向青岛市房地产登记中心出具的《关于本市燕儿岛路 19 号永乐花园 4 号楼 903 户拍卖款情况说明》一份，证明王福林和周凤芝以其自己的财产清偿了徐坚中的债权，金鑫公司属恶意履行担保责任。上诉人对上述三份证据的真实性均无异议，但质证称：青岛市市南区人民法院（2005）南民初字第 30113 号民事判决书确定的债权总计 120 万元，因金鑫公司已先行向徐坚中支付了 200 800 元，此案才执行完结；而青岛市燕儿岛路 19 号永乐花园 4 号楼 903 户房产因有按揭贷款未还，徐坚中就其实现的债权仅是 59 万余元。

原审被告周凤芝和原审第三人金鑫公司未作答辩。

终审判决

青岛市中级人民法院经审理查明：上诉人刘桂春无固定职业，其向金鑫公司出借的200 800元系其前夫朱效坤向她给付的生活费，上述出借事宜由朱效坤办理，相关签字也由朱效坤代签。而王福林向徐坚中借款 845 000 元和金鑫公司为王福林的上述借款提供担保亦均由朱效坤从中介绍撮合。

上诉人刘桂春就本案所涉债权在青岛市市北区人民法院起诉金鑫公司获胜诉后，并未在法定期限内申请强制执行金鑫公司的财产。

另查明，金鑫公司法定代表人禚祝欣于 2004 年 9 月 2 日因涉嫌合同诈骗罪被刑事拘留，于

2004 年 10 月 10 日被逮捕，于 2005 年 11 月 9 日被山东省潍坊市中级人民法院判处无期徒刑。禚祝欣对金鑫公司于 2005 年 11 月 21 日向刘桂春借款以及于 2005 年 11 月 22 日向徐坚中付款 200 800 元的事并不知情。此外，禚祝欣承认金鑫公司的公章并未在公安和工商部门备案。

再查明，王福林的两套房屋在青岛市市南区人民法院（2005）南民初字第 30113 号一案的执行程序中分别被徐坚中及其女儿徐英娟以 615 753.6 元和 1 196 000 元竞拍获得。在支付上述两套房屋的按揭贷款及利息 925 057.51 元后，徐坚中最终实现债权 1 087 496.09 元，其余债权由徐坚中声明放弃，青岛市市南区人民法院遂裁定终结执行。在此案执行过程中，金鑫公司始终未向周凤芝主张权利。

还查明，徐坚中的女儿徐英娟称徐坚中向王福林出借款项以及收受金鑫公司还款事宜，均由其代表徐坚中与金鑫公司的禹世忠和朱效坤实际办理。

本院审理查明的其他事实与原审法院查明的事实基本一致。

二审法院认为，首先，我国合同法及相关司法解释已明确将代位权客体限定为具有金钱给付内容的到期债权，由此已排除担保物权作为代位权客体的适用，上诉人关于代位行使担保物权的诉请缺乏法律依据，本院不予支持。其次，依据最高人民法院《合同法解释一》第 21 条"在代位权诉讼中，债权人行使代位权的请求数额超过债务人所负债务额或者超过次债务人对债务人所负债务额的，对超出部分人民法院不予支持"之规定，上诉人诉请周凤芝担负按同期银行贷款利率 4 倍计算的利息亦于法无据，本院不予支持。

综上所述，上诉人的上诉理由不成立，本院不予支持；原审判决认定事实清楚，适用法律正确，本院予以维持。依照《民事诉讼法》第 153 条第 1 款第 1 项之规定，判决如下：

驳回上诉，维持原判。

二审案件受理费 4 312 元、公告费 200 元、诉讼保全费 2 270 元，共计 6 782 元，由上诉人刘桂春负担。

案由与焦点

1. 案由

本案的一级案由是"债权纠纷"，二级案由为"合同纠纷"，三级案由为"债权人代位权纠纷"。

债权人的代位权是指当债务人怠于行使其对第三人享有的权利而害及债权人的债权时，债权人为保全其债权，可以自己的名义代位行使债务人对第三人的权利。债权人代位权经法院认定成立时，判令次债务人向债权人履行清偿义务，债权人与债务人、债务人与次债务人间的债权债务关系即归于消灭。债权人要求次债务人清偿债务的纠纷即为债权人代位权纠纷。

2. 焦点

本案争议的焦点在于，张娟为主债务人王福林提供的反担保物权是否可以作为债权人代位权的客体。

评注与问题

1. 债权人代位权的行使条件是什么

根据《合同法》第 73 条的规定，债权人代位权行使的条件包括：（1）债务人享有对第三人的权利；(2) 债务人怠于行使其权利；(3) 债务人履行债务已陷于迟延；(4) 债权人有保全的必要。本案中，金鑫公司向原告刘桂春借款是为履行其对王福林与徐坚中债务的连带保证责任，根据《担保法》第12条的规定，已经承担保证责任的保证人，有权向债务人追偿。金鑫公司在承担了保证责任之后，对被保证人王福林依法享有追偿权。由于王福林死亡，其遗产由其妻周凤芝继承，因而按照继承法的规定，金鑫公司在周凤芝继承遗产的范围内对其享有追偿权。而金鑫公司未能起诉周凤芝实现其债权，致使刘桂春的债权未能实现，已对刘桂春的债权造成了损害。上述事实表明，刘桂春具备行使代位权的条件，有权对周凤芝提起代位权诉讼。

2. 债权人代位权行使的客体有哪些

按照《合同法》第73条的规定，因债务人怠于行使其到期债权，对债权人造成损害的，债权人可以向法院请求以自己的名义代位行使债务人的债权，但该债权专属于债务人自身的除外。对此规定，理论上有不同的认识。一种观点认为，我国代位权的行使范围不仅限于合同债权，而是应作广泛理解，既应包括债权，也应包括物权、物上请求权，既应包括上述财产请求权，也应包括有财产意义的形成权、有关财产保全行为（诉讼时效中断）及可能影响债务人之责任财产状况且不具有专属性的诉讼权利。因为代位权行使的主要目的在于使债务人的财产得到有效增加，所以，凡是能够保持或者增加债务人责任财产的权利，都应当属于代位权客体的范围。但将来存在的权利或非财产权均不能成为代位权的客体，专属于债务人自身的债权也不能成为债权人代位权的客体。依照《合同法解释一》第12条的规定，所谓专属于债务人自身的债权，是指基于扶养关系、抚养关系、赡养关系、继承关系产生的给付请求权和劳动报酬、退休金、养老金、抚恤金、安置费、人寿保险、人身伤害赔偿请求权等权利。也有观点认为，我国合同法中将代位权的客体限定为到期债权，在审判实务中应避免代位权扩大的倾向。由于该制度是对合同相对性的重大突破，直接影响债务人和第三人的权益，过分扩大其适用范围，将威胁基于合同相对性原则而产生的各项合同法律制度，导致债权人、债务人、次债务人之间的利益失衡，损害交易安全，甚至影响物权法的稳定。

本案中，当事人双方争议的焦点就涉及这一问题，即担保物权能否成为代位权行使的客体？上诉人认为，担保物权是保障主债权顺利实现的一种从属权利，不能与主债权相分离而单独存在，因而自己代位行使金鑫公司对王福林的债权时，其效力当然及于该担保物权。被上诉人张娟则认为，担保物权并非具有金钱给付内容的到期债权，上诉人对自己不享有代位权。从法院的判决看，法院所采纳的观点是严格按照合同法的规定，将代位权行使的客体严格限于到期债权。对此，你的看法是什么？

3. 应如何理解“入库规则”与《合同法解释一》第20条的规定

按照传统的代位权理论，代位权行使的结果应当直接归属于债务人，作为债务人的责任财产。债权人行使代位权后，次债务人应当向债务人履行义务，在债务人怠于受领时，债权人也可以代为受领次债务人的给付，但其受领后，应当返还给债务人，债务人也有权要求其返还。这就是代位权中的“入库规则”。入库规则的优点在于符合代位权制度设立的目的，即保证债务人的财产得到增加，同时也符合债权的平等性原则，在债权人为多数时，保证了其他债权人的利益。但坚持入库原则也有其弊端，其中一个主要的表现就是挫伤了债权人行使代位权的积极性。而最高人民法院《合同法解释一》第20条规定：“债权人向次债务人提起的代位权诉讼经人民法院审理后认定代位权成立的，由次债务人向债权人履行清偿义务，债权人与债务人、债务人与次债务人之间相应的债权债务关系即予消灭。”对于该条规定，有学者认为其突破了传统的入库规则，赋予了代位权人以优先受偿权；也有观点认为，该规定并不是赋予代位权人优先受偿权，而是按照民事诉讼法中“不告不理”的原则，由行使代位权、提起诉讼的代位权人取得其胜诉的利益的结果。对此，你的理解是什么？本案中，原审法院判决被告周凤芝（次债务人）直接向原告（代位权人）支付金鑫公司的欠款及利息，按照最高人民法院《合同法解释一》的规定，当周凤芝向原告履行义务后，债权人与债务人、债务人与次债务人之间相应的债权债务关系即消灭，但如果债权人为多人时，该判决是否与“入库规则”不符？

4. 债权人代位权的行使范围有哪些

债权人代位权的设立目的在于保全债权，因而，债权人代位权的行使范围也以保全债权为必要范围。依照最高人民法院《合同法解释一》第 21 条的规定，在代位权诉讼中，债权人行使代位权的请求数额超过债务人所负债务额或者超过次债务人对债务人所负债务额的，对超出部分法院不予支持。

本案中，上诉人诉请周凤芝按照约定的同期银行贷款利率 4 倍支付利息。要判断该诉讼请求能否得到支持，关键在于判断上诉人享有的债权范围。债权人享有的债权范围除了主债权之外，还应当包括利息之债。本案当事人对于主债的范围是没有争议的，但对于利息之债，次债务人应当按照约定利息还是按照同期银行存款利息支付则存在争议。金鑫公司与刘桂春约定借款利息按同期银行贷款利率的 4 倍计算，对该约定的效力，最高人民法院《关于人民法院审理借贷案件的若干意见》第 6 条规定：民间借贷的利率可以适当高于银行的利率，各地人民法院可根据本地区的实际情况具体掌握，但最高不得超过银行同类贷款利率的 4 倍（包含利率本数）。超出此限度的，超出部分的利息不予保护。由此可知，对于当事人约定的借款利息，最高人民法院确定了一个基本原则，即最高不得超过银行同类贷款利率的 4 倍（包含利率本数）。本案二审法院根据《合同法解释一》第 21 条的规定判决不予支持上诉人支付利息的诉讼请求，该判决有值得商榷之处。首先，作为主债权的从债权，利息之债应当包含于债权总额之中；其次，债务人与债权人既然就该利息达成了一致的意思表示且未超出规定范围，法院就应当对该约定的效力予以认定。对此，你是如何认识这个问题的？

5. 代位权的行使是否限制债务人的处分权

债权人行使代位权是否限制债务人的权利处分权，理论上有肯定说与否定说两种学说。肯定说认为，代位权行使后，债务人就其权利不得再为妨害代位权行使的处分行为，否则债权人一面行使代位权，而债务人一面仍得抛弃、免除或让与，则代位权制度将失去其效用。否定说认为，债权人代位权的行使并非强制执行，债务人的权利处分权不应因此而受限制。而且既然代位权的行使效果归属于债务人，债务人当然可以处分其权利，如处分行为有害于债权，债权人可以再行使撤销权。对此，你的看法是什么？

（评注人：申静梅）

12. 债权人撤销权纠纷

司法案例

李家珍诉黄志雄等案

广州市中级人民法院（2011）穗中法民五终字第2075号

基本案情

上诉人（原审被告）：黄志雄。

委托代理人：江显斌，广东元道律师事务所律师。

上诉人（原审第三人）：黄润娴。

委托代理人：林国亮，北京市北斗鼎铭（广州）律师事务所律师。

委托代理人：潘蔚怡，北京市北斗鼎铭（广州）律师事务所律师助理。

被上诉人（原审原告）：李家珍。

委托代理人：罗学源，广东增泰律师事务所律师。

委托代理人：何可夫，广东增泰律师事务所律师。

原审第三人：深圳发展银行股份有限公司广州羊城支行。

负责人：徐毅。

委托代理人：彭琼峰，该行职员。

委托代理人：李祉慧，该行职员。

上诉人黄志雄、黄润娴因与被上诉人李家珍、原审第三人深圳发展银行股份有限公司广州羊城支行（以下简称“深发行羊城支行”）债权人撤销权纠纷一案，不服广东省增城市人民法院（2010）增法民五初字第189号民事判决，向本院提起上诉。本院依法组成合议庭审理了本案，现已审理终结。

原审法院经审理查明：2003年4月16日，黄志雄与增城市碧桂园物业发展有限公司签订《商品房买卖合同》，约定黄志雄以3 231 959元的价格向增城市碧桂园物业发展有限公司购买位于增城市新塘镇广园东碧桂园凤凰城凤湖苑十八街2号的建筑面积为483.17平方米的房屋；并约定黄志雄以按揭付款方式购买涉案房屋，黄志雄支付涉案房屋20%房款，剩下80%房款向中国工商银行广州市黄埔支行（以下简称“工行黄埔支行”）贷款按揭支付。《商品房买卖合同》签订后，由于涉案房屋的建筑面积为487.36平方米，黄志雄共支付房款3 251 645元给增城市碧桂园物业发展有限公司。2003年年底，增城市碧桂园物业发展有限公司依约将涉案房屋交付给黄志雄使用。2004 年 7 月 22 日，黄志雄取得了涉案房屋的《房地产权证》。

2005 年年初，黄志雄与张建佳合谋成立了一间制衣厂，由黄志雄负责出资，由张建佳负责经营管理。之后张建佳、张建友租赁了增城市新塘镇永和凤凰北路 118 号二楼作厂房。2005 年 6 月 21 日，张建佳以张建友的名义注册成立广州市增城创骏服装厂（个体工商户，工商登记经营者为张建友，以下简称“创骏服装厂”），实际上张建友在该厂只负责看管仓库的工作。自创骏服装厂成立至 2006 年 7 月间，在黄志雄的幕后操纵下，张建佳采取支付小部分货款、加工费及拖延付款、开空头支票的手段，骗取李家珍等 22 人的牛仔布、棉纱等货物共价值 13 100 913 元，创骏服装厂只支付了 2 213 337 元，欠下 10 887 576 元货款未支付，其中欠下李家珍货款1 805 070元没有支付；另外，还欺骗了 25 人为创骏服装厂加工布料，加工费总额为 5 090 721 元，创骏服装厂只支付了 384 773 元，欠下 4 705 948 元加工费没有支付。2006 年 5 月至 7 月，黄志雄将尚未销售的 15 万多条牛仔服装藏匿于其租赁的仓库中，并指使张建佳关闭创骏服装厂潜逃。2006 年 7 月 24 日，张建佳关闭创骏服装厂，与张建友一起逃至广西北海市。李家珍等人发现创骏服装厂关闭后，立即向增城市公安局报案。2006 年 7 月 28 日，张建佳、张建友因涉嫌合同诈骗罪被增城市公安局刑事拘留。2006 年 8 月 3 日，黄志雄因涉嫌合同诈骗罪被增城市公安局刑事拘留。2006 年 9 月 1 日，黄志雄及张建佳、张建友被依法逮捕。因黄志雄在被逮捕期间出现脑梗塞，病情危重，于 2006 年 9 月 27 日取保候审。

2007 年 4 月 6 日，黄志雄在取保候审期间委托李建林与黄润娴签订《房地产买卖合同》，约定以 200 万元的价格将涉案房屋转让给黄润娴，并约定黄志雄在 2007 年 6 月 18 日将涉案房屋交付给黄润娴使用。2007 年 4 月 26 日，黄润娴取得了涉案房屋的《房地产权证》。

2009 年 10 月 19 日，李家珍发现黄志雄将涉案房屋转让给黄润娴，向增城市公安局上访，要求该局进行处理。2009 年 12 月 5 日，增城市公安局作出增公群（2009）926 号《增城市公安局处理信访事项答复意见书》。该意见书载明：“经调查，我局刑侦大队在侦查黄志雄等人涉嫌合同诈骗案件过程中，无法认定黄志雄在凤凰城的房屋是用诈骗所得赃款购买的，也无法追究黄润娴的刑事责任。”

2010 年 9 月 26 日，李家珍向原审法院提起本案诉讼，请求判令：撤销黄志雄将位于增城市新塘镇广园东碧桂园凤凰城凤湖苑十八街 2 号房屋转让给黄润娴的行为。

原审庭审中，黄志雄及黄润娴均承认双方关系是兄妹关系。黄润娴承认其与黄志雄共同居住在涉案房屋。黄润娴提供《房地产买卖抵押贷款合同》到庭，证实其在 2007 年 2 月 13 日与深发行羊城支行签订《房地产买卖抵押贷款合同》，约定黄润娴将涉案房屋抵押给深发行羊城支行，向该行借款 230 万元，并将该借款划入黄志雄在工行黄埔支行的贷款账户上，偿还黄志雄所欠工行黄埔支行的借款。深发行羊城支行承认在与黄润娴签订《房地产买卖抵押贷款合同》前，曾委托中介机构对涉案房屋进行评估，结果是涉案房屋的市场价值为 5 490 598 元。黄润娴另提供《契税完税证》，证实其办理涉案房屋的过户手续时，税务部门对涉案房屋的计税金额为 3 251 645 元。黄润娴表示，虽然其与黄志雄签订的《房地产买卖合同》约定以 200 万元的价格转让涉案房屋，但其支付给黄志雄的款项有 300 多万元。但黄润娴未能提供充分证据到庭证实。另查明，2007 年 2 月 16 日，广州市公证处为黄润娴与深发行羊城支行签订的《房地产买卖抵押贷款合同》办理了公证。2007 年 3 月 14 日，深发行羊城支行将黄润娴向该行借款 230 万元划入黄志雄在工行黄埔支行的贷款账户上，偿还了黄志雄所欠工行黄埔支行的借款。2007 年 5 月 10 日，深发行羊城支行办理了涉案房屋的《房地产他项权证》（证号：粤房地他证字第 C1616412 号）。

2007 年 5 月 8 日，广东省广州市人民检察院以穗检公二诉［2006］264 号起诉书指控张建佳、张建友犯合同诈骗罪，向广东省广州市中级人民法院提起公诉。2008 年 4 月 8 日，广东省广州市中级人民法院作出（2007）穗中法刑二初字第84号《广东省广州市中级人民法院刑事判决书》，判决张建佳犯合同诈骗罪，判处有期徒刑14年，并处罚金人民币20万元；判决张建友无罪。该刑事判决书载明对黄志雄中止审理。以上事实，除当事人的陈述外，有李家珍提供的《商品房买卖合同》、销售发票、增城市房地产权档案详细资料、结算单、《增城市公安局处理信访事项答复意见书》、《增城市公安局起诉意见书》、《广东省广州市中级人民法院刑事判决书》，黄志雄提供的《个人购房借款合同》，黄润娴提供的《房地产买卖抵押贷款合同》、公证书、《契税完税证》、深发行羊城支行提供的《房地产他项权证》等证据相互印证吻合并经质证，足以认定。

一审判决

广东省增城市人民法院经审理认为：本案是房屋撤销权纠纷。在2003年4月16日，黄志雄以3 251 645元的价格向增城市碧桂园物业发展有限公司购买位于增城市新塘镇广园东碧桂园凤凰城凤湖苑十八街2号房屋。2003年年底，增城市碧桂园物业发展有限公司依约将涉案房屋交付给黄志雄使用。2004年7月22日，黄志雄取得了涉案房屋的《房地产权证》。在2005年6月至2006年7月间，黄志雄伙同张建佳以创骏服装厂的名义，采取支付小部分货款、加工费及拖延付款、开空头支票的手段，骗取李家珍等22人的牛仔布、棉纱等货物共价值13 100 913元，只支付了货款2 213 337元，欠下10 887 576元货款未支付，其中欠下李家珍货款1 805 070元没有支付；另外，还欺骗了25人为创骏服装厂加工布料，加工费总额为5 090 721元，只支付了加工费384 773元，欠下4 705 948元加工费没有支付。2006年8月3日，黄志雄因涉嫌合同诈骗罪被增城市公安局刑事拘留，于2006年9月1日被依法逮捕。因黄志雄在被逮捕期间出现脑梗塞，病情危重，于2006年9月27日取保候审。2007年4月6日，黄志雄在取保候审期间委托李建林与黄润娴签订《房地产买卖合同》，约定以200万元的价格将涉案房屋转让给黄润娴；并约定黄志雄在2007年6月18日将涉案房屋交付给黄润娴使用。2007年4月26日，黄润娴取得了涉案房屋的《房地产权证》。事实清楚，证据充分，本院予以确认。

《合同法》第74条第1款规定："因债务人放弃其到期债权或者无偿转让财产，对债权人造成损害的，债权人可以请求人民法院撤销债务人的行为。债务人以明显不合理的低价转让财产，对债权人造成损害，并且受让人知道该情形的，债权人也可以请求人民法院撤销债务人的行为。"本案争议焦点是：黄润娴是否存在在明知黄志雄对外负有巨额债务的情况下，为逃避债务，以明显低价转让涉案房屋，严重侵害李家珍作为债权人的利益的行为。首先，黄志雄与黄润娴是兄妹关系。黄志雄在2006年8月3日因涉嫌合同诈骗罪被增城市公安局刑事拘留，于2006年9月1日被依法逮捕，后因黄志雄在被逮捕期间出现脑梗塞，病情危重，于2006年9月27日取保候审。对于黄志雄的上述情况，作为黄志雄妹妹的黄润娴是应当知道的。正常情况下，黄志雄将涉案房屋转让给黄润娴时，其应亲自与黄润娴签订《房地产买卖合同》，但本案中，黄志雄是委托李建林与黄润娴签订《房地产买卖合同》，将涉案房屋转让给黄润娴。且黄润娴承认与黄志雄共同居住在涉案房屋，故其应该更加清楚黄志雄的情况。因此，黄润娴在受让涉案房屋时是明知黄志雄对外负有巨额债务的。其次，黄志雄在2003年4月16日以3 251 645元的价格向增城市碧桂园物业发展有限公司购买涉案房屋。在房屋价格不断升值的情况下，黄志雄在2007年4月6日委托李建林与黄润娴签订《房地产买卖合同》，约定以200万元的价格将涉案房屋转让给黄润娴。且黄润娴提供《契税完税证》到庭，证实其办理涉案房屋的过户手续时，税务部门对涉案房屋的计税金额为3 251 645元。深发行羊城支行在与黄润娴签订《房地产买卖抵押贷款合同》前，曾委托中介机构对涉案房屋进行评估，结果是涉案房屋的市场价值为 5 490 598 元。由此确认涉案房屋的转让价格明显低于市场正常价格，黄志雄在对外负有巨额债务的情况下，为逃避债务，以明显的低价转让涉案房屋给黄润娴。最后，黄志雄在 2007 年 4 月 6 日委托李建林与黄润娴签订《房地产买卖合同》，约定以 200 万元的价格将涉案房屋转让给黄润娴。黄润娴在 2007 年 4 月 26 日取得了涉案房屋的《房地产权证》。根据黄润娴提供的《房地产买卖抵押贷款合同》，证实其在 2007 年 2 月 13 日与深发行羊城支行签订《房地产买卖抵押贷款合同》，约定黄润娴将涉案房屋抵押给深发行羊城支行，向该行借款 230 万元，并将该借款划入黄志雄在工行黄埔支行的贷款账户上，偿还黄志雄所欠工行黄埔支行的借款。也就是说，在涉案房屋的所有权人是黄志雄时，黄润娴已经将涉案房屋抵押给深发行羊城支行，向该行借款 230 万元，并将该借款划入黄志雄在工行黄埔支行的贷款账户上，偿还黄志雄所欠工行黄埔支行的借款。由此确认黄润娴所支付给黄志雄的购房款就是该借款。因此，黄润娴受让涉案房屋，其行为不符合善意第三人的条件。综上所述，黄志雄在对外负有巨额债务的情况下，为逃避债务，以明显的低价转让涉案房屋给黄润娴，对李家珍造成损害，并且黄润娴知道该情形，不是善意取得涉案房屋。黄志雄转让涉案房屋给黄润娴的行为无效。故李家珍的诉讼请求，于法有据，原审法院予以支持。黄润娴称虽然其与黄志雄签订的《房地产买卖合同》约定以 200 万元的价格转让涉案房屋，但是其支付给黄志雄的款项有 300 多万元，但未能提供充分证据到庭证实，故原审法院不予采信。黄润娴与深发行羊城支行之间的抵押关系，不是本案的审理范围，本案对此不予审理。为此，依照《合同法》第 52 条、第 74 条第 1 款，《民事诉讼法》第 64 条的规定，原审法院于 2011 年 1 月 26 日作出如下判决：撤销黄志雄将位于增城市新塘镇广园东碧桂园凤凰城凤湖苑十八街 2 号房屋转让给黄润娴的行为。一审案件受理费 100 元，由黄志雄负担。

二审诉辩主张

上诉人黄志雄不服原审判决，上诉称：原审判决认定事实不清，适用法律错误，理由如下：(1) 李家珍对本案不享有诉权，原审判决缺失立案先决条件。《合同法》第 74 条适用的先决条件是李家珍已经明确取得可以被法律认可的合法债权，然后才能依据该债权申请实现撤销权。原审中，李家珍提交的证据完全不能证明其与黄志雄之间存在合法债务。另外，刑事诈骗与债权债务关系是独立的，原审法院将其混为一谈，缺乏法律依据。(2) 李家珍根本没有证据证明黄志雄对外负有巨额债务，第三人黄润娴更不可能得知黄志雄负有巨额债务，双方之间的兄妹关系关不是黄润娴存在“明知”的必然因素。原审单凭黄志雄、黄润娴之间是兄妹关系就作出认定，主观臆断事实。(3) 原审法院认定涉案房屋交易明显低于市场价格没有事实依据。黄润娴为购买涉案房屋，向深发行羊城支行申请贷款，银行审批后放款 230 万元，该贷款明显高于《房屋买卖合同》约定的 200 万元房价款。这从侧面可以证实交易双方购买涉案房屋的实际成交价肯定并非人民币 200 万元。房屋的实际交易价款究竟是多少，原审判决都没有认定涉案房屋，又何明显“低价”？(4) 黄润娴向银行贷款的行为是合法行为，原审判定黄润娴不存在善意，实属不当。黄志雄的房屋处于按揭过程中，必须要先还清原贷款再行交易，也是符合交易习惯的，法律、法规也并没有禁止用出售房屋的价款进行还贷的行为。综上所述，上诉人黄志雄上诉请求撤销原审判决，依法改判或发回重审，依法驳回李家珍原审全部诉讼请求。

上诉人黄润娴上诉称：原审判决认定事实不清、适用法律错误、程序违法，具体理由如下：(1) 原审判决程序错误，李家珍并非本案适格原告。《合同法》第 74 条适用的先决条件是李家珍已经明确取得可以被法律认可的合法债权，然后才能依据该债权申请实现撤销权。原审中，李家珍提交的证据完全不能证明其与黄志雄之间存在合法债权、债务关系。另外，刑事诈骗与债权债务关系是独立的，原审法院将其混为一谈，缺乏法律依据。(2) 李家珍根本没有证据证明黄志雄对外负有巨额债务，第三人黄润娴更不可能得知黄志雄负有巨额债务，双方之间的兄妹关系关不是黄润娴存在“明知”的必然因素。原审单凭黄志雄、黄润娴之间是兄妹关系就作出认定，主观臆断事实。(3) 原审法院认定涉案房屋交易明显低于市场价格没有事实依据。黄润娴为购买涉案房屋，向深发行羊城支行申请贷款，银行审批后放款230万元，该贷款明显高于《房屋买卖合同》约定的200万元房价款。这从侧面可以证实交易双方购买涉案房屋的实际成交价肯定并非人民币200万元。房屋的实际交易价款究竟是多少，原审判决都没有认定涉案房屋，又何明显“低价”？(4) 黄润娴向银行贷款的行为是合法行为，原审判定黄润娴不存在善意，实属不当。黄志雄的房屋处于按揭过程中，必须要先还清原贷款再行交易，也是符合交易习惯的，法律法规并没有禁止用出售房屋的价款进行还贷的行为。综上所述，上诉人黄润娴上诉请求撤销原审判决，依法改判或发回重审，依法驳回李家珍原审全部诉讼请求。

被上诉人李家珍答辩称：(1) 李家珍对本案具有诉权，是完全适格的原告，刑事判决书证明创骏服装厂拖欠李家珍的货款，创骏服装厂企业性质是个体工商户，名义上由张建友投资，刑事判决书查明创骏服装厂是由张建佳、黄志雄共同投资的，用于诈骗的事实。黄志雄、张建佳等对创骏服装厂的对外债务承担连带责任。黄润娴、黄志雄在原审当中对于黄志雄拖欠李家珍货款的事实是予以承认的。(2) 黄润娴明知转让价格是明显低价，主要体现在：涉案房屋现仍由黄志雄一家人居住，黄润娴只是普通打工者，购买别墅由黄志雄居住不符合事实。黄志雄涉嫌刑事诈骗已被取保候审，黄志雄在取保候审期间将产权转让给黄润娴。黄润娴将房屋贷款，由银行将该贷款交给黄志雄，在房屋转让过程中，不用支付一分钱首期款，不符合二手房的买卖程序，黄润娴是完全知道黄志雄以不合理价值进行买卖，也知道黄志雄欠债被公安机关侦查的。综上，黄志雄对外负有巨额债务，在公安机关对其采取措施的过程中，故意转移财产，导致债权人的债权无法得以偿还，显然，涉案房屋的转让行为是无效的。李家珍请求二审法院驳回黄志雄、黄润娴的上诉，维持原审判决。

原审第三人深发行羊城支行陈述称：深发行羊城支行与黄润娴签订了买卖合同、抵押贷款合同，并依法办理了抵押登记手续，希望法院保护第三人的抵押权。

二审中，黄润娴提交了一份黄志雄于2007年3月15日出具的收到黄润娴380万元的收据。李家珍对该收据的真实性，不予认可。

二审判决

广州市中级人民法院经审理认为：李家珍依照《合同法》第74条的规定提起本案诉讼，请求确认撤销黄志雄、黄润娴涉案房屋的买卖行为属于行使债权人的撤销权。本案争议焦点是黄志雄将涉案房屋转让给黄润娴的行为是否符合法定可撤销的情形。

《合同法》第74条第1款规定：“因债务人放弃其到期债权或者无偿转让财产，对债权人造成损害的，债权人可以请求人民法院撤销债务人的行为。债务人以明显不合理的低价转让财产，对债权人造成损害，并且受让人知道该情形的，债权人也可以请求人民法院撤销债务人的行为。”本案针对适用的应属于第二种情形，即“债务人以明显不合理的低价转让财产，对债权人造成损害，并且受让人知道该情形的，债权人也可以请求人民法院撤销债务人的行为”。故本案审查的关键是黄志雄将涉案房屋转让给黄润娴是否具备“以明显不合理低价转让财产、对债权人造成损害以及受让人知道该情形”三个法定条件。

一、以明显不合理低价转让财产的问题

黄志雄、黄润娴于2007年4月就涉案房屋签订的《房地产买卖合同》约定的交易价格是200万元，黄志雄于2003年购买涉案房屋时支付的房款是3 251 645元，而深发行羊城支行在2007年2月与黄润娴签订《房地产买卖抵押贷款合同》前，委托中介机构评估的涉案房屋市场价值为5 490 598元。黄润娴、黄志雄约定的交易价格远低于上述价格，并且黄志雄、黄润娴也确认双方交易核税价格为3 251 645元及实际交易价格远不止约定的200万元。故黄志雄、黄润娴就涉案房屋交易约定的价格200万元，显与涉案房屋的真实市场价格相差甚远。另外，黄润娴在实际履行合同的过程中，在未支付任何首期款的情况下，即以涉案房屋设定抵押向深发行羊城支行贷款230万元，用作涂销黄志雄原银行贷款抵押，以办理房地产权属过户手续。黄润娴也无证据证明其实际以自己的资金偿还了上述贷款，故不能认定黄润娴实际以银行贷款的形式支付230万元的房款。黄润娴二审提供黄志雄出具的收据证实其实际支付房款380万元，因无其他证据佐证，也无资金来源凭证，无法确认其真实性，本院不予采纳。至于黄润娴称其为黄志雄支付医疗费等费用，因双方之间系兄妹关系，相互协助，也是人之常情，故与本案无关，本院不予审查。因此，黄志雄、黄润娴就涉案房屋交易约定的价格明显低价，也没有实际超额付款的凭证，故原审法院认定黄志雄以超低价出让涉案房屋，合法有据，本院予以支持。黄志雄、黄润娴上诉称双方交易价格符合常理，与客观事实不符，本院不予支持。

二、黄志雄转让涉案房屋的行为是否损害李家珍作为债权人的合法权益

另案生效刑事判决已经明确黄志雄出资成立个人工商户创骏服装厂，并在幕后操纵由张建佳采取支付小部分货款、加工费及拖延付款、开空头支票的手段，自创骏服装厂成立至2006年7月间共骗取嘉丽洗漂厂等22人的牛仔布、棉纱等货物共价值13 100 913元，创骏服装厂仅付货款2 213 337元，尚欠10 887 576元未付，其中欠李家珍货款1 805 070元；并欺骗25人为创骏服装厂加工布料，欠下加工费4 705 948元。上述事实已经明确李家珍在黄志雄出让涉案房屋时，对创骏服装厂享有确定债权，黄志雄对上述债务负有不可推卸的责任，也是显然的。黄志雄现以低价出让涉案房屋，且无其他资金偿还上述债务，明显损害了李家珍等债权人的合法权益。至于李家珍的债权是否经法律程序确定，并不是债权人撤销权行使的先决条件。现黄志雄、黄润娴以李家珍对黄志雄不享有确定债权，刑事诈骗并不能认定为债权债务关系为由，上诉称李家珍不具有诉权，缺乏依据，本院不予采信。

三、黄润娴购买涉案房屋时，对黄志雄欠债及逃避债务是否知情的问题

黄志雄、黄润娴系兄妹关系，并且也实际居住在涉案房屋。黄志雄在2006年8月3日因涉嫌合同诈骗罪被增城市公安局刑事拘留，于2006年9月1日被依法逮捕，并于2006年9月27日因病取保候审。对于黄志雄的上述状况，作为黄志雄妹妹的黄润娴，称其不知情，显与常理不符。2007年4月6日，黄志雄委托李建林与黄润娴签订《房地产买卖合同》，出售涉案房屋，黄润娴在未支付任何款项的情况下，且在与黄志雄签订《房地产买卖合同》之前，已经以涉案房屋设定抵押向深发行羊城支行贷款用以偿还黄志雄原购买涉案房屋时的银行贷款，以顺利涂销抵押，办理房地产过户登记手续。黄润娴在未支付任何首期款的前提下，即取得涉案房屋权属登记的交易行为，与正常交易程序显然不符。原审认定黄润娴对黄志雄涉嫌刑事犯罪及对外负有巨额债务的事实是明知的，依据充分，本院予以采信。黄志雄、黄润娴现上诉称黄润娴不知情黄志雄的债务情况，均不合常理，本院不予采信。

综上所述，黄志雄在对外负有巨额债务的情况下，为逃避债务，以明显的低价转让涉案房屋给黄润娴，对李家珍造成损害，并且黄润娴知道该情形。故李家珍要求撤销黄志雄将涉案房屋转让给黄润娴的行为，于法有据，本院予以支持。至于黄润娴是否为善意取得涉案房屋仅是为保障善意物权人的合法权益，综观全案案情，黄润娴购买涉案房屋虽已完成过户登记手续，

但并不符合《中华人民共和国物权法》(以下简称《物权法》)第106条规定的不动产善意取得的规定条件，故黄润娴虽登记取得涉案房屋物权，但不受善意制度的保护。黄润娴上诉称其已经善意取得涉案房屋产权，理据不足，本院不予支持。另外，原审第三人深发行羊城支行主张保障其抵押权的问题，不属于本案审理范围，本案不作审查。综上，黄志雄、黄润娴的上诉主张缺乏充足依据，应予驳回；原审判决事实清楚，适用法律正确，处理结果并无不当，本院予以维持。为此，依照《民事诉讼法》第153条第1款第1项的规定，判决如下：

驳回上诉，维持原判。

二审案件受理费200元，由上诉人黄志雄负担100元，由上诉人黄润娴负担100元。

本判决为终审判决。

案由与焦点

1. 案由

本案的一级案由是“债权纠纷”，二级案由为“合同纠纷”，三级案由为“债权人撤销权纠纷”。

债权人的撤销权是指当债务人实施的财产或者权利处分行为害及债权人的债权实现时，债权人有权请求法院对该行为予以撤销的权利。因债权人行使撤销权而引发的纠纷即为债权人撤销权纠纷。

2. 焦点

本案争议的焦点在于黄志雄将涉案房屋转让给黄润娴的行为是否符合法定可撤销的情形。如果该行为属于正当的财产转让行为，则债权人不能行使撤销权；如果该行为属于转移财产、逃避债务的行为，当该行为损害到债权人的债权时，债权人可以行使撤销权撤销该行为。

评注与问题

1. 撤销权的行使条件是什么

债权人的撤销权是防止债务人财产减少、保护债权人利益的一种有效手段，源自古罗马法，又称为废罢诉权。《合同法》第74条第1款规定：“因债务人放弃其到期债权或者无偿转让财产，对债权人造成损害的，债权人可以请求人民法院撤销债务人的行为。债务人以明显不合理的低价转让财产，对债权人造成损害，并且受让人知道该情形的，债权人也可以请求人民法院撤销债务人的行为。”由此可知，撤销权的行使条件因债务人与第三人所为行为是有偿还是无偿而有所不同。对于无偿行为，撤销权的行使只需要有债务人无偿处分其财产的行为即可，不需要证明第三人在主观上具有恶意。其主要原因在于，不论第三人是否知情，因其取得财产利益并未支付代价，所以债权人行使撤销权对其也不会造成实际损失。对于有偿行为，撤销权的行使应当满足以下条件：(1) 有债务人以明显不合理低价处分其财产的行为，且该行为害及债权的实现，此为撤销权行使的客观条件；(2) 债务人与第三人主观上为恶意，此为撤销权行使的主观条件。

本案属于《合同法》第74条规定的第二种情形，即“债务人以明显不合理低价转让财产，对债权人造成损害，并且受让人知道该情形的，债权人也可以请求人民法院撤销债务人的行为”。因此，审查的关键是该转让行为否满足撤销权行使的主、客观条件。而本案当事人双方争议的焦点也在于黄润娴是否是在明知黄志雄对外负有巨额债务的情况下，为逃避债务，以明显低价转让涉案房屋，严重侵害了李家珍作为债权人的利益。首先，就客观条件看，黄志雄于2003年购买涉案房屋时支付的房款是3 251 645元，深发行羊城支行在2007年2月与黄润娴签订《房地产买卖抵押贷款合同》前，委托中介机构评估的涉案房屋市场价值为5 490 598元，该评估价格符合房产升值的市场规律，是可信的。而黄志雄、黄润娴于2007年4月就涉案房屋签订的《房地产买卖合同》约定的交易价格仅为200万元，明显低于正常的市场交易价格，符合“明显不合理低价”这一条件。虽然黄润娴在二审中提供黄志雄出具的收据证实其实际支付房款380万元，但因无其他证据佐证，也无资金来源凭证，因而无法被法院采信；同时，生效的刑事判决已经明确黄志雄出资成立个人工商户创骏服装厂对外欠下包括李家珍货款1 805 070元在内的10 887 576元货款以及4 705 948元加工费未支付，而根据一审查明的事实，黄润娴将涉案房屋抵押给深发行羊城支行所借得的230万元，也直接划入黄志雄在工行黄埔支行的贷款账户上，用于偿还黄志雄所欠工行黄埔支行的购房贷款。上述事实表明，黄志雄已无力清偿其对于李家珍等人的债务，其低价转让房屋的行为已经损害到债权人的债权，符合撤销权行使的客观条件。其次，黄润娴作为黄志雄的妹妹，明知黄志雄负有巨额债务无力清偿，仍以不合理的低价受让黄志雄的房产，显属恶意，符合撤销权行使的主观条件。作为债权人，李家珍有权依法行使其撤销权。

2. 有偿处分行为中，债务人与第三人的恶意应当如何证明

在有偿处分行为中，对于债务人的恶意，可从其以明显不合理低价处分财产导致债权无法实现的行为中推知，而第三人的恶意表现为第三人明知或者应知债务人逃避债务的恶意，仍与之交易。第三人不具有恶意的，债权人不得行使撤销权。第三人的恶意需要债权人提供证据证明。本案中，对于黄润娴是否为恶意，可从以下几方面证明：(1) 黄志雄与黄润娴为兄妹关系，且同住于涉案房屋内。(2) 黄志雄在2007年4月6日委托李建林与黄润娴签订《房地产买卖合同》，黄润娴在2007年4月26日取得了涉案房屋的《房地产权证》。而根据黄润娴提供的《房地产买卖抵押贷款合同》，证实其在2007年2月13日即在涉案房屋的所有权人是黄志雄时就与深发行羊城支行签订《房地产买卖抵押贷款合同》，将涉案房屋抵押给深发行羊城支行，并将所借款项用于偿还黄志雄所欠工行黄埔支行的借款。(3) 黄润娴在未支付任何首期款的前提下，即取得涉案房屋权属登记的交易行为，与正常交易程序显然不符。(4) 该房屋转让价格明显低于正常市场价格。上述事实足以证明黄润娴购买涉案房屋时，对黄志雄欠债及逃避债务是知情的，甚至具有协助其转移财产、逃避债务的目的。

3. 撤销权行使的范围有哪些

对于撤销权行使的效力，理论上有绝对无效和相对无效两种观点。绝对无效说认为，撤销权行使的效力及于债务人的全部处分行为；相对无效说认为，撤销权虽然会使债务人的处分行为自始无效，但仅以保全债权人的债权为限，超出部分仍然继续有效。从理论上分析，撤销权设立的主要原因在于保全债权，因此，采绝对无效说似乎违背了撤销权制度的根本目的，对此，你的观点是什么？

就本案来说，原告对被告黄志雄享有的债权额为1 805 070元，而黄志雄与黄润娴约定的房屋转让价格为200万，对此，原告可在多大范围内行使撤销权？

4. 债权人为多人时，撤销权应如何行使

债权人为多人时，全体债权人可以共同行使撤销权，也可以由每一个债权人独立行使撤销权，但无论共同行使还是独立行使撤销权，其结果均对全体债权人发生效力。本案中，黄志雄的债权人包括李家珍在内共计47人，债务总额达到1 500多万，对于黄志雄所为的低价转让房产的行为，债权人选择单独行使撤销权，但其行使结果对全体债权人发生效力，即李家珍行使

撤销权后，该房屋应作为黄志雄全部债务的一般担保，李家珍并不能从中优先受偿，只能够按照其债权比例获得清偿。

5. 撤销权行使的效力体现在哪些方面

对于不同的当事人，撤销权行使的效力体现在以下几个方面：

对债务人来说，债务人所为有害于债权的行为一经撤销，其效力归于消灭。债务人免除第三人债务的，视为债务自始未消灭；承担债务的，视为自始未发生、未设定；让与债权的，视为债权未让与；转移财产的，视为财产自始未转移。

对受让人来说，当债权人行使撤销权后，债务人的行为就失去了法律上的依据，因此，受益人或受让人对债务人自应承担返还财产或利益的义务。受益人或受让人对债务人负有不当得利的返还义务。返还不当得利，应当包括原物和原物所生的孳息；不能返还的，应当折价赔偿。受让人因被撤销的债务人的行为，向债务人支付对价的，对债务人亦享有不当得利返还请求权。

对撤销权人来说，债权人行使撤销权仅具有恢复债务人责任财产的效果，其恢复的财产应用做债务人全部的债务的一般担保，撤销权人不能从中优先受偿。另外，债权人行使撤销权支出的必要费用，由债务人负担。

本案中，该房屋转让行为经法院撤销后，对于债务人黄志雄来说，该房屋所有权视为自始未转移；对于受让人黄润娴来说，应当将受让房屋返还给债务人，并协助对方及时办理过户手续。

（评注人：申静梅）

13. 债权转让合同纠纷

司法案例

何荣兰诉东营水泥制品厂等案

最高人民法院（2003）民一终字第46号

基本案情

上诉人（原审被告）：东营市海科化学工业有限责任公司。

法定代表人：杨晓宏，该公司董事长。

委托代理人：蔡忠杰，山东康桥律师事务所律师。

委托代理人：金荣奎，山东康桥律师事务所律师。

被上诉人（原审原告）：何荣兰。

委托代理人：于杰。

委托代理人：于福顺。

原审被告：东营水泥制品厂。

法定代表人：田振荣，该厂厂长。

委托代理人：刘军，山东黄河律师事务所东营分所律师。

原审被告：东营市黄河口建材开发总公司。

法定代表人：田振荣，该公司经理。

上诉人东营市海科化学工业有限责任公司（以下简称“海科公司”）与被上诉人何荣兰、原审被告东营水泥制品厂、原审被告东营市黄河口建材开发总公司（以下简称“建材公司”）清偿债务纠纷一案，山东省高级人民法院于2003年6月2日作出（2003）鲁民一初字第4号民事判决，上诉人海科公司不服，向本院提起上诉。本院依法组成合议庭，于2003年8月7日公开开庭对本案进行了审理。上诉人海科公司的委托代理人蔡忠杰、金荣奎，被上诉人何荣兰的委托代理人于杰、于福顺，原审被告东营水泥制品厂的委托代理人刘军到庭参加了诉讼。本案现已审理终结。

经审理查明：1994年8月24日、12月2日和12月5日，东营水泥制品厂分别向中国农业银行东营市河口区支行借款100万元、93万元和7万元，用于购买水泥、钢材，并约定利息分别为10.98‰和14.64‰。到期限不还贷款，对逾期贷款加收20%的利息。上述借款均由建材公司担保。

1996年12月24日，东营水泥制品厂向中国农业银行东营市东营区支行借款1 050万元，用于购买水泥制品材料，期限1年，自1996年12月24日至1997年12月24日，利率为月息9.24‰，该合同第2条约定：东营水泥制品厂应按合同约定的期限归还贷款本息。逾期贷款在逾期期间按日利率万分之四计收利息。如需延期还款，东营水泥制品厂必须在贷款到期前10日提出延期申请，经同意后签订延期还款协议，延期协议签订后，其效力及于保证人，保证人自愿继续承担保证责任，原保证期间相应延长。该合同第5条约定：保证人与借款人对债务承担连带责任，保证人保证期间为：自本合同生效之日起最后一笔借款到期日后的2年，即自1997年12月24日至1999年12月24日。该合同由海科公司担保。

1997年12月24日，中国农业银行东营市东营区支行与东营水泥制品厂、海科公司签订（97）农银保借延协字第00013号《保证担保借款延期还款协议书》约定：东营水泥制品厂于1996年12月24日向贷款人借款1 050万元，应于1997年12月24日偿还全部借款本息，由于资金短缺原因，不能如期偿还，经各方协商一致同意延期到1998年3月24日偿还。1996年12月24日签订的《借款合同》是本协议不可分割的整体，原《借款合同》各项条款对本协议仍有效，本协议与原《借款合同》条款有抵触者，以本协议为准。海科公司作为担保人在该协议上签章认可。

1998年6月20日，中国农业银行东营市河口区支行向东营水泥制品厂发出了贷款逾期催收通知书称：借款200万元已到期，到1998年6月20日止，你单位仍欠我行贷款本金及利息225万元，已构成违约，请立即归还全部贷款本息。东营水泥制品厂及担保人建材公司于1998年6月22日在该通知上盖章。

1999年11月29日，中国农业银行山东省分行发出催收到（逾）期借款通知书第25号，载明：1996年12月24日借款1 050万元，于1998年3月24日到期，请准备资金按期来银行办理还款手续，否则按合同约定处理。1999年12月22日，东营水泥制品厂签发通知单回执载明：第25号催收到（逾）期借款通知书，已于1999年12月22日收到，意见如下：尽快筹集资金，归还银行贷款。东营水泥制品厂加盖了公章，担保人的法定代表人亦签名并加盖了公章，落款时间为2000年3月23日。

1999年12月20日，中国农业银行东营市河口区支行向东营水泥制品厂发出贷款逾期催收通知书，内容为："贷款200万元已到期。到1999年12月20日止，你单位仍欠我行贷款本息合计233万元，请立即归还我行全部贷款本息。"东营水泥制品厂及担保人建材公司于1999年12月22日在该通知书上签章。

2000年3月10日，中国农业银行山东省分行与中国长城资产管理公司济南办事处签订《剥离收购不良资产协议书》约定：债务人东营水泥制品厂、担保人建材公司所欠中国农业银行下述本息2 398 520元、债务人东营水泥制品厂、担保人海科公司所欠中国农业银行下述本息12 270 874.12元，债权于2000年3月25日起转移给中国长城资产管理公司；并分别以（济）中长资债字（2000）第050300002号和（济）中长资债字（2000）第050200027号债权转移确认通知书，通知了债务人和担保人，同时要求债务人和担保人在接到本债权转移确认书后，主动向中国长城资产管理公司归还前述全部债务款或者制订还款计划。东营水泥制品厂和建材公司在（济）中长资债字（2000）第050300002号债权转移确认通知书回执及东营水泥制品厂、海科公司在（济）中长资债字（2000）第050200027号债权转移确认通知书回执均明确表示，对债权转移事项不持任何异议，借款人和担保人保证继续履行借款合同、担保合同或协议约定的各项义务。建材公司签署时间为2000年6月3日，海科公司签署时间为2000年3月23日。

2000年5月31日，海科公司向中国农业银行东营市东营区支行出具证明："我单位多次为东营水泥制品厂向贵行借款提供担保，并于1996年12月24日为该企业转贷贷款1 050万元提供担保。特此说明。”2002 年 3 月 12 日，《山东法制报》第 14 版刊登债权催收公告，要求东营水泥制品厂、建材公司、海科公司履行清偿义务。

2002 年 9 月 30 日，中国长城资产管理公司济南办事处根据中长资复（2002）386 号关于东营水泥制品厂债权转让请示的批复，与何荣兰签订（2002）中长资济债转字第 003 号债权转让协议约定，将东营水泥制品厂所拖欠的 5 笔贷款债权（及其附属权利）转让给何荣兰并附债权转让清单。2003 年 1 月 21 日，中国长城资产管理公司济南办事处及何荣兰在《山东法制报》第 2 版刊登债权转移通知，通知东营水泥制品厂及担保人建材公司、海科公司，其依法享有东营水泥制品厂债权本金 1 260 万元及相应利息及其项下附属权利均已依法转移给何荣兰，由其行使债权人的一切权利。在接到本通知书后主动向何荣兰履行还款义务。

一审法院审理中，何荣兰出具了有关债权款项利息的计算依据。1 050 万元借款按月利率 9.24‰计，1997 年 1 月 1 日至第四季度末应付本息 11 504 338.14 元。对此，东营水泥制品厂及海科公司均认可。1998 年至 2003 年第一季度按合同第 2 条约定的万分之四计算本金及罚息合计为 24 183 095.93 元。对此，东营水泥制品厂无异议，但海科公司提出异议认为不应按万分之四计，应按万分之二点一计。200 万元借款本息及罚金合计为 7 598 582.02 元。对此，东营水泥制品厂及建材公司均予以认可。

2003 年 4 月 17 日，一审法院委托山东省司法鉴定中心对涉案利息，依照合同和中国人民银行的利率规定（不计复利）分别自贷款之日起至 2003 年 3 月 31 日止分段进行了计算，鉴定结果为：1 050 万元本金的利息为 6 171 375 元，本息合计 16 671 375 元。200 万元的利息为 1 899 951元，本息合计 3 899 951 元。各方当事人对计算的依据、方法和计算结果均无异议。但海科公司主张 2000 年 3 月 25 日前利息应按农业银行与中国长城资产管理公司的债权转让协议中确定的数目为准，即本金 1 050 万元表外利息 1 770 874.12 元。债权转让前的利息不应重新计取。自 2000 年 3 月 25 日到 2003 年 3 月 31 日，按 1 050 万元本金计算，利息为2 438 730元。

一审诉辩主张

原告诉称：中国长城资产管理公司济南办事处依法享有东营水泥制品厂债权本金 1 260 万元及相应利息。2002 年 9 月 30 日，中国长城资产管理公司济南办事处与何荣兰签订《债权转让协议》，将上述债权及其项下所属权利全部转让给何荣兰，由何荣兰行使债权人的一切权利。何荣兰已具备向债务人及担保人主张权利的主体资格，截至起诉之日，东营水泥制品厂应当承担债务本息合计 31 783 677.95 元，请求：（1）判令东营水泥制品厂立即清偿债务本息合计 31 783 677.95元，海科公司对东营水泥制品厂应付债务中的 24 183 095.95 元承担连带清偿责任；建材公司对东营水泥制品厂应付债务中的 7 598 582.02 元承担连带清偿责任。（2）财产保全费、案件受理费、律师代理费及何荣兰为实现债权支出的合理费用由东营水泥制品厂、海科公司及建材公司共同负担。

被告海科公司辩称：东营水泥制品厂和海科公司至今未得到中国长城资产管理公司济南办事处将债权转让给何荣兰的任何通知。海科公司承担保证责任的期间已过，根据合同约定是自 1997 年 12 月 24 日起至 1999 年 12 月 24 日止。债权转移的方式是书面通知而不是登报的方式。何荣兰没有提供其受让债权的有效证据。两个借款合同纠纷不应合并审理。根据最高人民法院《关于适用〈中华人民共和国担保法〉若干问题的解释》（以下简称《担保法解释》）第 31 条、第 44 条及最高人民法院法函（2002）3 号的答复，《金融资产管理公司条例》第 10 条及《金融资产管理公司资产处置管理办法》第 3 条的规定，海科公司不应承担保证责任。再则，债权转移是无效的。因此，应驳回何荣兰对海科公司的诉讼请求。

东营水泥制品厂、建材公司未作答辩。

一审判决

山东省高级人民法院经审理认为：本案涉及的全部借款合同、担保合同、延期协议、催款单及回执、债权转让合同、通知及公告通知等均是当事人的真实意思表示，其内容和形式均是合法有效的，当事人都应按照合同约定，自觉履行各自的义务。何荣兰依其与中国长城资产管理公司济南办事处签订的《债权转让协议》履行了义务，也取得了债权人的资格，因此，何荣兰的主要诉讼请求，符合法律的规定，应予支持。就海科公司反驳的几个问题认定如下：

其一，债权转让应用何种方式通知债务人及担保人的问题。对于债权转让通知的方式，目前国家法律没有强制性规定必须用什么方式通知。登报通知是一种合法的方式，更具有时间性、公开性和广泛性，与单个书面通知具有同等作用和效力。债权转让不同于债务转让，债务转让我国法律有明确的规定，即债务人转移债务的必须书面通知债权人及保证人，并征得债权人和保证人的同意，否则转让无效。而债权转让只需通知债务人及保证人即可，无须经债务人及保证人同意。本案债权转让通知是原债权人中国长城资产管理公司济南办事处于2003年1月21日在《山东法制报》上用登报通知方式通知债务人及担保人，其内容和形式均符合《合同法》第80条之规定，亦不违反《合同法》第79条的规定。所以，海科公司对此主张理由不成立。

其二，关于海科公司承担保证责任的期间是否已过的问题。海科公司称，根据合同约定，海科公司承担保证责任的期间是自1997年12月24日起至1999年12月24日止。海科公司在债权转让确认通知书回执上签字的时间是2000年3月3日。依据《担保法解释》第31条、第44条及最高人民法院法函（2002）3号答复的规定，海科公司不应承担保证责任，即使何荣兰与中国长城资产管理公司济南办事处的债权转让协议对海科公司发生法律效力，海科公司在保证期间届满后，亦不应承担担保责任。一审法院认为，首先，《担保法解释》第31条规定，保证期间不因任何事由发生中断、中止、延长的法律后果。保证期间与诉讼时效是两个不同的概念，不能混同。《担保法解释》第44条不适用本案，本案不属于破产案件。最高人民法院法函（2002）3号答复主要是明确诉讼时效中断问题，不影响何荣兰诉讼权利的有效行使。其次，根据（97）农银保借延协字第00013号协议书，1 050万元借款延期到1998年3月24日止。海科公司在该协议上签章认可。随着借款的延期，依据借款合同和担保合同的约定，海科公司的保证期间亦相应延期自1998年3月25日起至2000年3月24日止。即使在原保证期间内，即1999年11月29日，中国农业银行山东省分行向东营水泥制品厂发出催收到（逾）期借款通知书第25号，东营水泥制品厂和海科公司分别于1999年12月22日和2000年3月23日在催收到期借款通知书回执上签字盖章。这份催收到（逾）期借款通知书，证明了当时的债权人在担保人履行保证责任期限内，向借款人及保证人主张了权利。依照法律规定，此时开始计算诉讼时效为2年，即自1999年11月29日起至2001年11月28日止。保证期间与诉讼时效虽然都是因债权人在一定期间不行使权利，而发生一定的法律后果，但两者有着本质上的区别。在保证期间内，债权人行使了权利，变更了原有的法律关系，使保证期间的作用消灭；而在诉讼时效期间内，权利人行使了请求权，维持了原有的法律关系，使原有的法律关系得以继续延续。因此，本案中海科公司、建材公司作为保证人不免除保证责任，保证责任不再受保证期间的制约，应受诉讼时效的制约。最后，从中国长城资产管理公司济南办事处与中国农业银行东营市东营区支行发出的债权转让确认通知书回执角度分析，借款人和保证人保证继续履行借款合同、担保合同和协议规定的各项义务。保证人签字盖章的时间为2000年3月23日，这份通知书及回执说明，海科公司仍在自愿延长保证期间，即2000年3月24日之前，权利人再次主张明确要求债务人及担保人还款。依据《担保法解释》第34条第2款的规定，从2000年3月24日起重新开始计算中国长城资产管理公司济南办事处对保证人要求履行保证责任的诉讼时效，即自2000年3月24日起到2002年3月23日止。2002年3月12日，中国长城资产管理公司济南办事处在《山东法制报》公告向债权人和担保人催收债权、主张权利，至此，诉讼时效依法中断，重新计算诉讼时效，即自2002年3月12日起到2004年3月11日止。2003年1月21日，中国长城资产管理公司济南办事处在《山东法制报》第2版刊登债权转让通知，要求债务人向新债权人何荣兰履行还款义务。2003年2月13日，债权人何荣兰向本院起诉，主张还本付息。何荣兰的起诉是在法定诉讼时效期间之内，因此，海科公司主张何荣兰的起诉已超过保证期间，不应负任何法律责任的理由不能成立。

其三，关于本案的管辖问题。最高人民法院规定山东省高级人民法院一审民事案件的受理标的额为3 000万元以上，一审法院依此规定立案，并不违反最高人民法院的规定，且依据《民事诉讼法》第39条第1款之规定，上级人民法院有权审理下级人民法院管辖的第一审民事案件，也可以把本院管辖的第一审民事案件交下级人民法院审理，一审法院受理本案亦于法有据。所以，海科公司关于本案应由山东省东营市中级人民法院审理的主张，理由不能成立。

其四，本案能否合并审理的问题。本案的债权人均为何荣兰，债务人均为东营水泥制品厂，债权债务关系明确。担保人虽非同一人，但担保人在本案中承担的是各自的担保责任，其责任也明确，所以，合并同案审理并非不可，故海科公司对此主张理由亦不成立。

其五，关于利息计算问题。海科公司提出的利息计算主张，依法应予支持。利息的计算应依法予以调整，其结果应为：1 050万元2000年3月25日前的本息为12 270 874.12元，加上2000年3月21日至2003年3月31日的利息2 438 730元，共计14 709 604.12元；200万元2000年3月25日前的本息为2 398 520元，加上2000年3月21日至2003年3月31日的利息464 520元，共计2 863 040元。

综上，判决：(一）东营水泥制品厂于判决生效后10日内偿还何荣兰借款本金1 050万元及利息合计14 709 604.12元，海科公司承担连带清偿责任；(二）东营水泥制品厂于判决生效后10日内偿还何荣兰借款本金200万元及利息合计2 863 040元，建材公司承担连带清偿责任；(三）驳回何荣兰的其他诉讼请求。一审案件受理费168 928元，由何荣兰负担76 017.60元，东营水泥制品厂负担92 910.40元，其中的75 257.40元由海科公司负连带责任，17 653元由建材公司负连带责任。保全费80 000元，由海科公司负担。鉴定费30 000元，由何荣兰负担10 500元，东营水泥制品厂负担19 500元，其中15 015元由海科公司负连带责任，4 485元由建材公司负连带责任。

上诉审诉辩主张

海科公司不服，向最高人民法院提起上诉，称：(1）一审判决认定事实不清。1）一审判决所列被告之一建材公司已经不存在，其不具备诉讼主体资格。根据海科公司所调查到的工商登记注册资料，建材公司是1993年由东营水泥制品厂更名而来的，1996年12月该公司又更名为东营水泥制品厂并且沿用此名称至今。在一审诉讼期间，根本就不存在一个名为建材公司的企业法人。一审法院将一个不存在的企业列为本案被告，属认定事实错误。2）一审认定中国农业银行东营市河口区支行1994年8月24日、12月2日和12月5日与东营水泥制品厂、建材公司的借款合同、担保合同合法有效是错误的。山东省东营市工商行政管理局东营分局的企业工商登记资料记载：东营水泥制品厂于1990年6月开业，1993年1月经核准登记变更为建材公司，1996 年 12 月经核准登记又变更为东营水泥制品厂，该名称自 1996 年 12 月沿用至今。据此，1994 年间，东营水泥制品厂已经变更名称为建材公司，在当时已经不存在一个名为东营水泥制品厂的企业。所以，在当时以东营水泥制品厂为借款人，以建材公司为担保人的借款合同，由于借款人已经不存在，借款合同是无效的，担保合同也无效。一审认定合同有效是错误的。(2) 一审判决适用法律错误。一审判决认为的债权人以报纸公告的方式通知债务人有关债权转让的事实符合法律规定是错误的。本案中，原债权人中国长城资产管理公司济南办事处没有直接通知债务人债权转让的事实。作为债务人，由于没有收到债权转让通知，因而也没有向受让人履行债务的法律义务。到受让人何荣兰起诉之时，中国长城资产管理公司济南办事处与何荣兰之间的债权转让协议由于没有通知到债务人，对债务人尚不发生效力，何荣兰起诉债务人还款没有事实和法律依据。报纸公告的通知方式只是一种推定被通知人可以收到通知的方式，采用这种通知方式至少应同时具备两个条件：一是由于被通知人地址不详或下落不明等原因无法直接通知，二是法律规定可以采用公告的方式通知，并且规定公告多长时间视为通知到达。不具备这两个条件，就只能采用直接书面通知的方式。本案原债权人中国长城资产管理公司济南办事处明知债务人及担保人的地址，而不采用直接书面的方式通知，却采用没有法律依据的报纸公告方式，该通知不产生法律效力。依学理解释，债权转让通知的方式应当与债权成立的方式相同。债权以书面方式成立的，转让债权亦应以书面方式通知债务人。(3) 一审程序违法。1) 一审违反了法律关于级别管辖的规定，错误审理本案。最高人民法院《关于各高级人民法院受理第一审民事、经济纠纷案件问题的通知》规定，山东省高级人民法院受理第一审经济纠纷案件，争议金额不得低于 5 000 万元。本案属于经济纠纷案件。何荣兰起诉的金额只有 3 000 余万元，与山东省高级人民法院一审管辖的经济纠纷案件争议金额相差很大，山东省高级人民法院不应受理此案。就一审级别管辖错误的问题，海科公司向一审法院提出了管辖权异议，申请将案件移送有管辖权的山东省东营市中级人民法院审理，一审法院对该异议不予理睬，违反法律规定。一审判决认为本案是民事案件，山东省高级人民法院一审受理民事案件的争议金额为 3 000 万元，此认定是错误的。借款合同纠纷不属于最高人民法院关于级别管辖规定中所指的民事纠纷案件，属于经济纠纷案件。本案应当以程序违法为由撤销原判，将案件移送有管辖权的法院审理。2) 一审将几个当事人不相同的借款合同的欠款纠纷合并审理不符合民事诉讼法关于共同诉讼的规定，应将不同的合同纠纷分别处理。何荣兰是从中国长城资产管理公司济南办事处受让的债权，而中国长城资产管理公司济南办事处是从中国农业银行东营市东营区支行、东营市河口区支行分别受让的债权。其中从东营市东营区支行受让的债权，其借款合同是海科公司担保的，本金 1 050 万元；而从东营市河口区支行受让的债权，共有三个合同，担保人是建材公司。中国长城资产管理公司济南办事处受让这些债权后，分别取代中国农业银行东营市东营区支行、东营市河口区支行在各个借款合同中的贷款人地位，成为不同合同的债权人。假设何荣兰有效受让了中国长城资产管理公司济南办事处的债权，则其又取代了中国长城资产管理公司济南办事处的债权人地位，分别成为不同借款合同的债权人。其中一个合同本金 1 050 万元，由海科公司担保；另外三个合同，本金共计 200 万元，由建材公司担保。如前所述，这三个借款合同的借款人在签合同的 1994 年已经更名，该企业是不存在的，借款合同应认定为无效。对于这样四个当事人及合同效力都不相同的借款合同纠纷，一审法院将其合并审理，不符合我国民事诉讼法关于共同诉讼的规定，不利于案件正确审理。综上，请求依法驳回何荣兰的起诉，或裁定撤销一审判决，将案件移送有管辖权的山东省东营市中级人民法院审理。

被上诉人何荣兰答辩称：(1) 海科公司以建材公司不具备诉讼主体资格为由主张一审判决认定事实不清没有依据。何荣兰将东营水泥制品厂、海科公司及建材公司一并起诉后，田振荣作为东营水泥制品厂和建材公司的法定代表人出庭参加了诉讼，并对何荣兰所诉事实予以认可。对于相对方当事人并无争议的事实，海科公司作为另一笔债务的保证人没有权利对该部分事实提出上诉，海科公司也没有证据证明其主张。特别需要说明的是，中国农业银行东营市河口区支行与东营水泥制品厂、建材公司签订的借款合同、担保合同均与海科公司无关，该借款合同和担保合同是否有效的问题与海科公司没有任何法律上的利害关系，海科公司无权对此提出上诉。(2）海科公司主张一审判决适用法律错误的理由不能成立。关于以报纸公告的方式通知债务人有关债权转让的事实是否符合法律规定的问题，最高人民法院《关于审理涉及金融资产管理公司收购管理、处置国有银行不良贷款形成的资产的案件适用法律问题的规定》第 6 条规定，金融资产管理公司受让国有银行债权后，原债权银行在全国或省级有影响的报纸上发布债权转让公告的，法院可以认定债权人履行了《合同法》第 80 条第 1 款规定的通知义务。这一司法解释，充分肯定了以报纸公告方式通知债务人有关债权转让事宜的合法性。一审法院根据中国长城资产管理公司济南办事处登报公告债权转让的事实和基于对《合同法》第 80 条第 1 款的正确理解，认定原债权人中国长城资产管理公司济南办事处以登报公告的形式向债务人东营水泥制品厂、担保人海科公司和建材公司依法正当履行了债权转让通知义务是正确的。(3)海科公司关于一审法院程序违法的主张不能成立。1）海科公司关于一审法院违反了民事诉讼法关于级别管辖规定的主张不能成立。一审法院立案庭根据答辩人起诉的法律关系确定作为民事案件立案是有法律依据的。本案何荣兰与东营水泥制品厂、海科公司及建材公司之间的清偿债务纠纷，属于自然人与法人之间的合同纠纷案件，且符合最高人民法院规定的高级人民法院受理一审民事案件的诉讼标的额标准（3 000 万元以上)，因此，一审法院受理本案并不违反最高人民法院关于级别管辖的规定。何况，根据《民事诉讼法》第 39 条的规定，上级人民法院有权审理下级人民法院管辖的第一审民事案件。因此，一审法院受理本案无任何不当之处。海科公司关于一审法院对其提出的管辖权异议没有任何答复的上诉主张不符合事实。根据最高人民法院的有关规定，对于当事人就级别管辖问题提出的管辖权异议，受诉法院经审查就管辖权异议是否成立，直接告知当事人即可，而不需作出书面裁定。本案的基本事实是，一审法院立案庭承办法官根据最高人民法院有关规定，已明确告知海科公司，一审法院立案受理并不违反级别管辖的规定，海科公司提出的级别管辖异议不成立，从而口头驳回了海科公司提出的管辖权异议。对于其后提交的《管辖权异议申请书》，一审法院立案庭鉴于对该问题已作明确答复，故直接将案卷转至民一庭进行审理。案卷移送至民一庭后，民一庭的承办法官亦明确告知海科公司管辖权异议不成立，并告知其应当及时到庭参加诉讼。海科公司两次到庭参加诉讼对何荣兰提交的证据和一审法院委托鉴定报告进行充分质证的事实也证明了一审法院对该问题并非未作任何答复，海科公司正是以积极的诉讼行为接受了一审法院的级别管辖。一审法院慎重审理，对海科公司的质证意见予以充分考虑，并已作出公正的判决。2）海科公司关于本案不能合并审理的主张不能成立。合并审理是指诉的合并，诉的合并可分为两种：即诉的主体合并与客体合并。海科公司作为担保人属于必要共同诉讼的当事人，海科公司参加本案的诉讼属于诉的主体合并。因本案所涉借款合同的借款人，也即债务人均为东营水泥制品厂，而将转让债权所涉及的数笔借款作为一个整体在本案中予以合并审理属于诉的客体合并。本案的债权人为何荣兰，债务人为东营水泥制品厂一家，双方当事人之间的债权债务关系明确。本案中的担保人海科公司、建材公司虽不是同一主体，但因二担保人各自担保履行的债务关系明确，且在各自担保履行的债务范围内所应承担的连带清偿责任也是明确的，合并审理并不损害海科公司的任何诉讼权利，所以，一审法院进行合并审理符合法律有关规定。综上，一审判决认定事实清楚，适用法律正确。海科公司的上诉请求证据不足，理由不当，请求二审法院依法驳回上诉，维持原判。

东营水泥制品厂及建材公司未进行书面答辩。

终审判决

二审查明的事实与一审法院查明的事实相同。

本院认为：2002年9月30日，何荣兰与中国长城资产管理公司济南办事处签订的债权转让合同，是双方当事人真实意思表示，合同内容不违反法律、法规的强制性规定，一审判决认定该债权转让合同有效是正确的。海科公司在上诉主张中就本案级别管辖问题提出异议，因级别管辖是上下级法院之间就一审案件审理方面的分工。1995年7月3日，最高人民法院法函(1995) 95号《关于当事人就级别管辖提出异议应如何处理问题的函》规定，当事人就级别管辖提出管辖异议的，受诉法院应认真审查，确无管辖权的，应将案件移送有管辖权的法院，并告知当事人，但不作裁定。上述规定表明，当事人虽然就级别管辖问题有权提出异议，但就异议不具有诉权。当事人不得以级别管辖异议为由提起诉讼主张，对异议被驳回后亦不具有上诉的权利。海科公司向一审法院提出的级别管辖异议，已经一审法院予以答复，且在一审卷宗中有所记载。海科公司就级别管辖问题提出的上诉请求，超出了当事人提起上诉的请求范围，故不应支持。海科公司上诉主张，东营水泥制品厂与建材公司实际上是同一主体，故建材公司不具备诉讼的主体资格，且应认定中国农业银行东营市河口区支行与东营水泥制品厂、建材公司签订的担保借款合同无效。在一审诉讼期间，东营水泥制品厂、建材公司及何荣兰均未对建材公司的诉讼主体资格问题提出异议。一审判决后，何荣兰、东营水泥制品厂及建材公司亦未对建材公司的诉讼主体资格提起上诉。海科公司不是上述担保借款合同的当事人，且其没有证据证明该担保借款合同损害海科公司的权益，建材公司是否具备诉讼主体资格及该担保借款合同的效力与海科公司没有法律上的利害关系。海科公司的该诉讼请求，本院亦不予支持。海科公司主张本案所涉的两个债务纠纷不应合并审理。由于诉的合并既可以基于当事人的申请，也可以由法院决定。本案中涉及的两个债务纠纷，债权人均为何荣兰，债务人均为东营水泥制品厂，债权、债务的性质相同，且均属于一审法院管辖范围，一审法院将两个债务纠纷合并审理并无不当。海科公司仅以债务的担保人不同，提出一审法院合并审理错误，理据不足，其主张应予驳回。本案中，何荣兰作为债权人向债务人及担保人提出诉讼主张，是基于其与中国长城资产管理公司济南办事处的债权转让合同，取得债权人地位后，以债权人的身份提起的民事诉讼。一审判决后，债权人何荣兰、债务人东营水泥制品厂及担保人建材公司均未提出上诉。就债权转让的效力，何荣兰、东营水泥制品厂及担保人建材公司、海科公司在一审判决后亦未提出异议。海科公司主张债权的转让，没有通知债务人及担保人，故债权转让的效力不及于海科公司。《合同法》第80条第1款规定，债权人转让权利的，应当通知债务人。未经通知，该转让对债务人不发生法律效力。但法律、法规对通知的具体方式没有规定。本案的实际情况是，中国长城资产管理公司济南办事处将其债权转让给何荣兰后，双方共同就债权转让的事实在《山东法制报》上登报通知债务人及担保人。《山东法制报》是在山东省内公开广泛发行的报纸，一审法院认为债权人在该报纸上登报通知债务人及担保人债权转让的事实，不违反法律、法规的强制性规定，应认定债权人已将债权转让的事实告知债务人及担保人，并无不妥。且本案中债权转让人、债权受让人、债务人及担保人均未对债权转让的事实及效力提出异议，债务人及担保人只是对债务款项利息的数额有异议，一审法院已作审查处理。海科公司在上诉请求中，没有涉及债权转让内容及效力问题的异议，即海科公司对双方债权、债务存在的事实是认可的。海科公司通过参加本案的诉讼活动，已明知债权转让的事实，且知道履行债务的对象。本案中的债权转让并没有致使债务人错误履行债务、双重履行债务或加重债务人履行债务的负担，也没有损害海科公司的利益。双方债权债务关系明确，债务人及担保人应承担相应的法律责任。海科公司仅以债权人在报纸上登载债权转让通知不当为由，否认债权转让对其发生法律效力，理由不充分，本院不予支持。综上，一审判决认定事实清楚，适用法律正确。根据《民事诉讼法》第153条第1款第1项之规定，判决如下：

驳回上诉，维持原判。

案由与焦点

1. 案由

本案的一级案由是“债权纠纷”，二级案由为“合同纠纷”，三级案由为“债权转让合同纠纷”。

债权转让又称债权让与，与债务承担相对，是指债权人在不改变债权内容的前提下，将自己享有的债权全部或者部分转让给第三人。债权转让属处分行为，其与一般买卖的不同在于处分的标的物，债权让与之标的物为债权本身，而一般买卖的标的物为有体物。债权人与第三人之间为实现债权转让的合意而签订的合同即为债权转让合同，因债权转让合同的履行而引发的纠纷即为债权转让合同纠纷。

2. 焦点

本案争议的焦点有二：(1) 原告依法受让对东营水泥制品厂的债权后，并未书面通知被告或经过担保人即被告的同意，而是通过报刊的形式刊登了债权转让通知。在此情况下，担保人应否为该转让债权承担担保责任？(2) 担保人为东营水泥制品厂向债权人提供担保，且约定担保期间为最后一笔借款到期日后2年。后因东营水泥制品厂未能按时还款而与债权人签订了延期还款协议，担保人的保证期间是否伴随该借款合同的延期而相应延长。当债权人在保证期间内主张债权时，如何认定担保人的担保责任期限？

评注与问题

1. 债权让与的条件是什么

关于债权让与的条件，理论上认为应当包括以下几个方面：

第一，债权须有效存在。债权让与的标的是债权，因此，只有债权有效存在，才能发生债权的让与问题。以不存在或无效的债权，或者已经消灭的债权作为标的让与他人的，为标的不能，债权让与合同自始无效。对于可撤销的债权、诉讼时效已完成的债权以及将来发生的债权，通说认为，也可以作为债权让与的标的。

第二，债权须有可让与性。如果债权不具有可让与性，则不能作为债权让与的标的。依照《合同法》第79条的规定，下列三类债权不得让与：(1) 依据债的性质不得让与的债权，如以特定身份为基础的债权、以特定债权人为基础的债权、以特殊信赖关系为基础的债权等；(2) 依据当事人约定不得让与的债权；(3) 依据法律规定不得让与的债权。

第三，债权人须有处分权。债权必须属于让与人，非债权之享有人不得让与他人债权。以自己所不享有的债权为让与的，为效力待定行为。如果权利人追认或者让与人事后取得债权，该让与行为有效。

第四，当事人须有让与合意。债权人让与债权时应当与受让人订立债权让与合同。债权让与合意原则上无须具备一定的形式要件，但有价证券债权的转移须符合特定的形式要求。例如，票据法上的债权须依背书方式转让。同时，法律、行政法规规定债权转让应当办理批准、登记等手续的，应当依照规定办理相关手续。

2. 债权让与何时生效

债权让与何时生效，被让与的债权从何时起发生转移，理论上有自由转让说与通知转让说两种观点，立法上也有不同的规定。自由转让说认为，债权让与只要让与人与受让人意思达成一致即可，如《德国民法典》第398条规定：债权人得通过与第三人订立的契约，将债权移转于第三人。契约订立后，新债权人即取得原债权人的地位。由此可知，德国法认为，让与合同成立时即发生债权移转受让人的效力。通知转让说则认为，虽然债权让与是通过债权人与第三人签订让与合同的方式来进行的，只需让与人与受让人就债权移转意思表示一致，债权让与即可成立，但是，由于让与合同仅为让与人与受让人之间的关系，缺乏公示性，难为债务人及债务人以外的第三人知晓，故不利于保护债务人利益和交易安全，所以必须通知债务人才会对债务人发生效力。我国法采取这种观点。《合同法》第80条规定："债权人转让权利的，应当通知债务人。未经通知，该转让对债务人不发生效力。"

本案涉及的债权经过了两次转让。第一次债权让与中，中国农业银行山东省分行与中国长城资产管理公司济南办事处签订《剥离收购不良资产协议书》，将其对债务人东营水泥制品厂、担保人建材公司和海科公司所享有的债权转移给中国长城资产管理公司后，分别以（济）中长资债字（2000）第050300002号和（济）中长资债字（2000）第050200027号债权转移确认通知书，通知了债务人和担保人。东营水泥制品厂、建材公司和海科公司在债权转移确认通知书回执均明确表示，对债权转移事项不持任何异议，并保证继续履行合同约定的各项义务。因此，该债权让与行为对债务人和担保人均发生法律效力。第二次债权让与中，中国长城资产管理公司济南办事处将其对东营水泥制品厂的债权转让给本案原告何荣兰，双方在《山东法制报》第2版刊登债权转移通知，通知东营水泥制品厂及担保人建材公司、海科公司，也应当视为履行了通知义务。

3. 债权让与应以何种方式通知

关于债权让与应当以何种方式通知债务人，合同法及其解释没有具体规定。理论上一般认为，在法律没有规定的情况下，当事人可以采用任何可到达债务人的方式进行通知，如口头方式、书面方式、公告通知等。本案争议的焦点之一就是，债权让与以登报通知的方式进行是否对债务人生效？上诉人海科公司认为，债权人明知债务人及担保人的地址，而不采用直接书面的方式通知，却采用没有法律依据的报纸公告方式，该通知不产生法律效力。这一认识不符合最高人民法院《关于审理涉及金融资产管理公司收购、管理、处置国有银行不良贷款形成的资产的案件适用法律问题的规定》第6条的规定。该条规定，金融资产管理公司受让国有银行债权后，原债权银行在全国或省级有影响的报纸上发布债权转让公告的，法院可以认定债权人履行了《合同法》第80条第1款规定的通知义务。本案中，债权人为通知所选的报纸为《山东法制报》，该报是在山东省内公开广泛发行的报纸，一审法院认为债权人在该报纸上登报通知债务人及担保人债权转让的事实不违反法律、法规的强制性规定，是正确的。

4. 债权让与应由何人通知

债权让与非经对债务人的通知，对债务人不生效力。在债权让与通知中，债权人作为通知主体应无疑问，但对受让人能否作为通知主体则有不同的认识。《合同法》第80条规定："债权人转让权利的，应当通知债务人。未经通知，该转让对债务人不发生效力。债权人转让权利的通知不得撤销，但经受让人同意的除外。"这一规定没有明确债权让与通知的主体，对此，一种意见认为，债权让与只能由债权人进行通知；另一种意见认为，债权人和受让人作为债权转让协议的当事人，均可进行通知。这两种观点的主要分歧在于，受让人可否为债权让与的通知。本案中，如果债权让与通知是受让人向债务人及担保人发出的，你认为该通知能否对债务人及担保人发生效力?

5. 保证期间是否随主借款合同的延期而相应延长，保证人应否承担保证责任

本案一审中，被告海科公司认为，根据合同约定，海科公司承担保证责任的期间是 1997 年 12 月 24 日至 1999 年 12 月 24 日。而中国农业银行山东省分行将债权转让给中国长城资产管理公司济南办事处，通知自己的时间为 2000 年 3 月 3 日，已经超过了保证期间，自己不应再承担保证责任。

根据法院查明的事实，1996 年 12 月 24 日，东营水泥制品厂向中国农业银行东营市东营区支行借款时在合同中约定：保证人海科公司与借款人对债务承担连带责任。保证人保证期间为：自本合同生效之日起最后一笔借款到期日后的 2 年，即自 1997 年 12 月 24 日至 1999 年 12 月 24 日。如东营水泥制品厂需延期还款，必须在贷款到期前 10 日提出延期申请，经同意后签订延期还款协议，延期协议签订后，其效力及于保证人，保证人自愿继续承担保证责任，原保证期间相应延长。1997 年 12 月 24 日，东营水泥制品厂与中国农业银行东营市东营区支行签订（97）农银保借延协字第 00013 号协议书，1 050 万元借款延期到 1998 年 3 月 24 日止。因此，依据借款合同和担保合同的约定，海科公司的保证期间亦相应延期自 1998 年 3 月 25 日起至 2000 年 3 月 24 日止。海科公司也在该协议上签章认可。而且在原保证期间内，即 1999 年 11 月 29 日，中国农业银行山东省分行向东营水泥制品厂发出催收到（逾）期借款通知书第 25 号，东营水泥制品厂和海科公司分别于 1999 年 12 月 22 日和 2000 年 3 月 23 日在催收到期借款通知书回执上签字盖章。上述事实都说明债权人在保证期间内及时主张了债权，被告海科公司应当承担保证责任。

（评注人：申静梅）

14. 买卖合同纠纷

司法案例

北京四海嘉业公司诉北京能工亚晨公司案

北京市第二中级人民法院（2012）二中民终字第01575号

基本案情

上诉人（原审被告）：北京四海嘉业商贸有限公司。

法定代表人：邵海峰，经理。

委托代理人：任育之，北京市国仁律师事务所律师。

被上诉人（原审原告）：北京能工亚晨科技有限公司。

法定代表人：张财林，总经理。

上诉人北京四海嘉业商贸有限公司（以下简称“北京四海嘉业公司”）因与被上诉人北京能工亚晨科技有限公司（以下简称“北京能工亚晨公司”）买卖合同纠纷一案，不服北京市通州区人民法院（2010）通民初字第11624号民事判决，向本院提起上诉。本院于2012年1月9日受理后，依法组成由法官巩旭红担任审判长，法官郑亚军、刘斌参加的合议庭进行了审理。本案现已审理终结。

2009年5月4日，北京能工亚晨公司为购买中央空调与北京四海嘉业公司取得联系，北京四海嘉业公司向北京能工亚晨公司发送了空调报价单，列明中央空调机组各设备型号，其中库房及会议室室内机型号为MDVH-J22T3，报价金额36 001元。后北京能工亚晨公司将库房室内机型号调整为MDVH-J36T3，会议室室内机型号调整为MDVH-J28T3，设备数量及其他设备型号未予变更，并要求北京四海嘉业公司按此报价。北京北京四海嘉业公司按北京能工亚晨公司调整后机器型号再次进行报价，报价金额为36 666元。2009年5月8日，北京能工亚晨公司（甲方）与北京四海嘉业公司（乙方）签订空调销售安装合同。约定甲方向乙方购买美的公司生产的空调机组设备。设备名称：中央空调机组。设备规格及数量：中央空调室外机型号MDVH-J180W一台，中央空调室内机MDVH-J18T3两台，中央空调室内机MDVH-J28T3一台，中央空调室内机MDVH-J36T3一台，中央空调室内机MDVH-J36T3/D一台，中央空调室内机MDVH-J45T3两台。合同总价人民币35 000元。付款方式：空调主机运达交货地点，当日甲方向乙方支付人民币29 750元；工程安装及调试完毕后，甲方向乙方支付合同的剩余尾款人民币5 250元。交货地点：北京市通州区光机电基地新华联科技大厦。安装、调试和验收：由乙方负责安装；在设备安装及调试完毕后，甲方应派人员参加验收，时间不超过 3 日。工程验收后，乙方对空调机组及安装工程负责保修 2 年，压缩机保修 3 年，终身维护，在接到报修电话后 2 小时内作出维修安排。合同签订后，北京四海嘉业公司按约定送货，并在北京市通州区光机电产业基地新华联科技大厦 520 室将北京能工亚晨公司购买的中央空调机组进行了安装，2009 年 6 月 23 日安装完毕。同日，北京能工亚晨公司付清全部合同价款 35 000 元。后北京能工亚晨公司在使用空调过程中，因运行空调对降低室内温度效果不好向北京四海嘉业公司反映情况，北京四海嘉业公司于 2009 年 8 月、2009 年 9 月间进行了 2 次维修，维修后北京能工亚晨公司对空调运行效果仍不认可。为此，北京能工亚晨公司与北京四海嘉业公司就问题处理方案进行过协商但未果。经询问，北京能工亚晨公司表示所购买的空调不能达到降温效果主要原因应为安装问题。

一审诉辩主张

原告诉称：2009 年 5 月 8 日，北京能工亚晨公司与北京四海嘉业公司签订中央空调销售安装合同，约定：北京能工亚晨公司向北京四海嘉业公司购买美的公司生产的美的中央空调机组设备，由北京四海嘉业公司根据北京能工亚晨公司办公场所面积选定空调机组型号并负责运送和安装，价款 35 000 元。合同签订前，北京能工亚晨公司向北京四海嘉业公司提供了户型图，并要求北京四海嘉业公司派技术人员到现场勘查，北京四海嘉业公司也派人进行了实地勘查。2009 年 7 月，北京四海嘉业公司进行了实地安装。中央空调安装完毕后，北京能工亚晨公司发现空调制冷不够，只能比室温低 1 至 2 度，无法达到中央空调降温作用，购买空调的目的无法实现。经北京能工亚晨公司多次反映，北京四海嘉业公司于 2009 年 8、9 月间派人对安装的中央空调机组进行了维修，但制冷不够的状况没有改变。美的公司派人到现场查看后解释，空调型号选择和安装方式上判断错误，致使出现室温降温不够的问题。北京能工亚晨公司就解除合同与北京四海嘉业公司协商未果。现起诉要求，解除合同，北京四海嘉业公司返还北京能工亚晨公司合同价款35 000元，拆除在北京能工亚晨公司处安装的中央空调机组；赔偿因拆除行为给北京能工亚晨公司造成的损失 10 000 元。诉讼费由北京四海嘉业公司负担。

北京能工亚晨公司在一审诉讼过程中变更诉讼请求，请求判令：解除合同，北京四海嘉业公司返还合同价款 35 000 元，北京四海嘉业公司拆除在北京能工亚晨公司处安装的中央空调机组，并将顶棚恢复原状保持内部结构龙骨和顶板完好。如拆除过程中损坏应照价赔偿；北京四海嘉业公司赔偿北京能工亚晨公司重新安装空调所需要增加的费用损失 15 000 元；北京四海嘉业公司给付北京能工亚晨公司证人出庭差旅费 305 元。保全费、鉴定费及案件受理费由北京四海嘉业公司负担。

原告提交的主要证据材料如下：(1) 空调销售安装合同及相关票据，旨在证明双方存在买卖合同关系。(2) 家庭中央空调室内机安装说明书，旨在证明被告未按说明书的标准进行安装。

被告辩称：2009 年 5 月 4 日，北京能工亚晨公司与北京四海嘉业公司联系在北京市通州区光机电基地新华联科技大厦 520 房间安装中央空调事宜。北京能工亚晨公司以电子邮件形式向北京四海嘉业公司工作人员发送了现场照片 1 张，即室外机安装位置照片。北京四海嘉业公司工作人员汇报后，空调部接手本工程，与北京能工亚晨公司取得联系得知，北京能工亚晨公司已找了几家公司看过现场，并从其他公司了解了如何选配机器及型号。北京能工亚晨公司要求北京四海嘉业公司按照其提供的机型及数据做初步报价，之后选择一家公司签订合同。北京四海嘉业公司当日以电子邮件形式向北京能工亚晨公司发送了第一次报价。2009 年 5 月 6 日，北京能工亚晨公司经理张财林向北京四海嘉业公司 kongtiaozhuanyong@126.com 邮箱中发送了一封主题为“请按此报价（EXCEL名为‘空调匹配标准’）”的邮件。2009年5月8日，根据北京能工亚晨公司要求，在北京四海嘉业公司办公地双方签订空调销售安装合同。2009年6月2日，北京四海嘉业公司送货到施工现场并开始施工，2009年6月23日，北京能工亚晨公司组织中央空调验收，验收合格后北京能工亚晨公司以支票形式结清余款，本工程进入厂家保修阶段。北京能工亚晨公司称向美的公司咨询，但北京四海嘉业公司未见到相关书面材料。从空调机型选择到决定安装均是北京能工亚晨公司提供机型和安装数量，不存在北京四海嘉业公司选择机型错误问题。2009年11月，北京能工亚晨公司要求解除合同，并称空调制冷不够，北京四海嘉业公司表示同意维修，北京能工亚晨公司要求待换季天热后再联系。之后北京能工亚晨公司未再与北京四海嘉业公司联系维修直接起诉到法院，北京四海嘉业公司无法理解，不同意北京能工亚晨公司的诉讼请求。

在一审法院审理过程中，北京能工亚晨公司于2010年8月24日提出鉴定申请，申请对涉案空调制冷效果及安装是否符合标准进行鉴定。2011年3月17日，北京能工亚晨公司变更申请内容，申请对涉案空调安装是否符合标准进行鉴定。本院委托中国检验认证集团北京有限公司对涉案空调进行了鉴定。鉴定意见为：涉案空调的安装不符合《通风与空调工程施工质量验收规范》。同时鉴定报告中分析，安装不符合标准的不良后果为：冷热空气流失，降低制冷、制热效果；增加了风流的阻力，降低了出风口的风量等。北京四海嘉业公司表示鉴定期间现场情况不能反映当初安装完毕时的情况。

一审法院另查明，广东美的商用空调设备有限公司分别于2007年12月25日、2008年12月23日、2009年12月28日、2010年12月22日出具授权书4份，授权本案北京四海嘉业公司在2008年1月1日至2011年12月31日期间，为美的中央空调正式授权服务单位，负责北京区域内所有中央空调设备销售、安装以及维修服务。

一审判决

北京市通州区人民法院认定：北京能工亚晨公司与北京四海嘉业公司签订的空调销售安装合同，系双方当事人真实意思表示，亦未违反法律、行政法规的强制性规定，合法有效，双方均应严格按约履行。北京能工亚晨公司在所购买的中央空调机组安装完毕使用过程中发现，空调机组运行不能达到降低室内温度的效果，就此问题北京能工亚晨公司曾向北京四海嘉业公司提出，北京四海嘉业公司亦表示曾到北京能工亚晨公司处进行过维修。但北京能工亚晨公司对维修效果不认可。在本案一审审理中，北京能工亚晨公司申请对涉案空调安装是否符合标准进行鉴定。鉴定意见为涉案空调的安装不符合《通风与空调工程施工质量验收规范》的标准要求。鉴定报告分析，安装不符合标准的不良后果为：冷热空气流失，降低制冷、制热效果；增加了风流的阻力，降低了出风口的风量等。从鉴定报告中可以看出，空调安装不符合标准与北京能工亚晨公司所购买中央空调运行时不能达到降低室内温度的目的存在一定因果关系。且之前北京四海嘉业公司到北京能工亚晨公司处进行过维修，但北京能工亚晨公司对维修效果不认可。现北京能工亚晨公司合同目的不能实现，其要求解除与北京四海嘉业公司签订的空调销售安装合同的诉讼请求，一审法院予以支持。因合同解除，北京四海嘉业公司应返还北京能工亚晨公司已给付货款35 000元，自行将安装在北京能工亚晨公司处的中央空调机组拆除并将北京能工亚晨公司室内吊顶恢复原状。关于北京能工亚晨公司主张要求北京四海嘉业公司赔偿重新安装同类型中央空调所需增加的费用15 000元的请求，鉴于北京能工亚晨公司提交的证据仅为其他销售企业报价单，北京能工亚晨公司现尚未重新购买同类型中央空调，北京能工亚晨公司主张的增加费用是否必然发生及具体数额现均无法确定，故对北京能工亚晨公司该项诉讼请求，一审法院不予支持。本案审理中北京能工亚晨公司提供证人熊国来出庭作证，对于证人出庭作证而支出的合理费用，北京能工亚晨公司提供了相应票据。为此，北京能工亚晨公司要求北京四海嘉业公司负担证人出庭作证所支出的差旅费305元的请求，一审法院予以支持。北京四海嘉业公司称鉴定报告反映的安装状况不能证明实际安装完毕时的安装状况，因北京四海嘉业公司未能提供证据证明实际安装完毕时的安装状况，故一审法院对其该项意见不予采信。北京四海嘉业公司不同意解除合同，主张中央空调安装存在的问题应属维修范畴一节，鉴于双方曾就维修问题进行过多次协商，对维修方案及维修后的使用效果均无法确定，故对北京四海嘉业公司上述意见，一审法院不予支持。依据《合同法》第94条第1款第4项、第97条之规定，判决：（一）解除北京能工亚晨公司与北京四海嘉业公司签订的空调销售安装合同；（二）北京四海嘉业公司返还北京能工亚晨公司空调款35 000元，于判决生效之日起7日内付清；（三）北京四海嘉业公司于判决生效之日起7日内，自行将安装在北京能工亚晨公司处的美的牌中央空调机组拆除，并将北京能工亚晨公司室内吊顶恢复原状；（四）北京四海嘉业公司给付北京能工亚晨公司证人出庭差旅费305元，于判决生效之日起7日内付清；（五）驳回北京能工亚晨公司的其他诉讼请求。如果未按判决指定的期间履行给付金钱义务，应当依照《民事诉讼法》第229条之规定，加倍支付迟延履行期间的债务利息。

二审诉辩主张

北京四海嘉业公司不服一审法院判决，向北京市第二中级人民法院提起上诉，称：一审判决认定事实不清。(1) 北京四海嘉业公司于2009年6月23日将空调安装完毕，北京能工亚晨公司当场进行了验收，验收合格后当日以支票的形式结清了尾款，该工程即已进入厂家保修阶段，不存在解除合同的基础。(2) 空调机型的选择和安装数量均是北京能工亚晨公司要求的，不存在北京四海嘉业公司选择机型错误的问题。(3) 2009年6月23日空调安装完毕至2011年6月27日对空调安装是否符合标准进行鉴定，已时隔2年，鉴定期间现场情况不可能反映2年前安装完毕时的情况，因此鉴定结论的可信度不强。而一审法院仅以北京四海嘉业公司未能提供安装完毕时的状况为由，置北京四海嘉业公司合法利益于不顾，于理于法都行不通。事实上，2009年6月23日空调安装完毕时，北京能工亚晨公司当场就进行了测试、验收，合格后支付了余款，这一点足以说明空调安装不存在问题。综上，北京四海嘉业公司上诉请求二审法院撤销一审判决，依法改判双方继续履行合同，驳回北京能工亚晨公司的全部诉讼请求，一、二审诉讼费及鉴定费、保全费由北京能工亚晨公司承担。

被上诉人北京能工亚晨公司答辩称：(1) 本案中合同解除符合法定情形。(2) 关于机型选择错误的问题。机型确定错误不是认定本案责任的主要问题，一审判决并未对空调机型选择问题作出认定，该问题并非一审判决的事实依据，故北京四海嘉业公司提出该项上诉理由没有实际意义。(3) 现场存在的空调安装问题是北京四海嘉业公司安装行为不符合相应规程造成的，充分证明了北京四海嘉业公司没有正当履行安装义务，也说明鉴定现场的客观性，鉴定结论的客观性及可靠性。

双方当事人在二审中均未提交新的证据。

二审判决

北京市第二中级人民法院认为：北京四海嘉业公司与北京能工亚晨公司自愿签订空调销售

安装合同，系双方真实意思表示，不违反法律、行政法规的强制性规定，合法有效。北京能工亚晨公司在所购买的中央空调机组安装完毕使用过程中发现，空调机组运行不能达到降低室内温度的效果，就此问题，北京能工亚晨公司曾向北京四海嘉业公司提出，北京四海嘉业公司亦表示曾到北京能工亚晨公司处进行过维修，但北京能工亚晨公司对维修效果不认可。在本案一审审理中，北京能工亚晨公司申请对涉案空调安装是否符合标准进行鉴定。鉴定意见为涉案空调的安装不符合《通风与空调工程施工质量验收规范》的标准要求。鉴定报告分析，安装不符合标准的不良后果为：冷热空气流失，降低制冷、制热效果；增加了风流的阻力，降低了出风口的风量等。从鉴定报告中可以看出空调安装不符合标准与北京能工亚晨公司所购买的中央空调运行时不能降低室内温度存在一定因果关系。且之前北京四海嘉业公司到北京能工亚晨公司处进行过维修，但北京能工亚晨公司对维修效果不认可，北京四海嘉业公司亦未就维修问题进行妥善处理。现北京能工亚晨公司合同目的不能实现，其要求解除与北京四海嘉业公司签订的空调销售安装合同的诉讼请求符合法律规定，应予支持。北京四海嘉业公司上诉认为鉴定报告反映的安装状况不能证明实际安装完毕时的安装状况，但其未能提供证据证明实际安装完毕时的安装状况，故本院对其该项意见不予采信。北京四海嘉业公司在本案诉讼中不同意解除合同，主张中央空调安装存在的问题应属维修范畴一节，但鉴于双方当事人曾就维修问题进行过多次协商，对维修方案及维修后的使用效果均无法确认，意见不能统一，故对北京四海嘉业公司的该项主张，本院亦不予支持。综上，北京四海嘉业公司的上诉理由及请求均不能成立，本院不予支持。一审法院判决认定事实清楚，适用法律正确，处理并无不当，应予维持。依据《民事诉讼法》第 153 条第 1 款第 1 项之规定，判决如下：

驳回上诉，维持原判。

鉴定费 48 000 元，由北京四海嘉业商贸有限公司负担（于本判决生效之日起 7 日内交至一审法院）。

诉讼保全费 820 元，由北京四海嘉业商贸有限公司负担（于本判决生效之日起 7 日内交至一审法院）。

一审案件受理费 463 元，由北京四海嘉业商贸有限公司负担（于本判决生效之日起 7 日内交至一审法院）。

二审案件受理费 926 元，由北京四海嘉业商贸有限公司负担（已交纳）。

本判决为终审判决。

案由与焦点

1. 案由

本案的一级案由是“合同、无因管理、不当得利纠纷”，二级案由为“合同纠纷”，三级案由为“买卖合同纠纷”。

买卖合同是指出卖人移转标的物所有权于买受人，买受人支付价款的合同。因买卖合同的履行而引发的纠纷即为买卖合同纠纷。在“买卖合同纠纷”三级案由之下，包括以下几个四级案由：(1) 分期付款买卖合同纠纷；(2) 样品买卖合同纠纷；(3) 试用买卖合同纠纷；(4) 互易纠纷；(5) 国际货物买卖合同纠纷；(6) 网络购物合同纠纷；(7) 电视购物合同纠纷。

2. 焦点

本案争议的焦点主要有二：其一，是否存在解除合同的基础？其二，上诉人（原审被告）对鉴定机构作出的鉴定结论存在异议，该鉴定结论能否作为定案的依据？

评注与问题

1. 合同的成立分为哪几个阶段

合同是平等的民事主体之间设立、变更、终止某种民事权利义务关系的协议，其成立的条件为双方当事人的意思表示达成一致。合同的订立一般分为要约与承诺两个阶段。所谓要约，是指一方以订立合同为目的向另一方发出的意思表示。该种意思表示应当满足以下条件方能产生法律效力：(1) 要约须由要约人向受要约人发出，其中要约人为特定的人，受要约人可以为特定的人，也可以为不特定的多数人；(2) 要约应当具有订立合同的目的；(3) 要约的内容应当具体确定。所谓承诺，是指受要约人向要约人发出的完全同意其要约的意思表示。其条件为：(1) 承诺应由受要约人向要约人作出；(2) 承诺的内容须与要约的内容完全一致；(3) 承诺在要约的有效期内作出。本案中，北京四海嘉业公司按照北京能工亚晨公司的要求向其发送空调报价单，列明中央空调机组各设备型号，并给出报价金额 36 001 元，以及按照北京能工亚晨公司调整后机器型号再次进行报价的行为符合要约的构成条件，均为要约行为。后双方经过协商，对购买空调的数量、型号、价格、履行方式、履行地点以及售后事宜等事项达成一致，并订立了书面合同，应当认定合同成立。

2. 要约与要约邀请有何不同

根据《合同法》第 15 条的规定，要约邀请是指希望他人向自己发出要约的意思表示。其与要约的不同主要表现在以下几方面：(1) 二者的目的与作用不同。要约的目的在于唤起受要约人的承诺，而要约邀请的目的在于唤起要约人的要约。(2) 内容不同。要约应当包含订立合同的主要条款，其内容应当是明确、具体的，而要约邀请的内容并不具体确定，也没有包含合同的主要条款。(3) 法律后果不同。要约生效后，会在双方当事人之间产生拘束力。对要约人来说，要约的主要效力表现为要约生效后，要约人不得随意变更或者撤销要约；对于受要约人来说，取得承诺的资格。而要约邀请对当事人不会产生这样的拘束力。具体到司法实践中，往往通过法律规定、当事人的约定、提议的内容以及交易习惯等对二者加以区分。本案中，原告北京能工亚晨公司在购买空调之前找过几家公司看现场，了解如何选配机器及型号，并要求包括被告北京四海嘉业公司在内的多个公司按照其提供的机型及数据做初步报价的行为应认定为要约邀请行为，属于向多个相对人发出要约邀请。请结合上述内容，试分析后来北京能工亚晨公司将北京四海嘉业公司报价中库房和会议室室内机型号进行调整，并要求对方按此报价的行为属于要约还是要约邀请？

3. 买卖合同瑕疵履行的法律后果是什么

瑕疵履行是指债务人虽有履行行为，但履行不符合约定，侵害相对方的利益，如给付数量不足、给付质量不符合约定、给付时间和地点不当、给付方式不符合约定等。瑕疵履行的法律后果，依履行是否能够补正而定。所谓补正，是指债务人可以将履行的瑕疵除去，从而修正为适当的履行。补正的方法通常是修理、重作、更换等。在标的物的瑕疵可以补正时，债权人有权拒绝有瑕疵的履行，要求债务人补正，并不负受领迟延的责任。在履行的瑕疵不能补正时，债权人可以解除合同并请求损害赔偿。本案所涉及的合同为空调买卖合同，按照交易习惯，出卖人除交付标的物外还应当负责空调的安装调试，只有安装调试完毕，合同义务才能称为完全履行。本案中，根据鉴定机构的鉴定结论，造成空调不制冷的原因并非空调本身的质量瑕疵，而是安装不符合质量标准，该行为构成瑕疵履行，出卖人应当承担瑕疵履行的违约责任。

4. 本案所涉及的合同解除为哪一种

合同解除是指合同有效成立以后，因当事人一方的意思表示或双方协议，使基于合同发生的债权债务关系归于消灭的行为。合同的解除可分为协议解除、约定解除和法定解除。所谓协议解除，是指合同成立以后，当事人双方通过协商解除合同，使合同效力消灭的行为。所谓约定解除，是指当事人双方在合同中约定解除权的产生条件，在该条件具备时，当事人得行使解除权解除合同。所谓法定解除，是指在法律规定的解除权产生条件成就时，解除权人得行使解除权解除合同。其中，约定解除与法定解除都属于当事人单方行使解除权的解除。本案所涉及的为合同的法定解除。

5. 本案是否存在解除合同的法定事由

根据《合同法》第 94 条的规定，在下列情况下，当事人享有法定的解除权，并可通过行使解除权而解除合同：(1) 因不可抗力致使不能实现合同目的。所谓不可抗力，是指不能预见、不能避免、不能克服的客观情况，但不可抗力并非在所有情况下都可作为产生法定解除权的原因。只有在因不可抗力致使不能实现合同目的时，才能产生法定解除权。所谓“不能实现合同目的”，是指当事人订立合同所追求的目标不能实现。(2) 在履行期限届满之前，当事人一方明确表示或者以自己的行为表明不履行主要债务。该种行为称为预期违约，其中当事人一方明确表示不履行主要债务的，属于明示毁约；当事人一方以自己的行为表明不履行主要债务的，属于默示毁约。(3) 当事人一方迟延履行主要债务，经催告后在合理期限内仍未履行。债务人在履行期限到来时，能够履行而没有按期履行主要债务，就构成履行迟延。在债权人催告所确定的合理宽限期内仍未改正的，对方当事人得取得法定解除权。(4) 当事人一方迟延履行债务或者有其他违约行为致使不能实现合同目的。这种行为通常称为根本违约。(5) 法律规定的其他情形。除上述情形外，在法律规定有其他解除合同的情形时，当事人也可以解除合同。

本案中，法院委托的鉴定机构对空调安装结果进行了鉴定，鉴定结论显示空调安装不符合标准。原告认为正是由于空调安装不符合标准才导致了空调制冷达不到降低室温的效果，并且经过维修制冷状况仍未改善，而原告购买并安装空调的主要目的就是调节室温，所以被告的行为直接导致合同目的不能实现，该种行为已经构成根本违约，符合合同解除的法定事由。

6. 合同解除的法律后果有哪些

根据《合同法》第 97 条的规定，合同解除后，尚未履行的，终止履行；合同已经履行的，根据履行情况和合同性质，当事人可以要求恢复原状、采取其他补救措施。合同解除后，不影响当事人要求赔偿损失的权利。本案诉讼发生时，合同已经履行完毕，所以原告可要求被告恢复原状。所谓恢复原状，是指使双方当事人的权利、义务恢复到合同履行之前的状态。具体到本案中，包括拆除空调机组并使顶棚恢复原样、返还价款等。同时如果被告的行为给原告造成其他损失时，原告有权请求损害赔偿。

7. 被告对鉴定结论存在异议时，该鉴定结论能否作为判决的依据

根据最高人民法院《民事诉讼证据规定》第 27 条的规定，在下列情况下可以对鉴定结论提出异议并重新申请鉴定：(1) 鉴定程序严重违法的；(2) 鉴定结论明显依据不足的；(3) 鉴定机构或者鉴定人员不具备相关的鉴定资格的；(4) 经过质证认定不能作为证据使用的其他情形。对有缺陷的鉴定结论，可以通过补充鉴定、重新质证或者补充质证等方法解决的，不予重新鉴定。因此，如要推翻已经作出的鉴定结论，必须有充分的证据证明该鉴定结论有上述规定的四种情形之一。本案中，被告对鉴定机关的鉴定结论有异议，其理由是：2009 年 6 月 23 日空调安装完毕至 2011 年 6 月 27 日对空调安装是否符合标准进行鉴定已时隔 2 年，鉴定期间现场情况不可能反映 2 年前安装完毕时的情况，鉴定结论的可信度不强。但是被告未能提供证据

证明实际安装完毕时的安装状况，因此不足以推翻原鉴定结论，该鉴定结论是可以作为判决的事实依据的。

我们认为，本案中被告忽略了一个问题，即在一审中原告起诉中称再发现空调制冷效果不好后，美的公司曾派人到现场查看后作出解释，认为空调型号选择和安装方式上判断错误，致使出现室温降温不够的问题。而由于空调型号是由原告单方选择决定的，所以原告只申请对空调的安装方式是否符合标准进行鉴定。被告在诉讼中可以就空调型号的选择是否会影响制冷效果申请鉴定。如果能够证明空调型号的选择同样会影响制冷效果，是可以减轻自己的违约责任的。

（评注人：申静梅）

15. 赠与合同纠纷

司法案例

杨梅花诉张书伟等案

河南省郏县人民法院（2009）郏民初字第766号

基本案情

原告：杨梅花。

委托代理人：李敏，河南大乘律师事务所律师。

委托代理人：商晓垒。

被告：张书伟。

被告：商青爱。

委托代理人：李培公，河南天广律师事务所律师。

原告杨梅花诉被告张书伟、商青爱附义务的赠与合同纠纷一案，原告于2009年8月19日向本院起诉。本院受理后，依法组成合议庭，于2009年10月16日公开开庭审理了本案。原告杨梅花及其委托代理人李敏、商晓垒，被告张书伟、商青爱及其委托代理人李培公到庭参加了诉讼。本案现已审理终结。

经审理查明：原告共生有2男4女6个孩子，原告丈夫商卿剑已去世，其生前与原告及二儿子商付营共同建有东屋瓦房2间，商卿剑去世后，原告与商付营共建北屋平房3间，商付营（单身）于2003年去世，去世前与原告共同生活，被告商青爱、张书伟是原告的四女儿及女婿。诉讼中原告提交2009年1月6日的赠与协议复印件一份，协议内容为："赠与协议赠与人：杨梅花，受赠人：商青爱、张书伟，为了解决杨梅花以后的生活问题，经杨梅花主动与女儿商青爱、女婿张书伟协商，双方自愿达成以下赠与协议：(1) 杨梅花有房产1处，位于白庙乡后村大队魏庄村，东至5米路，西至食品公司、北至5米路、南至杨寺路，宅内有门面房3间（包含土地使用权）全部赠与商青爱、张书伟所有、使用。(2) 杨梅花将房宅移交的同时将集体土地使用权证一并交付给受赠人。(3) 本协议签订之日，双方进行移交，赠与成立，财产所有权转移。受赠人即具有占有、使用、受益、出租、处分等权利。(4) 杨梅花与次子商付营（已故）建房时所借商青爱、张书伟现金2万元，商青爱、张书伟放弃这笔债权。(5) 杨梅花自本协议签订之日起随商青爱、张书伟生活，由商青爱、张书伟负责安排杨梅花的衣、食、住、行。(6) 商青爱、张书伟保证善待老人，照顾好老人。(7) 杨梅花以后花钱由二受赠人给付，以后看病吃药的一切费用全部由二受赠人承担。(8) 杨梅花生前由二受赠人赡养，死后的后事由二受赠人安排，费用由二受赠人负担。(9) 达成协议时双方到场，均具有完全民事行为能力。(10) 上述条款是双方的真实意思表示。(11) 本协议一式3份，双方各保存1份，另1份交见证机关保存。(12) 本协议，自双方签字捺指印之日生效。达成协议人 杨梅花 商青爱 张书伟。”杨梅花称名字不是本人所签，指印系被告让其在写好的赠与合同上捺的，并称房产的有关证件放在家中箱子内丢失。原告提供甲方（出卖方）张书伟、商青爱，乙方（买售方）夏同利的房产买卖协议复印件一份，该协议内容为：第1项，甲方有房产1处，内有混砖结构平板房3间，灶房、炕房各1间，位于郏县白庙乡后村村委会魏庄自然村，东邻5米路（以东马青闯），西邻食品公司，北邻5米路（以北商海营），南邻杨寺公路，甲方愿意卖给乙方为业，该宅基长宽以土地使用证的长宽为准……第5项，乙方愿意以2万元价格购买甲方所有的上述房产，付款方式：自本协议签订之日起，一次付清全部房款。原告称后因房子纠纷原告长子与夏同利打架，在派出所处理过程中从派出所复印了该相关证据。被告商青爱、张书伟系私自与租房者夏同利签订买卖房屋协议，把商付营留下的房子卖给夏同利。庭审中二被告以协议系复印件为由不予质证。2009年8月13日，原告以自己已近80岁，且不识字，被告张书伟、商青爱也没把赠与协议的内容告诉原告，当时原告并不知道赠与一事，到现在原告也不知房子卖多少钱，也没见到一分钱，被告侵害了其合法权利为由诉至本院，请求撤销原、被告之间签订的房屋赠与协议，同时要求被告返还房屋的有关证件。诉讼中被告称杨梅花提交的赠与合同复印件与其保存的合同内容不一致，其保存的合同是电脑打印的，而杨梅花持有的是手写的。被告承认自己手中有赠与协议书原件，法庭当庭要求被告5日内提交原件，被告逾期后未提交，被告当庭认可争议房产的集体土地建设用地使用证和村镇建筑许可证是自己给买房人夏同利的。诉讼中经询问买房人夏同利，其称被告给其的赠与协议复印件与原告持有的复印件内容一样，该复印件是其从被告张书伟手中复印的，原件张书伟没有给他。张书伟与其签有房产买卖协议，经夏同利辨认，原告提交的房产买卖协议的复印件与其持有的复印件内容一样。庭审中，张书伟称争议的北屋平房3间系其所建，但未提供证据证实。

一审诉辩主张

原告杨梅花诉称：原告生有2男4女6个孩子，其中二儿子商付营于2003年去世，留下平房3间和瓦房2间，由于商付营是单身，平常几个姊妹与原告大儿子商海营不和睦，所以商付营的后事就没人照应。后经村委会主持调解，原告及原告的几个闺女、女婿和儿子商海营共同在场商定，由原告大儿子商海营携儿子商晓垒具体操办埋葬商付营。由商晓垒披麻戴孝行侄子之孝，原告以后由商海营赡养。之后原告便跟随商海营生活至今。其中商付营留下的3间平房由原告居住1间，其余两间于2008年9月租给夏同利。2009年元月，原告去其四女儿商青爱家走亲戚，商青爱与其丈夫张书伟私自与租房者夏同利签订一份买卖房屋协议，把商付营留下的房子卖给夏同利。且在1份书写好的合同上让原告捺指印。由于原告已近80岁，且不识字，被告张书伟、商青爱也没把赠与协议的内容告诉原告，当时原告并不知道赠与一事，至今原告也不知房子卖多少钱，也没见到一分钱，由于被告的行为严重侵害了原告及其他亲属的合法权益，且该赠与协议的内容也非原告的真实意思表示。故原告请求撤销被告商青爱、张书伟与原告之间的赠与合同；被告返还该赠与房屋的土地使用证及村镇建筑许可证。

原告提交了如下证明材料：赠与协议复印件1份（手写）以及张书伟、商青爱与夏同利的房产买卖协议复印件1份。

被告辩称：《民事诉讼法》第68条规定：“书证应当提交原件。物证应当提交原物。”因此在诉讼中，当事人必须提交证据原件、原物。而原告没有提供证据原件是不符合法律规定的。杨梅花与张书伟、商青爱签订的赠与合同合法有效，且已履行，不能撤销。杨梅花提交的赠与合同复印件与张书伟保存的赠与合同内容不一致，张书伟持有的合同是电脑打印的，而杨梅花持有的是手写的，显然二者不是一份合同；杨梅花提起诉讼请求撤销合同没有法律规定，法院不应撤销。根据最高人民法院《民法通则意见》第128条的规定："赠与房屋，如根据书面赠与合同办理了过户手续的，应当认定赠与关系成立；未办理过户手续，但赠与人根据书面赠与合同已将产权证书交与受赠人，受赠人根据赠与合同已占有、使用该房产的，可以认定赠与有效，但应令其补办过户手续。"《合同法》也作了相关的规定。本案中的张书伟不仅占有了该房产，而且经杨梅花同意转让给了他人。综上所述，应当依法驳回原告的诉讼请求。

一审判决

河南省郏县人民法院经审理认为：该争议的房产东屋瓦房2间系原告与其去世的丈夫及二儿子商付营共同生活时建造，北屋平房3间系原告与儿子商付营共同生活期间建造，原告系上述房产的共有权人，且商付营生前系单身汉，没有配偶和子女，其过世后唯一的第一顺序继承人只有原告，因此原告对本案争议的房产有诉权。原、被告所签订的赠与协议系附条件的赠与，原告在将房屋赠与被告的同时约定二被告应对原告尽赡养义务，包括原告的衣、食、住、行及生病吃药、后事安排，现原告已不愿随二被告生活，而该房屋是原告一直居住的房子，如果再将该房屋赠与被告将严重侵害原告的利益。且依据《合同法》第187条的规定："赠与的财产依法需要办理登记等有关手续"。《中华人民共和国土地管理法实施条例》（以下简称《土地管理法实施条例》）第6条的规定："依法改变土地所有权、使用权的，因依法转让地上建筑物、构筑物等附着物导致土地使用权转移的，必须向土地所在地的县级以上人民政府土地行政主管部门提出土地变更登记申请，由原土地登记机关依法进行土地所有权、使用权变更登记。土地所有权、使用权的变更，自变更登记之日起生效。"原告与被告签订赠与协议后，被告未到相关部门办理土地使用权的变更登记手续，被告将房屋卖给夏同利，其亦未办理土地使用的变更登记手续，赠与房屋的所有权并未转移，赠与人在赠与的房屋的权利转移之前可以撤销赠与。故对原告要求撤销赠与协议的主张应予支持。原告提交的赠与协议虽然是复印件，但被告称自己有赠与合同原件，在法院规定的期间内又拒不提交，买房人称被告给其的亦是赠与协议复印件，与原告持有的赠与协议复印件内容一样，原件在被告手中。根据《民事诉讼证据规定》第75条的规定，有证据证明一方当事人持有证据无正当理由拒不提供，如果对方当事人主张该证据的内容不利于证据持有人，可以推定该主张成立。因此，可以推定该赠与协议存在。被告张书伟称北屋平房系其所建，未提供证据证实，且不符合客观实际，不予采信。因原告对争议房产享有所有权，故对争议房产的土地建设用地使用证和村镇建筑许可证享有合法的民事权益，该合法的民事权益受法律保护，任何组织和个人不得侵犯，被告将原告的上述证件交与他人，侵犯了原告的合法权益，原告要求返还应予支持。依照《民法通则》第5条，《物权法》第95条，《合同法》第186条第1款、第187条、第192条第1款第1项，《土地管理法实施条例》第6条，最高人民法院《民事诉讼证据规定》第75条，《民事诉讼法》第68条第1款之规定，判决如下：

一、撤销原告杨梅花与被告张书伟、商青爱签订的房屋赠与协议。

二、被告张书伟、商青爱在判决生效后返还原告署名为商付营的集体土地建设用地使用证和村镇建筑许可证。

案件受理费100元，由被告张书伟、商青爱承担。此款暂由原告垫付，待执行时由被告返还给原告。

如不服本判决，可在判决书送达之日起 15 日内，向本院递交上诉状，并按对方当事人的人数提出副本，上诉于河南省平顶山市中级人民法院。

案由与焦点

1. 案由

本案的一级案由是“债权纠纷”，二级案由是“合同纠纷”，三级案由是“赠与合同纠纷”。

赠与合同是指赠与人将自己的财物无偿给予受赠人，受赠人表示接受赠予的合同。附义务的赠与合同是指赠与人在赠与财产时对受赠人附加一定的义务，受赠人应依约履行所附加的义务，在其不履行义务时，赠与人有权撤销赠与的赠与合同。因赠与合同的成立、履行等而引发的纠纷即为赠与合同纠纷。在“赠与合同纠纷”三级案由之下，还包含 2 个四级案由：(1) 公益事业捐赠合同纠纷；(2) 附义务赠与合同纠纷。

2. 焦点

本案争议的焦点是：(1) 原、被告之间附义务的赠与合同能否撤销？(2) 在不动产赠与合同中，最高人民法院《民法通则意见》第 128 条与《合同法》第 186 条发生冲突时如何适用？(3) 诉讼过程中当事人无法向法庭提交书面证据原件时，复印件的证明效力如何？

评注与问题

1. 本案所涉及的合同性质如何认定

从内容看，合同所涉及的主要内容为原告将其居住并享有所有权的房屋赠与两被告，两被告应当履行对原告的生养死葬义务，与遗赠扶养协议有相似之处。但该协议不同于遗赠扶养协议，而是属于附义务的赠与协议。二者的主要区别在于：在遗赠扶养协议中，扶养人的范围受限制，只能是受扶养人法定继承人之外的人，因为法定继承人对受扶养人负有法定的扶养义务，而赠与合同中受赠人的范围不受限制；另外，遗赠扶养协议中的遗赠行为为死后行为，在受扶养人死后才发生法律效力，而赠与合同为生前行为，只要合同成立并符合法律规定的生效条件即可生效。《合同法》第 190 条规定：“赠与可以附义务。赠与附义务的，受赠人应当按照约定履行义务。”本案中，被告为赠与人的子女，属于法定继承人，且合同中约定“自协议签订之日，双方进行移交，赠与成立，财产所有权转移。受赠人即具有占有、使用、受益、出租、处分等权利”。因此，合同性质应为附义务的赠与合同。

2. 原告起诉理由应为合同未成立还是撤销合同

按照合同成立的一般理论，只有成立的合同才会发生效力的认定或者能否被解除、撤销等问题。所以在这一案件中，首先要判断赠与合同是否成立；如果合同不成立，那么原告的诉讼请求是不成立的。

按照合同法的规定，赠与合同为诺成合同，赠与合同自双方意思表示达成一致时成立。在民法理论中，意思表示须由两部分组成，即意思和表示。所谓意思，是指行为人所欲设立、变更、终止民事权利、义务即发生法律效果的意思，所以又称为效果意思。效果意思反映的是行为人要设立、变更、终止的民事权利、义务，也就构成民事法律行为的内容。效果意思必须是真实的、确定的、合法的，否则不能发生效力。所谓表示，是指行为人以一定形式表达出其意思。因此，表示又包括两个要素：其一是表示行为，即行为人表达意思的行为；其二是由表示行为所表达出的外部意思。没有意思或表示，不能构成意思表示；意思与表示不一致，即效果意思与表示出的外部意思不同，意思表示也不能发生效力。只有行为人的意思是真实的、确定的、合法的，意思与表示又一致时，意思表示才能发生效力。所谓意思表示发生效力，是指作出意思表示的行为人即表意人受其意思表示的约束，非依法律规定不得擅自撤回或者变更其意思表示。

本案中，原、被告的争议焦点虽然为能否撤销赠与合同，但从案情来看，还有一个不可忽视的情节，即按照原告的说法，原告并不识字，该赠与合同是在其不知情的情况下，被骗按上指印的，所以原告实际上并没有为赠与的真实意思，即该赠与行为缺乏效果意思。因此，从民法理论上讲，该合同应当是不成立的。但是如果原告选择向法院主张该赠与合同不成立，按照《民事诉讼法》第 64 条第 1 款以及最高人民法院《民事诉讼证据规定》第 1 条、第 2 条的规定，原告必须证明自己并不识字，而两被告在签订合同时也未告知其合同内容这一事实。本案中，从原告的诉请来看，原告请求法院撤销该合同，这意味着原告认可了合同的成立。对此，你是如何看待这个问题的？

3. 原告应以何种理由诉请法院撤销赠与合同

赠与合同的撤销包括任意撤销与法定撤销。赠与合同的任意撤销是指赠与合同成立后，赠与人基于自己的意思而撤销赠与合同。对此，《合同法》第 186 条第 1 款规定："赠与人在赠与财产的权利转移之前可以撤销赠与。"赠与合同的法定撤销是指在具备法定事由时有撤销权的人撤销赠与合同。依合同法规定，赠与合同生效后，在发生法定事由时，赠与人或者赠与人的继承人或监护人有权撤销赠与。对此，《合同法》第 192 条规定："受赠人有下列情形之一的，赠与人可以撤销赠与：（一）严重侵害赠与人或者赠与人的近亲属；（二）对赠与人有扶养义务而不履行；（三）不履行赠与合同约定的义务。"本案中，原、被告之间的赠与合同为附义务的赠与合同。但从案情看，受赠人并不存在上述法定撤销赠与合同的情形。因此，赠与人主张撤销赠与合同显然并不是法定撤销。由于本案的赠与物并没有发生所有权的转移，因此，原告主张撤销赠与合同应属于任意撤销。

4. 在不动产赠与合同中，最高人民法院《民法通则意见》第 128 条与《合同法》第 186 条发生冲突时如何适用

实践中存在一种情况，即在不动产赠与中，赠与房屋已经交付，但尚未办理过户手续，赠与人反悔，而受赠人要求其继续履行合同，对此应如何处理，有两种观点：一种观点认为，不动产赠与中，双方当事人既然已经达成一致，则合同成立，当事人应当按照合同履行。按照最高人民法院《民法通则意见》第 128 条的规定，赠与房屋，如根据书面赠与合同办理了过户手续的，应当认定赠与关系成立；未办理过户手续，但赠与人根据书面赠与合同已将产权证书交与受赠人，受赠人根据赠与合同已占有、使用该房屋的，可以认定赠与有效，但应令其补办过户手续。另一种观点认为，在不动产赠与中，只有办理过户登记手续，不动产所有权才发生转移。而按照《合同法》第 186 条的规定，赠与人在赠与财产的权利转移之前是可以撤销该赠与合同的。本案中，被告即是依据最高人民法院《民法通则意见》第 128 条规定，认为自己已经实际占有争议房屋，要求原告协助其办理过户手续。从理论上分析，首先，如果适用《民法通则意见》的规定强制赠与人继续履行，则《合同法》第 186 条的规定也就失去了实际意义。其次，按照新法改废旧法的原则，当《民法通则意见》第 128 条与《合同法》第 186 条的内容发生冲突时，自然应当适用新法。本案中，原告与被告之间虽有赠与合同存在，但是双方并未办理过户登记手续，所以，原告可以撤销该合同。

5. 诉讼过程中当事人无法向法庭提交书面证据原件时如何处理

最高人民法院《民事诉讼证据规定》第 2 条规定：当事人对自己提出的诉讼请求所依据的

事实或者反驳对方诉讼请求所依据的事实有责任提供证据加以证明。没有证据或者证据不足以证明当事人的事实主张的，由负有举证责任的当事人承担不利后果。第 75 条规定：有证据证明当事人持有证据无正当理由拒不提供，如果对方当事人主张该证据的内容不利于证据持有人，可以推定该主张成立。《民事诉讼法》第 68 条第 1 款规定：书证应当提交原件。物证应当提交原物。提交原件或者原物确有困难的，可以提交复制品、照片、副本、节录本。本案中，当事人之间的另一争议焦点为原告提供的赠与合同复印件的证据效力问题。原告在起诉时向法院提供了赠与合同的复印件，被告对此提出异议，认为原告没有提供证据原件是不符合法律规定的。但是被告在诉讼过程中也承认合同的原件在自己手中，并且其内容与原告所提供的复印件内容不同。按照上述相关规定，原告在无法提交书证原件时也可以提供赠与合同复印件，而被告则应当向法庭提交书证原件以证明其诉讼主张，但被告在规定的期限内并未提交证据原件，因此，法院推定原告的主张成立是正确的。

（评注人：申静梅）

16. 借款合同纠纷

司法案例

建行万州分行诉重庆市云城陶瓷公司等案

重庆市第二中级人民法院（2011）渝二中法民初字第00129号

基本案情

原告：中国建设银行股份有限公司万州分行。

委托代理人：梁勇、柯海彬。

被告：重庆市云城陶瓷有限公司。

代表人：天健正信会计师事务所有限公司重庆分所（破产管理人）。

委托代理人：邓飞。

被告：张显云。

委托代理人：邓飞。

被告：陈家兰。

委托代理人：邓飞。

原告中国建设银行股份有限公司万州分行（以下简称“建行万州分行”）诉被告重庆市云城陶瓷有限公司（以下简称“云城陶瓷公司”）、张显云、陈家兰借款合同纠纷一案，重庆市第二中级人民法院于2011年11月14日受理后，由审判员张元群担任审判长，与审判员何洪、刘健组成合议庭，共同负责对案件的审判。原告建行万州分行于2011年11月14日向法院提出财产保全的申请，请求对被告云城陶瓷公司、张显云、陈家兰价值2 000万元的财产采取财产保全措施，法院于2011年11月15日作出（2011）渝二中法民初字第129号民事裁定，对被告云城陶瓷公司、张显云、陈家兰价值2 000万元的财产（详见财产保全清单）予以了保全。法院适用普通程序于2011年12月19日公开开庭进行了审理。原告建行万州分行的委托代理人梁勇、柯海彬，被告陈家兰及其委托代理人、云城陶瓷公司、张显云的委托代理人邓飞均到庭参加了诉讼。

法院查明：2010年10月29日、2011年4月8日、2011年5月17日、2011年7月21日，建行万州分行与云城陶瓷公司签订《人民币资金借款合同》、《人民币流动资金贷款合同》共4份，合同编号为：2010（1230）58号、2011（123010）15号、2011（1230）20号、2011（1230）40号。借款合同约定云城陶瓷公司分别向建行万州分行借款人民币80万元、800万元、420 万元、500 万元；借款用于公司生产经营周转；借款期限为 12 个月，从 2010 年 10 月 28 日至 2011 年 10 月 27 日、2011 年 4 月 11 日至 2012 年 4 月 10 日、2011 年 5 月 17 日至 2012 年 5 月 16 日、2011 年 7 月 21 日至 2012 年 7 月 20 日；还本计划为分次还清，即：第一笔于 2011 年 10 月 28 日还清 80 万元；第二笔从 2011 年 11 月 21 日起至 2012 年 1 月 21 日每月还款 80 万元计 240 万元、2012 年 2 月 21 日还款 160 万元、2012 年 3 月 21 日还款 160 万元、2012 年 4 月 10 日偿还 240 万元；第三笔从 2011 年 12 月 20 日起还款 42 万元、2012 年 1 月 20 日还款 42 万元、2012 年 2 月 20 日还款 42 万元、2012 年 3 月 20 日还款 84 万元、2012 年 4 月 20 日还款 84 万元、2012 年 5 月 20 日还款 126 万元；第四笔从 2012 年 2 月 20 日起还款 50 万元、2012 年 3 月 20 日还款 50 万元、2012 年 4 月 20 日还款 50 万元、2012 年 5 月 20 日还款 100 万元、2012 年 6 月 20 日还款 100 万元、2012 年 7 月 20 日偿还 150 万元，并对违约责任等内容进行了约定。为保证借款安全，建行万州分行与云城陶瓷公司签订了 2011（123010）15 号《最高额抵押合同》1 份，并依法将《抵押合同》项下财产在相关部门办理了抵押登记。同时，建行万州分行与张显云签订了 2010（1230）58 号－1、2011（123010）15 号－1、2011（1230）20 号－1、2011（1230）40 号－1 共计 4 份《自然人保证合同》；与陈家兰签订了 2010（1230）58 号－2、2011（123010）15 号－2、2011（1230）20 号－2、2011（1230）40 号－2 共计 4 份《自然人保证合同》。借款合同签订后，建行万州分行按照《借款合同》的约定分别于 2010 年 10 月 29 日、2011 年 4 月 11 日、2011 年 5 月 17 日、2011 年 7 月 21 日向云城陶瓷公司发放人民币贷款 80 万元、800 万元、420 万元、500 万元，累计发放贷款 1 800 万元。

另查明，被告云城陶瓷公司尚欠原告建行万州分行借款本金 17 928 596.41 元及截至 2011 年 11 月 20 日的利息 113 170.77 元。原告建行万州分行为本案诉讼于 2011 年 12 月 5 日与中豪律师集团（重庆）事务所签订委托代理协议，将本案诉讼委托该律师事务所派员代理，并支付了该所诉讼代理费 32 万元。

再查明，被告云城陶瓷公司于 2011 年 12 月 22 日向万州区人民法院提出破产申请，万州区人民法院审查后于 2012 年 1 月 6 日作出（2012）万法民破字第 1 号民事裁定书，受理了被告云城陶瓷公司的破产申请，并于同日作出（2012）万法民破字第 1 号决定书，指定天健正信会计师事务所有限公司重庆分所为破产管理人。

诉辩主张

原告建行万州分行诉称：贷款发放后，由于云城陶瓷公司经营管理出现问题，企业已出现停产状态，没有按照《借款合同》约定支付到期本金，云城陶瓷公司的行为已严重威胁到建行万州分行的贷款安全。依据《借款合同》中第 10 条的约定，建行万州分行宣布贷款立即到期，要求借款人清偿全部贷款本息及费用。为此，建行万州分行依法向人民法院提起诉讼，请求：(1) 判令被告云城陶瓷公司立即偿还原告建行万州分行借款本金 17 928 596.41 元及截至 2011 年 11 月 20 日的利息 113 170.77 元；并支付自 2011 年 11 月 21 日起至借款本息全部清偿之日止的罚息和复利［其中：(1) 对借款本金 728 596.41 元，其罚息按年利率 9.174%计收，复利以未归还的利息为基数，按年利率 9.174%计收；(2) 对本金 800 万元，其罚息按年利率10.884 75%计收，复利以未归还的利息为基数，按年利率 10.884 75%计收；(3) 对借款本金 420 万元，其罚息按年利率 10.884 75%计收，复利以未归还的利息为基数，按年利率 10.884 75%计收；(4) 对本金 500 万元，其罚息按年利率 11.316%计收，复利以未归还的利息为基数，按年利率 11.316%计收］，利随本清；(2) 判令被告云城陶瓷公司承担原告建行万州分行支付的律师代理费 32 万元、诉讼费、保全费及其他原告为实现债权而支付的费用。(3) 判令原告建行万州分行对被告云城陶瓷公司所拥有的以下抵押资产享有优先受偿权：2011（123010）15号的《最高额抵押合同》项下的抵押物，即：1）万州区国土资源局登记的他项权证“重庆市房地产权证（抵押专用）编号301D房地证（押）2011T字第028号”项下位于万州区长岭镇双龙村四组（万州区工业园区内）工业用地，面积36 985.8平方米，房地产权证编号301D房地证2008字第00096号；2）万州区房屋产权产籍监理所登记的编号：301T房地证2011字第011678号《重庆市万州区房屋抵押登记书》项下位于万州区长岭镇长岭大道888号1幢1层厂房1、2幢1层厂房2，建筑面积共计8 584.72平方米，工业用房，房权证号为：301五房地证2009字第00232号、301五房地证2009字第00233号；（4）判令被告张显云、陈家兰对被告云城陶瓷公司的上述债务承担连带保证责任。

在本案诉讼中，原告建行万州分行当庭确认其诉讼请求第（2）项为判令被告云城陶瓷公司承担原告支付的律师代理费32万元、诉讼费、保全费。对原告建行万州分行就此项中的其他诉讼请求原告建行万州分行当庭自愿撤回。

原告建行万州分行在举证期限内向本院提交了以下证据材料：

1.2010（1230）58号《借款合同》，以证明云城陶瓷公司向建行万州分行借款人民币80万元。

2.2011（123010）15号《借款合同》，以证明云城陶瓷公司向建行万州分行借款人民币800万元。

3.2011（1230）20号《借款合同》，以证明云城陶瓷公司向建行万州分行借款人民币420万元。

4.2011（1230）40号《借款合同》，以证明云城陶瓷公司向建行万州分行借款人民币500万元。

5.2011（123010）15号《最高额抵押合同》，以证明云城陶瓷公司将位于万州区长岭镇双龙村四组土地、厂房为前述贷款作抵押。

6～10.重庆市万州区房屋抵押登记书，编号301T房地证2011字第011678号；301五房地证2009字第00232号；301五房地证2009字第00233号；抵押301D房地证（押）2011T字第028号房地产权证；301D房地证2008字第00096号。上述证据以证明云城陶瓷公司将位于万州区长岭镇双龙村四组房产等为贷款作抵押并办理了抵押登记手续。

11～18.2010（1230）58号-1《自然人保证合同》；2010（1230）58号-2《自然人保证合同》；2011（123010）15号-1《自然人保证合同》；2011（123010）15号-2《自然人保证合同》；2011（1230）20号-1《自然人保证合同》；2011（1230）20号-2《自然人保证合同》；2011（1230）40号-1《自然人保证合同》；2011（1230）40号-2《自然人保证合同》。上述证据以证明张显云、陈家兰分别对前述每笔贷款承担保证责任。

19.建设银行贷款转存凭证（借款借据），以证明建行万州分行将每笔贷款转入云城陶瓷公司账户。

20.贷款账户信息查询结果，以证明云城陶瓷公司目前尚欠建行万州分行贷款情况。

21.财产清单，以证明云城陶瓷公司目前部分财产情况。

22.销售收入账号，以证明云城陶瓷公司提供销售货款账号情况。

补充证据：（1）单位贷款账户资料查询表。证明截至2011年11月20日，云城陶瓷公司尚欠建行万州分行借款17 928 596.41元及利息113 170.77元未予归还。（2）《委托代理协议》及代理费支付凭证。证明建行万州分行已支付律师代理费32万元，按照合同约定建行万州分行为实现债权已实际支付的律师费应由云城陶瓷公司、张显云、陈家兰承担。

被告云城陶瓷公司、张显云、陈家兰共同答辩称：（1）借款事实成立。云城陶瓷公司分4

次向原告建行万州分行借款 1 800 万元，并将厂房及土地使用权抵押担保，被告张显云、陈家兰也分别签订了保证合同。(2) 被告按期不能还款不是因为经营管理出现问题而是因为：1) 国家政策原因规定高层建筑不能贴外墙砖，导致前期投入此项目的 900 万元亏损；2) 公司四处筹措资金生产地砖，但天然气不足导致企业无法生产，企业处于亏损状态。(3) 鉴于公司目前已全面停产，公司正千方百计想办法摆脱这个困境。三被告对原告起诉的事实无异议，希望原告可以继续支持被告，将贷款展期，让被告从困境中走出来。(4) 张显云、陈家兰虽签订了保证合同，但本案有物的担保，张显云、陈家兰只在物的担保外承担责任。

被告在举证期限内未向本院提交证据材料。

法院判决

法院审理认为：原告建行万州分行与被告云城陶瓷公司于 2010 年 10 月 29 日、2011 年 4 月 8 日、2011 年 5 月 17 日、2011 年 7 月 21 日分别签订的《人民币资金借款合同》、《人民币流动资金贷款合同》和 2011 年 4 月 8 日签订的《最高额抵押合同》以及原告建行万州分行与张显云、陈家兰分别于 2010 年 10 月 29 日、2011 年 4 月 8 日、2011 年 5 月 8 日、2011 年 7 月 22 日签订的《自然人保证合同》均系双方当事人真实意思表示，合同内容均不违反国家法律、法规的强制性规定，均属有效合同。原告建行万州分行在借款合同签订后，按照《借款合同》的约定分别于 2010 年 10 月 29 日、2011 年 4 月 11 日、2011 年 5 月 17 日、2011 年 7 月 21 日向云城陶瓷公司发放人民币贷款 80 万元、800 万元、420 万元、500 万元，累计发放贷款 1 800 万元，已按照合同的约定全面履行了自己的放款义务，而被告云城陶瓷公司在合同履行中仅偿还了部分本金及利息，尚欠贷款本金 17 928 596.41 元和截至 2011 年 11 月 20 日的利息 113 170.77元。被告云城陶瓷公司违背合同的约定不按期归还原告建行万州分行的借款本息，酿成本案纠纷，责任在于被告云城陶瓷公司。被告云城陶瓷公司理应按照合同的约定及时偿还尚欠原告建行万州分行的借款本金、利息、罚息和复利。虽然本案所涉借款未到期，但原告建行万州分行鉴于被告云城陶瓷公司企业已处于停产状态，也没有按照《借款合同》的约定支付借款利息的行为，已严重威胁到原告建行万州分行的贷款安全，按照双方签订的《借款合同》第 10 条的约定，原告建行万州分行可以宣布贷款立即到期，并要求被告云城陶瓷公司清偿全部贷款本息及费用，原告建行万州分行为保护自己的合法债权依法向本院提起诉讼，要求被告云城陶瓷公司及时偿还尚欠的借款本金及利息、罚息、复利的诉讼请求成立，被告云城陶瓷公司对该请求亦无异议，本院对此应予支持。但鉴于本案在庭审完毕后，被告云城陶瓷公司于 2011 年 12 月 22 日向万州区人民法院提出破产申请，万州区人民法院审查后于 2012 年 1 月 6 日受理了被告云城陶瓷公司的破产申请，并于同日指定了破产管理人。根据我国企业破产法的相关规定，本院就原告建行万州分行的支付借款本金及利息、罚息、复利和相关费用的请求在本案作为债权予以确认。其计算尚欠借款本金、罚息和复利的截止日为万州区人民法院受理破产申请之日即 2012 年 1 月 6 日。根据《担保法》第 33 条中“债务人不履行债务时，债权人有权依照本法的规定以该财产折价或者以拍卖、变卖该财产的价款优先受偿”的规定，原告建行万州分行对被告云城陶瓷公司为本案所涉债权设定的抵押物［位于万州区（五桥）万州区长岭镇双龙村四组（万州区工业园区内）面积 36 985.8 平方米的工业用地，位于万州区（五桥）万州区长岭镇长岭大道 888 号 1 幢 1 层厂房 1、2 幢 1 层厂房 2（建筑面积共计8 584.72平方米）的工业用房；均已办理抵押登记手续］依法享有优先受偿的权利（被告云城陶瓷公司对此亦无异议）。根据《物权法》第 176 条“被担保的债权既有物的担保又有人的担保的，债务人不履行到期债务或者发生当事人约定的实现担保物权的情形，债权人应当按照约定实现债权；没有约定或者约定不明确，债务人自己提供物的担保的，债权人应当先就该物的担保实现债权……”的规定，即如果在担保合同中约定了担保人承担责任的顺序，则债权人应当受该约定顺序之约束；如果没有约定和约定不明确的，债权人只能先行使担保物权以受偿债权，而后在不能完全受偿的余额范围内再向保证人主张。而本案原告建行万州分行与被告云城陶瓷公司在签订的《最高额抵押合同》第9条第6项和与保证人张显云、陈家兰分别签订的《自然人保证合同》第6条第2项中均明确约定：“无论乙方对主合同项下的债权是否拥有其他担保（包括但不限于保证、抵押、质押、保函……等保证方式），不论上述其他担保何时成立、是否有效、乙方是否向其他担保人提出权利主张……也不论其他担保是否由债务人自己提供，甲方在本合同项下的保证责任均不因此减免，乙方均可直接要求甲方依照本合同约定在其保证范围内承担担保（保证）责任，甲方将不提出任何异议。”故原告建行万州分行可以直接要求被告张显云、陈家兰分别依照《自然人保证合同》的约定在其保证范围内承担连带保证责任。被告张显云、陈家兰辩称其只应当按照《担保法》第28条第1款“同一债权既有保证又有物的担保的，保证人对物的担保以外的债权承担保证责任”的规定，对物的担保以外的债权承担保证责任。根据《物权法》第178条“担保法与本法的规定不一致的，适用本法”的规定，本案就如何确认被告张显云、陈家兰保证责任的承担问题应当适用《物权法》的相关规定，而不应当适用《担保法》的相关规定。故原告建行万州分行要求被告张显云、陈家兰对被告云城陶瓷公司的本案所涉债务承担保证责任的请求，本院予以支持。被告张显云、陈家兰的该辩称理由不能成立，本院对此不予采纳。原告建行万州分行为本案诉讼，支付中豪律师集团（重庆）事务所律师费32万元符合双方合同约定，应当由被告云城陶瓷公司支付给原告建行万州分行，且该费用属于本案所涉抵押担保和保证人保证范围，故原告建行万州分行应就该律师费设定的抵押物中依法享有优先受偿的权利，而保证人张显云、陈家兰对此亦应当承担连带责任。对原告建行万州分行当庭自愿撤回的诉讼请求，本院予以准许。据此，依照《合同法》第196条、第198条、第207条，《物权法》第176条、第178条，《中华人民共和国企业破产法》（以下简称《企业破产法》）第20条之规定，判决如下：

一、确认原告建行万州分行对被告云城陶瓷公司享有的债权为：（一）借款本金17 928 596.41元和截至2011年11月20日的借款利息113 170.77元以及自2011年11月21日起至2012年1月6日止的罚息和复利［其中：（1）对借款本金728 596.41元，其罚息按年利率9.174%计收，复利以未归还的利息为基数，按年利率9.174%计收；（2）对本金800万元，其罚息按年利率10.884 75%计收，复利以未归还的利息为基数，按年利率10.884 75%计收；（3）对借款本金420万元，其罚息按年利率10.884 75%计收，复利以未归还的利息为基数，按年利率10.884 75%计收；（4）对本金500万元，其罚息按年利率11.316%计收，复利以未归还的利息为基数，按年利率11.316%计收］。（二）原告建行万州分行支付的律师代理费32万元。

二、原告建行万州分行就前述债权对被告云城陶瓷公司所有的位于万州区（五桥）万州区长岭镇双龙村四组（万州区工业园区内）面积36 985.8平方米的工业用地和位于万州区（五桥）万州区长岭镇长岭大道888号1幢1层厂房1、2幢1层厂房2（建筑面积共计8 584.72平方米）的工业用房的变现价款享有优先受偿的权利。

三、被告张显云、陈家兰对被告云城陶瓷公司的前述债务承担连带责任。

如果未按本判决指定的期间履行给付金钱和其他义务，应当依照《民事诉讼法》第229条之规定办理，加倍支付迟延履行期间的债务利息和支付迟延履行金。

案件受理费132 629元、保全费5 000元，合计137 629元，由被告云城陶瓷公司、张显云、陈家兰共同负担（该费用已由原告建行万州分行垫付）。

案由与焦点

1. 案由

本案的一级案由为“合同、无因管理、不当得利纠纷”，二级案由为“合同纠纷”，三级案由为“借款合同纠纷”，四级案由为“金融借款合同纠纷”。

借款合同是指借款人向贷款人借款，到期由借款人还本付息的合同。在“借款合同纠纷”三级案由下，还包括以下7种四级案由：(1) 金融借款合同纠纷；(2) 同业拆借纠纷；(3) 企业借贷纠纷；(4) 民间借贷纠纷；(5) 小额借款合同纠纷；(6) 金融不良债权转让合同纠纷；(7) 金融不良债权追偿纠纷。金融借款合同是指借款人向金融机构借款，到期由借款人还本付息的合同，因此类合同而引发的纠纷即为金融借款合同纠纷。

2. 焦点

本案争议的焦点主要有：(1) 被告主张的不能按期还款的理由在法律上能否成立？(2) 既有保证又有物的担保的，保证人是否只对物的担保以外的债权承担保证责任？(3) 合同纠纷诉讼中遇到债务人申请破产时应如何处理？

评注与问题

1. 什么是预期违约、不安抗辩权和合同解除权

预期违约又称先期违约，是指在合同履行期限到来之前，一方虽无正当理由但明确表示其在履行期到来后将不履行合同，或者其行为表明在履行期到来后将不可能履行合同。作为违约行为的形态之一，预期违约人当然要负违约责任。

不安抗辩权是指在双务合同中，应当先履行债务的当事人有确切证据证明对方丧失或者可能丧失履约能力，中止履行自己债务的权利。《合同法》第68条规定：“应当先履行债务的当事人，有确切证据证明对方有下列情形之一的，可以中止履行：(一) 经营状况严重恶化；(二) 转移财产、抽逃资金，以逃避债务；(三) 丧失商业信誉；(四) 有丧失或者可能丧失履行债务能力的其他情形。当事人没有确切证据中止履行的，应当承担违约责任。”第69条规定：“当事人依照本法第六十八条的规定中止履行的，应当及时通知对方。对方提供适当担保时，应当恢复履行。中止履行后，对方在合理期限内未恢复履行能力并且未提供适当担保的，中止履行的一方可以解除合同。”

合同解除是指合同有效成立以后，因当事人一方的意思或双方协议，使基于合同发生的债权债务关系归于消灭的行为。合同的解除可分为约定解除和法定解除。当事人依照合同约定或法律规定享有的解除合同使合同权利、义务消灭的权利，就是合同解除权。《合同法》第94条规定：“有下列情形之一的，当事人可以解除合同：(一) 因不可抗力致使不能实现合同目的；(二) 在履行期限届满之前，当事人一方明确表示或者以自己的行为表明不履行主要债务；(三) 当事人一方迟延履行主要债务，经催告后在合理期限内仍未履行；(四) 当事人一方迟延履行债务或者有其他违约行为致使不能实现合同目的；(五) 法律规定的其他情形。”第96条规定：“当事人一方依照本法第九十三条第二款、第九十四条的规定主张解除合同的，应当通知对方。合同自通知到达对方时解除。对方有异议的，可以请求人民法院或者仲裁机构确认解除合同的效力。法律、行政法规规定解除合同应当办理批准、等记等手续的，依照其规定。”

本案中，原告建行万州分行已经履行了全部放款义务，所涉借款大部分未到还期，但被告云城陶瓷公司企业已处于停产状态，对到期的本息也没有按照《借款合同》的约定支付，已严重威胁到原告建行万州分行的贷款安全。在这种情况下，建行万州分行向云城陶瓷公司主张提前还贷，法院支持了建行公司万州分行的请求，请分析法院支持的依据是什么？

当然，本案中双方签订的《借款合同》第10条约定了原告建行万州分行在此情况下可以宣布贷款立即到期，并要求被告云城陶瓷公司清偿全部贷款本息及费用，被告云城陶瓷公司对该请求亦无异议，所以法院对此予以支持。不过，本案中，法院判决被告提前履行全部债务时，是否应当判决解除合同，请结合本案加以分析。

2. 什么是情事变更制度

情事变更又称情势变更，是指在合同成立后，因不可预见、不可归责于当事人的事由致使合同赖以存在的基础发生动摇或者损失，如果继续履行合同将对一方当事人产生显示公平的结果，甚至无法继续履行合同，在这种情况下，当事人可以请求变更或者解除合同。情事变更是不可抗力之外的情形。我国合同法没有规定情事变更制度，但最高人民法院《关于适用〈中华人民共和国合同法〉若干问题的解释（二）》（以下简称《合同法解释二》）第26条规定："合同成立以后客观情况发生了当事人在订立合同时无法预见的、非不可抗力造成的不属于商业风险的重大变化，继续履行合同对于一方当事人明显不公平或者不能实现合同目的，当事人请求人民法院变更或者解除合同的，人民法院应当根据公平原则，并结合案件的实际情况确定是否变更或者解除。"鉴于理解和适用中仍存在一些问题，最高人民法院在《关于正确适用〈中华人民共和国合同法〉若干问题的解释（二）服务党和国家的工作大局的通知》（法［2009］165号）中指出："对于上述解释条文，各级人民法院务必正确理解、慎重适用。如果根据案件的特殊情况，确需在个案中适用的，应当由高级人民法院审核。必要时应报请最高人民法院审核。"

本案中，被告主张的不能按期还款的原因有：（1）国家政策原因规定高层建筑不能贴外墙砖，导致前期投入此项目的900万元亏损；（2）公司四处筹措资金生产地砖，但天然气不足导致企业无法生产，企业处于亏损状态。这里的国家政策原因规定高层建筑不能贴外墙砖和天然气不足导致企业无法生产，就与情事变更有关。但情事变更涉及的问题比较复杂，它与商业风险的界限难以划清，所以法官的适用应非常慎重。本案中，法院没有对上述事实进行调查，也没有认定是否属于情事变更。请结合本案，分析情事变更应如何适用？

3. 既有保证又有物的担保的，保证人是否只对物的担保以外的债权承担保证责任

物的担保是以债务人或第三人的特定财产作为抵偿债权的标的，在债务人不履行其债务时，债权人可以将财产变价，从中优先受偿的制度。物的担保主要有抵押、质押和留置。人的担保又称信用担保，是指担保人以其信用所提供的担保。保证、连带债务、并存的债务承担等均属于人的担保，但人的担保的典型方式是保证。保证是以保证人即债权人与债务人以外的第三人的信用担保债权实现的。保证是一种债的关系，是以保证人的信用担保着债权的实现。在设立保证担保后，保证人与债权人之间就债权的实现成立一种债的关系，当主债务人届期不履行债务时，保证人即应依约以自己的财产清偿主债务人所负担的债务。

本案中，既有保证又有物的担保，对此，应怎样适用这两种担保呢？《担保法》第28条第1款规定："同一债权既有保证又有物的担保的，保证人对物的担保以外的债权承担保证责任。"《物权法》第176条规定："被担保的债权既有物的担保又有人的担保的，债务人不履行到期债务或者发生当事人约定的实现担保物权的情形，债权人应当按照约定实现债权；没有约定或者约定不明确，债务人自己提供物的担保的，债权人应当先就该物的担保实现债权；第三人提供物的担保的，债权人可以就物的担保实现债权，也可以要求保证人承担保证责任。提供担保的第三人承担担保责任后，有权向债务人追偿。"该法第178条又规定："担保法与本法的

规定不一致的，适用本法”。而本案原告建行万州分行与被告云城陶瓷公司在签订的《最高额抵押合同》第9条第6项和与保证人张显云、陈家兰分别签订的《自然人保证合同》第6条第2项中均明确约定：“无论乙方对主合同项下的债权是否拥有其他担保（包括但不限于保证、抵押、质押、保函……等保证方式），不论上述其他担保何时成立、是否有效、乙方是否向其他担保人提出权利主张……也不论其他担保是否由债务人自己提供，甲方在本合同项下的保证责任均不因此减免，乙方均可直接要求甲方依照本合同约定在其保证范围内承担担保（保证）责任，甲方将不提出任何异议。”基于上述规定，原告建行万州分行可以直接要求被告张显云、陈家兰分别依照《自然人保证合同》的约定在其保证范围内承担连带保证责任。

4. 合同纠纷诉讼中遇到债务人申请破产时应如何处理

本案审理过程中，被告云城陶瓷公司于2011年12月22日向万州区人民法院提出破产申请，万州区人民法院审查后于2012年1月6日作出（2012）万法民破字第1号民事裁定书，受理了被告云城陶瓷公司的破产申请，并于同日作出（2012）万法民破字第1号决定书，指定天健正信会计师事务所有限公司重庆分所为破产管理人。在案件审理过程中，遇到债务人申请破产时应如何处理呢？《企业破产法》第45条规定：“人民法院受理破产申请后，应当确定债权人申报债权的期限。债权申报期限自人民法院发布受理破产申请公告之日起计算，最短不得少于三十日，最长不得超过三个月。”第46条规定：“未到期的债权，在破产申请受理时视为到期。”第109条规定：“对破产人的特定财产享有担保权的权利人，对该特定财产享有优先受偿的权利。”依据这些规定，法院就原告建行万州分行的支付借款本金及利息、罚息、复利和相关费用的请求在本案作为债权予以确认；其计算尚欠借款本金、罚息和复利的截止日为万州区人民法院受理破产申请之日即2012年1月6日；原告建行万州分行就前述债权对被告云城陶瓷公司所有的位于万州区（五桥）万州区长岭镇双龙村四组（万州区工业园区内）面积36 985.8平方米的工业用地和位于万州区（五桥）万州区长岭镇长岭大道888号1幢1层厂房1、2幢1层厂房2（建筑面积共计8 584.72平方米）的工业用房的变现价款享有优先受偿的权利。你认为法院的这种处理妥当吗？

5. 借款的利息如何支付

利息是借款人使用借款的代价，因此，在借款合同中借款人的主要义务是向贷款人支付利息。《合同法》第204条规定：“办理贷款业务的金融机构贷款的利率，应当按照中国人民银行规定的贷款利率的上下限确定。”第205条规定：“借款人应当按照约定的期限支付利息。”第207条规定：“借款人未按照约定的期限返还借款的，应当按照约定或者国家有关规定支付逾期利息。”本案中，当事人在合同中具体约定了利率、利息支付的时间，以及逾期还款的罚息和复利，法院判决认定被告应当支付这些利息。试分析，在借款合同中，当事人约定的复利受法律保护吗？

6. 什么是借款合同的展期

借款合同的展期是指当事人双方同意延长原借款合同的期限。《合同法》第209条规定：“借款人可以在还款期限届满之前向贷款人申请展期。贷款人同意的，可以展期。”依据该规定，借款合同的展期应当具备两个条件，即借款人申请和贷款人同意。本案中，三被告对原告起诉的事实无异议，但希望原告可以继续支持被告，将贷款展期，让被告从困境中走出来。虽然被告提出了贷款展期的请求，但原告并未同意，所以借款合同未展期，应当按照原合同约定的履行期限和权利、义务要求承担违约责任。当然，由于借款人停产和申请破产，还产生借款提前偿还问题。

（评注人：于大水）

17. 租赁合同纠纷

司法案例

盘龙房地产公司诉银圣地公司案

云南省昆明市中级人民法院（2006）昆民三终字第106号

基本案情

上诉人（原审原告）：昆明市盘龙区房地产经营开发公司。

法定代表人：张彦生，总经理。

委托代理人：王云禄，金荣法律服务所法律工作者。

被上诉人（原审被告）：昆明银圣地商贸有限公司。

法定代表人：任玉芬，总经理。

委托代理人：游静，云南万捷律师事务所律师。

上诉人昆明市盘龙区房地产经营开发公司（以下简称“盘龙房地产公司”）因与被上诉人昆明银圣地商贸有限公司（以下简称“银圣地公司”）租赁合同纠纷一案，不服昆明市五华区人民法院（2005）五法民二初字第358号民事判决，向云南省昆明市中级人民法院提起上诉。二审法院于2006年1月5日受理此案后，依法组成合议庭审理了本案。合议庭成员，审判长：杨章亮，审判员：万绍敏，代理审判员：余锋，书记员：张莹。本案依法报经院长批准延长本案审理期限，2006年9月25日审理终结。

一审经审理查明：2003年10月26日，盘龙房地产公司（出租人，合同甲方）与银圣地公司（承租人，合同乙方）订立《圆通广场租赁合同》，合同约定：（1）租赁物：位于本市圆通高架桥北侧，盘龙江西岸与圆通公园隔街相望的“圆通广场”半地下室（建筑面积3 805平方米）、功能房（建筑面积258.6平方米）；（2）租赁物用途：租赁物专业用于经营上档次、上规模、具有知名品牌的“儿童世界”和围绕国际化中、高档电玩产品的配套经营服务项目，若主营的国际化中、高档电玩经营不能实现，则上述配套经营服务项目也视为不能成立；（3）租赁期限：自2003年12月1日起至2023年12月1日止；（4）租金和租金的支付方式：年租金为30万元人民币，自2005年12月1日起，每年租金按上一年度的1.5%递增。第一年的租金于合同订立后5日内付清。一年后每半年支付一次租金，即每年12月30日支付上半年租金，半年后的6月30日支付下半年租金；（5）转租：若出现乙方整体进行转租，甲方有权终止合同收回圆通广场，由乙方承担一切损失；（6）欠款通知和滞纳金：如乙方迟延支付租金和水、电费，甲方有权向乙方发出欠款通知。乙方应于收到通知后15日内履行付款义务。逾期1日按欠款金额的0.05%支付滞纳金。逾期超过1年视为违约，甲方有权终止合同并要求乙方承担赔偿责任。合同订立后，银圣地公司向盘龙房地产公司支付了租金人民币30万元。同年12月1日，盘龙房地产公司出具《证明》1份，内容为在租赁合同约定的范围内银圣地公司对租赁物（半地下室、功能房和广场平台）享有经营自主权。2004年1月7日，银圣地公司与案外人昆明吉原广告有限公司（以下简称“吉原公司”）订立《承包合同》和《租赁合同》，银圣地公司将本市圆通广场一楼商场（租赁面积为3 860平方米）出租给吉原公司，吉原公司在合同中的义务由吉原公司和昆明圆一通文化港有限公司（以下简称“圆一通公司”）共同履行。同年2月3日，盘龙房地产公司（甲方）与银圣地公司（乙方）订立《圆通广场租赁补充协议》，协议约定：（1）收尾工程内容：室内墙顶粉刷，土方回填，地面地坪混凝土，水、电安装，通风消防安装；（2）工程造价：80万元一次性包干；（3）工程的组织实施：由乙方委托具有施工资质的单位施工（其中供电工程由甲方协助乙方向供电局办理有关手续，并以甲方名义订立工程合同，费用由乙方垫付）；（4）工程款的支付：根据双方认定的工程造价和施工合同及工程进度，乙方以预先支付给甲方的租金作为垫支工程款，双方认定的垫支收尾工程款，作冲抵乙方应交甲方的租金；（5）工程期限：2004年2月1日至同年3月31日；（6）其他事项：合同中的租赁期限，移交物业时间顺延3个月。同年4月6日，银圣地公司出具给盘龙房地产公司两份《通报》，与盘龙房地产公司协商以代缴水、电费冲抵租金事宜。其中关于电费的《通报》，盘龙房地产公司于同年4月14日答复：“同意冲抵租金，但请提供有效付款凭据。”关于水费的《通报》，盘龙房地产公司于同年4月20日答复：“同意按上述金额从租金中相应扣除。”2004年8月，《都市时报》和《生活新报》分别对银圣地公司与吉原公司、圆一通公司间因本市广场一楼商场租赁发生的纠纷及吉原公司、圆一通公司与该广场其他出租户间的关系作了相应报道。2004年10月19日和2005年3月7日，云南省昆明市中级人民法院和云南省高级人民法院分别作出（2004）昆民一初字第140号、（2005）云高民一终字第3号民事判决书，对银圣地公司与吉原公司、圆一通公司间因租赁关系发生的纠纷作出裁判，确认该租赁关系已于2004年5月1日终止。2005年5月10日，云南省昆明市中级人民法院在执行（2005）云高民一终字第3号民事判决中发出《公告》和《移交通知》，将本市圆通广场一楼商场移交给银圣地公司。同年7月12日，云南省公证处对盘龙房地产公司以邮寄方式向银圣地公司送达《解除合同通知书》的行为予以公证。同年8月2日，盘龙房地产公司在《生活新报》A14版刊登《公告》，向银圣地公司送达解除合同通知，但银圣地公司并未将租赁物返还盘龙房地产公司。

一审诉辩主张

原告盘龙房地产公司诉称：被告银圣地公司在履行合同过程中，在未征得其同意的情况下即将租赁物转租给案外人，并擅自改变租赁物用途、延迟支付租金，违反了双方合同约定。因此，向一审法院提起本案诉讼，要求法院判令：（1）解除《圆通广场租赁合同》；（2）由被告支付租金30万元和该租金的逾期付款利息（自2005年1月1日起计至实际返还租赁物之日止，按同期银行贷款利率计算）。

被告银圣地公司辩称：原告要求解除双方所签租赁合同的理由不成立，被告在履行合同过程中并无违约行为，双方签订的租赁合同应当继续履行。

一审判决

一审法院认为：原、被告订立的《圆通广场租赁合同》和《圆通广场租赁补充协议》系合同当事人依照法律规定的合同缔结原则订立的合同，根据合同和法律对合同成立和生效要件的规定，一审法院确认该两份合同已经成立并生效，合同的权利义务关系受法律保护，并对合同当事人具有法律约束力。首先，转租及改变租赁物用途。本案中，根据生效判决确认的事实，本案实际存在被告转租的事实，但根据转租事实始于 2004 年 1 月 7 日，原告对转租行为提出异议始于 2005 年 7 月、吉原公司与圆一通公司在承租使用部分租赁物的情况，以及相关报刊、媒体对租赁物的使用情况于 2004 年 8 月作过公开报道的事实，一审法院确认原告在 2004 年期间对被告转租和改变租赁物用途的事实是明知的。同时，根据合同对租赁物用途的约定和国办发（2000）44 号《国务院办公厅转发文化部等部门关于开展电子游戏经营场所专项治理意见的通知》（2000 年 6 月 15 日发布）第 2 条“自本意见发布之日起，各地要立即停止审批新的电子游戏经营场所，也不得审批现有的电子游戏经营场所增添或更新任何类型的电子游戏设备”之规定，合同约定的经营项目事实已不可能开展。故一审法院认为原告在明知以上事实后的合理期限内未提出异议的行为表明其已对以上行为予以了认可，即双方已以实际履行的行为变更了合同约定，因此，一审法院确认被告的行为不构成违约。其次，迟延支付租金。原告要求的租金是第二年度的租金 30 万元。第一，根据《通报》（水、电费）约定被告代缴的水、电费应冲抵租金；第二，根据补充协议约定的工程项目以及租赁物现已正常使用的事实，一审法院确认补充协议已经履行，因此，根据该补充协议约定，协议中的工程造价 80 万可冲抵租金。根据租赁合同和补充协议约定的租金金额和支付期限，被告现应给付原告的租金为 60 万元（原告所提请求已扣除被告支付的租金 30 万元，但根据补充协议该已付租金已充作工程垫资款），二者冲抵后，被告在本案中并不拖欠原告租金。同时，根据合同约定，被告迟延支付租金时，原告应当催告被告履行义务。但本案中并无原告曾经主张权利的证据。综上理由，一审法院认为被告并不拖欠原告租金，其行为并未违约。最后，虽然原告根据合同约定于 2005 年 8 月行使了合同解除权，但依照《合同法》第 96 条“当事人一方依照本法第九十三条第二款、第九十四条的规定主张解除合同的，应当通知对方。合同自通知到达对方时解除。对方有异议的，可以请求人民法院或者仲裁机构确认解除合同的效力”之规定，被告拒绝返还租赁物和其在诉讼中要求继续履行合同的行为已表明其对原告行使解除权的效力提出异议，一审法院审查后认为原告行使合同解除权的行为不符合合同约定和法律规定，一审法院不予保护，并确定合同继续履行。

据此，一审判决依照《合同法》第 8 条、第 60 条第 1 款、第 96 条和《民事诉讼法》第 64 条第 1 款之规定，判决如下：

一、原告盘龙房地产公司与被告银圣地公司于 2003 年 10 月 26 日订立的《圆通广场租赁合同》继续履行；

二、驳回原告盘龙房地产公司的诉讼请求。

二审诉辩主张

一审宣判后，上诉人盘龙房地产公司不服原审判决，向云南省昆明市中级人民法院提起上诉。

上诉人诉称：(1) 原审认定上诉人依法行使合同解除权无效，无法律依据。被上诉人明确承认收到了上诉人于 2005 年 7 月 12 日依法送达的解除合同的《通知》，该《通知》是上诉人依照法律规定和合同约定对被上诉人行使法定合同解除权的行为，根据《合同法》第 96 条的规定，合同解除《通知》到达被上诉人时，即发生法律效力，双方所签订的租赁合同即时解除，双方间的权利、义务也已终止，被上诉人拒绝交出租赁物是违反法律规定的。且被上诉人在收到该《通知》后，并未向上诉人提出任何异议，也未向法院提起诉讼要求确认合同效力，更未在上诉人提起本案诉讼时在法定期限内提出反诉，要求法院对租赁合同的解除效力作出确认，但原审却违反不告不理的原则，对被上诉人未提起反诉的诉讼请求进行审理并予以了支持。(2) 原审依据相关报纸和新闻媒体的报道，认定上诉人早已明知被上诉人擅自将租赁物转租给案外人的行为，视为上诉人默认和双方以实际履行行为变更了合同约定，进而确认被上诉人的行为不构成违约，有悖于事实和法律规定。根据法院生效判决，已经认定被上诉人存有擅自将租赁物转租给案外人的行为，该行为违反了《合同法》第 224 条和双方租赁合同第 8 条的规定，构成严重违约，被上诉人应当承担违约责任。而且，法律并未明确规定本案中的明知和默认可以消灭解除权和变更合同，变更合同需当事人协商一致，合同变更的约定不明推定为未变更。同时，根据《合同法》第 95 条的规定，被上诉人在与上诉人签订租赁合同后不到 3 个月的时间里，即将 90%的租赁物 3 860 平方米整体转租给案外人，并在签订补充协议时仍向上诉人隐瞒该情况，说明被上诉人对其违约行为是不会催告上诉人在合理期限内行使解除权的，而新闻媒体的报道不具有法律意义上的催告要件和形式要件，不能视为被上诉人催告过上诉人行使解除权，故上诉人的解除权仍然合法拥有，并未消灭。(3) 原审认定被上诉人擅自改变合同约定的物业用途的行为不构成违约，违反法律规定。《合同法》第 217 条规定：“承租人应当按照约定的方法使用租赁物。”而双方签订的租赁合同第 2 条明确约定：“承租方租赁的物业，专业用于经营上档次、上规模、具有知名品牌的‘儿童世界’和围绕国际化中、高档电玩产品的配套经营服务项目。”可见，双方约定的租赁用途是经营具有知名品牌的“儿童世界”的儿童电玩，并非是原审认定的成年人娱乐的电子游戏。而且，双方签订租赁合同的时间是 2003 年 10 月 26 日，国务院发布国办发（2000）44 号文的时间是 2000 年，双方完全知道成人电子游戏属于限制开办的情况，故双方租赁合同约定的是儿童电玩，并非是该文件所指的成人电玩，因此，原审依据该文件第 2 条的规定，认为合同约定的经营项目事实上已不可能开展，无事实和法律依据。相反，上诉人认为由于被上诉人未按照双方合同第 2 条的约定进行经营，现合同约定的目的已不能实现，上诉人的租赁物已成为被上诉人牟取暴利的机器，上诉人有权依照《合同法》第 94 条第 4、5 项，第 96 条和第 217 条的规定，对被上诉人行使合同解除权。(4) 原审认定补充协议已经履行，协议工程款已用于冲抵租金无事实依据。双方是于 2004 年 2 月 3 日签订的补充协议，而被上诉人已于 2004 年 1 月 7 日就将租赁物违法转租给案外人，被上诉人已不可能实际履行补充协议。而且，如被上诉人主张已实际履行了补充协议，就应当举证证明其履行的行为，但被上诉人没有提交任何施工的证据，故被上诉人并未实际履行补充协议，也就不能冲抵被上诉人未支付的 2005 年度的租金。(5) 被上诉人延迟支付租金，违反合同和法律规定。被上诉人没有任何证据证实其向上诉人支付过 2005 年度的租金，已构成违约，上诉人依法可行使合同解除权，该解除权的行使合法有效，应当得到法院的支持。综上，请求二审法院判令：(1) 撤销昆明市五华区人民法院（2005）五法民二初字第 358 号民事判决，依法改判；(2) 依法纠正原审法官故意违反法律规定，故意适用法律错误，故意保护违法行为的违法判决；(3) 依法支持上诉人的一、二审诉讼请求；(4) 由被上诉人承担一、二审全部诉讼费。

被上诉人银圣地公司答辩称：上诉人要求解除双方所签租赁合同的理由不成立，被上诉人在履行合同过程中并无违约行为，故上诉人行使合同解除权的条件不成立，双方签订的租赁合同应当继续履行。综上，被上诉人认为，一审判决认定事实清楚，适用法律正确，请求二审法院判令驳回上诉，维持原判。

二审法院经审理：查明的事实与一审判决确认事实一致，依法予以确认。另确认，上诉人盘龙房地产公司与被上诉人银圣地公司于2003年10月26日签订的《圆通广场租赁合同》第8条约定："严禁改变本合同双方整体进行转租：若出现乙方整体进行转租，甲方有权终止合同收回'圆通广场'，由乙方承担一切损失。"此外，被上诉人银圣地公司在向上诉人盘龙房地产公司承租了本案租赁物后，一直将本案租赁物用于经营古典文化等项目。另外，上诉人盘龙房地产公司向被上诉人银圣地公司送达的解除合同通知中，均是以被上诉人银圣地公司擅自将租赁物转租给第三人和改变租赁物用途的行为违反了合同约定和法律规定为由，要求解除双方所签《租赁合同》。

二审判决

二审法院认为：上诉人与被上诉人于2003年10月26日签订的《圆通广场租赁合同》以及于2004年2月3日签订的《圆通广场租赁补充协议》均是双方当事人在平等自愿的基础上意思表示一致达成的契约，且不违反我国法律和社会公共利益，该合同和补充协议合法有效，对双方当事人均具有法律约束力，即双方当事人应当按照约定全面、认真、诚实地履行自己的义务。

关于上诉人要求解除双方所签《圆通广场租赁合同》的诉讼请求是否成立的问题。本案中，上诉人据以要求解除双方所签租赁合同的事实和理由有三：一是被上诉人在未征得其同意的情况下即将租赁物整体转租给案外人；二是被上诉人擅自改变租赁物用途；三是被上诉人延迟支付租金。因此，被上诉人是否存有上述三个事实行为，以及该三个行为是否是属于违反合同约定和法律规定的事由，即上诉人所主张的该三个违约理由是否成立，就成为上诉人要求解除双方合同的诉讼请求成立与否的前提和基础。

第一，针对租赁物转租。根据云南省高级人民法院和云南省昆明市中级人民法院作出的生效民事判决书，确认被上诉人与案外人吉原公司、园一通公司间就本案租赁物存有租赁关系，即被上诉人存有将本案租赁物转租他人的行为和事实。同时，该生效民事判决书确认被上诉人转租给案外人的租赁物面积为3 860平方米；根据双方所签《租赁合同》对租赁物面积的约定，即："圆通广场"半地下室（建筑面积3 805平方米）、功能房（建筑面积258.6平方米），两者相比较可看出，被上诉人已将从上诉人处承租来的租赁物的绝大部分转租给了案外人。再根据双方所签《租赁合同》就租赁物转租事宜在第8条关于"严禁改变本合同双方整体进行转租：若出现乙方整体进行转租，甲方有权终止合同收回'圆通广场'，由乙方承担一切损失"的约定的审查，可见双方当事人针对租赁物不得整体转租事宜的约定是明确和具体的，即一旦发生作为承租人的被上诉人将租赁物整体转租给他人的行为，作为出租人的上诉人就"有权终止合同"，而被上诉人将其承租的租赁物的绝大部分转租给案外人的行为和事实，已经明显违反了双方所签《租赁合同》的该条禁止性约定，进而，上诉人得据该条约定享有并主张约定合同解除权。

另外，根据《合同法》第224条关于"承租人未经出租人同意转租的，出租人可以解除合同"的规定，即作为承租人的被上诉人要将承租的租赁物转租他人的话，必须征得作为出租人的上诉人的同意，否则上诉人即可以据该法律规定享有法定合同解除权，现上诉人明确否认其同意和认可被上诉人的转租行为，而被上诉人亦未能提交确实有效的证据证实其将本案租赁物转租给案外人的行为得到过上诉人的同意和认可，因此，被上诉人在未征得上诉人同意的情况下，将本案租赁物转租案外人的行为违反了该条法律规定，上诉人得据该条规定享有并主张法定合同解除权。并且，根据《合同法》的相关规定，不作为的默视只有在有法律明确规定的情况下，才能作为权利人认可和承诺的意思表示，而本案中，被上诉人将本案租赁物转给案外人的行为，不能以作为权利人的上诉人在一定时间里的不作为行为，便视为上诉人同意和认可了该转租行为。因此，被上诉人认为上诉人在长时间内对其转租行为的不作为的默视，可以视为上诉人已经同意了其的转租行为，与法律规定相悖，也不符合双方合同的约定，故对被上诉人的该项理由，本院不予支持。

因此，被上诉人将本案租赁物的绝大部分转租给案外人的行为和事实，促成了上诉人可由此享有并主张约定的和法定的合同解除权，进而，上诉人依据双方所签《租赁合同》第8条以及《合同法》第224条的规定，要求解除双方所签《租赁合同》的主张，有事实和法律依据，本院予以支持。

第二，针对租赁物用途的改变。根据本案查明的事实，本案租赁物一直是用于经营古典文化等项目。尽管双方所签租赁合同约定了租赁物用途为“专业用于经营上档次、上规模、具有知名品牌的‘儿童世界’和围绕国际化中、高档电玩产品的配套经营服务项目”，但是，根据国办发（2000）44号《国务院办公厅转发文化部等部门关于开展电子游戏经营场所专项治理意见的通知》（2000年6月15日发布）第2条的规定：“自本意见发布之日起，各地要立即停止审批新的电子游戏经营场所，也不得审批现有的电子游戏经营场所增添或更新任何类型的电子游戏设备。”由此可见，在双方签订租赁合同约定租赁物用途之前，国家文件已经明确规定停止审批新的电子游戏经营场所，即双方合同约定的租赁物用途目的自始就不能实现，该租赁物用途目的由于行政法规的禁止性规定导致的实现不能是双方当事人应当知道的情形；而且，本案租赁物一直是用于经营古典文化等项目，上诉人对本案租赁物的用途从合同签订之日起即实际上是用于经营古典文化等项目的事实，是应当能够知晓的。因此，上诉人主张被上诉人擅自改变租赁物用途的行为违反合同约定，要求据此解除双方所签租赁合同的理由不成立，本院不予支持。至于上诉人提出国办发（2000）44号《国务院办公厅转发文化部等部门关于开展电子游戏经营场所专项治理意见的通知》规定的是限制成人电玩的审批，而双方合同约定的是儿童电玩，故不受该法规的调整，由于该国办发（2000）44号文规定停止审批的对象是“电子游戏经营场所或电子游戏设备”，即该行政法规针对的是所有电子游戏经营场所，并非特指成人电玩，故上诉人的该项上诉理由不成立，本院不予支持。

第三，针对延迟支付租金。本案中，上诉人所主张的租金是第二年度的租金30万元。现被上诉人已于合同签订后向上诉人支付了第一年度的租金30万元，而针对以后的租金支付问题，上诉人与被上诉人于2004年2月3日签订的《圆通广场租赁补充协议》明确约定“工程造价：80万元一次性包干”以及“乙方以预先支付给甲方的租金作为垫支工程款，双方认定的垫支收尾工程款，作冲抵乙方应交甲方的租金”，由此可见，双方当事人就以租赁物的收尾工程款（一致认定为包干价80万元）冲抵应付租金达成了清楚明晰的合意，该约定真实有效，对双方当事人均具有法律约束力，进而，在该工程包干价80万元冲低租金后，被上诉人并未拖欠上诉人第二年度的场地租金。至于上诉人提出被上诉人未举证证实其已实际履行了双方所签租赁补充协议，故而不能以该补充协议约定的工程包干价80万元冲抵被上诉人应付的租金，由于双方所签租赁补充协议明确约定了收尾工程范围是“室内墙顶粉刷，土方回填，地面地坪混凝土，水、电安装，通风消防安装工程”，由此可见，该收尾工程所涉范围均是租赁物能正常投入使用和开展经营的必须完成工程，而上诉人现明确认可该租赁物中已有水电安装和消防设施，再根据双方当事人均明确认可的事实，即现该租赁物已经实际正常投入使用并开展了相应的经营，通过该客观事实，足以表明本案租赁物的相关收尾工程项目已经实际完成，进而，证实了被上诉人已经实际完成了双方所签租赁补充协议约定的收尾工程项目，即被上诉人已按照该补充协议履行了义务。同时，双方所签租赁合同对延迟支付租金事宜的约定是："如乙方迟延支付租金和水、电费，甲方有权向乙方发出欠款通知。乙方应于收到通知后15日内履行付款义务。逾期1日按欠款金额的0.05%支付滞纳金。逾期超过1年视为违约，甲方有权终止合同并要求乙方承担赔偿责任。"由此可见，双方针对延迟支付租金事宜约定的处理方式是先由上诉人进行付款催促，在被上诉人收到催款通知后逾期1年仍未支付租金的情况下，上诉人才能据此享有合同解除权，但上诉人并未举证证实其已经向被上诉人履行了约定的付款催告义务，且至上诉人于2005年8月向一审法院提起本案诉讼时，亦不符合双方合同约定的租金逾期支付超过1年上诉人得享有合同解除权的情形，故上诉人以被上诉人延迟支付第二年度租金为由要求解除双方所签租赁合同的理由不符合合同约定。因此，双方所签租赁补充协议约定的工程包干价80万元已冲抵了被上诉人应付的第二年度租金，且上诉人的该项主张也与双方合同约定不符，故上诉人主张被上诉人延迟支付租金的行为违反合同约定，要求据此解除双方所签租赁合同的理由不成立，本院不予支持。

综上，上诉人据以要求解除双方所签租赁合同的事由之一——在未征得其同意的情况下即将租赁物整体转租给案外人——有事实和法律依据，故对上诉人要求解除双方所签《租赁合同》的诉讼请求，本院予以支持。

此外，关于被上诉人是否应当向上诉人支付场地租金的问题。基于上述对延迟支付租金的评判理由，被上诉人并未存有拖欠上诉人第二年度租金30万元的行为，该第二年度租金30万元已由工程包干价80万元予以冲抵，故上诉人要求被上诉人支付第二年度租金30万元及逾期付款利息的诉讼请求不成立，本院不予支持。

综上所述，上诉人要求解除双方所签《租赁合同》的上诉请求成立，本院依法予以支持；而一审判决对此适用法律错误，本院依法予以纠正。据此，依照《民事诉讼法》第153条第1款第2项、第107条，《合同法》第44条、第60条、第93条第2款、第212条、第224条第2款之规定，判决如下：

一、撤销昆明市五华区人民法院（2005）五法民二初字第358号民事判决；

二、解除上诉人盘龙房地产公司与被上诉人银圣地公司于2003年10月26日签订的《圆通广场租赁合同》；

三、驳回上诉人盘龙房地产公司的其他诉讼请求。

一、二审案件受理费人民币14 020元，由上诉人盘龙房地产公司负担5 608元，由被上诉人银圣地公司负担8 412元。

本判决为终审判决。

案由与焦点

1. 案由

本案的一级案由为"合同、不当得利、无因管理纠纷"，二级案由为"合同纠纷"，三级案由为"租赁合同纠纷"，四级案由为"房屋租赁合同纠纷"。

租赁合同是指出租人将租赁物交付承租人使用、收益，承租人支付租金的合同。因租赁合同的订立、履行等引发的纠纷为租赁合同纠纷。在"租赁合同纠纷"三级案由之下，还包括4个四级案由，即：（1）土地租赁合同纠纷；（2）房屋租赁合同纠纷；（3）车辆租赁合同纠纷；（4）建筑设备租赁合同纠纷。房屋租赁合同纠纷是指因房屋租赁合同的订立、履行、解除等而引发的纠纷。

2. 焦点

本案争议的焦点主要有三个：一是租赁合同中的转租问题及其对上诉人解除双方所签《圆通广场租赁合同》的诉讼请求的影响；二是承租人改变租赁物的用途是否违反合同约定；三是被上诉人是否应当向上诉人支付场地租金。

评注与问题

1. 什么是租赁合同中的转租

转租是指承租人不退出租赁关系，而将租赁物出租给次承租人使用、收益。在转租关系中，承租人虽然仍为租赁关系的当事人，但实际上租赁物已经有偿转移给第三人即次承租人，此时对租赁物如何为使用、收益，对承租人有着直接的利害关系。上诉人要求解除合同，提出的理由之一就是被上诉人在未征得其同意的情况下即将租赁物整体转租给案外人。因此，被上诉人是否存在转租行为及能否依此解除租赁合同就成为问题的关键。本案一、二审判决均确认被上诉人与案外人吉原公司、园一通公司间就本案租赁物存有租赁关系，即被上诉人存有将本案租赁物转租他人的行为和事实。同时，该生效判决书确认被上诉人转租给案外人的租赁物面积为3 860平方米；根据双方所签《租赁合同》对租赁物面积的约定，即："圆通广场"半地下室（建筑面积3 805平方米）、功能房（建筑面积258.6平方米），两者相比较可看出，被上诉人已将从上诉人处承租来的租赁物的绝大部分转租给了案外人。从《租赁合同》第8条关于"严禁改变本合同双方整体进行转租：若出现乙方整体进行转租，甲方有权终止合同收回'圆通广场'，由乙方承担一切损失"的约定来看，双方当事人针对租赁物不得整体转租的约定是明确和具体的，即一旦发生作为承租人的被上诉人将租赁物整体转租给他人的行为，作为出租人的上诉人就"有权终止合同"，而被上诉人将其承租的租赁物的绝大部分转租给案外人的行为和事实，已经明显违反了双方所签《租赁合同》的该条禁止性约定，上诉人依据该条约定享有合同解除权。另外，根据《合同法》第224条第2款关于"承租人未经出租人同意转租的，出租人可以解除合同"的规定，被上诉人将承租的租赁物转租的，即便在《租赁合同》中没有禁止转租的约定，也必须征得上诉人的同意，否则上诉人即可以依据该法律规定享有法定合同解除权。本案中，上诉人明确否认其同意和认可被上诉人的转租行为，而被上诉人亦未能提交确实有效的证据证实其将本案租赁物转租给案外人的行为得到过上诉人的同意和认可。因此，被上诉人在未征得上诉人同意的情况下，将本案租赁物转租案外人的行为违反了法律规定，上诉人享有合同解除权。至于被上诉人认为上诉人在长时间内对其转租行为的知悉而不作为属于默示，可以视为上诉人已经同意了其转租行为，没有法律或者合同依据。默示的意思表示形式有严格的条件限定和适用范围，并非明知或应知而不作为都是默示。总之，被上诉人存在擅自转租的行为，因而上诉人有权依据法律的规定和合同的约定解除租赁合同。

2. 本案中的租赁合同是否是无效合同

《合同法》第52条规定："有下列情形之一的，合同无效：（一）一方以欺诈、胁迫的手段订立合同，损害国家利益；（二）恶意串通，损害国家、集体或者第三人利益；（三）以合法形式掩盖非法目的；（四）损害社会公共利益；（五）违反法律、行政法规的强制性规定。"本案中，上诉人与被上诉人于2003年10月26日签订的《圆通广场租赁合同》约定，租赁物"专业用于经营上档次、上规模、具有知名品牌的'儿童世界'和围绕国际化中、高档电玩产品的配套经营服务项目"。而国办发（2000）44号《国务院办公厅转发文化部等部门关于开展电子游戏经营场所专项治理意见的通知》(2000 年 6 月 15 日发布)第 2 条规定:"自本意见发布之日起,各地要立即停止审批新的电子游戏经营场所,也不得审批现有的电子游戏经营场所增添或更新任何类型的电子游戏设备。"这导致合同履行不能,但仅以此为据就认定该合同违反前述《合同法》第 52 条第 5 项的规定则不妥当。因为依据《立法法》,国办发(2000)44 号《国务院办公厅转发文化部等部门关于开展电子游戏经营场所专项治理意见的通知》不属于法律和行政法规,而属于部门规章(法院在判决中称该文件是行政法规不妥),所以不能依此认定合同无效。

3. 承租人改变租赁物的用途是否违反合同

《合同法》第 60 条规定:"当事人应当按照约定全面履行自己的义务。"第 217 条规定:"承租人应当按照约定的方法使用租赁物。对租赁物的使用方法没有约定或者约定不明确,依照本法第六十一条的规定仍不能确定的,应当按照租赁物的性质使用。"第 219 条规定:"承租人未按照约定的方法或者租赁物的性质使用租赁物,致使租赁物受到损失的,出租人可以解除合同并要求赔偿损失。"本案中,双方所签租赁合同约定的租赁物用途为"专业用于经营上档次、上规模、具有知名品牌的'儿童世界'和围绕国际化中、高档电玩产品的配套经营服务项目",而根据本案查明的事实,本案租赁物一直是用于经营古典文化等项目。虽然《合同法》第 77 条第 1 款规定当事人协商一致可以变更合同,但本案中没有证据证明合同已经变更。因此,被上诉人的行为从一般意义上讲是违反合同约定和法律规定的。但本案的特殊性在于,根据国办发(2000)44 号《国务院办公厅转发文化部等部门关于开展电子游戏经营场所专项治理意见的通知》第 2 条的规定,在双方签订租赁合同约定租赁物用途之前,该部门规章已经明确规定停止审批新的电子游戏经营场所,即双方合同约定的租赁物用途目的自始就不能实现,该租赁物用途目的由于部门规章的禁止性规定导致的实现不能是双方当事人 2003 年 10 月 26 日签订合同时应当知道的情形。因此,上诉人主张被上诉人擅自改变租赁物用途的行为违反合同约定,并要求据此解除双方所签租赁合同的理由和主张是没有依据的。

4. 债务的抵销问题与被上诉人是否应当支付租金 30 万元

债务的抵销是指债权关系的双方互负债务,依法各以其债务与对方债务相互冲抵的行为。债务抵销是债的消灭的一种方式,其特点在于发生债务抵销时,要同时引起两个债权的消灭(或两个债权的部分消灭)。债务抵销的类型包括法定抵销和约定抵销。法定抵销是指如果当事人互负到期债务,该债务的标的物种类、品质相同的,任何一方可以将自己的债务与对方的债务抵销。但依照法律规定或者按照合同性质不得抵销的除外。当事人主张抵销的,应当通知对方,通知自到达对方时生效。抵销不得附条件或者附期限。约定抵销是指如果当事人互负债务,标的物种类、品质不相同的,经双方协商一致,也可以抵销,即约定抵销。债务的法定抵销必须具备下列要件才能生效:(1)须是双方当事人互负债务、互享债权;(2)双方债务的给付须种类相同;(3)须是双方债权均届清偿期;(4)须是非依债的性质不能抵销;(5)法律规定不得抵销的债务不得抵销。本案中,上诉人所主张的租金是第二年度的租金 30 万元。被上诉人已于合同签订后向上诉人支付了第一年度的租金 30 万元,而针对以后的租金支付问题,上诉人与被上诉人于 2004 年 2 月 3 日签订的《圆通广场租赁补充协议》明确约定"工程造价:80 万元一次性包干"以及"乙方以预先支付给甲方的租金作为垫支工程款,双方认定的垫支收尾工程款,作冲抵乙方应交甲方的租金",由此可见,双方当事人就以租赁物的收尾工程款(一致认定为包干价 80 万元)冲抵应付租金达成了的合意,该约定真实有效,对双方当事人均具有法律约束力。《合同法》第 223 条也规定:"承租人经出租人同意,可以对租赁物进行改善或者增设他物。承租人未经出租人同意,对租赁物进行改善或者增设他物的,出租人可以要求承租人恢复原状或者赔偿损失。"本案中,《圆通广场租赁补充协议》并不违背《合同法》的该条规定。因此，在该工程包干价 80 万元冲低租金后，被上诉人并未拖欠上诉人第二年度的租金。至于上诉人提出被上诉人未举证证实其已实际履行了双方所签租赁补充协议，故而不能以该补充协议约定的工程包干价 80 万元冲抵被上诉人应付的租金，由于双方所签租赁补充协议明确约定了收尾工程范围是“室内墙顶粉刷，土方回填，地面地坪混凝土，水、电安装，通风消防安装工程”，由此可见，该收尾工程所涉范围均是租赁物能正常投入使用和开展经营的必须完成工程，而上诉人明确认可该租赁物中已有水电安装和消防设施，再根据双方当事人均明确认可的事实，即该租赁物已经实际正常投入使用并开展了相应的经营。通过这些客观事实，足以表明本案租赁物的相关收尾工程项目已经实际完成，进而证实了被上诉人已经实际完成了双方所签租赁补充协议约定的收尾工程项目，即被上诉人已按照该补充协议履行了义务。因此，二审法院的认定是符合事实与法律规定的。

5. 合同解除后的租赁物是否应当返还

《合同法》第 235 条规定：“租赁期间届满，承租人应当返还租赁物。返还的租赁物应当符合按照约定或者租赁物的性质使用后的状态。”在此，虽然没有规定解除租赁合同的情形，但结合《合同法》第 97 条“合同解除后，尚未履行的，终止履行；已经履行的，根据履行情况和合同性质，当事人可以要求恢复原状、采取其他补救措施，并有权要求赔偿损失”的原则性规定进行理解，第 235 条的规定应当包含租赁合同解除后原承租人返还租赁物的内容。租赁关系终止的原因较多，解除合同是原因之一。在租赁关系终止时，只要租赁物存在，承租人就应当返还之。只有在租赁物不存在时，才可以免除承租人的返还义务。本案中租赁物存在，所以当租赁合同解除时，承租人应当返还租赁物。承租人根据《圆通广场租赁补充协议》完成的“收尾工程”，使租赁物增值的部分即协议中的“工程包干价 80 万元”，虽然协议抵充租金，但在解除合同时仍然应当根据实际租赁期限统一清算。

（评注人：于大水）

18. 融资租赁合同纠纷

司法案例

华融公司诉浙江工程公司等案

浙江省绍兴市中级人民法院（2011）浙绍商初字第74号

基本案情

原告：华融金融租赁股份有限公司。

法定代表人：王克悦，系该公司董事长。

委托代理人：曹炅，系该公司员工。

被告：浙江工程玻璃有限公司。

法定代表人：冯光成，系该公司董事长。

被告：浙江玻璃股份有限公司。

法定代表人：冯光成，系该公司董事长。

被告：浙江绍兴陶堰玻璃有限公司。

法定代表人：冯光成，系该公司董事长。

被告：冯光成。

以上四被告共同委托代理人：邱科星，国浩律师集团（杭州）事务所律师。

原告华融金融租赁股份有限公司（以下简称“华融公司”）与被告浙江工程玻璃有限公司（以下简称“浙江工程公司”）、浙江玻璃股份有限公司（以下简称“浙江玻璃公司”）、浙江绍兴陶堰玻璃有限公司（以下简称“陶堰玻璃公司”）、冯光成融资租赁合同纠纷一案，原告于2011年9月27日向本院提起诉讼。本院于同日立案受理后，依法组成由审判员袁小梁担任审判长，代理审判员孙世光、人民陪审员周文成参加的合议庭，并于2011年11月18日公开开庭进行了审理。原告的委托代理人曹炅、四被告的共同委托代理人邱科星到庭参加了诉讼。

法院经审理查明：2009年6月3日，原告与被告浙江工程公司签订了华融（09）转字第0906503100号《回租物品转让协议》。该协议约定：由被告浙江工程公司将原价为175 079 000元的物品以9 000万元的价格转让给原告，原告再以原物出租给被告浙江工程公司使用；原告首次支付回租物品价款之时，回租物品所有权转移至原告。2009年6月3日，原告与被告浙江工程公司签订华融租赁（09）回字第0906503100号《融资租赁合同》。该合同约定：由原告将《回租物品转让协议》项下之物品出租给被告浙江工程公司使用；租赁本金9 000万元；名义货价 90 万元；租赁期限为 36 个月；服务费 270 万元，分 3 年向原告支付；租金按《融资租赁合同》附表三《租金支付计划表》载明的金额、日期支付；在被告浙江工程公司清偿合同项下所有债务前，全部租赁物所有权始终属于原告；被告浙江工程公司若延迟偿付租金，应按延付金额的每日万分之五向原告支付违约金；被告浙江工程公司若有一期租金拖欠达两个月以上或出现第二次租金延付，原告可以要求被告浙江工程公司立即支付全部到期和未到期租金及其他应付款项。2009 年 6 月 3 日，被告浙江工程公司与原告签订了《保证金协议书（甲类）》，同意向原告交纳保证金 3 000 万元用于保证其履行《融资租赁合同》项下的全部义务及承担因该合同所有条款所产生的民事责任。2009 年 6 月 3 日，被告浙江玻璃公司、陶堰玻璃公司、冯光成与原告签订了华融租赁保字 0906503100 号《保证合同》，该合同约定：被告浙江玻璃公司、陶堰玻璃公司、冯光成对被告浙江工程公司在《融资租赁合同》下的租金、违约金、损害赔偿金、其他应付款项以及原告为实现债权而支付的诉讼费用、律师代理费和其他费用承担连带保证责任。

另查明：1.《融资租赁合同》第 4 条中约定，原告支付回租物品转让价款前，浙江工程公司应按本合同附表一的约定向原告支付服务费和保证金，服务费和保证金也可以由原告在支付回租物品转让价款时扣收；租金计算方法如下：第一期租金＝第一期应付本金＋原告已支付回租物品转让价款的实际占用利息，以后每期租金＝K｛当期应付本金＋上期剩余本金［（1＋租息率）T－1］｝，T 为租金偿还间隔月数，T＝1，K 表示资金在途损失综合系数，K＝1.000 0；被告浙江工程公司定于 2009 年 7 月 10 日偿付第一期租金，以后按月偿付租金，共 34 期；第 1 期至第 9 期偿付租赁本金金额为每期 100 万元，第 10 期至第 21 期偿付租赁本金金额为 200 万元，第 22 期至第 33 期偿付租赁本金金额为每期 430 万元，第 34 期偿付租赁本金金额为每期 540 万元；本合同附表一作为概算表，原则上规定了租赁期限、租金偿付期数、租息率、租金偿付时间等内容，原告以附表一为依据，按本合同约定的租金计算公式，计算和编制具体的“租金偿付计划表”，即附表三；被告浙江工程公司完全同意按原告编制的附表三所列明的租金金额和偿付日期付款；在租赁期内，如遇中国人民银行调整贷款基准利率，则本合同的租息率按银行同期贷款利率调整幅度进行调整，调整起始日为中国人民银行调整文件发布后的下月 1 日；如被告浙江工程公司出现迟延偿付租金，则其后被告浙江工程公司支付给原告的款项，原告有权先扣收违约金、经济损失赔偿金，再按租金到期的先后顺序依次扣收租金及其他应付款项；《融资租赁合同》第 8 条中约定，在被告浙江工程公司付清租金等款项后，本合同项下租赁物由被告浙江工程公司按附表一所列名义货价留购，名义货价和最后一期租金同时偿付。

2.《融资租赁合同》附表一即《概算表》中约定，名义货价 90 万元（若每期租金足额按时偿付，则优惠至 45 万元）；服务费 270 万元（分 3 年收取）；月租息率 5.410 4‰。

3.《保证金协议书（甲类）》第 2 条中约定，原告按月利率 2.569 0‰向被告浙江工程公司计付保证金利息；如遇中国人民银行调整存款基准利率，则本协议的保证金月利率按与《融资租赁合同》中约定的租期相同期限档次的存款基准利率①调整幅度进行调整，调整起始日为中国人民银行调整文件确定的调息执行日起的下月一日。第 3 条中约定，如被告浙江工程公司有未按融资租赁合同的约定偿付租金及其他违约行为，原告则有权随时将被告浙江陶堰公司的保证金用于冲抵融资租赁合同项下的违约金、到期租金及其他应付款项。

4.2009 年 6 月 3 日、6 月 4 日，在扣收被告浙江工程公司应向原告交纳的保证金 3 000 万元（6 月 3 日扣收 2 500 万元，6 月 4 日扣收 500 万元）、第一期租赁服务费 90 万元后，原告分

---

① 不足 1 年（含）按 1 年计，超过 1 年不足 2 年（含）按 2 年计，依次类推。

别通过银行汇款方式向被告支付租赁物转让款4 925万元、985万元，合计5 910万元。后被告浙江工程公司于2009年8月24日支付第一期租金1 602 048.62元；2009年9月23日，支付第二期部分租金140万元；2009年9月27日，支付第二期剩余租金85 725.02元；2009年10月30日，支付第三期租金1 480 314.62元；2009年12月23日，支付第四期部分租金30 580.14元；其余租金未付。

诉辩主张

原告华融公司诉称：2009年6月3日、6月4日，原告向被告浙江工程公司支付了回租物品转让价款，取得了《回租物品转让协议》项下的回租物品所有权。此后，被告浙江工程公司多次出现租金延付情形，另有部分租金及服务费尚未支付；其余被告也未承担保证责任。原告请求：（一）判令被告浙江工程公司立即支付全部到期和未到期租金、服务费、违约金、名义货价共计78 771 403.46元（其中已扣除被告浙江工程公司交纳的保证金3 000万元，违约金暂计算至2011年9月15日，以后逾期付款违约金按租金、服务费、名义货价的每日万分之五计算）；（二）判令被告浙江玻璃公司、陶堰玻璃公司、冯光成对被告浙江工程公司应支付的上述款项承担连带责任；（三）判令4被告承担本案全部诉讼费用；（四）判令在4被告付清上述全部款项前，《融资租赁合同》项下租赁物的所有权属于原告。

原告为证明其诉讼主张，向本院提交了下列证据：

证据1：《回租物品转让协议》1份（包括附表《回租转让物品明细表》)、《融资租赁合同》1份（包括附表一《概算表》、附表二《租赁物品明细表》即《回租转让物品明细表》、附表三《租金支付计划表》)、《保证金协议书（甲类）》1份，以证明原告与被告浙江工程公司之间的融资租赁合同关系及相关权利义务的约定。

证据2：《保证合同》1份，以证明被告浙江玻璃公司、陶堰玻璃公司、冯光成对被告浙江工程公司融资租赁合同项下债务承担连带保证责任。

证据3：扣款委托书1份、付款凭证1份，以证明原告已经依约支付回租物品转让价款的事实。

证据4：还款凭证1组，以证明被告浙江工程公司逾期支付租金及未付服务费等违约情况。

被告浙江工程公司辩称：

1. 本案所涉《回租物品转让协议》和《融资租赁合同》具备无效或可撤销的情形，故不具有法律效力。(1) 上述合同不具备融资租赁的性质和特征，而是契合了企业间借款形式，是以融资租赁的合法形式掩盖企业间高息抵押借贷谋取高额利息的非法目的，故上述合同违反了《合同法》第52条第3项及最高人民法院《关于审理融资租赁合同纠纷案件若干问题的规定》第6条第3项、第4项之规定，应认定为无效合同。(2) 根据中国银行业监督管理委员会颁布的《金融租赁公司管理办法》第31条之规定，融资租赁交易应当有明确的租赁物，而上述合同中的租赁物违反了该办法之规定，应当认定无效。(3) 即使上述合同有效，合同约定的权利义务亦显失公平，原告在支付被告工程玻璃公司5 910万元后，经过3年时间无须支付其他任何费用，却可以收取超过9 000万元的收入。而且上述合同签订时，被告浙江工程公司缺乏相关经验并处于资金链断裂的危机之中，原告乘此机会赚取高额利率，亦应予以撤销。因此，即便上述合同具有法律效力，也请求法院根据《合同法》第54条之规定，对上述合同予以撤销。

2. 退而言之，即使上述合同具有法律效力，被告对原告主张的租金、违约金等款项金额也不予认可。(1) 该些款项中不仅应扣除被告浙江工程公司交纳的保证金，还应按租金交纳时段扣除相应的保证金利息；（2）原告计算有误，也未提供计算明细；（3）违约金利率偏高；（4）根据《融资租赁合同》第 9 条的约定，违约金仅限延迟支付租金，不包括服务费等；（5）原告未按约定向被告浙江工程公司支付保证金利息，应承担相应的违约责任。

3. 基于原告与被告浙江工程公司签订的《回租物品转让协议》、《融资租赁合同》无效或可撤销，《融资租赁合同》项下租赁物的所有权属于被告浙江工程公司，请求判定归被告浙江工程公司所有。

4. 关于本案诉讼费用，由法院依法裁判。

被告浙江工程公司未提供证据。

被告浙江工程公司对原告提供证据材料的质证意见：被告浙江工程公司针对原告提供的证据 2 不发表质证意见，针对原告提供的证据 1、证据 3 和证据 4，发表如下质证意见：第一，关于该些证据的真实性，除对证据 1 中的《租金支付计划表》明确予以否认、对证据 3 中的付款凭证和证据 4 还款凭证没有异议外，对其余证据既不确认其真实性，也不否认其真实性。第二，关于证据 1，其中的《回租转让物品明细表》中的回租物不具有明确性；《融资租赁合同》具有明显的抵押借款合同的特征，其中关于租金的计算具有收取利息且计算复息的特征，其中约定的日万分之五的违约金标准畸高；《租金支付计划表》，其中存在序列号缺失的情况，且此表是事后计算所补充的，内容未经双方一致确认。第三，关于证据 2《保证金协议书（甲类）》，该协议书中约定原告应当支付保证金利息。第四，关于证据 3 中的扣款委托书，不应当直接在回租物品转让价款中扣划相关费用。

被告浙江玻璃公司、陶堰玻璃公司、冯光成答辩称：（1）原告与被告浙江工程公司签订的主合同无效，故各保证人签订的保证合同无效。而且各保证人在本案中无过错，依法不承担任何民事责任。（2）即使主合同有效，陶堰玻璃公司提供保证未经董事会或股东会决议，违反了《公司法》的相关规定，应当认定无效。而且原告对保证合同的无效具有过错，故陶堰玻璃公司承担的民事责任部分依法不应超过浙江工程公司不能清偿部分的二分之一。其余答辩意见同被告浙江工程公司。

被告浙江玻璃公司、陶堰玻璃公司、冯光成均未向本院提供证据。

被告浙江玻璃公司、陶堰玻璃公司和冯光成针对原告提供的证据材料的质证意见：被告浙江玻璃公司、陶堰玻璃公司和冯光成针对原告提供的证据 2 中与自己相关的保证合同发表如下质证意见：第一，三被告既不确认其真实性，也不否认其真实性；第二，该保证合同未经陶堰玻璃公司董事会决议，保证合同无效；第三，冯光成是出于挽救相关企业的目的签订了保证合同，其清偿能力有限，请法院综合考虑确定其民事责任。关于证据 1、证据 3、证据 4 的质证意见同被告浙江工程公司。

法院对于原告提供的上述证据材料的认证：证据 3 中的付款凭证、证据 4 还款凭证，各被告无异议，本院予以认定。证据 1 中的《租金支付计划表》，各被告虽然未予认可，但其计算并不违反相关合同约定内容，而且《融资租赁合同》中载明被告浙江工程公司完全同意按原告编制的附表三所列明的租金金额和偿付日期付款，故本院对该份证据予以认定。关于原告提供的上述其他证据，因均系原件，且相关被告经本院充分询问，仍未明确作出肯定或否定的意思表示，更未提供相反证据，本院一并予以认定。

法院判决

法院认为，原告与被告浙江工程公司签订的《回租物品转让协议》和《融资租赁合同》，与其余被告签订的保证合同，均合法有效。各方当事人应当依照法律规定及合同约定，履行各自合同义务。浙江工程公司多次逾期未付租金，原告有权按照合同约定要求其支付全部到期和未到期租金及其他应付款项，其余被告也应当承担相应的保证责任。另，依照《融资租赁合同》的约定，在浙江工程公司支付全部应付款项前，租赁物的所有权应属于原告，原告要求按照该项约定内容确认其对租赁物的所有权，依据充分，本院予以支持，但租赁物价值大于原告所享有的债权的，其超出部分应退还浙江工程公司。依照《合同法》第 60 条第 1 款、第 237 条，《担保法》第 18 条之规定，判决如下：

一、被告浙江工程公司应于本判决生效之日起 10 日内支付原告华融公司《融资租赁合同》项下全部到期和未到期租金 96 991 465.75 元，服务费 180 万元，名义货价 90 万元，因逾期支付租金产生的违约金 9 661 886.50 元（该违约金暂计算至 2011 年 9 月 27 日，自 2011 年 9 月 28 日起至本判决确定的履行之日止因逾期支付租金产生的违约金按未付租金 96 991 465.75 元并按每日万分之五的标准计付）。前述款项应当扣除原告华融公司应返还被告浙江工程公司的保证金 3 000 万元及其利息（保证金利息按本案《保证金协议书（甲类）》第 2 条约定的利率标准计付，其中 2 500 万元自 2009 年 6 月 3 日计付至本判决确定的履行之日，其余 500 万元自 2009 年 6 月 4 日计付至本判决确定的履行之日）。

二、被告浙江玻璃公司、陶堰玻璃公司、冯光成对被告浙江工程公司应支付的上述第 1 项款项承担连带责任。

三、在各被告付清上述第 1 项全部款项前，《融资租赁合同》附表二《租赁物品明细表》项下租赁物的所有权属于原告华融公司（前述租赁物价值大于上述第 1 项债权的，其超出部分应退还被告浙江工程公司）。

四、驳回原告华融公司其余诉讼请求。

本案案件受理费 435 657 元，由原告华融公司负担 657 元，由被告浙江工程公司负担435 000 元。对被告浙江工程公司应负担的部分，被告浙江玻璃公司、陶堰玻璃公司、冯光成负连带责任。

如不服本判决，可在本判决书送达之日起 15 日内向本院提交上诉状，并按对方当事人的人数提出副本，上诉于浙江省高级人民法院。

案由与焦点

1. 案由

本案的一级案由为“合同、无因管理、不当得利纠纷”，二级案由为“合同纠纷”，三级案由为：“融资租赁合同纠纷”。

融资租赁合同是出租人根据承租人对出卖人、租赁物的选择，向出卖人购买租赁物，提供给承租人使用，由承租人支付租金的合同。融资租赁合同相对于一般的租赁合同的最大不同在于存在三方当事人，即出租人、承租人和出卖人，因而其合同关系更为复杂。因融资租赁合同的订立、履行、解除等引发的纠纷即为融资租赁合同纠纷。

2. 焦点

本案争议的焦点是：（1）原告华融公司与被告浙江工程公司签订的《回租物品转让协议》和《融资租赁合同》是否具有法律效力；（2）如果前述两份合同合法有效，浙江工程公司应当支付的款项金额如何认定；（3）原告与被告浙江玻璃公司、陶堰玻璃公司、冯光成所签订的保证合同的效力及相关被告的保证责任如何认定。

评注与问题

1. 平等中的《回租物品转让协议》和《融资租赁合同》是否有效

本案中，被告浙江工程公司、浙江玻璃公司、陶堰玻璃公司、冯光成均以该两份合同系以融资租赁的合法形式掩盖企业间高息借贷的非法目的、部分融资租赁物不明确，违反了《金融租赁公司管理办法》相关规定为由，主张该两份合同无效。首先，该两份合同是否是以融资租赁的合法形式掩盖企业间高息借贷的非法目的？本案中，被告未提供证据证明原告借融资租赁业务之名行非法高息借贷之实，仅凭双方“约定的利润过高”就推断出以合法形式掩盖非法目的不能成立。其次，融资租赁物是否不明确？仅从本案证据情况来看，被告关于租赁物不明确的主张与《融资租赁合同》附表二中就租赁物作出专门约定的事实不符。最后，假定融资租赁物不明确，从而违反了《金融租赁公司管理办法》，是否导致合同无效？根据《合同法》第52条及最高人民法院《合同法解释二》第14条之规定，只有违反法律、行政法规效力性强制性之规定，才导致合同无效的法律后果。《金融租赁公司管理办法》2000年由中国人民银行制定，2007年由中国银行业监督管理委员会修订，属行政规章，违反行政规章的规定能否导致合同无效的法律后果？对此，法院予以了否定，你对此有何看法？

2.《回租物品转让协议》和《融资租赁合同》是否为可撤销合同

被告认为，《回租物品转让协议》和《融资租赁合同》存在显失公平、乘人之危的情形，主张应予撤销。首先，上述合同是否存在显失公平的情形？本案所涉融资租赁合同之债，与租赁合同之债相比，其中一个重要特征是，融资租赁合同中承租人向出租人支付的资金并非仅为使用租赁物的代价，而是“融资”的代价，资金实际上是承租人分期对出租人购买租赁物的价款和利润等的偿还。所以租金是否过高不能以普通租赁合同中的租金为参照。其次，上述合同是否存在乘人之危的情形？所谓乘人之危，是一方当事人利用另一方当事人处于危难之时迫使其接受苛刻的条件。关于什么情况属于“危难”，法律没有规定，从司法实务看，法院一般从严掌握，以防止被滥用和成为逃避责任的借口。本案中，被告浙江工程公司辩称，合同签订时，其缺乏相关经验并处于资金链断裂的危机之中，原告乘此机会赚取高额利率。那么，“资金链断裂”是否属于“乘人之危”之“危难”情况，请分析之。

3. 被告浙江工程公司应当支付的款项有哪些

首先，根据《融资租赁合同》的约定，浙江工程公司若有一期租金拖欠达两个月以上或出现第二次租金延付情形，原告就有权要求浙江工程公司立即支付全部到期和未到期租金及其他应付款项。据此，并依照《融资租赁合同》附表三《租金支付计划表》，浙江工程公司应支付原告如下款项：(1) 租金；(2) 尚未支付的服务费；(3) 名义货价；(4) 违约金。其次，根据《保证金协议书（甲类)》第3条约定，扣除保证金3 000万元冲抵融资租赁合同项下的违约金、到期租金及其他应付款项。最后，按照《保证金协议书（甲类)》第2条约定，原告应支付浙江工程公司保证金利息，浙江工程公司主张该部分利息亦应在其应付款项中予以扣除，法院应予以支持。

4. 本案中约定的违约金是否过高

对于《融资租赁合同》中约定的日万分之五的违约金计算标准，被告主张该违约金标准过高，请求对该违约金标准予以调整。《合同法》第114条第2款规定：“约定的违约金低于造成的损失的，当事人可以请求人民法院或者仲裁机构予以增加；约定的违约金过分高于造成的损失的，当事人可以请求人民法院或者仲裁机构予以适当减少。”最高人民法院《合同法解释二》

第 28 条规定："当事人依照合同法第一百一十四条第二款的规定，请求人民法院增加违约金的，增加后的违约金数额以不超过实际损失额为限。增加违约金以后，当事人又请求对方赔偿损失的，人民法院不予支持。"第 29 条规定："当事人主张约定的违约金过高请求予以适当减少的，人民法院应当以实际损失为基础，兼顾合同的履行情况、当事人的过错程度以及预期利益等综合因素，根据公平原则和诚实信用原则予以衡量，并作出裁决。当事人约定的违约金超过造成损失的百分之三十的，一般可以认定为合同法第一百一十四条第二款规定的'过分高于造成的损失'。"合同法的这一规定既有原则，也留给了法官自由裁量权。从司法实践看，法官一般是根据具体案情，依据公平原则和诚实信用原则作出判断。本案中，法院没有支持被告关于违约金标准过高请求予以调整的主张。对此，你有何看法?

5. 本案中的保证合同的效力及各保证人的保证责任如何

本案中，被告浙江玻璃公司、陶堰玻璃公司、冯光成答辩称：(1) 原告与被告浙江工程公司签订的主合同无效，故各保证人签订的保证合同无效。而且各保证人在本案中无过错，依法不承担任何民事责任。(2) 即使主合同有效，陶堰玻璃公司提供保证未经董事会或股东会决议，违反了《公司法》的相关规定，应当认定无效。而且原告对保证合同的无效具有过错，故陶堰玻璃公司承担的民事责任部分依法不应超过浙江工程公司不能清偿部分的二分之一。首先，从法院查明的事实看，被告浙江玻璃公司、陶堰玻璃公司、冯光成与原告签订的保证合同系各方真实意思表示，不违反法律、行政法规之规定，保证合同合法有效。其次，主合同无效的前提不存在，主合同合法有效。最后，被告陶堰玻璃公司认为其提供的保证未按公司法相关规定经公司董事会或股东会决议，因《公司法》第 16 条有关公司担保的规定，并非效力性强制性规定，即使相关保证合同违反该项规定，也不导致保证合同无效的法律后果。对此，你是如何认识的?

(评注人：于大水)

19. 承揽合同纠纷

司法案例

乌兰浩特长丰公司诉北京鑫万丰公司案

北京市第二中级人民法院（2011）二中民终字第17586号

基本案情

上诉人（原审原告）：乌兰浩特市长丰房地产开发有限责任公司。

法定代表人：董春峰，董事长。

委托代理人：张君，北京市君永律师事务所律师。

委托代理人：董春生，内蒙古天厚律师事务所律师。

被上诉人（原审被告）：北京鑫万丰家具有限公司。

法定代表人：刘泉香，经理。

委托代理人：贺洪忠，北京市大嘉律师事务所律师。

上诉人乌兰浩特市长丰房地产开发有限责任公司（以下简称“乌兰浩特长丰公司”）因与被上诉人北京鑫万丰家具有限公司（以下简称“北京鑫万丰公司”）承揽合同纠纷一案，不服北京市通州区人民法院（2011）通民初字第3512号民事判决，向本院提起上诉。本院于2011年9月8日受理后，依法组成由法官周荆担任审判长，法官全奕颖、孙兆晖参加的合议庭，于2011年9月21日召集双方当事人进行了询问。2011年11月15日本案审理终结。

一审法院经审理查明：2007年4月20日，乌兰浩特长丰公司与北京鑫万丰公司签订北京市家具定作合同，约定由北京鑫万丰公司为乌兰浩特长丰公司加工制作家具，合同总金额为750 000元，合同附件为长丰国际大酒店家具报价明细表，对家具的名称、规格、数量及单价等内容进行了确认。此外，合同还对付款方式等内容进行了约定。2007年7月27日，北京鑫万丰公司出具授权委托书，委托该单位副总经理陈宪海前往乌兰浩特市与乌兰浩特长丰公司洽谈车辆抵押事宜，同时将北京鑫万丰公司公章交与陈宪海办理抵押事宜，乌兰浩特长丰公司对此明知。陈宪海后以北京鑫万丰公司（承揽方）代理人的身份与乌兰浩特长丰公司（定作方）签署家具定作合同补充协议，上载“在原合同基础上承揽方让利60 000元，尚未履行的家具总价款为180 000元整；定作方于2007年7月30日上午10时前将150 000元现金打入承揽方的银联卡账户，另外30 000元家具送至定作方宾馆后，及时支付给承揽方；由承揽方租车将家具送至定作方宾馆，承揽方支付租车费（运费）6 000元，其余部分由定作方支付，承揽方保证按原合同约定的家具数量履行合同，已履行的除外，详见家具生产单，定作方支付给承揽方 30 000 元现金后，承揽方负责家具安装，保证宾馆正常使用，本协议作为最后文本与原合同具有同等法律效力”。后北京鑫万丰公司于 2007 年向法院提起诉讼，要求乌兰浩特长丰公司给付北京鑫万丰公司合同价款 90 000 元。北京市通州区人民法院于 2007 年 11 月 22 日作出（2007）通民初字第 12075 号民事判决书，判决主要内容认定了乌兰浩特长丰公司与北京鑫万丰公司于 2007 年 4 月 20 日签订了北京市家具定作合同，北京鑫万丰公司依约履行了加工义务，乌兰浩特长丰公司仅支付了合同价款 660 000 元，尚欠合同价款 90 000 元构成违约，判令乌兰浩特长丰公司支付北京鑫万丰公司合同价款 90 000 元并承担诉讼费用。

一审诉辩主张

乌兰浩特长丰公司在一审中起诉称：2007 年 4 月 20 日，乌兰浩特长丰公司与北京鑫万丰公司订立北京市家具定作合同，约定北京鑫万丰公司为乌兰浩特长丰公司制作并安装家具，总价款 750 000 元并约定了违约金为违约金额的每日 5‰。2007 年 7 月 30 日，双方签订了补充协议，协议确定北京鑫万丰公司在原合同基础上让利 60 000 元，北京鑫万丰公司尚未履行部分按合同约定折合为 180 000 元。支付方式为 2007 年 7 月 30 日上午 10 时前将 150 000 元现金打入北京鑫万丰公司账户，另外 30 000 元于家具送至乌兰浩特长丰公司宾馆后支付。协议签订后，乌兰浩特长丰公司如约履行了支付货款的义务，共计支付北京鑫万丰公司 660 000 元。北京鑫万丰公司至今未按合同约定交付全部家具，反而向乌兰浩特长丰公司主张货款，故乌兰浩特长丰公司诉至法院，请求判令：（1）北京鑫万丰公司返还合同让利款 60 000 元；（2）北京鑫万丰公司返还未交付家具款 30 000 元；（3）北京鑫万丰公司承担本案诉讼费用。

审理过程中，乌兰浩特长丰公司变更了诉讼请求，请求判令北京鑫万丰公司继续履行家具定作合同及补充协议，返还让利款 60 000 元，给付家具或返还家具款 157 490 元，支付违约金 30 000元，返还质保金 50 000 元。

乌兰浩特长丰公司向一审法院提交下列证据予以证明：北京市家具定作合同、家具报价明细表、补充协议、乌兰浩特长丰公司支付家具款单据、未交付家具清单、购销合同、快递详情单、（2008）乌民初字第 919 号民事裁定书、（2008）兴中法民监字第 130 号民事裁定书、（2009）兴中法民提字第 00001 号民事裁定书、（2009）兴民监字第 4 号民事裁定书、（2009）兴中法民再字第 11 号民事裁定书、（2007）通民初字第 12075 号民事判决书、司法专递回执、对账表。

北京鑫万丰公司在一审中答辩称：本案争议焦点在于北京鑫万丰公司是否实际履行合同。如北京鑫万丰公司已履行合同，乌兰浩特长丰公司的诉讼请求不成立。本案中，北京鑫万丰公司曾于 2007 年在贵院提起诉讼，在贵院依法作出的（2007）通民初字第 12075 号民事判决书中已明确认定北京鑫万丰公司已按合同约定履行了合同义务。且乌兰浩特长丰公司当时亦未提起上诉。现该案件已进入执行阶段，故请求驳回乌兰浩特长丰公司的诉讼请求。

北京鑫万丰公司向一审法院提交下列证据予以证明：家具定作合同补充协议、乌兰浩特长丰公司工商档案材料、（2007）通民初字第 12075 号民事判决书、委托执行通知书、授权委托书、送货单、实际送货核对清单。

一审认证情况

一审法院庭审质证，北京鑫万丰公司对乌兰浩特长丰公司提交的北京市家具定作合同、家具报价明细表、支付款项单据中除一张金额为 12 000 元的单据外的其他付款单据、(2008) 乌民初字第 919 号民事裁定书、(2008) 兴中法民监字第 130 号民事裁定书、(2009) 兴中法民提字第 00001 号民事裁定书、(2009) 兴民监字第 4 号民事裁定书、(2009) 兴中法民再字第 11 号民事裁定书、(2007) 通民初字第 12075 号民事判决书、司法专递回执的真实性、合法性、关联性予以认可，该院对上述证据的真实性、合法性、关联性予以确认，北京鑫万丰公司对乌兰浩特长丰公司提交的其他证据的真实性、合法性、关联性不予认可，该院对补充协议的真实性、合法性予以确认，对其关联性不予确认，对乌兰浩特长丰公司提交的其他证据的真实性、合法性、关联性不予确认。乌兰浩特长丰公司对北京鑫万丰公司提交的乌兰浩特长丰公司工商档案材料、委托执行通知书、授权委托书的真实性、合法性、关联性没有异议，该院予以确认，对送货单的真实性、合法性没有异议，对其关联性有异议，该院对其真实性、合法性、关联性予以确认。乌兰浩特长丰公司对北京鑫万丰公司提交的家具定作合同补充协议、民事判决书、实际送货核对清单的真实性、合法性、关联性有异议，该院对民事判决书真实性、合法性、关联性予以确认，对家具定作合同补充协议的真实性、合法性予以确认，对其关联性不予确认，对实际送货核对清单的真实性、合法性、关联性不予确认。

一审判决

一审法院判决认定：乌兰浩特长丰公司与北京鑫万丰公司自愿建立的承揽合同关系系双方真实意思表示，且不违反法律及行政法规的强制性规定，应为合法有效，双方均应恪守履行。依据该院作出的 (2007) 通民初字第 12075 号生效民事判决书，北京鑫万丰公司履行了交付 750 000 元家具的义务。该判决书已经发生法律效力，具有既判力，该院依据上述判决认定北京鑫万丰公司已经履行了乌兰浩特长丰公司与北京鑫万丰公司于 2007 年 4 月 20 日签署的北京市家具定作合同约定的合同义务，并交付了 750 000 元的家具，现乌兰浩特长丰公司认为北京鑫万丰公司没有履行完毕合同义务的主张于法无据，该院不予采信，其要求北京鑫万丰公司继续履行家具定作合同及补充协议，给付家具或返还家具款 157 490 元，支付违约金 30 000 元的诉讼请求证据不足，该院不予支持。此外，乌兰浩特长丰公司未能提供证据证明北京鑫万丰公司交付的家具质量不合格，其要求北京鑫万丰公司返还质保金 50 000 元证据不足，该院不予支持。根据已经查明的事实，陈宪海受北京鑫万丰公司委托于 2007 年 7 月持有北京鑫万丰公司公章前往乌兰浩特长丰公司处办理车辆抵押登记事宜，其授权范围明确。陈宪海在未取得北京鑫万丰公司进一步授权的情况下，与乌兰浩特长丰公司签订补充协议作出让利 60 000 元的承诺已超出其授权范围，属无权代理，且乌兰浩特长丰公司对此明知，故该补充协议中有关让利 60 000 元的承诺对北京鑫万丰公司不具有法律约束力，现乌兰浩特长丰公司要求北京鑫万丰公司返还让利款 60 000 元的诉讼请求证据不足，该院不予支持。综上，依据《民事诉讼法》第 64 条第 1 款之规定，判决如下：

驳回乌兰浩特长丰公司的诉讼请求。

二审诉辩主张

乌兰浩特长丰公司不服一审法院上述民事判决，向本院提起上诉。其主要上诉理由是：(1) 一审法院查明事实有误，一审法院以生效的 (2007) 通民初字第 12075 号民事判决书作为依据，认定北京鑫万丰公司已经履行了双方签订的家具合同义务错误，该判决是在乌兰浩特长丰公司未出庭的情况下作出的，在乌兰浩特长丰公司有证据推翻上述判决的情况下，一审法院不应依据该判决认定事实。(2) 乌兰浩特长丰公司收到第一批家具后即发现质量不符合约定，多次与北京鑫万丰公司联系，一直未得到解决。之后，北京鑫万丰公司还向乌兰浩特长丰公司发送了快递，一审法院未认定快递效力，遗漏了主要证据，事实认定错误。(3) 一审法院将陈宪海代表北京鑫万丰公司签订的补充协议认定为无权代理是对事实认定错误。(4) 一审法院违反法定程序，应当予以纠正。综上，一审法院认定事实错误，请求二审法院撤销一审判决，支持乌兰浩特长丰公司的起诉请求。

京鑫万丰公司服从一审法院判决，其在二审庭审中答辩称：(1) 一审法院认定事实清楚，北京鑫万丰公司在签订合同后按约定将家具送至乌兰浩特长丰公司处，并由乌兰浩特长丰公司的股东和法定代表人在送货单上对货物种类及数量进行了签字、验收。已经生效的判决是经法院确认的事实并进入执行程序，乌兰浩特长丰公司的起诉行为是为了干扰另案的执行而进行的。(2) 陈宪海于 2007 年 7 月前往乌兰浩特长丰公司系办理车辆抵押登记手续，北京鑫万丰公司为陈宪海出具了授权委托书，陈宪海签署其他补充协议承诺让利属于超出授权范围，为无权代理。(3) 根据双方合同约定，质保金应当在 1 年内付清，乌兰浩特长丰公司已经使用家具 4 年有余，质保金应当如数给付。北京鑫万丰公司提供的家具属于合格产品。综上，请求二审法院驳回乌兰浩特长丰公司的上诉请求，维持原判。

二审法院北京市第二中级人民法院审理查明的事实与一审法院查明事实一致。

上述事实，有北京市家具定作合同、家具报价明细表、补充协议、支付家具款单据、未交付家具清单、购销合同、快递详情单、(2008) 乌民初字第 919 号民事裁定书、(2008) 兴中法民监字第 130 号民事裁定书、(2009) 兴中法民提字第 00001 号民事裁定书、(2009) 兴民监字第 4 号民事裁定书、(2009) 兴中法民再字第 11 号民事裁定书、(2007) 通民初字第 12075 号民事判决书、司法专递回执、对账表、家具定作合同补充协议、工商档案材料、委托执行通知书、授权委托书、送货单，实际送货核对清单及双方当事人庭审陈述等证据在案佐证。

二审判决

北京市第二中级人民法院认为：

乌兰浩特长丰公司与北京鑫万丰公司之间签订的家具定作合同系双方当事人的真实意思表示，不违反法律、法规的强制性规定，合法有效，双方均应依约履行己方义务。北京鑫万丰公司主张其依约向乌兰浩特长丰公司提供了家具，其向法院提交了北京市通州区人民法院作出并已经生效的 (2007) 通民初字第 12075 号民事判决书及送货单证明其该项主张，本院对此予以采信。乌兰浩特长丰公司上诉主张北京鑫万丰公司未依约履行给付家具的义务，证据不足，本院不予采信。其要求北京鑫万丰公司继续履行北京市家具定作合同及补充协议，给付家具或返还家具款 157 490 元及支付违约金 30 000 元的上诉请求，缺乏依据，本院不予支持。乌兰浩特长丰公司认可北京鑫万丰公司对陈宪海出具的 2007 年 7 月 27 日的授权委托书的真实性，证明乌兰浩特长丰公司了解北京鑫万丰公司对陈宪海的授权。故在陈宪海未取得进一步授权的情况下，乌兰浩特长丰公司与陈宪海代表北京鑫万丰公司签订补充协议作出让利 60 000 元的约定，超出了陈宪海的授权范围，该约定属于无权代理，对北京鑫万丰公司不具有法律约束力，故乌兰浩特长丰公司依据该补充协议要求北京鑫万丰公司返还让利款 60 000 元的上诉主张，依据不足，本院不予支持。综上，一审法院判决并无不当，应予维持。依据《民事诉讼法》第 153 条第 1 款第 1 项之规定，判决如下：

驳回上诉，维持原判。

一审案件受理费4 337元，由乌兰浩特市长丰公司负担（已交纳）。

二审案件受理费5 762元，由乌兰浩特市长丰公司负担（已交纳）。

本判决为终审判决。

案由与焦点

1. 案由

本案的一级案由为“合同、无因管理、不当得利纠纷”，二级案由为“合同纠纷”，三级案由为“承揽合同纠纷”，四级案由为“定作合同纠纷”。

承揽合同是承揽人按照定作人的要求完成工作，交付工作成果，定作人给付报酬的合同。加工、定作、修理、复制、测试、检验是典型的承揽工作。在“承揽合同纠纷”三级案由下包括7个四级案由：（1）加工合同纠纷；（2）定作合同纠纷；（3）修理合同纠纷；（4）复制合同纠纷；（5）测试合同纠纷；（6）检验合同纠纷；（7）铁路机车、车辆建造合同纠纷。定作合同是指承揽人根据定作人的要求，以自己的技能、设备和劳力，用自己的材料为定作人制作成品，定作人接受该劳务成果并给付报酬的合同。因定作合同的订立、履行、解除等引发的纠纷即为定作合同纠纷。

2. 焦点

本案争议的焦点主要有三个：（1）乌兰浩特长丰公司与陈宪海签订的补充协议是否有效？（2）北京鑫万丰公司是否完全履行了义务？（3）已有生效裁判的既判力问题。

评注与问题

1. 补充协议对北京鑫万丰公司是否发生效力

法院已经查明的事实：2007年7月27日，北京鑫万丰公司出具授权委托书，委托该单位副总经理陈宪海前往乌兰浩特市与乌兰浩特长丰公司洽谈车辆抵押事宜，同时将北京鑫万丰公司公章交与陈宪海，乌兰浩特长丰公司对此明知。陈宪海后以北京鑫万丰公司（承揽方）代理人的身份与乌兰浩特长丰公司（定作方）签署家具定作合同补充协议，上载“在原合同基础上承揽方让利60 000元……”该补充协议对北京鑫万丰公司是否发生效力呢？这首先涉及无权代理问题。《合同法》第48条规定：“行为人没有代理权、超越代理权或者代理权终止后以被代理人名义订立的合同，未经被代理人追认，对被代理人不发生效力，由行为人承担责任。相对人可以催告被代理人在一个月内予以追认。被代理人未作表示的，视为拒绝追认。合同被追认之前，善意相对人有撤销的权利。撤销应当以通知的方式作出。”本案中，北京鑫万丰公司出具授权委托书，委托该单位副总经理陈宪海前往乌兰浩特市与乌兰浩特长丰公司洽谈车辆抵押事宜，并未授权其与乌兰浩特长丰公司签订补充协议，该协议中作出让利60 000元的承诺等内容，已超出其授权范围，属无权代理。相对人乌兰浩特长丰公司对此明知，事后未催告追认，北京鑫万丰公司也未追认。所以，法院认定为无权代理，补充协议对北京鑫万丰公司不发生效力是正确的。

2. 签订补充协议的行为是否构成表见代理

那么，北京鑫万丰公司副总经理陈宪海的行为是否构成表见代理呢？《合同法》第49条规定：“行为人没有代理权、超越代理权或者代理权终止后以被代理人名义订立合同，相对人有理由相信行为人有代理权的，该代理行为有效。”该条就是关于表见代理的规定。本案中，陈宪海持北京鑫万丰公司公章，具备表见代理的一定特征。但按照最高人民法院的要求，司法中应当“严格认定表见代理行为”。最高人民法院《关于当前形势下审理民商事合同纠纷案件若干问题的指导意见》（法发［2009］40号）中规定：“合同法第四十九条规定的表见代理制度不仅要求代理人的无权代理行为在客观上形成具有代理权的表象，而且要求相对人在主观上善意且无过失地相信行为人有代理权。合同相对人主张构成表见代理的，应当承担举证责任，不仅应当举证证明代理行为存在诸如合同书、公章、印鉴等有权代理的客观表象形式要素，而且应当证明其善意且无过失地相信行为人具有代理权。”“人民法院在判断合同相对人主观上是否属于善意且无过失时，应当结合合同缔结与履行过程中的各种因素综合判断合同相对人是否尽到合理注意义务，此外还要考虑合同的缔结时间、以谁的名义签字、是否盖有相关印章及印章真伪、标的物的交付方式与地点、购买的材料、租赁的器材、所借款项的用途、建筑单位是否知道项目经理的行为、是否参与合同履行等各种因素，作出综合分析判断。”根据这一司法解释的精神，若乌兰浩特长丰公司主张构成表见代理，应当承担举证责任，不仅应当举证证明代理行为存在公章的客观表象形式要素，而且应当证明其善意且无过失地相信行为人具有代理权。但在庭审中，乌兰浩特长丰公司没有举证。结合补充协议中关于让利60 000元等内容，以及委托书的授权等情节，法院难以认定表见代理成立，因而也就没有据此认定补充协议的法律效力。

3. 什么是生效裁判的既判力

所谓既判力，是指法院判决实质上的确定力，即形成确定的终局判决内容的判断，所具有的基准性和不可争性效果。本案审理中，北京鑫万丰公司提交了该院作出的（2007）通民初字第12075号生效民事判决书，该生效民事判决书上认定的事实是北京鑫万丰公司履行了交付750 000元家具的义务。该判决书已经发生法律效力，具有既判力，该院依据上述判决认定北京鑫万丰公司已经履行了乌兰浩特长丰公司与北京鑫万丰公司于2007年4月20日签署的家具定作合同约定的合同义务，并交付了750 000元的家具，所以，乌兰浩特长丰公司认为北京鑫万丰公司没有履行完毕合同义务的主张法院不予采信。试分析，生效裁判发生既判力的条件有哪些？

4. 承揽人的主要义务与举证责任如何分配

依据《合同法》第251条、第252条、第253条、第261条和第262条等条款的规定，承揽人的义务主要有：（1）按照合同约定的时间完成承揽的工作；（2）按照定作人要求的质量完成承揽工作；（3）以自己的设备、技术和劳力完成主要工作；（4）交付完成的工作成果；（5）对完成的工作成果承担瑕疵担保责任。本案中，定作人乌兰浩特长丰公司主张承揽人北京鑫万丰公司至今未按合同约定交付全部家具，但没有提供有力证据。最高人民法院《民事诉讼证据规定》第5条第2款规定：“对合同是否履行发生争议的，由负有履行义务的当事人承担举证责任。”据此，是否交付全部家具的举证责任在北京鑫万丰公司一方。北京鑫万丰公司提交了该院作出的（2007）通民初字第12075号生效民事判决书，该生效民事判决书上认定的事实是北京鑫万丰公司履行了交付750 000元家具的义务，证明北京鑫万丰公司履行了合同义务。

5. 定作人的主要义务与举证责任如何分配

依据《合同法》第251条、第252条、第258条、第263条、第264条和第268条等条款的规定，定作人的主要义务有：（1）协助承揽人完成工作；（2）受领承揽人完成的工作成果；（3）支付报酬、材料费等费用；（4）中途变更、解除合同，给承揽人造成损失的，赔偿损失。本案中，承揽人北京鑫万丰公司举证证明自己履行了义务，但定作人乌兰浩特长丰公司未提供有力证据证明其已交付 750 000 元家具款，乌兰浩特长丰公司仅支付了合同价款 660 000 元，尚欠合同价款 90 000 元，其主张的家具款减少 60 000 元的补充协议因为无效，所以原承揽合同没有变更或者解除，定作人乌兰浩特长丰公司仍应当按照承揽合同履行交付尚欠的家具款 90 000元的义务。此外，本案中，乌兰浩特长丰公司尚欠家具款 90 000 元，构成违约，但承揽人北京鑫万丰公司没有主张乌兰浩特长丰公司承担违约金。那么，若北京鑫万丰公司提出该主张，法院能否支持呢？

（评注人：于大水）

20. 建设工程合同纠纷

司法案例

西岳山庄诉建发公司等案

最高人民法院（2007）民一终字第10号

基本案情

上诉人（原审被告、反诉原告）：陕西西岳山庄有限公司。

法定代表人：张黎阳，该公司董事长。

委托代理人：徐邦炜，北京市竞天公诚律师事务所律师。

委托代理人：董纯钢，北京市竞天公诚律师事务所实习律师。

被上诉人（原审原告、反诉被告）：中建三局建发工程有限公司。

法定代表人：李全立，该公司董事长。

委托代理人：张晓飞，陕西仁和万国律师事务所律师。

委托代理人：肖坚，北京市中瑞律师事务所律师。

被上诉人（原审第三人）：中建三局第三建设工程有限责任公司。

法定代表人：李全立，该公司董事长。

委托代理人：陈常凯，该公司职工。

委托代理人：田莉莉，该公司职工。

陕西西岳山庄有限公司（甲方，以下简称“西岳山庄”）就其所属的华山假日酒店工程，于2001年11月30日与中建三局第三建设工程有限责任公司（乙方，以下简称“三建公司”）签订《建设工程施工合同》，约定：工程开、竣工日期为2001年12月26日至2002年10月31日。合同价款：以最终结算价为准。工程为包工包料，依据1999年《陕西省建筑工程综合概预算定额》、《全国统一安装工程预算定额陕西省价目表》（2001版）及配套使用的《陕西省建筑工程、安装工程、仿古园林工程及装饰工程费用定额》（1999版）及省、市有关造价文件的规定计算。本工程按二类工程取费，并对4项费率下浮20%计算。工期奖罚：在合同工期上每提前或延误1天，按乙方承包工程总造价0.1‰对等奖罚。合同价款支付及合同价款的调整：桩基施工由甲方支付乙方300万元工程预付款。本工程按形象进度付款，基础施工完，甲方支付乙方300万元工程进度款；主体施工完，甲方另支付乙方500万元装饰工程预付款；装饰工程完成50%工作量，甲方再支付乙方1 300万元工程进度款；工程完工交付甲方前，甲方再支付乙方1 000万元工程款；工程验收合格后甲方支付乙方800万元；工程竣工验收后，除留5%质保金外，剩余工程款甲方在2年内分期支付给乙方；5%质保金在保修期满后，甲方一次性返还乙方。合同价款调整：合同价款在合同约定后，任何一方不得擅自改变，但发生下列情况之一的可作调整：甲方代表确认的工程量增减；甲方代表确认的设计变更或工程洽商；工程造价管理部门公布的价格调整；一周内非乙方原因造成停水、停电、停气影响停工累计超过8小时，且造成经济损失的；合同约定的其他增加或调整。乙方应在上述情况发生10日内将调整原因、金额以书面形式通知甲方代表，甲方代表批准后通知经办银行和乙方，甲方代表收到乙方通知后10日内不作答复，即视为已经批准；乙方未按上述要求及时办理而造成工程延误，由乙方负责；甲方未按上述要求及时办理审核签字和付款时，乙方可向甲方发出要求付款通知，甲方在收到乙方通知5日内仍不能按要求支付时，应承担违约责任。竣工与结算：甲方代表在收到乙方送交的竣工验收报告后10日内无正当理由不组织验收，或验收后5天内不予批准且不能提出修改意见，可视为竣工验收已被批准，即可办理结算手续。甲方无正当理由在批准竣工报告后30日内不办理结算，从第31天起按施工企业向银行计划外贷款的利率支付拖欠工程款利息，并承担违约责任。违约责任：甲方代表不能及时给出必要指令、确认、批准，不按合同约定履行自己的各项义务、支付款项及发生其他使合同无法履行的行为，应承担违约责任（包括支付因其违约导致乙方增加的经济支出和从应支付之日起计算的应支付款项的利息等），相应顺延工期；按协议条款约定支付违约金和赔偿因其违约给乙方造成的窝工等损失。乙方不能按合同工期竣工，施工质量达不到设计和规范的要求，或发生其他使合同无法履行的行为，甲方代表可通知乙方，按协议条款约定支付违约金，赔偿因其违约给甲方造成的损失。除非双方协议将合同终止，或因一方违约使合同无法履行，违约方承担上述违约责任后仍应继续履行合同；因一方违约使合同不能履行，另一方欲中止或解除合同，应提前10天通知违约方后，方可中止或解除合同，由违约方承担违约责任。本合同履行过程中根据合同发生的会议纪要、签证、各种通知文件、委托、证书等书面资料均应作为合同条款以补充内容，与合同条款具有同等效力。增订条款：本工程所需材料由乙方自行采购、保管，其中钢材、水泥由乙方采购，甲方提供资金担保；任何材料的选购，其价格和质量、数量需经甲方同意验证方可采购；工程欠款不计贷款利息。2002年4月23日，西岳山庄将其与陕西林华工程监理公司（以下简称"林华监理公司"）签订的《建设工程委托监理合同》送交三建公司，并要求其接受监督和管理。

2002年7月30日，一、二区基础分部工程验收合格。2002年9月20日，西岳山庄与三建公司签订的《会议纪要》约定：华山假日酒店一区素土回填完，二区素土回填一半，由西岳山庄一周内付款100万元；砌体队伍进场后一周内由西岳山庄付款50万元；后期工程施工的主要材料由西岳山庄供应或代付款；一区10月10日主体封顶，三区10月15日主体封顶，一区回填素土25天完，二区素土回填至第40天完，四区土方开挖10月15日开始，员工宿舍9月25日动工，西岳山庄保证一周内一次性付款不少于300万元；三区保证地下室及时施工，完毕后及时回填，甲方张总认可后付款50万元。2003年3月11日三区基础分部工程验收合格。2003年4月11日，主体部分工程验收合格。2003年3月17日，西岳山庄与中建三局三建公司安装分公司签订了安装工程补充协议。2003年7月，三建公司取得渭南市城乡建设局颁发的安全文明工地奖牌。

2004年4月14日，三建公司向西岳山庄发出债权转移通知书称："贵方与公司于2002年签订了建设工程施工合同，现在我公司因改制重组的需要，欲将我公司对贵方所享有的上述债权转让给武汉中建三局建发实业发展公司。"西岳山庄予以签收。

2004年9月29日，西岳山庄与江苏环建建设投资有限公司（以下简称"环建公司"）签订

《建设工程施工合同》(关于给水、排水、强弱电、暖通工程);2004 年 10 月 1 日,西岳山庄与华阴市永泰建筑公司签订《建设工程施工合同》(关于华山假日酒店未完的土建工程)。2005 年 10 月 10 日,三建公司向西岳山庄发出《关于解除合同的通知》。

2006 年 1 月 19 日,一审法院依据双方当事人的申请,委托陕西三秦工程造价咨询有限责任公司(以下简称“三秦造价公司”),就三建公司已完成的涉案工程造价、西岳山庄已支付的工程款及欠付的工程款数额进行鉴定。2006 年 6 月 20 日,三秦造价公司作出的鉴定结论为:(1)根据双方认可的中国轻工西安设计院设计的华山假日酒店结构施工图纸扣除未做部分签认量加现场签证,计算出三建公司已完成的华山假日酒店(含员工宿舍)土建工程量工程造价为 23 121 871.05 元(不含劳保统筹和安全文明工地费)。(2)根据双方认可的中国轻工西安设计院设计施工图纸、现场签证及双方提供的三建公司完成工程量记录等资料,计算出三建公司已完成的华山假日酒店(含员工宿舍)安装工程量工程造价为 1 607 359.51 元(不含劳保统筹和安全文明工地费)。(3)确认西岳山庄已付工程款、材料款合计为 15 199 163.76 元。鉴定报告另对当事人有争议的工程量造价、有争议的付款项目详细列明。2006 年 6 月 27 日,鉴定报告送达给三方当事人,当事人在限定期限内对鉴定报告提出了书面异议。2006 年 7 月 26 日,一审法院对鉴定报告进行庭审质证,并由三秦造价公司出庭接受当事人的质询。三秦造价公司在庭后就当事人质询作了书面答复。2006 年 8 月 2 日,该答复意见送达三方当事人。

另,2002 年 12 月 27 日,中国建筑第三工程局第三建筑安装工程公司变更登记为中建三局第三建设工程有限责任公司。2004 年 11 月 17 日,武汉中建三局建发工程有限公司变更登记为中建三局建发工程有限公司(以下简称“建发公司”)。

2002 年 7 月至 2003 年 4 月间,三建公司数次向西岳山庄催要工程进度款;2004 年 10 月 29 日,三建公司向西岳山庄以特快专递方式送达《工作联系单》、《现场变更签证单》、《致陕西西岳山庄有限公司关于华山假日酒店工程进度报量问题的函》,请求西岳山庄确认工期顺延、窝工费及机械停滞费。西岳山庄亦提供了大量的监理例会纪要、工程联系单等证据,用以证明三建公司施工不规范、工程质量不合格、管理不严、拖延工期等问题。

2002 年 7 月,三建公司与陕西省荣誉军人康复医院签订供水协议。2006 年 4 月 12 日陕西省荣誉军人康复医院出具证明,三建公司从 2003 年 6 月 24 日至 2005 年 12 月 21 日共欠水费 13 307.68 元至今未交。西岳山庄代付工地 2002 年 8 月至 2003 年 5 月电费 137 932.97 元双方无争议(鉴定报告已作为西岳山庄已付款计入),对西岳山庄主张代付 2003 年 7 月至 2004 年 9 月电费 63 513.52 元,三建公司(建发公司)不予认可。

一审诉辩主张

原告建发公司诉称:西岳山庄违反合同约定,拖欠工程款并造成窝工损失,遂向一审法院提起诉讼,请求:(1)依法判令西岳山庄依约支付拖欠建发公司工程款及窝工损失共计 23 213 450元;(2)由西岳山庄承担本案的诉讼费、保全费及律师费用等全部诉讼费用;(3)建发公司对所承接的工程依法享有优先受偿权。

原告主要证据材料:《建设工程施工合同》、《工作联系单》、《现场变更签证单》、《致陕西西岳山庄有限公司关于华山假日酒店工程进度报量问题的函》、债权转移通知书、中国建筑第三工程局第三建筑安装工程公司变更登记为中建三局第三建设工程有限责任公司的证明、武汉中建三局建发工程有限公司变更登记为中建三局建发工程有限公司证明、渭南市城乡建设局颁发的安全文明工地奖牌。

被告西岳山庄反诉辩称:三建公司违反合同约定,迟延交付涉案工程,给西岳山庄造成了经济损失，请求依法判令建发公司与三建公司：（1）向西岳山庄赔偿拖延工期罚金 1 552 460 元；（2）赔偿西岳山庄额外支出的工程款 1 472 921 元；（3）赔偿西岳山庄因工程拖延交付使用造成的不能营业的经济损失 8 558 237 元；（4）承担本案全部诉讼费用。

被告主要证据材料：《建设工程委托监理合同》，《会议纪要》，《建设工程施工合同》（关于给水、排水、强弱电、暖通工程），《建设工程施工合同》（关于华山假日酒店未完的土建工程），三建公司《关于解除合同的通知》，陕西省荣誉军人康复医院出具的证明，洲际集团等公司的管理合同。

一审判决

一审法院认为：西岳山庄与三建公司所签订的《建设工程施工合同》，系双方的真实意思表示，且不违反法律、行政法规强制性规定，应为有效合同。三建公司将合同债权转让给建发公司，并向西岳山庄送达了债权转让通知书，符合相关法律规定。该转让行为系转让人与受让人真实意思表示，并不损害债务人的利益，依法认定有效。建发公司因此取得三建公司应享有的合同债权。由于华山假日酒店工程正在施工之中，西岳山庄与三建公司并未就工程款最后决算，建发公司所享有的合同债权数额并未确定；对于西岳山庄已支付的工程款数额，三建公司与西岳山庄也说法不一，一审法院依据双方当事人申请，委托三秦造价公司对涉案工程造价及西岳山庄已付工程款进行鉴定，该鉴定结论已经双方当事人庭审质证，依法应予确认。

对于鉴定报告单列有争议工程量工程造价部分，经一审法院审核，应作如下认定：（1）关于有争议的工程量工程造价部分。对于三建公司所报而西岳山庄不予认可部分的工程量，仅凭三建公司所报工程量，没有西岳山庄及林华监理公司签证，无法认定该工程量，对该部分所涉及的土建、安装工程造价不予确认。（2）关于应否计取安全文明工地费。经核算土建工程造价的安全文明工地费 221 299.07 元，安装工程量工程造价的安全文明工地费 15 504.62 元，因该工地已被渭南市城乡建设局授予安全文明工地，故该部分费用应按规定计取，并随工程造价的调整而增减。（3）关于有争议的已付工程款部分。有争议的 2003 年 6 月 24 日至 2005 年 12 月 21 日水费 13 307.68 元（其中 2003 年 6 月 24 日至 8 月 21 日 4 003.96 元；2003 年 9 月 21 日至 11 月 24 日 1 692.60 元；2003 年 11 月 24 日至 2005 年 12 月 21 日 7 611.12 元），鉴于票据无法详细区分，因 2004 年 9 月 29 日西岳山庄已与环建公司签订了施工合同，故对水费 13 307.68 元中 2003 年 11 月 24 日前的 5 696.56 元水费由三建公司承担，2003 年 11 月 24 日至 2005 年 12 月 21 日的水费 7 611.12 元由西岳山庄与三建公司各半负担。西岳山庄已购石渣、沙子、配电箱、线管、管件等费用合计 407 078.71 元，因未见三建公司收料单，该笔费用未计入工程造价，亦不应计入已付工程款。侯宏伟借款 1 万元，属另一法律关系，本案不予涉及。供电局劳动服务公司收取西岳山庄 2 万元，因系线路维修所产生之费用，亦不应计入已付工程款。西岳山庄代付 2003 年 7 月至 2004 年 9 月电费 63 513.52 元，理应由三建公司承担，并从应结算的工程款中扣付。综上，双方虽有争议，但应计入已付工程款合计为 73 015.64 元。

综上，西岳山庄应支付工程款共计 24 992 875.13 元，扣减西岳山庄已付工程款、材料款及代付的水电费共计 15 273 309.40 元后，西岳山庄应支付建发公司剩余工程款 9 719 565.73 元。依照《合同法》第 286 条的规定，建发公司就该工程在西岳山庄应付的工程款范围内享有优先受偿的权利。由于华山假日酒店工程至今尚未完工，双方均有一定责任。因西岳山庄付款不到位，三建公司施工不规范、施工管理不严、返工等情况，共同造成工期延误。据此，对建发公司主张的窝工损失以及西岳山庄反诉请求三建公司、建发公司支付拖延工期的罚金，一审法院均不予支持。关于西岳山庄诉请的额外支出，因环建公司等单位施工的相关费用并未计入本次鉴定的工程造价内，西岳山庄并不存在额外支出，一审法院亦不予支持。关于西岳山庄请求的逾期营业损失，因其提供的证据并不能证明其逾期开业的损失数额，且三建公司对洲际集团等公司的管理合同没法预见，故依法对该证据不予采信，对其请求不予支持。一审法院依照《合同法》第7条、第8条、第60条、第80条、第286条的规定，判决如下：

一、自该判决生效之日起30日内，西岳山庄支付建发公司工程款9 719 565.73元；

二、建发公司在西岳山庄欠付的工程款范围内，对该工程享有优先受偿权；

三、驳回建发公司的其余诉讼请求；

四、驳回西岳山庄的反诉请求。

一审案件受理费126 077.25元，鉴定费16.5万元，共计291 077.25元由建发公司承担174 646.35元，西岳山庄承担116 430.90元；反诉费67 928.08元，由西岳山庄公司承担；诉讼保全费109 738元，由建发公司承担。

二审诉辩主张

西岳山庄不服一审判决，向最高人民法院提起上诉，称：原判认定事实和适用法律均有错误。(1) 原审判决判令三建公司将其涉案合同债权转让给建发公司有效。依据合同性质，涉案合同债权依法不得转让，转让时涉案工程项目根本不具备结算条件，三建公司与西岳山庄之间的债权债务关系无法确定，西岳山庄仅在回执上注明收到该通知并未同意其转让行为。(2) 西岳山庄已超额支付工程款，并不存在付款不到位的事实。(3) 三建公司承认在施工中存在不按施工计划开工、窝工、施工质量不合格及不文明施工等事实。三建公司依约应向西岳山庄支付违约金。三建公司在拒不完成主体部分施工的情况下，于2004年2月后逐渐全部撤场，导致合同无法继续履行。由于三建公司恶意违约，致使华山假日酒店迟迟不能完工，应承担逾期竣工造成的营业损失。西岳山庄的反诉请求依法应予支持。(4) 原判将鉴定报告中关于土建及安装工程所对应税金、安全文明工地费、文明补贴等费用计入工程造价，超出合同约定，应以合同约定为准。(5) 三建公司单方提出解除合同，西岳山庄并未表示同意，合同仍应履行。(6) 建发公司作为合同以外的第三人，既不是合同约定的施工方，也不是该建设项目的承包人，因此，建发公司对涉案工程行使优先受偿权于法无据。鉴此，西岳山庄请求：(1) 撤销一审判决，驳回被上诉人的全部诉讼请求；(2) 支持上诉人的全部反诉请求；(3) 被上诉人承担全部诉讼费用。

被上诉人建发公司、三建公司辩称：(1) 关于债权转让问题。三建公司与建发公司就本案债权转让达成了合意，并将这一合意通知了债务人，转让合法有效。(2) 关于拖欠工程款问题。西岳山庄并未依照合同约定支付工程款。截至2003年4月14日，有关催要工程款的签证单、监理会议纪要多达16份之多，证明西岳山庄严重拖欠工程款。2004年10月29日，三建公司以公证送达的方式向西岳山庄进行了付款催告，西岳山庄拒绝履行付款义务。其行为已构成根本违约，三建公司享有先履行抗辩权，未如期完成工程施工不构成违约。(3) 关于解除合同的问题。西岳山庄的违约行为，特别是违法重复发包行为致使合同目的无法实现，三建公司依法获得合同解除权。(4) 关于西岳山庄额外支付工程款的问题。本案未涉及环建公司完成的工程量，西岳山庄因工程施工支付的工程款不属于额外支出。(5) 关于西岳山庄的预期收益损失问题。洲际集团的损益表缺乏证据的基本要件，三建公司没有实施违约行为，不承担违约责任。

二审法院补充查明事实

二审法院开庭后，西岳山庄向法院提交了三建公司关于申报文明工地不向西岳山庄索取费用的《证明》等证据。二审法院认为：西岳山庄本应在一审举证期限内提交这些证据，其在二审开庭后举证已超过举证期限，且未说明延期举证的理由。根据最高人民法院《民事诉讼证据规定》第43条的规定，逾期举证的，视为放弃举证权利，西岳山庄在二审中提交的证据对本案不具有证明力。

西岳山庄于2001年4月10日经工商行政管理部门批准成立并取得企业法人营业执照。2002年3月7日，西岳山庄取得华阴市人民政府城市规划部门颁发的2002—3号《建设用地规划许可证》和《建设工程规划许可证》。翌日又取得华阴市建设局颁发的2002—24号《建设工程施工许可证》，其中载明建设工程名称为华山假日酒店，建筑面积43 000平方米，工程造价6 000万元，开工日期2002年3月8日。2003年5月，西岳山庄分别取得华阴市人民政府颁发的阴国用（2003）字第606、607号《国有土地使用证》。

《建设工程施工合同》还约定：主体结构三层完，西岳山庄再向三建公司支付300万元工程款；主体封顶，西岳山庄再向三建公司支付300万元工程款。2002年3月19日，西岳山庄尚未向三建公司提供施工图和地质勘探资料，亦未解决施工所需的供水、供电问题。三建公司开挖地基时遇到大石块，曾安排破碎机进行破石。2002年4月15日，三建公司将其依据施工图制订的《施工组织设计》提交监理部门。同年6月5日，工程监理对《施工组织设计》提出了审查意见。同年6月13日，主体工程进入二层顶板施工，西岳山庄尚未提供三层以上安装图。

建发公司、三建公司均于2002年12月27日经工商行政管理部门批准成立并取得企业法人营业执照，前者的经营范围包括各类建设工程总承包、施工、咨询等，后者的经营范围包括建筑装饰装修工程、钢结构工程、房屋建筑工程总承包等。

二审法院查明的其他事实与一审判决认定的事实相同。2007年9月27日，建发公司提出，同意在二审维持原判的前提下，在执行阶段放弃文明工地定额费用中的20万元，在提出执行申请时予以扣除。

二审判决

二审法院认为：西岳山庄与三建公司签订的《建设工程施工合同》和2002年9月20日签订的《会议纪要》，是双方当事人的真实意思表示，该合同与纪要的内容不违反法律、法规的强制性规定，认定合法有效，双方对此均负有履行义务。

三建公司向建发公司转让债权合法有效，建发公司具有诉讼主体资格。西岳山庄与三建公司在履行《建设工程施工合同》过程中均有违约行为，对工程延期完工均有责任。但由于西岳山庄违约在先，并长期拖欠工程款，也不存在额外支出，故对西岳山庄的反诉请求，一审法院不予支持是正确的。鉴于《建设工程施工合同》确已无法履行，三建公司依约有权解除合同。合同解除后，未履行的部分不再履行。由于《建设工程施工合同》约定的工程保质期已过，质保金不再从工程款中扣除。建发公司基于债权受让，在合同解除前已提起诉讼，对涉案工程享有优先受偿权。原判认定事实基本清楚，适用法律正确。二审中，建发公司提出在本案执行阶段放弃20万元文明工地定额费用，并在申请执行时予以扣除，依法应予准许。依据《民事诉讼法》第153条第1款第1项之规定，判决如下：

一、驳回上诉，维持原判。

二、逾期不履行本判决确定的金钱给付义务，应当依照《民事诉讼法》第232条的规定，加倍支付迟延履行期间的债务利息。

三、二审案件受理费126 077.25元，由西岳山庄负担。

本判决为终审判决。

案由与焦点

1. 案由

本案的一级案由为“合同、无因管理、不当得利纠纷”，二级案由为“合同纠纷”，三级案由为“建设工程合同纠纷”，四级案由为“建设工程施工合同纠纷”。

建设工程合同是指承包人进行工程建设，发包人支付价款的合同。在“建设工程合同纠纷”三级案由下，包括以下9种四级案由：(1) 建设工程勘察合同纠纷；(2) 建设工程设计合同纠纷；(3) 建设工程施工合同纠纷；(4) 建设工程价款优先受偿权纠纷；(5) 建设工程分包合同纠纷；(6) 建设工程监理合同纠纷；(7) 装饰装修合同纠纷；(8) 铁路修建合同纠纷；(9) 农村建房施工合同纠纷。建设工程施工合同纠纷是指因工程建设、安装等而引发的合同纠纷。

2. 焦点

本案争议的焦点主要包括以下几个：(1) 上诉人与被上诉人签订建筑工程施工合同，在该项目未完成的情况下，被上诉人将其对该工程项目的债权转移给另一工程公司，该债权转让是否合法有效？(2) 上诉人与被上诉人对于工期延误均存在违约行为的情况下，上诉人向法院请求被上诉人承担赔偿责任能否得到支持？(3)《建设工程施工合同》是否已经合法解除？(4) 一审认定的工程款项目和数额是否合理？(5) 上诉人西岳山庄的反诉请求是否成立？(6) 被上诉人建发公司作为《建设工程施工合同》的权利受让人，对债权让与人完成的工程是否享有优先受偿权？

评注与问题

1. 本案所涉合同债权的转让是否合法有效

《合同法》第80条第1款规定：“债权人转让权利的，应当通知债务人。未经通知，该转让对债务人不发生效力。”本案中，法院经审理认定，被上诉人三建公司履行了部分合同义务，取得了向上诉人西岳山庄请求支付相应工程款的权利。转让行为发生时，三建公司的此项债权已经形成，债权数额后被本案鉴定结论所确认。西岳山庄接到三建公司的《债权转移通知书》后，并未对此提出异议，法律、法规亦不禁止建设工程施工合同项下的债权转让，债权转让无须征得债务人同意。所以，法院根据《合同法》第80条的规定，确认涉案债权转让合法有效。不过，本案中，被上诉人三建公司的债务并未转移，所以，被上诉人三建公司仍然承担债务履行义务并对履行瑕疵承担责任。上诉人关于债务履行的抗辩同样适用于被上诉人建发公司和三建公司。此外，虽然法院确认涉案债权转让合法有效，但《合同法》第79条规定：“债权人可以将合同的权利全部或者部分转让给第三人，但有下列情形之一的除外：(一) 根据合同性质不得转让；(二) 按照当事人约定不得转让；(三) 依照法律规定不得转让。”建筑工程合同是否属于该条第1项规定的情形？即其合同性质决定其中债权不得转让？因为建筑工程合同具有权利、义务错综复杂的特点，债权人转让了债权就可能影响其债务的履行，从而损害相对人的利益。尤其是本案中，在工程项目未完成的情况下，被上诉人（承包人）即将其对该工程项目的债权转移给另一工程公司，那么是否会影响被上诉人今后工程的施工即己方债务的履行？这是值得思考的问题，你对此有何看法？

2. 本案中《建设工程施工合同》是否已经合法解除

根据《建设工程施工合同》的约定，只要因一方违约导致合同不能继续履行，另一方即可解除合同并应提前10天通知对方，无须征得对方同意。根据法院查明的事实，上诉人西岳山庄未履行按时提供图纸、支付工程款的合同义务，因此，三建公司享有合同的先履行抗辩权。三建公司解除合同前已撤出施工现场，西岳山庄就同一工程与环建公司签订续建的施工合同，客观上《建设工程施工合同》已不能继续履行，三建公司行使合同解除权符合合同约定，合同已经解除。

3. 上诉人西岳山庄支付拖延工期罚金的反诉请求是否成立

涉案工程延迟交付的原因：一是上诉人办理工程报建手续迟延；二是上诉人提供施工图纸迟延，并且未按时提供施工所需的供水、供电；三是上诉人未按进度付足工程款，严重影响施工。而被上诉人存在人员设备不足、管理不严和返工等情况。原判决鉴于上述事实，得出结论：虽然工期延误是因双方共同造成的，但由于上诉人存在严重违约行为，因而对其请求被上诉人承担拖延工期罚金的请求不予支持。你认为，法院的这种认识合适吗？

4. 上诉人西岳山庄赔偿可得利益损失的反诉请求是否成立

关于上诉人西岳山庄索赔逾期营业损失的问题属于可得利益损失问题，涉及《合同法》第113条，该条规定："当事人一方不履行合同义务或者履行合同义务不符合约定，给对方造成损失的，损失赔偿额应当相当于因违约所造成的损失，包括合同履行后可以获得的利益，但不得超过违反合同一方订立合同时预见到或者应当预见到的因违反合同可能造成的损失。"本案中，由于西岳山庄违约在先，且不能提供足够的证据证明损失的数额，故对西岳山庄的此项主张，法院未予支持。

5. 被上诉人建发公司对涉案工程款能否行使优先受偿权

根据《合同法》第286条的规定，建设工程款具有优先受偿性质。本案中，法院认定三建公司的债权转让有效，那么作为受让人的被上诉人建发公司基于受让债权取得此项权利。当上诉人西岳山庄拖欠工程款等款项时，被上诉人建发公司对涉案工程款可以行使优先受偿权。但是，鉴于该项建设工程案结时尚未全部竣工，被上诉人建发公司优先受偿权的行使期限从解除合同时起算是适宜的。请结合本案，分析建设工程优先受偿权的性质、行使条件、效力等问题。

6. 一审认定的工程款项目和数额是否合理

工程款项目和数额是专业性问题，一审中，法院委托鉴定机构针对双方当事人争议的工程造价作出鉴定结论，并对双方当事人所提异议作了答复，对异议合理的项目做了调整。一审判决在应付工程款中扣除了西岳山庄支付的1 130元破石人工费，对西岳山庄所提工程其他项目的造价不作调整是合理的。关于土建及安装所对应税金、安全文明工地费、文明补贴等费用是否应计入工程造价的问题，根据《建设工程施工合同》第4条的约定，合同价款计算的依据为1999年陕西省建筑工程相关定额，该定额包括税金和安全、文明施工定额补贴费。因此，一审判决将这两项费用计入工程造价，符合合同约定，不存在额外增加计费项目。对此，你认为法院的认定是否合理？

（评注人：于大水）

21. 运输合同纠纷

司法案例

泰富公司诉安吉日邮公司案

江苏省无锡市中级人民法院（2006）锡民二终字第0438号

基本案情

上诉人（一审被告、反诉原告）：上海安吉日邮汽车运输有限公司。

法定代表人：胡顺华，该公司董事长。

委托代理人：江敏，上海市信能仁律师事务所律师。

被上诉人（一审原告、反诉被告）：无锡泰富汽车销售服务有限公司。

法定代表人：胡海鸣，该公司总经理。

委托代理人：孙建波，江苏无锡崇安律师事务所律师。

上海安吉日邮汽车运输有限公司（以下简称“安吉日邮公司”）因与无锡泰富汽车销售服务有限公司（以下简称“泰富公司”）车辆运输合同纠纷一案，不服江苏省无锡市滨湖区人民法院（2005）锡滨民二初字第1070号判决，向江苏省无锡市中级人民法院提起上诉。二审法院受理后组成合议庭，合议庭组成人员：审判长：夏美华；审判员：费益君；代理审判员：陆晓燕。2006年11月14日审理终结。

一审法院经审理查明：2005年7月15日，泰富公司与戴新科签订了一份汽车代理销售合同，约定：泰富公司向戴新科出售法国产银灰色雷诺“风景”汽车一辆，该车完税售价为258 000元；交货时间为2005年8月2日，戴新科在合同签订当日应向泰富公司交付2万元作为定金，并在交货当天支付余款；车辆维修为原厂维修。合同签订后，戴新科即向泰富公司交付了2万元购车定金。2005年8月4日，泰富公司委托安吉日邮公司运输上述车辆至无锡（双方未签订书面的运输协议）。后安吉日邮公司在运输途中因发生事故致使该车损坏，因而未能及时向泰富公司交付该车。2005年7月29日，泰富公司与戴新科签订一份补充协议，约定将交付车辆的时间推迟至2005年8月10日。嗣后，因泰富公司迟迟未能取得该车辆，且存在车辆已损之事实，泰富公司已无法正常履行合同，其遂与戴新科于2005年8月30日又签订一份补充协议，双方同意终止上述车辆代理销售合同，同时泰富公司向戴新科赔偿违约金2万元。上述补充协议签订后，泰富公司即向戴新科支付了2万元违约金，同时将戴新科所交的2万元购车定金予以退还。2005年10月27日，泰富公司传真安吉日邮公司，就上述车辆损坏问题提出自己的处理意见。2005年11月1日，安吉日邮公司回复了其处理意见，即自愿承担受损车辆的全部修理费用20 319.8元以及该车的运输费，至于其他损失及费用，则不再承担。2005年11月11日，安吉日邮公司将上述被损车辆修复后交付给了泰富公司。而泰富公司在收取该车后一直未能将该车售出，与安吉日邮公司就车损所造成的损失承担问题迟迟未能达成一致意见。

一审诉辩主张

原告泰富公司诉称：本公司曾委托安吉日邮公司运输法国产雷诺风景车一辆，但因安吉日邮公司在运输途中将车损坏且未能按约定时间交付车辆，本公司只得与订车客户解除车辆买卖合同并支付对方违约金2万元。随后，安吉日邮公司虽将车修理后交付本公司，但由于该车系根据客户特殊要求而采购，现因车辆已损之事实而致使该车已无法出售。故请求法院判令安吉日邮公司赔偿损失282 000元（其中包括：车价258 000元，因赔付车辆订购者违约金而产生之损失2万元，因车辆无法售出导致资金闲置而产生的利息损失4 000元），并承担本案诉讼费用。

原告泰富公司主要证据材料：汽车代理销售合同、补充协议、收条、收据及存根、增值税专用发票、传真函、证人证言和庭审笔录等。

被告安吉日邮公司辩称：本公司在运输泰富公司车辆过程中虽存在瑕疵，但在发生事故后本公司已履行了通知义务，并积极将车辆修理好后交付给了泰富公司，且泰富公司也已验收、接受了该车辆，故本公司已履行了自己的合同义务，不应再承担其他的损失，请求驳回泰富公司的诉讼请求。

被告安吉日邮公司反诉称：由于2004年8月4日泰富公司曾委托本公司运输了三辆车（包括本诉部分所涉车辆），但泰富公司在收取车辆后至今未支付三辆车的运输费，故请求法院判令泰富公司立即支付本公司运输费共计2 400元（包括：运费2 200元、运输加急费200元），并承担本案反诉费用。

原告泰富公司反诉辩称：安吉日邮公司反诉的三辆车的运输费无事实及法律依据，而本案所涉车辆因在运输途中出现事故而导致车辆损坏以及交付迟延，因此本公司不应再支付该车的运输费，安吉日邮公司的反诉应予驳回。

一审判决

一审法院经审理认为：

1. 本诉部分。根据庭审中查明的事实，泰富公司与安吉日邮公司存在事实上的运输合同关系，安吉日邮公司作为承运人应当及时、安全地将货物运至指定地点。现安吉日邮公司在承运商品车辆时发生事故致使商品车辆损坏，则其理应向商品车辆的所有人泰富公司承担相应的损害赔偿责任。本案原、被告双方争议的焦点为损害赔偿的数额问题。泰富公司认为，因受损雷诺“风景”汽车是按客户特殊要求所采购的，在客户拒绝接受事故修复车而泰富公司又无法将该车售出的前提下，安吉日邮公司应依照原先与戴新科签订的销售合同约定的车价进行全额赔偿，以及赔付因无法履行原先销售合同而产生的违约金损失和因采购资金回笼延误而产生的利息损失。而安吉日邮公司则认为，其已支付了车辆修理费，不应再向泰富公司赔偿其他损失。庭审中，泰富公司认为，鉴于目前该车已无法按原合同价实现销售的实际情况以及泰富公司在与安吉日邮公司协商未果的情况下又不能擅自降价处理该车，该车现对泰富公司而言客观上已无法体现其价值，泰富公司亦无法通过销售该车而取得应有之市场利润。而安吉日邮公司则认为，该车应当存在一定的实际价值。

法院认为：首先，本案所涉的法国产雷诺“风景”汽车为泰富公司因客户戴新科的订购而向国外采购的，且戴新科对车辆的车型、颜色、款式、产地均有特定要求，故该车辆在客观上存在特殊的消费群体，此类消费群体与一般车辆消费者相比较而言在消费心理上具有一定的特殊性，因此，该车的销售范围受到一定的限制。其次，因该车现为已损之进口车辆，虽经安吉日邮公司修复，但依据汽车销售之相关法规及行业惯例，泰富公司对此类损后修复车辆在销售时必须向购车者予以明确说明，否则即构成欺诈。而从我国消费者的购车心理角度考虑，作为一般的进口汽车消费者，其所欲购买的进口汽车理应为原装进口的新车而非经过“修复”的车。如上述消费者在被告知欲购的进口车辆系已被损伤后修复之车，则即便该车修复得再完好如初，消费者必然会大大降低其对该车的心理价位（此种心理价位上的影响从证人戴新科的证言中可窥见一斑），甚至不再购买该车。此种消费者心理价位的降低实际上已经给本案所涉雷诺“风景”汽车的销售工作及实际价格造成严重的影响，从而在客观上造成了泰富公司的经济损失。而此种因心理价位降低导致的损失明显非同一般意义上之物质损失，且该损失并无可以参照的具体计算标准，因此无法用通常的价值评估方法进行评估鉴定。由于目前泰富公司无法实现该辆受损修复的雷诺“风景”汽车的原价销售，其在与安吉日邮公司协商未果的情况下又不能擅自降价处理该车，该车目前“搁置”的现状决定了其对泰富公司而言已无任何实际价值。现安吉日邮公司辩称“已将受损车辆修复并交付了泰富公司，其不应承担其他损失”显然是认为该车经修复后可以继续按原价销售。鉴于安吉日邮公司在庭审中又提出该车应当现存一定的实际价值，结合其抗辩观点，则安吉日邮公司理应对该车的实际价值承担举证责任。但安吉日邮公司于庭审中却认为该举证责任不应由其承担而拒不举证。依照证据规则，安吉日邮公司应承担未能证明该车现有实际价值的举证不能责任。综上，因泰富公司至今未能将该车按原合同价实现销售以收回成本并获取利润，也不能擅自降价处理致使车辆一直搁置，而安吉日邮公司又未能举证证明该车的实际价值，故只能认定该车已无实际价值。鉴于此，安吉日邮公司应向泰富公司支付的损害赔偿数额即为该车之售价 258 000 元（即与客户戴新科所签销售合同约定之价格）。据此，泰富公司要求安吉日邮公司赔偿车价 258 000 元的该部分诉讼请求本院予以支持。安吉日邮公司在向泰富公司赔付了上述款项后即取得了该车的所有权，其可至泰富公司提取该车后自行处理。同时，因安吉日邮公司在履行运输合同过程中之违约行为，泰富公司被迫与客户戴新科解除合同并赔偿 2 万元违约金，对于泰富公司的该部分客观存在的损失，安吉日邮公司亦应予以赔偿。另外，因安吉日邮公司之违约行为而导致该车至今未能售出从而客观上造成了泰富公司车辆采购资金的占用和回笼延误，由此而产生的银行利息损失，安吉日邮公司亦应赔偿。现泰富公司要求安吉日邮公司赔偿自起诉之日起至车辆实际处理前以该车的销售价 258 000 元为基础按同期银行贷款利率计算的利息损失 4 000 元应属合理，本院予以支持。

2. 反诉部分。本案中，因双方并未实际签订书面的运输合同，故双方对运输费用价格问题未能明确约定。安吉日邮公司认为，泰富公司尚有三辆车（包括本案所涉车辆）的运输费 2 200元以及运输加急费 200 元尚未向其支付，但安吉日邮公司未举证证明其与泰富公司之间存在除本案所涉车辆外的另两辆车的运输业务关系，而泰富公司对上述两辆车的运输业务亦未予以认可，故本院对安吉日邮公司诉请的上述两辆车的运输费不予支持。至于本案所涉车辆即被损车辆的运输费问题，因泰富公司在第一次庭审中虽对安吉日邮公司举证的双方先前的运输合同不予认可，但对该合同约定的每辆车 550 元的运输费已予以认可，且安吉日邮公司事实上已将该车交付给泰富公司，则本院对安吉日邮公司要求支付本案被损车辆运输费 550 元的诉请予以支持。此外，因安吉日邮公司未能举证双方曾约定由泰富公司向其支付200元加急费用，而泰富公司对该笔运输加急费用亦不予认可，故本院对安吉日邮公司有关运输加急费的该部分诉请亦不予支持。

江苏省无锡市滨湖区人民法院依照《合同法》第8条、第107条、第288条、第290条、第311条之规定，作出如下判决：

一、被告安吉日邮公司在本判决生效后立即向原告泰富公司支付赔偿损失282 000元（包括车辆损失258 000元、支付违约金而产生的损失20 000元、利息损失4 000元）。

二、泰富公司于本判决生效后立即向安吉日邮公司支付运费550元。

三、驳回安吉日邮公司对泰富公司的其他诉讼请求。

本案本诉受理费6 740元，其他诉讼费1 350元，合计8 090元由被告安吉日邮公司承担。

二审诉辩主张

一审判决后，被告安吉日邮公司不服，向江苏省无锡市中级人民法院提起上诉，称：首先，原审认定事实不清。我公司与泰富公司未订立书面运输合同，系争受损车辆是否是案外人戴新科所购，与我公司无关；从汽车代理销售合同看，车辆配置是标准装备，并非“特殊商品”，且交货时间为2005年8月2日，而运送受损车辆时间为2005年8月4日，由此证明受损车辆与案外人订购车辆非同一辆车；2005年11月11日我公司将修复车辆交付后，原审却判令我公司自行至泰富公司提取该车，时隔9个多月，车况无法考证；预期销售价格作为起诉标的违反合同法有关规定，损失应以实际损失为限。综上，泰富公司提供的证据无法证明受损车辆即为案外人订购的车辆，双方也未就运输过程中发生损失赔偿事先达成约定，事实上我公司在事故发生后，已立即通知对方，并积极采取措施弥补过失，支付车辆修理费。双方多次交涉后，我公司将修复车辆送至泰富公司，泰富公司书面签收确认，上述事实和证据可以证明，双方已就运输车辆受损后的合同履行达成一致，原审判令我公司赔偿损失是错误的。其次，一审判决适用法律错误。原审在认定系争车辆为“特殊商品”基础上，判令赔偿损失282 000元，没有法律依据，泰富公司无法证明运输车辆为案外人订购车，违约金损失20 000元更是不能成立；282 000元损失中既要求赔偿车辆损失258 000元，又要求支付利息损失4 000元，该损失并非运输合同纠纷造成的直接损失。请求二审撤销原判，依法改判。

被上诉人泰富公司辩称：原审认定事实清楚，适用法律正确，我公司根据客户戴新科的指定要求向商家购买该特定车型，该车应属于特定物。安吉日邮公司运输中将该车损坏，虽已修复，但我公司诚信地告知客户车辆的实际车况后，戴新科以其所购车辆为全新的而非修复车为由拒收，并要求双倍返还定金，是合情合理的，对此因安吉日邮公司运输瑕疵行为，造成泰富公司既得利益无法实现，而且付出双倍定金及公司资金搁置的后果，原审判决安吉日邮公司赔偿损失有理有据。安吉日邮公司支付损失后，提取受损车辆能最大限度地维护其权益并实现其最大利益。

二审判决

二审法院经审理认为：安吉日邮公司为泰富公司运输商品车辆的行为，形成事实上的运输合同关系。安吉日邮公司作为承运人应及时、安全地将货物运至指定地点，现安吉日邮公司在运输途中因发生事故致商品车辆损坏，理应向托运人泰富公司承担相应的赔偿责任。双方在受损车辆的处理未形成一致意见的情况下，泰富公司收取安吉日邮公司交付的修复受损车，并不能证明双方对车辆受损后的合同履行达成一致，更不能以此认定安吉日邮公司已履行运输合同的义务，况且泰富公司以诉讼形式向安吉日邮公司主张损害赔偿。鉴于汽车销售处于买方市场，经销商根据客户的要求订购商品车，由此所订商品车具有特定物的性质，现承运人安吉日邮公司在运输途中因发生事故造成订购商品车损坏，修复后泰富公司如实告知客户，客户拒收，承运人与托运人间未能就该修复的受损车的处理形成合意，市场汽车价格呈下降趋势，该车的价值需出售后才能实现，从最大限度实现该车的价值角度出发，由安吉日邮公司变现该修复后的受损车较妥，泰富公司应予相应配合。对于违约金损失 20 000 元和利息损失 4 000 元，均为安吉日邮公司承运泰富公司订购商品车中的瑕疵行为所造成，且实际存在，对此，原审所作判决并无不当。安吉日邮公司上诉诉称理由均不能成立，本院不予采信。

江苏省无锡市中级人民法院依照《民事诉讼法》第 153 条第 1 款第 1 项之规定，判决如下：

驳回上诉，维持原判。

案由与焦点

1. 案由

本案的一级案由为“合同、无因管理、不当得利纠纷”，二级案由为“合同纠纷”，三级案由为“运输合同纠纷”，四级案由为“公路货物运输合同纠纷”。

运输合同是承运人将旅客或者货物从起运点运输到约定的目的地，旅客、托运人或者收货人支付票款或者运输费的合同。在“运输合同纠纷”三级案由下，包括以下 16 类四级案由：(1) 公路旅客运输合同纠纷；(2) 公路货物运输合同纠纷；(3) 水路旅客运输合同纠纷；(4) 水路货物运输合同纠纷；(5) 航空旅客运输合同纠纷；(6) 航空货物运输合同纠纷；(7) 出租汽车运输合同纠纷；(8) 管道运输合同纠纷；(9) 城市公交运输合同纠纷；(10) 联合运输合同纠纷；(11) 多式联运合同纠纷；(12) 铁路货物运输合同纠纷；(13) 铁路旅客运输合同纠纷；(14) 铁路行李运输合同纠纷；(15) 铁路包裹运输合同纠纷；(16) 国际铁路联运合同纠纷。公路货物运输合同是指托运人与承运人签订的，由托运人将货物由特定地点运送至指定地点交付收货人，由收货人或托运人支付运输费的合同。因公路货物运输合同的订立、履行、解除等引发的纠纷即为公路货物运输合同纠纷。

2. 焦点

本案争议的焦点包括以下 4 个：(1) 货物运输合同中，被告作为承运人在运输途中因发生事故造成具有特定性质的货物损坏，对该损失承运人应如何承担赔偿责任？(2) 本案所涉的法国产雷诺“风景”汽车是否构成特定物？(3) 损害赔偿的数额及举证责任问题。(4) 损失赔偿与车辆所有权的转移问题。

评注与问题

1. 泰富公司与安吉日邮公司之间的运输合同是否成立

《合同法》第 10 条规定：“当事人订立合同，有书面形式、口头形式和其他形式。法律、行政法规规定采用书面形式的，应当采用书面形式。当事人约定采用书面形式的，应当采用书面形式。”本案中，安吉日邮公司为泰富公司运输商品车辆法国产雷诺“风景”汽车的行为表明，当事人之间虽然没有签订书面合同，但事实上形成了运输合同关系。运输合同具体分为三种，即客运合同、货运合同和多式联运合同。本案涉及的合同为货运合同，对该类合同，法律没有规定必须采取书面形式。因此，泰富公司与安吉日邮公司之间的运输合同成立并且有效。安吉日邮公司反诉称：2004 年 8 月 4 日泰富公司曾委托本公司运输了三辆车（包括本诉部分所涉车辆），但泰富公司在收取车辆后至今未支付三辆车的运输费。其他两辆车的运输合同，安吉日邮公司没有提供任何证据证明其真实存在，所以法院未支持安吉日邮公司的主张。

2. 运输合同中承运人对运输过程中的货损是否应承担赔偿责任

《合同法》第 311 条规定：“承运人对运输过程中货物的毁损、灭失承担损害赔偿责任，但承运人证明货物的毁损、灭失是因不可抗力、货物本身的自然性质或者合理损耗以及托运人、收货人的过错造成的，不承担损害赔偿责任。”本案中，安吉日邮公司作为承运人，在运输途中因发生事故致商品车辆损坏，不能证明受损货物的毁损、灭失是因不可抗力、货物本身的自然性质或者合理损耗以及托运人、收货人的过错造成的，承运人未能履行及时、安全地将货物运至指定地点的义务，构成为违约，应承担作为货物的车辆的赔偿责任。

3. 本案所涉的法国产雷诺“风景”汽车是否构成特定物

本案中，安吉日邮公司在车辆受损后主动将车辆进行维修并将维修好的车辆交付给泰富公司，泰富公司已收取了该车。依安吉日邮公司的观点，其已主动向泰富公司弥补了因其瑕疵运输而对泰富公司造成的损失，作为运输标的物的车辆亦已经安吉日邮公司的维修而恢复至原先的状态，泰富公司已收取了该车，则双方已对车辆受损后的合同履行达成一致，安吉日邮公司已经履行了合同义务，故不存在向泰富公司承担损害赔偿的问题。但是，本案中安吉日邮公司所承运的货物并非普通货物，其具有一定的特殊性，决定了该车虽经维修但其价值实际存在严重贬值，进而仍然使泰富公司遭受了一系列的损失。本案所涉的法国产雷诺“风景”汽车是否构成特定物，是法院是否支持安吉日邮公司的观点的关键。所谓特定物，是指自身具有独立的特征，或者因被权利人指定而特定化，不能以其他物代替的物。特定物包括在特定条件下独一无二的物和从一类物中根据民事主体的意志而特定化的物。法院审理查明，本案所涉的法国产雷诺“风景”汽车为泰富公司因客户戴新科的订购而向国外采购的，且戴新科对车辆的车型、颜色、款式、产地均有特定要求，这使它有别于市场上的同类车辆，即使重新销售，客户群体也只能是特殊的。因此，该车构成特定物。安吉日邮公司虽在车辆受损后向泰富公司提出了赔偿方案，但泰富公司对该方案并未回函表示同意。恰恰相反，在双方未能就赔偿问题达成一致意见的情形下，泰富公司选择以诉讼形式向安吉日邮公司主张损害赔偿。此外，泰富公司收取安吉日邮公司交付的修复受损车，并不能证明双方对车辆受损后的合同履行达成了一致，更不能以此认定安吉日邮公司已履行运输合同的义务。

4. 车辆货物损害赔偿的数额如何确定

《合同法》第 312 条规定：“货物的毁损、灭失的赔偿额，当事人有约定的，按照其约定；没有约定或者约定不明确，依照本法第六十一条的规定仍不能确定的，按照交付或者应当交付时货物到达地的市场价格计算。法律、行政法规对赔偿额的计算方法和赔偿限额另有规定的，依照其规定。”本案中，合同中没有损害赔偿约定，损害发生后，当事人双方没能就赔偿问题达成补充协议。在市场销售中，因该车现为已损之进口车辆，即便该车修复得再完好如初，消费者也必然会大大降低其对该车的心理价位。因此，该车的市场价格难以确定，该车的实际价值需出售后才能显现。法院最终认为，由于泰富公司无法实现该辆受损修复的雷诺“风景”汽车的原价销售，其在与安吉日邮公司协商未果的情况下又不能擅自降价处理该车，该车“搁置”的现状决定了其对泰富公司而言已无任何实际价值。安吉日邮公司应对其修复后车辆实际价值的主张承担相应的举证责任，但安吉日邮公司拒绝承担该责任，则其应承担举证不能的法律后果。因此，该车辆的损害赔偿额应当以车辆的原值认定。你认为，法院的这种观点和裁判是否妥当，有无别的办法给车定价？

5. 本案中损害赔偿后汽车的所有权由谁取得

本案中，法院判决，安吉日邮公司应向泰富公司支付雷诺“风景”汽车的原价的损害赔偿数额，而安吉日邮公司在向泰富公司赔付了赔偿款项后即取得该车的所有权。这一裁判结果，在我国目前的法律上尚找不到直接依据，但从中外司法实践中不难找到相似判例。试从法理上分析安吉日邮公司在向泰富公司赔付了赔偿款项后，能否取得该车的所有权？这一判决结果与《合同法》第113条和第312条的规定是否存在冲突？

6. 安吉日邮公司是否应对车损外的泰富公司的其他实际损失承担赔偿责任

《合同法》第311条、第312条仅对运输中货物毁损、灭失的损害赔偿作了规定，而未对货损外其他损失的赔偿问题作出规定。但是，《合同法》第113条第1款规定：“当事人一方不履行合同义务或者履行合同义务不符合约定，给对方造成损失的，损失赔偿额应当相当于因违约所造成的损失，包括合同履行后可以获得的利益，但不得超过违反合同一方订立合同时预见到或者应当预见到的因违反合同可能造成的损失。”该款明文规定了赔偿损失的范围，确定了赔偿损失的基本原则为完全赔偿原则，同时对赔偿范围作了合理限制。本案中，因安吉日邮公司的瑕疵运输行为直接导致了泰富公司无法按约向客户交付车辆，从而产生了泰富公司向客户赔偿2万元的违约金的事实，造成泰富公司运输货物损失以外的损失。因泰富公司为专业的汽车销售公司，安吉日邮公司作为承运人应当预见到泰富公司所托运的法国产雷诺“风景”汽车绝非自用，此类车辆一般为特定客户下单订购，故安吉日邮公司亦应能预见到其违约行为而导致的上述违约金损失。同时，因安吉日邮公司承运泰富公司订购商品车中的瑕疵行为客观上造成了泰富公司车辆采购资金占用和回笼的延误，由此而产生的实际存在的银行利息损失，安吉日邮公司亦应预见。上述损失均客观存在，且与安吉日邮公司的违约行为存在直接的因果关系，所以均在本案中应属赔偿范围之内，安吉日邮公司应当对泰富公司所遭受到的实际损失承担完全赔偿责任。

（评注人：于大水）

22. 保管合同纠纷

司法案例

王金晶诉海赛特公司等案

云南省昆明市中级人民法院（2008）昆民五终字第23号

基本案情

上诉人（原审被告）：昆明海赛特物业管理策划有限公司。

法定代表人：锁钥，该公司总经理。

被上诉人（原审原告）：王金晶。

原审被告：昆明锦云东城物业管理有限公司。

法定代表人：袁翔，该公司总经理。

上诉人昆明海赛特物业管理策划有限公司（以下简称“海赛特公司”）因与被上诉人王金晶保管合同纠纷一案，不服昆明市五华区人民法院（2007）五法北民初字第296号民事判决，向本院提起上诉。本院于2007年12月24日受理后，依法组成合议庭进行了审理。本案现已审理终结。

一审原告提起的诉讼请求为：请求判令被告海赛特公司、昆明锦云东城物业管理有限公司（以下简称“锦云物业公司”）赔偿原告王金晶损失费12 050.64元。

一审法院经审理确认的案件事实是：王金晶系昆明明智星电脑有限公司员工，其供职的公司位于昆明市威远街华夏大厦内。海赛特公司、锦云物业公司共同负责华夏大厦的物业管理。王金晶称2007年4月20日中午，王金晶将自己的“锡特”牌电动自行车停放在华夏大厦停车棚内，下午去取车时发现车子被盗，随后王金晶向华夏大厦物业管理人员反映了情况，并向五华区公安分局小南门派出所报案，民警进行了现场勘查，后立案予以侦查，因无线索尚未破案。王金晶多次找海赛特公司、锦云物业公司要求赔偿未果，遂诉至法院。王金晶称被盗自行车系银色女式电动自行车（牌照号：G0200148），购于2007年2月19日，购车价格为2 480元。另查明：2007年1月10日下午，海赛特公司、锦云物业公司与华夏大厦业主委员会、部分业主共同召开会议，对华夏大厦内物业管理的范围进行了划分，并就有关事宜进行了协商，以备忘录形式确定由海赛特公司负责管理华夏大厦地下停车场、室外停车场、单车棚等处，锦云物业公司负责管理住宅楼部分。王金晶供职的公司向锦云物业公司交纳了2007年4月至6月的物业管理费472.34元。昆明市盘龙区房地产公司因拆除华夏大厦南侧围墙旁的危房，要求海赛特公司、锦云物业公司予以协助并提供了新的停车地点，海赛特公司对此进行了通知告示。

一审判决

一审法院认为：本案双方争议的焦点，一是王金晶是否将车确实停放在海赛特公司、锦云物业公司管理的区域内并被盗？二是双方之间是否存在保管合同关系？针对争议焦点一，法院认为，认定证据应综合考察双方证据的证明力，并结合日常经验法则予以综合判断。王金晶上班地点位于华夏大厦内且办理过停车手续，其每日骑电动自行车上班并将其停放在停车棚内，均符合日常生活逻辑。后王金晶与海赛特公司、锦云物业公司交涉、报警以致诉讼的过程中，其陈述及提交的证据并无违背常理之处，海赛特公司、锦云物业公司没有充分理由说明王金晶有造假之处，故法院认为，王金晶的证据可以证明2007年4月20日中午，王金晶将自己的“锡特”牌电动自行车停放在华夏大厦内，下午该车被盗的事实存在。针对争议焦点二，法院认为，海赛特公司、锦云物业公司作为物业管理公司，其和业主之间的物业管理服务合同中应当有保安服务内容，该保安服务作为公共服务，其内容当然应当包含对建筑物区划内的公共部分负有安全管理职责。尤其对于停车棚这样的公共区域，其功能不仅是便于停放车辆，而且有防止车辆丢失的功能。海赛特公司、锦云物业公司对该公共区域也有安全管理职责。王金晶作为业主公司的职工，将车辆停放在海赛特公司、锦云物业公司负责管理的停车棚内，其默认意思表示就是希望妥善保管车辆，且保管物已经实际停放在海赛特公司、锦云物业公司负有管理职责的区域内，双方之间就成立保管合同关系，至于是否收费并不影响保管合同的成立。由于海赛特公司、锦云物业公司已经对华夏大厦区划内各自的管理范围作了划分，应由负责管理停车棚的海赛特公司承担责任。海赛特公司对由于拆迁危房影响停车棚的使用作了通知、安排，但其通知内容没有明确指定新的停车点，且对王金晶停车没有进行必要的提醒，存在一定的过错，应承担一定的责任。王金晶对停车地点周围环境变更疏于注意，未在安全位置停放车辆，自己应承担部分责任。由于车辆被盗给王金晶造成出行不便，其还得重新购买新车，故对王金晶主张按原车价值2 480元赔偿予以支持。对王金晶主张的交通费395元，予以支持。对王金晶主张的误工损失1 150元，予以支持。对医药费25.64元、精神损失费8 000元，不予支持。以上损失合计4 025元，王金晶、海赛特公司各自应承担一定的责任。法院酌情考虑，海赛特公司应赔偿王金晶3 000元。据此，依照《合同法》第367条、第374条和《民事诉讼法》第107条之规定，判决如下：

一、由被告海赛特公司在本判决生效之日一次性赔偿原告王金晶人民币3 000元。

二、驳回原告对被告锦云物业公司的诉讼请求。

三、驳回原告的其他诉讼请求。

案件受理费100元，减半收取，由被告海赛特公司承担50元。

二审诉辩主张

一审判决宣判后，上诉人海赛特公司不服，向本院提起上诉，请求：撤销原判第一项，改判驳回被上诉人王金晶的诉讼请求，诉讼费由被上诉人承担。其主要上诉理由是：

（一）一审法院认定事实不清

1. 一审法院认定2007年4月20日中午，被上诉人将自己的“锡特”牌电动自行车停放在

华夏大厦停车棚内，下午该车被盗的事实存在是错误的

(1) 被上诉人所提交的证据不能证明其是否购买过电动自行车。本案中，被上诉人所提交的欲证明其购买过电动自行车的证据，仅为电动自行车牌照复印件与购车发票（缺少购车人姓名）。因而该组证据存在严重瑕疵，上诉人无法确认此牌照的真实性，也无法确认购车人即为被上诉人。(2) 被上诉人所提交的证据不能证明事发当日在上诉人停车处停过车。事发当日，被上诉人曾报警声称车辆被盗，但是，迄今为止公安机关对被上诉人所称电动自行车被盗的事实并未作出任何定论。况且，被上诉人也没有提交相关证据来证明被上诉人在事发当日确实是在上班，停过车并且向上诉人办理过停车手续。

2. 一审法院认定上诉人与被上诉人之间成立保管合同，且上诉人应承担一定的责任是错误的

保管合同是实践性合同，被上诉人须将其电动自行车交付上诉人时，保管合同始得成立。根据被上诉人所提交的证据，并不能证明其于事发当日已将电动自行车交付上诉人的事实，故而被上诉人与上诉人并未成立保管合同关系。此外，上诉人向大厦业主免费提供场地停车，实际上是业主免费借用上诉人的场地停车。为此，上诉人与业主所形成的是无偿场地借用合同关系，而非保管合同关系。被上诉人与上诉人并未订立物业管理合同，上诉人没有任何义务为被上诉人看管车辆。同时，上诉人对被上诉人也尽到了格外的、必要的提醒和告知义务，上诉人在本案中并不存在任何过错，也无须承担任何责任。

(二) 一审法院适用法律错误

本案中，一审法院判决上诉人应按一定比例赔偿被上诉人主张的原车价值 2 480 元、交通费 395 元、误工损失 1 150 元是不符合法律规定的。因为本案是一个合同纠纷，但被上诉人主张的交通费及误工损失等赔偿的诉讼请求不属于合同纠纷，而属于侵权纠纷的范围。根据我国相关法律及司法解释的规定，被上诉人只能在合同之诉和侵权之诉中选择其一来主张其诉讼请求，并且一审法院也只能根据被上诉人主张的合同纠纷或者侵权纠纷的诉讼请求来进行判决，而不能在同一判决中将合同之诉与侵权之诉予以共同解决，这是违反法律规定的，是适用法律的错误。

被上诉人王金晶答辩称：双方已经形成保管合同关系，上诉人应当对被上诉人电动自行车被盗的损失承担赔偿责任。一审判决认定事实清楚，适用法律正确，请求驳回上诉，维持原判。

二审中，对一审判决认定的案件事实，上诉人海赛特公司有异议，并主张：被上诉人王金晶所提交的证据不能证明其购买过电动自行车且事发当日在上诉人停车处停过车，双方没有建立保管合同，上诉人在本案中并不存在任何过错，无须承担任何责任，除此之外，上诉人对其余案件事实无异议。被上诉人对一审判决认定的案件事实没有异议。

二审中，本院确认的案件事实与一审判决认定的案件事实一致，不再赘述。

归纳各方当事人的诉辨主张，本案的争议焦点是：双方是否建立了保管合同关系？上诉人是否应对被上诉人电动自行车被盗的损失承担赔偿责任？被上诉人的损失应当如何认定？

二审判决

本院认为：根据《合同法》的规定，保管合同是保管人保管寄存人交付的保管物，并返还该物的合同。当事人对保管费没有约定或者约定不明确，保管是无偿的。保管期间，因保管人保管不善造成保管物毁损、灭失的，保管人应当承担损害赔偿责任。但保管是无偿的，保管人证明自己没有重大过失的，不承担损害赔偿责任。本案中，被上诉人长期办理了上诉人的停车

月票，并按照交易惯例在上诉人管理的停车棚内停车，双方已建立了保管合同关系，虽然被上诉人的车辆被盗当月，上诉人未向被上诉人收取车辆保管月票费，但此时双方实际建立了事实上的无偿保管合同关系。在此无偿保管合同关系中，上诉人是保管人，负有妥善保管被上诉人寄存车辆的责任。但是，在车辆停放过程中，因上诉人未尽到善意提醒义务造成被上诉人的车辆丢失，对此，上诉人负有重大过失责任，应当对被上诉人电动自行车丢失的后果依法承担相应的赔偿责任。关于被上诉人电动自行车丢失造成的损失问题，被上诉人的电动自行车价值2 480元，有相应证据证实，本院予以认定；被上诉人主张的交通费损失395元，有相应的依据，亦予以认定。关于被上诉人主张的误工损失费1 150元，与电动自行车丢失没有法律上的因果关系，因此本院不予认定，但鉴于被上诉人车辆丢失，确实对其工作效果造成了一定的损失，因此，本院酌情予以确定。一审判决上诉人赔偿人民币3 000元是恰当并合理的，本院予以支持。上诉人主张其与被上诉人没有建立保管合同关系，不应承担法律责任，与本院查明的案件事实不符，本院不予支持。

综上所述，本院认为：上诉人的上诉请求没有事实依据和法律依据，本院不予支持。一审判决认定事实清楚，适用法律正确，本院予以维持。据此，依照《民事诉讼法》第153条第1款第1项、第158条之规定，判决如下：

驳回上诉，维持原判。

如果未按本判决指定的期间履行给付金钱义务，应当依照《民事诉讼法》第232条之规定，加倍支付迟延履行期间的债务利息。

二审案件受理费人民币50元，由上诉人海赛特公司负担。

本判决为终审判决。

案由与焦点

1. 案由

本案的一级案由为“合同、无因管理、不当得利纠纷”，二级案由为“合同纠纷”，三级案由为“保管合同纠纷”。

保管合同是指保管人应寄存人的请求，为寄存人有偿或者无偿地保管特定物品，在寄存人和保管人之间成立的合同关系。因保管合同的订立、履行、解除等引发的纠纷即为保管合同纠纷。

2. 焦点

本案争议的焦点有三个：(1) 双方是否建立了保管合同关系？(2) 上诉人是否应对被上诉人电动自行车被盗的损失承担赔偿责任？(3) 被上诉人的损失应当如何认定？

评注与问题

1. 车辆寄存的事实如何证明

在日常生活中，存车大体有两种情况：一是像本案中的寄存人王金晶一样，因为上班，长期将车辆存放于某处；另一种是外出办事或逛街等，开到哪儿就存放在附近的停车场，是临时性的。对于临时性存车，工作人员会引导车辆停放，要么提前收取停车费，开出收据；要么车主提车时支付停车费，取得收据。对于前一种情况，因为提前收取停车费，所以通过收据很容易证明车辆存放该处。对于后一种情况，如果车辆一旦丢失，就无法提供存放车辆的证明，因而在现实生活中引发颇多矛盾。对于车辆的长期存放，如本案所述，也有一个证明车辆存放的问题。本案当事人王金晶上班存车，天天如此，但也可能偶尔不是骑车上班，没有存放。本案双方在证明保管合同存在之前都有一个证明在案发当天是否存车的问题。王金晶称当天与其他时间没有什么不同，就是骑车上班而后存放，而海赛特公司认为当天没有存放。根据举证责任的分配原则，王金晶应就存车负证明责任，在王金晶证成的情况下，海赛特公司负有证否的证明责任。王金晶的证据就是天天上班，一贯如此。而海赛特公司认为当天可能就是例外，即不是骑车上班。法庭对于该问题的验证标准是"结合日常经验法则予以综合判断"，认为王金晶的陈述是"均符合日常生活逻辑……并无违背常理之处，海赛特公司、锦云物业公司没有充分理由说明王金晶有造假之处"。法庭的验证标准与判断是正确的，日常生活经验在此类案件中确是判断行为是否发生的重要标准。其实，生活经验的判断在案件中隐含了一个假设，即首先推定原告说的是真的，被告要拿出相反的证据来推翻它。比如，海赛特公司通过检查王金晶所在单位的考勤表，发现王金晶当日缺勤，那么就足以推翻王金晶当天存车的主张，即使王金晶存车而未考勤，也是对自己有利的。因而本案是将王金晶骑车上班作为一般逻辑，这也是符合一般生活经验的。所以，本案的存车事实存在与否，是案件处理的前提和谁能胜诉的关键，应根据不同的场合适用与该场合一致的经验与逻辑予以判断，并允许被告反证，对于临时性存车的后一种情况，也应如此判断。

2. 保管合同与物业合同存在关联关系吗

本案中，一审法院提到了王金晶所在单位位于华夏大厦内，海赛特公司负责该大厦的物业管理，王金晶所在单位作为业主与海赛特公司签订了物业管理服务合同，据此认为："物业管理服务合同中应当有保安服务内容，该保安服务作为公共服务，其内容当然应当包含对建筑物区划内的公共部分负有安全管理职责。尤其对于停车棚这样的公共区域，其功能不仅是便于停放车辆，而且有防止车辆丢失的功能。"法庭的认识或推断存在以下几点问题：一是既然签订了物业管理服务合同，其适用范围，权利、义务等应以合同记载为准，不存在"应当"与"不应当"的问题，法院在此越俎代庖。二是物业管理服务合同的主体为业主单位与海赛特公司，与王金晶这个业主单位的员工无关。如果说存车丢失要承担责任的话，也应是业主单位的车辆丢失，而非王金晶的车辆，法院在此完全混淆了合同主体。因此，工作单位与海赛特公司的物业管理服务合同的存在和王金晶与海赛特公司的保管合同存在与否根本没有关系，保管合同的存在还是取决于王金晶与海赛特公司之间是否存在订立合同的合意。所以，二审法院不再论及物业管理服务合同的问题，而直接通过"被上诉人长期办理了上诉人的停车月票，并按照交易惯例在上诉人管理的停车棚内停车"，来证明"双方已建立了保管合同关系"。这是需要引起重视的。法律关系的存在，主体问题首当其冲，主体混淆，其他的就全乱了。

3. 保管合同属何种类型的合同

根据《合同法》第 367 条的表述，"保管合同自保管物交付时成立，但当事人另有约定的除外"。理论上认为，保管合同是实践合同，与诺成合同相区别。诺成合同与实践合同的区别在于合同成立要件的区别。诺成合同下，当事人达成合意，合同成立；实践合同下，当事人达成合意后，还要有标的物的交付，合同才成立，即实践合同比诺成合同相比，多一个交付标的物的成立要件。当然，实践合同并不等于不能通过诺成来订立。"当事人另有约定的除外"，这就是保管合同的诺成形式。如果是临时寄存，一般是通过交付保管物成立保管合同的；而长期寄存，如本案中的长期办理了停车月票，显而易见，这是不通过交付车辆而成立的保管合同，而是王金晶与海赛特公司之间通过诺成而订立的保管合同。所以，保管合同具有实践合同性质的问题在本案中并不是一个决定保管合同是否成立的理论依据。

4. 本案保管合同属有偿合同还是无偿合同

本案中，王金晶既然是长期办理了停车月票，又怎么可能是无偿保管呢？同时，海赛特公司作为一个营利的物业公司，凭什么给王金晶提供无偿保管服务呢？对此，二审法院并没有给出合理的解释。根据《合同法》第366条第2款的规定，“当事人对保管费没有约定或者约定不明确，依照本法第六十一条的规定仍不能确定的，保管是无偿的”。从本案的情况予以考察，因为有停车月票，所以王金晶与海赛特公司对于保管费是有约定的。退一步讲，假设没有停车月票，根据《合同法》第61条的规定，双方没有补充协议，那么根据保管合同条款所蕴含的意思与交易习惯也确定不了是无偿保管。所以，本案中的保管合同是有偿的。

既然保管是有偿的，“被上诉人的车辆被盗当月，上诉人未向被上诉人收取车辆保管月票费”，那又如何判断保管合同的存在与否，难道保管合同就此终止吗？此时，保管合同的效力如何，应通过以下方式决定：(1) 首先考察保管合同条款的表述，如果其中有不缴费则终止保管的意思，那么就应该尊重合同的规定，保管合同终止，海赛特公司不承担责任。(2) 如果停车月票是一个周期一办理，那么，没有缴费就意味着不享有下个周期的服务，而丢车当月并未办理月票，因此，海赛特公司不承担责任。(3) 如果保管合同没有约定或约定不明，或者海赛特公司对王金晶的保管合同附属于与业主单位签订的物业管理服务合同，对于其员工提供长期的车辆保管服务，仅是其费用通过月票自理而未规定未缴费的后果。总之，在合同约定不明的情况下，应适用《合同法》第62条的规定，当事人就有关合同内容约定不明确，依照《合同法》第61条的规定。《合同法》第61条规定有两个解决办法：一是补充协议，二是按照合同有关条款或者交易习惯确定。本案中，补充协议是没有的，那只能用第二种方式，“按照合同有关条款确定”是对合同条款的补充性解释，从中发现是要继续履行还是终止履行的意思。通过本案我们可以考察到，王金晶与工作单位、工作单位与海赛特公司、海赛特公司与华夏大厦都是长期合作关系，每一个当事人对于所处的关系都是希望长期存续的，因此，可以推断出王金晶与海赛特公司之间的保管合同是要长期存续的。本案中，月票费未缴是因为海赛特公司未收取，并不等于海赛特公司打算解除保管合同，即使要解除，也不符合《合同法》第94条法定解除的条件，海赛特公司没有催告，王金晶也没有致使不能实现合同目的的行为。

通过交易习惯，也可以推定出长期保管合同不会因为没有及时收取保管费而终止。日常生活中，物业费、保管费等因为当事双方各种各样的原因，收费或缴费不及时的情况时有发生，但因为是长期合作，所以并没有出现一欠缴就立刻解除合同的情况，这就是交易习惯。

综上所述，王金晶与海赛特公司之间的保管合同是诺成成立的有偿合同，保管合同仍然有效的理由在于：不符合合同法定解除的条件，或者基于交易习惯应继续有效。因此，有效的保管合同之于王金晶而言，应承担补缴月票费的责任；之于海赛特公司而言，要承担车辆丢失的责任。

5. 发生责任竞合时应如何处理

《合同法》第122条规定：“因当事人一方的违约行为，侵害对方人身、财产权益的，受损害方有权选择依照本法要求其承担违约责任或者依照其他法律要求其承担侵权责任。”这就是所谓的违约责任与侵权责任竞合的规定，该条确定的处理原则是当事人只能选择一种方式追究责任。违约责任与侵权责任的竞合，就是请求权竞合。“因同一原因事实而发生二个以上的请求权时，……其内容同一时，则发生请求权竞合。”[①] 竞合产生的原因在于请求权的构成要件不同，同一法律事实，既可以符合这个请求权的构成要件，又可以符合那个请求权的构成要件。所谓的“内容同一”，是指不同的请求权的权利内容是一致的，如果权利人行使两个以上

① 王泽鉴：《民法总则》，93页，北京，中国政法大学出版社，2001。

请求权就会发生过度救济的问题，为实现公平，所以只限行使一个请求权。本案中，海赛特公司因为保管不善造成王金晶车辆丢失，进而使王金晶产生了不必要的交通费等，既违反了保管合同，也是一种侵权。海赛特公司在上诉意见中，认为“交通费及误工损失等赔偿的诉讼请求不属于合同纠纷，而属于侵权纠纷的范围”，进而认为一审法院是将合同之诉与侵权之诉来予以共同解决。海赛特公司的这种看法是错误的，原因在于：没有认识到违约责任与侵权责任虽然构成要件不同，但实际的损害赔偿是一致的。交通费虽不是丢失车辆的直接损失，但属于王金晶的间接损失。《合同法》第374条规定：“保管期间，因保管人保管不善造成保管物毁损、灭失的，保管人应当承担损害赔偿责任。”这里的“损害赔偿责任”，《合同法》第113条第1款作了专门规定：“当事人一方不履行合同义务或者履行合同义务不符合约定，给对方造成损失的，损失赔偿额应当相当于因违约所造成的损失，包括合同履行后可以获得的利益，但不得超过违反合同一方订立合同时预见到或者应当预见到的因违反合同可能造成的损失。”交通费应该是保管人在保管车辆丢失后可以预见到的存放人的损失。至于误工费，就很难预料了，有几个人会因为车辆丢失而不上班呢？车辆丢失与交通费都属于财产损失，以侵权请求权主张权利，其结果与违约责任是一样的。《侵权责任法》第19条规定：“侵害他人财产的，财产损失按照损失发生时的市场价格或者其他方式计算。”所以，违约责任与侵权责任在内容上是一致的，不存在损失计算项目不一致的情况，因而海赛特公司的意见没有被二审法院接受。试分析，在违约责任与侵权责任竞合的情况下，权利人如何选择行使请求权更为有利？

（评注人：吴万军）

23. 仓储合同纠纷

司法案例

中石油北海分公司诉大港仓储公司案

广西壮族自治区高级人民法院（2003）桂民四终字第26号

基本案情

上诉人（一审被告）：钦州市大港仓储有限公司。

法定代表人：朱喜，经理。

委托代理人：韦建新，意远律师事务所律师。

委托代理人：王良，钦州市城区法律服务所法律工作者。

被上诉人（一审原告）：中国石油化工股份有限公司广西北海石油分公司。

负责人：陈成敏，该分公司总经理。

委托代理人：卢春林，广东智洋律师事务所律师。

上诉人钦州市大港仓储有限公司（以下简称“大港仓储公司”）因油料运输、仓储合同纠纷一案，不服北海海事法院（2002）海商初字第042号民事判决，向本院提起上诉。本院于2003年12月18日受理后，依法组成合议庭，于2003年12月26日公开开庭审理了本案。上诉人的法定代表人朱喜及其委托代理人韦建新、王良，被上诉人中国石油化工股份有限公司广西北海石油分公司（以下简称“中石油北海分公司”）的委托代理人卢春林到庭参加了诉讼。本案现已审理终结。

本案经一审法院审理查明：1999年10月18日，原广西壮族自治区北海石油分公司（以下简称“北海石油分公司”）与被告大港仓储公司签订《运具、仓储租赁合同》，约定被告提供“永盛2号”油船及茅岭油库，代北海石油分公司运输、储存、保管、发运90＃汽油及0＃柴油；以装货库装船发运数为计量标准，汽油在4‰、柴油3‰（含运输、仓储等损耗）以内为合理损耗；每载油料实际数量的运费、仓储费作为租金结算；油料运输保管过程中发生的一切责任事故由被告负责；被告油库在北海石油分公司租用期间不得存放其他油料；租赁期限为1999年10月1日至2000年10月1日。合同签订之后。被告依约为北海石油分公司运输、保管、发运了汽油及柴油，北海石油分公司向被告支付了运费及仓储费。1999年12月23日至2000年7月16日间，北海石油分公司在被告之茅岭码头油库提取了6 949.20吨90＃汽油，2000年1月7日至7月15日提取了10 350.10吨0＃柴油。2000年4月14日至12月31日，北海石油分公司与被告数次小结。2000年12月31日最后一次《小结》内容为：自2000年8月31日起至2000年12月31日止，茅岭大港仓储油库尚欠北海石油分公司油料为0＃柴油323.232吨、90＃汽油180.236吨。《小结》加盖北海石油分公司储运专用章和被告码头仓储部章。2001年2月26日，被告向北海石油分公司出具便函，确认尚欠0＃柴油323.232吨。同日，被告作出《油料发运计划》，再次确认至2001年1月16日止尚储存北海石油分公司0＃柴油323.232吨，拟分批发运，并承诺90＃汽油待钦州市质量技术监督局（以下简称“钦州质监局”）作出处理意见后月内一次结清。2003年3月6日，一审法院询问被告法定代表人朱喜时，其明确表示合同约定的油料损耗在验收入库时已结清，不存在油料损耗问题。

2000年7月19日，钦州质监局作出登记保存通知书，以疑有质量问题为由查封被告油罐内之24.4吨90＃汽油，之后作出（钦市）质技监罚字［2000］034号行政处罚决定书，没收不合格90＃汽油24.4吨。被告对此不服，申请复议。2001年1月19日，广西壮族自治区质量技术监督局（以下简称“广西质监局”）撤销以上决定书。2月7日，钦州质监局将案件移送广西质监局处理。2月22日，广西质监局作出（桂）技监字［2001］3017号登记封存通知书，封存被告之汽油储灌；4月9日，该局作出（桂）质技监封字［2001］第3041号登记保存决定书，对北海石油分公司汽油储灌内的90＃汽油采取保存1个月强制措施。被告不服，向南宁市中级人民法院提起行政诉讼，该院一审并经广西壮族自治区高级人民法院二审，二审法院于2002年12月31作出（2002）桂行终字第12号行政判决书，判令撤销（桂）质技监封字［2001］第3041号登记保存决定书。

2001年6月19日，广西壮族自治区北海石油分公司更名为广西壮族自治区北海石油公司（以下简称“北海石油公司”）。12月25日，北海石油公司与原告签订合同权利转让协议，约定由原告承接原北海石油分公司与被告签订的《运具、仓储租赁合同》的全部权利。2003年6月16日，北海石油公司将合同权利转让通知邮寄给被告，被告于6月19日收到通知。

一审判决

一审法院审理后认为：本案为油料运输、仓储合同纠纷。北海石油分公司与被告签订《运具、仓储租赁合同》，约定被告为北海石油分公司运输、储存油料等事宜，该合同包含运输合同和仓储合同两个法律关系，是双方在平等自愿基础上之真实意思表示，内容不违反国家法律规定，故合法有效，对签约双方具有约束力。北海石油分公司依约将油料交由被告运输、储存、发放，并支付运费、仓储费。根据合同约定及法律规定，被告作为承运人负有妥善运输之义务，作为保管人负有入库验收、给付仓单、保管并返还油料之义务。但被告却未恪守其约定和法定义务，北海石油分公司与被告最后一次《小结》及被告向北海石油分公司出具的欠油便函、《发还油料计划》等证据均证实被告至今尚欠北海石油分公司90＃汽油180.236吨、0＃柴油323.232吨未予返还。被告为反驳欠油事实所提交的《内部油料调运通知单》等凭证，仅证明北海石油分公司在2000年7月16日之前提取了汽、柴油，却不能证明北海石油分公司提取了2000年12月31日最后一次《小结》中被告确认尚欠的油料即原告诉请返还的油料。故被告关于已不拖欠油料的抗辩缺乏证据支持，本院不予采信。钦州质监局及广西质监局对被告油库内90＃汽油采取的保存措施已被撤销，封存状态已经解除，故对已解除封存的汽油被告亦应承担返还责任。依照《合同法》第394条“储存期间，因保管人保管不善造成仓储物毁损、灭失的，保管人应当承担损害赔偿责任”之规定，被告应对尚欠北海石油分公司90＃汽油180.236吨、0＃柴油323.232吨承担相应的赔偿责任。北海石油公司将其对被告的合同权利转让给原告，并不违反法律的规定，且已适当通知被告，该转让依法对被告发生效力，故原告得以自己的名义向被告主张并承受权利。根据《合同法》第79条“债权人可以将合同的权利全部或者部分转让给第三人”、第394条之规定，判决：被告大港仓储公司返还原告中石油北海分公司90＃汽油180.236吨、0＃柴油323.232吨，于判决生效之日起10日内清偿。案件受理费17 792元、财产保全费8 720元，共计26 512元，由被告负担。

二审诉辩主张

上诉人大港仓储公司不服一审判决，上诉称：上诉人与被上诉人1999年10月1日签订《运具、仓储租赁合同》，在合同履行期内，从1999年12月23日起至2000年7月16日止，上诉人为被上诉人仓储的90＃汽油共6 949.2吨；从2000年1月7日起至2000年7月15日止，上诉人为被上诉人仓储的0＃柴油共10 350.10吨，以上油料已全部由被上诉人提取完毕，上诉人已按合同约定全部履行了义务：（1）根据《合同法》第385条、第387条的规定，仓储物、提取物以仓单为凭。油料经验收入库后，上诉人出具仓单给被上诉人；被上诉人提取完储存的全部油料后，由上诉人收回发出的仓单。被上诉人一直不能提供尚未提取油料的仓单作为证据，说明其已提完储存的油料。（2）一审判决据以认定事实的《小结》、欠油便函、《发运油料计划》等证据并非法定代表人出具，来源不明，且其中的内容与客观事实不符，不能作为定案的依据。（3）交纳税金的凭证证明储存的油料数量；运费、仓储费结算并支付完毕也证明被上诉人已经提取了全部的油料。综上所述，被上诉人起诉上诉人欠其油料无事实依据，一审判决认定事实不清、证据不足，适用法律错误，判决错误。为此，请求：（1）撤销北海海事法院（2002）海商初字第042号民事判决；（2）判决驳回被上诉人的诉讼请求；（3）一、二审诉讼费由被上诉人承担。

被上诉人答辩称：（1）上诉人与被上诉人之间不存在仓储保管使用仓单的事实。（2）《小结》、盘点记录、便函、《油料发运计划》等证据，足以证明上诉人拖欠被上诉人油料的事实。（3）缴纳税金的凭证，不能证明上诉人承运和储存被上诉人的油料数量。（4）上诉人认为运费、仓储费结算并支付完毕即证明被上诉人已经提取了全部的油料，这是不符合事实的。一审认定事实清楚，适用法律正确，请求驳回上诉，维持原判。

双方在二审诉讼中无新证据提供。

二审判决

综合诉、辩双方的意见，本案的争议在于上诉人是否尚欠被上诉人油料，争议的焦点可分为：一、合同双方是否使用仓单作为油料入库、出库的凭证？二、《小结》、欠油便函、《发运油料计划》应否作为认定事实的依据？三、能否从完税证、支付运费和仓储费的银行凭证来证明被上诉人交存及提取的油料的数量？

一、关于合同双方是否使用仓单作为油料入库、出库的凭证的问题

上诉人认为：根据《合同法》第385条、第387条的规定，仓储物、提取物以仓单为凭。双方入仓仓储、提取出仓的程序是由上诉人公司派员到被上诉人公司开具油料调拨单，再到北海石化厂销售公司（以下简称“北海石化厂”）办理提运手续，由“永盛2号”油船到北海石化码头提油，北海石化厂提供出库单、水运证明、质检单，随油料同行到达上诉人之茅岭码头油库，经验收入库后，上诉人出具仓单给被上诉人，以证实被上诉人在上诉人处的存油量。被上诉人提取油时，由被上诉人向上诉人出具《内部业务联系通知单》或《内部油料调运通知

单》，提取完储存的全部油料后，由上诉人收回发出的仓单。

被上诉人认为：上诉人与被上诉人之间不存在仓储保管使用仓单的事实。首先，炼油厂与被上诉人同属于中石化集团，二者之间采用内部的按月核对方式结算生产与销售事宜。被上诉人委托上诉人装运、储存油料并在装运单上签认具体的数量，装运单一式两联，且由卖方（石化炼油厂）与乙方（承运人）的签认，并由该两方持有。上诉人根据其与被上诉人签订的运输、储存合同运回其经营的茅岭油库存放。根据双方的合同约定，从油料装船后到储存发放，均由上诉人一人完成，所以并无运输与储存入库交接的事实存在。被上诉人是以内部油料调拨单提取油料的，并以此与上诉人持有的中转油料计量表所确定的数量结算存放油料。自始至终均没有使用过所谓的仓单。

本院认为：上诉人主张与被上诉人之间曾使用仓单作为油料入库、出库的凭证，上诉人应提供曾在双方之间使用过的仓单予以证明，但上诉人在一、二审诉讼中均无法提供。《合同法》第385条、第387条规定保管人应当给付仓单并规定了仓单的权利性质。法律规定应当使用仓单明确的是合同双方的权利、义务，而当事人是否实际使用仓单，则是有待证明的事实。因此，上诉人关于其与被上诉人之间曾使用仓单作为油料入库、出库凭证的主张，因无证据证实，本院不予采信。

二、关于《小结》、欠油便函、《发运油料计划》应否作为认定事实的依据的问题

上诉人认为：原审法院以7份《小结》、欠油便函及《油料发运计划》作为定案依据是错误的。首先，数份《小结》、欠油便函、《发运油料计划》等来源不明。上诉人法定代表人根本没有签发过所谓的《小结》。欠油便函、《发运油料计划》上的公章不是上诉人法定代表人朱喜加盖确认的，朱喜对此并不知情。符兆成是上诉人单位聘用工人，上诉人单位从来没有授权（书面或口头）符兆成与被上诉人进行小结。该《小结》是被上诉人派驻的工作人员与上诉人的工人二者之间的行为。2000年4月14日、5月10日、6月5日、6月26日的《小结》只有符兆成个人签名。2000年7月30日、8月31日、12月31日的《小结》虽然有符兆成加盖上诉人码头仓储部的印章，但事后没有得到上诉人法定代表人的确认。2000年12月31日最后一份《小结》不在合同履行期限内，上诉人不可能与被上诉人进行结算。根据双方签订的《运具、仓储租赁合同》第11条及合同法的有关规定，符兆成所实施的尚欠被上诉人油料的民事法律行为无效。其次，《小结》、欠油便函和《发运油料计划》的内容与客观事实不符，被上诉人不能提供相应的证据证实《小结》及欠油便函中确认的油料量。该《小结》、欠油便函和《发运油料计划》不能作为定案依据。

被上诉人认为：《小结》、2000年9月4日《钦州茅岭油库盘点数》、欠油便函、《油料发运计划》等证据，足以证明上诉人拖欠被上诉人油料的事实。被上诉人因为得知上诉人的油库因质量原因将被查封，即要求与上诉人核算存放油料的实际数量，在2000年8月31日双方根据运输装船计量表与被上诉人签发的调拨单进行月结核对，并签认《小结》。后由于钦州质监局查封，即要求实地测量具体油料存余数量；双方又于2000年9月4日到上诉人的茅岭油库测量，并作了由双方经手人签认的《盘点数》。通过该次的测量发现实际的存余数量与书面结算的数量不同。被上诉人即要求上诉人返还短缺的油料，但上诉人均以现被行政单位查封为由予以拒绝。此后，经双方多次交涉，上诉人于2000年12月时返还了柴油118.026吨，经被上诉人不断地催促其返还油料，上诉人于2001年2月26日出具了便函，并作出了《油料发运计划》。以上书证足以证明上诉人拖欠被上诉人油料的事实。况且，自2000年7月后，虽被上诉人仍租用上诉人的船舶，但并不再委托其保管油料，故上述书证表明的所欠油料数量变化是符合客观事实的，并不存在书证互相矛盾的情形。

本院认为：上诉人虽称“欠油便函”、《发运油料计划》的公章不是上诉人法定代表人朱喜

加盖确认的，朱喜对此并不知情，但未否认公章的真实性，也未提出鉴定申请，故应认定为上诉人的单位公章。法律并未规定持有对方印章文件的一方有义务举证证明盖章的过程，而妥善保管自己的公章却是公章持有人的起码义务。公章的加盖是否存在违法、无效的情形，应由上诉人举证，但上诉人无法提供相反的证据。公章是否法定代表人亲自加盖，并不影响公章的效力。因此，“欠油便函”、“发运油料计划”应作为认定事实的依据。此外，数份《小结》均由上诉人的油料计量员符兆成出具，部分还加盖了码头仓储部的印章。油料计量属于符兆成的工作范围，也与码头仓储部的性质相符，而且与加盖大港仓储公司公章的“欠油便函”、《发运油料计划》相一致，相互印证，因此，《小结》也应作为本案认定油料数量的依据。

三、关于能否从交纳税金的完税证、支付运费和仓储费的银行凭证来证明被上诉人交存及提取的油料的数量的问题

上诉人认为：提取完储存的全部油料后，由上诉人收回发出的仓单，然后上诉人到税务局开具完税发票给被上诉人，被上诉人把运费、仓储费从银行转账给上诉人。根据双方签订的《运具、仓储租赁合同》第 7 条的约定，结算方式为：按每载的实际数量的运费、仓储费作为租金结算。由此说明，双方每载船、每批次的油料全部结清完毕。

被上诉人认为：首先，上诉人不能证明所提交的运费、仓租的纳税凭证是否属于合同所约范围之全部；其次，在庭审中上诉人的法定代表人已经明确表明，其持有在炼油厂装载、运输油料具体数量的《中转油料计量表》，该计量表相当于托运人与承运人之间确认的装船单，足以直接证明上诉人实际承运和储存油料的具体数量。但其拒绝提供该不利于其诉讼主张的可以证明运输、储存的直接证据，反而提出间接的、不完整的完税证明，对上诉人的该诉讼主张不应予以支持。上诉人认为运费、仓储费结算并支付完毕即已经提取了全部的油料，是歪曲事实。双方在合同中明确约定了运输船舶和租用油库的租赁期限，并约定了运费、仓储费按租金结算，并在每次装运后按实际的运输量结算。由于仓库的使用是按使用时间结算，而非按存放量结算，故不存在支付了仓租即提取了全部油料的事实。

本院认为：交纳税金、支付运费和仓储费与运输、仓储油料有一定的关联性，但上诉人无法证明其提供给法庭的交纳税金的完税证、支付运费和仓储费的银行凭证是完整无缺的、是其运输及仓储被上诉人全部油料而产生的全部税费，因此，此类凭证只具有间接的、非排他性的证明力，不能用反推计算的方法确认被上诉人交予上诉人运输、保管的油料的数量。

经审理查明：一审认定的事实，证据充分，本院亦予以确认。

本院认为：一审认定《运具、仓储租赁合同》合法有效是正确的。一般的运输、仓储法律关系中，合同当事人在仓储物的交运、入库、出库、结算等环节都应有相应的交接凭证。任何一个环节保留有相应的交接凭证都可能证明实际交接的货物的数量。本案双方当事人对油料入库、出库的程序说法不一，上诉人主张以仓单为凭，但未能提供有效的仓单予以证明。双方说法一致的是油料装运时使用的《中转油计量表》相当于装运单，可以用于证明油料的数量。此表由双方各执一份，因此，诉辩双方负同等的举证义务，但双方当事人均不能提供完整的《中转油计量表》。因此，本院无法认定油料装船的数量。《小结》、欠油便函、《发运油料计划》属于具有结算性质的凭证，如前所述，上诉人不能提供反证推翻此类证据。因此，一审判决据此认定上诉人尚欠被上诉人的油料数量是正确的。至于上诉人认为其在一审诉讼中才收到合同权利转让给被上诉人的通知，因此该转让行为无效的抗辩理由，本院认为，《合同法》第 80 条第 1 款规定：“债权人转让权利的，应当通知债务人。未经通知，该转让对债务人不发生效力。”第 82 条规定：“债务人接到债权让与通知后，债务人对让与人的抗辩，可以向受让人主张。”说明债权转让自债务人收到转让通知时起产生效力。在诉讼中送达的债权转让通知书不为法律所禁止，同样产生法律效力。

综上所述，一审认定事实清楚，适用法律正确，上诉人应返还尚欠被上诉人的油料或按实际履行本案义务时的市场价格折价赔偿。根据《民事诉讼法》第 153 条第 1 款第 1 项之规定，判决如下：

驳回上诉，维持原判。

二审案件受理费 17 792 元，由上诉人负担。

本案债务，义务人应在本判决送达之日起 10 日内履行完毕，逾期则应加倍支付迟延履行期间的债务利息。

本判决为终审判决。

案由与焦点

1. 案由

本案的一级案由为“合同、无因管理、不当得利纠纷”，二级案由为“合同纠纷”，三级案由为“仓储合同纠纷”。

仓储合同是指保管人储存存货人交寄的仓储物，由存货人支付仓储费的合同。因仓储合同的订立、履行、解除等引发的纠纷即为仓储合同纠纷。

2. 焦点

本案争议的焦点在于：合同双方是否使用仓单作为油料入库、出库的凭证？如果使用了仓单，则油料入库出库的数量就一目了然；如果没有使用仓单，那么就要通过其他的证据来证明仓储的数量及其变动情况。

评注与问题

1. 如何界定仓单在仓储合同中的地位与功能

《合同法》第 385 条规定：“存货人交付仓储物的，保管人应当给付仓单。”给付仓单是保管人的义务，“仓单只是仓储合同的一种证明文件，仓单不能代替仓储合同。填发和给付仓单是仓储保管人的一项义务，保管人必须依法制作仓单。由于法律并未要求仓储合同当事人一定要订立书面合同，因而在当事人就仓储合同只有口头协议时，仓单可以作为当事人订有合同的证明。如果当事人事先并无仓储合同，也可以直接以仓单作为双方的书面合同。”① 仓单用于说明仓储及货物的基本情况，以避免未来存货人提取货物时与保管人就货物的数量、质量等问题发生纷争，所以，仓单是要式证券。《合同法》第 386 条明确规定了仓单应记载的事项，对于记载事项的性质如何，有不同的认识，但一般而言，以下四项属于绝对必要记载事项：(1) 存货人的名称和住所；(2) 仓储物的品种、数量、质量、包装、件数和标记；(3) 储存场所；(4) 填发人、填发地和填发日期。若上述事项有所欠缺，则仓单就不能发生效力，因为倘若欠缺上述四项中的任意项，则无法起到仓单说明仓储及货物基本情况的功能。本案就是例证。

2. 仓单的物权凭证效力如何体现

物权凭证是指证明物权人拥有物权的证明、单据、证书等书面形式。常见的物权凭证包括：仓单、提单、宅基地证等，物权凭证的转移视为物的转移。《合同法》第 387 条规定，仓单是提

① 房绍坤：《仓单若干问题探讨》，载《求是学刊》，2002 (1)。

取仓储物的凭证。据此，仓单是一种物权凭证，等同于仓储物，仓单的转移意味着仓储物的转移。由上可知，在仓储合同中，存货人交付仓储物后，保管人应当给付仓单。仓单起到收据的作用，是证明文件，不是仓储合同。所以，如果保管人没有给付仓单，存货人也没有异议，并不影响仓储合同的效力与履行。但这样做是有风险的，就是在日后当事人之间对于仓储物的提取与存留的数量、质量等有争议时，很难达成一致，需要用仓单外的其他凭证予以证明。

3. 非仓单凭证具有何种证明效力

本案中，由于没有仓单可供查询，双方对被告是否欠原告油料一事分歧巨大，只能依据非仓单凭证进行认定。本案中的非仓单凭证有《小结》、欠油便函、《发运油料计划》，这些凭证都是当事人双方共同签认的。根据一审法院查明的事实，"《小结》加盖北海石油分公司储运专用章和被告码头仓储部章。2001 年 2 月 26 日，被告向北海石油分公司出具便函，确认尚欠 0＃柴油 323.232 吨。同日，被告作出《油料发运计划》，再次确认至 2001 年 1 月 16 日止尚储存北海石油分公司 0＃柴油 323.232 吨，拟分批发运，并承诺 90＃汽油待钦州质监局作出处理意见后月内一次结清。"可见，《小结》、欠油便函、《发运油料计划》是双方的真实意思表示，其内容可以反映出事实，应当约束双方当事人。

4. 工作人员签字的效力应如何认定

大港仓储公司主张："《小结》只有符兆成个人签名。2000 年 7 月 30 日、8 月 31 日、12 月 31 日的《小结》虽然有符兆成加盖上诉人码头仓储部的印章，但事后没有得到上诉人法定代表人的确认。"对此，诚如二审法院所言："油料计量属于符兆成的工作范围，也与码头仓储部的性质相符。"因此，应认定《小结》有效。另外，根据《合同法》第 49 条表见代理的规定，即使油料计量超出了符兆成的工作范围，也应当认定《小结》有效。最高人民法院《关于当前形势下审理民商事合同纠纷案件若干问题的指导意见》对于表见代理的判断给出了更为清晰和具有可操作的规则，其第 13 条规定："合同法第四十九条规定的表见代理制度不仅要求代理人的无权代理行为在客观上形成具有代理权的表象，而且要求相对人在主观上善意且无过失地相信行为人有代理权。合同相对人主张构成表见代理的，应当承担举证责任，不仅应当举证证明代理行为存在诸如合同书、公章、印鉴等有权代理的客观表象形式要素，而且应当证明其善意且无过失地相信行为人具有代理权。"第 14 条规定："人民法院在判断合同相对人主观上是否属于善意且无过失时，应当结合合同缔结与履行过程中的各种因素综合判断合同相对人是否尽到合理注意义务，此外还要考虑合同的缔结时间、以谁的名义签字、是否盖有相关印章及印章真伪、标的物的交付方式与地点、购买的材料、租赁的器材、所借款项的用途、建筑单位是否知道项目经理的行为、是否参与合同履行等各种因素，作出综合分析判断。"可见，即使油料计量超出了符兆成的工作范围，但从符兆成的工作性质、签字的时间、加盖仓储部印章等都可以使北海石油分公司认定符兆成具有代理权。据此，可以认定成立表见代理，故《小结》作为证据的效力是没有问题的。

5. 间接证据具有何种证明力

大港仓储公司利用完税凭证与支付运费和仓储费的银行凭证证明油料数量是不够的，因为这些证据可以直接证明缴税与缴费，并不能直接证明油料的多少，虽与油料数量有关联性，但仅属于间接证据。根据最高人民法院《民事诉讼证据规定》的规定，"直接证据的证明力一般大于间接证据"，所以在有直接证明油料数量的《中转油料计量表》的情况下，这些间接证据的证明力是很弱的。因此，二审法院认为："此类凭证只具有间接的、非排他性的证明力，不能用反推计算的方法确认被上诉人交予上诉人运输、保管的油料的数量。"这种看法是正确的。

（评注人：吴万军）

24. 委托合同纠纷

司法案例

富洋行公司诉海贸公司案

厦门海事法院（2003）厦海法商初字第 014 号

基本案情

原告：北京富洋行贸易有限公司。

法定代表人：陈晓红，董事长。

委托代理人：汪杰。

被告：海贸国际运输有限公司。

法定代表人：JOHN KNAPP，董事长。

委托代理人：李秋英。

原告北京富洋行贸易有限公司（以下简称“富洋行公司”）诉被告海贸国际运输有限公司（以下简称“海贸公司”）海上货物运输合同纠纷一案，原告富洋行公司于 2003 年 1 月 9 日向本院起诉，本院 2003 年 1 月 10 日受理，并依法组成合议庭，于 2003 年 2 月 25 日、2003 年 4 月 11 日、2003 年 4 月 23 日公开开庭进行了审理。原告委托代理人汪杰，被告委托代理人李秋英到庭参加了诉讼。本案现已审理终结。

经审理查明：原告与福州市对外贸易公司（以下简称“福州外贸”）于 2001 年 8 月 1 日签订委托代理出口协议 1 份，约定福州外贸代理原告出口冷冻水产品及蔬菜食品等货物。根据协议，2002 年 6 月，福州外贸将一批冻煮毛豆装箱委托被告负责自福州运至美国洛杉矶。货物在装集装箱前经福建出入境检验检疫局检验合格。2002 年 7 月 4 日，被告向福州外贸签发了清洁已装船提单，提单记载：托运人福州外贸，收货人凭指示，起运港福州，卸货港洛杉矶。货物唛头[①]、包装品名分别为“PACIFIC JAPAN”，1 个 40 米冷冻高边集装箱，温度设定－18℃，据称装有 2030 箱冷冻水煮毛豆，托运人装箱、计数和铅封，装船日期 2002 年 7 月 4 日。货物由“闽台 7 号”（MIN TAI NO. 7）轮先运至厦门港中转，7 月 7 日上二程船运输。但由于集装

---

① “唛头”（shipping mark）是外贸运输标志的另一种称呼，通常是由一个简单的几何图形和一些字母、数字及简单的文字组成，其作用在于使货物在装卸、运输、保管过程中容易被有关人员识别，以防错发错运，其内容通常由型号、图形或收货单位简称、目的港、件数或批号等组成。

箱在厦门港码头堆场时操作失误未插电，箱内温度发生变化，温度记录表盘显示自7月5日上午后箱内温度从正常温度开始不断升高，一度达到约－4℃，至约7月9日才恢复正常。由于发现上述事故，为避免发生进一步的损失，根据原告方的要求，货物未运抵目的港，中途退运回福州。经福建出入境检验检疫局检验，货物“1. 风味：异常，失去毛豆原有的气味和滋味；2. 外观：色泽偏黄，豆荚不新鲜，表面胶水呈白色斑点；3. 冻结状况：发现产品二次冻结，豆荚结霜，干缩现象”，福建出入境检验检疫局评定：货物品质不符合出口要求，不适宜人类食用。另上述货物的价值，根据原告的商业发票记载，为CNF洛杉矶21 924美元。货物出口发生的报关、拖车、柜检费用合计1630元，检验检疫费及检验检疫代办费、制单费合计799元。此外，由于货物中途退运，正本提单未发生转让。

本批货物的出口属于原告与美国蓝海企业股份有限公司（OCEAN BLUE PRODUCTS INC.，以下简称“蓝海公司”）2002年4月28日签订的PTC02001OBP-Soybean号贸易合同项下的一笔交易。根据该合同，原告自2002年6月到2002年12月间分批向被告出口38个40米集装箱的冷冻毛豆，其中盐水毛豆15个集装箱，水煮毛豆23个集装箱。水煮毛豆货物质量、规格相同，但有“Kobe”和“PACIFIC JAPAN”两种品牌，“Kobe”牌价格为CNF洛杉矶0.54美元/磅，“PACIFIC JAPAN”牌价格为CNF洛杉矶0.54美元/磅、CNF纽约0.565美元/磅，付款方式电汇（T/T）。本案事故发生后，2002年7月12日，蓝海公司致函原告称，由于货物不能交付，其客户已向其他供应商联系进货，未与其签约，故前述贸易合同无法继续执行，要求予以变更。双方遂于2002年7月13日签订了新的PTC02001OBP-Soybean/1号合同。与原合同相比，新合同其他条款未变，但减少了目的港为洛杉矶的7个和纽约的8个集装箱的“PACIFIC JAPAN”牌水煮毛豆的出口。原告以合同项下正常出口的7个集装箱的水煮毛豆（1个目的港纽约，6个目的港洛杉矶，均为2030箱/集装箱）的出口金额加上出口退税额扣减支付国内供货厂家的金额及各项出口费用、代理费，得出每个集装箱出口的平均利润为15 210.36元，以15个集装箱计算，利润损失为228 155.4元。

原告出口的冷冻毛豆系向国内厂家直接购买，供方为福建省福州外贸食品冷冻厂冻菜部承包人林雉，双方订有购销协议。由于上述外贸合同出口订单的减少，原告相应减少了同等数量的订货，双方也重新订立了购销协议。同时对因此给供方造成的损失，双方于2002年7月28日签订《协议书》，约定由原告一次性赔付林雉330 000元以了结纠纷。该款于2002年8月8日从福州外贸银行账户中付出，但福州外贸已与原告结算完毕。

另关于本案纠纷的法律适用，原、被告双方一致同意以中国法为准据法。

一审诉辩主张

原告诉称：2002年6月，原告通过其外贸代理福州外贸委托被告承运一批冻煮毛豆自福州至美国洛杉矶，全程冷藏柜海运，托运时向被告明确告知集装箱运输要求载运温度应设定为－18℃。被告收受了货物并签发了清洁提单，提单记载托运人为福州外贸。但冷冻集装箱在厦门港中转时被断电，导致货损，货物最终被退运回福州。经出入境检验检疫认定：货物品质不符合出口要求，不适宜人类食用。由于该批货物的出口属于一个批量贸易合同项下的一笔交易，上述事故导致美国买方变更了合同，减少了15个集装箱的出口，造成原告不仅丧失了应得利润，同时因对国内的货物供应方违约赔付了对方330 000元的损失。故原告提起诉讼，请求法院依《民法通则》、《合同法》等有关规定判令被告赔偿其货物损失21 924美元、检验费用799元、其他出口费用1 630元及自2002年7月4日起按银行同期逾期贷款利率计算至实际赔付之日止的利息；支付国内货物供应方的违约损失330 000元及自2002年7月28日起按银行同期逾期贷款利率计算至该款实际支付之日止的利息；应得利润损失 228 155.4 元；本案诉讼费用由被告承担。

被告辩称：本案原、被告之间不存在任何合同关系，根据《中华人民共和国海商法》（以下简称《海商法》，本案中作为特别法应优先于《合同法》而适用）关于托运人的定义，托运人是与承运人签订海上货物运输合同的人，具体到本案中为福州外贸而非原告，原告不是适格的诉讼主体。另即使退一步而言，《合同法》可以适用，该法第 403 条虽然对委托合同委托人的介入权规定允许委托人可行使受托人对第三人的权利，但同时规定“第三人与受托人订立合同时如果知道该委托人就不会订立合同的除外”，本案即属于这一例外情形，被告事先并不知道原告与福州外贸的关系，如果知道就不会订立合同。故原告也不能依此提起诉讼，请求法院驳回其起诉。

原告为支持其诉讼请求，向本院提供了以下证据材料：（1）委托代理出口协议；（2）提单及中文译件；（3）货物出口时的植物检疫证书、卫生证书及中文译件；（4）货物出口装柜报告；（5）集装箱发放/设备交接单；（6）货物退运后的卫生证书；（7）相片 21 张；（8）货物发票、包装清单及中文译件；（9）福州外贸 2002.7.12 致福州中远集装箱船务代理有限公司的确认书；（10）福州外贸 2002.8.22、2002.9.2 和 2002.9.29 致海贸国际货物运输代理有限公司的三份函件；（11）报关费、拖车费、柜检费的发票和银行进账单；（12）检疫收费收据、代垫费和制单费发票和费用结账单；（13）原告美国买方客户 OCEAN BLUE PRODUCTS INC 于 2002 年 7 月 12 日致原告的函件及中文译件；（14）原告与 OCEAN BLUE PRODUCTS INC 于 2002 年 4 月 28 日和 7 月 13 日订立的 2 份合同书及附件交货时间表；（15）原告 2002 年 7 月 15 日致福州外贸食品冷冻厂邱周扬的函件；（16）原告 2002 年 4 月 30 日和 7 月 20 日与福州外贸食品冷冻厂冻菜部林雉的 2 份购销协议及附件交货时间表；（17）原告与福州外贸食品冷冻厂冻菜部林雉的协议书、银行进账单、收款收据；（18）福州外贸代理资金结算表、利润清单；（19）福州外贸代理出口业务结算单；（20）被告的无船承运业务经营资格登记证；（21）330 000 元赔偿金的收据；（22）集装箱温度记录表盘；（23）厦门联合信实律师事务所 2002 年 9 月 23 日致厦门国际货柜码头有限公司和福州马尾轮船公司的律师函。此外，原告向本院申请调取了涉案集装箱温度记录表盘、集装箱在厦门港中转的交接单据等证据。

被告未在本院指定的举证期限内提交有关证据。

法院判决

本院认为：本案属于涉外海上货物运输合同货物损害赔偿纠纷，依照《海商法》第 269 条的规定，合同当事人可以选择合同适用的法律。鉴于本案原、被告双方均同意适用中国法解决纠纷，故应以中国法作为本案的准据法。

关于原告的诉讼主体地位，根据《海商法》第 42 条第 3 项的规定，托运人包括与承运人订立海上货物运输合同的人和将货物交给与海上货物运输合同有关的承运人的人，其中订立运输合同又可以分为本人或者委托他人以本人名义或者委托他人为本人与承运人签约三种情形。所谓“委托他人为本人”，与“委托他人以本人名义”不同，指受委托的人以自己的名义和承运人签订海上货物运输合同。因此，本案中，虽然海上货物运输合同是以福州外贸的名义和被告签订的，但由于福州外贸是受原告的委托而签约，故原告具有托运人的身份。根据《合同法》第 403 条第 1 款的规定，在货物发生损坏中途退运，提单未发生转让的情况下，原告有权行使合同权利向被告提出索赔。被告辩称如果事先知道福州外贸是受原告委托就不会订立运输合同，但未提出有说服力的理由和证据，且本案海运显属班轮运输，通常对托运方的身份不作限制，故其以此主张原告不享有委托合同的介入权的抗辩不能成立。

本案货物发生损坏，相当于灭失，被告作为承运人存在过错，应赔偿由此对原告造成的损失。根据《海商法》第55条的规定，赔偿额按货物的实际价值即以货物装船时的价值加保险费加运费计算。原告以CNF价提出请求，符合以上规定，被告应赔偿该项损失及自2002年7月5日起按中国银行同期一年期美元流动资金贷款利率计算的利息。货物出口的报关、拖车、柜检费用1 630元和检验检疫费、检验检疫代办费、制单费799元，作为出口成本，其价值已包含在CNF价中，原告在CNF价外另行提出请求属于重复计算，不能予以支持。另原告主张依照《合同法》和《民法通则》的规定，被告还应对其应得利润损失和赔偿国内货物供应方的违约损失及利息承担赔偿责任。但本案作为海上货物运输合同纠纷，应当优先适用《海商法》。该法前述第55条已经明确，承运人对货物灭失的赔偿额，按货物的实际价值计算。所谓货物灭失的赔偿额，是指承运人对货物灭失造成的损失（包括货物物质上的毁坏和其他因此而产生的损失）的赔偿额。据此，因货物灭失发生的损害，承运人的赔偿额亦即赔偿范围以货物的实际价值为限，对除此之外的损失，承运人不负担赔偿责任。作为立法上的特殊规定，该条规定的目的在于考虑到海上运输的风险较大，对承运人的责任进行限制，有利于加强对海上运输业的保护。根据特别法优于普通法的原则，在存在该条特殊规定的情况下，《合同法》和《民法通则》中有关一般违约损害赔偿责任的规定不发生适用，故原告上述利润损失和违约损失及利息的请求没有法律依据，应予驳回。

综上，依照《合同法》第403条第1款，《海商法》第42条第3项、第55条、第269条的规定，判决如下：

一、被告海贸公司应在本判决生效之日起10日内赔偿原告富洋行公司21 924美元及该款自2002年7月5日起至实际支付之日止按中国银行同期一年期美元流动资金贷款利率计算的利息；

二、驳回原告富洋行公司的其他诉讼请求。

本案诉讼费13 110元，原告负担10 165元，被告负担2 945元。

如不服本判决，原告可在判决书送达之日起15日内，被告可在判决书送达之日起30日内，向本院递交上诉状，并按对方当事人的人数提出副本，上诉于福建省高级人民法院。

案由与焦点

1. 案由

本案的一级案由为“合同、无因管理、不当得利纠纷”，二级案由为“合同纠纷”，三级案由为“委托合同纠纷”。

委托合同是委托人和受托人约定，由受托人处理委托人事务的合同。因委托合同的订立、履行、解除等引发的纠纷即为委托合同纠纷。在“委托合同纠纷”三级案由下包括以下4个四级案由：（1）进出口代理合同纠纷；（2）货运代理合同纠纷；（3）民用航空运输销售代理合同纠纷；（4）诉讼、仲裁、人民调解代理合同纠纷。

2. 焦点

本案争议的焦点在于原告的诉讼主体的地位问题。原告不是在海上货物运输合同上签章的当事人，是否具有托运人的地位，决定了本案的审判结果。而该类问题也是委托合同中涉及外贸代理的一个难点，从理论上理清该类法律关系与法律制度，对于掌握委托合同特别重要。

评注与问题

1. 富洋行公司是否为适格的诉讼主体

根据《海商法》第 42 条第 3 项的规定，托运人是指：(1) 本人或者委托他人以本人名义或者委托他人为本人与承运人订立海上货物运输合同的人；(2) 本人或者委托他人以本人名义或者委托他人为本人将货物交给与海上货物运输合同有关的承运人的人。本案中，富洋行公司委托福州外贸公司与海贸公司订立海上货物运输合同，由此可知，富洋行公司是托运人。从委托合同的角度，富洋行公司还是委托人，福州外贸公司是受托人，海贸公司是第三人，福州外贸公司以自己的名义订立合同，所以应适用《合同法》第 403 条的规定。本案中，因为海贸公司的原因导致合同不能履行，所以福州外贸公司可以向富洋行公司披露海贸公司，富洋行公司由此行使介入权，行使福州外贸公司对海贸公司的权利。因此，富洋行公司属于适格的诉讼主体。

本案中，福州外贸代理富洋行公司的行为属于外贸代理。外贸代理在我国不但是一种商业行为，也是一项法律制度。在我国计划经济时代，对外贸易经营权不是商主体的一般权利，而是一种经营特权，只有被授权的公司、企业才享有，因此，没有对外贸易经营权的企业只能寻求通过享有该项权利的企业进行外贸活动。这就造成一种现象，有外贸经营权的企业有时仅仅是无外贸经营权的企业的代理人，虽然前者签订外贸合同，但实际上合同的权利、义务都由后者来享有与承担，而对方当事人未必知道后者的存在，如果合同发生争议，谁是当事人就是一个问题。为解决这个问题，原对外经济贸易部曾于 1991 年颁布了《关于对外贸易代理制的暂行规定》(2008 年失效)。该规定将有外贸经营权的企业的代理区分为两种情况：一是代理人以被代理人名义对外签订合同，二是代理人以自己名义对外签订合同。前者是一般意义上的代理，即直接代理，适用《民法通则》的规定；后者非一般意义上的代理，适用该规定。这一规定就外贸代理制作出了较为详尽的规定，为实践中长期大量存在的外贸企业以自己名义为委托人办理进出口业务的代理形式提供了依据，在《合同法》施行前发挥了重要作用，但其亦有缺陷：一方面，该规定对委托人和受托人之间的权责关系规定畸轻畸重，另一方面，其作为部门规章与《民法通则》关于直接代理的规定不一致，使其法律效力受到影响。《合同法》针对以往外贸代理立法上的不足和实践中存在的问题，融合了两大法系的代理制度，在委托合同（主要是第 402、403 条）进一步丰富了代理的类型，从而为我国外贸代理制的发展奠定了坚实的法律基础，使司法实践有了较为明确的依据。

2. 如何认识直接代理与间接代理

大陆法系依据代理人是以本人名义还是以自己名义与第三人签订合同的标准，将代理区分为直接代理和间接代理。后者并不被认为属于严格意义上的代理，而是一种行纪关系。而普通法系则不存在直接代理与间接代理这一根本性的划分，其依据由谁对与第三人签订的主合同承担责任为标准，将代理分为三种：(1) 公开本人姓名的代理，即代理人与第三人签订合同时既公开本人的存在，也公开其姓名；(2) 不公开本人姓名的代理，即代理人公开本人的存在，但不公开其姓名；(3) 不公开本人身份的代理，即代理人不公开本人的存在，而以自己的名义签订合同。其中，公开本人姓名的代理又称为显名代理，代理人与第三人所签订合同的效力直接及于本人；不公开本人姓名的代理又称隐名代理，仍由本人对代理人与第三人签订的合同负责；而在不公开本人身份的情况下，代理人应当对合同承担法律上的责任，但未被披露的本人仍有权介入合同并直接对第三人行使请求权，而第三人在发现了本人之后，就享有选择权，可以要求本人或代理人承担合同义务。

3. 如何认识显名代理与隐名代理

在法律效果上，显名代理及隐名代理相当于大陆法系的直接代理，而不公开本人身份的代理则与大陆法系传统的间接代理既有一致又有区别。共同点在于：代理人与第三人签订合同时都是以自己名义且未披露本人，第三人都可以要求代理人承担合同责任。区别在于，不公开本人身份的代理中本人享有介入权，有权直接对第三人主张权利；相应地，第三人享有选择权，在发现该未被披露的本人后可以通过行使选择权直接对本人主张权利；而间接代理中本人与第三人的联系建立在两个连续性的合同，即代理人与第三人间的合同和本人同代理人之间的合同基础上，原则上请求权和财产必须随合同依次转移，本人与第三人不能发生直接的法律关系，除非作出某种特殊安排，如代理人将其对第三人的请求权转让给本人。当然，随着时代的发展，此种传统的间接代理的法律效果在大陆法系已经有所松动，并且各国的规定也并不完全一致。

由上可知，我国将大陆法系与普通法系两套代理制度都加以吸收借鉴，在相应的法律中予以体现。我国将大陆法系的直接代理作为代理的一般情形在《民法通则》中加以规定，在《合同法》委托合同中亦有规定；将间接代理在《合同法》行纪合同中加以规定。将普通法系中的不公开本人姓名的代理规定于《合同法》第402条，将不公开本人身份的代理规定于《合同法》第403条。在此需要注意的是，大陆法系以“名义标准”采取“区别论”，普通法系以责任标准采取“等同论”，我国合同法兼而取之，有适用冲突的问题。试结合本案，分析《合同法》第402条和第403条的适用条件，并分析如何与行纪合同相区分。

4. 《海商法》与《合同法》在本案中如何适用

根据《海商法》的规定，原告是托运人，在提单没有发生转让的情况下，理论上原告享有并可以直接行使运输合同的权利，无须依《合同法》第403条规定通过行使介入权的方式介入；根据《合同法》的规定，原告是委托人，可以行使《合同法》第403条的介入权，那么是否还有必要适用《海商法》的规定？

首先，《海商法》关于托运人的定义中“委托他人为本人”的表述包含了隐名代理，与《合同法》的规定相同。根据特别法优于普通法的原则，《海商法》是专门调整海商合同的法律规范，应当优先适用。但《海商法》没有规定在隐名代理中委托人如何向第三人行使权利。本案中，被告就辩称，本案原、被告之间不存在任何合同关系，根据《海商法》关于托运人的定义，托运人是与承运人签订海上货物运输合同的人，具体到本案中为福州外贸而非原告，原告不是适格的诉讼主体。那么究竟是应由他来行使权利还是原告，或者允许二者同时行使？是否存在“第三人与受托人订立合同时如果知道该委托人就不会订立合同”的情形，委托人不享有介入权的情况？此外，假定承运人反过来起诉托运人，要求支付运费或承担赔偿责任，也存在究竟应以谁为被告的问题。所有这些问题，《海商法》本身并没有规定，所以必须引入《合同法》有关委托人介入权和第三人选择权的规定加以规范，否则势将陷于混乱。

有鉴于此，本案同时援引了《海商法》和《合同法》的规定作为判定原告主体地位的依据。当然，就《合同法》的规定而言，必须注意的是，《合同法》将有关隐名代理的规定设于“委托合同”一章，其适用须以隐名代理双方的基础法律关系属于委托合同为前提，并且《合同法》第403条基本上只是对发生违约情况时补救措施的规定。这在本案外贸代理的场合虽然没有问题，但对其他案件来说就可能存在无法适用的情况。比较之下，《海商法》第42条的规定虽然也使用了“委托”的表述，但在整部《海商法》中，有多处关于“委托”的表述，以体系解释理解，《海商法》中的“委托”不但指委托合同，而且指所有发生代理的情形，比《合同法》委托合同所涉范围要宽泛一些。《合同法》对委托人行使介入权的情况规定得较为严格，仅限“受托人因第三人的原因对委托人不履行义务”的情形，比较而言，《国际货物销售代理公约》中还允许当代理人不认真履行代理职责以至严重危及本人预期利益，经本人指正仍不改正者，以及在代理人由于除第三人原因外的其他原因而无法履约的，本人可介入。因此，在若干特殊情形之下，相关当事人只能依《海商法》的规定向法院请求以托运人的身份行使权利。

5. 承运人的赔偿责任范围如何确定

《海商法》第55条规定：“货物灭失的赔偿额，按照货物的实际价值计算；货物损坏的赔偿额，按照货物受损前后实际价值的差额或者货物的修复费用计算。货物的实际价值，按照货物装船时的价值加保险费加运费计算。”《海商法》规定按CIF价计，而《合同法》第312条规定：“货物的毁损、灭失的赔偿额，当事人有约定的，按照其约定；没有约定或者约定不明确，依照本法第六十一条的规定仍不能确定的，按照交付或者应当交付时货物到达地的市场价格计算。法律、行政法规对赔偿额的计算方法和赔偿限额另有规定的，依照其规定。”这一规定采用目的地市场价格的赔偿标准。这两部法律规定的具体计价标准不同，但都属于客观的计算方法。

所谓客观的计算方法，即仅按一般标准来衡量和确定赔偿的损失范围，对不同受害方缘于个体情况差别项下的损失则不予以考虑。所谓主观计算方法，则是在计算损害时，既考虑不因受害方而异的普通因素，又考虑因受害方而异的特别因素。同一损害事实，因计算方式的不同，损害的大小可能也随之而异。《海商法》之所以采取客观的计算方法，从技术上讲，其理由在于，假定运输合同依约得到履行，托运人或收货人所能够获得的，为运送物的价值。因此，在货物发生损害的情况下，通过对货物客观价值的赔偿，货主可以在目的地市场上购买到相同数量的货物以补偿损失，其结果与运输合同得到完全履行相同。但从根本上说，这一规定的立法目的主要在于，考虑到海上运输的风险大，对承运人的责任进行限制以加强对运输业的保护，减低运输业的经营成本，同时使一般人也能以较低的运费实现托运的目的，从而也有利于社会的公益。由此，在本案中，原告主张的应得利润损失和向国内货物供应方支付的违约损失及利息不在法律规定的范围之内，不能予以支持。

（评注人：吴万军）

25. 行纪合同纠纷

司法案例

美康医药公司诉长春研究所案

北京市第二中级人民法院（2009）二中民终字第 07935 号

基本案情

上诉人（原审被告、反诉原告）：长春生物制品研究所。

法定代表人：董慧，副所长。

被上诉人（原审原告、反诉被告）：通用美康医药有限公司。

法定代表人：韩本毅，董事长。

长春生物制品研究所（以下简称“长春研究所”）因与被上诉人通用美康医药有限公司（以下简称“美康医药公司”）进出口代理合同纠纷一案，不服北京市崇文区人民法院（2008）崇民初字第 1736 号民事判决，向本院提起上诉。本院于 2009 年 3 月 24 日受理后，依法组成由法官闫飞担任审判长，法官李晶雪、贾申参加的合议庭审理了本案。本案现已审理终结。

1992 年 8 月 31 日，美康医药公司与长春研究所双方就进口、分装和销售古巴干扰素事宜达成协议，约定：美康医药公司代理长春研究所与美康医药公司研究所进口签订 72 批干扰素，总金额为 197.01 万美元，自 1992 年 9 月开始交货。合同同时约定：美康医药公司负责对外谈判，签订进口合同，负责货物到港后的报关、提货，负责在收到货物并经中国药品生物制品检定所检验合格后的对外付款等。长春研究所负责向中国药品生物制品检定所申报检验并支付检验费，负责产品的注册、分装、销售等，销售盈利归长春研究所所有，负责在取得中国药品生物制品检定所确认合格的药检证书后 3 个月内，根据美康医药公司托收单向美康医药公司支付人民币货款（按美康医药公司对外支付货款当日银行人民币与美元汇率折算比价）、6%外贸代理手续费、0.9%银行手续费等。1993 年 8 月 27 日，美康医药公司与长春研究所又签订 1 份协议，约定：美康医药公司代理长春研究所进口签订 110 批干扰素，总金额为 223.278 万美元，交货时间为 1993 年 10 月 30 批、11 月 40 批、12 月 40 批。合同约定双方的责任条款与 1992 年协议相同。上述代理协议签订后，美康医药公司依约从古巴进口干扰素，长春研究所已全部收到两份协议项下的货物，并未提出异议。1993 年至 1997 年期间，长春研究所陆续向美康医药公司支付货款共计人民币 1 815 万元。

2003 年 10 月 9 日，美康医药公司以长春研究所拖欠货款、外贸代理手续费、银行手续费共计人民币 1 886.61 万元人民币等为由诉至法院，要求长春研究所支付欠款。2006 年 4 月 20 日，北京市高级人民法院以（2005）高民终字 463 号民事判决书作出判决，判决认定：（1）代理人美康医药公司基于外贸行纪制度有权向其委托人主张货款。双方签订的 1993 年代理协议属于对外贸易行纪合同的性质。对外贸易行纪合同是指在对外贸易中，行纪人以自己的名义，用委托人的费用，为委托人办理商品交易业务并收取报酬的合同。这种外贸代理制度要求代理人须以自己的名义代委托人进行交易，因而其代委托人所为交易行为的效力，并不直接对委托人发生贸易关系，而是由代理人自己直接承担该交易行为产生的权利、义务，代理人自己处于交易关系当事人地位，因此，本案古巴方应当向代理人美康医药公司而非向委托人长春研究所履行义务或主张权利，代理人美康医药公司应当自己向委托人长春研究所履行义务或主张权利，即作为代理人的美康医药公司有向其委托人长春研究所主张货款的权利。（2）应认定双方当事人约定的“根据中国医保公司托收单支付货款”的条款是长春研究所履行付款义务的条件。但在实际履行代理协议过程中，长春研究所采用了收到货物后支付货款的方式，陆续向美康医药公司支付人民币 1 815 万元。虽然长春研究所主张该款是其付款准备金而非支付的货款，但其没有提出相关证据予以佐证，亦未提供证据证明双方当事人对该人民币 1 815 万元有特别约定，故应认定双方当事人在实际履行代理协议过程中已付款部分系双方以实际履行协议的行为变更了付款条件，即变更为长春研究所支付该批货款并不以接到美康医药公司托收单为前提条件，而是收货付款。长春研究所针对其所欠货款提出的因未见到托收单所以才未付款的抗辩，应认定其抗辩理由于合同有据，应予采信。但该抗辩权仅为一时抗辩权，只是其不承担违约责任并不发生其根本免除履行付款对待义务的后果，故其所欠货款应当给付。（3）作为外贸代理人的美康医药公司没有及时对外结算并及时向长春研究所主张权利，以避免因汇率调整所产生的损失风险。据此，对因汇率上调所造成的损失，其有过错，应自行承担责任。故双方应当按照当时中国人民银行规定的 1 美元兑 5.814 5 元人民币的汇率执行。（4）长春研究所给付美康医药公司人民币 1 815 万元货款是支付哪一份代理协议项下的货款，在当事人未举证证明划分标准及美康医药公司亦未起诉 1992 年代理协议的情况下，本着公平、公正的原则，按两份协议标的额比例划分，然后将已付货款冲减两份协议相应的所欠货款更为合理。即按照 1992 年代理协议和 1993 年代理协议的货款所占总货款的比例，对人民币 1 815 万元予以划分。经过计算，人民币 1 815 万元货款中有人民币 9 642 187.5 元可用于冲抵 1993 年代理协议项下的货款，其余款项应冲减 1992 年代理协议项下的欠款。（5）代理人美康医药公司从古巴进口干扰素并全部交给研究所，应视为美康医药公司按照代理协议完成了代理义务。对外贸易行纪合同的委托人所负的义务就是按照代理协议的约定，向代理人支付约定的手续费，并偿付代理人为其垫付的费用。此外，双方当事人在 1993 年代理协议中，关于代理手续费和银行手续费的约定并未违反强制性法律规定。因此，长春研究所应当向美康医药公司支付代理手续费和银行手续费。

按照判决认定的两份协议标的额划分比例及确定的汇率，对人民币 1 815 万元予以划分，1992 年代理协议应冲减人民币 8 507 812.5 元，剩余货款人民币 2 947 333.95 元及代理手续费人民币 687 308.79 元和银行手续费人民币 103 096.32 元至今未付。

一审另查，美康医药公司曾用名称为中国医药保健品进出口总公司。

一审诉辩主张

美康医药公司在一审中起诉称：1992 年 8 月 31 日和 1993 年 8 月 27 日，美康医药公司先后同长春研究所签订了两份从古巴进口基因重组 Alpha2B 干扰素浓缩品的委托代理协议，合同货款分别是 197.01 万美元和 223.278 万美元，按照当时人民币对美元的汇率 5.814 5 计算，合同货款折合人民币分别是 11 455 146.45 元和 12 982 499.31 元。协议还约定长春研究所应支付 6%的代理费和 0.9%的银行手续费。协议签订后，美康医药公司依约履行了代理义务，将两批进口的干扰素如数交付给长春研究所。长春研究所收到货物后，只陆续支付了 1 815 万元人民币货款。

鉴于长春研究所长期欠款，美康医药公司曾于 2003 年 10 月 9 日诉至北京市第二中级人民法院，要求长春研究所支付拖欠的货款、外贸代理费、银行手续费共计 1 886.61 万元。北京市高级人民法院终审判决认为，双方当事人均确认长春研究所陆续给付的 1 815 万元人民币是支付 1992 年代理协议项下和 1993 年代理协议项下的货款，但该 1 815 万元人民币是支付上述哪一部分代理协议项下的货款，双方当事人在没有划分依据的情况下诉讼前未达成一致，诉讼中仍各执己见。据此北京市高级人民法院认为，本着公平、公正的原则，按两份协议标的额比例划分，然后将已付货款冲减两份协议相应的所欠货款更为合理，即按照 1992 年代理协议和 1993 年代理协议的货款所占总货款的比例，对 1 815 万元人民币予以划分。一部分冲抵 1992 年代理协议项下的货款，一部分冲抵 1993 年代理协议项下的货款。经过计算，1 815 万元人民币货款中，9 642 187.50 元人民币用于冲抵 1993 年代理协议项下的货款，其余款项即 8 507 812.50元人民币应冲减 1992 年代理协议项下的货款。

最终北京市高级人民法院在前案中判决研究所支付 1993 年代理协议项下尚未支付的货款 3 340 311.81元人民币，及相应的外贸代理费和银行手续费。对 1992 年代理协议项下研究所尚未支付的货款、外贸代理费和银行手续费，北京市高级人民法院判决美康医药公司可另行提起诉讼。

鉴于北京市高级人民法院 2006 年 4 月 20 日作出终审判决至今，长春研究所仍未支付 1992 年代理协议项下的部分货款、外贸代理费和银行手续费，故美康医药公司诉至法院，要求长春研究所偿还货款人民币 2 947 333.95 元、外贸代理费人民币 687 308.79 元、银行手续费人民币 103 096.32元，以上合计人民币 3 737 739.06 元以及支付上述款项的逾期利息人民币572 995.40 元（计算公式：3 737 739.06 元×0.021%×365 天×2 年），共计人民币 4 310 734.46 元。

长春研究所在一审中答辩称：不同意美康医药公司的诉讼请求，理由如下：（1）双方签订了两份协议，其性质应为“外贸进口委托代理协议”，美康医药公司未按合同约定的付款条件向第三方支付货款，美康医药公司向第三方应支付的货款实际是长春研究所应支付第三方的货款，美康医药公司只是中间转移货款的让渡人，本诉所争议的货款是长春研究所欠第三方的货款，而不是欠美康医药公司的货款。美康医药公司只有对外付款之时，才有权利向长春研究所收取货款。（2）双方约定的付款方式没有改变，美康医药公司没有向长春研究所出示“约定的托收单”和“具体的金额”，导致长春研究所客观上不具备付款的条件，造成了今天研究所“客观上支付货款不能”的局面。美康医药公司与长春研究所之间不是货物买卖关系，因此，长春研究所拒绝支付美康医药公司主张的货款并未违反约定和法定的义务，不应承担任何责任，长春研究所不应支付给美康医药公司主张的货款。（3）美康医药公司没有支付货款，美康医药公司就没有全部履行委托事务，长春研究所不应全额支付美康医药公司约定的报酬即外贸代理费人民币 687 308.79 元。美康医药公司没有支付货款，没有实际产生银行手续费，美康医药公司主张的银行手续费人民币 103 096.32 元长春研究所不应支付。（4）美康医药公司的诉讼请求已超过法定的时效，不应受法律保护。双方签订协议之后，因双方发生货款争议，即使以 2003 年 10 月 9 日美康医药公司向法院提起诉讼为“知道或应当知道自己的权利遭受侵害”为起始点，美康医药公司仅起诉了 1993 年代理协议，对双方签订的 1992 年代理协议美康医药公司没有提起诉讼，美康医药公司于 2008 年 4 月 16 日就 1992 年代理协议向北京市崇文区人民法院起诉早已超过了诉讼时效。（5）双方签订协议后，因美康医药公司欺骗长春研究所，声称已支付了对外付款，长春研究所存放于美康医药公司处的 1 815 万元人民币货款备用金，长期为美康医药公司非法占有，直至 2006 年 4 月 20 日北京市高院第 463 号判决才将 1 815 万元人民币中的8 507 812.50元划归长春研究所所有，但美康医药公司找多种理由均不返还。因此，现长春研究所反诉要求法院判令美康医药公司返还研究所货款人民币 8 507 812.50 元及承担反诉费用。

美康医药公司在一审中针对长春研究所的反诉，答辩称：首先，美康医药公司与长春研究所双方的代理协议签订后，美康医药公司依约从古巴进口了干扰素，长春研究所已经全部收到两份协议项下的货物，陆续支付了人民币 1 815 万元货款。北京市高级人民法院判决认为人民币 1 815 万元为两份协议项下的货款，其中人民币 9 642 187.50 元冲抵 1993 年代理协议项下的货款，其余款项应冲抵 1992 代理协议项下的欠款。其次，长春研究所的反诉超过了诉讼时效。2003 年 10 月 9 日美康医药公司向法院提起诉讼时，长春研究所没有提起反诉，此前长春研究所也没有对所谓的备用金提出过任何的权利要求。故美康医药公司不同意长春研究所的反诉请求。

当事人举证及质证、认证情况

美康医药公司为支持其诉讼主张及对长春研究所反诉的抗辩向一审法庭提交如下证据：（1）1992 年 8 月 31 日《协议》。（2）1993 年 8 月 27 日《协议》。两份协议均证明双方之间系外贸代理合同关系。（3）（2005）高民终字第 463 号民事判决书。证明美康医药公司已履行了交付货物的合同义务，长春研究所却拖欠货款的事实；证明判决确认了两份协议按标的额比例划分，将已付人民币 1815 万元货款冲抵两份协议项下货款及美康医药公司起诉 1992 年代理协议项下欠款的依据。（4）1998 年 7 月 10 日美康医药公司给长春研究所林崇哲所长、赵伟总经理的函及长春研究所回函。（5）2000 年 4 月 3 日长春研究所给美康医药公司沈银发总经理的函。（6）2000 年 5 月 31 日美康医药公司给长春研究所并林崇哲所长的函。（7）2002 年 10 月 15 日美康医药公司给长春研究所并盛军所长的函。（8）2002 年 3 月、2002 年 11 月美康医药公司两次去长春研究所处开具给研究所的介绍信。以上（4）、（5）、（6）、（7）、（8）份证据系美康医药公司在不同时期，向长春研究所洽商古巴干扰素项目的欠款问题的证据，均证明美康医药公司于 2003 年 10 月 9 日向法院起诉追索欠款未超过法定诉讼时效期间。

长春研究所为支持其抗辩及反诉诉讼请求向一审法庭提交如下证据：（1）美康医药公司在 2003 年 10 月 9 日提交的起诉状。证明美康医药公司 2003 年起诉时没有主张 1992 年代理协议的货款。（2）2003 年 10 月 9 日起诉时提交的附件。证明美康医药公司对长春研究所存的人民币 1815 万元储备金没有异议。（3）1996 年 6 月 27 日美康医药公司内部文件。（4）2002 年 12 月 2 日美康医药公司会议纪要。（5）2000 年 4 月 17 日美康医药公司内部请示报告。以上（3）、（4）、（5）份证据均证明美康医药公司没有对外支付 1992 年代理协议项下货款。（6）2008 年 6 月 5 日长春研究所单位人员与美康医药公司单位林晓军通话记录及通话记录中提到的执行和解协议。证明长春研究所反诉未过诉讼时效。（7）2004 年高民终字第 112 号民事裁定书。证明美康医药公司与长春研究所所签 1993 年代理协议是委托代理关系。

长春研究所对美康医药公司提交的上述证据中（1）、（2）、（3）、（5）项不持异议，一审法院予以确认。对证据（4）、（6）、（7）、（8）项证据认为系单方证据，对其真实性和关联性有异议。一审法院对上述证据与本案认定的事实结合予以认定。

美康医药公司对长春研究所提交的上述证据（1）、（2）项不持异议，一审法院予以确认。

对证据（3）、（4）、（5）、（6）的真实性不予认可。一审法院对上述证据与本案认定的事实结合予以认定。

一审判决

一审法院判决认定：美康医药公司与长春研究所双方签订的 1992 年代理协议系双方当事人的真实意思表示，不违反法律、行政法规的强制性规定，应当认定合法有效。

北京市高级人民法院（2005）高民终字第 463 号民事判决书已就双方争议的焦点进行了认定。首先，双方签订的 1992 年代理协议为进口代理合同关系，属对外贸易行纪合同的性质。因此，作为代理人的美康医药公司有向其委托人长春研究所主张货款的权利。其次，双方当事人约定的“根据中国医保公司托收单支付货款”的条款是长春研究所履行付款义务的条件。但在实际履行代理协议过程中，长春研究所采用了收到货物后支付货款的方式，陆续向美康医药公司支付人民币 1 815 万元。虽然长春研究所主张该款是其付款准备金而非支付的货款，但其没有提出相关证据予以佐证，亦未提供证据证明双方当事人对该人民币 1 815 万元有特别约定，故应认定双方当事人在实际履行代理协议过程中已付款部分系双方以实际履行协议的行为变更了付款条件，即变更为长春研究所支付该批货款并不以接到美康医药公司托收单为前提条件，而是收货付款。长春研究所针对其所欠货款提出的因未见到托收单所以才未付款的抗辩，应认定其抗辩理由于合同有据，应予采信。但该抗辩权仅为一时抗辩权，只是其不承担违约责任并不发生其根本免除履行付款对待义务的后果，故其所欠货款应当给付。最后，判决已对长春研究所支付的人民币 1 815 万元按两份协议标的额比例进行了划分，将已付货款冲减两份协议相应的所欠货款。一部分冲抵 1993 年代理协议项下的货款外，一部分冲抵 1992 年代理协议项下的货款，按照判决认定的两份协议标的额划分比例及确定的汇率，1992 年代理协议应冲减人民币8 507 812.5元，剩余货款为人民币 2 947 333.95 元。故美康医药公司要求长春研究所支付 1992 年代理协议项下所欠剩余货款人民币 2 947 333.95 元的诉讼请求，该院予以支持。长春研究所针对美康医药公司只有对外付款后，才有权利向长春研究所收取货款的抗辩，该院不予采信。美康医药公司要求长春研究所支付所欠款项的逾期利息的诉讼请求，因双方当事人在实际履行代理协议过程中变更了协议约定的付款条件，长春研究所收货后也陆续支付部分货款，但双方未就付款事宜进一步达成一致，故长春研究所不应承担支付逾期利息的违约责任，现美康医药公司要求长春研究所支付两年的逾期利息，该院不予支持。

美康医药公司要求长春研究所支付相应的代理手续费和银行手续费的诉讼请求，该院认为，美康医药公司从古巴进口干扰素并全部交给长春研究所，应视为美康医药公司按照代理协议完成了代理义务，双方当事人在 1992 年代理协议中，关于代理手续费和银行手续费的约定并未违反强制性法律规定。因此，长春研究所应当向美康医药公司支付代理手续费和银行手续费。长春研究所应当向美康医药公司支付相应的代理手续费人民币 687 308.79 元和银行手续费人民币 103 096.32 元。美康医药公司该项诉讼请求合法有理，该院予以支持。长春研究所提出美康医药公司没有对外支付货款，美康医药公司就没有全部履行委托事务，长春研究所不应全额支付外贸代理费。美康医药公司没有支付货款，没有实际产生银行手续费，长春研究所不应支付银行手续费的抗辩，该院不予采信。

关于长春研究所抗辩美康医药公司起诉已超过诉讼时效一节，该院认为，长春研究所全部收到 1992 年代理协议和 1993 年代理协议项下的货物，自 1993 年至 1997 年期间陆续向美康医药公司支付货款人民币 1 815 万元，履行过程中并未划分已付货款是支付上述哪一份代理协议项下的货款。2003 年 10 月，美康医药公司起诉时认为 1992 年代理协议已支付完毕，向长春研究所主张1993年代理协议项下所欠货款，直至2006年4月20日北京市高级人民法院民事判决书确认对已付人民币1 815万元按两份代理协议标的额比例划分，其中部分冲减1992年代理协议项下的货款时，美康医药公司才知道其权利受到侵害，诉讼时效期间开始计算。因此，长春研究所以美康医药公司主张权利已超过诉讼时效期间的抗辩，该院不予采信。

长春研究所以支付美康医药公司人民币1 815万元是其付款备用金为由要求返还货款人民币8 507 812.50元的反诉请求，证据不足，该院不予支持。

综上所述，依照《合同法》第414条、第415条、第421条第1款、第422条之规定，判决：（一）自判决生效之日起10日内，长春研究所给付美康医药公司货款人民币2 947 333.95元；（二）自判决生效之日起10日内，长春研究所给付美康医药公司外贸代理手续费人民币687 308.79元，银行手续费人民币103 096.32元；（三）驳回美康医药公司其他诉讼请求；（四）驳回长春研究所反诉诉讼请求。

二审诉辩主张

长春研究所不服一审法院上述民事判决，向本院提出上诉。其主要上诉理由是：

一、一审判决认定事实不清

（1）一审判决认定协议为外贸进口委托代理协议且合法有效，但对履行该协议所产生的利益（货款）判定为美康医药公司所有是错误的。依据我国《关于对外贸易代理制的暂行规定》（已失效——笔者注）和《合同法》的相关规定，美康医药公司在委托合同中是受托人，长春研究所是委托人，因委托事务产生的利益应为长春研究所所有，而一审判决判定案外人未追索货款利益为美康医药公司所有错误。（2）一审判决抄袭并依据北京市高级人民法院（2005）高民终字第463号民事判决的内容，把两种性质完全不同的法律两个关系套用一个错误的理论，作出长春研究所应支付美康医药公司货款的错误判决。北京市高级人民法院对与本案诉争的1992年协议性质相同但实际履行合同情况完全不同的1993年协议作出判决。1993年协议是美康医药公司已实际履行了对外付款义务，而本案诉争的1992年协议美康医药公司没有实际对外付款。一审判决大部分抄袭了北京市高级人民法院判决的内容，却忽视了北京市高级人民法院判决明确的长春研究所应偿付美康医药公司为其垫付的费用的内容，以北京市高级人民法院判决中的事实与理由作为其判决的依据错误。（3）一审判决没有对美康医药公司是否实际对外付款这个关键事实作出认定。1）在一审审理中，长春研究所向一审法院出示的证据证明了美康医药公司没有实际付款的事实，美康医药公司也没有任何证据证明其已实际对外付款。2）美康医药公司对外付款是协议约定的义务，其未对外付款证明其只部分完成了长春研究所的委托事务，使长春研究所仍然存在承担违约赔偿的风险，故长春研究所不应全额支付外贸代理费。3）银行手续费的发生，是美康医药公司在对外付款中与银行结算时产生的实际费用，而美康医药公司没有实际对外付款，其主张的银行手续费损失没有依据。（4）美康医药公司主张货款债权的诉讼时效计算的起始时间应为2003年10月9日之前，一审判决认定为2006年4月20日错误。假定长春研究所于1997年之前支付的1 815万元货款成立，那么在2003年10月9日之前美康医药公司就知道或应该知道1 815万元远不够两份协议的货款总额，此时美康医药公司就知道或应当知道自己的权利遭受侵害的事实，故美康医药公司债权遭受侵害之日应为第一次起诉之时的2003年10月9日之前。2006年4月20日作出的北京市高级人民法院判决只是将美康医药公司与研究所在1997年之前已经发生的法律事实进行了公平的分割。一审判决认定美康医药公司的权利遭受侵害之日是2006年4月20日错误。（5）长春研究所反诉美康医药公司返还8 507 812.5元非法占有的货款，证据充分，符合我国法律规定，一审判决不予支持是错误的。美康医药公司在北京市高级人民法院判决生效之前，欺骗长春研究所已实际支付了第三方货款，将长春研究所准备履行协议支付货款的部分付款备用金非法占有，长春研究所直至2006年4月20日才知道自己的合法权益遭受侵害。同时，长春研究所对此也提供了充分证据予以证明，一审判决未支持长春研究所的反诉主张错误。(6) 一审判决依据《合同法》的相关规定作为依据，但判决书中片面理解了法律规定，导致判决结果的片面性。

二、一审法院在庭审中允许美康医药公司当庭举证，并作为定案的依据，违反了最高人民法院《民事诉讼证据规定》第34条、第64条的规定，并影响该案的正确判决。

综上，请求本院撤销一审判决，依法改判。美康医药公司承担本案的全部诉讼费用。

美康医药公司服从一审法院判决，其未向本院提交书面答辩意见，但其在本院庭审中口头答辩称：长春研究所认为一审判决抄袭并依据北京市高级人民法院（2005）高民终字第463号民事判决的内容，把两种性质完全不同的法律两个关系套用一个错误理论的上诉理由，不能成立。本案与北京市高级人民法院案件的当事人、基本事实和证据、诉讼请求、理由，以及案件的法律关系，除了数额差别外都完全一样，美康医药公司之所以提起本案诉讼，就是因为前案遗留下的部分诉讼请求被北京市高级人民法院要求另案解决。综上，请求本院驳回上诉，维持原判。

本院经审理查明的事实与一审法院查明的事实一致。

上述事实，有双方当事人提交的上述证据及当事人陈述意见在案佐证。

二审判决

本院认为：美康医药公司与长春研究所于1992年8月31日签订的协议有效。虽然该协议约定长春研究所根据美康医药公司的托收单向美康医药公司支付货款、代理手续费及银行手续费，而美康医药公司并未向长春研究所出具托收单，但北京市高级人民法院（2005）高民终字第463号民事判决书已作出认定，认定双方在实际履行协议过程中变更了该付款条件，即长春研究所不以接到美康医药公司的托收单作为付款条件，而是收货后付款，并确认了长春研究所欠付该协议项下的货款数额。现长春研究所认可已收到该协议项下的全部货物，故其应向美康医药公司支付尚欠货款。同时，由于美康医药公司已依约从古巴进口了干扰素并将货物全部交付长春研究所，完成了代理义务，故长春研究所亦应依据该协议的约定向美康医药公司支付相应的代理手续费和银行手续费。长春研究所上诉提出由于美康医药公司未举证证明其已实际对外付款，故其不应向美康医药公司支付货款及相应代理手续费、银行手续费的主张，缺乏法律依据，本院不予支持。长春研究所上诉提出美康医药公司的起诉已超过法定诉讼时效期间。根据相关法律规定，诉讼时效期间从知道或应当知道权利被侵害时起计算，由于北京市高级人民法院（2005）高民终字第463号民事判决书对研究所已支付的货款1815万元作出认定，冲减了本案所涉协议项下的部分货款，此时美康医药公司才知道其权利受到侵害，故美康医药公司提起本案诉讼未超过法定诉讼时效期间。一审法院根据已生效的北京市高级人民法院（2005）高民终字第463号民事判决书确定的事实，对本案相关事实作出认定，不违反法律规定，本院予以支持。

综上，原审判决认定事实清楚，适用法律正确，应予维持。依照《民事诉讼法》第153条第1款第1项之规定，判决如下：

驳回上诉，维持原判。

一审本诉案件受理费41 286元，由长春研究所负担（于本判决生效后7日内交纳），反诉案件受理费 71 354 元，由长春研究所负担（已交纳）。

二审案件受理费 112 640 元，由长春研究所负担（已交纳）。

本判决为终审判决。

案由与焦点

1. 案由

本案的一级案由为“合同、无因管理、不当得利纠纷”，二级案由为“合同纠纷”，三级案由为“行纪合同纠纷”。

行纪合同是指行纪人接受委托人的委托，以行纪人自己的名义，为委托人从事交易活动，由委托人支付报酬的合同。因行纪合同的订立、履行、解除等引发的纠纷即为行纪合同纠纷。

2. 焦点

本案争议的焦点在于美康医药公司与长春研究所之间签订的合同的性质。如果是行纪合同，则应独立看待美康医药公司与长春研究所签订的行纪合同、美康医药公司与古巴方签订的买卖合同。

评注与问题

1. 外贸代理与行纪合同属何种关系

本案中，长春研究所与美康医药公司于 1992 年、1993 年签订进出口代理合同，根据合同的内容，被法院认定为外贸行纪代理。外贸代理在我国不但是一项经济活动，也是一项法律制度，最早由原对外经济贸易部的《关于对外贸易代理制的暂行规定》（1991 年颁布，2008 年失效）予以规定。该规定现虽已失效，但《中华人民共和国对外贸易法》（以下简称《对外贸易法》）第 12 条规定：“对外贸易经营者可以接受他人的委托，在经营范围内代为办理对外贸易业务。”由此可见，外贸代理仍是一项法律所认可的商业行为。《对外贸易法》中所言“接受他人的委托”关注于委托人（本人）与受托人（代理人）之间的关系，但受托人以不同的名义对外签订合同，则会引起不同的代理模式。代理行为多种多样，代理制度各不相同。如前所述，世界上有以“名义标准”采取“区别论”的大陆法系代理模式和以责任标准采取“等同论”的普通法系模式。我国合同法对两大法系的代理制度兼而取之，将其中大陆法系的间接代理规定于《合同法》行纪合同一章中。本案中，美康医药公司受长春研究所的委托，以自己的名义与古巴方签订的协议，该协议从性质上说属于行纪合同。试结合本案，分析外贸代理与行纪合同属何种关系。

2. 本案中行纪合同如何履行

《合同法》第 414 条规定：“行纪合同是行纪人以自己的名义为委托人从事贸易活动，委托人支付报酬的合同。”该条规定清晰地说明了行纪合同的特点，行纪人（受托人）是以自己的名义为委托人从事贸易活动。所谓间接代理，乃代理的类似制度而非真正的代理。[①] 王泽鉴教授的点评道出了行纪的本质，真正意义上的代理为直接代理，代理人与第三人签订的合同的效果由本人承受，而行纪人与第三人签订的合同的效果由行纪人自己承担。《合同法》第 421 条

① 参见王泽鉴：《民法总则》，446 页，北京，中国政法大学出版社，2001。

第1款规定:“行纪人与第三人订立合同的,行纪人对该合同直接享有权利、承担义务。”行纪人一般由行纪商担任,是专门从事行纪的商主体,在我国对外贸易中就是具有对外贸易经营权的公司、企业。

本案中,美康医药公司接受长春研究所与美康医药公司研究所的委托,以自己的名义与古巴方签订买卖合同,进口货物。所以,之于古巴方,美康医药公司是买受人;之于长春研究所与美康医药公司研究所,应根据双方的协议,支付货物,收取价款与酬金。至于长春研究所支付价款的条件,实际履行与合同约定并不相同,属于变更履行方式,改为长春研究所支付该批货款并不以接到美康医药公司托收单为前提条件,而是收货付款。由此,长春研究所应支付尚未付清的余款。

3. 美康医药公司是否对外付款对长春研究所履行合同有何影响

本案中,长春研究所对于不向美康医药公司支付货款的抗辩理由主要是长春研究所不是欠美康医药公司的货款,美康医药公司只有在付款之时,才有权向长春研究所收取货款。该抗辩理由不为法院所采信。根据双方签订合同的约定,长春研究所支付货款的条件是收到美康医药公司的托收单,而在实际履行过程中,以收货付款变更了合同约定。所以,无论从合同约定还是实际履行,都没有把美康医药公司向第三方付款作为长春研究所支付货款的条件。因此,长春研究所的抗辩不能成立。再者,根据行纪合同的性质,美康医药公司以自己的名义从事贸易活动,与第三方存在实际发生的买卖关系,关于该买卖合同如何履行,与长春研究所没有关系。本案中,美康医药公司虽只起中介的作用,但并不能否认其具有向长春研究所收取货款的权利。因为这是行纪合同的应有之义,美康医药公司通过与第三方的买卖,已经履行了自己的行纪义务,通过行纪合同的转化,实质上就已经取得了卖方的地位,所以长春研究所就应履行自己支付货款的义务。

4. 本案中对于外贸代理手续费、银行手续费约定的效力如何

本案中,行纪合同约定长春研究所应向美康医药公司支付外贸代理手续费与银行手续费,且支付的条件是获得美康医药公司的托收单。

外贸手续费的性质是行纪报酬。《合同法》第422条规定,行纪人完成或者部分完成委托事务的,委托人应当向其支付相应的报酬。本案中,美康医药公司已经履行了行纪合同中自己的义务,向长春研究所交付了干扰素,而长春研究所以美康医药公司没有实际支付货款主张行纪人没有履行委托事务,不支付代理手续费,其主张是不合约、不合法的。

银行手续费的性质是行纪费用。《合同法》第415条规定,行纪人处理委托事务支出的费用,由行纪人负担,但当事人另有约定的除外。本案中对于银行手续费的约定就属于该法条中“当事人另有约定”的情形,该约定于法有据,是合法的。长春研究所以美康医药公司没有实际发生银行手续费,不支付银行手续费,该此主张与合同约定不符,所以不能为法院采信。

5. 代理与行纪的关系如何

本案中,长春研究所强调美康医药公司没有实际支付货款。该说法实际上混淆了代理与行纪的关系。所谓行纪,是指一方根据他人的委托,以自己的名义为他方从事贸易活动,并支取报酬的行为。行纪与直接代理都是发生于三方当事人之间的关系,并且都是为他人活动,这是二者的相似之处。与代理相比,首先,行纪人是以自己的名义为法律行为,而直接代理是以被代理人的名义为法律行为。因此,行纪的法律效果直接归属于行纪人,间接归属于委托人。其次,通常情况下,行纪人从事的是贸易行为,而代理人的行为则不限于贸易行为。最后,行纪为有偿行为,而代理则包括无偿代理。与代理不同,行纪人与第三人订立合同产生的权利、义务要由行纪人自己承受,委托人与第三人之间不直接发生法律上的权利义务关系。所以,行纪人的风险比代理人大得多。正因为如此,代理人的代理活动可以有偿,也可以无偿;代理人可

以是法人，也可以是公民个人。而行纪人的活动都是有偿的，并且从事行纪活动的，一般要求是能够承担风险，有法人资格的组织。因此，美康医药公司对与第三方签订的买卖合同承担义务，如果它没有履行支付货款的义务，也应由第三方，而非长春研究所追究。这是由行纪合同的性质所决定的。

（评注人：吴万军）

26. 居间合同纠纷

司法案例

满堂红公司诉陈传实案

广东省广州市中级人民法院（2005）穗中法民四终字第 997 号

基本案情

原告（反诉被告、被上诉人）：满堂红（中国）置业有限公司

被告（反诉原告、上诉人）：陈传实。

广州市天河区人民法院经审理查明：位于广州市天河区建业路华翠街 17 号 101 房屋（以下简称“案涉房屋”）是何群笑的产业。2004 年 5 月 8 日，满堂红（中国）置业有限公司（原称广州满堂红置业有限公司，以下简称“满堂红公司”）与陈传实签订《定金支付及要约发出委托书》，约定：陈传实委托满堂红公司向案涉房屋的业主发出要约购买案涉房屋，案涉房屋建筑面积为 74 平方米，总房款为 250 000 元，房屋的交付标准为吉屋[①]（双方在“吉屋”后标注的“附带家私家电”一栏中打×表示删除），付款方式为一次性付款；陈传实同意在签订本委托书时支付 5 000 元作为购买房屋的定金，交满堂红公司保管，满堂红公司必须按合同约定条件尽力促成买卖；一旦业主同意按 250 000 元成交或低于 250 000 元成交，并同意上述约定的房屋条件的，陈传实即确认成交，满堂红公司无须另行通知陈传实即可将定金 5 000 元转交业主，陈传实应于业主收取定金后两天内补足定金余款 5 000 元，否则视为违约；满堂红公司如在 2004 年 5 月 17 日前未能与业主就以上要约条件达成协议取得业主承诺的，代保管的定金 5 000 元应无息退还陈传实；若满堂红公司在上述期限内取得符合要约条件的业主承诺，业主承诺到达满堂红公司即视为到达陈传实，满堂红公司与业主的买卖合同即告成立；陈传实须于 2004 年 5 月 30 日前签署《房地产买卖合同》，于 2004 年 6 月 18 日前与业主到广州市房管局办理房屋交易过户手续；陈传实在业主按照上述要约条件作出承诺后，如不依要约履行的，则已付定金将被业主没收，同时，陈传实需向满堂红公司支付违约金 12 500 元；如陈传实或其代理人、亲属在未通过满堂红公司的情况下与业主进行交易，仍须向满堂红公司支付违约金 12 500元；陈传实同意支付房地产咨询及买卖代理费共 7 500 元等条款。

---

① “吉屋”为广东方言，一般指无人居住、待出租的房子。

上述委托书签订的当天，陈传实向满堂红公司支付了定金 5 000 元。同日，满堂红公司与案涉房屋的业主何群笑签订了《承诺书》，约定：何群笑同意按照买方提出的要约条件出售涉案房屋，售价为 250 000 元，房屋交结情况为吉屋（不含家私家电），收款方式为一次性收款，何群笑收取定金后在 2004 年 5 月 30 日前与买方签署《房地产买卖合同》，并于 2004 年 6 月 18 日前到房管局办理交易过户手续，否则视为违约；满堂红公司作为买方要约发出的代理人，本承诺书送达满堂红公司时视为送达买方，合同即告成立；何群笑须支付满堂红公司代理费 5 000元等条款。

上述承诺书签订当天，满堂红公司将陈传实交付代管的定金 5 000 元转交给何群笑。后在陈传实与何群笑在协商过程中，双方对涉案房屋的交付标准——吉屋是否附带两台分体式空调，以及付款方式是否为一次性付款等问题发生争议，陈传实认为吉屋应该附带两台空调机并要求分期付款，何群笑则明确表示吉屋不附带家私家电，以及要求一次性交付房款 250 000 元。双方对此无法协商一致，导致案涉房屋至今未能成交。

2004 年 5 月 27 日，满堂红公司以挂号信形式向陈传实发出《通知》，要求陈传实接到本通知后立即前往满堂红公司处按照广州市房管局的格式要求签署房屋买卖合同等，并要求陈传实于 2004 年 6 月 18 日前到广州市房管局办理交易过户手续。陈传实表示收到了通知，但未履行。

一审诉辩主张

原告满堂红公司诉称：2004 年 5 月 8 日我司与被告陈传实签订《定金支付及要约发出委托书》，由被告陈传实委托我司向广州市天河区华翠街 17 号 101 房的业主发出要约，欲购买该屋，被告陈传实并将定金 5 000 元委托我司转交给业主。经我司促成，该房屋业主何群笑作出承诺，同意按被告陈传实的要约履行，双方达成了合意，但事后被告陈传实悔约，并向业主何群笑提出许多无理要求，要求的事项已经超出了要约的范围，致使业主最后不同意出售房屋。按照《定金支付及要约发出委托书》的约定，被告陈传实不履行要约的内容，构成违约，须向我司支付违约金 12 500 元。经我司多次要求被告支付违约金 12 500 元未果，特起诉要求判令被告陈传实：（1）向我司支付违约金 12 500 元；（2）由告陈传实承担本案诉讼费。

被告陈传实答辩并反诉称：不同意原告满堂红公司的诉讼请求。原告满堂红公司在提供中介服务时，带我去看了广州市天河区华翠街 17 号 101 房屋，我当时要求按照吉屋标准及现状，希望以 250 000 元的价格成交。但由于我与房屋业主何群笑对两台空调机是否包括在成交款内以及付款的方式无法达成一致意见，何群笑说卖房时要将房屋的两台空调机拆走，我不同意拆走，认为这两台空调机应该附属于房屋，应与房屋一并按照 250 000 元的价格出售，但何群笑不同意。此外，我要求分期分批支付房价款 250 000 元，何群笑要求一次性支付。因此，双方未能达成一致意见签订房屋买卖合同，是属于不可归责于双方当事人的原因。我没有不履行要约义务，故不同意承担违约责任。最后，由于原告满堂红公司没有促成我与何群笑签订房屋买卖合同，合同未成立，原告满堂红公司应将定金 5 000 元退还给我，故反诉请求原告满堂红公司将定金 5 000 元退还给我。

原告满堂红公司对被告陈传实的反诉请求答辩称：虽然被告陈传实与业主何群笑没有按照广州市房管部门提供的格式要求签订正式的房地产买卖合同，但是我司代表被告陈传实向业主何群笑发出购买房屋的要约，而何群笑亦向我司作出了《承诺书》，同意按照要约条件出售房屋，因此，被告陈传实与何群笑双方实际上已达成了房屋买卖的协议。我司按照要约的约定将被告陈传实支付的定金 5 000 元于 2004 年 5 月 8 日转交给何群笑，被告陈传实要求我司退还定金 5 000 元无理，请求驳回被告陈传实的反诉请求。

一审判决

广州市天河区人民法院认为：原、被告双方签订的《定金支付及要约发出委托书》，其内容是作为委托人的被告与作为受托人的原告约定，由受托人处理委托人事务的合同，属于委托合同。该合同是原、被告双方当事人的真实意思表示，要约的内容不违反法律、行政法规的强制性规定，合法有效，双方应遵照履行。原告作为被告的受托人，履行了向案涉房屋业主何群笑发出买房要约的义务，而何群笑对此要约作出了承诺，愿意按照要约条件出售案涉房屋，该承诺已到达原告，按约定即表示已到达被告，因此，被告与何群笑关于案涉房屋的买卖合同关系应自此成立。被告应按合同约定履行义务，与何群笑办理相关的房地产交易过户手续等。但被告未履行，导致涉案房屋未能成交，责任在被告。被告与何群笑双方均明确约定吉屋不附带家私家电以及房款方式为一次性付款，被告应按此约定条件接受房屋与支付房款 250 000 元，而被告拒不履行，其所提出的关于吉屋附带家私家电以及分期付款的要求，与约定不符。被告以此抗辩不履行接收案涉房屋以及一次性支付房款的义务没有事实依据，法院不予采纳。故原告以被告不履行合同义务为由要求被告按约定支付违约金 12 500 元的请求有理，法院予以支持。对于被告反诉的请求，由于何群笑作出了同意按成交价 250 000 元成交及要约的吉屋出售案涉房屋，被告则确认成交，原告已将被告交付的定金 5 000 元转交给业主何群笑，原告转交定金的行为符合双方的约定，被告要求原告退还定金 5 000 元缺乏事实依据，对其反诉请求不予支持。据此，广州市天河区人民法院依据《民事诉讼法》第 64 条第 1 款，《合同法》第 44 条第 1 款、第 60 条第 1 款、第 107 条、第 396 条、第 405 条的规定，判决如下：(一) 自本判决发生法律效力之日起 10 日内，被告陈传实支付原告广州满堂红置业有限公司违约金12 500 元；(二) 驳回被告陈传实的反诉请求。本案受理费 510 元，反诉费 210 元，合计 720 元由被告陈传实承担。

二审诉辩主张

一审宣判后，陈传实不服，向广州市中级人民法院提出上诉，陈传实认为：(1) 上诉人与被上诉人是居间合同法律关系，被上诉人作为居间人并未促成上诉人与业主签订《房屋买卖合同》，是不能要求支付报酬的。原审法院认为上诉人与被上诉人签订的《定金支付及要约发出委托书》属于委托合同，是片面的，明显违反了代理人不能同时代理双方进行交易的法律规定。(2) 签订《委托书》与《承诺书》并不代表房屋买卖合同关系成立。根据 (2003) 穗中法民四终字第 1363 号生效判决，满堂红公司作为房地产中介机构分别与售房人、购房人签订合同，两份居间合同不是售房人与购房人达成的房屋买卖合同，满堂红公司并未最终促成房屋买卖合同成立。本案中，上诉人签订的居间合同，只是在标的、总价等方面的初步意向，对于房屋如何交付、如何付款、办证期限、居住环境等均有待双方协商，只有双方对具体的《房屋买卖合同》条款协商一致并签字，才能成立买卖合同关系。(3) 上诉人未违约，被上诉人则有欺骗行为。《委托书》签订后，上诉人积极履约，但在看房时满堂红公司承诺按照现场的标准交房，但与业主协商时却是“吉屋”，而且，被上诉人与业主签订的《承诺书》中在交吉情况中注明“不含家私家电”，对“吉屋”的含义作出了明确的解释，但在上诉人与被上诉人签订的《委托书》中却没有注明吉屋不含家私家电。(4)《委托书》是损害买房人利益的格式合同和霸王条款。《承诺书》第 4 条规定出卖人收取定金后，须“同意将没收之定金与贵公司均分”，表面上看定金支付给了业主，实际上又返回一半给中介，完全是规避法律的行为，应为法律所禁止。故请求：（1）撤销（2004）天法民三初字第 1112 号民事判决；（2）判令被上诉人退还定金 5 000 元；（3）由被上诉人承担一、二审诉讼费。

被上诉人满堂红公司答辩同意原审判决。

二审判决

广州市中级人民法院经审理查明：2004 年 5 月 8 日陈传实与满堂红公司签订《定金支付及要约发出委托书》当日，双方还签订了《买卖代理费支付承诺书（买方）》，约定如满堂红公司成功促成业主与陈传实达成交易（以签订《房地产买卖合同》为准），陈传实同意支付房地产咨询及买卖代理费共 7 500 元等内容。

广州市中级人民法院查明的事实与广州市天河区人民法院查明的事实基本一致。

广州市中级人民法院认为：上诉人陈传实与被上诉人满堂红公司签订《定金支付及要约发出委托书》确立了双方居间合同法律关系，根据《合同法》关于居间合同的相关规定，在该居间合同关系中，被上诉人作为居间人的义务是如实向上诉人报告有关订立房屋买卖合同的事项，权利是收取促成合同成立的报酬或在合同未成立时收取从事居间活动必要的费用；上诉人作为委托人，其义务是在合同成立时支付报酬或在合同未成立时支付被上诉人从事居间活动必要的费用。该委托书中对双方居间合同关系权利、义务的约定合法有效，双方应当遵照履行。但双方在该委托书中约定的如被上诉人取得业主承诺后，上诉人不依该委托书履行，则已付定金被业主没收，同时上诉人须向被上诉人支付违约金 12 500 元，应当是上诉人在买卖合同履行过程中存在违约行为所应承担的违约责任，不属于居间合同调整的范畴，其权利人应当为涉案房屋的卖方，因此，被上诉人作为居间合同的当事人不能依此追究上诉人在买卖合同中的违约责任。上诉人的该项上诉请求成立，法院予以支持。原审法院对此认定不当，第一项判决错误，应予纠正。同理，上诉人支付给业主的定金亦属于买卖合同调整的范畴，上诉人不应当向作为居间人的被上诉人追偿，上诉人该项上诉请求没有法律依据，法院不予支持。综上所述，原审判决认定事实清楚，但适用法律错误。依照《民事诉讼法》第 153 条第 1 款第 1、2 项、《合同法》第 107 条的规定，判决如下：

一、维持广州市天河区人民法院（2004）天法民三初字第 1112 号民事判决第二项；

二、撤销广州市天河区人民法院（2004）天法民三初字第 1112 号民事判决第一项；

三、驳回被上诉人满堂红公司的诉讼请求。

本案一审受理费 510 元由被上诉人满堂红公司负担，反诉费 210 元由上诉人陈传实负担；二审受理费 720 元，由上诉人陈传实负担 210 元，被上诉人满堂红公司负担 510 元。

案由与焦点

1. 案由

本案的一级案由为“合同、无因管理、不当得利纠纷”，二级案由为“合同纠纷”，三级案由为“居间合同纠纷”。

居间合同是指居间人接受委托人的委托，按照委托人的指示和要求，为委托人报告缔约机会或者为缔约提供相关的媒介服务，由委托人支付相应报酬的合同。因居间合同的订立、履行、解除而引发的纠纷即为居间合同纠纷。

2. 焦点

本案争议的焦点在于《定金支付及要约发出委托书》的性质是委托合同还是居间合同，以及在该协议中涉及未来房屋买卖合同履行问题的条款效力如何，及陈传实与何群笑之间的房屋买卖合同成立与否。

评注与问题

1.《定金支付及要约发出委托书》的性质如何

一审法院认为该协议为委托合同，而二审法院认为是居间合同。通过对《合同法》关于委托合同、行纪合同、居间合同规定的整体考察，可以得出行纪合同与居间合同是委托合同的特殊形式的结论，这不但表现于三类合同的一方当事人均为委托人，而且这三类合同都表现出受人之托、忠人之事的目的，都表现为受托人受委托人之托处理委托人事务，只是受托的事项或表现形式不同。委托合同属于一般形式，行纪合同与居间合同属于特殊形式。因此，在法律适用时，应优先适用关于行纪合同与居间合同的规定，不属于这两类特殊形式的，才可以适用委托合同的规定。本案中，陈传实委托满堂红公司买房，当然符合委托合同的要求。但满堂红公司受托事项并非代陈传实买房，而是为其买房牵线搭桥，又符合《合同法》第 424 条“居间人向委托人报告订立合同的机会或者提供订立合同的媒介服务”之规定，因此，该协议应被定性为居间合同。

2. 居间合同中约定委托人与第三人订立合同的履行问题的条款效力如何

居间合同本是约束委托人与居间人权利、义务的协议，与委托人与第三人订立合同的履行没有关系，但本案中，陈传实与满堂红公司的《定金支付及要约发出委托书》中却约定：“陈传实在业主按照上述要约条件作出承诺后，如不依要约履行的，则已付定金将被业主没收，同时，陈传实需向满堂红公司支付违约金 12 500 元。”这是比较奇怪的约定，因为根据该协议的另一项内容：“若满堂红公司在上述期限内取得符合要约条件的业主承诺，业主承诺到达满堂红公司即视为到达陈传实，满堂红公司与业主的买卖合同即告成立。”这就说明，在满堂红公司取得业主的承诺后，陈传实与业主的房屋买卖合同即告成立。那么陈传实不依要约履行，就是不履行房屋买卖合同而非居间合同。由此可见，《定金支付及要约发出委托书》中的约定有些莫名其妙，陈传实不履行房屋买卖合同反而要向居间人承担违约责任！因此，二审法院认为：“上诉人须向被上诉人支付违约金 12 500 元，应当是上诉人在买卖合同履行过程中存在违约行为所应承担的违约责任，不属于居间合同调整的范畴，其权利人应当为涉案房屋的卖方，因此，被上诉人作为居间合同的当事人不能依此追究上诉人在买卖合同中的违约责任。”法院的这一认识是妥当的。在此需要进一步追问的是，法院否定《定金支付及要约发出委托书》条款的理由何在？首先要明确的是，该委托书是满堂红公司与陈传实合意的结果，即使委托书是格式合同，那也是在陈传实同意后签订的。但根据居间合同的目的与功能，居间人的作用在于为委托人创造订立合同的机会，或提供媒介服务，如果超出此范围，则不再属于居间合同的条款，应另行制订协议约定。

3. 居间合同中是否可以规定涉他条款

根据《合同法》第 64 条规定，“当事人约定由债务人向第三人履行债务的，债务人未向第三人履行债务或者履行债务不符合约定，应当向债权人承担违约责任。”陈传实与满堂红公司的《定金支付及要约发出委托书》中的约定有点类似于涉他合同。该约定的内容为：满堂红公司与陈传实约定，陈传实应与业主签约，否则应向满堂红公司承担违约责任。但问题是陈传实与业主签约并非是应该履行的债务，委托人是否与第三人签订合同是委托人的自由，不能以债务的形式强行约束委托人的缔约自由，所以《定金支付及要约发出委托书》中的相关约定，实质上是对委托人缔约自由的限制。缔约自由是正常市场秩序的表现，限制缔约自由也可以看做是对社会公共利益的违反，所以根据《合同法》第52条的规定，可以认定该约定无效。

4. 满堂红公司与何群笑签订的《承诺书》的性质如何

满堂红公司基于与陈传实之间的《定金支付及要约发出委托书》的约定，为陈传实寻找房源，满堂红公司是居间人的身份。满堂红公司找到房源后，与房主何群笑签订的《承诺书》只能说明，满堂红公司为陈传实提供了媒介服务，确定了购房机会，满堂红公司履行了居间义务。《承诺书》与之前的《要约委托书》并不构成房屋买卖合同中的要约与承诺。满堂红公司仅仅提供了陈传实与何群笑之间缔约的机会，房屋买卖合同是否缔结，还取决于合同书的签订，所以，仅凭《承诺书》不能认定房屋买卖合同的成立。

5. 陈传实与何群笑之间的房屋买卖合同成立与否

在满堂红公司与陈传实签订的《定金支付及要约发出委托书》中约定："若满堂红公司在上述期限内取得符合要约条件的业主承诺，业主承诺到达满堂红公司即视为到达陈传实，满堂红公司与业主的买卖合同即告成立。"在满堂红公司与何群笑签订的《承诺书》中约定："满堂红公司作为买方要约发出的代理人，本承诺书送达满堂红公司时视为送达买方，合同即告成立。"可见，根据三方当事人的意思，似乎是希望在业主通过满堂红公司承诺后合同即告成立。但房屋买卖是要签订合同书的，而且无论是《委托书》还是《承诺书》都有要签订房屋买卖合同书的条款。《合同法》第32条规定："当事人采用合同书形式订立合同的，自双方当事人签字或者盖章时合同成立。"所以，陈传实与何群笑之间的房屋买卖合同应于双方在合同中签字或盖章时始得成立，这也与满堂红公司与陈传实签订的《买卖代理费支付承诺书（买方）》精神相一致，该协议把签订《房地产买卖合同》看做是满堂红公司成功促成业主与陈传实达成交易。可见，陈传实、何群笑二人的房屋买卖合同不成立，满堂红公司未促成合同成立，应适用《合同法》第427条的规定："居间人未促成合同成立的，不得要求支付报酬，但可以要求委托人支付从事居间活动支出的必要费用。"

至于何群笑通过满堂红公司对陈传实的要约予以承诺，其法律性质如何？对此，可以认为是预约。"预约亦系一种契约（债权契约），而以订立本约为其债务的内容。"[①] 通过上述分析，定性为预约也是符合案情的，双方还是期待在承诺后签订《房屋买卖合同》，而后者为本约。双方后来没有签订本约，意味着对于预约的违约，那么就应该基于预约要求违约方承担违约责任，责任承担方式可以是损害赔偿，也可以是继续履行，继续履行的结果就是签订本约。

（评注人：吴万军）

① 王泽鉴：《债法原理（一）》，147页，北京，中国政法大学出版社，2001。

27. 房地产开发经营合同纠纷

司法案例

李善宝诉西航实业公司案

福建省平潭县人民法院（2008）岚民初字第 809 号

基本案情

原告：李善宝。

被告：福建省平潭县西航实业发展有限公司。

法定代表人：周廷艳，总经理。

委托代理人：俞文峰，福建中美律师事务所律师。

本院于 2005 年 5 月 25 日立案受理本案后，于 2005 年 9 月 19 日作出（2005）岚民初字第 415 号民事判决书，宣判后，原告不服提起上诉，福州市中级人民法院于 2005 年 12 月 21 日作出（2006）榕民终字第 10 号民事判决书，驳回上诉，维持原判，并发生法律效力。原告不服，向福州市中级人民法院提出再审申请，福州市中级人民法院作出（2006）榕民监字第 326 号驳回通知书，原告又不服提出再审申请，福州市中级人民法院于 2008 年 9 月 18 日作出（2008）榕民监字第 95 号民事裁定，决定对本案进行再审。福州市中级人民法院于 2008 年 10 月 9 日作出（2008）榕民再终字第 52 号民事裁定书，裁定撤销二审判决，发回本院重审。本院于 2008 年 10 月 21 日立案受理后，依法另行组成合议庭，重新开始一审程序，并于 2008 年 12 月 11 日、2009 年 4 月 9 日两次公开开庭审理了本案。

经审理查明：被告福建省平潭县西航实业发展有限公司（以下简称“西航实业公司”）系国内合资的有限责任公司。其经营范围：房地产开发、商品房销售、钢材、建筑材料、通用设备。

2003 年 7 月 10 日，原告根据被告向社会发布的房产商业广告（广告中注明承诺为五证齐全等 6 项内容，并注明住宅每平方米 980 元起价，店面每平方米 3 000 元起价），认购被告开发的西航小区西和园 7 号 2 单元 401 房，面积为 146.95m^2，并向被告缴交定金 10 000 元。被告向原告出具认购定金收据一份，该定金收据载明：兹收到李善宝认购西和园区 7 号 2 单元 401 房定金一万元人民币，面积约 146.95m^2，最后面积以合同和确权为准。待预售许可证办好后 15 天内到公司签订商品房买卖合同，并交齐首付款，否则罚收全部定金。2003 年 12 月 16 日，被告取得平潭县建设局颁发的（2003）岚建房许字第 07 号《商品房预售许可证》。2003 年 12 月 24 日，被告以电话形式通知原告到售房部签订购房合同以及支付首付款。原告有异议未到被告处签订购房合同，也未支付首付款。要求被告待商品房起盖至三分之二后再签订购房合同。2004年10月16日，被告以电报形式通知原告解除预约关系并没收定金。原告接到电报后未与被告正面交涉，亦无直接到被告公司表明购房态度。2005年5月25日原告诉至本院，请求判令被告发出的解除合同的通知无效，并要求被告按第三期同等条件与原告签订购房合同以及赔偿相关损失约900元。在重审时原告提出要求赔偿相关损失510 000元，后在庭审中放弃该诉请，另行起诉。

一审诉辩主张

原告诉称：原告于2003年7月10日以付定金10 000元的形式从被告处认购西和园7号2单元401号房，面积约146.95平方米，每平方米980元，被告承诺五证俱全，按期办理房产证，并能在2004年8月左右交房。2003年12月24日，被告称已经领取了五证要求原告随带首付款到被告处签订买卖合同。原告应约前往，在木板上看到贴满复印件的五证，但被告没有拿原件让原告过目，且复印件上盖的都是平潭县相关部门的印章。原告对被告既收受定金，又急着拿首付款签订买卖合同，而房子却按兵不动，不见影子表示不解。鉴于此，原告于2004年1月1日及时采取补救措施，要求被告在房子盖到三分之二后再签订买卖合同。被告无异议表示同意，之后被告不知什么原因一拖再拖，原告于2004年7月29日提醒被告任其损失扩大将承担不利后果并会付出代价。但被告于2004年10月16日单方解除合同。由于被告恶意违法，致使原告到目前为止仍然没有房子，因而原告恳请法院查明事实真相，判令被告解除合同无效，并按第三期同等条件与原告签订买卖合同；被告应支付诉讼费用赔偿原告材料费、车旅费约300元，住宿费、手机费等其他费用约900元。

原告重审申请时除上述诉称外还称：因为被告没有出示原件给原告看，原告当场表示疑义，于是马上用挂号信形式向对方郑重提出，声明如果由于被告的原因造成原告迟延付款应由被告承担一切后果，被告无回应表示无异议。但被告面对原告第二次用挂号形式书面催告：如果房子按规定起盖必须用书面形式及时通知原告，并约定了如果不通知将导致违约赔偿责任。但被告无动于衷，仍然故意不通知原告，并于2004年10月16日单方解除合同。原告对解除合同有异议，于2005年5月25日起诉到平潭县法院，一审宣判后，原告不服（2005）岚民初字第415号民事判决，于2005年11月3日上诉至福州市中级人民法院。但二审同一审一样都作出违背事实和法律的判决。请求：（1）依法判令被告的解除合同无效，继续按第三期同行条件，以每平方米980元的价格履行义务，与申请人签订买卖合同。（2）判令被告因其欺诈行为导致恶意违约，致使原告损失扩大，向原告赔偿银行利息，各种税费，水电立户和装修费用的提高差额损失以及精神损失费等510 000元，并支付全部的诉讼费用。

被告西航实业公司辩称：被告及其委托代理人在原审中辩称，原告在诉讼中已经承认在2003年12月24日被告通知原告来签订正式买卖合同的事实，承认了在2004年1月1日要求被告等房子盖到三分之二后再签订买卖合同，说明原告不签订买卖合同的理由不能成立，不受法律保护。被告于2004年10月16日通知原告解除合同，其解除效力应得到法律支持。由于原告违约，其无权要求返还定金。为此，被告认为原告诉讼请求无理，依法应予驳回。

质证、认证情况

庭审中，原告向本院提交了以下证明材料：

证据一，被告售房广告，以证明被告向社会销售商品房以及在广告中写明住宅每平方米980元起价之事实。

证据二，原告2004年1月1日书写的声明一份，其主要内容是：被告于2003年12月26日正式通知原告在15日内随带首付款到被告处签订商品房买卖合同，原告对被告商品房未盖到三分之二就要求签订合同表示疑义，为了防止款项挪作他用或者拖延施工进度等情况发生，要求被告待商品房盖到三分之二再签订合同，被告如不作解释或合理解释，超过15日而导致合同未能订立或拖延订立，责任不在原告，所产生的后果由被告负责。原告旨在证明发表该份声明的原因是：原告在第一次去签合同时，房子还未建，待接到被告通知签房屋买卖合同，说证已办好，需交首付款，因不放心，才向其发表该份声明。

证据三，原告2004年7月21日书写的声明一份，其主要内容是：原告曾于2004年1月1日用挂号信形式给被告一份声明，被告未作回应，现再次作出声明，要求被告待房子盖到三分之二后，有义务用书面形式通知原告，若在承诺的交房期限之前未作书面答复，将视为该商品房未盖到三分之二，超过承诺期限后，原告随时有可能采取必要的法律手段维护自己的权益，若盖了而不通知原告，被告将要承担房子增值及其他差额赔偿责任。被告应告知原告商品房预售许可证号码及原件让原告过目。该证据旨在证明原告再次函告被告，要求被告有义务待商品房盖到三分之二后通知原告与之签订买卖合同，造成买卖合同无法签订过错在被告。

证据四，国内挂号邮件收据（证据一收据0803号，证据二收据0359号）2张。旨在证明原告曾向被告邮寄上述两份声明的事实。

证据五，关于0359号邮件查询邮件回单一份，以证明2004年7月29日被告单位翁祖丽代签收挂号信一份。

证据六，被告出具认购定金收据一份，其内容是：兹收到李善宝认购西和园区7号2单元401号房定金一万元人民币，面积约146.95m^2，最后面积以合同和确权为准。待预售许可证办好后15天内到公司签订商品房买卖合同，并交齐首付款，否则罚收全部定金。该证据旨在证明原告曾向被告认购商品房并交付定金一万元事实及与被告具有合同关系。

证据七，被告于2004年10月16日发给原告电报一份，其主要内容是：被告已取得商品房预售许可证，按原告所留的电话号码通知原告签订商品房买卖合同，原告无故拖到至今。现房屋已建到7层，原告还未与被告签订合同，依照有关规定，原告已违约，按照规定没收定金，解除预约关系。该证据旨在证明被告擅自无故解除预约关系的事实。

被告向本院提交了以下证明材料：（1）平潭县建设局于2003年12月16日签发的（2003）岚建房许字第07号《商品房预售许可证》，以证明被告合法取得该商品房预售许可资格。（2）企业法人营业执照，以证明被告有经营房地产的合法资格。

经庭审质证，原告提供的证据六、七双方均无异议，本院予以确认，可作为认定案件事实的依据。被告对原告提供的证据一至五均有异议，认为证据一与本案无关。否认收到证据二、三2份声明，对证据四的真实性没有异议，但认为不能作为证明寄发两声明的证据。

调解协议

本案在审理过程中，经法院主持调解，双方当事人自愿达成如下调解协议：由被告一次性补偿原告15万元，原告放弃其他诉讼请求。

案由与焦点

1. 案由

本案的一级案由是“债权纠纷”，二级案由为“合同纠纷”，三级案由为“房地产开发经营合同纠纷”。在“房地产开发经营合同纠纷”三级案由之下包括以下10个四级案由：(1) 商品房预售合同纠纷；(2) 商品房销售合同纠纷；(3) 商品房委托代理合同纠纷；(4) 委托代建合同纠纷；(5) 建设用地使用权出让合同纠纷；(6) 土地租赁合同纠纷；(7) 临时用地合同纠纷；(8) 合资、合作开发房地产合同纠纷；(9) 项目转让合同纠纷；(10) 房屋拆迁安置补偿合同纠纷。

2. 焦点

本案涉及的争议焦点问题有：(1) 商品房认购书的性质和效力如何认定？(2) 商品房认购中如何适用定金罚则？(3) 被告单方解除合同是否有效？(4) 原告提供的两份声明是否产生新的要约，对原合同是否产生约束力？

评注与问题

1. 商品房认购书的性质如何认定

商品房认购书是指商品房买卖双方在签订商品房预售合同或者现房买卖合同之前所签订的就特定房产进行特定交易的协议。具体来说，就是购房人与商品房开发商在签订正式商品房买卖合同之前所达成的有关出售与购买房屋的初步确认，双方约定在签订认购协议之后，开发商在一定期限内为购房人保留标的房屋，不得再行售予他人。实践中，常有房地产开发公司与购房人在签订正式购房合同之前签订认购合同的情况。对于认购书的性质，理论上和审判实践中有不同的观点。一种观点认为，认购书就是正式的商品房预售合同；另一种观点则认为，认购书为正式房屋买卖合同的预约合同，与房屋买卖合同之间形成预约与本约的关系。我们认为，商品房认购书是双方当事人在平等协商的基础上达成的关于房屋买卖的一致的意思表示，如果当事人的意思表示真实、合法，则该认购合同成立并有效。但是，商品房认购书并非房屋买卖合同，仅仅是对将来订立正式房屋买卖合同有关事宜的初步确认，是一份独立的预约合同。

本案中，原、被告双方签订的房屋认购书中明确了房屋的位置，但约定最后面积以合同和确权为准，待预售许可证办好后15天内到公司签订商品房买卖合同，因此，该认购书应认定为预约合同。

2. 商品房认购书的效力如何认定

商品房认购书的性质既然为预约合同，其效力必然有别于正式的房屋买卖合同。预约与本约效力的主要区别在于，预约合同不产生实体权利、义务，预约合同的当事人只能请求对方按照诚实信用原则的要求履行按时订立本约的义务，而不得直接就本约的内容请求对方履行。实践中有购房人持房屋认购书起诉开发商违约，要求其履行向自己交付房屋的义务，该诉讼请求是不能得到支持的。本案中，原告在一审中要求被告按约定与自己签订房屋买卖合同这一诉讼请求是符合认购书的效力的。

3. 定金的种类有哪些

定金作为一种债务履行的担保，有成约定金、证约定金、立约定金、违约定金和解约定金

5种。成约定金是指以定金的交付作为主合同成立的条件，当事人一方不交付定金的，主合同不成立。证约定金是指定金是为证明合同关系的成立而设立。立约定金是指当事人为保证以后正式订立合同而交付的定金。在交付和收受定金后，如果一方不愿意与对方订立合同，就应当接受定金罚则的制裁。违约定金是指在交付和接受定金后，一方当事人违约时，应受定金罚则的制裁。解约定金是指当事人为保留单方解除合同的权利而交付定金，交付定金一方可以放弃定金而解除合同，收受定金一方可以双倍返还定金为代价解除合同。本案中，从双方当事人的约定来看，原告所交付的定金应为立约定金。

4. 本案如何适用定金罚则

最高人民法院《关于审理商品房买卖合同纠纷案件适用法律若干问题的解释》第4条规定，出卖人通过认购、订购、预订等方式向买受人收受定金作为订立商品房买卖合同担保的，如果因当事人一方原因未能订立商品房买卖合同，应当按照法律关于定金的规定处理。《合同法》第115条规定："当事人可以依照《中华人民共和国担保法》约定一方向对方给付定金作为债权的担保。债务人履行债务后，定金应当抵作价款或者收回。给付定金的一方不履行约定的债务的，无权要求返还定金；收受定金的一方不履行约定的债务的，应当双倍返还定金。"《担保法》第89条规定："当事人可以约定一方向对方给付定金作为债权的担保。债务人履行债务后，定金应当抵作价款或者收回。给付定金的一方不履行约定的债务的，无权要求返还定金；收受定金的一方不履行约定的债务的，应当双倍返还定金。"本案中，原告在接到被告签订买卖房屋合同的通知后，由于怀疑被告所出售的商品房有诈，在接到被告通知后未到被告处签订购房合同，也未支付首付款，但是原告未能向合议庭提供被告所出售的商品房有诈的证据。因此，导致商品房买卖合同未能签订的原因是原告一方无正当理由拒绝签订造成的。按照上述合同法和担保法的有关规定，原告无权要求被告返还定金。

5. 原告向被告发出的两份声明效力如何

本案中，原告在申请重审时提出曾以挂号信的方式向被告发出两份声明，其一为如果由于被告的原因造成原告迟延付款应由被告承担一切后果，被告无回应表示无异议。其二为如果房子按规定起盖必须用书面形式及时通知原告，并约定了如果不通知将导致违约赔偿责任。该两份声明，从性质上可认定为要约，但该要约对受要约人（被告）而言，其效力主要体现为受要约人取得承诺的权利。至于受要约人是否为承诺，取决于受要约人的意思。受要约人不承诺的，不负有通知要约人的义务，即使要约人在要约中规定受要约人不为通知即为承诺，也不能拘束受要约人。因此对于上述声明，因被告未作答复，不能认定原、被告之间达成新的协议。

6. 被告单方解除合同是否有效

根据《合同法》第94条的规定，当事人有下列情形之一的，可以解除合同：（1）因不可抗力致使不能实现合同目的；（2）在履行期限届满之前，当事人一方明确表示或者以自己的行为表明不履行主要债务；（3）当事人一方迟延履行主要债务，经催告后在合理期限内仍未履行；（4）当事人一方迟延履行债务或者有其他违约行为致使不能实现合同目的；（5）法律规定的其他情形。本案中，原告承认在2003年12月24日收到被告要求其签订买卖房屋合同的通知，但未履行签订买卖房屋合同的义务。虽然原告曾两次向被告发出声明，要求被告在商品房起盖至三分之二后再签订购房合同，但因被告并未作出答复，因而原告并未与被告协商达成新的约定。且2004年10月16日被告以电报形式通知原告解除预约关系并没收定金时，原告也并未与被告正面交涉，表明购房态度。因此，原告的行为符合《合同法》第94条的规定，被告有权单方解除合同。

（评注人：申静梅）

28. 悬赏广告纠纷

司法案例

鲁瑞庚诉东港市公安局案

辽宁省高级人民法院（2002）辽民一终字第38号

基本案情

原告：鲁瑞庚

被告：辽宁省东港市公安局

法定代表人：刘华，该局局长。

原告鲁瑞庚因与被告辽宁省东港市公安局（以下简称“东港市公安局”）发生悬赏广告纠纷，向辽宁省丹东市中级人民法院提起诉讼。1999年12月12日，东港市大东管理区永安街发生了一起特大持枪杀人案。为尽快破案，东港市公安局在征得被害人家属同意后，于1999年12月13日通过东港市电视台发布了悬赏通告，其主要内容是：①凡是提供线索直接破案的，被害人家属奖励50万元人民币；②凡是提供线索公安机关通过侦查破获此案的，公安机关给予重奖；③凡是提供有关枪支线索侦破此案的，公安机关给予重奖；④凡是能提供线索破案的，即使与犯罪团伙有牵连也可以从轻或免予刑事责任；⑤对提供线索者，公安机关一律严格保密。

原告鲁瑞庚看到电视台播出的悬赏通告后，想到案发当晚，其租住房的房主汪世平曾领来两人到东侧的杂物房藏匿，形迹十分可疑，认为这两个人可能就是杀人凶手。1999年12月19日，鲁瑞庚向在东港市公安局工作的亲属提供了这个线索。12月21日，该亲属向东港市公安局局长作了汇报。之后，原告向前来了解情况的公安局侦查人员提供了这两名嫌疑人案发当天到该处藏匿的时间、当晚有人送来行李和食物的情况、两人的体貌特征及两人之间的对话、次日早晨又被一女人接走等重要线索，并指认了公安机关要求其辨认的部分涉案人员照片。公安机关根据鲁瑞庚提供的线索，排查了大量的犯罪嫌疑人，并经过大量的调查取证，在1992年12月25日得出结论，认定该线索确与“12·12”特大持枪杀人案有关，并决定按照悬赏通告的第2条奖励鲁瑞庚10万元人民币。鲁瑞庚在领取奖励时出具了收条。收条中写明：“收到市公安局用于奖励我提供12·12枪杀案线索预付现金10万元，如果我提供的线索与此案无关，则全部返回公安机关。”此后，公安机关经过一系列的侦查工作，于1999年12月26日零时采取行动，抓获了宋杰、黄河等犯罪嫌疑人。2000年1月4日，犯罪嫌疑人曲有健在图们市投案自首。随后，另一名犯罪嫌疑人马松也在图们市被抓捕归案。

另查，被害人家属已于1999年12月13日将用于奖励线索举报人的50万元人民币交给了东港市公安局。

一审诉辩主张

原告诉称：1999年12月13日，被告东港市公安局通过东港市电视台向全市发布了一则悬赏提供“12·12”特大持枪杀人案线索的通告。12月19日，我向在东港市公安局工作的亲属提供了案件的线索。被告对该线索查实后，一举破获了“12·12”特大持枪杀人案。但案件破获后，被告一直未按照悬赏通告履行自己的义务，给付我被害人家属奖励的50万元人民币。请求判令被告给付悬赏奖金50万元人民币，赔偿精神损失费5万元人民币，承担本案的诉讼费用。

原告提交了如下证明材料：被告公安局发布的通告，以证明其诉讼主张。

被告辩称：我局侦破“12·12”特大持枪杀人案的线索及证据，并不完全是原告提供的。原告对于被害人家属50万元人民币的奖励和公安局的破案奖励，两者只能得其一。由于我局已按通告的第2条奖励原告10万元人民币，原告就不应再要求获得被害人家属50万元人民币的奖励，要求精神损失赔偿也没有事实及法律依据。

被告提交了如下证明材料：原告鲁瑞庚为被告公安局出具的收条，以证明其已经向原告履行了支付奖金的义务。

一审判决

丹东市中级人民法院经审理认为：《民法通则》第84条规定：“债是按照合同的约定或者依照法律的规定，在当事人之间产生的权利和义务关系。享有权利的人是债权人，负有义务的人是债务人。债权人有权要求债务人按照合同的约定或者法律的规定履行义务。”被告东港市公安局在为破获“12·12”特大持枪杀人案发布的悬赏通告中明确表示，要对提供有关线索和协助公安机关破案的人，给予一定数额的报酬。悬赏通告中的第1条和第2条是区别破案线索的不同情况，对提供线索人给予不同数额报酬的声明，两者不能兼得。原告鲁瑞庚确实向东港市公安局提供了该案的重要线索，公安机关根据其提供的线索，经过侦查破获了此案。鲁瑞庚所提供的线索，符合悬赏通告中第2条的情形，故鲁瑞庚应按悬赏通告的第2条取得悬赏报酬。公安机关实施抓捕行动前已经给付鲁瑞庚10万元作为奖励，鲁瑞庚收到预付的10万元奖金后，在出具的收条上写明：如提供线索与此案无关，该款全部退回。双方当时并未表明如果公安机关根据鲁瑞庚提供线索破案，还应再给付其被害人家属奖励的50万元人民币。因此，东港市公安局已按悬赏通告履行了自己的义务，鲁瑞庚再要求公安机关按照悬赏通告的第1条另兑现50万元人民币奖励不能成立。鲁瑞庚提出的有关赔偿精神损失费的要求，因无法律依据，不予支持。

据此，丹东市中级人民法院于2001年8月16日作出判决如下：

驳回原告鲁瑞庚的诉讼请求。

上诉审诉辩主张

鲁瑞庚不服，向辽宁省高级人民法院提起上诉，称：（1）我提供的线索是东港市公安局获得的唯一、直接、真实、可靠的线索，公安机关并没有排查大量的犯罪嫌疑人，只是对我提供的涉案嫌疑人进行了核对。在我辨认了涉嫌人员照片之后，东港市公安局即作出了抓捕决定，使案件一举告破。至此，我已全部完成了直接提供线索的行为，理应按照通告得到被害人家属奖励的 50 万元人民币。(2) 悬赏通告的第 1 条是被害人家属给予提供破案线索人的奖励，悬赏通告的第 2 条是公安机关给予破案线索人的奖励，通告并没有声明两者不能兼得。东港市公安局依据通告第 2 条预付我 10 万元人民币奖金，应属于公安机关的奖励，并不是被害人家属给付的奖励。东港市公安局把被害人家属用于奖励提供线索人的 50 万元人民币给付据为己有，违背了在悬赏通告中向社会的承诺。(3) 东港市公安局未按悬赏通告的承诺对提供线索人严格保密，给我及家人的精神造成了极大的伤害。请求撤销一审判决，判令东港市公安局立即给付被害人家属奖励的 50 万元人民币，赔偿精神损失费 5 万元人民币，并承担一切诉讼费用。

被上诉人东港市公安局答辩称：一审法院的判决正确，应予维持。

终审判决

辽宁省高级人民法院经审理进一步查明：据当时的东港市公安局局长证实，鲁瑞庚所提供的破案线索，是公安机关获得的唯一重要的线索，根据该线索，公安机关迅速破获了此案。被害人家属在电视台播出悬赏通告的当天，即将用于奖励提供破案线索的 50 万元奖金交给了东港市公安局。据被害人家属及亲属证实，被害人家属同意东港市公安局向社会发布通告，愿拿出 50 万元人民币奖励给任何提供有关案件线索的人，使公安机关能够尽快将案件侦破。被害人家属表示：关于 50 万元人民币能否用于悬赏通告第 1 条以外的情况，他们与东港市公安局并没有任何的约定。但明确表示：这 50 万元不是奖励给公安局的，也不是给公安局办案用的。被害人家属现在仍表示同意将这 50 万元人民币奖励提供给破案线索的举报人。

辽宁省高级人民法院认为：《民法通则》第 106 条第 1 款规定："公民、法人违反合同或者不履行其他义务的，应当承认民事责任。"发布悬赏广告是一种民事法律行为，即广告人以广告的方式发布声明，承诺对任何按照声明的条件完成指定事项的人给予约定的报酬。任何人按照广告公布的条件，完成了广告所指定的行为，即对广告发出人享有报酬请求权。发出悬赏广告的人，则应该按照所发布广告的约定，向完成广告指定行为的人支付承诺的报酬。本案中，东港市公安局通过东港市电视台发布通告中的部分内容，属于悬赏广告。通告虽然是以东港市公安局的名义发布的，但由于悬赏给付的报酬，是由被害人家属提供的，通告中的悬赏行为，实际上是受被害人家属委托的行为。被害人家属的本意是以 50 万元人民币直接奖励能够提供破案线索的举报人，希望能够有助于公安机关迅速破案。被害人家属并没有表示可以区别举报人提供线索的不同情形，给予举报人不同数额的奖励，也没有表示可以将该报酬用于办案或奖励办案人员。东港市公安局在悬赏通告中规定了其他悬赏情形，并没有得到被害人家属的授权或者委托。鲁瑞庚按悬赏通告的要求，向东港市公安局提供了其知道的重要线索，致使公安机关根据该线索及时被获了"12·12"特大持枪杀人案，即完成了悬赏通告所指定的行为。据此，鲁瑞庚就获得了取得被害人家属支付悬赏报酬的权利。被害人家属对鲁瑞庚按悬赏通告要求所完成提供线索的行为未提出异议，并且已将用于奖励的 50 万元人民币交给东港市公安局，且在案件破获后亦同意将该款奖励给提供线索的举报人，东港市公安局应该按照被害人家属的委托和以其名义向社会发布的悬赏通告，及时履行义务，向鲁瑞庚全额给付 50 万元人民币的报酬。侦破刑事案件是公安机关的法定职责。公安机关在侦破刑事案件的过程中，应当保护和提倡公民举报和揭露犯罪的行为，积极地鼓励公民见义勇为，同违法行为做斗争的精神。东港市公安局以鲁瑞庚所提供的线索不符合悬赏通告所规定的条件为由，拒绝将被害人家属用于奖励线索举报人的50万元全部给付鲁瑞庚，并将其予以占有，超出了被害人家属的委托权限，也不符合其在悬赏通告中的承诺，没有任何法律依据。鲁瑞庚对其主张权利，应予支持。

关于鲁瑞庚主张按照悬赏通告中第1条和第2条的规定的奖励款可同时兼得，东港市公安局应再向其给付50万元报酬的问题，因悬赏广告是按照举报的具体效果，规定以不同的方式给予数额不同的奖励的，并未表示同一举报可以同时兼得其他奖励，鲁瑞庚主张重复奖励的要求不予支持。东港市公安局已预付鲁瑞庚奖励款10万元人民币，其余40万元人民币应及时按照悬赏通告及被害人家属的委托给付鲁瑞庚本人。

关于鲁瑞庚要求精神损害赔偿的问题，虽然因鲁瑞庚与东港市公安局就给付报酬的数额问题发生纠纷后，直接导致了本案诉讼，使提供线索的情况公开，在客观上产生了不利于保密及保护的情况，给其本人也造成了一定的精神压力。但东港市公安局并没有主动向社会披露鲁瑞庚的举报情况，鲁瑞庚也不能提供公安机关未保密的证据支持其主张，故不予支持。

综上，一审判决认定事实不清，证据不足，适用法律不当，应予改判。依照《民事诉讼法》第153条1款3项的规定，辽宁省高级人民法院于2002年4月12日作出判决：

一、撤销丹东市中级人民法院（2001）丹民初字第15号民事判决；

二、东港市公安局于本判决生效之日起10日内将被害人家属交付的人民币40万元给付鲁瑞庚；

三、驳回鲁瑞庚的其他诉讼请求。

一、二审案件受理费21 020元，由东港市公安局负担16 816元，鲁瑞庚负担4 204元。

本判决为终审判决。

案由与焦点

1. 案由

本案的一级案由是“债权纠纷”，二级案由为“合同纠纷”，三级案由为“悬赏广告纠纷”。所谓悬赏广告，是指以广告的方式公开表示对于完成一定行为的人给予报酬的意思表示。因悬赏广告人给付报酬而引起的纠纷即为悬赏广告纠纷。

2. 焦点

本案争议的焦点有三：其一，原告提供的线索符合悬赏通告中第1条还是第2条的规定？其二，被告东港市公安局发出的悬赏通告中第1条与第2条能否同时适用，原告能否兼得第1与第2条中承诺的奖金？其三，被告是否应赔偿原告的精神损失？

评注与问题

1. 悬赏广告的性质如何认定

本案中，东港市公安局发出的悬赏通告在性质上应当认定为悬赏广告。根据最高人民法院《合同法解释二》第3条的规定，任何人按照广告公布的条件，完成了广告所指定的行为，即对广告人享有报酬请求权。发出悬赏广告的人，则应该按照所发布广告的约定，向完成广告指定行为的人支付承诺的报酬。

关于悬赏广告，争议最大的应属对其性质的认定，对此《合同法》中没有明确的规定，理论上有三种观点：第一种观点认为，悬赏广告在性质上应为契约，即悬赏广告是广告人针对不特定的多数人发出的一种要约，行为人以其完成广告要求的行为作为承诺，双方成立合同，按照悬赏广告的内容分别享有权利和负担义务。第二种观点认为，悬赏广告为单方法律行为，即不需要行为人的承诺，只需悬赏广告人的单方意思表示即可发生法律效力，只要行为人按照广告要求完成了行为，悬赏广告人就负有支付报酬的义务。第三种观点认为，不应当将悬赏广告简单认定为契约或者单方法律行为，而是应当根据具体情况的不同分别对待，适宜认定为合同的就按照合同处理，不适宜认定为合同的就按照单方法律行为处理。

上述三种观点都有其合理性，但也都存在弊端。如采纳契约观点，将面临如下问题无法解决：(1) 对不知悬赏广告的存在而完成行为的人，因为没有承诺的意思，因而其行为无法构成承诺，不能行使报酬请求权；(2) 如果完成合同的行为人为无民事行为能力人或者限制民事行为能力人，则因其欠缺订约主体资格，因而不能成为合同当事人，无法享有报酬请求权。如果采纳单方行为说，虽可以解决上述问题，但也有其不足之处：单方行为一经作出原则上是不可撤销的，而悬赏广告发出后，在行为人作出广告要求的行为之前，如不允许广告人撤销广告对广告人似有不公。第三种意见可以解决契约说与单方行为说的不足之处，但是在实践中又缺乏统一的判断标准，容易导致裁判上的混乱。

本案中，二审法院在裁判中认为：发布悬赏广告是一种民事法律行为，广告人以广告的方式发布声明，承诺对任何按照声明的条件完成指定事项的人给予约定的报酬。任何人按照广告公布的条件，完成了广告所指定的行为，即对广告发出人享有报酬请求权。发出悬赏广告的人，则应该按照所发布广告的约定，向完成广告指定行为的人支付承诺的报酬。该判决书中也未明确该悬赏广告的性质究竟是合同还是单方行为。请结合本案，谈谈你对悬赏广告性质的认识。

2. 原告提供的线索符合悬赏通告中第 1 条还是第 2 条的规定

东港市公安局的悬赏通告的前两项内容为：①凡是提供线索直接破案的，被害人家属奖励人民币 50 万元人民币；②凡是提供线索公安机关通过侦查破获此案的，公安机关给予重奖。本案中，原告鲁瑞庚向公安机关提供破案线索，接受了侦查人员的询问，并且据当时的东港市公安局局长证实，鲁瑞庚所提供的破案线索是公安机关获得的唯一重要的线索，根据该线索，公安机关迅速破获了此案。对于该行为，一审法院认为符合悬赏通告中第 2 条的要求，而二审法院判决则认为该行为符合悬赏通告中第 1 条的要求。我们认为，原告提供线索的行为既符合悬赏通告第 1 条的规定，也符合第 2 条的规定。从性质上讲，该通告属于民法中的悬赏广告。对于这两条通告内容，应当作如下分析：首先，针对第 1 条内容，通告虽然是以东港市公安局的名义发布的，但由于悬赏给付的报酬，是由被害人家属提供的，其本意是以 50 万元人民币直接奖励能够提供破案线索的举报人，希望能够有助于公安机关迅速破案，所以，应当认定为受被害人家属委托公安局实施的行为。对于通告中第 2 条内容，应当认定为东港市公安局以自己的名义发出的悬赏广告。原告的行为同时符合两个广告人在悬赏广告中的要求，二者并不矛盾。

3. 一份悬赏广告中有多个报酬的提供者时，如何处理

当一份悬赏广告中有多个人为完成指定任务的行为提供报酬时，如本案中所涉及的情况，被害人家属和公安局都承诺向提供线索破案者予以重奖，应当如何认定？对此，一种观点认为，应认定为不同的主体分别发出的悬赏广告，行为人可分别向不同的广告人请求报酬。另一种观点如本案终审法院判决中所述，悬赏广告是按照举报的具体效果，规定以不同的方式给予数额不同的奖励的，并非同一举报可以同时兼得其他奖励，所以就同一行为，只能享有一个报酬请求权。你认为哪一种观点更为合理？

4. 多个人同时完成悬赏广告的任务时，应当如何处理

实践中，悬赏广告的任务内容多种多样，有的任务内容决定了该任务只可能由一人来完

成，如寻物启事中的任务，但有的任务性质和内容则可能由多个人同时或者先后完成。当有多个人同时或者先后完成悬赏广告中所指定的任务时，应当如何处理，是否所有的行为人都有权向广告人请求支付报酬？例如本案中，假如还有另外的举报人也向公安机关提供了破案线索，符合公安机关发出的悬赏广告的要求，是否公安机关也应当向其支付报酬？

多人完成悬赏广告指定任务主要有三种情形：一是数人先后分别完成指定行为，二是数人同时分别完成指定行为，三是数人合作完成指定行为。如何取得报酬，应当首先看悬赏广告中对此有无特别规定，有特别规定的，按照规定处理；没有规定的，通说认为应按照以下原则处理：(1) 数人分别先后完成指定行为时，应以完成行为在先者有报酬请求权，但如果广告中同时还要求完成指定行为后，需通知广告人时，通知也应被视为指定行为，此时，应由最先通知的人取得报酬请求权。(2) 数人分别同时完成指定行为时，各行为人享有平等的报酬请求权。如果报酬性质上可分，数人依比例平等分配；但如果报酬在性质上不可分，对此理论上有争议，一种观点认为应当抽签决定，另一种观点认为应当由先为通知的人取得。(3) 数人共同完成指定行为时，报酬请求权应属于共同完成行为的数个行为人。行为人之间就报酬数额分配有约定的从约定，没有约定的，按照共同债权的一般规则处理。所以，如果有多个举报人都向公安机关提供了破案线索，对于其报酬的处理也应当按照上述原则处理：先看悬赏广告中是否有规定，有特别规定的，按规定处理；没有规定的，如果数人提供的线索完全相同，则由最先通知的人取得报酬请求权；如果数人提供的线索不同，但都对破案起到了相应的作用，则数个举报人都享有报酬请求权，或者由数人平等分配，或者按照其提供线索的作用大小确定其份额。

5. 本案中被告应否赔偿原告的精神损失

在类似的案件中，无论公安机关与破案线索的提供者之间事先有无保密的约定，为保护线索提供者的人身与财产安全，公安机关对于线索提供者均负有保密义务。本案中，公安机关在发出的悬赏通告中明确承诺对于线索提供者的身份严格保密，因此如果因为公安机关未履行该承诺使线索提供者受到损失的，应当承担赔偿责任。但是本案中，导致原告身份公开的主要原因并非东港市公安局主动向社会披露鲁瑞庚的举报情况，且原告也未能向法庭提供证据证明被告有上述违反保密义务的行为，法院认定导致使提供线索的情况公开的主要原因是双方就给付报酬的数额问题发生纠纷，引发本案诉讼所致，因而驳回原告该项诉讼请求是正确的。

（评注人：申静梅）

29. 信用卡纠纷

司法案例

工行增城支行诉刘伟奇案

广东省广州市中级人民法院（2010）穗中法民二终字第1903号

基本案情

上诉人（原审被告）：中国工商银行股份有限公司广州增城支行。

法定代表人：王庆锋，行长。

委托代理人：卢坚，广东法则明律师事务所律师。

委托代理人：赖艳阳，该支行职员。

被上诉人（原审原告）：刘伟奇。

委托代理人：王毅谦，广东增泰律师事务所律师。

上诉人中国工商银行股份有限公司广州增城支行（下称“工行增城支行”）因与被上诉人刘伟奇信用卡纠纷一案，不服广东省增城市人民法院（2009）增法民二初字第1213号民事判决，向广东省广州市中级人民法院提起上诉。二审法院组成合议庭，审判长许东劲，代理审判员谢欣欣、叶建伟，书记员李振鹏、李倘。2010年11月24日审理终结。

原审法院经审理查明：

1. 刘伟奇以自己为户主，向工行增城支行开设银行账户，工行增城支行向刘伟奇发出银行卡（银联），由刘伟奇保管、使用，并约定持卡凭密码消费。该卡未申请开办附属卡。

2. 刘伟奇被中国工商银行以工行信使短信形式通知，其尾号为8403的银行卡在2009年6月24日13时25分POS支出44 500元。约在13时40分，刘伟奇到位于增城市荔城街莲花路13号的工行增城支行查询。工行增城支行职员持向刘伟奇发出的尾号8403银行卡在银行电脑系统中刷卡查询，核查该卡在该日13时25分POS消费支出44 500元属实。

3. 2009年6月24日15时32分，刘伟奇与朋友方恒东、韦后很一起向增城市公安局西园派出所报案。公安部门侦查确认刘伟奇所有尾号为8403的银行卡是在2009年6月24日13时25分通过东明电脑批发部的POS机刷卡消费44 500元，并且出具证明证实刘伟奇在案发时正在增城境内，并持有工行增城支行发出的尾号为8403的银行卡。

4. 公安部门查实：东明电脑批发部是经工商、税务部门登记成立的个体工商户，经营场所在广州市天河区天河东路108号广州电脑城东城负1楼B34号；根据工行增城支行提供的涉案《特约商户受理中国银联股份有限公司广东分公司：POS业务协议签约表》记载，涉案POS机的收单银行为上海浦东发展银行广州五羊支行（以下简称“五羊支行”），特约商户为东明电脑批发部，特约商户地址与工商、税务部门登记的经营地址一致。

5.《中国工商银行电子银行个人客户服务协议》和《中国工商银行理财金账户章程》分别规定：客户必须妥善保管本人注册卡号（账号、登录ID或注册手机号码）、电子银行口卡、U盾及相关密码，并对通过以上相关信息完成的金融交易负责；由于密码泄露造成的后果由客户承担；理财金账户仅限客户本人使用，客户不得将卡片出租或转借他人。客户须妥善保管理财金账户和密码，因密码泄露、卡片使用不当而造成的经济损失，由客户承担。

一审诉辩主张

原告刘伟奇诉称：工行增城支行造成原告损失44 500元，起诉请求：(1) 工行增城支行赔偿刘伟奇损失44 500元并支付从2009年6月24日起计至清偿日止的银行活期利息；(2) 本案受理费由工行增城支行负担。

被告工行增城支行辩称：东明电脑批发部向五羊支行申请使用的POS机不是在签约表上约定的地址使用，并且广州电脑城东城不存在负1楼B34号的铺址，东明电脑批发部也并未在该地址经营。公安机关至今还没有找到其真实的经营地址，因此主张涉案银行卡刷卡消费的POS机也可能安装在增城。

工行增城支行在诉讼中未提供证据证明其上述主张。原审法院依据工行增城支行要求向公安机关调查取证的申请，向公安机关调取证据，但调取的证据也不能证明上述事实。工行增城支行对法院取证调取的证据材料质证时，未发表异议意见。

工行增城支行在诉讼中，认为该案涉及信用卡诈骗，公安部门已就此于2009年6月24日作出立案决定，刑事侦查结果对本案的审理及定性将起到关键性作用，并且涉案刑事案件尚处于侦查阶段，因此向法院申请中止对本案的审理。

一审判决

原审广东省增城市人民法院认为：本案双方争议有二：一是涉案刘伟奇的银行卡内存款44 500元是否为他人不法刷卡消费支出？二是工行增城支行是否应当因此过错对刘伟奇本案损失承担赔偿责任？

由于刘伟奇在工行增城支行知其银行卡在2009年6月24日13时25分使用POS机支出44 500元后，已及时持卡在13时40分左右向工行增城支行查询并根据工行增城支行提示报警。工行增城支行在庭审中承认其工作人员曾即时以刘伟奇出示的银行卡查询，确认刘伟奇当时持有的是银行发出的真卡，并确认该卡在2009年6月24日13时25分在POS支出44 500元的事实。公安机关侦查确认涉案银行卡刷卡消费使用的POS机装机登记地址是在广州市天河区天河东路108号广州电脑城东城负1楼B34号的东明电脑批发部。从银行卡被使用在POS机上刷卡消费距刘伟奇持真卡向工行增城支行查询并经确认，其时间不足20分钟，结合从广州天河区天河东路108号到工行增城支行所在的增城市荔城街莲花路13号的距离分析，在广州POS机支出的银行卡与仍由工行增城支行持有、经确认为工行增城支行发出的真实银行卡不可能是同一张卡，并且由于刘伟奇未为涉案银行卡申办附属卡，故可推定是他人非法持依照刘伟奇原卡信息伪造的银行卡在广州电脑城东城负1楼B34号POS机上刷卡消费，非刘伟奇与工行增城支行之间真实的银行卡交易行为。工行增城支行抗辩涉案POS机已移离原装机登记地址，刘伟奇有可能在其他地方使用该POS机刷卡消费。由于上述事实仅是工行增城支行的推测，且未提供证据证明，故法院不予采信。

根据刘伟奇、工行增城支行双方签订的储蓄存款合同约定，提供安全有效的电子银行服务，是工行增城支行作为金融机构应尽的合同义务。该案证据证实，刘伟奇的银行卡内存款系被他人在异地以伪卡在银联系统POS机上不法刷卡消费支出，表明工行增城支行承认的银联收单银行的服务识别系统存在对伪造卡不能识别的技术缺陷，收单银行代表工行增城支行履行合同存在瑕疵并已造成储户损失，刘伟奇作为储户对银行违约时依法享有获赔的权利。根据《电子银行业务管理办法》的相关规定，工行增城支行应对收单银行无法识别伪造卡造成刘伟奇银行卡内存款被非法刷卡消费支出的过错承担法律规定的民事责任。虽然双方在申办银行卡时在理财金账户章程上约定，刘伟奇作为储户对银行卡卡片及密码负有保管义务，工行增城支行提出的不排除刘伟奇泄露银行卡密码的可能，但工行增城支行未能就此提供证据，故法院不予采信。而且由于储户银行卡账户内的资金是银行控制、掌管，因而银行根据约定负有直接安全保管的义务；储户对银行卡卡片及密码负有保管义务，即对银行卡账户内的资金仅是间接保管义务。从在POS机上刷卡消费的流程知道：刷卡消费须首先由持卡人将银行卡插入POS机，由POS机设备读取银行卡上的磁条信息，通过检测后再要求持卡人输入密码进行下一步操作。如果银行向其特约商户发出的POS机设备能正确识别伪卡，则会显示检测错误信息并退出该伪卡，而不存在第二步由持卡人输入密码的操作，即持卡人无论是否知道密码也不能继续下面的操作。因此，法院认为工行增城支行提出不排除是刘伟奇泄露银行卡密码造成银行卡内存款损失的可能，是没有事实依据的。

工行增城支行再抗辩认为五羊支行作为收单行，对特约商户申请的POS机及收单行为负有管理和风险监控的责任。由于五羊支行未尽到其监管责任，对造成刘伟奇存款损失存在过错责任，故要求追加五羊支行作为共同被告参与诉讼。原审法院认为，工行增城支行向刘伟奇发出的是具有银联功能的银行卡，并且在章程上约定持卡人可以在有银联标识的银行电子系统设备上使用该卡。工行增城支行与五羊支行在银联系统内分别作为发卡行和收单行，对持卡客户使用POS机刷卡消费，具有审查、接受的委托和被委托关系，因而五羊支行的过错行为造成刘伟奇损失的责任应当由工行增城支行承担。工行增城支行申请追加五羊支行作为本案共同被告参与诉讼，于法无据，法院对其申请不予准许。工行增城支行与五羊支行的涉案责任承担，应当另循法律途径解决。

至于此案尚未侦破，刘伟奇能否提起民事诉讼的问题。原审法院认为：首先，虽然立案案由为信用卡纠纷，但实质是储户与银行之间的储蓄存款合同关系纠纷。刘伟奇依据合同约定在工行增城支行违约未安全保管其开设账户内存款时，依法具有起诉要求赔偿的权利。现刘伟奇依据与工行增城支行订立的合同请求银行支付其账户内、但被他人非法支出的存款，与他人非法以伪造银行卡刷卡消费了刘伟奇银行卡内存款44 500元款项涉嫌犯罪是两个不同的法律事实。其次，工行增城支行不能提供反证证明刘伟奇虚假报案，也没有证据表明刘伟奇涉嫌犯罪，刘伟奇作为存款人与非法刷卡消费犯罪嫌疑人不是同一主体，是否追究有关犯罪嫌疑人的刑事责任并不影响本案的审理及民事责任的承担。最后，在公安机关破案后，工行增城支行已赔偿给刘伟奇的款项可以向犯罪人主张权利。综上，法院认为本案无须中止审理。

综上所述，刘伟奇、工行增城支行共同建立储蓄存款合同关系，工行增城支行负有保证刘伟奇银行账户（银行卡）内存款安全的义务，刘伟奇在工行增城支行违约时依法具有起诉要求赔偿的权利。由于工行增城支行委托的POS收单银行无法识别通过刘伟奇银行卡账户非法刷卡消费支出的伪造卡，造成刘伟奇银行卡账户内存款损失，其民事责任应由工行增城支行承担，故法院认为工行增城支行履约存在过错，应当向刘伟奇作出赔偿。刘伟奇举证因工行增城支行过错造成其银行卡内存款损失 44 500 元，起诉要求工行增城支行赔偿存款损失 44 500 元，并从银行卡内存款被非法消费支出之日，即从 2009 年 6 月 24 日起支付银行活期存款利息，法院认为刘伟奇的诉讼请求证据充分，且符合法律、法规的规定，故依法予以支持。根据《合同法》第 44 条、第 60 条第 1 款、第 107 条、第 113 条的规定，判决：工行增城支行在判决发生法律效力后 10 日内偿付给刘伟奇人民币 44 500 元及利息（利息从 2009 年 6 月 24 日起，按中国人民银行公布的金融机构同期活期存款利率计至还清款日止）。如工行增城支行未按判决指定的期间履行给付金钱义务，应当依照《民事诉讼法》第 229 条之规定，加倍支付延迟履行期间的债务利息。案件受理费 920 元，由工行增城支行负担。

二审诉辩主张

上诉人工行增城支行不服原审判决，上诉称：①本案正由公安机关侦查中，至今公安机关尚未破案，故刘伟奇所称其银行卡被仿造并用于消费的事实并未经司法部门认定，因此并不足以证明其所称的事实存在。刘伟奇也没有证据证明其信用卡在被冒用消费时其本人正持有该卡，也不能排除刘伟奇或故意或疏忽或被骗而泄露信用卡密码，因而造成损失的可能。②密码泄露的后果应由卡主承担。根据《中国工商银行理财金账户章程》第 14 条及第 15 条的有关规定，理财金账户使用密码办理的业务，视为客户本人所为，所产生的电子信息记录为该业务的有效凭证。由于密码泄露、卡片使用不当而造成的经济损失由客户承担。本案所涉银行卡即为理财金账户卡，需凭密码进行消费。此密码由客户自行设立保管，并存放于银行主机系统，如果不是持卡人泄露，不法分子是不可能破解的。因此，由于刘伟奇保管不力，导致密码遗失或泄露，该责任应在刘伟奇一方，应该由其承担由此造成的后果。③本案所涉刷卡消费的商户经查并未在其原始的 POS 机装机地址经营。刘伟奇称其卡在广州市天河区消费。经查，该卡在广州市天河区石牌东明电脑批发部通过 POS 机刷卡消费。原始装机地址是：天河东路 108 号广州电脑城东负一楼 B34，但经公安机关侦查，该电脑城根本不存在 B34，同时电脑城物管也证实该电脑批发部并未在此经营。并且公安机关至今也没有找到其真实的经营地址。因此，刷卡消费的 POS 机也可以安装在增城，过去也有过类似的情况。同时该电脑批发部 POS 机的收单银行为五羊支行，按照相关银联规则，收单行应对商户的收单行为负有全过程风险监控和管理的责任，而且需要定期对商户进行回访。但五羊支行在本案中，由于其未尽到监管责任，导致商户将 POS 机从登记的原始装机地址转移到另一地址，却未能及时发现并纠正，明显存在过错。为此，工行增城支行已向原审法院申请追加五羊支行作为本案被告参与诉讼，但原审法院并未追加，却将损失后果强加于工行增城支行，实属无理。④原审法院并未查明本案事实。工行增城支行曾依法向原审法院申请到增城市公安局调查案卷材料，以查明事实，但原审法院应当调查而没有调查，不仅在程序上违法，而且在此种情况下所认定的事实显然缺乏依据。⑤工行增城支行不是本案的侵权人，刘伟奇的损失也并非因工行增城支行的过错造成。本案刘伟奇的损失是在其他银行的消费系统刷卡消费形成，并不是在工行增城支行的消费或支取系统造成的，其行为不在工行增城支行监管范围内，故其损失与工行增城支行无关。因此，刘伟奇应该追究实际侵权人的赔偿责任。综上，上诉请求二审法院依法撤销原审判决，驳回刘伟奇的诉讼请求。

被上诉人刘伟奇答辩称：同意原审判决，请求驳回上诉，维持原判。

二审中双方均未提交新的证据。

二审判决

广东省广州市中级人民法院认为：二审经审理，对原审判决查明的事实予以确认。本院认为，刘伟奇向工行增城支行申请开户并存入存款，工行增城支行依申请向刘伟奇发放了银行卡，因此，刘伟奇与工行增城支行之间依法成立储蓄合同关系。本案争议的焦点为：(1) 刘伟奇的涉案银行卡内存款 44 500 元是否为他人非法刷卡消费支出？(2) 工行增城支行对刘伟奇的损失是否存在过错及如何承担法律责任？

针对第一个争议焦点。本案中，根据原审法院查明的刘伟奇的银行卡在 POS 机刷卡消费 44 500 元、工行增城支行确认刘伟奇所持有的银行卡为真卡并查询刷卡情况、公安机关侦查确认涉案 POS 机装机登记地址为广州市天河区天河东路 108 号广州电脑城东城负 1 楼 B34 号的东明电脑批发部等事实，结合刘伟奇的银行卡被刷卡消费后至刘伟奇持真卡向工行增城支行查询并经确认的时间和广州天河区天河东路 108 号到工行增城支行所在的增城市荔城街莲花路 13 号的距离，本院由此认为，应推定是他人持伪造刘伟奇的银行卡在广州电脑城东城负 1 楼 B34 号 POS 机上刷卡消费 44 500 元，而非刘伟奇与工行增城支行之间真实的银行卡交易行为。工行增城支行上诉称涉案 POS 机已移离原装机登记地址，刘伟奇有可能在其他地方使用该 POS 机刷卡消费，本院经查认为，工行增城支行未能提供有效证据证明该主张，退言之，即使涉案 POS 机已移离原装机登记地址，但是工行增城支行亦未能举证证明刘伟奇自己持卡消费后而伪造其银行卡被他人刷卡消费的事实，故对工行增城支行的上述主张，本院不予采纳。同时，工行增城支行上诉称涉案银行卡被伪造用于消费的事实未经公安机关破案应中止审理本案，经查该主张亦缺乏充分依据，本院不予采纳。

针对第二个争议焦点。经查，本案中刷卡消费所使用的银行卡不是刘伟奇现持有的由工行增城支行向其开具的银行卡，而是他人伪造刘伟奇的银行卡非法刷卡消费。在他人持有伪造的银行卡刷卡消费过程中，工行增城支行对此未能识别，没有尽到严格审查义务，因此，工行增城支行对刘伟奇的存款被非法刷卡消费存在过错，应承担相应的过错赔偿责任。关于密码问题，在现行金融业务中，密码由储户设定，并通过加密后传输和保存，除储户本人知道该密码外，任何人包括银行工作人员在内都无法查询到该密码。因此，储户对密码应负有妥善保管和保密的义务。经查，本案中他人利用伪造刘伟奇的银行卡和使用正确密码成功刷卡消费，由此可见，刘伟奇没有尽到保管银行卡密码的义务，对此应承担相应的过错责任。刘伟奇提出其不管是否泄露银行卡密码都不应承担相应过错责任的主张，经审查，本院认为该主张依据不足，不予支持。

综上所述，本院认为，保护存款安全是储户和银行双方共同的义务。本案中，他人通过银行卡和密码完成刷卡消费，必须要有真实的银行卡和正确的密码，两者缺一不可，同等重要。由于工行增城支行未能识别伪造的银行卡和刘伟奇疏于保管银行卡密码，双方对存款被非法刷卡消费所产生的损失应负同等过错责任，原审法院判决工行增城支行对刘伟奇的存款损失承担全部责任不当，本院依法予以纠正，应改判工行增城支行偿付给刘伟奇 22 250 元及利息，利息从 2009 年 6 月 24 日起，按中国人民银行公布的金融机构同期活期存款利率计至判决确认还款之日止。上诉人工行增城支行上诉请求改判的理由部分有理，本院予以支持。依照《民事诉讼法》第 153 条第 1 款第 3 项的规定，判决如下：

变更广东省增城市人民法院（2009）增法民二初字第 1213 号民事判决主文为：工行增城支行在本判决发生法律效力后 10 日内偿付给刘伟奇人民币 22 250 元及利息（利息从 2009 年 6 月 24 日起，按中国人民银行公布的金融机构同期活期存款利率计至本判决确定还款之日止）。

如未按本判决指定的期间履行给付金钱义务，应当依照《民事诉讼法》第229条之规定，加倍支付延迟履行期间的债务利息。

一审案件受理费920元，由工行增城支行负担460元，刘伟奇负担460元；二审案件受理费920元，由工行增城支行负担460元，刘伟奇负担460元。

本判决为终审判决。

案由与焦点

1. 案由

本案的一级案由为“合同、无因管理、不当得利纠纷”，二级案由为“合同纠纷”，三级案由为“银行卡纠纷”，四级案由为“信用卡纠纷”。

银行卡是指由商业银行（含邮政金融机构）向社会发行的具有消费信用、转账结算、存取现金等全部或者部分功能的信用支付工具。银行卡包括信用卡和借记卡两类，与之相对应，在“银行卡纠纷”的三级案由下包括了“信用卡纠纷”和“借记卡纠纷”两个四级案由。借记卡是指客户在发卡银行先存款，后凭卡借以进行交易的电子支付工具。借记卡不具备透支功能。信用卡是指由商业银行或者其他金融机构发行的具有消费支付、信用贷款、转账结算、存取现金等全部或者部分功能的电子支付工具。信用卡具备透支功能。

2. 焦点

本案争议的焦点主要包括以下4个：(1) 涉案刘伟奇的银行卡内存款44 500元是否为他人不法刷卡消费支出。(2) 工行增城支行对刘伟奇的损失是否存在过错及如果存在过错如何承担法律责任。(3) 刘伟奇对存款被非法刷卡消费所产生的损失是否存在过错及如果存在过错如何承担法律责任。(4) 涉案的五羊支行是否应当承担法律责任。

评注与问题

1. 刘伟奇的银行卡内存款44 500元是否为他人不法刷卡消费支出

刘伟奇在一审中即提供证据证明工行增城支行知其银行卡在2009年6月24日13时25分使用POS机支出44 500元后，公安机关侦查确认涉案银行卡刷卡消费使用的POS机装机登记地址是在广州市天河区天河东路108号广州电脑城东城负1楼B34号的东明电脑批发部。从银行卡被使用的距离分析，结合刘伟奇未为涉案银行卡申办附属卡的事实，确认为工行增城支行发出的真实银行卡不可能是同一张卡。同时，两审中工行增城支行均未能提供有效证据证明自己的主张，即银行卡在2009年6月24日13时25分使用POS机支出44 500元为刘伟奇本人所为。虽然工行增城支行主张遵循“先刑事后民事”的司法政策，申请中止审理，但本案现有证据足以使法官相信是他人非法持依照刘伟奇原卡信息伪造的银行卡在广州电脑城东城负1楼B34号POS机上刷卡消费。该事实的认定是处理本案的基础。

2. 工行增城支行是否有过错及是否承担过错赔偿责任

我国合同法在违约责任上适用无过错责任，兼采过错责任。本案证据表明，他人非法持依照刘伟奇原卡信息伪造的银行卡刷卡消费。工行增城支行主张电脑批发部POS机的收单银行为五羊支行，按照相关银联规则，收单行应对商户的收单行为负有全过程风险监控和管理的责任，并且其本身不是侵权人。那么，工行增城支行在本案中是否存在过错？从本案看，在他人持有伪造的银行卡刷卡消费过程中，工行增城支行对此未能识别，没有尽到严格审查义务，这是导致刘伟奇损失的重要原因之一。因此，工行增城支行对刘伟奇的存款被非法刷卡消费存在过错，应承担相应过错赔偿责任。此外，工行增城支行与刘伟奇之间是合同之债，持伪造银行卡消费者与刘奇伟是侵权之债，过错责任原则在两类法律关系的适用并不相同。

3. 刘伟奇对存款被非法刷卡消费所产生的损失是否存在过错及是否适用过失相抵规则

过失相抵规则又称有过失规则、混合过错规则，是指受害方对违约损失的发生或者扩大也有过失时，可以减轻或者免除违约方的赔偿责任。过失相抵规则来源于公平原则和诚信原则，与过错责任原则相适应。我国在侵权责任法中规定有过失相抵规则，但在合同法中是否存在这一规则，学者们有不同观点。有人认为，《合同法》第 120 条规定的“当事人双方都违反合同的，应当各自承担相应的责任”就是过失相抵规则；也有人认为，过失相抵规则与当事人双方违反合同是不同的，过失相抵规则仅适用于债务人违反合同，债权人也对此有过错的情形，《合同法》中没有确立过失相抵规则，但在民事特别法中存在违约责任的过失相抵规则，如《民用航空法》第 127 条的规定。本案中，刘伟奇对存款被非法刷卡消费所产生的损失是否存在过错及是否适用过失相抵规则？按照惯例，金融业务中，密码由储户即持卡人设定，并通过加密后传输和保存，除储户本人知道该密码外，任何人包括银行工作人员在内都无法查询到该密码。因此，储户对密码应负有妥善保管和保密的义务。本案中，他人利用伪造刘伟奇的银行卡和使用正确密码成功刷卡消费，由此可见，刘伟奇没有尽到保管银行卡密码的义务，也即刘伟奇存在过错。刘伟奇辩称，其不管是否泄露银行卡密码都不应承担相应过错责任。对此，一审法院采信了刘伟奇的主张。但二审法院判决刘伟奇自行承担一半的损失，实际上是适用了过失相抵规则，即考虑到本案中刘伟奇的过错程度，依据过失相抵规则，减免了工行增城支行一半的责任。请结合本案，分析违约责任中能否适用过失相抵规则？

4. 第三人过失在合同关系中是否追究其责任

本案中，他人持伪造的刘伟奇的银行卡在广州电脑城东城负 1 楼 B34 号 POS 机上刷卡消费 44 500 元，造成刘伟奇的损失，无论依据刑法还是侵权责任法，第三人都应当承担责任。此外，工行增城支行主张，电脑批发部 POS 机的收单银行为五羊支行，按照相关银联规则，收单行应对商户的收单行为负有全过程风险监控和管理的责任，而且需要定期对商户进行回访。但在本案中，五羊支行由于未尽到监管责任，导致商户将 POS 机从登记的原始装机地址转移到另一地址，却未能及时发现并纠正，明显存在过错。为此，工行增城支行向原审法院申请追加五羊支行作为本案被告参与诉讼。但原审法院并未追加，也未判决第三人承担责任。工行增城支行不服提起上诉，但二审法院仍然没有追加诉讼参与人并判决其承担责任。其理由主要是法律事实不同，这属于另一法律关系，不应与本案合并审理。你认为法院的认定合适吗？

5. 《中国工商银行电子银行个人客户服务协议》和《中国工商银行理财金账户章程》是否具有法律效力

本案中，工行增城支行出具《中国工商银行电子银行个人客户服务协议》和《中国工商银行理财金账户章程》，这两个文件分别规定：客户必须妥善保管本人注册卡号（账号、登录 ID 或注册手机号码）、电子银行口卡、U 盾及相关密码，并对通过以上相关信息完成的金融交易负责；由于密码泄露造成的后果由客户承担；理财金账户仅限客户本人使用，客户不得将卡片出租或转借他人。客户须妥善保管理财金账户和密码，因密码泄露、卡片使用不当而造成的经济损失，由客户承担。上述规定涉及格式条款问题。格式条款是当事人为了重复使用而预先拟定，并在订立合同时未与对方协商的条款。《合同法》第 39 条规定：“采用格式条款订立合同的，提供格式条款的一方应当遵循公平原则确定当事人之间的权利和义务，并采取合理的方式提请对方注意免除或者限制其责任的条款，按照对方的要求，对该条款予以说明。”第 40 条规定："格式条款具有本法第五十二条和第五十三条规定情形的，或者提供格式条款一方免除其责任、加重对方责任、排除对方主要权利的，该条款无效。"第41条规定："对格式条款的理解发生争议的，应当按照通常理解予以解释。对格式条款有两种以上解释的，应当作出不利于提供格式条款一方的解释。格式条款和非格式条款不一致的，应当采用非格式条款。"本案所涉《中国工商银行电子银行个人客户服务协议》和《中国工商银行理财金账户章程》，都属于格式条款的范围，其规定"由于密码泄露造成的后果由客户承担"属于免责条款，但有失公平，根据《合同法》第40条的规定，应当属于无效条款。因此，法院最终并没有完全依据这两个证据材料作出判决，而是适用了公平原则和过失相抵规则，判决工行增城支行承担50%损失的责任。

6. 什么是债权准占有制度

本案还牵涉到民法中一个很少被关注的理论——债权准占有制度。我国合同法上只规定了表见代理制度，尚未规定债权准占有制度。根据该理论，债权准占有人是指虽然不是真正的债权人，但是按照社会一般的交易观念有足以使他人认为是债权人，以自己的名义事实上行使债权的人。债务人对债权准占有人的履行行为是否发生清偿效力，取决于是否满足以下条件：第一，债权准占有人有使债务人认为其为真正债权人的假象。比如，债权准占有人持有债权票证或其他债权文书，并且以自己的意思和利益行使该债权。第二，债务人履行债务时善意、无过错，即债务人不知道且不应该知道接受履行方不是真正的债权人。第三，债务人已经实际履行了债务。具体到本案，工行增城支行主张电脑批发部POS机的收单银行为五羊支行，按照相关银联规则，收单行应对商户的收单行为负有全过程风险监控和管理的责任。但面对持伪造银行卡并知悉密码的"消费者"，很容易造成其为真正持卡人的假象。在类似案件中是否适用债权准占有制度，是一个值得探讨的问题，请结合本案加以分析。

（评注人：于大水）

30. 彩票、奖券纠纷

司法案例

郎艳诉宗宏记等案

江苏省淮安市中级人民法院（2007）淮民一终字第0562号

基本案情

原告（被上诉人）：郎艳。

被告（上诉人）：宗宏记。

被告（上诉人）：宗琨（系宗宏记之子）。

被告宗宏记是彩票经销商，原告经常到被告宗宏记在盱眙县马坝镇街道经营的08707彩票销售点购买彩票，有时原告也通过电话向被告宗宏记彩票销售点购票，一期或数期结一次账，双方已成习惯。这种彩民与彩票销售点之间的交易方式现实中也司空见惯。

2007年5月4日晚19时49分24秒至19时51分17秒、19时52分06秒许，原告打电话给被告宗宏记打彩票，但原告因故并未当即取票。这种现象也非一次。

当晚10时15分左右，原告从电视上看到公布的当期中奖号码，发现自己中了体育彩票5D27267、4倍（该彩票每组奖金为100 000元，4倍即400 000元），3D272、6倍（该彩票每组奖金为1 000元）。原告电话约朋友朱光祥到被告家去取中奖彩票，被告宗宏记将原告定的体育彩票3D272、6倍（分别打3张票，每张2倍，得奖计6 000元），3D277、4倍（分别打在2张票上），3D019、2倍，5D27749、2倍，5D27247、2倍，5D27267、2倍（中奖税后实领160 000元），3D274、8倍（分别打印3张票，其中2张分别为2倍、1张为4倍），5D27467、5倍，共11张彩票交给原告。原告发觉与其所定彩票有误，提出异议，但与被告当晚并未发生冲突。原告与被告宗宏记当晚结算交付了票款294元。次日，原告发现被告宗宏记彩票点另出现一组体育彩票5D27267、2倍中奖号，认为是被告扣留了其定的中奖彩票，遂找被告宗宏记交涉，未果，被告宗宏记也未表明是原告购买。

2007年5月8日上午，原告去江苏省体彩中心领奖时，遇被告宗宏记带其子被告宗琨在领奖，双方发生争执，原告报了警，但当地公安部门并未深究。被告宗宏记遂以其子被告宗琨名义领取体育彩票5D27267中奖奖金，税后取得160 000元。为此，原、被告双方产生诉争。

一审诉辩主张

原告诉称：原告是体育彩票爱好者，经常到被告经营的08707彩票销售点购买彩票，有时，原告因工作原因不能亲自去，就通过电话向被告购买，一般三五天结算一次票款。

2007年5月4日晚，原告经过排序，认为几个号码可能出现，就打电话给被告打号码，具体如下：3D272、6倍，3D277、4倍，3D019、2倍，5D27247、4倍，5D27267、4倍，时间是19时49分24秒至19时51分17秒左右。在19时52分06秒左右，原告又打电话给被告要求再打3D274、8倍，5D27467、5倍，此次通话结束时间是19时52分39秒。

当晚10时15分左右，原告从电视上看到中奖号码公布，发现自己中了5D27267、4倍，3D272、6倍。原告为了安全，电话约朋友一起到被告家去拿中奖彩票。被告只承认原告中了3D272、6倍、5D27267、2倍，扣留了原告另一张彩票5D27267、2倍，声称是盱眙人的。2007年5月8日上午，原告去江苏省体彩中心领奖时，正巧碰见被告带其子领奖，双方发生争执，原告报了警。被告将该5D27267中奖票以其子宗琨名义兑取，将奖款据为己有。两被告的侵占行为，是对原告合法权益的严重侵害。请求判令被告宗宏记、宗琨返还应为原告所有的彩票中奖款160 000元，诉讼费用由被告承担。

被告宗宏记辩称：我是多年彩票经销商，又是彩票迷，在销售的同时，也经常研究投注向彩民推荐并长期购买自己看中的号码。2007年5月4日19时49分左右，我通过精心测算准备买5D27267、5D27247时，原告打电话给我购买彩票，并问我看中是什么号码，我向原告推荐我自己看中的号码，原告购买的彩票中就有我推荐的5D27267、5D27247号码。在我边接电话边为原告打完上述彩票后，我便接着购买了自己看中的5D27267（2倍）、5D27247（2倍），该彩票是我自己出资购买，其所中的奖金当然归我所有，与原告毫无关系。

当晚10时左右，原告与其男朋友到我处拿她购买的彩票，我将她当日购买的所有彩票交给了她，并与其对欠付的彩票款进行了结算。她表示此次中奖很高兴，要请客和酬谢，并叮嘱保密，对我交给她的彩票没有提出任何异议。

2007年5月8日，“五一”长假结束，我到南京领奖，因我身份证遗失，带的是本人身份证复制件和户口本，以及妻子的身份证原件，但江苏省体彩中心要求必须持本人身份证原件，方能兑付奖金。在此情况下，才让我儿子宗琨带着自己的身份证来代我领奖。根据我国体育彩票发行、销售的有关规定，体育彩票不记名、不挂失，谁持有彩票谁就有该彩票上所记载的财产权益。中奖彩票由我自己购买并持有，其权利当然属于我，原告所诉无事实与法律依据，请求人民法院依法驳回原告的诉讼请求。

被告宗琨辩称：彩票不是由其购买，是由其父亲购买，领奖时陪同父亲去的。因父亲领奖手续不符合要求，后就用其身份证领取了160 000奖金。这笔钱现在其父亲处。

当事人举证及质证、认证情况

上述事实有下列证据证明：（1）原告于2007年5月4日晚上推算排序原始记录，以证明当晚向被告宗宏记购买的中奖与未中奖的所有彩票号码有据可查；（2）原告于2007年5月4日晚看到中奖号码后，到被告宗宏记处取回的彩票，其中有中奖与未中奖的号码，以证明原告电话购买彩票的事实；（3）原告于2007年5月4日晚与被告宗宏记电话记录单，以证明原告中奖与未中奖的彩票号码及被告兑奖的彩票均在通话期间内打出；（4）原告代理人向证人鲍立友调查笔录，以证明原告与被告宗宏记发生争议的彩票应归原告所有；(5) 证人朱光祥到庭所作的证词，以证明原告购买彩票及到被告宗宏记家取票时发生争议等情况；(6) 2007 年 5 月 6 日争议发生后，原告到被告家谈话时原告所作的录音，以证明原告所购的彩票是单式的，而被告宗宏记妻子刘玲称其家所购中奖彩票是复式的与事实不符，实际上，原、被告争议的中奖彩票均是单式的。

一审判决

江苏省盱眙县人民法院经审理认为：原、被告之间系彩票买卖引起的彩票权属纠纷，彩票是一种特殊的票据，本身的价值是不特定的，中奖具有偶然性。而原告是彩民，被告宗宏记是经销商，其相互之间的买卖关系又符合一般买卖合同的基本特征，即出卖人转移标的物的所有权于买受人，买受人支付价款。买卖合同是一种诺成合同，一般是自双方当事人意思表示一致即生效，并不以标的物的实际交付为合同成立的要件。但原、被告之间的彩票买卖关系又不完全等同于《合同法》调整的买卖合同，原、被告之间买卖的标的物是彩票，与合同法所称的标的物的内涵完全不同。彩票买卖合同又是一种射幸合同，即购买人购得的彩票不是一般的财产，而是一种中奖的机会，一旦中奖，即取得了要求兑奖、取得财产权的现实权利。

本案原告与被告宗宏记之间的彩票买卖关系成立，双方之间在电话买卖彩票后不定期结算票款已成交易习惯，被告宗宏记按照原告的电话报号，彩票一经打出，该彩票即归原告所有。原告虽然没有直接证据证明对被告兑奖的彩票享有所有权，但原告提供的间接证据能够形成严密的证据锁链，可以证明产生异议的彩票应归原告所有，只是在付款前暂由被告宗宏记保存。故原告才是享有被告所持彩票兑取奖金的权利人，被告的占有行为是对原告财产权利的侵犯。理由如下：(1) 原告电话购票并有时开奖后取票，一期或数期后结算票款已是双方之间的交易习惯。(2) 原告于 2007 年 5 月 4 日晚向被告宗宏记购买体育彩票的时间与被告开奖后交给原告的彩票的打印时间完全吻合。(3) 被告宗宏记交给原告购买的彩票中多组号码打印成数张彩票，与被告兑奖的彩票有内在、客观的联系。(4) 原告在提起诉讼时理应不知道被告所兑奖彩票的全部内容，但原告能够报出自己所定购的所有彩票的号码及倍数，与被告所兑奖彩票的所有号码相同且倍数一致。相反，被告宗宏记的辩解难以成立的理由如下：其一，原告电话购票，有时开奖后取票，一期或数期结账已得到被告宗宏记的认同。其二，体育彩票不记名、不挂失，谁持有彩票谁就有该彩票上所记载的财产权益一般而言是正确的，理应如此，但持有应合法，不应违反诚实信用的原则，破坏正常的交易习惯与彩民的信任，不能将代为保存的他人的彩票等同于自己所有，况且谁持有彩票谁兑奖是就体彩中心的正常兑奖规则而言的，并不适用于彩民与彩票代销点销售人员之间按照交易习惯所成立的买卖关系，除非双方之间事前有明确的约定。如按被告宗宏记辩解的理由，那么 2007 年 5 月 4 日晚开奖后交给原告的彩票之前均在其持有中，是否彩票均应归被告宗宏记所有，原告是否能要求返还？显然，被告宗宏记的辩解理由难以成立。其三，被告宗宏记辩解，其领奖时因身份证原件丢失才带复印件与户口页前去兑奖，因手续不符合领奖要求被拒绝后才让其子被告宗琨代领。显然作为经营多年的彩票经销商，如果连起码的兑奖程序都不清楚，不符合常理。其四，被告宗宏记辩解其也是彩迷，经常购彩票，但事实上其提供的过去的票根，恰恰反映其购彩票次数很少，特别是在 2007 年 5 月 4 日前数日内并没有购彩票的证据，而其持有的兑奖彩票仅有两组号，却与原告提供的证据密不可分，被告宗宏记只是在与原告发生彩票纠纷后提交的票根相对多了起来。换言之，即使被告宗宏记能提供大量的票根，作为销售商，其处的废票根也可以说是比比皆是。

综上所述，原告主张已由被告兑奖的彩票的所有权及产生的财产权，有事实与法律依据，应予支持；相反，被告的辩解不能成立，难以采信。被告宗琨辩解所领取的奖金在其父亲被告宗宏记处，被告宗宏记不否认，但事实上奖金存在被告宗琨的名下，并已取走大部分，因此，两被告应共同承担民事责任。在被告承担返还责任的同时，原告应将未结算的票款 8 元人民币支付给被告宗宏记。

江苏省盱眙县人民法院依照《民事诉讼法》第 130 条，《民法通则》第 4 条、第 106 条、第 111 条、第 117 条、第 134 条第 1 款第 4 项的规定，作出如下判决：

一、被告宗宏记、宗琨返还原告郎艳 160 000 元，于判决生效后 5 日内履行完毕。

二、原告郎艳付给被告宗宏记彩票款 8 元，于判决生效时即付清。

履行义务方如果未按本判决指定的期间履行给付金钱义务，应当依照《民事诉讼法》第 232 条之规定，加倍支付迟延履行期间的债务利息。

案件受理费 3 500 元，由被告宗宏记减半负担 1 750 元。

二审诉辩主张

上诉人宗宏记诉称：讼争彩票系由上诉人自行购买，一审认定该彩票系郎艳所购，证据不足，请求二审依法改判。

上诉人宗琨诉称：一审给予上诉人的答辩期和举证期限不足，且适用简易程序不当，构成程序违法；此外，一审所列诉讼主体不适格，上诉人不应作为本案的共同被告，请求二审依法撤销原审判决。

被上诉人郎艳辩称：一审认定事实清楚，适用法律正确，请求二审法院驳回上诉，维持原判。

江苏省淮安市中级人民法院经审理，确认一审法院认定的事实和证据。

二审判决

江苏省淮安市中级人民法院经审理认为：当事人各方对于郎艳与宗宏记之间成立彩票买卖关系并无异议，本案的主要争议在于，郎艳通过电话报号向彩票经销商宗宏记订购彩票，其订购的彩票中是否包含了宗宏记所持有的 5D27267（2 倍）、5D27247（2 倍）彩票。该彩票的权属问题，就彩票买卖关系而言，亦应由此确定，即彩票经订购人发出指示并被打出后，订购人不能拒领彩票，从而拒绝支付购票款。与此相对应，即使票款尚未支付，彩票权利亦应归订购人而非出卖人所有。

综观本案事实，郎艳于 2007 年 5 月 4 日晚向宗宏记订购彩票。其提供的推算排序原始记录，可反映出其购买的彩票号码均有明确来源，且原始记录中记载的 5D27267 与 5D27247 均为 4 倍。而郎艳系通过电话报号发出订购指示，其与宗宏记之间的电话记录单亦明显反映出其所订购的彩票以及宗宏记持有的兑奖彩票均是在双方通话期间内打出，且两者不仅号码存在一致，其总数亦与郎艳的原始记录相吻合。郎艳于当晚领取彩票时与宗宏记虽未发生冲突，但在发现宗宏记彩票点另出现一组彩票 5D27267（2 倍）中奖号后，遂找宗宏记交涉，此时就彩票权属问题已经需要作出明确答复，但宗宏记仍未提出该彩票是其本人购买。2007 年 5 月 8 日上午，双方在江苏省体彩中心相遇，因宗宏记带其子宗琨亦在领奖，双方当即发生争执，郎艳并为此报警。该组兑奖彩票由宗宏记持有，其中为两组号码（一组中奖，另一组未中奖），如该彩票系宗宏记自行购买，郎艳理应不知晓其全部内容，但郎艳却当场准确地报出了该兑奖彩票中的两组号码及倍数。运用逻辑推理和日常生活经验对以上事实作出分析，可以初步确定郎艳的主张具有较高的可信度。而宗宏记虽主张兑奖彩票系其自行购买，并未提供与其主张有密切关联的证据，亦不能对上述事实作出令人信服的合理解释。作为彩票经销商，不排除其与郎艳选择同样的号码进行购买的可能性，但即便如此，因其事实上已经认可了郎艳电话订购行为的有效性，其购买行为即应在郎艳的订购过程完成之后单独实施，其所称在郎艳报号的同时也为自己选购了同样的号码，实系以自己的内心意思对业已形成的彩票任意取舍并自行确定其归属，以此为依据主张彩票权利，显然不具有充分的证明力与说服力。故根据本案的具体情况来综合判断，应当推定一个具有高度盖然性的事实，即本案诉争的兑奖彩票系郎艳所订购。

关于宗琨上诉提出的一审程序违法问题，因本案并不存在当事人下落不明或其他不宜适用简易程序的情形，故一审对本案以简易程序审理并无不当。对宗琨上诉所称的答辩与举证期限不足，经查，一审向宗琨送达应诉相关的法律文书，系由其母亲于 2007 年 5 月 29 日代收，而一审确定的开庭日期为 2007 年 6 月 15 日，宗琨享有的答辩期已符合 15 日的法定要求；至于简易程序的举证期限，法律未作强制性规定，因此，一审对此并不存在程序上的瑕疵。对于本案的诉讼主体问题，由于诉争的彩票在兑奖后，所得奖金不仅存在宗琨名下，且被支取了部分款项，宗琨自应与宗宏记共同承担返还责任，故一审将宗琨列为本案的共同被告，亦无不妥。

综上，上诉人宗宏记、宗琨的上诉理由均不能成立，不予支持。

江苏省淮安市中级人民法院依照《民事诉讼法》第 153 条第 1 款第 1 项的规定，判决如下：

驳回上诉，维持原判。

二审案件受理费 3 500 元，由上诉人宗宏记、宗琨负担。

案由与焦点

1. 案由

本案的一级案由为“合同、无因管理、不当得利纠纷”，二级案由为“合同纠纷”，三级案由为“彩票、奖券纠纷”。

彩票是国家为筹集社会公益资金，促进社会公益事业发展而特许发行，依法销售，自然人自愿购买，并按照特定规则获得中奖机会的合同凭证。彩票之外的包含一定中奖机会的票证一般称为奖券。因彩票、奖券的购买、中奖、兑奖等引发的纠纷为彩票、奖券纠纷。

2. 焦点

本案争议的焦点在于：一是诉争的彩票是谁订购的，二是彩票的权属如何确定。

评注与问题

1. 诉争彩票由谁订购

该问题属于事实认定问题。从举证责任分配角度而言，诉争彩票为宗宏记持有，郎艳主张该彩票系其订购，自应承担结果意义上的举证责任。对于彩票买卖，一般均是当面进行交易，先由购买人自行选中号码，然后由经销商在电脑上操作，打出彩票，票款即时清结。但本案中，双方之间经常性地通过电话来买卖彩票，不定期结算票款，此前从未发生争议。对于此次购买，郎艳仍是通过电话发出订购指示，其与宗宏记之间的电话记录单反映出，兑奖彩票是在双方通话期间内形成的。在双方发生冲突时，郎艳准确地报出了该彩票中的两组号码及倍数，由此表明该彩票是在其订购的彩票范围之内。根据一般社会公众的日常经验来判断，可以初步确定郎艳的主张具有较高的可信度。而宗宏记虽主张兑奖彩票系其自行购买，但并未提供与其主张密切关联的证据，亦不能对上述事实作出令人信服的合理解释。郎艳提供的间接证据能够形成证据锁链，该证据所指向的事实具有高度盖然性，因而可以推定诉争彩票系郎艳订购。

2. 彩票的权属如何确定

《合同法》第 133 规定："标的物的所有权自标的物交付时起转移，但法律另有规定或者当事人另有约定的除外。"由于诉争的彩票并未交付，该彩票的价款亦未支付，即便彩票系郎艳所订购，其是否能够享有该彩票的所有权？就彩票买卖关系而言，彩票作为买卖的标的物，与合同法上其他标的物——财产，性质完全不同，即购买人购得的彩票不是一般的财产，而是一种中奖的机会。如所购彩票中奖，该彩票即作为领取奖金的凭证；如未中奖，该彩票则无任何经济价值。鉴于这种标的物本身的特殊性，彩票经订购人发出指示并被打出后，即不可撤销。而彩票买卖通常是票款即时清结，出卖人与订购人之间发生纠纷的情况比较少见。但在本案中，双方已经形成了通过电话来买卖彩票并不定期结算票款的交易习惯，宗宏记对于郎艳电话订购行为的有效性也予以认可，彩票打出后即使并未交付，仍可以认为双方存在着约定俗成的交易惯例，即彩票经订购后应归订购人所有，订购人不能拒领彩票，从而拒绝支付购票款；同时，彩票款即使尚未支付，对于彩票所有权的归属亦无影响，彩票仍应归订购人所有，出卖人仅享有追索彩票款的权利。根据这种交易习惯，应当认为双方当事人形成了一种约定，即彩票的所有权自订购时起转移。据此，诉争彩票的权属应归郎艳所有。

3. 彩票具有何种法律性质

《彩票管理条例》(2009) 第 2 条第 1 款规定："本条例所称彩票，是指国家为筹集社会公益资金，促进社会公益事业发展而特许发行、依法销售，自然人自愿购买，并按照特定规则获得中奖机会的凭证。"因此，彩票具有以下特征：(1) 由政府统一安排并实施监管；(2) 是政府筹集公益资金的渠道；(3) 是以抽奖方式筹措资金的融资手段；(4) 彩票存在着风险与收益相伴生的机会游戏性。① 彩票本身虽是物，但其价值实则指向的是彩票所蕴含的中奖机会，彩票的价值不是体现在作为一种所有权的对象，而是这张特殊的证书另外表彰有其他的权利，所以，彩票为一种有价证券。对于有价证券到底为物或权利，曾世雄先生分析，为权利性质之一面，系其主要属性，为物之性质之一面，系其辅助属性。准此，有价证券原则上仍应以权利视之。②

4. 彩票有何特点

本案中，被告之所以能够私自将彩票兑付奖金，原因在于被告持有彩票。根据财政部《彩票发行与销售管理暂行规定》(2002) 第 6 条的规定，彩票不记名，不挂失，不流通，不返还本金，不计付利息。彩票的这种特点导致其通过持有人判断所有权，从而给予兑付。因此，从维护彩票购买者的权利出发，购买者应尽量持有彩票，以免发生他人兑付的情况。

5. 彩票买卖合同具有何种法律性质

彩票买卖合同就是一种买卖合同，但不同于一般的买卖合同。《合同法》第 130 条规定："买卖合同是出卖人转移标的物的所有权于买受人，买受人支付价款的合同。"而在彩票买卖合同中，如上分析，买受人取得的是一个中奖机会。如果中奖，可享有对于奖金的支付请求权，性质上属于债权。但这种权利具有特殊性，在购买彩票后、开奖前，彩票购买者是否真正享有

---

① 参见宋一欣：《彩票法律制度初探》，载《政治与法律》，1999 (3)。

② 参见曾世雄等：《票据法论》，6 页，北京，中国人民大学出版社，2002。

这种债权尚不确定，彩票购买者所取得的只是一种机会。如果认为彩票是一种证券，那么它所表彰的权利，在开奖之前，其实是附有条件的，条件就是按照特定规则符合中奖要求，在开奖之前，这种权利也就具有了期待权的色彩，属于债权的期待权。在开奖之后，如果确属中奖的彩票，则债权的期待权便转化为一种实实在在的债权。此为彩票买卖合同的特殊之处。彩票购买人在购买彩票时，无法断定自己能否中奖，中奖与否取决于非由合同当事人控制的不确定因素，比如摇奖或抽奖，相应地，彩票购买者除了一纸彩票要么一无所获，要么获得巨额回报，具有“以小博大”的属性，因而彩票合同是一种典型的射幸合同，即法律效果在合同成立时不能确定也不是必然出现的合同。①

奖券的性质与彩票是一样的，唯奖券无须以发展社会公益事业为目的，任何企业都可以利用抽奖活动促进经营，但要受反不正当竞争法的规制。理解了彩票与奖券的属性，对于纠纷中的彩票与奖券的权属认定、相关合同的履行就比较好辨认和确定了。

（评注人：吴万军）

① 参见韩世远：《彩票的法律分析》，载《法学》，2005（4）。

31. 无因管理纠纷

司法案例

郑明华诉润兴公司案

浙江省宁波市中级人民法院（2009）浙甬商终字第1054号

基本案情

上诉人（原审被告）：宁波市鄞州润兴服饰有限责任公司。

法定代表人：孙豪，该公司执行董事。

委托代理人：周含宇，浙江同舟律师事务所律师。

委托代理人：崔东华，浙江同舟律师事务所律师。

被上诉人（原审原告）：郑明华。

委托代理人：杨培尔，浙江红邦律师事务所律师。

上诉人宁波市鄞州润兴服饰有限责任公司（以下简称“润兴公司”）因与被上诉人郑明华无因管理纠纷一案，不服宁波市鄞州区人民法院（2009）甬鄞商初字第1780号民事判决，向宁波市中级人民法院提起上诉。该院于2009年10月14日受理后，依法组成由赵江涛担任审判长，代理审判员张鑫、王晓冲参加的合议庭审理了本案。本案现已审理终结。

审理查明：润兴公司系孙豪、陆丽敏（即郑明华妻子）各出资50%设立，其中陆丽敏为公司总经理。2004年11月至2005年12月间，润兴公司违反国家对于增值税专用发票的管理规定，让他人为自己虚开增值税发票或发生应税业务后未进行申报纳税，致使国家税款被骗取611 601.58元。2008年8月20日，宁波市鄞州区国家税务局稽查局（以下简称“鄞州国税局”）对润兴公司分别作出追缴税款611 601.58元并加收滞纳金的处理决定和罚款1 053 457.36元的处罚决定，并限定在收到决定书之日起15日内缴清上述税款及滞纳金、罚款，逾期缴纳罚款的，每日按罚款数额的3%加处罚款，但润兴公司一直推托不付。2008年10月14日，宁波市鄞州区人民检察院以润兴公司及陆丽敏等人涉嫌犯虚开增值税发票罪等为由向该院提起公诉。郑明华担心润兴公司不缴纳税款及滞纳金、罚款可能影响到法院对陆丽敏的量刑，而且润兴公司的两股东陆丽敏、孙豪在润兴公司土地厂房上分别设立了公司，该土地厂房若被查封会影响陆丽敏所设公司的正常经营，故郑明华于2008年10月21日向鄞州国税局为润兴公司代缴了税款611 601.58元及滞纳金377 230.04元，合计988 831.62元，于2008年12月16日又向蔡康国借款1 053 457.36元，并委托蔡康国将该款直接汇入鄞州国税局专用账户，为润兴公司代缴了罚款 1 053 457.36 元。2008 年 12 月 16 日，该院对刑事案件作出宣判，以虚开增值税发票罪判处润兴公司罚金 40 万元，判处陆丽敏有期徒刑 4 年 6 个月。因郑明华为润兴公司代缴了税款 611 601.58 元及滞纳金 377 230.04 元，该院将这一事实作为酌定量刑情节对陆丽敏作出了从轻处罚。该刑事判决业已生效。另润兴公司因未参加 2007 年度年检已于 2008 年 11 月 21 日被工商部门吊销营业执照。

一审诉辩主张

原告郑明华诉称：要求润兴公司立即归还垫付款 2 042 288.98 元。

被告润兴公司答辩称：郑明华缴纳税款、滞纳金是为了减轻其妻陆丽敏的罪刑；而且，润兴公司与郑明华之间不存在委托关系，郑明华及蔡康国无权代缴税款和滞纳金；此外，郑明华及蔡康国缴纳税款和罚款的行为分别发生在润兴公司未实际经营期间和被吊销营业执照之后，这些事宜应由清算组一并处理，郑明华没有必要代缴。故请求法院驳回郑明华的诉讼请求。

一审判决

一审法院经审理认为：蔡康国以自己名义为润兴公司代缴罚款 1 053 457.36 元是受郑明华的委托将向其所借款项直接汇入鄞州国税局专用账户的，其行为符合隐名代理的特征，应视同郑明华代为润兴公司缴纳了罚款 1 053 457.36 元。因郑明华承认其为润兴公司代缴税款、滞纳金及罚款确实未受润兴公司的委托，也无证据证明得到润兴公司的追认，故双方之间并不存在委托合同关系。双方的争议焦点主要在于：郑明华自愿为润兴公司代缴税款、滞纳金及罚款的行为性质该如何认定。一审法院认为，郑明华自愿为润兴公司代缴税款、滞纳金及罚款，润兴公司由此取得利益，两者之间形成无因管理之债。无法定义务或约定义务而为他人管理事务或者服务的事实行为，被称为无因管理。无因管理基于管理人管理他人事务的事实行为而发生，是规范管理人与本人（被管理人）之间债权债务关系的一项法律制度。具体而言，无因管理的成立须具备以下条件：（1）为他人管理事务或服务；（2）有为他人谋利益的意思，但也可以是兼顾自己利益，例如，邻居长期不在家，其房屋被风吹雨淋，为避免倒塌而损毁自家房屋，自己主动替邻居维修房屋等；（3）无法律规定或合同约定的义务，如果从权利的角度观察，亦即没有管理他人事务的权利或权限。本案中，郑明华作为无因管理人代为缴纳税款等，履行了其适当管理之义务，即：一是润兴公司受到行政机关税务处理、罚款处罚，缴纳税款、罚款是润兴公司本应当履行的法律义务，在润兴公司未缴纳的情况下，郑明华代其履行法律义务属于替润兴公司管理事务。庭审中润兴公司亦表示曾要求税务部门对公司的土地使用权进行拍卖以支付税款等，这说明郑明华为润兴公司代缴税款等也并不违背润兴公司本人的意思。二是郑明华作为管理人依有利于本人的方法进行了管理（服务）。管理方法是否有利于本人，应以客观上能否避免本人利益受损失为标准。郑明华代为润兴公司缴纳税款、罚款，客观上减少了其后续税款滞纳金之损失、加处罚款损失及信用损失，故郑明华实际进行了有利于润兴公司的管理。本案的特殊之处在于，郑明华之妻陆丽敏作为润兴公司单位直接负责的主管人员因涉嫌犯虚开增值税发票罪，郑明华为润兴公司清偿税务债务主观上可能具有为其妻减轻刑事处罚的动因，客观上也起到了为其妻减轻处罚的效果，确实兼顾到了郑明华自己的利益，但这并不能改变郑明华为润兴公司管理事务的实质。三是郑明华代为清偿税务债务的确既没有法律根据，也没有合同约定，即本无权缴纳。因此，本案郑明华与润兴公司之间产生的债权、债务是无因管理之债。因该管理所负债务，依法可以请求被管理人清偿。故郑明华诉请润兴公司偿付2 042 288.98元，于法有据，应予以支持。另外需要说明的是，润兴公司虽然已被吊销营业执照，依法应当进行清算，但在润兴公司注销工商登记前其民事主体资格依然存在，并未消灭，所以即使润兴公司进入公司清算程序，本案亦无须中止审理。据此，原审法院依照《民法通则》第93条之规定，于2009年8月24日作出如下判决：限润兴公司于判决生效后10日内偿付郑明华垫付款2 042 288.98元。如果未按判决指定的期间履行给付金钱义务，应当依照《民事诉讼法》第229条之规定，加倍支付迟延履行期间的债务利息。案件受理费23 138元，减半收取计11 569元，财产保全费5 000元，合计诉讼费16 569元，由润兴公司负担。

二审诉辩主张

润兴公司上诉称：（1）无因管理要求管理人以避免被管理人利益受到损失为出发点，但本案郑明华虽然事实上缴纳了税款、滞纳金及罚款，但这并非出于为润兴公司利益的考虑，而是为减轻其妻陆丽敏的罪行，事实上原审法院也因此对陆丽敏予以酌情从轻处罚，故郑明华的行为不能构成无因管理；（2）郑明华代为缴纳税款、罚款没有法律依据，也没有合同约定，应认定为无权代理。无权代理是指行为人在没有代理权的情况下以本人的名义所为“代理”行为，在法律后果上，若未经追认，应由行为人自行承担民事责任。故郑明华擅自代润兴公司缴款，事后又未得到追认，因而产生的法律后果只能由郑明华承担。综上，郑明华请求润兴公司偿付2 042 288.98元垫付款既无法律依据，也无合同约定，不应支持。请求二审法院撤销原判并依法改判。

被上诉人辩称：原审法院认定事实清楚，适用法律正确，判决并无不当。陆丽敏本身也是润兴公司的员工，为陆丽敏减少刑期也是为润兴公司单位的利益，郑明华的行为构成无因管理。请求二审法院驳回上诉，维持原判。

二审判决

本院认为，本案双方当事人的争议焦点为：郑明华代润兴公司缴纳税款、滞纳金、罚款共计2 042 288.98元的行为是否构成无因管理。首先，润兴公司上诉称郑明华缴纳2 042 288.98元款项的目的在于减轻其妻陆丽敏的刑罚，而非避免润兴公司利益损失，故欠缺无因管理的主观构成要件，该主张本院不予支持。管理人须有为本人（被管理人）利益管理的意思，这是构成无因管理的主观要件，但这并不意味着管理人只能为本人利益而不能同时为管理人自己的利益，也就是说，管理人同时为自己利益和本人利益管理同样符合无因管理的主观要件。本案中，缴纳税款、滞纳金及罚款是润兴公司应履行的义务，郑明华代为缴纳使润兴公司直接获益，同时也可能减轻郑明华之妻陆丽敏的刑罚，郑明华对此是明知的，故其缴款行为系既为自己利益也为本人利益，符合无因管理的主观要件。其次，郑明华的行为也符合无因管理的客观构成要件，即无法定或约定义务而管理他人事务。再次，郑明华及时代缴税款、罚款客观上避免了润兴公司继续缴纳滞纳金、被加处罚款以及可能遭受的其他损失，所以本质上也有利于润兴公司。最后，润兴公司一、二审期间的陈诉表明其愿意缴纳相应款项，只不过缴纳方式、时间未予明确，故郑明华代缴2 042 288.98元款项并不违反润兴公司的意思。即便郑明华该行为违反了润兴公司的真实意思，由于缴纳税款、滞纳金、罚款系公法上的义务，也不能影响该行为的合法性。综上，郑明华代润兴公司缴纳税款、滞纳金、罚款的行为构成无因管理，郑明华有权请求润兴公司偿付其实际支付的 2 042 288.98 元。原审判决认定事实清楚，适用法律正确，实体处理并无不当。润兴公司上诉称郑明华的行为系无权代理而非无因管理，欠缺事实与法律依据，其上诉请求本院不予支持。

依照《民事诉讼法》第 153 条第 1 款第 1 项、第 158 条之规定，判决如下：

驳回上诉，维持原判。

二审案件受理费 23 138 元，由上诉人润兴公司负担。本判决为终审判决。

案由与焦点

1. 案由

本案的一级案由为“合同、不当得利、无因管理纠纷”，二级案由为“无因管理纠纷”，三级案由为“无因管理纠纷”。

无因管理是指没有法定的或者约定的义务，为了避免他人的利益受损失而自愿管理他人事务或者提供服务的行为。无因管理为债的发生原因之一。因无因管理而引发的管理损害、费用清偿等纠纷为无因管理纠纷。

2. 焦点

本案争议的焦点在于：郑明华之妻陆丽敏作为润兴公司单位直接负责的主管人员因涉嫌犯虚开增值税发票罪，郑明华为润兴公司清偿税务债务主观上可能具有为其妻减轻刑事处罚的动因，客观上也起到了为其妻减轻处罚的效果，确实兼顾到了郑明华自己的利益，这是否影响无因管理之债的成立。

评注与问题

1. 无因管理的构成应具备什么条件

《民法通则》第 93 条规定：“没有法定的或者约定的义务，为避免他人利益受损失进行管理或者服务的，有权要求受益人偿付由此而支付的必要费用。”根据该条规定，无因管理的构成条件有三个：其一，客观上有为他人管理事务的行为；其二，主观上是为了避免他人利益受损失；其三，管理人从事管理行为没有法定或者约定的义务。

在无因管理中，管理主要指对财产的保存、利用、改良或者处分行为；服务主要指提供劳务帮助。管理或者服务的内容，亦即管理人的管理行为。但是，由于无因管理在当事人间发生民事权利和义务，且是主动为他人服务的，因而，下列事务不能成为无因管理的事务：(1) 违法行为和违背社会公德的行为；(2) 不足以发生民事法律后果的纯粹道义上、宗教上或其他一般的生活事务；(3) 单纯的工作行为；(4) 必须经本人授权方得管理的行为，如放弃继承、公司股东的投票等。本案中被上诉人没有法定或者约定义务，为避免上诉人利益受损失，主动为其代缴税款、滞纳金及罚款行为，按照上述条件，该行为可以构成无因管理。但是，本案中一些争议问题仍需具体分析。

2. 无因管理的主观要件如何判断

无因管理的第二个条件是管理人主观上是为了避免他人利益受损失而从事管理。那么本案中被上诉人的行为是否具备这一要件呢？这一主观要件包含有如下三个层次含义：其一是管理人意识到其所从事管理的事务是他人事务。如果将他人的事务误认为是自己的事务而进行管理，则不构成无因管理。被上诉人显然清楚地了解欠缴税款、滞纳金和罚款的主体是上诉人而不是自己。其二是管理人须有为他人利益管理的意思，即管理人意识到自己的管理行为将给他人带来利益。本案中，被上诉人意识到，其代替被告润兴公司缴纳税款、滞纳金、罚款的行为，将消灭该公司对国家所负税款、滞纳金、罚款等义务。其三是为了避免他人利益受损失，即若管理人不进行管理和服务，本人（被管理人）将遭受或者扩大损失。就本案而言，若被上诉人不代为缴纳税款、滞纳金和罚款，上诉人的罚款和滞纳金损失将进一步加重，其法定代表人的罪责将会加重。综上，被上诉人在主观上是为了避免上诉人的利益受损失而从事管理。

那么，无因管理的这一主观要件是否意味着管理人只能为他人利益而不能同时为管理人自己的利益进行管理呢？答案是否定的。为他人谋利益的意思，其典型形态是专为本人谋利益的意思。但管理人在为本人谋利益的同时，为自己的利益实施管理或者服务行为的，亦不妨碍成立无因管理。在管理人自己受益的情形，自己受益往往是其从事无因管理的间接后果，如担心邻居家的火灾蔓延到自己家而参与救火，如果救火成功，直接的受益人是邻居。本案中，被上诉人为了减轻自己配偶的罪责而主动为上诉人缴纳税款、滞纳金和罚款。在客观上，这些管理行为的直接受益人都是上诉人，管理人自己间接受益，或者说从事无因管理自己间接受益是其从事管理行为的深层动机。试分析，在管理人自己受益的情况下，对无因管理的成立有何影响？

3. 如何认识被上诉人为其妻减轻刑事处罚而从事的行为

润兴公司系孙豪、陆丽敏（即郑明华妻子）各出资50%设立，其中陆丽敏为公司总经理。2004年11月至2005年12月间，润兴公司违反国家对于增值税专用发票的管理规定，让他人为自己虚开增值税发票或发生应税业务后未进行申报纳税，致使国家税款被骗取611 601.58元，宁波市鄞州区人民检察院以润兴公司及陆丽敏等人涉嫌犯虚开增值税发票罪等为由提起公诉。

我们认为，润兴公司所欠国家税款以及滞纳金和罚款均因上述同一法律事实引起，也基于同一法律事实，郑明华之妻陆丽敏作为润兴公司单位直接负责的主管人员被提起公诉。陆丽敏的涉嫌犯罪行为首先是一种公司职务行为，其获罪也是因该职务行为。依照民法理论，陆丽敏在行使职务时没有独立人格，在某种程度上，陆丽敏的人格被公司吸收，任何第三人代为清缴税款、滞纳金以及罚款，使陆丽敏减轻刑事处罚，都是公司获得的直接和重要的利益之一。该第三人的行为构成无因管理没有争议。陆丽敏为被上诉人之妻，陆丽敏减轻处罚只是被上诉人代为清缴税款、滞纳金和罚款的深层动机，并不影响为避免上诉人利益受损而进行管理的主观条件的成立。

4. 自愿为他人代缴税款等是否属无权代理行为

本案中，上诉人以被上诉人的行为构成无权代理行进行抗辩，认为郑明华代为缴纳税款、罚款没有法律依据，也没有合同约定，应认定为无权代理。作为无权代理行为，事后未得到追认，因此产生的法律后果只能由郑明华承担。

就管理人为他人管理事务，并且没有法定或者约定义务这一点，无因管理和无权代理有相似之处，但二者是有本质不同的。其区别在于：第一，在无权代理中，行为人是以本人的名义与第三人实施法律行为；而无因管理中，管理人是以自己的名义进行管理。第二，无权代理中，代理人与第三人实施行为，而且这种行为是具有法律意义的行为；而无因管理行为中，管理人不一定与第三人发生关系，管理人的管理行为也不限于法律行为。管理人即使与第三人进行有法律意义的行为，这种行为通常是履行某种义务，而不是创设某种权利，而代理活动通常是代理人代理本人创设新的权利。第三，代理的后果直接归被代理人承受，而无因管理的后果并不是直接归属于被管理人。因此，对无因管理不能适用有关代理制度的规定，也不能发生无权代理中的本人追认问题。结合本案，你认为上诉人关于被上诉人的行为是无权代理行为的抗辩能否成立？

5. 代缴税款等行为发生于吊销营业执照后是否影响无因管理的成立

润兴公司在一审中抗辩称：郑明华及蔡康国缴纳税款和罚款的行为分别发生在润兴公司未实际经营期间和被吊销营业执照之后，这些事宜应由清算组一并处理，郑明华没有必要代缴，故请求法院驳回郑明华的诉讼请求。润兴公司关于郑明华的无因管理行为发生于公司未实际经营期间的抗辩无任何价值，我们不予置评。其关于管理行为发生于被吊销执照后的抗辩，其中蕴含着两点可能影响无因管理成立或者适当的因素，其一是该管理行为是否于本人不利，其二是该管理行为是否违背了本人可推知的意愿。

首先，按《公司法》的相关规定，公司法人的民事权利能力是从签发营业执照之日始，注销登记之日止。[①] 润兴公司被吊销营业执照后，实施清算并作注销登记以前，其法人主体资格仍然存在。即使该实体已经消失，其应负的法律责任仍然不能免除。依照最高人民法院法经[2000] 24号《关于企业法人营业执照被吊销后，其民事诉讼地位如何确定的复函》中的批复意见，企业法人营业执照被吊销后，应由其股东进行清算，可以判决其股东承担清算责任。其次，有关税款和滞纳金以及罚款的义务是公法义务，润兴公司作为义务人，以不参与年检的方式被吊销营业执照，企图逃避相关义务，是规避法律的行为。最后，管理行为是否违背本人意愿以及是否有利于本人，除了考虑本人要求外，还应当考虑事务管理的社会常识或者一般公众的考量标准。唯其如此，才不会违背无因管理制度设计的初衷。

（评注人：赵延波）

① 《公司法》第7条规定："依法成立的公司，由公司登记机关发给公司营业执照。公司营业执照签发日期为公司成立日期。"《公司法》第187条第3款规定："清算期间，公司存续，但不得开展与清算无关的经营活动。"第189条规定："公司清算结束后，清算组应当制作清算报告，报股东会、股东大会或者人民法院确认，并报送公司登记机关，申请注销公司登记，公告公司终止。"

32. 不当得利纠纷

司法案例

喻山澜诉工行宣武支行等案

北京市第一中级人民法院（2004）一中民终字第9064号

基本案情

上诉人（原审原告）：喻山澜。

被上诉人（原审被告）：中国工商银行北京市宣武支行。

负责人：果志刚，该支行行长。

被上诉人（原审被告）：中国工商银行北京市分行。

负责人：李晓鹏，该分行行长。

上诉人喻山澜因不当得利纠纷一案，不服北京市宣武区人民法院（2004）宣民初字第2471号民事判决，向北京市第一中级人民法院提起上诉。北京市第一中级人民法院依法组成合议庭公开审理了本案，现已审理终结。

2003年7月30日，喻山澜由于将牡丹交通IC卡丢失及需要审验机动车驾驶证，故到中国工商银行北京市宣武支行（以下简称“工行宣武支行”）下属的白纸坊储蓄所办理牡丹交通IC卡补卡手续。该所向喻山澜出示了被告中国工商银行北京市分行（以下简称“工行北京分行”）制作的第3728814号牡丹交通IC卡领（补）卡通知单，此单上注有“本人自愿申领牡丹交通IC卡，并保证遵守牡丹交通IC卡金融服务的各项使用规定”的内容。喻山澜在此内容下方签字确认，并交纳了100元的补卡费，该所为其补办了牡丹交通IC卡一张。喻山澜认为，二被告在补卡时收费的行为没有合法依据，属不当得利，故提起诉讼。经调解，双方仍各持己见。

另查：牡丹交通IC卡是被告工行北京分行于1999年推出发行的，该卡记载着机动车驾驶员的驾驶档案信息、交通违章罚款信息，同时还有金融、电子钱包和加油付款等功能。

上述事实，有双方当事人的陈述、工行北京分行的牡丹交通IC卡领（补）卡通知单等证实。

北京市第一中级人民法院经审理又查明：2001年9月28日，国家计委、国家金卡工程协调领导小组、财政部、中国人民银行制定了《集成电路卡应用和收费管理办法》。该办法第7条规定：“国家行政机关实施行政管理，为提高管理效率，方便服务对象而推广使用IC卡，可以按照核定的标准向用户收费。收费项目按照隶属关系分别报财政部、国家计委或省、自治区、直辖市财政、价格部门审批，收费标准报国家计委、财政部或省、自治区、直辖市价格、财政部门核定。”第9条第2款规定：“金融企业与国家行政机关、事业单位和公用服务行业联合发行的IC卡，按本办法第七、八条规定执行。”第10条第2款规定：“批准收费的IC卡及按规定不单独收费的IC卡，凡因丢失、损坏等原因要求补发的，均按IC卡工本费收取费用。”

二审审理中，被上诉人工行北京分行提交的证据证明，牡丹交通IC卡的制卡成本为每张30.80元。上诉人喻山澜对制卡成本没有异议，但认为补卡收费必须经过报批，否则不得收费。除此以外，二审确认了一审查明的其他事实。

一审诉辩主张

原告诉称：原告到被告工行宣武支行所属的白纸坊储蓄所补领一张牡丹交通IC卡，该所按照被告工行北京分行制定的收费标准，向原告收取了100元费用。事后原告了解到，这个在北京市内所有工商银行执行的收费标准，没有报价格主管部门审批过，违反了《集成电路卡应用和收费管理办法》第7条、第8条、第9条的规定。按照这个收费标准向牡丹交通IC卡的补卡人收取费用，是没有合法依据的不当得利行为。请求判令工行宣武支行返还给原告100元及此款至判决之日止的利息，工行北京分行立即停止执行其自行制定的这个收费标准，遵照有关规定向北京市价格主管部门报批牡丹交通IC卡的补卡收费办法，并负担本案诉讼费。

被告辩称：牡丹交通IC卡是被告与北京市交通管理局于1999年联合推出，以北京市机动车驾驶员为使用对象的银行卡业务。该卡上记载着机动车驾驶员的驾驶档案信息、交通违章罚款信息，同时还有其他功能，科技含量较高。在此项业务推行之初，被告承担了整个系统的开发和软、硬件投入，几年来累计免费发放了320余万张卡，投入资金达一亿元左右。1999年当年，对集成电路卡的补卡、换卡应如何收费，没有法规规定。由于这一高科技产品的系统开发、维护投入大，制卡成本高，被告根据《中华人民共和国价格法》（以下简称《价格法》）第6条关于“商品价格和服务价格，除依照本法第十八条规定适用政府指导价或者政府定价外，实行市场调节价，由经营者依照本法自主制定”的规定，结合牡丹交通IC卡当时的成本情况，制定了补卡、换卡时收取100元手续费这一标准。原告据以起诉的《集成电路卡应用和收费管理办法》是2001年9月28日才开始实施的。该办法没有规定其实施前的集成电路卡收费应如何调整，因此对以前的集成电路卡定价收费行为不具有溯及力。被告是在没有法规规定的前提下，为牡丹交通IC卡的补卡制定了收费标准并据此收费，这显然不符合《民法通则》第92条规定的不当得利定义，不是不当得利，故不同意原告的诉讼请求。

一审判决

北京市宣武区人民法院认为：《民法通则》第92条规定：“没有合法根据，取得不当利益，造成他人损失的，应当将取得的不当利益返还受损失的人。”由此可见，不当得利是指没有法律或合同等合法根据，因他人财产受到损失而使自己获得的利益。《合同法》第44条第1款规定：“依法成立的合同，自成立时生效。”第60条第1款规定：“当事人应当按照约定全面履行自己的义务。”本案中，原告喻山澜在牡丹交通IC卡丢失后，到被告工行宣武支行下属的储蓄所办理申领补卡手续。储蓄所向其出示的补卡通知单上，载有“本人自愿申领牡丹交通IC卡，并保证遵守牡丹交通IC卡金融服务的各项使用规定”的内容。经喻山澜签字确认后，储蓄所按照被告工行北京分行的规定，向喻山澜收取了100元补卡费，为其补办了牡丹交通IC卡。

双方当事人的上述行为，构成了在自愿基础上建立的一种服务合同关系。本案双方当事人均为完全民事行为能力人，整个交易过程都是双方真实意思的表示。喻山澜在补卡通知单上签字后，双方达成了合法有效的合同。后喻山澜交纳 100 元及储蓄所为其补卡，是双方对合同的合法履行。该补卡行为未违反法律强制性规定，亦符合社会公序良俗。储蓄所依据双方达成的合法有效合同，向喻山澜收取 100 元补卡费，因此该款不是不当得利。喻山澜起诉请求工行宣武支行返还不当得利 100 元并给付至判决之日止的相应利息，无事实根据和法律依据，不予支持。

《民法通则》第 5 条规定："公民、法人的合法的民事权益受法律保护，任何组织和个人不得侵犯。" 1999 年，被告工行北京分行与北京市交通管理局联合推出牡丹交通 IC 卡业务，由于该卡功能较多、科技含量较高，工行北京分行根据自己的制卡成本高等实际情况，决定收取办卡费用，该决定不违反当时的法律、法规。国家发改委等部门制定的《集成电路卡应用和收费管理办法》于 2001 年 9 月 28 日开始实施。原告喻山澜以工行北京分行的收费决定违反了《集成电路卡应用和收费管理办法》第 7 条、第 8 条、第 9 条的规定为由，请求判令工行北京分行立即停止执行自行制定的收费办法，理由不能成立。

据此，北京市宣武区人民法院 2004 年 7 月 26 日判决：驳回原告喻山澜的诉讼请求。

案件受理费 50 元，由原告喻山澜负担，于本判决生效之日起 7 日内交纳。

二审诉辩主张

一审宣判后，喻山澜不服，向北京市第一中级人民法院提起上诉称：《集成电路卡应用和收费管理办法》对 IC 卡的收费有明确规范，牡丹交通 IC 卡的收费应当执行这个规范。一审判决认定事实不清，适用法律错误，请求撤销一审判决，改判满足上诉人在一审提出的诉讼请求。

被上诉人辩称：被上诉人工行宣武支行和被上诉人工行北京分行同意一审判决。

二审判决

北京市第一中级人民法院经审理认为：上诉人喻山澜与白纸坊储蓄所签署的牡丹交通 IC 卡补卡通知单合法有效，双方均应遵照执行。该通知单中并未约定补卡收费，因此喻山澜的签署，不等于其必须接受每张 100 元的补卡价格。牡丹交通 IC 卡是北京市交通管理局为管理本市机动车驾驶员，与被上诉人工行北京分行联合发行的集成电路卡。该卡虽然在《集成电路卡应用和收费管理办法》实施前发行，但当《集成电路卡应用和收费管理办法》实施后，应当根据该办法第 7、8、9 条的规定，重新确定牡丹交通 IC 卡的补卡收费价格，即应按 IC 卡的工本费收取费用。根据工行北京分行出示的证据，牡丹交通 IC 卡的制卡成本为 30.80 元，而该行规定补卡收费的价格是每张 100 元。对规定多收的 69.20 元，工行北京分行不能出示合法依据。依照《民法通则》第 92 条的规定，该 69.20 元属不当得利，应当由收款人返还给交款人。喻山澜请求判令被上诉人工行宣武支行返还 100 元补卡费及利息，不能全部支持；请求判令工行北京分行立即停止执行自行制定的收费标准，并遵照有关规定向北京市价格主管部门报批牡丹交通 IC 卡补卡收费办法，不属本案审理范围，不予处理。

据此，北京市第一中级人民法院依照《民事诉讼法》第 153 条第 1 款第 3 项的规定，判决如下：

一、撤销北京市宣武区人民法院（2004）宣民初字第2471号民事判决。

二、本判决生效后7日内，被上诉人工行宣武支行给上诉人喻山澜返还补卡费69.20元及利息（利息自2003年7月31日起至判决之日止，以69.20元为基数，按中国人民银行同期活期存款利率计算）。

三、驳回上诉人喻山澜的其他诉讼请求。

一、二审案件受理费各50元，由被上诉人工行宣武支行负担。

案由与焦点

1. 案由

本案的一级案由为“合同、不当得利、无因管理纠纷”，二级案由为“不当得利纠纷”，三级案由为“不当得利纠纷”。

不当得利是指没有合法根据而取得利益致他人受损失的法律事实。不当得利为债的发生原因之一，不当取得利益的一方应将其所得利益返还受损失方，因此而引发的纠纷为不当得利纠纷。

2. 焦点

本案争议的焦点在于：被上诉人收取的100元牡丹卡补卡费是否具有法律或者合同依据。上诉人诉称被上诉人的行为违反《集成电路卡应用和收费管理办法》，构成不当得利。被上诉人辩称，其收费行为符合牡丹卡系统的开发和投入成本以及当时的法律、法规。

评注与问题

1. 不当得利的构成应具备什么条件

法律对于不当得利之债的设计是出于矫正正义的考虑。现实中往往因为某种具有偶然性的原因造成当事人双方一方得利、一方受损，而得利和受损没有合法依据，这就破坏了社会应有的公平状态。法律为了恢复社会公平，设计不当得利之债，得利一方有义务返还不当得利，受损一方有权利请求得利人返还所得利益，以恢复自己所受损失。

《民法通则》第92条规定：“没有合法根据，取得不当利益，造成他人损失的，应当将取得的不当利益返还受损失的人。”依据该条规定，不当得利的构成条件有三：其一，一方得利，他方受损；其二，得利和受损之间有因果关系；其三，得利没有合法根据，即得利既无法律依据又无合同依据。本案争议的关键在于，被上诉人是否有得利，上诉人是否有受损，被上诉人的得利和上诉人的受损是否具有法律或者合同依据。

2. 上诉人和被上诉人之间是否构成受损与得利的利害关系

就形式上看，上诉人有100元付出，该100元直接由被上诉人享有，得利与受损的利害关系一目了然。但是上诉人也并非没有所获，其花费100元得到了具有较多使用功能的牡丹IC卡一张。依照被上诉人的抗辩理由，其不仅没有得利，而且付出了大量的开发、运行成本，其中免费发放的牡丹卡有320余万张。关于投入成本的问题，既包括系统研发的成本，也包括运行中投入的软硬件成本，还包括制卡本身的成本，牡丹卡作为具有综合服务功能的载体，以上成本显然不能由牡丹卡本身承载，更不能由补卡人承担。每个补卡人是单独的个体和主体，非补卡人所获的利益不应由补卡人付出代价。

根据工行北京分行出示的证据，牡丹交通 IC 卡的制卡成本为 30.80 元，这一成本的付出与补卡本身的其他成本由补卡人承担尚属合理。因为即使是公共服务，由被服务对象承担直接成本仍属法律和法理认可的范围内。所以，被上诉人的得利应为 69.20 元。

3. 被上诉人的得利行为是否具有法律依据

如前所述，被上诉人通过对上诉人补发牡丹卡的行为获利 69.20 元，该得利行为如具备法律或者合同依据，则不属于不当得利。那么，被上诉人的得利行为是否具有法律依据呢?

被上诉人辩称，1999 年牡丹卡推出时，集成电路卡的补卡、换卡应如何收费，没有法规规定，而根据《价格法》第 6 条关于“商品价格和服务价格，除依照本法第十八条规定适用政府指导价或者政府定价外，实行市场调节价，由经营者依照本法自主制定”的规定，结合牡丹交通 IC 卡当时投入的高额成本情况，制定了补卡、换卡时收取 100 元手续费这一标准。而上诉人据以起诉的《集成电路卡应用和收费管理办法》，是 2001 年 9 月 28 日才开始实施的。

这里涉及法律适用的溯及力问题。通常情况下，法律、法规只适用于其实施后发生的法律关系，对于其实施前发生的法律关系没有溯及力。这就意味着被上诉人于 1999 年依照当时的有关规定开始的补卡收费是具有法律依据的，而这一收费在 2001 年 9 月 28 日《集成电路卡应用和收费管理办法》开始实施后就丧失了法律依据。《集成电路卡应用和收费管理办法》第 8 条规定：“不单独收费的 IC 卡，因丢失、损坏等原因要求补发的，可按照工本费向用户收取费用，收费标准根据应用范围和价格管理权限，由国务院价格主管部门或省级价格主管部门审批。由省级价格主管部门审批的，应报国务院价格主管部门备案。”该管理办法第 9 条第 2 款规定：“金融企业与国家行政机关、事业单位和公用服务行业联合发行的 IC 卡，按本办法第七、八条规定执行。”被上诉人对上诉人的收费行为发生于 2003 年 7 月 30 日，是《集成电路卡应用和收费管理办法》实施后发生的法律关系，应适用该规定，被上诉人的收费行为失去了法律依据，从而不具有合法性。

4. 被上诉人的得利行为是否具有合同根据

一审认定双方当事人的行为构成了在自愿基础上建立的一种服务合同关系。因为被告向喻山澜出示了被告工行北京分行制作的第 3728814 号牡丹交通 IC 卡领（补）卡通知单，此单上注有“本人自愿申领牡丹交通 IC 卡，并保证遵守牡丹交通 IC 卡金融服务的各项使用规定”，原告签字认可了上述承诺。事实上，原告签字认可的只是领取牡丹交通 IC 卡并遵守有关金融服务的使用规定，并非对于被告收费行为的认可。

退一步，即使通知单上有关于收费的项目，原告签字认可，是否可以认定是原告的自愿行为呢？答案是否定的。银行属于具有公共服务性质的垄断企业，其开发和运行的牡丹卡又被赋予了社会管理的工具职能。社会公众如上诉人，要么不参与审验机动车驾驶证，要么参与审验但补办牡丹卡并应对方要求缴费 100 元，即是否接受这一服务以及该服务关系的内容，上诉人是完全没有自主意愿的。如果其拒绝签字，则不能获得相应的服务，所以其签字行为并不表明是其真实的自愿意思表示，双方的收费合约并非有效。这样，被上诉人的收费行为也没有合同依据。

5. 被上诉人发放牡丹交通 IC 卡的行为是什么性质

牡丹交通 IC 卡是被上诉人与北京市交通管理局于 1999 年联合推出，以北京市机动车驾驶员为使用对象的银行卡业务。该卡上记载着机动车驾驶员的驾驶档案信息、交通违章罚款信息，同时还是缴纳罚款的必备工具。牡丹交通卡一年一审，驾驶员必须随身携带，否则，驾驶员将受到处罚，甚至被吊销驾照。

交通管理中的罚款和扣分，本来是政府与司机之间的行政关系，但这种关系因为银行发行牡丹卡的行为而使银行得以参与。银行向司机提供牡丹交通卡服务的性质，从理论上看有三种解释：其一是政府授权，交管局将其部分职能授权给银行行使；其二是政府业务外包，交管局将某项业务以外包的方式交由银行办理；其三是政府购买，政府花钱购买银行的服务，让银行代替政府为司机提供某种服务。总之，银行发行牡丹交通卡，是商业行为与政府管理职能混合在一起，具备商业运作和行政管理的双重特点，即行政管理的强制性、垄断性与商业运作结合，使作为司机的用户完全失去了面对商业行为本应拥有的自由选择权。

牡丹交通卡是交管部门对银行的行政委托，但委托不应增加行政相对人的成本，因为政府部门是利用纳税人的钱支持运转。事实上，这一价格是典型的须政府审批的项目，制定时应由利益相关人参加听证并最终由行政主管部门来核定。交管局作为政府行政部门，也是在进行政府采购，应当采取公开竞标方式。

（评注人：赵延波）

第三部分

侵权责任纠纷

33. 监护人责任纠纷

司法案例

吴凯诉朱超等案

江苏省淮安市楚州区人民法院（2005）楚民一初字第347号

基本案情

原告：吴凯。

法定代理人：吴福成，系原告吴凯的父亲。

被告：朱超。

法定代理人：朱善勇，系被告朱超的父亲。

被告：江苏省淮安曙光双语学校。

法定代表人：丁德利，该校校长。

原告吴凯因与被告朱超、被告江苏省淮安曙光双语学校（以下简称“曙光学校”）发生人身损害赔偿纠纷，由其父吴福成代理，向江苏省淮安市楚州区人民法院提起诉讼，朱超的父亲朱善勇代理朱超应诉。

经审理查明：被告曙光学校是民办寄宿制小学，对在校学生实行封闭式管理。2004年6月13日，原告吴凯与被告朱超的监护人分别与曙光学校签订入学协议书，送吴凯与朱超入学。同年9月，吴凯与朱超成为曙光学校一年级（1）班学生，在同一宿舍住宿。同年12月17日晚10时许，吴凯与朱超在宿舍内各自床上休息时，朱超将一枚橘子扔到吴凯右眼上，致吴凯右眼受伤。吴凯受伤后哭泣，老师发现后即送吴凯到校医务室治疗。12月底，曙光学校将吴凯受伤一事通知给吴凯的父母。吴凯的父母带吴凯先后到建湖县建阳眼科医院、淮安市第一人民医院、淮安市第二人民医院、复旦大学附属眼耳鼻喉科医院治疗，共花去医疗费39 592.58元、交通费2 040元、住宿费1 000元。为给吴凯治疗，朱超的监护人垫支过561.60元，曙光学校垫支过1万元。

经法医鉴定，原告吴凯的右眼钝挫伤、右玻璃体积血、右视网膜脱离致右眼低视力1级，伤残程度为10级；吴凯伤后1个月需营养补助，伤后3至4个月期间需护理；伤后使用的药物均为外伤病人临床对症处理用药，无明显不妥之处。双方当事人对上述法医鉴定结论无异议，对此次鉴定收费300元、住院期间伙食补助支出180元、营养费支出249.37元以及吴凯需残疾赔偿金9 508元等也无异议。以上事实，有当事人陈述、入学协议、病历和医疗费、交通费、住宿费、鉴定费等相关票据以及调查笔录、证明、鉴定书等证据证实。

诉辩主张

原告诉称：原告在被告曙光学校的寝室里休息时，被被告朱超乱扔的橘子砸伤眼睛，经多家医院治疗，仍留下残疾。曙光学校对原告负有监护职责，原告在校学习、生活期间受伤，曙光学校理应给原告赔偿损失。朱超是直接致害人，亦应承担赔偿责任。可是曙光学校与朱超互相推诿，拒不承担赔偿责任。请求判令曙光学校与朱超给原告赔偿医疗费 39 056.76 元、护理费 1.2 万元、住院伙食费 180 元、营养费 24 937 元、住宿费 1 500 元、交通费 3 996 元、伤残补助费 9 507.80 元、精神抚慰金 5 000 元、鉴定费 300 元、误学费 1 208 元，并负担本案诉讼费用。

被告朱超辩称：朱超是无民事行为能力人，在校期间父母对其无法履行监护职责，监护职责已经转移给学校。被告曙光学校实行封闭式管理，对在校寄宿的学生负有监护职责，应当对原告在校期间遭受的损害承担赔偿责任。另外，原告受伤后，曙光学校救治不力，延误了治疗，扩大了损失，据此也应承担责任。

被告曙光学校辩称：根据法律规定，未成年人的监护人是其父母，只有监护人才对未成年人负有监护职责，监护职责不能随便转移给学校。原告吴凯是因被告朱超的行为受伤，受伤后得到我校及时救助。我校对寄宿学生已尽到保护、照顾和管理的职责，对原告受到的伤害没有任何过错，不应承担赔偿责任。况且法定的人身伤害损害赔偿项目中，没有误学费赔偿这一项目，应当驳回原告对我校提出的诉讼请求。

法院判决

淮安市楚州区人民法院认为：

一、《民法通则》第 16 条规定：“未成年人的父母是未成年人的监护人。未成年人的父母已经死亡或者没有监护能力的，由下列人员中有监护能力的人担任监护人：（一）祖父母、外祖父母；（二）兄、姐；（三）关系密切的其他亲属、朋友愿意承担监护责任，经未成年人的父、母的所在单位或者未成年人住所地的居民委员会、村民委员会同意的。对担任监护人有争议的，由未成年人的父、母的所在单位或者未成年人住所地的居民委员会、村民委员会在近亲属中指定。对指定不服提起诉讼的，由人民法院裁决。没有第一款、第二款规定的监护人的，由未成年人的父、母的所在单位或者未成年人住所地的居民委员会、村民委员会或者民政部门担任监护人。”据此，监护是基于身份产生的民事权利。当未成年人无父母或其他亲属作监护人时，其父、母所在单位或者其住所地的居民委员会、村民委员会、民政部门等单位，才可能成为监护人。学校不能成为未成年人的监护人。法律对监护人的范围规定得很明确，监护关系不容随意设立或变更。故监护人将未成年学生送至学校学习，其监护职责并未转移给学校；学校也不因接受未成年学生到校学习，自然而然地承担起对该学生的监护职责。最高人民法院《民法通则意见》第 22 条规定：“监护人可以将监护职责部分或者全部委托给他人。因被监护人的侵权行为需要承担民事责任的，应当由监护人承担，但另有约定的除外；被委托人确有过错的，负连带责任。”这一条规定了监护职责可以因委托而转移。监护人如果想将监护职责部分或者全部委托给学校，必须与学校达成明确的委托约定。没有明确的委托约定，不能推定学校已经接受监护人的委托，对到校学习的未成年学生承担起部分或全部监护职责。

本案被告曙光学校是一所民办寄宿制小学，与其他实行走读制的学校相比，寄宿制小学只是在学校内部的管理上有所扩展，并未改变其对学生承担教育、管理和保护义务的本质。而学校内部管理上的变化，并不必然导致未成年学生监护职责的转移。在曙光学校与学生家长签订的入学协议中，没有约定家长委托学校对未成年学生履行监护职责。因此，对在校学习的未成年学生，曙光学校没有监护职责。

二、本案原告吴凯是在被告曙光学校的寝室内休息时，被被告朱超扔的橘子砸伤右眼的。《民法通则》第 133 条规定："无民事行为能力人、限制民事行为能力人造成他人损害的，由监护人承担民事责任。监护人尽了监护责任的，可以适当减轻他的民事责任。"致害人朱超是无民事行为能力人，朱超致伤他人，朱超的监护人是当然的赔偿主体。最高人民法院《人身损害赔偿解释》第 7 条规定："对未成年人依法负有教育、管理、保护义务的学校、幼儿园或者其他教育机构，未尽职责范围内的相关义务致使未成年人遭受人身损害，或者未成年人致他人人身损害的，应当承担与其过错相应的赔偿责任。第三人侵权致未成年人遭受人身损害的，应当承担赔偿责任。学校、幼儿园等教育机构有过错的，应当承担相应的补充赔偿责任。"曙光学校虽然对在校未成年学生没有监护职责，但有教育、管理和保护的义务。在履行教育、管理、保护义务中，曙光学校如果无过错，则不是本案的责任承担主体；如果有过错，就会成为本案另一责任承担主体，承担与其过错相应的赔偿责任。吴凯在 2004 年 12 月 17 日晚 10 时许受到伤害，此时早已是寄宿学生熄灯就寝的时间。按照曙光学校的管理制度，学校里专门负责学生生活的老师应当对未成年学生的就寝情况进行巡视。事实证明，吴凯、朱超等人超过规定时间未入睡，对这一异常情况，曙光学校没有及时发现并管理，以致本可避免的伤害事故发生。伤害事故发生后，曙光学校不仅未给吴凯提供及时有效的治疗措施，且滞后十多天才向监护人通知吴凯受到伤害的情况，以致吴凯伤情加重。曙光学校对未成年学生没有充分履行教育、管理和保护的义务，主观上有一定过错，理当成为本案又一责任承担主体。

《民法通则》第 133 条规定，对无民事行为能力人的致害行为，监护人承担无过错责任；监护人尽了监护责任的，可以适当减轻其民事责任。最高人民法院《人身损害赔偿解释》第 7 条规定，在校园伤害案件中，学校承担与其过错相应的民事责任。原告吴凯是在被告曙光学校生活期间受到伤害的，自身无过错；被告朱超虽然实施了加害行为，但朱超是未成年人，且是在校期间伤害他人。无论对加害人还是对受害人，曙光学校都有教育、管理和保护的义务。曙光学校未充分履行此项义务，是导致本案伤害事故发生的主要原因。曙光学校的主观过错较大，应当对伤害后果承担主要的赔偿责任。由于曙光学校实行封闭式管理，使朱超的监护人履行监护职责受到限制。对朱超的加害行为，其监护人虽然无过错也应承担责任，但应承担次要责任。原告方不应承担任何责任。

三、原告吴凯因身体受到伤害，不得不休学，虽然存在一定的经济损失，但在最高人民法院《人身损害赔偿解释》规定的人身损害赔偿项目中，没有误学费赔偿一项。吴凯请求赔偿误学费，没有提出法律依据，故对该项诉讼请求不予支持。

《民法通则》第 106 条规定："公民、法人违反合同或者不履行其他义务的，应当承担民事责任。公民、法人由于过错侵害国家的、集体的财产，侵害他人财产、人身的，应当承担民事责任。没有过错，但法律规定应当承担民事责任的，应当承担民事责任。"第 119 条规定："侵害公民身体造成伤害的，应当赔偿医疗费、因误工减少的收入、残废者生活补助费等费用；造成死亡的，并应当支付丧葬费、死者生前扶养的人必要的生活费等费用。"最高人民法院《精神损害赔偿解释》第 8 条第 2 款规定："因侵权致人精神损害，造成严重后果的，人民法院除判令侵权人承担停止侵害、恢复名誉、消除影响、赔礼道歉等民事责任外，可以根据受害人一方的请求判令其赔偿相应的精神损害抚慰金。"第 10 条第 1 款规定："精神损害的赔偿数额根据以下因素确定：（一）侵权人的过错程度，法律另有规定的除外；（二）侵害的手段、场合、行为方式等具体情节；（三）侵权行为所造成的后果；（四）侵权人的获利情况；（五）侵权人承担责任的经济能力；（六）受诉法院所在地平均生活水平。”最高人民法院《人身损害赔偿解释》第17条第1款规定：“受害人遭受人身损害，因就医治疗支出的各项费用以及因误工减少的收入，包括医疗费、误工费、护理费、交通费、住宿费、住院伙食补助费、必要的营养费，赔偿义务人应当予以赔偿。”第2款规定：“受害人因伤致残的，其因增加生活上需要所支出的必要费用以及因丧失劳动能力导致的收入损失，包括残疾赔偿金、残疾辅助器具费、被扶养人生活费，以及因康复护理、继续治疗实际发生的必要的康复费、护理费、后续治疗费，赔偿义务人也应当予以赔偿。”第18条规定：“受害人或者死者近亲属遭受精神损害，赔偿权利人向人民法院请求赔偿精神损害抚慰金的，适用《最高人民法院关于确定民事侵权精神损害赔偿责任若干问题的解释》予以确定。精神损害抚慰金的请求权，不得让与或者继承。但赔偿义务人已经以书面方式承诺给予金钱赔偿，或者赔偿权利人已经向人民法院起诉的除外。”第19条规定：“医疗费根据医疗机构出具的医药费、住院费等收款凭证，结合病历和诊断证明等相关证据确定。赔偿义务人对治疗的必要性和合理性有异议的，应当承担相应的举证责任。医疗费的赔偿数额，按照一审法庭辩论终结前实际发生的数额确定。器官功能恢复训练所必要的康复费、适当的整容费以及其他后续治疗费，赔偿权利人可以待实际发生后另行起诉。但根据医疗证明或者鉴定结论确定必然发生的费用，可以与已经发生的医疗费一并予以赔偿。”第21条规定：“护理费根据护理人员的收入状况和护理人数、护理期限确定。护理人员有收入的，参照误工费的规定计算；护理人员没有收入或者雇佣护工的，参照当地护工从事同等级别护理的劳务报酬标准计算。护理人员原则上为一人，但医疗机构或者鉴定机构有明确意见的，可以参照确定护理人员人数。护理期限应计算至受害人恢复生活自理能力时止。受害人因残疾不能恢复生活自理能力的，可以根据其年龄、健康状况等因素确定合理的护理期限，但最长不超过二十年。受害人定残后的护理，应当根据其护理依赖程度并结合配制残疾辅助器具的情况确定护理级别。”第22条规定：“交通费根据受害人及其必要的陪护人员因就医或者转院治疗实际发生的费用计算。交通费应当以正式票据为凭；有关凭据应当与就医地点、时间、人数、次数相符合。”第23条规定：“住院伙食补助费可以参照当地国家机关一般工作人员的出差伙食补助标准予以确定。受害人确有必要到外地治疗，因客观原因不能住院，受害人本人及其陪护人员实际发生的住宿费和伙食费，其合理部分应予赔偿。”第24条规定：“营养费根据受害人伤残情况参照医疗机构的意见确定。”第25条规定：“残疾赔偿金根据受害人丧失劳动能力程度或者伤残等级，按照受诉法院所在地上一年度城镇居民人均可支配收入或者农村居民人均纯收入标准，自定残之日起按二十年计算。但六十周岁以上的，年龄每增加一岁减少一年；七十五周岁以上的，按五年计算。受害人因伤致残但实际收入没有减少，或者伤残等级较轻但造成职业妨害严重影响其劳动就业的，可以对残疾赔偿金作相应调整。”根据以上规定，原告吴凯的医疗费应当认定为39 592.58元；护理费参照江苏省相关标准，按1人次4个月计算，应为6 767.67元；交通费、住宿费，分别酌情确定为2 040元、1 000元。吴凯的伤情构成10级伤残，身体上、精神上都遭受一定损失，被告曙光学校和被告朱超应当给吴凯赔偿精神损害抚慰金。根据侵权人的过错程度、侵权手段、场合、行为方式和受诉法院所在地平均生活水平等因素，精神损害抚慰金的具体数额酌情确定为4 000元。除此以外，双方对住院伙食补助费、营养费、残疾赔偿金以及鉴定费的赔偿无异议，予以认定。据此，淮安市楚州区人民法院判决如下：

一、原告吴凯的医疗费39 592.58元、护理费6 767.67元、住院伙食补助费180元、营养费249.37元、残疾赔偿金9 508元、交通费2 040元、住宿费1 000元、精神损害抚慰金4 000

元、鉴定费 300 元，合计 63 637.62 元，由被告朱超的法定代理人朱善勇赔偿 30%即19 091.29 元，扣除其已支付的 561.60 元，应赔偿 18 529.69 元；由被告曙光学校赔偿 70%即44 546.33 元，扣除其已支付的 1 万元，应赔偿 34 546.33 元，均于本判决生效后 10 日内给付原告吴凯。

二、驳回原告吴凯的其他诉讼请求。

案件受理费 2 740 元，其他诉讼费 600 元，合计 3 300 元，由原告吴凯的法定代理人吴福成负担 280 元，被告朱超的法定代理人朱善勇负担 820 元，被告曙光学校负担 2 200 元。

案由与焦点

1. 案由

本案的一级案由为“侵权责任纠纷”，二级案由为“侵权责任纠纷”，三级案由为“监护人责任纠纷”。

不具备完全行为能力的人处于监护人的监护之下，因被监护人实施侵害行为而造成他人损害的，由监护人承担侵权责任，此类纠纷即为监护人责任纠纷。

2. 焦点

本案争议的焦点集中在以下三个方面：(1) 未成年学生在校学习生活期间，学校是否承担监护职责？(2) 未成年学生在校学习生活期间受到他人侵害的，加害人的监护人是否应当承担责任，学校是否应当承担责任，二者应当如何分担责任？(3) 原告关于误学费赔偿的诉讼请求是否合理？上述问题涉及监护职责的性质；监护职责的转移；学校对未成年学生的教育、管理、保护义务的性质；人身损害赔偿的赔偿项目等相关理论问题，掌握了这些相关理论和法律规定，上述问题就会迎刃而解。

评注与问题

1. 监护人的监护职责可否转移

监护人责任是指由监护人对无民事行为能力人、限制民事行为能力人因自己的行为造成的他人损害承担责任。监护人责任是一种典型的对他人行为承担的替代责任，而非对自己行为的责任。《民法通则》《侵权责任法》、最高人民法院《民法通则意见》对监护人责任问题作了比较详细的规定。监护人之所以要对无民事行为能力人、限制民事行为能力人的行为承担赔偿责任，主要根据在于监护人的监护职责，监护人对被监护人要承担培养、教育、保护、抚养、扶养的义务，这种义务通常基于父母子女关系、配偶关系等而产生。那么这种监护职责的性质为何，是否可以转移?《民法通则意见》承认了委托监护制度，其第 22 条规定：“监护人可以将监护职责部分或者全部委托给他人。因被监护人的侵权行为需要承担民事责任的，应当由监护人承担，但另有约定的除外；被委托人确有过错的，负连带责任。”这一规定实际上包含有以下几层含义：其一，监护人可以将监护职责部分或者全部委托给他人，即监护职责可以转移。其二，除非存在“另有约定”的情形，因被监护人的侵权行为需要承担民事责任的，仍应当由监护人承担责任。对此值得思考的还有：这种“另有约定”是委托人、受托人内部承担责任的约定，还是对外承担责任的约定？这种“另有约定”能否对抗受害人？其三，被委托人如果确有过错，则与监护人承担连带责任。由此看来，监护人如果想将监护职责部分或者全部委托给学校，必须与学校达成明确的委托约定。没有明确的委托约定，不能推定学校已经接受监护人的委托，对到校学习的未成年学生承担起部分或全部监护职责。

2. 相较于走读学校，寄宿制学校的教育、管理职责是否更重些

虽然寄宿制学校在没有明确约定的情形下，对未成年学生并不当然负有监护职责，但寄宿制学校应当承担相应的教育、管理职责则是不容否认的。寄宿制学校根据所处的地域不同，可以分为农村寄宿制学校和城市寄宿制学校。前者是在农村义务教育资源布局分散、教职员工水平参差，教学质量难以提升的背景下提出来的。通过在这些落后的农村地区推行“寄宿制工程”，实现“优化农村教育资源配置，促进城乡教育均衡发展”的目的。后者主要是为了满足城市教育教学的多样化需要而建设的，如各式各样的“贵族化管理”的寄宿制外国语学校、艺术特色学校等。在寄宿制学校中普遍存在的特点是：就读的学生在寄宿期间内不可轻易离开学校，而且其学习、生活均处于学校的监督、管理的范围之内。寄宿制学校的特点需要寄宿制学校制定并贯彻严格的校内安全管理制度、安全排查制度、安全教育制度、安全责任制度等。这些说明，基于寄宿制学校的特点，它应当承担比一般走读学校更重的教育、管理职责。本案中，原告吴凯是在被告曙光学校的寝室内休息时，被被告朱超扔的橘子砸伤右眼的。曙光学校虽然对在校未成年学生没有监护职责，但作为封闭式学校，对于学生在寝室的活动自然负有教育、管理和保护的义务。吴凯、朱超等人超过规定时间未入睡，对这一异常情况，曙光学校没有及时发现并管理，以致本可避免的伤害事故发生。伤害事故发生后，曙光学校不仅未给吴凯提供及时有效的治疗措施，且滞后十多天才向监护人通知吴凯受到伤害的情况，以致吴凯伤情加重。故曙光学校对未成年学生没有充分履行教育、管理和保护的义务，主观上有一定过错，理当成为本案的责任承担主体。

3. 在既有监护人责任又有教育机构责任的情况下，二者的责任如何分担

司法实践中，经常存在一个案件中既有监护人责任又有教育机构责任的情形。典型的案件类型是未成年人在教育机构受到其他人的侵害，而教育机构又具有管理方面的缺失，结果是加害人的监护人与教育机构均负有责任。在这种情况下要结合二者过错的大小以及对损害的原因力的大小进行判断。本案中，法院在分担责任时就区分了造成损害的过错大小以及主要原因和次要原因的不同。按照《侵权责任法》第 38 条和第 39 条的规定，无民事行为能力人在幼儿园、学校或者其他教育机构学习、生活期间受到人身损害的，幼儿园、学校或者其他教育机构应当承担责任，但能够证明尽到教育、管理职责的，不承担责任。限制民事行为能力人在学校或者其他教育机构学习、生活期间受到人身损害，学校或者其他教育机构未尽到教育、管理职责的，应当承担责任。

4. 受害人的监护人具有过失的，是否应适用过失相抵

司法实践中，如果监护人受到损害是由于侵权人的加害行为造成的，同时监护人又有过失的，应当如何处理呢？对此，侵权人承担责任无可非议。根据《侵权责任法》第 32 条的规定，如果侵权人是无民事行为能力人、限制民事行为能力人，侵权人的监护人尽到监护责任的，还可以减轻其侵权责任。值得探讨的是，如果监护人由于未尽监护职责致使未成年人受到人身伤害的，是否适用过失相抵？换言之，由于监护人未尽监护职责的过错致使未成年受害人所受到的损害能否得到全部赔偿？如果适用过失相抵而不予全部赔偿，该种情形下制裁的是未成年人的父母，还是未成年受害人呢？这种做法是否合理？法院在作出裁判时应当进行哪些政策考量？试结合本案例，就上述问题进行研讨。

5. 误学费的赔偿请求能否得到支持

侵权损害赔偿的具体赔偿项目应当具有法律依据。《侵权责任法》以及最高人民法院《人身损害赔偿解释》规定的人身损害赔偿项目中，均没有误学费赔偿一项。即便误学费赔偿在法律上具有合理性，在相关法律、法规作出规定之前，也不应得到法院的明确支持。基于此，本

案中原告的误学费赔偿请求是不能获得支持的。然而，不予赔偿虽然具有制定法上的正当性，但这是否意味着应然意义上具有正当性呢？试就此问题作出自己的分析。

（评注人：管洪彦）

34. 劳务派遣工作人员侵权责任纠纷

司法案例

张继停诉宝供集团等案

广东省广州市中级人民法院（2008）穗中法民一终字第2946号

基本案情

上诉人（原审被告）：宝供物流企业集团有限公司。

法定代表人：刘武，董事长。

委托代理人：薛德明，国浩律师集团（广州）事务所律师。

委托代理人：王小娟。

上诉人（原审被告）：广州市红侨劳务有限公司。

法定代表人：罗月明，董事长。

委托代理人：唐力峰，广东国道律师事务所律师。

被上诉人（原审原告）：张继停。

委托代理人：贾鹏程，广东南方福瑞德律师事务所律师。

上诉人宝供物流企业集团有限公司（以下简称“宝供集团”）、广州市红侨劳务有限公司（以下简称“红侨公司”）因人身损害赔偿纠纷一案，不服广州市黄埔区人民法院（2008）黄民一初字第50号民事判决，向本院提起上诉。本院依法组成合议庭审理了本案，现已审理终结。

经审理查明：张继停是方城县城关镇超顺装卸队（以下简称“超顺装卸队”）的装卸工。2006年12月25日，超顺装卸队与宝供集团签订了为期1年的《装卸合同》。合同约定由超顺装卸队向宝供集团提供装卸服务，宝供集团按照合同要求支付费用。叉车司机李中文是红侨公司的雇员，双方签有劳动合同。2007年4月3日，红侨公司与宝供集团签订了至2008年7月1日为止期的《委托劳务协议》。该协议约定，红侨公司提供劳务人员给宝供集团使用，宝供集团依约支付劳务费和劳务管理费。2007年1月15日13时许，张继停在黄埔区南岗镇宝丰路52号宝供集团物流基地2号仓库装卸货物时，被正在为宝供集团装卸货物的红侨公司的雇员李中文驾驶叉车碾伤。经中山大学第一附属医院黄埔院区治疗，行趾骨剥离术后于同月30日出院，医嘱全休4个月，定期复诊。2007年11月7日，南方医科大学司法鉴定中心出具鉴定结论："张继停左第5趾缺失评为拾级残。"

除原审查明的事实外，二审法院另查明，宝供集团和红侨公司在原审诉讼中，除对张继停的因伤误工时间的计算和精神抚慰金的承担提出异议外，均表示对于张继停的其他赔偿项目的计算方式没有异议。

一审诉辩主张

原告诉称：因宝供集团司机在工作期间的严重过错致其受伤，请求原审法院判决宝供集团赔偿医疗费7 853.40元、残疾补助费32 030元、住院伙食补助费450元、误工费27 534.18元、被抚养人生活费8 612.04元、精神抚慰金10 000元、伤残鉴定费660元和工商注册资料查询费60元，以上共计87 167.62元。

诉讼中，原审法院追加红侨公司为原审被告参加诉讼。

被告辩称：原告所述事故经过以及责任问题不实。

关于事故经过及责任问题，双方的陈述存在较大差异。张继停称叉车从背后将其碾伤，司机存在严重过错。张继停在原审庭审中补充说："当时我在B号仓库卸完货一转身走了两步，恰逢李中文开叉车从我背面过来，叉车压到了我的左脚，导致左脚伤残。"对事故的经过张继停未提供其他证据。宝供集团认为事故是一场意外，叉车司机李中文并无过错。宝供集团在书面答辩中陈述："2007年1月15日13时30分左右，李中文在南岗基地2号仓库的13排上完最后一板货物时，准备转巷道去上另外一票货物，张继停拉着手摇车从17号门迎面走来。当时李中文的叉车在缓冲区内，有许多货物挡住了他的视线，李中文车前的装卸工发现对面的张继停时猛地往中间一闪，躲开了张继停。这时李中文开的叉车前轮刚好刮到张继停的脚，造成张继停伤残。"显然，在此宝供集团认为，叉车是从正面将张继停碾伤的。原审庭审过程中，宝供集团又强调："当时叉车是在指定的轨道上正常运行，并没有偏离该轨道。我方当时作了一份事故调查报告，报告的内容与李中文陈述的材料基本一致。"宝供集团提供的叉车司机李中文的书面证言显示："当时本人（叉车司机李中文）在13排上架，上完最后一板，准备转巷道去上另外一票货。这时过来一个装卸工拉着一辆手摇车在前面走。我开着高叉去M排上架在后面叫他，他还跟我开玩笑。这时17号门进来一个装卸工也拉着手摇车迎面过来。因旁边有一板货挡住视线，当我前面的装卸工发现对面有人时，就猛地往中间一闪，想躲开从17号门拉手摇车过来的装卸工，此时高右前轮刚好刮到走在我前面装卸工的小脚趾头，导致此装卸工小脚趾断裂。"通过对上述陈述和证据材料的对比分析，宝供集团在答辩中的陈述与其提供的证据材料自相矛盾；张继停与叉车司机李中文对事故经过的陈述大致吻合。根据两位事故当事人对事故经过陈述的一致性可以确认以下事实：2007年1月15日13时30分左右，在装卸作业过程中，由于被货物遮挡视线，司机李中文驾驶叉车，从背后将走在叉车前面的原告张继停碾伤致残。

关于双方存在争议的赔偿金额的问题：

一、张继停要求赔偿医疗费7 853.40元，但未能提供医药费收据原件。张继停在庭审中的解释是，住院费用共7 853.40元，由于超顺装卸队为张继停购买了意外险，保险公司赔偿了7 231.88元，差额部分由张继停自负，住院费收据在保险公司处，故未能提供原件。因商业保险不应限制张继停因人身权受到侵害的求偿权利，原审法院结合张继停提供的病历及医疗费收据复印件确认张继停因伤住院治疗的费用为7 853.40元。

二、张继停要求赔偿残疾补助费32 030元，以广东省2007年度一般地区人均可支配收入

16 015 元/年为基数，自定残之日起赔偿 20 年，再根据张继停的伤残等级作相应调整计取 10%得出。其计算方法符合最高人民法院《人身损害赔偿解释》的规定，依法应予以确认。

三、张继停要求赔偿误工费 27 534.18 元，以装卸搬运行业 2007 年度国有同行业年平均收入 34 536 元/年为赔偿基数，误工期限自事故发生之日 2007 年 1 月 15 日起计至定残前一日 2007 年 11 月 6 日止，共 291 天。原审被告方在庭审中提出异议，认为误工期间应为 4 个月，误工费当以事故发生前 12 个月的平均工资 1 377 元/月为基数计算。张继停在庭审中承认对方主张的事故发生前 12 个月的平均工资为 1 377 元/月。鉴于张继停因伤致残，根据最高人民法院相关司法解释，其误工期可以计算至定残日前一天，即张继停所主张的 291 天。原审法院以张继停受伤前月平均工资 1 377 元为准，依法认定张继停的误工损失为 13 356.9 元。

四、张继停要求赔偿被抚养人生活费 8 612.04 元，其计算方式为：母亲段金荣赡养 5 年，即 5×12 432 元/年（2007 年广东省一般地区城镇居民人均消费性支出）×10%=6 216 元；儿子张玉峰抚养 2 年，2×12 432 元/年×10%=2 486.40 元。张继停提供的证据“居民户口簿”和河南省社旗县桥头镇相庄村民委员会书出具的“书面证明材料”相互印证表明：张继停的父亲已于 1975 年亡故，母亲段金荣在世（1919 年 10 月 14 日出生），除张继停外无其他子女，现由张继停一人赡养；张继停配偶贾书长已于 2002 年 7 月死亡，张继停的儿子张玉峰（1991 年 2 月 8 日出生）由张继停一人抚养。对此对方未提出异议及相反证据，原审法院依法确认。

五、张继停要求赔偿住院伙食补助费 450 元，伤残鉴定费 660 元，工商注册资料查询费 60 元，并提供了相应的证据，在庭审中对方对此不持异议，依法应予以确认。

六、张继停要求赔偿精神抚慰金 10 000 元。考虑到肢体残损不可避免地对受害人未来生活造成不便，势必会影响到张继停的精神健康，张继停的要求具有合理性，结合本案侵权的性质、情节、特征及本市的基本生活水平，原审法院酌定对张继停的精神抚慰金为 5 000 元。

一审判决

原审法院认为：所谓侵权责任，是指行为人因故意或过失侵犯他人权利而对所发生的损害依法应当承担的赔偿责任。生产领域是人身损害侵权事件的多发区，不同性质的行业对劳动安全的要求有所不同，行为人所担负的注意义务也不尽相同，因而侵权行为的构成要素亦各有差异。驾驶叉车进行装卸作业是具有相当程度危险性的工作，应当由经过严格筛选和训练，具备相应的身心条件及操作技能并获得相关资质的专业人员，在完善的安全生产规则的约束之下谨慎进行。因此，经营该行业的企业就必须承担妥善选派人员，认真进行培训以及严格监督管理的基本义务；而驾驶人员则担负着按照操作规程谨慎驾驶、安全生产的注意义务。本案中，李中文作为叉车司机在驾驶叉车装卸作业时，明知张继停在叉车前方活动并且自身视线受到遮挡，主观上完全应当预见到继续行驶可能造成的损害后果，本应立即采取果断措施防止伤害事故发生。无论是其因疏忽大意没有预见还是虽已预见但轻信能够避免，都是对职责所在的谨慎驾驶、安全生产的注意义务的违反，属于在主观上存在过错。在主观存在过错的心理状态下，李中文驾车从背后将张继停左脚碾伤造成原告十级伤残的严重后果，负有不可推卸的过失责任，其行为已构成侵权，应当依法承担相应的赔偿责任。最高人民法院《人身损害赔偿解释》第 8 条规定：“法人或者其他组织的法定代表人、负责人以及工作人员，在执行职务中致人损害的，依照民法通则第一百二十一条的规定，由该法人或者其他组织承担民事责任。”根据这一解释，结合红侨公司与李中文签订的《延续劳务合同书》以及红侨公司与宝供集团签订的《委托劳务协议》，红侨公司是侵权人叉车司机李中文的用人单位，依法应当承担对张继停的侵权赔偿责任。红侨公司与宝供集团之间形成劳务派遣关系，宝供集团是叉车司机李中文的用工单位，亦应承担相应的赔偿责任。因为，劳务派遣关系的实质在于，劳务派遣各方以“劳务派遣协议”的形式将原本单一的劳动关系用人主体二分为用人单位和用工单位，以期达到节约经营成本，快速、高效和优化配置劳动力资源的目的。因而，红侨公司与宝供集团为实现自身经济利益而签订的“劳务派遣协议”无论作出何种约定，均不能使任何一方规避法人的侵权赔偿责任，更不能对抗毫不知情的被侵权人的赔偿要求。叉车司机李中文驾驶叉车进行装卸作业的行为具有双重性，它既是在履行红侨公司的工作任务（红侨公司因此而获益），也是在完成宝供集团的装卸任务。而且，值得强调的是，侵权事故发生在宝供集团的仓库内，宝供集团对在其场地内进行的直接受益的作业活动，负有合理限度范围内的安全保障义务。宝供集团疏于管理，没有及时消除作业现场遮挡叉车作业视线的遮蔽物，未能按照安全生产的规章制度严格约束进行装卸作业的各方人员，这些都是导致本案侵权事故发生的重要因素。因此，无论从哪个角度考虑，宝供集团都应当承担相应的赔偿责任。张继停的诉讼请求合法有理，原审法院予以支持。综上，原审法院依照《民法通则》第119条，最高人民法院《人身损害赔偿解释》第8条、第17条、第18条的规定判决如下：

一、宝供集团与红侨公司共同赔偿张继停医疗费7 853.40元、残疾补助费32 030元、误工费13 356.9元、被抚养人生活费8 612.04元、住院伙食补助费450元、伤残鉴定费660元、工商注册资料查询费60元、精神抚慰金5 000元；以上8项费用共计68 022.34元，宝供集团承担34 012.17元，红侨公司承担34 012.17元，在本判决生效后15日内一次性给付；

二、宝供集团和红侨公司就上述赔偿费用对张继停承担连带赔偿责任。如果未按本判决指定的期间履行给付金钱义务，应当依照《民事诉讼法》第229条之规定，加倍支付迟延履行期间的债务利息。

一审案件受理费1 980元，由张继停负担436元，宝供集团和红侨公司各自负担772元。

二审诉辩主张

宝供集团上诉请求二审法院改判其不承担赔偿责任。其上诉理由如下：原审对被上诉人张继停受伤过程的认定是错误的，张继停与进行装卸作业的叉车是迎面碰撞的，而非原审认定的叉车从张继停背后将其碾伤致残；原审未追加共同侵权人超顺装卸队和肇事司机李中文是错误的；宝供集团对整个事故的发生没有过错，不应当承担责任，原审认为宝供集团在管理过程中存在疏忽管理是错误的，宝供集团所有作业规范都符合国家的安全标准，原审法院在没有现场勘察的情况下作出该结论是错误的，宝供公司在整个作业和管理过程中是符合国家的标准，不存在过错的，不应当承担事故的责任。

红侨公司上诉请求二审法院撤销原判，改判其不承担赔偿及连带责任。其上诉理由如下：受害人张继停是迎面与李中文叉车发生相撞致伤的，而不是原审认定的发生经过；原审法院错误认定受害人应当按城镇居民计算残疾赔偿金，实际上张继停是农村居民，不能按城镇居民计算；误工费的时间，从张继停的出院证明来看，应当是住院时间15天加上休息2个月；张继停的两个被抚养人都是农村居民，其生活费应当按农村居民标准计算，但原审法院按城镇居民计算，因而是错误的；原审法院确认张继停的配偶在2002年死亡证据不足，从张继停提供的户口本来看，其户口所在地的派出所并没有其配偶的户口，一审法院只是依据村委会的证明来确认受害人的配偶死亡时间是证据不足的；张继停的母亲也不是仅仅只有张继停一个儿子，而原审法院却依据村委会出具的证明来认定，也是不充分的。

被上诉人辩称：被上诉人同意原审判决。

二审判决

二审法院认为：在视线经常被遮挡的仓库内驾驶叉车进行装卸作业，相对于在周围环境工作人员的人身安全，属于高度危险的作业，驾驶人应对周围的工作人员的人身安全负有高度注意义务，除非其能证明损害是由受害人故意造成的，否则驾驶人均应承担民事责任。本案中，无论张继停是迎面还是背面与李中文驾驶的进行装卸作业的叉车相撞，均不能证明损害是由张继停故意造成的，所以，当事人之间争执的该事实对本案责任的承担没有影响，本院也没有必要对争执的事实作进一步的认定。

对于宝供集团和红侨公司是否应承担赔偿及连带责任的问题，原审法院已作了详细的论述，本院予以认同，不再赘述。原审法院未予追加超顺装卸队和肇事司机李中文为共同侵权人参加诉讼，并不妨害本案当事人行使诉讼权利，宝供集团因此称原审法院违法判决，缺乏法律依据，本院不予支持。

张继停因伤致残，原审法院根据最高人民法院《人身损害赔偿解释》第 18 条和第 20 条的规定，对张继停误工时间的认定和判令精神损害抚慰金的承担，均有法律依据，对此本院予以确认。对于张继停其他赔偿的计算方式，宝供集团和红侨公司均表示没有异议，其在二审予以反悔，本院不予支持。

综上所述，原审认定事实比较清楚、适用法律正确；宝供集团和红侨公司的上诉理由，均不能成立，本院予以驳回。依照《民事诉讼法》第 153 条第 1 款第 1 项的规定，判决如下：

驳回上诉，维持原判。

二审案件受理费 2 600 元，由上诉人宝供集团和上诉人红侨公司各负担 1 300 元。

案由与焦点

1. 案由

本案的一级案由为“侵权责任纠纷”，二级案由为“侵权责任纠纷”，三级案由为“劳务派遣工作人员侵权责任纠纷”。

劳务派遣工作人员侵权责任纠纷是指在劳务派遣期间，被派遣的工作人员因执行工作任务而致他人损害时，由接受劳务派遣的用工单位和劳务派遣单位承担相应侵权责任的纠纷。

2. 焦点

本案本质上属于用人单位责任纠纷，其特殊性在于本案还属于被派遣的工作人员因执行工作任务造成他人损害的情形。对于一般的用人单位责任纠纷的责任承担在法律适用中比较明确，而一旦涉及劳务派遣这种新型的用工形式，在责任分担上就显得比较复杂。在《侵权责任法》颁布之前处理该类纠纷并无明确的法律规定，而《侵权责任法》第 34 条第 2 款对劳务派遣工作人员侵权责任作了明确的规定，据此，该类纠纷解决的法律依据就明确了。

评注与问题

1. 什么是劳务派遣

劳务派遣是指劳务派遣单位受特定企业委托招聘员工，并与之签订劳动合同，将员工派遣到企业工作，其劳动过程由企业管理，其工资、福利、社会保险费等由企业提供给派遣单位，再由派遣单位支付给员工，并为员工办理社会保险登记和缴费等各项事务的一种用工形式。[①]劳务派遣的最大特点是劳动力雇佣与劳动力使用相分离，被派遣劳动者不与被派企业签订劳动合同，发生劳动关系，而是与派遣单位存在劳动关系，但却被派遣至被派企业劳动。劳务派遣关系是一种新型的用工形式，但也使用工关系变得复杂。一个非常重要的体现就是劳动关系由用人单位和其工作人员之间的两面法律关系，变成了被派遣的工作人员、接受劳务派遣的用工单位、劳务派遣单位之间复杂的三面法律关系，这给侵权责任法提供了难题。例如，当被派遣的工作人员在派遣劳动过程中致他人损害时，由谁承担责任？传统雇主责任中只存在雇主和雇员两方，但劳务派遣中存在三方主体。现有的雇主责任规则显然无法调整这种复杂的关系。将雇主责任归于派遣单位或者用工单位中的任何一方，免除另一方的责任，都会出现不公平。即使是从原本集“雇佣”与“使用”于一身的雇主分化为派遣单位和用工单位的角度，将派遣单位和用工单位作为共同雇主，从而适用现有的雇主责任规则，也不能彻底解决问题，因为现行规则无法深入到共同雇主的内部，解决派遣单位和用工单位二者间的责任分配问题。为了解决现有雇主责任规则在劳务派遣适用中的难题，我们不但要对传统的雇佣关系进行重新审视，以明确雇主责任的适用条件；同时也要对雇主责任归属的合理性进行再度考量，以明确劳务派遣关系中各方主体的责任。[②] 本案中，一审法院认为，劳务派遣关系的实质在于，劳务派遣各方以“劳务派遣协议”的形式将原本单一的劳动关系用人主体二分为用人单位和用工单位，以期达到节约经营成本，快速、高效和优化配置劳动力资源的目的。这种判断抓住了劳务派遣的本质，是正确的。

2. 劳务派遣过程中，责任承担的根据是什么

在劳务派遣出现两个雇主的情况下，应当如何承担责任呢？通过考察英美国家的做法，采纳“控制标准”和“利益标准”或是英国的“综合标准”都难以准确地界定出由哪一个雇主承担责任更合理。而美国的马修大法官提出的连带责任和双重责任更有道理。因为在劳动派遣中，雇员的劳动是同时为两个雇主增进利益，根据报偿理论，“利之所在，损之所归”，由两个雇主承担连带责任是符合报偿理论之内涵的。这种连带责任的替代责任方式，也有利于保护受害人的合法利益。派遣劳动关系的复杂，受害人无从知晓，当损害发生时，如果界定某一个雇主承担替代责任，而另一雇主无须承担替代责任，就会使受害人为寻找正确的被告而颇费周折，这对受害人是不公平的。再有，两个雇主对雇员都有一定程度上的控制、管理义务，只不过是管理、控制的方面及程度有所不同罢了。一般而言，被派单位是雇员真正劳动的场所，由被派单位来组织管理雇员的劳动过程，派遣单位负责录用员工、组织培训、发放报酬、交纳社会保险及对派遣雇员的管理活动。所以，两个雇主对其管理之下的员工劳动过程中的侵权行为承担替代责任是有事实依据的。综上所述，在劳动派遣中，两个雇主应对其共同雇员在劳动过程中的过失侵权行为承担连带的替代责任。在这种诉讼中，被告如何承担责任，有不同的观点：一种观点认为，受害人可以将两个雇主同时作为被告或将其中任何一个作为被告，请求损害赔偿。如果受害人只列一个被告的，且实际上应当由另一个雇主承担最后责任的，法院可以追加另一个雇主为被告，共同审理。[③]这种观点实际上采纳了连带的替代责任说。也有观点认为，应由用工单位对被派遣职员在职务活动中的侵权行为承担无过错责任，由派遣单位承担选

① 参见王全兴、侯玲玲：《劳动关系双层运行的法律思考——以我国的劳动派遣实践为例》，载《中国劳动》，2004（4）。

② 参见张玲、朱冬：《论劳务派遣中的雇主责任》，载《法学家》，2007（4）。

③ 参见曹艳春：《劳务派遣关系中的雇主替代责任研究》，载《法律科学》，2006（3）。

任方面的过错责任。[①]请结合本案中判决书中的论证，分析法院在分担责任时的根据是什么？是否与《侵权责任法》的现行规定相一致？

3. 劳务派遣过程中给被派遣的劳动者造成损害的，应当由谁承担责任，承担何种责任

我国《劳动合同法》中规定了劳务派遣制度，并对派遣单位、被派遣职员和用工单位三个主体之间的法律关系作了规定。《劳动合同法》规定了劳务派遣中给劳动者造成损害的责任分担问题，其第92条规定："劳务派遣单位违反本法规定的，由劳动行政部门和其他有关主管部门责令改正；情节严重的，以每人一千元以上五千元以下的标准处以罚款，并由工商行政管理部门吊销营业执照；给被派遣劳动者造成损害的，劳务派遣单位与用工单位承担连带赔偿责任。"这种做法是合理的，原因在于：一方面，无论是劳务派遣单位还是用工单位在劳务派遣中都是获利主体，由它们承担责任具有合理性。另一方面，由劳务派遣单位与用工单位承担连带责任有利于保护被派遣劳动者的权益，避免二者互相推诿，造成被派遣者索赔困难。当然，上述案件属于被派遣的劳动者造成他人损害的情形，而不属于造成被派遣者损害的情形，故并不适用上述规定。

4. 劳务派遣期间，被派遣的工作人员因执行工作任务造成他人损害的，应当首先由哪一方承担责任

劳务派遣中存在着双重用工主体，即劳务派遣单位和接受劳务派遣的用工单位。那么在劳务派遣期间，被派遣的工作人员因执行工作任务造成他人损害的，应当首先由哪一方承担责任呢？《侵权责任法》第34条第2款对劳务派遣期间的用人单位责任作了明确规定："劳务派遣期间，被派遣的工作人员因执行工作任务造成他人损害的，由接受劳务派遣的用工单位承担侵权责任；劳务派遣单位有过错的，承担相应的补充责任。"根据该规定，在劳务派遣期间，被派遣的工作人员因执行工作任务造成他人损害的，应当首先由接受劳务派遣的用工单位承担侵权责任。这主要是鉴于：工作人员此时处于接受劳务派遣单位的管理、控制之下，它最容易控制危险行为的发生；另外，接受劳务派遣单位还是劳动利益的享受者，故由接受劳务派遣的单位首先承担责任是具有合理性的。本案中，一、二审法院均认为宝供集团和红侨公司应当承担连带赔偿责任，这与现行《侵权责任法》的规定是不一致的，在法律适用过程中应予注意。

5. 如何理解劳务派遣单位承担相应的补充责任

在劳务派遣中，劳务派遣单位并不是直接的用工主体，而是间接的用人主体。有学者认为："至于劳务派遣单位，其并不被认定为用人者，也不必承担用人者责任。"[②] 但是，在劳务派遣中，劳务派遣单位也有可能具有过错，如在选任被派遣的工作人员过程中具有过错。《侵权责任法》第34条第2款对劳务派遣期间的劳务派遣单位的责任作了明确规定："……劳务派遣单位有过错的，承担相应的补充责任。"侵权责任中适用补充责任这一新的类型，无疑是我国侵权法律领域的一大创新。补充责任是属于共同责任，但既不同于按份责任，也不同于连带责任或不真正连带责任的一种责任形态。由此也可以说，在我国法上，责任人为2人以上的共同责任应包括按份责任、连带责任和补充责任。[③] 至于相应的补充责任，有学者认为："从立法者有意使用相应的补充责任这一概念看，相应的补充责任应是与完全的补充责任相对应的。对于责任人承担的补充责任，若不以相应的来限定，就是完全的补充责任，即只要是直接责任人不能承担的部分，补充责任人就应承担，这样虽有利于保护受害人，却会加重补充责任人的

---

① 参见张玲、朱冬：《论劳务派遣中的雇主责任》，载《法学家》，2007（4）。

② 王利明、周友军、高圣平：《中国侵权责任法教程》，503页，北京，人民法院出版社，2010。

③ 参见郭明瑞：《补充责任、相应的补充责任与责任人的追偿权》，载《烟台大学学报》（哲学社会科学版），2011（1）。

责任。而相应的补充责任的责任人不是对直接责任人未赔偿的部分全部都承担赔偿责任。”[①] 劳务派遣单位的责任是相应的补充责任，其包含两层含义：一是补充责任。这就是说，受害人要首先向用工单位请求赔偿，无法找到用工单位，或者用工单位无力赔偿时，才应当请求劳务派遣单位赔偿。二是相应的责任。相应的责任，是指法院可以考虑劳务派遣单位的过错，适当减轻其责任。[②] 也有学者认为，相应的责任是指责任应当与劳务派遣单位的过错程度和行为的原因力相适应。[③] 从法律规定的文义解释来看，首先，劳务派遣单位承担的补充责任是相对于接受劳务派遣单位的第一位责任而言的，只有在接受劳务派遣的单位无法或无力赔偿时，才由劳务派遣单位承担补充责任。其次，关于相应的责任，《侵权责任法》明确规定：“劳务派遣单位有过错的，承担相应的补充责任。”从文义上解释也应认为，相应的责任主要是与其过错相应的责任。本案中，一、二审法院并没有区分接受劳务派遣的用工单位和劳务派遣单位在责任承担上的主次地位，而是要求两个主体共同承担连带责任，在《侵权责任法》施行后这种认识是应予纠正的。

（评注人：管洪彦）

---

① 郭明瑞：《补充责任、相应的补充责任与责任人的追偿权》，载《烟台大学学报》（哲学社会科学版），2011（1）。

② 参见王利明、周友军、高圣平：《中国侵权责任法教程》，503页，北京，人民法院出版社，2010。

③ 参见杨立新：《〈中华人民共和国侵权责任法〉条文理解与司法适用》，207～208页，北京，人民法院出版社，2010。

35. 提供劳务者受害责任纠纷

司法案例

叶朗润等诉叶国华等案

广东省广州市中级人民法院（2005）穗中法民一终字第3245号

基本案情

上诉人（原审原告）：叶朗润。

上诉人（原审原告）：叶明华（叶朗润的儿子）。

上诉人（原审原告）：叶明辉（叶朗润的儿子）。

上诉人（原审原告）：叶明红（叶朗润的女儿）。

上述四上诉人共同诉讼代理人：游珍玲，广东威格信律师事务所律师。

被上诉人（原审被告）：叶国华。

被上诉人（原审被告）：周荣梅（叶国华的妻子）。

上述两被上诉人共同诉讼代理人：卢伟东，广东信扬律师事务所律师。

上述两被上诉人共同诉讼代理人：崔长安。

上诉人叶朗润、叶明华、叶明辉、叶明红因人身损害赔偿纠纷一案，不服广州市东山区人民法院（2005）东法民一初字第288号民事判决，向本院提起上诉。本院依法组成合议庭审理了本案，现已审理终结。

经审理查明：2004年6月29日，死者严桂英生前经周荣梅的同事陈红介绍到叶国华、周荣梅夫妇位于广州市东山区梅花路8号和风雅居2102房家中做保姆，双方口头约定严桂英的主要工作是带小孩和做日常家务，月薪为500元，由雇主叶国华、周荣梅夫妇免费提供食宿。死者严桂英居住的房间外边有一阳台，该阳台没有安装防盗网，而是安装了推拉折叠玻璃窗。同年8月7日9点左右，严桂英从该阳台（21楼）坠下在3楼处，叶国华发现后即报警及报120急救中心，医生到场确认严桂英已死亡，派出所民警亦到现场处理并向相关人员作了询问笔录。

同年9月22日，广州市公安局出具穗公刑技（法）［2004］第192号《法医学尸体检验鉴定书》，写明：严桂英系因高坠致严重颅脑损伤、全身多发性骨折和心、肺、肝、脾多脏器破裂死亡。

同年9月30日，广州市公安局东山区公安分局经审查后，认为严桂英死亡一案没有犯罪行为，发出穗公东不立字［2004］012号不予立案通知书。至于严桂英是因工作时失足坠楼还是自杀死亡，公安机关并无结论。

一审诉讼中，原审法院根据叶国华、周荣梅的申请，向广州市公安局东山区分局梅花街派出所收集了对有关人员的询问笔录。其中叶国华的陈述是："……严挂英到我家后，我告诉她，因为大家都不熟悉、先试用两三个月，工资照发，每月工资500元，包吃包住。为了方便，我还在小房间装了一个空调，让她一个人住在小房间里。她每天负责搞卫生、煮饭和带小孩。一直做到前两天，老婆觉得严桂英不适合当我家的保姆，我决定辞退她。今天早上七点多吃完早餐后，我叫严桂英坐下来，有事跟她谈谈。我们坐在客厅的沙发上。我直接告诉严桂英，我们家不适合她，准备不请她了。严桂英听了说：'现在回家乡，很没面子。'严桂英还说：'我没有做错什么。'我说：'你没有做错，但我们觉得你不适合我家，大家的性格也不合。'我们说着说着，严桂英走到客厅的阳台，我跟着出去，顺手把她的衣服也收了下来。这时我老婆、小孩及我外母她们也起床了，我小孩吵着要到下面去玩。严桂英从阳台走到她住的小房间里，我跟着她，一路开导她，我告诉她：'大家总算相识一场，你来我家帮过我们，以后，你来广州，也可以来我家玩。这样，你收拾东西，我送你去车站坐车，车票我帮你买，车费我给，另外，这个月虽然只做了几天，我就算半月的工资给你。'严桂英还是觉得这样回家很没面子。我就说：'你出来打工，都有试用期，不合适就得走，谁能包你不被辞退的。'我劝了一会儿，严桂英就说：'那你先出去，让我换衣服。'我就马上从小房间出来。严桂英就把小房间的房门关上，里面没有反锁。这时我老婆正想带着小孩下去，刚打开大门，我听见小房间里面传来'啊'一声，然后'砰'一声重物着地的声音，我马上意识到可能是保姆跳楼了。我叫我老婆马上打开房门看看，我老婆进去一看就喊'跳楼了'。我便去打电话报警，还打了120急救电话。我老婆到小房间一看，看到严桂英从小房间的阳台跳下去，摔倒在三楼的平台上面。我打完报警电话和急救电话，马上下楼去，等救护车和警车。一会儿，他们都到了，救护车的医生到三楼平台给严桂英抢救。医生到现场一看，发现严桂英已经死亡了，便出具了死亡证明，事情经过就是这样。"

周荣梅的陈述是："今天上午8时多，我丈夫叶国华与我家保姆严桂英在家里大厅里谈话，我们打算不请这保姆，叫严桂英回去。但严桂英可能不同意走，想留下继续做保姆。我丈夫跟严桂英谈了一会儿，严桂英称回她睡的房间换衣服。这时我也正带我的小孩准备下去玩。我刚开了大门，就听到保姆严桂英的房间'啊'的一声。我和我的丈夫赶忙冲到保姆的房门前，推开保姆的房门，房间已没有人，严桂英已从房间的内阳台跳了下去。我们知道出事了。我丈夫马上打110报警及打120急救，并马上下楼，正看见严桂英坠到三楼的平台上。这时，110的民警及120的医生也到现场，120的医生证实严桂英已死亡。"

陈红的陈述是："……今年6月30日，严桂英通过我介绍到了叶国华家做保姆至今……严桂英平时做事还可以，没有大的反应，很少情绪化，没有过激的行为。"杨少芬、陈文宗、甄锦良的陈述：在家里突然听到西边传来惨烈的喊叫声。另查明，严桂英是叶朗润的妻子，夫妻生育有叶明华、叶明辉、叶明红三子女。

四原告要求两被告按雇佣合同赔偿其误工费、房租费、交通费、丧葬费、死亡补偿费、精神损害抚慰金合计243 487.33元。

一审判决

原审法院认为：严桂英与两被告约定到两被告家做保姆，月薪500元，包吃包住，双方依法形成了雇佣合同关系。关于严桂英死亡的原因，查无证据证明严桂英是因工作时不慎坠楼死亡，故法院不予认定两被告对严桂英死亡负有过错责任。鉴于原告的亲属严桂英是在两被告的雇佣期间死亡，故本案适用公平原则，由两被告给予四原告一定数额的经济补偿为宜。四原告要求两被告按雇佣合同赔偿，数额明显过高，法院对此不予支持。四原告要求赔偿的精神损害抚慰金依法无据，法院亦不予支持。据此，原审法院依照《民法通则》第106条第3款、最高人民法院《民法通则意见》第157条的规定，于2005年5月13日作出判决：一、被告叶国华、周荣梅在本判决发生法律效力之日起10日内补偿30 000元给原告叶朗润、叶明华、叶明辉、叶明红。逾期支付，按照《民事诉讼法》第232条规定执行。二、驳回原告叶朗润、叶明华、叶明辉、叶明红的其余诉讼请求。

二审诉辩主张

叶朗润、叶明华、叶明辉、叶明红对一审判决不服，向本院提起上诉，认为：①严桂英是在叶国华、周荣梅雇佣期间死亡的，因此，雇主理应承担赔偿责任。1）一审事实认定错误。一审认定"查无证据证明严桂英是因工作时不慎坠楼死亡，故不予认定两被告对严桂英死亡负有过错责任"显属错误。2）叶国华、周荣梅未尽防范和制止危险发生、保障雇员的人身安全的义务。根据广州市政府（1999）72号通告的规定，阳台、外走廊及其栏河上不得设置防盗或栏栅。雇主叶国华本应按广州市政府的规定拆除合页玻璃窗，应当在其本应达到却由于雇主自身原因未能达到安全防范标准范围内对雇员严桂英坠楼死亡承担赔偿责任。②一审法院适用法律错误。本案应适用最高人民法院《人身损害赔偿解释》的规定，一审法院适用公平原则明显错误。③一审法院判决补偿30 000元不符合法律规定，请求二审法院依照现行法律规定支持其诉请，赔偿丧葬费、误工费等合计243 487.33元。故此，上诉请求：（1）撤销一审错误判决，判决叶国华、周荣梅赔偿其误工费、房租费、交通费、丧葬费、死亡补偿费、精神损害抚慰金合计243 487.33元。（2）一、二审诉讼费由叶国华、周荣梅承担。

被上诉人叶国华、周荣梅答辩：同意原审判决。

二审判决

本院认为：严桂英经人介绍到叶国华、周荣梅夫妇家从事保姆工作，双方因此形成了雇佣合同关系，依据法律规定，雇主对雇员的劳动负有安全保障义务。严桂英于2004年8月7日上午9点左右在叶国华家中阳台坠楼身亡时间正值工作期间，而且身亡地点也是严桂英的工作范围，严桂英在没有安全保障的情况下从事高楼阳台周围的清洁工作具有很大的危险性，因此，严桂英死亡与其从事雇佣活动的危险性密切相关。叶国华、周荣梅辩称严桂英此时已被辞退，认为严桂英是觉得没面子而跳楼自杀的解释没有任何证据证实。此外，根据广州市公安局东山区分局梅花街派出所对陈红的询问证实，严桂英平时做事还可以，很少情绪化，没有过激的行为。因此，叶国华、周荣梅辩称严桂英是跳楼自杀的解释也缺乏动机上的证据。再根据杨少芬等人的证实，严桂英坠楼身亡时发出惨烈的喊叫声也说明，严桂英坠楼时并不是有心理准备的跳楼自杀，而是在毫无防备的情况下失足坠楼的求生反应。况且，事故发生后，公安机关对此次事故只作出排除他杀的可能，并没有就严桂英是否自杀作出结论。因此，基于双方已存在雇佣关系的事实，在叶国华、周荣梅不能举证证实严桂英是跳楼自杀的情况下，本院应予认定严桂英是在没有安全保障的工作环境中坠楼身亡的。根据最高人民法院《人身损害赔偿解释》第 11 条的规定，雇员在从事雇佣活动中遭受人身损害，雇主应当承担赔偿责任。据此，叶朗润、叶明华、叶明辉、叶明红上诉要求叶国华、周荣梅对严桂英在雇佣中的死亡承担全部赔偿责任合法有据，本院予以支持。原审判决没有按照雇佣关系的举证要求去认定本案事实，认为无证据证明严桂英是因工作时不慎坠楼死亡的结论有违举证规定，故判决叶国华、周荣梅对严桂英死亡不负有过错责任属认定事实错误，本院依法予以纠正。现查明严桂英在雇佣活动中遭受人身损害的各项损失有：（1）死亡赔偿金，根据 2004 年度农村居民人均纯收入 4 054.58元，乘以 20 年，死亡赔偿金为 81 091.6 元。（2）丧葬费，2004 年度职工年平均工资标准为 18 979 元，依规定计算 6 个月为 9 489.5 元。（3）交通费，本院根据叶朗润等人为办理严桂英的后事必然发生的费用酌定为 300 元。（4）精神损害抚慰金，考虑到严桂英的死亡确实给叶朗润等 4 人造成了极大的精神痛苦，故本院酌定精神损害抚慰金为 10 000 元。以上损失共计为 100 881.1 元。叶朗润、叶明华、叶明辉、叶明红无法举证证实其为办理严桂英的丧事导致其实际收入的减少，故对于误工费本院不予支持。叶朗润等 4 人要求赔偿房租损失一节，因证据不充分，本院亦不予支持。综上所述，叶朗润、叶明华、叶明辉、叶明红上诉部分理由成立，本院予以支持。原审法院认定事实不清，判决不当，本院予以纠正。依照《民事诉讼法》第 153 条第 1 款第 3 项以及最高人民法院《人身损害赔偿解释》第 11 条、第 20 条、第 22 条、第 27 条、第 29 条的规定，判决如下：

一、维持广州市东山区人民法院（2005）东法民一初字第 288 号民事判决的第二项。

二、变更广州市东山区人民法院（2005）东法民一初字第 288 号民事判决的第一项为：叶国华、周荣梅在本判决之日起 10 日内赔偿叶朗润、叶明华、叶明辉、叶明红死亡赔偿金、丧葬费、交通费、精神损害抚慰金合共 100 881.1 元。逾期支付，按照《民事诉讼法》第 232 条规定执行。

本案一、二审受理费各 1 210 元，均由叶国华、周荣梅负担。

本判决为终审判决。

案由与焦点

1. 案由

本案的一级案由为“侵权责任纠纷”，二级案由为“侵权责任纠纷”，三级案由为“提供劳务者受害责任纠纷”。

提供劳务者受害责任纠纷是指在民事主体个人之间形成劳务关系的情形下，提供劳务的一方因劳务活动而致自身损害的，由提供劳务一方及接受劳务一方根据各自的过错程度承担相应侵权责任的纠纷。

2. 焦点

本案争议的焦点在于：其一，严桂英是因工作时不慎坠楼死亡，还是自杀身亡？其二，可否适用公平原则处理该案？第一个争议焦点转化为法律问题，就是严桂英的死亡是否是因劳务行为（或职务行为）造成的？或者说其是否是在从事雇佣活动中死亡的？这是责任承担与否的关键所在。第二个争议焦点涉及公平责任的适用问题。

评注与问题

1. 本案被告承担的责任是赔偿责任抑或是补偿责任

赔偿责任是指承担民事义务人违反民事义务所应当承担的，或具有填补功能或具有惩戒功能的民事责任类型。补偿责任是指民事主体因违反法定的或约定的补偿义务而应承担的民事责任。一般来说，民事补偿责任的适用位阶低于过错责任、无过错责任这些赔偿责任，在难以适用上述赔偿责任时可适用补偿责任，典型的如公平责任下的补偿责任。赔偿责任与补偿责任均属于财产性责任，均具有填补损害的功能等，这是二者共同之处。但是，赔偿责任和补偿责任是具有本质区别的，二者在责任产生原因、责任目的、归责原则、责任要件、责任大小等方面均存在不同。对此，在司法实践中应注意甄别。本案中，一审法院认为应当适用公平责任，由被告给予原告一定的经济补偿，即被告对原告应承担补偿责任。二审法院则认为，被告基于雇佣关系应对死者的亲属承担全部赔偿责任。上述两种认识哪一种更为合理，为什么？

2. 雇主（接受劳务的一方）对雇员（提供劳务的一方）是否负有安全保障义务

我国现行法对安全保障义务的适用范围作了明确规定。《人身损害赔偿解释》第 6 条规定："从事住宿、餐饮、娱乐等经营活动或者其他社会活动的自然人、法人、其他组织，未尽合理限度范围内的安全保障义务致使他人遭受人身损害，赔偿权利人请求其承担相应赔偿责任的，人民法院应予支持。因第三人侵权导致损害结果发生的，由实施侵权行为的第三人承担赔偿责任。安全保障义务人有过错的，应当在其能够防止或者制止损害的范围内承担相应的补充赔偿责任。安全保障义务人承担责任后，可以向第三人追偿。赔偿权利人起诉安全保障义务人的，应当将第三人作为共同被告，但第三人不能确定的除外。"《侵权责任法》第 37 条规定："宾馆、商场、银行、车站、娱乐场所等公共场所的管理人或者群众性活动的组织者，未尽到安全保障义务，造成他人损害的，应当承担侵权责任。因第三人的行为造成他人损害的，由第三人承担侵权责任；管理人或者组织者未尽到安全保障义务的，承担相应的补充责任。"从上述规定来看，安全保障义务指的是公共场所经营者和群众活动组织者所承担的安全保障义务。有学者认为，《侵权责任法》第 37 条第 1 款将我国的安全保障义务仅限于前述两种，似乎过窄。因此，在司法实务中，如果有借助安全保障义务来扩展作为义务的必要，应借助于类推适用的方式。① 本案中，二审法院认为："严桂英经人介绍到叶国华、周荣梅夫妇家从事保姆工作，双方因此形成了雇佣合同关系，依据法律规定，雇主对雇主的劳动负有安全保障义务。"你认为这种认识是否具合理性，为什么？法院将安全保障义务适用于雇主与雇员关系是否合适？

3. 如何认定"从事雇佣活动"

在《侵权责任法》颁布之前，认定雇主责任以及雇员受到伤害的责任的一个核心环节就是认定何谓"从事雇佣活动"？因为只有雇员在"从事雇佣活动"中造成他人损害或者自己受到损害的，让雇主承担责任才具有合理性。《人身损害赔偿解释》中对"从事雇佣活动"的含义进行了界定。该解释第 9 条第 2 款规定："前款所称'从事雇佣活动'，是指从事雇主授权或者指示范围内的生产经营活动或者其他劳务活动。雇员的行为超出授权范围，但其表现形式是履行职务或者与履行职务有内在联系的，应当认定为'从事雇佣活动'。"该解释在是否为雇员职务行为的判断上，一方面，从主观上要求雇员的行为是以雇主的授权或指示为基础，并在其范围内从事劳动行为，雇主享有对雇员的行为在雇佣工作期间加以限制的权利，雇员主观上也是

① 参见王利明、周友军、高圣平：《中国侵权责任法教程》，433 页，北京，人民法院出版社，2010。

为雇主的利益而从事工作；另一方面，从客观上要求即使行为超出授权范围，但其表现形式是履行职务或与履行职务有内在联系的也应作为“执行职务”看待。此规定既考虑了雇员的主观意思，又对其客观行为加以判断，构成一个主观和客观相结合的标准，既合理地划分了雇佣关系的范围，又能顾及受害者利益的维护，在实践中颇具典型性和可操作性。试结合本案，分析以下问题：（1）一、二审法院是如何认定“从事雇佣活动”的？（2）一、二审法院的认定结果为什么会出现不同？（3）在认定“从事雇佣活动”中应当注意哪些问题？

4. 如何认定“因劳务”

《侵权责任法》第35条对个人因劳务造成他人损害或者自己受到损害产生的责任之责任主体作了明确规定：“个人之间形成劳务关系，提供劳务一方因劳务造成他人损害的，由接受劳务一方承担侵权责任。提供劳务一方因劳务自己受到损害的，根据双方各自的过错承担相应的责任。”该法实质上是以“提供劳务一方”、“接受劳务一方”、“劳务”、“劳务关系”等术语分别取代了“雇员”、“雇主”、“雇佣”、“雇佣关系”等术语，在我国立法及司法实践中，二者的含义其实是相通的。[①] 该条规定主要针对现实生活中因雇保姆、家庭装修等在个人之间形成的劳务关系中可能产生的侵权责任问题。

劳务提供者的劳务行为是否属于“提供劳务一方的职务行为”？《侵权责任法》第35条并未对何谓“提供劳务一方的职务行为”作出明确界定，而是使用了“因劳务”的提法。那么何谓“因劳务”？“因劳务”与《侵权责任法》第34条规定的“因执行工作任务”以及《人身损害赔偿解释》中的“从事雇佣活动”都可以解释为因执行职务而致害的情形。换言之，三者只是称谓不同并无本质区别。故认定“因劳务”可以借鉴《人身损害赔偿解释》第9条第2款的规定。请结合本案案情，分析本案中严桂英死亡是否属于“因劳务”造成的死亡？

5. 公平责任的适用要件是什么

公平责任是指当事人双方在对造成损害均无过错的情况下，由人民法院根据公平的观念，在考虑当事人的财产状况及其他情况的基础上，责令加害人对受害人的财产损失给予适当补偿。公平责任的实质是在任何一方当事人都不应当承担民事责任的情况下的一种责任，正是因为损害无人应当承担，法律设计此制度，以求社会公平。一般认为，适用公平责任原则需要具备以下条件：其一，只有在既不能适用过错责任原则，也不能适用无过错责任原则下，方有适用公平责任的可能。如果可以适用过错责任或者无过错责任，则不能适用公平责任原则。其二，受害人损害严重，需要救济，且当事人双方均无过错。其三，加害人的行为和损害之间必须具有因果关系方有适用的可能。其四，公平责任的适用主要考虑当事人双方的财产状况、受害人所受到的损失状况等。结合案情和上述原理，分析一审法院认为本案适用公平原则是否正确，为什么？

（评注人：管洪彦）

① 参见奚晓明主编：《〈中华人民共和国侵权责任法〉条文理解与适用》，258页，北京，人民法院出版社，2010。

36. 网络侵权责任纠纷

司法案例

王菲诉天涯在线公司案

北京市朝阳区人民法院（2008）朝民初字第 29277 号

基本案情

原告：王菲。

委托代理人：张雁峰，北京市京都律师事务所律师。

委托代理人：董宇琼，北京市京都律师事务所律师。

被告：海南天涯在线网络科技有限公司。

法定代表人：邢明，总裁。

委托代理人：苏雪映。

经审理查明：王菲与死者姜岩系夫妻关系，双方于 2006 年 2 月 22 日登记结婚。2007 年 12 月 29 日，姜岩从自己居所的 24 层楼高处跳楼自杀。

姜岩生前在网络上注册了博客，并进行写作。在自杀前 2 个月，姜岩关闭了自己的博客，但一直没有中断博客的写作。姜岩在博客中以日记形式记载了自杀前 2 个月的心路历程，将王菲与案外女性东某的合影照片贴在博客中，认为二人有不正当两性关系，自己的婚姻很失败。姜岩的日记显示出了丈夫王菲的姓名、工作单位地址等信息。姜岩在第一次自杀（2007 年 12 月 27 日）前将自己博客的密码告诉一名网友，并委托该网友在 12 小时后打开博客。在姜岩第二次自杀（2007 年 12 月 29 日）死亡后，姜岩的网友将博客密码告诉了姜岩的姐姐姜红，姜红将姜岩的博客打开。

天涯虚拟社区（www. tianya. cn）是由天涯公司于 1999 年 3 月注册的经营性网站。天涯网的简介中介绍该网站注册用户近 2 000 万。该网站制定有《天涯社区基本法》、《网站关键字过滤措施》等规定，根据这些规定，在对网民提交内容的监控方面，分为四级监控过滤，即重要敏感关键词监控、次要敏感关键词监控、一般敏感关键词监控、敏感广告词监控。

姜岩的博客日记被一名网民阅读后转发在天涯网中，后又不断被不同网民转发至其他网站上，姜岩的死亡原因、王菲的“婚外情”等情节引起越来越多网民的长时间持续关注和评论。许多网民认为王菲的“婚外情”是促使姜岩自杀的原因之一；一些网民在进行评论的同时，在天涯论坛、大旗网等网站上发起对王菲的“人肉搜索”，使王菲的姓名、工作单位、家庭住址等详细个人信息逐渐被披露；一些网民在网络上对王菲进行谩骂；更有部分网民到王菲及其父母住处进行骚扰，在王菲家门口墙壁上刷写、张贴“无良王家”、“逼死贤妻”、“血债血偿”等标语。直至本案审理期间，许多互联网网站上仍有大量网民关于此事的评论文章。

2008年1月10日，天涯网上刊出《大家好，我是姜岩的姐姐》一帖，该帖讲述了姜岩死亡事件的发展经过。王菲认为，该帖中如下言词构成了诽谤：“王菲正与死者的亲人争夺死者遗产”，“是王菲全家把她逼死的，东某一直住姜岩婆婆家……当时，王菲的父亲和王菲打完电话，她就跳了”。王菲认为网民的如下回复帖子构成了侮辱：“姜岩还被那畜生一家这样刺激过”，“这种家庭别再找事现眼了，找个洞自己了结了吧”、称原告为“贱男”、“看那两个鸟男女能否还好下去”、“妈的，跟这种人住的近简直是侮辱了这片土地……从这里滚出去”，“他们配不上‘人’这个词吧”，“这男的一家都是人渣”，“强烈建议人肉搜索出王菲！王蕾！和他那老王八爹”等。

审理中，王菲提出其曾于2008年1月10日向天涯网进行过投诉，要求删除包括该帖在内的相关信息，但就此事实未提供相关证据。天涯网于2008年3月15日（王菲起诉前）将《大家好，我是姜岩的姐姐》及相关回复帖子删除。对此，天涯公司向本院提供了用于记录删除信息的《版主传来的帖子及处理结果备案表》。王菲对该表的真实性未提出异议，只是表示该表不能证明天涯公司没有侵权事实。

2008年3月11日，王菲委托北京市方圆公证处对天涯网、大旗网、“北飞的候鸟”网三个网站中与本案相关的帖子、回复等证据进行了保全，花费公证费2 050元。本案审理中，王菲承认与东某确实曾有“婚外情”。

2008年1月19日，王菲作为乙方与姜岩的父母作为甲方签订了关于姜岩后事处理的《协议书》。该协议第三部分第1条内容为“对于婚后乙方的不忠行为及以后发生的不幸事件，乙方向甲方表示诚挚的歉意”。另，王菲为了证实由于此事被工作单位盛世长城国际广告有限公司辞退而产生工资损失，向本院提供了工资清单及盛世长城国际广告有限公司在《大家好，我是姜岩的姐姐》一帖中回复的帖子，内容为：“……在得知此事原委之后，公司即决定让王菲、东某两名员工暂时停止工作，以妥善处理此事。其后不久，他们二人即向公司提请辞职，公司已予批准。”王菲的工资清单显示其2007年12月的月工资收入为19 300元。上述事实，有双方当事人当庭陈述、相关网站网页、被告删除记录表等证据在案佐证。

诉辩主张

王菲诉称：我与姜岩于2006年2月22日结婚。由于双方性格差异大等原因，婚后感情不和，尤其是2007年6月我患病后双方感情进一步恶化，2007年10月双方闹起离婚。2007年12月29日姜岩跳楼自尽。

2008年1月10日，天涯公司注册管理的天涯虚拟社区网中，出现了《大家好，我是姜岩的姐姐》一帖，该贴捏造事实，对我进行诽谤。众多网友在跟帖时，使用了侮辱性语言，对我施行了“网络暴力”。网友还不断重复地披露我和家人的隐私。天涯公司的行为给我和家人的生活、工作、名誉造成极为恶劣而严重的影响：被骚扰、被单位辞退，其他单位也因之不敢聘用；父母住宅多次被人骚扰，门口两侧贴满诬陷恐吓标语；报刊、电视台等多家媒体在报道姜岩死亡事件时作出了对我极不公正的报道……

因此，请求判令天涯公司立即停止侵害、删除天涯网上有关侵权信息，并在天涯网为我恢复名誉、消除影响、赔礼道歉，赔偿精神损害抚慰金2万元，赔偿工资损失4万元，承担公证费用2 050元的三分之一。

被告辩称：我公司天涯网上的信息全部是由上网用户发布的，并非我公司发布，我公司不应成为本案被告。我公司在王菲起诉前及时删除了天涯网上《大家好，我是姜岩的姐姐》一帖及相关回复，已经履行了监管义务，不存在任何过错，不应承担侵权法律责任。根据《互联网电子公告管理规定》、《互联网信息服务管理办法》及《信息网络传播保护条例》的规定，网站发现有侵权内容存在后及时删除的，不应承担共同侵权责任。根据《互联网电子公告管理规定》的规定，网站应对注册用户提示网站上发布信息需要承担的法律责任。天涯网在用户发帖或回复时都有相应的字体提示以及用户在注册时应当阅读并同意的《天涯社区基本法》及其他相关社区规则。因用户言论导致的侵权责任，应由用户自己承担责任，我公司尽到了法定义务，不应承担任何侵权责任，因此不同意王菲的诉讼请求。

法院判决

本院认为：我国《互联网信息服务管理办法》及《互联网电子公告服务管理规定》中规定，互联网信息服务提供者应当向上网用户提供良好的服务，并保证所提供的信息内容合法。任何人不得在电子公告服务系统中发布含有侮辱或者诽谤他人、侵害他人合法权益的信息。电子公告服务提供者发现其电子公告服务系统中出现明显属于上述信息内容的，应当立即删除，保存有关记录，并向国家有关机关报告。天涯公司作为天涯网的管理者，应当对该网站中发布的文章、帖子履行监管义务。

众所周知，互联网在我国正飞速发展。据有关部门统计，网民的人数已经超过了 2 亿，互联网正在超越传统媒体，趋显“第一媒体”之势。天涯网的论坛上每天都会有大量网民留下海量信息。天涯公司作为天涯网的管理者，依照相关法律、法规和规定，制定有上网规则，对上网文字设定了相应的监控和审查过滤措施，达到了相应要求；由于中国文字的丰富性、多样性以及网络语言的不断更新变化，网站事实上不可能将所有不雅言词均纳入监控范围；根据目前现有的、通常的网站管理方式和技术手段，网站的管理者也不可能对所有网友的全部留言进行事前逐一审查。因此，网站管理者的监管义务应以确知网上言论违法或侵害他人合法权益为前提，在确知的情况下如果放任违法或侵权信息的存在和散播，则构成侵权；而及时履行了删除义务的，不构成侵权。

天涯公司的监管义务应是在自行发现或受害人投诉后及时将涉嫌侵权的信息删除或修改。王菲主张曾经向天涯网进行过投诉，因无证据佐证，本院无法采信。天涯公司在王菲起诉前将《大家好，我是姜岩的姐姐》一帖及相应回复删除，已经履行了监管义务。鉴于互联网具有的广泛、迅速、即时、随意、互动等传播特点，天涯公司的这种事后删除行为符合相关规定，不构成侵权。因此，王菲主张天涯公司侵犯名誉权、隐私权不能成立。王菲基于天涯公司侵权提出的停止侵害、赔礼道歉、赔偿工资损失、公证费及精神抚慰金等请求本院不予支持。

综上，依据《民法通则》第 101 条之规定，判决如下：

驳回原告王菲的全部诉讼请求。

案件受理费 220 元，由原告王菲负担（已交纳）。

案由与焦点

1. 案由

本案的一级案由为“侵权责任纠纷”，二级案由为“侵权责任纠纷”，三级案由为“网络侵权责任纠纷”。

网络用户、网络服务提供者利用网络侵害他人民事权益而引发的纠纷为网络侵权责任纠纷。

2. 焦点

本案争议的焦点在于，作为网络服务提供者的被告天涯公司是否履行了监管义务？是否侵犯了原告的名誉权、隐私权？这就涉及网络服务提供者究竟负有何种程度的监管义务，应当根据何种规则来判断网络服务提供者已经履行了监管义务。这些是处理该类纠纷的关键所在。

评注与问题

1. 本案中天涯公司是否违反了监管义务

本案中天涯公司是否应当承担侵权责任的一个核心前提，就是判断它对电子公告服务中的信息是否负有监管义务以及是否违反了监管义务。根据《互联网信息服务管理办法》及《互联网电子公告服务管理规定》的规定，互联网信息服务提供者应当向上网用户提供良好的服务，并保证所提供的信息内容合法。任何人不得在电子公告服务系统中发布含有侮辱或者诽谤他人、侵害他人合法权益的信息。电子公告服务提供者发现其电子公告服务系统中出现明显属于上述信息内容的，应当立即删除，保存有关记录，并向国家有关机关报告。故天涯公司作为天涯网的管理者，应当对该网站中发布的文章、帖子履行监管义务。可见，天涯公司是否违反了监管义务就成为判断其是否构成侵权的关键。判断天涯公司是否违反了监管义务是一个复杂的政策考量过程，尤其要考虑进行这种监管义务是否可能以及在可能的范围内是否尽到了监管义务。天涯公司的监管义务应以明知网上言论违法或侵害他人合法权益为前提。在明知的情况下如果放任违法或侵权信息的存在和散播，则构成侵权；而及时履行了删除义务的，不构成侵权。试结合上述原理和本案案情，分析天涯公司的行为是否违反了监管义务，为什么？在认定过程中应当考量哪些主体的利益，应当如何取舍？

2. 假设构成侵权，天涯公司属于直接侵权还是帮助侵权

直接侵权是指网络服务提供者直接实施侵害他人权益并为法律所明确禁止的行为，如网络服务提供者自己把别人享有著作权的作品擅自传到网上，供人下载等，其特点在于网络服务提供者自己亲自实施了侵害他人权益的行为。帮助侵权是指知道侵权活动而引诱、促使或以物质帮助他人实施侵权。网络服务提供者知道网络用户利用其网络服务侵害他人民事权益，未采取必要措施的就是帮助侵权；网络用户利用网络服务实施侵权行为的，被侵权人通知网络服务提供者采取删除、屏蔽、断开链接等必要措施后，而网络服务提供者接到通知后未及时采取必要措施，也属于典型的帮助侵权。帮助侵权的构成要件有：（1）帮助侵权以直接侵权的存在为前提，这些直接侵权行为主要是一些网络用户实施的侵害他人权益的行为。（2）帮助侵权以主观上明知为要件。帮助侵权实行的是过错责任，只有在加害人明知有他人的直接侵权行为存在的情况下才能构成。这是因为，互联网上的信息浩如烟海，网络服务提供者无法清楚判断出哪些是可能侵权的信息，哪些不是侵权的信息。（3）客观上实行了帮助侵权的行为。帮助侵权的行为主要表现在明知网络用户在进行侵权仍然提供网络服务，明知网络用户存在侵害他人知识产权的内容而仍然提供链接，在相关权利人对其服务行为提出合理的警告后仍不采取删除、屏蔽、断开链接等必要措施的行为。本案中，假设天涯公司的行为构成侵权，它属于直接侵权还是帮助侵权，为什么？

3. 如何适用“提示规则”

《侵权责任法》第 36 条第 2 款规定了针对网络服务提供者的“提示规则”，该规则是认定网络服务提供者是否具有过错以及是否应当承担责任的关键。根据“提示规则”，当网络用户利用网络服务实施侵权行为时，被侵权人有权通知网络服务提供者采取删除、屏蔽、断开链接等必要措施，网络服务提供者应当及时采取上述措施，否则将被认定为侵权。网络服务提供者接到通知后未及时采取必要措施的，对损害的扩大部分与该网络用户承担连带责任。认识“提示规则”，需要注意以下几点：其一，“提示规则”的目的在于认定网络服务提供者的行为是否具有过错以及是否构成侵权责任。其二，“提示规则”的内容在于被侵权人的“通知”。这里的“通知”是指被侵权人就第三人利用网络服务提供者的服务实施侵权行为的事实向网络服务提供者所发出的要求其采取必要措施的行为。至于“通知”的形式则主要有口头和书面两种形式。一般来说，对于侵犯不同类型的法益，其通知的要求是不同的。对于侵犯人格权等比较容易判断的侵权行为可用口头形式加以通知，对于侵犯知识产权等不易判断的侵权行为一般采用书面形式加以通知。其三，网络服务提供者未按照“提示规则”实施行为的，应认定为具有过错并要承担侵权责任。此时在认定网络服务提供者是否应承担责任时，要注意以下几个关键词，即：“接到通知”、“未及时”、“必要措施”。具备这几个关键词事实上就符合了网络服务提供者应当承担责任的法律要件。网络服务提供者一旦构成侵权责任还需要注意的是：其一，网络服务提供者是对损害的扩大部分承担责任，没有他的行为也会造成的损失不应由其承担。其二，网络服务提供者应与网络用户（直接侵权人）承担连带责任。本案中，天涯公司是否违反了“提示规则”的要求，为什么？请结合案情加以分析。

4. 如何认识“知道规则”

《侵权责任法》第 36 条第 3 款规定了针对网络服务提供者的“知道规则”，该规则也是认定网络服务提供者是否具有过错以及是否应当承担责任的关键。根据“知道规则”，网络服务提供者知道网络用户利用其网络服务侵害他人民事权益，未采取必要措施的，与该网络用户承担连带责任。理解“知道规则”的关键在于认识何谓“知道”。对“知道”的判断是一个极为复杂的实务问题，其难点在于“知道”本是主观范畴，但是在适用过程中却需要一个客观结果。司法实践中，法官应当综合案情，在对各个主体的利益进行综合考量的基础上以一个合理的标准进行判断。一般认为，这里的“知道”，应当包括明知和应知两种主观状态。《侵权责任法》第 36 条第 2 款规定了“提示规则”，第 3 款规定了“知道规则”，结合本案案情分析，本案中应适用何种规则，为什么？“提示规则”和“知道规则”在适用过程中是递进关系、包含关系还是并列关系？

5. 网络侵权责任纠纷审判过程中应对哪些利益进行价值衡量

在审判网络侵权案件过程中，人民法院应当依据利益平衡论进行充分价值衡量，主要考虑以下几个方面的利益并进行谨慎的利益衡量：一是保护民事权益的现实需要；二是网络服务提供者采取措施的可能性；三是网络用户获取信息的自由；四是网络产业的健康发展和社会公共利益的需要。上述案件中，法官在裁判过程中是否进行了价值衡量，主要考虑了哪些主体的利益，是如何进行价值衡量的，是否合理？

（评注人：管洪彦）

37. 违反安全保障义务责任纠纷

司法案例

马青等诉古南都酒店等案

江苏省南京市中级人民法院（2006）宁民一终字第1083号

基本案情

原告（上诉人）：马青。

原告（上诉人）：钱南雁。

原告（上诉人）：钱南鹏。

被告：江苏展览馆。

法定代表人：肖皋，该展览馆馆长。

被告（被上诉人）：南京古南都明基酒店有限责任公司。

法定代表人：吴海明，该公司董事长。

被告（被上诉人）：信泰证券有限责任公司南京玄武门证券营业部。

负责人：黄波，该营业部总经理。

被告（被上诉人）：信泰证券有限责任公司。

法定代表人：钱凯法，该公司董事长。

原告马青、钱南雁、钱南鹏因与被告江苏展览馆、南京古南都明基酒店有限责任公司（以下简称“古南都酒店”）、信泰证券有限责任公司南京玄武门证券营业部（以下简称“信泰证券营业部”）、信泰证券有限责任公司（以下简称“信泰证券公司”）发生人身损害赔偿纠纷，向江苏省南京市玄武区人民法院提起诉讼。

经审理查明：南京市玄武区玄武门22号楼房，为被告江苏展览馆所有，由被告古南都酒店承租。该楼房二楼207室的窗户上安装着限位器，窗外装有空调室外机，空调室外机下方有一个平台，窗户及窗外平台均由古南都酒店建造和安装。2005年7月22日，江苏展览馆作为房屋产权人，古南都酒店作为房屋出租人，被告信泰证券公司下属的分支机构被告信泰证券营业部作为承租人，三方签订了一份《房屋租赁协议》，约定信泰证券营业部承租该房屋第一层部分区域及第二层全部区域，作为开展证券业务的场所，承租期为2005年7月21日至2007年9月21日。

2005年11月1日，原告马青之子钱进（系原告钱南雁、钱南鹏之父）在被告信泰证券营业部的207室内进行股票交易。上午10时许，因晾晒在窗台上的鞋垫落到窗外平台，钱进卸开207室窗户上的限位器，翻窗到窗外平台上欲捡回鞋垫，因平台底板塌落而坠楼，经医院抢救无效死亡。

事发后，被告信泰证券营业部于2005年11月5日借给原告钱南鹏8 000元，用于处理钱进的丧事，并表示待丧事处理完毕后另行协商借款的处理。

以上事实，有原告方提供的接出警登记表、照片，被告古南都酒店提供的《房屋租赁协议》，被告信泰证券公司提供的借据、照片，法院调取的照片、询问笔录，以及双方当事人的当庭陈述等证据证实。

南京市玄武区人民法院受理本案后，依职权向南京市公安局玄武门派出所调取了该派出所拍摄的涉案照片，以及对证人程家楣、王立群、侯广盛制作的询问笔录。涉案照片反映，207室窗户上安装着限位器，窗台上留有一把螺丝刀。证人程家楣称，当天在207室炒股的，有他和钱进、王立群共3人。他看见钱进站在窗外，手扶着外面的窗户，面朝里在窗台上慢慢移动，过了一会儿再看，人已掉了下去。他和王立群就到窗边，看到平台上有一个洞，平台下负一楼的地面上躺着一个人，从衣着上判断是钱进。证人王立群称，当天上午10时左右他在207室看股票时，突然听到外面一声惊叫，从窗户伸头出去，看到楼下有人躺着。窗台上有一把螺丝刀，前一天没有发现，应当是钱进带来的。这扇窗户他以前开过，不能开大，人是不能出去的。证人侯广盛称，当日早上他从证券公司那里经过，看到一个人在二楼外面的一个平台上，之后看到那人从平台上掉了下来。

一审诉辩主张

原告马青、钱南雁、钱南鹏诉称：被告信泰证券营业部在南京市玄武区玄武门22号二楼207房间开设了大户室。原告方的亲属钱进在该室炒股期间，到室外的阳台上捡拾掉落在那里的鞋垫。由于阳台底板突然塌落，导致钱进坠楼身亡。事后查明，该阳台虽然外观上与其他阳台无任何区别，但底部仅是一层薄薄的石膏板，没有承重能力，且无人在这个阳台上设置不能进入的警示。作为事故房屋的所有人和经营管理者，被告江苏展览馆、古南都酒店、信泰证券公司、信泰证券营业部均未对存在严重安全隐患的阳台尽高度警示和预防义务，均应对钱进的坠楼身亡承担相应民事责任。请求判令4被告连带赔偿原告死亡赔偿金232 040元、被扶养人生活费10 437.50元、丧葬费11 090元、精神损害抚慰金5万元，合计303 567.50元。

被告江苏展览馆辩称：我方只建造了事故楼房的框架，其他部分由被告古南都酒店投资装修。我方对钱进死亡一事没有过错。原告要求我方承担民事责任，没有法律依据，其诉讼请求应当驳回。

被告古南都酒店辩称：事故楼房建成后，根据地方政府提出的地区环境综合整治要求，我方在该楼房外墙面安装了放置空调室外机的平台。为防止发生事故，我方在楼内每扇窗户上都安装了限位器，限制楼内人员开启窗户误入这个平台。即便是工人到这个平台上去作业，也都必须具备防护辅助措施。钱进私自用工具破坏了窗户上的限位器，打开窗户进入207室窗外的平台，以致坠楼身亡。我方已经尽到了安全保障义务，不应由我方对钱进的坠楼身亡承担责任，原告对我方提出的诉讼请求应当驳回。

被告信泰证券营业部、信泰证券公司辩称：我公司于2005年7月底开始承租古南都酒店的一、二楼开办证券营业室，当时该楼房外墙面已经存在放置空调室外机的平台，并非原告方所称的“阳台”。钱进无视翻窗的危险，私自用螺丝刀拧开207室窗户上的限位器翻出窗户，以至造成意外死亡。钱进是一个有完全民事行为能力的人，应当对自己的行为负责。钱进毕竟是在我公司营业室内活动期间坠楼死亡，对此我公司深表同情，已经出于人道主义借款 8 000 元给原告钱南鹏，用于处理钱进的丧事。但对我公司来说，这起事故是不可能预知、防范的。我公司已在合理限度范围内尽到了安全保障义务，因此对钱进的死亡不应承担赔偿责任。原告对我公司提出的诉讼请求应当驳回。

一审判决

南京市玄武区人民法院认为：

一、楼房的阳台，是一个连接室内与室外空间，可供人们在上面踩踏，进行乘凉、晒太阳或者远望等活动的平台。正因为阳台必须有这样的功能，因而设阳台的楼房房间内，必然有通往阳台的门。只有通过门，人们才可以正常到达阳台，并在阳台上活动。本案事实证明，207 室外虽有一个平台，但却没有通往该平台的门，只能从窗户上看到该平台。因此，该平台不是供人们在上活动的阳台。原告将 207 室外的平台称为阳台，对该观点不予采纳。

二、《民法通则》第 126 条规定，建筑物发生坠落造成他人损害的，建筑物的所有人或者管理人应当承担民事责任，但能够证明自己没有过错的除外。《消费者权益保护法》第 18 条规定："经营者应当保证其提供的商品或者服务符合保障人身、财产安全的要求。"最高人民法院《人身损害赔偿解释》第 6 条也规定："从事住宿、餐饮、娱乐等经营活动或者其他社会活动的自然人、法人、其他组织，未尽合理限度范围内的安全保障义务致使他人遭受人身损害，赔偿权利人请求其承担相应赔偿责任的，人民法院应予支持。"根据上述规定，建筑物的所有人、管理人应当保证建筑物的使用安全，对因建筑物坠落而给他人造成的损害，建筑物的所有人或者管理人只有能证明自己没有过错才可不承担责任。在该建筑物内从事经营活动的经营者，对在此接受其服务的公众负有安全保障义务。如果经营者不尽安全保障义务造成他人人身损害，应当承担相应的赔偿责任。但是，经营者只是在合理限度范围内履行安全保障义务，这个合理限度应当根据一般常识来确定。

被告古南都酒店在对南京市玄武门 22 号楼房进行装修时，为美观需要，根据地方政府关于环境综合整治的要求，在该楼房外墙壁的靠窗户处，修建了放置空调室外机的平台。一个具有完全民事行为能力的人，应当从室内没有通往平台的门这一事实，认识到窗外的平台并非阳台。考虑到窗户虽然不是人行通道，但为了避免不了解内情的人翻越窗户到达不具备承重能力的平台上，古南都酒店还将窗户加装了限位器，限制窗户开启的幅度，使人不能从窗户进出，客观上消除了室内人员翻越窗户到达平台的可能。被告信泰证券营业部在承租该房屋作为自己的经营场所后，保留了窗上加装的限位器。钱进是基于自己对平台性质作出的错误判断，以自己携带的螺丝刀，擅自卸开 207 室窗户上的限位器，翻越窗户到达窗外平台，以至坠楼身亡的。无论是被告江苏展览馆还是古南都酒店，都已用事实证明，作为该建筑物的所有人、管理人，其已保证了建筑物的安全使用，对钱进的坠楼死亡没有过错。无论是被告信泰证券公司还是信泰证券营业部，也都以事实证明，其已在合理限度内履行了安全保障义务，对钱进的坠楼死亡不应当承担责任。事实上，不是该建筑物的所有人、管理人没有消除 207 室窗外平台存在的安全隐患，也不是在该建筑物内从事经营活动的经营者没有履行安全保障义务，而是钱进自己破坏了管理人设置的安全保障设施，从而置自身于险地。作为一个完全民事行为能力人，钱进应当对自己的过错造成的后果承担责任。在已经给窗户安装了限位器的情形下，要求该建筑物的所有人、管理人或者在该建筑物内从事经营活动的经营者还要预料室内人员会用工具拧开限位器翻越窗户，从而还要对实施这种行为的人发出危险警示，已经超出人的正常认知水平，超出了履行安全保障义务的合理限度。

综上，原告方以没有尽到安全保障义务为由，要求被告方对钱进坠楼身亡承担连带赔偿责任，没有事实根据和法律依据，不予支持。据此，南京市玄武区人民法院于 2006 年 5 月 15 日判决：驳回原告马青、钱南雁、钱南鹏的诉讼请求。诉讼费 2 060 元，由原告马青、钱南雁、钱南鹏负担。

二审诉辩主张

马青、钱南鹏、钱南雁不服一审判决，向南京市中级人民法院提起上诉称：207 室窗外存在一个看似坚固的平台，被上诉人古南都酒店、信泰证券公司、信泰证券营业部就有义务警示人们不要到该平台上活动。古南都酒店、信泰证券公司、信泰证券营业部未尽此项义务，应当对钱进坠楼身亡的后果承担相应责任。

被上诉人古南都酒店、信泰证券公司、信泰证券营业部答辩称：同意一审判决。

终审判决

南京市中级人民法院经审理认为：对于钱进如何翻出窗台，该事实虽没有直接证据证实，但根据现场窗台上留下的螺丝刀及公安机关对 207 室内人员所作的笔录，证据之间能够相互印证，原审判决对此事实的推定能够成立。根据最高人民法院《人身损害赔偿解释》第 6 条的规定，“从事住宿、餐饮、娱乐等经营活动或者其他社会活动的自然人、法人、其他组织，未尽合理限度范围内的安全保障义务致使他人遭受人身损害，赔偿权利人请求其承担相应赔偿责任的，人民法院应予支持。”本案中，被上诉人作为经营者和管理者，属安全保障义务人，有义务对经营场所内活动的人员提供安全的环境以及对危险源进行有效控制。安全保障义务人承担责任的基础在于疏于安全保障义务的过错，安全保障义务人的过错应根据其提供保障的必要性和可能性，在合理的范围内承担责任。被上诉人古南都酒店在承租南京市玄武门 22 号楼之后，对房屋进行装修，为美观需要，在窗外修建了不能承重的平台，危险源的存在是不可否认的。但在装修的同时，被上诉人在安装窗户时加装了限位器，客观上杜绝了室内外人员由此出入的可能，就被上诉人的正常认知水平而言，无法预料室内的人员会动用工具拧开限位器翻出窗外，因此要求被上诉人对平台危险性再予警示，显然超出了安全保障义务的合理限度。

2006 年 7 月 31 日，南京市中级人民法院依照《民事诉讼法》第 153 条第 1 款第 1 项之规定，判决如下：

驳回上诉，维持原判。

案由与焦点

1. 案由

本案的一级案由为“侵权责任纠纷”，二级案由为“侵权责任纠纷”，三级案由为“违反安全保障义务责任纠纷”，四级案由为“公共场所管理人责任纠纷”。

违反安全保障义务责任纠纷是指宾馆、商场、银行、车站、娱乐场所等公共场所的管理人或者群众性活动的组织者，未尽到安全保障义务造成他人损害而引发的侵权责任纠纷。在“违反安全保障义务责任纠纷”三级案由下还包括 2 个四级案由，即“公共场所管理人责任纠纷”

和“群众性活动组织者责任纠纷”。

2. 焦点

本案争议的焦点在于：其一，207 室外的平台是否为阳台？其二，各被告是否应对钱进的死亡承担民事责任？第一个争议焦点实质上是一个事实认定问题，但该事实的认定是为被告是否对原告负有安全保障义务作事实铺垫，因为一旦认定为阳台，那么就是可以自由活动的空间，被告就必须对在此范围的活动负有安全保障义务。第二个争议焦点实质上是要认定被告是否已经尽到了安全保障义务？故本案的争议焦点可以概括为：被告是否对原告的活动负有安全保障义务，被告是否已经尽到了安全保障义务？

评注与问题

1. 安全保障义务的合理性根据是什么

安全保障义务是指宾馆、商场、银行、车站、公园、娱乐场所等公共场所的管理人或者群众性活动的组织者对在其经营场所或者服务场所的消费者、潜在消费者等的人身、财产安全依法承担的保障其安全并不受非法侵害的义务。违反安全保障义务的侵权责任，就是违反安全保障义务而直接或者间接地造成他人人身或者财产权益损害，依法应当承担的侵权责任。安全保障义务的理论根据在于：第一，收益与风险相一致原理的要求；第二，危险控制理论的要求；第三，节省社会总成本的要求，从经济学角度来看，由经营者承担这一义务更加具有经济合理性；第四，公司社会责任的要求；第五，实质平等理念的要求；第六，国际民商事立法和比较法上的启示。①

2. 违反安全保障义务的侵权责任有哪些形态

从危险的来源来看，违反安全保障义务的侵权责任有三种形态：(1) 硬件设施未尽安全保障义务引发的侵权责任，即提供服务的场所，设置的硬件没有达到保障安全的要求，存在缺陷或者瑕疵，造成了他人的损害。如消费者在洗桑拿期间由于椅子不牢固而摔伤。(2) 软件服务管理未尽安全保障义务引发的侵权责任。服务管理未尽安全保障义务，就是经营者的工作人员未尽安全保障义务，一般称为服务软件上的瑕疵或者缺陷，造成他人的人身损害，构成人身损害赔偿责任。如饭店服务人员没有擦干地板，导致顾客滑倒造成伤害。(3) 违反防范第三人侵害的安全保障义务引发的侵权责任。对于他人负有安全保护义务的经营者，在防范和制止他人侵害方面未尽义务，造成他人人身损害的，也构成人身损害赔偿责任。如宾馆的客人由于宾馆疏于防范被第三人伤害的情形。结合上述案件中的事实，原告所主张的被告未尽安全保障义务属于哪种形态？

3. 安全保障义务应当采用何种判断标准

安全保障义务的判断标准是司法实践中的难点所在。安全保障义务本身并没有对注意的内容和标准给出确定的规则，判断是否违反了安全保障义务需要借助法律、法规等的规定（法定注意义务）和理性人（审慎管理人）的判断标准。判断义务人是否履行了安全保障义务，可以从以下 4 个方面加以把握：第一，法定标准。如果法律对安全保障义务的内容有直接规定，应当严格遵守法律、法规的明确规定作出判断。第二，特别标准。对于未成年人的安全保障义务，应当采用特别标准。如果在经营活动或社会活动领域，存在对儿童有诱惑力的危险时，经营者或者社会活动组织者必须履行最高的安全保障义务，应当采取的保障义务包括：消除危险

① 参见张新宝：《侵权责任法原理》，273～275 页，北京，中国人民大学出版社，2005。

使之不能发生；使未成年人与该危险隔绝，使其无法接触这个危险；采取其他措施，保障不对儿童造成损害。第三，善良管理人标准。如果法律没有规定确定的标准，是否履行了安全保障义务的判断标准，要高于侵权行为法上的一般人的注意标准。① 第四，一般标准。这种标准分为两个方面：其一是经营者或者社会活动组织者对于一般的被保护人所承担的义务就是对于隐蔽性危险的告知义务。例如，对于进入商场并不想购物只是通过商场过道的人，经营者只对隐蔽危险负有告知义务，并非承担善良管理人的注意义务。其二是经营者或社会活动组织者对于受邀请者进入经营领域或者社会活动领域的一般保护事项。例如，商场、列车、公共交通工具遭受窃贼侵害的危险，负有一般的告知义务和注意义务。② 在上述案件中，被告对原告应当负有何种标准的注意义务？被告是否已经履行了其应负的安全保障义务？法院在裁判过程中认定安全保障义务考虑了合理限度的标准是否具有法律根据？

4. 如何理解“合理限度范围内的安全保障义务”

我国现行法中对经营者的安全保障义务主要有如下规定：《人身损害赔偿解释》第 6 条、《侵权责任法》第 37 条、《消费者权益保护法》第 18 条。其中《人身损害赔偿解释》与《侵权责任法》、《消费者权益保护法》的重要区别就是它要求经营者承担的是“合理限度范围内的安全保障义务”，而后两部法律则没有此限制。可见，司法解释与现行法律之间存在着冲突。本案中，法院认为，经营者只是在合理限度范围内履行安全保障义务，这个合理限度应当根据一般常识来确定。无论是被告信泰证券公司还是信泰证券营业部，已在合理限度内履行了安全保障义务。在已经给窗户安装了限位器的情形下，要求该建筑物的所有人、管理人或者在该建筑物内从事经营活动的经营者还要预料室内人员会用工具拧开限位器翻越窗户，从而还要对实施这种行为的人发出危险警示，已经超出人的正常认知水平，超出了履行安全保障义务的合理限度。请结合本案，分析以下问题：(1) 根据《侵权责任法》的规定，法院的认识是否具有法律根据？(2) 在以后的法律适用过程中，经营者的安全保障义务是否应当受到“合理限度范围”的限制？(3) 对安全保障义务进行“合理限度范围”的限制是否具有合理性？(4) 如果具有合理性，应当如何进行“合理限度范围”的判断？

5. 安全保障义务保护对象的范围有哪些

一般认为，安全保障义务所保护的对象与安全保障义务人之间应存在某种紧密的关系。所谓紧密的关系包括：其一，缔约磋商关系；其二，合同法律关系；其三，义务人与受保护人之间曾经存在合同关系，但该合同关系已经履行完毕；其四，义务人因其先行的行为而与受保护人进入其他的较为密切的关系。③ 关于安全保障义务保护对象的具体范围，理论上有不同意见。有人认为应包括“顾客或参与活动者”或者“进入公共场所或者参与活动的人”，有人认为应包括“合法进入公共场所或者参加活动的人”。请结合本案，分析以下问题：(1) 如何理解安全保障义务人与安全保障义务所保护的对象之间的关系？(2) 现实生活中那些仅仅进入商场上洗手间、问路或者躲雨的人能不能界定为顾客？上错了公交车又准备下车的人是否属于保护对象？(3) 对非法进入者，如到宾馆里打算偷窃的人是否应给予保护？

（评注人：管洪彦）

---

① 参见奚晓明主编：《〈中华人民共和国侵权责任法〉条文理解与适用》，274 页，北京，人民法院出版社，2010。

② 参见杨立新：《侵权责任法原理原理教程》，188 页，北京，中国人民大学出版社，2008。

③ 参见奚晓明主编：《〈中华人民共和国侵权责任法〉条文理解与适用》，272～273 页，北京，人民法院出版社，2010。

38. 教育机构责任纠纷

司法案例

陈星星诉邓元小学等案

江苏省南通市中级人民法院（2005）通中民一终字第0318号

基本案情

上诉人（原告）：陈星星。

被上诉人（被告）：如皋市如城镇邓元小学。

被上诉人（被告）：如皋市人民公园。

经审理查明：2003年10月28日，如皋市如城镇邓元小学（以下简称“邓元小学”）在进行安全教育后，组织五、六年级5个班的学生去如皋市人民公园（以下简称“人民公园”）观赏秋色。下午3时左右，陈星星和几位同学来到公园内的动物园入口处，工作人员收取每位学生1元钱后，让这些学生进入了动物园。陈星星为给狗熊喂汽水，翻越熊舍前的防护栏杆，将拿着汽水瓶的左手伸进熊舍的铁栏栅，瞬间被一只狗熊咬住了左臂，挣扎中右手又遭另一只狗熊抓咬。陈星星被闻讯赶到的教师送往如皋市百信医院救治。经诊断，陈星星双上肢被咬伤后出现多发性骨折，出血性休克。当日，该院为陈星星施行了抢救手术。同年12月12日，陈星星出院。其后，陈星星先后到如皋市博爱医院、如皋市人民医院、南通医学院附属医院、上海华山医院、上海长征医院等处就诊、治疗。邓元小学为此垫支医疗费17 944.40元，陈星星的父母从该校得到付款2 000元。此外，如皋市如城镇中心初中从特困捐助款中给付12 000元，陈星星获得学生伤害保险赔款21 875.90元。审理中，经申请，南通市中级人民法院作出［2004］通中法医鉴字第113号法医学鉴定书，鉴定结论：原告双上肢被咬伤后致左上肢功能严重障碍，评定为八级伤残。

经查，邓元小学组织五、六年级5个班的学生去公园，随行教师仅有5名，且在公园内任学生自由活动。人民公园在公园及动物园入口处设有“游客须知”标牌，在动物园内熊舍处设有警示标牌，上有“观赏动物时，身体部位切勿越过护栏，防止动物伤害。爱护动物，不要向笼舍内乱抛杂物以及食物，不要逗引动物”等警示语。经现场勘验，熊舍迎面为铁栏栅，栏栅间距6.5厘米，铁栏栅外1.2米处设有防护栏杆，栏杆高1.2米。

一审诉辩主张

原告诉称：邓元小学未尽职责范围内的相关义务，人民公园在经营合同中未尽安全保障义务，因此，向人民法院提起诉讼，要求二被告共同赔偿医疗费、交通费、住宿费、护理费、住院伙食补助费、营养费、未成年人教育费用、书本补习费等各项损失 158 971.20 元，另赔偿精神损害费 18 万元。

被告邓元小学辩称：(1) 原告不听学校的安全教育，不顾公园的有关警示标志，擅自翻越栏杆逗引狗熊而致伤，其自身有不可推卸的责任。(2) 本校相对于原告及另一被告的责任而言仅处于次要地位，只应承担相应的补充责任。(3) 原告部分诉讼请求缺乏事实和法律依据，部分诉讼请求数额偏高，请求法院依法核定。

被告人民公园辩称：(1) 本园已尽安全警示义务；(2) 本园对狗熊笼舍设置的防护措施得当；(3) 原告的损害系其自身过错所致，本园不应承担责任；(4) 被告邓元小学疏于管理，应负相应的责任；(5) 原告部分诉讼请求不符合法律规定。综上，请求驳回原告对本园的诉讼请求。

一审判决

如皋市人民法院经审理认为：原告陈星星已 12 周岁，系小学高年级学生，已具备起码的安全常识及相应的认知能力。然而，在学校已进行安全教育，公园亦有安全警示标志的情况下，置危险于不顾，翻越护栏、逗引狗熊，以致造成被狗熊咬伤的惨剧。应当认定，原告自身的过错是导致事故发生的直接原因，其监护人应承担事故的相应责任。

被告邓元小学组织学生校外活动，仅有 5 名教师随行，对 5 个班的未成年学生而言，显然偏少。且放任学生自由活动，对由此可能出现的安全隐患，未能采取相应的安全防范措施，如派教师把守动物园入口处等，故邓元小学在本起事故中存在明显过错，应承担与其过错程度相适应的责任。

被告人民公园虽履行了应尽的警示义务，但工作人员为招徕游人，以低于儿童票价的特殊收费让原告等学生进入动物园，并未对这些特殊游人予以特殊关注，应当认定人民公园尚未完全尽到合理限度范围内的安全保障义务，应承担事故的一定责任。

基于以上对事故责任的分析与认定，对原告伤害事故的责任承担比例确定为：原告法定监护人、被告邓元小学各承担四成责任，被告人民公园承担二成责任。原告因被狗熊咬伤所造成的符合法定赔偿范围的合理损失，由各责任方按责分担。在本起事故中，被告邓元小学和人民公园既无共同故意，也不存在共同过失，其各自行为亦并非直接或必然导致原告损害结果的发生，符合无意思联络的数人侵权的特征。对此，应由各行为人分别承担赔偿责任，不承担连带责任。

原告主张医疗费、住院伙食补助费、营养费、护理费、住宿费、交通费、购买书本和家教辅导费等，法院依法予以核定。原告主张的未成年人教育费用、电话费、复印费，因不属赔偿范围，故依法不予支持。原告因伤致残，属于损害后果严重的情形，其因此遭受的精神和肉体的痛苦是现实而毋庸置疑，故其有权要求精神损害赔偿。但对精神损害赔偿的具体数额，则应根据当事人的过错程度、侵害的具体情节、侵权行为所造成的后果及承担责任的经济能力、受诉法院所在地的平均生活水平等因素综合考虑，酌情确定。据此，依照《民法通则》第 12 条第1款、第16条第1款、第18条、第98条、第106条第2款、第119条、第127条、第131条，《未成年人保护法》第17条，最高人民法院《人身损害赔偿解释》第1条、第2条、第3条第2款、第6条第1款、第7条第1款、第17条第1、2款、第18条第1款、第19条、第21条、第22条、第23条、第24条、第25条、第31条，参照教育部《学生伤害事故处理办法》第9条第1款第4项、第10条第1款第1项之规定，于2005年1月6日判决：

一、原告陈星星损失医疗费38 995.12元、住院伙食补助费1 728元、营养费1 200元、护理费12 363.12元，由被告邓元小学赔偿33 581.70元，被告人民公园赔偿16 790.85元。其余损失由原告法定监护人陈秀山、孙元凤承担。

二、被告邓元小学赔偿原告陈星星精神损害抚慰金16 000元，被告人民公园赔偿原告陈星星精神损害抚慰金8 000元。

上述一、二项于本判决生效后10日内履行。被告邓元小学共给付原告陈星星赔偿款49 581.70元，扣除其所垫付的医疗费及预付款计19 944.40元，还应给付原告陈星星赔偿款29 637.30元；被告人民公园共给付原告陈星星赔偿款24 790.85元。

三、驳回原告陈星星其他诉讼请求。

二审诉辩主张

一审判决后，原告陈星星不服，向江苏省南通市中级人民法院提出上诉。上诉称：(1)一审认定人民公园承担的责任明显偏低；(2)邓元小学未尽其职责范围内的管理义务；(3)上诉人的行为已经脱离了其父母监护的范围，上诉人及其法定代理人不应承担责任；(4)上诉人一家属于失地农民，残疾赔偿金标准应按城镇居民人均可支配收入的标准计算；(5)一审判决的精神抚慰金未考虑上诉人的监护人所遭受的精神伤害，数额偏低；(6)一审法院所采信的鉴定结论，未充分考虑上诉人左臂神经受损、肌肉萎缩所造成的负面影响，请求重新对伤残进行评定。综上，请求二审法院依法撤销一审判决，改判两被上诉人赔偿医疗费、交通费、住宿费、护理费、残疾赔偿金等合计137 808.12元；酌情增加精神损害抚慰金。

被上诉人邓元小学口头辩称：(1)一审判决要求学校派教师把守动物园入口处，明显不合理，判决学校承担40%的责任明显偏高；(2)根据最高人民法院的相关规定，学校仅应当承担补充赔偿责任；(3)本案中，学校没有主动侵权，一审判决学校支付精神损害抚慰金于法相悖。学校的财政是全额拨款，无给付能力。一审判决邓元小学所承担的责任显失公平，请求二审法院适当减轻邓元小学的责任。

被上诉人人民公园口头辩称：(1)人民公园对熊舍设置的防护措施得当，已尽安全警示义务；(2)人民公园优惠出售动物园门票与上诉人无视警示标志、擅自翻越熊舍外防护栏之间无因果关系；(3)上诉人虽系限制民事行为能力人，但按其年龄和认知能力应当知道其翻越外护栏接近狗熊具有危险性，其损害是自身过错导致，人民公园不应当承担民事责任。请求驳回上诉人的上诉请求。

二审判决

南通市中级人民法院经审理认为：

首先，关于一审对各方当事人的责任划分是否恰当的问题。本案事发时，陈星星已满12周岁，虽系限制民事行为能力人，但作为小学六年级的学生，应当具备与其年龄相应的识别能力，狗熊一般都具有攻击性，接近狗熊对自身的安全具有危险性，陈星星对此完全应当知晓。然陈星星仍翻越熊舍前的防护栏、接近狗熊，且系在人民公园有醒目警示下所为，一审依据查明的事实和相应的法律规定，认定陈星星自身行为是导致事故发生的直接原因，并由其监护人承担事故的相应责任于法并无不合。邓元小学作为教育机构，更应清楚小学生的自制能力和自我保护能力不及成年人，在组织学生到人民公园进行校外活动时，更应加强管理，然邓元小学却在随行老师偏少的情况下，放任学生在人民公园里自由活动，一审认定邓元小学过错明显，判令其承担与其过错程度相适应的责任并无不当。人民公园作为动物饲养人和管理人，对其饲养和管理的动物造成他人损害的，应当承担民事责任。由于受害人存在明显过错，受害人所在学校也存在过错，一审判令人民公园承担部分民事责任也无不当。一审依据法律，结合各方当事人的过错，综合认定各方当事人的责任承担比例为陈星星的法定监护人、邓元小学各承担四成责任，人民公园承担二成责任并无不当。陈星星的该项上诉主张本院不予支持。

其次，关于陈星星残疾赔偿金损失的问题。陈星星的法定监护人在未能举证证明其身份系城镇居民的情况下，一审按照农村居民的标准计算陈星星的残疾赔偿金正确。

最后，关于一审判决赔偿精神损害抚慰金的数额是否恰当的问题。陈星星的伤已构成八级伤残，根据最高人民法院的相关司法解释，陈星星有权主张侵权人支付精神损害抚慰金。一审根据邓元小学和人民公园的过错程度、侵害的具体情节、侵权行为所造成的后果、侵权人的获利情况、承担责任的经济能力及当地人均生活水平等综合因素，酌情判令由邓元小学给付精神损害抚慰金 16 000 元，人民公园给付 8 000 元并无不当。

综上，一审查明事实正确，实体处理并无不当，应予维持，陈星星的上诉无事实和法律依据，法院不予支持。据此，依照《民事诉讼法》第 153 条第 1 款第 1 项之规定，判决如下：

驳回上诉，维持原判。

案由与焦点

1. 案由

本案的一级案由为“侵权责任纠纷”，二级案由为“侵权责任纠纷”，三级案由为“教育机构责任纠纷”。

教育机构责任纠纷是指幼儿园、学校或者其他教育机构，未尽到教育、管理职责，使无民事行为能力人或者限制行为能力人在学习、生活期间受到人身损害的，由相应的教育机构承担侵权责任的纠纷。

2. 焦点

本案争议的焦点主要集中在监护人、学校、动物园三方的责任划分问题。本案的复杂性在于它涉及多种侵权责任，分别是监护人责任、教育机构责任和动物侵权责任。欲解决该案，不仅要对上述三种责任的归属有一个清晰的理解，还需要对三者的责任进行谨慎的划分。

评注与问题

1. 如何认识学校等教育机构责任的性质

关于学校等教育机构责任的性质不无争议，主要存在着以下三种观点：一是监护责任说，认为学生在学校学习期间，父母难以履行监护职责，只能由学校监护。其根据在于《民法通则》的规定，未成年人的父母是未成年人的法定监护人，父母把未成年学生交给学校，学校就应当在一定的时间和范围内代替家长成为未成年人的监护人。行为人在学校、幼儿园或精神病院学习、生活、治疗期间时致人损害的，此时监护责任已经从父母、其他监护人等身上转移到学校、幼儿园、医院身上，它们应当承担监护责任，原亲权人、监护人对行为人在学校、幼儿园、医院的行为不负监督义务。二是委托监护责任说，认为学生在学校注册就意味着学生的监护人与学校之间成立了一种委托监护的合同关系，学校应当承担委托监护责任。但委托监护责任在归责原则上应适用过错责任原则还是无过错责任原则并不明确。[①] 未成年人的监护人将被监护人送入学校学习，其实际上与学校之间形成了一种委托监护关系，与此同时，法定监护人的监护职责仍然存在。家长将其未成年子女送进学校学习，实际上就是将监护职责部分委托给了学校。该委托合同于家长收到学校寄送的通知书时即成立，当家长按规定缴纳各种费用、学生报到后即行生效，而无须另行签订协议加以委托。[②] 三是教育、管理关系说，认为学校为学生伤害事故承担责任的性质，不是基于学校与学生之间的监护关系，而是在于学校依照《教育法》的规定所承担的对学生负有的教育、管理与保护职责。我国实行的是九年义务教育，学校和学生的权利、义务都来自法律的直接规定。如《义务教育法》、《未成年人保护法》等中都规定学校的法定义务是对学生进行人身监督、管理与保护，依法保护未成年学生的生命健康权。因此，学校违反的是一种法定义务，应承担侵权责任。学校与学生之间的关系不是民事关系，而是一种教育法律关系。依据《教育法》关于学校对学生承担的教育、管理和保护职责的规定，未尽到教育、管理和保护的职责，具有过失，学校就要承担民事赔偿责任。[③]《学生伤害事故处理办法》第 7 条第 2 款规定："学校对未成年学生不承担监护职责，但法律有规定的或者学校依法接受委托承担相应监护职责的情形除外。"该办法明确规定学校承担的不是监护职责。《人身损害赔偿解释》第 7 条规定：对未成年人依法负有教育、管理、保护义务的学校、幼儿园或者其他教育机构，未尽职责范围内的相关义务致使未成年人遭受人身损害，或者未成年人致他人人身损害的，应当承担与其过错相应的赔偿责任。可见，该解释把学校的义务的性质确定为"教育、管理、保护义务"。《侵权责任法》更是明确将学校的义务规定为"教育、管理职责"。可见，从我国现行立法的态度看是采纳了第三种观点。结合本案案情，分析法院在判决中对学校等教育机构责任的性质是如何认识的？

2. 如何认定"学习、生活期间"

"学习、生活期间"的界定，对于学校等教育机构的责任认定与承担具有至关重要的意义。一般认为，"学习、生活期间"的界定应作广义的理解，一般从空间和时间两个方面进行限定。从教育机构负责的地域范围看，不仅包括幼儿园、学校或者其他教育机构的区域内，而且包括教育机构对儿童组织的参观游览、观看节目、运动会、夏令营、社会实践等活动的场所以及经过的路途；不仅包括使用的教室、餐厅、娱乐场所，而且包括全托和住校儿童的寝室、浴室、厕所等。从时间上看，是指儿童家长及其代理人将儿童交给教育机构时起，到将儿童从教育机构接走时止的整个期间。[④]在上述案件中，伤害事故虽然发生在在公园游园期间，仍属于"学习、生活期间"，在这期间学校仍负有不可推卸的教育、管理、保护职责。

3. 如何认定"未尽到教育、管理职责"

"教育、管理职责"指的是教育机构所承担的法定义务，这些义务的来源主要是《教育

---

① 参见朱铭山主编：《学生伤害赔偿纠纷》，215 页，北京，中国法制出版社，2003。

② 参见王松：《校园伤害赔偿案件的裁判思路》，载梁慧星主编：《民商法论丛》，第 39 卷，339 页，北京，法律出版社，2008。

③ 参见杨立新主编：《人身损害赔偿司法解释释义》，132 页，北京，人民出版社，2004。

④ 参见奚晓明主编：《〈中华人民共和国侵权责任法〉条文理解与适用》，276 页，北京，人民法院出版社，2010。

法》、《未成年人保护法》以及《学生伤害事故处理办法》等规定的法定义务。“教育职责”是指依法进行保护儿童人身安全日常教育的义务；“管理职责”是指教育机构为保护未成年学生依法应尽的安全保障和保护义务。“未尽到教育、管理职责”是指没有履行教育、管理职责范围内的法定义务，即法律、法规规定的学校等教育机构的教育、管理职责范围内的法定义务是认定“未尽到教育、管理职责”的基本根据。违反了这些法定义务就是“未尽到教育、管理职责”，即可认定其具有过错。试结合案情以及相关法律、法规，分析在上述案件中学校违反了哪些法定义务？

4. “幼儿园、学校或者其他教育机构以外的人员”如何界定，是否包括动物侵害

《侵权责任法》第40条规定：“无民事行为能力人或者限制民事行为能力人在幼儿园、学校或者其他教育机构学习、生活期间，受到幼儿园、学校或者其他教育机构以外的人员人身损害的，由侵权人承担侵权责任；幼儿园、学校或者其他教育机构未尽到管理职责的，承担相应的补充责任。”该条中提到的“幼儿园、学校或者其他教育机构以外的人员”究竟包括哪些主体？除了包括来学校接送孩子的家长、非法入侵者等，是否包括校内、外的动物？如果损害原因是如本案中的动物造成的，是否适用该条规定，为什么？

5. 本案中是否构成无意思联络的数人侵权？数个加害人应当如何分配责任

无意思联络的数人侵权是指数个行为人事先并无共同的过错而是因分别的行为导致同一受害人遭受同一损害的情形。《人身损害赔偿解释》第3条第2款、《侵权责任法》第12条对无意思联络的数人侵权都作了规定。无意思联络的数人侵权不同于共同侵权行为，主要体现在：其一，在无意思联络的数人侵权中，行为人之间主观上无共同过错；而在共同侵权中，一般要求行为人之间具有过错的联系。其二，在无意思联络的数人侵权中，数个行为是独立存在的，而不是相互关联的，其客观上的关联纯属偶然造成的；而在共同侵权中，数人之间的行为一般是具有关联性的，或者是直接结合而成的。其三，在无意思联络的数人侵权中，不产生连带责任，更不发生内部求偿的问题；而在共同侵权中则产生连带责任，也有可能发生内部求偿问题。无意思联络的数人侵权本质上属于单独的侵权行为，只是由于偶然而结合在一起，所以应当由各个行为人承担自己的责任，这是自己责任的要求。另外，在共同的损害结果难以分割的情况下，按照各个行为人的过失大小或者原因力比例承担自己相应的责任，这是按份责任的要求。本案中，存在数个责任人，它们的行为是否构成无意思联络的数人侵权？法院在分配责任大小时遵循了何种责任分配标准？

（评注人：管洪彦）

39. 产品责任纠纷

司法案例

陈梅金等诉三菱公司案

北京市第二中级人民法院（2000）二中民终字第1952号

基本案情

上诉人（一审原告）：陈梅金。

上诉人（一审原告）：林德鑫。

法定代理人：陈梅金，林德鑫之母。

二原告委托代理人：李万华，北京华泰律师事务所律师。

被上诉人（一审被告）：日本三菱汽车工业株式会社。

法定代表人：河添克彦，取缔役社长。

委托代理人：胡蓉晖、郑家运，北京市中伦律师事务所律师。

原告陈梅金、林德鑫因与被告日本三菱汽车工业株式会社（以下简称“三菱公司”）发生损害赔偿纠纷，向三菱公司驻中国北京办事处所在地的北京市朝阳区人民法院提起诉讼。

经审理查明：1996年9月13日晨，林志圻乘坐由本单位（莆田车购办）司机刘文彬驾驶的三菱越野吉普车前往福州市。林志圻坐在副驾驶座位上，林志圻的哥哥林志仁坐在后座上。7：02时左右，当该车以时速90公里～100公里通过福厦公路没边村路段时，林志圻面前的挡风玻璃突然爆破，形成口杯大小的一个洞。此时，林志圻已处于昏迷状态，车便停靠在路边，刘文彬、林志仁2人将林志圻从车上抬下，雇一辆车送往福建省武警总医院抢救。

福建省武警总医院于当日早7：25时开始对林志圻所做的病情记录中记载：“20分钟前乘车途中，因挡风玻璃突然爆炸至昏迷，急送门诊。查体：面色苍白，四肢冰凉，双目瞳孔散大固定，光反应消失，呼吸心跳已停止，尿失禁，胸前有玻璃，且青紫斑，头部未见伤痕。诊断：爆震伤，猝死。处理：（1）心脏按压，心脏注射三联针。（2）气管插管，人工呼吸。（3）给氧。8时整抢救无效，床边心电图示直线。”

次日，莆田市公安局刑事警察支队五大队对林志圻的尸体进行尸表检查，其结果是：“死者左胸部附有细小的玻璃碎片，并伴有散在针样状血点，其余部位未见异状。全身体表未发现钝器直接击伤痕迹。”

福州市苍山交警大队得知事故报告后，即赶赴出事地点作了现场勘查记录，并将事故车开往停车场暂扣。9月17日，该交警大队发现事故通知书称："事故车从莆田开往福州，途经福厦公路没边村路段时，挡风玻璃爆破而造成车上乘员林志圻同志爆震伤，经送医院抢救无效死亡。经查该起事故不属于道路交通事故。"

被上诉人三菱公司得知事故消息派员到福州市，在得到车主莆田车购办的许可后，指令由其设在福州市的迅达汽车修理有限公司将前挡风玻璃拆卸下来封存。后应莆田车购办关于核查前挡风玻璃质量问题的要求，三菱公司于1997年1月6日寄来玻璃生产厂家根据发生事故的前挡风玻璃照片进行鉴定后制作的《旭硝子（株）爱知工厂品保第一课试验、调查报告书》。该报告确认：(1) 由于玻璃呈放射状破损，并且玻璃的中间膜亦破碎，判断为受外强力造成破损，不排除与装载钢材、原木等车辆追尾的可能；(2) 据破损情况分析，曾受300mm以上物品贯穿，模拟头部模型试验均满足规格要求。同年3月1日，莆田车购办在致三菱公司驻京办事处的函中提出，《旭硝子（株）爱知工厂品保第一课试验、调查报告书》所述情况与公安、交警部门的现场勘查结果不符。一是事故现场及车厢内均未见任何物体，故认为"曾受300mm以上物品贯穿"没有事实根据；二是事故发生时间为早7：02时，届时公路上车辆稀少，且死者的哥哥和驾驶员均证明事发时前后100m内未见其他车辆，因此"与装载钢材、原木等车辆追尾的可能"也不存在。同年8月16日，蒲田车购办又致函三菱公司驻京办事处，内容为："4月上旬本单位曾派员专程赴北京，向贵所交涉，主张对事故车上的玻璃应委托中国境内权威鉴定机构进行鉴定，贵所即时承诺。时至今日时间又推移4个月之久，尚未接到协商函件"，要求"贵所应派人提取已封存贵所在榕设立的维修中心的该块爆碎玻璃，经双方确认后，送'北京中国建筑材料科学研究院国家进出口商检局安全玻璃认可的实验室'进行鉴定，以期尽快解决并履行义务。"同年9月11日，莆田车购办再次去函，强调了以下三点要求：(1) 必须对该块爆破玻璃经双方确认后送中国境内有关部门进行鉴定；(2) 待有了鉴定结论后，由双方再次协商处理；(3) 倘若不做鉴定或者协商不成，将依法向贵公司索赔。

经查，被上诉人三菱公司的驻京办事处迟迟不给莆田车购办回函的原因，是因为该公司早已擅自将封存的玻璃运往日本生产厂家。生产厂家于1997年9月14日又作出《挡风玻璃破碎实物调查质量报告》，称："挡风玻璃本身不存在品质不良现象，破损系由外部原因造成。"

莆田车购办将被上诉人三菱公司从日本运回的破碎玻璃，委托国家质检中心进行鉴定，提出三项鉴定要求：(1) 对该玻璃进行成分分析；(2) 进行强度试验；(3) 进行爆破原因分析。该中心的报告称："由于所提供的样品从原吉普车上拆卸后经过多次运输，已经相当破损，无法从上面切取做强度实验所需的试验片。我中心只能结合委托方提供的玻璃破损归咎进行推断、分析。根据所提交的前挡风玻璃破损实物来看，此挡风玻璃为干法生产的夹层玻璃，商标表明为日本旭硝子公司生产。根据照片中所呈现的放射状破坏状态分析，下半部裂口吾半圆弧状撕裂，裂口长度大约有500mm，且周边外的玻璃片呈粉末状破坏，上半部裂口呈不规则撕裂。据委托方介绍，挡风玻璃破碎后在此车继续行驶过程中，因震动导致裂口慢慢扩展，照片上看到的裂口非初始裂口。从玻璃破碎的塌陷形式看，能够造成此种破坏状态的外力来自外部。"

另查明，在玻璃强度试验的问题上，被上诉人三菱公司称：做该项试验需要1 000mm×1 000mm面积的玻璃，此车前挡风玻璃爆破后，已经无法做这种试验。而国家质检中心证明，做玻璃强度试验只要有300mm×300mm面积的玻璃即可，国际、国内均无须用1 000mm×1 000mm面积的玻璃才能做此试验的规定；此挡风玻璃未爆破的部分，如果当时切割下来，就可进行该试验。

上述事实，有福建省武警总医院的诊断证明，莆田市公安局刑警五大队的尸表检查结论，福州市交警苍山大队的事故通知书，日本旭硝子株式会社的两份报告书，国家建材局安全玻璃质量监督检查中心的分析报告，莆田车购办致三菱公司驻北京办事处的函件，陈梅金要求三菱公司赔偿交通费、住宿费、误工费、鉴定费、丧葬费、死者生前抚养人所必需的生活费、受教育费、死亡赔偿金费用提交的各种凭据，证人林志仁、刘文彬、杨建平的证言等证据证实。

一审诉辩主张

二原告诉称：原告的亲属林志圻在乘坐被告生产的日本三菱吉普车时，因前挡风玻璃在行驶途中突然爆裂而被震伤致猝死。我国法律规定，生产者应当对其生产的产品负责，经营者应当保证其提供的商品或者服务符合保障人身、财产安全的要求。据此请求判令被告对林志圻之死承担责任，向原告赔偿丧葬费、误工费、差旅费、鉴定费、抚恤金、教育费、生活补助费等共计人民币 50 万元。

被告辩称：经生产厂家两次鉴定和中华人民共和国国家建材局安全玻璃质量监督检验中心（以下简称“国家质检中心”）的分析测试，都认为事故车的挡风玻璃是在受到较大外力冲击的情况下爆破的。无论是《中华人民共和国产品质量法》（以下简称《产品质量法》）第 29 条第 1 款，还是《消费者权益保护法》第 35 条第 2 款都规定，产品生产者对消费者承担赔偿责任，要同时具备两个严格的前提条件：第一，必须是产品存在缺陷；第二，必须是因产品存在的缺陷造成人身或财产损害。事实已经证明，发生事故的车辆不存在产品质量问题，也就是说不存在产品缺陷，因此谈不上因产品缺陷造成损害。原告的诉讼请求没有事实根据和法律依据，应当驳回。

一审判决

北京市朝阳区人民法院认为：《民法通则》第 106 条第 2 款规定：“公民、法人由于过错……侵害他人财产、人身的，应当承担民事责任。”本案查明的事实不能证明被告三菱公司在林志圻死亡问题上有过错，林志圻的死亡与三菱公司无必然的因果关系。原告陈梅金、林德鑫要求三菱公司赔偿因林志圻死亡所遭受的损失，没有事实根据和法律依据。据此判决：驳回原告陈梅金、林德鑫要求被告三菱公司赔偿损失人民币 50 万元的诉讼请求。案件受理费10 010元，由原告陈梅金、林德鑫负担。

二审诉辩主张

原告陈梅金、林德鑫不服一审判决，向北京市第二中级人民法院提起上诉称：（1）正如原审法院认定的：汽车前挡风玻璃突然爆破，林志圻因爆震伤经抢救无效死亡。这说明林志圻在乘车死亡问题上本身无过错，其死亡与汽车前挡风玻璃突然爆破有关，因果关系是明确的。（2）被告未经许可私自将挡风玻璃运往日本的玻璃生产厂家进行鉴定，是错误的，该鉴定结论无效，不能作为定案的依据。后被告虽将玻璃由日本运回北京，但运回的玻璃是否为事故车上的那一块，已经无法确定。且该玻璃送至质检中心时已经碎成一个平面，无法进行玻璃强度试验和爆破原因分析。质检中心在此情况下仅凭几张玻璃破损照片而得出一个推断性结论，这个结论不应成为定案的根据。（3）即使按玻璃生产厂家的两次鉴定结论和国家质检中心的结论，也只是说该挡风玻璃不受外力作用不会爆破，但都没有说明是受了何种外力。如果所受外力是正常合理的外力，这证明玻璃的爆破还是属于质量问题，被告依法还应当承担赔偿责任。

(4) 现在原物破损，证据丢失，举证责任应当转移由被告承担。被告在原审期间主张再用同批号的其他前挡风玻璃交由质检中心去进行实物鉴定，是不合理的。种类物与特定物不可能等同，即使同期同批中其他的玻璃经鉴定没有质量问题，也不等于爆破的这一块没有质量问题。如果被告除此以外再不能举证，应当承担举证不能的法律后果。

被上诉人三菱公司答辩认为：(1) 涉及本案的三个鉴定结论，至少由上诉人陈梅金、林德鑫选定的鉴定单位国家质检中心所作的鉴定结论，应当成为定案的根据。(2) 挡风玻璃的生产厂家原已根据被上诉人提交的前挡风玻璃破损照片制作出第一份鉴定报告。因车主莆田车购办对仅用照片没有实物进行鉴定提出异议，被上诉人本着对用户负责的精神，才把破损玻璃运往日本进行鉴定。被上诉人根本不是私自将玻璃运往日本，不能因此承担举证不能的法律责任。(3) 事实证明事故车的玻璃不存在产品缺陷，依照中华人民共和国的法律，不应当由被上诉人承担产品责任。原审判决认定事实清楚，适用法律正确，应当维持。

二审判决

北京市第二中级人民法院认为：《民法通则》第106条第3款规定："没有过错，但法律规定应当承担民事责任的，应当承担民事责任。"《产品质量法》第29条规定："因产品存在缺陷造成人身、缺陷产品以外的其他财产（以下简称他人财产）损害的，生产者应当承担赔偿责任。生产者能够证明有下列情形之一的，不承担赔偿责任：（一）未将产品投入流通的；（二）产品投入流通时，引起损害的缺陷尚不存在的；（三）将产品投入流通时的科学技术水平尚不能发现缺陷的存在的。"

《产品质量法》第29条规定的责任，就是《民法通则》第106条第3款所指的法律规定的无过错责任，这是一种特殊的民事侵权责任。实践证明，通常情况下，产品缺陷在产品生产过程中就已经存在。而在产品生产过程中，生产者一直处于主动、积极的地位，只有他们才能及时认识到产品存在的缺陷并能设法避免。大多数消费者由于缺乏专业知识和对整个生产过程的了解，不可能及时发现产品的缺陷并以自己的行为防止其造成的危险。正是由于生产者在产品生产过程中所处的这种特殊地位，才使法律将产品责任规定为无过错责任。产品责任的无过错归责表现在：只要发生了与产品缺陷有关的人身或者其他财产损害，生产者就应当承担赔偿责任；生产者只有在能够证明产品具有未投入流通的第三种法定情形时，才能够免除这种赔偿责任。

《民事诉讼法》第64条规定："当事人对自己提出的主张，有责任提供证据。"上诉人陈梅金、林德鑫主张林志圻是在乘坐被上诉人三菱公司生产的三菱吉普车时，因前挡风玻璃在行驶途中突然爆裂而被震伤致猝死。为此，陈梅金、林德鑫提交了医院诊断、尸表检查结论、事故通知书等证据。这些证据排除了钝器击伤或汽车追尾等外力因素，证实林志圻是在前挡风玻璃突然爆破后因爆震伤死亡，满足产品产生了问题、造成人身伤害、损害事实与产品发生的问题之间存在必然因果关系等三个要件，足以支持陈梅金、林德鑫的主张。

前挡风玻璃突然爆破是否属于该产品的缺陷，是本案双方当事人诉争的焦点。根据《产品质量法》第29条的立法原意，对这一问题的举证责任，应当由生产者承担。生产者如不能证明前挡风玻璃没有缺陷，而是受某一其他特定原因的作用发生爆破，就要承担产品责任。本案中，被上诉人三菱公司提交了前挡风玻璃生产厂家日本旭硝子株式会社出具的两份鉴定报告。由于旭硝子株式会社不是《民事诉讼法》第72条所指的法定鉴定部门，且该单位与鉴定结果存在着利害关系，因而对这两份鉴定报告不予采信。国家质检中心虽然是莆田车购办委托的法定鉴定部门，但是国家质检中心出具的报告，是在前挡风玻璃从日本运回中国后已失去检验条件的情况下，仅凭照片和相当破碎的玻璃实物得出的推断性分析结论，并且没有说明致前挡风玻璃突然爆破的外力是什么，对本案事实没有证明力，故也不予采信。

本案唯一证明产品是否存在缺陷的物证——爆破后的前挡风玻璃，莆田车购办在与被上诉人三菱公司约定封存后，曾数次提出要交国家质检中心检验鉴定。三菱公司承诺后，却不经莆田车购办许可，擅自将玻璃运往日本；后虽然运回中国，但三菱公司无法证明运回的是原物，且玻璃此时已破碎得无法检验。三菱公司主张将与事故玻璃同期、同批号生产出来的玻璃提交给国家质检中心进行实物鉴定，遭上诉人陈梅金、林德鑫的反对。由于种类物确实不能与特定物完全等同，陈梅金、林德鑫的反对理由成立。在此情况下，举证不能的败诉责任理应由三菱公司承担。

《产品质量法》第 32 条规定："因产品存在缺陷造成受害人人身伤害的，侵害人应当赔偿医疗费、因误工减少的收入、残废者生活补助费等费用；造成受害人死亡的，并应当支付丧葬费、抚恤费、死者生前抚养的人必要的生活费等费用。因产品存在缺陷造成受害人财产损失的，侵害人应当恢复原状或者折价赔偿。受害人因此遭受其他重大损失的，侵害人应当赔偿损失。"上诉人陈梅金、林德鑫主张由被上诉人三菱公司赔偿丧葬费、抚恤金、死者生前抚养人所必需的生活费、受教育费、误工费、差旅费、鉴定费等各项费用共计人民币 50 万元，为此提交了相关的各种费用凭证。在三菱公司必须承担举证不能责任的情况下，对陈梅金、林德鑫的主张应予支持。

原审对本案适用过错责任原则，判决驳回上诉人陈梅金、林德鑫的诉讼请求，是适用法律错误，应当改判。

综上，北京市第二中级人民法院依照《民事诉讼法》第 153 条第 1 款第 2 项的规定，判决如下：

一、撤销一审民事判决。

二、本判决生效后 30 日内，被上诉人三菱公司赔偿上诉人陈梅金、林德鑫交通费、住宿费、误工费、鉴定费、丧葬费、死者生前抚养人所必需的生活费、受教育费及死亡赔偿金共计人民币 496 901.9 元。

一、二审诉讼费各 10 010 元，均由被上诉人三菱公司负担。

案由与焦点

1. 案由

本案的一级案由为"侵权责任纠纷"，二级案由为"侵权责任纠纷"，三级案由为"产品责任纠纷"。

产品责任纠纷是指产品在生产、销售过程中，因产品存在缺陷致他人人身、财产损害而引发的侵权责任纠纷。在"产品责任纠纷"三级案由下，还包括以下 4 个四级案由：(1) 产品生产者责任纠纷；(2) 产品销售者责任纠纷；(3) 产品运输者责任纠纷；(4) 产品仓储者责任纠纷。

2. 焦点

本案争议的焦点包括以下几个：其一，产品责任应当适用何种归责原则？其二，前挡风玻璃突然爆破是否属于该产品的缺陷？对于第一个焦点，一审法院和二审法院的观点截然相反，但《侵权责任法》已经给予了明确回答，现在可以说基本没有争议。对于第二个焦点，实际上包含两方面的法律问题：一是产品缺陷的判定问题，二是产品责任中的举证责任分配问题。把握了以上几点，上述纠纷的解决思路自然就清晰了。

评注与问题

1. 如何认定产品责任中的“产品”

产品也是产品责任认定中的一个关键概念，只有是产品存在的缺陷并造成损害方可成立产品责任。美国法学会《侵权法重述·第三次·产品责任编》§19对“产品”的定义是：(A）产品是经过商业性销售以供使用或消费的有形动产。其他种类如不动产和电，当它们的销售及使用情形与有形动产的销售及使用足够类似而适用本重述所述规则显得适当时，也是产品。(B) 服务，即使是商业性提供的，也不是产品。(C) 人类血液及人类组织器官，即使是商业性提供的，也不受本重述规则的支配。《欧共体产品责任指令》第2条规定：“产品”是指各种动产，但初级农业产品及猎获物被排斥在外，即使它们与其他动产或不动产相附着，也不属于产品责任法上的“产品”。初级农业产品是指经初加工的从土壤产出的产品、牧业和渔业产品。电力属于“产品”。我国《产品质量法》第2条规定：“本法所称产品是指经过加工、制作，用于销售的产品。建设工程不适用本法规定；但是，建设工程使用的建筑材料、建筑构配件和设备，属于前款规定的产品范围的，适用本法规定。”由上可见，产品具有“加工、制作”和“用于销售”两个属性，这两点是不存在争议的。

2. 什么是产品缺陷

产品缺陷是产品责任中一个核心概念。在一般情况下，只要产品存在缺陷，就构成了产品责任构成要件中的主要要件，再具备违法行为、损害事实以及因果关系要件后，即构成产品侵权责任。产品缺陷不同于产品瑕疵。产品缺陷的外延小于产品瑕疵，产品瑕疵不仅包括了产品缺陷，还包括一些并不具有不合理危险性的质量问题。在美国法中，基于严格责任的目的，通常将一种产品对使用者或消费者具有不合理危险的产品瑕疵分为三大类：制造瑕疵、产品设计瑕疵和未能给予警告。《欧共体产品责任指令》(85/374号）第6条规定：“(1) 在考虑包括下列事由之一切情事下，产品不具备人们当然可期待之安全性时，应视为有缺陷：(a) 产品之表示；(b) 产品之可期待的合理使用；(c) 产品开始流通之时期。(2) 不能仅以嗣后有更优良之产品流通，即认定某一产品具有缺陷。”《日本制造物责任法》第2条第2款规定：“本法所称缺陷，是指考虑改制造物之特性、其通常可预见之使用形态、其制造业者等交付该制造物之时期，以及其他与该制造物有关之情事，该制造物欠缺通常之安全性。”国内有学者把缺陷分为4种：一是设计缺陷，二是制造缺陷，三是产品警示说明不充分，四是跟踪观察缺陷。也有学者把缺陷分为设计缺陷、制造缺陷和营销缺陷。设计缺陷、制造缺陷、警示缺陷是司法实践中3种比较常见的分类。试结合上述原理和本案案情，分析产品缺陷的核心特点是什么？

3. 如何认定产品缺陷

产品缺陷有不同的分类方式，不同的缺陷类型，司法实践中的判断标准也不同。其一，具有下列情形的可以认定为具有制造缺陷：(1) 产品存在危及人身、财产安全的不合理危险；或(2) 产品的质量检查、工艺流程等不符合保障人体健康、人身和财产安全的国家或者行业标准。其二，判断一件产品是否存在设计瑕疵，其标准是：(1) 其设计存在危及人身、财产安全的不合理危险；或 (2) 其设计不符合保障人体健康、人身和财产安全的国家或者行业标准。在认定产品是否具有设计缺陷的时候，应当限定在该产品用于其所设计的用途。如果将产品用于其所设计的用途以外的用途，即便具有危险性，也不能认定为具有缺陷。其三，警示缺陷是指产品的生产者没有提供适当的警示义务或者说明义务，致使产品在流通过程中存在不合理的危险。警示缺陷的认定关键是看警示或者说明是否“适当”。判断警示与说明适当与否的基本标准是：“如果产品是为大众所消费、使用的，警示与说明应为社会上不具专门知识的一般人所能引起注意、知晓、理解；如果产品是为特定人所消费、使用的，警示与说明应为具备专门知识的特定人所能引起注意、知晓、理解。标志与文字之内容应当是正确无误不会引起误解、歧义的；标志与文字之形式，应当是醒目的、易于辨认的；标志应为公众一般接受的；在中国境内销售之产品（包括进口产品）应当有中文的文字说明；在我国少数民族聚集生活的地区销售的产品，应当有中文和当地通行的少数民族语言文字的说明。”① 我们认为，这种判断方法是简便易行的，也是具有较强的可操作性的。试结合上述理论和本案的具体情况，分析前挡风玻璃突然爆破属于何种缺陷？司法实践中应当如何进行具体认定？

4. 从解释学角度如何认识《侵权责任法》中产品责任的归责原则

关于产品责任的归责原则，理论上存在不同的看法。我们认为，无论是生产者还是销售者，产品责任均应当适用无过错责任原则（严格责任原则）。首先，适用无过错责任原则有利于保护消费者的权益，符合产品责任法立法之价值取向。其次，对产品责任适用无过错责任也是国际立法的发展趋势。就上述案件而言，一、二审法院观点迥异的关键在于二者对应当适用的归责原则的理解不同。请仔细研读《侵权责任法》第 41 条、第 42 条的规定，并根据民法解释学的原理对其进行解释，其中第 42 条规定的表述是否意味着销售者承担的是过错责任？

5. 产品责任中的证明责任是如何分配的

在产品责任案件中，因果关系是指产品之缺陷与受害人之损害之间的引起与被引起的关系。在一般侵权行为案中，要求受害人对因果关系之存在负完全的举证责任。但在产品责任案中，适用较为特殊的证明责任规则。最高人民法院《民事诉讼证据规定》第 4 条第 6 项规定：“因缺陷产品致人损害的侵权诉讼，由产品的生产者就法律规定的免责事由承担举证责任。”因此，原告只要证明损害与因果关系的存在，关于免责事由的证明则转由生产者举证免责事由的存在。《产品质量法》第 41 条规定了生产者的免责事由：“生产者能够证明有下列情形之一的，不承担赔偿责任：（一）未将产品投入流通的；（二）产品投入流通时，引起损害的缺陷尚不存在的；（三）将产品投入流通时的科学技术水平尚不能发现缺陷的存在的。”在上述案件中，法院提出，根据“立法原意”，前挡风玻璃突然爆破是否属于该产品的缺陷的证明责任应当由生产者承担，法院在这里采用了何种解释方法？有何进步意义？在适用该种解释方法时应当注意哪些问题？

（评注人：管洪彦）

① 张新宝：《侵权责任法原理》，399 页，北京，中国人民大学出版社，2005。

40. 机动车交通事故责任纠纷

司法案例

李珍诉马绍献等案

广西壮族自治区隆安县人民法院（1998）隆民初字第59号

基本案情

原告：李珍。

诉讼代理人：陆桂连。

被告：马绍献。

被告：张智。

被告：覃琨。

被告：林盛波。

被告：林盛扬。

经审理查明：事故货车桂A30332原系被告覃琨所有，1994年1月，被告覃琨将车转卖给被告林盛波、林盛扬两人。1997年5月，被告林盛波、林盛扬又将车以12 500元的价格转卖给被告张智。两次转卖，均没有办理车辆转户手续，行驶证上仍记载车主为覃琨。被告张智购车后，雇用无驾驶证的马绍献驾驶、营运，由被告马绍献提取运费的10%作为雇佣报酬，车辆的各项支出费用均由被告张智承担。事故发生当日，被告马绍献驾车从敏阳林区载木头驶往隆安县城，原告李珍正骑自行车驮一袋水泥与货车相向行驶，双方行至隆安县城——小林线0km+400m处时，货车刮碰且碾过李珍的右脚掌致重伤，原告当天被送往隆安县人民医院抢救并住院治疗，经诊断为右足外侧软组织挫伤，开放性右足诸骨骨折并脱臼。经给予清创缝合十克氏针内固定，创面植皮等处理，伤口基本治愈，于1998年7月15日出院，住院141天，花医疗费13 781.80元，血费320元。医生建议半年后需再次住院，将克氏针拔除，费用约2 000元。原告住院期间，每天需一人护理，护理期为3个月。经原告申请，隆安县交通警察大队委托广西壮族自治区高级人民法院法医室对原告李珍的伤残程度进行评定，李珍的伤残等级属于七级，其右踝关节组成骨之间内固定的克氏针需另行手术拔除。事故发生后，经隆安县交警大队对事故现场勘验，认为被告马绍献违反了《道路交通管理条例》（已失效——笔者注）第7条的规定，是引起事故的原因，应负事故的全部责任。原告李珍在公路上正常行驶，不负事故责任。经交警大队调解，未能达成赔偿协议，而终止调解。原告李珍遂起诉到法院，请求依法处理。

上述事实有下列证据证明：(1) 原告李珍、被告马绍献关于事故发生经过的陈述。(2) 医院的诊断证明、收费收据。(3) 隆安县交警大队有关事故的现场勘验笔录及结论。(4) 肇事车行驶证的记载载明车主系覃琨。(5) 被告覃琨、张智、林盛波、林盛扬关于该车转让的有关事实的陈述。

诉辩主张

原告李珍诉称：1997 年 9 月 12 日，我骑自行车至隆县城——小林线 0km+400m 处，被告马绍献驾驶桂 A30332 大货车从敏阳驶往县城，两车相会时大货车碰剐且碾过我的右脚掌致重伤。当天我被送往隆安县人民医院抢救并住院治疗，住院 141 天，花去医药费 13 781.80 元。经广西壮族自治区高级人民法院伤残评定，我的伤残等级属于七级。事故发生后经隆安县公安局交警大队认定，由被告马绍献负全部责任。因该车实际车主是张智，行驶证上又记载覃琨为车主，林盛波、林盛扬也曾接手该车。所以，这几个被告应共同赔偿医药费 13 781.80 元，输血费 320 元，伙食补助费 2 115 元，误工费 1 115.31 元，护理费 1 115.31 元，残疾生活补助费 13 624元，第二次手术（克氏针拔除）费 2 000 元，二次住院伙食费 450 元，二次住院护理费 237.30 元，误工费 237.30 元。经交警大队调解，被告均不同意承担赔偿责任，特向法院起诉，请求依法处理。

被告张智辩称：我无能力负担全部责任，司机也应当承担责任，我最多赔偿 1 万元。

被告马绍献辩称：我是帮张智打工的，不承担任何责任。

被告覃琨辩称：行驶证虽然是我的，但事故的起因与我没有直接关系，我已将车转卖给林盛波、林盛扬两人，全部证件也给了他们，所以我不承担责任。

被告林盛波、林盛扬辩称：依照法律规定，车辆必须经年检才能上路，而且被告马绍献又无证驾车，发生了交通事故，不应由我们承担责任。

法院判决

广西壮族自治区隆安县人民法院认为：被告覃琨、林盛波、林盛扬、张智在买卖桂 A30332 货车过程中均没有依法办理转户手续，该车的行驶证仍为被告覃琨所有，因此，覃琨仍为该车法律上的车主。被告张智为该车发生事故时的实际所有权人，管理、使用该车，其为事实上的车主。被告马绍献在雇佣期间发生交通事故，其所负的交通事故责任应由雇主张智承担，被告覃琨负连带责任。被告林盛波、林盛扬将车转卖给被告张智，对该车已不再享有管理、使用权利，不应承担赔偿责任。事故发生后，经交警大队现场勘查，所作的责任认定书认定事实清楚，适用法律准确，本院予以采信。原告李珍要求赔偿住院期间的药费、住院伙食补助费、误工费、残疾补助费、第二次手术费等费用合理，本院予以支持，但其要求赔偿住院期间的护理费过高，本院不予全部支持，要求赔偿第二次住院的误工费、住院伙食补助费、护理费没有事实依据，本院不予支持。

广西壮族自治区隆安县人民法院根据《民法通则》第 119 条，《道路交通事故处理办法》(已失效——笔者注) 第 36 条、第 37 条规定，判决如下：

一、被告张智赔偿原告李珍住院期间的医药费 13 781.18 元、输血费 320 元、住院伙食补助费 2 115 元、误工费 1 115.30 元、护理费 711.90 元、残疾补助费 13 624 元、第二次手术费

2 000元，合计人民币 33 668 元。被告覃琨负连带责任，限于本判决生效后 15 日内交清。

二、驳回原告李珍的其他诉讼请求。

三、被告林盛波、林盛扬不承担责任。

案件受理费 1 530 元，由原告李珍负担 200 元，被告张智负担 1 330 元。

案由与焦点

1. 案由

本案的一级案由为“侵权责任纠纷”，二级案由为“侵权责任纠纷”，三级案由为“机动车交通事故责任纠纷”。

机动车交通事故责任纠纷是指机动车的所有人、使用人在使用机动车的过程中发生交通事故造成他人人身损害、财产损失的，应承担相应侵权责任而引发的纠纷。

2. 焦点

本案争议的焦点主要集中在，机动车被连环交易而又未过户的情况下，责任应当由谁承担？其核心问题是如何确定机动车交通事故责任中的赔偿义务主体。

评注与问题

1. 如何认定机动车交通事故

认定机动车交通事故需要具备以下几个要素：(1) 机动车。根据《中华人民共和国道路交通安全法》(以下简称《道路交通安全法》) 的相关规定，“机动车”是指以动力装置驱动或者牵引，上道路行驶的供人员乘用或者用于运送物品以及进行工程专项作业的轮式车辆。据此，一般的依靠人力、畜力牵动的移动装置不属于机动车。(2) 道路。“道路”是指公路、城市道路和虽在单位管辖范围但允许社会机动车通行的地方，包括广场、公共停车场等用于公众通行的场所。据此，在地面上借助于铁轨运行发生的事故就不符合这里的“道路”的要件。在非道路上发生的事故也不属于交通事故，适用一般民事侵权的规定。(3) 交通事故。“交通事故”是指车辆在道路上因过错或者意外造成的人身伤亡或者财产损失的事件。(4) 运行中。所谓的“运行中”，是指机动车在发挥其功能的过程中。如果不是在发挥其功能的过程中致人损害，也不能适用该特殊侵权规定。如在车展中由于展台倒塌致使观众受到人身损害，此时车辆就不在运行中，应当适用一般侵权规定或者其他特殊侵权规定，而不能适用机动车交通事故责任的规定。又如，车辆停靠在路边自燃导致他人损害的也不适用机动车交通事故责任的规定。

2. 机动车交通事故责任的归责原则是什么

我国现行的有关机动车交通事故归责原则的规定是《道路交通安全法》第 76 条，该条规定：“机动车发生交通事故造成人身伤亡、财产损失的，由保险公司在机动车第三者责任强制保险责任限额范围内予以赔偿；不足的部分，按照下列规定承担赔偿责任：(一) 机动车之间发生交通事故的，由有过错的一方承担赔偿责任；双方都有过错的，按照各自过错的比例分担责任。(二) 机动车与非机动车驾驶人、行人之间发生交通事故，非机动车驾驶人、行人没有过错的，由机动车一方承担赔偿责任；有证据证明非机动车驾驶人、行人有过错的，根据过错程度适当减轻机动车一方的赔偿责任；机动车一方没有过错的，承担不超过百分之十的赔偿责任。交通事故的损失是由非机动车驾驶人、行人故意碰撞机动车造成的，机动车一方不承担赔偿责任。”对于该条的理解，学界的争议很大，主要存在以下几种观点：过错推定原则、无过错责任原则、过错推定＋部分无过错责任原则、过错责任＋无过错责任原则。[①] 我们认为，从现行法规定来看，机动车交通事故责任实行的是过错责任与无过错责任相结合的二元规则体系。一方面，机动车之间发生交通事故的实行的是过错责任原则；另一方面，机动车与非机动车驾驶人、行人之间发生交通事故的则是无过错原则。

3. 机动车交通事故责任中确定责任主体的法理基础是什么

在机动车交通事故责任中，确定责任主体是非常重要的环节。一般情况下，根据《道路交通安全法》第76条的规定，责任主体是比较容易确定的，主要涉及保险公司、机动车一方、非机动车一方、行人这几方责任主体。但是，由于机动车作为特殊的动产，经常发生所有人和使用人不一致的特殊情况，在这些情况下如何确定责任主体较为困难，特别是在法律没有明确规定的情况下给司法实践带来了极大的困惑。目前，在我国无论是理论界还是司法实务界都接受了运行支配和运行利益相结合的二元说。在机动车交通事故责任案件中，对于赔偿责任主体的把握不准是各地法院反映最强烈、也是最重要的问题。国外的立法在界定机动车损害赔偿责任的责任主体时，基本上都以运行支配与运行利益之“二元说”作为判定基准。确定机动车交通事故责任的主体有两个标准：一是运行支配权，即谁对车辆的运行具有支配和控制的权利；二是运行利益的归属，即谁从车辆运行中获得利益。[②] 根据危险责任思想和报偿责任理论来确定机动车交通事故责任的主体，具体操作就是通过运行支配和运行利益两项标准加以把握。所谓运行支配，通常是指可以在事实上支配、管理机动车之运行的地位。而所谓运行利益，一般认为是指因机动车运行而生的利益。换言之，某人是否属于机动车交通事故责任的主体，要从其是否对该机动车的运行于事实上位于支配、管理的地位和是否从机动车的运行中获得了利益两个方面加以判明。进一步说，某人是否是机动车交通事故责任的主体，以该人与机动车之间是否有运行支配和运行利益的关联性加以确定。请仔细研读《侵权责任法》的有关规定，该法在确定责任主体时采用了何种学说？再结合本案中法院的裁判，分析法院采纳了哪种学说？

4. 机动车支配权和所有权分离之时应当如何分担责任？

机动车交通事故责任主体确认的争议焦点在于机动车使用人肇事的责任主体确定。机动车使用人肇事，即机动车交通事故发生在机动车支配权和所有权分离之时。支配权和所有权分离时责任主体的确定，应当区分三种情形对待：一是非基于机动车保有人的意思导致的支配权与所有权分离的情形，主要包括：盗窃、抢夺、抢劫驾驶、擅自驾驶等情形；二是基于机动车保有人的意思而导致的支配权与所有权的分离，主要包括出租、友情出借、挂靠等情形；三是机动车未过户肇事、保管机动车肇事、所有权保留等情形下发生交通事故。对于第一种情形，原则上应当本着运行支配理论分配肇事责任；对于第二种情形，可以结合运行支配理论与运行利益理论具体区分责任主体；对于第三种情形，原则上除非有重大过失或者故意，否则机动车保有人不承担责任，由驾驶人独自承担责任。[③]《侵权责任法》在总结以往立法、司法实践经验和学说的基础上对特殊情形下的机动车交通事故责任的责任主体作了明确规定。请分析《侵权责任法》的相关规定，并对本案中法院的判断标准作一点评。

5. 以买卖等方式转让并交付机动车但未办理转移登记发生交通事故的，应当由谁承担侵权责任

对于该种情形的处理，2001年最高人民法院《关于连环购车未办理过户手续原车主是否

---

① 参见王利明、周友军、高圣平：《中国侵权责任法教程》，533～535页，北京，人民法院出版社，2010。

② 参见祝铭山主编：《交通事故损害赔偿纠纷》，298页，北京，中国法制出版社，2004。

③ 参见杨立新主编：《道路交通事故责任研究》，181页，北京，法律出版社，2009。

对机动车发生交通事故致人损害承担责任的复函》就作了相关规定："连环购车未办理过户手续，因车辆已交付，原车主既不能支配该车的运营，也不能从该车的运营中获得利益，故原车主不应对机动车发生交通事故致人损害承担责任。但是，连环购车未办理过户手续的行为，违反有关行政管理法规的，应受其规定的调整。"最高人民法院《关于购买人使用分期付款购买的车辆从事运输因交通事故造成他人财产损失保留车辆所有权的出卖方不应承担民事责任的批复》对此种情形有明确规定。《侵权责任法》第50条也作了明确规定："当事人之间已经以买卖等方式转让并交付机动车但未办理所有权转移登记，发生交通事故后属于该机动车一方责任的，由保险公司在机动车强制保险责任限额范围内予以赔偿。不足部分，由受让人承担赔偿责任。"上述规定中采用了何种理论作为确定机动车交通事故责任的责任主体的法理根据？结合本案中法院的判决，评析法院的判决采纳了何种标准，是否具有合理性？

（评注人：管洪彦）

41. 医疗损害责任纠纷

司法案例

袁田诉云南省第一人民医院案

云南省高级人民法院（2005）云高民一终字第 134 号

基本案情

原告（反诉被告，上诉人）：袁田。

被告（反诉原告，被上诉人）：云南省第一人民医院。

经审理查明：2003 年 3 月 3 日，袁田因“声音嘶哑 1 月余”入住云南省第一人民医院。入院诊断为：右侧声带包块，待查（息肉可能）；慢性咽、喉炎。次日，该院在“表麻下行纤维镜下右侧声带取材，激光烧灼咽后壁”。术后取除组织经病理检验后报告“（右）声带息肉”。同年 3 月 7 日，袁田感到声音嘶哑无好转，并存在加重现象，医院考虑为手术刺激后所致。同年 5 月 15 日，在继续治疗后，双方进行了院外会诊，认为袁田声音嘶哑系慢性肥厚性喉炎和喉肌弱症所致，可能有心理精神因素存在，请精神科会诊后诊断为心因性抑郁，予相关治疗。2003 年 8 月 7 日，袁田出院，此次住院发生医疗费 22 416.58 元。因双方当事人就医疗事宜发生争执，云南省第一人民医院遂让袁田于出院当日入住该院内科继续治疗。同年 10 月 23 日，医院再次组织专家会诊，制订治疗训练方案进行综合治疗。2004 年 5 月 20 日，袁田出院，此次住院发生医疗费 12 023.46 元。之后，袁田曾到北京进行医治，但其声音嘶哑的病情仍未恢复。

案件审理中，经袁田申请，昆明市中级人民法院委托昆明市司法技术鉴定中心对袁田嗓音的损伤程度、袁田现是否患有精神疾病、云南省第一人民医院的医疗行为与袁田的损害后果之间是否具有因果关系以及袁田的后期治疗费进行司法鉴定。后昆明市司法技术鉴定中心将该鉴定转由云南省精神病司法鉴定委员会及云南省法庭科学技术鉴定研究所进行。2004 年 7 月 10 日，云南省精神病司法鉴定委员会出具云法鉴精字［2004］字第 1186 号《司法精神病学鉴定书》，鉴定袁田患情绪障碍，与手术后嗓音未恢复心情不好有关，建议进行有关方面治疗，并加强安全方面的监护，防止意外发生。2004 年 12 月 10 日，云南省法庭科学技术鉴定研究所出具云法鉴医字 2004 第 2134 号《医疗纠纷司法鉴定书》，鉴定结论为：（1）云南省第一人民医院在为袁田提供医疗服务过程中存在术前未尽告知义务的不足；（2）袁田声音嘶哑目前可排除由右侧声带息肉摘除术引起的声带损伤、息肉组织残留及神经损伤所致；（3）袁田声音嘶哑系慢性喉炎及声带关闭不全所致，与云南省第一人民医院的手术无因果关系；(4) 袁田每疗程约需治疗费用人民币 1 000 元，但治疗所需疗程无法确定。

一审诉辩主张

原告（反诉被告）诉称：2003 年 3 月 3 日，其因咽喉不适到被告专家门诊部就诊，经诊断患慢性咽喉炎、声带息肉，需手术治疗。当日，其入住该院。次日上午 10：30 分左右，在被告未进行术前检查，亦未授意其签手术同意书的情况下，手术医生贺修培在门诊手术室为其做了手术。但术后病情加重，手术部位因感染而持续水肿，说话吃力。经被告耳鼻喉科主任检查为：声带呈梭形裂缝，喉肌无力，关闭不全。现权威专家认定其嗓音能否恢复无法确定。而原告是一名年轻有为的播音员、节目主持人，嗓音被毁对其事业构成毁灭性打击，并因此出现抑郁性精神障碍，需长期治疗。被告违反通行医疗规范的错误医疗行为给原告造成经济及精神上的严重伤害，遂请求：(1) 云南省第一人民医院赔偿其医药费 2 133.30 元、后期治疗费 39 060 元、经济损失 1 138 800 元、精神损害抚慰金 20 万元、律师费 55 200 元，共计 1 435 193.30 元；(2) 云南省第一人民医院承担本案诉讼费。

被告（反诉原告）答辩并反诉称：袁田因嗓音嘶哑 1 月，在昆明市其他医院输液治疗 10 天后仍无好转。2003 年 3 月 3 日，袁田以“慢性喉炎，右声带包块”入该院治疗。次日上午，医院为袁田行纤维喉镜下声带肿块切除术。术后，袁田嗓音嘶哑的症状未改善、恢复，故认为系医疗行为错误所致。经邀请权威专家会诊，认为其诊断、治疗正确，请求驳回袁田的诉讼请求，并反诉请求：(1) 袁田赔偿医院垫付的医疗费 46 079.64 元；(2) 袁田承担本案全部诉讼费。

一审判决

昆明市中级人民法院根据上述事实和证据认为：

1. 关于云南省第一人民医院是否存在医疗过错的问题

根据《中华人民共和国执业医师法》第 26 条关于“医师应当如实向患者或者其家属介绍病情”的规定，以及国务院颁布的《医疗机构管理条例》第 33 条的规定，医疗机构施行手术、特殊检查或者特殊治疗时，必须征得患者同意，并应当取得其家属或者关系人同意并签字。《医疗事故处理条例》第 11 条规定，在医疗活动中，医疗机构及其医务人员应当将患者的病情、医疗措施、医疗风险等如实告知患者，及时解答其咨询；但是，应当避免对患者产生不利后果。同时，参照卫生部颁布的《医疗机构管理条例实施细则》第 62 条的规定，医疗机构应当尊重患者对自己的病情、诊断、治疗的知情权利。在实施手术、特殊检查、特殊治疗时，应当向患者作必要的解释。因实施保护性医疗措施不宜向患者说明情况的，应当将有关情况通知患者家属。故根据上述法律、法规的规定，患者在医疗过程中依法享有知情权，患者知情权的内容不仅包括患者有权知悉自己的病情、诊断、治疗措施、医疗风险等，还包括患者有权在知悉基础上进行自主选择、表示同意或不同意手术、治疗方案等权利内容，这是患者的一项法定权利。这一权利的法定化使得医院向患者告知并取得患者同意的行为已不仅是医疗技术操作规程中的一个步骤，而应为医疗人员必须履行的一项法定义务。本案云南省第一人民医院在对袁田进行声带息肉摘除术前，未向袁田告知手术可能出现的风险，以尊重袁田对手术施行与否的独立选择，违反了上述法律、行政法规及部门规章的规定。虽然本案中袁田最终接受了手术治疗，但该治疗系袁田在对手术所存在的医疗风险未予充分认识的基础上进行的，不能视为袁田真正予以同意，故云南省第一人民医院侵犯了袁田的患者知情权，其医疗行为存在过错，应当依法承担相应的民事责任。

2. 关于云南省第一人民医院民事责任范围的问题

袁田嗓音嘶哑的后果经云南省法庭科学技术鉴定研究所鉴定，与云南省第一人民医院的手术无因果关系，而系慢性喉炎及声带关闭不全所致，即袁田术后声音嘶哑的结果并非云南省第一人民医院侵犯患者知情权的损害后果，医院的侵权后果未表现为袁田的身体损害，故本案没有物质性的损害后果。因此，（1）对于袁田请求术后医治声音嘶哑而发生的医药费 2 133.30 元，以及其因声音嘶哑而丧失的经济损失 1 138 800 元，不属于侵犯其知情权所导致的损失范围，故不予支持。（2）对于袁田主张用于治疗其情绪障碍的后期治疗费 39 060 元，因云南省精神病司法鉴定委员会出具的《司法精神病学鉴定书》鉴定袁田所患情绪障碍与手术后嗓音未恢复心情不好有关，故导致袁田现患情绪障碍的原因在于术后嗓音仍嘶哑而心情不好，与医院未履行告知义务之间无必然因果关系，该项诉讼请求亦不予支持。（3）由于法律对患者知情权的确定在于体现对患者人格尊严的尊重，故对于医疗机构未尽告知义务的行为，失衡的是患者的精神利益，导致患者精神利益的减少或丧失。本案中，云南省第 1 人民医院没有尊重袁田对手术施行与否的独立选择，使袁田丧失了选择手术与否的机会，给袁田造成精神上的损害，故该院应当承担袁田精神损害赔偿的民事责任。关于精神损害抚慰金的赔偿数额，根据最高人民法院《精神损害赔偿解释》第 10 条第 1 款之规定："精神损害的赔偿数额根据以下因素确定：（一）侵权人的过错程度，法律另有规定的除外；（二）侵害的手段、场合、行为方式等具体情节；（三）侵权行为所造成的后果；（四）侵权人的获利情况；（五）侵权人承担责任的经济能力；（六）受诉法院所在地平均生活水平。"本案袁田主张 20 万元精神损害抚慰金，考虑云南省第一人民医院的侵权性质、侵权情节、袁田从事播音员及节目主持人的职业特点，以及医院未尽告知义务的手术与其职业相关的情节，酌情予以支持 5 万元。（4）对于袁田主张的律师费 55 200 元，其提供的发票证明其实际支付律师费为 1 万元。因袁田所请求的为侵权之债，而对于侵权之债所产生的律师费并无相关法律、法规规定明确予以支持，故袁田的这一请求不予支持。

3. 关于云南省第一人民医院反诉请求的问题

（1）对于袁田第一次住院发生的医疗费 22 416.58 元，属于袁田接受云南省第一人民医院提供的医疗行为所应当支付的对价，虽该院存在医疗过错，但其已承担了侵权赔偿责任，故该笔费用袁田应当予以支付。云南省第一人民医院仅请求袁田支付 22 412.85 元医疗费，应予支持。（2）对于袁田第二次住院所发生的医疗费 12 023.46 元，因该次住院系双方就医疗行为发生争执后，云南省第一人民医院主动向袁田提供的医疗服务，故该次住院系医院的自愿医疗行为，应为无偿性质；且该医疗行为已实施完毕，不具返还条件，对该笔医疗费不予支持。（3）对于专家会诊的交通费、食宿费，因实际数额不确定，且在患者对医疗机构的医疗行为提出异议并与医院发生争执后，院方邀请专家会诊的行为，目的在于检查其医疗行为是否存在过错，以对医院及患者负责，该行为属于医院的工作职责，因此而发生的费用不应当由患者袁田承担，故对于云南省第一人民医院的这一请求不予支持。

据此，昆明市中级人民法院依照《民法通则》第 98 条、第 106 条第 2 款之规定，判决如下：

一、被告（反诉原告）云南省第一人民医院于本判决生效之日起 10 日内赔偿原告（反诉被告）袁田精神损害抚慰金 5 万元。

二、原告（反诉被告）袁田于本判决生效之日起 10 日内支付被告（反诉原告）云南省第一人民医院医疗费 22 412.85 元。

三、驳回原告（反诉被告）袁田的其他诉讼请求。

四、驳回被告（反诉原告）云南省第一人民医院的其他反诉请求。

本诉案件受理费 17 185.97 元、鉴定费 3 000 元，袁田负担 30%，计 6 055.79 元，云南省第一人民医院负担 70%，计 14 130.18 元；反诉案件受理费 1 853.19 元，袁田、云南省第一人民医院各负担 50%，即 926.60 元。

二审诉辩主张

一审宣判后，原告袁田不服提出上诉称：原审判决割裂了云南省第一人民医院的整个医疗行为与手术行为之间的关系，仅凭手术行为与损害后果之间无因果关系的鉴定结论判决医院不承担袁田的物质性损害后果于法不合，于理不通；作为鉴定基础的病历资料存在伪造、篡改，不能作为证据使用；原审判决对袁田所遭受的实际精神损害注意不够，仅判决 5 万元精神抚慰金显属过低；云南省第一人民医院的反诉为返还财产之诉，不属给付之诉，原审判决由袁田支付医疗费属于超出反诉范围进行裁判。且其已办理了医疗保险手续，所发生的医疗费不应再由其承担，故上诉请求支持其一审的诉讼请求，驳回云南省第一人民医院的反诉请求。

被上诉人云南省第一人民医院辩称：其医疗行为与袁田的损害后果之间无因果关系，袁田并无举证证明医院篡改病历，故其不应承担侵权责任；袁田有支付医疗行为对价的义务，应支付医疗费用。请求驳回袁田的上诉。二审查明的事实与认定的证据与一审法院相同。

二审另查明：袁田于 2003 年 3 月 3 日入院时已经办理了医保手续，且 2003 年 8 月 7 日前发生的医疗费 22 416.58 元中，袁田已交纳预交款 1 600 元，按规定还应缴款 2 695.03 元，其余部分已由云南省第一人民医院按照医保统筹支付的规定核销。

二审判决

云南省高级人民法院经审理认为：

首先，本案为侵权之诉，判断云南省第一人民医院是否应承担民事侵权赔偿的重要标准，就是医院在为患者提供诊疗服务过程中是否尽了相应的注意义务。本案中，袁田因声音嘶哑 1 月余到云南省第一人民医院就诊，该院在为袁田进行治疗时，没有充分考虑到袁田职业的特殊性，没有在术前对手术风险向袁田进行充分告知，没有签署手术同意书，在为袁田提供诊疗服务过程中违反相应的注意义务，侵害了袁田所应依法享有的患者知情权，具有过错，手术的最终结果使袁田的精神受到了损害，应承担相应的民事责任。原审判决依照侵权人的过错程度、损害后果、袁田住院前“声音嘶哑 1 月余”以及《医疗纠纷司法鉴定书》的结论等相关情况，确定由云南省第一人民医院赔偿袁田精神抚慰金 5 万元符合本案实际和法律规定，应当予以维持。二审中，袁田提出住院病历上贺修培医生的签字前后不一致，病历应认定为虚假，并申请对该签字进行笔迹鉴定。因笔迹鉴定应在笔迹真假难辨的前提下进行，而从病历记录看，可以看出贺修培的签字有两种，为不同的人所签，云南省第一人民医院也承认贺修培在气管纤维镜检查单中的签字系由他人代笔，故袁田申请笔迹鉴定没有必要。该病历记录虽有瑕疵，但并不属于伪造、篡改病历的情况，袁田对两张检查单具体内容的真实性并没有提出异议，故袁田关于因签字不一，整套病历为伪造的主张不成立。

其次，关于袁田请求的其他赔偿项目：第一，袁田要求赔偿医疗费 2 133.30 元、经济损失 1 138 800 元，因医疗过错鉴定结论已经确定袁田的声音嘶哑与医院的医疗行为没有因果关系，医院不应对袁田的物质损失承担赔偿责任，对该上诉请求不予支持；第二，后期治疗费39 060元属治疗情绪障碍的费用，医院的过失行为虽给袁田造成了精神痛苦，并应承担赔偿精神抚慰金的侵权责任，但情绪障碍属精神疾患的一种，与精神痛苦不是同一概念，袁田情绪障碍的形成与医院的过失行为之间没有因果关系，袁田的这一请求没有事实依据，不予支持；第三，袁田请求赔偿的律师费 55 200 元，因我国并未实行律师强制代理制度，且侵权损害赔偿又是以可预见性为原则的，故其请求无法律依据，予以驳回。

最后，根据鉴定结论，云南省第一人民医院为袁田施行的手术与袁田的现状之间没有因果关系，袁田应承担支付手术费用的义务。云南省第一人民医院提出的反诉与本诉有关，其目的在于对本诉进行吞并和抵消，原审将反诉一并处理符合法律规定，袁田认为原审法院超出诉讼范围判决的上诉理由不能成立。但根据二审补充查明的事实，袁田在第一次入院时已办理了医保手续，发生的 22 416.58 元医疗费应为 2 695.03 元，而不是原审判决认定的 22 412.85 元。袁田关于反诉的上诉部分有理，予以支持。依据《民事诉讼法》第 153 条第 1 款第 2 项之规定，判决如下：

一、维持昆明市中级人民法院（2004）昆民一初字第 80 号民事判决的第一项、第三项、第四项，即“被告（反诉原告）云南省第一人民医院于本判决生效之日起 10 日内赔偿原告（反诉被告）袁田精神损害抚慰金 5 万元”，“驳回原告（反诉被告）袁田的其他诉讼请求”和“驳回被告（反诉原告）云南省第一人民医院的其他反诉请求”。

二、变更该判决第二项为“袁田于本判决生效之日起 10 日内支付云南省第一人民医院医疗费 2 695.03 元”。

一审本诉案件受理费 17 185.97 元、鉴定费 3 000 元，由袁田负担 6 055.79 元，云南省第一人民医院负担 14 130.18 元；反诉案件受理费 1 853.19 元，由袁田负担 800 元，云南省第一人民医院负担 1 053.19 元。二审本诉案件受理费 17 185.97 元，由袁田负担（免交）；反诉案件受理费 1 853.19 元，由袁田负担 800 元，云南省第一人民医院负担 1 053.19 元。

案由与焦点

1. 案由

本案的一级案由为“侵权责任纠纷”，二级案由为“侵权责任纠纷”，三级案由为“医疗损害责任纠纷”. 在“医疗损害责任纠纷”三级案由下，包括“侵害患者知情同意权责任纠纷”和“医疗产品责任纠纷”两个四级案由。

医疗损害责任纠纷是指患者在医疗机构就医时，因医疗机构及其医务人员的过错而遭受损害时，应由医疗机构承担相应侵权责任而引发的纠纷。侵害患者知情同意权责任纠纷是指医务人员在诊疗活动中应当向患者说明病情和医疗措施，需要实施手术、特殊检查、特殊治疗的，应当及时向患者说明医疗风险、替代医疗方案等情况并取得其书面同意，不宜向患者说明的应当向患者的近亲属说明并取得其书面同意，医务人员未尽到上述的说明义务而造成患者损害的，医疗机构为此应承担相应的侵权责任而引发的纠纷。

2. 焦点

本案争议的焦点包括以下几个：其一，本案中医院在为患者提供诊疗服务过程中是否尽了相应的注意义务？其二，对侵害患者知情同意权的侵权责任应当如何进行认定？其三，对赔偿范围应当如何进行确定？

评注与问题

1.《侵权责任法》第2条所保护的民事权益是否包括知情同意权

知情同意，实际上包括两个层次：一个层次是“知情”，一个层次是“同意”，这均是从患者的角度来界定的。如果从医疗机构或者医务人员的角度界定“知情”的话，知情就是医疗机构或者医务人员要保证患者知情，那就表现为医疗机构或医务人员的说明义务。故将知情同意称为说明同意也属于自然之理。知情同意权是指行为人在社会行为中特别是民事行为中，要求对对方信息的了解和知悉程度应与对方对自己的了解和知悉程度相对称，并在此基础上选择是否同意对方行为的权利。它应包括主动的知悉权、被动的告知权、自主选择权、拒绝权和同意权这几个方面的权利。患者知情同意权就是指患者在接受医方诊疗医治过程中要求医方向自己提供和说明诊疗方案和该方案相关的足够的信息，并在此基础上选择是否同意医方方案的权利。患者知情同意权是对传统家长制医患模式的挑战，是人类社会文明进步的产物。按照布莱克法律词典的解释，其含义为：医师在对患者实施手术等治疗行为时，首先要针对向患者提出的医疗处置方案，就其风险以及其他可以采取的措施等作出详细的说明，并在此基础上得到患者的同意。结合《侵权责任法》第55条以及相关法律、法规的规定，请问知情同意权的性质为何，是否属于《侵权责任法》第2条中所规定的民事权益范围？如何理解《侵权责任法》第2条第2款中的“等人身、财产权益”？

2. 医疗机构及其医务人员的说明义务的内容与标准是什么

从医方角度而言，患者的知情同意权表现为医疗机构及其医务人员的说明义务。医疗机构及其医务人员说明义务的履行情况是判断其是否具有医疗过失的重要根据。医疗机构及其医务人员在决定所需说明的信息时，既要保证患者能得到充分的信息以便其作出一些合乎其价值观念的医疗决定，又要避免患者被过度的说明所困扰。一般来讲，应当说明信息应包括：所建议和实施的治疗方案的性质、特性、目的；所建议和实施的治疗方案的预期效果，包括可预见之风险；有无其他可选择、可替代的治疗方案；其他可治疗方案的预期效果，包括可预见之风险；采取某种医疗方案或医疗行为的建议和理由。关于说明义务的标准，主要有两大类原则：一是医师原则，一是患者原则。医师原则或专业原则、专家原则，或“合理医师标准”（reasonable physician standard），只要求医师告知患者医师们通常披露的信息，由医疗专业人员依其惯例来认定哪些信息应被公开。医师标准通常为以“合理医师”为判断依据的客观标准。患者标准，强调告知义务应依患者作出同意之需要加以考量。对于患者原则，又有客观标准和主观标准之分。客观标准，即“合理人标准（the reasonable person standard）认为，医师的披露告知义务应以一个合理患者作出一个明智选择所应被告知的风险和选择方案为准，即所有与一个原告位置的通常病人的决定有实质性关系的风险均应告知。告知范围被客观化了。而主观标准说则认为，医师的信息披露范围应以个别病人为准。此标准着重每个特定个体所需要的信息，要求医生在履行告知义务时，要充分考虑患者的教育程度、职业、年龄、特别情形等个性化的因素，告知范围有主观化色彩。一般认为，若医生对病人的个别信息需要有合理的预见可能性，他就有义务向其公开该信息”[①]。当然，说明义务在特定情况下也可以得以豁免，如在紧急情况难以取得患者本人及其亲属同意的情况下；在依法可以进行强制治疗的情况下；在患者放弃权利的情况下；在危险性极其轻微，发生危害极小的情况下等。请结合本案分析，医疗

① 赵西巨：《医事法研究》，74页，北京，法律出版社，2008。

机构及其医务人员是否已经尽到了说明义务？为什么？

3. 侵害患者知情同意权的侵权责任的构成要件是什么

侵害知情同意权的侵权责任的构成要件有：其一，违法行为的存在。这里的违法行为主要指医疗机构、医务人员违反说明义务。一般情况下只要违反了说明义务，就可以推定其具有违法性。其二，损害事实的存在。这里的损害事实主要指医疗机构、医务人员的违法行为侵害了患者的知情同意权，造成患者现实权益和期待利益的损害。其三，违法行为和损害之间的因果关系。其四，过错。有学者认为，医疗伦理过失是指医疗机构或医护人员从事医疗行为时，违反医疗职业良知或职业伦理应遵守的告知、保密等法定义务的疏忽或懈怠。事实上，医疗伦理过失，就是医疗机构及医务人员未善尽告知、保密等法定义务的过失，这本身就构成医疗过失。① 也就是说，违反了说明的法定义务就可以推定其为有过失。请结合案情，分析一审、二审法院在认定侵害患者知情同意权的责任构成过程中的基本思路。

4. 后续治疗费应当如何获得赔偿

后续治疗费是指损伤经治疗后体征固定而遗留功能障碍确需再次治疗或伤情尚未恢复需二次治疗所需要的费用。遗留功能障碍包括：组织、器官缺损、坏死需要进行修补、再造或移植，损伤导致容貌和体型发生显著的改变，肌腱、神经损伤需要二期修复等。《人身损害赔偿解释》第 19 条第 2 款对后续治疗费作了规定："器官功能恢复训练所必要的康复费、适当的整容费以及其他后续治疗费，赔偿权利人可以待实际发生后另行起诉。但根据医疗证明或者鉴定结论确定必然发生的费用，可以与已经发生的医疗费一并予以赔偿。"后续治疗费的赔偿需要满足如下条件：须是损伤经治疗后体征固定后所发生的费用；须是对遗留功能障碍确需再次治疗或伤情尚未恢复需二次治疗所需要的费用；该费用须和造成损害的行为具有因果关系。另外，后续治疗费的赔偿可以通过两种途径实现：一是赔偿权利人可以待实际发生后另行起诉；一是根据医疗证明或者鉴定结论确定必然发生的费用，可以与已经发生的医疗费一并予以赔偿。本案中，一、二审法院均驳回了袁田所主张的治疗其情绪障碍的后续治疗费，请结合案情及上述原理分析法院的判决是否具有合理性，为什么？

5. 律师费可否请求赔偿

律师费是指律师为委托人代理法律事务应当收取的报酬。本案中，原告袁田请求被告赔偿律师费 55 200 元。一审法院认为，袁田所请求的为侵权之债，而对于侵权之债所产生的律师费并无相关法律、法规规定明确予以支持，故对袁田的这一请求不予支持。二审法院认为，因我国并未实行律师强制代理制度，且侵权损害赔偿又是以可预见性为原则的，故其请求无法律依据，予以驳回。试分析律师费究竟应否给予赔偿，为什么？

6. 被告提起反诉的，应当如何审理

反诉是指在一个已经开始的民事诉讼（诉讼法上称为本诉）程序中，本诉的被告以本诉原告为被告，向受诉法院提出的与本诉有牵连的独立的反请求。该权利亦是当事人法律地位平等原则的重要体现，是本诉被告所享有的重要权利，是保障本诉被告民事权益的一项重要制度。《民事诉讼法》第 52 条规定："被告可以承认或者反驳诉讼请求，有权提起反诉。"提起反诉应当具备一定的要件：（1）反诉只能是本诉被告向本诉原告提起，而不能对原告以外其他人提起；（2）反诉只能向受理本诉的法院提起；（3）反诉与本诉必须适用同种诉讼程序；（4）反诉与本诉的诉讼请求必须在事实或法律上有牵连；（5）提起反诉的，应当在举证期限届满前提出。从法律效果上来看，反诉的起诉能使本诉失去意义，吞并或抵消原告的诉讼请求。对于提起的有效反诉，人民法院可以将其与本诉一并审理。本案中，二审法院认为："云南省第一人

① 参见杨立新：《医疗损害责任研究》，114 页，北京，法律出版社，2009。

民医院提出的反诉与本诉有关，其目的在于对本诉进行吞并和抵消，原审将反诉一并处理符合法律规定，袁田认为原审法院超出诉讼范围判决的上诉理由不能成立。”这种判决符合有关反诉的相关规定，是正确的。

（评注人：管洪彦）

42. 医疗产品责任纠纷

司法案例

吴进兴诉第四人民医院等案

江苏省无锡市滨湖区人民法院（2004）锡滨民一初字第1622号

基本案情

原告：吴进兴。

被告：无锡市第四人民医院。

被告：无锡市三爱斯贸易有限公司。

经审理查明：2002年11月19日，原告吴进兴因车祸导致创伤失血性休克、左股骨开放粉碎性骨折、左腓骨骨折、脑外伤等，被送入无锡市第四人民医院（以下简称“第四人民医院”）治疗。被告第四人民医院在为吴进兴治疗左股骨开放粉碎性骨折时实施了植入内固定手术。植入的内固定产品为被告无锡市三爱斯贸易有限公司（以下简称“三爱斯公司”）经销的股骨髁支持钢板（九孔），产品编号为SYNTHES2021146240.930（以下简称“钢板”）。吴进兴于2002年12月7日出院，共花费医疗费47 078.10元。出院时医嘱其休息3个月、2个月后门诊复查、石膏内左下肢功能练习。吴进兴又于2002年12月19日、29日，2003年1月3日、13日、18日、24日、28日，2月3日、8日、13日、18日、19日、24日、3月1日，到无锡市胡埭医院配药治疗，共支付人民币358.60元。2003年3月11日，吴进兴至无锡市胡埭医院复查，门诊病历记录为：X线摄片左股骨下肢骨折，对位对线良好。因考虑外固定石膏已坏、发软，医生为其拆除石膏，改用木质夹板继续固定并嘱1个月后复查。当日，吴进兴支付医疗费22.80元。2004年6月27日，吴进兴再次至无锡市胡埭医院门诊，门诊诊断为：左下肢能不用拐跛行无痛感约半年，昨傍晚在家行走时，突感左肢剧痛不能站立；查左下肢肿胀，压痛明显，活动受限；X线摄片显示左股骨远端骨折内固定，对位对线尚可，有螺丝钉断裂，骨痂形成良好，钢板内固定断裂；建议转第四人民医院。2004年7月26日，吴进兴因体内的钢板断裂在第四人民医院进行更换钢板的第二次手术，由三爱斯公司提供了手术所需钢板。吴进兴于2004年8月31日出院，手术医疗费为9 138.90元（不含钢板价款），吴进兴支付了3 100元。

在本案审理过程中，本院委托国家食品药品监督管理局天津医疗器械质量监督检验中心对从吴进兴体内取出的钢板质量进行了检验，经检验：（1）化学成分合格；（2）硬度合格。检验依据为YY0017—2002《金属接骨板》。另本院委托无锡市中级人民法院司法鉴定处对吴进兴的伤残等级、误工期限、营养期限进行了鉴定，但因为治疗尚未终结，尚不宜进行相关鉴定。

另查明：三爱斯公司在2001年7月取得医疗器械经营企业许可证，产品范围为三类矫形外科（骨科）手术器械。三爱斯公司销售给第四人民医院用于吴进兴手术的钢板系进口产品，其生产商瑞士马特仕医疗器械有限公司于2001年5月取得中华人民共和国医疗器械注册证。三爱斯公司提交的认证文件表明马特仕医疗器械有限公司建立了符合SQS及TUV认证的产品质量体系。

诉辩主张

原告吴进兴诉称：原告在2002年11月因车祸导致骨折被送至第四人民医院治疗，第四人民医院对原告实施了内固定手术。第四人民医院的医疗行为虽无过错，但第四人民医院使用了不合格产品，原告被迫在2004年7月26日在第四人民医院进行第二次手术，手术中证实第一次手术中植入的金属夹板及螺栓均已断裂，由此导致原告左腿比右腿短近10厘米且左腿功能丧失。第四人民医院作为有相应资质的专业医疗机构，理应对手术中所用材料的适用性和安全性承担责任。三爱斯公司提供不合格的产品，应当承担赔偿责任。请求判令三爱斯公司赔偿医疗费50 559.50元，第四人民医院承担连带责任。

被告第四人民医院辩称：第四人民医院在为原告诊疗的过程中没有过错。第四人民医院作为医疗器械的使用单位，在使用过程中审查了经销商的相关资质，尽到了充分的注意义务。原告要求第四人民医院承担赔偿责任，没有法律依据。并且原告未按医嘱进行复查，也会导致负面的医疗结果，故请求驳回原告的诉讼请求。

被告三爱斯公司辩称：原告体内的金属夹板断裂是因原告不遵医嘱复查，擅自拆除石膏，且使用不当，过早下地行走所致。三爱斯公司具有合法的经营资格，提供的钢板系合格产品，不应承担赔偿责任。请求驳回原告的诉讼请求。

法院判决

本案当事人争议的焦点是：（1）断裂的钢板是否存在产品缺陷，原告在使用过程中是否存在过错；（2）损害后果与缺陷产品的使用之间有无因果关系；（3）两被告在销售过程中是否存在过错，两被告是否应当承担赔偿责任。

关于争议焦点一，原告认为，钢板断裂即证明产品存在质量缺陷，三爱斯公司未提供产品的合格证明，即使产品有合格证，也不代表产品不存在质量缺陷。被告第四人民医院认为，原告未按医嘱复诊、擅自拆除石膏、过早行走与钢板断裂也有因果关系。被告三爱斯公司认为，自己具有合法的经营手续，自己的供货商有合法的经营手续及质量保证体系，且使用的钢板经鉴定为合格产品；原告未按医嘱复诊、擅自拆除石膏、过早行走直接导致钢板断裂。

法院认为，法律规定，因产品存在缺陷造成人身、缺陷产品以外的其他财产损害的，生产者应当承担赔偿责任。根据我国产品质量法的规定，产品缺陷是指产品存在危及人身、他人财产安全的不合理的危险；产品有保障人体健康和人身、财产安全的国家标准、行业标准的，是指不符合该标准。根据产品质量法的规定，产品生产者承担的是无过错责任，产品生产者主张免责的，应由其对免责事由承担证明责任。中华人民共和国医药行业标准YY0017—2002《金属接骨板》第4条规定：金属接骨板的要求为：（1）材料（化学成分和显微组织检验）；（2）硬度；（3）耐腐蚀性能；（4）表面质量。现检验部门仅对断裂钢板的二项质量作出合格的鉴定，该检验报告不能证明断裂钢板质量全部符合国家强制标准。三爱斯公司虽然提供了生产者的相关产品质量认证文件，但认证文件属于企业产品质量体系的认证，并不能证明具体产品的质量符合相关标准，应当推定产品提供方未能就产品不存在缺陷尽到证明责任。吴进兴在植入钢板后虽是在胡埭医院进行的复查和拆除石膏，但均是在医院进行的对症治疗，吴进兴在植入钢板后约1年即2003年年底开始不使用拐杖行走，亦未违背第四人民医院的出院医嘱。第四人民医院、三爱斯公司辩称钢板断裂与吴进兴未遵医嘱复查、擅自拆除石膏、过早行走有关，因未能提供证据证明，本院不予采信。

关于争议焦点二，原告认为，因为被告提供的产品有缺陷导致原告二次手术，被告应当赔偿原告二次手术产生的费用。被告第四人民医院、三爱斯公司均认为第一次手术的费用是交通事故造成的，与钢板断裂无关。

法院认为，在产品致人损害的侵权诉讼中，受害人应对其所受的损害承担证明责任，还应就损害事实与使用了缺陷产品之间的因果关系进行证明。由于医疗使用的产品技术含量高，在受害人证明因果关系时应当适用因果关系推定理论，即受害人只要证明使用了某产品后发生某种损害，且这种缺陷产品有造成这种损害的可能，即可推定因果关系成立。原告第一次手术是因为交通事故受伤，受伤的原因是车祸。当时的损害与使用钢板无因果关系。在第一次手术中，被告第四人民医院使用了被告三爱斯公司提供的钢板。原告证明了使用钢板后发生了损害导致第二次手术，可以推定因果关系成立；被告主张免责的，应当由其证明产品使用与损害后果间不存在因果关系。二被告在本案中均未能提供证据证明该免责事由。

关于争议焦点三，原告认为，第四人民医院未尽到审查义务，应承担赔偿责任；三爱斯公司未提供产品的合格证明，应承担赔偿责任。被告第四人民医院认为，其审核了供货商的相关资质及产品的相关证明，不存在造成产品缺陷的过错，依法不应承担赔偿责任。被告三爱斯公司认为，其经销的是合格产品，不应承担赔偿责任。

法院认为，第四人民医院在购买钢板时，审核了供货商的相关资质及产品的相关证明；三爱斯公司具有经营医疗器械的相关资质，所经销的钢板也是国家许可进口的产品。原告未能向本院提交两被告在销售过程中存在导致钢板断裂的过错的相关证据，故两被告在钢板的销售过程中不存在使钢板存在缺陷的过错。根据产品质量法的规定，产品销售者承担的是过错责任，无过错即无须承担责任。但是，在产品质量诉讼中，因产品存在缺陷造成人身、他人财产损害的，受害人可以向产品的生产者要求赔偿．也可以向产品的销售者要求赔偿。产品销售者在无过错的情况下，仍有义务替代生产者先行承担责任。该类事项属于多数债务人就基于不同原因而偶然产生的同一内容的给付，各负全部履行的义务，并因债务人之一的履行而使全体债务人的债务归于消灭的情况。第四人民医院、三爱斯公司亦未能就法律所规定的生产者的免责事由向本院提交相关证据，第四人民医院、三爱斯公司的销售行为共同导致缺陷产品的最终使用，第四人民医院、三爱斯公司均有义务替代生产者先行承担责任。故第四人民医院、三爱斯公司应当就因产品存在缺陷造成的人身、财产损害代替生产者先行共同承担赔偿责任。

综上，第四人民医院、三爱斯公司应当赔偿吴进兴因钢板断裂造成的损失。吴进兴第一次手术的费用及在胡埭医院复查、配药的费用系因车祸导致的损失，与钢板断裂无因果关系，故对吴进兴要求两被告赔偿此项费用的诉讼请求，本院不予支持。吴进兴第二次手术的全部费用，属于因钢板断裂造成的损失，两被告应予赔偿。因在第二次手术时，第四人民医院已承担6038.90元医疗费，三爱斯公司已承担钢板的费用，该部分费用应当扣除。据此，依照《产品质量法》第26条、第41条、第42条、第43条、第44条、第46条之规定，判决如下：

第四人民医院、三爱斯公司共同赔偿吴进兴医疗费人民币3 100元，于本判决发生法律效力后3日内支付。

本案受理费 2 027 元及其他费用 405 元、鉴定费 3 000 元，共计人民币 5 432 元由吴进兴负担 2 000 元，第四人民医院、三爱斯公司共同负担 3 432 元。

案由与焦点

1. 案由

本案的一级案由为“侵权责任纠纷”，二级案由为“侵权责任纠纷”，三级案由为“医疗损害责任纠纷”，四级案由为“医疗产品责任纠纷”。

医疗产品责任纠纷是指医疗机构在诊疗过程中使用具有缺陷的药品、消毒药剂、医疗器械等医疗产品，或者输入不合格的血液，致患者损害时，应由医疗机构或者医疗产品的生产者、血液提供者依法向患者承担相应侵权责任而引发的纠纷。

2. 焦点

本案争议的焦点集中在以下三个方面：(1) 断裂的钢板是否存在产品缺陷，原告在使用过程中是否存在过错？(2) 损害后果与缺陷产品的使用之间有无因果关系？(3) 两被告在销售过程中是否存在过错，两被告是否应当承担赔偿责任？

评注与问题

1. 如何认定医疗产品的缺陷

医疗产品缺陷需要借助于《产品质量法》有关产品质量缺陷的认定标准加以认定。《产品质量法》第 46 条规定：“本法所称缺陷，是指产品存在危及人身、他人财产安全的不合理的危险；产品有保障人体健康和人身、财产安全的国家标准、行业标准的，是指不符合该标准。”根据该规定，如果产品存在危及人身、他人财产安全的不合理的危险，就被认定具有缺陷。那么值得思考的是，如果医疗产品符合保障人体健康和人身、财产安全的国家标准、行业标准，就一定不能被认为具有缺陷吗？仅仅将符合强制性标准作为认定医疗产品缺陷的唯一标准是否合理，为什么？

2. 如何理解医疗产品责任的构成

《侵权责任法》第 59 条规定：“因药品、消毒药剂、医疗器械的缺陷，或者输入不合格的血液造成患者损害的，患者可以向生产者或者血液机构请求赔偿，也可以向医疗机构请求赔偿。”从上述规定看，医疗产品损害责任适用的是无过错责任。其立法意旨是确定这种侵权责任不考察过错，无论其有没有过错，只要受害人能够证明医疗产品具有缺陷，即构成侵权责任。这就减轻了权利人的举证负担，有利于保护受害人的权利。医疗产品损害责任的成立需要具备以下构成要件：其一，须有缺陷医疗产品。首先，医疗产品主要包括药品、消毒药剂、医疗器械、血液四大类。其次，上述医疗产品须存在缺陷。其二，须造成患者损害。这里的损害是指医疗产品导致患者人身或者精神方面受到损害。前者包括人身一般伤害、致残、死亡，后者是指由于人身伤害而产生的精神损害。其三，须缺陷医疗产品和损害之间具有因果关系。医疗产品损害责任中的因果关系，是指医疗产品的缺陷与受害人的损害事实之间存在引起与被引起的关系。本案中，法院是如何认定上述构成要件的？请结合案情加以说明。

3. 如何认识医疗机构的注意义务

按照《产品责任法》的规定，只有在销售者的过错使产品存在缺陷并造成他人损害的情况下，销售者才应当承担侵权责任。据此，医疗机构是否尽到了审查义务对于责任承担至关重要。按照《侵权责任法》的规定，医疗产品责任对于患者来说是无过错责任，那么医疗机构对药品、消毒药剂、医疗器械的注意义务是否就意味着不重要了呢？其实不然，医疗产品责任中实行无过错责任是指医疗产品的生产者、医疗机构对患者的责任实行无过错责任，但是医疗产品的生产者和医疗机构之间分担责任时还是要考虑过错的。患者如果向医疗机构请求赔偿，医疗机构依法作出赔偿后，则有权向负有责任的生产者或者血液提供机构追偿。因此，法院在确定生产者和医疗机构的责任时还是要审查医疗机构的注意义务的。请结合本案法院判决书中对医疗机构注意义务的审查，分析如果按照现行《侵权责任法》的规定，法院对第四人民医院注意义务的审查有无不同？对第四人民医院的责任有无实质性影响？

4. 医疗产品损害责任的责任形态是怎样的

医疗产品责任的责任形态是不真正连带责任。所谓不真正连带责任，是指多数行为人违反法定义务，对一个受害人实施加害行为，或者不同的行为人基于不同的行为致使受害人的权利受到侵害，各个行为人产生的同一内容的侵权责任，各负全部赔偿责任，并因行为人之一的履行而使全体责任人的责任归于消灭的侵权责任形态。据此，医疗产品责任的责任分担形态也是不真正连带责任。首先，医疗机构、医疗产品的生产者或销售者基于不同原因致受害人的权利受到侵害。其次，各个债务主体承担同一内容的责任。最后，各个债务主体任何一个的履行即导致全体债务人的责任归于消灭。本案中，法院认为："该类事项属于多数债务人就基于不同原因而偶然产生的同一内容的给付，各负全部履行的义务，并因债务人之一的履行而使全体债务人的债务归于消灭的债务的情况。"如何理解上述认识？这种认识是否揭示了医疗产品责任的责任形态的本质？

5. 如何理解医疗产品责任中医疗机构的追偿权

《侵权责任法》第59条规定："因药品、消毒药剂、医疗器械的缺陷，或者输入不合格的血液造成患者损害的，患者可以向生产者或者血液提供提供机构请求赔偿，也可以向医疗机构请求赔偿。患者向医疗机构请求赔偿的，医疗机构赔偿后，有权向负有责任的生产者或者血液提供机构追偿。"根据该条规定，医疗机构如果行使追偿权需要满足以下条件：其一，在医疗产品责任中患者已经向医疗机构请求赔偿；其二，医疗机构已经依法进行了赔偿；其三，医疗机构须向负有责任的生产者或者血液提供机构进行追偿。那么，如何理解"负有责任的生产者或者血液机构"？这里的责任是何种责任？

6. 医疗产品责任中的举证责任应当如何分配

《民事诉讼证据规定》第4条第1款第6项规定："因缺陷产品致人损害的侵权诉讼，由产品的生产者就法律规定的免责事由承担举证责任。"第4条第1款第8项规定："因医疗行为引起的侵权诉讼，由医疗机构就医疗行为与损害结果之间不存在因果关系及不存在医疗过错承担举证责任。"但该解释没有对医疗产品责任中的举证责任作出规定。在侵权责任法中，关于医疗损害责任及医疗产品责任中的举证责任如何分担也没有明确规定。本案中，法院认为在产品致人损害的侵权诉讼中，受害人就对其所受的损害承担证明责任，还应就损害事实与使用了缺陷产品之间的因果关系进行证明。由于医疗使用的产品技术含量高，在受害人证明因果关系时应当适用因果关系推定理论，即受害人只要证明使用了某产品后发生某种损害，且这种缺陷产品有造成这种损害的可能，即可推定因果关系成立。这种认识是否具有法律根据，是否具有合理性？

（评注人：管洪彦）

43. 环境污染责任纠纷

司法案例

陆耀东诉永达公司案

上海市浦东新区人民法院初审民事判决[①]

基本案情

原告：陆耀东。

被告：上海永达中宝汽车销售服务有限公司。

法定代表人：何红兵，该公司总经理。

原告陆耀东因与被告上海永达中宝汽车销售服务有限公司（以下简称“永达公司”）发生环境污染损害赔偿纠纷，向上海市浦东新区人民法院提起诉讼。

经审理查明：原告陆耀东的居室西侧与被告永达公司经营场所的东侧相邻，中间间隔一条宽15米左右的公共通道。永达公司为给该经营场所东面展厅的外部环境照明，在展厅围墙边安装了3盏双头照明路灯，每晚7时至次日晨5时开启。这些位于陆耀东居室西南一侧的路灯，高度与陆耀东居室的阳台持平，最近处离陆耀东居室20米左右，其间没有任何物件遮挡。这些路灯开启后，灯光除能照亮永达公司的经营场所外，还能散射到陆耀东居室及周围住宅的外墙上，并通过窗户对居室内造成明显影响。在陆耀东居室的阳台上，目视夜间开启后的路灯灯光，亮度达到刺眼的程度。陆耀东为此于2004年9月1日提起诉讼后，永达公司已于同年9月3日暂停使用涉案路灯。

另查明：《城市环境装饰照明规范》由上海市质量技术监督局于2004年6月29日发布，2004年9月1日在上海市范围内实施。在该规范上，“外溢光/杂散光”的定义是：“照明装置发出的光中落在目标区域或边界以外的部分”；“障害光”的定义是：“外溢光/杂散光的数量或方向足以引起人们烦躁、不舒适、注意力不集中或降低对于一些重要信息（如交通信号）的感知能力，甚至对于动、植物亦会产生不良的影响时，即称之为障害光”；“光污染”的定义是：“由外溢光/杂散光的不利影响造成的不良照明环境，狭义地讲，即为障害光的消极影响”。

---

① 参见《最高人民法院公报》，2005（5）。

诉辩主张

原告诉称：原告在被告经营场所的隔壁小区居住。被告经营场所东面展厅的围墙边，安装着3盏双头照明路灯，每晚7时至次日晨5时开启。这些路灯散射的强烈灯光，直入原告居室，使原告难以安睡，为此出现了失眠、烦躁不安等症状，工作效率低下。被告设置的这些路灯，严重干扰了居民的休息，已经违反了从2004年9月1日起上海市开始实施的《城市环境装饰照明规范》的规定，构成光污染侵害。请求判令被告停止和排除对原告的光污染侵害，拆除该路灯，公开向原告道歉，并给原告赔偿损失1 000元。审理中，原告将请求赔偿损失的金额变更为1元。

原告陆耀东提交了以下证据：(1) 上海市安居房、平价房配售合同1份，用以证明陆耀东的居室与永达公司的经营场所相邻；(2) 2004年8月30日晚间拍摄的涉案路灯开启状态以及陆耀东居室外墙的照片2张，用以证明涉案路灯开启后的亮度以及陆耀东居室外墙受照射的程度；(3) 在陆耀东居室内拍摄的涉案路灯开启后灯光射入情况的录像片段，用以证明在夜间目视情况下，射入居室的涉案路灯灯光非常刺眼；(4) “人民网”、“北方网”上关于光污染的报道2篇，用以证明光污染会对人体健康造成负面影响；(5)《城市环境装饰照明规范》文本，用以证明涉案路灯的灯光对陆耀东居室的照射已达到该规范所指的“障害光”和“光污染”标准。

被告辩称：涉案路灯是被告为自己的经营场所外部环境提供照明安装的，是经营所需的必要装置，而且是安装在被告自己的经营场所上，原告无权干涉。该路灯的功率每盏仅为120瓦，不会造成光污染，不可能侵害原告，更不会对原告造成什么实际的损害结果。该路灯不仅为被告自己的经营场所外部环境提供了照明，事实上也为隔壁小区居民的夜间行走提供了方便。即便如此，为搞好企业与临近居民的关系，被告在得知原告起诉后，已经切断了涉案路灯的电源，并保证今后不再使用，故不同意原告的诉讼请求。

被告未提交证据，对原告提交的证据，被告质证认为：对证据(1)无异议，证据(2)、(3)不能证明涉案灯光已构成光污染，也不能证明该灯光妨害了原告，证据(4)与涉案灯光无直接关系，对证据(5)的真实性无异议，但无法证明涉案灯光的亮度已超出该规范规定的“障害光”、“光污染”标准。

法院判决

《中华人民共和国环境保护法》(以下简称《环境保护法》) 第2条规定：“本法所称环境，是指影响人类生存和发展的各种天然的和经过人工改造的自然因素的总体，包括大气、水、海洋、土地、矿藏、森林、草原、野生生物、自然遗迹、人文遗迹、自然保护区、风景名胜区、城市和乡村等。”第6条规定：“一切单位和个人都有保护环境的义务，并有权对污染和破坏环境的单位和个人进行检举和控告。”环境既然是影响人类生存和发展的各种天然的和经过人工改造的自然因素的总体，路灯灯光当然被涵盖在其中。被告永达公司在自己的经营场所设置路灯，为自己的经营场所外部环境提供照明，本无过错。但由于永达公司的经营场所与周边居民小区距离甚近，中间无任何物件遮挡，永达公司路灯的外溢光、杂散光能射入周边居民的居室内，数量足以改变居室内人们夜间休息时通常习惯的暗光环境，且超出了一般公众普遍可忍受的范围。因此，永达公司设置的路灯，其外溢光、杂散光确实达到了《城市环境装饰照明规范》所指的障害光程度，已构成由强光引起的光污染，遭受污染的居民有权进行控告。

被告永达公司辩称，涉案路灯用于其经营场所的正常环境照明，是经营所需的必要装置。经查，涉案路灯不属于车站、机场、公路等公共场所为公众提供服务而必须设置的照明、装饰用灯，只是永达公司为自己公司的经营便利而设置的路灯。永达公司完全有条件以其他形式为自己经营场所的外部环境提供照明，或者通过采取遮挡等必要的措施来避免自己设置的路灯侵害他人合法权益。永达公司的此项辩解理由，不能成为其侵权行为的合理免责事由，故不予采纳。

被告永达公司辩称，涉案灯光没有对原告陆耀东造成实际的损害结果。环境污染对人体健康造成的实际损害结果，不仅包括那些症状明显并可用计量方法反映的损害结果，还包括那些症状不明显且暂时无法用计量方法反映的损害结果。光污染对人体健康可能造成的损害，目前已为公众普遍认识。夜间，人们通常习惯于在暗光环境下休息。永达公司设置的路灯，其射入周边居民居室内的外溢光、杂散光，数量足以改变人们夜间休息时通常习惯的暗光环境，且超出一般公众普遍可忍受的范围，光污染程度较为明显。在此情况下，陆耀东诉称涉案灯光使其难以安睡，为此出现了失眠、烦躁不安等症状，这就是涉案灯光对陆耀东的实际损害。陆耀东诉称的这些实际损害，符合日常生活经验法则，根据最高人民法院《民事诉讼证据规定》第9条的规定，陆耀东无须举证证明，应推定属实。永达公司否认光污染对陆耀东造成了实际损害，应当举证反驳。永达公司不能举出涉案灯光对陆耀东身体健康没有产生危害的证据，对该辩解理由亦不予采纳。

《民法通则》第124条规定："违反国家保护环境防止污染的规定，污染环境造成他人损害的，应当依法承担民事责任。"《环境保护法》第41条规定："造成环境污染危害的，有责任排除危害，并对直接受到损害的单位或者个人赔偿损失。"被告永达公司开启的涉案路灯灯光，已对原告陆耀东的正常居住环境和健康生活造成了损害，构成环境污染。永达公司不能举证证明该侵害行为具有合理的免责事由，故应承担排除危害的法律责任。永达公司已于诉讼期间实际停止了开启涉案路灯，并承诺今后不再使用，于法无悖，应予支持。因永达公司的侵权行为没有给陆耀东造成不良的社会影响，故对陆耀东关于永达公司公开赔礼道歉的诉讼请求，不予支持。尽管陆耀东只主张永达公司赔偿其损失1元，但因陆耀东不能举证证明光污染对其造成的实际损失数额，故对该项诉讼请求亦不予支持。

综上，上海市浦东新区人民法院于2004年11月1日判决如下：

一、被告永达公司应停止使用其经营场所东面展厅围墙边的3盏双头照明路灯，排除对原告陆耀东造成的光污染侵害；

二、对原告陆耀东的其余诉讼请求，不予支持。

案由与焦点

1. 案由

本案的一级案由为"侵权责任纠纷"，二级案由为"侵权责任纠纷"，三级案由为"环境污染责任纠纷"。

环境污染责任纠纷是指因工业活动或者其他人为原因致使自然环境遭受污染，因污染而致生态或者他人人身、财产损害，从而应由污染者承担相应的侵权责任而引发的纠纷。

2. 焦点

本案争议的焦点是：在自己权益范围内安装为自己提供照明的路灯，能否构成环境污染中的光污染？被告永达公司安装的路灯，是否影响了原告陆耀东的权利？被告应否为此承担责任，承担什么责任？以上几个争议焦点实际上可以转化为：被告的行为是否构成环境污染侵权以及应当承担何种侵权责任。

评注与问题

1. 光污染是否属于环境污染，可否请求侵权救济

光污染已经成为一种新型的污染形式。一般认为，光污染泛指影响自然环境，对人类正常生活、工作、休息和娱乐带来不利影响，损害人们观察物体的能力，引起人体不舒适感和损害人体健康的各种光。从波长十纳米至一毫米的光辐射，即紫外辐射、可见光和红外辐射，在不同的条件下都可能成为光污染源。侵权责任法中所指的环境污染，既包括对生活环境的污染，也包括对生态环境的污染。对大气、水体、海洋、土地等生活环境的污染属于环境污染，对生物多样性的破坏、破坏生态环境和自然资源造成水土流失等生态环境的污染也属于环境污染。环境污染的形式既包括水污染、大气污染、噪音污染等传统的污染形式，还包括光污染、辐射污染等新型的污染形式。从本案的裁判结果来看，司法实践中法院已经通过对环境污染的扩张解释而肯定光污染属于环境污染的一种形式，并且已经明确肯定对光污染损害给予司法救济。从侵权责任法以及有关的环境保护法规的目的来看，只要污染者的行为污染生活、生态环境造成损害的，污染者就应当承担侵权责任。

2. 对健康权的扩张解释应当注意与哪些价值相平衡

健康权是指自然人以其机体生理机能正常运作和功能完善发挥，以其维持人体生命活动的利益为内容的人格权。随着社会文明步伐的推进，健康权的范围也呈现出日益扩大化趋势，其内涵不仅包括生理健康，也包括精神健康。在司法实践中，法官在对健康权进行解释的时候也呈现出日渐灵活性、广泛性的趋势，这符合以人为本的发展理念，体现了对人的尊重，应值得肯定。本案中，环境污染对人体健康造成的实际损害结果，不仅包括那些症状明显并可用计量方法反映的损害结果，还包括那些症状不明显且暂时无法用计量方法反映的损害结果。射入周边居民居室内的外溢光、杂散光，数量足以改变人们夜间休息时通常习惯的暗光环境，且超出一般公众普遍可忍受的范围，光污染程度较为明显。尤其值得称道的是，法院指出，涉案灯光使人难以安睡，并出现了失眠、烦躁不安等症状，这就是涉案灯光对原告的实际损害，而且这些实际损害，符合日常生活经验法则。但是需要注意的是，健康权的外延虽然呈现出不断扩张的趋势，但是也不能将其无限地扩大化，也应当予以适当限制，否则有可能危及人的行为自由，这同样背离立法的价值目标。

3. 环境污染责任的成立需要具备哪些要件

一般来说，环境污染责任需要具备以下构成要件：其一，须有污染环境的行为。污染环境的行为一般为积极的作为行为，即加害人实施某种行为（如排污）污染环境，原则上不作为的行为不构成污染环境的行为。污染环境的行为往往具有复杂性、渐进性、多因性的特点。那么，污染环境的行为是否必须“违反国家保护环境防止污染的规定”才被认为是污染环境的行为呢？对此问题，学界有不同的认识，但通说认为不需要这个要件。从我国现行法律规定来看，《民法通则》、《环境保护法》和《侵权责任法》的规定是有矛盾的。根据《民法通则》第124条的规定，污染环境的行为应当是“违反国家保护环境防止污染的规定”的行为。而《环境保护法》第41条第1款、《侵权责任法》第65条的规定均无此项要求。可见，我国的立法趋势也表明在认定污染环境的行为的时候无须考察是否“违反国家保护环境防止污染的规定”。

其二，须有客观的损害事实。环境污染的损害事实是指由于环境污染导致的人身、财产方面的损害。当然对损害的界定也是一个随着社会发展而不断变化的范畴。其三，须污染环境的行为与损害事实之间具有因果关系。这里的因果关系是指污染环境的行为与损害事实之间的引起与被引起的客观联系。由于污染环境行为的复杂性、渐进性和多因性，以及损害的潜伏性和广泛性，其因果关系之证明较之普通侵权行为案件更为复杂。国外关于环境污染中污染环境的行为与损害事实之间的因果关系发展出了很多理论学说，如优势证据说、比例规则说、盖然性说、疫学因果说、间接反证说等。请结合上述原理，分析法院在本案中是如何认定环境污染责任的各个构成要件的？

4. 光污染的实际损害是否必然需要原告举证加以证明

《民事诉讼证据规定》第 4 条第 1 款第 3 项规定："因环境污染引起的损害赔偿诉讼，由加害人就法律规定的免责事由及其行为与损害结果之间不存在因果关系承担举证责任。"《侵权责任法》第 66 条规定："因污染环境发生纠纷，污染者应当就法律规定的不承担责任或者减轻责任的情形及其行为与损害之间不存在因果关系承担举证责任。"根据上述规定，在环境污染责任中，原告应当对所受到的实际损害承担举证责任。但是由于光污染以及所侵害客体的特殊性，原告是难以举证证明所受到的实际损害的。本案中，法院引用《民事诉讼证据规定》第 9 条第 1 款第 3 项的规定，即根据"已知事实和日常生活经验法则能推定出的另一事实"，无须当事人举证加以证明。这种做法符合立法的价值目标，有效地维护了受害人的合法权益，是值得肯定的。

5. 环境污染责任中应当如何分配举证责任

环境污染责任适用无过错责任原则，这固然可使环境侵害中受害人的合法权益得到保护，但是，环境侵权中免责事由以及因果关系存在与否的规则也是环境污染责任中事关诉讼结果的核心问题。环境污染责任因果关系的证明难度很大，随着环境污染案件迅速增加，各国立法中采取各种有利于受害人权益保障的制度设计，免责事由存在与否以及因果关系认定采取了举证责任倒置原则。所谓举证责任倒置，是指在法律规定的一些特殊情形下，将通常应由提出事实主张的当事人所负担的举证责任分配给对方，由对方对否定该事实承担举证责任，如果该方当事人不能就此举证证明，则推定事实主张成立的一种举证责任分配制度。这是因为在环境污染责任的认定中，由受害人对污染者的行为与损害之间存在因果关系进行举证非常困难，如果仍然按照民事诉讼中"谁主张，谁举证"的原则，由受害人承担因果关系的举证义务，则受害人很难获得救济，这是由环境污染侵权的特殊性所决定的。结合上述判决的内容，分析判决书中是如何反映上述原理和立法规定的？

（评注人：管洪彦）

44. 高度危险责任纠纷

司法案例

倪仕贤诉煤气公司等案

江苏省南通市中级人民法院（2007）通中民一终字第 1022 号

基本案情

上诉人（一审被告）：启东市煤气有限公司。

法定代表人：唐琛明，该公司董事长。

委托代理人：潘家博、范益明，该公司职员。

被上诉人（一审原告）：倪仕贤。

委托代理人：倪晓东（系原告倪仕贤之子）。

委托代理人：张建春，金博大律师事务所上海分所律师。

被上诉人（一审被告）：南通金洲房地产开发有限公司。

法定代表人：许建飞，该公司经理。

委托代理人：王成，江苏南通东疆律师事务所律师。

经审理查明：2005 年 12 月 31 日 10 时 45 分许，本市汇龙镇东珠新村 42 号楼 27 号车库发生爆炸，引起火灾，燃烧时间约 30 分钟，造成原告夫妇两人受伤。原告倪仕贤因头面颈、双手烧伤Ⅱ度深 12%、吸入性损伤被及时送往南通大学附属医院（以下简称通大附院）烧伤科救治，该院于 2006 年 1 月 4 日为原告倪仕贤施行创面削痂自异体皮移植术。原告在该院共住院治疗 71 天，出院后，原告遵医嘱定期前往该院门诊复检。2006 年 7 月 3 日，原告倪仕贤及被告启东市煤气有限公司（以下简称“煤气公司”）协商一致，由启东市社会调解服务中心（以下简称“调解中心”）委托南通市第三人民医院司法鉴定所（以下简称“三院鉴定所”）对原告倪仕贤的伤残等级进行法医学鉴定，双方还同意由该中心凭鉴定结果进行经济方面的赔偿调处。7 月 6 日，三院鉴定所对原告的伤情进行鉴定后认为：原告倪仕贤面部、双手均见疤痕，右大腿有取皮疤痕，双手十指功能丧失超过 20%，其头面颈部及双手烧伤诊断明确，评定为 9 级伤残。2006 年 11 月 28 日，本院委托三院鉴定所对倪仕贤损伤后情况进行法医学鉴定，该所提出鉴定意见如下：(1) 参照《人身损害受伤人员误工损失日评定准则》的有关规定，结合损伤实际情况，倪仕贤的护理期限为末次手术出院后 6 个月左右为宜，住院期间的护理人数为 1 人。(2) 因倪仕贤头面颈部及双手疤痕愈合，其后续治疗中的手术费用为 1.5 万元左右，康复治疗费用为0.5万元左右。事故发生后，被告煤气公司通过调解中心支付原告及其妻子陆建英医疗费用23万元（已全部列入原告之妻陆建英的赔偿款中）。事故发生后，调解中心为原告倪仕贤及被告煤气公司进行过多次调解，因赔偿数额存在差距未成。

另查明：在该起事故中，除原告夫妇受伤外，该新村42号、40号楼，河南路561、563号，江海中路357号以及宝岛花园21楼共计43户住宅、营业用房的门窗、车库卷闸门及室内部分物品受损。该起事故的原因是天然气管道脱接，导致大量天然气泄漏，并通过地下管沟渗透至42号楼底层车库，达到爆炸极限的天然气遇27号车库内液化气灶上的明火发生了爆炸。2006年3月15日，启东市公安局消防大队对该起事故作出责任认定，认为煤气公司违反《中华人民共和国安全生产法》，建设部第62号令《城市燃气管理办法》，建设部、劳动部、公安部第10号令《城市燃气安全管理规定》和《江苏省燃气管理条例》等有关法规的规定，未能落实安全生产责任制，加强安全管理和职工的安全培训教育，导致职工未按规范进行天然气管道施工，未按规定及时有效采取措施消除隐患，应对这起事故负直接责任。南通金洲房地产开发有限公司（以下简称"金洲公司"）违反《中华人民共和国建筑法》、国务院《建设工程质量管理条例》等法规的规定，未按审查合格的图纸施工，擅自在车库内增设给排水设施，应对这起爆炸事故负间接责任。4月10日，启东市价格认证中心根据启东市安全生产监督管理局的委托对在爆炸中受损住宅及营业用房在事故中的直接财产损失进行了评估，合计损失价值达768 476.58元，已由煤气公司进行了赔偿。又查明，2005年10月5日、11月15日，东珠新村42号楼住户多次向被告煤气公司电话报警，要求该公司派员检修，但未有结果。事故发生后，煤气公司仍认为事故原因不是管道液化气泄漏。2006年1月1日，市公安局消防大队责成被告煤气公司进行天然气管道气密性试验。此日下午，煤气公司在检测中发现42号楼A单元进户向东6米处地下管道的丝口脱开，导致天然气大量泄漏。

又查明，原告倪仕贤及其妻子陆建英自1996年起至2005年12月23日止与其儿子倪晓东共同居住在启东市汇龙镇幸福一村93—2—308室倪晓东的住宅内，以后共同搬迁至本市汇龙镇东珠新村42楼101室、201室（均为倪晓东所有）。

上述事实有下列证据证明：（1）户口本及居委会的证明两份，证明原告系城镇居民。（2）门诊病历、出院记录、住院结算收据、医疗费明细、交通费发票证明原告在治疗期间所受到的损失。（3）法医学检验鉴定意见书、原告与煤气公司的协议书。法医学鉴定书第2页确定原告的伤残程度为9级。（4）启东市电力安装有限公司在2006年10月18日出具的证明，证明原告女婿（原告的护理人员）的工作情况。（5）前往港澳的通行证、签证、飞机票、摊位费、住宿发票等，证明原告儿子倪晓东因护理原告而产生的相关损失。（6）火灾事故责任书1份，证明本起事故的原因是天然气渗透积累到一定程度而引起爆炸，被告煤气公司对本起事故负直接责任，被告金洲公司负间接责任。

一审诉辩主张

原告倪仕贤诉称：原告在煤气爆炸事故中受伤并致残，被告煤气公司负该起事故的直接责任、被告金洲公司负该起事故的间接责任，故要求两被告赔偿医疗费95 422.84元、鉴定费1 500元、残疾赔偿金13年×14 084元/年×20%＝36 618.40元、精神损害抚慰金50 000元、营养费900元、伙食补助费1 278元、陪护人员伙食补助费1 278元、陪护人员住宿费2 840元、护理费（计算至定残前）19 740元、交通费5 884.50元、其他直接损失38 248.90元、后续治疗中的手术费用15 000元、康复治疗费用5 000元、定残后的护理费95 877.50元、后续手术治疗住院期间的必要费用4 860元，合计374 448.14元，并要求由该两被告承担连带赔偿责任。

被告煤气公司辩称：（1）原告的诉请过高，超过了当地受诉法院赔偿的标准，也超出了有关法律、法规的规定。对于医药费，煤气公司已向原告夫妇支付过 23 万元，可以从中扣除。陪护人员的伙食补助费在法律上没有规定，陪护人员的住宿费计算一次即可，不可重复计算。护理费过高，交通费过高且也存在重复计算，其他直接损失 3 万元过高，后续治疗费过高，康复治疗费用 5 000 元过高，定残后的护理费过高。（2）关于侵权问题，实际上是过错问题。原告儿子在买东珠新村房子时应当看到房子结构，车库没有设计水道，开发商依买房者要求改变房子的结构，也是造成此次事故的间接原因。正因为改变结构，所以一直无法查明煤气外漏的原因，其也有过错。从开发商的角度来看，没有征得设计部门的同意，擅自变更房子的结构，致使事故的发生，故本起事故系两被告混合过错造成。

被告金洲公司辩称：天然气输配管道的施工属于易燃高度危险作业，煤气公司系实施高度危险作业人，原告是因煤气公司实施的高度危险作业而受到伤害的，在不具备法定免责事由的情况下，应由煤气公司承担全部民事责任，故金洲公司不应作为本案的被告承担赔偿责任。本起爆炸事故的发生完全是因煤气公司的严重不负责任造成的，表现在该段管道未安装就绪（管道接口螺丝未拧）即投入使用，开通液化气后居民及物业公司多次向煤气公司报修，但煤气公司接报后不但不检修，反而在报修记录上伪造居民签字（用以证明其已修理）。金洲公司在车库增设给排水设施时并无过错，即使存在所谓的间接原因，如果煤气公司按规范施工，即使业主在车库内使用明火，爆炸事故也绝对不会发生；但即使不存在给排水管，由于煤气公司的违法施工，爆炸事故的发生仍是必然的。故金洲公司对爆炸事故的发生没有过错，不应当承担民事责任。但公安局火灾事故责任书认定煤气公司是事故的直接原因，金洲公司是间接原因，恳请法庭对该证据予以正确地认定。退一步讲，如果此责任书成立的话，金洲公司仅仅是事故的间接原因，这一间接原因不等于次要原因，对事故的发生没有必然性，金洲公司是房屋开发商，根据业主的要求对业主的车库安装上下水管，是方便业主更好地使用车库的便民措施。金洲公司对事故的发生不能预见、预防，主观上也没有过错。本起事故的发生完全是因为煤气公司没有按照规范进行施工，竣工后没有按照规定进行日常安全检查，尤其是在报修后煤气公司没有采取相应的措施，导致事故的发生，因此，煤气公司应承担全部赔偿责任。对原告的诉讼请求，恳请法庭进行审核，在法律规定范围内予以支持。

一审判决

江苏省启东市人民法院经审理认为：从事高空、高压、易燃、易爆、剧毒、放射性、高速运输工具等对周围环境有高度危险的作业造成他人损害的，应当承担民事责任。天然气的供输是社会生活不断进步的重要标志，它给人民生活带来了极大的方便，但天然气的供输也是高度危险的，直接影响到千家万户居民的生命和财产安全，因此，天然气的供输属高度危险作业，理应严格按照规章操作、加强安全管理。被告煤气公司在进行天然气管道施工过程中未按规范进行施工，在管道开通后多次接到气体泄漏报警而未采取任何措施以消除隐患，导致天然气爆燃事故的发生，造成巨大的财物损失及人员伤残，后果十分严重。该起事故是煤气公司在施工过程中严重违章操作、供输运作管理过程中玩忽职守造成的，被告煤气公司对因爆炸引起的所有损失应当承担赔偿责任。金洲公司在车库增设给排水设施的行为与天然气泄漏事故没有必然的联系，如果煤气公司在液化气管道施工过程中严格按章行事、在供输运作过程中紧抓安全管理，把人民的生命财产放在首位，本起事故是完全可以避免发生的，故原告要求金洲公司承担本案的民事责任，缺乏事实和法律依据，本院不予采纳。原告的户口虽在 2006 年才迁为非农业户口，但其自1996年始即投靠儿子、儿媳一家居住在本市汇龙镇，长期生活在城镇，故对其残疾赔偿金等相关赔偿项目均应按照城镇居民标准计算。原告受伤时年龄为67周岁，故其残疾赔偿金按13年计算并无错误，对煤气公司的该项辩解，本院不予支持。原告倪仕贤在爆燃事故中劫后余生，但由此造成的恐惧心理是难以在短时间内消除的，且其双手十指功能丧失超过20%，面、颈部仍留有疤痕，改变了原有的形象，挫伤了晚年生活的自信心，原告因此受到巨大的肉体创痛及精神创伤，故对原告主张的精神抚慰金应予支持，但其主张的数额过高，本院酌定其精神抚慰金的数额为10 000元。原告系头面颈部及双手烧伤，应加强营养、补充消耗、增强抵抗力，以促进痊愈，故其营养期限应适当延长，本院酌定为2个月。原告受伤后确有因治疗、复诊及处理事故等交通费用的损失，故对其主张交通费的主张予以支持，但原告主张的数额过高，本院酌定为2 500元（原告之妻陆建英的交通费用合并在本案中计算）。根据法医学鉴定及通大附院专家的意见，原告确需进行后续治疗，并需专人护理，其主张出院后护理费是合理的，但鉴于原告伤情的特殊性，目前尚无法确定原告的末次手术时间，故应按出院后6个月时间计算其护理人员1人的护理费，以后若再发生相关费用，可由原告另行主张权利。被告煤气公司对原告在事故中的服装损失并无异议，本院予以支持；原告之子倪晓冬因原告突然受伤而临时改变了原定去香港洽谈生意的行程，导致了机票退票的损失及签证费的损失，由于机票及签证具有针对特定对象的特性，不可随意替代，而倪晓冬作为原告之子在事故发生后已不可能如期赴港，故该两项损失也应列入赔偿范围；至于原告主张的倪晓冬在香港酒店房费、摊位及装修费等，因洽谈生意可另行指派其他人员替代，不属不可避免的损失，故对原告的该项主张，本院不予支持。原告主张的陪护人员伙食补助费、住宿费，于法无据，本院不予支持。据此，本院核定原告倪仕贤因伤所受损失为：（1）医疗费95 422.84元；（2）鉴定费15 005元；（3）残疾赔偿金13年×14 084元×20%=36 618.40元；（4）精神损害抚慰金10 000元；（5）营养费60天×5元/天=300元；（6）住院伙补费71×18元/天=1 278元；（7）护理费（原告之婿薛辉，按电力行业职工平均工资标准）71天×105元/天=7 455元；（8）交通费2 500元；（9）其他直接损失1 720元（其中原告在事故时服装受损价值1 000元、倪晓冬退机票损失520元、签证费200元）；（10）后续治疗手术费用15 000元；（11）康复治疗费用5 000元；（12）出院后护理费38 351元/年×0.5年=19 175.50元；合计195 969.74元。

依照《民法通则》第123条，最高人民法院《人身损害赔偿解释》第17条第1款、第2款、第18条之规定，判决如下：

一、被告煤气公司赔偿原告倪仕贤因伤所受损失195 969.74元，限在本判决生效后30日内履行。

二、驳回原告倪仕贤的其他诉讼请求。

如果未按本判决指定的期间履行给付金钱义务，应当按照《民事诉讼法》（1991年）第232条之规定加倍支付迟延履行期间的债务利息。本案受理费8 127元，其他诉讼费用3 945元，合计12 072元，由原告倪仕贤负担4 000元，被告煤气公司负担8 072元。

二审诉辩主张

上诉人煤气公司上诉称：（1）一审确认倪仕贤后续治疗费用15 000元没有事实和法律依据。（2）一审判决认为，金洲公司在车库增设给排水设施与天然气泄漏没有必然关系而不承担民事赔偿责任缺乏事实和法律依据。事实是发生事故的车库由金洲公司建设和施工，其为索取户主经济利益，明知底层车库与我公司施工的煤气供气管道紧紧相邻，却未经设计单位同意，且为省钱采用直接式而非纯水弯式给排水管道，严重违反了建筑工程施工规范，为底层车库的不安全性埋下了直接隐患，为天然气爆炸提供了便利条件，其行为违法，应当承担相应的民事赔偿责任。请求二审法院：(1) 变更一审判决第一项，取消煤气公司赔偿后续治疗手续费用15 000元；(2) 判令金洲公司承担30%的赔偿责任。

被上诉人倪仕贤辩称：后续手术费用必会发生，依法可以主张，煤气公司的上诉理由不能成立，请求驳回其上诉。

被上诉人金洲公司辩称：车库为房屋的附属设施，其在车库中增设给排水设施纯为便民措施，未从中牟利，其不能预见、预防事故的发生，主观上没有过错。金洲公司的行为虽对爆炸事故的发生具有间接原因，但这不等同于次要原因，并不必然导致爆炸事故的发生。事故的真正原因是因煤气公司违规操作，其应承担赔偿责任。请求驳回煤气公司上诉，维持原判。

二审判决

江苏省南通市中级人民法院经审理认为：一审认定的被上诉人倪仕贤因爆炸事故所造成的损失，当事人对此未提出上诉，故本院不予审查。就煤气公司的上诉请求和理由，本院审查认为，金洲公司在车库增设给排水设施的行为，不能认为其存在过错，且该行为并非天然气泄漏发生爆炸造成倪仕贤人身损害的实质性要素，两者之间的联系过于遥远，不能作为损害发生的原因，因此，金洲公司在车库增设给排水设施的行为与天然气泄漏爆炸事故人身损害没有因果关系，一审判决金洲公司不承担责任并无不当，煤气公司要求金洲公司共同承担民事责任的理由没有依据，本院不予支持。就15 000元的后续治疗费用，该费用依据鉴定结论属必然发生而未发生的费用，根据最高人民法院《人身损害赔偿解释》第19条第2款的规定，倪仕贤有权主张，煤气公司的该项上诉理由亦不成立。

江苏省南通市中级人民法院依照《民事诉讼法》第153条第1款第1项之规定，判决如下：

驳回上诉，维持原判。

二审案件受理费6 917元，由上诉人煤气公司负担。

案由与焦点

1. 案由

本案的一级案由为“侵权责任纠纷”，二级案由为“侵权责任纠纷”，三级案由为“高度危险责任纠纷”。

高度危险责任纠纷是指从事高度危险作业，或者占有、使用易燃、易爆、剧毒、放射性等高度危险物造成他人损害而引发的侵权责任纠纷。在“高度危险责任纠纷”三级案由下，包括以下四级案由：(1) 民用核设施损害责任纠纷；(2) 民用航空器损害责任纠纷；(3) 占有、使用高度危险物损害责任纠纷；(4) 高度危险活动损害责任纠纷；(5) 遗失、抛弃高度危险物损害责任纠纷；(6) 非法占有高度危险物损害责任纠纷。

2. 焦点

本案属于高度危险责任纠纷，对于案件的定性基本上不存有争议。本案争议的焦点集中在责任的承担主体和损害赔偿范围的确定。换言之，本案的争议焦点是谁应当承担责任，应当在多大范围内进行赔偿?

评注与问题

1. 如何在司法实践中界定“高度危险作业”

高度危险作业的界定在认定高度危险责任的过程中居于重要地位。《民法通则》第123条将常见、典型的高度危险作业均作了列举。但《侵权责任法》第63条并没有对高度危险作业作出明确的列举，而是采纳了“高度危险作业”这个高度开放性的概念。在司法实践中，高度危险作业的认定应当从如下几个方面考虑：第一，高度危险作业损害的严重性。就高度危险作业而言，一旦发生事故，受害人数众多，损害后果严重，往往会造成严重的生命财产损害，并可能形成大规模侵权。第二，高度危险作业损害的难以控制性。所谓危险的难以控制性，是指人们难以控制危险的发生，即使危险作业人采取了所有可能的措施，也可能无法避免损害的发生。第三，高度危险作业损害的异常性。高度危险作业的认定要考虑作业是否是采用通常的做法，如果采用通常的做法，就不属于高度危险作业。第四，高度危险作业的社会价值。法律上要求高度危险作业人承担责任，在某种程度上也是利益衡量的结果。虽然有可能造成严重的损害后果，但其本身仍然是有益于社会的活动，在认定高度危险作业时，同样要考虑作业的社会价值。高度危险作业本身的社会价值和其所可能带来风险的比例，也是认定其是否是高度危险作业的重要考量因素。需要指出的是，“该行为是否适合在特定场所实施”不宜作为高度危险作业的判断标准，因为，无论高度危险行为是否在妥当的场所实施，只要其危险变为现实，则受害人同样具有寻受救济的强烈需求，同样需要适用严格的侵权责任。总之，在认定高度危险作业时，应当考虑科技发展的程度和人类的认知能力，并综合当时、当地的具体情况加以判断。①

2. 高度危险责任的一般条款应当如何适用

《侵权责任法》第69条规定了高度危险责任的一般条款，即从事高度危险作业造成他人损害的，应当承担侵权责任。这样做的好处是，对目前已有法律规范的高度危险行为侵权责任的共性问题作出规定，可以为司法实践处理尚未有法律明确规范的高度危险行为提供一个指导性原则。② 学者普遍认为，该条属于高度危险责任的一般条款，该一般条款的设立是侵权责任法的重要创新，是立法者面对现代风险社会可能出现的各种新的、不可预测同时会造成极大损害的风险而采取的重要举措。③但是也应当注意的是，在比较法上尚无危险责任一般条款法定化的先例可循，而且该条款的高度抽象性、概括性和开放性增加了其准确适用的难度。如果对该一般条款的适用范围不作出界定，可能会使法官在适用该条款时自由裁量权过大，从而导致危险责任的过于泛滥，极大地限制人们的创新和探索活动。所以，在司法实践中对高度危险责任的适用范围予以适当限制同样是必要的。《侵权责任法》第69条规定的高度危险责任的一般条款是仅仅针对高度危险作业，还是也包括高度危险活动？第69条的规定与第70～76条的规定在适用中有无先后关系？本案应当适用第69条的规定抑或是第72条的规定？请结合本案加以分析。

3. 煤气公司违章操作对本案责任的成立有无实质性影响

本案中，煤气爆炸所产生的致害责任本质上属于高度危险物致害责任，属于侵权责任法规定的高度危险责任的一种类型。该类责任的归责原则是无过错责任，在认定该责任过程中不需

①③ 参见王利明：《论高度危险责任一般条款的适用》，载《中国法学》，2010（6）。

② 参见王胜明主编：《中华人民共和国侵权责任法解读》，347页，北京，中国法制出版社，2010。

要考虑危险物的占有人或者使用人的过错。在认定该责任时，只要具备高度危险物的危险实现、受害人的损害、高度危险物的危险实现与损害之间具有因果关系3个要件，该致害责任即可成立。这主要是因为高度危险责任本质上是对合法的危险行为的责任，高度危险责任并不以违法性为要件，是否违章操作对责任的成立无实质性影响。立法之所以让实行高度危险作业的有关主体承担责任，并不是因为其有无违章操作，而是因为该行为的固有危险性可能会造成损害后果，而高度危险作业的实施者作为利益承受者理应对该部分损害予以填补。本案中，一审法院对煤气公司的行为违章给予了较多关注，认为天然气的供输属高度危险作业，理应严格按照规章操作、加强安全管理。煤气公司在施工过程中严重违章操作、供输运作管理过程中玩忽职守是造成爆炸事故的原因，因此，煤气公司对因爆炸引起的所有损失应当承担赔偿责任。虽然本案裁判的最终结果对责任主体的认定并无错误，但是裁判说理的重点却有所偏离。煤气公司承担责任的根据并非源于其是否违章操作，而是其所从事的高度危险作业所具有的固有危险性。即便煤气公司没有违章操作，对发生的损害后果仍需承担责任。

4. 金洲公司在车库增设给排水设施的行为与本案损害结果的发生有无法律上的因果关系

本案中，金洲公司并不是高度危险作业的实施者，故其承担责任的基础不同于高度危险责任的实施者。欲确立金洲公司的责任，需要证明其具有过错且其行为与损害之间具有因果关系。一审法院从因果关系的角度排除了金洲公司的责任，二审法院认为金洲公司在车库增设给排水设施的行为，不能认为其存在过错，且该行为并非天然气泄漏发生爆炸造成倪仕贤人身损害的实质性要素，两者之间的联系过于遥远，不能作为损害发生的原因，因此，金洲公司在车库增设给排水设施的行为与天然气泄漏爆炸事故人身损害没有因果关系。试结合本案案情以及过错与因果关系的相关法理分析一、二审法院判决结果合理与否。

5. 对原告之子倪晓冬机票退票的损失及签证费的损失给予赔偿是否合理

本案中，一审判决认为，原告之子倪晓冬因原告突然受伤而临时改变了原定去香港洽谈生意的行程，导致了机票退票的损失及签证费的损失，由于机票及签证具有针对特定对象的特性，不可随意替代，而倪晓冬作为原告之子在事故发生后已不可能如期赴港，故该两项损失也应列入赔偿范围；至于原告主张的倪晓冬在香港酒店房费、摊位及装修费等，因洽谈生意可另行指派其他人员替代，不属不可避免的损失，故对原告的该项主张，法院不予支持。原告主张的陪护人员伙食补助费、住宿费，于法无据，法院不予支持。请结合侵权责任中因果关系以及纯粹经济损失的有关法理分析以下问题：（1）原告之子倪晓冬的何种权益受到了侵害？换言之，上述损失是否源于原告之子所直接受到的人身或者物的损害？（2）原告之子所受到的机票退票损失及签证费损失属于何种性质的损失？对这种损失给予救济在我国现行法中是否具有法律根据？（3）法院对原告主张的倪晓冬在香港酒店房费、摊位及装修费等拒绝给予赔偿的理由是否充分？（4）假设原告之子又主张其在香港丧失了一次签约机会而受有损失，对于该损失能否得到法院的支持？

（评注人：管洪彦）

45. 触电人身损害责任纠纷

司法案例

刘景润诉淮南矿业集团等案

安徽省高级人民法院（2010）皖民一终字第 00029 号

基本案情

上诉人（原审原告）：刘景润。

委托代理人：孔宁，山东普新律师事务所律师。

委托代理人：刘军华，山东普新律师事务所律师。

上诉人（原审被告）：淮南矿业（集团）有限责任公司。

法定代表人：王源，该公司董事长。

委托代理人：秦丽萍，该公司法律顾问室副主任。

委托代理人：姚善云，该公司安装分公司法律顾问。

上诉人（原审被告）：江苏苏南建筑基础工程有限公司。

法定代表人：花新华，该公司董事长。

委托代理人：董建中。

上诉人刘景润、上诉人淮南矿业（集团）有限责任公司（以下简称"淮南矿业集团"）、上诉人江苏苏南建筑基础工程有限公司（以下简称"苏南公司"）电力人身损害赔偿纠纷一案，安徽省淮南市中级人民法院于 2008 年 11 月 20 日作出（2007）淮民一初字第 25 号民事判决。宣判后，刘景润、苏南公司均不服，向本院提起上诉。本院于 2009 年 7 月 10 日作出（2009）皖民一终字第 69 号民事裁定，将案件发回淮南市中级人民法院重审。淮南市中级人民法院重审后，于 2010 年 1 月 28 日作出（2009）淮民一初字第 24 号民事判决。宣判后，刘景润、淮南矿业集团、苏南公司均不服，向本院提起上诉。本院受理后，依法组成合议庭，于 2010 年 11 月 15 日公开开庭进行了审理。上诉人刘景润及其委托代理人孔宁、刘军华，上诉人淮南矿业集团的委托代理人秦丽萍、姚善云，上诉人苏南公司的法定代表人花新华及委托代理人董建中到庭参加了诉讼。本案现已审理终结。

经审理查明：2006 年 6 月 5 日，淮南矿业集团望峰岗矿井建设项目部与淮南矿业集团安装工程分公司（以下简称"安装分公司"）签订一份《建设工程施工合同》，将望峰岗矿井工业场地地面排矸系统矸石翻车机房、矸石仓、矸石胶带机栈桥建筑工程发包给安装分公司。2006

年8月2日，安装分公司路桥项目部与苏南公司签订一份《建设工程施工合同》，将望峰岗矿井翻矸机房、矸仓、矸石胶带机栈桥工程交由苏南公司承包施工。该合同第9条第6项约定：乙方（苏南公司）必须根据工程特点配足具有相关经验施工技术管理人员。施工负责人郑国联、施工队长吕洪彬、资料员沈祥，因组织不力无法保证工程正常施工，甲方（安装分公司路桥项目部）无条件更换施工队并由乙方承担由此给甲方造成的一切损失。2007年1月11日下午，施工人员刘杰、刘景润在望峰岗井地面排矸系统桥框架上焊接钢筋。14时50分，刘景润在脚手架上接刘杰递上来的螺纹钢筋（直径20mm，长度3.5m）时，螺纹钢筋触到距离框架侧上方一米左右的612号高压电线（6kV），刘景润遭受电击。刘景润当即被送往当地医院抢救，后转往上海电力医院治疗。该院对刘景润实施了双上肢、右下肢截肢术。淮南矿业集团支付了刘景润医疗费及第一次安装假肢的费用等共计22万余元。

2007年7月25日，刘景润提起本案诉讼，要求淮南矿业集团赔偿其交通费、护理费、残疾赔偿金、残疾辅助器具费及精神抚慰金等各项损失共计3 794 720元。一审诉讼过程中，淮南市中级人民法院追加苏南公司为本案被告。

一审诉讼期间，经刘景润申请，淮南市中级人民法院委托淮南市朝阳司法鉴定所对刘景润的伤残等级进行鉴定。结论为：（1）被鉴定人刘景润因电击伤致三肢缺失，属于一级伤残；（2）电击伤皮肤损伤，瘢痕形成达体表面积4%以上，属于十级伤残；（3）电击致左下肢肌力Ⅵ级，生活能力部分受限，属于十级伤残。

另查明：612号高压线路（6kV）产权人为淮南矿务局李郢孜二矿。望峰岗矿井工程施工过程中，安装分公司路桥项目部2006年11月19日向望峰岗矿井项目部、淮南国汉建设监理咨询有限公司（以下简称"国汉监理公司"）报告：因高压电线影响，申请停工。国汉监理公司望峰岗项目监理部次日在报告上签署：情况属实，停工时间从2006年11月20日计。2006年12月14日，安装分公司路桥项目部向望峰矿岗井项目部、国汉监理公司报告，申请部分工程复工。国汉监理公司望峰岗项目监理部同日同意工程局部复工。2006年12月21日下午，有14个单位参加的望峰岗矿井地面工程安全生产平衡会议要求，栈桥部分高压电线影响施工，现已停工，严禁私自施工。

一审判决

刘景润触高压电受伤，事实清楚。淮南矿业集团作为电力设施产权人以及工程建设单位，在工程开工之前，未按规定报县级以上地方电力管理部门批准，未采取安全措施情况下，即进行作业；施工过程中在发现施工现场有高压电线通过存在危险的情况下，虽然提出了停工要求，但未采取有效措施防止事故发生，未完全尽到应尽的防范义务。因此，淮南矿业集团对本案事故的发生存在过错，对刘景润的损害应承担相应赔偿责任。苏南公司作为工程施工单位，在建设单位和工程监理单位明确要求停工，严禁私自施工的情况下，未对现场采取相应的防护措施，仍指派刘景润施工，对本起事故的发生亦有过错，对刘景润的损害也应承担相应赔偿责任。事故发生时，刘景润已年满18周岁，对施工现场因有高压电线通过而可能产生的危险有完全的认知和预见能力，没有完全尽到应尽的自我防范义务，对事故的发生也存在过错，对其自身遭受的损害应承担相应责任。各方应承担的责任比例按淮南矿业集团、苏南公司、刘景润40%、50%和10%确定较为合理。刘景润具体损失数额为：（1）鉴定费3 000元；（2）护理费99 700元（按山东省2007年农村居民纯收入每年4 985元计算）；（3）残疾赔偿金99 700元；（4）误工费13 806.20元（从2007年1月11日至定残日2007年10月30日，按安徽省建筑业平均工资每日46.96元计算）；（5）残疾辅助器具费2 210 000元（计算至75周岁，假肢每4年更换一次，至74岁更换第13次；每次费用为17万元）、假肢维修保养费901 000元（每年为17 000元，计算至75岁）、更换维修假肢期间的住宿费10 920元（60元/天×7天/次＝420元/次，420元/次×13次×2人），3项相加计3 121 920元；（6）精神损害赔偿金8万元。以上总计3 418 126.20元。综上，依据《民法通则》第106条第2款、《中华人民共和国电力法》（以下简称《电力法》）第54条、《电力设施保护条例》第17条、最高人民法院《人身损害赔偿解释》第26条的规定，判决如下：

一、刘景润应获得的各项赔偿费用：（1）鉴定费3 000元；（2）护理费99 700元；（3）残疾赔偿金99 700元；（4）误工费13 806.20元；（5）残疾辅助器具费2 210 000元、假肢维修保养费901 000元、更换维修假肢期间的住宿费10 920元，三项共计3 121 920元；（6）精神损害赔偿金8万元，总计3 418 126.20元。由淮南矿业集团于判决生效后10日内一次性赔偿刘景润1 367 250.48元，由苏南公司于判决生效后10日内一次性赔偿刘景润1 709 063.10元；

二、驳回刘景润的其他诉讼请求。

案件受理费40 940元，由淮南矿业集团承担13 116.70元，苏南公司承担16 395.90元，刘景润承担11 427.40元（予以免交）。

二审诉辩主张

刘景润上诉请求：撤销原判，改判淮南矿业集团承担本案全部责任，苏南公司承担连带赔偿责任。理由是：（1）原审判决认定苏南公司为施工单位错误。根据淮南矿业集团望峰岗矿井建设项目部与安装分公司签订的《建设工程施工合同》，工程由安装分公司总承包，并不得分包。因此，安装分公司与苏南公司签订的《建设工程施工合同》应属无效；根据苏南公司提供的证据，工程所需材料以安装分公司路桥项目部的名义购买，施工安全由安装分公司望峰岗井项目部经理负责，因此，工程实际施工单位为淮南矿业集团和苏南公司，淮南矿业集团既是施工单位，也是建设单位。（2）原审判决认定淮南矿业集团承担40%的过错责任错误。淮南矿业集团是案涉电力设施的产权人和工程建设单位，未按照法律规定在工程开工前向县级以上电力管理部门申请批准，违反法律强制性规定；明知施工现场存在安全隐患，不采取有效措施。刘景润虽然系完全民事行为能力人，但其施工行为是履行职务，刘景润对损害的发生没有任何过错。因此，淮南矿业集团对事故的发生应承担全部责任，苏南公司作为工程的共同施工单位，应当担连带责任。（3）原审判决适用法律错误。刘景润系因高压电造成人身损害，赔偿责任的承担和归责原则应当适用《民法通则》第123条、最高人民法院《人身损害赔偿解释》第2条的规定，由淮南矿业集团承担无过错赔偿责任。

淮南矿业集团上诉请求：撤销原审判决，改判淮南矿业集团不承担责任，具体理由是：（1）一审判决淮南矿业集团承担40%的责任，属认定事实错误。高压电线影响工程施工时，产权人采取了停工、准备迁移高压电线的措施。施工现场已停工五十多天，淮南矿业集团准备对高压电线进行迁移时，苏南公司仍指派刘景润等作业。因此，刘景润所受伤害责任完全在苏南公司。（2）高压电线下工程停工这一事实淮南矿业集团已明确告知苏南公司，苏南公司也已明知；且苏南公司和刘景润本人明知高压电线下作业存在严重安全隐患，因此，苏南公司、刘景润进场施工的行为属于故意行为，构成《民法通则》第123条规定的产权人免责情形，淮南矿业集团不应承担民事责任。（3）案涉高压电线下施工现场停工期间，苏南公司施工负责人郑国联擅自指派员工进行施工，应当视为《电力法》第52条第2款、《电力设施保护条例》第17条以及建设部《施工现场临时用电安全技术规范》所禁止的行为，电力设施产权人依法享有免责事由。（4）刘景润在电力设施保护区的高压电线下新建建筑物遭受电击伤害，根据安徽省高级人民法院的相关指导意见，淮南矿业集团作为电力设施产权人最多只承担30%的责任，一审判决淮南矿业集团承担40%责任没有依据。(5) 一审判决没有经过鉴定和比较，仅凭刘景润单方提供的证据，认定刘景润的假肢更换期限、次数和维修费用显然错误；一审法院不考虑刘景润安装假肢后生活自理能力的改善，判决的护理期限过长；淮南矿业集团请求对残疾器具费的给付采取定期金的方式，一审法院不予采纳，有悖于本案具体情况。

苏南公司上诉请求：撤销原审判决，改判苏南公司不承担责任，理由是：(1)《建设工程施工合同》签订后，苏南公司并未实际履行，一审判决认定苏南公司为施工人错误。(2) 刘景润明确要求淮南矿业集团承担无过错赔偿责任，一审法院按过错责任判决，明显错误。如果苏南公司是施工单位，即应根据劳动法律承担无过错赔偿责任，而不是一审判决认定的过错责任。(3) 淮南矿业集团作为建设单位和高压电线的产权单位，在项目立项及施工时没有按规定报经批准、没有采取任何安全防范措施、没有采取有效措施阻止他人接近高压电线，因此，即使按过错责任判决，淮南矿业集团的过错远比苏南公司要大，应承担主要责任。(4) 一审法院违背当事人刘景润的意愿，强行追加苏南公司为被告，擅自冻结苏南公司财产，审理程序存在严重错误。(5) 一审判决认定的假肢费用、精神抚慰金的数额过高。

二审庭审过程中，当事人均没有提供新的证据，对相对方一审中提供的证据也没有发表新的质证意见。原审判决认定的事实本院予以确认。

二审审理过程中，经本院组织调解，苏南公司与刘景润达成了调解协议。本院已以(2010) 皖民一终字第00029号民事调解书对该调解协议的法律效力予以确认。

二审判决

本院认为：鉴于刘景润与苏南公司达成的调解协议的法律效力本院已予确认，故刘景润上诉请求、理由中针对苏南公司的部分以及苏南公司的上诉请求和理由，本院不再审查。综合归纳刘景润针对淮南矿业集团的上诉请求和理由以及淮南矿业集团的上诉请求和理由，当事人争议的焦点问题主要是：(1) 原审判决确定的刘景润的假肢费用（包括更换、维修费用）、护理期限是否适当；(2) 本案赔偿责任应如何承担，淮南矿业集团要求残疾辅助器具费以定期金的方式给付能否支持。

关于原审判决确定的假肢费、护理费期限是否适当的问题。刘景润三肢缺失，如何配备残疾辅助器具，应以相关专业机构或者生产厂家的证明为准。诉讼过程中，淮南矿业集团没有提供证据证明适合刘景润配置的普及型残疾器具的市场价格，原审判决以刘景润提供的上海天弓假肢矩形器有限公司的假肢装配评估证明确定刘景润的假肢费用，并无不当。淮南矿业集团此点上诉理由，本院不予支持。从刘景润的伤残情况看，即使配置了假肢，其生活自理能力仍然受限，需终身护理，原审判决依照最高人民法院《人身损害赔偿解释》第21条第3款的规定，支持刘景润20年护理费并无不当。淮南矿业集团称原审判决确定的护理期限过长的上诉理由，本院不予采纳。

关于本案的责任承担、残疾辅助器具费的给付方式问题。刘景润遭受6KV高压电击伤害，故本案应适用《民法通则》第123条、最高人民法院《关于审理触电人身损害赔偿案件若干问题的解释》第2条的规定处理。原审判决仅适用《电力法》第54条、《电力设施保护条例》第17条不当，本院予以纠正。最高人民法院《关于审理触电人身损害赔偿案件若干问题的解释》第2条规定："因高压电造成人身损害的案件，由电力设施产权人依照民法通则第一百二十三条的规定承担民事责任。但对因高压电引起的人身损害是由多个原因造成的，按照致害人的行为与损害结果之间的原因力确定各自的责任。致害人的行为是损害后果发生的主要原因，应当承担主要责任；致害人的行为是损害后果发生的非主要原因，则承担相应的责任。”因此，在确定本案当事人的具体责任时应分析各方行为与刘景润损害后果之间的原因力。淮南矿业集团作为案涉工程的建设单位，工程开工前未向县级以上电力管理部门申报批准；在工程施工中发现安全生产隐患时，既没有及时采取措施消除隐患，又未采取有效措施防范危险发生；此外，淮南矿业集团作为电力设施的产权人，其本身即应对这种高度危险作业行为可能造成的损害承担赔偿责任。综合上述两个方面的理由，应当认为，淮南矿业集团的行为是造成刘景润遭受电击伤害的主要原因之一。苏南公司与淮南矿业集团的下属单位签订案涉工程的施工合同后，疏于管理，忽视安全生产，尤其是在工程监理单位发出停工通知后，仍然组织施工，是造成刘景润遭受电击伤害的又一主要原因。刘景润作为完全民事行为能力人，工作中疏忽大意，是损害发生的次要原因。综上分析，淮南矿业集团、苏南公司的行为对刘景润遭受损害的原因力等同，二者在本案中应承担同等责任。原审判决确定淮南矿业集团承担40%的赔偿责任，而苏南公司承担50%的赔偿责任欠妥，本院对此予以变更。淮南矿业集团对刘景润的损害应承担45%的赔偿责任。淮南矿业集团上诉称刘景润遭受电击伤害责任完全在苏南公司、其存在法定的免责事由等，均与事实不符，本院不予采纳。刘景润上诉要求淮南矿业集团承担全部责任没有法律依据，本院不予支持。根据最高人民法院《人身损害赔偿解释》第33条的规定，赔偿义务人要求以定期金方式给付残疾辅助器具费的，应当提供相应的担保。诉讼过程中，淮南矿业集团虽然提出了以定期金方式给付残疾辅助器具费的请求，但没有提供相应的担保，原审判决不支持其此项请求并无不当，淮南矿业集团此点上诉理由本院不予采纳。

综上，原审判决认定事实基本清楚，但适用法律不当，判决淮南矿业集团实际承担的责任欠妥，本院予以改判。依据《民法通则》第123条、最高人民法院《关于审理触电人身损害赔偿案件若干问题的解释》第2条、《民事诉讼法》第153条第1款第2项的规定，判决如下：

一、维持安徽省淮南市中级人民法院（2009）淮民一初字第24号民事判决的第二项，即“二、驳回刘景润的其他诉讼请求”部分；

二、撤销安徽省淮南市中级人民法院（2009）淮民一初字第24号民事判决的第一项，即“一、刘景润应获得的各项赔偿费用：（1）鉴定费3000元；（2）护理费99 700元；（3）残疾赔偿金99 700元；（4）误工费13 806.20元；（5）残疾辅助器具费2 210 000元、假肢维修保养费901 000元、更换维修假肢期间的住宿费10 920元，三项共计3 121 920元；（6）精神损害赔偿金8万元，总计3 418 126.20元。由被告淮南矿业（集团）有限责任公司于本判决生效后10日内一次性赔偿原告刘景润1 367 250.48元，由被告江苏苏南建筑基础工程有限公司于本判决生效后10日内一次性赔偿原告刘景润1 709 063.1元”部分。

三、淮南矿业集团于本判决生效之日起3日内赔偿刘景润1 538 156.79元。

如果未按本判决指定的期间履行给付金钱义务，应当依照《民事诉讼法》第229条之规定，加倍支付迟延履行期间的债务利息。一审案件诉讼费40 940元，由淮南矿业集团承担13 116.70元，刘景润承担11 427.40元（予以免交）；本判决争议金额部分二审案件诉讼费13 116.70元，由淮南矿业集团承担。

本判决为终审判决。

案由与焦点

1. 案由

本案的一级案由为“侵权责任纠纷”，二级案由为“侵权责任纠纷”，三级案由为“触电人身损害责任纠纷”。

触电人身损害责任纠纷是指受害人因触电遭受人身损害要求电力设施产权人承担相应侵权责任的纠纷。

2. 焦点

本案争议的焦点集中在以下三个方面：(1) 触电人身损害责任纠纷中应当适用何种归责原则？(2) 触电人身损害责任纠纷中应当由谁承担责任？存在多个加害原因的情形下应当如何分担责任？(3) 因高压电造成人身损害的应当适用哪些法律法规？(4) 当事人在二审过程中可否达成调解协议？其效力如何？(5) 原审判决确定的刘景润的假肢费用（包括更换、维修费用）、护理期限是否适当？(6) 淮南矿业集团要求残疾辅助器具费以定期金的方式给付能否得到法院支持？

评注与问题

1. 触电人身损害责任纠纷中应当适用何种归责原则

为正确审理因触电引起的人身损害赔偿案件，保护当事人的合法权益，根据《民法通则》、《电力法》和其他有关法律的规定，结合审判实践经验，最高人民法院于 2000 年 11 月 13 日通过了《关于审理触电人身损害赔偿案件若干问题的解释》。该解释将《民法通则》第 123 条所规定的“高压”限定为 1 千伏（kV）及其以上电压等级的高压电，1 千伏（kV）以下电压等级为非高压电。而且对高压电和非高压电适用不同的归责原则，即电力设施输送的是 1 千伏（kV）及其以上电压等级的高压电的，适用无过错责任原则；电力设施输送的是 1 千伏（kV）以下电压等级为非高压电的，适用过错责任原则。请结合本案案情以及上述规定分析，一审法院依据了何种标准确定淮南矿业集团和苏南公司的责任？这种认定标准有无必要，为什么？应当依据何种归责原则认定淮南矿业集团和苏南公司的责任？

2. 因高压电造成人身损害的应当如何适用法律

对于因高压电造成人身损害的，在现有法律框架内可以适用的法律、法规主要有：《民法通则》第 123 条、《侵权责任法》第 73 条、《电力法》的有关规定、最高人民法院《人身损害赔偿解释》的有关规定、最高人民法院《关于审理触电人身损害赔偿案件若干问题的解释》的有关规定等。在适用上述法律及司法解释的过程中，应当严格按照民事法律适用的有关原则和规则进行，如按照上位法优先于下位法的原则、新法优先于旧法的原则、特别法优先于普通法的原则、强行法优先于任意法的原则进行。本案中，二审法院认为，刘景润遭受 6KV 高压电击伤害，故本案应适用《民法通则》第 123 条、最高人民法院《关于审理触电人身损害赔偿案件若干问题的解释》第 2 条的规定处理。原审判决仅适用《电力法》第 54 条、《电力设施保护条例》第 17 条不当。这种认识有无道理，为什么？一审法院违背了法律适用的哪些原则？二审法院在选择适用法律的过程中有无疏漏，为什么？

3. 触电人身损害责任纠纷中应当由谁承担侵权责任？如何分担责任

最高人民法院《关于审理触电人身损害赔偿案件若干问题的解释》第 2 条规定：“因高压电造成人身损害的案件，由电力设施产权人依照民法通则第一百二十三条的规定承担民事责任。但对因高压电引起的人身损害是由多个原因造成的，按照致害人的行为与损害结果之间的原因力确定各自的责任。致害人的行为是损害后果发生的主要原因，应当承担主要责任；致害人的行为是损害后果发生的非主要原因，则承担相应的责任。”本案中，刘景润遭受 6KV 高压电击伤害，故应当适用《民法通则》第 123 条、最高人民法院《关于审理触电人身损害赔偿案件若干问题的解释》第 2 条的相关规定确定责任主体。首先，根据《民法通则》第 123 条规定，本案应当适用无过错归责原则。其次，根据最高人民法院《关于审理触电人身损害赔偿案件若干问题的解释》第 2 条第 2 款的规定，应当对因高压电引起的人身损害的多个原因的主次作出区分，分别致害人的行为与损害结果之间的原因力确定各自的责任。结合上述一审法院和二审法院的判决和《侵权责任法》第 73 条的规定，分析法院是如何确定责任主体和分配责任的，是否符合相关法律法规的规定?

4. 调解协议和法院调解书的关系如何? 法院调解书的效力有哪些

调解协议是指诉讼当事人在诉讼过程中就有关诉讼事项在自愿、合法原则基础上达成的一致性意见。法院调解书是由人民法院制作的，记载当事人达成的调解协议内容的法律文书。可见，调解协议仅体现了当事人的意志，而法院根据调解协议制定的调解书既体现了当事人的意志和处分权利，又是人民法院行使审判权的重要标志。人民法院依法制定的法院调解书一经送达双方当事人，具有同生效的判决书相同的法律效力。在实体上，当事人之间的权利义务关系得以确定；在程序上，当事人不得以同一事实和理由再行起诉。而且法院调解书具有强制执行力，且不得上诉。故本案中，二审法院认为，鉴于刘景润与苏南公司达成的调解协议的法律效力本院已予确认，故刘景润上诉请求、理由中针对苏南公司的部分以及苏南公司的上诉请求和理由，本院不再审查。这种做法是具有法律根据的，符合我国有关调解协议和法院调解书的有关规定。

5. 以定期金的方式给付赔偿费用的应当满足什么条件

人身损害赔偿金的支付方式主要有一次性给付和定期金给付两种方式。一次性给付是指无论是受害人所受到的损害还是所失利益，都应当在一次诉讼中一揽子算定，并要求赔偿义务人一次性支付给赔偿权利人。定期金给付是指法院判决赔偿义务人在未来的一段时间内（受害人终身或某一期间）内，按照确定的期限（如每年或每月）向赔偿权利人支付损害赔偿金的支付方式。定期金的支付方式具有以下优越性：其一，避免了赔偿义务人因一次性支付过多的赔偿金而破产或支付不能；其二，避免了因通货膨胀给受害人带来的可能的不利；其三，避免受害人（尤其是受害人的监护人）提前花费赔偿金，而使其未来生活发生重大困难；其四，避免受害人亲属得到重大不当得利（如受害人在判决生效后很短时间内因其他原因死亡，而判决确定的一次性给付支付 20 年的残疾赔偿金）。[①] 可见，定期金的支付方式对赔偿义务人是有利的。最高人民法院《人身损害赔偿解释》以及《关于审理触电人身损害赔偿案件若干问题的解释》均规定了定期金的支付方式。

适用定期金的支付方式需要具备一定的条件。首先，定期金的支付方式需要限定特定的赔偿项目，如给付残疾赔偿金、被扶养人生活费、残疾辅助器具费等；其次，只有当赔偿义务人提出请求且提供相应的担保时，法院才可能适用定期金的支付方式。故本案中，一审、二审法院均认为，淮南矿业集团虽然提出了以定期金方式给付残疾辅助器具费的请求，但没有提供相应的担保，故不予支持其按照定期金方式支付赔偿金。这样裁判是具有法律根据的。

（评注人：管洪彦）

① 参见张新宝：《侵权责任法原理》，516 页，北京，中国人民大学出版社，2005。

46. 饲养动物损害责任纠纷

司法案例

徐添鑫等诉尹锐等案

云南省昆明市中级人民法院（2009）昆民三终字第133号

基本案情

上诉人（原审原告）：徐添鑫。

上诉人（原审被告）：詹华棋、喻宗琼、喻宗虎。

被上诉人（原审被告）：尹锐、尹晓华。

上诉人徐添鑫、詹华棋、喻宗琼、喻宗虎因与被上诉人尹锐、尹晓华饲养动物致人损害赔偿纠纷一案，不服昆明市石林县人民法院（2008）石民初字第700号民事判决，向本院提起上诉。本院于2009年1月7日受理此案后，依法组成合议庭进行了审理。本案现已审理终结。

原审法院查明案件事实如下：2007年11月5日，被告尹晓华将其所有的大屯养鸡场以每年8 000元的价格承包给被告喻宗琼，承包期自2007年12月1日起至2013年12月1日。同时将包括咬伤原告徐添鑫的白狗在内的养鸡场部分财产作价9 866元转给了被告喻宗琼。承包养鸡场时，被告詹华棋与喻宗琼出资2万多元，平时养鸡场的经营管理，由喻宗琼、詹华棋、喻宗虎3人共同负责。2008年2月9日下午6时许，被告詹华棋、喻宗琼2人带着养鸡场内的1条白狗到原告徐添鑫家地里拉水。原告脱裤子撒尿时，被被告喻宗虎饲养的白狗将其阴茎包皮全部撕裂脱落，致原告受伤。随后原告被送往石林天奇医院抢救，因该医院技术条件的因素，又转至昆明昆医附二院治疗。经住院治疗13天，原告用去医疗费5 318.28元，原告的伤经法医鉴定为八级伤残，需后期治疗费2 000元。

经审理，二审确认事实与一审确认事实一致，本院依法予以确认。

一审诉辩主张

原告徐添鑫诉称：2008年2月9日下午6时许，被告詹华棋一家带着其饲养的1条白狗到原告家地里拉水。原告脱了裤子撒尿时，被被告饲养的1条白狗将其阴茎包皮全部撕裂脱落，致原告受伤。随后原告被送往石林天奇医院抢救，天奇医院不敢收治，又转到昆明昆医附二院救治。经住院治疗 13 天，原告用去医疗费 5 318.28 元，伤情经医生诊断为：阴茎被狗咬伤，阴茎皮肤缺损。伤残程度经法医鉴定为八级伤残，需后期治疗费 2 000 元。咬伤原告的白狗系尹锐、尹晓华所有，被告詹华棋、喻宗琼系管理人。故原告向法院提起诉讼，要求被告赔偿原告损失的医疗费、后期治疗费、护理费、住院伙食补助费、交通费、鉴定费、精神损害抚慰金及残疾赔偿金共计人民币 131 886.78 元。

被告尹晓华辩称：伤人的白狗已经卖给了詹华棋、喻宗琼、喻宗虎一家，事发当天白狗也是跟着他们 3 人去拉水。詹华棋一家是白狗的所有人和管理人，因而，自己不应负赔偿责任。另外，原告的监护人没有尽到监护责任，也应承担部分责任。

被告詹华棋、喻宗琼、喻宗虎答辩称：鸡场承包合同所附的物品清单由于没有签字，因而不具有证明力，伤人白狗应系尹锐、尹晓华所有。原告监护人对原告监护不力，有不可推卸的责任。且原告系农村户口，赔偿金额应按农村人口的计算方式计算。

一审判决

一审法院对几个争议较大的问题认定如下：

一、关于伤人白狗的所有人和管理人的问题。被告尹晓华出示的合同与物品清单已证明，伤人白狗已作价转让给了被告喻宗虎。虽然喻宗虎对该物品清单不予认可，但其所述支付养鸡场部分财产的总价与物品清单上包括了白狗在内的物品总价相一致，应当认为白狗也一并转让给了被告喻宗虎。且喻宗虎承认清单上所列的一头羊已被其杀吃，也印证了其对物品清单上所列的财产享有所有权。因此，法院确认被告喻宗虎系伤人白狗的饲养人和所有人。根据《民法通则》第 127 条“饲养的动物造成他人损害的，动物饲养人或者管理人应当承担民事责任”之规定，被告喻宗虎应当对原告承担赔偿责任。另，喻宗虎、喻宗琼、詹华棋共同出资人民币 2 万余元，养鸡场的日常管理工作也由 3 人共同负责，因此，原审法院确认喻宗虎、喻宗琼、詹华棋 3 人系个人合伙关系。《民法通则》第 32 条第 1 款规定：“合伙人投入的财产，由合伙人统一管理和使用。”因此，喻宗虎、喻宗琼、詹华棋 3 被告都系咬伤原告白狗的所有人。

二、关于被告人赔偿责任的划分问题。《民法通则》第 35 条第 2 款规定：“合伙人对合伙的债务承担连带责任，法律另有规定的除外。偿还合伙债务超过自己应当承担数额的合伙人，有权向其他合伙人追偿。”因此，喻宗虎、喻宗琼、詹华棋 3 被告应对原告徐添鑫承担连带赔偿责任。

三、关于具体的赔偿数额问题。根据最高人民法院《人身损害赔偿解释》第 17 条的规定，原告所主张的医疗费、后期治疗费、护理费、残疾赔偿金、住院伙食补助费、交通费、鉴定费，于法有据，原审法院予以支持，以上费用共计人民币 25 600.28 元。至于原告所请求的精神损害抚慰金，根据最高人民法院《精神损害赔偿解释》第 9 条“精神损害抚慰金包括以下方式：（一）致人残疾的，为残疾赔偿金……”之规定，本案已确定残疾赔偿金的赔偿数额，对精神损害抚慰金不应再重复计算。因此，对该项请求本院不予认可。

四、关于原告监护人过错的问题。事故发生时，原告系一名尚未满 5 岁的未成年人，对事物缺乏足够的辨认能力，也不能意识到周围危险的存在。作为原告的监护人，徐燕律应当尽到最大的注意义务，使原告随时处于被保护的状态。原告之所以被狗咬伤，一定程度上源于原告监护人疏于保护，未尽到全部监护义务。根据《民法通则》第 18 条第 3 款的规定，“监护人不履行监护职责或者侵害被监护人的合法权益的，应当承担责任”。原告监护人徐燕律应承担 5%的赔偿责任，即 1 280 元。

根据《民法通则》第 119 条、第 130 条、第 134 条第 7 项，《民事诉讼法》第 142 条、第

64 条之规定，判决如下：

一、由被告喻宗琼、詹华棋、喻宗虎于本判决生效后 10 日内连带赔偿原告徐添鑫各项经济损失 24 320.28 元。

二、被告尹锐、尹晓华不承担赔偿责任。

二审诉辩主张

宣判后，徐添鑫、詹华棋、喻宗琼、喻宗虎均不服一审判决，向本院提起上诉。

徐添鑫上诉称：一审认定伤人白狗已转让鸡场承包人的事实错误，狗咬伤人前后期间都一直由被上诉人尹锐、尹晓华在饲养和管理。因此，尹锐、尹晓华、詹华棋、喻宗琼、喻宗虎五人应对上诉人的人身损害承担连带赔偿责任；另外，上诉人因身体伤害遭受精神痛苦，一审认定残疾赔偿金即对精神痛苦的抚慰，是对法律的曲解，一审未支持精神损害抚慰金的请求是错误的，请求二审撤销原判，改判支持上诉人的诉请。

詹华棋、喻宗琼、喻宗虎答辩并上诉称：狗咬伤人的前后几天一直在尹家，上诉人既不是狗的饲养人，也不是管理人，一审认定咬人的狗已卖给上诉人没有证据事实。因此，上诉人在本案中不应当承担责任；另外，被侵害人因其挑逗行为造成了损害后果，其监护人未尽到监护职责，对损害后果应承担主要责任；再有，一审认定的交通费计算方法不当，二审应当予以纠正。综上，请求二审撤销原判，改判三上诉人不承担责任。

被上诉人尹锐、尹晓华答辩称：一审认定事实清楚，判决结果正确，请求维持原判。

上诉人徐添鑫认为，转让养鸡场时白狗不包括在转让的物品内。上诉人喻宗虎陈述养鸡场原来就养着狗和羊，转让养鸡场时作价 9 866 元，但实际上付了 10 800 元，所以，杀羊时没有再付钱。转让养鸡场时未明确狗和羊是否包括在内。被上诉人尹锐、尹晓华认为转让物品清单列明包括狗和羊。虽然双方未在清单上签字，但转让的事实是存在的。本院认为，本案查明的事实表明养鸡场确已转让他人经营，转让款亦已给付。双方以各自的履行行为完善了这份未签字的转让物品清单，且事后受让方杀羊吃的行为亦已证明清单上所列的狗和羊的所有权已转到受让方一方。故本院对上诉人的该事实异议不予支持。

上诉人詹华棋、喻宗琼、喻宗虎认为，一审认定詹华棋、喻宗琼、喻宗虎事发当天带狗拉水的事实是错误的，认为是在拉水时遇到该狗的。上诉人徐添鑫、被上诉人尹锐、尹晓华均认为狗是跟着詹华棋、喻宗琼、喻宗虎去拉水现场的。本院认为，在上诉人詹华棋、喻宗琼、喻宗虎未提供相反证据证明的情况下，从饲养狗的生活习性推定狗跟随饲养人外出劳作符合生活常理，一审认定该节事实具有高度盖然性，故上诉人对该节事实的异议不成立，本院不予采信。经审理，二审确认事实与一审确认事实一致，本院依法予以确认。

二审判决

本院认为：《民法通则》第 127 条规定，饲养动物造成他人损害的，动物饲养人或管理人应承担民事责任。由于受害人的过错造成损害的，动物饲养人、管理人不承担民事责任。上诉人詹华棋、喻宗琼、喻宗虎主张受害人挑逗狗而发生伤人事件，但未就此举证，故本案的损害后果应由狗的饲养人或管理人承担赔偿责任。如前所述，咬人的狗在养鸡场转让时其所有人由出让方变更为受让方，即本案上诉人詹华棋、喻宗琼、喻宗虎。故应由该三上诉人承担赔偿责任，上诉人徐添鑫要求出让方、转让方承担连带赔偿责任没有法律依据，该上诉请求本院不予支持；上诉人詹华棋、喻宗琼、喻宗虎对本案损害后果不承担责任的请求与本案查明的事实不符，该请求本院亦不支持。一审判决动物饲养人詹华棋、喻宗琼、喻宗虎赔偿受害人的经济损失正确，对此本院予以维持。关于上诉人徐添鑫所提精神损害抚慰金的请求，根据最高人民法院《人身损害赔偿解释》第 18 条的规定，受害人因该损伤已达到八级伤残，属于后果严重，其所提请求符合最高人民法院《精神损害赔偿解释》第 8 条的规定，应当得到法律支持，本院酌情支持 5 000 元。一审认为精神损害抚慰金即残疾赔偿金，不得重复请求的观点系对法律规定的错误理解，精神损害抚慰金系对受害人因身体伤害造成精神痛苦的抚慰，属精神损害赔偿，而残疾赔偿金系因身体伤害造成受害人社会生产、生活能力缺失的物质赔偿，二者性质不同，不可相互替代。一审未支持受害人的该项请求错误，二审予以改判。另外，上诉人詹华棋、喻宗琼、喻宗虎对受害人交通费的计算提出异议，受害人重申了交通费票据及据实计算的结果，三上诉人的该上诉理由因无证据支持而不成立。

综上所述，上诉人徐添鑫精神损害抚慰金的请求于法有据，其请求的合理部分本院予以支持；其要求上诉人詹华棋、喻宗琼、喻宗虎与被上诉人尹锐、尹晓华承担连带赔偿责任的请求以及上诉人詹华棋、喻宗琼、喻宗虎不在本案承担赔偿责任的请求与本案查明的事实不符，本院予以驳回。据此，根据《民事诉讼法》第 153 条第 1 款第 1 项、第 2 项、第 107 条，《民法通则》第 127 条，最高人民法院《人身损害赔偿解释》第 17 条、第 18 条及最高人民法院《精神损害赔偿解释》第 8 条之规定，判决如下：

一、维持云南省石林彝族自治县人民法院（2008）石民初字第 700 号民事判决书第一项、第二项，即：由被告喻宗琼、詹华棋、喻宗虎于本判决生效后 10 日内连带赔偿原告徐添鑫各项经济损失 24 320.28 元；被告尹锐、尹晓华不承担赔偿责任。

二、由上诉人詹华棋、喻宗琼、喻宗虎于本判决生效之日起 10 日内连带赔偿上诉人徐添鑫精神损害抚慰金人民币 5 000 元。

三、驳回上诉人徐添鑫的其他上诉请求。

四、驳回上诉人詹华棋、喻宗琼、喻宗虎的上诉请求。

如果未按本判决指定的期间履行给付金钱义务，应当依照《民事诉讼法》第 229 条之规定，加倍支付迟延履行期间的债务利息。

一、二审诉讼费人民币 5 874 元，由上诉人徐添鑫承担 4 581.72 元，上诉人詹华棋、喻宗琼、喻宗虎承担 1 292.28 元。上诉人徐添鑫已预交上诉费 1 050 元，退还 231 元；上诉人詹华棋、喻宗琼、喻宗虎已预交上诉费 2 937 元，退还 819 元。

本判决为终审判决。

本判决生效后，若负有义务的当事人不自动履行本判决，享有权利的当事人可在本判决规定履行期限届满后，在法律规定的期限内，向原审法院申请强制执行，申请强制执行的期限为 2 年。

案由与焦点

1. 案由

本案的一级案由为“侵权责任纠纷”，二级案由为“侵权责任纠纷”，三级案由为“饲养动物损害责任纠纷”。

饲养动物损害责任纠纷是指因饲养的动物致人损害的，动物饲养人或管理人应承担相应侵权责任的纠纷。

2. 焦点

本案争议的焦点主要在于：饲养动物伤人的损害后果应由哪方当事人承担责任，应当如何分担责任？受害人精神损害抚慰金的请求应否支持？本案实际上就是饲养动物的损害责任应当由谁承担以及应当如何赔偿的问题。另外还涉及侵权责任法中精神损害赔偿金的性质、第三人与有过失及其责任承担等理论问题。

评注与问题

1. 如何界定“饲养的动物”

《民法通则》第127条没有明确饲养动物损害责任的类型，《侵权责任法》第10章将饲养动物损害责任分为几种类型，如：一般饲养的动物的致害责任、违反管理规定饲养动物致害责任、禁止饲养的危险动物的致害责任、动物园的动物的致害责任等。但无论如何，“饲养的动物”的界定都是饲养动物损害责任成立的一个重要因素，故需要对“饲养的动物”进行界定。饲养的动物一般是指家禽、家畜和豢养的野兽，如牛、鸡、动物园的虎等。其他的动物，如鸟、蜂、蛇等也是饲养的动物。一般认为，“饲养的动物”须具备以下四要件：它为特定的人所有或者占有；饲养者或者管理者对动物具有适当程度的控制力；该动物以其自身的特性有可能对他人的人身或者财产造成损害；动物为家畜、家禽、宠物或驯养的野兽、爬行类动物。[①] 试结合上述原理以及《侵权责任法》的相关规定，分析以下问题：(1) 野生动物是否属于饲养的动物？(2) 军用、警用以及专业演出团体、科研机构等因工作需要饲养的动物是否属于《侵权责任法》中规定的“饲养的动物”？(3) 细菌是否属于“饲养的动物”？

2. 饲养动物损害责任的赔偿义务主体有哪些

根据《民法通则》第127条及《侵权责任法》第78条、第79条、第80条的规定，饲养动物损害责任的赔偿义务主体是动物的饲养人或者管理人。这是因为：一方面，动物由特定的人所有或占有，饲养人和管理人能够对动物具有适当程度的控制力，最容易控制风险；另一方面，动物依其自身的特性有可能对他人的人身或财产造成损害，饲养人或者管理人应当预见到这种风险。在动物发生权属转让的情况下，应当由受让人作为赔偿义务主体，因为此时受让人是动物的饲养人和管理人。另外，《侵权责任法》对特殊情形下的赔偿义务主体作了如下规定：动物园的动物造成他人损害的，动物园是赔偿义务主体；遗弃、逃逸的动物在遗弃、逃逸期间造成他人损害的，原动物饲养人或者管理人是赔偿义务主体；因第三人的过错致使动物造成他人损害的，动物饲养人或者管理人、第三人都是赔偿义务主体，但是动物饲养人或者管理人赔偿后，有权向第三人追偿。试结合本案，分析法院是如何认定饲养动物损害责任的赔偿义务主体的？

3. 如何认识残疾赔偿金与精神损害抚慰金的关系

残疾赔偿金是指对受害人因人身遭受损害致残而丧失全部或者部分劳动能力的财产赔偿，它本质上是对受害人丧失劳动能力的财产赔偿。[②] 精神损害赔偿金是指对受害人受到人身损害而产生的精神痛苦的财产赔偿。有关残疾赔偿金的性质以及其与精神损害赔偿金的关系，在理论上和实践中均有争议。最高人民法院《精神损害赔偿解释》第9条曾经将残疾赔偿金作为精

① 参见张新宝：《侵权责任法原理》，412页，北京，中国人民大学出版社，2005。

② 当然，关于残疾赔偿金的性质主要有所得丧失说、劳动能力丧失说和生活来源丧失说三种观点，本书采用了多数说即“劳动能力丧失说”。

神损害抚慰金的一种表现形式，将二者不加区别。但后来《人身损害赔偿解释》纠正了这一做法，将二者区别对待。试结合《侵权责任法》的规定，分析残疾赔偿金与精神损害赔偿金的关系，评析一、二审法院的观点。

4. 饲养动物损害责任中加害人存在哪些免责事由？应当由谁承担举证责任

饲养动物损害责任的归责原则虽然是无过错责任，但在法定情形下可以免除或者减轻责任。如《侵权责任法》第 78 条规定："饲养的动物造成他人损害的，动物饲养人或者管理人应当承担侵权责任，但能够证明损害是因被侵权人故意或者重大过失造成的，可以不承担或者减轻责任。"第 81 条规定："动物园的动物造成他人损害的，动物园应当承担侵权责任，但能够证明尽到管理职责的，不承担责任。"但从上述规定来看，"被侵权人故意或者重大过失"、"尽到管理职责"均需要由动物饲养人或者管理人进行举证证明。本案中，二审法院认为："上诉人詹华棋、喻宗琼、喻宗虎主张受害人挑逗狗而发生伤人事件，但未就此举证，故本案的损害后果应由狗的饲养人或管理人承担赔偿责任。"这种认识符合《侵权责任法》关于免责事由的举证责任分配的规定，具有合理性。试结合证明责任的有关规定及理论，思考饲养动物损害责任中受害人应当对哪些事实承担举证责任，饲养人或管理人应对哪些事实承担举证责任，法律为什么这样分配举证责任

5. 在监护人具有过失的情形下，可否减轻直接加害人的赔偿责任

在监护人具有过失的情形下，可否减轻直接加害人的赔偿责任的问题，涉及侵权责任法理论中一个概念——第三人与有过失。与有过失，是指被害人对于损害的发生或损害结果扩大也有过错的，法院可依职权按公平合理的标准减轻或者免除侵权人的赔偿责任的一种制度。第三人与有过失，即所谓受害人以外的第三人就该损害之发生或扩大与有过失。此种受害人的损害赔偿金额因第三人的过失而减轻或免除的特殊情形，为侵权行为法上之真正的第三人与有过失。比较典型的有，在未成年人受到损害的情形，除了直接的加害人以外，监护人对于损害的发生也有监护过失的，即为第三人与有过失。在第三人与有过失的情形下，监护人过失可否减轻直接加害人的赔偿责任？有学者指出，依过失相抵的基本规则，只有具备辨识能力的未成年人自身具有过失时，方可有过失相抵之适用。故此，于法定代理人（监护人）与有过失场合，因未成年之受害人不具备各种辨识能力，不得将法定代理人与有过失作为受害人的过失。[①] 本案中，一审法院认为，原告的监护人应当尽到最大的注意义务，使原告随时处于被保护的状态。原告之所以被狗咬伤，一定程度上源于原告监护人疏于保护，未尽到全部监护义务。因此，原告监护人徐燕律应承担 5%的赔偿责任。上述裁判是否遵循了第三人与有过失理论？这种因监护人的过失而减轻直接加害人的做法是否具有合理性，为什么？

（评注人：管洪彦）

---

① 参见丁亮华：《第三人与有过失及其责任承担——以未成年人之法定代理人的与有过失为中心》，载王利明主编：《判解研究》（总第 52 辑），99 页，北京，人民法院出版社，2010。

47. 物件损害责任纠纷

司法案例

张洪斌诉公路养护段等案

重庆市第四中级人民法院（2010）渝四中法民终字第 00658 号

基本案情

上诉人（原审被告）：重庆市黔江区公路养护段。

负责人：姜生，该段段长。

委托代理人：李德江，重庆纵深律师事务所律师。

被上诉人（原审原告）：张洪斌。

委托代理人：魏盟华，重庆川东南律师事务所律师。

原审被告：重庆市黔江区交通委员会。

法定代表人：王春华，该交通委员会主任。

委托代理人：李炳森，重庆森平律师事务所律师。

经审理查明：上诉人重庆市黔江区公路养护段（以下简称“公路养护段”）与被上诉人张洪斌、原审被告重庆市黔江区交通委员会（以下简称“黔江交委”）建筑物、搁置物、悬挂物损害赔偿纠纷一案，重庆市黔江区人民法院于 2010 年 7 月 20 日作出（2010）黔法民初字第 01125 号民事判决，公路养护段对该判决不服，向本院提起上诉。本院于 2010 年 11 月 12 日对上诉人公路养护段的委托代理人李德江、被上诉人张洪斌及其委托代理人魏盟华以及原审被告黔江交委的委托代理人李炳森进行了询问，并依法组成合议庭进行了审理。本案现已审理终结。

2010 年 3 月 29 日，原告驾驶自己的渝 H10707 车拉着一车生猪路经黔江区石会镇梅子关滴水岩时，突然一块大石头从崖上滚下来砸在原告驾驶室的车头上，致使原告颈部和右手重伤，副驾驶座上的李方荣受轻伤，车辆被砸损。事后李方荣及时向派出所报案，并向 120 求救，后原告被送往黔江区中心医院住院治疗，住院 18 天花去医疗费 3 861.52 元。该事故发生后原告与被告交涉，请求支付其一切损失费用，但被告不支付。故原告起诉到法院要求被告支付医疗费、误工费、护理费、营养费、车辆修理费、李方荣的医药费等共计 23 516 元及承担本案的诉讼费。另查明，黔江区石会镇梅子关滴水岩这段公路，由公路养护段进行发包和管理。该事发山崖属于公路养护段的控制区域，该路段未有封闭路段的标识。事发山崖曾于 2009 年 12 月 7 日发生岩崩，塌方 2 万余方，造成交通中断，之后被告公路养护段于 2009 年 12

月 13 日对该事发地进行爆破处理。

二审法院查明：2009 年 12 月 12 日，公路养护段作为甲方委托重庆泰安爆破有限公司对事发地进行爆破排危。公路养护段未提供证据证明，爆破作业完成后对事发地进行了验收。

二审法院查明的其他事实与一审法院查明的事实相同。

一审诉辩主张

原告张洪斌诉称：2010 年 3 月 29 日，原告驾驶自己的渝 H10707 车拉着一车生猪路经黔江区石会镇梅子关滴水岩时，突然一块大石头从崖上滚下来砸在原告驾驶室的车头上，致使原告颈部和右手重伤，副驾驶座上的李方荣受轻伤，车辆被砸损。事后李方荣及时向派出所报案，并向 120 求救。根据现场相关人员查看，原告被石头砸伤处多次发生滑坡和坠石。被告也进行过处理，但是被告作为公路养护管理单位并没有尽到养护管理责任，既无安全警示标志也无安全防范措施，从而导致原告被坠石砸伤、车辆被砸损的事故。而事后原告与被告交涉，请求支付其一切损失费用，但被告不支付。故原告起诉到法院要求被告支付医疗费、误工费、护理费、营养费、车辆修理费、李方荣的医药费等共计 23 516 元并承担本案的诉讼费。

被告黔江交委辩称：黔江交委不是本案的适格主体，不是这起事故发生段的管理人，因此不承担责任；不具有作为义务。

被告公路养护段辩称：公路养护段主体不适格，本案是由不可抗力引起的，不是悬挂物、搁置物、建筑物塌落，不符合民事侵权的构成要件，请求驳回对公路养护段的诉讼请求。

一审判决

一审法院认为，针对本案的焦点即被告是否要承担责任及原告的损失范围，现作如下评判：

一、关于二被告是否需要承担责任的问题。依照《中华人民共和国道路交通安全法实施条例》（以下简称《道路交通安全法实施条例》）第 36 条“道路或者交通设施养护部门、管理部门应当在急弯、陡坡、临崖、临水等危险路段，按照国家标准设置警告标志和安全防护设施”之规定，被告公路养护段有按照国家标准设置警告标志和安全防护设施的义务。本案中的事发路段，属于临崖路段，也属于事故多发路段。被告公路养护段明知该路段存在安全隐患，就应采取积极有效的安全防护设施，尽到彻底排除危险的责任，确保人民群众的行车安全。至于被告公路养护段辩称该路段设有警示标志的观点，其提交的照片上无拍摄时间，该标志是否事发前已存在无其他证据加以印证，故对其辩称观点不予采信。虽被告公路养护段辩称在此期间采取了爆破措施，但该措施未能彻底、有效地消除安全隐患，致使又一次发生事故。除了爆破被告公路养护段也没有采取其他有效的安全防护措施，不足以证明自己没有过错。该路段没有封闭路段的标识，原告按正常通行，本身不存在过错。庭审中查明公路养护段对该事发路段进行养护管理，该事发山崖（梅子关滴水岩）属于公路养护段的控制区域。故作为该路段的养护维护单位，应对其维护管理的瑕疵致人损害的结果承担赔偿责任。根据最高人民法院《人身损害赔偿解释》第 16 条“下列情形，适用民法通则第一百二十六条的规定，由所有人或者管理人承担赔偿责任，但能够证明自己没有过错的除外：（一）道路、桥梁、隧道等人工建造的构筑物因维护、管理瑕疵致人损害的”之规定及《侵权责任法》的相关立法精神，被告既然没有足够的证据证明自己没有过错，依法适用过错推定原则，推定被告公路养护段应对其维护管理路段的瑕疵致人损害的结果承担赔偿责任。该事发山崖由公路养护段进行养护管理，被告黔江交委不对该事故山崖进行养护管理，不是该事发山崖的所有人或者管理人，故对其辩称不是本案的适格主体，因此不承担责任的辩驳理由，予以采信。

二、原告的损害赔偿范围问题。原告2010年3月29日入院，4月15日出院，住院18天后出院，所花费医药费为人民币3 861.52元，其主张的住院期间伙食补助费以15元/天计270元、护理费30元/天计540元、误工费以30元/天计540元；至于交通费200元，原告虽无证据证明，但考虑到原告到黔江城区治疗，车费是客观存在的，故予以支持。车辆修理费和拖车费15 890元和伤者李方荣的医药费，有票据为证，予以支持。综上，原告的赔偿范围应认定为：医疗费3 861.52元，住院期间伙食补助费270元，护理费540元，交通费200，误工费540元，车辆修理费和拖车费15 890元，伤者李方荣的医药费606元，合计为人民币21 907.52元。据此，依照《民法通则》第106条、第119条和最高人民法院《人身损害赔偿解释》第16条、第19条、第20条、第21条、第22条、第23条之规定判决如下：

一、由被告公路养护段赔偿原告张洪斌医疗费、住院伙食补助费、护理费、误工费、交通费、车辆修理费和拖车费，伤者李方荣的医药费共计人民币21 907.52元；

二、驳回原告的其他诉讼请求。

案件受理费400元，由被告公路养护段负担。

二审诉辩主张

上诉人公路养护段不服该判决，向本院提起上诉，请求撤销原判，依法改判，一、二审案件受理费由被上诉人负担。主要事实和理由：（1）一审法院使用证据规则不当，认定事实错误。原判认定在事发的该路段没有设立警示标志认定错误，且因为上诉人提供的照片没有时间而不予认定也违背了证据认定原则。原判认定上诉人未能够彻底、有效地消除安全隐患致使又一次事故发生是错误的。原判认定事发山崖属于上诉人的控制区域是错误的。（2）原判适用法律错误。本案中山上滚落的山石，不是最高人民法院《人身损害赔偿案解释》第16条和《民法通则》第123条规定的人工建造的构筑物，所以适用该法律是错误的。

被上诉人张洪斌答辩称：原判事实认定清楚，上诉人并未在事发路段设立警示标志，上诉人在事发后才设立警示标志属实；上诉人未能彻底、有效地消除安全隐患致使又一次安全事故发生是客观、真实的；原判适用法律并无不当。综上，请求二审法院驳回上诉，维持原判。

原审被告黔江交委答辩称：请求维持对黔江交委的判决。另外，原判认定上诉人未设置标志是错误的，当时该路段确实设置了安全标志，山石并非公路养护段的控制范围，原判认定安全隐患未消除是错误的；本案不应适用过错推定原则。

二审判决

本院认为，事发路段为临崖路段及事故多发路段，公路养护段作为该路段的养护管理部门，根据《道路交通安全法实施条例》第36条的规定，应当在该路段设置警告标志和安全防护设施。公路养护段仅提供了照片证明其在事发路段设有警告标志，但该照片无拍摄时间，亦未提供其他证据予以印证，故本院无法直接判断照片中的警告标志系事发前设置。同时，在2009年12月7日事发地发生塌方后，公路养护段虽然委托重庆泰安爆破有限公司对事发地进行了爆破排危，但未提供证据证明其在爆破作业完成后对排危作业进行了验收，故其无法证明事发地的安全隐患已彻底排除，其应承担相应的不利后果。故本案中公路养护段存在未设置警告标志及彻底排除安全隐患的过错，其对张洪斌受伤所致的人身及财产损失应承担赔偿责任。张洪斌自身无法预见此次事故的发生，不存在过失，对此次事故不承担责任。各方当事人对原判确定的损害赔偿范围、计算标准及金额无异议，本院予以确认。

综上，原判认定事实清楚，适用法律正确，应予维持。上诉人的上诉理由不成立，其相应的上诉请求本院不予支持。根据《民事诉讼法》第153条第1款第1项的规定，判决如下：

驳回上诉，维持原判。

二审案件受理费400元，由公路养护段负担。

如果未按本判决指定的期间履行给付金钱义务，应当依照《民事诉讼法》第229条之规定，加倍支付迟延履行期间的债务利息。本判决为终审判决。本判决发生法律效力后，当事人应自觉履行判决的全部义务。一方不履行的，权利人可以向重庆市黔江区人民法院申请强制执行。申请执行的期限为2年，该期限从法律文书规定履行期间的最后一日起计算；法律文书规定分期履行的，从规定的每次履行期间的最后一日起计算；法律文书未规定履行期间的，从法律文书生效之日起计算。

案由与焦点

1. 案由

本案的一级案由为“侵权责任纠纷”，二级案由为“侵权责任纠纷”，三级案由为“物件损害责任纠纷”，四级案由为“物件脱落、坠落损害责任纠纷”。

物件损害责任纠纷是指因建筑物、构筑物、不明抛掷物、坠落物、堆放物或者公共道路、地面施工、地下设施、林木折断等致人损害，物件的所有人、管理人或者使用人应依法承担相应侵权责任而引发的纠纷。在“物件损害责任纠纷”三级案由下，包括以下四级案由：(1)物件脱落、坠落损害责任纠纷；(2)建筑物、构筑物倒塌损害责任纠纷；(3)不明抛掷物、坠落物损害责任纠纷；(4)堆放物倒塌致害责任纠纷；(5)公共道路妨碍通行损害责任纠纷；(6)林木折断损害责任纠纷；(7)地面施工、地下设施损害责任纠纷。物件脱落、坠落损害责任纠纷是指建筑物、构筑物或者其他设施及其搁置物、悬挂物发生脱落、坠落造成他人损害的，所有人、管理人或者使用人依法应承担相应侵权责任而引发的纠纷。

2. 焦点

本案争议的焦点在于：谁是本案的赔偿义务主体，应当在哪些范围内承担赔偿责任？

评注与问题

1. “物件”的范围包括哪些

物件的外延是一个随着社会的发展而不断拓展的范畴。根据《民法通则》第126条的规定，物件指的是建筑物及其他地上物。根据我国相关规定，建筑物及其他设施全部或者部分倒塌致人损害的情形包括三种情况：建筑物及其他设施全部或者部分倒塌致人损害；附着于建筑物上的物件脱落致人损害；建筑物上的搁置物、悬挂物坠落致人损害。最高人民法院《人身损害赔偿解释》对物件的外延作了更加宽泛的解释，具体包括：道路、桥梁、隧道等人工建造的构筑物；堆放物；树木或者果实。《侵权责任法》第11章将物件的范围界定为：建筑物或者其他设施以及建筑物上的搁置物、悬挂物；建筑物中抛掷物品或者从建筑物上坠落的物品；堆放物；公共道路上堆放、倾倒、遗撒妨碍通行的物品；林木；公共场所或者道路上挖坑、修缮安装地下设施等。在司法实践中，对一些难以直接认定属于建筑物、构筑物等设施本身，也不属于悬挂物和搁置物的，应当注意根据立法本义和立法精神作出正确理解。① 本案中，上诉人公路养护段认为，山上滚落的山石，不是最高人民法院《人身损害赔偿解释》第 16 条和《民法通则》第 126 条规定的人工建造的构筑物，所以适用该法律是错误的。这种认识是否正确，为什么？另外，本案中从山崖上滚下的石头是否属于物件，属于何种类型的物件？如果不在法律列举的物件范围内应当如何进行解释？

2. 物件损害责任的归责原则是什么

关于物件损害责任的归责原则，素有争议。日耳曼法对此适用无过错（严格）责任，罗马法则主张适用较一般过错责任稍重的责任。法国法一般认为其适用无过错责任，德国、意大利民法对此的规定是过错推定，而瑞士债务法的规定更接近于过错责任。在英美法中，所有人或占有人已分不同情形承担过错责任或严格责任。我国学界通说认为，物件损害责任的归责原则是过错推定责任原则。在物件损害责任中，所有人、管理人以及其他相关责任人如果要免责，需要证明自己没有过错，如果不能证明自己没有过错的，应当承担侵权责任。请结合一、二审法院判决的裁判说理和《侵权责任法》的规定，分析法院是如何在本案中贯彻过错推定原则的。

3. 物件损害责任的构成要件有哪些

构成物件损害责任需要具备以下要件：其一，须有物件的致害行为的存在。在这一要件中，关键是对物件范围的理解。其二，须有受害人损害的事实。受害人受到损害，既包括人身方面的损害，也包括财产方面的损害。人身伤害如门窗突然坠落致人伤残、死亡，楼梯断裂导致上楼者跌落受到伤害等；财产损害如砸坏受害人的汽车或其他物品等。其三，须物件致害行为与损害事实之间具有因果关系。其四，须物件的所有人或者管理人等具有过错。物件损害责任本质上仍为过错责任，只是在过错方面实行特殊的举证规则而已，故在物件损害责任中，所有人或者管理人等需要具有过错。但是需要注意的是，这里的过错仅指过失，即所有人或者管理人对物件的设置或管理不当，如果是故意以物件致害他人的话就不再是物件致害责任，而是所有人或者管理人的故意侵权行为。因为此时危险的来源不是基于物件自身，而是来源于所有人或者管理人故意主观状态支配下的客观行为。请认真研读上述裁判文书，分析法官对上述法律构成要件以及法律事实认定的思维过程。

4. 物件损害责任纠纷中证明责任应当如何分配

物件损害责任纠纷的归责原则是过错推定原则，该责任中的举证责任分配不同于一般侵权责任纠纷中奉行的“谁主张，谁举证”原则。《侵权责任法》中有关物件损害责任的条文中，多次使用了“不能证明自己没有过错的”的表述。最高人民法院《民事诉讼证据规定》第 4 条第 1 款第 4 项也明确规定：“建筑物或者其他设施以及建筑物上的搁置物、悬挂物发生倒塌、脱落、坠落致人损害的侵权诉讼，由所有人或者管理人对其无过错承担举证责任。”这说明是否具有过错的举证责任应当由物件的所有人或者管理人承担。采用这种证明责任的分配方式的原因在于：一方面，物件处于所有人或者管理人支配下，其使用、管理是否具有过错容易举证证明；另一方面，有利于保护受害人的合法权益。本案中，法院的判决是否贯彻了上述原理与规定，请结合判决书的裁判说理加以说明。

5. 物件损害责任的免责事由有哪些

物件损害责任的有关责任人在法定情形下可以免除或者减轻责任。其一，物件的所有人或

① 参见奚晓明主编：《〈中华人民共和国侵权责任法〉条文理解与适用》，568 页，北京，人民法院出版社，2010。

者管理人等没有过错。物件损害责任实行的是过错推定归责原则，其本质上仍然是过错责任的范畴，所以在物件的所有人或者管理人“能够证明自己没有过错”的情况下，可以免除承担侵权责任。其二，第三人的过错。如建筑物中抛掷物品或者从建筑物上坠落的物品造成他人损害的，如果能够证明自己不是侵权人可以免责。但在有些情况下，不能免除所有人或者管理人的赔偿责任。例如，因旅行房客的过失行为导致他人损害（如花盆坠落砸伤他人）不能作为旅店的免责条件，所有人或者管理人应先承担赔偿责任，然后向有过失的房客求偿。又如，建筑物在施工中的隐蔽瑕疵不能作为所有人或者管理人的免责条件，所有人或者管理人应先承担责任，然后向有过错的第三人（如施工单位）求偿。其三，受害人的过错。如果损害是由于受害人的过错引起的，或者损害主要是由于受害人的原因引起的，被告可以免除部分或者全部民事责任。例如，某人为了抄近道而翻越他人的围墙，围墙倒塌而压伤该人，围墙的所有人不应当承担民事责任。其四，不可抗力。不可抗力作为民法中的一般免责事由，亦是物件损害责任的免责事由。本案中，被告公路养护段辩称本案中的损害是不可抗力引起的，试结合不可抗力的有关法理和规定，评析该种观点是否合理。

（评注人：管洪彦）

48. 义务帮工人受害责任纠纷

司法案例

顾平诉沈志达等案

江苏省南通市中级人民法院（2004）通中民一终字第 1060 号

基本案情

上诉人（一审被告）：顾德明。

被上诉人（一审原告）：顾平。

被上诉人（一审被告）：沈志达。

经审理查明：2003 年 6 月 2 日下午，被告沈志达使用属被告顾德明所有的脱粒机脱粒麦子，原告看到被告沈志达家脱粒麦子，即按惯例到场帮忙，当脱粒进行到快要结束时，其他帮工人从场地上将散麦捧到脱粒机工作台上，原告在喂入散麦时右手被脱粒机轧伤，原告受伤后被送到如东县人民医院抢救治疗，诊断为：右前臂、右手开放性绞轧伤。因伤情严重，县人民医院建议转南通手外科医院治疗，同日原告转入南通市中西医结合医院住院手术治疗。2003 年 8 月 22 日出院。2004 年 2 月 27 日，原告到无锡市手外科医院进行手指功能恢复治疗，2004 年 3 月 10 日出院。先后共花费医疗费 27 238.60 元。双方为赔偿损失发生争议，原告于 2004 年 5 月 24 日提起诉讼，要求被告赔偿损失 40 191.60 元，伤残赔偿金待伤残评定后再计算。根据原告的申请由法医对原告的伤情进行法医学鉴定，2004 年 7 月 28 日作出鉴定结论：顾平右前臂及右手软组织撕裂伤、右桡尺远侧关节脱位、右 2～5 掌骨脱位、右第 2 掌骨近 1/2 缺失、右第 3 掌骨缺失、右第 5 掌骨中段横形骨折、右腕掌关节完全脱位诊断成立。后遗右手食指及无名指缺失，右 2、3、4 掌骨缺失，右手拇指、中指、小指活动功能完全丧失，右腕关节活动功能完全丧失，右前臂旋转功能丧失 61%予以认定，综合评定为七级伤残。后原告增加诉讼请求，要求被告赔偿伤残赔偿金 33 912 元，精神抚慰金 16 956 元。6 月 16 日原告以其伤害是由顾德明的脱粒机造成的为由，申请追加顾德明为本案被告参加诉讼，并要求其承担赔偿责任。

另查，属于被告顾德明所有的脱粒机未经农业机械监理机构办理入户手续，并未经农业机械监理机构检验符合农业机械运行安全技术条件，脱粒机喂入口处无安全标志。被告顾德明无脱粒机操作证。

一审判决

江苏省如东县人民法院经审理认为：原告与被告沈志达之间义务帮工关系成立，原告的损害后果是在实施帮工过程中造成的，但与被告沈志达组织的帮工行为之间无因果关系。原告的损害后果是由被告顾德明的脱粒机造成的：作为脱粒机所有人的被告顾德明，在本案审理过程中未能提供证据证明其脱粒机经农业机械监理检验符合农业机械运行安全技术条件，且未提供脱粒机操作证，不能证明其脱粒机具有进行农业生产、加工的安全条件。同时，被告顾德明没有告知脱粒机喂料人员必要的安全操作规程，对原告的损害后果被告顾德明负有过错，按照最高人民法院《人身损害赔偿解释》第14条第2款的规定，其对原告的损害后果应承担赔偿责任，被告沈志达不承担赔偿责任。原告因喂入散麦时操作不当，应承担相应的责任，根据《民法通则》第131条的规定，可以减轻被告顾德明的赔偿责任。原告因伤而造成的损失医疗费27 238.60元（用血互助保证金已剔除、丁店卫生院的费用无病历证明不予认定），护理费1 712.13元，误工费4 239元，住院伙食补助费755元，交通费296元，残疾赔偿金33 912元，由于原告在自己受到损害中也有过错，根据最高人民法院《精神损害赔偿解释》第10条的规定，原告精神损害赔偿的数额确定为3 000元为宜。原告主张的出院以后的护理费、营养费因未提供证据证明，难以认定。遂依照《民法通则》第89条、第119条，最高人民法院《人身损害赔偿解释》第14条、第18条、第19条、第20条、第21条、第22条、第23条、第25条之规定，于2004年9月3日作出如下判决：

一、原告顾平因伤而造成的经济损失医疗费27 238.60元、误工费4 239元、护理费1 712.13元、住院伙食补助费755元、交通费296元、残疾赔偿金33 912元、精神损害抚慰金3 000元，合计71 152.73元，由被告顾德明于判决生效后15日内负责赔偿49 806.91元，其余损失由原告顾平自理。

二、驳回原告顾平对被告沈志达的诉讼请求。

案件受理费2 644元，其他诉讼费用400元（含鉴定费200元），合计3 044元，由原告负担913元，由被告顾德明负担2 131元。

二审诉辩主张

顾德明上诉称：(1) 作为在农村一向就非常普及的脱粒机并不属于必须要经农业机械监理机构办理入户手续后才可实际使用的农业机械，且办理入户手续与本案被上诉人顾平所受伤害之间也并无直接的因果关系。(2) 本案中上诉人提供给被上诉人沈志达使用的脱粒机是在正规农机销售部门购买的，并是合格出厂的，而且是每年都通过当地农业机械监理机构年检合格的农业机械，其完全是符合农业机械运行安全技术条件的。(3) 脱粒机是本地农村最基本的农业生产机械，与被上诉人顾平年龄相当的农民，对脱粒机的操作性能是人人熟知的，根本不需要有人再特别对其逐一进行告知。上诉人既非顾平的雇主，也非顾平的被帮工人，上诉人不存在必须告知其操作规程的义务。(4) 上诉人仅与被上诉人沈志达间具有脱粒机租赁使用的法律关系，上诉人除了向沈志达提供适于使用的脱粒机外，不存在其他义务。顾平既非上诉人提请，事前双方也不认识，与上诉人之间并不存在任何法律关系；顾平与沈志达系邻居，其与沈志达间是义务帮工的关系，因意外事故或者顾平自己的一般过失行为造成伤害而发生的损失依法只能由顾平和沈志达二人进行分担。综上所述，一审认定事实错误，请求二审法院依法发回重审或重新认定事实后依法改判。

被上诉人顾平与沈志达辩称：一审认定事实清楚，适用法律正确。请求驳回上诉，维持原判。

南通市中级人民法院另查明：顾德明提供的脱粒机在 2003 年通过了有关的安全检测，质量合格。事故发生后第二天，当事人的邻居仍在使用该脱粒机。

二审判决

南通市中级人民法院经审理后认为：本案争议焦点有二：

第一，上诉人提供的脱粒机能否安全地使用，顾平的损害后果是否因脱粒机的瑕疵造成。从上诉人提供的证据看，上诉人提供的脱粒机至少在 2003 年经过检验，符合农机运行安全技术条件。从被上诉人沈志达提供的证人证言看，该机器在顾平受伤前后符合当地人群的安全使用标准，甚至在发生事故的次日，当事人的邻居依旧在使用该机。从农机监理部门的管理方法、脱粒机的操作危险以及人们的通常观念看，脱粒机并非一种具有特别危险、需要尽到特别的管理和注意义务的机械。脱粒机为农村家庭普遍使用，通常由操作使用人自身负担安全注意义务。上诉人的脱粒机内铁滚子现缺一齿，被上诉人沈志达认为这会造成最后打乱草的时候，机器力量不够，顾平必须得用手去推，导致受伤。但从人们的一般操作观念看，手工给脱粒机喂草料，不能一味追求过快过猛，不能强求机械转动或快或慢，若顾平用手去推或推进过前，则不管机器转动得快慢，都可能发生损害后果，该事故的发生，显然是顾平自身操作不当所致。因此，此节事实并非发生事故的原因。事实上据顾平一审陈述，其手可能是被一细绳带进机器。因此，顾平受伤不是因脱粒机的瑕疵、故障等原因所造成的。一审在当事人未举证脱粒机有质量瑕疵、发生故障等事实的情况下，仅以脱粒机无相关证照为由而认定侵权，缺少法律依据。

第二，本案当事人之间法律关系如何，顾平的损害赔偿责任应由谁承担。根据已查明事实可以认定，顾平与沈志达之间构成义务帮工关系。当事人在一、二审中的陈述表明三方对此亦无异议。争议在于义务帮工人顾平在对被帮工人沈志达的帮工活动中受伤是否因第三人顾德明的侵权所造成，也即本案能否适用最高人民法院《人身损害赔偿解释》第 14 条第 2 款。如前分析认定可以明确，脱粒机于事故时并未发生工作故障，顾平的受伤并非因顾德明提供的脱粒机自身的原因所造成，而是因该类农机固有的危险性及顾平自身的过失相结合所造成，故顾德明不构成本案义务帮工关系中的第三人侵权。同时，根据本案查明事实，顾平与顾德明之间亦不构成雇佣关系或帮工关系，故顾德明不应当承担顾平人身损害的赔偿责任。依据上述司法解释第 14 条第 1 款之规定，顾平所受损害的赔偿责任应由被帮工人沈志达承担。顾平自身存在过失的，由其自负相应比例的责任。另，顾德明提供脱粒机，沈志达使用并给付费用，双方构成租赁合同关系。若沈志达能够证明脱粒机本身质量不合格，或顾德明有改装、拆卸等行为造成脱粒机重大安全隐患致使本次事故发生，则沈志达可另案向顾德明主张损害赔偿。综上所述，本案中顾平所受人身损害非系在义务帮工中为第三人侵权所致，而沈志达为帮工受益人，且无证据显示被帮工人沈志达曾明确拒绝顾平帮工，故顾平所受损害应由沈志达承担相应的赔偿责任，顾德明不承担责任。上诉人上诉理由成立，予以采纳。一审认定损失额及顾平按自身过失应负担之责任比例恰当，但认定损害产生原因有误，适用法律不正确，应予纠正。南通市中级人民法院遂依照最高人民法院《人身损害赔偿解释》第 14 条第 1 款、《民事诉讼法》第 153 条第 1 款第 3 项之规定，判决如下：

一、撤销江苏省如东县人民法院（2004）东民一初字第 660 号民事判决；

二、被上诉人顾平因伤而造成的经济损失医疗费 27 238.60 元、误工费 4 239 元、护理费 1 712.13元、住院伙食补助费 755 元、交通费 296 元、残疾赔偿费 33 912 元、精神损害抚慰金

3 000元，合计 71 152.73 元，由被上诉人沈志达于本判决生效后 15 日内负责赔偿 49 806.91 元，其余损失由被上诉人顾平自理；

三、驳回被上诉人顾平对上诉人顾德明的诉讼请求。

一审案件受理费 2 644 元，其他诉讼费用 400 元（含鉴定费 200 元），合计 3 044 元，由被上诉人顾平负担 913 元，由被上诉人沈志达负担 2 131 元。二审案件受理费 2 644 元，由被上诉人顾平负担 794 元，由被上诉人沈志达负担 1 850 元。

案由与焦点

1. 案由

本案的一级案由为“侵权责任纠纷”，二级案由为“侵权责任纠纷”，三级案由为“义务帮工人受害责任纠纷”。

义务帮工人受害责任纠纷是指为他人事务而无偿提供劳务的义务帮工人，因在帮工过程中遭受人身损害或财产损失而引发的损害赔偿责任纠纷。

2. 焦点

本案争议的焦点有二：其一，上诉人提供的脱粒机能否安全使用？顾平的损害后果是否是因脱粒机的瑕疵造成的？其二，本案当事人之间法律关系如何？顾平的损害赔偿责任应由谁承担？故本案的关键首先要做好关于第一个问题的事实认定，以便确定损害的发生究竟是源于帮工行为本身还是源于第三人侵权；其次要分清各方当事人之间的法律关系性质，进而确定各方的责任承担。

评注与问题

1. 义务帮工应当如何界定

帮工是我国实践中普遍存在的一类社会关系，尤其是在我国农村地区，其尚处于熟人社会之中，在操办婚丧嫁娶等红白喜事、自建房屋、抢收抢种等急需人手之时，街坊邻居、远亲等前来帮忙而不收取报酬的情况是常见的。在现实生活中，帮工人与被帮工人之间往往具有一定的亲属关系、朋友关系或者邻居关系。在民法中，帮工的含义一般是指无偿、自愿、短期为他人提供劳务，是帮工人无偿为被帮工人提供劳务，并未为被帮工人明确拒绝而发生的社会关系。帮工关系具有以下特点：其一，帮工具有合意性。帮工人无偿为被帮工人提供劳务，被帮工人有明示或默示的接受帮工的意思表示，两者产生合同关系。帮工行为的这一性质明显与无因管理不符。其二，帮工具有无偿性。帮工人与被帮工人之间往往具有特殊的社会关系，两者一般都是亲友、邻里、同族关系，帮工活动一般按照当地习俗进行，在现实生活中通常表现为不给付报酬的互助互帮行为。也正由于帮工的一个重要特点是帮工人为被帮工人无偿提供劳务，所以常称为义务帮工。本案中，一、二审法院的裁判结果反差较大的根源就是对当事人之间法律关系的认定发生了重要分歧。本案充分揭示了法律关系分析法在民事案例分析中的重要作用。[①] 请结合上述义务帮工的特点，分析本案中顾平、沈志达、顾德明三人之间的法律关系

---

① 关于法律关系分析法的一般理论及应用，请参见王利明：《民法案例分析的基本方法探讨》，载《政法论坛》，2004 (2)。

的性质。

2. 义务帮工过程中的损害责任应当如何承担

关于义务帮工过程中的损害责任，《人身损害赔偿解释》划分为两大类型。第一种类型为第13条规定的义务帮工过程中的帮工人致人损害责任，第二种类型为第14条规定的义务帮工过程中的帮工人自身遭受人身损害的责任。第一种类型的责任应当按照下列方式承担：(1) 为他人无偿提供劳务的帮工人，在从事帮工活动中致人损害的，被帮工人应当承担赔偿责任。(2) 被帮工人明确拒绝帮工的，不承担赔偿责任。(3) 帮工人存在故意或者重大过失，赔偿权利人请求帮工人和被帮工人承担连带责任的，人民法院应予支持。第二种类型的责任应当按照下列方式承担：(1) 帮工人因帮工活动遭受人身损害的，被帮工人应当承担赔偿责任。(2) 被帮工人明确拒绝帮工的，不承担赔偿责任；但可以在受益范围内予以适当补偿。(3) 帮工人因第三人侵权遭受人身损害的，由第三人承担赔偿责任。第三人不能确定或者没有赔偿能力的，可以由被帮工人予以适当补偿。本案中，显然属于义务帮工人受害责任纠纷，故首先，可以排除第一种情形的适用。其次，应当确定损害是源于帮工行为本身还是第三人侵权。请仔细阅读上述判决书中一、二审法院在损害原因事实认定方面结论的不同，分析哪一种正确，为什么？

3. 帮工关系与雇佣关系应当如何区分

帮工关系是指帮工人无偿为被帮工人提供劳务，并未为被帮工人明确拒绝而发生的社会关系。雇佣关系则是指根据当事人的约定，一方定期或不定期为对方提供劳务，由对方给付报酬的法律关系。帮工关系与雇佣关系虽然都以一定劳务的提供为内容，但是二者存在明显的区别：其一，帮工关系是无偿的，而雇佣关系以有偿为其特点，这是帮工关系和雇佣关系最明显的区别。无偿是指提供劳务不给付任何形式的报酬，双方根本没有形成给付报酬之意思表示。但是由于帮工一般基于亲朋好友、邻里族人等特殊人际关系，帮工活动中，人们往往遵从当地风俗习惯。因此，对无偿的认定，应对各种亲朋好友关系、观念及当地特有习俗予以充分考量。例如，对在帮工中烟酒饭菜招待，甚至在红白喜事中封红包等，按一般社会观念，不应视为给付报酬而认定为有偿。其二，在雇佣关系中，雇员是在特定的工作时间内，在雇主的监督和控制下进行劳务活动；而在帮工关系中，帮工人进行劳务活动时具有自主性。请仔细阅读上述判决书，并分析一、二审法院对三方当事人之间法律关系性质认定方面的不同。

4. 如何理解被帮工人的“合理补偿”

在义务帮工人受害责任中，有两种情形被帮工人需要给帮工人以适当补偿。一种情况是被帮工人明确拒绝帮工的，被帮工人不承担赔偿责任，但可以在受益范围内予以适当补偿。因为在被帮工人明确拒绝帮工的情况下，被帮工人与帮工人之间虽然不产生特定的帮工关系，但被帮工人能够从帮工人的帮工活动中受益。因此，被帮工人原则上不承担赔偿责任，但可以在受益范围内予以适当补偿。“可以作适当补偿”意味着被帮工人作为受益人“可以”作适当补偿而不是“必须”作适当补偿，是否“可以作适当补偿”完全由法官根据具体案情，综合各方面的因素作出裁量，该裁量必须视受益人的受益情形而定。如果受益人受益有限、无经济能力，就可以不予“适当补偿”；适当补偿是指被帮工人对帮工人所作的经济补偿只能在实际损失的范围内，承担部分损失的比例要根据对方的损害情况、发生困难的程度和负担能力，以及公平的要求予以确定。另一种情况是帮工人因第三人侵权遭受人身损害的，原则上由第三人承担赔偿责任，在第三人不能确定或者没有赔偿能力时，可以由被帮工人予以适当补偿。因为帮工人的帮工活动是为了被帮工人利益的，而且其是在从事帮工活动中遭受第三人侵权的，故让被帮工人对帮工人承担适当补偿责任，是富有人性化的选择，但适用这种情况下的“适当补偿责任”应当注意两点：其一，只有在侵权第三人不能确定或者没有赔偿能力的情况下，才会产生被帮工人的适当补偿责任，而且这种适当补偿不受被帮工人受益范围的限制。其二，被帮工人此时承担的适当补偿责任在性质上应当属于补充责任，具体的责任内容是补偿而不是赔偿。

5. 本案中的义务帮工关系中是否存在第三人侵权

在义务帮工人受害的责任中，是否存在第三人侵权对各方当事人的利益影响很大。本案中，一、二审法院的裁判结果存在天壤之别的原因就在于是否存在第三人侵权的认定。如果存在第三人侵权则责任由第三人承担，如果不存在第三人侵权则责任由被帮工人承担。一审法院认为，原告的损害后果是由被告顾德明的脱粒机造成的，应按照最高人民法院《人身损害赔偿解释》第 14 条第 2 款的规定，由被告顾德明对原告的损害后果应承担赔偿责任，被告沈志达不承担赔偿责任。二审法院则认为，上诉人提供的脱粒机符合农机运行安全技术条件。顾平受伤不是因脱粒机的瑕疵、故障等原因所造成的。脱粒机于事故时并未发生工作故障，顾平的受伤并非因顾德明提供的脱粒机自身的原因所造成，而是因该类农机固有的危险性及顾平自身的过失相结合所造成，故顾德明不构成本案义务帮工关系中的第三人侵权。同时，根据本案查明事实，顾平与顾德明之间亦不构成雇佣关系或帮工关系，故顾德明不应当承担顾平人身损害的赔偿责任。请结合案情与有关法理，分析一、二审法院的认识产生分歧的核心原因何在，应当在司法实践中如何尽量避免该种认识错误的发生？

（评注人：管洪彦）

49. 见义勇为人受害责任纠纷

司法案例

刘玉芝诉汉葭镇政府等案

重庆市第四中级人民法院（2009）渝四中法民终字第00274号

基本案情

上诉人（原审原告）：刘玉芝。

委托代理人：周大猛，重庆市彭水县江南法律服务所法律工作者。

被上诉人（原审被告）：彭水苗族土家族自治县汉葭镇人民政府。

法定代表人：王传军，该镇镇长。

委托代理人：王文海，重庆市彭水县东门法律服务所法律工作者。

被上诉人（原审被告）：彭水苗族土家族自治县汉葭镇天台村村民委员会。

法定代表人：徐守洪，该村民委员会主任。

委托代理人：王君，重庆市彭水县东门法律服务所法律工作者。

原审被告：彭水苗族土家族自治县水务局。

法定代表人：彭小波，该局局长。

委托代理人：袁伟，重庆绿荫律师事务所律师。

上诉人刘玉芝与被上诉人彭水苗族土家族自治县汉葭镇人民政府（以下简称“汉葭镇政府”）、彭水苗族土家族自治县汉葭镇天台村村民委员会（以下简称“天台村委”）、彭水苗族土家族自治县水务局（以下简称“彭水县水务局”）见义勇为人受害赔偿、补偿纠纷一案，彭水苗族土家族自治县人民法院于2008年12月17日作出（2008）彭法民初字第638号民事判决，刘玉芝对该判决不服，向本院提起上诉。本院依法组成合议庭，于2009年4月14日公开开庭审理了本案，上诉人刘玉芝的委托代理人周大猛、被上诉人汉葭镇政府的委托代理人王文海、被上诉人天台村委的委托代理人王君及原审被告彭水县水务局的委托代理人袁伟到庭参加了诉讼。本案现已审理终结。

经审理查明：天台水库（又名天台山坪塘）位于汉葭镇天台村，是原汉葭区下岩西乡组织群众投劳修建的，建于1976年，坝高15米，坝长45米，土坝，无排洪沟，原库容量为10万立方米，彭水县水务局核准为山坪塘。根据渝办发［2007］364号电子公文，重庆市人民政府办公厅转发市水利局、市国土房管局关于开展水利用地确权登记工作意见的通知中按国家所有和集体所有水利工程的划分原则，山坪塘为农村集体所有，即为被告天台村委所有。山坪塘由于年久，坝体单薄，涵洞堵塞，无排洪沟。2007 年 5 月 24 日两次特大暴雨，均超过库容量，造成坝体渗透，一旦溃坝，将直接威胁天台村 2 户 9 人、弹子村安家坝 17 户 72 人的生命及财产安全。2008 年 4 月 30 日，汉葭镇政府以汉葭府函［2008］10 号关于整治天台水库的隐患，向彭水县水务局报告。同年 5 月 27 日，彭水县水务局以彭水水务发［2008］132 号文件，向汉葭镇政府下拨天台山坪塘应急抢修资金 10 万元，并要求汉葭镇政府落实专业技术人员负责工程施工，加强技术指导，严格按照设计方案和国家有关规章要求进行施工，加强工程质量监管。

2008 年 5 月 28 日，山坪塘整治工程动工，由被告汉葭镇政府的驻村干部张建锡负责组织施工，由村支部书记郭兴现、支委成员赵洪川、村民郭正奎、郭兴林、郭正权、余家权、余家庆、郭正贵、郭文华 9 人参加做工。因整治该塘必须将塘内积水放出，且有一涵管宽 0.8 米，长 80 米，在 40 米处有一拐弯，需在最里端实施爆破，建立一泄洪道。在事发前十几日，被告汉葭镇政府负责组织施工的张建锡安排前述 9 人做涵管工程，包括塘内的积水排放，从塘底部砌泄洪口，工资共 1 500 元。前述 9 人采用多种方法都没打通流水口。该信息被余加强知道后(因余加强在开采石厂，且具备爆破作业资格)，便主动与前述做工的人联系，同时与被告汉葭镇政府负责组织施工的干部张建锡约定以 500 元的报酬，对涵管实施爆破。2008 年 6 月 23 日上午，郭兴现、郭正奎、赵洪川等人在本村茶厂喝酒时，余加强曾和张建锡为涵管的爆破工程通过电话。同日下午 1 时许，余加强自带炸药与郭正奎一起到涵管内铺设炸药，在铺设炸药过程中由于涵管内严重缺氧，跟随余加强后面的郭正奎退出涵管急告管外的人说："余加强在管内不行了，快去救余加强"，因无任何安全设施，在场的人无法实施救援。余家强之子余彪因救父心切，便钻进涵管，未能出来。事发后，救援人员于次日下午 6 时 30 分将余加强父子的遗体运出涵管。2008 年 6 月 24 日、6 月 25 日，原告刘玉芝与被告天台村委达成协议，被告天台村委已给付原告刘玉芝之夫余加强死亡赔偿款 17 500 元。

另查明：水务工程物资调拨及资金划拨（借预付）申请单记明："申请单位汉葭镇人民政府，技术负责人张建锡，工程名称汉葭镇天台山坪塘应急抢修工程，总投资 18 万元，国家补助 10 万元，群众自筹 8 万元，项目业主汉葭镇人民政府。"2008 年 5 月 27 日，彭水县水务局已向汉葭片区会计部拨付山坪塘整治资金 10 万元。被告汉葭镇政府当庭陈述，施工人员的工程款等工程完工后，在被告汉葭镇政府领取。死者余加强有兄弟姐妹 4 人。我市 2007 年度农村居民人均纯收入 3 509 元，农村居民消费性支出 2 527 元，职工月平均工资标准 1 925 元。

还查明：死者余加强是否具备爆破从业资质，虽然未提供证据，但 3 被告当庭表明，死者余加强在经营采石厂，具备爆破从业资质。

一审诉辩主张

刘玉芝在一审中诉称：2008 年 6 月，彭水县水务局将汉葭镇天台村"天台水库"的维修整治工程发包给汉葭镇政府，汉葭镇政府承接上述工程后，指派工作人员张建锡现场指挥施工。由于天台水库长期无专人管理，致使漂流物堵塞出水口，因整治水库必须将库内积水放出，汉葭镇政府决定于 2008 年 6 月 23 日在该水库涵洞最里端实施爆破，建立一泄洪口，该方案确定后，汉葭镇政府便雇请余加强负责爆破工作（余加强具备爆破资质）。当日下午 1 时许，铺设炸药任务由余加强和郭正奎负责，二人在铺设炸药过程中由于涵洞内严重缺氧，跟随余加强后面的郭正奎退出涵洞，急告洞外的人说："快去救加强"。但在场人员没有实施救援工作，原告之子余彪当时也在场，听说父亲不行了，便从旁人手里夺过电筒，弯腰钻进涵洞没能出来。事发后，救援人员于2008年6月24日下午6时30分才将余加强父子的遗体运出。请求判令被告赔偿余彪死亡后的死亡赔偿金70 180元、丧葬费11 550元、精神抚慰金20 000元，合计101 730元，并承担本案诉讼费。

被告汉葭镇政府辩称：本案为见义勇为人受害赔偿、补偿纠纷，汉葭镇政府不应承担任何赔偿、补偿责任。(1) 汉葭镇人民政府不是本案适格主体。(2) 汉葭镇政府不是用工主体，更不存在雇用死者的事实，也不是见义勇为行为受益者。(3) 汉葭镇政府未向水务局承包水库，水库属被告天台村委集体所有，政府只是帮村委会要资金。请求驳回原告对汉葭镇政府的诉讼请求。

被告彭水县水务局辩称：(1) 天台村山坪塘系20世纪70年代由天台村的群众自己投劳修建的，并一直由天台村委集体管理和经营，其所有权、管理权和使用权均属村集体，没有纳入县水务局的管理范围，水务局不是适格被告。(2) 天台村山坪塘整治过程中的爆破作业，实际上是死者余加强与天台村集体之间的承揽与被承揽关系，对于承揽人在承揽过程中所产生的民事责任，最高人民法院《人身损害赔偿解释》第10条有明确的规定。彭水县水务局在本案中不应当担责，请求驳回原告对彭水县水务局的赔偿请求。

被告天台村委辩称：(1) 天台村委作为山坪塘的所有人和管理人，也是本案余彪见义勇为行为受益者，对本案应承担责任。(2) 死者余加强具有爆破资质，应当预见危害的发生，而轻信可以避免，自己有重大过错，应减轻被告的赔偿责任。(3) 本案不属雇佣关系，应是承揽关系，请求法院依法公正裁判。

一审判决

一审法院认为：本案争议的焦点有二：其一，本案是生命权、健康权、身体权纠纷还是见义勇为人受害赔偿、补偿纠纷；其二，谁是本案的义务主体。

人身损害赔偿是指自然人的生命、健康、身体权遭受不法侵害，造成致伤、致残、致死的后果以及其他损害，要求赔偿义务人以财产赔偿的方法进行救济和保护的侵权法律制度。《民法通则》第119条规定了人身损害赔偿制度的基本内容。无论是基于过错责任认定的侵权行为，还是基于严格责任认定的侵权行为，无论是基于无过失责任认定的侵权行为，还是根据公平责任认定的侵权行为，均以损害为构成要件。只有侵权行为致损害后果实际发生，才有其损害赔偿，即人身损害赔偿，必须有不法损害人及其加害行为导致他人生命权、健康权、身体权受到侵害，才能就此发生的赔偿承担法律责任；见义勇为人受害赔偿、补偿，是指为维护国家、集体或者他人的合法权益而使自己受到人身损害，因没有侵权人、不能确定侵权人或者侵权人没有赔偿能力，受益人应当在受益范围内对赔偿权利人予以适当补偿，其归责原则是公平原则。《民法通则》第109条和最高人民法院《人身损害赔偿解释》第15条对此作出了明确的法律规定。从本案审理查明的事实和原、被告提供并经质证的证据来看，原告刘玉芝之夫余加强、其子余彪并非死于他人侵权加害，而是由于在维修整治的天台村“山坪塘”水利工程的涵管内严重缺氧，原告刘玉芝之夫余加强先于其中实施涵管爆破作业而中毒死亡，原告刘玉芝之子余彪则是急于救人，挽救他人生命，为对其父余加强实施救险进入涵管而中毒死亡。原告刘玉芝之子余彪的行为属于法律意义上的见义勇为行为，由此而造成的人身损害当属见义勇为人受害赔偿、补偿。显然，本案应为见义勇为人受害赔偿、补偿纠纷，而不应为生命权、健康权、身体权纠纷。故对汉葭镇政府和彭水县水务局辩称本案应为见义勇为人受害赔偿、补偿纠纷的意见予以采纳，对原告诉称本案为生命权、健康权、身体权纠纷的意见不予支持。

本案中，被告汉葭镇政府作为上级行政机关，对其下辖行政管理区域的天台村委所有的山坪塘工程实施一定的监督管理，是不争的事实，但其并非该水利设施及其工程的所有权人和管理权人，并非原告刘玉芝之子余彪见义勇为行为的受益者，不是本案的适格被告，对其见义勇为中受害发生人身损害后果，没有赔偿、补偿义务，依法不应承担赔偿、补偿责任；天台村所在的山坪塘水利设施及其工程，其所有权、管理权和使用权均属被告天台村委集体所有，没有纳入县水务局的管理范围，水务局既不是管理者，也不是工程项目业主，更不是本案见义勇为行为的受益者，没有对见义勇为受害人进行赔偿、补偿的义务和责任，不是本案适格被告主体，依法不应对本案承担赔偿、补偿责任，故其抗辩的意见理由成立，予以采纳；被告天台村委是天台村山坪塘水利设施及其整治工程的所有权人和管理权人及使用权人，本案虽非所有人或管理人因维护、管理不当所致，但其是原告刘玉芝之子余彪见义勇为行为的直接受益者，因此被告天台村委依法应当承担相应的人身损害补偿责任。根据本案实际，其承担30%补偿责任为宜。死者余加强虽具备爆破从业的资质，具有一定的爆破作业专业知识和技能，应当预见不通风和缺供氧气将会发生安全事故，甚至危及生命，但其在事发当日，在明知要在涵管的最里端施行爆破，且现场又不具备安全作业的环境和条件下，过于自信而冒险作业，导致受害死亡，对此后果的发生，有其自身的直接过错，应减轻被告天台村委的补偿责任。同时，原告刘玉芝之子余彪对死者余加强实施见义勇为行为，其行为成功与否，对死者余加强至关重要，死者余加强系其子余彪见义勇为行为的直接受益者，依法应承担相应的补偿责任。根据本案实际，其承担30%补偿责任为宜。原告刘玉芝系死者余加强之妻、死者余彪之母，其子余彪对死者余加强实施见义勇为行为，其行为成功与否，对原告刘玉芝至关重要，原告刘玉芝是其行为的直接受益者，依法应承担相应的补偿责任。同时，原告刘玉芝系死者余彪之母，是其法定代理人，具有对其监护之责，但原告刘玉芝明知余彪系年仅14周岁的未成年人，不仅未加强监管，反而将其带至具有高度危险的天台村山坪塘涵管爆破工程施工场所后独自离开，导致其子监管失控而死亡，原告刘玉芝的这一行为，当属监管失责，依法应承担相应的补偿责任。根据本案实际，其承担40%的补偿责任为宜。余彪系年仅14周岁的未成年人，且为在校学生，从法律意义上讲尚不具有完全民事行为能力，因此对其原本应当和可能预见在无相应措施保障下，贸然进入缺氧的涵管内实施见义勇为的救险行为，而发生的施救不当导致其中毒死亡后果，就此存在的过失责任，依法予以免除。由于本案系无侵权人加害的见义勇为人受害补偿，原告刘玉芝请求的死亡赔偿金应为死亡补偿金、丧葬费亦只能是补偿，可参照其法律规定标准适当补偿，但其提出精神损害抚慰金于法无据，碍难支持。综上，依照《民法通则》第11条、第12条、第16条、第18条、106条第3款、第109条、第119条、第131条，最高人民法院《人身损害赔偿解释》第1条、第2条、第15条、第27条、第29条及最高人民法院《民事诉讼证据规定》第2条的规定判决：

一、被告天台村委向原告刘玉芝支付其子余彪因见义勇为行为而受害的死亡补偿金70 180元，丧葬费11 550元，合计81 730元，剔除死者余加强应承担的30%和原告刘玉芝应承担的40%后，按总额的30%计24 519元的补偿金。减扣此前已支付的补偿金17 500元后，尚应向原告刘玉芝支付补偿金7 019元；

二、驳回原告刘玉芝对被告彭水县水务局和被告汉葭镇政府的诉讼请求；

三、驳回原告刘玉芝的其他诉讼请求。

上列款项，限本判决生效后10日内付清。如果未按本判决指定的期间履行给付金钱义务，应当依照《民事诉讼法》第229条之规定，加倍支付迟延履行期间的债务利息。本案案件受理费900元，由天台村委负担270元，其余630元由原告刘玉芝自行负担。

二审诉辩主张

刘玉芝对该判决不服，向本院提起上诉，请求撤销原判，改判支持其一审诉讼请求。

原告上诉称：(1) 原判认定汉葭镇政府非本案的适格被告错误。汉葭镇政府接到彭水县水务局（2008）132号文件后，未按文件要求落实专业人员负责工程施工和技术指导，而是指派本单位工作人员张建锡组织人员施工，且山坪塘整治工程的项目业主是汉葭镇政府，余加强到涵管内铺设炸药是受张建锡的安排，如果其同时在爆破周围实施安全防范工作，余彪就不能进入涵管内缺氧死亡，故汉葭镇政府具有明显过错，应当承担责任。(2) 原判划分的责任与法律相悖。余彪实施救援的对象是余加强，而余加强施工时不具备安全条件，汉葭镇政府作为工程管理人，对余彪的死亡应承担赔偿责任。上诉人系余彪的监护人，而一审以上诉人系受益人，自己对自己补偿40%的责任没有法律依据。

汉葭镇政府答辩称：(1) 上诉人主张是由汉葭镇政府提供的施工场所不成立，汉葭镇政府仅是款项的业主。(2) 余彪是认为爆破有鱼可捞才到现场去的。(3) 天台村委是所有权人，应承担责任，余彪的监护人也应承担责任，张建锡不是政府指挥施工的人员。请求驳回上诉，维持原判。

天台村委答辩称：一审判决正确，请求驳回上诉，维持原判。

彭水县水务局答辩称：一审认定事实清楚，彭水县水务局只是行政管理部门，天台水库非彭水县水务局所有，也非受益人，请求维持彭水县水务局不承担赔偿责任的判决部分。

二审判决

本院认为：《民法通则》第109条规定："因防止、制止国家的、集体的财产或者他人的财产、人身遭受侵害而使自己受到损害的，由侵害人承担赔偿责任，受益人也可以给予适当补偿。"最高人民法院《人身损害赔偿解释》第15条规定："为维护国家、集体或者他人的合法权益而使自己受到人身损害，因没有侵权人、不能确定侵权人或者侵权人没有赔偿能力，赔偿权利人请求受益人在受益范围内予以适当补偿的，人民法院应予支持。"见义勇为行为是指不负有法定或约定义务的自然人，为使国家利益、社会公众利益或他人的人身、财产利益免遭侵害或免受损失，在面临危险情况时冒着较大的人身和财产危险挺身而出，所实施的制止侵害、保护合法权益的行为。余彪挺身救父，虽然救助的是与自己有特定身份关系的父亲，但在主体上，余彪却不具有特定的救助义务，在主观上系基于内心良知的驱使防止他人人身损害的发生，客观上实施了想尽力保护他人人身利益的行为，且其行为是在危急和紧迫的情况下冒着自己的生命危险作出的，故其救父行为符合见义勇为行为的基本特征，属见义勇为行为，应当根据前述法律规定由受益人给予见义勇为人余彪的人身损害以适当补偿，原判确定本案的法律性质正确，本院予以确认。天台村山坪塘维修整治工程管理人虽系汉葭镇政府，但余彪之父余加强非汉葭镇政府的雇佣人员，属承揽关系。具有爆破资质的余加强对山坪塘涵管深处实施爆破行为是其完成承揽事务的行为，尽管汉葭镇政府提供的定作物有一定的瑕疵，但不影响余彪见义勇为的直接受益人为余加强的事实，故汉葭镇政府非本案的受益人，不应承担补偿责任。天台村委是余加强实施爆破作业的山坪塘所有权人，属实际受益人，原判据此酌情由其补偿24 519元并无不当，且天台村委未提出上诉，视为其对原判的认可。

综上，原判决认定事实清楚，适用法律正确，应予维持，上诉人刘玉芝的上诉理由不成立，其相应的上诉请求本院不予支持。根据《民事诉讼法》第 153 条第 1 款第 1 项的规定，判决如下：

驳回上诉，维持原判。

二审案件受理费 900 元，由上诉人刘玉芝负担。

案由与焦点

1. 案由

本案的一级案由为“侵权责任纠纷”，二级案由为“侵权责任纠纷”，三级案由为“见义勇为人受害责任纠纷”。

见义勇为人受害责任纠纷是指见义勇为人因实施见义勇为行为而致自身人身或者财产损害，请求侵权人给予损害赔偿或者受益人给予损失补偿的侵权责任纠纷。

2. 焦点

本案争议的焦点在于：其一，本案是生命权、健康权、身体权纠纷还是见义勇为人受害赔偿、补偿纠纷？其二，谁是本案的赔偿义务主体？上述两个问题本质上涉及“生命权、健康权、身体权纠纷”与“见义勇为人受害责任纠纷”两个案由的范围界定及其适用关系，以及“见义勇为人受害责任纠纷”中的赔偿义务主体确定（即受益人确定）问题。

评注与问题

1. 见义勇为与无因管理的关系是怎样的

见义勇为是指没有法定的或者约定的义务，为避免或减少国家、集体、他人的财产和公民人身安全利益的损害，行为人不顾个人安危而积极实施的危难救助行为。无因管理是指没有法定或者约定义务，为避免造成损失，主动管理他人事务或为他人提供服务的行为。管理他人事务的人为管理人，事务被管理的人为本人。无因管理之债发生后，管理人享有请求本人偿还因管理事务而支出的必要费用的债权，本人负有偿还该项费用的债务。有学者认为，见义勇为具有无因管理的基本特征，属于无因管理的范畴，具体表现在以下几点：其一，见义勇为是无因管理的类型之一，两者的关系是种属关系。其二，见义勇为具备无因管理的全部构成要件。其三，见义勇为的法律性质、立法宗旨均与无因管理相同。① 你是否同意上述观点？见义勇为与无因管理相比有哪些特殊性？

2. 雇佣关系与承揽关系应当如何区分

在人身损害赔偿案件中，是雇佣关系还是承揽关系的判断将对当事人的利益产生重要影响，往往成为双方争议的焦点。我们认为，二者的区别主要在于：其一，人身依附性不同。在雇佣关系中，雇主与雇员之间存在着一定的人身依附关系。雇员对于工作如何安排没有自主选择权，雇主可以随时干预雇员的工作，雇员的劳动系一种从属性劳动；在承揽关系中，定作人与承揽人地位平等，承揽人对工作如何安排拥有完全的自主权，定作人无权干预，承揽人的劳动是一种独立劳动。其二，标的不同。雇佣关系的标的注重雇员无形的劳务给付，以供给劳务本身为目的；在承揽关系中，承揽合同的标的着重表现为物化的劳动成果，重在有形工作的完

---

① 参见徐武生、何秋莲：《见义勇为立法与无因管理制度》，载《中国人民大学学报》，1999（4）。

成，是以提供通过劳务产生的工作成果为目的的。其三，报酬的支付标准不同。雇佣关系中雇员的工资一般系计时工资，而承揽关系中承揽人的报酬则按照完成并交付特定的工作成果为报酬。其四，责任分担不同。在雇佣关系中，雇员在执行职务过程中遭受伤害，雇主如不存在法定免责事由，雇主就应给予赔偿；在承揽关系中，因双方是合同关系而不存在侵权关系，承揽人在完成承揽工作过程中造成他人或自身损害的，定作人原则上不承担责任。如果定作人对定作、指示或者选任有过失的，承担与其过失相适应的赔偿责任。在二审判决中，法院明确指出余彪之父余加强并非汉葭镇政府的雇佣人员，属承揽关系；具有爆破资质的余加强对山坪塘涵管深处实施爆破行为是其完成承揽事务的行为。请结合本案案情以及上述原理分析这种认识是否正确，为什么？二审法院的这种认定对案件裁判结果有何影响？

3. 如何确定见义勇为人受害责任纠纷中的赔偿义务人

司法实践中，见义勇为人受害责任纠纷案件主要存在两种情形：一种情形是存在侵权人的情况，此种情形当然由侵权人承担赔偿责任。另一种情形是没有侵权人、不能确定侵权人或者侵权人没有赔偿能力，此时由赔偿权利人请求受益人在受益范围内予以适当补偿。请结合本案案情分析上述案件属于哪一种情形？受益人应当如何确定？本案中法院对受益人的确定是否合理？

4. 见义勇为人受害责任纠纷中的受益人补偿责任应当具备哪些要件

最高人民法院《人身损害赔偿解释》第 15 条规定：“为维护国家、集体或者他人的合法权益而使自己受到人身损害，因没有侵权人、不能确定侵权人或者侵权人没有赔偿能力，赔偿权利人请求受益人在受益范围内予以适当补偿的，人民法院应予支持。”根据该条规定，在见义勇为人受害责任纠纷中的受益人补偿责任的成立需要具备一定的要件：(1) 行为人没有法定或者约定的义务；(2) 行为人实施了制止侵害行为；(3) 行为人主观上具有维护国家、集体或者他人合法权益的意思；(4) 行为人因实施制止行为而遭受了人身损害；(5) 存在明确的受益人；(6) 没有侵权人、不能确定侵权人或者侵权人没有赔偿能力。本案中，一、二审法院对受益人补偿责任的确立是否妥当，为什么？如何理解“受益人在受益范围内予以适当补偿”？

（评注人：管洪彦）

50. 紧急避险损害责任纠纷

司法案例

姜东新诉蒋远星等案

福建省泉州市中级人民法院（2001）泉民终字第 1867 号

基本案情

上诉人（一审原告）：姜东新。

诉讼代理人：吴昭、张泽军，湖北胜源律师事务所律师。

被上诉人（一审被告）：蒋远星。

被上诉人（一审被告）：林庆新。

被上诉人（一审被告）：蒋小红。

诉讼代理人：张桦木、缪叶相，福建泉南律师事务所律师。

一审被告：苏素满。

一审被告：刘青凉。

经审理查明：被告林庆新系地址在泉州市丰泽区北峰工业区丰盈路 17 号楼屋的业主。1999 年 12 月 1 日，被告林庆新把上述房屋出租给被告蒋小红。同年 12 月 9 日，被告蒋小红又把其承租房屋的一层店面转租给被告蒋远星经营国信寻呼、电话机业务，2001 年 3 月，蒋小红把三楼房屋的一间转租给原告姜东新及其女友孙小英居住。2001 年 4 月 7 日 10 时 22 分左右，被告蒋远星的雇员苏素满在寻呼机店内用液化气灶烧开水，由于未在旁边看管，水被烧干后引起火灾，火势蔓延造成一层至三层的屋顶和墙壁部分不同程度被烟熏黑，烧损营业厅部分塑料扣板等物品。火灾发生时，原告及其女友孙小英在三楼的房间内休息，蒋小红之妻孙亚梅、子蒋福桃在二楼。火势烧至二楼，浓烟弥漫至三楼，孙亚梅、蒋福桃、原告及孙小英无法从楼梯逃出该楼。蒋福桃、孙亚梅从二楼窗户跳楼离开。此时，原告用被单的一端系在身上，另一端绑在一根棍子上夹在窗户上，从三楼窗户往外跳，由于夹在窗户的棍子一端未固牢，原告坠落至地面致身体受伤。原告受伤后被赶到现场的北峰镇派出所干警送到福建医科大学附属第二医院治疗。原告的伤情经医院诊断为：右胸棘突、压痛、胸口疼痛不向下肢放射，双下肢肌力 0 级，肌张力消失，腹壁、膝腿反射消失，耻骨联合平面以下皮肤深浅感觉消失等。2001 年 5 月 1 日，原告出院。原告在福建医科大学附属第二医院住院期间花去医疗费 14 323.16 元。原告住院期间，被告蒋远星付给原告医疗费 8 000 元。2001 年 5 月 31 日，原告到泉州市中医院住院进行康复治疗至同年7月25日出院，在泉州市中医院住院花去医疗费3 920.40元。庭审中，原告提供票据及证明书称其在外自购药品计751.40元，提供交通、住宿票据计4 039元，经手人为王秀顺所写的“证明轮椅一件玖佰伍拾元整”的证明条一张。2001年5月11日，泉州市丰泽区公安消防大队对上述火灾以丰公消认字（2001）第002号火灾原因认定书，该认定书认定：“苏素满用液化气灶烧开水时，未在旁边看管，导致火灾的发生，应负直接责任。蒋远星作为国信寻呼店的负责人，未履行消防安全职责，导致火灾的发生、蔓延，应负间接责任。刘青凉作为国信寻呼店的经营管理人员，未履行消防安全职责，导致火灾的发生、蔓延，应负间接责任。蒋小红作为房屋的转租人，未履行消防安全管理职责，对火灾的发生、蔓延应负间接责任。林庆新作为房屋的业主，未履行消防安全管理职责，对火灾的发生、蔓延应负间接责任。”本案在审理过程中，经本院委托泉州市中级人民法院司法技术鉴定处对原告的伤情进行鉴定，经鉴定结论为：“姜东新下肢截瘫劳动能力完全丧失，应评为二级伤残。”庭审中，被告蒋远星承认被告刘青凉系其雇用的工作人员。

上述事实有下列证据证明：（1）福建医科大学附属第二医院的疾病证明书、出院小结；（2）住院收费票据；（3）交通费票据；（4）林庆新与蒋小红的租店协议书；（5）泉州市丰泽区公安分局丰公消认字（2001）第002号火灾原因认定书、火灾事故责任书；（6）现场照片；（7）泉州市丰泽区公安消防大队对姜东新、孙小英的询问笔录。

一审诉辩主张

原告姜东新诉称：被告林庆新将其私有的坐落于泉州市丰泽区北峰工业区丰盈路17号的一幢三层的楼房租给被告蒋小红住用，被告蒋小红又把该屋一层租给被告蒋远星、刘青凉经营电信器材及起居生活，三层一单间租给原告做卧室。2001年4月7日上午10时许，被告蒋远星、刘青凉雇请的员工苏素满在工作时烧开水，因疏于看管导致发生火灾，火灾蔓延至三楼。当时原告及未婚妻在三楼卧室休息，原告及未婚妻见到熊熊烈火及滚滚浓烟直扑进卧室并烧坏了室内的衣服和拖鞋，由于原告租住的楼房仅有一部楼梯，是住户进出该栋楼房的唯一通道，为避免煤气爆炸以及烈火浓烟烧熏造成人身伤亡，原告不得已从三楼跳楼逃生。因楼层较高在引力的作用下原告胸12光脊骨跌伤，造成截瘫的终生残疾，原告受伤后在福建医科大学附属第二医院住院治疗二十多天后转入泉州市中医院治疗。原告请求判令五被告连带赔偿原告医疗费2.131 536万元、误工费1.2万元、护理费5 400元、终生陪护费21.6万元、住院伙食补助费2 340元、残疾自助具费9 000元、后期医疗费1.5万元、伤残补助费33.6万元、旅差费用9 455元、精神抚慰金4万元，共计66.651 036万元。

被告苏素满辩称：被告苏素满系在履行职务时造成民事责任，依法应由雇主蒋远星承担责任，原告要求被告承担连带赔偿责任于法无据，原告在本案中对损害结果的发生负有主要过错，应相应减轻被告的民事责任。

被告蒋远星辩称：被告苏素满在上班时烧开水引发火灾，烧开水的行为不是履行工作职责，被告对苏素满职责外的行为所导致的损失不应承担赔偿责任。火灾发生后，派出所出警并赶赴现场，在场人员均劝说原告不要从楼上跳下，火警马上就来了。但原告不听劝阻强行从三楼跳下导致受伤，原告对损害结果本身有责任，亦承担相应的责任。请求驳回原告对蒋远星的诉讼请求。

被告刘青凉辩称：刘青凉系被告蒋远星雇佣的人员，负责管理寻呼机营业厅。苏素满的烧开水行为不是履行职责，被告不必承担责任，原告诉称火灾发生过程与事实不符。原告跳楼自身有责任，要承担相应责任，请求驳回原告对刘青凉的诉讼请求。

被告林庆新辩称：被告的楼房建设与丰盈路所有楼房的建设都是相同的，原告诉称单一楼梯的设置为灾情发生产生隐患不能成立。被告房屋系租给蒋小红，蒋小红自行转租给蒋远星经营并将三楼一房间租给姜东新使用。原告在火苗尚未烧及三楼就跳楼跌成重伤，应自行承担主要责任，本案火灾发生及原告的跌伤与被告没有因果关系，被告不应承担责任，请求驳回原告对林庆新的诉讼请求。

被告蒋小红辩称：本案原告的行为不构成紧急避险，蒋小红出租房屋的行为与火灾的发生及原告的受伤无因果关系，蒋小红不应承担民事责任，被告转租房屋是经林庆新认可的，请求驳回原告对被告的诉讼请求。

一审判决

福建省泉州市丰泽区人民法院认为：被告苏素满在上班时间烧开水疏于看管导致发生火灾，火势烧至二楼且浓烟直扑三楼，原告在无法从楼梯逃生的情况下，为避免因火灾而给自身带来损害，采取从窗户跳下的方式，符合紧急避险的条件，故引发险情的人应对原告因紧急避险行为所造成的损害负赔偿责任。由于苏素满系被告蒋远星雇佣的工作人员，苏素满在工作时由于过错导致原告损害，依法应由雇主蒋远星承担赔偿责任，故被告蒋远星应对原告的损害承担赔偿责任。被告蒋远星辩称被告苏素满在上班时间烧开水不是履行工作职责，不予采纳。原告在跳楼时，采用的措施不当，加重了损害结果，原告应对自己的损失自行承担20%的责任。原告的损害赔偿标准可参照《道路交通事故处理办法》（已失效——笔者注）的赔偿标准予以处理。原告请求赔偿医疗费、误工费、护理费、住院伙食补助费、伤残补助费、交通住宿费、精神抚慰金合法正当，应予支持，但损失应据实予以赔偿。原告请求终生陪护费，于法无据，不予支持。原告请求赔偿残疾自助具费9 000元，但原告提供的证明依法不能作为证据，不予支持。原告请求刘青凉、苏素满、蒋小红、林庆新承担赔偿责任及5被告连带承担赔偿责任，于法无据，不予支持。

福建省泉州市丰泽区人民法院依照《民法通则》第129条、第131条之规定，判决如下：

一、被告蒋远星应在本判决生效的1个月内赔偿原告姜东新因火灾导致人身伤害所造成的损失98 574.84元（其中医疗费18 243.56元、误工费2 951.30元、护理费1 050.70元、住院伙食补助费1 185元、残疾补助费94 788元、交通住宿费2 500元，计120 718.56元，由原告自行承担20%，由被告蒋远星承担80%计96 574.84元，精神抚慰金1万元，合计106 574.84元，扣除被告蒋远星已支付的8 000元）。

二、驳回原告的其他赔偿项目的诉讼请求。

三、驳回原告对苏素满、蒋小红、林庆新、刘青凉的诉讼请求。

本案受理费12 175元，由原告负担10 374.40元，由被告蒋远星负担1 800.60元；本案鉴定费500元，由被告蒋远星负担。

二审诉辩主张

上诉人（原审原告）诉称：原审判决查明的事实基本清楚，判决上诉人承担20%的责任是错误的。被上诉人林庆新、蒋小红租赁房屋的行为违法，且所租房屋不符合消防要求，对造成上诉人的损伤结果有过错，依法应承担连带赔偿责任，原审判决驳回上诉人对林庆新、蒋小红的诉讼请求是错误的。原审判决对上诉人的经济损失有部分项目计算错误，驳回上诉人要求赔偿终身护理费及残疾用具费的请求不当。请求二审撤销原判，改判被上诉人蒋远星赔偿上诉人各项经济损失 536 356.11 元，判令被上诉人林庆新、蒋小红对被上诉人蒋远星赔偿上诉人的经济损失承担连带赔偿责任。

被上诉人蒋远星辩称：上诉人所诉不实。火灾发生当时火并未烧到三楼，上诉人系因慌张才跳楼，当时派出所干警及围观群众均要求其不要跳楼，故上诉人跳楼不符合紧急避险要件。上诉人称其每月平均工资有 3 000 元，但其未能提供交纳个人所得税的证据，该主张虚假，不应采信。上诉人主张继续治疗也应有相关医院证明，否则也不应支持。综上，被上诉人对原审判决无意见，在上诉人受伤后其已尽到应尽责任。

被上诉人林庆新答辩称：上诉人因火灾事故发生人身损害后果与被上诉人没有因果关系，被上诉人不应承担连带赔偿责任。上诉人对其在火苗尚未烧及三楼就跳楼以致跌伤，应承担主要责任。其要求作为业主的被上诉人承担连带赔偿责任，缺乏事实和法律依据。请求二审公正裁判。

被上诉人蒋小红答辩称：上诉人对原审认定的事实并无异议，上诉人主张其系紧急避险，即应由引起险情的人及其雇主依法承担责任。原审判决有事实和法律依据，应当维持。上诉人要求被上诉人承担连带赔偿责任无理，请求驳回上诉，维持原判。

原审被告刘青凉答辩称：原审认定事实清楚，上诉人上诉无理，原判正确，请求维持。

原审被告苏素满未作出答辩意见。

二审判决

福建省泉州市中级人民法院认为：上诉人姜东新与被上诉人蒋远星一同承租被上诉人林庆新所有的房屋，后因蒋远星雇用的人员在工作中不慎引发火灾，姜东新为避免因火灾而给自身造成损害，在别无他法逃生的紧急情况下，采取从窗户跳下的方式逃生，符合紧急避险的条件，故本案应认定为紧急避险损害赔偿纠纷。依照法律规定，因紧急避险造成损害的，由引起险情发生的人承担民事责任。而雇工在从事雇佣合同规定的生产经营活动中造成他人损害的，雇主应当承担民事责任。原审鉴于引发险情的人系蒋远星雇用的工作人员，判决由蒋远星承担赔偿责任，姜东新对自己的损失自行承担部分责任符合法律规定，但姜东新自行承担责任的比例略高，应予酌情调低。至于姜东新请求赔偿的项目、范围和标准问题，原审对其误工费、交通住宿费等项计算有误，应予更正。残疾用具原审遗漏处理，应予加判。姜东新上诉期间行膀胱取石术费用也属治疗所需的医疗费，该部分损失也应由蒋远星一并予以赔偿。故原判决第 1 项应予变更。由于姜东新主张继续治疗，而实际费用尚未发生，原审告知其可在继续治疗后另行起诉并无不当，原判决第 2 项可予维持。蒋小红、林庆新虽未恪尽消防安全管理职责，但其并非引发险情的人，依法可不承担民事责任，原审对姜东新请求该二人承担赔偿责任及与蒋远星互负连带责任的主张不予支持，亦无不当，原判决第 2 项也可维持。上诉人姜东新上诉称其不必承担民事责任等理由根据不足，对其相关请求不予支持。

福建省泉州市中级人民法院依照《民事诉讼法》第 153 条第 1 款第 1、3 项和《民法通则》第 129 条、第 131 条之规定，判决如下：

一、维持泉州市丰泽区人民法院（2001）丰民初字第 463 号民事判决的第二、三项；

二、变更泉州市丰泽区人民法院（2001）丰民初字第 463 号民事判决的第一项为：蒋远星应于本判决生效后 1 个月内赔偿姜东新因紧急避险造成的损失 126 135.02 元（其中医疗费 20 815.11元、误工费 11 300 元、护理费 1 050.70 元、住院伙食补助费 1 185 元、残疾者生活补助费 94 788 元、交通住宿费 4 039 元、残疾用具费 4 750 元，计 137 927.81 元，由姜东新自行承担 10%，由蒋远星承担 90%计 124 135.02 元，精神抚慰金 1 万元，合计 134 135.02 元，扣除蒋远星已支付的 8 000 元）。

二审受理费人民币 12 175 元，由上诉人姜东新负担 6 090 元，被上诉人蒋远星负担 6 085 元。

案由与焦点

1. 案由

本案的一级案由为“侵权责任纠纷”，二级案由为“侵权责任纠纷”，三级案由为“紧急避险损害责任纠纷”。

紧急避险损害责任纠纷是指避险人为了保护国家、社会公共利益、他人或者本人的合法权益免遭正在发生的危险，不得已而采取损害他人利益的行为，因采取的避险措施不当或者超过必要的限度造成了不应有的损害的，依法由引起险情发生的人或者由避险人承担相应民事责任的纠纷。

2. 焦点

本案争议的焦点在于：原告从窗户跳下的方式逃生是否属于紧急避险？在紧急避险损害责任纠纷中应当由谁承担责任，责任应当如何分担？

评注与问题

1. 本案中原告的行为是否属于紧急避险

一般认为，正当的紧急避险应当具备以下要件：其一，须有急迫危险。所谓急迫危险，指近在眼前，刻不容缓。如为避免房屋燃烧，将燃烧之油桶抛出至店外，因热度过高被迫抛掷而燃烧他人之物。如果危险已经消除或尚未发生，或者已经发生但并不会造成对合法利益的损害，则不得采取紧急避险。其二，须是为了合法权益免受正在发生的损害危险不得已采取的措施。一方面须是为了合法权益，即所维护的利益具有正当性。如果是为了非法的利益，则不能成为紧急避险的主观目的。另一方面须是不得已而采取的措施。不得已是指不采取紧急避险措施，就会使较大法益遭到损害，其并不是指避险人只能采取某一种而不能采取另一种措施避险。其三，紧急避险须不超过必要限度。紧急避险的必要限度，是指在面临紧急危险时，避险人应采取适当的措施，以尽可能小的损害保全较大的法益。本案中，原告的紧急避险行为是否属于正当的紧急避险？请结合案情加以分析说明。

2. 紧急避险造成的损害是否包括避险人自身的合法权益所遭受的损害

一般情况下，在紧急避险损害责任纠纷中，紧急避险所造成的损害主要是给他人（第三人）造成的损害，这种情况下造成的损害原则上由引起险情发生的人承担责任。但在紧急情况下，因加害人的不法行为，被害人为摆脱其面临的极大危险，不得已而采取某种避险措施而使自己遭受损害，且符合紧急避险的条件的，是否也应属于因紧急避险所造成的损害？是否应当由引起险情发生的人承担责任？对此，在学术界和审判实践中存在一定的争议。有人认为，紧急避险仅限于给他人造成损害，而不包括给自己造成损害，因为在险情是由人为原因引起的情况下避险人（受害人）的损害是由于加害人的过错造成的，加害人理应承担侵权责任。我们认为，紧急避险应当包括避险行为导致本人合法权益损害的情形。这有利于良好社会道德风尚的倡导，尤其是在因自然原因引发危险时，避险人为了使公共利益、他人合法权益免受危险而实施紧急避险导致自身受到损害的，避险人的这种损害自身较小的权益而保护国家、集体或他人更大的权益的行为有利于全社会顾大局、互助友爱的良好道德风尚的形成，法律对此应当加以鼓励和支持。因此，在这种情况下，避险人有权依据紧急避险制度从受益人处获得适当的补偿。[①] 本案中，原告在危险之际造成自身损害的行为是否属于“因紧急避险造成的损害”，为什么？请结合案情以及法院的裁判进行分析。

3. 被告在上班时间烧开水的行为是否属于从事雇佣活动范围内的行为

本案中，对被告苏素满在上班时间烧开水的行为是否属于从事雇佣活动范围内的行为的判断，直接影响到赔偿义务主体的确定。如果属于从事雇佣活动范围内的行为，则属于雇主责任，由雇主承担责任；反之，则由雇员即被告苏素满自己承担责任。根据最高人民法院《人身损害赔偿解释》第9条第2款的规定，从事雇佣活动是指从事雇主授权或者指示范围内的生产经营活动或者其他劳务活动。雇员的行为超出授权范围，但其表现形式是履行职务或者与履行职务有内在联系的，应当认定为“从事雇佣活动”。请结合上述原理分析本案中被告苏素满在上班时间烧开水的行为是否属于从事雇佣活动范围内的行为，为什么？

4. 如何理解紧急避险“超过必要的限度”

紧急避险的必要限度，是指在面临紧急危险时，避险人应采取适当的措施，以尽可能小的损害保全较大的法益。是否符合限度条件实际上是一个法益衡量问题。具体而言，要区分财产利益与财产利益的衡量、财产利益与人身利益的衡量而区别对待。我们认为，在进行衡量时应考虑以下因素：(1) 公共利益优先；(2) 高度重视人的生命健康和人格尊严；(3) 发挥公序良俗、公共道德作为辅助判断标准的积极作用。根据这些参考规则，可作如下推论：为了公共利益而牺牲个人的非根本性利益紧急避险，属于必要限度的范围；为了财产利益而牺牲他人生命进行紧急避险，则超出了必要限度；为了较小的财产利益而牺牲他人人格尊严进行紧急避险，也超出了必要限度。[②] 本案中，原告从窗户跳下的方式逃生而造成自身损害是否超过了必要的限度？一、二审法院的观点有无差异？

5. 如何理解紧急避险人“应当承担适当的责任”

《民法通则》第129条及《侵权责任法》第31条均规定：紧急避险采取措施不当或者超过必要的限度，造成不应有的损害的，紧急避险人应当承担适当的责任。所谓“应当承担适当的民事责任”，从责任性质上而言，应属于过错责任，即避险人应为其紧急避险采取措施不当或者超过必要的限度而造成的不应有的损害承担与其过错相适应的责任。此处所说的适当的责任，主要是指与避险人的过错相适应的责任。在确定避险人所应承担的责任时，应考虑避险人主观上是否希望以造成较小的损害来防止较大的损害，是否对危险状况和可能发生的损害存在着错误判断和认识，特别是应比较损害的利益和保全的利益等。结合上述法理和法律规定，分析本案中，一、二审法院的判决均认为“原告紧急避险过程中采取措施不当，加重了损害结果，应当自行承担一定的责任”是否具有法律根据，为什么？

（评注人：管洪彦）

① 参见奚晓明主编：《〈中华人民共和国侵权责任法〉条文理解与适用》，233页，北京，人民法院出版社，2010。

② 参见张新宝：《侵权责任法原理》，121页，北京，中国人民大学出版社，2005。

第四部分

物权纠纷

51. 虚假登记损害责任纠纷

司法案例

中国银行江西省分行诉南昌市房管局案

最高人民法院（2002）行终字第6号

基本案情

上诉人（一审被告）：江西省南昌市房产管理局。

法定代表人：白波，该局局长。

委托代理人：武永平，江西太华律师事务所律师。

委托代理人：刘志丹，江西宏正律师事务所律师。

被上诉人（一审原告）：中国银行江西省分行（原中国银行江西省信托咨询公司权利、义务承受者）。

法定代表人：方红光，该行行长。

委托代理人：杜红民，江西沃德律师事务所律师。

委托代理人：徐文斌，中国银行江西省分行干部。

被上诉人（一审原告）中国银行江西省分行（原中国银行江西省信托咨询公司权利、义务承受者）以上诉人（一审被告）江西省南昌市房产管理局（以下简称“南昌市房管局”）违法办理房屋抵押登记造成其贷款损失为由，于1996年8月28日向江西省高级人民法院提起行政赔偿诉讼。江西省高级人民法院于1999年12月22日作出（1996）赣行初字第02号行政赔偿判决，中国银行江西省分行不服，向本院提起上诉。本院于2001年2月1日作出（2000）行终字第5号行政裁定，将本案发回江西省高级人民法院重审。江西省高级人民法院重审后于2002年4月4日作出（2001）赣行初字第01号行政赔偿判决。南昌市房管局不服，向本院提起上诉。本院受理后，依法组成由审判员赵大光担任审判长，代理审判员马永欣、甘雯参加评议的合议庭，进行了公开开庭审理，书记员谭伟、陈春梅担任法庭记录。上诉人委托代理人武永平、刘志丹和被上诉人委托代理人杜红民、徐文斌到庭参加了诉讼。本案现已审理终结。

1995年4月5日，南昌市天龙实业集团公司（以下简称“天龙公司”）以购买货物需流动资金为由，向原中国银行江西省信托咨询公司（以下简称“信托公司”）申请贷款700万元。信托公司同意在天龙公司落实贷款抵押手续、确保贷款无风险的前提下办理贷款。同年4月14日，天龙公司法定代表人颜桂龙向江西省南昌市房产交易管理所（以下简称“南昌市房交所”）

提出对该公司在江西省南昌市西湖区船山路 29 号第二层 2 482.15 平方米房屋办理贷款抵押登记手续的申请，并提交了天龙公司与中房南昌房地产开发公司第二开发处的购房协议书及 005518 号房屋所有权证。同日，信托公司委托江西省南昌市房产价格评估所（以下简称“南昌市房产评估所”）对天龙公司作为贷款抵押的房产进行了价格评估。同年 4 月 17 日，南昌市房产评估所作出（95）洪房估字《估价书》，以市值的 75%评估抵押房产的价值为 6 515 643 元。同日，信托公司与天龙公司签订了 700 万元的《借款合同》，借款期限自 1995 年 4 月 26 日至 1995 年 9 月 25 日，贷款利率月息为 10.98‰。江西鑫马实业有限公司在借款合同中写明同意承担 50 万元贷款本息的担保责任。同年 4 月 26 日，南昌市房交所作出 No.0005005《房屋抵押贷款通知书》，认定抵押人颜桂龙提交的坐落于南昌市西湖区船山路 29 号 2 482.15 平方米房产的产权人为天龙公司，产权证号为 005518，抵押权人为信托公司，抵押贷款金额为 700 万元，抵押期限 1995 年 4 月 26 日至 1995 年 9 月 25 日共 5 个月，并在备注栏内注明：“银行（信用社）见此通知书可办理贷款手续，并收存此通知书；抵押贷款期满，贷款人凭本通知和银行（信用社）出具的还清贷款证明办理抵押贷款注销手续。”据此，信托公司于同年 4 月 26 日、4 月 30 日和 5 月 3 日先后分三次共支付 700 万元贷款给天龙公司。同年 6 月 13 日，南昌市房管局以其下属部门南昌市房产评估所的名义函告信托公司，发现颜桂龙未在市房屋产权监理处办理房屋产权证书，即用假产权证办理了房产抵押贷款手续。信托公司得知情况后，于次日收回天龙公司尚未使用的贷款余额 88.5 万元。同年 6 月 16 日，江西省南昌市公安局对颜桂龙利用假房产证诈骗贷款一案立案侦查，追缴到颜桂龙一部林肯卧车，经江西省价格事务所鉴定，价值 15 万元；另追缴到贷款利差款 96 万元。1996 年 5 月 7 日，信托公司以南昌市房管局为赔偿义务机关向其提出行政赔偿申请。南昌市房管局在法定期限内未作出是否赔偿的决定。同年 8 月 28 日，信托公司向法院提起行政赔偿诉讼。

在本案审理期间，信托公司于 1998 年 2 月 10 日经江西省工商行政管理局核准，注销企业法人登记，其债权、债务由中国银行江西省分行承担。为此，本案原告由信托公司变更为中国银行江西省分行。天龙公司因未参加 1997 年度年检，于 1998 年 8 月被江西省南昌市工商行政管理局吊销了营业执照，且查无开办和主管单位。1999 年 10 月 29 日，颜桂龙被缉拿归案。2000 年 10 月 20 日，江西省南昌市中级人民法院作出（2000）洪刑一初字第 89 号刑事判决，认定颜桂龙用假房产证作抵押，诈骗银行贷款 650 万元，案发后公安机关共为中国银行江西省分行挽回经济损失 199.5 万元，造成实际损失 450.5 万元，颜桂龙的行为已构成诈骗罪，依法判处其无期徒刑，剥夺政治权利终身，并处没收个人全部财产。该判决已于同年 11 月 5 日发生法律效力。

一审举证与质证、认证情况

江西省高级人民法院经庭审质证，认定原告提供的有效证据有：中国人民银行批准信托公司经营金融业务的银金管字第 08—0347 号许可证；江西省工商行政管理局核发给信托公司的企业法人营业执照；天龙公司申请贷款的报告；信托公司人民币流动资金借款申请审批书；颜桂龙向南昌市房交所申请办理房产抵押登记的申请书和信托公司委托南昌市房产评估所对抵押房产评估的委托书；信托公司与天龙公司签订的 700 万元《借款合同》；南昌市房产评估所作出的（95）洪房估字《估价书》；南昌市房交所作出的 No.0005005《房屋抵押贷款通知书》；信托公司分三次向天龙公司支付 700 万元的投资贷款支付凭条；南昌市房产评估所告知信托公司关于天龙公司利用假房产证抵押贷款的函；信托公司出具的天龙公司共分三次归还贷款 88.5 万元、15 万元、81 万元等共计 184.5 万元的投资贷款还款通知单；南昌市工商行政管理局核发给天龙公司注册号为15832068—7—1的企业法人营业执照副本；南昌市中级人民法院作出的（1995）洪民初字第48号民事判决书；1995年6月14日，南昌市公安局第二处收到南昌市房产交易所送来的天龙公司假房屋所有权证的收条；南昌市房管局出具的关于颜桂龙提交的005518号房屋所有权证属伪造证书的证明；信托公司请求南昌市房管局赔偿的申请书及南昌市房管局签收该申请书的证明；南昌市公安局出具的对颜桂龙刑事诈骗案立案侦查及追赃情况的证明；江西省价格事务所赣事估字［98］第03号《江西省扣押追缴、没收物品估价鉴定结论书》；江西省工商行政管理局关于注销信托公司企业法人登记及由中国银行江西省分行承担其债权、债务的《核准注销登记通知书》。

认定被告提供的有效证据有：天龙公司与中房集团南昌房地产开发公司第二开发处签订的购买南昌市西湖区船山路29号的非住宅一至二层商场、三楼写字楼的协议书；颜桂龙提交给南昌市房管局进行抵押登记的005518号房屋所有权证复印件；南昌市房产评估所告知信托公司关于天龙公司利用假房产证抵押贷款的函；南昌市房交所向南昌市公安局的报案材料；南昌市机构编制委员会南编［1984］47号《关于下达南昌市房管局人员编制的通知》和洪编发［1989］164号《关于同意成立市房产价格评估所及其人员编制的批复》；南昌市机构编制委员会办公室核发的事法登字赣0100182A号《事业单位法人登记证》。

一审法院调取的证据有：南昌市工商行政管理局关于天龙公司企业法人登记、注册及被吊销营业执照的资料；南昌市公安局（99）252号对颜桂龙的刑事拘留证；南昌市房管局向南昌市公安局出具的房屋所有权证第00519号和第005518号两本证书编号及其钢印“南昌市房屋产权管理局”与“南昌市房屋房产管理局”属伪造的证明；南昌市公安局询问信托公司职工辜洪武、盛利以及中国银行南昌市支行信托办事处经理刘剑光的笔录；中国银行江西省分行分业管理处出具的《南昌市天龙实业集团公司在原省行信托贷款700万元人民币资金走向一览表》；南昌市中级人民法院（2000）洪刑一初字第89号刑事判决书和执行通知书。

上述证据随案移送终审法院，经审查，可以作为认定本案事实的根据。

一审判决

江西省高级人民法院经审理认为：建设部《城市房屋产权产籍管理暂行办法》（已失效——笔者注）第4条第2款、第10条和建设部、中国人民银行建房（1995）152号《关于加强与银行贷款业务相关的房地产抵押和评估管理工作的通知》第1条以及建设部、国家物价局、国家工商行政管理局［88］建房字第17号《关于加强房地产交易市场管理的通知》第3条均明确规定，县级以上房产行政管理机关是负责本行政区域房屋产权产籍管理工作的主管部门，办理房屋抵押登记是房产行政主管部门履行房屋产权产籍行政管理的一项法定职责。南昌市房管局是南昌市范围内办理房产抵押登记的行政主管部门，南昌市房交所作为其下属单位，行使房产抵押登记的行政管理职权，应视为是受其委托的行为，南昌市房管局应对此承担行政法律责任。南昌市房管局的工作人员在履行房屋抵押贷款登记行政职权过程中，未认真审查颜桂龙提交的作为贷款抵押物的南昌市西湖区船山路29号第二层非住宅房屋产权证与该房屋所有权证存根以及档案记录内容是否相符，也未认真查对权证与印章真伪，即错误认定天龙公司对该房屋拥有产权，并作出《房屋抵押贷款通知书》，确认信托公司与天龙公司的房屋抵押法律关系有效。该具体行政行为认定事实错误，其违法性已为南昌市房管局下属单位南昌市房产评估所1995年6月13日给信托公司的函所确认。信托公司于1996年5月7日向南昌市房管局提出赔偿申请，未果，又于同年8月28日向法院提起行政赔偿诉讼，符合《中华人民共和国国家赔偿法》（1994年，以下简称原《国家赔偿法》）第13条、第33条第1款有关赔偿程序及请求国家赔偿时效的规定。南昌市中级人民法院对颜桂龙诈骗信托公司 650 万元贷款一案已作出生效判决，确认信托公司因此而遭受的贷款损失为 450.5 万元。虽然信托公司贷款财产权的直接侵权人系颜桂龙，但根据《担保法》和《中华人民共和国城市房地产管理法》（以下简称《城市房地产管理法》）的有关规定，办理房地产抵押登记是抵押合同生效的前提条件，南昌市房管局违法办理抵押贷款登记的行为是信托公司认为无风险放贷的主要原因，因此南昌市房管局的违法抵押登记行为与信托公司的财产损失之间存在着法律上的因果关系。鉴于颜桂龙已无偿还贷款的能力，南昌市房管局应对因违法办理抵押登记造成原告抵押权不能实现的部分依法承担补充赔偿责任。根据《中国银行信托咨询公司信托贷款办法》及《中国银行信托咨询公司信托贷款审批与管理细则》的有关规定，“信托公司应选择信誉好，利润高的企业发放企业信托贷款”。天龙公司申请贷款时已经处于资不抵债的状况，但信托公司在审批时却将其认定为“以 1 500 万元购得船山路 29 号一至三层房屋所有权，拥有近 2 100 万元的固定资产”的企业，显然未按项目调查、项目评估程序规定的要求认真审查天龙公司的资信情况和履约能力，贷前审查工作存在过失；发放贷款时，违反了“一般不超过抵押物市值 60％发放信托贷款”的规定，以抵押物市值 75％发放抵押贷款 650 万元；放贷后又未按规定进行任何监督管理，以致贷款未按约定用途使用，被颜桂龙在短时期内用于偿还所欠债务及支付其他费用。原告对造成贷款损失，自身存在明显过错，依法应相应减轻南昌市房管局的赔偿责任。原告主张的利息损失，因系可得利益，不属于国家赔偿法规定的直接财产损失范围，不予支持。南昌市房管局提出本案不属国家赔偿范围、原告起诉已超过诉讼时效等理由，均不符合法律规定，不予采纳。据此，依照原《国家赔偿法》第 4 条第 4 项、第 7 条第 4 款、第 28 条第 7 项和最高人民法院《关于审理行政赔偿案件若干问题的规定》第 29 条之规定，判决如下：

一、由南昌市房管局赔偿中国银行江西省分行贷款损失 4 505 000 元的 60％，即 2 703 000 元。

二、驳回中国银行江西省分行的其他诉讼请求。

上诉审诉辩主张

南昌市房管局不服该判决，向本院提起上诉称：信托公司在接到南昌市房交所《房屋抵押贷款通知书》的前一天就将 280 万元转入天龙公司账户，该笔款项的损失与南昌市房交所作出的《房屋抵押贷款通知书》没有法律上的因果关系，上诉人不应承担该部分损失；在信托公司已得知天龙公司用假房产证办理抵押登记的情况后，天龙公司法定代表人颜桂龙仍从信托公司取款 36 万元，对该款的损失应由信托公司自行承担；信托公司贷款时未能认真审查天龙公司的资信情况和履约能力，违反“一般不超过抵押物市值 60％发放信托贷款”的规定，贷款后亦未按规定对天龙公司使用资金的情况进行监管，由于信托公司在贷款过程中存在诸多过错，根据原《国家赔偿法》第 5 条第 2 款的规定，损害结果是由公民、法人和其他组织自己的行为造成的，上诉人不应承担赔偿责任。

被上诉人中国银行江西省分行答辩称：本案经原一审、二审及重审多次举证质证，足以证明一审认定信托公司于 4 月 26 日、4 月 30 日和 5 月 3 日先后支付贷款 700 万元给天龙公司，上诉人称信托公司在 4 月 25 日已将 280 万元转入天龙公司缺乏证据；《中国银行信托公司贷款办法》和《中国银行信托咨询公司信托贷款审批与管理细则》是被上诉人的内部管理规则，不属法律、法规范畴，被上诉人在贷款过程中不存在过错，由于信托公司与天龙公司的贷款系抵押贷款，不是一般信用贷款，因此只要抵押物没有风险，该贷款也就没有风险；被上诉人作为金融机构，其贷款本金是有资金成本的，且利息属法定孳息，与本金具有不可分割性，应纳入直接损失的范畴，一审判决认为“利息”系可得利益不属直接财产损失是错误的。

二审认证情况

本院经庭审质证，对本案以下有争议的事实进行了审查：

关于信托公司是否在抵押贷款通知书发出前已向天龙公司发放贷款280万元的问题。上诉人提出认定这个事实的主要证据是信托公司向一审法院提交的一份支付凭条上的盖章日期为1995年4月25日，即在抵押通知书发出的前一天。被上诉人对此辩称是由于工作人员未及时更换印章日期导致日期盖章有误，应以签写日期为准，并提供其他付款凭证和记账凭证佐证。经审查，信托公司提交的该支付凭条的印章日期是1995年4月25日，工作人员书写日期是1995年4月26日，该支付凭条印章日期与工作人员书写日期存在不一致，但信托公司提交的付款凭证和记账凭证签写和印章日期均为1995年4月26日，有关信托公司内部批准手续的签写日期亦为1995年4月26日。在本案一审庭审时，上诉人对信托公司提交的上述证据材料没有表示异议，且对一审法庭当庭确认第一笔贷款发放日期为1995年4月26日的事实，亦表示无异议。上诉人在二审期间否定其在一审庭审时已经认可的事实，但未能提出充分证据证明，故上诉人提出发放贷款的时间是在抵押通知书发出的前一天的证据不足。

关于南昌市房管局提出信托公司得知天龙公司用假房产证办理抵押登记的情况后，天龙公司仍从信托公司取走36万元贷款的问题。1995年6月13日，南昌市房管局下属单位南昌市房产评估所函告信托公司，天龙公司以假房产证在该处骗取抵押登记手续。上诉人称在此前已口头告知信托公司，但未能提供相应证据证明。上诉人还提出，1995年6月13日，在其已将天龙公司用假房产证办理抵押登记的情况函告信托公司后，天龙公司仍从信托公司取走36万元，主要根据是上诉人二审期间提供的江西省南昌市公安局洪公经诉［2000］第2号起诉意见书和江西省南昌市人民检察院洪检刑诉（2000）079号起诉书，但上述法律文书能够证明的是，1995年6月15日和19日，天龙公司的经理颜桂龙将其支付给江西省长城房地产开发公司的36万元购房款通过他人户头提现。故上诉人提出的信托公司在得知抵押存在问题后没有采取措施防止损失扩大的理由缺乏证据支持。

二审判决

本院认为，根据建设部《城市房屋产权产籍管理暂行办法》（已失效—笔者注）第4条第2款、第10条和建设部、中国人民银行《关于加强与银行贷款业务相关的房地产抵押和评估管理工作的通知》第1条以及建设部、国家物价局、国家工商行政管理局《关于加强房地产交易市场管理的通知》第3条的规定，南昌市房管局是南昌市范围内办理房产抵押登记的行政主管部门。南昌市房交所和南昌市房产评估所作为其下属单位，所实施的有关房地产抵押登记的行政行为，应视为是受其委托所实施的行为。

根据《城市房地产管理法》和《担保法》的有关规定，办理房地产抵押登记是抵押合同生效的前提条件。南昌市房管局作为负责办理房产抵押登记的行政主管部门，在办理房产抵押登记过程中，对当事人的申请应当以高度负责的态度认真履行必要的注意义务，对于抵押房产及其权属证书的真伪有条件加以核对与识别。然而，南昌市房管局在本案中违反职业规范，未尽必要的注意义务，为持有假房产证实施诈骗的天龙公司办理抵押登记手续，并明示信托公司可以办理贷款。信托公司基于对房产登记机关所办抵押登记行为的信赖，为天龙公司发放贷款，致使信托公司遭受了财产损失。虽然本案贷款人天龙公司是造成信托公司财产损失的直接责任人，但是南昌市房管局的违法行为客观上为天龙公司骗取贷款提供了条件，其违法出具他项权利证明的行为与信托公司财产损失之间存在法律上的利害关系和因果关系。根据原《国家赔偿法》第 4 条第 4 项、第 7 条第 4 款、第 28 条第 7 项和最高人民法院《关于审理行政赔偿案件若干问题的规定》第 29 条的规定，南昌市房管局对其违法办理抵押登记而酿成信托公司财产损失的后果，在天龙公司无法偿还贷款的情况下，应当承担相应的过失赔偿责任。一审判决认定南昌市房管局应当承担补充赔偿责任不当，应予纠正。南昌市房管局承担行政赔偿责任后，有权就其承担的数额向天龙公司行使追偿权。

信托公司在办理抵押贷款过程中，没有按照项目调查、项目评估程序规定的要求认真审查天龙公司的资信情况和履约能力，所发贷款额度亦不符合与抵押物市值比例的规定，对于造成财产损失负有一定的过错责任，信托公司主张其在贷款过程中没有过错不应承担责任的理由不能成立。信托公司作为金融机构，需要支付储户的存款利息，一审判决认为利息损失不属于直接损失不当，信托公司提出贷款利息损失属于直接损失应予赔偿的主张应予支持，但是信托公司要求按照贷款利息赔偿缺乏法律依据。南昌市房管局提出信托公司在抵押登记通知书发出前已向天龙公司发放贷款 280 万元的事实和得知抵押房产有问题后没有采取措施防止扩大损失的事实，缺乏证据支持，其认为由于信托公司的过错应当完全免除其赔偿责任的理由亦不能成立。中国银行江西省分行仍可就其实际财产损失向天龙公司行使索赔权。

综上，经本院审判委员会讨论决定，根据《中华人民共和国行政诉讼法》第 61 条第 3 项的规定，判决如下：

一、维持江西省高级人民法院（2001）赣行初字第 01 号行政赔偿判决第二项；

二、变更江西省高级人民法院（2001）赣行初字第 01 号行政赔偿判决第一项为：由南昌市房管局赔偿中国银行江西省分行人民币 2 477 750 元及利息（按中国人民银行同期活期存款利率计算，自 1995 年 9 月 26 日起至实际付款之日止）。

本判决为终审判决。

案由与焦点

1. 案由

本案的一级案由为“物权纠纷”，二级案由为“不动产登记纠纷”，三级案由为“虚假登记损害责任纠纷”①。

在“不动产登记纠纷”二级案由下，包括“异议登记不当损害责任纠纷”和“虚假登记损害责任纠纷”两个三级案由。虚假登记损害责任纠纷，是指因虚假登记给不动产权利人、利害关系人和信赖登记公信力之第三人造成损害的，不动产权利人、利害关系人或第三人依法向人民法院提起诉讼，要求不动产登记申请人、登记机关承担侵权责任的纠纷。

---

① 表面看来，本案是一起行政诉讼案件，似与民法无关。但从案件的诉因可以看出，本案是因不动产登记机构的错误登记而引发的赔偿案件，原告请求权的规范基础不仅包括《国家赔偿法》的相关规定，而且还包括《物权法》第二章第一节“不动产登记”中的相关规定，因而从案由归类的角度看，该案在性质上亦属民事纠纷案件。如果将该案作为民事案件立案审理，那么根据最高人民法院《民事案件案由规定》（法［2011］41 号），该案审理虽然发生在《物权法》施行以前，并且是作为行政赔偿案件立案审理的，但其在《物权法》施行之后，作为一起物权纠纷案件，仍不失其讨论和学习的意义。

2. 焦点

本案当事人争议的突出焦点有两个：其一，作为一审被告、二审上诉人的南昌市房管局，是否要对因其错误登记而给作为一审原告、二审被上诉人的中国银行江西省分行造成的财产损害承担损害赔偿责任；其二，如果南昌市房管局的损害赔偿责任成立，那么其损害赔偿的范围应当如何确定。围绕以上两个方面的争议焦点，双方当事人对相关的案件事实和法律适用展开了辩论和对抗，两审法院也分别依法在认定事实的基础上就相关的争议问题给出了自己的分析理由。

评注与问题

1. 我国不动产物权登记的效力模式是什么

综观各国立法例，物权变动模式包括三类，即物权形式主义、债权合意主义和债权形式主义。在这三类模式中，只有债权合意主义不要求登记，而在其他两类模式中，登记在物权变动效力的发生中都居于重要地位。《物权法》第 9 条规定："不动产物权的设立、变更、转让和消灭，经依法登记，发生效力；未经登记，不发生效力，但法律另有规定的除外。依法属于国家所有的自然资源，所有权可以不登记。"由该规定可见，在不动产登记的物权变动效力上，我国法原则上采登记生效主义。但在例外情形下，根据法律的规定，不论是基于法律行为的物权变动，还是非基于法律行为的物权变动，都可以不经登记而发生物权变动的效力。试结合《物权法》的规定，分析我国法上哪些物权变动构成登记生效主义的例外。

2. 合同效力与物权变动效力具有何种关联

我国现行法在物权变动模式上采取的是债权形式主义，因而存在一个以物权变动为目的的合同关系是物权变动发生的必备要件。这即带来一个问题：当物权因欠缺某种生效要件而未发生变动时，作为其基础关系的合同是否有效？在本案一、二审判决中，审理法院都指出："根据《担保法》和《城市房地产管理法》的有关规定，办理房地产抵押登记是抵押合同生效的前提条件。"这实际上是将物权变动效力的发生与否作为了其基础关系的合同生效与否的前提条件，二者的效力被捆绑在了一起。但《物权法》第 15 条规定："当事人之间订立有关设立、变更、转让和消灭不动产物权的合同，除法律另有规定或者合同另有约定外，自合同成立时生效；未办理物权登记的，不影响合同效力。"依该规定，以物权变动为目的之合同的生效，不再以物权是否发生变动为其效力条件了，这是现行法对旧法的合理修正，在学习物权法时应予注意。

3. 赔偿请求人如何确定

本案一审原告提交了江西省工商行政管理局关于注销信托公司企业法人登记及由中国银行江西省分行承担其债权、债务的《核准注销登记通知书》，一审法院对此作出了有效认定，据此，本案原告由信托公司变更为中国银行江西省分行。这一法律事实反映出的法律问题是赔偿请求人的确定。《物权法》第 21 条只是规定，因登记错误给"他人"造成损害的，登记机构应当承担赔偿责任，而至于该"他人"具体为何人，并未予以进一步明确。就此问题，现行《国家赔偿法》于第 6 条作出了明确规定："受害的公民、法人和其他组织有权要求赔偿。受害的公民死亡，其继承人和其他有扶养关系的亲属有权要求赔偿。受害的法人或者其他组织终止的，其权利承受人有权要求赔偿。"本案中，原受害人是信托公司，由于信托公司依法变更为中国银行江西省分行，因而中国银行江西省分行作为权利承受人就依法取得了赔偿请求人的资格，这也正是本案一审原告主体作出变更的原因。

4. 赔偿义务机关如何确定

根据现行《国家赔偿法》第7条第4款的规定，受行政机关委托的组织或者个人在行使受委托的行政权力时侵犯公民、法人和其他组织的合法权益造成损害的，委托的行政机关为赔偿义务机关。本案中，一审法院认为，南昌市房管局是南昌市范围内办理房产抵押登记的行政主管部门，南昌市房交所作为其下属单位，行使房产抵押登记的行政管理职权，应视为是受其委托的行为，因而南昌市房管局应对其错误登记行为承担行政赔偿责任，这一有关赔偿义务机关的认定是正确的。在我国，虽然《物权法》第10条明确规定，国家对不动产实行统一登记制度，但这一制度设计迄今尚未实现。试结合我国现行法中有关登记机构的规定，梳理在不动产登记纠纷案中，有哪些登记机构可以作为虚假登记损害责任纠纷案中的赔偿义务机关?

5. 登记机构的审查职责是什么

从立法例上看，关于登记机构审查职责有两种立法例：一是实质审查主义，二是形式审查主义。本案一审认为："南昌市房管局的工作人员在履行房屋抵押贷款登记行政职权过程中，未认真审查颜桂龙提交的作为贷款抵押物的南昌市西湖区船山路29号第二层非住宅房屋产权证与该房屋所有权证存根以及档案记录内容是否相符，也未认真查对权证与印章真伪，即错误认定天龙公司对该房屋拥有产权，并作出《房屋抵押贷款通知书》，确认信托公司与天龙公司的房屋抵押法律关系有效。"该认定采用的是实质审查主义。本案二审法院认为："南昌市房管局作为负责办理房产抵押登记的行政主管部门，在办理房产抵押登记过程中，对当事人的申请应当以高度负责的态度认真履行必要的注意义务，对于抵押房产及其权属证书的真伪有条件加以核对与识别。然而，南昌市房管局在本案中违反职业规范，未尽必要的注意义务，为持有假房产证实施诈骗的天龙公司办理抵押登记手续，并明示信托公司可以办理贷款。信托公司基于对房产登记机关所办抵押登记行为的信赖，为天龙公司发放贷款，致使信托公司遭受了财产损失。"这一认定采用的同样是实质审查主义。试结合《物权法》第12条的规定，分析我国现行法所采取的立法主义。

6. 登记机构损害赔偿责任的性质是什么

本案一审法院认为，南昌市房管局的违法抵押登记行为与信托公司的财产损失之间存在着法律上的因果关系。鉴于颜桂龙已无偿还贷款的能力，南昌市房管局应对因违法办理抵押登记造成原告抵押权不能实现的部分依法承担补充赔偿责任。但二审法院认为，南昌市房管局对其违法办理抵押登记而酿成信托公司财产损失的后果，在天龙公司无法偿还贷款的情况下，应当承担相应的过失赔偿责任。由此可见，两审法院虽然都认为南昌市房管局应承担赔偿责任，但就其应承担的是"补充赔偿责任"还是"过失赔偿责任"却发生了分歧。请就登记机构的损害赔偿责任性质问题，结合本案案情，作出你自己的分析。

7. 虚假登记损害责任如何实现

《物权法》第21条规定："当事人提供虚假材料申请登记，给他人造成损害的，应当承担赔偿责任。因登记错误，给他人造成损害的，登记机构应当承担赔偿责任。登记机构赔偿后，可以向造成登记错误的人追偿。"该条分两款分别规定了当事人的损害赔偿责任和登记机构的损害赔偿责任。请结合该条规定，分析以下三个相互关联的问题：(1) 因虚假登记受到损害的人，必须先起诉提供虚假材料申请登记的当事人，在不能获得应有的救济之后，才能再起诉登记机构要求给予损害赔偿吗?(2) 在受害人因虚假登记提起损害赔偿之诉时，登记申请人与登记机构应列为共同被告，还是一方列为被告，另一方列为第三人?(3) 人民法院能否判决登记申请人和登记机构承担连带赔偿责任?

8. 受害人与有过失可以作为免责事由吗

本案一、二审法院都对信托公司放贷时的自身过错进行了认定，并认为依法应相应减轻南昌市房管局的赔偿责任，这是过失相抵规则的适用结果。《民法通则》第 131 条规定："受害人对于损害的发生也有过错的，可以减轻侵害人的民事责任。"《侵权责任法》第 26 条规定："被侵权人对损害的发生也有过错的，可以减轻侵权人的责任。"这两条规定是我国现行法中过失相抵规则的明确规范依据。本案南昌市房管局上诉称，信托公司对于损失的发生存在诸多过错，因而应免除其全部的赔偿责任，但该上诉主张没有被终审法院采纳，这意味着过失相抵规则的适用仅能减轻侵权人的民事责任，而不能成为责任免除的抗辩事由。

9. 损害赔偿请求权的时效期间如何计算

本案一审中，作为被告的南昌市房管局曾答辩称，原告的诉请已超过诉讼时效期间，应依法予以驳回，但该抗辩意见显然未得到一审法院判决的支持。现行《国家赔偿法》第 39 条对请求国家赔偿的时效期间作了以下规定："赔偿请求人请求国家赔偿的时效为两年，自其知道或者应当知道国家机关及其工作人员行使职权时的行为侵犯其人身权、财产权之日起计算，但被羁押等限制人身自由期间不计算在内。在申请行政复议或者提起行政诉讼时一并提出赔偿请求的，适用行政复议法、行政诉讼法有关时效的规定。赔偿请求人在赔偿请求时效的最后六个月内，因不可抗力或者其他障碍不能行使请求权的，时效中止。从中止时效的原因消除之日起，赔偿请求时效期间继续计算。"试分析，如果受害人请求提交虚假登记材料的当事人给予损害赔偿，那么其赔偿请求权的时效期间应如何计算？

10. 在证据认定中如何适用"自认规则"

在本案终审证据的认定中，关于信托公司是否在抵押贷款通知书发出前已向天龙公司发放贷款 280 万元的问题，终审法院认为："在本案一审庭审时，上诉人对信托公司提交的上述证据材料没有表示异议，且对一审法庭当庭确认第一笔贷款发放日期为 1995 年 4 月 26 日的事实，亦表示无异议。上诉人在二审期间否定其在一审庭审时已经认可的事实，但未能提出充分证据证明，故上诉人提出发放贷款的时间是在抵押通知书发出的前一天的证据不足。"以上证据认定，采用的就是证据规则中的自认规则。诉讼中的自认分为两类：明示自认和默示自认。对于这两种自认规则，最高人民法院《民事诉讼证据规定》第 8 条作了明确规定。该条第 1 款规定："诉讼过程中，一方当事人对另一方当事人陈述的案件事实明确表示承认的，另一方当事人无需举证。但涉及身份关系的案件除外。"这是关于明示自认的规定。本案中，上诉人对一审法庭当庭确认第一笔贷款发放日期为 1995 年 4 月 26 日的事实表示无异议，即构成明示自认。同条第 2 款规定："对一方当事人陈述的事实，另一方当事人既未表示承认也未否认，经审判人员充分说明并询问后，其仍不明确表示肯定或者否定的，视为对该项事实的承认。"这是关于默示自认的规定。本案中，上诉人对信托公司提交的相关证据材料没有表示异议，即构成默示自认。由以上规定可以看出，不论是明示自认还是默示自认，都将产生免除对方当事人举证责任的法律效果。但是，请思考，自认的免证效果是绝对的吗？自认的当事人可否撤回自认？

11. 虚假登记损害赔偿的范围如何确定

受害人因虚假登记或错误登记导致的财产损害包括两类，即直接损失和间接损失。《物权法》、《侵权责任法》就财产损害的赔偿范围都没有作出明确规定，而现行《国家赔偿法》第 36 条明确规定只就"直接损失"给予赔偿。这就意味着，受害人请求虚假登记的国家赔偿时，只能获得直接损失赔偿，其间接损失在国家赔偿中无法获得救济。但何为直接损失、何为间接损失，在实践的认定中往往会产生争议。如本案中，一审法院和二审法院就贷款的利息损失是否为直接损失的问题发生了争议。试分析如果受害人请求提供虚假登记材料的当事人给予损害赔偿时，赔偿的范围是否还仅限于直接损失呢？

（评注人：王洪平）

52. 所有权确认纠纷

司法案例

钱林云诉钱德良案

浙江省宁波市中级人民法院（2010）浙甬民二终字第630号

基本案情

上诉人（原审原告）：钱林云。

委托代理人：刘创巍，浙江民理律师事务所律师。

委托代理人：于书凡，浙江民理律师事务所律师。

被上诉人（原审被告）：钱德良。

上诉人钱林云因与被上诉人钱德良物权确认纠纷一案，不服宁波市江东区人民法院于2010年8月20日作出的（2010）甬东民初字第663号民事判决，向本院提起上诉。本院于2010年10月9日立案受理后，依法组成合议庭审理了本案。本案现已审理终结。

原审法院经审理查明：原审原告钱林云与钱凌云系同一人。1996年11月28日，由案外人麻克隆作中间人，原审原告钱林云与原审被告钱德良签订《合契》一份，载明“立合契，钱德良与钱凌云协定，钱德良将自己坐落在宁波江东矮柳村已经合法审批的建房土地现愿与钱凌云合股建房。建楼层1～3层，总面积为212m²左右，总造价为壹拾捌万元。土地由钱德良出面审批，土地证、房产证都由钱德良登名，因钱德良资金缺乏，现建造房屋一切都由钱凌云出资，今为明确如下：一、建后1～3层房屋分户，1～2层楼归钱凌云所有，三楼归钱德良所有，现后无多言，以此为凭。二、钱德良所批复的土地证、房产证及各批复的手续，钱德良愿均将归钱凌云所有，钱德良只有三楼面积所有权。三、如今后国家因拆建或其他政策变动或矮柳村变动，需要支付资金，双方共同支出。钱德良只享受三楼面积，其余部分都归钱凌云所有。上述合契，凭无言照行……”后该三层房屋的第二层因原审原告钱林云转让给案外人钱明良及案外人钱明良与徐燕良的借贷纠纷，1999年3月19日，浙江省鄞县人民法院作出（1997）鄞执字第1364号民事裁定书，裁定将案外人钱明良所有的由钱德良登记的位于宁波市江东区矮柳村的房屋一套（建筑面积73m²）抵偿给徐燕良。2004年9月21日，宁波市鄞州区人民法院向宁波市江东区矮柳村村委会出具函一份，载明位于宁波市江东区矮柳村三层楼房的第二层已裁定归徐燕良所有，故今后过户请村委会协助办理手续，如该房拆迁，其中第二层一套赔偿款归徐燕良所有，并请该村协助将该款支付给徐燕良。2004年11月12日，宁波市江东区东郊乡矮柳村经济合作社管理委员会出具的结账单上载明了涉案的位于宁波市江东区矮柳村的三层楼房实有建筑面积225.90平方米，鄞州法院执行73.00平方米，其余面积暂不结算，待法院最终决定后处置等内容。2005年9月8日，原审原告与原审被告签订调解协议一份，载明原有的三套补偿安置房第一套已分配给钱德良，第二套已于2004年10月24日被鄞州区人民法院执行给徐燕良，第三套补偿安置房经协商同意归钱德良所有，有关经济补偿事项在另一份补充协议中另有约定；本协议需经公证处公证后生效等内容。后原审原、被告双方未对该调解协议办理公证，也未另行签订补充协议。原审原告钱林云主张的75m^2拆迁安置房的具体面积尚未确定，具体坐落尚未落实到位。

原审原告钱林云于2010年4月26日诉至原审法院，要求确认现由宁波市江东区矮柳村村委会保管的75平方米补偿安置房归原审原告所有。

一审判决

原审法院经审理认为：因物权的归属发生争议的，利害关系人可以请求确认权利。本案中，原审原告钱林云提起的系物权确认之诉，要求确认由宁波市江东区矮柳村村委会保管的75m^2拆迁安置房归原审原告所有。但根据2004年11月12日宁波市江东区东郊乡矮柳村经济合作社管理委员会出具的结账单的记载，涉案的位于宁波市江东区矮柳村的原三层房屋中的剩余房屋面积暂不结算，即尚未明确房屋拆迁安置的具体形式和内容，且庭审中原审原、被告均陈述称诉请中的拆迁安置房的实际面积及具体坐落尚未确定，故原审原告钱林云要求确认其享有所有权的房屋尚未明确，作为权利载体的房屋既尚不确定，则无从确认房屋的权利归属问题，原审原告不能行使确认物权的请求权。原审原告钱林云可对原三层房屋的第一层基于拆迁享有的权益另行起诉予以主张。

据此，原审法院依照最高人民法院《民事诉讼证据规定》第2条、《物权法》第33条之规定，判决如下：

驳回原审原告钱林云的诉讼请求。案件受理费100元，由原审原告钱林云负担。

二审诉辩主张

宣判后，原审原告钱林云不服，向本院提起上诉称：原审认定争议的拆迁安置房尚未确定不是事实。双方当事人共有房屋于2004年被拆迁，拆迁补偿早已落实到当地村委会，补偿给被拆迁人的安置房都是村里统一分配到人。虽然村里早已确定，但因被上诉人之故致使村里不敢将该房屋交付给上诉人，而要求双方处理好纠纷再由权利人来领取。上诉人请求确权的房屋是明确的，该村拒绝将该房屋详情告知上诉人，但这并不表明该房屋不确定或不存在。请求二审法院依法撤销原审判决予以改判，依法将75平方米的安置房判归上诉人所有。

被上诉人钱德良答辩：涉案房屋的产权本身就是被上诉人的，上诉人的上诉理由不能成立，请求驳回上诉，维持原判。

二审审理期间，双方当事人均未提供新的证据。

上诉人除对原审未认定被拆迁房屋安置方式有异议外，对原审认定的基本事实没有异议，故本院予以确认。

二审判决

本院认为：本案实系涉案房屋被拆迁而引起的房屋安置补偿权益诉争，属于其他财产权益纠纷范畴。上诉人钱林云提起物权确认之诉，即要求确认由宁波市江东区矮柳村村委会保管的75m^2 拆迁安置房归己所有。根据相关事实可以证明，涉案房屋的坐落等物权的有关具体内容，因故尚未确定，故上诉人尚不能行使确认物权的请求权。但上诉人钱林云可以对被上诉人钱德良主张基于合股建房而享有的财产权。因此，当事人对涉案房屋因被拆迁而产生的财产权益纷争，可以另行起诉予以解决。原审法院对本案主要事实认定清楚，适用法律正确，判决并无不当。上诉人之诉，理由不足，本院不予支持。根据《民事诉讼法》第153条第1款第1项、第158条之规定，判决如下：

驳回上诉，维持原判。

二审案件受理费100元，由上诉人钱林云负担。

本判决为终审判决。

案由与焦点

1. 案由

本案的一级案由为“物权纠纷”，二级案由为“物权保护纠纷”，三级案由为“物权确认纠纷”，四级案由为“所有权确认纠纷”。

物权确认纠纷是指当事人之间因物权的设立、归属、内容等发生争议而引发的纠纷。在“物权确认纠纷”三级案由下，包括以下四级案由：(1) 所有权确认纠纷；(2) 用益物权确认纠纷；(3) 担保物权确认纠纷。所有权确认纠纷是指当事人之间因所有权的归属等而引发的物权纠纷。

2. 焦点

本案的焦点在于物权确认请求权的行使条件，钱林云的主张是否能够得到法院的支持取决于其主张确认安置房为其所有是否符合物权确认请求权的行使条件，如果符合，其可胜诉，否则其主张不成立。当然，本案中物权确认请求权具体表现为所有权确认请求权。

评注与问题

1. 物权确认请求权的行使要件包括哪些

物权确认请求权是指利害关系在物权的归属和内容发生争议时，请求有关行政机关、人民法院等部门确认物权归属、明确权利的内容的权利。《物权法》第33条规定：“因物权的归属、内容发生争议的，利害关系人可以请求确认权利。”请求确认的物权，可以为所有权、用益物权或担保物权。

本案中，钱林云请求法院确认75平方米补偿安置房归其所有，即在行使其对补偿安置房的所有权确认请求权。物权确认请求权的行使需以存在物权为前提。本案中即应为存在争议的补偿安置房为前提。但是，从本案中的证据来看，钱云林所谓的75平方米安置房并不存在。于此情形，由于物权客体并不存在，自然无在其之上的所有权，因而，钱云林无法就其所提出的75平方米安置房行使所有权确认请求权。而只能就房屋拆迁而产生的相关利益提出主张。

2. 徐良燕何时取得二层楼房的所有权

本案中，徐良燕取得二层楼房的所有权涉及非依法律行为的物权变动。对此，《物权法》第28条规定："因人民法院、仲裁委员会的法律文书或者人民政府的征收决定等，导致物权设立、变更、转让或者消灭的，自法律文书或者人民政府的征收决定等生效时发生效力。"依据本条规定，徐良燕应于法院的裁定书生效时起即取得了二层楼房的所有权，即1999年3月19日。

需要提及的是，尽管徐良燕取得房屋所有权是依据法院的裁判而无须办理变更登记即发生法律效力。但如果其对该二层楼房的产权进行处分，如果依据法律需要办理登记时，则需要办理登记，否则不发生法律效力。对此，《物权法》第31条有明确规定。试结合本案，分析《物权法》第31条规定的立法理由。

3. 原告与被告签订的调解协议是否已经成立及生效

2005年9月8日，原审原告与原审被告签订调解协议是否成立及生效，这关涉合同的成立和生效问题。合同的成立是指当事人就合同的主要条款达成合意；合同的生效是指已经成立的合同在当事人之间发生了效力（主要是履行效力）。一般情况下，合同成立的同时即生效，但在一些特殊的情形下，尽管合同已经成立但并未生效如附条件的合同和附期限的合同，需要待条件成就或期限届至时方生效。本案中，原审原告与原审被告已经就相关事项，于9月8日的协议中达成一致意见，因此，此时的协议已经成立。但是，由于二人在协议中规定"本协议需经公证处公证后方生效"，因而此协议属于附条件合同，需要在条件成就时才可发生法律效力，即需要经公证处公证后此协议才能生效。但其后该协议并未经过公证，故该协议于2005年9月8日成立，但并未生效。

（评注人：张玉东）

53. 返还原物纠纷

司法案例

银河公司诉红楼酒店案

浙江省高级人民法院（2009）浙民终字第116号

基本案情

上诉人（原审原告）：银河世纪国际贸易有限公司。

法定代表人：刘永平，董事长。

委托代理人：陈建忠，上海和华利盛律师事务所律师。

被上诉人（原审被告）：浙江杭州红楼大酒店有限公司。

法定代表人：郑建禄，董事长。

委托代理人：余永祥，浙江天册律师事务所律师。

上诉人银河世纪国际贸易有限公司（以下简称“银河公司”）因与被上诉人浙江杭州红楼大酒店有限公司（以下简称“红楼酒店”）返还原物纠纷一案，不服杭州市中级人民法院（2008）杭民一初字第44号民事判决，向本院提起上诉。本院于2009年7月22日立案受理后，依法组成合议庭，于2009年8月13日公开开庭审理了本案。上诉人银河公司的法定代表人刘永平及委托代理人陈建忠、被上诉人红楼酒店的委托代理人余永祥到庭参加了诉讼。本案现已审理终结。

2006年，杭州恒丰典当有限责任公司（以下简称“恒丰典当公司”）作为委托方，委托浙江皓瀚国际拍卖有限公司（以下简称“皓瀚拍卖公司”）拍卖重约800千克的翡翠原石一块，底价为680万元。2007年2月7日，红楼酒店与恒丰典当公司签订《协议书》一份，约定红楼酒店向恒丰典当公司借用重约800公斤的翡翠原石用于红楼酒店大堂装饰展示。展示期间，恒丰典当公司具有原石所有权和处置权，但在同等交易条件下，红楼酒店有权优先受让。恒丰典当公司如因经营、交易需要而将原石撤回时，红楼酒店应予以配合。该原石成本底价为600万元，恒丰典当公司委托红楼酒店在此底价交易，超出部分由红楼酒店提成。红楼酒店为帮助恒丰典当公司缓解资金周转的困难，同意给恒丰典当公司借款300万元，如遇恒丰典当公司需将原石出售变卖或撤回，恒丰典当公司必须将该笔借款归还红楼酒店等。同日，双方签订借款合同一份，约定恒丰典当公司向红楼酒店借款300万元，借款期限12个月，利率按年息12%计算等。2007年11月25日，银河公司与厦门金融保安守押有限公司签订代理运输协议一份，约定由厦门金融保安守押有限公司负责派专人将翡翠原石从杭州押运到深圳，运输费 35 000 元。2007 年 11 月 28 日，银河公司通过拍卖从拍卖人皓瀚拍卖公司拍得上述翡翠原石，并于当日向皓瀚拍卖公司支付了成交价 960 万元，佣金 40 万元，共计 1 000 万元。同年 11 月 29 日，银河公司至红楼酒店处提取翡翠原石，遭到红楼酒店拒绝。红楼酒店于同日向皓瀚拍卖公司提交书面异议书，认为该原石属绝当物品，由权利人恒丰典当公司将该原石交红楼酒店展示，并通过协议书约定红楼酒店对该原石享有优先购买权，鉴于该原石处于交易状态，故向相关权利人主张同等条件下的优先购买权，请皓瀚拍卖公司立即终止与任何第三人的交易行为。同日，红楼酒店委托上海志成企业发展有限公司向皓瀚拍卖公司支付了翡翠原石价款 1 000 万元。2008 年 6 月 10 日，恒丰典当公司出具函件一份，载明因红楼酒店迟迟未将其寄放在红楼酒店大厅的翡翠原石归还，造成其对原石的货权无法履行，同意由银河公司协助要回此翡翠原石，函件有效期至 2008 年 6 月 30 日。

2008 年 8 月 22 日，银河公司向原审法院提起诉讼，请求依法判令：(1) 红楼酒店立即停止侵权，将其非法占有的所有权属于银河公司的翡翠原石完整、无损地立即交还银河公司；(2) 红楼酒店赔偿银河公司因严重侵权给银河公司造成的直接经济损失 1 886 万元；(3) 由红楼酒店承担全部诉讼费。

一审判决

一审法院认为：银河公司所主张返还的翡翠原石是通过拍卖方式购得的，故银河公司与拍卖人、委托人之间形成拍卖法律关系。根据《中华人民共和国拍卖法》（以下简称《拍卖法》）的相关规定，拍卖成交后，拍卖人应当按照约定向委托人交付拍卖标的的价款，并按照约定将拍卖标的移交给买受人，或者按照约定由委托人移交拍卖标的，拍卖成交后，委托人应当将拍卖标的移交给买受人。故在本案翡翠原石的拍卖中，具有交付拍卖标的物义务的是拍卖人皓瀚拍卖公司以及委托人。而红楼酒店并非委托人，也不是拍卖人，其不具有向银河公司交付拍卖标的物的法定义务。且红楼酒店占有使用该翡翠原石是与恒丰典当公司签有协议，双方还约定了红楼酒店享有同等条件下的优先购买权及恒丰典当公司委托红楼酒店进行出售交易该原石，双方还有撤回或出售原石时，恒丰典当公司应先归还所欠红楼酒店的借款等约定。故红楼酒店占有、使用该原石并非非法占有，不存在主观上的过错。银河公司现以红楼酒店非法占有翡翠原石为由，以侵权直接向红楼酒店要求返还翡翠原石缺乏法律依据，不予支持。依照《拍卖法》第 24 条、第 31 条，《民事诉讼法》第 64 条第 1 款之规定，判决：驳回银河公司的诉讼请求。案件受理费 186 100 元，由银河公司负担。

二审诉辩主张

宣判后，银河公司不服，向本院提起上诉称：(1) 一审已确认银河公司通过合法拍卖程序获得了翡翠原石的合法所有权，根据《物权法》第 2 条第 3 款之现定，银河公司自 2007 年 11 月 28 日起即对翡翠原石享有对抗一切人的直接支配和排他的权利。红楼酒店声称其占有翡翠原石基于它与恒丰典当公司于 2007 年 2 月 7 日签订的《协议书》，但自订立该协议到银河公司通过拍卖获得该翡翠原石合法所有权前，恒丰典当公司从未成为该翡翠原石的所有权人，仅仅曾经一度是翡翠原石的质权人，按照《物权法》、《担保法》和中国人民银行制定的《典当行管理暂行办法》的规定，恒丰典当公司未经原所有权人授权，既无权出借该翡翠原石给红楼酒店，更无权给予红楼酒店所谓优先购买权。作为红楼酒店也应当明了用益物权的获得必须来自于所有权人。可见，红楼酒店占有翡翠原石自一开始就是非法占有。退一万步讲，假定其此前占有、展示该翡翠原石属于合法，按照《物权法》第 26 条的规定，在第三人合法占有动产的情形下，负有交付义务的人可以通过转让请求第三人返还原物的权利代替交付。本案中，皓瀚拍卖公司或恒丰典当公司可被看做负有交付义务的人，他们在 2007 年 11 月 29 日会同银河公司及押运人员去提取翡翠原石时，遭到红楼酒店拒绝，而后红楼酒店一直非法霸占翡翠原石，并于 2008 年 6 月 7 日将翡翠原石藏匿至今。为此，恒丰典当公司于 2008 年 6 月 10 日出具函件给银河公司，同意由银河公司协助要回翡翠原石。显然，皓瀚拍卖公司和恒丰典当公司通过转让请求第三人返还原物的权利代替了拍卖标的物即翡翠原石的交付，红楼酒店与银河公司此时起形成了直接的权利义务法律关系，银河公司有权要求红楼酒店返还翡翠原石。按照法律规定，红楼酒店不具有对翡翠原石的优先购买权，而且事实上，在翡翠原石被拍卖前，恒丰典当公司的王黎明总经理已给予了红楼酒店优先购买权，但红楼酒店郑建禄董事长一直认为价格太高，不愿意购买。(2) 既然红楼酒店属于非法占有，作为翡翠原石新所有权人有充分法律依据和理由直接向非法占有者要求停止侵权，立即返还。不能因红楼酒店抗辩称“其占有使用该翡翠原石的理由是其与恒丰典当公司之间签有相关协议”而改变其非法占有的性质。(3) 一审中，红楼酒店是非法占有还是合法占有翡翠原石，是否能依据 2007 年 2 月 7 日与恒丰典当公司签订的协议获得优先购买权属于双方争执的主要焦点，一审判决理应对焦点问题有明确定论。(4) 一审适用法律条款存在严重错误和漏洞，进而导致错误判决。(5) 红楼酒店给拍卖公司的异议书中罗列的异议理由不能成立。2007 年 11 月 28 日，银河公司已成为该翡翠原石新所有权人，所有的所有权转移手续已在拍卖公司和银河公司办结；红楼酒店从恒丰典当公司通过违法协议条款获得的优先购买权缺乏法律依据，是无效的。(6) 一物不能两卖。本案争议的翡翠原石在一个时间点只能有一个合法所有权人。上海志成企业发展有限公司于 2007 年 11 月 29 日汇给拍卖公司的 1 000 万元与该翡翠原石应当无任何法律关系，因为此时银河公司已通过合法拍卖程序成为该翡翠原石的唯一合法所有权人。尽管拍卖公司于 2007 年 11 月 30 日在《确认函》复印件上签署了“收到此函”且加盖了公章，但不能改变银河公司已经是翡翠原石唯一合法所有权人的事实。(7) 红楼酒店自 2007 年 11 月 29 日起至今存在持续侵权行为是不争的事实，造成了银河公司因赔付给银河世纪投资控股有限公司 2 000 万元定金等巨额经济损失。综上，请求撤销一审判决，判决红楼酒店直接返还银河公司拍卖物翡翠原石，赔偿因红楼酒店长期非法占有给银河公司造成的经济损失 159.3 万元，并承担本案诉讼费用。

红楼酒店辩称：(1) 原审判决认定事实清楚，适用法律得当，审判程序合法。1) 银河公司因参与恒丰典当公司委托皓瀚拍卖公司翡翠原石拍卖活动，与皓瀚拍卖公司、恒丰典当公司形成拍卖合同法律关系；拍卖过程中，银河公司已明知拍卖物翡翠原石不是处于皓瀚拍卖公司或恒丰典当公司占有状态。2) 红楼酒店因与恒丰典当公司签署协议，合法占有翡翠原石，是因合约形成的享有优先购买权的用益物权法律关系。红楼酒店在得知翡翠原石处于拍卖交易状态中时，及时向皓瀚拍卖公司提出优先购买权并支付了同等拍卖款项。上述二个法律关系是独立的，银河公司与红楼酒店之间无直接的法律关系。银河公司基于拍卖合同关系所产生的主张交付拍卖物的合同权利，应向合同相对人皓瀚拍卖公司、恒丰典当公司主张，而无权依据拍卖合同向红楼酒店主张合同权利。我国现行《拍卖法》也规定了依据拍卖所产生的物权的给付义务是拍卖人或者委托人。(2) 银河公司的上诉理由不能成立。1) 根据原审判决查明的事实，银河公司依据拍卖合同，引用《物权法》说明自己是翡翠原石的所有权人的观点是不能成立的。《物权法》规定，动产物权的取得是以给付为设立前提条件的。银河公司至今未取得翡翠原石，依法还未成为该原石的所有权人，因而不能依据侵犯其物权而主张其上诉请求。2) 银河公司只能依据拍卖合同主张交付权以及违约救济权，其权利主张对象，依据《拍卖法》的规定，给付义务人应是相关合同的当事人而不是红楼酒店。3）银河公司一方面否认恒丰典当公司有原石的处置权，另一方面却主张恒丰典当公司有权依据《物权法》的规定，将对红楼酒店的给付请求权转让给银河公司，其表述本身就是矛盾的。4）转让对第三人的给付请求权代替交付，应属要式行为。首先，转让人恒丰典当公司要具有合法的返还占有物的请求权；其次，需要有转让该权利的明确意思表示。本案中，恒丰典当公司出具的所谓特函，并未说明转让占有物的请求权给银河公司，而是声明由银河公司协助收回红楼酒店占有的物，且授权协助是有有效期限的。银河公司起诉时，该授予银河公司的协助权已因超时而失效。5）红楼酒店占有翡翠原石是依据与恒丰典当公司的协议而取得的合法占有权，还具有优先购买权。对红楼酒店合法取得的原石占有权，恒丰典当公司在尚未与红楼酒店解除协议并履行相应的协议义务之前，恒丰典当公司也无权向银河公司转让该返还原石的请求权。6）由于红楼酒店在得知翡翠原石拍卖的第一时间即主张优先购买权并有付款行为，导致皓瀚拍卖公司中止了与银河公司的拍卖合同的履行。银河公司对任何人的翡翠原石的给付请求权在法律上已处于争议状态。据此，对处于中止状态的银河公司与皓瀚拍卖公司的拍卖成交合同，银河公司也无权向红楼酒店主张其物权。我国法律对侵权的构成有明确法律规定，红楼酒店不仅无侵权行为，且红楼酒店就合法占有原石无任何主观过错。银河公司对红楼酒店提起侵权之诉不具备法定构成要件。综上，请求驳回银河公司的上诉。

二审期间，双方当事人均未提交新的证据材料。本案经开庭审理，对原审查明的事实依法予以确认。

二审判决

本院认为：本案二审的主要争议焦点为银河公司是否有权要求红楼酒店返还翡翠原石并赔偿损失159.3万元。首先，关于对银河公司负有合同交付义务的主体问题。根据合同相对性原理，以及《拍卖法》第31条“按照约定由委托人移交拍卖标的的，拍卖成交后，委托人应当将拍卖标的移交给买受人”的规定，银河公司系通过拍卖方式购买诉争标的物，其在拍卖成功并交清全部款项后，拍卖人皓瀚拍卖公司或委托人恒丰典当公司应当向其交付翡翠原石。皓瀚拍卖公司或恒丰典当公司未履行交付义务，致使银河公司未能取得拍卖标的的，根据《拍卖法》第40条的规定，银河公司有权要求皓瀚拍卖公司或恒丰典当公司承担相应违约责任。因此，红楼酒店并非拍卖关系的相对人，不负有对银河公司交付翡翠原石的义务，银河公司依法不享有向红楼酒店请求交付翡翠原石的违约请求权。而银河公司在否认恒丰典当公司对翡翠原石有处分权利的同时，又提出恒丰典当公司有权将其对红楼酒店的给付请求权转让给银河公司，存在矛盾之处。其次，关于银河公司认为红楼酒店侵犯其翡翠原石所有权的问题。红楼酒店是否构成侵权，其前提条件是银河公司已经成为翡翠原石的所有权人。从讼争标的物的拍卖情况看，银河公司与皓瀚拍卖公司之间签订拍卖合同后，皓瀚拍卖公司并未实际交付拍卖物。根据《物权法》第23条的规定，动产物权的设立和转让，自交付时发生效力。该交付是指动产物权的让与人将其对动产的直接控制现实地移转给受让人，使受让人对该动产取得事实上的管领力，故我国动产物权的转让实行不交付不生效的原则，交付是动产物权变动的必要条件。本案中，银河公司并未实际取得翡翠原石的所有权，其不享有所有权人对抗一切人的直接支配和排他的物权权利。红楼酒店与恒丰典当公司系因其他经济往来占有诉争标的物，即使红楼酒店需要返还翡翠原石，其返还的对象也应当是恒丰典当公司而非银河公司。因此，银河公司依据其与皓瀚拍卖公司的拍卖关系直接要求红楼酒店返还翡翠原石的理由不能成立，本院不予采纳。最后，关于银河公司要求红楼酒店赔偿其损失 159.3 万元的问题。银河公司称该 159.3 万元包括 30 万元的律师费和其已经支付皓瀚拍卖公司的 1 000 万元拍卖款自 2007 年 11 月 28 日以来的银行同期贷款利息。鉴于银河公司对红楼酒店不享有原物返还请求权，红楼酒店占有翡翠原石对银河公司不构成侵权，故银河公司要求红楼酒店赔偿损失的请求也缺乏事实和法律依据。至于银河公司主张的本案存在一物两卖的问题，本院经审查认为，原判并未因上海志成企业发展有限公司向皓瀚拍卖公司支付了 1 000 万元而认定翡翠原石所有权已归红楼酒店，故银河公司的该上诉理由也不能成立。综上，银河公司的上诉理由均不能成立，本院不予采纳。原判认定事实清楚，适用法律正确，实体处理得当，应当予以维持。依照《民事诉讼法》第 153 条第 1 款第 1 项之规定，判决如下：

驳回上诉，维持原判。

二审案件受理费 91 376 元，由银河公司负担。

本判决为终审判决。

案由与焦点

1. 案由

本案的一级案由为“物权纠纷”，二级案由为“物权保护纠纷”，三级案由为“返还原物纠纷”。

返还原物纠纷是指物权人请求无权占有人返还不动产或者动产而引发的纠纷。虽然物权之客体包括物和权利，但返还原物的物权保护方法仅适用于以“物”为客体的物权，对以“权利”为客体的物权保护不适用于该种保护方法。

2. 焦点

本案中，诉辩双方就翡翠原石所有权的归属、红楼酒店与恒丰典当行之间协议的效力、红楼酒店是否构成侵权等一系列问题进行了交锋，但所围绕的焦点实际上只有一个，即银河公司是否享有翡翠原石的所有权。如果其享有翡翠原石的所有权，则返还原物的主张自应得到法院的支持，反之，则其请求无法实现。

评注与问题

1. 返还原物请求权的行使条件有哪些

《物权法》第 34 条规定：“无权占有不动产或者动产的，权利人可以请求返还原物。”这是对返还原物请求权的规定。返还原物请求权是物权请求权的一种，指权利人在标的物为他人非法占有时可以请求占有人返还原物的权利。在《物权法》通过之前，《民法通则》对返还原物请求权就存在规定。《民法通则》第 117 条第 1 款规定：“侵占国家的、集体的财产或者他人财产的，应当返还财产，不能返还财产的，应当折价赔偿。”此外，其第 134 条所规定的承担民事责任的方式中，第 4 种方式即为返还财产。在《物权法》通过之后，《侵权责任法》于其第 15 条所规定的承担责任的主要方式中，第 4 种方式也为返还财产。

返还原物请求权的行使应具备 3 个条件：其一，请求权人须是所有人或者可行使物权的他物权的权利人；其二，相对人须为现实的无权占有人；其三，须原物存在。本案中，原物存在，即翡翠原石存在，是无可争议的事实。但请求权人即银河公司是否为翡翠原石的所有权人，则存在争议。同时，相对人即红楼酒店是否为无权占有人，也存在争议。

2. 动产物权的变动何时发生效力

物权变动是指物权的发生、变更和消灭。从主体上说，就是权利人物权的取得、变更和丧失。根据物权客体的不同，物权变动可分为不动产物权变动和动产物权变动，物权变动的模式也因此而存在不同。根据物权变动的原因，可将物权变动分为基于法律行为的变动和非基于法律行为的变动。本案中的物权变动，涉及的是基于法律行为而发生的动产物权的变动。而且，本案中的翡翠原石并非船舶、航空器和机动车等特殊动产。对此，《物权法》第 23 条规定："动产物权的设立和转让，自交付时起发生效力，但法律另有规定的除外。"从本案的事实来看，原告与浩瀚拍卖公司的拍卖协议应合法有效。因此，拍卖方及委托人负有将翡翠交给原告的义务。但恰恰在此环节，前者并未将标的物现实交付给原告。终审法院基于此，认定原告并未取得标的物的所有权。对此，原告曾经主张其交付方式为占有改定，但法院判决中对此问题并没有给予正面回答。所以，原告能否取得翡翠的所有权，关键就在民事主体是否可将占有改定作为交付的方式而取得物权；如果可以，本案中的原告是否符合占有改定交付的要件。对此，需要对动产物权的交付方式进行进一步分析。

3. 本案中的翡翠所有权何时发生转移

动产物权的交付，按照交付的形态划分，可分为现实交付和观念交付。现实交付是指一方将物的直接占有转移给另一方的行为；观念交付包括简易交付、占有改定、指示交付。本案中，原告于上诉中主张依据《物权法》第 26 条的规定，即指示交付而取得翡翠的所有权。但终审法院认为，《物权法》第 23 条所指的交付，"是指动产物权的让与人将其对动产的直接控制现实地移转给受让人，使受让人对该动产取得事实上的管领力"。终审法院所认定的交付，显然是现实交付。但在司法实践中对动产交付作出这样的理解，是错误的。动产物权的变动，其交付方式既可以是现实交付，也可以是观念交付。《物权法》第 25 条至第 27 条对简易交付、指示交付和占有改定有明文规定。

本案中，有一个情节是双方均予以确认的，即原告在拍得翡翠原石的第 2 天，其会同恒丰典当公司及皓瀚拍卖公司一同至红楼酒店提取翡翠原石，而此时红楼酒店拒绝给予的理由是其与恒丰典当公司有约在先。如果恒丰典当公司人员在此过程中告知红楼酒店，该翡翠原石已经由银河公司拍得，现来提货，则可以认为，恒丰典当公司已经通过指示交付的方式将翡翠原石的所有权转移至银河公司。此时，银河公司基于所有权而请求红楼酒家交出翡翠原石，是没有问题的。当然，恒丰典当公司是否告知了红楼酒店，根据现有案情并不十分清楚。但可以推断，如果恒丰典当公司人员与银河公司人员一同至红楼酒店，则恒丰典当公司人员应当会说明事实，否则银河公司无法实施运输行为。所以，在这种情况下，翡翠原石的所有权实际上已经转移至银河公司。

此外，法院在适用法律时，一直强调根据拍卖法的规定，红楼酒店既不是委托人也不是拍卖人，其不负有交付拍卖物的义务，这也是存在问题的。法院在案件的判定上，应当是多视角、综合运用法律。根据拍卖法，红楼酒店固然不是委托人和拍卖人，但是当拍卖标的物的所有权人要求其返还原物的时候，其负有返还原物的义务。这是物权效力的体现，而非拍卖法的问题。

至于之后恒丰典当公司的协助函件，从内容上而言，是在确认自己仍对翡翠原石享有所有权。但此时，翡翠原石的所有权已经转移至银河公司，因此，该协助函对于本案的判决并不具有意义。

此外，此处可引发另外一个问题，如果银河公司在索要翡翠原石的过程中，并没有恒丰典当公司及皓瀚拍卖公司的参与，则银河公司自然不能取得翡翠所有权。在此种情况下，红楼酒店也与皓瀚拍卖公司及恒丰典当公司达成购买协议，其是否可以基于《物权法》第 25 条之规定，依简易交付而取得翡翠的所有权？

4. 红楼酒店对翡翠原石的占有是有权占有吗

以占有人对标的物的占有是否有合法的基础为标准，占有可以分为有权占有和无权占有。返还原物请求权的第二个要件是相对人为现实的无权占有人。所谓现实的占有人，指的是在权利人行使原物返还请求权时事实上管领物的人。一般认为，相对人可以为直接占有人和间接占有人，但不能为占有辅助人。无权占有，指的是现实占有人缺乏合法占有该物的正当权源。没有合法权源的时间点，以物权人请求返还原物时为准。本案中，以翡翠原石的所有权转移至银河公司为准，可将红楼酒店的占有区分为有权占有和无权占有。之前，红楼酒店基于与恒丰典当公司之间的协议，而占有翡翠原石属于有权占有；而在银河公司请求其返还原物时，其当属无权占有；负有将翡翠原石交还给所有权人的义务。

5. 红楼酒店对银河公司所主张的优先购买权能否成立

优先购买权是指特定的民事主体依照法律的规定而享有的先于他人购买某项特定财产的权利。关于优先购买权，《民法通则》第 78 条第 3 款规定："按份共有财产的每个共有人有权要求将自己的份额分出或者转让。但在出售时，其他共有人在同等条件下，有优先购买的权利。"《合同法》第 230 条规定："出租人出卖租赁房屋的，应当在出卖之前的合理期限内通知承租人，承租人享有以同等条件优先购买的权利。"《物权法》第 101 条规定："按份共有人可以转让其享有的共有的不动产或者动产份额。其他共有人在同等条件下享有优先购买的权利。"《物权法》和《民法通则》规定了按份共有人的优先购买权，《合同法》规定了房屋承租人的优先购买权。优先购买权制度的设计基础，主要在于秩序和效率价值。从秩序上讲，优先权人已经在买卖关系建立之前就存在于与标的物相关的法律关系或事实之中，法律上确认相关民事主体的此种权利，可以有效维护已经建立起来的社会秩序。从效率上讲，一方面体现了物尽其用的思想，因为，在业已确立的关系中，如共有或者租赁，优先权人可以按照以往的方式继续使用该物，且可以扩大其使用范围或使用功能；另一方面体现了减少交易成本，因为，如果出卖人再与他人进行交易，则相对于优先权人而言会耗费很多成本。尽管优先购买权制度存在制度上的价值基础，但其毕竟是对所有权人意思自由的限制，同时也牺牲了交易第三方的利益。因此，优先购买权的行使以法律有明文规定为依据。当事人之间所签订的优先购买权协议，其仅在合同当事人之间具有拘束力，而不能对抗第三人。本案中，红楼酒店之所以拒绝交出翡翠原石，其主张之一即在于其与恒丰典当公司之间存在优先购买权协议，并认为这已经构成用益物权法律关系。分析发现，这样的理由是不成立的。原因有二：其一，二者之间所达成的优先购买权协议，依据合同的相对性，仅具有相对效力，不能约束当事人之外的第三人。其二，此处约定的优先购买权也并不构成用益物权法律关系。因为，根据物权法定原则，物权的类型和内容均由法律予以规定。而在用益物权中，并不存在协议的优先购买权可为用益物权的规定。因此，本案中，红楼酒店对银河公司所主张的优先购买权是不能成立的。

6. 拍卖人负有哪些义务

拍卖是指以公开竞价的形式，将特定物品或者财产权利转让给最高应价者的买卖方式。拍卖人的权利包括向委托人主张佣金、要求委托人说明拍卖标的的瑕疵等。拍卖人的义务主要包括：拍卖人应当向竞买人说明拍卖标的的瑕疵；拍卖人对委托人交付拍卖的物品负有保管义务；拍卖人应当对委托人提供的有关文件、资料进行核实；拍卖人接受委托的，应当与委托人签订书面委托合同；拍卖人接受委托后，未经委托人同意，不得委托其他拍卖人拍卖；委托人、买受人要求对其身份保密的，拍卖人应当为其保密；拍卖人及其工作人员不得以竞买人的身份参与自己组织的拍卖活动，并不得委托他人代为竞买；拍卖人不得在自己组织的拍卖活动中拍卖自己的物品或财产权利；拍卖成交后，拍卖人应当按照约定向委托人交付拍卖标的物的价款，并按照约定将拍卖标的移交给买受人。

根据拍卖法的规定，拍卖成交之后，应由拍卖人或委托人将标的移交给买受人，对此需要视委托人与拍卖人的合同约定而确定。对此，本案的事实中并未反映出来。如果可以将恒丰典当公司与皓瀚拍卖公司会同银河公司共同取物的行为看做指示交付，则其二人已经完成了交付义务。在此种情况下，红楼酒店有义务将标的移交给所有权人。相反，如果买受人未能按照约定取得拍卖物的，其有权要求拍卖人或者委托人承担违约责任。

（评注人：张玉东）

54. 排除妨害纠纷

司法案例

锦华公司诉宁夏建工集团等案

宁夏回族自治区高级人民法院（2009）宁民终字第 89 号

基本案情

上诉人（原审被告）：宁夏建工集团有限公司。

法定代表人：白耀华，该公司董事长。

委托代理人：张义烽，该公司项目部经理。

被上诉人（原审原告）：宁夏锦华星海湖房地产开发有限公司。

法定代表人：唐万鹏，该公司总经理。

委托代理人：任先亮，该公司职员。

委托代理人：雷挺，新中元律师事务所律师。

原审被告：宁夏二建集团第一建筑有限公司。

法定代表人：崔成涛，该公司经理。

委托代理人：鲁锋利，该公司项目部经理。

上诉人宁夏建工集团有限公司（以下简称“建工集团”）因排除妨害纠纷一案，不服石嘴山市中级人民法院（2009）石民初字第 16 号民事判决，向本院提起上诉。本院依法组成合议庭，公开开庭审理了本案。上诉人建工集团的委托代理人张义烽，被上诉人宁夏锦华星海湖房地产开发有限公司（以下简称“锦华公司”）的委托代理人任先亮、雷挺，原审被告宁夏二建集团第一建筑有限公司（以下简称“二建一公司”）的委托代理人鲁锋利到庭参加了诉讼。本案现已审理终结。

原审法院经审理查明：2008 年第二季度，锦华公司与二建一公司签订锦华五星级酒店及别墅工程施工协议，约定由二建一公司承建锦华公司开发的位于石嘴山市山水大道以南世纪大道以东的锦华半岛观邸别墅及酒店工程。后二建一公司将该工程分为酒店工程和别墅工程两部分，由不同施工人员负责组织施工。双方在合同履行中因支付工程款等事宜产生分歧，工程施工至 2008 年 7 月 10 日停工。2008 年 9 月，锦华公司与建工集团签订建设工程施工合同，但该合同未实际履行。建工集团、二建一公司与锦华公司多次协商后，就解除合同事宜作出意思表示。别墅工程，施工方已实际开挖 40 栋别墅的地基基础并进行了回填、场区道路平整等工程，工程款锦华公司分文未付。锦华公司认为双方合同已解除，建工集团、二建一公司仍不撤出施工现场，影响了其正常施工。建工集团、二建一公司以锦华公司未支付工程款，双方未进行决算为由拒绝撤出工地。双方纠纷成诉。

同时查明：建工集团就锦华半岛观邸别墅及酒店工程的工程款、损失分别将锦华公司诉至法院。酒店工程纠纷现已调解结案，故本案中，锦华公司放弃了对酒店工程的撤场诉讼。别墅工程，在双方合同纠纷中，法院委托鉴定部门对工程量及工程造价进行了司法鉴定。对鉴定部门不予鉴定的建工集团、二建一公司确已施工的工程量，庭审后，经双方现场确认为：进料口 35 个，每个进料口所需的沙加石量平均为 15 方，从星海湖引水所用的 UPVC 塑料管 150 米。

另查明：2007 年，根据宁夏自治区党委常委会议决定，原宁夏建设集团有限责任公司、宁夏第一建筑公司、宁夏二建集团有限公司、宁夏第五建筑工程公司改革重组为建工集团。此后，自治区国资委下文批复同意设立建工集团，并明确上述公司的资产由建工集团管理和经营，债权、债务等由建工集团承接。

一审判决

原审法院认为，被告别墅工程的工程量及造价已由鉴定部门鉴定完毕，对鉴定部门不予鉴定的被告确已施工的工程量，亦已确认，被告撤场的条件现已成就。原告向法庭提交的证据足以证实其已取得房地产开发手续，故被告认为原告无权主张权利的辩解理由不能成立。关于工程款是否支付、支付多少以及双方合同纠纷一案的审理结果，与被告撤场没有必然的联系，被告的辩解不能成立。为保证原告工地正常施工，减少双方的经济损失，被告应撤出原告工地，原告的诉讼请求成立，本院予以支持。因二建一公司已与其他公司一并重组为建工集团，其资产由建工集团管理和经营，债权、债务由建工集团承接，故本案应由建工集团承担相应的民事责任，二建一公司不承担责任。依据《民法通则》第 134 条第 1 款、《物权法》第 35 条的规定，判决如下：

一、建工集团于判决生效后 2 日内撤出锦华公司位于石嘴山市山水大道以南世纪大道以东的锦华半岛观邸别墅工程的施工现场；

二、驳回锦华公司要求二建一公司承担责任的诉讼请求。

案件受理费 500 元，由建工集团负担。

二审诉辩主张

建工集团不服一审判决，向本院提起上诉，请求撤销一审判决，驳回锦华公司的诉讼请求。理由：(1) 锦华公司未取得国有土地使用权证、土地规划许可证、施工许可证等开发手续，无权主张其用益物权，无权主张排除妨害，无权要求我方退场，我方不构成侵权；(2) 锦华公司拒不结算、付款，造成我方损失，应予赔偿。

被上诉人锦华公司答辩称：原判认定事实清楚，适用法律正确，请求驳回上诉人的上诉请求。

本院经审理查明：原审法院判决认定的事实基本属实。

本案争议焦点是：建工集团是否应撤出锦华公司锦华半岛观邸别墅的施工现场？

二审判决

本院经审理认为：根据锦华公司提供的石嘴山市发展和改革委员会石发改发（2008）55号文件、成交确认书、国有土地使用权出让合同、建设用地规划许可证、建设用地批准书，可以证实其已取得房地产开发手续。建工集团诉称锦华公司未取得房地产合法开发手续，无权主张排除妨害的权利的上诉理由不能成立。建工集团上诉称，锦华公司拒不结算、拒付工程款，造成其损失，要求赔偿。经查，对工程款是否支付、支付多少以及双方合同纠纷，建工集团已另行起诉，另一案的审理结果与本案中建工集团撤场无必然联系，故建工集团的这一上诉理由不能成立。本案中对双方尚未确认的工程量，鉴定部门已作了鉴定；对鉴定部门不予鉴定的建工集团确已施工的工程量，原审召集双方到现场已作确认，建工集团撤场的条件已经成就，原审为保证锦华公司工地正常施工，减少双方的经济损失，判令建工集团撤出锦华公司工地并无不当。因二建一公司已与其他公司一并重组为建工集团，其资产由建工集团管理和经营，债权、债务由建工集团承接，故二建一公司不承担责任，原审的这一认定正确。

综上所述，原判认定事实清楚，证据充分，适用法律正确，上诉人建工集团的上诉理由不能成立，本院不予采纳。依照《民事诉讼法》第153条第1款第1项、第158条之规定，判决如下：

驳回上诉，维持原判。

二审案件受理费100元，由建工集团承担。

本判决为终审判决。

案由与焦点

1. 案由

本案的一级案由为“物权纠纷”，二级案由为“物权保护纠纷”，三级案由为“排除妨害纠纷”。

作为一种物权保护的重要方法，排除妨害纠纷是指物权人针对妨害其物权行使的行为或事实状态要求妨害行为或妨害状态的造成者排除相关妨害而引发的纠纷。

2. 焦点

本案的争议焦点为建工集团是否应撤出锦华公司锦华半岛观邸别墅的施工现场。对于这一焦点的分析，需要从两个角度进行：其一，锦华公司是否对该施工土地享有权利？其二，建工集团的占场行为是否于法有据？

评注与问题

1. 锦华公司对该施工土地是否享有权利

本案中之所以需明确此问题，原因在于如果锦华公司享有建设用地使用权，则其可以请求他人排除妨碍，反之则无权主张他人排除妨碍。从举证上看，根据锦华公司提供的石嘴山市发展和改革委员会石发改发（2008）55号文件、成交确认书、国有土地使用权出让合同、建设用地规划许可证、建设用地批准书，可以证实其已取得房地产开发手续。如此，则锦华公司可请求他人排除对土地的妨害行为。对此，《物权法》第35条有明确规定。同时，根据《侵权法责任法》第21条的规定，也可以得出此结论。

2. 建工集团的占场行为是否于法有据

在第一个问题中已经明确了锦华公司对该土地享有建设用地使用权，但这并不意味着其可以要求任何他人排除妨害，而只可要求非法妨害人排除妨害，对于合法的行为则并不适用。因此，需要明确建工集团的占场行为是否合法。具体而言，如果建工集团经过了建设用地使用权人的允许，在其土地上施工，则其占场行为自然是合法的；反之，如未得到权利人许可，则占场行为就是不合法的。本案中，由于建工集团与锦华公司已经就解除合同达成了合意，则在合同协议解除后，如未在解除合同中就占场行为作出约定，则建工集团应撤出建设工地。从案情来看，双方的解除合同并未就此作出特别约定，故建工集团的占场行为于法无据。由此，可以认定，一审及二审法院的判决均是正确的。

3. 法院判决中认为："因二建一公司已与其他公司一并重组为建工集团，其资产由建工集团管理和经营，债权、债务由建工集团承接，故二建一公司不承担责任。"这一认识是否合理

法院的这一判决是否合理，关涉责任主体的认定。而在本案责任主体的认定上，则涉及法人的合并及其合并后的法律效果。本案中，锦华公司签订合同时的对方当事人为二建一公司。但其后宁夏建设集团有限责任公司、宁夏第一建筑公司、宁夏二建集团有限公司、宁夏第五建筑工程公司改革重组为建工集团，此种法人的新设合并所引起的法律后果即为合并之前法人的债权、债务由合并后的法人承继，责任也必然由合并后的法人承担。因此，本案中二建一公司的权利、义务和责任应由建工集团承受是符合法律规定的。

4. 建工集团应如何主张自己的权利

之前的论述已经说明，法院判决建工集团撤出建设场地的行为是合法的。但是，锦华公司仍旧拖欠了建工集团的工程款项，对此，建工集团应如何主张自己的权利？从法律关系上说，建工集团向锦华公司主张工程款项及请求违约损害赔偿应属于另一法律关系，即二者之间的合同关系。本案中，由于二者已经解除了合同，故建工集团应撤出施工场地，否则其行为构成侵权。而这一侵权行为，与之前的合同为两个不同的法律关系。因此，关于建工集团请求锦华公司偿还建筑款项及承担违约责任，应另案起诉。

（评注人：张玉东）

55. 消除危险纠纷

司法案例

万兴珍诉永荣矿业公司案

重庆市第五中级人民法院（2010）渝五中法民终字第3596号

基本案情

上诉人（原审原告）：万兴珍。

委托代理人：陈琦。

委托代理人：倪建勇。

被上诉人（原审被告）：重庆永荣矿业有限公司。

法定代表人：段先久，董事长。

委托代理人：黎平。

委托代理人：胡晓凤。

上诉人万兴珍与被上诉人重庆永荣矿业有限公司（以下简称“永荣矿业公司”）消除危险纠纷一案，重庆市南岸区人民法院于2010年6月21日作出（2010）南法民初字第52号民事判决，万兴珍对该判决不服，向本院提起上诉。本院依法组成合议庭，于2010年8月25日询问了本案，万兴珍及其委托代理人陈琦、倪建勇，永荣矿业公司委托代理人黎平、胡晓凤参加了询问，本案现已审理终结。

一审法院经审理查明：2004年8月17日经重庆市人民政府渝府（2004）213号文件批准，将巴南区丰盛场井田等确定为市级煤炭开发规划区。2006年11月20日重庆市发展和改革委员会渝发改能（2006）1115号文件核准永荣矿业公司丰盛一矿项目，要求丰盛一矿2007年3月开工，2011年竣工投产。2008年9月26日重庆市规划局选字第市500000200800028号重庆市建设工程选址意见书同意永荣矿业公司的丰盛一矿35kV一、二回供电线路工程在南岸区、巴南区建设，并按本《建设工程选址意见书》及其附图和规划管理有关技术规定进行设计。永荣矿业公司的丰盛一矿35kV一、二回供电线路工程由重庆电专能创勘察设计有限公司设计，重庆广信电力建设公司施工，线路总长46km，途径重庆市南岸区迎龙镇大坪村。2009年11月24日上午，永荣矿业公司的丰盛一矿35kV一、二回供电线路工程途径重庆市南岸区迎龙镇大坪村破石岩社万兴珍房屋时，该工程的架空电力线路跨越了万兴珍家屋顶。

另查明：2009年11月21日，永荣矿业公司丰盛一矿作出书面承诺，该书面承诺的内容为：丰盛一矿是重庆市政府2004年批准立项的市级重点能源工程，该矿35kV供电线路经重庆市规划局审批，由永荣矿业公司建设，重庆电专能创勘察设计有限公司设计，重庆广信电力建设公司施工，线路总长46km，途径迎龙镇大坪村。该工程严格按国家相关标准进行设计、施工。根据《中华人民共和国35千伏及以下架空电力线路设计规范》的规定，架空线路跨越房屋的安全距离为4米，而丰盛一矿35kV供电线路房屋跨越已完全满足国家的安全距离，不会对居民的人身安全和财产造成影响。为此，永荣矿业公司丰盛一矿郑重承诺：因该线路工程的设计、施工或非人为因素对跨越房屋的居民的人身安全和财产造成影响的，由丰盛一矿承担连带责任，全权负责赔偿。丰盛一矿将追查原因，保留向设计单位、施工单位或第三方进行追诉的权利。该书面承诺上盖有永荣矿业公司丰盛一矿、重庆电专能创勘察设计有限公司、重庆市南岸区迎龙镇人民政府的公章。

一审判决

一审法院认为：永荣矿业公司的丰盛一矿35kV一、二回供电线路工程经重庆市规划局选字第500000200800028号重庆市建设工程选址意见书同意，在南岸区、巴南区建设，该工程由重庆电专能创勘察设计有限公司设计，重庆广信电力建设公司施工，线路总长46km，途径重庆市南岸区迎龙镇大坪村破石岩社万兴珍家房屋时，该工程的架空电力线路跨越了万兴珍家屋顶，万兴珍以该行为给其生命、财产造成极大的安全隐患为由，起诉要求永荣矿业公司立即停止侵权，拆除强行架设的横跨万兴珍屋顶的4条高压线。审理中，万兴珍不能举证证明跨越其家屋顶的高压线对其生命、财产造成极大的安全隐患，故对其请求，不予支持。遂判决：驳回万兴珍的诉讼请求。案件受理费100元，由万兴珍负担。

二审诉辩主张

万兴珍不服一审判决，向本院提起上诉，理由是：4根35kV的高压线横跨上诉人家屋顶，本身就存在严重的安全隐患，被上诉人应当停止侵害。原判认定事实不清，适用法律错误，请求予以改判。

永荣矿业公司答辩称，原判正确，请求予以维持。

本院二审查明的事实与一审查明的事实相同。

二审判决

本院认为：永荣矿业公司丰盛一矿35kV一、二回供电线路工程经重庆市规划局审批，由重庆电专能创勘察设计有限公司设计，并由重庆广信电力建设公司施工。根据《中华人民共和国35千伏及以下架空电力线路设计规范》的规定，架空线路跨越房屋的安全距离为4米，丰盛一矿35kV供电线路跨越房屋的距离符合国家规定的安全距离。万兴珍称供电线路跨越其屋顶对其生命、财产造成极大的安全隐患，缺乏相应证据佐证，本院不予支持。原判认定事实清楚，适用法律正确，上诉人的上诉理由不能成立，本院不予支持。依照《民事诉讼法》第153

条第1款第1项之规定，判决如下：

驳回上诉，维持原判。

本案案件受理费100元，由上诉人万兴珍负担。

本判决为终审判决。

案由与焦点

1. 案由

本案的一级案由为“物权纠纷”，二级案由为“物权保护纠纷”，三级案由为“消除危险纠纷”。

消除危险纠纷是指物权人在他人之行为或某一事实状态造成其不动产或者动产处于可能遭受损害的危险状态时，要求危险行为的实施者或者危险状态的造成者消除相关的损害危险而引发的纠纷。

2. 焦点

本案中，万兴珍的诉讼请求能否得到法院的支持，其焦点在于永荣矿业公司的架线行为是否符合消除危险责任的构成要件。

评注与问题

1. 本案中万兴珍的诉讼请求是什么

欲明确万兴珍的诉讼请求可否成立，首先需要明确其诉讼请求为何。根据判决中的表述，万兴珍的主张中使用的是停止侵权（一审）和停止侵害（二审）。但其具体表述为“该行为给其生命、财产造成极大的安全隐患”和“4根35kV的高压线横跨上诉人家屋顶，本身就存在严重的安全隐患”。从表述上看，万兴珍的主张应是消除危险，而不是停止侵害。停止侵害与消除危险在适用上最大的不同在于：前者适用的条件是损害已经发生，而后者适用的条件是存在发生损害的可能性。本案中，由于万兴珍主张“存在极大安全隐患”，因而，其诉讼请求应是消除危险。

2. 万兴珍所主张的消除危险是否成立

万兴珍的主张是否能够成立，需要考察其主张是否符合消除危险的构成要件。消除危险作为一种责任的承担方式，规定于《侵权责任法》第15条、第21条和《物权法》第35条中。尽管《侵权责任法》的规定和《物权法》的规定在适用范围上存在差别，但就物权的保护而言，二者并无差别。消除危险责任的构成主要包括，其一，危险的存在；其二，损害尚未发生但可能性非常大；其三，危险是不合理的。同时，消除危险责任的构成并不考虑行为人的过错。根据消除危险责任成立的要件，结合本案的案情看，高压电线架设后与未架设之前相比，确实增加了万兴珍及其家人受害的危险，但根据《中华人民共和国35千伏及以下架空电力线路设计规范》的规定，架空线路跨越房屋的安全距离为4米，丰盛一矿35kV供电线路跨越房屋的距离符合国家规定的安全距离。因此，高压电线的架设从损害发生的可能性上看，并非属于发生危险可能性非常大的情形。而且由于符合相关规定，此种架设行为也并非不合理。所以，本案情形并不符合消除危险的构成要件。

3. 架设电线的行为是否侵犯了万兴珍的宅基地使用权

本案中，万兴珍主张的是消除危险，即消除对其家人人身和其房屋存在的危险，这样的主张并不成立。但是，由于电线通过其宅基地之上，其是否可主张该架设电线的行为侵犯了其宅基地使用权呢？这涉及空间权的问题。换一个角度说，即万兴珍的宅基地使用权的空间范围的权限应界至何处？对此，请结合我国现行法的相关规定加以分析。

（评注人：张玉东）

56. 恢复原状纠纷

司法案例

富裕商城诉杜清学案

黑龙江省齐齐哈尔市中级人民法院（2010）齐民一终字第 280 号

基本案情

上诉人（原审原告）：富裕县新世纪商城有限责任公司。

法定代表人：王海兴，该公司总经理。

委托代理人：仲崇生。

被上诉人（原审被告）：杜清学。

委托代理人：任强波。

上诉人富裕县新世纪商城有限责任公司（以下简称“富裕商城”）为与被上诉人杜清学恢复原状纠纷一案，不服黑龙江省富裕县人民法院［2009］富裕民初字第 590 号民事判决，向本院提起上诉。本院依法组成合议庭，由审判员梁铁宾担任审判长，审判员王有为、左齐参加评议，书记员杨玉英负责本庭记录，于 2010 年 5 月 25 日公开开庭审理了本案。现已审理终结。

原审法院经审理查明：2001 年 10 月 16 日，被告杜清学看到富裕商城宣传广告，以人民币 60 000.00 元对外出售摊床，被告便买了富裕商城特种摊位一层一号 3 节柜台，双方买卖合同中未标明面积，双方只是按照摊位的现状，格局位置达成一致意见，后经过富裕县房产实地测绘后，该一号区域长 9.28 米，宽 4.28 米（宽是指两侧摊床，以中间柱子为中线，两侧摊床宽各位 2.14 米）。被告杜清学购买的三节柜台，每节长 1.5 米，计 4.50 米，宽 2.14 米。被告现已使用 7 年，始终无争议。2009 年 5 月，原告认为被告使用的摊床所有权证中是 6.75 平方米，而被告占有的是 9.63 平方米，已构成侵权，要求被告停止侵害，退还使用面积 2.88 平方米。被告认为当初购买摊床，只是按照原告的宣传广告和当初的现状购买，并交清房款。原告交付摊床由被告使用，无其他任何条件，被告杜清学对多占用面积不予认可，多次去富裕县房产处查看购买商城一层楼 1、2、3 号特种柜台的使用面积的原始登记簿（即测绘图），并用手机拍下测绘图及标明的长宽数据，当时手机拍照显示长 9.28 米，宽 4.28 米（指两侧宽），单侧为 2.14 米。而后，富裕县人民法院调取房产档案时，发现登记簿上无被告杜清学提供手机拍照的数据，杜清学认为有人暗箱操作，人为地将数据涂掉，开始上访至省、市、县纪检监察机关。经富裕县纪检部门调查核实后，确实发现原始登记簿（测绘图）相关数据被涂掉，除对相关责任人批评教育外，责令富裕县房产处给予恢复原状。恢复后的数字与被告提供的原始手机拍照的数字及人民法院实地丈量的数字，被告实际经营的柜台相一致。另查明，原始登记簿中的 9.28 米是指特种柜台的东西长，4.28 米是指特种柜台的南北宽，以中间水泥柱为中心，两侧业主经营的面积宽为 2.14 米。被告杜清学购买的 1、2、3 节柜台每节 1.50 米，即 4.50 米，宽 2.14 米，使用面积应是 4.5 米×2.14 米＝9.63 平方米。原告对被告柜台长 4.50 米没有异议，对被告杜清学所使用柜台宽 2.14 米有异议。认为按照房屋所有权证登记的面积宽应是 1.50 米。被告杜清学认为，房屋所有权证书的使用面积应当与原始登记簿（测绘图）记载的数据一致，宽应是 2.14 米。房屋所有权证书使用面积有误，应尊重历史，尊重现实，更正房屋所有权证书的使用面积。

富裕商城请求法院判令杜清学停止侵害、赔偿损失、赔礼道歉。

一审判决

原审法院经审理认为：原告富裕商城与被告杜清学侵权纠纷一案，被告杜清学特种柜台的使用面积，原始房产登记簿的数字均明确记载，后被房产处工作人员涂改，经纪律检查机关责令恢复原状，杜清学所购买的一层 1、2、3 节特种柜台面积应为 9.63 平方米，即现在经营的范围，原告为被告办理的房屋产权证，被告的使用面积是 6.75 平方米，既没有事实根据，同时与富裕房产处的原始登记簿不符。原告未提供登记簿确有错误的证据。原始登记簿（测绘图）经恢复原状后，进一步确定了原始登记簿（测绘图）的准确性、真实性、合法性。因此，被告杜清学侵权事实不成立，故依照《民事诉讼法》第 64 条、最高人民法院《民事诉讼证据规定》第 2 条、《物权法》第 17 条的规定，判决：驳回原告富裕商城公司的诉讼请求。案件受理费 100.00 元，由原告承担。

二审诉辩主张

上诉人富裕商城对原审判决不服，向本院提起上诉称：（1）原审判决认定事实不清。2001 年 10 月 16 日，富裕商城与杜清学签订富裕商城摊床买卖合同，将商城内一层特种行业 1、2、3 节摊床转让给杜清学，定为人民币 6 万元。2003 年 7 月 14 日，富裕商城给杜清学出具了办理房屋所有权证介绍信，注明：杜清学购买商城一楼 1、2、3 号特种柜台 6.75 平方米，售价 6 万元，款已交齐请办理房屋所有权证。2003 年 8 月 13 日，富裕县房产交易管理所办理了个人房屋交易契约书并发给了杜清学柜台执照，契约书记载摊床 6.75 平方米，人民币 6 万元。现买卖合同已经生效、履行了 9 年，杜清学不但接受了摊床面积 6.75 平方米，且在 2009 年 9 月 2 日本案起诉前都没有异议，本案的事实是非常清楚的。（2）一审判决对法律理解有误。《物权法》第 17 条规定，不动产权属证书记载的事项应当与不动产登记簿一致，记载不一致的，除有证据证明不动产登记簿确有错误外，以不动产登记簿为准。富裕县房产处根本没有登记簿。中国字典对登记簿的解释是：登记是记载，簿是本子，登记簿是记载东西的本子。测绘图是指测量、测绘，图是绘画表现出来的形象。本案中的测绘图是富裕商城各种行业摊位和柜台摆放的示意图，可见登记簿与商城摆放的示意图有着天壤之别。一审法院把登记簿与示意图两个不同概念混为一谈，以它为依据判决是完全错误的。2003 年 8 月 13 日富裕县颁发的面积为 6.75 平方米的产权证是合法有效的，符合《物权法》第 17 条的规定，应理解为没有证据证明有不动产登记簿，更谈不上登记簿有错误了。请求撤销一审判决，判决杜清学侵权，公开向富裕商城道歉。

被上诉人杜清学答辩称：（1）杜清学房产证上记载3节柜台面积6.75平方米，登记簿的面积9.63平方米，根据《物权法》第17条的规定，应当以不动产登记簿为准。不动产登记簿上记载的数据没有任何错误，与实际情况完全一致，杜清学按照9.63平方米已经使用7年，应以登记簿确定摊位面积。根据《房屋登记簿管理试行办法》第8条的规定，不动产测绘图是不动产登记簿的一部分，登记簿中的测绘平面图记载的长1.5米、宽2.14米。《物权法》第17条规定，如果房产证记载的内容与登记簿的内容不一致，以登记簿为准，这样就否定了房产证的法律效力，房产证不能作为有效证据使用。而房产登记簿可以作为独立有效证据单独证明房屋的面积。物权法和其他法律都没有规定必须由房产处依据登记簿修改房产证，然后以修改后的房产证为准。物权法规定的是直接以房产登记簿为准。依据房产登记簿，杜清学并未多侵占房产面积，不构成侵权，应驳回上诉人的诉讼请求。（2）最高人民法院《关于审理建筑物区分所有权纠纷案件具体应用法律若干问题的解释》（以下简称《建筑物区分所有权解释》）第8条1款、《物权法》第76条2款和第80条规定的专有部分面积和建筑物总面积，可以按下列方法认定：专有部分面积，按照不动产登记簿记载的面积计算；尚未进行物权登记的，暂按测绘机构的实测面积计算；尚未进行实测的，暂按房屋买卖合同记载的面积计算。杜清学作为摊位专有部分的所有权人，所有权的面积依据上述规定，应以登记簿为准。杜清学是3个摊位专有部分的所有权人，所以富裕商城所坚持的依据房屋所有权证为准没有法律依据，依据登记簿，杜清学并未多占面积，杜清学不构成侵权。（3）在杜清学购买柜台时，就是现在这种摆放状态，当时合同并未约定面积，就是按照当时的实物情况购买的。如果当时富裕商城称面积将来要缩小，杜清学肯定不会购买。当时的实物情况是合同的一部分，杜清学已经向法院提交了富裕商城出卖柜台时的宣传材料和证人证言。上述材料足以证明富裕商城出卖柜台的宽度和位置及合理的面积才购买的。8年后，富裕商城突然要求缩小面积，与富裕商城当时宣传的实际情况相违背，违背合同法的公平原则和公序良俗，人民法院不应予以支持。（4）根据最高人民法院《关于审理商品房买卖合同纠纷案件适用法律若干问题的解释》第14条的规定，杜清学虽然在合同补充手续上签字认可了合同购买面积6.75平方米，但杜清学购买的摊位面积应当依照富裕县房产部门测绘的面积为准，根据富裕房产测绘部门制作的平面图表明的数据计算，杜清学购买的面积应当为9.63平方米，虽然大于合同约定面积6.75平方米，面积误差比超过3%，按照规定，超出部分所有权应归杜清学所有，房价款应由富裕商城承担。富裕商城要求杜清学返还3%以外的面积没有法律根据。请求法院驳回富裕商城的诉讼请求。

二审举证及质证、认证情况

经审理查明：杜清学看到富裕商城出卖摊床的宣传广告后，于2001年10月16日与富裕商城签订《富裕商城摊位买卖合同》，合同约定：商城内一层特种行业1号3节转让杜清学所有，定为人民币六万元，预交人民币六万元。合同条款如下：（1）如买后降价给买主降价后的价格，涨价不加价。（2）买主不再负责商城房屋维修费用。（3）营业前商城给买主办理产权证件，可以出租、出卖。（4）买主必须按照商城规定高度制作货架。此协议共同信守。房主王海兴，买主杜清学签字。

2002年10月1日，杜清学购买的摊床开始营业。

2003年7月14日，富裕商城为杜清学出具购买摊位办照介绍信，内容为："此有杜清学购买商城一楼1、2、3号特种柜台6.75平方米，售价60 000.00元。款已全部交齐，请你处给予办理房屋所有权证。"

2003年8月13日，富裕商城与杜清学签订《个人（单位）房屋交易契约书（换照凭据）》，内容为："杜清学购买富裕商城摊床一层1、2、3柜台，合计面积6.75平方米，丈量评估作价人民币60 000.00元。"

2003年8月13日《房屋所有权证》记载，所有权人：杜清学，产权来源：购买，所有权性质：私产，面积：6.75平方米，建筑结构：混合，建成年份：2002年，所有权范围：特种柜台1号。

2003年，富裕县房产管理处工作人员曹某手工制作了富裕商城一层柜台布置图（定位图），富裕商城特种柜台共5节，每节2.25平方米，杜清学的1、2、3节6.75平方米，另一户4、5节4.50平方米。杜清学购买的摊位所在的区域是一个围合区，该区域由10节柜台围成一个长方形区域，杜清学在该区域有3节柜台。曹某在画图时，没有标出杜清学3节柜台所在位置，在办照时为弄清两个特种柜台的位置，富裕县房产管理处工作人员蔡某在询问曹某后用铅笔将特种柜台的两户以1、2的字样标在了图上，以示确定位置。图上其他的数字是另外柜台的数字，因为其他柜台不办照，所以之后就把后标注的铅笔字擦掉了。

为此事杜清学上访到富裕县纪检委，省、市纪检委，富裕县纪检委要求富裕县房产管理处将图上的字迹恢复原状，后富裕县房产管理处将图上填写的铅笔字恢复。

富裕商城主张，2008年、2009年其发现杜清学的摊床位置移动了，找杜清学没有解决，后起诉到法院。

杜清学主张，自购买摊床后至2009年没有发生过争议，2009年富裕商城要把商城租给别人，让他把柜台后退，他没有同意，晚上王海兴带人把柜台给推了，只发生这一次争议。

庭审调查时，法官询问杜清学购买摊床时是否知道面积，杜清学称不知道，2002年10月份房产处测量时知道是9.63平方米。问杜清学办照是6.75平方米为什么没有提出异议，杜清学称当时去找房产处，房产处说就给这些了，不签字就不给发证，当时为了拿到房照，就稀里糊涂签了字。

二审判决

本院认为：本案争议的焦点是富裕商城柜台平面图（富裕房产管理处称定位图）是不是登记簿，蔡某用铅笔标注的数字能否作为柜台平面图上特种柜台的面积，杜清学购买的摊位面积应当如何认定。

第一，2008年国务院住房城乡建设部颁发的《房屋登记簿管理试行办法》第2条规定："房屋登记簿是房屋权利归属和内容的根据，是房屋登记机构制作和管理的，用于记载房屋基本状况、房屋权利状况以及其他依法应当登记事项的特定簿册。"富裕商城柜台平面图不是登记簿，登记簿记载的内容有50项之多，但平面图可以作为登记簿的一个组成部分。《房屋登记簿管理试行办法》第8条规定："登记簿的房屋基本状况部分，记载房屋编号、房屋坐落、所在建筑物总层数、建筑面积、规划用途、房屋结构、土地权属性质、国有土地使用权取得方式、集体土地使用权类型、地号、土地证号、土地使用年限房地产平面图等。"2008年以前富裕县房屋登记机构没有建立登记簿制度，根本不存在登记簿，所以，富裕商城柜台平面图不是登记簿。原审将富裕商城柜台平面图认定为登记簿欠妥。

第二，富裕县房产管理处制作的富裕商城柜台平面图，是其工作人员曹某手工制作的，大部分摊位上都没有标注摊位面积，争议的特种柜台没有标注摊位面积。蔡某用铅笔标上的数据1、2是为了确定特种柜台的位置，并没有改动原图纸，其他的数据是其他柜台的数据，不能代表杜清学购买摊床的面积。曹某制作的定位图没有比例尺，图上大部分摊位，特别是特种柜台没有标注面积，该图不是采用《中华人民共和国国家标准GB/T 17986—2000》制作的。综观本案的证据材料，可以确认富裕商城出售给杜清学的摊床位置是确定的，摊床的面积是确定的。但摊床不是镶嵌在地上的，摊床是可以移动的，蔡某标在图上的数字，不是曹某制作平面图时标注的原始面积，蔡某标注平面图上的面积不能认为是房产部门确定的特种柜台的面积。

第三，杜清学购买的摊位面积应当按照证据认定。(1) 2001 年 10 月 16 日，杜清学与富裕商城签订《富裕商城摊床买卖合同》，约定杜清学购买的摊床售价为 6 万元。(2) 2003 年 7 月 14 日富裕商城出具的《富裕商城购买摊位办照介绍信》，介绍信明确杜清学购买的特种柜台 1、2、3 节 6.75 平方米，售价 6 万元。(3) 2003 年 8 月 13 日杜清学与富裕商城签订的个人房屋交易契约书，契约书上注明，杜清学购买富裕商城摊床一层 1、2、3 柜台面积 6.75 平方米，丈量评估作价人民币 6 万元。(4) 2003 年 8 月 13 日，富裕县房产管理处给杜清学颁发《房屋所有权证》，产权证记载，所有权人：杜清学，产权来源：购买，所有权性质：私产，面积：6.75 平方米，建筑结构：混合，建成年份：2002 年，所有权范围：特种柜台 1 号。杜清学在签订交易契约书和领取产权证照时，均明知面积是 6.75 平方米，当时并未提出异议。

上述证据形成了一个完整的证据链条，可以证实杜清学购买的特种摊床的面积就是 6.75 平方米。

富裕商城请求停止侵害、恢复原状，本院应支持；富裕商城要求赔偿损失，因其没有具体诉请，无法确认赔偿数额，故该请求本院不予支持；由于富裕商城的诉请是恢复原状，系财产权益纠纷，不适用于赔礼道歉，故该请求本院不予支持。

综上所述，原审认定平面图就是登记簿既没有事实根据，也没有法律根据。富裕商城上诉理由确实、充分，本院予以采信。依照《民事诉讼法》第 153 条 1 款 3 项之规定，判决如下：

一、撤销黑龙江省富裕县人民法院（2009）富裕民初字第 590 号民事判决。

二、杜清学停止侵权将其所有的特种柜台 1、2、3 号摊床的面积恢复到 6.75 平方米，本判决送达后即执行。

三、驳回富裕商城其他诉讼请求。

一、二审诉讼费 200.00 元，由杜清学负担。

本判决为终审判决。

案由与焦点

1. 案由

本案的一级案由为“物权纠纷”，二级案由为“物权保护纠纷”，三级案由为“恢复原状纠纷”。

恢复原状纠纷是指物权人在其作为物权客体之物受到他人非法侵害而发生毁损时，要求侵害人对物之原状予以恢复而引发的纠纷。恢复原状旨在恢复物的原初使用价值，若没有恢复之可能时，不适用恢复原状的物权保护方法。

2. 焦点

本案中，富裕商城是否有权要求杜清学将其所经营摊位面积恢复至 6.75 平方米，主要涉及杜清学的行为是否构成侵权；而是否构成侵权的根据，则在于确定杜清学的所有权面积。如果杜清学的所有权面积为 9.63 平方米，则其行为是对其权利的正当行使，自不存在侵权行为；如果杜清学的所有权面积为 6.75 平方米，则超出其所有权权限，存在侵权行为。在此种情况下，富裕商城主张杜清学恢复原状的请求就可以得到法院的支持。因此，本案的关键之处在于确定杜清学的摊位所有权面积。

评注与问题

1. 本案是否适用恢复原状

恢复原状有广义和狭义之分。广义的恢复原状是指将受害人的权利恢复至未受侵害的状态；而狭义的恢复原状是指通过一定的手段恢复物的原本状态。关于恢复原状，《民法通则》第 117 条第 2 款规定："损坏国家的、集体的财产或者他人的财产的，应当恢复原状或者折价赔偿。"同时，《民法通则》第 134 条所规定的 10 种民事责任方式中，第五种即为恢复原状。《物权法》第 36 条规定："造成不动产或者动产毁损的，权利人可以请求修理、重作、更换或者恢复原状。"《侵权责任法》第 15 条所规定的承担侵权责任的 8 种方式中，第五种也是恢复原状。应当说，恢复原状作为物权受到侵害时的救济方式，其在《民法通则》、《物权法》和《侵权责任法》上的规定并无太大区别。《物权法》与《侵权责任法》的规定，实际上是对《民法通则》规定的承继。恢复原状无论规定于《物权法》还是规定于《侵权责任法》中，其均是侵权民事责任的承担方式，这点无须更多说明。

恢复原状的适用应以实际损害为前提，并且以存在恢复原状的可能性和必要性为条件。本案中，如杜清学的所有权面积为 6.75 平方米，则富裕商城有权要求杜清学恢复原状。因为，从适用条件上而言，杜清学侵害了富裕商城房屋的所有权，而且在恢复上既有可能性，也有必要性，只需杜清学将摊床位置后移即可。因此，问题的关键就在于确定杜清学的所有权面积。

2. 富裕商城主张杜清学承担赔礼道歉的责任是否合适

赔礼道歉是指行为人通过口头、书面或者其他方式向受害人进行道歉，以取得谅解的一种责任方式。《民法通则》第 120 条规定："公民的姓名权、肖像权、名誉权、荣誉权受到侵害的，有权要求停止侵害，恢复名誉，消除影响，赔礼道歉，并可以要求赔偿损失。"《民法通则》第 134 条中所规定的第十种民法责任方式为赔礼道歉。《侵权责任法》将赔礼道歉规定于第 15 条，作为第七种侵权责任的承担方式。根据以上法律的规定，赔礼道歉作为一种责任承担方式，一般只能适用于人身权领域，而不能适用于财产权领域。因为，赔礼道歉是对受害人精神的一种慰藉。赔礼道歉的适用，以被害人主张为前提，并且应以加害人主观上存在故意为条件。当加害人拒绝承担此种责任时，人民法院判决可以按照确定的方式进行，如在媒体上公布判决书，费用由加害人承担。

本案中，富裕商城主张杜清学承担赔礼道歉的责任，法院的终审判决以本案为财产纠纷为由，不予支持。应当说，法院的判决是正确的。

尽管赔礼道歉通常适用于人身权领域，但如果受害人具有人格意义的财产遭受了损害，是否可以适用赔礼道歉呢？此外，赔礼道歉作为一种民事责任的承担方式，一直遭到学界的质疑，认为此种方式违背了宪法上的良心自由原则，对此，你是如何看待的？

3. 二审判决杜清学停止侵害是否正确

所谓停止侵害，是指侵权人实施的侵害他人财产或人身的行为仍在继续进行中，受害人有权依法请求法院责令侵权人停止其侵害行为。《民法通则》第 134 条所规定的责任方式中，第一种即是停止侵害。《民法通则》第 118 条和 120 条分别就知识产权和人身权的侵害规定了停止侵害的适用。《物权法》中并未规定停止侵害，《侵权责任法》第 15 条及第 21 条对停止侵害进行了规定。停止侵害作为一种责任方式，既可以适用于人身权益遭受侵害领域，也可以适用于财产权益遭受侵害领域，其目的在于制止正在发生的侵害行为，防止损害的继续和扩大。有学者将之划归为预防性的侵权责任方式，与救济性的侵权责任方式相对应。① 采用这种责任方式以侵权行为正在进行或者仍在延续为条件，对于未发生或者已终止的侵权行为不适用。法院根据受害人的请求，依据案件的具体情况，可以在审理案件之前发布停止侵害令，或者在审理过程中发布停止侵害令，也可以在判决中责令行为人停止侵害。

本案中，法院终审判决杜清学停止侵害是正确的。因为，杜清学将其摊床放置于并非由其所有的地方，对富裕商城的所有权构成了侵害，且该侵害一直持续。所以，法院可根据侵权责任法之规定，在判决中责令杜清学停止侵害，尽管采用了“停止侵权”的字眼。本案中，有趣的是，法院命杜清学停止侵害及恢复原状，两个侵权责任的实现方式是一致的。因为，杜清学停止侵害的行为即将其摊床挪至其拥有所有权之处，而恢复原状的实现方式也同样如此。对物的非法占有，通常会发生此种情形，而如果是对物的实体进行毁损破坏，则通常不会出现这样的情况。

4. 本案中应如何认定杜学清的所有权面积

不动产登记簿是法律规定的不动产物权登记机构管理的不动产物权登记档案。一般认为，根据物权公示原则的要求，不动产登记簿应当具有这样一些特征：一是统一性，一个登记区域内的不动产登记簿只能有一个，这样该区域内的不动产物权变动的各种情况才能准确得到反映，物权交易的秩序才能良好建立；二是权威性，不动产登记簿是国家建立的档案簿册，其公信力以国家的行为担保，并依此为不动产物权变动的可信性提供保障；三是持久性，不动产登记簿将由登记机构长期保存，以便于当事人和利害关系人的利益获得长期的保障；四是公开性，不动产登记簿不应是秘密档案，登记机构应当允许权利人和利害关系人查阅复制，而且还要为他们的查阅复制提供便利。

不动产权属证书即不动产的所有权证、使用权证等，是登记机关颁发给权利人作为其享有权利的证明。

关于不动产登记簿与权属证书之间的关系，《物权法》第 17 条明确规定：“不动产权属证书是权利人享有该不动产物权的证明。不动产权属证书记载的事项，应当与不动产登记簿一致；记载不一致的，除有证据证明不动产登记簿确有错误外，以不动产登记簿为准。”《物权法》第 16 条规定：“不动产登记簿是物权归属和内容的根据。”由此可知，关于不动产物权的归属，除非存在其他可证明不动产登记簿记载错误的证据存在，原则上应以不动产登记簿为准。根据物权公示原则，完成不动产物权公示的是不动产登记，不动产物权的归属和内容应以不动产登记簿为依据。不动产物权证书只是不动产登记簿所记载内容的外在表现形式。在社会生活和交易过程中，不动产权利人为了证明自己的权利状况，可以出示权属文书。

本案中，富裕商城是否有权请求杜清学恢复原状，关键在于双方何者拥有争议部分的所有权。对于不动产所有权的归属即内容，根据《物权法》第 16 条之规定，应当以不动产登记簿为依据。因此，双方就测绘图是否为不动产登记簿提出了各自的主张。根据《房屋登记簿管理试行办法》第 8 条的规定，测绘图自然不属于登记簿。但法院在如此认定的时候存在问题，即《房屋登记簿管理试行办法》的出台是根据《物权法》、《房屋登记办法》而制定的。而杜清学购买摊床的时候，《物权法》尚未通过，何谈《房屋登记簿管理试行办法》。在法律的适用上，存在法不溯及既往原则，依此原则法院不可用 2008 年出台的标准来判定 2001 年的情事，而且我国之前的不动产登记制度一直存在不规范之处。因此，可以说法院在适用法律上是存在不妥之处的。当然，从结果上说，即便不以 2008 年出台的《房屋登记簿管理试行办法》作为依据进行判定，也很难认定测绘图为登记簿。因此，测绘图只能作为证明杜清学所有权的证据，其

① 参见王利明：《侵权责任法》（上卷），620 页，北京，中国人民大学出版社，2010。

证明力显然与登记簿不可同日而语，且二审法院并未认定其具有证明效力。所以，一审法院将其认定为登记簿是错误的。二审法院最终没有采信测绘图，而是依据介绍信及产权证书等证据认定杜清学所有权面积为6.75平方米。此种认定是正确的，不仅因为产权证书是具有公信力的证据，更在于杜清学在办理相关手续的时候已经知晓其所拥有的产权面积为6.75平方米。综上，可以认定杜清学的摊床面积为6.75平方米，富裕商城有权要求其停止侵权、恢复原状。

（评注人：张玉东）

57. 财产损害赔偿纠纷

司法案例

益顺公司等诉远中公司案

最高人民法院（2002）民一终字第 37 号

基本案情

上诉人（原审被告）：远中房地产发展（上海）有限公司。

法定代表人：洪贤德，董事长。

委托代理人：翟建萍，北京市康达律师事务所律师。

委托代理人：陆峻熙，北京市康达律师事务所律师。

被上诉人（原审原告）：上海益顺房地产发展有限公司。

法定代表人：陈志华，董事长。

被上诉人（原审原告）：张进隆。

被上诉人（原审原告）：乐正蔚。

被上诉人（原审原告）：高萍。

被上诉人（原审原告）：郭健。

被上诉人（原审原告）：陈月娣。

被上诉人（原审原告）共同委托代理人：郭杰，上海市新华律师事务所律师。

被上诉人（原审原告）共同委托代理人：蒋荷娣，上海市新华律师事务所律师。

被上诉人（原审第三人）：北京华太三兴建筑设计工程有限公司上海分公司。

法定代表人：李光彩，总经理。

委托代理人：王学沛，香港三兴房地产开发股份有限公司总经理。

坐落于上海市古北路 585 号的古北公寓系被上诉人上海益顺房地产发展有限公司（以下简称“益顺公司”）建造的商品房，总建筑面积 6 030.40 平方米。益顺公司将古北公寓中的部分房屋出售给被上诉人张进隆等人，其中张进隆分别以 1 375 美元/平方米和 1 350 美元/平方米购得 B 幢 602 室、604 室和 704 室，高萍以 1 300 美元/平方米购得 B 幢 103 室，乐正蔚购得 B 幢 203 室，郭健、陈月娣购得 A 幢 703 室。

1996 年上半年，上诉人远中房地产发展（上海）有限公司（以下简称“远中公司”）在古北公寓正南面的古北路、仙霞路东北角地块开始建造商办综合楼远东国际广场，并于 1996 年 5

月 21 日与北京华太三兴建筑设计工程有限公司上海分公司（以下简称“华太三兴公司”）签订《远东国际广场围护结构工程合同》，约定由华太三兴公司承包建设远东国际广场围护结构工程，工程范围包括围护桩、搅拌桩、压密注浆、支持钢立柱施工等。1996 年 1 月 25 日，华太三兴公司与福建地矿建设集团公司（以下简称“地矿公司”）签订《上海虹桥远东国际广场钻孔灌注桩承包合同》，约定由地矿公司承包远东国际广场钻孔灌注桩等工程。在远东国际广场工程施工过程中，益顺公司发现古北公寓房屋地基下沉、房屋倾斜等房屋受损情况，经与远中公司协商未果，遂于 1998 年 1 月向上海市高级人民法院起诉，请求判令远中公司修复诉争房屋，赔偿经济损失 22 687 850 元。张进隆等个人亦提起诉讼，请求修复房屋及赔偿损失。一审法院审理过程中，通知华太三兴公司作为第三人参加诉讼。

上海市高级人民法院于 2000 年 6 月 19 日作出（1998）沪高民初字第 1 号民事判决书，因远中公司和益顺公司均不服该判决，向最高人民法院提起上诉，最高人民法院于 2000 年 12 月 12 日以（2000）民终字第 106 号民事裁定发回重审。

一审法院在原审过程中，经双方当事人同意，委托上海市建筑科学研究院房屋质量检测站（以下简称“房检站”）对古北公寓房屋损害情况及致损原因进行鉴定。房检站于 1998 年 11 月出具沪房鉴（002）证字第 1998—074 号《古北公寓房屋不均匀沉降和受损现状鉴定》，认为：古北公寓存在较大沉降变形（累计沉降达到－400mm～600mm）和倾斜（向南倾斜率为 9.14‰，向东倾斜率为 1.6‰），室外地坪、排水明沟等损坏严重，房屋内部出现填充墙面裂缝、部分墙面渗水等现象；房屋沉降变形以整体变形为主，虽然房屋主体结构的安全可靠性尚未受到较大影响，但房屋的总沉降量和南北的倾斜率已超过上海市《地基基础设计规范》的要求；造成上述情况的主要原因是远东国际广场基坑开挖施工过程中，基坑支护系统变形过大，引起坑外土体下沉和水平位移过大；同时，基坑挡水帷幕等工程质量差，坑外水土流失，加剧了房屋的沉降变形；在房屋基础总沉降变形中，粉喷桩的使用使加固深度受到限制，由古北公寓自身负重作用引起的沉降占一定比例，若无周边环境的影响，古北公寓基础自身累计沉降约为－300mm 左右，向南倾斜率约为 3.0‰左右，但基坑施工过程中使房屋产生较大的附加沉降和倾斜；房屋地坪开裂和地面排水明沟等损坏原因主要是房屋过大的沉降变形和土体变形引起的，房屋内部的部分墙体开裂和渗水等主要是材料本身受环境温差影响和材料收缩引起的，房屋的局部变形也会加大裂缝扩展的程度。该鉴定还指出，为保证房屋的正常使用，建议对古北公寓进行必要的地基加固和地基纠偏，对室外地坪、排水明沟、墙体裂缝和渗水等进行维修。为此，经一审法院委托，上海市建筑科学研究院于 1999 年 1 月作出《古北公寓房屋加固、纠倾及修复初步方案》。但由于双方当事人对具体的修复事宜未达成一致，上述方案未予实施。

本案重审期间，由于古北公寓的受损状况与原审时可能存在变化，一审法院又委托房检站对古北公寓房屋不均匀沉降和受损观状作了补充鉴定，并于 2001 年 6 月 26 日出具沪房鉴（002）证字第 2001—060 号《古北公寓房屋不均匀沉降和受损现状补充鉴定报告》，内容为：（1）与本站 1998 年 11 月 9 日鉴定时相比，由于远东国际广场大楼采用桩基，地下结构施工完毕后，土体和基础等变形逐步稳定，对周边环境影响减小，同时古北公寓房屋整体性较好，期间的不均匀沉降变形较小，目前的南北向平均倾斜率为 9.39‰、东西向平均倾斜率为 1.51‰，相对不均匀沉降和房屋损害情况发展变化不明显，基本上维持上次鉴定时的状况。（2）由于古北公寓主体结构刚度和整体性较好，承载力安全储备较大，而且房屋倾斜和不均匀沉降基本进入稳定期，目前的沉降和倾斜未对其主体结构的安全性造成较大影响。（3）鉴于古北公寓的现状，建议对古北公寓进行必要的地基加固和建筑物纠偏，对室外地坪、排水明沟、墙体裂缝和渗水等进行维修。但双方至今仍未就修复事宜达成协议。

2001 年 4 月 24 日，一审法院根据益顺公司的申请，委托上海大雄资产评估有限公司（以下简称"大雄评估公司"）对由于远东国际广场基坑开挖施工过程中造成古北公寓沉降变形、倾斜等房屋损害致使益顺公司房产及小业主的损失进行评估。大雄评估公司于 2001 年 8 月 8 日出具评估报告，运用市场评估法，对古北公寓房屋质量受损后房屋销售所导致的价值损失和贬值损失进行评估，结论为：委估房地产受损的总价值为人民币 1191.08 万元，其中益顺公司销售影响损失为 604 700 元，房屋受损价值损失为 10 187 300 元；张进隆的房屋受损价值损失为 605 500 元；陈月娣与郭健的房屋受损价值损失为 213 110 元；高萍的房屋受损价值损失为 147 700元；乐正蔚的房屋受损价值损失为 152 500 元。

一审法院重审期间，远中公司以地矿公司是基坑围护工程实际施工方，其应承担侵权赔偿责任为由，要求追加地矿公司为第三人。法院口头裁定不予同意。

重审一审判决

上海市高级人民法院经重审认为：

一、关于承担侵权责任的主体问题。原、被告双方对鉴定报告结论均无异议，即"造成古北公寓沉降和倾斜偏大的主要原因是远东国际广场基坑开挖施工过程中基坑支护系统变形过大，引起坑外上体下沉和水平位移过大，同时基坑档水帷幕等施工质量差，坑外水土流失，加剧了房屋的沉降变形"。所以，古北公寓房屋受损的主要原因是远东国际广场的基坑开挖。远中公司作为远东国际广场的建设方和权利人，由于其建设行为导致相邻方古北公寓房屋受损，已构成侵权，应当承担侵权赔偿责任。而华太三兴公司是远东国际广场施工单位的总承包人，地矿公司是基坑围护及开挖的分包人，他们是否应当承担责任，承担责任的数额是多少，非原告益顺公司等的诉请范围，远中公司与华太三兴公司、地矿公司之间的责任分担是另一法律关系，本案不予处理。

二、关于双方过错责任的分担问题。(1) 关于设点监控的问题。远中公司所提供的证据不能证明其在设点监控过程中遭受阻碍，且远中公司作为远东国际广场的建设方，负有安全施工的职责。即使益顺公司不同意设点监控，也不能免除远中公司安全施工的义务，也不能成为免除远中公司侵权责任的理由。(2) 关于修理加固措施的落实。远中公司提出益顺公司拒绝其入场施工的理由，但没有相关证据佐证。而益顺公司多次发函要求远中公司采取措施，有相应证据予以证明，故远中公司的意见难以被采纳。(3) 关于粉喷桩的使用问题。根据鉴定报告，古北公寓沉降和倾斜的主要原因是远东国际广场基坑开挖过程中施工质量差等，但古北公寓自身荷重作用引起沉降亦占一定比例；古北公寓地坪开裂和地面排水明沟等损坏原因主要是房屋过大的沉降变形和土体变形引起的；房屋内部的部分墙体开裂和渗水等主要是材料本身环境温差影响和材料收缩引起的，房屋的局部变形也会加大裂缝扩展的程度；阳台积水和门窗开启不畅与房屋的倾斜有关。所以，远东国际广场基坑开挖施工不当是造成古北公寓不均匀沉降和倾斜的主要原因，而古北公寓自身荷重对沉降也起到一定作用。益顺公司对粉喷桩的使用确实无主观上的过错，而是粉喷桩自身存在瑕疵。粉喷桩自身的瑕疵系权利人本身享有权利的同时应一并承受的，益顺公司等原告对权利瑕疵的后果应自行承担。综上，古北公寓在外力的作用下发生沉降，同时由于粉喷桩的支撑能力有限，相对于使用其他桩基来说，沉降相对严重。故古北公寓受损的责任应区分致损原因的主次，酌情由双方分担。远中公司应承担 80％的损失责任，益顺公司和张进隆等原告自行承担 20％的损失责任。

三、关于评估报告所确认的损失数额问题。对本案原告经济损失的认定，是一项专业的评估过程，必须由专业的评估单位进行。大雄评估公司先后出具了《评估报告》、《评估报告的说明》、《技术报告》和《房屋质量受损完好程度评定》，阐述了其评估的依据、评估的方法和评估结论，具有专业性和技术性，法院予以采信。益顺公司提出的利息损失，虽然未明确包含在房屋销售损失中，但既然已经考虑房屋的销售损失，则利息损失不应当重复计算，故对益顺公司的利息要求不予支持。远中公司提出大雄评估公司的评估基础比例不当，但未提供相应的理由和依据，不予采信。大雄评估公司的评估结论系在综合考虑房屋价值所包含的各种因素基础上得出的科学结论，对益顺公司的销售损失同时考虑了古北公寓的销售率，故远中公司再以销售率为由不认可评估报告，缺乏事实依据，不予采信。作为房屋损害的民事责任承担方式，一般应先予修复。考虑到本案双方当事人为房屋修复事宜自 1997 年年初至今不能达成一致，一审法院的先予修复裁定因种种原因双方当事人亦未履行，如果判决先行修复，势必导致原告的实际损失要在修复以后方能确定，从而不能真正解决各方当事人的纠纷，造成诉累。综合考虑上述原因，本案不宜由远中公司以修复方式承担民事责任，先予执行民事裁定不再执行。大雄评估公司的评估结论包含本案原告的全部经济损失，故相关修复事宜和费用由本案原告自行处置。远中公司要求修复之后再行评估的建议，不予采信。远中公司关于修复之后益顺公司即不存在经济损失的主张没有事实依据，不予采纳。

据此，上海市高级人民法院于 2002 年 3 月 28 日作出（2001）沪高民重字第 3 号民事判决：（1）远中公司在本判决生效之日起 15 日内赔偿益顺公司损失人民币 8 633 600 元。（2）远中公司在本判决生效之日起 15 日内赔偿张进隆损失人民币 484 400 元；赔偿陈月娣、郭健损失人民币 170 480 元；赔偿高萍损失人民币 118 160 元；赔偿乐正蔚损失人民币 122 000 元。（3）益顺公司的其余诉讼请求不予支持。益顺公司的案件受理费人民币 136 429 元、评估费人民币 115 390元，合计 251 819 元，由益顺公司负担 151 091 元，远中公司负担 100 728 元；张进隆、郭健、陈月娣、高萍、乐正蔚的案件受理费依次为人民币 7 580 元、3 604 元、3 060 元、3 150 元，评估费依次为人民币 16 054 元、7 670 元、5 856 元、5 997 元，两者合计依次为 23 634 元、11 274 元、8 916 元、9 147 元，由张进隆负担 4 727 元、郭健及陈月娣各负担 2 255 元、高萍负担 1 783 元、乐正蔚负担 1 829 元，远中公司负担 42 377 元；财产保全费人民币 150 520 元，由益顺公司负担 90 312 元，远中公司负担 60 208 元；鉴定费人民币 210 000 元、技术服务费人民币 25 000 元，合计 235 000 元，由益顺公司、远中公司各半负担。

重审二审诉辩主张

远中公司不服一审判决，向最高人民法院提起上诉称：（1）一审判决对原告主体资格及其拥有的财产权的认定存在重大错误：张进隆、高萍已将其拥有的房屋转让给他人，此二人不能再成为本案一审的原告；益顺公司也将古北公寓 A 幢 101 室、103 室卖给胡瑞珏，不再对此房屋拥有所有权。（2）一审判决未追究第三人华太三兴公司的法律责任，认为是另一法律关系而不予处理是错误的：华太三兴公司作为第三人是法院依职权追加的，根据房屋质检站的鉴定报告，其作为基坑工程的承包人，对古北公寓的沉降具有不可推卸的责任。（3）一审判决关于双方承担责任的比例认定是错误的：古北公寓自身土层分布变化复杂和土层含水率较大，古北公寓自身基础基底平均压力达到127kpa，自重较大，施工中使用的粉喷桩所存在的自身瑕疵，及施工质量差，都是古北公寓沉降的首要原因，致使 1996 年 10 月 10 日远东广场开挖时，古北公寓南侧平均沉降值－297mm、北侧平均沉降值－254.7mm，平均已向南倾斜 3.19‰；另外，在远东广场施工过程中，古北公寓阻止勘测设计人员进行布点监测，在古北公寓沉降加速后，阻止远中公司进行加固，导致损失扩大。（4）大雄评估公司的评估报告没有将市场变化因素予以考虑，导致评估出的房屋受损价值金额较高，请求对古北公寓的损失重新鉴定。

被上诉人益顺公司及张进隆、乐正蔚、高萍、郭健、陈月娣未作书面答辩。

本案诉讼期间，益顺公司于1999年8月19日将古北公寓A幢101室、103室以人民币6 379.14元/平方米卖给胡瑞珏，并于2000年6月27日办理了产权登记手续；张进隆分别于2001年12月26日将其拥有的古北公寓B幢602室、604室和704室以人民币5 400元/平方米转让给刘涌昌，并分别于2002年2月8日、3月14日办理了产权变更手续；高萍于2001年10月29日将其拥有的古北公寓B幢103室以人民币4 683元/平方米转让给张凤英，并于同年12月25日办理了产权变更手续。

重审二审判决

最高人民法院经审理认为：关于张进隆、高萍将其拥有的房屋转让给他人后能否再成为本案的适格原告，及益顺公司将古北公寓A幢101室、103室卖给他人后还是否享有对该两套房屋的侵权损害请求权问题，因以上房屋买卖和转让时，古北公寓已经倾斜（但倾斜程度已经趋于平稳），损害后果已经发生，此情况下的房屋买卖和转让价格均是跌价进行的，益顺公司和张进隆、高萍承受了因房屋倾斜所带来的市场价值损失。而且，益顺公司和张进隆、高萍等人起诉时主张修复房屋和赔偿损失，但一审期间，法院委托大雄评估公司所作的评估报告，是大雄评估公司运用市场评估法，对古北公寓受损后所导致的房屋销售价值损失和贬值损失进行评估的结果，一审法院以此为依据判决远中公司应承担的赔偿损失责任，同时还认定：考虑到双方自1997年年初至今对修复事宜不能达成一致，如判决先行修复，势必导致原告的实际损失要在修复后方能确定，造成诉累，故本案不宜以修复方式承担民事责任；大雄评估公司的评估结论包含原告的全部经济损失，相关修复事宜和费用由原告自行处置。对上述判决和认定，益顺公司和张进隆、高萍等人没有异议，也没有提起上诉。另外，根据2001年6月25日上海市建筑科学研究院房检站的补充鉴定报告，至1998年11月即远中国际广场地基完工后不久，古北公寓的沉降已基本稳定，且损害后果至该日后无新的发展。上述5套房屋自建成后，经历了所有权人的变更，但远中公司侵权行为的发生及损害后果的产生是在益顺公司和张进隆、高萍享有所有权时期，待房屋买卖和转让时，房屋已承载了损害的后果，而房屋买卖和转让的价格已表明损害赔偿的债权不属于房屋买卖交易的内容，况且房屋购买后再无新的损害后果发生，远中公司与买受人间不存在因果关系，各买受人无权向远中公司主张侵权损害赔偿。综上说明，由于远中公司侵权行为所带来的损害后果仍要由张进隆、高萍及益顺公司承担，张进隆、高萍仍应是本案一审适格的原告，同时益顺公司也对古北公寓A幢101室、103室拥有请求权。

华太三兴公司是远东国际广场基坑工程的承包人，其与远中公司形成的是工程承包关系，而本案是益顺公司因远东国际广场开挖造成古北公寓倾斜而向远中公司提起的损害赔偿诉讼，两者属于不同的法律关系，原审判决不予追究华太三兴公司的法律责任是正确的。根据房检站的鉴定结论，若无周边环境的影响，古北公寓基础自身累计沉降约为－300mm左右、向南倾斜率约为3.0‰左右，但在远东国际广场基坑开挖的影响下，古北公寓的累计沉降达到－400mm～600mm、南北向平均倾斜率为9.14‰、东西向平均倾斜率为1.60‰，房屋的总沉降量和南北向的倾斜率已远超过上海市《地基基础设计规范》中对多层框架结构中的沉降容许变形值20cm～30cm和倾斜实测变形值1‰～2‰（横向）的要求；造成古北公寓沉降和倾斜偏大的主要原因是远东国际广场基坑开挖施工工程。同时，鉴定结论还指出，古北公寓自身荷重作用引起的沉降也占一定的比例。此鉴定是经双方当事人同意，由法院委托作出的，应作为认定本案的依据。据此鉴定，远中公司应对古北公寓的沉降和倾斜负有主要责任，而古北公寓自身的因素也应承担相应的责任。一审判决对于责任的划分是适当的，应予维持。远东国际广场开挖前，古北公寓的倾斜已经超标是事实，正因为如此，一审才判决由其承担20%的责任；远中公司对于益顺公司阻止布点监控一事没有提供证据，不予认定；而双方在诉讼过程中未就修复和加固问题达成一致是双方的原因，不应由益顺公司一方承担责任。大雄评估公司的评估是经双方同意由法院委托的，远中公司提出其报告没有考虑市场因素而请求重新鉴定，没有根据，不予支持。综上所述，一审判决并无不当，应予维持，据此，最高人民法院依照《民事诉讼法》第153条第1款第1项之规定，判决如下：

驳回上诉，维持原判。

一审案件受理费按一审判决执行；二审案件受理费人民币153 823元由远中公司负担。

案由与焦点

1. 案由

本案的一级案由为"物权纠纷"，二级案由为"物权保护纠纷"，三级案由为"财产损害赔偿纠纷"。

财产损害赔偿纠纷是指因物权受到侵害，物权人请求侵害人赔偿相应的财产损失而引发的纠纷。

2. 焦点

本案历经两次一审、一次二审，双方争议的焦点主要集中在以下几个方面：其一，本案中责任主体的认定，即华太三兴公司和地矿公司是否应作为责任人；其二，责任的分担；其三，大雄公司评估报告的效力；其四，原告的主体资格。

评注与问题

1. 本案中应如何确定损害赔偿

损害赔偿又称赔偿损失，是指因侵害他人民事权益而造成的财产或非财产损害而应承担的支付一定金钱数额的民事责任方式。作为一种民事责任的承担方式，赔偿损失规定于《民法通则》第134条。同时，《民法通则》在民事责任一章的其他条文中均有直接或间接提及。损害赔偿的适用范围非常广泛，适用于各种民事权益遭受侵害的领域，其既可以作为违约责任的承担方式，也可以作为侵权责任的承担方式。也正因为如此，在比较法上，有些国家将违约损害赔偿与侵权损害赔偿统合于民法典的损害赔偿编，如1811年《奥地利民法典》。

《物权法》第37条规定："侵害物权，造成权利人损害的，权利人可以请求损害赔偿，也可以请求承担其他民事责任。"《侵权责任法》第15条承继了《民法通则》第134条的规定，于第六项规定了赔偿损失。同时于第19条规定："侵害他人财产的，财产损失按照损失发生时的市场价格或其他方式计算。"根据《物权法》及《侵权责任法》的规定，损害赔偿的适用应以存在损害为前提，对于损害的赔偿应根据损失发生时的市场价格确定。因此，损害赔偿与惩罚性赔偿不同。后者是在损害填补的基础之上，对侵权人额外的惩罚，其所具有的预防功能在强度上强于一般的损害赔偿。

本案中，涉及的是财产损害赔偿问题，即受损房屋的损害赔偿问题，对此，原、被告双方均无异议。但对于损害赔偿的数额双方存在争议，远中公司认为："大雄评估公司的评估报告没有将市场变化因素予以考虑，导致评估出的房屋受损价值金额较高，请求对古北公寓的损失重新鉴定。”此争议，涉及《侵权责任法》第19条的规定。按照这一规定，一般情况下的财产损失应当按照损失发生时的市场价格为标准进行计算。因此，大雄公司的评估应以本案中受损房屋发生损害时的市场价格为标准进行计算。尽管从证据上，我们尚不知道大雄评估公司所做评估及鉴定的内容，但从终审法院的判决来看，大雄评估公司的评估应当是科学合理的，因此，终审法院予以采信。

2. 对于远中公司的主张及两个审级法院的判决应如何评价

相邻关系即不动产相邻关系，是指相互毗邻或邻近的不动产所有权人或使用权人之间在行使所有权或使用权时，因相互间依法应当给予必要便利或者接受必要限制而发生的权利义务关系。从种类上而言，相邻关系有相邻用水和排水关系、相邻土地通行关系、相邻通风采光关系、相邻环保关系及相邻防险关系等。从相邻关系的角度看，本案涉及的是相邻防险关系。所谓相邻防险关系，是指相邻一方在自己的土地上施工，应采取防护措施，以免动摇他人建筑物的地基，危害他人建筑物安全。《物权法》第91条规定：“不动产权利人挖掘土地、建造建筑物、铺设管线以及安装设备等，不得危及相邻不动产的安全。”施工方的施工危及他方不动产安全的，他方有权要求其采取措施消除危险，因施工而致他方损害的，施工方应赔偿损失。

关于责任主体的认定，一审法院认为：“远中公司作为远东国际广场的建设方和权利人，由于其建设行为导致相邻方古北公寓房屋受损，已构成侵权，应当承担侵权赔偿责任。而华太三兴公司是远东国际广场施工单位的总承包人，地矿公司是基坑围护及开挖的分包人，他们是否应当承担责任，承担责任的数额是多少，非原告益顺公司等的诉请范围，远中公司与华太三兴公司、地矿公司之间的责任分担是另一法律关系，本案不予处理。”在上诉中，远中公司认为：“一审判决未追究第三人华太三兴公司的法律责任，认为是另一法律关系而不予处理是错误的：华太三兴公司作为第三人是法院依职权追加的，根据房屋质检站的鉴定报告，其作为基坑工程的承包人，对古北公寓的沉降具有不可推卸的责任。”对此，终审法院认为：“华太三兴公司是远东国际广场基坑工程的承包人，其与远中公司形成的是工程承包关系，而本案是益顺公司因远东国际广场开挖造成古北公寓倾斜而向远中公司提起的损害赔偿诉讼，两者属于不同的法律关系，原审判决不予追究华太三兴公司的法律责任是正确的。”对于远中公司的主张及两个审级法院的判决应如何评价？从实体法的角度而言，对本案的处理有两个切入点，其一为相邻关系，其二为侵权责任关系。

从相邻关系的角度看，不动产的双方为远中公司和益顺公司及古北公寓的其他产权人，因此，依据《物权法》第91条的规定，益顺公司及古北公寓的其他产权人向远中公司请求损害赔偿是正确的。因为，华太三兴公司及地矿公司均非不动产权利人。远中公司在承担赔偿责任后，可基于合同法的规定向其主张违约责任。在此种情况下，存在两种法律关系，一种为相邻关系，一种为合同关系。从这个角度看，法院的判决自然是合理的。

从侵权责任的角度看，远中公司与华太三兴公司之间是发包人与承包人关系，华太三兴公司与地矿公司之间也是发包人与承包人关系。应当说三者之间均是独立的，不存在辅助人关系。所以，独立承包人地矿公司，因施工失误对古北公寓造成损害，当然可作为侵权人而承担侵权责任。同时，华太三兴公司在与地矿公司签约的过程中，如果其明知或应知地矿公司并不具有相应的资质从事相关业务的，也应对损害承担赔偿责任。在此种情况下，从学理上而言，二者应承担连带责任。但是，《侵权责任法》第13条规定：“法律规定承担连带责任的，被侵权人有权请求部分或者全部连带责任人承担责任。”根据该条规定，连带责任的承担应以法律规定为限。如果法律不存在此种规定，则不应适用。因此，如果从侵权责任的角度看，地矿公司及华太三兴公司也是可以作为侵权人而承担侵权责任的。

但是，本案二审中，益顺公司及张进隆、乐正蔚、高萍、郭健、陈月娣未作书面答辩。因此，其在二审中并未从侵权责任法的关系上要求地矿公司承担侵权责任。故法院仍旧从相邻关系的视角进行判决，也可以认为是合理的。

需要说明的是，相邻关系与侵权责任之间的关系应如何处理？二者属于两个不同的领域，前者规定于物权法，后者规定于侵权责任法。从比较法上看，一个明显的趋势就是，相邻关系的损害问题，更多地以侵权责任的方式解决。从我国的现有情况而言，相邻关系中的损害关系，应属于侵权责任法的范畴。因为，侵权责任法保护民事主体的合法权益，只要是因不法行为对民事主体的合法权益造成损害的，受害人均可主张对方承担损害赔偿责任。

3. 远中公司主张古北公寓阻止其实施加固导致损失扩大，属实体法上的何种主张

这个问题涉及过失相抵问题。所谓过失相抵，是就损害的发生或者扩大，受害人也有过失，法院可依其职权，按一定标准减轻或者免除加害人的赔偿责任，从而公平合理地分配损害的一种制度。

关于过失相抵的规定，《民法通则》第 131 条规定："受害人对于损害的发生也有过错的，可以减轻侵害人的民事责任。"最高人民法院《人身损害赔偿解释》第 2 条规定："受害人对同一损害的发生或者扩大有故意、过失的，依照民法通则第一百三十一条的规定，可以减轻或者免除赔偿义务人的赔偿责任。但侵权人因故意或者重大过失致人损害，受害人只有一般过失的，不减轻赔偿义务人的赔偿责任。适用民法通则第一百零六条第三款规定确定赔偿义务人的赔偿责任时，受害人有重大过失的，可以减轻赔偿义务人的赔偿责任。"《侵权责任法》第 26 条规定："被侵权人对损害的发生也有过错的，可以减轻侵权人的责任。"第 27 条规定："损害是因受害人故意造成的，行为人不承担责任。"根据上述规定，在过失相抵的适用上，应以受害人对损害的发生或扩大存在过错为前提。

本案中，远中公司于上诉时称："在远东广场施工过程中，古北公寓阻止勘测设计人员进行布点监测，在古北公寓沉降加速后，阻止远中公司进行加固，导致损失扩大。"此处所涉及的就是过失相抵问题，即远中公司认为古北公寓的阻止导致了公寓损害的扩大，而古北公寓的这一行为对损害的扩大而言显然是存在过错的。当然，终审法院在判决中认为远中公司所述并无相关证据证明，故不予支持。

与过失相抵相关的另一个问题是损害中的原因力问题，而原因力问题属因果关系的内容。本案中，造成损害的最终结果有两个原因：一个是地矿公司的不当施工行为，另一个是古北公寓自身的荷重及粉桩的瑕疵。根据鉴定报告的内容，前者是造成损害的主要原因。因此，法院所判定的责任承担数额，其依据是原因力理论，也是恰当的。

4. 本案中华太三兴公司及地矿公司是否为第三人

第三人是民事诉讼法上的概念，属于诉讼当事人范畴。所谓第三人，是指对他人之间的诉讼标的有独立的请求权，或者虽无独立的请求权，但案件的处理结果与其有法律上的利害关系，因而参加到他人之间已经开始的民事诉讼中去，以维护自己合法权益的人。

《民事诉讼法》第 56 条规定："对当事人双方的诉讼标的，第三人认为有独立请求权的，有权提起诉讼。对当事人双方的诉讼标的，第三人虽然没有独立请求权，但案件处理结果同他有法律上的利害关系的，可以申请参加诉讼，或者由人民法院通知他参加诉讼。人民法院判决承担民事责任的第三人，有当事人的诉讼权利义务。"本条是对我国民事诉讼中第三人的规定。根据该规定，实际上是将第三人分为两类，一类为有独立请求权的第三人，另一类为无独立请求权的第三人。

所谓有独立请求权的第三人，是指对当事人争议的诉讼标的，主张全部或者部分权利而参加到已经开始的诉讼中来的人。有独立请求权的第三人参加诉讼，需要具备三个条件：第一，他人之间的诉讼正在进行；第二，对他人之间争议的诉讼标的的全部或者部分享有独立的实体

权利；第三，必须以本诉的双方当事人为共同被告。[①]

所谓无独立请求权的第三人，是指对原、被告双方争议的诉讼标的虽然没有独立的请求权，但案件的处理结果同他有法律上的利害关系，因而参加到已经开始的诉讼中来，以维护自己利益的人。无独立请求权第三人有两种途径参加诉讼：其一是第三人以口头或书面形式向法院提出参加诉讼的申请，经人民法院同意后可参加诉讼；其二是人民法院依职权通知其参加诉讼。

本案在重审时，远中公司曾要求法院追加地矿公司为第三人，但法院未予支持。本案在最初审理时，华太三兴公司曾被追加为第三人参与诉讼。对此，在上诉过程中，远中公司主张："一审判决未追究第三人华太三兴公司的法律责任，认为是另一法律关系而不予处理是错误的：华太三兴公司作为第三人是法院依职权追加的，根据房屋质检站的鉴定报告，其作为基坑工程的承包人，对古北公寓的沉降具有不可推卸的责任。"因此，在此需要明确的是，华太三兴公司及地矿公司是否应作为第三人参与诉讼，法院在处理该问题时是否恰当？从本案的案情来看，显然华太三兴公司及地矿公司均不能作为有独立请求权的第三人。因为，有独立请求权的第三人参加诉讼的一个重要条件是必须以本诉的双方当事人为共同被告。第三人参加诉讼须针对双方当事人，而自己处于原告的地位，享有原告的诉讼权利并承担原告的诉讼义务。本案中，原、被告之间的争议，应当说是与华兴三太公司与地矿公司存在关系的，但从原、被告的诉讼关系而言，华兴三太公司与地矿公司是与远中公司利益相一致的。因此，二者并不享有独立的请求权。

那么，华太三兴公司与地矿公司是否可以作为无独立请求权的第三人参加诉讼呢？我们的回答是肯定的。因为，远中公司与古北公寓产权人所进行的诉讼，与华太三兴公司及地矿公司是存在法律上的利害关系的。所谓法律上的利害关系，是指作为当事人之间争议的法律关系，与第三人参加的另一法律关系有牵连性，即与另一法律关系的权利的行使、义务的履行有直接或间接的影响。如果案件的处理结果，本诉中不履行或不适当履行义务的一方当事人应承担某种法律义务或责任，该当事人有权请求第三人承担相应的责任或履行相应的义务。但是，需要注意无独立请求权第三人参加诉讼的方式。本案中，华兴三太公司和地矿公司，既没有向法院提出口头或书面的申请，法院也没有依职权通知二者参加诉讼。就后者而言，法院是否依职权通知其参加诉讼，是法院的一项权力，即法院可以通知其参加诉讼，也可以不通知其参加诉讼。正如上文所言，法院在审理该案时的思路是相邻关系原理，而认为远中公司在承担责任后如何向华太三兴公司及地矿公司追究责任为另一法律关系。基于此，法院可以不追加华太三兴公司及地矿公司为第三人。因此，法院的做法也是正确的。

（评注人：张玉东）

① 参见章武生主编：《民事诉讼法新论》，185页，北京，法律出版社，2002。

58. 侵害集体经济组织成员权益纠纷

司法案例

徐志燕等诉沙梁村村委会案

内蒙古自治区高级人民法院（2007）内民一终字第20号

基本案情

上诉人（一审被告）：呼和浩特市赛罕区西把栅乡沙梁村村民委员会。

被上诉人（一审原告）：徐志燕等12人。

原告徐志燕等12人出生于呼和浩特市赛罕区西把栅乡沙梁村，并以家庭成员的身份获得了一轮土地承包权。婚后招婿上门，仍住本村。当第一轮土地承包结束，签订第二轮土地承包合同时，呼和浩特市赛罕区西把栅乡沙梁村村民委员会（以下简称“沙梁村村委会”）以其为“出嫁女”为由，未给其承包二轮土地，也取消了其村民集资住宅楼和临街商业楼（以下简称“两楼”）的分配权。为此，原告多次上访。后在内蒙古自治区政府信访局的协调下，沙梁村村委会与原告于2002年6月7日达成《沙梁村村委会与出嫁闺女承包二轮土地及相关事宜的协议》，即“6·7协议”，该协议内容与本案争议问题直接相关的条款有：第1条第3项：“在徐志燕等12人能够证明其丈夫在原乡、村没有承包二轮土地的前提下，沙梁村村委会分给徐志燕等12人在内的出嫁闺女35人每人1.7亩承包土地”；第2项：“徐志燕等出嫁闺女签订二轮土地承包合同，合同期限以原二轮土地承包期限为限”；第4条第1项：“徐志燕等12人不参与1999年到2002年6月7日建设的集资住宅楼、商业二楼的分配”。上述协议签订后，沙梁村村委会与原告如约签订了《呼和浩特市农村集体土地承包合同》，原告每人获得1.7亩的二轮土地承包权，承包期限为26年，从2002年1月1日起，至2027年12月31日止。2004年，村委会收回了一些承包地，其中包括原告二轮承包的1.7亩土地。原告与其他村民一样得到了每亩6.5万元的补偿款。原告根据“6·7协议”获得了1.7亩土地的二轮承包权后，对于不能与其他村民平等得到“两楼”的分配权仍然不服，又多次与村委会交涉，未能解决，又向乡政府、市政府、自治区党委和政府上访，也均未得到解决，于2006年9月6日诉至法院。另查明，1999年至2002年间，沙梁村村委会为村民建了集资住宅楼和临街商业楼，每户各约75平方米。沙梁村村委会于1999年12月和2000年11月两次组织召开村民代表大会形成决定，即沙梁村集体为村民所建住宅楼和临街商业楼，凡本村出生的姑娘无论婚后是否在本村居住，其与外来的丈夫均没有“两楼”的分配资格。

一审诉辩主张

原告诉称：2002年6月7日，被告以不签订“沙梁村委会与出嫁闺女承包二轮土地及相关事宜的协议”不给二轮土地承包权为条件，要求原告等签字，原告为逐步争取权利，在违背自己真实意思的情况下签订了该协议。协议第4条第1项关于原告不得参与“两楼”分配的规定，严重违背法律，剥夺了原告的合法权益，与国家的基本国策和法律相悖，是无效的。原告均系沙梁村集体经济组织成员，理应享受与本村男性村民同等的权利，请求法院支持原告的诉讼请求：依法确认“6·7协议”第4条1项内容无效。判令被告依法给予每位原告与本村男性村民同等面积、同类地段的集资住宅楼和商用楼各一套，或相应的折价款。

被告辩称：2002年6月7日双方所签订的协议是双方当事人真实意思表示，属有效协议。我国有不成文的习惯，出嫁了，不在本村生活、生产。而集资楼是为了改善本村村民生产、生活居住条件，由村委会两次会议决定的，该协议从内容看没有违法的事实，也没有重男轻女的内容。如果不是原告的真实意思表示，原告应当在1年内提出撤销或变更。故法院不应支持原告的诉讼请求。

一审判决

呼和浩特市中级人民法院经审理认为：本案系一起农村集体经济组织对其财产合理分配的纠纷，同时又涉及维护妇女权益，贯彻男女平等的基本国策和对农村集体经济组织成员资格的确认问题。关于原告12人请求确认“6·7协议”第4条第1项内容无效的问题，根据《合同法》第52条第3项、第5项的规定，应当认定该条合同内容无效，理由如下：

1. 造成本案纠纷的现实原因，是原告的居住地——呼和浩特市赛罕区西把栅乡沙梁村经济和生活相对富裕，本村的姑娘结婚后，不愿离开本村，其丈夫也自愿随女方在本村居住生活，并放弃了本地的二轮土地承包权。这种居住生活地的选择是公民的权利，不违反我国相关法律的规定，也符合人类流动的自然规律。因此，社会及呼和浩特市赛罕区西把栅乡沙梁村应当尊重他们的选择，以民主和法制的心态接受他们的选择，与包括原告在内的村民，共同创造和谐的社会环境。

2. 《中华人民共和国妇女权益保障法》(以下简称《妇女权益保障法》) 第2条规定：“妇女在政治的、经济的、文化的、社会的和家庭的生活等各方面享有同男子平等的权利”，“实行男女平等是国家的基本国策”，“国家采取必要的措施，逐步完善保障妇女权益的各项制度，消除对妇女一切形式的歧视”。但在呼和浩特市赛罕区西把栅乡沙梁村，对本村的男子娶回的媳妇无可争议地自然接纳，而对本村的女子招回的女婿却不愿意接纳，认为“嫁出去的姑娘，泼出去的水”，是与本村的其他村民争利。这种思想与国家的基本国策和国家的法律相悖。

3. “6·7协议”第4条第1项不是原告的真实意思表示，是其逐步争取权利的做法。

4. 关于沙梁村村委会两次召开村民代表大会，作出“凡本村出生的姑娘无论婚后是否在本村居住，其与外来丈夫均没有‘两楼’的分配资格”的决定，虽然是经过民主程序议定的，但《中华人民共和国村民委员会组织法》(以下简称《村民委员会组织法》) 第5条第3款规定：村民委员会依照法律规定，管理本村属于村农民集体所有的土地和其他财产；第20条第2款规定：村民会议或者村民代表讨论决定的事项不得与宪法、法律、法规和国家政策相抵触，不得有侵犯村民人身权利、民主权利和合法财产权利的内容。而上述决定直接违反了我国的基本国策和法律规定，应为无效决定。

综上，“6·7协议”第4条第1项的内容，虽然符合合同的形式要件，但违反了法律的强制性规定，应认定为无效。关于原告请求判令沙梁村村委会给予每人与本村出生的男性村民同等面积的住宅楼和商用楼各一套的问题，该请求属于合理分配农村集体经济组织成员共同共有财产的问题，是否支持该请求，首先应当确认原告是否具有该农村集体经济组织成员的资格，但我国尚未制定确认该资格的标准。为了解决纠纷，应适用《民法通则》的公平原则和“类推判断”的民法理论，即原告与已经取得“两楼”的村民相比较，如果身份及其他条件相等，则也应当取得“两楼”。而本村出生的男性村民结婚后仍在本村居住生活的，享有分配“两楼”的权利，原告除性别外，其他条件与男性相同，按照男女平等的基本国策、不得歧视妇女的法律和公平原则，也应当享有同等的权利，因此，对原告的该项请求应予支持。沙梁村村委会称原告不在本村居住、生活的理由没有证据说明。依据《妇女权益保障法》第2条、第48条，《民法通则》第4条，《合同法》第52条，《村民委员会组织法》第5条、第20条之规定，判决如下：

一、确认2002年6月7日《沙梁村委会与出嫁女承包二轮土地及相关事宜的协议》第4条第1项无效；

二、沙梁村村委会给付原告每人与本村出生的男性村民同等面积、同类地段的集资住宅楼和商用楼各一套（原告按同等村民交纳相关费用），或相应的折价款。

诉讼费31 010元，由沙梁村村委会负担。

二审诉辩主张

被告沙梁村村委会不服，上诉称：(1)“6·7协议”第4条第1项的内容是双方自愿签订的，且不违反法律、行政法规的禁止性规定，应为有效协议。一审判决认定该条款无效错误。(2) 本案原告的起诉已过诉讼时效。

徐志燕等12名被上诉人答辩称：(1)“6·7协议”第4条第1项的内容与法律相抵触，应为无效协议。当时签署该协议，是逐步争取权利的做法。(2) 本案原告一直在上访，寻求解决途径，所以本案不存在超过诉讼时效的问题。

二审查明的事实与一审判决认定的事实一致，本院依法予以确认。

二审判决

内蒙古高级人民法院经审理认为：关于“6·7协议”第4条第1项内容的效力问题。首先，被上诉人婚后不愿离开本村，其丈夫也自愿随女方在本村居住生活，并放弃了本地的二轮土地承包权。这种选择是公民的权利，不违反我国相关法律的规定。其次，“6·7协议”第4条第1项与《妇女权益保障法》等有关法律相悖。最后，关于沙梁村村委会两次召开村民代表大会，作出“凡本村出生的姑娘无论婚后是否在本村居住，其与外来丈夫均没有‘两楼’的分配资格”的决定，虽然是经过民主程序议定的，但《村民委员会组织法》第5条第3款规定：“村民委员会依照法律规定，管理本村属于村农民集体所有的土地和其他财产”；第20条第2款规定：“村民会议或者村民代表讨论决定的事项不得与宪法、法律、法规和国家的政策相抵触，不得有侵犯村民人身权利、民主权利和合法财产权利的内容”。而上述决定直接违反了我国的基本国策和法律规定，应为无效决定。故“6·7协议”第4条第1项的内容，违反了法律的强制性规定，应认定为无效。关于诉讼时效的问题，由于被上诉人一直在上访，寻求解决问题的途径，故本案不存在超过诉讼时效的问题。综上，沙梁村村委会的上诉理由不能成立，应依法予以驳回。一审判决认定事实清楚，适用法律正确，依法应予维持。经本院审判委员会讨论决定，依据《民事诉讼法》第 153 条第 1 款第 1 项的规定，判决如下：

驳回上诉，维持原判。

二审案件受理费 31 010 元，由沙梁村村委会负担。

案由与焦点

1. 案由

本案的一级案由为“物权纠纷”，二级案由为“所有权纠纷”，三级案由为“侵害集体经济组织成员权益纠纷”。

侵害集体经济组织成员权益纠纷是指侵害集体成员就集体所有财产所享有之占有、使用、收益和管理决策等权益而引发的纠纷。这种纠纷既包括集体组织侵害本集体成员权益的纠纷，也包括集体成员之间相互侵害权益的纠纷，还包括集体组织之外的其他人侵害集体成员权益的纠纷。

2. 焦点

从表面看来，本案争议的焦点在于村规民约（本案中为“6·7 协议”）的效力，但究其更深层次的争议本质，却在于“招婿女”是否仍享有集体经济组织财产权益的参与分配权。根据《物权法》第 59 条的规定，农民集体所有的不动产、动产等财产权益，属于“本集体成员集体所有”。依此规定，凡归属于某一农民集体的“集体成员”，作为财产所有权主体之“集体”的一分子，即有权参与分享该农民集体所有的财产权益。依此推论，本案诉争问题即可转换为：“招婿女”是否仍享有其原归属之农民集体的“集体成员”资格？回答了这一问题，其他的问题也就迎刃而解。

评注与问题

1. 如何理解“招赘女”与“入赘婿”的法律地位

在中国，受传统夫权思想的影响，男女成婚组建家庭的模式，一般是男的“娶进来”，女的“嫁出去”，女方进入男方家庭生活，这一传统模式一直延续至今。但在现实生活中，由于受各种条件的局限或社会因素的影响（如本案中，女方所在村比较富裕，因而女方一般不愿嫁出），也会出现男方进入女方家庭的入赘形式。在由男方入赘而组建的家庭中，丈夫一般俗称“入赘婿”，妻子一般俗称“招赘女”。在我国司法实践中，多发的集体经济组织成员权益纠纷，往往体现为“入赘婿”的成员权益被侵犯，如其土地承包经营权被剥夺、不能与其他集体经济组织成员平等地分享集体福利待遇、不能分得征地补偿款等。本案的特殊性即在于，不是“入赘婿”提起了诉讼，而是“招婿女”提起了诉讼。虽然“招婿女”与“入赘男”具有夫妻关系，二者损益与共，但二者的法律主体资格毕竟不同。请结合本案事实，分析如果是作为原告们的丈夫“入赘男”提起了诉讼，本案的审判结果还会相同吗？

2. 如何认定集体成员的资格

正如本案一审判决指出的，在我国目前，尚未制定确认集体成员资格的法律标准。在审判实践中，一般采取形式标准。所谓形式标准，即户籍标准，凡户籍在集体经济组织的即具有该集体经济组织的成员资格，反之则否。但我国学界对此也有批评的声音，认为采单一的户籍标准有时会导致有失公正的结果。该观点认为，法律意义上的村民资格是指一个自然人享受村民待遇的条件，这一资格除与户籍相关外，还须符合权利与义务相一致的原则要求。换言之，在认定村民资格时，户籍仅为一般原则，但不宜将户籍作为唯一的依据，还应结合成员与集体经济组织的经济生活联系等多种因素考虑。如一个人的户籍虽然在某村，但其长期不在村中居住，长期不履行村民义务，他们在形式上看是村民，但实质上因不尽村民义务而与集体经济组织的经济生活脱离联系，如果将这部分人也作为分配对象，即有违权利、义务相一致的原则。所以，对此类人员应以其长期不尽村民义务而认定其丧失村民资格。[①] 本案终审判决就村民资格的确认标准问题语焉不详，但一审判决却可谓独辟蹊径，认为就此问题的解决应适用《民法通则》的公平原则和民法中的“类推判断”理论。你认为认定集体成员资格应采取何种标准更为合理？

3.“集体成员集体所有”的规范含义是什么

本案中，集体成员资格的确认之所以成为一个焦点法律问题，与集体财产权益的归属或集体所有权主体之确认有关。在《物权法》出台之前，我国法律对集体财产权的归属主体一般表述为“归集体所有”或“归劳动群众集体所有”。这一表述是笼统的，因为“集体”是一个抽象概念，单由这一概念无法具体确认集体权益的归属。或许正是基于对既定法这一缺陷的检省，《物权法》在此方面的规定作了完善。《物权法》第59条第1款规定：“农民集体所有的不动产和动产，属于本集体成员集体所有。”“集体成员集体所有”这一表述，突出强调了“集体成员”这一主体概念。“集体成员”所指称的是构成“集体”这一集合体的“成员”，而“成员”显然属于一种个体性人格。这一表述的转换，通过强调“集体成员”这一概念，凸显了集体所有的产权人因素，使得“集体所有”的概念变得充实起来。因此，依《物权法》规定，集体权益归“集体成员集体所有”，而不再是笼统地归“集体所有”。请分析在所有权性质上，“集体成员集体所有”是一种“共有”吗？

4.如何认定“村规民约”的法律效力

“村规民约”这一概念正式进入我国法律，是在《村民委员会组织法》中。该法第20条规定：“村民会议可以制定和修改村民自治章程、村规民约，并报乡、民族乡、镇的人民政府备案。村民自治章程、村规民约以及村民会议或者村民代表讨论决定的事项不得与宪法、法律、法规和国家的政策相抵触，不得有侵犯村民的人身权利、民主权利和合法财产权利的内容。”“村规民约”实质上为村民自治的一种表现形式，既然法律授权村民自治，集体组织的成员们当然可以通过制定自治章程、村规民约等形式实现自治权。但村民们的自治、自由权显然不是无限制的，不得与法律的强行规定、国家的基本政策相冲突，不得侵犯自治体成员的合法权益，是其合法有效性的基本要求。本案中，正如两审判决指出的，呼和浩特市赛罕区西把栅乡沙梁村的村规民约有违男女平等、妇女权益保护、婚后居住地自主选择权等基本国策与法律的强行规定，因而是无效的。

（评注人：王洪平）

① 参见李小鹏：《农村集体经济组织收益分配纠纷案件中若干问题的探讨》，载康宝奇主编：《征地款分配纠纷审判实务与研究》，236页，北京，人民法院出版社，2004；吴晓明、屈茂辉：《论征收补偿利益的分配机制》，载《求索》，2009（4）。

59. 建筑物区分所有权纠纷

司法案例

天龙家园业主委员会诉张戬案

辽宁省沈阳市中级人民法院（2008）沈民二终字第833号

基本案情

上诉人（原审被告）：张戬。

委托代理人：韩慧。

被上诉人（原审原告）：天龙家园业主委员会。

负责人：徐丕恒，该单位主任。

委托代理人：王永森。

上诉人（原审被告）张戬因建筑物区分所有权纠纷一案，不服沈阳市大东区人民法院（2008）大东民二初字第450号民事判决，向本院提起上诉。本院于2008年5月27日受理此案后，依法由本院代理审判员李倩担任审判长（主审），与代理审判员才玉莹、王大鹏共同组成合议庭，公开进行了审理。本案现已审理终结。

原审判决认定：原告（二审被上诉人）天龙家园业主委员会系沈阳市大东区天龙家园小区业主选举成立的业主委员会，张戬居住在沈阳市大东区小什字街27—2号1—11—1号（天龙家园小区），系该栋房屋顶层，其私自在其房屋的楼顶搭建房屋一处（约30平方米），经天龙家园业主委员会及该小区物业管理服务公司多次要求张戬予以拆除未果。

一审判决

原审判决认为：根据我国物权法的相关规定，业主应当尊重法律、法规以及管理规约。业主大会和业主委员会，对任意弃置垃圾、排放污染物或者噪音、违反规定饲养动物、违章搭建、侵占通道、拒付物业费等损害他人合法权益的行为，有权依照法律、法规及管理规约，要求行为人停止侵害、消除危险、排除妨害、赔偿损失。本案中，张戬自行搭建的房屋所占用楼顶部分，属于业主共有，而不属张戬专有使用，其行为属违章搭建行为，违反我国的相关法律规定。该行为亦侵害了天龙家园全体业主的合法权益，故天龙家园业主委员会有权依法要求张戬拆除所搭建的违章建筑，故对天龙家园业主委员会的诉讼请求予以支持。原审法院依据《物权法》第 83 条第 1、2 款之规定，判决如下：

一、被告张戬于本判决生效后 30 日内将其自行搭建的坐落于沈阳市大东区小什字街 27—2 号 1—11—1 号房屋房顶的违章建筑自行拆除。

二、驳回原、被告的其他诉讼请求。

案件受理费 100 元，由被告张戬负担。

二审诉辩主张

宣判后，张戬不服，向本院提起上诉，要求撤销原判，依法发回重审或改判。主要理由是：(1) 原判认定上诉人行为属违章搭建行为，没有法律依据。上诉人搭建的房屋不属于违章建筑，其目的是防水；(2) 对于楼顶，根据商品房买卖合同的约定，上诉人有合法的使用权；(3) 原审法院依据《物权法》第 83 条作出判决属于适用法律错误；(4) 本案原审适用简易程序错误，违反法定程序。

被上诉人天龙家园业主委员会辩称：楼顶属于公共面积，任何人没有权利私自占用。即使上诉人与开发商有约定，也属于开发商无权处分，该约定是无效的。综上，同意原审判决，请求二审法院驳回上诉，维持原判。

二审法院经审理查明的事实与原审判决查明的事实一致。本院另查明：在上诉人张戬购买沈阳市大东区小什字街 27—2 号 1—11—1 号房屋时，其与开发商辽宁新天龙房地产开发有限公司在商品房买卖合同附件 4 中约定："屋顶使用权归顶楼买受人，买受人必须遵守物业公司的相关规定，屋顶不得作违章建筑及妨碍安全逃生。"

上述事实，有双方当事人陈述及物业服务管理公共契约、照片、商品房买卖合同等证据在卷证明，并经双方当事人质证，本院予以确认。

二审判决

本院认为：根据《物业管理条例》第 15 条的规定，被上诉人天龙家园业主委员会作为天龙家园业主的社团组织，其职责是在物业管理活动中代表和维护全体业主的合法权益，其主体资格应属最高人民法院《关于适用〈中华人民共和国民事诉讼法〉若干问题的意见》（以下简称《民事诉讼法意见》）第 40 条规定的"其他组织"，故被上诉人天龙家园业主委员会具备诉讼主体资格。关于上诉人提出的其搭建的房屋不属违章建筑的问题，因上诉人所搭建的房屋并没有相关行政部门批准建设的相关手续，故上诉人提出的此项上诉理由不能成立。根据《物权法》第 83 条第 2 款的规定，对于上诉人违章搭建的行为，业主委员会有权要求上诉人停止侵害、排除妨害，故被上诉人要求上诉人拆除搭建的房屋理由正当，应予支持。关于上诉人提出在屋顶搭建房屋是因其房屋漏水，搭建房屋的行为是经过物业公司同意的主张，因上诉人房屋漏水问题属于其与物业服务企业之间的物业服务纠纷，而屋顶属于公共部位，系全体业主共有，任何人不得独占，故即使物业公司同意上诉人搭建房屋也属无效，上诉人不能因此而占用公共部位搭建房屋，侵害全体业主的合法利益，故上诉人的该项主张，本院不予采纳。关于上诉人提出在商品房买卖合同中约定屋顶使用权归其所有的问题，因屋顶属于公共部位，属全体业主共有，开发商无权对公共部位的归属进行处分，故上诉人的该项上诉主张，本院不予支持。综上，原审判决认定事实清楚，适用法律正确。依照《民事诉讼法》第 153 条第 1 款第 1

项的规定，判决如下：

驳回上诉，维持原判。

二审案件受理费100元，由上诉人张戬负担。

本判决为终审判决。

案由与焦点

1. 案由

本案的一级案由为“物权纠纷”，二级案由为“所有权纠纷”，三级案由为“建筑物区分所有权纠纷”，四级案由为“业主共有权纠纷”。

建筑物区分所有权纠纷是指业主因其对建筑物所享有之专有权、共有权及共同管理权等受到侵害而发生的纠纷。在“建筑物区分所有权纠纷”三级案由下，还包括以下四级案由：(1) 业主专有权纠纷；(2) 业主共有权纠纷；(3) 车位纠纷；(4) 车库纠纷。业主共有权纠纷是指业主因建筑物共有部分之权利归属、使用、收益、处分等内容而引发的纠纷。

2. 焦点

本案争议的焦点在于张戬是否有权在其房屋的屋顶私自加盖一间房屋。要解决这一问题，就涉及与建筑物区分所有权纠纷有关的一系列其他问题，如如何区分专有部分与共有部分、如何认定业主的资格、业主委员会是否为适格的诉讼主体、专有权人使用共有部位是否一定构成侵权、建设单位销售房屋时对共有部分处分的效力等。

评注与问题

1. 如何界定区分所有建筑物的专有部分与共有部分

区分所有建筑物由专有部分和共有部分两部分构成，业主对专有部分享有专有所有权，对共有部分享有共有所有权。

根据最高人民法院《建筑物区分所有权解释》第2条的规定，建筑区划内符合下列条件的房屋，以及车位、摊位等特定空间，应当认定为专有部分：一是具有构造上的独立性，能够明确区分的部分；二是具有利用上的独立性，可以排他使用的部分；三是能够登记成为特定业主所有权的客体；四是规划上专属于特定房屋，且建设单位销售时已经根据规划列入该特定房屋买卖合同中的露台等，应当列为专有部分的组成部分。以上四项标准实质上可以归纳为两类，即事实标准和观念标准。构造上之独立性和利用上之独立性标准为事实标准，登记上特定之可行性和规划上之专属性标准为观念标准。但不论是事实标准还是观念标准，还只是一种质的划分标准。除此之外，专有部分的确定还有一个量的标准问题，即专有部分的范围应如何确定。

关于专有部分的范围标准，有四种代表性的学说观点①：一是中心说，认为区分所有建筑物专有部分的范围达到墙壁、柱、地板、天花板等境界部分厚度之中心。二是空间说，认为专有部分之范围仅限于由墙壁（共同墙壁）、地板、天花板所围成的空间部分，而界线点上的分隔部分如墙壁、地板、天花板等则为全体或部分区分所有人共有。三是最后粉刷表层说，认为专有部分包含壁、柱等境界部分表层所粉刷之部分，亦即境界壁与其他境界之本体属共用部

① 参见陈华彬：《物权法原理》，327～329页，北京，国家行政学院出版社，1998。

分，但境界壁上最后粉刷的表层部分则属专有部分。四是壁心和最后粉刷表层说，认为专有部分之范围应区分内部关系和外部关系而定。于区分所有人间，尤其是有关建筑物之维持、管理关系上，专有部分应仅包含壁、柱、地板及天花板等境界部分表层所粉刷之部分。但在外部关系，尤其是对第三人（如买卖、保险或税金等）关系上，专有部分的范围则包含壁、柱、地板及天花板等境界部分厚度之中心线。请分析以上观点的优缺点，本案被告张戬所有房屋的专有部分应当如何确定？

关于共有部分的界定，《物权法》第73条规定："建筑区划内的道路，属于业主共有，但属于城镇公共道路的除外。建筑区划内的绿地，属于业主共有，但属于城镇公共绿地或者明示属于个人的除外。建筑区划内的其他公共场所、公用设施和物业服务用房，属于业主共有。"第74条规定："建筑区划内，规划用于停放汽车的车位、车库应当首先满足业主的需要。建筑区划内，规划用于停放汽车的车位、车库的归属，由当事人通过出售、附赠或者出租等方式约定。占用业主共有的道路或者其他场地用于停放汽车的车位，属于业主共有。"最高人民法院《建筑物区分所有权解释》第3条规定："除法律、行政法规规定的共有部分外，建筑区划内的以下部分，也应当认定为物权法第六章所称的共有部分：（一）建筑物的基础、承重结构、外墙、屋顶等基本结构部分，通道、楼梯、大堂等公共通行部分，消防、公共照明等附属设施、设备、避难层、设备层或者设备间等结构部分；（二）其他不属于业主专有部分，也不属于市政公用部分或者其他权利人所有的场所及设施等。建筑区划内的土地，依法由业主共同享有建设用地使用权，但属于业主专有的整栋建筑物的规划占地或者城镇公共道路、绿地占地除外。"试结合《物权法》及相关司法解释的规定，分析建筑区划内车位、车库的归属问题。

2. 如何认定业主资格

业主，即物业的所有主。更准确而言，业主是指拥有区分所有建筑物专有部分所有权的人。最高人民法院《建筑物区分所有权解释》第1条规定："依法登记取得或者根据物权法第二章第三节规定取得建筑物专有部分所有权的人，应当认定为物权法第六章所称的业主。基于与建设单位之间的商品房买卖民事法律行为，已经合法占有建筑物专有部分，但尚未依法办理所有权登记的人，可以认定为物权法第六章所称的业主。"依此规定，业主资格的取得包括三种途径：一是经物权登记取得专有部分所有权的人，二是非依法律行为发生物权变动而取得专有部分所有权的人，三是虽未登记但依法占有房屋而取得专有部分之事实所有权的人。这三类业主，都是指专有部分之所有权人而言的。但在现实生活中，物业的真正占有使用人可能不是所有权人，而是物业的承租人、借用人等。最高人民法院《建筑物区分所有权解释》第16条规定："建筑物区分所有权纠纷涉及专有部分的承租人、借用人等物业使用人的，参照本解释处理。专有部分的承租人、借用人等物业使用人，根据法律、法规、管理规约、业主大会或者业主委员会依法作出的决定，以及其与业主的约定，享有相应权利，承担相应义务。"试结合该条规定，分析承租人、借用人等物业使用人能否依法取得业主资格。

3. "业主委员会"是适格的诉讼主体吗

本案二审法院认为，根据《物业管理条例》第15条的规定，被上诉人天龙家园业主委员会作为天龙家园业主的社团组织，其职责是在物业管理活动中代表和维护全体业主的合法权益，其主体资格应属"其他组织"，故被上诉人天龙家园业主委员会具备诉讼主体资格。这是二审法院对业主委员会之诉讼主体资格的认定。最高人民法院《民事诉讼法意见》第40条规定："民事诉讼法第四十九条规定的其他组织是指合法成立、有一定的组织机构和财产，但又不具备法人资格的组织，包括：(1) 依法登记领取营业执照的私营独资企业、合伙组织；(2) 依法登记领取营业执照的合伙型联营企业；(3) 依法登记领取我国营业执照的中外合作经营企业、外资企业；(4) 经民政部门核准登记领取社会团体登记证的社会团体；(5) 法人依法设立并领取营业执照的分支机构；(6) 中国人民银行、各专业银行设在各地的分支机构；(7) 中国人民保险公司设在各地的分支机构；(8) 经核准登记领取营业执照的乡镇、街道、村办企业；(9) 符合本条规定条件的其他组织。”试结合该条规定，分析本案二审法院将业主委员会的诉讼主体地位界定为“其他组织”中的“社团组织”是否正确。此外，最高人民法院《关于审理物业服务纠纷案件具体应用法律若干问题的解释》第 4 条规定：“业主违反物业服务合同或者法律、法规、管理规约，实施妨害物业服务与管理的行为，物业服务企业请求业主承担恢复原状、停止侵害、排除妨害等相应民事责任的，人民法院应予支持。”依此规定，请结合本案案情，分析本案中天龙家园的物业服务企业是否有权针对被告的行为提起诉讼。

4. 专有权人无偿使用共有部位是否一定构成侵权

最高人民法院《建筑物区分所有权解释》第 3 条明确规定，“屋顶”为区分所有建筑物的共有部分。本案中，张戬在其房屋的屋顶上搭建房屋，该搭建行为很显然占用了区分所有建筑物的共有部分，也正是为此而引发了本案诉讼。本案虽为物权纠纷，但两审法院基于物权保护而判决张戬拆除搭建的房屋，其责任形式显然是侵权责任。这就带来一个问题：专有权人为自己之利益而无偿使用共有部位一定会构成侵权吗？常识告诉我们，这一问题显然太过绝对化，专有权人依法、依约当然有权使用共有部位而不构成侵权，如专有权人有权使用公共道路通行而不构成侵权。就此问题，最高人民法院《建筑物区分所有权解释》第 4 条作出了如下规定：“业主基于对住宅、经营性用房等专有部分特定使用功能的合理需要，无偿利用屋顶以及与其专有部分相对应的外墙面等共有部分的，不应认定为侵权。但违反法律、法规、管理规约，损害他人合法权益的除外。”依此规定，业主基于合理需要可以无偿利用屋顶、外墙面等共有部分而不构成侵权。但何为“合理需要”，该条规定并没有予以明确。请结合上述规定，从解释论的视角举例探讨“合理需要”的范围及其界限。

5. 建设单位销售房屋时对共有部分有权处分吗

本案二审中，张戬上诉称，对于楼顶，根据商品房买卖合同的约定，其有合法的使用权；但对此上诉理由，被上诉人辩称，楼顶属于公共面积，任何人没有权利私自占用。即使上诉人与开发商有约定，也属于开发商无权处分，该约定是无效的。就此问题，二审法院明确认为：“关于上诉人提出在商品房买卖合同中约定屋顶使用权归其所有的问题，因屋顶属于公共部位，属全体业主共有，开发商无权对公共部位的归属进行处分，故上诉人的该项上诉主张，本院不予支持。”试结合《物业管理条例》第 22 条、第 27 条、第 58 条的规定，就本案的上诉审诉辩主张及二审法院判决的正确性作出分析。

（评注人：王洪平）

60. 遗失物返还纠纷

司法案例

杨成宝诉倪凤兰等案

浙江省金华县人民法院（1991）白民初字第1号调解书

基本案情

原告：杨成宝。

被告：倪凤兰。

被告：倪有根。

经金华县人民法院收集和核实有关证据，查明：原告杨成宝系从事长途贩运菜牛的个体工商业人员。1990年12月12日，原告杨成宝从江西省广丰县购得菜牛20头，次日凌晨装运菜牛的汽车途经金华县临江乡倪家村附近地段时，因路面坡度较大，装运菜牛的防护设施松动，一头大牯牛从汽车上挣掉下来。这时，正好金华县临江乡倪家村村民倪凤兰骑车去乡办砖瓦厂上班。倪凤兰发现后，随即骑自行车返回家中告诉其父倪有根。倪有根与女儿倪凤兰回到公路上，将大牯牛抓住后牵回家中。在牵牛时，倪有根发现大牯牛后脚有伤，将牛牵回家中即安排治疗和饲养。牛主杨成宝押车到金华市婺城区红旗牛市场卸牛时，发现汽车上少了一只产地卖价千元的黑灰色的大牯牛。当天下午，杨成宝与他人沿途寻找大牯牛无下落。次日上午，杨成宝等人寻牛至临江乡择住岭村时，从该村的屠夫郭小奎处获悉：倪家村一姑娘日前捡到过一头黑灰色的牯牛。随即，杨成宝赶到倪家村，村民告诉他，倪凤兰父女确于日前捡到一头大牯牛，并指告了倪户的家庭住处。当杨成宝来到倪有根家中认牛时，倪有根承认捡牛的事实，捡牛的时间、地点和牛的毛色等特征均与杨成宝所述相一致。倪有根同意杨成宝等人看牛。当杨成宝要求归还大牯牛时，倪有根认为：捡到大牯牛是运气好，谁捡归谁所有是天经地义之事。杨成宝再三说好话，随同杨成宝寻牛的朋友也一起做倪有根工作。倪有根表示：此牛当地可卖一千多元。如要牛，当场付人民币一千元。杨成宝等人认为要千元不合情理，只能给付治疗、饲养费和少量谢金。因此，双方当事人不能和解。为此，杨成宝等人当即到临江乡人民政府反映情况，要求乡政府主持公道，合情合理解决。乡政府领导听取反映后，先后派驻村干部和人武部长前往解决。开始，倪有根认为：捡到大牯牛运气好，不偷不抢不犯法，不同意归还。在乡干部再三做思想工作后，倪有根坚持杨成宝当场付人民币600元才可牵牛。乡政府干部认为倪有根的要求与法律相悖，建议杨成宝到当地人民法庭诉讼。同年12月30日，杨成宝以返还财物为由，向金华县人民法院白龙桥法庭起诉。当时，正遇元旦前夕，法庭庭长急当事人之所急，次日立案后即亲自调查取证。在收集到有关证据后，上门做倪有根、倪凤兰工作，被告倪有根仍坚持己见。为扩大教育面，法庭于1月3日到倪家村就地以简易程序开庭审判。

法庭从被告倪有根提供的发票和兽医证实及有关人员估评，被告倪有根为大牯牛治腿伤化医药费114.70元，为管理和饲养大牯牛21日，饲养费每日为5元，管理费议定50元。

诉辩主张

原告诉称：（1）原告系从事贩卖菜牛的个体工商业人员。1990年12月12日，原告从江西省广丰县购买菜牛20头，贩运途中经兰溪市至金华市红旗牛市场地段，发现一头黑灰色的六齿大牯牛失落。（2）原告在寻找过程中，从临江乡择住岭村屠户郭小奎处了解到，失落的大牯牛已被被告父女牵回家中。（3）为追回大牯牛，原告曾亲自上门，并愿给付一定的报酬，但被告倪有根不从。为此，原告又向临江乡政府请求帮助，乡政府二次派员做被告工作，被告仍坚持己见。（4）被告护理管理的大牯牛属原告无疑，被告不将其返还失主与法律有关规定相悖。请求人民法院主持公道，保护原告的合法权益。

第一被告倪凤兰辩称：（1）本人1990年12月13日早起上班，骑车到村口时，发现国道上行驶的汽车掉下大牯牛属实。（2）发现大牯牛后，本人回家叫来父亲倪有根，一起将大牯牛赶回家中后即由父亲管理和安排治伤，一切事务由我父处理。（3）拾物归还失主理所当然，但应由牛主付清治伤和饲养费，由牛主与我父处理即可。

第二被告倪有根辩称：（1）与女儿倪凤兰捡到大牯牛属实。（2）捡到财物是运气好，在农村有习惯，谁捡到财物归谁所有。（3）原告确曾自行及和乡政府干部分别来要过大牯牛和做过工作，但原告的“谢礼”只够饲养和治疗大牯牛的费用，政府、单位对拾金捡宝者都有奖励。为此，不同意返还。

调解协议

浙江省金华县人民法院认为：被告倪有根、倪凤兰拾得大牯牛后，在原告杨成宝发现被告拾得，未提出返还要求前，被告倪有根在该期间为原告管理、饲养和治疗大牯牛，是被告倪有根为原告杨成宝避免利益的损失而进行管理和服务。倪有根这一行为与原告杨成宝间，并无法定义务，也无约定义务，属民事法律上的无因管理。被告倪有根依法有权要求原告杨成宝支付无因管理中所花的一切费用和劳务。被告倪有根、倪凤兰拾得大牯牛虽不属违法行为，但两被告没有法律根据可以取得属原告杨成宝的大牯牛，两被告不归还大牯牛，使原告受到经济上损失。因此，倪有根、倪凤兰拾得大牯牛不归还属不当得利，依法应将大牯牛返还给原告杨成宝。对被告倪有根在原告杨成宝要求归还大牯牛，并愿支付无因管理的费用和劳务后，提出要求原告偿付1 000元谢酬的要求不予支持。但是，在该期间，被告倪有根仍为原告管理、饲养大牯牛，可视为一种代管行为，原告杨成宝应当适当补偿被告倪有根为此所花费用和劳务。

根据《民法通则》第4条、第92条、第93条和第79条第2款之规定，主持原、被告自愿达成协议如下：（1）由两被告返还原告大牯牛一头；（2）由原告偿付两被告饲养、治疗和管理大牯牛费用计人民币270元；（3）受理费90元，由原、被告各半承担。

案由与焦点

1. 案由

本案的一级案由为“物权纠纷”，二级案由为“所有权纠纷”，三级案由为“遗失物返还纠纷”。

遗失物返还纠纷是指所有人或者其他权利人请求拾得遗失物的人或者其他占有遗失物的人返还遗失物的纠纷。

2. 焦点

拾得遗失物及请求返还遗失物会导致一系列问题的发生，但概括起来讲主要包括三个方面：一是拾得人能否取得遗失物之所有权，二是失主应当履行哪些义务、享有哪些权利，三是拾得人应当享有哪些权利、履行哪些义务。围绕这些争点，又会产生一系列的法律问题，如遗失物能否善意取得、失主是否享有损害赔偿请求权、拾得人是否享有报酬请求权等。本案虽然案情并不复杂并且发生在20年前，但却基本上涉及了遗失物返还纠纷的方方面面，结合本案案情及现行法的规定，其仍有学习和研讨的价值。

评注与问题

1. 如何界定“遗失物”

遗失物乃指因盗赃以外之方法非基于占有人之意思而丧失物之占有，现未在他人占有中，且非无主物之动产。[①] 据此定义，遗失物须具备四个特征：一是占有人丧失占有，二是现未在他人占有中，三是非基于占有人之意思而丧失占有，四是须非无主物。本案中，大牯牛的所有权人是杨成宝，在运输过程中其同时也是大牯牛的直接占有人，在二被告所在村的附近，大牯牛失落显然非基于占有人杨成宝之意思，在二被告拾得之前该大牯牛不为任何其他人所占有，因而本案中之大牯牛为遗失物当属无疑。根据遗失物的上述四个特征，请分析判断“手表”在以下各种情形下是否为遗失物：遗落在自家庭院中的手表是否为遗失物？遗忘在朋友家中的手表是否为遗失物？遗忘在银行柜台上的手表是否为遗失物？将他人的手表误为自己的手表而取走是否为遗失物？7岁小孩抛弃其父亲的手表是否为遗失物？19岁的青年抛弃其手表是否为遗失物？小偷偷走他人的手表而遗失是否为遗失物？手表被误置垃圾袋中而抛弃是否为遗失物？

2. 拾得人能否取得遗失物的所有权

本案被告倪有根辩称，捡到财物是运气好，在农村有习惯，谁捡到财物归谁所有。其言下之意，拾得人有权取得遗失物的所有权。他的这一主张在我国法上显然于法无据。《民法通则》第79条规定拾得遗失物应当归还失主，《物权法》第109条规定拾得遗失物应当返还权利人，两部法律都明定了拾得人的归还义务。《物权法》第113条更是明定：“遗失物自发布招领公告之日起六个月内无人认领的，归国家所有。”这一规定显然与我国“无主物归国家所有”的立法原则相一致。因此，在我国现行法上，即使遗失物因无人认领而变为无主物，拾得人也无权取得所有权。应当指出，我国法的这一规定与大陆法系国家和地区的通行立法例存在着明显区别，应予注意。

① 参见郑冠宇：《民法物权》，117页，台北，新学林出版股份有限公司，2010。

3. 遗失物返还之前的管理是否构成无因管理

本案审理法院认为："被告倪有根、倪凤兰拾得大牯牛后，在原告杨成宝发现被告拾得，未提出返还要求前，被告倪有根在该期间为原告管理、饲养和治疗大牯牛，是被告倪有根为原告杨成宝避免利益的损失而进行管理和服务。倪有根这一行为与原告杨成宝间，并无法定义务，也无约定义务，属民事法律上的无因管理。"在此基础上，审理法院进而认为原告在请求被告返还大牯牛的同时须支付被告因无因管理而支出的费用。法院的上述认定虽然没有造成实体结果上的不公正，但其定性是存在一定问题的。根据《民法通则》第 93 条的规定，没有法定的或者约定的义务，为避免他人利益受损失进行管理或者服务的，构成无因管理，管理人有权要求受益人偿付因无因管理而支付的必要费用。根据该法第 79 条第 2 款的规定，拾得遗失物应当归还失主，因此而支出的费用由失主偿还。据此，无因管理人和遗失物之拾得人依法都享有费用请求权。但需注意的是，绝对不能混淆作为费用请求权之基础的无因管理和拾得遗失物。正如无因管理之定义所表明的，无因管理人并无法定的或者约定的管理义务，但遗失物之拾得人却有法定的管理义务，这一点在《物权法》的规定中体现得尤为清楚。《物权法》第 111 条规定："拾得人在遗失物送交有关部门前，有关部门在遗失物被领取前，应当妥善保管遗失物。因故意或者重大过失致使遗失物毁损、灭失的，应当承担民事责任。"由该规定可见，拾得人在遗失物返还前负有法定的妥善保管义务，因其保管不善而造成损失的，应负相应的民事责任。因此，如果本案发生于《物权法》施行之后，二审法院的调解理由就存在适用法律错误的问题了。申言之，法院不应基于无因管理而要求原告偿付被告一定的费用，而应直接根据《物权法》第 112 条"权利人领取遗失物时，应当向拾得人或者有关部门支付保管遗失物等支出的必要费用"的规定，要求失主偿付拾得人及保管人的相关费用。

4. 拒不返还遗失物时是否构成不当得利与侵权行为的竞合

本案审理法院认为："被告倪有根、倪凤兰拾得大牯牛虽不属违法行为，但两被告没有法律根据可以取得属原告杨成宝的大牯牛，两被告不归还大牯牛，使原告受到经济上损失。因此，倪有根、倪凤兰拾得大牯牛不归还属不当得利，依法应将大牯牛返还给原告杨成宝。"很显然，根据审理法院的这一认定，拾得人拒不返还遗失物时构成不当得利，失主可依不当得利请求拾得人返还遗失物。而最高人民法院《民法通则意见》第 94 条规定："拾得人将拾得物据为己有，拒不返还而引起诉讼的，按照侵权之诉处理。"依此规定，拾得人拒不返还遗失物构成侵权行为，失主可行使返还原物的物权请求权。至此可以认为，拾得人拒不返还遗失物时，构成不当得利与侵权行为的竞合。但需明确的是，《民法通则意见》第 94 条规定现已废止，因而上述不当得利与侵权行为的竞合也就仅停留在了理论探讨上，而不再具有实证法的意义。更何况，在《民事案件案由规定》中，侵权责任纠纷已是一类独立的一级案由，不当得利纠纷是并列的另一类一级案由，而遗失物返还纠纷仍是物权纠纷中的一类三级案由。因此，从诉权行使的角度讲，在现行法上，失主请求返还遗失物的诉因就不能再列为不当得利或者侵权行为，而只能依据物权保护直接以"遗失物返还纠纷"提起诉讼。

5. 如何理解拾得人的"必要费用"偿还请求权

根据《民法通则》第 79 条的规定，失主应向拾得人偿还支出的"费用"，而根据《物权法》第 112 条的规定，失主应向拾得人支付支出的"必要费用"。单就文字表述而言，《物权法》显然进一步限缩了拾得人可得请求的费用范围。但何谓"必要费用"，法律并没有作出明确界定。本案中，由法院的调解书可以看出，审理法院认为饲养、治疗和管理大牯牛的费用为应偿还的必要费用。应当说，遗失物的性质和种类不同，其管理方法及费用支出就会不同，因而法律不可能对"必要费用"的范围作出统一规定。另需注意的是，如果拾得人侵占遗失物的，根据《物权法》第 112 条的规定，则拾得人丧失必要费用请求权。所谓侵占，即据为已有之意。当失主请求拾得人返还遗失物而拾得人无正当理由拒不返还时，即可认为其具有了据为己有之意。在遗失物返还之诉中，当拾得人请求相关费用及报酬的支付时，失主即可据此抗辩。但有疑问的是，拾得人侵占遗失物时，是丧失全部的必要费用请求权，还是仅丧失自侵占开始后（即失主提出返还请求而拒不返还后）之必要费用的请求权？请结合本案案情进行讨论。

6. 遗失物之拾得人是否享有报酬请求权

本案被告索要"谢礼"，言下之意，拾得人享有报酬请求权。在域外立法上，确实存在拾得人享有报酬请求权的立法例，如德国、日本、瑞士、意大利、我国台湾地区。《德国民法典》第 971 条第 1 款规定："拾得人可以向受领权人请求拾得人酬金。拾得人酬金，在物的价值在 500 欧元以下时，为 5%，超出此价值时，为 3%。对于动物，为 3%；物仅对受领权人具有价值的，拾得人酬金应当依公平衡量原则确定。"《日本遗失物法》第 4 条规定："受物件返还者，应将不少于物件价格百分之五，不多于物件价格百分之二十的酬劳金给付于拾得人。但是，国库或其他公法人，不得请求酬劳金。"《瑞士民法典》第 722 条规定："拾得物交还失主的，拾得人有请求赔偿全部费用及适当的拾得报酬的权利。"《意大利民法典》第 930 条规定："如果拾得物品的人提出请求，则物品的所有人应当将拾得物价值或者价款的十分之一作为资金奖励给拾得物品的人。"我国台湾地区"民法"第 805 条规定："拾得人对于所有人，得请求其物价值十分之三之报酬。"我国近代民法史上，也曾存在拾得人之报酬请求权的明确规定，如清律的户律中即规定："凡得遗失物之人，限五日送官，官物尽数还官，私物召人认识，与内一半给与得物之充赏，一半还失物之人，如三十日无人认识者，全给。"但在我国现行法上，不论是《民法通则》、《物权法》还是相关的司法解释，都未赋予拾得人以报酬请求权。在我国物权法的制定过程中，曾有观点建议物权法对此应加以规定，但最终因"拾金不昧"等社会主义公德的考虑而未被立法者采纳。请结合个人的生活实践和生活经验，从立法论的视角探讨拾得人是否应当享有一定的报酬请求权。此外，请结合我国现行法的规定分析，如果失主悬赏寻找遗失物，拾得人是否有权请求失主兑现其悬赏允诺？

7. 拾得人是否享有留置权

在《物权法》的起草过程中，曾有观点主张，物权法应明确规定，在失主领取遗失物时未支付保管费等必要费用的，拾得人有权留置遗失物，意即拾得人享有就必要费用偿付的留置权。但很显然，立法者最终没有采纳该观点，就拾得人是否享有留置权最终没有作出明确规定。但从《物权法》关于留置权之构成的规定来看，肯定拾得人享有留置权应并无疑问。因此，当失主向拾得人主张遗失物返还，而失主以其应先偿付相关的必要费用为条件而拒不返还时，并不构成对遗失物的侵占，而应认定为拾得人留置权的行使；只有当拾得人具有据为己有的意思而拒不返还时，方可认定为侵占而非留置权的行使。本案中，被告倪有根先是主张在农村有习惯，捡到东西是自己运气好，谁捡到归谁，以此理由而拒不返还，于此情形实际上已经构成对遗失物的侵占；但后来，其同意返还，但要求原告应先偿付其相关的费用和谢礼，此时应属留置权的行使而非侵占。

8. 拾得人拒不返还遗失物时，失主是否有权请求损害赔偿

最高人民法院《民法通则意见》第 94 条规定："拾得人将拾得物据为己有，拒不返还而引起诉讼的，按照侵权之诉处理。"该条规定虽然现已废止，但在本案发生时，该规定还是一条有效的裁判规范，在本案审理中应予以适用。本案原告是一个体工商户，以贩卖菜牛为业，当被告拒不返还其所有之牛时，当然会对其造成一定的经营损失。于此情形，失主在提起遗失物返还之诉时，是否还有权就自己的损失请求拾得人给予赔偿？请结合我国现行法的规定，试就该问题作出分析。

9. 遗失物能否善意取得

《物权法》第 107 条规定："所有权人或者其他权利人有权追回遗失物。该遗失物通过转让被他人占有的，权利人有权向无处分权人请求损害赔偿，或者自知道或者应当知道受让人之日起二年内向受让人请求返还原物，但受让人通过拍卖或者向具有经营资格的经营者购得该遗失物的，权利人请求返还原物时应当支付受让人所付的费用。权利人向受让人支付所付费用后，有权向无处分权人追偿。"该条是有关失主之遗失物追回权的规定。有一种观点认为，《物权法》第 107 条的规定奠定了我国物权法上占有脱离物善意取得的基本规则，不仅遗失物可以善意取得，而且盗赃物也可以善意取得。[①] 你同意这种观点吗？请结合我国现行法（包括刑法）的相关规定，就遗失物与盗赃物的善意取得问题作出分析。

（评注人：王洪平）

① 参见韩松等：《物权法所有权编》，378～380 页，北京，中国人民大学出版社，2007。

61. 埋藏物返还纠纷

司法案例

朱芸诉王通仔等案

福建省高级人民法院（2000）闽民终字第72号

基本案情

上诉人（原审第三人）：王盛发。

上诉人（原审第三人）：王盛德。

上诉人（原审第三人）：许盛章（又名王盛章）。

上列三上诉人的委托代理人：郑为良，福州联合律师事务所律师。

上诉人（原审第三人）：王盛丰。

委托代理人：王盛发、许盛章。

被上诉人（原审原告）：朱芸。

委托代理人：黄长江，漳州方圆律师事务所律师。

原审被告：漳浦县官浔镇康庄村村民委员会。

法定代表人：王火旺，主任。

原审被告：王通仔。

原审第三人：王卿、林珠、方林枝、王九人、王亚花、王亚碰、王天江、王天溪、王天河、严令、王亚旱、王心妇、王惠祥、王惠龙、王惠朝、王爱花、王惠金、王伟松、王桂霞、王瑞安、苏亚定、王亚辉、王清花、何苏联、何俩万。

上列原审第三人的诉讼代表人：王盛发、许盛章。

上诉人王盛发、王盛丰、王盛德、许盛章因与被上诉人朱芸、原审被告漳浦县官浔镇康庄村村民委员会（以下简称"康庄村委会"）、王通仔、原审第三人王卿等25人埋藏物所有权纠纷一案，不服漳州市中级人民法院（1999）漳民初字第04号民事判决，向本院提起上诉。本院依法组成合议庭，公开开庭审理了本案。上诉人王盛发、许盛章及王盛德的委托代理人郑为良，被上诉人朱芸及其委托代理人黄长江到庭，参加了诉讼。上诉人王盛丰委托王盛发、许盛章出庭参加了诉讼，原审第三人王卿等25人推举王盛发、许盛章为诉讼代表人出庭参加了诉讼，原审被告康庄村委会和王通仔经本院合法传唤没有到庭。本案现已审理终结。

原审原告朱芸以其新中国成立前将一批黄金埋藏于前夫王盛茂老家祖房"六壁楼"中为

由，向原审法院起诉，请求确认埋藏的黄金归其所有。

原审法院查明：本案诉争的埋藏物黄金埋藏于漳浦县官当镇康王村原由地主王振传于1936年建造的一座二层楼房（俗称“六壁楼”）中。该楼房土改时被没收，一部分分给王通仔，一部分由康庄村委会作为公产。王振传于1949年农历7月死亡，生前娶妻何平（1995年死亡）、妾陈丽英（1952年死亡），共有八子五女：长子王盛充（又名王世清，1986年死亡）、次子王盛宾（又名王水喷，1961年死亡）、三子王炳顺（1974年死亡）、四子王盛茂（1957年死亡）、五子王盛发、六子王盛丰、七子王盛德、八子许盛章（在陈丽英死亡后被许姓人家收养）、长女王卿、次女王怨（1961年死亡）、三女王亚翠。原告朱芸系王振传四子王盛茂之妻，1999年3月5日，其向原审法院申请对埋藏于“六壁楼”的黄金进行诉前财产保全，并提供了一份埋藏物清单，写明埋藏物的种类、数量、重量、特征和包装情况，并特别注明其中有一对“双股绞”金手镯。1999年3月5日下午和3月10日上午，原审法院根据朱芸的指认，分别从王通仔房屋屋顶阳台的两根护栏柱和康庄村委会使用的“六壁楼”南厢房屋顶上北墙西南护栏柱中挖掘出诉争的黄金，其中金币42枚（重1.749千克，每枚金币的正反面都印有特定的图案和文字特征）；金条13根（重3.336千克，长度不齐，部分金条上印有“香港”及“HONGKONG”字样和其他图案）；金首饰19件（重0.406千克，其中5件由双股金钱缠绕而成）。

一审诉辩主张

原告诉称：本人于新中国成立前夕将娘家赠与的陪嫁物黄金埋藏于前夫王盛茂老家的祖厝中，该祖厝经土改，一部分归被告王通仔等村民掌管，一部分归被告康庄村委会掌管。漳州市中级人民法院经原告申请，已将埋藏于两被告掌管的房屋的黄金诉讼保全。请求判决确认诉争的埋藏物黄金归本人所有并由本人提取。

被告康庄村委会辩称：原告所诉黄金埋藏于本村原大地主王振传的旧宅中，由于埋藏时间长且历经土改，其无法确认是否原告所有。因一部分埋藏物是从本村的房屋中挖掘，经本村几十年的管理和保护，请求判令分得诉争黄金的10%作为管理费等费用。

被告王通仔辩称：其不敢主张埋藏物归其所有，也不能确认是原告所有。因一部分黄金是从本人土改分得的房屋中挖掘，其尽了几十年的保护之责，且在挖掘过程中房屋被损坏，请求分得部分财产作为保管费和修理费。

第三人诉称：诉争的黄金是第三人的先父王振传生前埋藏的财产，属王振传的遗产，应由王振传的合法继承人继承。虽原告基于其与第三人之兄王盛茂之间的关系而成为埋藏物的知情人，但王盛茂并未与原告结婚，因此原告主张埋藏物是其陪嫁物违背事实，主张埋藏物的所有权缺乏事实和法律依据，请求驳回原告的诉讼请求，两被告只是埋藏诉争黄金之房屋的掌管人，他们无权对诉争黄金主张权利。

一审判决

原审法院认为：原告朱芸陈述诉争埋藏物黄金的来源、埋藏的原因、埋藏地点、埋藏过程具体翔实，既符合客观常理，又适应其体能要求；陈述埋藏物的外包装及形状与挖掘的实际情况基本吻合，尤其是朱芸对埋藏物中特定首饰的记忆和辨认，足以证明其是埋藏物的所有者和埋藏者，其主张埋藏物的所有权符合法律和政策规定，应予支持。反之，第三人对诉争埋藏物的情况，一无所知，仅以王振传当时经济富有，诉争物系埋藏于王振传建造的房屋中，而推测诉争埋藏物系王振传所有和埋藏，缺乏依据，其主张埋藏物应由其继承无理，应予驳回。被告王通仔和康庄村委会提出保管费和房屋修理费的请求与本案埋藏物所有权之诉为不同法律关系，二被告可另案起诉。原告朱芸愿意承担本案的案件受理费，可予准许。据此，依照《民法通则》第75条和最高人民法院《民法通则意见》第93条的规定，判决如下：

一、诉争的埋藏物（金币42枚、金首饰19件、金条13根、合计重量5.491千克）归原告朱芸所有；

二、驳回第三人王盛发、王盛丰、王盛德和许盛章的诉讼请求。

二审诉辩主张

宣判后，王盛发、王盛丰、王盛德和许盛章不服，向本院提起上诉称：（1）原审判决认定朱芸于1949年4月与王盛茂结婚是错误的。事实上，1949年4月朱芸是与王盛茂订婚，新中国成立前朱芸没有与王盛茂结婚，不具备到王家埋藏黄金的可能；（2）朱芸在原审时对埋藏物情况的陈述与客观事实有重大出入，原审认定朱芸的陈述与实际情况基本吻合是错误的；（3）新中国成立前朱芸娘家的经济状况一般，不具备将诉争的大量黄金给朱芸做嫁妆的条件；（4）诉争的黄金埋藏于王振传所建的“六壁楼”中，该房屋从未改建和扩建，根据最高人民法院（1986）民他字第38号和（1988）民他字第5号司法解释，诉争的黄金应确认归原房屋所有权人王振传所有。请求撤销原审判决；驳回被上诉人主张诉争黄金所有权的诉讼请求；确认诉争的黄金是王振传的遗产，由王振传的法定继承人继承。

被上诉人朱芸辩称：上诉人主张诉争的黄金系王振传所埋缺乏依据。本案诉争的黄金是被上诉人所有并由被上诉人亲手埋藏，因此，只有被上诉人才知道所埋黄金的具体位置、种类、数量、特征和包装情况。原审根据被上诉人在挖掘之前所提交的清单与实际挖掘情况一致的事实和“挖取的埋藏物应归埋藏人所有”的法律规定，判决埋藏的黄金归被上诉人所有是完全正确的。上诉人主张埋藏物应归原房屋所有权人所有，没有依据。原审判决认定事实清楚，证据充分，适用法律正确，程序合法，应予维持。

二审举证及质证、认证情况

本院经审理查明，双方当事人对以下事实没有异议，应予确认：

1. 诉争的黄金埋藏于漳浦县官浔镇康庄村新中国成立前由上诉人之父王振传所建的“六壁楼”中，王振传于1949年8月死亡。其后，“六壁楼”被没收，一部分分给原审被告王通仔等人，一部分由康庄村委会作为公产。

2. “六壁楼”埋藏黄金的地点自建造以来未改建和扩建。

3. 王通仔和康庄村委会均否认黄金为其所埋。

4. 朱芸新中国成立前就读于龙溪师范，1949年4月与王振传之子王盛茂订婚，后与王盛茂结婚。

5. 1999年3月5日和3月9日，朱芸两次向原审法院提出诉前财产保全申请，要求对埋藏于“六壁楼”的黄金进行挖掘并保全。3月5日下午原审法院采取保全措施之前，朱芸向原审法院提交一份埋藏物清单，载明：埋藏物数量180两（小两）6 000多克，其中香港金币50个～60个（英女皇头像金币，每个重量37.5克）、香港金条20条～25条（上面有圆形印章，每条5小两约187.5克），其余金饰品（其中有一对双股绞的金手镯约150克）；当时共分作三份，用牛皮纸将它卷成三个圆柱形条状，然后用小麻绳扎好，在阳台水泥柱分三孔放下后用水泥沙填充。

6.1999年3月5日下午和3月10日上午，原审法院根据朱芸指示的埋藏地点，分别从“六壁楼”中王通仔房屋屋顶阳台的两根护栏柱和康庄村委会作为公产的南厢房顶上北墙西面护栏柱中挖掘出本案诉争的埋藏物黄金。该批黄金分为三份，用牛皮纸包裹，白布条包扎，分别埋藏于三根空心护栏柱中，周围用水泥浆填充、覆盖；黄金总重量5.491千克，其中金币42枚（重1.749千克，金币上印有人头像及其他图案和文字特征）；金条13根（重3.336千克，长度不齐，部分金条上有圆形印章，或印有“香港”及“HONGKONG”字样）；金首饰19件（重0.406千克，其中有一对双股绞的金手镯）。

本案双方当事人争议的焦点是朱芸是诉争黄金的埋藏人还是知情人。

朱芸陈述诉争的黄金是其于1949年年初与王盛茂结婚时的外祖母和母亲赠与的嫁妆，新中国成立前夕由其亲手埋藏于“六壁楼”。上诉人认为朱芸的陈述不客观，其仅是诉争黄金埋藏情况的知情人，不是埋藏人。理由是：（1）朱芸和王盛茂是新中国成立后结婚的，在此之前她不可能有嫁妆并埋藏于王盛茂家中。提供如下证据证明：1）王盛茂在1952年所作的《坦白书》，在该《坦白书》中王盛茂自述其与朱芸于新中国成立后在厦门结婚；2）王盛茂与朱芸的订婚照片，照片上注明1949年4月二人订婚，说明二人在1949年年初尚未结婚；3）证人陈文俊证明1949年8月之前朱芸与王盛茂还未结婚，证人杨振田和郑淑端证明1949年4月二人订婚，新中国成立前二人没有结婚。（2）新中国成立前朱芸娘家的经济状况一般，不具备赠送大量黄金给朱芸做嫁妆的条件。提供如下证据证明：1）朱芸之舅郭宽逊1951年填写的《干部登记表》，表中内容证明朱芸的外祖父郭江水当时已经死亡，朱芸娘家经济状况一般。2）郭宽逊1972年4月填写的履历表，表中郭宽逊填写家庭出身为小商人，说明朱芸外祖父家庭经济一般。3）朱芸之弟朱之圳1981年10月18日填写的《招收集体所有制新工人登记表》，表中朱之圳填写家庭出身为自由职业者，说明朱芸的父母家庭经济一般。4）朱芸新中国成立前就读于公立龙溪师范，该校实行供给制，说明当时朱芸家庭不富有。（3）朱芸向原审法院提交的埋藏物清单和实际挖掘状况相差很大，说明朱芸不是埋藏人，只是知情人。具体证据为：1）朱芸分两次向原审法院申请对埋藏物进行保全，说明她不知道黄金的具体埋藏地点；2）朱芸提交的清单上写明黄金总重量是6 000多克，实际只有5 491克；3）清单上写明金币有50枚～60枚，实际只有42枚；4）清单上写明金条20条～25条（每条5两），实际上是大条7根（每根10两），中条5根，短条1根，重量不是每根都5两；5）清单上未写明金首饰的具体件数；6）清单上写明埋藏的黄金用小麻绳包扎，实际是用白布条包扎。

对上诉人提交的上述证据及陈述的理由，被上诉人朱芸质证认为：（1）其与王盛茂于1949年4月订婚，不久即结婚。现存的其女儿朱少玲个人档案中，记载朱芸曾于1974年9月20日自述于1949年4月与王盛茂结婚。该记录是客观真实的。证人陈文俊、杨振田、郑淑端不了解真实情况，其证明朱芸与王盛茂新中国成立后结婚的证词不能采信。（2）上诉人提交的郭宽逊填写的履历表、《干部登记表》、朱之圳填写的《招收集体所有制新工人登记表》的内容及朱芸就读于公立龙溪师范的事实，均不能证明新中国成立前朱芸娘家经济状况不富裕。朱芸同时提供了1份所有权人为郭宽逊、郭纯良、郭宽让、郭廉卑共有的房地产所有权登记证及1份，申请人为其外祖母施文银的《房地产土地所有权登记申请书》复印件，认为这2份证据可以证明新中国成立前她娘家拥有大量地产，经济富裕。（3）朱芸在埋藏物挖掘之前就详细陈述了埋藏物的埋藏地点、包装情况、埋藏方式，以及埋藏物的具体种类、数量和特征，足以证明朱芸是埋藏人；如果仅是知情人，不可能陈述如此详细。至于个别陈述与挖掘情况不符，是因事隔50年记忆错误。

对被上诉人朱芸提交的上述证据，上诉人质证认为：（1）朱少玲的个人档案中，记载朱芸自述朱少玲于1950年8月出生，这与朱少玲的户口登记卡上的出生年月不符，说明朱芸的陈述不客观，关于朱芸陈述的记录不能作为定案证据，不能据此认定其与王盛茂于1949年结婚。

（2）郭宽逊、郭纯良、郭宽让、郭廉卑共有的房地产所有权登记证及朱芸外祖母施文银的《房地产土地所有权登记申请书》均系复印件，且其中登记的土地面积小，不能据此证明新中国成立前朱芸娘家经济富裕。

二审判决

本院认为：朱芸与王盛茂存在婚姻关系的事实，上诉人和被上诉人均无异议，可予确认。关于两人结婚的时间，朱少玲的个人档案中记载朱芸自述其与王盛茂于 1949 年 4 月结婚，王盛茂在《坦白书》中自述其与朱芸新中国成立后结婚，两人陈述的结婚时间不同，且均没有其他旁证材料证明，不能据此确定朱芸与王盛茂的结婚时间。证人陈文俊、杨振田、郑淑端均未出庭作证，其关于朱芸与王盛茂于新中国成立后结婚的证词是否真实，不能确定，也不能据此确定朱芸与王盛茂新中国成立后结婚。上诉人所举关于朱芸父母和外祖父母职业的证据，朱芸所提交的《房地产所有权登记证》、《房地产土地所有权登记申请书》，均具有片面性，不足以直接证明新中国成立前朱芸娘家的实际经济状况。

本案被上诉人朱芸指认诉争黄金埋藏的具体位置，陈述埋藏物用牛皮纸包裹，上面用水泥覆盖的情况，埋藏物黄金的种类及金币上有人像图案、金条上有圆形印章、金首饰中有一对双股绞手镯的特征，与挖掘出埋藏物的实际状况完全吻合。其陈述埋藏物黄金的总重量，及每个金币的数量与实际重量基本吻合。且朱芸与王盛茂存在婚姻关系，具备到王家埋藏黄金的条件，可以据此推定朱芸是诉争黄金的埋藏人。因埋藏年代已达 50 年，朱芸对埋藏物数量和重量陈述的一些差异，不影响对其为实际埋藏人的推定。根据最高人民法院（1986）民他字第 38 号《关于产权从未变更过的祖遗房下掘获祖辈所埋的白银归谁所有问题的批复》①、（1988）民他字第 5 号《关于掘获过去地主所埋藏的银元归谁所有问题的批复》② 及（1988）民他字第 12 号《关于刘士庚诉定州市东赵庄乡东赵庄村委会白银纠纷案的批复》③ 的精神，埋藏物应归埋

---

① “云南省高级人民法院：你院《关于唐绍清等人诉唐学周白银纠纷案请示报告》收悉。被告唐学周于 1985 年 3 月 15 日翻建自有房屋时，在墙脚掘获刻有乾隆字样的白银 29 公斤 4 公两。该房系唐氏家族之祖遗产，历经数代均由唐姓家族人居住，从未变更过产权。族人皆知房下埋有白银，解放前曾两次掘获。因年代久远，白银究系唐姓家族中何人所埋不能证实。原告唐绍清等以此白银系高祖母遗产为由，起诉要求继承。被告唐学周辩称白银为其父临终前告知所埋，不同意原告唐绍清等继承。根据以上事实，我们研究认为，被告唐学周在祖遗房下所掘获的白银，应认定为唐姓家族人所埋，视为原、被告等人的共有财产，由共有人合理分割，不宜作遗产处理。”

② “江西省高级人民法院：你院（88）赣法民字第 12 号《关于掘获过去地主埋藏的银元归谁所有问题的请示报告》收悉。根据你院报告，原告倪任福之父倪美林土改时被定为地主成份，在其保留的半栋祖遗房屋下埋藏了 43 枚银元。1982 年倪美林死亡。1979 年 4 月，倪任福将此房屋出卖给被告倪建林。之后，倪任福及其姐根据其父生前的交待，曾两次到此房挖掘银元，均未获得。1986 年 10 月，倪建林将购买的这半栋房屋拆旧建新时，由帮工倪国和等 2 人在屋角下掘出 43 枚银元，原、被告为银元权属发生争执，倪任福于 1987 年 5 月诉至法院，要求倪建林返还所获银元。经我们研究，同意你院审判委员会第一种意见，即：根据我院法（民）复［1986］5 号批复的精神，所掘获银元归埋藏人倪美林所有，由其法定继承人依法继承，不宜再作没收处理。”

③ “河北省高级人民法院：你院（88）冀法民字第 1 号关于刘士庚诉定州市东赵庄乡东赵庄村委会白银纠纷一案的请示报告收悉。据你院报告称：双方争执的白银系刘士庚的祖父刘洛纯所埋。土改时，刘洛纯被定为地主，其被没收的房屋由东赵庄村委会使用至今。1986 年 10 月，刘士庚之夫刘运凯向定州市政府提出，其妻刘士庚的祖父临终前告诉他们，在被没收的 3 间南房东头屋内埋有白银 1 坛，要求挖掘。经市、区、乡政府同意，刘运凯等前往东赵庄村与村委会干部一同挖掘未获。村委会经向知情人调查了解后，即组织人员在南房西头一间内挖出白银 1 坛，计 2401 块。刘士庚为白银的归属与村委会发生纠纷诉至法院，要求返还掘获的银元。经我们研究认为：根据《民法通则》第七十九条第一款及我院《关于贯彻执行〈民法通则〉若干问题的意见（试行）》第九十三条规定的精神，争执的白银应归埋藏人刘洛纯所有，由其法定继承人依法继承。在处理时，对挖掘过程中提供过条件、帮助的单位和个人，可酌情予以适当的补偿。”

藏人所有。故本案诉争的埋藏物黄金应归埋藏人朱芸所有。上诉人主张朱芸与王盛茂系新中国成立后才结婚，其娘家新中国成立前经济不富裕，证据不足，据此主张朱芸不具备埋藏黄金的条件不能成立。上诉人认为诉争黄金系其父王振传祖遗财产，未能提供证据证明，其主张对诉争黄金的所有权，不予支持。

依照《民事诉讼法》第 153 条第 1 款第 1 项的规定，判决如下：

驳回上诉，维持原判。

二审案件受理费人民币 9 211 元，由上诉人共同负担。原审案件受理费及诉前财产保全费按原审判决负担。

本判决为终审判决。

案由与焦点

1. 案由

本案的一级案由为“物权纠纷”，二级案由为“所有权纠纷”，三级案由为“埋藏物返还纠纷”。

埋藏物返还纠纷是指埋藏物的权利人请求发现埋藏物的人或者其他无权占有埋藏物的人返还埋藏物而引发的纠纷。

2. 焦点

本案争议的焦点在于所发现之埋藏物的归属。朱芸主张其为埋藏人，故埋藏物应归其所有。第三人主张朱芸只是埋藏物的知情人而非埋藏人，因而该批埋藏物应作为其已故先人的遗产经由法定继承确定归属。一审两被告虽然不主张埋藏物的所有权，但主张其享有一定的保管费用偿付请求权。围绕着上述争议焦点，本案涉及一系列的实体问题和程序问题值得研讨。

评注与问题

1. 如何界定“埋藏物”与“隐藏物”

《民事案件案由规定》将埋藏物纠纷与隐藏物纠纷并列为所有权纠纷的下一级案由，这就带来了两类纠纷的区别问题，而区别的关键在于“埋藏物”与“隐藏物”的界定与区别。有人认为，埋藏物是指埋藏于地下或水中，不易从外部发现且所有人权属不明的动产；隐藏物是指隐匿于建筑物等地上动产或不动产之中的动产。通常而言，如果该动产隐藏于地下，则为埋藏物；如果隐藏于地上的不动产或者动产中，则为隐藏物。[①] 很显然，这一观点是以包藏物之不同来区分埋藏物与隐藏物的。《民法通则》、《物权法》都对埋藏物和隐藏物两个概念作了明确的并列规定，这也正是《民事案件案由规定》将埋藏物返还纠纷与隐藏物返还纠纷并列为两类案由的真正原因。但从概念的科学性角度来看，人为地区分埋藏物和隐藏物可能是没有必要的，这一概念区分也缺乏比较法上的依据。在大陆法系国家和地区的民法典中，往往只对埋藏物一个概念作出规定，而不会在此之外再规定隐藏物的概念。为此，建议在我国未来民法典的制定中，应考虑将隐藏物概念并入埋藏物概念中，不再明确单列隐藏物返还纠纷为一类独立于

① 参见孙佑海主编：《最高人民法院〈民事案件案由规定〉适用一本通》，98、99 页，北京，中国法制出版社，2011。

埋藏物返还纠纷之外的案由。

2. 如何确定埋藏物的归属

埋藏物的本质特征之一在于其为所有人不明之动产，意即埋藏物本为有主物而非无主物，只是在发现埋藏物时其所有人不明而已。如果埋藏物之所有人可以确定，则埋藏物应归其所有人所有。正如本案中，法院最终判定朱芸为埋藏物的所有人，掘得的黄金首饰等归其所有。因此，在我国现行法上，根据《民法通则》第 79 条的规定，只有所有人不明的埋藏物才归国家所有；如果所有人明确，根据《民法通则意见》第 93 条的规定，只要是根据现行的法律、政策是可以归所有人所有的，那么埋藏物即应判归所有人所有。

但需注意的是，如果法律或相关国家政策规定不能归埋藏物原所有人所有的，则应当收归国有。如根据《中华人民共和国文物保护法》第 5 条之规定，中华人民共和国境内地下、内水和领海中遗存的一切文物，属于国家所有。这即意味着，如果埋藏物是文物的，则只能归国家所有，其原所有人丧失所有权。此外，根据《中华人民共和国枪支管理法》、《刑法》等相关规定，如果发现的埋藏物是枪支弹药，那么也不能归原所有人所有。本案中，埋藏物是黄金，现行的法律、政策并未限制或禁止公民拥有，因此可判归朱芸所有。

从法律上宣告埋藏物归属其所有人固然重要，但更为关键的问题是，由于埋藏物的埋藏年代往往久远，因而应如何认定谁为所有人往往较为困难。本案终审判决很好地解决了这一问题，该判决通过归纳最高人民法院相关司法解释和司法性文件的规定，得出“埋藏物归埋藏人所有”的结论，这是正确的。虽然在现实中，埋藏人未必一定就是真正的所有权人，但在无法确定谁为真正的所有权人时，推定埋藏人为所有权人就是合情合理的。因此，在埋藏物的归属问题上，可以认为我国存在以下明确的规则：埋藏物归其所有人所有；所有人不明的，归埋藏人所有；埋藏人不明的，归国家所有。

3. 包藏物所有人是否享有保管费用偿付请求权

本案中，一审两被告一方面否认埋藏物归原告朱芸所有，另一方面主张其作为包藏物的权利人，有权请求埋藏物的所有人支付一定的保管费用。但一审判决认为，二被告请求支付保管费与本案非同一法律关系，因而不予支持。应当说，一审法院的这一判决理由不尽恰当。被告主张原告偿付一定的保管费用，构成反诉，一审法院认为其主张与本案并非同一法律关系而驳回是欠缺法律依据的。一审法院可以认为，因为《民法通则》及相关的司法解释并没有规定包藏物的权利人享有费用求偿权，因而被告的这一主张因欠缺法律上的请求权规范基础应予驳回，这样撰写判决理由就更有说服力了。但需注意的是，即便一审法院以于法无据为由判决驳回被告的费用偿还请求权，在现行《物权法》施行后，这一判决理由亦不复成立了。这是因为，根据《物权法》第 114 条的规定，发现埋藏物的处理应参照拾得遗失物的规定，而在拾得遗失物的规定中，拾得人是享有必要费用之偿还请求权的。因此，在我国现行法上，若包藏物的所有人或者埋藏物的发现人要求埋藏物的权利人偿付一定的保管费用或其他费用，已经于法有据了。有鉴于此，若本案发生于《物权法》施行后，法院要判决驳回包藏物所有人的偿付费用主张，就只能以包藏物的所有人不能提供证据证明其支出了一定的费用为由。如本案中，二被告虽然是作为包藏物之房屋的所有人，但他们都无法证明在其并不知晓房屋中有埋藏物时其对埋藏物的保管支出了一定的费用，从而其费用偿付请求依法应不予支持。

4. 民事诉讼中的第三人是否享有上诉权

《民事诉讼法》第 56 条规定：“对当事人双方的诉讼标的，第三人认为有独立请求权的，有权提起诉讼。对当事人双方的诉讼标的，第三人虽然没有独立请求权，但案件处理结果同他有法律上的利害关系的，可以申请参加诉讼，或者由人民法院通知他参加诉讼。人民法院判决承担民事责任的第三人，有当事人的诉讼权利义务。”根据该条规定，民事诉讼中的第三人包括两类，即有独立请求权的第三人和无独立请求权的第三人。本案一审中列名的第三人，为有独立请求权的第三人，因为这些第三人对于原、被告双方当事人诉争的诉讼标的认为其享有独立的请求权，埋藏物既不属于原告所有，亦不属于被告所有，而应属于第三人所有。在我国民事诉讼中，有独立请求权的第三人参加之诉，构成诉的合并，第三人实质上处于原告的地位，而被参加之诉的当事人处于共同被告的地位。为此，有独立请求权的第三人具有诉的当事人地位，其依法享有上诉权，本案二审的启动即属于这种情况。但根据《民事诉讼法》第56条第2款的规定，只有被判决承担民事责任的无独立请求权的第三人，才具有当事人的地位，才能享有上诉权，否则无独立请求权的第三人不享有上诉权。有鉴于此，试分析：如果一审中无独立请求权的第三人未被判决承担民事责任，而在二审程序中二审法院又认为一审判决第三人不承担民事责任不当的，二审法院应当如何处理。

5. 村民委员会具有法人资格吗

本案判决在当事人事项中列明："原审被告康庄村委会，住所地漳浦县官浔镇康庄村。法定代表人：王火旺，主任。"这一表述不仅给人带来一个极大的疑惑：村委会是法人组织吗？如果不是，为什么审理法院将其村委会主任列为"法定代表人"呢？这是在研讨学习这一案例时不能不提出的一个程序性问题。

根据《村民委员会组织法》第2条的规定，村民委员会是村民自我管理、自我教育、自我服务的基层群众性自治组织。依此规定，村委会在性质上属于一类"组织"当无问题。在我国现行法上，"组织"包括两类：一类是法人组织，另一类是非法人组织。在诉讼法上，非法人组织即"其他组织"。由此可见，在诉讼地位上，村委会要么是法人组织，要么是非法人组织的其他组织。最高人民法院《民事诉讼法意见》第40条规定："民事诉讼法第四十九条规定的其他组织是指合法成立、有一定的组织机构和财产，但又不具备法人资格的组织，包括：(1)依法登记领取营业执照的私营独资企业、合伙组织；(2)依法登记领取营业执照的合伙型联营企业；(3)依法登记领取我国营业执照的中外合作经营企业、外资企业；(4)经民政部门核准登记领取社会团体登记证的社会团体；(5)法人依法设立并领取营业执照的分支机构；(6)中国人民银行、各专业银行设在各地的分支机构；(7)中国人民保险公司设在各地的分支机构；(8)经核准登记领取营业执照的乡镇、街道、村办企业；(9)符合本条规定条件的其他组织。"该条规定明确列举的8类其他组织并不包括村民委员会。依反面解释，难道说村委会属于法人组织吗？还是说村委会属于该条规定中的第(9)项？单纯由该规定本身，显然不能作出确定的回答。

在我国司法实践中，有的法院认为村委会属于其他组织，因而列其诉讼代表人村委会主任为"负责人"；有的法院（如本案终审法院）认为村委会属于法人组织，从而列其诉讼代表人村委会主任为"法定代表人"。请结合理论学说及相关法律的规定，探讨村委会在民事诉讼中的地位。

6. 民事诉讼的证明标准是什么

关于民事案件的证明标准，两大法系各国在学理和司法实践中大都承认适用盖然性标准，但在具体表述上存在一些差异。英美法系国家一般表述为"盖然性居上或占优势"标准，大陆法系国家一般表述为"高度盖然性"标准。[①] 盖然性标准与刑事案件中"排除合理怀疑"的证明标准存在着本质的不同，需予以注意区别。在过去，我国的民事案件审理追求查清案件的"客观真实"而非程序中的"法律真实"。实践证明，这一目标虽然是可欲的但却是不可行的。为此，最高人民法院《民事诉讼证据规定》一改传统的证明标准观念，明确了我国民事案件审

① 参见毕玉谦：《民事证据原理与实务研究》，851～852页，北京，人民法院出版社，2003。

理中的“高度盖然性标准”。《民事诉讼证据规定》第73条规定：“双方当事人对同一事实分别举出相反的证据，但都没有足够的依据否定对方证据的，人民法院应当结合案件情况，判断一方提供证据的证明力是否明显大于另一方提供证据的证明力，并对证明力较大的证据予以确认。因证据的证明力无法判断导致争议事实难以认定的，人民法院应当依据举证责任分配的规则作出裁判。”本案中，从朱芸对埋藏物的了解程度来看，其不仅为知情人，而且其具备到王家祖屋埋藏黄金的条件，因此可认定其为埋藏人；而由于埋藏年代久远，朱芸对埋藏物的数量、重量陈述的一些差异，二审法院认为不影响对其为实际埋藏人的认定，也符合实事求是的精神。这一事实的认定过程，采用的证明标准显然就是一种高度盖然性标准，是科学合理的。

7.“妾”具有何种法律地位

本案原审法院查明：“王振传于1949年农历7月死亡，生前娶妻何平（1995年死亡）、妾陈丽英（1952年死亡）。”这一事实虽然与本案最终判决结果无多大关联性，但在研讨该判决时，也必须对旧中国“妾”的法律地位有所了解和认识。在中华民国前期，即北洋政府时期，其相关的法律条文中明确规定了妾的地位，即认为妾与其家长[①]的关系为合法的契约关系。在中华民国后期，即国民政府时期，其相关的法律规定中明确删除了“妾”的称谓，实行“一夫一妻制”。但需注意的是，对妾制不论是否存在明文的法律规定，在整个中华民国时期，是承认妾的家属地位的。但在当时，妾虽具有家属的地位，其与家长间却不具有婚姻关系，因而妾与家长之同居关系的解除不被视为离婚。既然妾被视为家属的一员，那么其在法律上就享有一定的家属权利，如受赡养权、拥有一定的私产权、继承权等。但妾的身份毕竟是低贱的，终其一生，妾的尊亲属身份都不可能被承认。[②] 新中国成立后，出于法不溯及既往的考虑，虽然新中国已经断然废除了旧社会的蓄妾制而实行一夫一妻制，但在中央人民政府法制委员会1950年发布的《有关婚姻法施行的若干问题》中，仍只是作出规定：“对于婚姻法施行前的重婚、纳妾，一般的可以‘不告不理’；但女方提出离婚或其他合法要求时，人民法院应依法处理。”因此，在我国现行法上，除历史遗留的原因而存在妾的法律地位问题外，可以说当今社会已经不存在妾的问题了。但同时也需清醒地认识到，法治的理想与法治的现实之间毕竟总是存在着差距，虽然我国法已经明确废除妾制长达半个多世纪，但不意味着事实上的纳妾现象不存在。如时任最高人民法院院长的郑天翔同志在1988年4月1日向第七届全国人民代表大会第一次会议所作的《最高人民法院工作报告》中，就明确地指出，由于受资产阶级腐朽思想的侵蚀，有些暴发户以金钱诱惑等手段玩弄妇女，把妇女当做商品，甚至有“纳妾”的。我国当下社会热议的“包二奶”、“包三奶”现象，虽然与旧中国时期的蓄妾制存在不同，但也不可否认，二者之间存在着一定的相似性，因而在法律层面上如何规制这类关系，也仍是我国当前婚姻法制中不可忽略的一个问题。

（评注人：王洪平）

① 与妻对称的为“夫”，与妾对称的为“家长”。

② 参见程郁：《民国时期妾的法律地位及其变迁》，载《史林》，2002（2）。

62. 相邻关系纠纷

司法案例

李红梅诉李本成案

重庆市第四中级人民法院（2010）渝四中法民终字第00277号

基本案情

上诉人（原审被告）：李本成。

委托代理人：田宗秀（李本成之妻）。

委托代理人：池芳。

被上诉人（原审原告）：李红梅。

委托代理人：李子兵。

委托代理人：李子松。

上诉人李本成（原审被告）与被上诉人李红梅（原审原告）相邻污染侵权纠纷一案，秀山土家族苗族自治县人民法院于2009年11月12日作出（2009）秀民初字第910号民事判决，李本成对该判决不服，向本院提起上诉。本院于2010年6月8日对上诉人李本成及其委托代理人田宗秀、池芳，被上诉人李红梅及其委托代理人李子兵、李子松进行了询问，并依法组成合议庭审理了本案，现已审理终结。

原、被告系邻居，两家房屋相邻而建，原告李红梅家房屋在被告李本成家房屋后面，且地基比被告家矮，多年来两家相安无事。2004年，因原告李红梅在其房屋后空地上搭建拖檐，受到被告李本成及其家人的干预，双方发生纠纷。事后，原告李红梅便不准被告李本成家的生活污水及粪便从其屋后阳沟排出。由于长期得不到疏通，造成大量的粪便及生活污水积聚在阳沟里，给双方的生活带来了很大的影响。本案纠纷发生后，经相关组织协调解决未果。2009年7月27日原告李红梅起诉至法院，请求判令被告李本成立即清除排放在原告屋后阳沟里的粪便及生活污水，停止侵害、排除妨害，被告李本成赔偿原告精神损害抚慰金8 000元。

一审诉辩主张

原告李红梅诉称：原、被告系邻居，两家房屋相邻而建，原告房屋在被告房屋后面，被告家房屋所处地势比原告家房屋要高出约0.8米，即堡坎；堡坎下是原告家的阳沟，阳沟挨着原告的厨房及正房。2002年，被告将自家厕所填平，然后将其家人排放的粪便和所有生活污水堆积在阳沟里。大量的粪便臭不可闻，加之阳沟坎下是原告的厨房，给原告生活造成了很大的影响。原告找到村里要求解决，2004年10月17日，在村里的主持调解下，原告委托妹夫龙长刚与被告签订并达成协议：(1) 被告的屋檐滴水可以从原告屋后阳沟流出，不准排粪便、污水。(2) 被告家的粪便及污水使用水管埋在地下排出。然而，在两家达成协议后，被告拒不履行协议，妥善解决其家人粪便及污水问题，仍然是直接排放在原告屋后阳沟里，至今已长达5年之久。5年来，被告家排放在原告屋后阳沟里的粪便和污水，已臭不可闻，脏不堪言，散发出来的恶臭味让原告家一直无法正常生活，特别是在做饭和吃饭时更是经常恶心和呕吐，精神十分痛苦。原告请求法院判令李本成立即清除排放在原告屋后阳沟的粪便及生活污水，停止侵害、排除妨碍，判令李本成赔偿原告精神抚慰金8 000元。

被告李本成辩称：在纠纷发生前，被告家的污水是由下水管道排入粪池中的，是由于原告无理取闹，将被告的下水管挖断后才导致污水、粪便无法正常排出，所损坏的下水管道，理应由原告修复。原告在本案中受到的精神损害，是由原告自己的因素造成的，故原告请求无理，请求依法予以驳回。

一审判决

一审法院认为：不动产的相邻各方，应当按照有利生产、方便生活、团结互助、公平合理的精神，正确处理排水、通行、通风等方面的相邻关系。给相邻方造成妨碍或者损失的，应当停止侵害、排除妨碍、赔偿损失。本案原、被告系邻居，本应正确对待和妥善处理相邻之间的排水、排污问题，但由于双方在发生矛盾后互不相让，致使矛盾升级恶化，问题严重。首先，被告李本成家的生活污水及粪便排放，应当设置地下管道并流入粪池，直接排放在阳沟里不妥，这样有损公共环境卫生。关于被告李本成家排放的生活污水及粪便是否经地下管道流出的问题，一方面，被告李本成抗辩认为，排污管道埋藏于地下，生活污水及粪便由地下管道往河堤排放；另一方面又辩称生活污水及粪便是由地下管道经其屋后一空地往屋后粪池（牛圈）排放，两种说法相互矛盾，不能一致。而且被告不能提供有效证据证明其原来设置有地下排水管道以及原告损坏其地下管道的事实，故推定李本成没有铺设地下管道，而生活污水及粪便是直接流入原告李红梅家屋后阳沟里再排放出去的。其次，本案纠纷的关键问题是李本成家排放的生活污水及粪便如何治理的问题。由于李本成家排放的生活污水及粪便长期积聚不能正常排出，已对相邻之间的环境卫生造成了污染与危害，作为相邻一方的李本成应当自行采取措施进行治理。在治理时，设置管道从其屋前阳沟排放不妥，因就近无地方设置化粪池，无化粪池处理而直接排入在阳沟里有损公共环境卫生。因此，只能将排污管道从被告屋里铺设后，把管道埋藏在地下往被告屋后经相邻公共用地排放于一粪池中。但被告李本成在使用该相邻空地时，不得损害他人利益或者集体利益。此外，被告李本成在治理排污问题时，原告李红梅应予配合，不得妨碍被告李本成的正常施工作业。最后，被告李本成家排放的生活污水及粪便，是由于发生纠纷后得不到有效解决，日积月累，造成大量的粪便堆积，这对于双方的生活都带来了很大的危害。其实质上是双方不能正确对待和妥善处理相邻关系而造成的，从正确处理相邻关系，彻底消除和化解双方矛盾纠纷的角度，并结合精神损害抚慰金赔偿的前提条件和原则要求，对于原告李红梅主张要求被告李本成赔偿其精神损害抚慰金8 000元的诉讼请求，不予支持。综上，依照《民法通则》第83条，《物权法》第84条、第86条之规定，判决如下：

一、被告李本成应在本判决生效后3日内清除排放在原告李红梅屋后阳沟里的粪便及生活污水，停止侵害，排除妨碍，并对其排污问题进行有效整治（铺设地下管道，从被告李本成屋后经相邻公共用地将污水排放于自家的粪池中），该整治费用由被告李本成承担；

二、驳回原告李红梅的其他诉讼请求。

案件受理费 80 元，由原告李红梅负担 30 元，被告李本成负担 50 元。

二审诉辩主张

李本成对一审判决不服，向本院提起上诉，请求撤销原判，改判李红梅的诉讼请求，并由李红梅恢复上诉人家的下水管道。主要事实和理由：原判认定事实不清。上诉人在庭审中将污水经地下管道往河堤排放变更为往屋后粪池排放；上诉人提供的证人姚云江等人的证实可以证明李红梅损坏上诉人家的下水管道。

被上诉人李红梅答辩称：原判认定事实清楚，适用法律正确，建议二审法院维持原判。

本院二审查明：本院主持李本成、李红梅实地测量，从李本成屋后目前排放污水的管道经相邻公共用地至李本成家的粪池处的直线距离约十四米。

本院二审查明的其他事实与一审法院查明的事实相同。

二审判决

本院认为：本案争议的焦点是李本成是否应停止侵害、排除妨碍、清除李红梅家屋后阳沟内的粪便及生活污水。根据最高人民法院《民事诉讼证据规定》第 2 条的规定，当事人对自己提出的诉讼请求所依据的事实或反驳对方诉讼请求的事实有责任提供证据加以证明。没有证据或证据不足以证明当事人的事实主张的，由负有举证责任的当事人承担不利后果。李本成在二审中提供的刘永红的证言，证明刘永红帮李本成家从厕所经屋后空地埋了一根管道通往后面的厕所（牛圈）；覃德杰证明 2003 年期间他听双方在争吵，并看见了露在地面的下水管道被挖破，但没有看见是谁挖的；李本成在一审中提供的姚云江、杨万祥、姚文秀、胡治贵等人的证言，证实双方为土地使用权多次发生纠纷，李红梅家几次损坏李本成家的下水管道。李红梅提供的其妹夫龙长刚与李本成于 2004 年 10 月 17 日签订的《协议书》的第 2 条，可以证明签订协议当时李本成没有埋排水管道的事实。比较前述双方提供的证据，根据最高人民法院《民事诉讼证据规定》第 77 条的规定，李红梅提供的《协议书》属于书证，其证明力明显高于李本成提供的证人证言，再结合上诉人在另一案的民事起诉状中明确称埋藏一下水管道至河堤的事实，故原审不予采信上诉人的证据并无不当。由于李本成将自家的生活污水及粪便直接排放在阳沟内，严重影响了李红梅的生活，并有损公共环境卫生，故原判责令李本成清除排放在李红梅家屋后阳沟里的粪便及生活污水，停止侵害，排除妨碍并无不当。

综上，原判认定事实清楚，适用法律正确，应予维持。李本成上诉的事实和理由不成立，应予驳回。依照《民事诉讼法》第 153 条第 1 款第 1 项之规定，判决如下：

驳回上诉，维持原判。

二审案件受理费 80 元，由上诉人李本成负担。

本判决为终审判决。

本判决发生法律效力后，当事人应自觉履行判决的全部义务。一方不履行的，权利人可以向秀山土家族苗族自治县人民法院申请强制执行。申请执行的期限为 2 年，该期间从法律文书规定履行期间的最后一日起计算；法律文书规定分期履行的，从规定的每次履行期间的最后一日起计算；法律文书未规定履行期间的，从法律文书生效之日起计算。

案由与焦点

1. 案由

本案的一级案由为“物权纠纷”，二级案由为“所有权纠纷”，三级案由为“相邻关系纠纷”，四级案由为“相邻污染侵害纠纷”。

相邻关系纠纷是指相互毗邻的数个不动产权利人在用水、排水、通行、通风、采光等方面发生的纠纷。在“相邻关系纠纷”三级案由下，还包括以下四级案由：(1) 相邻用水、排水纠纷；(2) 相邻通行纠纷；(3) 相邻土地、建筑物利用关系纠纷；(4) 相邻通风纠纷；(5) 相邻采光、日照纠纷；(6) 相邻污染侵害纠纷；(7) 相邻损害防免关系纠纷。相邻污染侵害纠纷是指相邻不动产权利人违反国家规定弃置固体废物，排放大气污染物、水污染物、噪声、光、电磁波辐射等有害物质，侵害相邻不动产权利人之合法权益而引发的相邻关系纠纷。

2. 焦点

本案争议的焦点在于李本成是否应停止侵害、排除妨害、承担对李红梅的损害赔偿责任。本案损害事实的发生与相邻关系直接相关，故《民事案件案由规定》将此类纠纷置于所有权纠纷下的相邻关系纠纷，而非作为一般的侵权责任纠纷处理。因此，在处理此类案件时，应综合考虑《物权法》与《侵权责任法》的相关规定，既不能把此类纠纷视为纯粹的侵权纠纷，也不能将其视为纯粹的所有权纠纷。

评注与问题

1. 相邻关系纠纷包括哪些类型

相邻关系是一种不动产权利人因相邻不动产的利用而发生的权利扩张与限制关系。根据《物权法》第 84 条的规定，不动产的相邻权利人应当按照有利生产、方便生活、团结互助、公平合理的原则，正确处理相邻关系。基于相邻不动产的使用，相邻不动产权利人之间难免会发生利益冲突，从而导致诸多的相邻关系纠纷。常见的相邻关系纠纷包括以下类型（《物权法》第 84～92 条）：(1) 相邻用水、排水纠纷。不动产权利人应当为相邻权利人用水、排水提供必要的便利。对自然流水的利用，应当在不动产的相邻权利人之间合理分配。对自然流水的排放，应当尊重自然流向。因相邻用水、排水关系而引发的纠纷即为相邻用水、排水纠纷。(2) 相邻通行纠纷。不动产权利人对相邻权利人因通行等必须利用其土地的，应当提供必要的便利。因通行关系而引发的纠纷即为相邻通行纠纷。(3) 相邻土地、建筑物利用关系纠纷。不动产权利人因建造、修缮建筑物以及铺设电线、电缆、水管、暖气和燃气管线等必须利用相邻土地、建筑物的，该土地、建筑物的权利人应当提供必要的便利，因此而引发的纠纷即为相邻土地、建筑物利用关系纠纷。(4) 相邻通风纠纷。建造建筑物不得违反国家有关工程建设标准，妨害相邻建筑物的通风，因此而引发的纠纷即为相邻通风纠纷。(5) 相邻采光、日照纠纷。建造建筑物不得违反国家有关工程建设标准，妨害相邻建筑物的采光和日照，因此而引发的纠纷即为相邻采光、日照纠纷。(6) 相邻损害防免关系纠纷。不动产权利人挖掘土地、建造建筑物、铺设管线以及安装设备等，不得危及相邻不动产的安全，因此而引发的纠纷即为相邻损害防免关系纠纷。(7) 相邻污染侵害纠纷。

2. 如何理解相邻污染侵害的违法性问题

《民法通则》第 124 条规定："违反国家保护环境防止污染的规定，污染环境造成他人损害的，应当依法承担民事责任。"《物权法》第 90 条规定："不动产权利人不得违反国家规定弃置固体废物，排放大气污染物、水污染物、噪声、光、电磁波辐射等有害物质。"从这两条有关环境污染损害责任的规定来看，其都将"违反国家规定排污"作为责任构成的要件。这就意味着，当污染者合法排污（或者更确切地讲是达标排污）时，污染者即可免除侵权责任。但现行《侵权责任法》第 65 条规定："因污染环境造成损害的，污染者应当承担侵权责任。"该规定未将排污是否达标以及是否合法作为承担污染环境侵权责任的构成要件。因此，在我国现行法上，根据新法优于旧法的效力规则，在处理相邻污染侵害纠纷及环境污染侵权责任时，就不应再将排污行为是否合法作为责任构成的一个要件来看待。实际上，早在 20 世纪 90 年代初期，原国家环保局就在《关于确定环境污染损害赔偿责任问题的复函》（［1991］环法函字第 104 号）中指出，污染物的排放是否超过标准并非确定排污者是否承担赔偿责任的条件。污染排放标准只是环境保护部门进行环境管理的依据，而不是确定排污单位是否承担赔偿责任的界限。若再往前追溯，国务院早在 20 世纪 80 年代初的《征收排污费暂行办法》（国发［1982］21 号）中，即于第 3 条第 3 款中明确规定："排污单位缴纳排污费，并不免除其应承担的治理污染、赔偿损害的责任和法律规定的其他责任。"可见，污染物排放标准不是确定排污者是否承担民事责任的界限，污染者不能以其排放行为并不违反相关的行政管理法规、规章而抗辩免责。相邻污染侵害纠纷虽属相邻关系纠纷，但其本身仍属侵权法上污染环境责任纠纷的一类特别纠纷，因而后者的规定对于前者仍有其适用。

3. 若管道是被原告挖断的，被告能否免责

本案中，被告主张，排污管道是被原告挖断的，因而原告遭受污染之害应自食其果。虽然终审法院以证据不足为由没有支持被告的这一抗辩，但这一案件事实仍反映出一个值得思考的法律问题，即相邻污染侵害纠纷的免责事由问题。试结合《侵权责任法》的相关规定，在假定本案中的管道确实为原告所挖断的基础上，分析被告的这一免责抗辩是否成立。

4. 相邻关系纠纷中可否请求精神损害赔偿

本案一审法院判决认为："结合精神损害抚慰金赔偿的前提条件和原则要求，对于原告李红梅主张要求被告李本成赔偿其精神损害抚慰金 8 000 元的诉讼请求，不予支持。"该判决理由并没有以相邻关系纠纷中不成立精神损害赔偿为由而拒绝原告的精神损害赔偿请求，而是认为本案判决被告承担精神损害赔偿责任与精神损害抚慰金赔偿的前提条件和原则要求不相符合。这一认定是正确的。相邻关系纠纷中的损害大多属于侵权损害，而在侵权损害赔偿中，精神损害赔偿是其中重要的一项，因而切莫以相邻关系纠纷为物权纠纷而误认为其不适用精神损害赔偿。但需注意的是，《侵权责任法》第 22 条规定："侵害他人人身权益，造成他人严重精神损害的，被侵权人可以请求精神损害赔偿。"依此规定，精神损害赔偿仅适用于"人身权益"侵害，依反面解释，若仅有财产权益侵害的，则不得请求精神损害赔偿。就本案而言，原告并未举证证明其遭受了人身权益侵害，因而若依《侵权责任法》第 22 条的规定，原告显然不能提起精神损害赔偿的请求。但《侵权责任法》的该条规定，与此前最高人民法院的司法解释存在明显的冲突。最高人民法院《精神损害赔偿解释》第 4 条规定："具有人格象征意义的特定纪念物品，因侵权行为而永久性灭失或者毁损，物品所有人以侵权为由，向人民法院起诉请求赔偿精神损害的，人民法院应当依法予以受理。"据此规定，针对某些特定的财产损害，受害人仍可主张精神损害赔偿。结合相关的理论学说与司法实践做法，试分析在《侵权责任法》施行后，因侵害特定财产权而遭受精神损害的，受害人是否还应当有权请求精神损害赔偿。

5. 证据的证明力具有何种次序关系

本案终审判决在认定证据时认为："根据最高人民法院《民事诉讼证据规定》第 77 条规定，李红梅提供的《协议书》属于书证，其证明力明显高于李本成提供的证人证言。"这一认定即涉及证据的证明力次序问题。最高人民法院《民事诉讼证据规定》第 77 条规定："人民法院就数个证据对同一事实的证明力，可以依照下列原则认定：（一）国家机关、社会团体依职权制作的公文书证的证明力一般大于其他书证；（二）物证、档案、鉴定结论、勘验笔录或者经过公证、登记的书证，其证明力一般大于其他书证、视听资料和证人证言；（三）原始证据的证明力一般大于传来证据；（四）直接证据的证明力一般大于间接证据；（五）证人提供的对与其有亲属或者其他密切关系的当事人有利的证言，其证明力一般小于其他证人证言。"在学习和研讨相关的民事案件时，应注意该规定在实践中的运用。

（评注人：王洪平）

63. 共有物分割纠纷

司法案例

孙某诉何某等案

上海市第二中级人民法院（2009）沪二中民二（民）终字第969号

基本案情

上诉人（原审原告）：孙某。

委托代理人：陈兴华，上海市申建律师事务所律师。

被上诉人（原审被告）：何某。

委托代理人：孙小某（何某之子）。

委托代理人：戴甲。

被上诉人（原审被告）：戴乙。

委托代理人：戴甲。

被上诉人（原审被告）：刘某。

委托代理人：戴乙（刘某之夫）。

上诉人孙某（原审原告）因按份共有纠纷一案，不服上海市闸北区人民法院（2009）闸民三（民）初字第69号民事判决，向本院提起上诉。本院受理后，依法组成合议庭进行了审理，本案现已审理终结。

原审法院经审理查明：孙某（原审原告）与何某（原审被告）原系夫妻，戴乙、刘某也系夫妻关系。2002年4月20日，孙某、何某（甲方）与戴乙、刘某（乙方）签订《共同出资购房协议》，约定双方共同出资购买上海市虬江路997弄某号2105室房屋（以下简称“系争房屋”），房价款为人民币376 667元（以下币种均为人民币），甲、乙双方各出资50%，贷款本息总额亦由双方各出资50%；一方若需出让自己的产权，则另一方可优先购买。购买时支付的房款，应按出让时市场总价的50%支付给出让方。交易税费由双方协商决定；上述房屋，甲、乙双方若一致同意出售，该出售的房款扣除应交税费后，由甲、乙双方各自得到剩余总额的50%；为便于贷款，双方同意产权证的权利人为孙某等，乙方亦同等享有现房屋的50%的产权；上述房屋由甲乙双方共同使用等内容。

该合同签订后，双方按约履行。2002年6月4日，系争房屋登记为孙某与何某共同共有。另外，孙某以系争房屋作为抵押物，向中国建设银行贷款200 000元。之后，系争房屋一直用于公司办公。2007 年 6 月，中国建设银行向孙某出具个人贷款结清通知，认可 200 000元贷款已结清。同年，孙某向上海市普陀区人民法院起诉，要求与何某离婚。2008 年 8 月 7 日，该院作出民事判决，判决准予孙某与何某离婚，双方位于上海市长寿路的房屋归何某所有，何某给付孙某房屋折价款 840 000 元等内容。该案进入执行程序后，何某已给付孙某 500 000 余元。

原审法院另查明：上海黎港机电成套有限公司（以下简称“黎港公司”）于 1998 年登记成立，股东为孙某、何某，法定代表人系孙某。2007 年 2 月，该公司停止经营。孙某以其与何某已经离婚，且双方经营的公司已经停业为由诉至法院，请求判令依法分割系争房屋，由法院委托有关部门对系争房屋进行评估，并将系争房屋拍卖，由孙某取得拍卖款（扣除相关费用）的 1/4。

经原审法院释明，孙某先表示愿意出资购买对方的产权份额，后又推翻承诺，表示仍坚持要求法院委托拍卖系争房屋的分割方式。另外，双方均认可目前系争房屋的市场价值为 1 200 000元。

一审判决

原审法院认为：不动产可以由两个以上个人共有。共同共有人在共有的基础丧失或者有重大理由需要分割时可以请求分割。共有人可以协商确定分割方式。达不成协议，共有的不动产可以分割并且不会因分割减损价值的，应当对实物予以分割；难以分割或者因分割会减损价值的，应当对折价或者拍卖、变卖取得的价款予以分割。根据本案查明的事实，系争房屋系孙某、何某与戴乙、刘某共同出资购买，目的是用于公司经营。鉴于孙某与何某已经离婚，且双方经营的公司已经停业，孙某要求分割系争房屋，尚属合理。但具体分割时，应以方便生产、生活，兼顾执行，尽量不减损房屋价值为原则。现孙某经法院释明，坚持要求以法院直接委托拍卖的形式来分割系争房屋，法院难以支持，理由如下：首先，拍卖方式属于执行手段范畴，而非民事责任的承担方式，如支持孙某的诉讼请求，判决的履行义务方由被告变为人民法院，这显然不妥；其次，拍卖方式对房屋价值减损较大，物权法所指的拍卖应当指当事人自行委托拍卖，然后由人民法院对拍卖款予以判决分割，而非人民法院直接作为委托人对房屋进行拍卖；最后，在确保双方权益均能实现的前提下，当事人应尽可能通过合理方式实现自己的诉求。综上理由，依照《物权法》第 93 条、第 99 条、第 100 条之规定，判决如下：

对孙某的诉讼请求，不予支持。

二审诉辩主张

原审法院判决后，孙某不服提出上诉称：系争房屋是为了投资和公司经营所需而共同出资合作购买的。现孙某、何某已离婚，公司已停止经营，故分割共有财产合情合理。孙某要求合理分割，并非直接要求委托拍卖，可进行协商定价、竞价、委托拍卖等方式进行。孙某愿以 110 万元的总价购买其他共有人的份额。请求撤销原判，发回重审或径直改判，支持孙某的诉讼请求。

被上诉人何某、戴乙、刘某共同辩称：系争房屋仍由何某儿子及戴乙、刘某用于经营公司。系争房屋也是戴乙、刘某的居所。原审时，孙某提出收购其他共有人的份额，却不同意以同样的价格出售其份额。现何某愿以 15 万元的价格购买孙某的份额。原审法院因双方协商不成，才依法作出判决，请求二审法院维持原判。

经审理查明，原审法院查明的事实无误，本院予以确认。本院审理期间，孙某出具《承诺书》，认可系争房屋总价为120万元，愿接受系争房屋，以此价与何某与戴乙、刘某结算房款。如果何某与戴乙、刘某要求房屋所有权，也只需按此价支付四分之一房款给孙某，相关过户费由各方承担。

二审判决

本院认为：当事人应当遵循公平原则确定各方的权利和义务，行使权利应当遵循诚实信用原则。系争房屋虽登记为孙某、何某共同共有，但按孙某、何某与戴乙、刘某签订《共同出资购房协议》的约定，系争房屋的实际共有人是孙某、何某与戴乙、刘某。孙某以与何某已离婚，经营的公司已停业为由，要求分割系争房屋，应与其他共有人协商。孙某经原审法院释明坚持要求法院以委托拍卖系争房屋方式进行分割，原审法院认为拍卖方式属于执行手段范畴，而非民事责任的承担方式；拍卖方式对房屋价值减损较大；当事人在确保各方权益均能实现的前提下，应尽可能通过合理方式以实现自己的诉求，本院予以认同。二审期间，孙某虽承诺愿意接受系争房屋，以120万元的价格进行分割，但由于何某、戴乙、刘某因生活需要不同意系争房屋归孙某独有，只同意何某以15万元的价格购买孙某的份额；鉴于各方在二审期间对系争房屋的折价数额不能达成一致意见；孙某亦不愿对房屋分割所产生的损失予以补偿，故二审法院不宜直接支持孙某要求分割系争房屋的请求。孙某的上诉理由不成立，对其上诉请求，本院不予支持。据此，依照《民事诉讼法》第153条第1款第1项之规定，判决如下：

驳回上诉，维持原判。

二审案件受理费人民币15 600元，由上诉人孙某自行负担。

本判决为终审判决。

案由与焦点

1. 案由

本案的一级案由为“物权纠纷”，二级案由为“所有权纠纷”，三级案由为“共有纠纷”，四级案由为“共有物分割纠纷”。

因动产或不动产的共有而引发的纠纷为共有纠纷。在“共有纠纷”三级案由下，包括了以下3个四级案由：(1) 共有权确认纠纷；(2) 共有物分割纠纷[①]；(3) 共有人优先购买权纠纷。共有物分割纠纷是指共有人之间因对共有物能否分割以及如何分割产生争议而引发的纠纷。

2. 焦点

本案争议的焦点有两个：一是原、被告共有的房屋是否应予分割，二是如何进行分割。而要解决这两个焦点问题，需要解决一系列的前置问题，如：当事人之间的共有关系是按份共有还是共同共有，当事人共有关系的基础是否丧失，原告请求分割共有财产是否存在其他的重大理由，原告请求分割的方式是否合理，法院对分割的方式是否享有自由裁量权等。

---

① 由于共有包括按份共有和共同共有，所以共有物分割纠纷可再分为按份共有物分割纠纷和共同共有物分割纠纷。由于《民事案件案由规定》不存在第五级案由，所以对共有物分割纠纷也就无须再作更进一步的划分。

评注与问题

1. 共有包括哪些类型

不动产或者动产可以由两个以上单位、个人共有。共有包括按份共有和共同共有。按份共有人对共有的不动产或者动产按照份额享有所有权，共同共有人对共有的不动产或者动产共同享有所有权。不论是按份共有还是共同共有，共有人按照约定管理共有的不动产或者动产；没有约定或者约定不明确的，各共有人都有管理的权利和义务。处分共有的不动产或者动产以及对共有的不动产或者动产作重大修缮的，应当经占份额三分之二以上的按份共有人或者全体共同共有人同意，但共有人之间另有约定的除外。对共有物的管理费用以及其他负担，有约定的，按照约定；没有约定或者约定不明确的，按份共有人按照其份额负担，共同共有人共同负担。按份共有人对共有的不动产或者动产享有的份额，没有约定或者约定不明确的，按照出资额确定；不能确定出资额的，视为等额享有。因共有的不动产或者动产产生的债权、债务，在对外关系上，共有人享有连带债权、承担连带债务，但法律另有规定或者第三人知道共有人不具有连带债权债务关系的除外；在共有人内部关系上，除共有人另有约定外，按份共有人按照份额享有债权、承担债务，共同共有人共同享有债权、承担债务。偿还债务超过自己应当承担份额的按份共有人，有权向其他共有人追偿。

2. 在何种情形下可以推定为按份共有

本案中，针对系争房屋，实际上存在三重共有关系：第一重为孙某与何某之间的夫妻共有关系，第二重为戴乙、刘某的夫妻共有关系，第三重为孙某夫妇与戴乙夫妇之间的共有关系。由于本案案情并不涉及两对夫妻在夫妻之间究竟是否实行约定的分别财产制，因而我们假定他们夫妻之间不存在该条约定，故而实行法定的夫妻共同财产制。在夫妻共同财产制下，夫妻财产为共有财产，且为共同共有财产，这一共有关系完全可以依法直接作出判定。但就这两对夫妇之间的共有关系而言，由于他们之间不存在法定的共有基础关系，因而究竟为共同共有还是按份共有，就不能直接作出判定了。针对这一情形，《物权法》第 103 条规定："共有人对共有的不动产或者动产没有约定为按份共有或者共同共有，或者约定不明确的，除共有人具有家庭关系等外，视为按份共有。"该条是有关共有关系推定的规定，依此规定：其一，不论是否具有共有的法定基础关系，当事人都可以将其共有关系明确约定为按份共有或者共同共有；其二，若当事人对共有的类型未作出约定或者约定不明确的，原则上推定为按份共有，只有在法定的例外情形下才推定为共同共有，如共有人之间具有家庭关系、共同继承关系等。单纯由本案事实来看，孙某夫妻与戴乙夫妻之间并不存在家庭关系等法定的可得推定为共同共有的基础关系，因而他们之间的第三重共有关系应推定为按份共有关系，按其出资额各 50%确定双方各自的共有份额。

3. 请求分割共有财产的正当理由有哪些

《物权法》第 99 条对共有财产的分割理由作出了规定。根据该条规定，按照当事人之间是否作出明确约定为标准，分别两种情况处理：其一，不论是按份共有还是共同共有，共有人如果明确约定为维持共有关系而不得分割共有财产的，则该约定有效，按份共有人或者共同共有人应当依约履行而不得请求分割共有财产。但于此情形，如果共有人有重大理由需要分割的，则可以请求分割，其他共有人不得以约定为由而拒绝分割。何为"重大理由"，法律未作明确界定，应依具体情形而定。如在合伙关系中，如果当事人约定合伙财产为共同共有财产，当合伙人之间关系不睦，合伙关系难以维系时，则可以认为出现了重大的分割理由，共有人可请求分割共有财产。又如在因共同继承而导致的共同共有情形中，在继承发生后，继承人相互之间约定为保持祖产完整而不分割遗产的，当其中的某继承人因筹措大笔医药费而无其他途径时，则可以认为出现了重大的可分割理由。试结合相关法律的规定及共有物分割的实践，归纳可得请求分割的“重大理由”类型与情形。此外，试分析，若共有人约定共有物永远不得分割时，该约定是否有效？其二，依《物权法》第 99 条的规定，共有人之间没有不得分割的约定，或者虽有约定但约定不明确的，按份共有人可以随时请求分割，共同共有人在共有的基础丧失或者有重大理由需要分割时也可以请求分割。因此，于此情形需注意，法律对按份共有与共同共有分别设置了不同的分割理由。对于按份共有，法律未作任何的限制性规定，共有人可以随时请求分割，可以说其分割请求是“无因”的，即不论请求分割的原因为何，其他按份共有人都不得拒绝分割。在此情形下，试分析按份共有人的分割请求权是一种请求权还是形成权？但对于共同共有，必须在共有的基础丧失或者出现重大分割理由时，方可请求分割共同共有财产，否则不得请求分割。由《物权法》第 99 条的规定可以看出，对于按份共有财产的分割和共同共有财产的分割，立法者的规制态度是不同的：对于按份共有，立法者尊重当事人的意思自治，不限制分割，对按份共有关系的维持与否持一种放任态度；但对于共同共有，当事人分割共有财产的自由意志受到限制，反映出立法者试图维持共同共有关系的态度趋向。试结合我国现行婚姻法中有关夫妻财产制的规定，分析物权法与婚姻法就此问题在立法价值选择上的冲突与协调。

4. 如何理解不得分割的共有财产（互有财产）

共有人之间约定不得分割的共有财产，共有人之一不得请求分割，但在出现重大的分割事由时，虽有约定却仍可请求分割之。但是，有些共有财产，因其使用目的之特殊性，不能予以分割，从而构成不得分割的共有财产。当共有财产依其使用目的无法分割时，即为“互有”，这是共有的一种特殊形态，其最典型的形态是对建筑物区分所有权中之共有部分的互有。区分所有建筑物的共有部分为区分所有人所共用，如果允许分割，则显然有悖于共同使用的目的，所有的区分所有权人都会因分割而蒙受不利益。[①] 如小区内的公共道路、建筑物内的消防楼梯等，都属于业主的共有部分，如果允许分割而为单独所有，显然共同使用的目的即无法实现。因此，互有是一种特殊的共有，其不同于通常之共有的特性即在于其不得请求分割性，因而互有财产为不得请求分割的共有财产。

5. 如何进行共有财产的协议分割与裁判分割

共有财产的分割方法有两种，即协议分割和裁判分割。协议分割在性质上为一种法律行为，因而要求分割当事人应具有一定的民事行为能力；无民事行为能力人、限制民事行为能力人须由其法定代理人参与协议或于事后追认，否则分割协议不生效力。共有财产的协议分割同时也是一种共有财产的处分行为，根据《物权法》第 97 条的规定，处分共有的不动产或者动产，应当经占份额三分之二以上的按份共有人或者全体共同共有人同意。据此规定，除共有人之间另有约定外，按份共有财产的分割协议，只要有三分之二以上的共有人达成协议即可，无须全体共有人一致同意，其他不同意分割协议的共有人要么履行分割协议，要么通过诉讼的方式请求裁判分割。但对于共同共有财产的分割协议，须由全体共有人一致达成协议，否则即无法通过协议来分割共有财产。

当共有人之间“协而未议”或“议而不谐”时，即可请求裁判分割共有财产。分割共有财产之诉，系请求法院决定共有财产的分割方法及共有人间权利义务关系的创设判决，故在性质上为形成之诉，所为之判决为形成判决。在我国台湾地区，共有人诉请分割共有财产，其声明

① 参见郑玉波：《民法物权》，黄宗乐修订，151 页，台北，三民书局，2007。

不以主张分割之方法为必要，即令有所主张，法院亦不受其主张之拘束，不得以原告所主张之方法为不当，而为驳回分割共有物之诉之判决，原告所主张之分割方法仅供法院参考而已。[①]就裁判分割方式，物权法并没有作出明确规定。但由本案判决来看，司法实践显然认为请求分割共有财产的原告，应于其诉请中明确表明请求分割的方法；若其主张的分割方法不当，法院将驳回其分割请求，法院不会主动裁量分割的方法。试结合相关法律规定及法理，分析我国司法实践的此种做法是否恰当？

6. 如何进行共有财产的实物分割与变价分割

共有财产的分割方式包括两种，即实物分割和变价分割。根据《物权法》第 100 条第 1 款的规定，共有人可以协商确定分割方式。但当达不成协议时，就只能诉请裁判分割了。裁判分割应以实物分割为原则、以变价分割为例外。共有的不动产或者动产可以分割并且不会因分割而减损其价值的，应当予以实物分割；难以分割或者因分割会减损其价值的，则应通过折价、拍卖、变卖等方式对取得的变价款予以分割。根据以上规则，究竟是选择实物分割还是变价分割方式，法院应主要采取两种标准予以衡量：一是客观标准，即共有财产在事实上是否适于分割；二是观念标准，即虽可予以实物分割，但分割后将减损共同财产的价值。例如，甲、乙 2 人共有一匹马，在进行分割时就只能采取变价分割方式，而不能采取实物分割的方式。又比如，甲、乙、丙 3 人共有三间平房，每间平房都具有独立使用的功能，就可以采取实物分割方式予以分割，由 3 共有人分别取得其中的一间。实物分割与变价分割可以合并使用，而非采用了实物分割方式就不能再采用变价分割方式了，反之亦然。本案中，原告主张的分割方式是变价分割，试分析，若原告主张实物分割方式，而共有之房屋为四室一厅，人民法院可否判决：先由戴乙夫妇分得其中的两间，剩下的两间归孙某与何某，再由孙某取得其中的一间？

7. 共有财产分割中的损害赔偿如何实现

《物权法》第 99 条规定："因分割对其他共有人造成损害的，应当给予赔偿。"可见，不论在按份共有还是共同共有中，因请求分割共有财产的共有人原因而导致共有的基础丧失或者出现必须分割共有财产的重大事由的，并因共有财产分割而给其他共有人造成损害的，请求分割的共有人应当承担赔偿责任。《中华人民共和国合伙企业法》（以下简称《合伙企业法》）就类似问题也作出了明确规定。如该法第 47 条规定："合伙人违反本法第四十五条、第四十六条的规定退伙的，应当赔偿由此给合伙企业造成的损失。"第 51 条第 1 款规定："合伙人退伙，其他合伙人应当与该退伙人按照退伙时的合伙企业财产状况进行结算，退还退伙人的财产份额。退伙人对给合伙企业造成的损失负有赔偿责任的，相应扣减其应当赔偿的数额。"合伙企业的财产为合伙人的共有财产，当合伙人退伙时，就出现了必须分割共有财产的重大事由，为此，《合伙企业法》规定因其退伙分割而给合伙企业造成损害的，应予赔偿。请结合我国相关法律的规定，试举一例分析共有财产分割中的损害赔偿问题。

8. 共有财产分割后共有人之间负有怎样的瑕疵担保责任

《物权法》第 100 条第 2 款规定："共有人分割所得的不动产或者动产有瑕疵的，其他共有人应当分担损失。"该条是有关共有财产分割后共有人之间瑕疵担保责任的规定。在法律效果上，共有财产分割后，各共有人分别取得其分得部分的单独所有权。该单独所有权自何时取得，存在两种立法例：一是认定主义，又称宣示主义，为法国法所采。该立法例认为，共有物分割乃各共有人权利之认定，其取得单独所有权之效力应溯及于共有关系发生之初。二是移转主义，又称付与主义，为德国法所采。该立法例认为，共有物分割乃各共有人各以其应有部分

① 参见郑玉波：《民法物权》，黄宗乐修订，153 页，台北，三民书局，2007。

互相移转，其取得单独所有权之效力不得溯及既往，而应自分割完毕时发生。[①] 从我国《物权法》第 100 条第 2 款的规定来看，我国法采用的是移转主义。移转主义将共有财产之分割视为有偿行为，因此各共有人就其分得的共有财产应对其他共有人承担如同买卖关系中之出卖人对买受人的瑕疵担保责任。瑕疵担保责任包括两类：一是权利瑕疵担保责任，二是物之瑕疵担保责任。同样的，在共有财产分割后，各共有人相互之间应承担的瑕疵担保责任也包括权利瑕疵担保责任和物之瑕疵担保责任两种。

（评注人：王洪平）

① 参见郑玉波：《民法物权》，黄宗乐修订，158 页，台北，三民书局，2007。

64. 共有人优先购买权纠纷

司法案例

王学楷诉王保国案

安徽省亳州市中级人民法院（2001）亳民终字第 067 号

基本案情

上诉人（原审被告）：王保国。

委托代理人：孙斌，利辛和平律师事务所律师。

委托代理人：顾维聪，利辛和平律师事务所律师。

被上诉人（原审原告）：王学楷。

委托代理人：修中峰，安徽谯城律师事务所律师。

委托代理人：王维新（系王学楷之子）。

原审第三人：陈冲。

委托代理人：陈锡（系陈冲之父）。

上诉人（原审被告）因侵权一案，不服利辛县人民法院（2000）利民初字第 3781 号民事判决，向本院提起上诉。本院依法组成合议庭，公开开庭审理了本案。上诉人王保国及其委托代理人孙斌、顾维聪，被上诉人王学楷及其委托代理人修中锋、王维新，原审第三人陈冲委托代理人陈学锡均到庭参加了诉讼。本案现已审理终结。

原审认定，原、被告的祖父王允昌生前在利辛县阚町镇解放街有房产一处，前房（即门面房）三间，后房左右两侧分别有两间偏房。1991 年，原、被告因该房产归属问题发生纠纷，后经阜阳市中级人民法院调解，原、被告对房屋及宅基地的管理、使用进行了分割。2000 年 4 月，被告王保国在没征得王学楷同意的情况下，将自己的那份房产及后院卖给了既不是租房人又不是邻居的第三人陈冲，陈冲已交付 7 000 元给被告。原告王学楷主张以同等价格购买该房产。

一审判决

原审认为：原门面房三间虽分别归原、被告所有，但仍属一个整体。为便于房屋以后改建及方便当事人生活，依照《民法通则》第78条、《城市私有房屋管理条例》（已失效——笔者注）第10条之规定，判决如下：

一、为保护原告王学楷的优先购买权，被告王保国应停止侵权；

二、宣布王保国与陈冲的房屋买卖关系无效，王保国收受陈冲7 000元购房款应予退还，于判决生效之日起5日内履行完毕。

案件受理费50元，其他诉讼活动费100元，由被告负担。

二审诉辩主张

宣判后，王保国不服，以三间房屋已分割归各自所有，并非共同共有，将自己所有的二间门面房、两间厢房和一后院卖给陈冲共售价80 000元，而王学楷只同意给25 000元，原判认定上诉人侵权无充分的事实和法律依据为由，向本院提起上诉，请求本院依法予以改判。

王学楷以本案标的三间房屋属共同共有是客观存在的事实，上诉人所称售价80 000元是虚构的，上诉人未经其同意将共同共有中的一部分卖给陈冲，违反了法律规定，侵犯了其享有的法律规定的优先购买权，而予以答辩。

原审第三人委托代理人称买卖契约上的20 000元是针对房产所而言的，第三人与王保国私下协议买价是80 000元，若与王保国买卖合法第三人就接受，若不合法第三人就不接受。

二审举证及质证、认定情况

上诉人王保国举出以下证据，以支持其上诉请求：

1. 利辛县人民法院（85）法民字第233号民事调解书，以证明三间房屋于1985年由上诉人通过诉讼向阚町镇解放一队要回；

2. 原安徽省阜阳地区中级人民法院民上字（91）第33号民事调解书，用于证明争议房产经调解分割清楚；

3. 安徽省阜阳市中级人民法院（1997）阜中民终字第190号民事判决书，用以证明争议房屋的演变过程并进行了明确的分割；

4. 利辛县房地产管理所利房字第2824号房屋所有权证，用以证明分割给上诉人的房屋所有权属上诉人所有。

被上诉人王学楷举出下列证据反驳上诉人的上诉请求：

1. 原安徽省阜阳地区中级人民法院民上字（91）第33号民事调解书，用以证明房屋系一个整体，按份进行了分割；

2. 皖北区风台县土字第三七一一五号土地房产所有证，用以证明三间房屋坐落在同一宅基地上，是一个整体；

3. 利辛县阚町房地产管理所2000年6月25日证明，说明房产转让价格是20 000元。

原审第三人举出以下证据证明其主张：

1. 2000年5月25日发票复印件1份，说明房产所接受了其与上诉人的合法交易，收取了交易费；

2. 2000年4月16日与王保国所签契约1份，证明与王保国开始了房产交易，已付7 000元，王保国出了3 000元办证费用；

3. 王保国与王永军所签协议书，证明王保国与王永军共用一个山墙；

4.2000 年 7 月 21 日陈冲与王保国所签协议，用以证明与王保国约定房地产总价款80 000元。

以上上诉人提供的证据 1、2、3 和被上诉人提供的证据 1，是人民法院已发生法律效力的民事调解书和判决书，证明效力本院予以确认。原审第三人提供的证据 4，被上诉人提出异议，在王保国转卖房屋给陈冲的契约中明确约定王保国转卖给陈冲砖、木、瓦房和小庭院总转卖价20 000元，对原审第三人称为私下协议的此份证据，证明效力本院不予确认。其他证据通过上诉审当庭质证，本院予以确认。

经审理查明，以上被确认证据证明，上诉人王保国和被上诉人王学楷系同祖父堂兄弟关系。坐落在利辛县阚町镇解放街北的三间门面房及宅院原系王保国与其祖父王允昌、祖母王侯氏、姑母王春瑛（未出嫁）的共有财产。该房产在 1985 年以前，长期被原阚町镇解放一队占有使用。王保国和王学楷在其祖父、祖母和姑母去世前均尽了赡养义务。1985 年通过诉讼，解放一队将上述房产归还给王保国。后王学楷主张对该三间门面房及宅院享有继承权，1991 年，案经原阜阳地区中级人民法院调解，王保国和王学楷自愿达成协议，以门面房西山墙东侧向东量 4m 为一点，从该处宅基北口于西邻（侯家）交界处向东量 4m 为一点，两点连成一线，线以东房屋归王保国所有，宅基地归王保国管理使用，线以西房屋归王学楷所有，宅基归王学楷管理使用，即三间门面房西首一间及后宅院（东西宽 4 米）归王学楷，其余两间房屋及宅院归王保国。王保国对分割后属于自己所有的二间房屋于 1996 年 8 月办理了房屋所有权证书。2000 年 4 月，王保国将此房屋及砖、木、小庭院以总价 20 000 元转卖给陈冲，陈冲已付王保国现金 7 000 元。

二审判决

本院认为：王保国与王学楷所分割房产坐落在同一宅基地上，前面三间门面房及后院两侧偏房原为配套使用。1985 年，利辛县阚町解放一队将该处房产宅基归还王保国，王学楷对该房产享有继承权，此房产宅基在上诉人与被上诉人协议分割前，房产为二人共有。后王保国和王学楷对房屋宅基进行了协议分割，房产已归各自所有，但王保国分割的门面房二间和王学楷分割的门面房一间系由统一整体的三间门面房分割而成。根据最高人民法院《民法通则意见》第 92 条关于共同共有财产分割后，共有人出卖分得的财产与其他原共有人分得的财产属于一个整体或配套使用，其他原共有人主张优先购买权的，应当予以支持的规定，上诉人上诉理由不能成立，其上诉请求，本院不予支持，原审法院判决正确，本院应予维持。

依照《民事诉讼法》第 153 条第 1 款第 1 项之规定，判决如下：

驳回上诉，维持原判。

二审案件受理费 50 元，由上诉人王保国承担。

本判决为终审判决。

案由与焦点

1. 案由

本案的一级案由为“物权纠纷”，二级案由为“所有权纠纷”，三级案由为“共有纠纷”，四级案由为“共有人优先购买权纠纷”。

共有人优先购买权纠纷，是指共有人因主张其优先购买权或者其优先购买权受到侵害而引发的纠纷。在类型上，共有人优先购买权纠纷包括按份共有人优先购买权纠纷和共同共有人优先购买权纠纷。

2. 焦点

本案争议的焦点有两个：一是原告是否享有优先购买权，二是原告的优先购买权是否受到侵害。而要解决这两个焦点问题，需要解决一些前置性问题，如原、被告之间是否存在共有关系，二者间是何种类型的共有关系，优先购买权的行使条件是否成就等。

评注与问题

1. 如何理解按份共有人的优先购买权与共同共有人的优先购买权

确切地讲，共有人优先购买权仅指按份共有人的优先购买权。之所以如此，是因为从概念上讲，共有人优先购买权应是指共有人在共有关系存续期间的优先购买权。在按份共有和共同共有中，只有按份共有人可以随时请求分割共有财产，并且按份共有关系不会因部分按份共有人转让其共有份额而同时消灭其他数个共有人之间的按份共有关系；而在共同共有中，只有在共有关系消灭时才允许共同共有人转让其潜在的应有份额，因而共同共有人转让其应有份额也一定意味着共同共有关系的一并消灭，共有关系不复存在，当然也就谈不上共有人的优先购买权了。但是，如果不纯粹地拘泥于概念术语，则可以认为共有人优先购买权包括了按份共有人的优先购买权和共同共有人的优先购买权，只不过二者成立和行使的条件有所不同而已。

《物权法》第101条对按份共有人的优先购买权作了如下规定："按份共有人可以转让其享有的共有的不动产或者动产份额，其他共有人在同等条件下享有优先购买的权利。"最高人民法院《民法通则意见》第92条对共同共有人的优先购买权作了如下规定："共同共有财产分割后，一个或者数个原共有人出卖自己分得的财产时，如果出卖的财产与其他原共有人分得的财产属于一个整体或者配套使用，其他原共有人主张优先购买权的，应当予以支持。"由后者规定可见，共同共有人的优先购买权是指共同共有关系消灭后，因分割后形成的各单独所有权之标的在客观上的关联性，而由法律赋予的原共同共有人的优先购买权。本案纠纷即属于共同共有人的优先购买权纠纷。

2. 优先购买权法律关系具有何种构成

法律上的优先购买权类型众多，除当事人之间约定成立的之外，法定的优先购买权包括承租人的优先购买权、股东的优先购买权、共有人的优先购买权等。不论何种类型的优先购买权，其法律关系之基本构成是相同的，即都由出卖人、买受人、优先购买权人三者为主体形成复杂的法律关系结构。以按份共有人的优先购买权为例，甲、乙、丙三位同学为到校外兼职打工共同出资购买了一辆自行车，三人约定按份共有该自行车，并且约定自行车在上午7点至11点期间由甲使用，下午1点至5点期间由乙使用，晚上6点至10点期间由丙使用。后甲辞去兼职工作并不再外出打工，也就不再需要使用该自行车了，为此甲将其应有的三分之一份额转让给了丁同学。乙、丙得知此事后，向甲主张优先购买权。在此事例中，存在以下一些法律关系：一是甲、乙、丙三人之间的按份共有关系，二是甲与丁之间的应有份额买卖关系，三是乙、丙向甲主张的优先购买权关系。更为复杂的是，如果丁已向甲履行了约定的金钱给付义务，并且在某日上午甲也将自行车交付给丁使用，而于次日上午丁又向丙要求其将自行车交给自己使用，但却遭到了丙的拒绝，此时在乙、丙和丁之间即产生了纠纷，而这一纠纷的最终解决有待于对甲、丁之间买卖合同的效力作出认定。与此相类似，本案中，原、被告原为共同共有关系，被告与第三人之间成立买卖合同关系，原告向被告主张优先购买权，法院判决被告与第三买受人之间的买卖合同无效，这就是本案法律关系的复杂构成。至此，请延伸思考一个问题：在优先购买权纠纷诉讼中，第三买受人的诉讼地位应是第三人还是共同被告，如何确定其诉讼地位更为恰当。

3. 如何理解优先购买权行使的“同等条件”

“同等条件”是共有人优先购买权行使的实体条件，这一实体条件是优先购买权制度的必然要求。“优先购买”应是指在同一交易条件下的优先买受，条件不同则不存在“优先”的问题，因为交易条件优者取得交易机会乃理所当然。但何为“同等条件”，法律并没有作出明确界定。根据《德国民法典》第505条第2款之规定，优先购买权行使中的“同等条件”应是指先买权人以与出卖人和第三买受人所约定的相同合同条款成立买卖合同而言。应当说，德国法的这一规定既具有合理性又具有可操作性，是值得肯定的。但“相同合同条款”的表述看似比“同等条件”更为具体明确，实则未必。一般来说，价格条款一般被认为是最主要的同等条件的认定标准，只要两个合同的价款相同即为满足了同等条件的要求。但需注意的是，价格是否相同确实是条件是否相同的一个重要（甚至是首要）的认定标准，但在现实交易中，除应考察价款是否相同之外，还须就付款条件、履行方式、履行期限等方面作进一步的比对与认定，方可最终审慎得出“同等条件”是否满足的结论。试结合本案案情，分析本案原告之优先购买权行使在哪些方面满足了“同等条件”的要求。

4. 优先购买权行使的效力是什么

最高人民法院《民法通则意见》第118条曾规定：“出租人出卖出租房屋，应提前三个月通知承租人，承租人在同等条件下，享有优先购买权；出租人未按此规定出卖房屋的，承租人可以请求人民法院宣告该房屋买卖无效。”依此规定，当优先购买权人以同等条件请求行使优先购买权时，则该请求即产生形成权行使的效果，直接使出卖人与第三买受人之间签订的买卖合同归于无效。但这一规定因与《物权法》的相关规定相冲突而被废止。这说明，优先购买权行使的效力已不能再体现为形成效力，不能因优先购买权的行使而使买卖合同无效。应当指出，权利人行使优先购买权的最终目的，显然不在于仅使出卖人与第三买受人间的买卖合同归于无效，而在于请求出卖人与自己在同等条件下签订买卖合同，进而取得标的物的所有权，因而优先购买权人向出卖人提出行使优先购买权的主张，相当于向出卖人发出了一个有效的要约，而对于该要约，只要其内容符合了“同等条件”的要求，出卖人就必须予以承诺，从而在优先购买权人与出卖人之间形成一个有效的买卖契约，并进而依此契约而发生最终的物权变动效果。请结合现行法的规定，分析优先购买权行使的效力体现在哪些方面。

5. 如何认识房屋买卖中的“黑白合同”问题

“黑白合同”问题的提出起先主要集中于建设工程施工合同领域。所谓“黑合同”，即见不得阳光的秘密合同，是当事人据以实际履行的合同。所谓“白合同”，即用于昭示于他人的公开合同，如在建设工程施工合同中用于备案的合同，此类合同只是用来给别人看的，而不是当事人之间实际据以履行的。当事人之所以颇费周折地炮制两份不同的合同，其意即在于规避法律、法规的强行性规定，从而达到不可告人之目的。以建设工程的招投标及合同的签订为例，《中华人民共和国招标投标法》第46条规定：“招标人和中标人应当自中标通知书发出之日起三十日内，按照招标文件和中标人的投标文件订立书面合同。招标人和中标人不得再行订立背离合同实质性内容的其他协议。”这一规定即明确了在“白合同”之外，当事人不得再另行签订背离“白合同”之实质性内容的“黑合同”。根据该条法律规定，最高人民法院《关于审理建设工程施工合同纠纷案件适用法律若干问题的解释》（法释［2004］14号）第21条规定：“当事人就同一建设工程另行订立的建设工程施工合同与经过备案的中标合同实质性内容不一致的，应当以备案的中标合同作为结算工程款的根据。”由该司法解释的规定可见，当“黑合同”的内容与“白合同”的内容在实质上不一致时，“黑合同”无效，不能作为履行及确定双方当事人权利、义务的依据。同其道理，在现实的房屋买卖中，同样也存在“黑白合同”问题，如当事人为了达到少交契税的目的，签订两份买卖合同，交给房管部门备案的合同在合同价款上远低于当事人之间实际履行的另一份合同的价款，交给房管部门备案的即为“白合同”，当事人之间实际履行的即为“黑合同”。本案中，被告与第三买受人交给房管部门的“白合同”的价款为 20 000 元，而其真实的交易价是 80 000 元。但在作“同等条件”的认定时，法院显然没有采纳 80 000 元的“黑合同”价款，而是采纳了 20 000 元的“白合同”价款，这也同样说明了“黑合同”约定的无效性。但换一个角度，假设本案原告最终在 20 000 元的同等条件下放弃了优先购买权，那么被告与第三买受人之间签订的 80 000 元价款的“黑合同”是否具有可履行性呢？再引申开来，探讨一下“黑合同”是否一律绝对无效的问题。

6. 预决案件事实具有何种证明力

在本案上诉审的证据认定中，二审法院指出：“以上上诉人提供的证据 1、2、3 和被上诉人提供的证据 1，是人民法院已发生法律效力的民事调解书和判决书，证明效力本院予以确认。”这即涉及预决案件事实的证明力问题。当先前有关案件的事实为法院的裁判所确定时，便构成对与之相关联的尚未作出裁判的另一案件的待证事实产生预决的效力，其中已为先前裁判所确认而作为另一个未决案件待证事实的事实，在诉讼法上称为预决的事实。预决的事实在诉讼程序中具有免予证明的效力。预决事实之所以无须证明，一是因为该事实已为法院所查明，客观上无再次证明的必要；二是因为该事实已为法院裁判所认定，该裁判具法律约束力，这种约束力也包括对该事实认定上的不可更改性。① 最高人民法院《民事诉讼法意见》第 75 条规定，已为法院发生法律效力的裁判所确定的事实，当事人无须举证。《民事诉讼证据规定》第 9 条第 1 款第 4 项也作了相同的规定。这是我国司法实践对预决案件事实之证明力的明确肯定。请延伸思考以下问题：存在明显错误的生效裁判所认定的事实是否具有预决的免证效力？当事人提供充分证据证明预决事实错误时该如何处理？民事裁判的预决事实对刑事案件的裁判是否具有免证的效力？

（评注人：王洪平）

① 参见毕玉谦：《民事证据原理与实务研究》，116 页，北京，人民法院出版社，2003。

65. 海域使用权纠纷

司法案例

东耀水产公司诉联合远洋公司等案

青岛海事法院（2008）青海法烟确字第 22 号

基本案情

原告：烟台东耀水产有限公司。

法定代表人：于田学，董事长。

委托代理人：崔学峰、牛红岩，山东齐海律师事务所律师。

被告：联合远洋运输公司（UNITED OCEAN SHIPPING SDN. BHD）。

被告：西英船东互保协会（卢森堡）。[①]

以上两被告委托代理人：孙海华、陈晶，北京时代九和律师事务所律师。

原告烟台东耀水产有限公司（以下称“原告”）因与被告联合远洋运输公司（以下称“被告一”）、被告西英船东互保协会（以下称“被告二”）船舶油污污染损害赔偿纠纷，在第一被告作为造成油污损害船舶的所有人、第二被告作为承担船舶所有人污染损害责任的保险人，根据国际油污损害民事责任公约规定向本院申请设立海事赔偿责任限制基金公告期内办理债权登记，并在法定期限内提起确权诉讼。本院受理后，依法组成合议庭，公开开庭进行了审理。原告的委托代理人崔学峰、牛红岩，两被告委托代理人陈晶到庭参加了诉讼。本案现已审理终结。

经审理查明：1993 年 1 月 9 日，案外人牟平县武宁镇虾场（以下简称“武宁镇虾场”）与案外人台湾东耀实业有限公司（以下简称“台湾东耀公司”）签订了《中外合作经营烟台东耀水产有限公司合同》，合同约定：武宁镇虾场将其厂房、场地使用权、虾池及滩涂使用权等作为出资，移交给合作公司即原告使用。合同签订后，原告取得了武宁镇虾场 1 至 11 号的 11 个虾池和陆地厂房的使用权。

1998 年 10 月，烟台市人民政府向武宁镇虾场发放了鲁烟海渔第 1618 号《海域使用权证书》，将武宁镇虾场 800 亩海域的使用权确权给武宁镇虾场使用，期限至 2002 年 12 月。该《海域使用权证书》到期后，2004 年，山东省海洋与渔业厅下发鲁海渔函［2004］160 号《关

---

① THE WEST OF ENGLAND SHIP OWNERS MUTUAL INSURANCE ASSOCIATION（LUXEMBOURG）.

于换发海域使用证书的批复》，对包括原告海域使用权证书在内的352本海域使用证准予换发，该《批复》确权原告海域使用面积为76.86公顷约合1 153亩。经烟台市牟平区海洋与渔业局证明，因海岸线修测，相关部门暂未对该海域使用权办理相关手续，现该海域使用权仍归武宁镇虾场所有，并由原告使用。

2006年，武宁镇虾场与台湾东耀公司签订了《合作经营东耀水产有限公司合同的补充条款》，约定：原作为出资的厂房和海滩使用权不再作为出资，由武宁镇虾场租赁给原告使用。

原告取得上述海域使用权后，在该海域进行了海上池塘海参养殖和海参保苗生产，并在陆地生产车间进行了海参保苗的生产。

2007年3月4日20时许，被告一所属、被告二承保的马来西亚籍化学品船“山姆”轮在烟台崆峒列岛的夹岛鳖砣礁石区（北纬N37o34.393′，东经E121o30.767′）发生触礁搁浅事故。“山姆”轮抵达烟台时，货油舱为空舱，船舶存有180CST燃料油174吨、轻柴油40吨。搁浅造成该轮船底大面积破裂，约有130吨燃油（其中燃料油约90吨、轻柴油约40吨）泄漏。泄漏的燃油迅速在周围扩散和蔓延。有少量溢油在养马岛原告养殖海域海滩抵岸，造成了该区域的水质标准降低，使对依赖于洁净海水从事养殖生产的原告遭受相应的损失。经司法鉴定，此次“山姆”轮的溢油事故：一是导致了原告所属的海参养殖池塘和保苗场的水质因水源地海域的海水石油类含量超过《海水水质标准》规定的二类标准长达19天。二是原告所属的池塘养殖海参损失主要原因：由于风暴潮的影响导致9＃和11＃池塘部分堤坝的溃决，使池塘内水质直接受到外来海水的水质影响并造成一定程度的污染，污染时间最长持续19天，由于该水源水质恶化，导致海参养殖池塘中石油烃超标产生的慢性毒性作用影响和干扰了海参的正常生理活动，导致其死亡率升高；另由于附近海区水源石油烃仍然超标导致较长时间内养殖池塘不能换水，对海参正常生理活动产生了一定的不利影响，从而对其生长产生影响，一定程度上也会导致其死亡率的升高。三是保苗生产受损的原因是：原告的育苗场的用水根据以上的调查结果，由于在北部海域的水质受溢油污染并持续超标19天的情况下，如果长时间限制换水，会使7＃池塘的水质恶化，直接影响到保苗当中的参苗正常的生理活动，从而对其生产产生不利影响，一定程度上导致其死亡率升高；如果换水，则含有石油烃类的污染海水进入保苗水池，会对参苗产生直接的毒性作用，也会导致其死亡率升高。

经司法鉴定，此次“山姆”轮的溢油事故给原告造成损失为：（1）海参养殖损失：养殖面积为942.54亩，其中9＃和11＃池塘面积为220.41亩、轻度污染受损率为15%，其余池塘722.13亩、因长时间不能换水导致损失率为10%；每亩损失金额为0.77万元；海参池塘养殖损失金额共计为81.05万元。（2）海参保苗损失：有效水体1 649立方米、保苗密度为每立方米水体1公斤、成活率为60%、损失率为40%；每千克损失金额为350元，海参保苗损失金额共计55.41万元。原告损失金额共计为136.46万元。

诉辩主张

原告诉称：2007年3月4日20时，被告一所属马来西亚籍“山姆”轮（MMM GALVESTON）在烟台海域鳖砣岛北侧搁浅致使大量燃油泄漏，泄漏的燃油在风和海流的作用下给事发海域造成了大面积污染，给原告设在岸边的海水养殖场造成了重大的经济损失，被告作为“山姆”轮所有人和责任保险人，理应赔偿原告的损失。原告请求法院依法判令：（1）被告赔偿因油污损害造成的损失人民币960万元；（2）本案的诉讼费由被告承担。原告在本案审理过程中向本院申请变更其诉讼请求，诉讼标的额由960万元变更为1 140万元及利息。

两被告辩称：原告虽诉称其因被告船舶（“山姆”轮）溢油事故遭受了损害，但未能根据有关法律规定，在举证期限内向法院提供充分证据证明“山姆”轮溢油事故污染了其养殖区海域并给其造成了损失。根据最高人民法院《民事诉讼证据规定》第2条的规定，原告没有证据或者证据不足以证明其事实主张的，应承担举证不能的法律责任。原告的诉讼请求不能成立，请求法院查明本案事实，依法驳回原告的诉讼请求。

举证、质证及认证情况

原告就其诉讼请求的主张，向本院递交了相关的证据；根据原告申请和原、被告一致选择的鉴定机构，本院委托青岛三杰海事技术咨询有限公司对本案的溢油污染损害进行了鉴定，并出具了鉴定报告。在本院的主持下，原、被告在庭前进行了证据交换。所有证据均经开庭举证、质证和辩论。

原告举证：证据一：《国家海域使用权证》，用以证明牟平区武宁镇虾场有国家主管部门颁发的《国家海域使用权证》，原告取得牟平区武宁镇虾场的海域使用权进行养殖合法。

证据二：原告设立文件档案一宗，用以证明原告设立情况及合法拥有牟平区武宁镇对虾养殖场的虾池使用权。

证据三：山东省海洋与渔业厅鲁海函［2004］160号文件《关于换发海域使用权证书的批复》，用以证明山东省海洋与渔业厅已同意原告换发《海域使用权证书》，原告至今拥有合法的海域使用权。

证据四：海域使用金收据，用以证明原告依法缴纳了海域使用金的事实，原告合法拥有海域使用权。

证据五：原告养殖海域平面示意图及保苗车间平面图，用以证明原告的养殖区及保苗车间所处的位置及分布情况。

证据六：照片1，用以证明在“山姆”轮搁浅后，原告育苗场及海参养殖池塘附近水体和海滩受到了来自海上的严重油污污染事实。

证据七：录像，用以证明在“山姆”轮搁浅后，原告海参养殖池塘附近水域和海滩受到了来自海上的严重油污污染。

证据八：照片2，用以证明在“山姆”轮搁浅后，原告海参养殖池塘附近水域和海滩受到了来自海上的严重油污污染。

证据九：证人证言，用以证明被告所泄漏的油污污染原告的养殖区池塘和育苗场的事实。

证据十：《收款收据》，用以证明原告购买并且投入养殖池塘的海参幼苗的情况。

证据十一：《海参养殖生产记录》及《海参大棚冬季保苗生产记录》，用以证明原告在受到“山姆”轮漏油污染之前，在海参养殖池塘内的生产养殖及海参保苗情况。

证据十二：《销货单》，用以证明原告2006年的成品海参的销售情况。

证据十三：《委托书》、《关于烟台市东耀生产有限公司池塘刺参与刺参保苗受油污危害造成损失情况调查报告》，用以证明原告的损失为海参54 624千克，幼参苗7 680千克。

两被告对于原告证据质证意见：对证据一真实性无异议，对关联性提出异议，认为该海域使用权证上的海域使用者是牟平区武宁镇虾场，且该使用证已过使用期限。

对证据二真实性无异议，对关联性有异议，认为该证据能够证明原告以及原告的发包单位目前没有取得海域使用权证书。

对证据三真实性无异议。

对证据四对真实性无异议，但认为两份收据都是2003年和2004年的，与本案没有关联性。

对证据五以其为原告自行绘制，无法确认真实性。

对证据六至七的真实性无异议，对关联性有异议，不能证明本案的油污损失。

对证据九以证人没有到庭接受质询，对该证据的真实性提出异议。

对证据十真实性及关联性有异议，认为证据为个人出具的证明，内容无法核实；证据中反映投入的情况与本案没有直接的关联。

对证据十一真实性及关联性有异议，该证据为原告单方制作。

对证据十二与本案的关联性不予认可。

对证据十三真实性及合法性有异议，该报告中没有附调查机构与人员的资质证明。

本院对原告证据的认定意见：对证据一，因证据复印件有出证机关盖章，两被告对其真实性无异议；证据之间及与当事人陈述能够相互印证；该证据能够间接证明本案待证事实，被告以该海域使用权证记载的使用者非原告和该海域使用权证过期为由，提出对该证据关联性的异议不能成立。故本院对原告证据一予以采信。

对证据二至八、十二，因原告提交的证据为原件或经与原本核对无误；被告对上述证据的真实性没有异议或未提出异议。因此，本院对原告证据二至八、十二的真实性予以确认。

对证据九，因该证据为证人证言，证人未出庭，原告未说明合理理由，被告提出的异议成立。故本院对该证据不予采信。

对证据十、十一，被告提出该证据为原告单方制作没有证明其真实性的证据佐证的异议成立；对证据十三，被告提出原告未提交该证据“报告”出具单位机构人员资质证明，该证据不具有合法性的异议成立。故本院对原告证据十、十一、十三不予采信。两被告未针对其答辩意见向本院提交相关证据。

本院对青岛三杰海事技术咨询有限公司对本案的溢油污染损害《鉴定报告》的认定意见：原告对鉴定报告无异议，被告对鉴定报告的真实性与合法性没有异议。该报告鉴定机构经各方当事人自愿协商选择，委托程序合法；鉴定机构及鉴定人员具有相应的资质，鉴定过程合法；鉴定报告当庭出示，鉴定人出庭接受了质询。因此，本院对该鉴定报告予以采信。对被告以该鉴定报告不能证明原告养殖合法为由提出鉴定报告不具有关联性的异议，本院不予支持。因为，该鉴定报告的待证事实是本案中原告的受损情况。故与本案具有关联性。

法院判决

本院认为：根据本案侵权行为地在中华人民共和国境内的事实，本院适用中华人民共和国法律作为解决本案争议的准据法；并根据本案赔偿请求为中华人民共和国参加的国际油污损害民事责任公约规定的油污损害，本院同时适用中华人民共和国参加的相关国际公约的规定审理本案。

原告在本案中的养殖损害海域，系原告通过其为中外合作经营公司的身份，承包租赁使用其出资人牟平区武宁镇虾场的养殖海域进行生产，其合作合同合法有效，该合同的义务均已经履行。因此，原告在本案中的养殖合法；且原告对本案中的养殖物具有合法的所有权，受法律保护。原告从事保苗生产合法，受法律保护。

被告所属和承保的“山姆”轮在烟台海域触礁搁浅油料泄漏，给周围海域造成严重污染的事实清楚，原、被告对该事实均无争议。原告的养殖损害与被告所属和承保的“山姆”轮油污事故经鉴定构成因果关系；被告对该事实未予否认，且根据污染损害赔偿因果关系举证倒置的法律规定，被告亦未提出否定该因果关系结论的证据。对原告养殖物损害是由被告所属和承保的“山姆”轮油污造成的事实，本院予以确认。因此，对原告要求被告赔偿海上养殖损失及利息的诉讼请求，本院予以支持。对被告以原告未在举证期限内提出充分证据证明其事实的主张，无权就油污损害向被告主张权利的抗辩，于法无据，本院不予支持。

被告一是造成本次污染事故船舶“山姆”轮的所有人、被告二是“山姆”轮油污责任保险人，故两被告在本案中应承担连带赔偿责任。

本院对司法鉴定报告就原告损失所作的鉴定评估结论予以确认。二被告应当按司法鉴定报告确定的原告损失金额，海参池塘养殖损失金额 81.05 万元、海参保苗损失金额 55.41 万元，以上共计 136.46 万元，连带予以赔偿。同时，被告应当按自油污事故发生之日起至被告实际付款之日止按银行同期贷款利率计算，赔偿原告的利息损失。上述损失，依照法律规定属于限制性债权。故原告应当在两被告设立的责任限制基金中受偿。对原告超出司法鉴定报告认定损失部分的诉讼请求，因其没有证据证明该损失，本院不予支持。

综上，依照《民法通则》第 124 条、第 142 条、第 146 条，《中华人民共和国海洋环境保护法》（以下简称《海洋环境保护法》）第 90 条、《中华人民共和国海商法》（以下简称《海商法》）第 208 条、第 268 条，《中华人民共和国海事诉讼特别程序法》（以下简称《海事诉讼特别程序法》）第 116 条，《1992 年国际油污损害民事责任公约》第 1 条、第 2 条、第 3 条、第 5 条、第 7 条的规定，判决如下：

一、被告联合远洋运输公司、被告西英船东互保协会连带赔偿原告烟台东耀水产有限公司船舶油污污染损害损失人民币 136.46 万元，加自 2007 年 3 月 4 日起截至两被告实际付款之日止按银行同期贷款利率计算的利息；

二、上述债权属于限制性债权，原告应在两被告申请设立的基金中分配；

三、驳回原告烟台东耀水产有限公司的其他诉讼请求。

本案案件受理费人民币 90 200 元，由原告承担 79 403 元、两被告共同承担 10 797 元。

案由与焦点

1. 案由

本案的一级案由为“物权纠纷”，二级案由为“用益物权纠纷”，三级案由为“海域使用权纠纷”①。

海域使用权是单位和个人依法取得的对国家所有的特定海域的占有、使用和收益的用益物权。海域使用权纠纷是指因海域使用权的设定、转移、归属、收益、处分或者遭受侵害等而引发的物权纠纷。海域使用权纠纷可再细分为许多类型，如养殖海域使用权纠纷、拆船海域使用权纠纷、盐业海域使用权纠纷、旅游和娱乐海域使用权纠纷、矿业海域使用权纠纷、港口海域使用权纠纷、建设工程海域使用权纠纷、公益事业海域使用权纠纷等。

2. 焦点

本案的核心焦点在于被告是否应当承担原告的船舶油污损害赔偿责任。围绕着这一焦点问

---

① 准确而言，本案是一起海事纠纷案件，其一级案由应为“适用特殊程序案件”，二级案由应为“海事诉讼特别程序案件”，三级案由应为“申请海事债权登记与受偿”。从适用一般程序案件的角度讲，本案也是一起“侵权纠纷”（一级案由），其二级案由可定为“环境污染责任纠纷”，三级案由可定为“水污染责任纠纷”。此外，本案也是一起“物权纠纷”（一级案由），二级案由可定为“物权保护纠纷”，三级案由可定为“财产损害赔偿纠纷”。同时，从“物权纠纷”的角度，本案的二级案由也可确定为“用益物权纠纷”，三级案由可确定为“海域使用权纠纷”。但根据《民事案件案由规定》，本案的准确案由还是应定为“申请海事债权登记与受偿”。本书之所以将该案作为“海域使用权纠纷”案件，主要是考虑到本案与海域使用权密切相关，从案例研习的角度，也不妨将其作为海域使用权纠纷案件的研习材料。

题，审理法院就损害事实、因果关系、损害范围等进行了审理。但不论是原告还是审理法院，似乎都忽略了一个重要问题，即海域使用权本身是否受到侵害，原告能否就海域使用权本身的侵害提起一定的损害赔偿请求。

评注与问题

1.“海域”是动产还是不动产

动产与不动产区分的最直观标准是可移动性。顾名思义，动产是可移动的财产，不动产是不可移动的财产。依此标准，土地是最重要，也最常见的不动产。那么，“海域”是动产还是不动产呢？提到“海域”，人们首先想到的是“海水”。海水是流动的，因而人们可能据此认为海域应是动产。但从法律上的财产权客体角度讲，将海域定性为不动产才是准确的。《中华人民共和国海域使用管理法》（以下简称《海域使用管理法》）第2条规定将海域明确限定为“内水、领海的水面、水体、海床和底土”，因而海域的构成是复杂的，是由水面、水体、海床和底土构成的立体空间。尽管海水是流动的，但作为海域不可分割之组成部分的海床与底土在性质上却是不可移动的。海域以“宗海”为单位。所谓“宗海”，是指权利界址线所封闭的用海单元。就一宗海域而言，虽然海水不断流动，但该宗海域通常是无法移动的，其海水总量一般也是恒定不变的。因此，从动产与不动产相区分的最简单标准来看，海域应属不动产范畴。

2. 海域使用权属何种类型的用益物权

《物权法》于“用益物权”编第122条规定：“依法取得的海域使用权受法律保护。”该规定明确了海域使用权的用益物权地位。但《物权法》并未将海域使用权规定为并列于土地承包经营权、建设用地使用权、宅基地使用权、地役权的一类用益物权。所谓“依法取得”，主要是指依《海域使用管理法》的规定而取得。《海域使用管理法》相较于《物权法》对物权类型的设定而言，处于特别法的地位。那么，这是否意味着海域使用权如同取水权、渔业权、矿业权等特许物权一样，属于特许物权的范畴呢？特许物权是指依法经特别行政许可而取得的特别法上的用益物权。一般而言，特许物权具有以下五点特性：一是特许物权的客体具有复杂性和多样性，如取水权的客体为水资源、矿业权的客体为矿区、渔业权的客体为水域等；二是特许物权的用益方式只有“使用＋收益”一种类型，不存在单纯使用型或单纯收益型的特许物权；三是特许物权具有消耗利用和直接取得物质性，亦即，特许物权的标的物是矿产资源、水资源、渔业资源等在法律上被视为“可消耗物”的自然资源，并且其权利行使的目的是直接消耗物质资源，从中直接取得物质；四是特许物权的设定须经行政许可程序，如根据《中华人民共和国水法》第7条的规定，国家对水资源依法实行取水许可制度，亦即取水权的设定和取得须依法经过行政特许；五是特许物权的行使受较强的公法限制。请结合《物权法》中规定的典型用益物权的特性和上述特许物权的特性，分析界定海域使用权的用益物权类型。

3. 海域使用权的设定方式包括哪些

海域使用权的设定取得是指单位和个人直接从国家手中取得海域使用权。根据《海域使用管理法》的规定，海域使用权的设定取得包括三种方式：一是依申请经批准取得，二是招标取得，三是拍卖取得。《海域使用管理法》第16条规定：“单位和个人可以向县级以上人民政府海洋行政主管部门申请使用海域。”第19条规定：“海域使用申请经依法批准后，国务院批准用海的，由国务院海洋行政主管部门登记造册，向海域使用申请人颁发海域使用权证书；地方人民政府批准用海的，由地方人民政府登记造册，向海域使用申请人颁发海域使用权证书。海域使用申请人自领取海域使用权证书之日起，取得海域使用权。”以上两条规定确立了依申请经批准取得的方式，类似于国有土地使用权的协议出让。《海域使用管理法》第 20 条规定：“海域使用权除依照本法第十九条规定的方式取得外，也可以通过招标或者拍卖的方式取得。招标或者拍卖方案由海洋行政主管部门制订，报有审批权的人民政府批准后组织实施。海洋行政主管部门制订招标或者拍卖方案，应当征求同级有关部门的意见。招标或者拍卖工作完成后，依法向中标人或者买受人颁发海域使用权证书。中标人或者买受人自领取海域使用权证书之日起，取得海域使用权。”该规定确立了海域使用权的招标取得和拍卖取得。而同法第 22 条规定：“本法施行前，已经由农村集体经济组织或者村民委员会经营、管理的养殖用海，符合海洋功能区划的，经当地县级人民政府核准，可以将海域使用权确定给该农村集体经济组织或者村民委员会，由本集体经济组织的成员承包，用于养殖生产。”试分析该规定所涉情形中的海域使用权取得与一般的海域使用权设定取得方式有否不同。

4. 本案原告是海域使用权人吗

本案原告提交的证据一为《国家海域使用权证》，用以证明原告取得牟平区武宁镇虾场有国家主管部门颁发的《国家海域使用权证》，取得牟平区武宁镇虾场的海域使用权进行养殖合法。对此证据，被告质证认为，原告并非海域使用权人，但该质证意见未被法院采纳。审理法院查明的事实是：“2004 年，山东省海洋与渔业厅下发鲁海渔函［2004］160 号《关于换发海域使用证书的批复》，对包括原告海域使用权证书在内的 352 本海域使用证准予换发，该《批复》确权原告海域使用面积为 76.86 公顷约合 1 153 亩。经烟台市牟平区海洋与渔业局证明，因海岸线修测，相关部门暂未对该海域使用权办理相关手续，现该海域使用权仍归武宁镇虾场所有，并由原告使用。”《海域使用管理法》第 27 条规定：“因企业合并、分立或者与他人合资、合作经营，变更海域使用权人的，需经原批准用海的人民政府批准。海域使用权可以依法转让。海域使用权转让的具体办法，由国务院规定。海域使用权可以依法继承。”请结合本案事实和上述规定，试分析本案原告是否为涉讼海域使用权的物权人。

5. 本案所涉海域使用权本身是否受到侵害

本案中，结合原告的诉求和法院的判决可以看出，涉案损害赔偿仅及于海参池塘养殖损失和海参保苗损失，而就海域使用权这一用益物权本身是否遭受了侵害，则未予涉及。海域使用权作为一类独立的用益物权，其享有与行使不仅受《物权法》规定的物权保护，还受《侵权责任法》规定的侵权法保护。被告的污染行为一方面直接导致了养殖海参和海参保苗的损害，另一方面，也使得原告享有合法使用权的养殖海域的权利的正当行使和充分行使遭受了实际的妨害。此种妨害，虽非直接针对海域使用权实施的剥夺行为、侵占行为、无权处分行为等典型的侵害物权行为，但其作为一种切实的损害行为在事实上也是确定的。试结合物权的物权保护和侵权法保护，分析本案原告（在其为海域使用权人的情形下）是否可以就海域使用权本身的损害增加一项损害赔偿主张。

6. “申请设立海事赔偿责任限制基金”是怎样的一种诉讼程序

根据《民事案件案由规定》，“申请设立海事赔偿责任限制基金”是一项独立的民事案件案由；同时，根据《海事诉讼特别程序法》的规定，其也是一种独立的海事诉讼程序。根据《海事诉讼特别程序法》的相关规定，船舶所有人、承租人、经营人、救助人、保险人在发生海事事故后，依法申请责任限制的，可以向海事法院申请设立海事赔偿责任限制基金。船舶造成油污损害的，船舶所有人及其责任保险人或者提供财务保证的其他人为取得法律规定的责任限制的权利，应当向海事法院设立油污损害的海事赔偿责任限制基金。设立责任限制基金的申请可以在起诉前或者诉讼中提出，但最迟应当在一审判决作出前提出。当事人在起诉前申请设立海事赔偿责任限制基金的，应当向事故发生地、合同履行地或者船舶扣押地海事法院提出。申请人向海事法院申请设立海事赔偿责任限制基金，应当提交书面申请。申请书应当载明申请设立海事赔偿责任限制基金的数额、理由，以及已知的利害关系人的名称、地址和通讯方法，并附有关证据。海事法院受理设立海事赔偿责任限制基金申请后，应当在7日内向已知的利害关系人发出通知，同时通过报纸或者其他新闻媒体发布公告。利害关系人对申请人申请设立海事赔偿责任限制基金有异议的，应当在收到通知之日起7日内或者未收到通知的在公告之日起30日内，以书面形式向海事法院提出。海事法院收到利害关系人提出的书面异议后，应当进行审查，在15日内作出裁定。异议成立的，裁定驳回申请人的申请；异议不成立的，裁定准予申请人设立海事赔偿责任限制基金。利害关系人在规定的期间内没有提出异议的，海事法院裁定准予申请人设立海事赔偿责任限制基金。准予申请人设立海事赔偿责任限制基金的裁定生效后，申请人应当在海事法院设立海事赔偿责任限制基金。设立海事赔偿责任限制基金可以提供现金，也可以提供经海事法院认可的担保。海事赔偿责任限制基金的数额，为海事赔偿责任限额和自事故发生之日起至基金设立之日止的利息。以担保方式设立基金的，担保数额为基金数额及其在基金设立期间的利息。以现金设立基金的，基金到达海事法院指定账户之日为基金设立之日。以担保设立基金的，海事法院接受担保之日为基金设立之日。设立海事赔偿责任限制基金以后，当事人就有关海事纠纷应当向设立海事赔偿责任限制基金的海事法院提起诉讼，但当事人之间订有诉讼管辖协议或者仲裁协议的除外。申请人申请设立海事赔偿责任限制基金错误的，应当赔偿利害关系人因此所遭受的损失。海事法院受理设立海事赔偿责任限制基金的公告发布后，债权人应当在公告期间就与特定场合发生的海事事故有关的债权申请登记。公告期间届满不登记的，视为放弃债权。本案中，被告就是根据以上规定依法设立了相关基金，在债权登记的公告期内，原告也依法进行了债权登记，审理法院也最终针对原告的损害赔偿债权作出了确权判决。

7. 何谓“限制性债权”

在海商法上，限制性债权与非限制性债权相对。限制性债权是指海事赔偿责任主体根据海商法有关海事赔偿责任限制的规定，可以限制其赔偿责任的海事赔偿请求。非限制性债权是指责任主体无权根据海商法有关海事赔偿责任限制的规定限制其赔偿责任的海事赔偿请求。根据《海商法》的相关规定，船舶所有人、救助人、船舶承租人、船舶经营人、保险人等可以依法申请责任限制，责任限制的申请被依法准许后，与该责任限制相对应的债权即为限制性债权。《海商法》第207条规定：“下列海事赔偿请求，除本法第二百零八条和第二百零九条另有规定外，无论赔偿责任的基础有何不同，责任人均可以依照本章规定限制赔偿责任：（一）在船上发生的或者与船舶营运、救助作业直接相关的人身伤亡或者财产的灭失、损坏，包括对港口工程、港池、航道和助航设施造成的损坏，以及由此引起的相应损失的赔偿请求；（二）海上货物运输因迟延交付或者旅客及其行李运输因迟延到达造成损失的赔偿请求；（三）与船舶营运或者救助作业直接相关的，侵犯非合同权利的行为造成其他损失的赔偿请求；（四）责任人以外的其他人，为避免或者减少责任人依照本章规定可以限制赔偿责任的损失而采取措施的赔偿请求，以及因此项措施造成进一步损失的赔偿请求。前款所列赔偿请求，无论提出的方式有何不同，均可以限制赔偿责任。但是，第（四）项涉及责任人以合同约定支付的报酬，责任人的支付责任不得援用本条赔偿责任限制的规定。”第208条规定：“本章规定不适用于下列各项：（一）对救助款项或者共同海损分摊的请求；（二）中华人民共和国参加的国际油污损害民事责任公约规定的油污损害的赔偿请求；（三）中华人民共和国参加的国际核能损害责任限制公约规定的核能损害的赔偿请求；（四）核动力船舶造成的核能损害的赔偿请求；（五）船舶所有人或者救助人的受雇人提出的赔偿请求，根据调整劳务合同的法律，船舶所有人或者救助人对该类赔偿请求无权限制赔偿责任，或者该项法律作了高于本章规定的赔偿限额的规定。”第 209 条规定：“经证明，引起赔偿请求的损失是由于责任人的故意或者明知可能造成损失而轻率地作为或者不作为造成的，责任人无权依照本章规定限制赔偿责任。”

（评注人：王洪平）

66. 养殖权纠纷

司法案例

苏德荣诉东六户村村委会案

山东省东营市中级人民法院（2003）东民再终字第 2 号

基本案情

抗诉机关：山东省人民检察院。

原审上诉人（一审原告）：苏德荣。

委托代理人：苏洪涛，系苏德荣之子。

原审被上诉人（一审被告）：东营区六户镇东六户村村民委员会。

法定代表人：苏东辉，主任。

原审上诉人苏德荣因与原审被上诉人东营区六户镇东六户村村民委员会（以下简称“东六户村村委会”）水库养殖侵权纠纷一案，本院 2001 年 7 月 2 日作出（2001）东中经终字第 43 号民事判决，已经发生法律效力。2002 年 10 月 8 日，山东省人民检察院以鲁检民抗字（2002）第 169 号抗诉书，向山东省高级人民法院提起抗诉，山东省高级人民法院作出（2002）鲁民二监抗字第 81 号裁定，指令本院另行组成合议庭对本案进行再审。本院依法另行组成合议庭，公开开庭对本案进行了审理。山东省人民检察院指派东营市人民检察院检察员张志国出庭支持抗诉，原审上诉人苏德荣及委托代理人苏洪涛到庭参加了诉讼。原审被上诉人东六户村村委会法定代表人苏东辉经本院传票传唤，无正当理由，拒不到庭。本案缺席审理，现已审理终结。

东营区人民法院（2000）东经初字第 538 号民事判决认定：1997 年 1 月 1 日，苏德荣与胜利石油管理局胜利发电厂农牧业公司订立胜电农牧公司水库、库坝对外承包协议，由苏德荣承包该公司开发的水库及周围堤坝至 1997 年 12 月 31 日。1998 年 9 月 28 日，胜利石油管理局胜利发电厂与东六户村村委会订立土地承包合同，由东六户村村委会承包该水库及周围耕地至 2003 年 12 月 15 日。该水库位于原淮河路以南、胜利发电厂以东 3 000 米，东至五干、南到东六户西六户土地边，约有 140 亩。1998 年 10 月 25 日，东六户村村委会安排苏庆昌通知苏德荣继续管理水库及周围堤坝和水利设施，时间为与电厂合同时间一致，同时告诉苏德荣，可以利用水库及周围的堤坝。1999 年 5 月、11 月，苏德荣购买鱼苗计款 17 380 元，并将鱼苗投放到水库中进行养殖。2000 年 1 月 22 日，东六户村村委会收回水库并以竞价的形式将水库承包给本村村民苏广东。苏广东承包后，向水库投放了鱼苗。2000 年 6 月 6 日，东六户村村委会又决定，该水库

2000年由苏德荣继续养鱼，并承担2000年的承包费，苏广东所放水库鱼苗归苏德荣所有，2000年9月30日村抽水保持水面1米左右。但苏德荣不同意这一意见，也没有执行该决定。

原一审诉辩主张

苏德荣在起诉时称：1998年1月25日，我与东六户村村委会达成口头协议，承包村里的鱼池及鱼池周围的堤坝，收益归我，看管费和承包费相抵。1999年5月25日，我购买草鱼苗约27 500尾，价值5 000元，购买白鲢鱼苗约9 900尾，价值630元，11月15日，购买草鱼苗约30 000尾，价值10 000元，购买鲢鱼苗约15 000尾，价值1 750元。我将鱼苗全部投放到鱼池中。2000年1月份，东六户村村委会强行收回鱼池，承包给他人，通知给我赔偿10 000元损失。我原来鱼池还有成鱼3 000尾，价值27 000元。2000年6月，东六户村村委会又通知我承包，但条件苛刻，我没有承包。要求东六户村村委会按鱼苗数量、100%成活率、每条鱼1.20元、再加上原来成鱼，扣除鱼苗款，赔偿我经济损失108 020元，并由村委会承担诉讼费用。

东六户村村委会辩称：我方与苏德荣没有承包合同关系，只是通知苏德荣由其管理水库及配套设施，村委会给其支付工资。苏德荣未经我方允许在水库中养鱼是一种侵权行力，苏德荣不存在经济损失。村委会执行上级决定，对水库进行竞价承包，苏德荣参加了现场竞价并未提出异议，村委会根据竞价将水库承包给其他村民。后考虑到苏德荣在水库中放有鱼苗，与承包人协商，由苏德荣继续养鱼，2000年承包费由苏德荣承担，并不存在“条件苛刻”一说。

一审判决

东营区人民法院（2000）东经初字第538号民事判决认为：苏德荣在东六户村村委会的安排下于1998年10月25日开始看管水库及周围的设施，并经东六户村村委会允许可以在看管期间利用水库至2003年12月15日，虽然双方没有订立承包合同，但事实上苏德荣已经在看管的水库中投放了鱼苗并进行了养殖。东六户村村委会在没有对苏德荣在看管水库期间所养鱼苗问题进行妥善处理的情况下，即自行收回水库并承包给其他村民，其主观上有过错，对其因收回水库给苏德荣造成的损失，应给予赔偿。引起纠纷，东六户村村委会应承担全部责任。苏德荣要求东六户村村委会赔偿经济损失108 020元的主张，证据不足，不予支持。东六户村村委会关于苏德荣在水库中养鱼已构成侵权，不赔其经济损失的主张，无法律和事实依据，不予采纳。故判决如下：东六户村村委会于判决生效之日起10日内赔偿苏德荣鱼苗损失17 380元。案件受理费3 670元，苏德荣负担3 080元，村委会负担590元。

二审判决

苏德荣不服，向本院提出上诉称，东六户村村委会违约收回水库给其造成重大损害，对此损害后果原审判决未查清，请求二审法院查清事实，依法改判。

在原二审庭审时，苏德荣提交了王兴然、陈茂福、成江苏、路士光、张彬、蒋玉身、苏延峰、刘芝孟等人的证明8份，玉米收购价格表，1999年度农民人均收入表，东营市渔业技术推广站证明，以此证明鱼苗款、运费、鱼食款、人工费和可得利益损失，计算至2000年1月22日为80 666元，计算至2003年10月15日为283 200元。东六户村村委会在原二审时经本院传票传唤未到庭。

本院（2001）东中经终字第 43 号民事判决查明，原审认定事实清楚，证据充分。本院（2001）东中经终字第 43 号民事判决认为：东六户村村委会许可苏德荣在看管水库期间利用水库，却于 2000 年 1 月 22 日自行收回水库对外发包，依法应对苏德荣承担赔偿责任。但苏德荣主张的经济损失，除鱼苗损失外，其他均证据不足，且二审主张的经济损失与一审主张经济损失的事由不同，本院不予支持。原审判决并无不当，应予维持。其上诉理由不充分，不予支持。故判决：驳回上诉，维持原判。二审案件受理费 3 670 元，由苏德荣承担。

再审判决

判决生效后，苏德荣不服，向检察机关申诉。山东省人民检察院对本案提起抗诉，认为：一、二审认定事实的主要证据不足，判决显失公平。村委会与苏德荣订立看管水库设备口头协议合法有效，一、二审均已认可，应全面维护承包人的合法权益。法院仅判决村委会赔偿苏德荣的鱼苗损失，对鱼食款、运费、人工费以及间接损失没有认定是错误的。苏德荣是免费看管水库设备，其人工费只能从养鱼的收入中弥补，而判决只对鱼苗款进行赔偿，导致苏德荣不但没有从养鱼中得到收入，而且还赔上了人工、鱼食和运费。

经再审审理查明：原一、二审认定的事实属实，本院予以确认。此有如下证据予以佐证：（1）购买鱼苗单据；（2）承包协议、承包合同；（3）关于苏德荣鱼池意见；（4）苏庆昌证言；（5）双方当事人陈述。

再审庭审时，苏德荣未提供新证据，仍以在原二审中提供的证明材料支持其主张，请求东六户村村委会赔偿直接经济损失 64 180 元，可得利益损失 219 020 元。为苏德荣出具证明材料的路士光、苏延峰出庭为苏德荣主张的鱼食款和人工费作证。

本院认为：东六户村村委会安排苏德荣看管水库设备并可利用水库，但却在未对其看管的水库中投放的鱼苗进行妥善处理的情况下，自行收回水库进行发包，造成苏德荣鱼苗损失，应当承担赔偿责任。苏德荣在一审时诉请村委会赔偿鱼苗和鱼的损失 108 020 元，但仅提供了购买鱼苗的证据，其他损失未提供相关证据，原一审法院为此判决东六户村村委会赔偿苏德荣鱼苗损失 17 380 元，并无不当。苏德荣不服，提出上诉。在二审期间，苏德荣主张经济损失为鱼苗款、运费、鱼食款、人工费和可得利益，与一审诉请的经济损失事由不相一致，且提供的数份证明材料，均为一审判决后书写，不具有客观性，缺乏证明力，故原二审不予认定，符合法律规定。再审中，苏德荣仍以该证明材料主张经济损失，无其他证据佐证，显属证据不足，本院对其主张不予采信。原一、二审判决认定事实清楚，证据审核正确，应予维持。依照《民事诉讼法》第 153 第 1 款第 1 项、第 184 条之规定，判决如下：维持东营区人民法院（2000）东经初字第 538 号民事判决和本院（2001）东中经终字第 43 号民事判决。

本判决为终审判决。

案由与焦点

1. 案由

本案的一级案由为“物权纠纷”，二级案由为“用益物权纠纷”，三级案由为“养殖权纠纷”。

养殖权是指利用全民所有或者集体所有的渔业水域进行养殖生产的用益物权。因养殖权的归属、收益、处分或者遭受侵害而引发的纠纷为养殖权纠纷。

2. 焦点

本案虽然案情并不复杂，但历经3次审理，最终还是回到了一审判决的原点，说明其争执的焦点问题是非常复杂的。从表面看来，本案争议的焦点在于损害赔偿的数额确定，但围绕这一焦点问题，还有诸多物权法上的问题值得思考，如养殖权的设定与归属、养殖权的收益与处分、养殖权的物权保护、侵害养殖权的损害赔偿范围等。

评注与问题

1. 养殖权的取得须经过行政特许吗

养殖权是受法律保护的用益物权，在性质上应属用益物权中的特许物权，即经由行政特别许可而取得的用益物权。《物权法》第123条仅提到了使用水域、滩涂从事养殖的权利受法律保护，而未明确提出“养殖权”的概念。根据《中华人民共和国土地管理法》（以下简称《土地管理法》）第11条的规定，“养殖权”即水面、滩涂的“养殖使用权”，养殖权的取得主要依据《中华人民共和国渔业法》（以下简称《渔业法》）的相关规定。《渔业法》第11条第1款规定：“国家对水域利用进行统一规划，确定可以用于养殖业的水域和滩涂。单位和个人使用国家规划确定用于养殖业的全民所有的水域、滩涂的，使用者应当向县级以上地方人民政府渔业行政主管部门提出申请，由本级人民政府核发养殖证，许可其使用该水域、滩涂从事养殖生产。核发养殖证的具体办法由国务院规定。”根据该规定，使用全民所有的水域、滩涂从事养殖业经营的，须向渔业行政主管部门提出申请，经许可取得养殖证后才可以从事养殖。这即表明，养殖权是一种特许物权，须经行政许可后取得与设定。但是，《渔业法》第11条第2款又规定：“集体所有的或者全民所有由农业集体经济组织使用的水域、滩涂，可以由个人或者集体承包，从事养殖生产。”依该规定，使用集体所有的水域、滩涂从事养殖生产，或者使用全民所有而由集体使用的水域、滩涂从事养殖生产的，就无须经由行政许可。试结合本案事实，分析原告养殖权的取得是否须经行政许可，同时比较分析养殖权与海域使用权在设定和取得方式上的区别。

2. 如何正确认识二审、再审判决提出的“经济损失事由不同”的法律效果

本案二审、再审判决维持原判的一个重要理由都是原告在一审、二审中提出的经济损失事由不同或不一致，由此而来的法律问题是：这种主张事由的不同将带来怎样的诉讼效果？在二审和再审法院看来，原告在一、二审中不仅无证据证明其诉讼主张，而且还提出了证明其诉讼主张的不同事由，因而对其鱼苗款之外的其他诉求不予支持。但就本案案情来看，原告在一审中提出的诉讼主张是10万元左右，在二审和再审中提出的诉讼主张是20万余元，正是因为诉讼标的数额的改变，导致原告在二审和再审中又提出了不同的事由和证据。因此，从诉讼法的角度看，所谓“经济损失事由不同”，实质上是原告在二审诉讼中又增加了新的诉讼请求。而根据最高人民法院《民事诉讼法意见》第184条的规定，在第二审程序中，原审原告增加独立的诉讼请求或原审被告提出反诉的，第二审人民法院可以根据当事人自愿的原则就新增加的诉讼请求或反诉进行调解，调解不成的，告知当事人另行起诉。根据该规定，本案二审、再审法院更为妥当的处理方式是，依法向原告进行释明，告知其提出的诉讼主张已经超出了一审的诉讼请求，属于增加新的诉讼请求，进而征询双方当事人是否愿意就该部分新增加的诉讼请求进行调解；若双方当事人拒绝调解或者不能达成调解协议的，告知原告另行起诉。如果二审法院能如此处理，则完全可能避免再审程序的启动，从而避免司法资源的不必

要浪费。

3. 本案原告主张可得利益损失赔偿应否支持

本案原告除提出养殖成本的损失赔偿外，还提出了可得利益损失赔偿。根据《合同法》第113条的规定，违约方除赔偿非违约方的实际损失外，还要赔偿可得利益损失。所谓可得利益，是指非违约方在合同完全履行后可以获得的预期的合同履行利益。根据最高人民法院《关于当前形势下审理民商事合同纠纷案件若干问题的指导意见》（法发［2009］40号）的规定，根据交易的性质、合同的目的等因素，可得利益损失主要分为生产利润损失、经营利润损失和转售利润损失等类型。在生产设备和原材料等买卖合同违约中，因出卖人违约而造成买受人的可得利益损失通常属于生产利润损失；在承包经营、租赁经营合同以及提供服务或劳务的合同中，因一方违约造成的可得利益损失通常属于经营利润损失；在先后系列买卖合同中，因原合同出卖方违约而造成其后的转售合同出售方的可得利益损失通常属于转售利润损失。可得利益不同于既得利益，一种可得利益损失要获得赔偿，必须具备客观可能性、现实确定性和合理必然性。若是主观臆测的、无事实根据的、无现实基础的、无转化为“期待权”可能的、高度盖然性的、能否取得具有极高风险的利益，就不能纳入可得利益的范畴，非违约方无权主张。试结合本案事实，分析原告的哪些利益损失属于实际损失，哪些属于可得利益损失，对其可得利益损失赔偿的主张应否予以支持?

4. 对本案原告主张的运费、鱼食款、人工费应否给予赔偿

本案一审中，原告就运费、鱼食款、人工费等损失未作为损失赔偿的事由提出，这正是导致二审、再审判决不支持其相关诉求的关键原因之一。从“谁主张，谁举证”的证据规则角度讲，原告应就其诉讼主张提供证据，否则就要承担举证不能的败诉风险。二审、再审依据证据规则进行判断，原则上没有问题。但是，根据常情常理和鱼类养殖的一般规律，原告要将鱼苗、鱼食运进养殖水域，必然要付出运费；要将鱼儿更快更好地养大，必然要投放鱼食，从而必然要付出鱼食的购买费用。而以上工作的完成及养殖期间的管护，又必然要付出一定的人工费用。因而，虽然原告不能就这些费用的支出提供相关的证据予以证明，但并不表明这些费用的支出根本就没有发生过。最高人民法院《民事诉讼证据规定》第64条规定：“审判人员应当依照法定程序全面、客观地审核证据，依据法律的规定，遵循法官职业道德，运用逻辑推理和日常生活经验，对证据有无证明力和证明力大小独立进行判断，并公开判断的理由和结果。”试结合本案案情和最高人民法院的上述规定，分析本案二审、再审完全否定原告主张的运费、鱼食款、人工费损失的判决是否合适。

5. 本案原告拒绝按东六户村村委会要求的条件继续承包养殖水库是否有理

导致本案纠纷发生的根本原因是作为被告的东六户村村委会擅自收回养殖水库重新进行发包。既然原告已经依原合同约定拥有了养殖权，那么其养殖权就具有不受侵害的受法律保护的地位，被告擅自收回养殖水库的行为构成对原告养殖权的侵害。所以，从合同法的角度看，被告东六户村村委会的行为构成违约；从物权法的角度看，被告东六户村村委会的行为构成对物权的侵害。因而不论依合同法还是依物权法，原告都有权获得相应的损失赔偿救济。本案原告取得养殖权并非是无对价的，这一对价关系体现为，原告看管水库而被告不向原告支付看管水库的报酬，原告通过水产养殖获取收益而不向被告支付额外的承包费，双方的权利义务关系是对等的。被告未经原告同意而擅自终止原合同，这本身即构成根本违约，侵害了原告的养殖权，原告完全可以起诉请求被告继续履行原承包合同。在被告重新将水库发包给第三人后，又再次收回发包给原告，并附加了支付承包费的条件，这是不合理的。原、被告间的原承包合同关系不应认为已经因为被告村委会擅自收回重新发包的违约行为而终止，二者间的原承包合同关系继续存在，合同继续履行的基础和依据仍是原合同。在原合同中，原告无须向被告支付养

殖使用费，被告也无权向原告索要相关费用，因而被告要求原告支付养殖费的行为属于单方对合同作出的重大变更，而合同最终能否变更，需视原告的同意与否而定。因此，原告不同意被告附加的苛刻条件是于法有据的，其最终未按被告规定的条件继续承包水库，是合同法定解除权的正当行使，同样于法有据。

（评注人：王洪平）

67. 采矿权纠纷

司法案例

何朝堂诉采掘经销部等案

云南省高级人民法院（2010）云高民二终字第110号

基本案情

上诉人（原审被告）：石屏县亚房子矿产品采掘经销部。

法定代表人：蔡瑞庭，该经销部主任。

委托代理人：薛爱民，云南意正律师事务所律师。

上诉人（原审被告）：蔡瑞庭。

委托代理人：薛爱民，云南意正律师事务所律师。

被上诉人（原审原告）：何朝堂。

委托代理人：杨华，云南会凌律师事务所律师。

原审被告：陈国民。

原审被告：昆明市盘龙区格林通讯商店。

负责人：陈国民，该商店负责人。

原审被告：石屏县宝秀镇人民政府。

法定代表人：白定稳，该镇镇长。

委托代理人：李直，宝秀镇企管站职工。

上诉人石屏县亚房子矿产品采掘经销部（以下简称“采掘经销部”）、蔡瑞庭因与被上诉人何朝堂，原审被告陈国民、昆明市盘龙区格林通讯商店（以下简称“格林商店”）、石屏县宝秀镇人民政府（以下简称“宝秀镇政府”）采矿权纠纷一案，不服云南省红河州中级人民法院（2009）红中民二初字第51号民事判决，向本院提起上诉。本院2010年7月5日受理本案后，依法组成合议庭于2010年7月21日公开开庭审理了本案。上诉人采掘经销部、蔡瑞庭的共同委托代理人薛爱民，被上诉人何朝堂及其委托代理人杨华，原审被告陈国民，格林商店的委托代理人陈国民，宝秀镇政府的委托代理人李直到庭参加了诉讼。本案现已审理终结。

原审判决确认的法律事实为：采掘经销部是宝秀镇政府投资兴建的集体企业，成立后委任何生伟为采掘经销部的负责人。2005年4月27日，经宝秀镇政府同意，采掘经销部与格林商店签订了《矿产资源联合开发合同》，该商店成为采掘经销部的合作开发人。该合同的实际投资人是陈林泽、陈国民、丁何义等人。2006 年 11 月 9 日，蔡瑞庭与何朝堂签订了《关于转让石屏县十老寨大纳顶铁矿山采矿权的协议》，约定“一、蔡瑞庭将石屏县十老寨大纳顶矿山二采区采矿权转让给乙方（何朝堂）自行开采，转让金为 1 818 万元；二、签订 5 日内，乙方（何朝堂）付给甲方 1 000 000.00 元；三、签订 10 日内，乙方付甲方（蔡瑞庭）定金 10 000 000.00元。”除上述条款外，协议还对其他内容进行了约定。何朝堂对蔡瑞庭的身份提出质疑，并未依据该协议付款。蔡瑞庭遂到昆明找到格林商店的负责人陈国民，2006 年 11 月 15 日，格林商店向蔡瑞庭出具了 1 份委托书，委托书内容为“全权委托我单位蔡瑞庭通知洽谈引进有实力的商家参与投资开发石屏县亚房子大纳顶铁矿石的有关事宜。有限期限：2006 年 11 月 15 日至 2006 年 12 月 5 日。”蔡瑞庭拿到该委托书后，与何朝堂一起找到采掘经销部的负责人何生伟，商谈大纳顶铁矿采矿权转让的事宜。2006 年 11 月 15 日，采掘经销部与何朝堂签订了《矿产资源联合开发合同》，双方约定合作项目为：石屏县亚房子采掘经销部大纳顶二采区铁矿开采。合同第 3 条约定：“甲方（石屏县亚房子采掘经销部）责任、权利和义务：(1) 负责协助办理各项手续，保证采矿的合法性，保证本合作项目正常运作，生产不受外界干涉，并处理好各部门及当地村民的协调工作。(2) 未经双方同意，不得私自允许第三方进入二采区生产经营。乙方（何朝堂）责任、权利和义务：乙方负责筹集开发资金，负责技术、生产、管理和安全。如有亏损，自负责任，甲方不负责任。”合同第 4 条约定：“每年年初必须提出 2.8 万元利润给甲方，剩余利润归乙方所有。如果当年无利润，则由乙方另行支付。不论盈亏，乙方必须承担矿山公共事业（如公共道路、采矿证年检等）费用的 40%。”同时，该协议还对其他内容进行了约定。该协议由采掘经销部加盖公章，并且由其负责人何生伟签名确认。该协议签订后，何朝堂才先后支付给蔡瑞庭人民币 1 100 万元，用于收购大纳顶铁矿的采矿权。2006 年 12 月 4 日，蔡瑞庭与原采掘经销部的负责人何生伟、陈淋泽、陈国民、丁何义签订了《股份权转让协议》，协议约定：“丙方（陈林泽、陈国民、丁何义）于 2006 年 12 月 4 日将丙方采掘经销部大纳顶铁矿二采区的股份转让给甲方（蔡瑞庭），以后该矿区的一切事务与丙方无关。”协议还对该矿山的安全、环保、水务等事项进行了约定。协议签订后，蔡瑞庭陆续支付给上述几人转让款，陈淋泽、陈国民、丁何义收款后完全退出了采掘经销部大纳顶铁矿的经营管理活动。其中陈淋泽是主要出资人，总共从蔡瑞庭处收取了约 880 万元，陈国民自认收到 37 万元。2007 年 4 月 9 日，宝秀镇政府以《通知》的形式，要求采掘经销部自 2007 年 4 月 1 日起，暂停采矿活动，并要求协助做好监管工作。该《通知》还注明：“凡 2007 年 3 月 31 日前采掘经销部与内外客商签订的采矿合同（协议）一律无条件终止（废除）。”2007 年 3 月 26 日，石屏县矿产资源整合办公室对合同终止后的补偿问题作了一个会议纪要。2007 年 5 月 9 日宝秀镇政府与蔡瑞庭签订了《石屏县宝秀镇大纳顶矿山采矿权转让协议》，约定：“一、甲方（石屏县宝秀镇人民政府）将石屏县宝秀镇大纳顶矿山（矿区范围和开采深度以《采矿许可证》证号 530000630165 为准）采矿权转让给乙方（蔡瑞庭）行使。二、本协议自生效之日起至 2009 年 5 月 28 日，乙方每年支付甲方采矿补偿费人民币肆佰万元并支付在石屏县境内建洗选厂、冶炼厂的保证金壹佰万元。”同时，该协议还对其他内容进行了约定。2007 年 9 月 21 日，蔡瑞庭与何朝堂签订了一份《终止协议》，约定：“(1) 双方于 2006 年 10 月 9 日签订转让石屏县十老寨大纳顶铁矿山二采区矿权的协议自签字之日起终止。(2) 甲方（蔡瑞庭）收乙方（何朝堂）的转让费 1 100 万元由甲方在签字之时退还乙方 400 万元，下欠部分下个月月底付给。(3) 违约责任，如某方违反，应承担对方相应的责任。”协议签订后，蔡瑞庭于当日退赔了何朝堂 400 万元，但余下 700 万元并未退还。何朝堂与采掘经销部、蔡瑞庭多次协商退还 700 万元的事宜，但协商未果，何朝堂遂向原审法院起诉。另查明，蔡瑞庭于 2006 年 11 月、12 月间，前后多次通过银行汇款给陈淋泽人民币约 880 万元，陈淋泽认可收到上述款项。

一审判决

原审法院经审理认为：一、关于采矿权的转让协议和采矿权承包合同的效力问题，无论当事人是否主张，原审法院应主动审查。对矿产资源的勘查和开采，国家实行专门审批的管理制度。国务院 1998 年 2 月 12 日发布施行的《探矿权采矿权转让管理办法》第 3 条第 2 项规定，“已经取得采矿权的矿山企业，因企业合并、分立，与他人合资、合作经营，或者因企业资产出售以及有其他变更企业资产产权的情形，需要变更采矿权主体的，经依法批准，可以将采矿权转让他人采矿”。本案中，2006 年 11 月 9 日蔡瑞庭与何朝堂签订的《关于转让石屏县十老寨大纳顶铁矿山采矿权的协议》，至今没有经过国家矿管部门的审批。《中华人民共和国矿产资源法》（以下简称《矿产资源法》）第 6 条第 3 款规定：“禁止将探矿权、采矿权倒卖牟利。”《探矿权采矿权转让管理办法》第 10 条第 3 款规定：“批准转让的，转让合同自批准之日起生效。”第 14 条规定：“未经审批管理机关批准，擅自转让探矿权、采矿权的，由登记管理机关责令改正，没收违法所得，处 10 万元以下的罚款；情节严重的，由原发证机关吊销勘查许可证、采矿许可证。”《矿业权出让转让管理暂行规定》第 37 条规定：“各种形式的矿业权转让，转让双方必须向登记管理机关提出申请，经审查批准后办理变更登记手续。”根据上述规定，未经相关部门批准的采矿权转让合同，属无效合同。2006 年 11 月 15 日，采掘经销部与何朝堂签订的《矿产资源联合开发合同》名为联合开发合同实际是一个采矿权承包经营合同。《矿业权出让转让管理暂行规定》第 38 条规定：“采矿权人不得将采矿权以承包等方式转给他人开采经营。”第 62 条规定：“矿业权出租方违反本规定的，矿业权人将矿业权承包给他人开采、经营的，由登记管理机关按照《探矿权采矿权转让管理办法》第十五条的规定予以处罚。”从上述规定可以看出，矿业权人将采矿权承包给他人开采，须经矿管部门审批，未经批准的属于无效合同。综上，无论是何朝堂与蔡瑞庭签订的矿权转让协议，还是何朝堂与采掘经销部签订的联合开发合同，至今都未经过矿管部门的批准，应属无效合同。

二、关于何朝堂支付的转让款应由谁承担赔付责任的问题。原审法院认为，根据《合同法》第 58 条的规定，因无效合同取得的财产，应当予以返还，不能返还或者没有必要返还的应当折价补偿，有过错的一方应当赔偿对方因此所受到的损失，双方都有过错的，应当各自承担相应的责任。本案中，蔡瑞庭与何朝庭签订矿权转让协议并不足以让何朝堂付款，何朝堂真正付款是在蔡瑞庭取得格林商店的委托书，并与采掘经销部签订《矿产资源联合开发合同》后。蔡瑞庭收到何朝堂的 1 100 万元后，用该笔款项收购了陈淋泽、陈国民、丁何义等人在采掘经销部的投资。也正是如此，陈淋泽、陈国民、丁何义等人才会顺利退出大纳顶铁矿的经营管理，宝秀镇政府也才可以顺利收回矿山，并将其顺利转售他人。采掘经销部作为大纳顶铁矿的矿权所有人，是何朝堂 1 100 万元转让款的直接受益者，在合同无效的前提下，理应承担退款的法律责任。因不能实现合同目的，何朝堂与蔡瑞庭于 2007 年 9 月 21 日签订的《终止协议》中约定了分 2 次退还 1 100 万元的事宜，而此时蔡瑞庭已是采掘经销部的法定代表人，有权代表经销部对外签订合同，故对该终止协议，原审法院认定系采掘经销部的法人行为，产生的法律后果由法人承担。由于协议签订时蔡瑞庭已退还何朝堂 400 万元，剩余的 700 万元应由采掘经销部退还。对于蔡瑞庭个人来说，在其还不是采掘经销部法定代表人的前提下，未经相关部门批准与他人私自签订采矿权转让合同，违反了国家的强制性法规，明显存在过错。同时作为 1 100 万元转让款的经手人，是整个矿权转让行为的实际操作者，应对 700 万元承担连带赔偿责任。

三、关于何朝堂主张的损失问题。何朝堂认为，在合同签订后，除了支付的 1 100 万元，其还在矿山上实际投资了矿山设施 56.999 万元、在钨分离项目上投入费用 200 万元，共计损失 256.999 万元。采掘经销部等均不认可，就该项主张何朝堂也未提供相应的证据证实，对此，其他损失部分原审法院不予支持。

四、关于宝秀镇政府、格林商店及陈国民在本案中法律责任问题。因其与何朝堂没有签订任何书面协议和合同，双方之间没有权利义务关系，故其在本案中不承担返还和赔偿的法律责任。

综上所述，何朝堂合理的诉讼请求，原审法院予以支持，不合理的部分，原审法院不予支持。据此，根据《合同法》第 52 条第 5 项、第 58 条之规定，判决如下：

一、何朝堂与蔡瑞庭于 2006 年 11 月 9 日签订的《关于转让石屏县十老寨大纳顶铁矿山采矿权的协议》、何朝堂与采掘经销部于 2006 年 11 月 15 日签订的《矿产资源联合开发合同》两协议均属无效；

二、采掘经销部于本判决生效之日起 10 日内返还何朝堂 700 万元；

三、蔡瑞庭对采掘经销部的上述债务承担连带赔偿责任；

四、驳回何朝堂的其他诉讼请求。

案件受理费 116 600 元由何朝堂负担 69 960 元；采掘经销部、蔡瑞庭共同负担 46 640 元。

二审诉辩主张

原审判决宣判后，采掘经销部、蔡瑞庭不服，共同向本院提起上诉，请求撤销原审判决，驳回何朝堂在原审中提出的全部诉讼请求或者驳回其起诉。其主要上诉理由是：（1）上诉人采掘经销部主张本案原审判决所涉返还的款项，是据 2006 年 11 月 9 日《关于转让石屏县十老寨大纳顶铁矿山采矿权的协议》发生的，上诉人采掘经销部既非该协议签订的当事人，也未经手所涉款项，更未得到过所涉款项的分文，不应承担返还责任。（2）上诉人蔡瑞庭主张其是受原审被告格林商店委托与被上诉人何朝堂签订《关于转让石屏县十老寨大纳顶铁矿山采矿权的协议》，自己不是该协议的当事人，不应承担返还责任。（3）根据被上诉人何朝堂 2007 年 9 月 21 日出具的《承诺书》，上诉人蔡瑞庭与被上诉人何朝堂之间已不存在权利义务关系。（4）原审查明本案所涉的款项系陈淋泽、陈国民、丁何义等人享有，应依法追加陈淋泽、丁何义等人作为本案的当事人。

被上诉人何朝堂口头答辩称：（1）何朝堂与采掘经销部签订联合开发合同后，才向蔡瑞庭付款 1 100 万元，采掘经销部不能免责。蔡瑞庭一方面与格林商店形成代理关系，另一方面又收购格林商店的股份，因此，蔡瑞庭在本案中是一个倒卖矿产的倒卖人，应承担返还责任。（2）《承诺书》是一个附条件的承诺，条件就是蔡瑞庭必须于 2007 年 10 月底退还 800 万元，对于还欠的 300 万元，如果经其积极向合伙人索要未果，被上诉人何朝堂就不要了。但是，蔡瑞庭于 2007 年 9 月 21 日支付 400 万元后，就再也未支付其余款项，因蔡瑞庭未履行条件，该《承诺书》未生效。

原审被告格林商店与陈国民共同答辩称：（1）格林商店与采掘经销部签订的合同于 2006 年 2 月 26 日大纳顶矿业有限公司成立后即终止，因此，陈淋泽代表大纳顶矿业有限公司与蔡瑞庭的交易与格林商店没有任何关系。（2）《委托书》是 2006 年 11 月 15 日出具的，而格林商店于 2006 年 2 月 26 日退出合同，因此，格林商店是无权委托蔡瑞庭与何朝堂协商洽谈矿山转让事宜的。（3）2005 年 5 月 25 日因昆明四区重新划分，昆明市官渡区格林通讯商店就变更为昆明市盘龙区格林通讯商店。但是，《委托书》上的印章还是昆明市官渡区格林通讯商店，因此，该《委托书》是不真实的。（4）蔡瑞庭收到何朝堂支付的 1 100 万元后就自己支付给陈淋泽等人，如果蔡瑞庭是代表格林商店，那么，这些钱就应当支付给公司。

原审被告宝秀镇政府答辩称：政府一直未参与本案的整个过程，因此不应承担任何责任。

庭审中，上诉人采掘经销部与蔡瑞庭除对原审判决认定的“何朝堂先后支付给蔡瑞庭人民币1 100万元，用于收购大纳顶矿的采矿权”有异议，认为1 100万元实际是支付给委托人，也就是格林商店的实际出资人陈淋泽等人，对其余事实均表示认可。被上诉人何朝堂对原审判决认定的事实均无异议。原审被告格林商店、陈国民除对原审判决认定的2006年11月15日格林商店向蔡瑞庭出具《委托书》及其内容有异议外，对其余事实均无异议。原审被告宝秀镇政府对原审判决认定的事实均无异议。另外，几方当事人均认可原审判决书第七页第二自然段第二行“双方于2006年10月9日签订转让石屏县十老寨……”这里的10月9日是笔误，实际合同签订时间为2006年11月9日。对各方当事人均无争议的事实，本院予以确认。

各方当事人均没有新的证据提交。

归纳各方诉辩主张，本案的争议焦点是：上诉人采掘经销部与蔡瑞庭是否应返还被上诉人何朝堂矿山转让款700万元?

二审判决

本院认为：一、上诉人采掘经销部应承担主要返还责任。首先，虽然采掘经销部不是2006年11月9日《关于转让石屏县十老寨大纳顶铁矿山采矿权的协议》的合同当事人，但是该协议所涉大纳顶铁矿山的所有权人为采掘经销部；其次，该协议的签订并不足以使何朝堂付款，何朝堂是于2006年11月15日与采掘经销部签订《矿产资源联合开发合同》后才支付1 100万元转让款；再次，采掘经销部是1 100万元的最终受益人。2006年12月4日，蔡瑞庭与采掘经销部的原负责人何生伟及矿山的实际投资人陈淋泽、陈国民、丁何义签订《股份权转让协议》，该转让协议中虽未对股份转让款进行约定，但陈淋泽、陈国民、丁何义收到蔡瑞庭支付的款项后就完全退出矿山，此后，采掘经销部作为持有大纳顶铁矿山采矿权证的集体企业，实际占有陈淋泽、陈国民、丁何义作为实际投资人在矿山的投入成果；最后，采掘经销部应作为《终止协议》所产生的法律后果的实际承担者。2007年7月4日，蔡瑞庭成为采掘经销部的法定代表人，2007年9月21日，蔡瑞庭与何朝堂自愿签订《终止协议》的行为应视为采掘经销部的法人行为。综合上述几份合同或协议的标的物均是大纳顶铁矿山的采矿权，且采掘经销部始终是该标的物的所有人的事实来看，上诉人采掘经销部应承担700万元转让款的主要返还责任。

二、上诉人蔡瑞庭应承担连带返还责任。首先，蔡瑞庭与何朝堂于2006年11月9日签订的《关于转让石屏县十老寨大纳顶铁矿山采矿权的协议》，因采掘经销部是大纳顶铁矿山的所有权人，蔡瑞庭属于无权处分人，其对于擅自签订转让合同并收取何朝堂支付的1 100万元存在明显过错，应承担相应的责任；其次，蔡瑞庭作为采掘经销部的法定代表人与何朝堂签订《终止协议》，并承诺返还其1 100万元转让款。综上，上诉人蔡瑞庭应承担连带返还700万元转让款的责任。

三、《承诺书》不应作为两上诉人免责的依据。蔡瑞庭与何朝堂于2007年9月21日签订的《承诺书》为附条件的承诺，即蔡瑞庭须于2007年10月底退还何朝堂800万元，对于尚欠400万元在积极向合伙人要回未果的情形下，何朝堂承诺放弃。本案中，蔡瑞庭至今只返还何朝堂400万元，尚欠700万元，因此，该《承诺书》未生效，蔡瑞庭不能以该《承诺书》免除返还700万元转让款的责任。

四、关于两上诉人要求追加陈淋泽、丁何义为本案当事人的问题，因两上诉人一审未提出追加当事人的请求，且经本院审查，陈淋泽、丁何义不属于必须参加诉讼的当事人，因此，对于两上诉人的该项上诉请求，本院不予支持。

综上，原审判决认定事实清楚，适用法律正确，应予维持。根据《民事诉讼法》第153条第1款第1项的规定，判决如下：

驳回上诉，维持原判。

二审案件受理费116 600元由上诉人采掘经销部、蔡瑞庭承担。

本判决为终审判决。

本判决送达后即发生法律效力，若负有履行义务的采掘经销部、蔡瑞庭未按本判决指定的期间履行给付金钱义务，应当依照《民事诉讼法》第229条的规定，加倍支付迟延履行期间的债务利息。若采掘经销部、蔡瑞庭不自动履行本判决，何朝堂可在本判决规定的履行期限届满后2年内向原审人民法院申请强制执行。

案由与焦点

1. 案由

本案的一级案由为“物权纠纷”，二级案由为“用益物权纠纷”，三级案由为“采矿权纠纷”。

采矿权是指权利人依法取得的对特定地域的某一种或者某几种矿藏依法进行开采的权利。因采矿权的归属、收益、处分或者被侵害而引发的纠纷为采矿权纠纷。

2. 焦点

本案争议的焦点有两个：第一，采矿权的转移条件；第二，合同无效后的处理。当然，如果从案件的处理后果角度看，本案所涉焦点主要是，应由何人承担返还何朝堂700万元转让款的法律责任。

评注与问题

1. 本案所涉采矿权的转让行为是否有效

《物权法》第123条规定：“依法取得的探矿权、采矿权、取水权和使用水域、滩涂从事养殖、捕捞的权利受法律保护。”采矿权是特许物权的一种。所谓采矿权，是指于依法取得的采矿许可证规定的范围内，开采矿产资源和获得所开采的矿产品的权利。取得采矿许可证的单位或个人称为采矿权人。采矿权作为用益物权，是否可以转让？这是本案中涉及的一个很重要的问题。对此，《矿产资源法》第6条第2款规定：“已取得采矿权的矿山企业，因企业合并、分立，与他人合资、合作经营，或者因企业资产出售以及有其他变更企业资产产权的情形而需要变更采矿权主体的，经依法批准可以将采矿权转让他人采矿。”第4款规定：“禁止将探矿权、采矿权倒卖牟利。”应当说，采矿权的流转经历了从不允许到有条件允许的一个过程。有条件允许的转让，指的是需要由采矿权人申请相关部门批准方可转让采矿权；而未经政府主管部门批准的，其转让行为无效。

《合同法》第52条规定：“有下列情形之一的，合同无效：（一）一方以欺诈、胁迫的手段订立合同，损害国家利益；（二）恶意串通，损害国家、集体或者第三人利益；（三）以合法形式掩盖非法目的；（四）损害社会公共利益；（五）违反法律、行政法规的强制性规定。”本案中，采矿权的转让行为违反了法律、行政法规的强制性规范，即违反了未经主管部门批准不得转让的规定。因此，本案的转让行为是无效的。需要说明的是，这里的“强制性规定”，应是效力性强制规定。其取缔的不仅是违反规定的行为，而且否认其私法上的效力。同时，“法律、行政法规的强制性规定”，并不包括行政规章和地方性法规、规章。

2. 何朝堂是否可要求采掘经销部返还其所付款项

在认定合同无效后，一个同样重要的问题是合同无效的法律后果，这是本案中的另一个焦点问题。关于合同无效的后果，《合同法》第56条规定：“无效的合同或者被撤销的合同自始没有法律约束力。合同部分无效，不影响其他部分效力的，其他部分仍然有效。”第57条规定：“合同无效，被撤销或者终止的，不影响合同中独立存在的有关解决争议方法的条款的效力。”第58条规定：“合同无效或者被撤销后，因该合同取得的财产，应当予以返还；不能返还或者没有必要返还的，应当折价补偿。有过错的一方应当赔偿对方因此所受到的损失，双方都有过错的一方应当赔偿对方因此所受到的损失，双方都有过错的，应当各自承担相应的责任。”本案中，合同无效直接关涉的问题就是何朝堂的700万元转让款的返还问题。何朝堂所付款项应是其履行了《关于转让石屏县十老寨大纳顶铁矿山采矿权的协议》中约定的付款义务。在这一合同关系中，当事人为蔡瑞庭与何朝堂，因此，蔡瑞庭应负担返还款项事宜，自无疑问。但是，采掘经销部是否应承担返还款项的责任呢？何朝堂的付款行为是其在看到格林商店的委托书及与采掘经销部接触之后作出的，因此，可以认为其因该委托书和与采掘经销部的接触而信任了蔡瑞庭的资质。但问题在于，转让协议上的当事人并非格林商店与采掘经销部，二者显然不能被认定为合同当事人。同时，格林商店举证证明蔡瑞庭的行为并非其授权，并为法院采纳。如此，采掘经销部是否可基于其并非合同当事人而主张免责呢？回答应当是肯定的。如果采掘经销部并非转让协议当事人，则其显然并不负有因合同无效而返还款项的责任。但采掘经销部作为实际的受益人，其所享有的利益不存在合法的基础，因此，何朝堂可基于不当得利要求采掘经销部返还所付款项。对此，法院判决蔡瑞庭与采掘经销部共同承担返还责任是正确的。

（评注人：张玉东）

68. 土地承包经营权纠纷

司法案例

石丛山诉习岗村村委会等案

宁夏回族自治区高级人民法院（2009）宁民抗字第7号

基本案情

抗诉机关：宁夏回族自治区人民检察院。

申诉人（一审原告、二审上诉人）：石丛山。

委托代理人：党建国，天盛律师事务所律师。

被申诉人（一审被告、二审被上诉人）：宁夏回族自治区贺兰县习岗镇习岗村村委会。

法定代表人：马青，该村村委会主任。

委托代理人：朱晓峥，宁夏回族自治区贺兰县习岗镇法律服务所法律工作者。

被申诉人（一审被告、二审被上诉人）：张正忠。

石丛山因与宁夏回族自治区贺兰县习岗镇习岗村村委会（以下简称“习岗村村委会”）、张正忠承包经营权纠纷一案，不服宁夏回族自治区银川市中级人民法院（2007）银民终字第705号民事判决，向检察机关申诉，宁夏回族自治区人民检察院于2009年6月29日作出宁检民抗字（2009）第7号民事抗诉书，向本院提出抗诉。本院于2009年9月1日作出（2009）宁民抗字第7号民事裁定，提审本案。本院依法组成合议庭于2009年10月16日公开开庭审理了本案。宁夏回族自治区人民检察院指派检察员刘晓娟、沈子君出庭。申诉人石丛山及其委托代理人党建国、被申诉人习岗村村委会法定代表人马青及委托代理人朱晓峥、被申诉人张正忠到庭参加了诉讼。本案现已审理终结。

2007年6月15日，一审原告石丛山起诉至宁夏回族自治区贺兰县人民法院称：1999年12月15日，我与习岗村九社社长陶秀英签订了一份芦苇湖承包合同，承包期限为20年（1997年～2016年）。自1997年开始，我按照合同约定每年给习岗村村委会交纳承包费500元，交至2005年。2006年11月15日，习岗村村九社社长张正忠组织小部分社员强行收回芦苇湖，将该湖当年生长的芦苇收割变卖，得款5 500元。虽多次索要，习岗村村委会拒绝给付。故请求依法判令习岗村村委会停止侵权，支付苇柴款5 500元并返还承包的37亩芦苇湖。在诉讼过程中，石丛山又以芦苇湖已经被国家征收为由，要求习岗村村委会按每亩500元给其支付补偿款。

习岗村村委会辩称：村委会未见过芦苇湖承包合同，也未与石丛山签订过任何芦苇湖承包合同，原生产队队长（即习岗村九社社长）陶秀英无权发包芦苇湖，其与石丛山签订的芦苇湖承包合同未经村委会同意，也未向习岗镇农技站备案，应属无效合同。请求驳回石丛山的诉讼请求。

张正忠辩称：芦苇湖承包未经生产队理财小组开会决定，也未经村民大会讨论通过并报村委会。1999 年 12 月 15 日的芦苇湖承包合同我不知情。

贺兰县人民法院一审查明：1999 年 12 月 15 日，习岗村九社村民石丛山与本村九社社长陶秀英签订了一份芦苇湖承包合同，约定：承包期限为 20 年（1997 年～2016 年），承包费每年 500 元，每年 12 月份交清，如两年不交费，生产队有权收回该承包地。合同签订后，截至 2005 年，石丛山已将 9 年承包费 4 500 元交清。2006 年 11 月 15 日，该村九社社长张正忠组织村民强行收获了该承包地上的芦苇，价值 5 500 元。为此，石丛山诉至法院要求停止侵权，返还土地及苇柴款 5 500 元，要求村委会支付土地补偿费每亩 500 元。

另查明，习岗村村委会持有石丛山与九社另一份不同内容的合同，签订时间为 1997 年 3 月 20 日，期限为 1997 年～2002 年。

一审判决

贺兰县人民法院认为：1999 年 12 月 15 日石丛山与习岗村九社社长陶秀英签订的芦苇湖承包合同未经习岗村村委会同意，合同的签订程序违反了《中华人民共和国农村土地承包法》（以下简称《农村土地承包法》）第 18 条第 1 款第 3 项之规定，但该合同已经履行了 9 年，且 9 年承包费 4 500 元石丛山已全部交纳，故对石丛山要求返还 2006 年被强行收走的苇柴款 5 500 元的请求予以支持。芦苇湖被国家建设所征收，对石丛山要求返还 37 亩芦苇湖的请求不予支持，要求按照每亩 500 元支付 37 亩芦苇湖土地补偿款的请求不符合法律规定，不予支持。依据《民法通则》第 117 条之规定，贺兰县人民法院作出（2007）贺民初字第 775 号民事判决：一、驳回石丛山要求习岗村村委会停止侵权和返还芦苇湖的诉讼请求；二、习岗村村委会返还石丛山苇柴款 5 500 元。案件受理费 50 元，由习岗村村委会负担。

二审诉辩主张

石丛山不服该判决，向银川市中级人民法院提起上诉称：一审判决认定事实不清，认定合同无效适用法律错误。请求撤销一审判决，依法改判或发回重审。

习岗村村委会和张正忠辩称：石丛山出示的 1999 年 12 月 15 日签订的芦苇湖承包合同系其与时任队长违法签订的虚假合同，不具有法律效力。村委会提交了 1997 年 3 月 20 日的承包合同，该合同承包期已届满，村委会有权收回芦苇湖。

二审判决

银川市中级人民法院二审查明的事实与贺兰县人民法院一审查明的事实相同，以相同的理由作出（2007）银民终字第 705 号民事判决：驳回上诉，维持原判。

抗诉理由

宁夏回族自治区人民检察院抗诉认为：石丛山与习岗村九队签订的芦苇湖承包合同为有效

合同，一、二审法院认为本案芦苇湖承包合同违反了《农村土地承包法》第 18 条第 1 款 3 项的规定，从而认定芦苇湖承包合同无效，系适用法律错误。本案芦苇湖承包合同的签订时间为 1999 年 12 月 15 日，而《农村土地承包法》2003 年 3 月 1 日才正式生效，按照法不溯及既往的原则，《农村土地承包法》不能作为本案芦苇湖承包合同效力认定的依据。在承包合同尚未到期的情况下，习岗村村委会强行收回石丛山承包的芦苇湖，侵犯了石丛山的承包经营权。根据最高人民法院《关于审理农业承包合同纠纷案件若干问题的规定（试行）》第 12 条的规定，承包方因承包经营的土地被依法征用或者被依法批准使用后，要求发包方按照有关法律、法规的规定给予补偿或者要求发包方对其为改良土地的实际投入给予适当补偿的，人民法院应当予以支持。石丛山一审诉讼要求支付土地补偿款的诉讼请求应当支持。

再审诉辩主张

石丛山的申诉理由与检察机关的抗诉意见一致。本案再审过程中，石丛山以苇柴款 5 500 元经人民法院强制执行，习岗村村委会已给其支付为由，提出撤回要求村委会支付苇柴款的诉请，同时申请撤回对张正忠的诉请，认为张正忠带领习岗村九社社员收回其承包的芦苇湖是代表村委会和习岗村九社履行职务的行为，应由村委会承担责任。同时石丛山对其在一审要求村委会支付土地补偿款的诉讼请求作了变更，一审诉讼中石丛山以承包的芦苇湖土地已经被政府征收，无法返还为由，要求判令村委会按照每亩 500 元给其支付土地补偿费共计 18 500 元。本院再审过程中，石丛山又请求判令村委会将贺兰县政府征收使用 37 亩芦苇湖所给予的 37 万元土地补偿费全部支付给其本人。

习岗村村委会辩称：本案承包合同所涉芦苇湖属于习岗村所有，习岗村九社原任社长陶秀英无权将该湖发包给石丛山。1999 年 12 月 15 日陶秀英与石丛山所签订的合同也未经习岗村村民会议三分之二以上成员或者三分之二以上村民代表的同意，原一、二审判决认定双方所签合同违反了《农村土地承包法》第 18 条第 1 款第 3 项的规定，属于无效合同，适用法律正确。1997 年 3 月 20 日，石丛山与陶秀英就芦苇湖承包签订了为期 6 年的合同，这份合同是陶秀英的丈夫张华书写的。虽然石丛山和陶秀英否认这份合同为双方所签，但张华的笔迹、石丛山在合同上按的指印可以证明这份合同的真实性。石丛山本次开庭当庭陈述其从 1991 年开始承包习岗村九社芦苇湖，期限 6 年，承包到期后没有人愿意承包，拖到第二年 3 月在队长陶秀英劝说下才又签订了承包合同。石丛山的当庭陈述，说明 1997 年 3 月 20 日的合同是真实的。而 1999 年 12 月 15 日的这份期限为 20 年的合同是石丛山为了得到征地补偿款，与陶秀英恶意串通事后补签的，该合同签订的时间与约定的承包起始时间相差两年、合同使用当时尚未普及使用的 A4 纸可以证明这一事实。这份 20 年期限的合同签订日期为 1999 年 12 月 15 日，履行起始时间却是 1997 年，在合同已经履行两年后，双方才签订合同，显然有违合同签订的常情。A4 纸在全区使用是 2002 年、2003 年以后的事，1999 年尚未普及 A4 纸，而石丛山与陶秀英签订的这份 20 年期限合同却是用 A4 纸打印的，因此这份合同可以推断应是 2002 年以后签订的。在 1997 年签订的 6 年期限的合同到期前，双方没有必要在 1999 年合同还处于履行过程中重新签订合同。从两份合同的签订日期来看，可以说明 1999 年的这份合同应是补签的一份虚假合同，1997 年签订的 6 年期合同才是一份真实合同。1997 年合同到期后，由于石丛山一直不出示这份合同，村委会只能按照合同约定继续向石丛山收取承包费，但这不能说明村委会认可 1999 年的承包合同。在 1997 年签订的合同到期后，村委会收回芦苇湖不构成违约。由于石丛山对芦苇湖不再享有承包经营权，贺兰县政府征收芦苇湖所给予的 37 万元土地补偿费属于习岗村集体所有，石丛山无权独得。故请求维持原判，驳回石丛山的诉讼请求。

本院再审查明：1999 年 12 月 15 日，习岗村九社村民石丛山与本村九社社长陶秀英签订了一份芦苇湖承包合同，约定：习岗村九社芦苇湖由石丛山承包经营，承包人须管理好湖的四靠，不得让人随意开田或挤占，承包期限为 20 年（1997 年～2016 年），每年承包费 500 元，于每年 12 月份交清，如两年不交费，生产队有权收回该芦苇湖。合同签订后，自 1997 年至 2005 年石丛山先后 5 次向村委会交纳承包费共计 4 500 元。2006 年 11 月 15 日，习岗村九社社长张正忠组织村民强行将芦苇湖收回，并将该湖当年生长的芦苇收割变卖，得款 5 500 元。为此，石丛山诉至法院要求停止侵权，返还芦苇湖和苇柴款 5 500 元。在诉讼过程中，石丛山又以芦苇湖已被贺兰县政府征收使用，无法返还为由，要求村委会按照每亩 500 元支付土地补偿费18 500元。

再审判决

本院再审认为：本案承包合同所涉芦苇湖在习岗村九社地界内，一直由习岗村九社经营、管理。《土地管理法》第 10 条规定，分别属于村内两个以上农村集体经济组织的农民集体所有的集体土地，由村内各该农村集体经济组织或者村民小组经营、管理。陶秀英作为习岗村九社的负责人，与石丛山签订的芦苇湖承包合同，符合当时国家法律、法规关于土地承包的规定，应属有效合同。习岗村村委会给石丛山出具的 5 张芦苇湖承包费收据证明，自 1997 年至 2005 年间，石丛山给习岗村村委会交纳承包费共计 4 500 元，在此期间，习岗村村委会未曾以芦苇湖的发包违反民主议决程序为由，主张合同无效。宁夏回族自治区人民检察院关于“原一、二审判决以芦苇湖的发包违反《农村土地承包法》第 18 条第 1 款第 3 项的规定，认定石丛山与习岗村九社签订的 20 年期限承包合同为无效合同，系适用法律错误”的抗诉意见成立。对于习岗村村委会提交的 1997 年 3 月 20 日芦苇湖承包合同，该合同上石丛山的签名不是其本人的笔迹，石丛山和陶秀英均否认双方签订过该合同，这份合同的真实性无法确认。习岗村村委会提交的这份 6 年期合同不能证明承包期限为 20 年的芦苇湖承包合同是一份虚假合同。习岗村村委会提出 20 年期限的芦苇湖承包合同用 A4 纸打印，且合同签订的时间比合同约定的承包起始时间迟了两年，说明该合同是石丛山与陶秀英恶意串通补签的合同。本院认为，村委会的上述理由亦不能成立。虽然 1999 年 A4 纸在我区未被普遍使用，但“未普遍使用”与“尚未使用”是有区别的，由于不能排除 A4 纸在 1999 年已被使用的情况，因而合同所用的纸张并不能证明合同为补签这一事实。现实经济生活中确实存在合同义务已经履行，但书面合同却没有签订的情形，因此合同签订时间晚于合同约定的承包起始时间也不足以证明陶秀英与石丛山恶意串通事后补签芦苇湖承包合同的事实。由于本案芦苇湖承包合同尚未到期，习岗村村委会强行收回了芦苇湖，根据《农村土地承包法》第 26 条第 1 款的规定，承包期内，发包方不得收回承包地。因此，习岗村村委会强行收回芦苇湖的行为对石丛山的承包经营权构成了侵犯。石丛山承包的芦苇湖 2006 年 11 月被习岗村收回后，2007 年 4 月被贺兰县人民政府征收，本案一审诉讼时已经无法返还。《农村土地承包法》第 16 条第 2 项规定，承包地被依法征收、占用的，承包人有权依法获得相应的补偿。因此，石丛山要求习岗村村委会给其支付土地补偿费的请求有法律依据。本案的芦苇湖承包关系属于家庭承包以外的协议承包形式，芦苇湖被政府征收，习岗村作为芦苇湖的土地所有权人有得到土地补偿费的权利；石丛山作为承包人，基于对芦苇湖所享有的承包经营权，也享有得到相应补偿的权利，石丛山起诉要求习岗村委会按照每亩 500 元给其支付土地补偿费共计 18 500 元的请求应予以支持。本次再审中，石丛山要求判令习岗村村委会将政府征收 37 亩芦苇湖所给予的 37 万元土地补偿款全部支付给其本人，由于该请求已经超出其原审诉请范围，经本院调解，习岗村村委会表示不同意。根据最高人民法院《关于适用

〈中华人民共和国民事诉讼法〉审判监督程序若干问题的解释》第33条的规定，人民法院应当在具体的再审请求范围内或在抗诉支持当事人请求的范围内审理再审案件，当事人超出原审范围增加、变更诉讼请求的，不属于再审审理范围。故对石丛山要求村委会给其支付37万元补偿款的再审请求不予支持。本案经本院审判委员会讨论决定，依照《农村土地承包法》第26条、第16条第2项，《民事诉讼法》第186条第1款、第153条第1款第3项之规定，判决如下：

一、撤销银川市中级人民法院（2007）银民终字第705号民事判决；

二、维持贺兰县人民法院（2007）贺民初字第775号民事判决第二项，即刁岗村村委会返还石丛山苇柴款5 500元（已支付）；

三、对贺兰县人民法院（2007）贺民初字第775号民事判决第一项变更为，刁岗村村委会给石丛山支付芦苇湖补偿费共计18 500元，于判决生效后10日内付清。如果未按本判决指定期间履行给付金钱义务，应当依照《民事诉讼法》第229条之规定，加倍支付迟延履行期间的债务利息；

四、驳回石丛山的其他诉讼请求。

一审诉讼费50元、二审诉讼费50元，由刁岗村村委会负担。

本判决为终审判决。

案由与焦点

1. 案由

本案一级案由为“物权纠纷”，二级案由为“用益物权纠纷”，三级案由为“土地承包经营权纠纷”。

土地承包经营权纠纷是指因土地承包经营权的归属、流转、征收、继承、被侵害等引发的纠纷。在“土地承包经营权纠纷”三级案由下，包括以下四级案由：(1) 土地承包经营权确认纠纷；(2) 承包地征收补偿费用分配纠纷；(3) 土地承包经营权继承纠纷。本案纠纷涉及前两个四级案由。

2. 焦点

本案中，双方争议的焦点主要有两个：其一，石丛山与陶秀英于1999年所签订的承包经营合同是否有效；其二，芦苇湖的征收补偿款应归何人所有。

评注与问题

1. 法院在再审判决中对石丛山应享有土地承包经营权的认定是否正确

土地承包经营权是指农业生产经营者为种植、养殖、畜牧等农业目的对其依法承包的农民集体所有或国家所有由农民集体使用的土地享有的占有、使用、收益的权利。《物权法》第125条规定：“土地承包经营权人依法对其承包经营的耕地、林地、草地等享有占有、使用和收益的权利，有权从事种植业、林业、畜牧业等农业生产。”

土地承包经营权的取得有两种方式，一为创设取得，二为移转取得。土地承包经营权的创设取得，是指承包人通过和发包人签订土地承包经营权合同而取得土地承包经营权。可见，土地承包经营权创设取得的条件，就是承包人和发包人订立土地承包经营权合同。土地承包经营权的移转取得，是指由受让人通过土地承包经营权的流转取得让与人原享有的土地承包经营权。

《农村土地承包法》第18条和第19条对承包的原则和程序进行了规定。《农村土地承包法》第18条规定："土地承包应当遵循以下原则：(一) 按照规定统一组织承包时，本集体经济组织成员依法平等地行使承包土地的权利，也可以自愿放弃承包土地的权利；(二) 民主协商，公平合理；(三) 承包方案应当按照本法第十二条的规定，依法经本集体经济组织成员的村民会议三分之二以上成员或者三分之二以上村民代表的同意；(四) 承包程序合法。"第19条规定："土地承包应当按照以下程序进行：(一) 本集体经济组织成员的村民会议选举产生承包工作小组；(二) 承包工作小组依照法律、法规的规定拟订并公布承包方案；(三) 依法召开本集体经济组织成员的村民会议，讨论通过承包方案；(四) 公开组织实施承包方案；(五) 签订承包合同。"

按照《农村土地承包法》第22条的规定，承包合同自成立之日起生效。承包合同生效时，土地承包经营权设立(《物权法》第127条)。也就是说，承包人自土地承包经营权合同生效时即取得土地承包经营权。县级以上地方人民政府应当向土地承包经营权人发放土地承包经营权证、林权证、草原使用权证等，并登记造册。发放承包经营权属证书以及登记造册，都不是土地承包经营权设立的要件，只是对土地承包经营权的确认。

本案中，存在争议的土地承包经营权的取得方式为创设取得，不涉及移转取得的问题。在石丛山是否能取得土地承包经营权上，关涉两个问题：其一，设定程序是否合法；其二，承包合同是否合法有效。关于第一个问题，习岗村村委会主张，该承包经营权的设立有违《农村土地承包法》第18条的规定而无效。应当说，如果按照《农村土地承包法》对本案进行裁判，该土地承包经营权的设立，不仅违背该法第18条的规定，且与第19条的规定也是相背离的。因为，第19条对土地承包经营权的设定程序的规定上所使用的文句为"土地承包应当按照以下程序进行"。也就是说，土地承包经营权的设定必须按照此程序进行。但问题恰恰如检察院在抗诉中所言，双方签订合同时为1999年，而此时《农村土地承包法》尚未生效，存在法不溯及既往的问题。因此，在法律适用上，对石丛山是否享有土地承包经营权的问题，并不能依据新的规定而否认之前所完成的法律行为的效力。

在土地承包合同是否合法有效的问题上，再审法院从证据的角度认定了石丛山与陶秀英于1999年所签订合同的合法有效性。因为，陶秀英在签订合同当时为村民小组的负责人，其有权代表小组与他人签订承包合同。该合同于签订后即成立并生效，此时土地承包经营权以创设取得方式由石丛山享有。而对于承包人享有的土地承包经营权，发包人自不得随意收回。因此，法院在再审判决中对石丛山应享有土地承包经营权的认定是正确的。

2. 石丛山要求习岗村村委会支付37万元补偿款的请求是否应得到支持

所谓征收，是指国家基于公共利益通过行使征收权，在依法支付一定补偿的前提下，将单位或个人的财产转移给国家所有。从物权变动的角度而言，征收是物权取得的一种方式。征收补偿，就是国家因征收而对被征收人造成的损害所给予的补偿。关于征收补偿，《物权法》第42条第2款规定："征收集体所有的土地，应当依法足额支付土地补偿费、安置补助费、地上附着物和青苗的补偿费等费用，安排被征地农民的社会保障费用，保障被征地农民的生活，维护被征地农民的合法权益。"第121条规定："因不动产或者动产被征收、征用致使用益物权消灭或者影响用益物权行使的，用益物权人有权依照本法第四十二条、第四十四条的规定获得相应补偿。"第132条规定："承包地被征收的，土地承包经营权人有权依照本法第四十二条第二款的规定获得相应补偿。"

本案中，芦苇湖于2007年4月被贺兰县人民政府征收，尽管此时《物权法》已经通过，但尚未施行。在此种情况下，习岗村村委会和石丛山应如何分配征收补偿款呢？对此，法院在处理该笔款项的时候认为根据《农村土地承包法》第16条第2款的规定，承包地被依法征收、占用的，有权依法获得相应的补偿。因此，石丛山可以获得每亩500元的补偿。

对于再审中石丛山要求判令习岗村村委会将政府征收37亩芦苇湖所给予的37万元土地补偿款全部支付给其本人的问题，再审法院根据最高人民法院《关于适用〈中华人民共和国民事诉讼法〉审判监督程序若干问题的解释》第33条的规定，以"人民法院应当在具体的再审请求范围内或在抗诉支持当事人请求的范围内审理再审案件，当事人超出原审范围增加、变更诉讼请求的，不属于再审审理范围"为由，判决对石丛山要求村委会给其支付37万元补偿款的再审请求不予支持。我们认为，除此之外，从征收补偿的原理上看，石丛山也不可能获得全部的37万元补偿款。因为，芦苇湖的所有权人为村集体，而石丛山因征收所造成的损失仅为从征收时起至其土地承包经营权到期日为止的土地承包经营权及其相关收益的损失。对于该损失，应结合实际情况具体计算。

（评注人：张玉东）

69. 建设用地使用权纠纷

司法案例

国信公司诉永胜公司案

广西壮族自治区北海市中级人民法院（2010）北民一初字第1号

基本案情

原告：湖南省国信北海经济开发公司。

被告：北海永胜房地产综合开发公司。

原告湖南省国信北海经济开发公司（以下简称"国信公司"）诉被告北海永胜房地产综合开发公司（以下简称"永胜公司"）建设用地使用权纠纷一案，本院于2009年12月3日受理后，依法组成合议庭，并于2010年3月12日公开开庭审理了本案。原告国信公司的法定代表人邹品亮及其委托代理人莫积奎到庭参加了诉讼，被告永胜公司经本院依法公告送达开庭传票，未到庭参加诉讼。本案现已审理终结。

国信公司起诉称：1992年11月28日，国信公司与被告永胜公司签订《湘信北土让协字（92）第015号协议书》（以下简称"015号协议书"），约定：国信公司转让66亩土地使用权给永胜公司，土地位于北海市黄海路与疏港大道交汇处，每亩单价23.1万元，总价款人民币1 524.6万元。"015号协议书"签订后，永胜公司先后付给国信公司地价款人民币772.3万元，余款752.6万元未付；因北海市人民政府未能补偿土地给国信公司，国信公司未能将协议约定的土地使用权分割给永胜公司。针对"015号协议书"履行中出现的问题，1998年8月24日，国信公司与永胜公司签订《补充协议书》，约定：（1）将"015号协议书"上约定的土地使用权调整为国信公司开发区A区内，东至黄海路，南至疏港大道；（2）将土地面积折算为16.718亩；（3）原"015号协议书"上已付的土地价款772.3万元折成补充协议的土地价款。《补充协议书》签订后，双方未能履行。原告国信公司认为，原、被告于1992年11月28日签订"015协议书"时，原告国信公司未取得协议所要转让的土地使用权，因而该协议违反法律规定，属于无效协议。原、被告就"015号协议书"所作的调整和修订而签订的《补充协议书》，该协议签订时，原告虽然取得了《补充协议书》上调整地块的土地使用权，但该土地使用权处于司法查封状态，而且该土地使用权没有任何投入，属于法律禁止转让的土地使用权。所以，《补充协议书》违反法律规定，亦属于无效协议。综上所述，原、被告签订的"015号协议书"和《补充协议书》违反多重法律规定，属于无效合同；以上协议无效后，上述位置的土地使用权应当没有发生权属转移，该土地使用权仍然属于原告所有。请求：(1) 确认原告与被告于1992年11月28日签订的“015号协议书”和于1998年8月24日签订的《补充协议》无效；(2) 确认位于北海市西南大道（原疏港大道）与北海市上海路（原黄海路）交汇处的22 288.78平方米土地使用权［原土地证为北土建（95）字第058号建设用地许可证，现分割土地证为北海市（1998）北土建字第023号］属原告所有。

原告对其主张在举证期限内提供的证据有：证据1:《电脑资讯单》；证据2:“015号协议书”；证据3:《补充协议书》；证据4:《建设用地许可证存根》［北土建（95）字第058号］；证据5：北海市国土资源局《证明》；证据6:《建设用地批准书存根》(1998北土开建字第023号）；证据7：广西壮族自治区高级人民法院（2003）桂法执议字第65号《民事裁定书》；

原告以证据1证明被告的诉讼主体资格；以证据2证明原、被告签订的关于土地转让的协议内容违法；以证据3证明原、被告签订的关于调整土地位置、面积的协议内容违法；以证据4证明位于北海市疏港大道（现改为西南大道）与黄海路（现改为上海路）交叉西北角的101 038.5平方米土地使用权属于原告所有，原告于1995年11月15日取得用地许可证；以证据5证明原告取得疏港大道与黄海路交叉西北角的101 038.5平方米土地使用权系修路补偿用地，因规划路网变更，北土建（95）字第058号建设用地许可证分割变更到A10、A11、A12、A13—1、A13—2号地块内，原告请求确权的22 288.75平方米土地使用权属于A13—1号地块内；以证据6证明黄海路交疏港大道西北的A13—1号地块属原告所有，该地块由原北土建（95）字第058号土地使用权分割而来，至今仍属原告所有；以证据7证明自1995年10月31日始，至2003年7月30日，北土建（95）字第058号土地使用权处于被查封状态，所以，原、被告于1998年8月24日签订的《补充协议书》处置查封状态下的土地使用权无效。

经过开庭质证，上述证据原告均提供原件，被告已放弃答辩和质证的权利。本院对上述证据予以采信。

另经本院调查，位于北海市西南大道与上海路交汇西北角的22 287.20平方米土地使用权，土地使用证号为北海市（1998）北土建字第023号，在本案诉讼期间已过户至北海东鑫房地产开发有限公司。经质证，原告对上述事实无异议。

综合全案证据，本院确认以下法律事实：1992年11月28日，原告国信公司与被告永胜公司签订“015号协议书”，约定：国信公司将其位于北海国信公司开发区内的50亩（以最终测量结果为准）土地使用权转让给永胜公司，具体地块位置以国信公司提交的定位红线图为准。转让地块商定价为每亩23.1万元，总价款人民币1 155万元。有关土地开发、政府部门规定的城市建设配套等一切费用及土地使用权转让中的税费等由永胜公司支付。双方还对付款期限等内容进行了约定。1995年11月15日，国信公司取得了位于北海市湖南（国信）经济开发区招商中心即疏港大道与黄海路交叉西北角101 038.5平方米的建设用地许可证［北土建（95）字第058号］，上述土地为北海市政府补偿国信公司投资修建疏港大道（现西南大道）的部分投资款。1998年，北海市国土资源局对国信公司开发区A区重新规划路网，将开发区A区全部土地划分为A2—1、A2—2、A3、A4、A5、A6、A7、A8、A9、A10、A11、A12、A13—1、A13—2、A15号地块分别发证，原北土建（95）字第058号《建设用地许可证》项下的101 038.5平方米土地分割变更到A10、A11、A12、A13—1、A13—2号地块内，原北土建（95）字第058号《建设用地许可证》已收回注销。

1998年8月24日，国信公司与永胜公司签订《补充协议书》，载明：依照双方签订的“015号协议书”及北海市政府关于土地盘整办法等有关文件精神，国信公司同意永胜公司在国信公司开发区受让的66亩土地内减少相应的土地面积，取得对原有66亩土地所交部分地价款数额相应的土地面积。明确双方调整前转让土地的情况是：永胜公司在国信公司的北海市湖南开发区内，受让位于黄海路与疏港大道交汇处66亩土地，受让价格为23.1万元，地价总额为1 524.6万元，永胜公司于1993年以前直接交付国信公司地价款772.3万元，还应付地价款752.6万元；调整后转让的土地约定为：位于北海湖南开发区A区内，东至黄海路（现上海路），南至疏港大道（现西南大道）交汇处，土地面积按永胜公司已交的土地部分价款772.3万元，折合成33.433亩的土地使用权，按政府有关国土、规划用地管理原则即该开发区统一规定，该地块在规划红线内面积为33.433亩，扣除占道面积后土地面积为16.718亩。折算调整后的土地面积33.433亩，永胜公司不再向国信公司交付地价款，永胜公司取得土地使用权。双方还约定因永胜公司无力履行原“015号协议书”受让66亩土地而减少受让土地面积给国信公司造成一定经济损失，由永胜公司以每亩1 000元向国信公司支付损失补偿费3.26万元，并在办理该调整后地块土地使用证或过户手续之前全部支付。该补充协议书及其附件作为原“015号协议书”的补充文件，双方确认在国土部门的土地使用权证手续完善之前，原“015号协议书”相关条款与该补充协议书条款同样有效。该《补充协议书》签订后，因永胜公司未能交纳办证费及土地交付手续、没有交纳各种税金，双方未能办理过户手续。永胜公司亦未支付损失补偿费，并因逾期未参加年检于2000年2月17日被北海市工商行政管理局吊销。

另查明，上述《补充协议书》所载明土地属于原北土建（95）字第058号《建设用地许可证》项下分割变更后的A13—1号地块，建设用地批准书为（1998）北土开建字第023号，用地面积27 162平方米（含负担道路面积1 099.9平方米）。

还查明，本院在审理广西市政工程股份有限公司与国信公司工程承包纠纷一案中，于1995年10月31日作出（1995）北经保字第21号民事裁定书，查封了国信公司北土建（95）字第058号《建设用地许可证》的173.2亩土地使用权，其中包括本案国信公司转让给永胜公司的土地A13—1号地块。

再查明，零陵地区深海实业发展总公司、北海湘南实业发展公司（法定代表人均为陈朝平）诉永胜公司及内江永胜房地产开发公司土地使用权转让合同纠纷一案，国信公司作为第三人参加诉讼，本院于1996年12月26日作出（1996）北民初字第84号民事判决书并已生效。该判决认定：永胜公司将其从国信公司受让的50亩土地（即依据本案的“015号协议书”，与本案涉及土地为同一块土地）转让给零陵地区深海实业发展总公司、北海湘南实业发展公司，因永胜公司未取得土地使用权，该转让无效（未认定国信公司与永胜公司的“015号协议书”的效力）。遂作出判决，其中第三项为：永胜公司返还零陵地区深海实业发展总公司、北海湘南实业发展公司土地款1 035.437 5万元及80%的利息。该案进入执行程序后，本院于2000年7月10日作出（2000）北执字第84—2号民事裁定，将被执行人永胜公司从国信公司受让的疏港大道与黄海路交叉西北角22 288.78平方米的土地使用权［建设用地许可证：北土建（95）字第058号，即本案涉及土地］过户到零陵地区深海实业发展总公司、北海湘南实业发展公司名下抵偿债务。因上述两公司的法定代表人陈朝平犯合同诈骗罪，经湖南省永州市芝山区（现为零陵区）人民法院（2003）芝刑初字第50号刑事判决书确定追缴赃款、赃物，该院于2003年12月22日作出（2003）芝法执字第10号刑事裁定，将陈朝平位于北海国信公司开发区22 288.76平方米土地（本案涉及土地）抵偿给湖南省永州市芝山区（现为零陵区）人民政府所有和使用。芝山区人民政府于2004年1月9日办理了上述土地的《建设用地规划许可证》［（2004）城规管地规字第007号］。经湖南省永州市零陵区人民法院委托拍卖，由北海东鑫房地产开发有限公司竞买成交，该院已于2010年2月21日向北海市国土资源局发出（2005）零执字第126—38—1号《协助执行通知书》，上述土地使用权已过户至北海东鑫房地产开发有限公司。

法院判决

本案的争议焦点为：(1)“015号协议书”及《补充协议书》是否有效；(2)争议土地使用权是否能确认为原告所有。

关于“015号协议书”及《补充协议书》是否有效的问题。本院认为：从两协议书的约定内容看，“015号协议书”确定了双方的转让意向及地价、付款期限、有关费用的负担等内容，是基础，《补充协议书》则明确了转让土地的具体位置、面积、价款，是延续，而且明确了《补充协议书》及其附件为“015号协议书”的补充文件，在国土部门的土地使用权证手续完善之前，两协议书的相关条款同样有效，故两协议书应为同一整体。尽管双方在签订“015号协议书”时，国信公司未取得所转让土地的使用权，但在签订《补充协议书》时，其已经办理了《建设用地许可证》，转让土地使用权的行为应当认定为有效。关于国信公司认为，根据《城市房地产管理法》第39条规定，以出让方式取得土地使用权的，转让房地产时，应当符合下列条件：(1)按照出让合同约定已经支付全部土地使用权出让金，并取得土地使用权证书；(2)按照出让合同约定进行成片开发，属于房屋建设工程的，完成开发投资总额的25%以上，属于成片开发土地的，形成工业用地或者其他建设用地条件；以及最高人民法院答复广西高级人民法院《关于土地转让方未按规定完成土地的开发投资即签订土地使用权转让合同的效力问题的答复》(法函［2003］34号)规定，未同时具备上述两个条件而进行转让的，其转让合同无效。对此，本院认为，原告转让土地使用权时投资是否达到25%，并不影响合同的效力，关于25%的规定仅为土地权属变更登记管理性强制性规定，属于合同履行问题。最高人民法院《关于审理房地产管理法施行前房地产开发经营案件若干问题的解答》第7条规定：“转让合同的转让方，应当是依法办理了土地使用权登记或变更登记手续，取得土地使用证的土地使用者。未取得土地使用证的土地使用者为转让方与他人签订的合同，一般应当认定无效，但转让方已按出让合同约定的期限和条件投资开发利用了土地，在一审诉讼期间，经有关主管部门批准，补办了土地使用权登记或变更登记手续的，可认定合同有效。”本案国信公司已办理了土地使用权登记，其转让应当认定有效。国信公司还主张，其与永胜公司转让的土地自1995年起一直处于查封状态，根据《民事诉讼法》的相关规定，被查封的土地使用权禁止转让，因此该转让无效。本院认为，本案的土地使用权转让发生于1992年，当时该地没有任何查封，《补充协议书》仅是1992年“015号协议书”的延续，因此该土地使用权是可以转让的，故对国信公司的上述主张不予支持。

关于争议土地使用权能否确认为原告国信公司所有的问题，本院认为：国信公司与永胜公司签订的“015号协议书”及《补充协议书》为有效协议，国信公司应当履行合同义务，将土地过户至永胜公司名下。且本院生效的(2000)北执字第84—2号民事裁定已认定争议土地使用权为永胜公司所有，并抵偿给零陵地区深海实业发展总公司、北海湘南实业发展公司所有。《物权法》第28条规定：“因人民法院、仲裁委员会或者人民政府的征收决定等，导致物权设立、变更、转让或者消灭的，自法律文书或者人民政府的征收决定等生效时发生效力。”上述第84—2号裁定已经产生物权变动的效力，其后零陵区法院的裁定亦导致争议地的物权最终已为北海东鑫房地产开发有限公司所有，并已办理过户手续。《物权法》第9条规定：“不动产物权的设立、变更、转让和消灭，经依法登记，发生效力。”因此，国信公司请求确认争议土地使用权为其所有没有事实和法律依据，本院不予支持。上述争议地的权属变更起因是本院(2000)北执字第84—2号民事裁定，故国信公司如有异议应通过执行程序审查处理。

综上所述，原告国信公司与永胜公司签订的“015号协议书”及《补充协议书》有效，北海市西南大道（原疏港大道）与北海市上海路（原黄海路）交汇处的 22 288.78 平方米土地使用权不属于国信公司。原告国信公司的诉讼请求不能成立，本院不予支持。依照《物权法》第 9 条、第 28 条，最高人民法院《关于审理房地产管理法施行前房地产开发经营案件若干问题的解答》第 7 条之规定，并经本院审判委员会讨论决定，判决如下：

驳回原告国信公司的诉讼请求。

案件受理费 113 476 元，由原告国信公司负担（已交）。

如不服本判决，可在判决书送达之日起 15 日内，向本院递交上诉状，并按对方当事人的人数提出副本，上诉于广西壮族自治区高级人民法院，并于上诉期限届满之日起 7 日内预交上诉费 113476 元逾期不交也不提出缓交申请的，按自动撤回上诉处理。

案由与焦点

1. 案由

本案的一级案由为“物权纠纷”，二级案由为“用益物权纠纷”，三级案由为“建设用地使用权纠纷”。

建设用地使用权纠纷是指因建设用地使用权的设立、变更、转让、互换、出资、出租、继承、收回等而引发的纠纷。

2. 焦点

本案争议的焦点有两个：其一，“015 号协议书”及《补充协议书》是否有效；其二，争议土地使用权是否能确认为原告所有。

评注与问题

1. 如何看待本案所涉建设用地使用权变动？法院的处理是否合理

建设用地使用权是指土地使用权人为营造建筑物、构筑物及其附属设施而使用国有土地的权利。《物权法》第 135 条规定：“建设用地使用权人依法对国家所有的土地享有占有、使用和收益的权利，有权利用该土地建造建筑物、构筑物及其附属设施。”

建设用地使用权的取得方式包括创设取得和移转取得。建设用地使用权的创设取得，是指通过出让或划拨等方式而取得建设用地使用权。根据《物权法》第 137 条的规定，设立建设用地使用权，可以采取出让或者划拨等方式。建设用地使用权的移转取得，是指通过建设用地使用权的流转而取得建设用地使用权。《物权法》第 143 条规定：“建设用地使用权人有权将建设用地使用权转让、互换、出资、赠与或者抵押，但法律另有规定的除外。”建设用地使用权转让、互换、出资的，应当向登记机构申请变更登记，自登记时其受让人取得建设用地使用权。

本案中，两种建设用地使用权的取得方式均有涉及。国信公司从政府手中所获取的建设用地使用权为出让取得，而永胜公司从国信公司手中所欲获得的建设用地使用权，其方式为移转取得。无论哪种方式的取得，均应以登记为要件，否则受让人不能取得建设用地使用权，除非法律有特别规定。应当说，两个协议的签订，永胜公司均未就所欲获得的建设用地使用权进行过户登记，但这是否意味着其没有获得任何建设用地使用权呢？这需要结合案情加以分析，即本案是否存在法律有特别规定的情况。本案中，确实存在法律规定的特别情况，即法院的判决。北海市中级人民法院于 2000 年 7 月 10 日作出（2000）北执字第 84—2 号民事裁定，将被执行人永胜公司从国信公司受让的疏港大道与黄海路交叉西北角 22 288.78 平方米的土地使用权［建设用地许可证：北土建（95）字第 058 号，即本案涉及土地］过户到零陵地区深海实业发展总公司、北海湘南实业发展公司名下抵偿债务。《物权法》第 28 条规定："因人民法院、仲裁委员会的法律文书或者人民政府的征收决定等，导致物权设立、变更、转让或者消灭的，自法律文书或者人民政府的征收决定等生效时发生效力。"从物权变动的角度而言，该条所规定的是基于司法行为和行政行为而发生的物权变动。人民法院的裁定作为人民法院的法律文书，其自然具有确定物权变动的效力。但是，本案中人民法院的裁定，不能说没有问题。因为，法院于 1996 年 12 月 26 日作出（1996）北民初字第 84 号民事判决书中认定，因为永胜公司并未取得从国信公司受让的 50 亩土地（即依据本案的"015 号协议书"，与本案涉及土地为同一块土地），故其无法将此土地使用权转让给零陵地区深海实业发展总公司、北海湘南实业发展公司，转让协议因而被认定为无效。从而判定，永胜公司返还零陵地区深海实业发展总公司、北海湘南实业发展公司土地款1 035.437 5万元及 80%的利息。但对于疏港大道与黄海路交叉西北角 22 288.78 平方米的土地使用权［建设用地许可证：北土建（95）字第 058 号，即本案涉及土地］，永胜公司同样也没有取得，为何就可以通过裁决将此土地过户到零陵地区深海实业发展总公司、北海湘南实业发展公司名下抵偿债务？显然，相同的情况采取两种不同的做法，其根据是值得商榷的。该裁决将永胜公司尚未取得使用权的土地直接裁决给深海实业发展公司和北海湘南实业发展公司拥有，实际上就是将国信公司的土地使用权直接移转至后者名下，而国信公司与后者并无任何法律关系，这也不能说就是合理的。我们认为，法院在没有将具体案件事实查明的情况下，就径直将土地使用权划至他方所有是存在问题的。正确的做法是，法院在执行土地使用权时应查明当时土地使用权的状况之后再作出决定，否则就侵犯了原土地使用权人国信公司的权利。因此，从这个角度而言，国信公司要求法院确认土地使用权归其所有也并非没有道理。对此，国信公司可通过执行程序审查进行处理。

2. 本案中的"015 号协议书"及《补充协议书》是否有效

这两个协议涉及无权处分问题。所谓无权处分，指的是无处分权人与相对人所为的处分他人的财产或权利的行为。《合同法》第 51 条规定："无处分权的人处分他人财产，经权利人追认或者无处分权的人订立合同后取得处分权的，该合同有效。"所以，无权处分合同于订立后处于一种效力未定状态，为效力未定合同。若真正财产权利人不予追认或者无处分权人订立合同后未取得处分权的，该合同无效。

关于本案中的"015 号协议书"及《补充协议书》是否有效，法院采取了一体化的解释路径，即将二者视为一个整体。国信公司主张，"015 号协议书"签订时其未取得土地使用权；补充协议书签订时，该土地处于查封状态，法律禁止转让，因此，其主张两个协议均为无效。但法院并未采纳此见解，而是另辟蹊径。法院认为，两个合同是一个整体，应作一体解释，即在签订"015 号协议书"时，国信公司虽未取得土地使用权，但是在补充协议时已经取得了土地使用权；在签订补充协议时，虽所涉土地被查封，但是在签订"015 协议书"时土地并不存在查封的情况。因此，法院通过两个协议为一体的方法，将无效的因素绕过去了。

我们认为，关于两个协议效力的认定问题，主要涉及两个层面：第一个层面为法律的适用，第二个层面为现行法的规定是否合理。

第一，就法律的适用而言，我们认为，法院的解释存在问题。首先，"015 号协议书"签订时，并没有补充协议的存在，尚不存在一体的问题。"015 号协议书"签订时，国信公司尚未取得土地使用权，其与永胜公司签订协议，应属无权处分。对于无权处分，根据《合同法》第 51 条的规定，只有经权利人追认或无处分权的人订立合同之后取得处分权的，该合同才有效。因此，"015 号协议书"应属效力待定合同。但是，在"015 号协议书"签订之后相当长的一段时间里，直至补充协议的签订，所涉土地既没有权利人追认，国信公司也没有取得处分权，故此协议应属无效合同。无效合同的法律后果，即双方当事人应返还财产、赔偿损失，此时产生缔约过失责任而非违约责任。当然，案件中补充协议将永胜公司的款项折抵了另一块土地使用权的款项，这是另外的问题。其次，补充协议签订时，“015 号协议书”已经属无效协议，但补充协议再次认定了“015 号协议书”中相关条款的效力，因而应认为，补充协议中所改变“015 号协议书”的内容，应以补充协议为准。如此，则实际上，“015 号协议书”相对于补充协议而言，其处于一种补充的地位。而补充协议签订当时，所涉土地已经被法院查封。根据法律规定，查封的土地不能用于转让，因此，该协议因“违反法律、行政法规的强行性规定”而无效。法院为绕开此规定，认为“015 号协议书”签订时尚不存在查封的情况，但问题在于补充协议是对“015 号协议书”的实质变更，且“015 号协议书”签订时尚不知存在补充协议中的所涉土地，自然不会知道该土地是否被查封。在此种情况下，两个协议中的内容完全不同，不能认为后者适用前者。因此，根据我国现行法律的规定，可以认为两个协议均是无效的。

第二，法律的规定是否合理。法律的规定是否合理，这涉及对《合同法》第 51 条的评价。正如上文分析所言，对《合同法》第 51 条作反对解释，则无权处分合同应属于效力待定合同。我们认为，这样的规定是不合理的。在无权处分的情况下，应认为合同为有效合同，至于是否能够履行则为另一问题。如果无法履行，则对方当事人自可追究转让方的违约责任。试结合《合同法》第 51 条的规定，分析无权处分合同的效力问题。

3. 争议土地使用权是否能确认为原告所有

争议土地是否能确认为原告所有，既涉及之前所探讨的两个协议的效力，也涉及不动产物权的善意取得制度。我们认为，本案中的“015 号协议书”及《补充协议书》均无效，争议的土地使用权并不会因转让协议而发生变动。但是，本案中，经湖南省永州市零陵区人民法院委托拍卖，由北海东鑫房地产开发有限公司竞买成交，该院已于 2010 年 2 月 21 日向北海市国土资源局发出（2005）零执字第 126—38—1 号《协助执行通知书》，上述土地使用权已过户至北海东鑫房地产开发有限公司。在此种情况下，北海东鑫房地产开发有限公司已基于《物权法》第 106 条之规定而善意取得该土地使用权。因此，原告并不能取得争议土地的使用权。

（评注人：张玉东）

70. 宅基地使用权纠纷

司法案例

琶洲联合社诉胡秀芬案

广东省广州市中级人民法院（2010）穗中法民五终字第3861号

基本案情

上诉人（原审被告）：胡秀芬。

委托代理人：张志同，北京市盛廷律师事务所律师。

委托代理人：默立贤，北京市盛廷律师事务所律师。

被上诉人（原审原告）：广州市海珠区琶洲街琶洲经济联合社。

负责人：郑伟华，社长。

委托代理人：马力伟，广东华之杰律师事务所律师。

委托代理人：黄碧洲，广东华之杰律师事务所律师。

上诉人胡秀芬因宅基地使用权纠纷一案，不服广州市海珠区人民法院（2010）海民三初字第2632号民事判决，向本院提起上诉。本院依法组成合议庭审理了本案，现已审理终结。

原审法院经审理查明：据编号为穗海新字第NO.010760号的《农村（墟镇）宅基地使用证》记载，宅基地位于琶洲村北码头西街45号，新滘镇琶洲街五社；使用人原为徐日伟，现为胡秀芬，该栏加盖有广州市海珠区新滘镇村镇建设办公室的印章；结构为框架，层数为3(1/2)，建筑面积为232.51平方米；发证日期为1996年5月10日。

2002年6月18日，广州市海珠区农业水利局印发海农水［2002］53号《关于“城中村”改制中农村集体经济组织转制若干问题的意见》。该文载有：根据穗办［2002］17号《中共广州市委办公厅、广州市人民政府办公厅关于“城中村”改制工作的若干意见》和海委办［2002］51号《海珠区“城中村”改制工作实施意见》的精神，为推进和实施我区“城中村”改制工作，现就我区“城中村”改制中农村集体经济组织转制若干问题提出如下意见：（一）暂时保留社区合作经济组织。根据《海珠区“城中村”改制工作实施意见》的精神，按照“整体部署，分步实施，各方配合，平稳过渡”的基本原则，在撤销村委会之后，暂时保留我区的社区合作经济组织，即经济联合社和经济合作社。农村集体经济组织的转制工作，先进行试点，摸索和总结经验做法，再全面铺开……（三）社委会成员的过渡问题。撤销村委会，组建居委会，村委会停止运作。在完成农村集体经济组织转制前这个过渡期，其经济活动继续由经济联合社、经济合作社组织运作。

2003年4月4日，广州市海珠区人民政府办公室印发海府办函［2003］6号《关于我区原村委会属下企业工商登记问题的函》。该函载有：根据《广州市委办公厅、广州市人民政府办公厅关于"城中村"改制工作的若干意见》（穗办［2002］17号）和《中共海珠区委办公室、海珠区人民政府办公室关于"城中村"改制工作的实施意见》（海委办［2002］51号）的精神，海珠区所有"城中村"的村委会已经于2002年10月撤销，成立了过渡时期的各村改制工作办公室，建立了居民委员会。这些村共有20个，分别是：……琶洲村……海委办［2002］51号文同时明确规定保留我区农村社区经济合作组织，经济合作社和经济联社是依据省政府颁布的《广东省农村社区合作经济组织暂行规定》设立的，是农村集体生产资料的所有者。因此，经区委、区政府研究同意，原村属下企业的工商登记主管单位由原村委会改为村经济联社。

2004年3月26日，广州市海珠区人民政府印发海府函［2004］14号《关于原新滘镇辖管的各村委会及其属下单位企业房地产登记问题的函》。该函载有：根据《广州市委办公厅、广州市人民政府办公厅关于"城中村"改制工作的若干意见》（穗办［2002］17号）和《中共海珠区委办公室、海珠区人民政府办公室关于"城中村"改制工作的实施意见》（海委办［2002］51号）的精神，海珠区原新滘镇辖管的所有村委会已经于2002年10月1日撤销，成立了过渡时期的村改制工作办公室，建立了居民委员会。这些村共有20个，其中……琶洲村……属我区琶洲街辖管。海委办［2002］51号文同时明确保留我区农村社区经济合作组织，经济合作社和经济联社是依据省政府颁布的《广东省农村社区合作社经济组织暂行规定》设立的，是农村集体生产资料的所有者。街道办事处对辖区的经济联合社负有管理责任，但不是经济联合社集体资产的所有者。因此，经我区委、区政府研究决定，原村委会的集体资产（包括土地、物业）归属经济联合社所有，其属下的单位企业（包括社一级经济实体）予以相应更名。如"海珠区新滘镇赤沙村委会"，更名为"海珠区官洲街赤沙经济联社"。

2008年8月28日，广州市海珠区琶洲街琶洲经济联合社（以下简称"琶洲联合社"）作出《琶洲村城中村改造村民房屋拆迁补偿安置方案》。该方案载有：为切实做好旧村改造房屋拆迁补偿安置工作，保障改造建设项目顺利进行，保护村民群众及港澳同胞的合法权益，改善居住环境和琶洲村面貌，根据市委办公厅提出《广州市猎德村为试点"四个坚持"，加快推进"城中村"改造》的通知，结合本村（一村一策）的实际情况，制定本方案。琶洲城中村改造项目分东、西两块地，以规划路为界。东面整体作为琶洲村的回迁安置及经济发展用房地，规划中二、四号地铁站口为商业中心及商务办公用地，珠江河边为四星级酒店用地，中间为琶洲村回迁安置房用地，西面整体作为房地产开发用地。合理分区，有利于提高区域的综合素质，会取得良好的社会效益及经济效益。琶洲城中村改造项目由琶洲联合社与合作方保利房地产（集团）股份有限公司、广州昊丰投资有限公司成立项目公司具体实施。由保利房地产（集团）股份有限公司、广州昊丰投资有限公司进行方案设计、报建等工作，向政府申请调整琶洲地区控制性详细规划，将原容积率从0.6调至适合改造的水平，并负责回迁安置用房及经济发展用房的建设等工作。（一）本方案适用于村址改造范围内的房屋拆迁安置（环球电器有限公司及部队驻地房屋除外）。（二）城中村改造拆迁安置原则上按有证面积"拆一补一"为准则。"拆一补一"是指对被拆迁房屋有合法产权证明部分的建筑面积以一比一计算，一平方米建筑面积补回（已按一级一类装修好的楼房）一平方米建筑面积。合法产权证明是指政府的国有土地房产证及镇宅基地使用证和集体土地房产证。侨居海外、港、澳、台及原居民（宅证为准）原属本土村民，在城中村改造拆迁安置按有证面积"拆一补一"原则上再给予5%的补偿面积。原因是城中村改造后产生利益时的福利和利益分配资格上没得参与及享受该项待遇。（三）经济联社、经济社合法产权面积均以建筑面积一比一的商业面积安置。（四）阳台的补偿标准：未超出（宅证等）面积的房屋，阳台面积按有证面积“拆一补一”计算，没有确认产权的房屋阳台面积，按超建面积补偿标准给予补偿。（五）超建面积不作回迁安置，只作材料损失补偿，以宅证等面积为准，超出证内合法面积部分即属超建面积，超建面积按 1 000 元/平方米给予补偿。（六）拆迁房屋有合法产权证明的面积大于实建面积的房屋，按实建面积进行回迁安置。（七）村民房屋回迁安置时出现有证部分的增加安置面积（安置套间合起超出的部分面积）村民个人须按 4 500 元/平方米的单价购买。村民也可以选择放弃部分面积，村集体也按 4 500 元/平方米标准给予补偿。属于购买超出有证部分增加安置面积的人群：(1) 属广州市海珠区琶洲街琶洲经济联合社章程中界定的社员，并在村内有房屋产权的人；(2) 本村村民、居民并在本村内有房屋产权的人；(3) 原本村村民、居民的外嫁女在本村已建房屋或购买房屋置业，并有房屋产权的人；(4) 现侨居海外、港、澳、台等，但在本村有房屋产权的人；其他外地非以上 4 类人群在琶洲村内拥有房屋产权的，不纳入购买超出有证部分安置房面积。（八）被拆迁户的临迁费补偿按以下标准计算（以拆时开始计至发给收楼通知 1 个月止）：(1) 有合法产权证明的住宅建筑面积 20 元/平方米/月的标准补偿临迁费。(2) 对 2008 年 7 月 15 日前已存在的商铺（该商铺位面积）的临迁费按 30 元/平方米/月的标准补偿。2008 年 7 月 15 日改建的商铺位不作商铺位补偿。(3) 搬家费村民住户按每证每户（房产证或宅证）“一出一进”两次，600 元/次的标准发放。(4) 搬迁家居、电器损失补偿费。村民住户由于临迁或搬迁过程中，家具、电器多数会低价贱卖或直接丢弃，会造成一定的损失，需给予适当补偿，按每证每户发放 1 万元的补偿。（九）本村村民选择放弃房屋回迁安置的，该房屋可在本村民中自行转让，并可以选择货币补偿，村集体按国家有关一次性弃产给予货币补偿。（十）外地非本村村民在本村内建有房屋或购买房屋的（必须是有房产证或宅证的使用人或权属人），可选择货币补偿，村集体按国家有关一次性弃产给予货币补偿，亦可选择复建安置。选择复建安置的，必须服从村集体的统一安排，不纳入购买超出有证部分安置房面积；安置面积按建筑面积拆一补一计算，上楼居住期间不享受琶洲村村民所享有的一切福利待遇。（十一）旧村改造完成后，所有村民等回迁安置或复建安置以套为单位，由村集体统一办理集体土地房产证（该房产证盖有未付土地出让金）。（十二）未有合法产权的厂房和被拆迁户的构筑物、辅助物的补偿标准，待报市城中村改造领导小组批复后，另行再议。未尽事宜，另行商议。（十三）本方案按照《广东省农村集体经济组织管理规定》，经联社社员签字表决同意通过后，报广州市海珠区人民政府、广州市人民政府批复后实施。

2009 年 3 月 23 日，广州市海珠区人民政府琶洲街道办事处向海珠区人民政府作出海琶办［2009］17 号《关于提请对琶洲村整村改造方案进行审议的请示》。该文载有：我街琶洲联合社城中村改造方案经多次修改，特别是最近根据广州市规划局《关于琶洲村改造规划方案意见的复函》（穗规［2009］115 号）的意见和区政府关于琶洲村改造工作会议的精神，琶洲联合社组织社员对市规划局的复函意见进行了认真讨论，并在原改造规划设计方案的基础上，对该方案部分内容进行了调整，提出了新的改造方案。经我街领导班子会议讨论审议，认为新的改造方案符合琶洲村的实际情况，具有较强的可操作性，现将琶洲联合社报来的《关于提请组织对琶洲城中村改造方案进行联合初审的请示》上报区政府，恳请区政府组织有关部门进行审议。

2009 年 3 月 24 日，广州市海珠区人民政府向广州市建委、市规划局、市土地开发中心作出海府函［2009］39 号《关于请求审批琶洲村整村改造方案的函》。该函载有：我区政府收到广州市海珠区琶洲街道办事处的来文《关于提请对琶洲村整村改造方案进行审议的请示》（海琶办［2009］17 号）。经研究，我区政府同意广州市海珠区琶洲街琶洲联合社编制的琶洲“城中村”改造规划方案。按照《广州市城中村改造规划工作流程》的要求，现将方案报给你们组织联合初审，争取早日报市城中村改造领导小组审定实施。

2009年6月16日，广州市人民政府办公厅秘书处印发穗府会纪［2009］151号《关于海珠区琶洲村等城中村改造问题的会议纪要》。该文载明的会议议定事项如下：琶洲村改造，方案已近完善，需作三方面修改：一是按琶洲控规将住宅大幅度降下来；二是尽量减少开发量；三是力促按今年建设安置房，2010年6月前全部拆除来开展工作。请市规划局按此修改后径复海珠区即可。市土地开发中心愿意与琶洲村合作实施整体改造，可予支持。但应尊重海珠区特别是琶洲村的意见。

2010年1月4日，广州市城乡建设委员会向海珠区政府作出穗建督函［2009］2680号《关于同意将琶洲城中村改造项目纳入绿色通道的复函》。该函载有：你区《请求将琶洲城中村改造项目纳入市重点建设项目绿色通道的函》（海府函［2009］154号）收悉。经研究并报市政府同意，琶洲城中村改造项目纳入我市重点项目报批绿色通道。请你区按有关规定加快办理相关审批手续。

琶洲联合社于2010年9月7日提起本案诉讼。诉讼中，琶洲联合社对其主张还提交证据如下：证据1：琶洲联合社于2008年8月28日作出的《公告》。该公告载有：根据市委办公厅提出《广州市猎德村为试点“四个坚持”，加快推进“城中村”改造》的通知精神，结合本村的实际情况，琶洲村“城中村”改造经过前段时间的摸查、设计、制定拆迁补偿安置等工作已基本完成。现向全体社员进行琶洲村“城中村”改造设计方案、拆迁补偿安置方案的公示。根据《广东省农村集体经济组织管理规定》的要求公示后，全体社员对该项目进行表决。表决时间为2008年9月4日至8日11时，各经济工作人员上门收集签名，同意的签名，不同意的不用签名。说明：(1)琶洲村“城中村”改造设计方案在各片财务组、琶洲市场及联社会议室公示；(2)琶洲村“城中村”改造拆迁补偿安置方案派发到每户。证据2：琶洲联合社于2010年4月30日作出的《致琶洲村全体村民的公开信》。该公开信载明：琶洲村整村改造已进入动迁签约阶段，琶洲村的整村改造，政府将土地通过拍卖，由企业参与改建。截至4月28日，琶洲村累计签约面积已超六成。证据3：琶洲联合社于2010年8月23日作出的《公告》。该公告载明：目前，琶洲村整村改造签约率已超过98%，全村已实施封闭管理。为贯彻落实市委、市政府关于迎亚运在2010年9月30日前必须完成琶洲村整村拆除工作的要求，实现全体村民早搬迁、早建设、早回迁的根本利益，督促少数未签约业主早日完成签约，经研究决定，公告如下：(一)凡是琶洲村城中村改造范围内回迁安置区尚未签约的业主，必须在2010年8月30日以前到琶洲村整村改造服务中心，依照《琶洲村城中村改造村民房屋拆迁补偿安置方案》签订拆迁补偿安置协议，并依约交付房屋实现拆除。(二)对于确实存在实际困难的业主，请在上述时限内抓紧商谈签约事宜。对于在2010年8月30日仍拒绝签订拆迁补偿安置协议，尤其是诉求无理、蓄意破坏整村改造大局的部分业主，我社将依法提起诉讼，申请法律强拆，以确保整村改造工作顺利推进，由此造成的一切损失均由业主自行承担。证据4：琶洲村房屋测量表（2007年9月29日）。证据5：琶洲村房屋测量表（2010年6月7日）。证据6：广州市海珠区人民政府琶洲街道办事处和琶洲联合社于2010年9月21日出具的《琶洲村城中村改造房屋拆迁安置补偿协议签约率统计》。证据7：公告照片。证据8：广州市海珠区人民政府于2009年7月6日印发的海府函［2009］98号《关于报送琶洲村改造方案调整相关要点的函》。该函载明：根据6月4日市“城中村”改造工作领导小组会议的要求（穗府会纪［2009］151号），我区组织琶洲街、琶洲联合社以及设计单位进行研究，针对会议纪要中提出的三点修改意见，调整了琶洲村改造方案：(一)调减34万平方米建筑总量；(二)调减住宅面积27万平方米；(三)公建配套的调整。证据9：《会谈备忘录》。胡秀芬对上述证据质证表示其意见与答辩意见一致，其他与本案无关不予回答。

胡秀芬对其抗辩提交证据如下：证据1：《国务院办公厅关于进一步严格征地拆迁管理工作切实维护群众合法权益的紧急通知》（国办发明电（2010）15号、中机发5668号）。证据2：国土部发布《关于进一步做好征地管理工作的通知》——征地拆房按重置成本补偿（http：//www.sina.com.cn 2010年7月14日17：45兰州晨报）。证据3：中共广州市委办公厅、广州市人民政府关于“城中村”改制工作的若干意见（穗办［2002］17号）。证据4：辩护词（内容与答辩意见一致）。琶洲联合社质证表示上述证据均不属于证据的范畴，对证据1、2的真实性、合法性没有异议，但与本案没有关联，涉案城中村改造并非征地拆迁关系而是新旧房屋的置换关系，琶洲联合社在改造中也愿意履行安置义务，而且补偿标准已远远超过了重置补偿标准，不存在违法拆迁的问题；对证据3的真实性、合法性没有异议，琶洲联合社进行的城中村改造正是在执行该文件。关于证据4，涉案房屋位于琶洲村珠江边规划中的公共绿化带上，琶洲联合社依法有权收回该房屋用于城中村改造。

诉讼中，琶洲联合社表示其所提交的《琶洲村“城中村”改造设计方案、拆迁补偿安置方案表决结果报告》的时间签署存在笔误，该方案的第一轮表决时间是从2008年9月4日至2008年9月8日，由于第一轮的表决结果暂时未能达到必须经有表决权的三分之二以上社员同意通过，为此，其于2008年9月10日作出《公告》，继续对广大社员做解释工作，至2008年9月30日止，全琶洲村同意“城中村”改造并签名的社员共1 551人，达到全村有表决权的社员总数2 288人的三分之二，表决结果获得通过后，其于2009年3月23日将《关于提请组织对琶洲城中村改造方案进行联合初审的请示》上报琶洲街道办事处，现事实上已经有超过98.56%的村民（社员）、业主签署了《琶洲村城中村改造房屋拆迁补偿安置协议》。琶洲联合社对此还提交证据如下：证据1：广州市海珠区琶洲街琶洲经济联合社于2008年9月8日作出的《琶洲村“城中村”改造设计方案、拆迁补偿安置方案表决情况》表决结果报告。该报告载有：琶洲联合社年满18岁（1990年9月8日前出生）有权参加表决的社员共2 288人，于2008年9月4日进行签名表决，同意该方案并签名的社员共1 551人，不同意该方案的社员共737人。根据《广东省农村集体经济组织管理规定》，项目的表决必须经三分之二社员同意才能通过，本次表决符合该规定，本次表决结果有效。证据2：广州市海珠区人民政府琶洲街道办事处和广州市海珠区琶洲街琶洲联合社于2010年11月1日作出的《琶洲村城中村改造房屋拆迁补偿安置协议签约情况说明》。该文载有：从2010年3月开展琶洲村城中村改造房屋拆迁动迁工作，琶洲村城中村改造范围涉及的拆迁房屋（以农村宅基地使用证或集体土地房产证、房地产权证统计为准）总户数为2 435户，截至2010年9月20日，已经签订《琶洲村城中村改造房屋拆迁补偿安置协议》的户数为2 400户，拆迁补偿安置协议约定的补偿安置内容均依据广州市海珠区琶洲街琶洲联合社于2008年8月28日公告的《琶洲村城中村改造村民房屋拆迁补偿安置方案》执行，所有已签订的《琶洲村城中村改造房屋拆迁补偿安置协议》均在广州市海珠区人民政府琶洲街道办事处进行备案。证据3：广州市海珠区琶洲街琶洲联合社于2010年1月4日对保利房地产（集团）股份有限公司作出的授权委托书。证据4：《南方日报》、《广州日报》、《羊城晚报》、《南方都市报》和《新快报》等关于琶洲“城中村”改造的新闻调查报道。胡秀芬对上述证据质证表示其意见与答辩意见一致，其他与本案无关不予回答。

庭审中，琶洲联合社称涉案琶洲城中村改造是在琶洲村行政管理范围的全部土地和土地上的房屋，整村改造规划分为13宗地块，其中涉案房屋位于规划地块6，属公共绿地。

诉讼过程中，琶洲联合社书面申请撤回其第2项诉讼请求，同时明确表示会按照《琶洲村城中村改造村民房屋拆迁补偿安置方案》规定的补偿安置标准予以补偿安置。

一审判决

原审法院认为：原广州市海珠区琶洲村村民委员会经批准改制后，原村委会的集体资产（包括土地、物业）归属琶洲联合社所有。《土地管理法》第8条第2款规定，农村宅基地属于农民集体所有。《村民委员会组织法》第5条第3款规定，农民集体所有的土地，由本村村民委员会进行管理。根据《琶洲村城中村改造村民房屋拆迁补偿安置方案》和实际实施情况，琶洲村改造是在村址红线范围内现有集体土地整体进行改造。虽按改造后的功能等不同划分为东、西两地块，但整体改造的性质未变。涉案土地的地上建筑物位于琶洲村北码头西街45号，在琶洲村范围内，且涉案土地地上建筑物的宅基地使用证未注销或转为国有土地使用证，该地上建筑物使用权的性质现仍应为宅基地使用权。胡秀芬针对涉讼土地地上建筑物所享有的仅是宅基地使用权。因此，琶洲联合社与胡秀芬之间基于涉案土地而产生的关系仍是宅基地分配、管理关系，双方因涉案土地收回所产生的权利、义务应受我国关于宅基地即农民集体所有土地相关法律、法规的调整。琶洲联合社现因涉讼土地收回与胡秀芬产生纠纷，其有权就此提起诉讼，主张权利。

《土地管理法》第65条第1款第1项规定，为乡（镇）村公共设施和公益事业建设，需要使用土地的，农村集体经济组织经原批准用地的人民政府批准，可以收回土地使用权；第2款规定，依照前款第1项规定收回农民集体所有的土地的，对土地使用权人应当给予适当补偿。琶洲联合社基于村民得到实惠、村集体经济得到壮大、改造区域环境面貌得到提升、历史人文景观得到保护的目的，提出了收回村民宅基地使用权、整体进行改造的《琶洲村城中村改造村民房屋拆迁补偿安置方案》，上述方案符合琶洲村村民的整体利益，亦不损害宅基地使用权人的合法权益；且该方案也已经广州市海珠区人民政府的批准同意实施。因此，琶洲联合社有权收回涉讼宅基地使用权。因土地与地上建筑物是不可分割的，涉案宅基地使用权被收回后，胡秀芬所建设的地上建筑物亦应一并交给琶洲联合社。综上，琶洲联合社要求胡秀芬将广州市海珠区琶洲村北码头西街45号房屋腾空交回，符合《土地管理法》的相关规定，应予以支持。

琶洲联合社虽撤回其要求涉讼宅基地地上建筑物拆除后参照《琶洲村城中村改造村民房屋拆迁补偿安置方案》予以补偿的第2项诉讼请求，但同时明确表示将按《琶洲村城中村改造村民房屋拆迁补偿安置方案》规定的补偿标准予以补偿。琶洲联合社对上述诉讼权利的合法处分，并未损害胡秀芬的合法权益，予以照准。应当指出，琶洲联合社在收回宅基地使用权后，应当更加积极主动与胡秀芬协商安置补偿的相关细节，切实按照《琶洲村城中村改造村民房屋拆迁补偿安置方案》规定的补偿标准做好安置补偿工作。

综上所述，依照《民事诉讼法》第13条、第64条第1款，《土地管理法》第8条第2款、第65条第1款第1项、第2款，《村民委员会组织法》第5条第3款、第17条、第19条第8项、第20条第2款的规定，判决：胡秀芬于本判决发生法律效力之日起3日内，将广州市海珠区琶洲村北码头西街45号房屋腾空后交付给琶洲联合社。本案受理费200元，由琶洲联合社负担100元，由胡秀芬负担100元。上述受理费已经由琶洲联合社预交，琶洲联合社同意由胡秀芬在履行本判决时将其应承担部分直接支付给琶洲联合社。

二审诉辩主张

上诉人胡秀芬不服原审法院上述民事判决，向本院提起上诉称：一、被上诉人不具备起诉的主体资格，应当驳回被上诉人的起诉。(一）被上诉人不享有案涉土地的所有权，无权作出任何决定。(1）被上诉人不具有土地所有权证书，不是案涉土地的所有权主体；(2）案涉土地已经被收回，被上诉人不是案涉土地的所有权人。(二）被上诉人并非案涉“城中村”改造项目主体，也没有证据证实被上诉人已经获得拆迁改造的主体资格，无权以琶洲联合社资格起诉。二、本案不属于人民法院受理范围，应当依法驳回被上诉人的起诉。假定案涉土地未依法征收为国有，那本案属于宅基地使用权纠纷，根据《土地权属争议调查处理办法》的规定，宅基地使用权纠纷不属于人民法院受理范围，被上诉人应当向土地所在地县级国土资源行政主管部门申请调解处理。三、一审法院违反法定程序，未按上诉人的请求依法核实案涉土地性质，对本案重要的事实不予调查取证。四、一审法院违反法定程序，对上诉人提出的笔迹鉴定申请违法不予采纳，直接采信被上诉人伪造的证据。五、案涉项目属于征地拆迁，不属于收回宅基地使用权。根据《土地管理法》第65条的规定，收回宅基地使用权不改变土地性质，土地仍为集体土地。但本案中，根据被上诉人提交的证据和上诉人的庭审陈述，案涉土地已经涉及土地性质的变更。另根据《土地管理法》第45条的规定，土地征收应当由省级人民政府批准，而被上诉人并未提供广东省人民政府批准案涉土地的用地批准手续；六、本案不符合收回宅基地使用权的法定条件。(一）案涉土地收回不符合《土地管理法》第46条规定的情形。案涉土地开发实质是商业开发，根本不是为了公益事业或者乡镇村公共设施的建设；(二）土地收回并未取得三分之二多数村民的同意。据此，上诉请求：撤销原审判决，驳回被上诉人的起诉，诉讼费用由被上诉人负担。

被上诉人广州市海珠区琶洲街琶洲联合社辩称：同意一审判决，请求维持原判。

经二审庭询，本院对原审法院查明的事实予以确认。

在二审庭审中，上诉人当庭向本院提交以下申请书：(1）申请证人徐炜铭出庭作证，徐炜铭到庭陈述称改造方案中“徐炜铭”的签名不是其本人签的。(2）申请对《琶洲村“城中村”改造涉及方案、拆迁补偿安置方案表决情况》中徐炜铭签名真实性进行鉴定。(3）申请向广州市国土资源与房屋管理局海珠分局调取琶洲村土地征为国有土地的批准文件。

在二审庭审中，上诉人当庭向本院提交以下证据材料：(1）同城快邮业务详情单、2007年及以后数据查询单，拟证实上诉人已经向市房管局就案涉土地申请土地争议；(2）(2010)海行初字第102号行政案件受理通知书，拟证实上诉人就要求确认案涉穗规地证（2010）11号《建设用地规划许可证》违法诉讼，已经被海珠区人民法院受理；(3）粤府行复（2010）276号行政复议案件受理通知书，拟证实上诉人申请撤销粤国土资（建）字第（2010）306号《关于广州市2008年度第十五批次城市建设用地专用和土地征收实施方案的批复》一案，广东省人民政府已经于2010年11月23日受理；(4）广州市国土资源和房屋管理局于2009年9月10日向琶洲街琶洲联合社作出的穗国房函［2009］1652号《关于“城中村”改制涉及土地转性问题的复函》；(5）广州市国土资源和房屋管理局于2009年9月10日向琶洲街琶洲联合社作出的穗国房函［2009］1653号《关于“城中村”改制涉及土地转性问题的复函》；(6）广东省国土资源厅于2010年5月17日向广州市人民政府作出的粤国土资（建）字［2010］306号《关于广州市2008年度第十五批次城市建设用地农用地转用和土地征收实施方案的批复》；(7）广州市国土资源和房屋管理局于2010年5月21日向海珠区分局作出的穗国房函［2010］799号《转发省国土资源厅关于广州市2008年度第十五批次城市建设用地农用地转用和土地征收实施方案的批复的通知》；(8）广州市规划局于2010年10月11日作出的穗规函［2010］8049号《广州市规划局依申请公开政府信息决定书》。

在二审期间，上诉人向本院申请中止本案诉讼。

二审判决

本院认为：关于诉讼主体的问题。本院认为，依照《土地管理法》第8条第2款之规定，农村的土地，除由法律规定属于国家所有的以外，属于农民集体所有；宅基地属于农民集体所有。该法第10条规定，农民集体所有的土地依法属于村农民集体所有的，由村集体经济组织或者村民委员会经营、管理。《物权法》第60条规定，对于集体所有的土地，属于村农民集体所有的，由村集体经济组织或者村民委员会代表集体行使所有权。琶洲联合社在琶洲村村委会撤销后，经有关部门批准成为琶洲村集体资产的所有人。农村集体土地所有权的归属是由法律规定的，即使琶洲联合社不持有土地所有权证书，也不影响土地所有权的归属。胡秀芬也没有证据证实有其他单位已经有关部门核发了案涉土地的所有权证书。胡秀芬上诉称被上诉人不具备提起本案诉讼主体资格，依据不足，本院不予采信。

关于胡秀芬上诉认为本案纠纷不属于法院受理案件范围的问题。本院认为，农民集体土地所有权的归属已经由法律明确规定，胡秀芬与琶洲联合社之间并不存在土地所有权和使用权归属的争议，胡秀芬认为本案纠纷不属于人民法院受理案件范围，依据不足，本院不予采信。

关于胡秀芬申请中止本案审理的问题。本院认为，虽然胡秀芬已经另行就案涉土地的《建设用地规划许可证》提起行政诉讼，对《关于广州市2008年度第十五批次城市建设用地专用和土地征收实施方案的批复》提起行政复议，但上述文件与本案纠纷没有直接的关系，胡秀芬申请中止诉讼，依据不充分，本院不予采信。

关于胡秀芬申请调查取证和笔迹鉴定的问题。本院认为，土地权属的变更情况可由胡秀芬自行向有关部门查询或申请信息公开，不属于必须由人民法院才可调取的证据材料，本院对胡秀芬的调查取证申请不予准许。此外，只有徐炜铭出庭陈述否认其签名的真实性，胡秀芬并无提供其他直接证据可证实其他村民的签名存在不真实的情况，也没有证据证实《琶洲村城中村改造村民房屋拆迁补偿安置方案》未取得三分之二多数村民同意，徐炜铭一人签名的真实性对本案处理没有影响，故本院对胡秀芬要求笔迹鉴定的申请不予准许。

关于本案的实体处理。案涉讼土地虽经有关部门同意由农民集体所有土地转为国有土地，但使用权人仍为琶洲联合社，该地块在改造过程中所产生的权利、义务仍应由琶洲联合社承接。胡秀芬取得该案涉房屋的土地使用权是基于琶洲联合社的分配，且涉讼土地地上建筑物的宅基地使用证未注销或转为国有土地使用证，该地上建筑物使用权的性质现仍应为宅基地使用权性质，胡秀芬对涉讼土地地上建筑物所享有的仅是宅基地使用权，涉讼土地转为国有土地与本案涉及的安置补偿没有关系。现琶洲联合社基于全体村民的集体利益，经市、区两级人民政府的批准实施旧村整体改造，实为管理者对村农民集体所有土地进行重新分配使用的行为，双方当事人因琶洲联合社主张收回涉讼宅基地使用权而产生的纠纷属于宅基地的分配、管理纠纷，因此，原审认定本案性质为宅基地纠纷正确，本案应适用《土地管理法》和《村民委员会组织法》予以调整，胡秀芬上诉认为本案属于征地拆迁，不是收回宅基地纠纷的理由不成立，本院不予支持。

琶洲联合社为实现村民得到实惠、村集体经济得到壮大、改造区域环境面貌得到提升、历史人文景观得到保护的目的，经广州市海珠区人民政府批准同意由其收回胡秀芬使用的涉讼宅基地用于实施旧村整体改造，对于在改造过程中需拆除宅基地上建筑物的补偿问题，琶洲联合社已经依法召开会议，审议通过了《琶洲村城中村改造村民房屋拆迁补偿安置方案》，该方案确定了拆除村址红线范围内的宅基地房具体安置补偿办法，该方案是经民主讨论后确定的，在这次整体改造中包括涉讼土地地上建筑物在内全部房屋实施拆迁安置补偿的明确标准，因胡秀芬所持的是该集体土地上的宅基地使用权证，其安置补偿理所当然受上述补偿安置方案的约束，因土地与地上建筑物是不可分割的，涉讼宅基地使用权被收回后，胡秀芬所建设的地上建筑物也应一并交给琶洲联合社，琶洲联合社也已经明确表示拆除涉讼宅基地的地上建筑物后将按该方案对胡秀芬给予补偿，故琶洲联合社要求胡秀芬腾空涉讼宅基地房交付拆除合法有理，原审判决予以支持正确。胡秀芬与琶洲联合社之间关于涉讼宅基地房被拆除后的安置补偿及领取临迁费等问题，理应按照上述《补偿安置方案》规定的补偿标准进行处理，琶洲联合社在收回宅基地使用权后，应当积极主动与胡秀芬协商安置补偿的相关细节，切实按照《补偿安置方案》规定的补偿标准做好安置补偿工作。这次旧村改造是惠及琶洲村全体村民的重大事项，具有富民优生的重大意义，琶洲村整体改造计划涉及全体村民的切身利益和公共利益，胡秀芬没有按琶洲联合社通知的时间搬迁已经延缓了改造计划的实施，实际上对村集体经济利益和其他村民的合法权益构成了影响，因此，在有详细具体的安置补偿标准可供执行的前提下，胡秀芬迅速腾空涉讼宅基地房并交给琶洲联合社拆除，也是胡秀芬服从大局，积极配合琶洲联合社早日完成改造的应有之责，故此，原审判决支持琶洲联合社收回涉讼宅基地并无不当。

综上所述，原审判决认定事实清楚，适用法律正确，本院予以维持。依照《民事诉讼法》第 153 条第 1 款第 1 项的规定，判决如下：

驳回上诉，维持原判。

本案二审受理费 400 元，由上诉人胡秀芬负担。

本判决为终审判决。

案由与焦点

1. 案由

本案的一级案由为“物权纠纷”，二级案由为“用益物权纠纷”，三级案由为“宅基地使用权纠纷”。

宅基地使用权纠纷是指因宅基地使用权的设立、归属、移转、互换、继承、收回等而引发的纠纷。

2. 焦点

本案中存在如下争议焦点：(1) 案件涉及的土地所有权的主体是何人；(2) 本案应属于土地征收还是宅基地收回；(3) 本案是否应中止审理。

评注与问题

1. 上诉人所主张的琶洲联合社不具有所有权是否正确

宅基地使用权是指依法在农村集体所有的土地上建筑住宅及其附属设施，供作居住使用的权利。对此，《物权法》第 152 条规定：“宅基地使用权人依法对集体所有的土地享有占有和使用的权利，有权依法利用该土地建造住宅及其附属设施。”可见，宅基地使用权的客体是集体所有的土地。根据《物权法》第 59 条第 1 款的规定，农民集体所有的不动产或者动产，属于本集体成员集体所有。《物权法》第 60 条第 1 款第 1 项规定：“属于村民集体所有的，由村集体经济组织或者村民委员会代表集体行使所有权。”由此可知，集体所有的土地属于集体成员所有，由集体经济组织或村委会行使所有权。

本案中，上诉人主张，琶洲联合社不具有所有权，并因此而不具有起诉资格。应当说，琶洲联合社不具有所有权，这一主张是正确的。尽管区委、区政府研究决定，原村委会的集体资产（包括土地、物业）归属琶洲联合社所有，但这一决定是值得商榷的。正如上文所论及的，农村集体土地的所有权应归属于本集体成员集体所有，因此，除非国家实行征收，否则不能改变土地所有权的主体。所以，即便是将原先的村委会改变为经济联合社，但是其所有权的主体不发生变化，发生变化的仅仅是代表集体行使所有权的主体由村委会转变为经济联社。因此，上诉人所主张的琶洲联合社不具有涉讼土地所有权是正确的。但如果将其作为不具有起诉资格的主体则存在问题，因为，琶洲联合社代表集体行使所有权，因此，由其作为诉讼主体并不存在问题。

2. 本案是宅基地使用权收回还是土地征收

宅基地被收回或征收，是宅基地使用权消灭的两种方式。在土地所有权人因城乡发展规划的调整而收回宅基地或者国家因公共利益的需要而征收土地的情况下，原宅基地使用权消灭。但在因调整发展规划而收回宅基地的情况下，土地所有权人应给予宅基地使用权人相应的补偿并另行批给宅基地；因国家征收土地而使宅基地使用权消灭的，一方面征收须依照法定程序进行，另一方面应依法给予宅基地使用权人适当补偿并保障其居住条件。对宅基地使用权的收回，《土地管理法》第 65 条规定："有下列情形之一的，农村集体经济组织报经原批准用地的人民政府批准，可以收回土地使用权：（一）为乡（镇）村公共设施和公益事业建设，需要使用土地的；（二）不按照批准的用途使用土地的；（三）因撤销、迁移等原因而停止使用土地的。依照前款第（一）项规定收回农民集体所有的土地的，对土地使用权人应当给予适当补偿。"宅基地使用权是基于土地所有权而存在的，因此，宅基地使用权被征收实际上是随着土地或房屋的所有权被征收而被征收的。对此，《物权法》第 42 条规定："为了公共利益的需要，依照法律规定的权限和程序可以征收集体所有的土地和单位、个人的房屋及其他不动产。征收集体所有的土地，应当依法足额支付土地补偿费、安置补助费、地上附着物和青苗的补偿费等费用，安排被征地农民的社会保障费用，保障被征地农民的生活，维护被征地农民的合法权益。征收单位、个人的房屋及其他不动产，应当依法给予拆迁补偿，维护被征收人的合法权益；征收个人住宅的，还应当保障被征收人的居住条件。"第 121 条规定："因不动产或者动产被征收、征用致使用益物权消灭或者影响用益物权行使的，用益物权人有权依照本法第四十二条、第四十四条的规定获得相应补偿。"

本案是宅基地使用权收回还是土地征收呢？我们认为，尽管全案并没有明确涉及土地征收的字样，但整个过程有行土地征收之实的嫌疑。因为，相关文件中已经说明，其用于回迁的楼房其所办理的房产证中表明了未交付土地出让金。众所周知，土地出让金涉及的是国有土地上的建设用地使用权，而非宅基地使用权。如此，则在城中村改造的过程中，所谓收回宅基地使用权，实际上是以更为低廉的成本剥夺了集体成员的宅基地使用权和农村集体的土地所有权。此外，在原土地上，相关单位将建设商用住宅及商业大厦等。根据法律规定，这些项目不可在农村集体土地上进行建设，而只能在国有土地上进行建设。这也印证了，本案中收回宅基地使用权的做法实际上是对农村集体所有土地的征收。但是，相关主体为规避法律而并未按照征收程序进行征收，应当说是违法的。

3. 本案是否适用中止审理

所谓中止审理，是指人民法院在受理案件后，作出判决之前，出现了某些使审判在一定期限内无法继续进行的情况时，决定暂时停止案件审理，待有关情形消失后，再行恢复审判的活动。《民事诉讼法》第 136 条规定："有下列情形之一的，中止诉讼：（一）一方当事人死亡，需要等待继承人表明是否参加诉讼的；（二）一方当事人丧失诉讼行为能力，尚未确定法定代理人的；（三）作为一方当事人的法人或者其他组织终止，尚未确定权利义务承受人的；（四）一方当事人因不可抗拒的事由，不能参加诉讼的；（五）本案必须以另一案的审理结果为依据，而另一案尚未审结的；（六）其他应当中止诉讼的情形。中止诉讼的原因消除后，恢复诉讼。"

本案二审中，上诉人提出中止审理。但二审法院认为："虽然胡秀芬已经另行就案涉土地的《建设用地规划许可证》提起行政诉讼，对《关于广州市2008年度第十五批次城市建设用地专用和土地征收实施方案的批复》提起行政复议，但上述文件与本案纠纷没有直接的关系，胡秀芬申请中止诉讼，依据不充分，本院不予采信。"应当说，二审法院对上诉人要求中止审理的判决也是存在问题的。因为，上诉人的行政诉讼与本案直接相关，如果建设用地许可证不合法，则说明相关单位所进行的征收或收回土地使用权的行为就是违法的。同时，对于后者的行政复议直接关系到此次所谓收回宅基地使用权行为的性质和对上诉人补偿金额的确定，此二者均与本案直接相关。故依据《民事诉讼法》第136条中"本案必须以另一案的审理结果为依据，而另一案尚未审结的"的规定，法院应裁定中止审理。

（评注人：张玉东）

71. 地役权纠纷

司法案例

姚建民诉姚友军等案

河南省洛阳市高新技术产业开发区人民法院（2010）洛开民初字第3号

基本案情

原告：姚建民。

被告：姚友军。

被告：姚书庆。

被告：姚建国。

委托代理人：孔令朝、黄红巧，河南帝都律师事务所律师，系以上三被告委托代理人。

原告姚建民诉被告姚友军、姚书庆、姚建国地役权纠纷一案，本院受理后，依法组成合议庭，公开开庭进行了审理。原告姚建民、被告姚友军、姚书庆及被告委托代理人孔令朝、黄红巧到庭参加了诉讼。本案现已审理终结。

经审理查明，姚建民、姚友军、姚建国、姚书庆均系洛阳高新区孙旗屯乡三山村第九村民组村民，四户宅基地由南向北依次相邻。由于村镇建设规划遗留问题，姚友军、姚书庆、姚建国三户出行道路狭窄。2001年7月20日，在孙旗屯乡三山村第九村民组组长姚天佑的主持下，姚建民同姚友军、姚书庆、姚建国协商达成如下协议：将九组村民姚建民住宅东夏房拆除，其宅基地南北通长往西移2.5米，以拓宽三家出路。为解决姚建民因扩路拆除房屋宅基面积减少，居住狭窄的实际困难，由集体另划宅基地一所（100平方米）。三山村村民委员会于8月8日在该协议上加盖公章，并签署意见：同意村九组意见。现宅基地冻结，解冻以后随大伙一起解决。2001年7月25日，在姚天佑的主持下，姚建民同姚友军、姚书庆、姚建国又达成如下协议：姚建民现宅基地南北通长西移至与姚友军现东院墙齐；姚建民宅基所拆除的附属物部分由姚友军、姚书庆、姚建国负责，拆除后就建院墙按姚建民意图由姚友军、姚书庆、姚建国施工。以上发生费用由姚友军、姚书庆、姚建国承担；姚友军、姚书庆、姚建国负责为姚建民审批完宅基地一所（100平方米），其宅基地办证费用，由姚友军、姚书庆、姚建国承担，以解决姚建民因拆除宅基面积减少而居住困难的实际问题；本着谁受益，谁补偿的原则，姚友军、姚书庆、姚建国一次性赔偿姚建民因拆房造成损失费4 000元整；姚建民享有对拓宽后的道路通行权；本协议生效后，如一方违约，违约方应赔偿对方损失费5 000元，并承担相应的法律责任。协议签订后，姚友军、姚书庆、姚建国三户出资将姚建民住宅东夏房拆除 21.204 平方米，同时补偿姚建民损失 4 000 元。房屋拆除后，姚友军、姚书庆、姚建国三家的出行道路拓宽到 3.51 米。后因土地规划调整，三山村等行政村被划为城市规划区，禁止新批农民宅基地，农民需住房的必须以社区住房安置。2004 年 10 月 27 日，三山村党支部和村委会召开扩大会议，由三山村党支部、村委会、各队队长、分房办成员参加，研究第二批社区住房分房户人员，姚建民等 7 户村民在第二批给予安置，房价仍按第一批安置房价不变。目前，第二批社区住房尚未建设。姚建民因房屋拆除后，宅基地面积减少，也未新划宅基地，诉至法院。

诉辩主张

原告姚建民诉称：2001 年 7 月 25 日，三被告为拓宽道路便于通行，提高自己不动产的效益，同原告签订协议约定拆除原告部分房屋。被告承诺为原告审批一所 100 平方米的宅基地，并补偿原告损失 4 000 元，如一方违约，违约方应赔偿对方损失费 5 000 元，承担相应的法律责任。协议签订后，原告按照约定履行了自己的责任，并督促被告履行义务，但被告未能履行为原告办理宅基地的义务，给原告造成了很大的经济损失。故诉至法院，请求：(1) 解除原告与三被告之间的地役权合同；(2) 判令被告排除妨害，恢复原状；(3) 三被告赔偿原告自 2001 年 7 月 25 日至 2009 年 7 月 25 日的租金损失 8 000 元；(4) 三被告按照协议向原告承担违约金 5 000元；(5) 诉讼费由三被告承担。

被告姚友军、姚书庆、姚建国辩称：扩路补偿是经村委会批准，之后原、被告双方才签订扩路补偿协议。被告已经按照协议补偿了原告 4 000 元损失，宅基地的损失应由村委会赔偿，被告不存在违约。双方之间的纠纷是相邻权纠纷，不是地役权纠纷，原告起诉与事实不符，诉讼请求没有法律依据，应当予以驳回。

法院判决

本院认为：公民、法人的合法民事权益受法律保护。我国物权法规定，地役权人有权按照合同约定，利用他人的不动产，以提高自己的不动产的效益。姚友军、姚书庆、姚建国三户为自身出行便利，通过与姚建民自愿协商，拆除了姚建民住宅东夏房，拓宽了通行道路。双方之间的协议是双方真实意思表示，没有违反法律相关规定，双方应当遵守。但当事人之间不得就宅基地批划事项进行约定，原告可依有关规定申请批划。双方在履行该协议中产生纠纷，属地役权纠纷。由于土地政策调整，三山村不再新划宅基地，三山村村委会对于姚建民宅基面积减少的实际问题，研究决定在第二批社区住房时予以解决，但目前尚未建设。姚友军、姚书庆、姚建国在姚建民东夏房拆除后，利用姚建民的宅基地通行，方便了出行，得到了便利。姚建民确因住宅减少，且至今没有新划宅基地，受到了实际损失。姚友军、姚书庆、姚建国作为受益人应当对姚建民受到的损失给予适当补偿。补偿的标准比照房屋租金按每年 1 000 元计算。原告姚建民请求被告赔偿自 2001 年 7 月 25 日至 2009 年 7 月 25 日的损失 8 000 元，本院予以支持。为了方便生活、便于通行和促进邻里和谐，基于原、被告双方的地役权合同，双方均无过错，对原告其他诉讼请求不予支持。故依照《民法通则》第 132 条、《物权法》第 156 条之规定，经合议庭评议，判决如下：

一、被告姚友军、姚书庆、姚建国在本判决生效后 10 日内补偿原告姚建民经济损失 8 000元；

二、驳回原告姚建民的其他诉讼请求；

三、被告姚友军、姚书庆、姚建国如果未按本判决指定的期间履行给付金钱义务，应当依照《民事诉讼法》第229条之规定，加倍支付迟延履行期间的债务利息。

本案受理费425元，由原告姚建民负担163元，由被告姚友军、姚书庆、姚建国共同负担262元。被告负担部分先由原告垫付，履行时一并清结。

如不服本判决，可在判决书送达之日起15日内，向本院递交上诉状及副本一式6份，上诉于洛阳市中级人民法院。

案由与焦点

1. 案由

本案的一级案由为“物权纠纷”，二级案由为“用益物权纠纷”，三级案由为“地役权纠纷”。

地役权是指土地上的权利人（所有权人、用益物权人等）为自己不动产之用益便利或为提高自己不动产之用益价值，通过合同约定的方式而利用他人不动产的用益物权。因地役权的设立、内容、处分、消灭及遭受侵害等而引发的纠纷为地役权纠纷。

2. 焦点

根据物权法定原则，在《物权法》颁布之前，我国法上并不存在地役权这一用益物权类型。虽然《物权法》颁布至今已逾4年多，但由于地役权设定在现实生活中仍属少数，因而因地役权而引发的纠纷基本上仍属新类型案件。本案中，当事人之间就纠纷的属性究竟属于地役权纠纷还是相邻关系纠纷仍有争议，这是处理类似纠纷必须首先解决的一个焦点问题。此外，地役权的设定与取得、地役权的权利义务内容、地役权的存续期间、地役权的转让、地役权的消灭等，都可能成为地役权纠纷案件的焦点问题。

评注与问题

1. 地役权与相邻关系存在哪些区别

相邻关系是指相互毗邻的不动产的所有人或使用人在行使不动产的所有权或使用权时，因相邻各方应当给予便利和接受限制而发生的权利义务关系。相邻关系的实质是不动产权利内容的延伸与限制，相邻关系制度的产生是所有权社会化的体现。《物权法》既规定了相邻关系又规定了地役权，这就带来了相邻关系和地役权的区别问题。这一区别主要体现在以下诸多方面：第一，在性质上，地役权是一类独立的物权类型，基于当事人的约定而产生；而基于相邻关系发生的权利义务关系则属所有权或使用权的权能伸缩，不存在“相邻关系权”这一独立的物权类型，并且基于相邻关系的限制属于法定限制而非约定限制。第二，在功能上，基于相邻关系的权利限制体现为最低限度的权利限制，相邻一方不得为自己不动产之用益最大化而过度地侵害相邻他方的权利；而地役权则属于基于当事人的自由意志而发生的权利限制，在不违背法律的强制性规定的前提下，地役权人对供役地的权利限制要超过相邻关系的限制程度。第三，在存续期间上，基于相邻关系的权利限制原则上不存在预定的和固定的期间限制，因为相邻关系是与所有权或使用权相伴随而存在的；地役权作为一种约定取得的物权，属于他物权范畴，当事人可以任意约定权利的存续期间。第四，在有偿性上，基于相邻关系的权利限制原则上是无偿的，而地役权可以是无偿的，也可以是有偿的。试结合相邻关系和地役权的上述不同，分析本案属于相邻关系纠纷还是地役权纠纷。

2. 地役权之客体仅局限于土地吗

在大陆法系，“地役权”是一个非常古老的名词。若顾名思义，地役权是指土地与土地之间的役权。这一理解，基本上符合起源意义上地役权的本义。但在现代法上，仍沿用地役权这一名词，并且对地役权作顾名思义的理解，恐怕就未必妥当了。根据《物权法》第156条的规定，地役权是指“利用他人的不动产”的权利，这即意味着地役权之客体是“不动产”。“不动产”当然包括土地，但不仅限于土地，房屋也是不动产。我国台湾地区“民法”已经将“地役权”修正为“不动产役权”。试结合地役权之客体，分析地役权可以在哪些情况下存在。

3. 地役权的内容是否适用“物权法定原则”

“物权法定”包括物权的类型法定和内容法定两个方面。地役权作为一类用益物权，当然需受“类型法定”的强制。但由于地役权的内容极其广泛，难以通过列举的方式明定，这就带来了地役权是否受“内容法定”限制的问题。在地役权内容的立法模式上，有具体类型化（如《奥地利民法典》第475条、第476条规定了12种主要房屋地役权，第477条规定了6种主要土地役权）、抽象类型化（如《瑞士民法典》第730条规定了“容忍役权”和“不作为役权”两种类型）和完全抽象化（如我国台湾地区“民法”第851条仅对地役权作了抽象的定义式界定）三种模式。就具体类型化而言，毫无疑问其对地役权之交易可发挥高度引导和安全作用，但另一方面，如果严格限制地役权内容之类型，则新兴地役权需求的满足就会受到限制。就完全抽象化模式对地役权内容所作的“空白处理”而言，其给予地役权当事人以最大的自由约定空间，根据看不到“内容法定”的影子，因此这是一种最为开放的立法模式。相对折中的是抽象类型化模式，既使交易保有因地制宜的自由决定空间，而又不至于漫无标准和边际，是比较切合实际需要的。因此，对于地役权这一无特定功能的用益物权而言，其内容较少受物权法定原则的强制，而更多地留由当事人通过意思自治自主决定。

4. 本案判决要求三被告补偿原告8 000元经济损失是否合适

地役权属意定物权，并且原则上地役权人为获得物权需支付一定的对价。本案中，先后两次合同约定，被告都需为取得通行地役权而向原告支付4 000元的对价。除支付这一对价外，被告还有义务为原告获得另一100平方米的宅基地使用权而付出努力，但由于政府行为的原因，被告未能履行这一约定条件，这正是原告起诉请求给予经济损失补偿的原因。就此问题，被告抗辩认为，原告不能取得约定的宅基地，应向村委会求偿，三被告已经履行了合同约定的补偿义务，不应再由三被告承担补偿责任。试结合本案案情及相关法律规定分析，法院判决三被告补偿原告8 000元经济损失是否于法有据？

（评注人：王洪平）

72. 建筑物和其他土地附着物抵押权纠纷

司法案例

西南公司诉中国银行重庆分行等案

重庆市第五中级人民法院（2008）渝五中民初字第408号

基本案情

原告：西南技术进出口公司。

法定代表人：白雪，总经理。

委托代理人：文召辉。

被告：中国银行股份有限公司重庆市分行。

法定代表人：田东平，行长。

委托代理人：陈源、杨潇潇。

被告：中国东方资产管理公司重庆办事处。

法定代表人：钱锋，总经理。

委托代理人：李娅。

被告：瑞华投资控股公司（Rui Hua Investment Holding Limited）。

法定代表人：黄永宜，董事长。

委托代理人：李德刚、王爽。

原告西南技术进出口公司（以下简称“西南公司”）诉被告中国银行股份有限公司重庆市分行（以下简称“中国银行重庆分行”）、中国东方资产管理公司重庆办事处（以下简称“东方公司”）、瑞华投资控股公司（以下简称“瑞华公司”）建筑物和其他土地附着物抵押权纠纷一案，本院于2008年9月1日受理后，依法组成合议庭，适用普通程序于2008年10月27日公开开庭进行了审理。原告西南公司的委托代理人文召辉，被告中国银行重庆分行的委托代理人陈源、杨潇潇，被告东方公司的委托代理人李娅，被告瑞华公司（Rui Hua Investment Holding Limited）的委托代理人李德刚、王爽到庭参加了诉讼。本案现已审理终结。

经审理查明：1996年12月30日，原告西南公司以其位于重庆市渝中区人民路115号八层共3 699平方米房屋作为抵押，先后在中国银行重庆分行处开立了8个信用证：97XB0467、597XB0459、597XB0482、597XB0484、597XB0475、597XB0490、598XB0414、598XB0415。双方签订了（渝房96）抵押第00197号《重庆市房地产抵押合同》，办理了抵押登记，抵押权人是中国银行重庆分行。之后，中国银行重庆分行垫付了上述8个信用证项下的款项。编号为597XB0467、597XB0459、597XB0482、597XB0484、597XB0475、597XB0490的6个信用证项下的垫款，开证申请人西南公司先后偿还完毕。但编号为598XB0414、598XB0415的两个信用证项下的垫款未归还。为此，中国银行重庆分行起诉到重庆市高级人民法院。经审理，重庆市高级人民法院作出（1999）渝高法经二初第1号民事判决，判令西南公司向中国银行重庆分行支付这两个信用证项下的垫款1 637 500美元，并承担从1998年8月24日起的罚息，利随本清，同时判决确认中国银行重庆分行对西南公司位于重庆市渝中区人民路115号八层共3 699平方米的房屋享有优先受偿权等。中国银行重庆分行于2000年5月申请重庆市高级人民法院强制执行。在重庆市高级人民法院执行中，中国银行重庆分行与西南公司于2000年12月15日达成执行和解协议，和解协议对西南公司的应还款额和还款期限作了约定，但未涉及抵押物的处置。之后，西南公司未履行和解协议。2004年4月18日，中国银行重庆分行申请对该案恢复执行。同年9月21日，重庆市高级人民法院认为中国银行重庆分行未在法定期限内申请恢复执行，已丧失恢复执行的权利，于是以（2000）渝高法经执字第32—1号裁定书裁定（1999）渝高法经二初第1号民事判决书终结执行。

2004年6月25日，中国银行重庆分行与中国信达资产管理公司重庆办事处签订《债权转让协议》约定：中国银行重庆分行将598XB0414、598XB0415信用证项下的权利转让给中国信达资产管理公司重庆办事处。该办事处于2006年12月15日与瑞华公司签订协议又将598XB0414、598XB0415信用证项下的权利转让给瑞华公司。上述转让均在《重庆日报》上进行了公告。

诉辩主张

原告诉称：598XB0414、598XB0415两个信用证项下的垫款经由重庆市高级人民法院审理，并以（1999）渝高法经二初第1号民事判决书判决西南公司向中国银行重庆分行偿还。但在重庆市高级人民法院强制执行中，由于中国银行重庆分行未在法定期限内申请恢复执行，丧失了申请法院执行的权利。因此，由于位于重庆市渝中区人民路115号八层共3 699平方米的房屋抵押担保的主债权已经部分清偿，未清偿部分也已丧失强制执行力，故设立在该房屋上的抵押权也应当消灭，三被告应当立即办理解除设定在该房屋上的抵押登记手续。据此，原告请求：（1）依法确认设定在位于重庆市渝中区人民路115号八层共3 699平方米的房屋（房管证号：中区字第31385号）上的抵押权消灭；（2）依法判令三被告立即办理解除设定在重庆市渝中区人民路115号八层共3 699平方米的房屋（房管证号：中区字第31385号）上的抵押登记手续。

被告中国银行重庆分行辩称：（1）西南公司尚未实际偿还598XB0414、598XB0415两笔信用证项下的垫款。虽然权利人丧失了恢复强制执行的权利，但该债权及其抵押权本身并未消灭。（2）该房屋所担保的债权已部分转让，中国银行重庆分行不应再承担履行解押手续的义务。（3）诉争房屋尚处于被查封状态。（4）基于设定在该房屋上的抵押权及其担保的主债权状态，且截至目前，西南公司从未以任何方式向中国银行重庆分行提出解押请求和任何与该请求关联之主张，中国银行重庆分行不承担主动解押的责任。综上，中国银行重庆分行认为设定在该房屋上的抵押权并未消灭，中国银行重庆分行不负有办理解除该抵押登记手续的义务，请求驳回原告的诉讼请求。

被告东方公司重庆办事处辩称：东方公司仅接收八笔信用证项下垫款中的两笔，且债权转让方中国银行重庆分行未将相关抵押权证原件移交东方资产公司，八笔信用证项下垫款涉及同一抵押物无法分割，致使至今无法办理597XB0482、597XB0484号信用证债权项下的抵押登记解除手续。

被告瑞华公司辩称：(1) 瑞华公司经过合法受让中国银行重庆分行的债权及相关权益，取得对被告的债权及抵押权。虽丧失恢复执行权利但瑞华公司的主债权仍然存在，因此，抵押权和优先受偿权仍然存在。(2) 根据抵押物价值，瑞华公司还另案申请了查封。(3) 抵押权消灭的原因只有3种法定情形，而本案没有出现该3种法定情形中的任何一种。(4) 抵押权是实体权利，而执行权利是程序权利，程序权利的丧失与实体权利的消灭之间并无任何因果关系。(5) 瑞华公司还可就实现债权的费用、《执行和解协议》等向法院起诉进而主张抵押权。综上，瑞华公司的抵押权不因申请恢复执行权利的丧失而丧失，请求法院驳回原告的诉讼请求。

举证、质证及认证情况

原告西南公司为证明其所主张的事实，在举证期限内向法院提交了下列证据材料：

第1组证明主债权和抵押权存在的证据：(1) 西南公司与中国银行重庆分行于1998年12月29日签订的《协议》；(2) 重庆市高级人民法院（1999）渝高法经二初字第1号民事判决书。

第2组证明主债权和抵押权已逾强制执行期的证据：(3) 重庆市高级人民法院（2000）渝高法经执字第32—1、32—2号民事裁定书。

第3组证明中国银行重庆分行直接清收完毕597XB0467、597XB0459、597XB0475 3个信用证项下垫款的证据：(4) 原告与深圳政华工贸发展公司的《合作协议》；(5) 1998年7月22日中国银行重庆分行与西南公司等的《抵押合同》；(6) 1998年7月28日中国银行重庆分行与重庆威采酒店有限公司签订的《重庆市房地产抵押合同》；(7) 渝地房［1998］押字第314号《重庆市国有土地使用权抵押证书》；(8) 重庆威采酒店有限公司出具的《承诺书》；(9) 重庆荷花宾馆有限责任公司出具的《承诺书》；(10) 中国银行重庆分行、深圳政华工贸发展公司与（香港）威采国际有限公司签订的《协议书》。

第4组证明597XB0482、597XB0484信用证项下的垫款已经全部偿还的证据：(11) 东方资产公司债权催收公告及处置公示；(12) 原告与东方公司《对账函》；(13) 东方公司复函。

第5组证明597XB0490信用证项下的垫款已经全部偿还的证据：(14) 付款凭证。

第6组证明原告拥有重庆市渝中区人民路115号八层楼共3 699平方米的房屋所有权的证据：(15) 中区字第31385号房屋所有权证。

中国银行重庆分行、瑞华公司对原告举示的证据2、3、4～10的真实性无异议，但认为原告举示的证据2、3不能证明598XB0414、598XB0415两笔信用证债权及抵押权已消灭；瑞华公司认为，原告举示的证据4～10不能证明3个信用证已清收完毕；对原告举示的其他证据均无异议。东方公司对原告的证据无异议。

被告中国银行重庆分行证明其所主张的事实，在举证期限内向法院提交了下列证据材料：

第1组证明中国银行重庆分行与西南公司约定以重庆市渝中区人民路115号八层共3 699平方米的房屋担保8笔信用证垫款的证据：(1) 西南公司与中国银行重庆分行于1998年12月29日签订的《协议》；(2) 西南进出口公司与中国银行重庆分行签订的（渝房96）抵押00197号重庆市房地产抵押合同。

第2组证明中国银行重庆分行将598XB0414、598XB0415信用证项下的权利转让给中国信达资产管理公司重庆办事处的证据：(3) 中国银行重庆分行与中国信达资产管理公司重庆办事处签订的渝划移2004第0058号《债权转让协议》；(4) 2004年10月13日中国银行重庆分行、中国信达资产管理公司重庆办事处债权转让公告。

第3组证明重庆市渝中区人民路115号八层共3 699平方米的房屋尚处于被查封状态的证据：（5）重庆市高级人民法院（2000）渝高法经执字第33—3号民事裁定书。

原告对证据1～4的真实性均无异议，但认为此证据无法证明转让的事实；同时认为受让主债权不能证明当然享有该两项信用证下的所有权利。原告对证据5的真实性有异议，认为查封的事实已经失效且查封的依据与本案不同。东方公司、瑞华公司对中国银行重庆分行的证据无异议。

被告东方公司未举示证据。

被告瑞华公司为证明其所主张的事实，在举证期限内向法院提交了下列证据材料：

第1组证明中国银行的相关债权及抵押权合法转让给信达资产管理公司并最终转让给瑞华公司的证据：（1）中国银行重庆分行与中国信达资产管理公司重庆办事处签订的渝划移2004第0058号《债权转让协议》；（2）《重庆日报》2004年10月13日第12版；（3）500000600237单户资产转让协议；（4）2008年7月24日《重庆日报》第9版《债权转让公告》。

第2组证明抵押权随上述债权转让而转让，瑞华公司取得合法有效抵押权：（5）西南公司与中国银行重庆分行签订的（渝房96）抵押00197号《重庆市房地产抵押合同》。

第3组证明东方公司债权已经完全得到清偿的证据：（6）东方公司复函；（7）原告与东方公司对账函。

第4组证明本案诉争抵押物被他案有效查封，原告诉讼无意义的证据：（8）重庆市高级人民法院（2000）渝高法经执字第32—8号民事裁定书；（9）查封送达回证。

原告除对证据9的真实性有异议外，对其他证据真实性都无异议；但认为证据1～4不能证明瑞华公司享有涉案两信用证下的权利；证据5不能证明瑞华公司享有抵押权；证据6～8与本案无关联。中国银行重庆分行、东方公司对瑞华公司举示的证据无异议。

重庆市第五中级人民法院结合当事人的举证和质证，认证如下：鉴于3被告对原告举示的证据真实性均无异议，本院予以认可，作为定案的依据。原告对中国银行重庆分行提出的证据除证据5的真实性有异议外，对其他证据真实性都无异议，但原告未能对证据5提出相反证据证明其不真实，因此本院对中国银行重庆分行所提出的证据均予以采信，并作定案依据。原告对瑞华公司提供的证据除证据9的真实性有异议外，对其他证据真实性都无异议，但原告未能对该证据提出相反证据证明其不真实，因此本院对瑞华公司所提出的证据予以确认，并全部采信，作为定案依据。

法院判决

重庆市第五中级人民法院经审理认为，根据本案查明的事实，位于重庆市渝中区人民路115号八层共3 699平方米的房屋所担保的8个信用证项下的债务，除598XB0414、598XB0415两个信用证外均已清偿完毕。依照《物权法》第177条的规定，为该6个信用证项下债权设立的抵押权应随之而消灭。因此，作为曾经的抵押权人，中国银行重庆分行有义务为已经消灭的抵押权办理注销登记。否则，西南公司作为房屋的所有人在行使所有权时会受到不正当的妨碍。

本案查明的事实还表明，为担保598XB0414、598XB0415两个信用证项下债权而成立的抵押权，与该两个信用证项下的主债权都已经过人民法院生效判决的确认。但由于权利人（既是主债权人也是抵押权人）未在法定期限申请恢复强制执行，丧失了请求法院强制执行保护其合法权益的权利。其直接的法律后果就是598XB0414、598XB0415两个信用证项下的主债权成为自然之债，也就是丧失了国家强制力的保障。抵押权作为一种从权利，是为担保主债权的实现而设立的，其效力状态应依附于主权利。在被终结执行的重庆市高级人民法院（1999）渝高法经二初第1号民事判决书中，债权人对涉案房屋的优先受偿权也包含其中。这就意味着权利人也丧失了请求法院强制执行抵押物，以实现其优先受偿权的权利。在这样的状态下，抵押物上所负担的抵押登记，对原抵押权人来讲因已经丧失了国家强制力的保障而变得毫无意义。但对抵押物所有人而言，继续维持抵押登记势必影响抵押物的正常使用和流转，尤其会影响抵押物交换价值的实现，妨害抵押物所有人所有权的行使。抵押担保本来是合法设置在抵押物上的负担，它在担保主债权实现的同时，妨碍了所有权的行使。在抵押权合法存在的时候，这样的妨碍是正当的。由于本案的主债权和抵押权都不再受国家强制力的保护，继续维持抵押登记的存在，就丧失了合法的依据。尽管本案争执的抵押权没有法定的消灭情形，但基于前述原因，为物尽其用，本院对原告要求解除抵押登记的诉请予以支持。

综上，因重庆市渝中区人民路115号八层共3 699平方米的房屋所抵押担保的8笔信用证项下垫款中的6笔垫款已经清偿完毕，另两笔债权已丧失请求法院强制执行保护其合法权益的权利，该抵押登记应予解除。在目前的抵押登记记载中，中国银行重庆分行还是抵押权人，负有当然的办理解除该抵押登记的义务。东方公司作为597XB0482、597XB0484号信用证项下债权的继受人，其抵押权因履行消灭。瑞华公司作为598XB0414、598XB0415两个信用证项下债权的继受人，重庆市高级人民法院（2000）渝高法经执字第32—1号裁定书当然对其有拘束力。因此，东方资产公司和瑞华公司都有协助办理解除抵押登记的义务。至于瑞华公司辩称其可以依据《执行和解协议》另行向法院起诉，已属另一法律关系。原告要求解除因担保597XB0467、597XB0459、597XB0482、597XB0484、597XB0475、597XB0490、598XB0414、598XB0415 8个信用证而设立在位于重庆市渝中区人民路115号八层共3 699平方米的房屋（房管证号：中区字第31385号）上的抵押登记的诉讼请求应予支持。据此，依照《物权法》第35条，第177条，《民法通则》第4条，《民事诉讼法》第128条、第130条的规定，判决如下：

一、中国银行重庆分行在本判决生效后10日内办理解除设立在重庆市渝中区人民路115号八层共3 699平方米的房屋（房管证号：中区字第31385号）上的抵押登记手续；

二、东方公司、瑞华公司在必要时协助办理上述解除抵押登记手续；

三、驳回原告西南公司的其他诉讼请求。

案件受理费80 562元，由原告西南公司承担40 281元，由被告中国银行重庆分行承担20 141元，由被告东方公司承担10 070元，由被告瑞华公司承担10 070元。

如不服本判决，瑞华公司可在判决书送达之日起30日内，西南公司、中国银行重庆分行、东方公司可在判决书送达之日起15日内，向本院递交上诉状，并按对方当事人的人数提出副本，上诉于中华人民共和国重庆市高级人民法院。

案由与焦点

1. 案由

本案的一级案由为“物权纠纷”，二级案由为“担保物权纠纷”，三级案由为“抵押权纠纷”，四级案由为“建筑物和其他土地附着物抵押权纠纷”。

抵押权纠纷是指抵押人与抵押权人因抵押权设定、移转、变更、实现等而引发的担保物权纠纷。在“抵押权纠纷”三级案由下，包括以下四级案由：（1）建筑物和其他土地附着物抵押权纠纷；（2）在建建筑物抵押权纠纷；（3）建设用地使用权抵押权纠纷；（4）土地承包经营权抵押权纠纷；(5) 动产抵押权纠纷；(6) 在建船舶、航空器抵押权纠纷；(7) 动产浮动抵押权纠纷；(8) 最高额抵押权纠纷。建筑物和其他土地附着物抵押权纠纷是指因设定、实现等以建筑物和其他土地附着物为抵押财产之抵押权而引发的担保物权纠纷。

2. 焦点

本案争议的焦点主要是：为担保598XB0414、598XB0415两个信用证项下垫款的偿还而设立在位于重庆市渝中区人民路115号八层共3 699平方米的房屋上的抵押权，是否因权利人丧失了请求法院强制执行保护其合法权益的权利而消灭；原告西南公司作为涉案房屋的所有权人是否有权请求解除设立在房屋上的抵押登记，以排除该抵押登记给其行使所有权造成的妨害。

评注与问题

1. 当事人达成执行和解协议而不履行的，债权人请求人民法院强制执行的根据是什么

执行和解协议是当事人之间就变更其生效判决中确定的民事权利义务关系而达成的合意。《民事诉讼法》第207条规定："在执行中，双方当事人自行和解达成协议的，执行员应当将协议内容记入笔录，由双方当事人签名或者盖章。一方当事人不履行和解协议的，人民法院可以根据对方当事人的申请，恢复对原生效法律文书的执行。"最高人民法院《民事诉讼法意见》第266条进一步明确："一方当事人不履行或者不完全履行在执行中双方自愿达成的和解协议，对方当事人申请执行原生效法律文书的，人民法院应当恢复执行，但和解协议已履行的部分应当扣除。和解协议已经履行完毕的，人民法院不予恢复执行。"根据以上法律和司法解释的规定，已经履行的和解协议能够产生实体法和程序法上的效力；不履行或者不完全履行的和解协议则不能产生实体法上的效力。如果一方当事人不能按照和解协议的内容履行义务，对方当事人不能以和解协议为依据申请强制执行。也就是说，和解协议虽对当事人有约束力，但不具有强制执行力。一方当事人不履行和解协议的，人民法院可以根据对方当事人的申请，恢复对原生效法律文书的执行。本案中，原告西南公司虽然与中国银行重庆分行于2000年12月15日达成了执行和解协议，但原告西南公司未履行和解协议，申请人中国银行重庆分行只能向人民法院申请恢复原判决的执行，而不能请求人民法院强制债务人履行和解协议。

2. 申请执行期间的性质是诉讼时效期间还是除斥期间？

对于申请执行期间的性质，理论上存在不同的认识，但主流观点将其解释为除斥期间，而不是诉讼时效。[①]《民事诉讼法》第215条第1款规定："申请执行的期间为二年。申请执行时效的中止、中断，适用法律有关诉讼时效中止、中断的规定。"可见，现行法将申请执行期间赋予诉讼时效的性质，可因法定事由而中止、中断或者延长。按照该规定，当事人没有履行和解协议，申请人又未在执行期间申请恢复执行的，申请执行期间经过，申请人丧失请求人民法院强制执行原判决中确认的主债权的权利。本案中，执行期间经过的直接的法律后果就是598XB0414、598XB0415两个信用证项下的主债权成为自然债权，丧失了国家强制力的保障。

3. 申请恢复原判决执行的，执行期限如何计算

最高人民法院《民事诉讼法意见》第267条曾规定："……申请执行期限因达成执行中的和解协议而中止，其期限自和解协议所定履行期限的最后1日起连续计算。"根据该规定，执行和解协议的达成是执行期间中止的法定事由。当事人不履行和解协议的，申请人申请恢复执行原法律文书的期间，应当自和解协议所定履行期限的最后1日起连续计算时效，已经过的期

① 参见黄金龙：《关于人民法院执行工作若干问题的规定实用解析》，266页，北京，中国法制出版社，2000。

间也应当计算在内。本案中，当事人之间达成和解协议并确定了协议的履行期限后，当事人未履行和解协议的，在和解协议所定履行期限的最后1日起连续计算时效，这时当事人申请恢复执行原法律文书的期间不到6个月，很容易因为时效期间的经过而丧失请求人民法院强制执行的权利。这也是本案中申请人恢复执行期间逾期的原因。

但最高人民法院《关于适用〈中华人民共和国民事诉讼法〉执行程序若干问题的解释》第28条规定："申请执行时效因申请执行、当事人双方达成和解协议、当事人一方提出履行要求或者同意履行义务而中断。从中断时起，申请执行时效期间重新计算。"按照该规定，当事人达成的和解协议产生执行时效中断而非中止的效力。试分析，申请执行人与被申请执行人在执行期间内达成的和解协议能产生执行诉讼时效中断而不是中止的效力，申请执行人的权利又会如何呢?

4. 罹于诉讼时效的债权转让的，能否发生债权转让的效力

主债权罹于诉讼时效后，是否可以作为转让的标的？一般认为，债权让与的标的是债权，目的是使第三人取得债权，因此，只有债权的有效存在，才能发生债权的让与问题。所谓债权有效，是指被转让的债权具有效力上的合法性。从这个意义上理解，诉讼时效已完成的债权仍可以转让。因为诉讼时效已完成的债权尽管不能得到国家强制力的保护，但债权人的实体权利仍然存在，在债权人与受让人达成合意的情况下，该项债权仍可让与。本案中，2004年4月18日中国银行重庆分行恢复（1999）渝高法经二初第1号民事判决书的申请被重庆市高级人民法院以（2000）渝高法经执字第32—1号裁定书裁定以未在法定期限内申请恢复执行、已丧失恢复执行的权利为由驳回，这意味着重庆分行的债权已罹于诉讼时效。2004年6月25日，中国银行重庆分行将598XB0414、598XB0415信用证项下的权利转让给中国信达资产管理公司重庆办事处，该办事处又于2006年12月15日将598XB0414、598XB0415信用证项下的权利转让给瑞华公司。中国银行重庆分行将上述债权转让，均在其债权罹于诉讼时效之后，但因为转让的债权为合法债权，债权转让具有法律效力。

5. 主债权转让的，担保该债权的抵押权是否随之转让

抵押权作为担保物权的一种，其成立、移转和消灭，均应从属于债权。抵押权移转上的从属性，是指抵押权应随同主债权的转让而转让，不能与主债权分离而单独转让；债权转让的，担保该债权的抵押权一并转让。《担保法》和《物权法》明确承认了抵押权移转上的从属性。《担保法》第50条规定："抵押权不得与债权分离而单独转让或者作为其他债权的担保。"《物权法》第192条规定："抵押权不得与债权分离而单独转让或者作为其他债权的担保。债权转让的，担保该债权的抵押权一并转让，但法律另有规定或当事人另有约定的除外。"本案中，原告以其位于重庆市渝中区人民路115号八层共3 699平方米的房屋作为抵押，先后在中国银行重庆分行处开立了8个信用证：97XB0467、597XB0459、597XB0482、597XB0484、597XB0475、597XB0490、598XB0414、598XB0415。双方签订了（渝房96）抵押第00197号《重庆市房地产抵押合同》，办理了抵押登记，抵押权人是中国银行重庆分行。中国银行重庆分行垫付了上述8个信用证项下的款项后，即取得了8个信用证项下垫付款项的债权。编号为598XB0414、598XB0415的两个信用证项下的垫款未归还，债权人将其返还请求权这一债权转让的，基于抵押权的从属性，为担保该债权的抵押权也附随转让给债权受让人。因此，瑞华公司因受让债权而取得了担保该债权的抵押权。

6. 主债权部分清偿时，抵押权人的权利是否仍及于抵押物的全部

抵押权具有不可分性，即抵押权人于其全部债权受清偿前，得就抵押物的全部行使其权利，抵押物的价值变化及债权的变化不影响抵押物权的整体性。关于抵押权的不可分性，我国现行法上并没有规定，但司法实践予以承认，最高人民法院《担保法解释》第71条规定：

“主债权未受全部清偿的，抵押权人可以就抵押物的全部行使其抵押权。”“抵押物被分割或者部分转让的，抵押权人可以就分割或者转让后的抵押物行使抵押权。”第 72 条第 1 款规定：“主债权被分割或者部分转让的，各债权人可以就其享有的债权份额行使抵押权。”根据以上规定，抵押权所担保的债权一部分消灭的，虽然抵押权也一部分消灭，但抵押物的全部仍须担保剩余的债权。本案中，原告以其位于重庆市渝中区人民路 115 号八层共 3 699 平方米的房屋作为抵押担保的 8 个信用证 97XB0467、597XB0459、597XB0482、597XB0484、597XB0475、597XB0490、598XB0414、598XB0415 项下垫付款项的债权，尚有 598XB0414、598XB0415 两个信用证项下的垫款未归还，根据抵押权的不可分性，抵押权人的抵押权仍及于抵押物的全部，得就抵押物的全部价值优先受偿。

7. 主债权罹于诉讼时效时，抵押权的效力如何

主债权罹于诉讼时效后，作为从权利的抵押权效力如何？最高人民法院《担保法解释》第 12 条第 2 款曾规定：“担保物权所担保的债权的诉讼时效结束后，担保权人在诉讼时效结束后的二年内行使担保物权的，人民法院应当予以支持。”根据该规定的反面解释，担保物权所担保的债权的诉讼时效结束后，担保权人在诉讼时效结束后的二年内未行使担保物权的，人民法院不予支持。学理上认为，该司法解释承认了抵押权因诉讼时效期间的届满而消灭。[①] 按照该种理解，主债权诉讼时效经过后的 2 年内，为抵押权的诉讼时效期间。抵押权诉讼时效期间经过，抵押权人的抵押权消灭。本案的审理法院认为，“主债权罹于诉讼时效后，主债权罹于诉讼时效后，其直接的法律后果就是该债权成为自然之债，也就是丧失了国家强制力的保障。抵押权作为一种从权利，是为担保主债权的实现而设立的，其效力状态应依附于主权利。在被终结执行的重庆市高级人民法院（1999）渝高法经二初第 1 号民事判决书中，债权人对涉案房屋的优先受偿权也包含其中。这就意味着权利人也丧失了请求法院强制执行抵押物，以实现其优先受偿权的权利”。该判决持抵押权诉讼时效经过实体权仍存在的观点。但《物权法》第 202 条关于“抵押权人应当在主债权诉讼时效期间行使抵押权；未行使的，人民法院不予保护”的规定，取消了《担保法解释》第 12 条第 2 款的规定，采纳了抵押权不因抵押债权罹于诉讼时效而消灭的观点，抵押权罹于诉讼时效之后，抵押人可以援用主债务人对债权人（抵押权人）的时效完成抗辩权，拒绝抵押权人将抵押物变价或者折价，也可以自愿承受抵押权人行使抵押权、变卖抵押物的结果。[②] 对于经过诉讼时效的抵押权的效力，你持何种态度？

8. 抵押权罹于诉讼时效后，抵押人是否有权请求解除抵押登记

抵押权罹于诉讼时效后，对于抵押物上仍然存在的抵押登记，抵押人享有妨害排除请求权，有权请求抵押权人解除抵押登记，以排除该抵押登记给其行使所有权所造成妨害的权利。本案中，抵押权人的抵押权经过诉讼时效后，抵押人行使诉讼时效的抗辩权，拒绝抵押权人将抵押物变价或者折价，这就意味着抵押权人丧失了请求法院强制执行抵押物以实现其优先受偿的权利。这时抵押物上存在的抵押权负担，就成为对抵押人行使所有权的妨害，抵押权人应当履行解除抵押权恢复抵押人对抵押物的圆满支配状态的义务。

（评注人：范李瑛）

①② 参见崔建远：《物权法》，527 页，北京，中国人民大学出版社，2009。

73. 在建建筑物抵押权纠纷

司法案例

长城公司济南办事处诉齐鲁公司案

最高人民法院（2007）民二终字第 48 号

基本案情

上诉人（原审原告）：中国长城资产管理公司济南办事处。

负责人：倪复兴，该办事处总经理。

被上诉人（原审被告）：齐鲁饭店有限公司。

法定代表人：王志显，该公司董事长。

上诉人中国长城资产管理公司济南办事处（以下简称“长城公司济南办事处”）为与被上诉人齐鲁饭店有限公司（以下简称“齐鲁公司”）借款担保合同纠纷一案，不服山东省高级人民法院（2006）鲁民二初字第 53 号民事判决，向本院提起上诉。本院依法组成由审判员付金联担任审判长，审判员张树明、代理审判员王涛参加的合议庭进行了审理。书记员安杨担任记录。本案现已审理终结。

经审理查明，1998 年 12 月 8 日，齐鲁公司与中国银行山东分行（以下简称“山东中行”）签订抵押合同。合同约定：齐鲁公司愿意以自有的、有处分权的财产作为向山东中行借款的抵押物；抵押物为齐鲁宾馆二期工程，所有权（使用权）属齐鲁公司；借款最高限额为依据自 1995 年 12 月 1 日至 2003 年 12 月 1 日期间签订的所有借款合同项下的借款本金余额之和不超过人民币 39 200 万元；抵押担保责任最高限额为 56 000 万元；借款人无论何种原因未按借款合同约定履行到期应付债务，抵押权人有权按照本合同的约定，以抵押财产优先受偿。1998 年 12 月 14 日，山东省工商行政管理局以鲁工商［98］抵登字第 065 号《抵押物登记证》对抵押物进行了抵押登记。该登记证载明：抵押人为齐鲁公司，抵押权人为山东中行，抵押物为齐鲁宾馆二期工程，面积 60 000 平方米，价值 56 000 万元。1999 年 12 月 29 日，根据双方当事人的申请，山东省工商行政管理局以鲁工商［99］抵变登字第 001 号《抵押物登记证》对抵押物的名称、数量、价值变更登记为：齐鲁宾馆二期工程地下两层、地上 1—20 层、28—40 层，面积为53 560平方米，价值 49 987 万元。

1998 年 5 月 20 日，齐鲁公司与山东中行签订借款合同，约定山东中行向齐鲁公司发放流动资金贷款 1 000 万元，利率为 7.26‰，贷款期限 12 个月。山东中行于合同签订当日向齐鲁公司发放了该笔贷款。1998 年 12 月，齐鲁公司与山东中行签订借款合同约定，山东中行贷给齐鲁公司人民币 1 000 万元，年利率为 7.668%，借款期限为 12 个月。合同签订后，山东中行按合同约定发放了贷款。1997 年 12 月 31 日齐鲁公司加盖公章的借款凭证证明，山东中行于该日贷给齐鲁公司 3 500 万元。上述借款本金共计 5 500 万元，借款到期后，齐鲁公司均未能偿还。

2004 年 6 月 25 日，山东中行将本案债权转让给中国信达资产管理公司济南办事处。2005 年 9 月 29 日，中国信达资产管理公司济南办事处将本案债权转让给中国长城资产管理公司长春办事处。2006 年 8 月 5 日，本案债权由中国长城资产管理公司长春办事处划转给长城公司济南办事处。在上述转让过程中，转让人和受让人均在《大众日报》上刊登了转让及催收公告。

2006 年 9 月 25 日，长城公司济南办事处向山东省高级人民法院提起诉讼，请求判令齐鲁公司偿还贷款本金 5 500 万元，确认抵押合同有效，长城公司济南办事处对抵押物享有优先受偿权。

一审诉辩主张

原告长城公司济南办事处诉称：山东中行与齐鲁公司于 1998 年 12 月 8 日签订一份抵押合同，约定齐鲁公司以其二期工程作为抵押物，为齐鲁公司自 1995 年 12 月 1 日至 2003 年 12 月 1 日期间，与山东中行签订的所有借款合同项下的贷款提供抵押担保，借款本金余额之和不超过 39 200 万元，借款种类为人民币，同时认定抵押担保责任最高限额为 56 000 万元。前述抵押合同签订后，山东中行与被告齐鲁公司在工商行政管理局办理了抵押登记，抵押物为全部齐鲁二期工程 60 000 平方米。1999 年，山东中行放弃了对齐鲁二期工程地上第 21～27 层的抵押权，并于 1999 年 12 月 29 日，在山东省工商行政管理局办理了抵押登记变更手续，抵押登记证号为“鲁工商（99）抵变登字第 0001 号”。根据抵押合同商定的担保范围，山东中行于 1997 年 12 月 31 日、1998 年 5 月 20 日、1998 年 12 月 17 日向被告齐鲁公司发放贷款 3 500 万元、1 000万元、1 000 万元，到期日分别为 1999 年 12 月 31 日、1999 年 12 月 17 日、1999 年 5 月 14 日。贷款合计 5 500 万元。上述贷款本息，齐鲁公司均未偿还。本案的抵押及其登记行为发生在 1998 年及 1999 年期间，依据行为发生时的有效法律规定，上述在建工程设定的抵押登记行为是合法有效的，抵押权人依法享有优先受偿权。2004 年 6 月 25 日，山东中行将前述债权及相应抵押担保债权转移至中国信达资产管理公司济南办事处。2005 年 9 月 29 日，中国信达资产管理公司济南办事处将上述债权转移至中国长城资产管理公司长春办事处。前述债权转让事宜均已通过报纸公告方式对债务人进行了通知。2005 年 7 月 26 日，中国长城资产管理公司根据内部工作需要，将该债权从中国长城资产管理公司长春办事处移交至原告长城公司济南办事处，并已通过报纸公告方式对债务人进行了通知。请求法院判决：（1）被告偿还长城公司济南办事处贷款本金 5 500 万元。（2）依法确认抵押合同合法有效，长城公司济南办事处对抵押物享有优先受偿权。（3）本案诉讼费用由被告齐鲁公司承担。

被告齐鲁公司辩称：本案抵押合同依法应为无效合同。（1）抵押物为在建工程，抵押合同没有按照建设部《城市房地产抵押管理办法》的规定，履行在建工程的抵押登记手续，因而是无效的。（2）本案抵押合同没有在土地管理部门办理审批或登记手续。根据 2003 年 4 月 18 日起施行的最高人民法院《关于破产企业国有划拨土地使用权应否列入破产财产等问题的批复》第 3 条 2 款规定，“国有企业以建筑物设定抵押的效力问题，应区分两种情况处理：如果建筑物附着于以划拨方式取得的国有土地使用权之上，将该建筑物与土地使用权一并设定抵押的，对土地使用权的抵押需履行法定的审批手续，否则，应认定抵押无效；如果建筑物附着于以出让、转让方式取得的国有土地使用权之上，将该建筑物与土地使用权一并设定抵押的，即使未经有关主管部门批准，亦应认定抵押有效”。该批复明确的是，划拨土地上的建筑物办理抵押与出让土地上的建筑物办理抵押需要履行的法律手续是有不同的，划拨土地上的建筑物抵押需经过土地管理部门的批准。2004 年 12 月 21 日，山东省高级人民法院《关于审理以建筑物及土地使用权设定抵押如何确定合同效力问题的通知》第 3 条规定："建筑物附着于国有划拨土地之上，仅就建筑物或仅就建筑物占用范围内的土地使用权设定抵押，或建筑物与其占用范围内的国有土地使用权分别抵押给不同债权人，未经有审批权限的土地管理部门批准或未在有审批权限的土地管理部门办理抵押登记，仅在工商行政管理部门或房产管理部门办理了抵押登记的，抵押合同无效……" 2005 年 12 月 22 日，山东省高级人民法院《关于当前审理民商事案件中适用法律若干问题的意见》第 4 条第 4 款规定："以国有划拨土地与其上的建筑物单独、分别或一并抵押的，如果未经土地管理部门批准或登记，抵押合同无效。"本案抵押合同虽然在工商管理部门登记，但抵押合同未依法在房产管理部门履行在建工程抵押登记手续，且抵押物所在土地为国有划拨土地，抵押合同亦未曾经过土地管理部门的批准或登记，应认定本案抵押合同无效，因而原告长城公司济南办事处对齐鲁宾馆二期工程不享有抵押权。

一审判决

山东省高级人民法院经审理认为：齐鲁公司与山东中行签订的借款合同为有效合同。山东中行按照合同约定将款贷给齐鲁公司，齐鲁公司依法应承担偿还借款的民事责任。山东中行贷款产生的债权经转让由长城公司济南办事处承继。长城公司济南办事处向齐鲁公司主张偿还 3 笔借款本金 5 500 万元的诉讼请求应当予以支持。但本案抵押合同无效，长城公司济南办事处对抵押物不享有优先受偿权，理由如下：齐鲁公司为借款而抵押的齐鲁宾馆二期在建工程房产附着于国有划拨土地之上，未经有审批权限的土地管理部门批准及在有审批权限的土地管理部门办理抵押登记，亦未在一审辩论终结前取得有审批权限的土地管理部门批准和在有审批权限的土地管理部门补办抵押登记手续，应认定抵押合同无效。长城公司济南办事处主张确认抵押合同有效，对抵押财产享有优先受偿权的理由不予支持。

山东省高级人民法院依照最高人民法院《关于破产企业国有划拨土地使用权应否列入破产财产等问题的批复》，《合同法》第 44 条、第 79 条之规定，判决如下：

一、齐鲁公司于判决生效 10 日内偿付长城公司济南办事处贷款本金 5 500 万元；

二、驳回长城公司济南办事处主张抵押物优先受偿的诉讼请求。

案件受理费 142 505 元，由齐鲁公司承担。

二审诉辩主张

原告长城公司济南办事处不服，上诉称：(1) 本案原债权人山东中行与齐鲁公司签订的抵押合同合法有效。综观我国涉及建筑物抵押的相关法律和行政法规，没有任何一部法律中规定仅就划拨土地上的建筑物单独抵押，抵押无效，也没有规定建筑物抵押需得到土地管理部门批准或到土地管理部门进行抵押登记，否则抵押合同无效。原审法院适用最高人民法院《关于破产企业国有划拨土地使用权是否应列入破产财产等问题的批复》认定本案抵押合同无效，不符合该司法解释的立法本意，扩大了该司法解释的适用范围，属法律适用错误。(2) 本案抵押登记手续完备，完全符合法律的相关规定。房地产管理法和担保法均规定，以城市房地产作为抵押物抵押的，应当到县级以上人民政府规定的部门办理抵押登记。根据上述两部法律的授权，1996 年山东省人民政府指定该省工商行政管理部门为对以企业厂房等建筑物签订的抵押合同进行登记的管理部门。根据上述法律和山东省人民政府的规定，本案抵押合同在山东省工商行政管理局办理了［98］抵登字065号抵押登记和鲁工商［99］抵变登字第001号抵押登记变更手续，分别取得了《抵押物登记证》。故本案抵押合同合法有效，合同当事人依法办理了抵押登记手续，抵押权成立。请求二审撤销原审判决主文第二项，确认抵押合同有效，判决长城公司济南办事处对抵押物享有优先受偿权。

被上诉人齐鲁公司答辩称：原审判决关于本案抵押合同无效的认定是完全正确的，请求二审驳回长城公司济南办事处的上诉请求，维持原判。在本院二审过程中，齐鲁公司向本院提供山东省济南市清理整顿违法建筑工程、违法建筑行为领导小组办公室（以下简称“济南‘双清’办”）2006年11月15日出具的证明一份，证明齐鲁宾馆二期工程（齐鲁饭店）项目“1992年动工，因资金不足，于2003年5月停工至今。根据济南市人民政府关于清理整顿各类违法建筑工程和违规建设行为的通告，该项目属违法工程，已纳入双清处理范围”。

二审除对原审法院查明的事实予以确认外，另补充查明以下事实：

1. 山东省人民政府于1996年4月23日作出鲁政字［1996］68号《山东省人民政府关于同意由工商行政管理部门对以企业厂房等建筑物签订抵押合同进行登记管理的批复》。该批复规定，根据担保法的有关规定，结合山东省的实际，同意由工商行政管理部门按照管辖分工，对以企业的厂房等建筑物签订的抵押合同进行登记管理。山东省高级人民法院于1996年7月31日以鲁法经［1996］67号通知转发了该批复。

2. 山东省人民政府于2002年7月3日发出鲁政字［2002］267号《山东省人民政府关于对企业房地产等建筑物抵押登记主管机关进行调整的通知》。该通知称：“省政府研究确定，房地产交易主管部门为对企业以厂房等建筑进行抵押登记的主管机关。《山东省人民政府关于同意由工商行政管理部门对以企业厂房等建筑物签订抵押合同进行登记管理的批复》同时废止。本文下发之日前已经在工商行政管理部门进行抵押物登记的，确认有效，不再重复登记。”

3. 齐鲁公司于1995年2月由齐鲁宾馆与一香港公司组建，齐鲁宾馆占出资额的75%，出资中包括本案抵押物在建工程的土地使用权。2004年齐鲁宾馆以对齐鲁公司的借款置换出该宾馆出资中的实物资产，现该土地使用权仍为齐鲁宾馆所有。

4. 本案抵押物，即齐鲁公司在建工程地下两层、地上第1—20层、第28—40层除由齐鲁公司根据本案抵押合同抵押给山东中行外，不存在其他抵押权。

二审判决

最高人民法院认为：齐鲁公司对其欠款的事实和数额不持异议，故原审判决第一项应予维持。关于抵押合同是否有效、长城公司济南办事处是否对本案抵押物享有优先受偿权问题。本院《担保法解释》第47条规定：“以依法获准尚未建造的或者正在建造中的房屋或者其他建筑物抵押的，当事人办理了抵押物登记，人民法院可以认定抵押有效。”本案的抵押合同是双方当事人之间的真实意思表示，不损害国家、集体和他人的合法权益，不违反法律的禁止性规定，应当认定为有效合同。该合同一经签订，即在该合同当事人山东中行和齐鲁公司之间产生约束力。根据《担保法》第36条第1款的规定，以依法取得的国有土地上的房屋抵押的，该房屋占用范围内的国有土地使用权同时抵押。根据该规定以及房地产交易中房随地走、地随房走，房地产主体一致的原则，本案双方当事人应当对齐鲁公司的在建工程及建筑物占用范围内土地使用权一并抵押。双方签订的抵押合同仅就在建工程的建筑物设定了抵押，而未对该建筑物占用范围内土地一并抵押，但该单独抵押的行为并不必然导致本案抵押合同无效的法律后果。原审法院认定抵押合同无效属适用法律错误，应予纠正。

担保法规定以不动产和特殊动产抵押应当办理抵押登记是根据抵押权的物权性质，通过登记这一公示方式向社会公开抵押物和抵押担保的范围，以保护抵押合同当事人和第三人的合法权益，维护交易安全。《担保法》第42条第2款规定："以城市房地产或者乡（镇）、村企业的厂房等建筑物抵押的"，办理抵押登记的机关"为县级以上地方人民政府规定的部门"。山东省人民政府于1996年4月23日以鲁政字［1996］68号《山东省人民政府关于同意由工商行政管理部门对以企业厂房等建筑物签订抵押合同进行登记管理的批复》，规定由该省工商行政管理部门对以企业厂房等建筑物签订抵押合同进行登记管理。山东省高级人民法院于1996年7月31日以鲁法经［1996］67号通知转发了该批复。本案所涉在建工程的抵押在山东省工商行政管理局办理了鲁工商［98］抵登字第065号抵押登记，之后又于1999年12月29日在该局办理了鲁工商［99］抵变登字第001号变更登记，取得《抵押物登记证》。本案的抵押权取得了物权公示的效果，符合担保法的上述规定。应当认定本案抵押合同依法进行了抵押登记，本案抵押权成立，作为本案抵押权受让人的长城公司济南办事处享有对抵押物的优先受偿权。原审法院以未经房地产管理部门办理抵押登记为由，认定上述抵押无效不妥，本院予以纠正。

在本案二审过程中，齐鲁公司向本院提供济南"双清"办2006年11月15日出具的《证明》（该证明出具时本案尚在一审中，齐鲁公司未向原审法院提供）一份，证明本案抵押物属违法工程，已纳入"双清"（清理整顿各类违法建筑工程和违规建设行为）处理范围。对于该《证明》，本院认为：齐鲁公司未向本院提供有关济南"双清"办的职责范围、该办是否具有违法工程认定权及相关认定是否依法定程序作出的相关证据，且该办公室即使有违法工程认定的行政权力，该《证明》亦未显示本案抵押物已被有关行政机关依法拆除或没收，故不能认定本案抵押物已经毁损、灭失，该《证明》并不影响长城公司济南办事处享有的抵押权效力。

综上，原审判决认定事实基本清楚，但适用法律有误，本院予以纠正。本院依照《担保法》第42条、最高人民法院《担保法解释》第47条，《民事诉讼法》第153条第1款第1项、第2项之规定，判决如下：

一、维持山东省高级人民法院（2006）鲁民二初字第53号民事判决主文第一项；

二、撤销上述民事判决主文第二项；

三、长城公司济南办事处对抵押物即齐鲁宾馆二期工程地下两层，地上第1—20层、第28—40层享有优先受偿权。

本判决确定的给付义务，限本判决送达之次日起15日内履行。逾期给付，按照《民事诉讼法》第232条之规定处理。齐鲁公司不履行本判决确定的给付义务，长城公司济南办事处可于本判决确定的履行期限届满之日起6个月内向原审法院申请强制执行。

本案一审案件受理费按原审判决执行，二审案件受理费142 505元，由齐鲁公司承担。

本判决为终审判决。

案由与焦点

1. 案由

本案的一级案由为"物权纠纷"[①]，二级案由为"担保物权纠纷"，三级案由为"抵押权纠

① 本案中，人民法院立案时的案由为借款担保合同纠纷，对借款合同和担保合同一并审理。但双方当事人对借款合同并没有争议，争议的是担保合同是否有效的问题。因此，按照最高人民法院2011年版的《民事案由规定》，本案也可归入"物权纠纷"。

纷”，四级案由为“在建建筑物抵押权纠纷”。

抵押权可在未完成的抵押物上设定，在建建筑物属未完成的物，因以其为抵押财产而设定、实现抵押权引发的纠纷为在建建筑物抵押权纠纷。

2. 焦点

本案争议的焦点是：抵押合同是否有效及长城公司济南办事处是否对本案抵押物享有优先受偿权的问题。

评注与问题

1. 在建建筑物能否作为抵押物

关于在建建筑物能否作为抵押物的问题，担保法没有作出规定，《担保法解释》第 47 条规定：“以依法获准尚未建造的或者正在建造中的房屋或者其他建筑物抵押的，当事人办理了抵押物登记，人民法院可以认定抵押有效。”《物权法》第 180 条第 1 款明确规定了“正在建造的建筑物”可以抵押。由此可见，在《物权法》实施之前，我国司法实践中承认在建建筑物的抵押，但作为抵押物的在建建筑物应当是依法获准建造的，违法建筑物不能作为抵押物。关于违法建筑物的确定，应当具备以下条件：一是认定主体是具有违法工程认定权力的行政机关；二是认定机关依法定程序作出行政处罚决定，对违法建筑予以拆除或没收。本案中，齐鲁公司出具的济南“双清”办 2006 年 11 月 15 日已认定本案抵押物属违法工程，已纳入“双清”（清理整顿各类违法建筑工程和违规建设行为）处理范围的《证明》，不能证明济南“双清”办有违法工程认定的行政权力，更不能证明本案抵押物已被有关行政机关依法拆除或没收，因此，该《证明》并不影响长城公司济南办事处对抵押物享有抵押权的效力。二审判决认定在建建筑物抵押合同有效、长城公司济南办事处享有抵押权的认定是正确的。试分析，如果该案中的在建建筑物已作为违法建筑被行政机关依法拆除或没收，在其上设立的抵押效力又将如何呢？

2. 工商行政管理机关对在建建筑物的抵押登记是否具有法律效力

《担保法》第 42 条第 2 款规定“以城市房地产或者乡（镇）、村企业的厂房等建筑物抵押的”，办理抵押登记的机关“为县级以上地方人民政府规定的部门”。根据该规定，城市房地产等建筑物抵押登记的机关，为县级以上地方人民政府规定的部门。本案涉案抵押物所在地的山东省人民政府于 1996 年 4 月 23 日以鲁政字［1996］68 号《山东省人民政府关于同意由工商行政管理部门对以企业厂房等建筑物签订抵押合同进行登记管理的批复》，规定由该省工商行政管理部门对以企业厂房等建筑物签订抵押合同进行登记管理。山东省高级人民法院于 1996 年 7 月 31 日以鲁法经［1996］67 号通知转发了该批复。

《担保法解释》第 47 条规定：“以依法获准尚未建造的或者正在建造的房屋或者其他建筑物抵押的，当事人办理了抵押物登记，人民法院可以认定抵押有效。”本案所涉在建工程在山东省工商行政管理局办理了鲁工商［98］抵登字第 065 号抵押登记，之后又于 1999 年 12 月 29 日在该局办理了鲁工商［99］抵变登字第 001 号变更登记，取得《抵押物登记证》。一审法院以本案抵押合同虽然在工商管理部门登记，但抵押合同未依法在房产管理部门履行在建工程抵押登记手续，且抵押物所在土地为国有划拨土地，抵押合同亦未曾经过土地管理部门的批准或登记，认定本案抵押合同无效。试分析，这一认定是否正确？

3. 建筑物抵押合同的效力与建筑物抵押登记的关系如何

在债权合同作为物权变动的原因时，建筑物抵押合同的效力与建筑物抵押登记的关系，即是债权合同与物权变动的关系问题。关于债权合同与物权变动的关系，《担保法》与《物权法》

的态度不同。《担保法》第 41 条规定：“当事人以本法第四十二条规定的财产抵押的，应当办理抵押物登记，抵押合同自登记之日起生效。”由此可见，《担保法》实行同一原则。根据《担保法》的规定，当事人之间有关抵押的合同，无论抵押物是动产还是不动产，均自办理抵押物登记之日生效。未办理抵押登记手续的，不是抵押权不生效，而是抵押合同不生效。

《物权法》则采用区分原则，第 15 条规定：“当事人之间订立有关设立、变更、转让和消灭不动产物权的合同，除法律另有规定或者合同另有约定外，自合同成立时生效；未办理物权登记的，不影响合同效力。”第 187 条规定：“以本法第一百八十条第一款第一项至第三项规定的财产或者第五项规定的正在建造的建筑物抵押的，应当办理抵押登记。抵押权自登记的设立。”根据《物权法》的上述规定，当事人之间有关抵押的合同，无论抵押物是动产还是不动产，均自合同成立之日生效。但对抵押权，不动产抵押（包括不动产权益抵押）实行登记生效主义，动产抵押实行登记对抗主义。以正在建设的建筑物等不动产抵押的，应当办理抵押登记，抵押权自登记时设立。本案发生在《物权法》实施之前，最高人民法院的判决中关于本案抵押物登记效力的表述使用了“抵押合同有效，抵押权成立”的字样，符合《担保法》的规定。请结合《物权法》的规定，分析不动产抵押未办理登记的，将会对抵押合同的效力产生怎样的影响？

4. 建设用地使用权取得方式与建筑物抵押权的效力关系如何

最高人民法院《关于破产企业国有划拨土地使用权应否列入破产财产等问题的批复》第 3 条 2 款规定：“国有企业以建筑物设定抵押的效力问题，应区分两种情况处理：如果建筑物附着于以划拨方式取得的国有土地使用权之上，将该建筑物与土地使用权一并设定抵押的，对土地使用权的抵押需履行法定的审批手续，否则，应认定抵押无效；如果建筑物附着于以出让、转让方式取得的国有土地使用权之上，将该建筑物与土地使用权一并设定抵押的，即使未经有关主管部门批准，亦应认定抵押有效。”

按照该批复，划拨土地上的建筑物办理抵押与出让土地上的建筑物办理抵押需要履行的法律手续是有不同的。划拨土地上的建筑物抵押需经过土地管理部门的批准，否则抵押无效；如果建筑物附着于以出让、转让方式取得的国有土地使用权之上，将该建筑物与土地使用权一并设定抵押的，即使未经有关主管部门批准，亦应认定抵押有效。但该批复只适用于破产国有企业以建筑物设定抵押的效力问题。本案中，虽然设定抵押的建筑物占用范围内的土地是以划拨方式取得的国有土地使用权，但齐鲁公司并未进入破产程序，关于其以在建建筑物抵押的效力问题的判断，不应适用最高人民法院该司法解释。

5. 建筑物抵押权的效力是否及于占用范围内的建设用地使用权

建筑物属于地上定着物，其与土地在物理上二者不可分离。但在法律上，建筑物与土地的关系如何，存在着两种不同的立法例：一种是结合主义，即将建筑物与土地结合作为一个不动产，建筑物只是土地的一部分，不构成独立的不动产；另一种是分别主义，即将建筑物和土地分别作为独立的不动产，建筑物可以独立于基地而存在。我国法律采取的是分别主义的立法例，建筑物与土地可以独立成为物权的客体，具体表现为建筑物所有权与土地使用权是两种独立的不动产物权，不是从物与主物的关系。但是，我国法律在实行分别主义的同时，又实行“房地一体处分”原则，即通常所称的“房随地走”或“地随房走”规则。《担保法》第 36 条规定：“以依法取得的国有土地上的房屋抵押的，该房屋占用范围内的国有土地使用权同时抵押。以出让方式取得的国有土地使用权抵押的，应当将抵押时该国有土地上的房屋同时抵押。乡（镇）、村企业的土地使用权不得单独抵押。以乡（镇）、村企业的厂房等建筑物抵押的，其占用范围内的土地使用权同时抵押。”由此可见，如果当事人将建筑物设定了抵押，未将建设用地使用权一并抵押的，视为建设用地使用权一并抵押，反之亦然。

本案中，双方当事人应当对齐鲁公司的在建工程及建筑物占用范围内土地使用权一并抵押。双方签订的抵押合同仅就在建工程的建筑物设定了抵押，而未对该建筑物占用范围内土地一并抵押，但该单独抵押的行为并不必然导致本案抵押合同无效的法律后果。一审法院据此认定抵押合同无效，属适用法律错误。试分析，如果当事人将建设用地使用权单独抵押，该土地上的建筑物是否也一并抵押呢？另外，宅基地使用权与其上的建筑物以及乡（镇）、村企业的集体土地使用权与其上的厂房等建筑物，以建筑物或土地使用权抵押的，土地使用权或建筑物是否也产生一并抵押的效力？

（评注人：范李瑛）

74. 最高额抵押权纠纷

司法案例

兴业银行广州分行诉百里通公司等案

广东省广州市中级人民法院（2008）穗中法民四初字第 236 号

基本案情

原告：兴业银行股份有限公司广州分行。

被告：云浮市百里通新型建筑材料有限公司。

被告：云浮市亨达利水泥制品有限公司。

被告：广东亨达利水泥厂有限公司。

被告：广东亨达利企业集团有限公司。

被告：何金秀。

被告：邓少平。

被告：何彦丰。

被告：广州达莱建材有限公司。

被告：云浮市华多利石业有限公司。

被告：亨达（香港）国际投资公司。

原告兴业银行股份有限公司广州分行（以下简称“兴业银行广州分行”）诉被告云浮市百里通新型建筑材料有限公司（以下简称“百里通公司”）、云浮市亨达利水泥制品有限公司（以下简称“亨达利水泥制品公司”）、广东亨达利水泥厂有限公司（以下简称“亨达利水泥厂”）、广东亨达利企业集团有限公司（以下简称“亨达利集团”）、何金秀、邓少平、何彦丰、广州达莱建材有限公司（以下简称“达莱公司”）、云浮市华多利石业有限公司（以下简称“华多利公司”）、亨达（香港）国际投资公司（以下简称“亨达香港公司”）等 10 被告借款及担保合同纠纷一案，本院受理后，依法组成合议庭公开开庭进行了审理。原告的委托代理人梁军到庭参加了诉讼。10 被告经本院传唤，无正当理由拒不到庭，依法作缺席审理。本案现已审理终结。

经审理查明：2007 年 6 月 12 日，原告与被告百里通公司签订了编号为兴银粤保抵借字（公一）第 200706120380 号《兴业银行短期借款合同》，约定：原告同意给予百里通公司借款人民币 2 000 万元；借款期限为 12 个月，自 2007 年 6 月 12 日起至 2008 年 6 月 12 日止；年利率为同期同档次国家基准利率上浮 30%，按月计息，每月的 20 日为结息日。如借款人未按期还款且又未就展期事宜与贷款人达成协议，原告有权对逾期的借款按借款利率上浮30%的标准计收罚息，并对不能按时支付的利息按罚息利率计收复利。本合同的订立、效力、履行及争议的解决均适用中华人民共和国法律。在合同履行期间，凡因履行本合同所发生的或与本合同有关的一切争议、纠纷，双方可协商解决，或依法直接向贷款人所在地人民法院起诉。

2007年6月11日，被告亨达利水泥制品公司、亨达利水泥厂、亨达利集团与原告签订了编号为兴银粤借保字（公—）第200705180440—1号《兴业银行最高额保证合同》，约定：上述3被告自愿就原告在2007年6月11日至2009年12月30日期间向百里通公司发放的贷款向原告提供最高额保证担保，最高本金限额为人民币1.94亿元。在该最高本金限额内，不论债权人与债务人发生债权的次数和每次的金额，保证人对该最高本金限额项下的所有债权余额（含本金、利息、罚息、违约金、损害赔偿金、债权人实现债权的费用等）承担连带保证责任。本合同项下每笔债务的保证期间均为两年，自每笔主债务履行期限届满之日起计。本合同的订立、效力、履行及争议的解决均适用中华人民共和国法律。在合同履行期间发生的争议，双方可协商解决，协商不成的，直接向债权人所在地人民法院起诉。

同日，被告何金秀、邓少平、何彦丰与原告签订了编号为兴银粤借保字（公—）第200705180440—2号《兴业银行最高额保证合同》，约定：上述3被告自愿就原告在2007年6月11日至2009年12月30日期间向百里通公司发放的贷款向原告提供最高额保证担保，最高本金限额为人民币1.94亿元。在该最高本金限额内，不论债权人与债务人发生债权的次数和每次的金额，保证人对该最高本金限额项下的所有债权余额（含本金、利息、罚息、违约金、损害赔偿金、债权人实现债权的费用等）承担连带保证责任。本合同项下每笔债务的保证期间均为2年，自每笔主债务履行期限届满之日起计。本合同的订立、效力、履行及争议的解决均适用中华人民共和国法律。在合同履行期间发生的争议，双方可协商解决，协商不成的，直接向债权人所在地人民法院起诉。

同日，被告达莱公司与原告签订了编号为兴银粤借抵字（公—）第200705180440—1号《兴业银行最高额抵押合同》，约定：达莱公司自愿以位于云浮市云安县六都镇黄湾管理区逢远河堤16 750平方米的国有土地使用权，就原告在2007年6月11日至2009年12月30日期间向百里通公司发放的贷款提供最高额抵押担保。该抵押最高额本金限额为人民币490万元。在该最高本金限额内，不论债权人与债务人发生债权的次数和每次的金额，抵押担保责任及于该最高本金限额项下的所有债权余额（含本金、利息、罚息、违约金、损害赔偿金、债权人实现债权的费用等）。双方签订合同后，依法办理了抵押登记手续，并领取了抵押他项权证。

同日，被告亨达利集团与原告分别签订了编号为兴银粤借抵字（公—）第200705180440—6、7、8号3份《兴业银行最高额抵押合同》，约定：亨达利集团自愿分别以位于云浮市都杨镇工业开发区合计面积为42 039平方米的4幅国有土地使用权（国有土地使用权证号分别为：云府国用〈2006〉第0277号、0278号、0279号、0283号）、位于云浮市云安县六都镇黄湾管理区兴乐村的1 729.7平方米国有土地使用权（国有土地使用权证号码为：云县府国用2003第000339号）、位于云浮市都杨镇石巷村委太塘村的187 406平方米国有土地使用权（国有土地使用权证号码为：云府国用2004第0008号），就原告在2007年6月11日至2009年12月30日期间向百里通公司发放的贷款提供最高额抵押担保。上述3份抵押合同的抵押最高额本金限额分别为人民币1 070万元、40万元、3 100万元。在上述最高本金限额内，不论债权人与债务人发生债权的次数和每次的金额，抵押担保责任及于该最高本金限额项下的所有债权余额（含本金、利息、罚息、违约金、损害赔偿金、债权人实现债权的费用等）。双方签订合同后，依法办理了抵押登记手续，并领取了抵押他项权证。

同日，被告百里通公司与原告签订了编号为兴银粤借抵字（公—）第200705180440—5号

《兴业银行最高额抵押合同》，约定：百里通公司自愿以其所有的机械设备即人造石荒料成型生产线一套，就原告在2007年6月11日至2009年12月30日期间向其发放的贷款提供最高额抵押担保。该抵押最高额本金限额为人民币5 200万元。在该最高本金限额内，不论债权人与债务人发生债权的次数和每次的金额，抵押担保责任及于该最高本金限额项下的所有债权余额（含本金、利息、罚息、违约金、损害赔偿金、债权人实现债权的费用等）。双方签订合同后，依法办理了抵押登记手续，并领取了企业动产抵押物登记证。

同日，被告亨达利水泥厂与原告签订了编号为兴银粤质字（公一）第200705180440号《最高额质押合同》，约定：亨达利水泥厂自愿以其持有亨达利水泥制品公司的30%股权及收益，就原告在2007年1月1日至2008年12月31日期间向百里通公司发放的贷款提供最高额质押担保。该质押最高额本金限额为人民币1.3亿元。在该最高本金限额内，不论债权人与债务人发生债权的次数和每次的金额，质押担保责任及于该最高本金限额项下的所有债权余额（含本金、利息、罚息、违约金、损害赔偿金、债权人实现债权的费用等）。双方签订合同后，在亨达利水泥制品公司办理了股权质押登记手续。

2007年6月27日，被告亨达利水泥厂与原告签订了编号为兴银粤借抵字（公一）第200705180440—10号《兴业银行最高额抵押合同》，约定：亨达利水泥厂自愿以其所有的颚式破碎机等一批机械设备（详见附件《亨达利水泥厂机器设备抵押清单》），就原告在2007年6月11日至2009年12月30日期间向其发放的贷款提供最高额抵押担保。该抵押最高额本金限额为人民币3 500万元。在该最高本金限额内，不论债权人与债务人发生债权的次数和每次的金额，抵押担保责任及于该最高本金限额项下的所有债权余额（含本金、利息、罚息、违约金、损害赔偿金、债权人实现债权的费用等）。双方签订合同后，依法办理了抵押登记手续，并领取了企业动产抵押物登记证。

2007年6月29日，被告华多利公司与原告签订了编号为兴银粤借抵字（公一）第200705180440—2号《兴业银行最高额抵押合同》，约定：华多利公司自愿以位于云浮市云安县六都镇红字洞62 666.7平方米的国有土地使用权（国有土地使用权证号码为：云府国用2004字第00087号），就原告在2007年6月11日至2009年12月30日期间向百里通公司发放的贷款提供最高额抵押担保。该抵押最高额本金限额为人民币1 680万元。在该最高本金限额内，不论债权人与债务人发生债权的次数和每次的金额，抵押担保责任及于该最高本金限额项下的所有债权余额（含本金、利息、罚息、违约金、损害赔偿金、债权人实现债权的费用等）。双方签订合同后，依法办理了抵押登记手续，并领取了抵押他项权证。

上述合同签订后，原告于2007年7月4日依约向百里通公司发放了贷款人民币2 000万元。

2008年6月5日，被告亨达香港公司向原告出具担保函，表示：亨达香港公司同意就原告在编号分别为兴银粤保抵借字（公一）第200706120380、200707060240、200707170144、200708160363号4份《兴业银行短期借款合同》中共计向百里通公司发放的人民币1.217 8亿元贷款，向原告提供连带责任保证担保，期限直至上述贷款本息结清为止。

借款期限届满后，借款人百里通公司未能按时还款，仅于2008年6月至12月期间先后归还了借款本金14 059 479.83元，尚欠借款本金5 940 520.17元及截至2009年4月21日的利息、罚息、复利共计1 479 143.03元未还，故原告诉诸本院。

另查明，本案所涉及的最高额保证合同、最高额抵押合同、最高额质押合同中，均约定担保人为原告在2007年6月11日至2009年12月30日期间向借款人百里通公司发放的贷款提供最高额担保。经查，从2007年6月11日起至原告提起诉讼之日即2008年10月20日止，原告共向借款人百里通公司发放了4笔贷款，分别为本案涉及的借款本金2 000万元、(2008) 穗中法民四初字第233号案涉及的借款本金5 478万元、(2008)穗中法民四初字第234号案涉及的借款本金2 700万元、(2008)穗中法民四初字第235号案涉及的借款本金2 000万元,合计1.217 8亿元。原告提起诉讼后,未向百里通公司发放新的贷款。庭审中,原告表示,因百里通公司未能按时归还上述借款本息,故原告在2009年12月30日前不会再向该公司发放任何新贷款。

诉辩主张

原告诉称:2007年6月12日,被告百里通公司与原告签订了编号为兴银粤保抵借字(公一)第200706120380号《兴业银行短期借款合同》。合同约定:原告同意给予百里通公司借款人民币2 000万元整,借款期限为12个月,自2007年6月12日起至2008年6月12日止,借款利率为:按年调整,一年一定,年利率为:同期同档次国家基准利率上浮30%,按月计息,每月的20日为结息日。

2007年6月11日,被告亨达利水泥制品公司、亨达利水泥厂、亨达利集团与原告签订了编号为兴银粤借保字(公一)第200705180440—1的《兴业银行最高额保证合同》。合同约定:上述被告自愿就原告在2007年6月11日至2009年12月30日期间向百里通公司发放的贷款向原告提供连带责任保证担保,其中保证最高本金限额为人民币1.94亿。

2007年6月11日,被告何金秀、邓少平、何彦丰与原告签订了编号为兴银粤借保字(公一)第200705180440—2的《兴业银行最高额保证合同》。合同约定:上述被告自愿就原告在2007年6月11日至2009年12月30日期间向百里通公司发放的贷款向原告提供连带责任保证担保,其中保证最高本金限额为人民币1.94亿元整。

2007年6月11日,被告达莱公司与原告签订了编号为兴银粤借抵字(公一)第200705180440—1的《兴业银行最高额抵押合同》。合同约定:达莱公司自愿以位于云浮市云安县六都镇黄湾管理区逢远河堤的16 750平方米土地国有土地使用权(国有土地使用权证号码为:云县府国用1999字第000021号),就原告在2007年6月11日至2009年12月30日期间向百里通公司发放的贷款在人民币490万元内向原告提供抵押担保。双方并依法办理了抵押登记,领取了抵押他项权证。

2007年6月29日,被告华多利公司与原告签订了编号为兴银粤借抵字(公一)第200705180440—2的《兴业银行最高额抵押合同》。合同约定:华多利公司自愿以位于云浮市云安县六都镇红字洞的62666.7平方米土地国有土地使用权,就原告在2007年6月11日至2009年12月30日期间向百里通公司发放的贷款在人民币1 680万元内向原告提供抵押担保。双方并依法办理了抵押登记,领取了抵押他项权证。

2007年6月11日,被告百里通公司与原告签订了编号为兴银粤借抵字(公一)第200705180440—5的《兴业银行最高额抵押合同》。合同约定:百里通公司自愿以其所有的机械设备,就原告在2007年6月11日至2009年12月30日期间向其发放的贷款在人民币5 200万元内向原告提供抵押担保,双方并依法办理了抵押登记,领取了企业动产抵押物登记证。

2007年6月11日,被告亨达利集团与原告分别签订了编号为兴银粤借抵字(公一)第200705180440—6、7、8的3份《兴业银行最高额抵押合同》。合同约定:亨达利集团自愿以位于云浮市都杨镇工业开发区的合计面积为42 039平方米的4块土地国有土地使用权、位于云浮市云安县六都镇黄湾管理区兴乐村的1 729.7平方米土地国有土地使用权、位于云浮市都杨镇石巷村委太塘村的187 406平方米土地国有土地使用权,就原告在2007年6月11日至2009年12月30日期间向百里通公司发放的贷款,分别在人民币1 070万元、40万元、3 100

万元内向原告提供抵押担保。双方并依法办理了抵押登记，领取了抵押他项权证。

2007年6月27日，被告亨达利水泥厂与原告签订了编号为兴银粤借抵字（公一）第200705180440—10的《兴业银行最高额抵押合同》。合同约定：亨达利水泥厂自愿以其所有的机械设备，就原告在2007年6月11日至2009年12月30日期间向百里通公司发放的贷款，在人民币3 500万元内向原告提供抵押担保，并依法办理了抵押登记，领取了企业动产抵押物登记证。

2007年6月11日，被告亨达利水泥厂与原告签订了编号为兴银粤质字（公一）第200705180440的《最高额质押合同》。合同约定：亨达利水泥厂自愿以其持有亨达利水泥制品公司的30%股权及收益，就原告在2007年1月1日至2008年12月31日期间向百里通公司发放的贷款，在人民币1.3亿元内向原告提供质押担保，并依法办理了质押登记。

2008年6月5日，被告亨达香港公司向原告出具担保函。亨达香港公司同意就原告在编号分别为兴银粤保抵借字（公一）第200706120380、200707060240、200707170144、200708160363的四份《兴业银行短期借款合同》中共计向百里通公司发放的人民币1.217 8亿元贷款，向原告提供连带责任保证担保。

2007年7月4日，原告依约向百里通公司发放了贷款人民币2 000万元整。2008年7月4日，借款到期后，原告多次催促各被告返还借款本息均无果。原告据此提起诉讼，请求判令：（一）被告百里通公司立即偿还原告借款本金人民币5 940 520.17元及暂计至2009年4月21日止的利息、罚息、复利人民币1 479 143.03元（利息按年利率8.892%计算，从2008年3月19日起算；罚息按年利率11.559 6%计算，从2008年6月19日起算；复利按年利率9.711%计算，从2008年6月19日起算，2009年4月22日后的利息、罚息、复利按上述标准计算至被告实际清偿完全部本息之日止）；（二）被告亨达利水泥制品公司、亨达利水泥厂、亨达利集团、何金秀、邓少平、何彦丰、亨达香港公司就上述借款本金及利息向原告承担连带清偿责任；（三）原告对被告达莱公司提供的位于云浮市云安县六都镇黄湾管理区逢远河堤的16 750平方米土地国有土地使用权抵押物享有抵押优先权，就抵押物价值优先受偿；（四）原告对被告华多利公司提供的位于云浮市云安县六都镇红字洞的62 666.7平方米土地国有土地使用权抵押物享有抵押优先权，就抵押物价值优先受偿；（五）原告对被告百里通公司提供的一套人造石荒料成型生产线机械设备抵押物享有抵押优先权，就该抵押物价值优先受偿；（六）原告对被告亨达利集团提供的位于云浮市都杨镇工业开发区的合计面积42 039平方米的4块土地国有土地使用权、位于云浮市云安县六都镇黄湾管理区兴乐村的1 729.7平方米土地国有土地使用权、位于云浮市都杨镇石巷村委太塘村的187 406平方米土地国有土地使用权享有抵押优先权，就抵押物价值优先受偿；（七）原告对被告亨达利水泥厂提供的机械设备抵押物享有抵押优先权，就抵押物价值优先受偿；（八）原告对被告亨达利水泥厂持有云浮市亨达利水泥制品公司的30%股权及收益享有质押优先权，就质押物价值优先受偿；（九）本案诉讼费及原告为实现债权而支付的律师费等费用由10被告承担。

原告对其陈述的事实在举证期限内提供的证据材料有：

1. 原告与百里通公司签订的《兴业银行短期借款合同》，以证明百里通公司向原告借款的事实；

2. 原告与被告亨达利水泥制品公司、亨达利水泥厂、亨达利集团签订的《兴业银行最高额保证合同》，以证明上述被告为百里通公司向原告提供最高额保证担保；

3. 原告与被告何金秀、邓少平、何彦丰签订的《兴业银行最高额保证合同》，以证明上述被告为百里通公司向原告提供最高额保证担保；

4. 原告与被告达莱公司签订的《兴业银行最高额抵押合同》及抵押他项权证，以证明达莱公司为百里通公司向原告提供最高额抵押担保并依法办理了抵押登记；

5. 原告与被告华多利公司签订的《兴业银行最高额抵押合同》及抵押他项权证，以证明华多利公司为百里通公司向原告提供最高额抵押担保并依法办理了抵押登记；

6. 原告与被告百里通公司签订的《兴业银行最高额抵押合同》及企业动产抵押登记证，以证明百里通公司向原告提供最高额抵押担保并依法办理了抵押登记；

7. 原告与被告亨达利集团签订的《兴业银行最高额抵押合同》及抵押他项权证，以证明亨达利集团为百里通公司向原告提供最高额抵押担保并依法办理了抵押登记；

8. 原告与被告亨达利集团签订的《兴业银行最高额抵押合同》及抵押他项权证，以证明亨达利集团为百里通公司向原告提供最高额抵押担保并依法办理了抵押登记；

9. 原告与被告亨达利集团签订的《兴业银行最高额抵押合同》及抵押他项权证，以证明亨达利集团为百里通公司向原告提供最高额抵押担保并依法办理了抵押登记；

10. 原告与被告亨达利水泥厂签订的《兴业银行最高额抵押合同》及企业动产抵押登记证，以证明亨达利水泥厂向原告提供最高额抵押担保并依法办理了抵押登记；

11. 原告与被告亨达利水泥厂签订的最高额质押合同及股权质押登记证明，以证明亨达利水泥厂向原告提供最高额质押担保并依法办理了质押登记手续；

12. 被告亨达香港公司向原告出具的函件，以证明亨达香港公司为百里通公司向原告提供连带责任保证；

13. 兴业银行借款借据，以证明原告履行了发放贷款的义务；

14. 利息清单，以证明被告百里通公司欠款的情况。

10被告均未到庭应诉。

经开庭质证，原告出具了上述证据原件证明其真实性，本院确认其证据效力。

法院判决

广州市中级人民法院经审理认为：被告何金秀、邓少平、何彦丰为香港居民，被告亨达香港公司为香港企业，本案属于涉港借款及担保合同纠纷，应比照涉外案件处理。本案涉诉的借款合同、原告与被告何金秀、邓少平、何彦丰签订的最高额保证合同以及其他涉案的最高额保证合同、最高额抵押合同、最高额质押合同等合同中均约定如双方对合同的履行发生争议，则由原告所在地人民法院管辖。该约定符合《民事诉讼法》第25条关于合同双方当事人可以在书面合同中协议选择原告所在地人民法院管辖的规定，是有效的约定管辖条款，故本院作为约定管辖所在地有涉外、涉港澳台商事案件管辖权的人民法院，有权对本案行使管辖权。原告依据被告亨达香港公司出具的担保函向其主张保证责任，该担保函中并无约定香港法院对其争议享有排他性管辖权，现原告以主债务人和担保人为共同被告向本院提起诉讼，本院有权对主合同纠纷和担保合同纠纷一并管辖。被告何金秀、邓少平、何彦丰与原告签订的《最高额保证合同》中，已明确约定适用我国内地法律解决双方争议，该约定符合《合同法》第126条第1款关于涉外合同当事人可以选择处理争议所适用的法律的规定，应予准许。原告与被告亨达香港公司之间未约定适用法律，根据《合同法》第126条第1款的规定，应以最密切联系原则确定适用法律。鉴于亨达香港公司提供保证担保的行为以及其所担保的借贷行为均发生在广州市，故应适用内地法律解决本案争议。

关于讼争借款合同。原告与被告百里通公司签订的兴银粤保抵借字（公一）第200706120380号《兴业银行短期借款合同》，意思表示真实，内容符合法律规定，依法成立有效。原告已依约履行贷款义务，借款人百里通公司未按期还本付息，已构成违约，应依照合同约定承担归还尚欠借款本金及支付相应利息、罚息、复利的责任。故此，原告请求百里通公司归还借款本金人民币 5 940 520.17 元、暂计至 2009 年 4 月 21 日止的利息、罚息、复利人民币 1 479 143.03 元，以及从 2009 年 4 月 22 日起至清偿日止，以借款本金 5 940 520.17 元为基数，按年利率 8.892%计算的利息，按年利率 11.559 6%计算的罚息，按年利率 9.711%计算的复利，理据充分，应予支持。原告同时请求借款人负担因其提起本案诉讼所支付的律师费，但未能明确律师费金额及提交相应证据证实，原告的该项主张证据不足，本院不予采纳。

关于讼争最高额抵押合同。本案涉诉的抵押合同共有 7 份，其中不动产抵押合同 5 份、动产抵押合同 2 份。所有抵押合同中，双方当事人均明确了在一定期间内（2007 年 6 月 11 日至 2009 年 12 月 30 日期间），担保人对借款人百里通公司向原告的借款在相应范围内提供抵押担保。该约定符合《担保法》第 59 条规定的关于最高额抵押合同的法律特征，属于最高额抵押。上述 7 份最高额抵押合同，意思表示真实明确，内容于法无悖，并已办理了相应的抵押登记手续，是有效的合同。由于最高额抵押权是为将来的不特定债权而设定的，其所担保的债权具有变动性，故此，当最高额抵押所担保的不特定债权确定后，抵押权人始得向抵押人行使抵押权。涉案最高额抵押合同中，均已明确抵押人提供抵押担保的债权范围是 2007 年 6 月 11 日至 2009 年 12 月 30 日期间百里通公司向原告的借款本息，据此可认定上述最高额抵押的决算期从 2007 年 6 月 11 日起算，至 2009 年 12 月 30 日届满。经查，从 2007 年 6 月 11 日至原告提起诉讼之日即 2008 年 10 月 20 日止，原告共向借款人百里通公司发放了 4 笔贷款，分别为本案涉及的借款本金 2 000 万元、（2008）穗中法民四初字第 233 号案涉及的借款本金 5 478 万元、（2008）穗中法民四初字第 234 号案涉及的借款本金 2 700 万元、（2008）穗中法民四初字第 235 号案涉及的借款本金 2 000 万元，合计 1.217 8 亿元。原告提起诉讼后，未向百里通公司发放新的贷款。庭审中，原告表示，因百里通公司未能按时归还上述借款本息，在 2009 年 12 月 30 日前，原告不会再向该公司发放任何新贷款。由此表明，虽然涉案最高额抵押担保的决算期尚未届满，但上述合同所担保的不特定债权在原告起诉后已没有继续发生的可能性，最高额抵押所担保的不特定债权据此得以确定，原告所享有的最高额抵押权亦得以确定。现原告依据涉案的 7 份最高额抵押合同分别主张相应的抵押权，理据充分，应予支持。

关于讼争最高额质押合同。原告与被告亨达利水泥厂签订的质押合同，内容符合《担保法》规定的最高额质押合同的法律特征，应认定为最高额质押合同。该合同意思表示真实，内容于法无悖，并已办理了质押登记手续，是有效的合同。如前所述，该最高额质押合同约定的决算期从 2007 年 6 月 11 日起算，至 2009 年 12 月 30 日届满。原告提起本案诉讼时，最高额质押所担保的不特定债权得以确定，故原告向亨达利水泥厂主张质押权，本院予以支持。

关于讼争最高额保证合同。原告分别与被告亨达利水泥制品公司、亨达利水泥厂、亨达利集团以及与被告何金秀、邓少平、何彦丰签订的两份最高额保证合同，意思表示真实，内容符合《担保法》规定的最高额保证合同的法律特征，且无违反我国现行法律规定，属于有效的最高额保证合同。如前所述，上述最高额保证合同约定的决算期从 2007 年 6 月 11 日起算，至 2009 年 12 月 30 日届满。原告提起本案诉讼时，最高额保证所担保的不特定债权得以确定。原告向各保证人主张连带保证责任，亦未超过合同所约定的保证期间（自每笔主债务履行期限届满之日起计 2 年内），应予支持。

关于亨达香港公司的保证合同。被告亨达香港公司于 2008 年 6 月 5 日向原告出具函件，明确表示为百里通公司向原告于本案涉诉借款合同提供连带责任保证，期限直至借款本息结清为止。由此可见，亨达香港公司为百里通公司的借款行为提供保证担保的意思表示真实明确，而原告对此予以接纳，表明双方对亨达香港公司提供连带保证责任的行为达成一致的意思表示，双方的保证合同关系据此依法成立。现百里通公司未履行还款责任，故原告要求亨达香港公司承担连带保证责任，符合合同约定，应予支持。

关于混合担保中各担保人的责任分担问题。本案涉及的同一债权上同时设定了抵押担保、质押担保、保证担保，3种担保方式构成了混合担保。由于各担保人之间均未对担保的份额进行约定，故上述担保应认定为混合共同担保，各担保人应依其担保方式共同对涉诉主债承担担保责任。此外，在上述混合担保中，既有主债务人百里通公司提供的抵押担保，又有被告亨达利水泥制品公司、亨达利水泥厂、亨达利集团、何金秀、邓少平、何彦丰、亨达香港公司提供的保证担保，依照《担保法》第28条第1款关于同一债权既有保证又有物的担保的，保证人对物的担保以外的债权承担保证责任的规定，上述保证人仅对百里通公司提供的抵押物不足以清偿主债权的部分承担共同连带责任。

10被告未到庭应诉，应视为其自愿放弃抗辩权利。

综上所述，依照《民事诉讼法》第25条、第130条，《合同法》第107条、第126条第1款、第207条，《担保法》第12条、第14条、第18条、第28条第1款、第41条、第42条、第59条、第78条第3款的规定，判决如下：

一、被告百里通公司在本判决发生法律效力之日起10天内向原告兴业银行广州分行归还借款本金人民币5 940 520.17元、暂计至2009年4月21日止的利息、罚息、复利共计人民币1 479 143.03元，以及从2009年4月22日起至清偿日止，以借款本金5 940 520.17元为基数，按年利率8.892%计算的利息，按年利率11.559 6%计算的罚息，按年利率9.711%计算的复利；

二、原告兴业银行广州分行对被告百里通公司提供的动产抵押物机器设备人造石荒料成型生产线一套在抵押范围内（即最高额不超过借款本金人民币5 200万元及相应利息、罚息、复利、诉讼费用）享有抵押权，从该抵押物折价、变卖或拍卖后的所得价款优先受偿；

三、原告兴业银行广州分行对被告亨达利水泥厂提供的动产抵押物颚式破碎机等一批机械设备（详见附件《机器设备抵押明细表》）在抵押范围内（即最高额不超过借款本金人民币3 500万元及相应利息、罚息、复利、诉讼费用）享有抵押权，从该抵押物折价、变卖或拍卖后的所得价款优先受偿；

四、原告兴业银行广州分行对被告亨达利集团提供的抵押物即位于云浮市都杨镇工业开发区的合计面积为42 039平方米的4幅国有土地使用权（国有土地使用权证号分别为：云府国用〈2006〉第0277号、0278号、0279号、0283号），在抵押范围内（即最高额不超过借款本金人民币1 070万元及相应利息、罚息、复利、诉讼费用）享有抵押权，从该抵押物折价、变卖或拍卖后的所得价款优先受偿；

五、原告兴业银行广州分行对被告亨达利集团有提供的抵押物即位于云浮市云安县六都镇黄湾管理区兴乐村的1 729.7平方米国有土地使用权（国有土地使用权证号码为：云县府国用2003第000339号），在抵押范围内（即最高额不超过借款本金人民币40万元及相应利息、罚息、复利、诉讼费用）享有抵押权，从该抵押物折价、变卖或拍卖后的所得价款优先受偿；

六、原告兴业银行广州分行对被告亨达利集团提供的抵押物即位于云浮市都杨镇石巷村委太塘村的187 406平方米国有土地使用权（国有土地使用权证号码为：云府国用2004第0008号），在抵押范围内（即最高额不超过借款本金人民币3 100万元及相应利息、罚息、复利、诉讼费用）享有抵押权，从该抵押物折价、变卖或拍卖后的所得价款优先受偿；

七、原告兴业银行广州分行对被告达莱公司提供的抵押物即位于云浮市云安县六都镇黄湾管理区逢远河堤的16 750平方米土地国有土地使用权（国有土地使用权证号码为：云县府国用1999字第000021号），在抵押范围内（即最高额不超过借款本金人民币490万元及相应利息、罚息、复利、诉讼费用）享有抵押权，从该抵押物折价、变卖或拍卖后的所得价款优先受偿；

八、原告兴业银行广州分行对被告华多利公司提供的抵押物即位于云浮市云安县六都镇红字洞 62 666.7 平方米的国有土地使用权（国有土地使用权证号码为：云府国用 2004 字第 00087 号），在抵押范围内（即最高额不超过借款本金人民币 1 680 万元及相应利息、罚息、复利、诉讼费用）享有抵押权，从该抵押物折价、变卖或拍卖后的所得价款优先受偿；

九、原告兴业银行广州分行对被告亨达利水泥厂提供的质押物即亨达利水泥厂持有亨达利水泥制品公司 30%的股权，在质押范围内（即最高额不超过借款本金人民币 1.3 亿元及相应利息、罚息、复利、诉讼费用）享有质押权，从该质押物折价、变卖或拍卖后的所得价款优先受偿；

十、被告亨达利水泥制品公司、亨达利水泥厂、亨达利集团、何金秀、邓少平、何彦丰对被告百里通公司提供的抵押物价值不足以清偿上述第一判项所确定的债务部分，在保证范围内（最高额不超过借款本金 1.94 亿元及相应利息、罚息、复利、诉讼费用）共同承担连带责任；

十一、被告亨达香港公司对被告百里通公司提供的抵押物价值不足以清偿上述第一判项所确定的债务部分承担连带责任；

十二、驳回原告兴业银行广州分行的其他诉讼请求。

有关当事人如果未按本判决指定的期间履行给付金钱义务，应当依照《民事诉讼法》第 229 条之规定，加倍支付迟延履行期间的债务利息。

案件受理费 87 748 元，财产保全费 5 000 元，由 10 被告共同负担。

如不服本判决，原告兴业银行广州分行、被告百里通公司、亨达利水泥厂、亨达利集团、亨达利水泥制品公司、达莱公司、华多利公司可在判决书送达之日起 15 天内，被告何金秀、邓少平、何彦丰、亨达香港公司判决书送达之日起 30 天内，向本院递交上诉状，并按对方当事人的人数提出副本，上诉于广东省高级人民法院。当事人上诉的，应在递交上诉状次日起 7 日内按不服一审判决部分的上诉请求数额向广东省高级人民法院预交上诉案件受理费。逾期不交的，按自动撤回上诉处理。

案由与焦点

1. 案由

本案的一级案由为“物权纠纷”[①]，二级案由为“担保物权纠纷”，三级案由为“抵押权纠纷”，四级案由为“最高额抵押权纠纷”。

为担保债务的履行，债务人或者第三人可以不移转财产的占有，而将该财产抵押给债权人，债务人不履行到期债务或者发生当事人约定的实现抵押权的情形时，债权人有权就该财产优先受偿，此即最高额抵押权。因最高额抵押权的设定、移转、变更、实现等引发的担保物权纠纷为最高额抵押权纠纷。

2. 焦点

本案的争议焦点是：本案涉及的同一债权上同时设定了抵押担保、质押担保、保证担保等三种担保方式。在上述混合担保中，既有主债务人百里通公司提供的抵押担保，又有被告亨达

---

① 本案中，人民法院立案时的案由为借款担保合同纠纷，对借款合同和担保合同一并审理。原告因对债务人履行借款合同及担保人履行担保合同存在争议而起诉到人民法院，其中担保合同纠纷中涉及最高额抵押权纠纷。因此，按照最高人民法院 2011 年版的《民事案由规定》，本案案由可归入“物权纠纷”。

利水泥制品公司、亨达利水泥厂、亨达利集团、何金秀、邓少平、何彦丰、亨达香港公司提供的保证担保。担保同一债权既有保证又有物的担保的，各担保人对担保的范围没有约定时，混合担保中各担保人的责任分担问题，是本案需要解决的问题。

评注与问题

1. 当事人一方为香港居民的案件，如何确定管辖及适用法律

最高人民法院2002年2月25日《关于涉外民商事案件诉讼管辖若干问题的规定》第5条指出："涉及香港、澳门特别行政区和台湾地区当事人的民商事纠纷案件的管辖，参照本规定处理。"本案中，被告何金秀、邓少平、何彦丰为香港居民，被告亨达香港公司为香港企业，本案属于涉港借款及担保合同纠纷，应比照涉外案件处理。本案涉诉的借款合同、原告与被告何金秀、邓少平、何彦丰签订的最高额保证合同以及其他涉案的最高额保证合同、最高额抵押合同、最高额质押合同等合同中均约定如双方对合同的履行发生争议，则由原告所在地人民法院管辖。该约定符合《民事诉讼法》第25条关于合同双方当事人可以在书面合同中协议选择原告所在地人民法院管辖的规定，是有效的约定管辖条款，审理法院作为约定管辖所在地有涉外、涉港澳台商事案件管辖权的人民法院，有权对本案行使管辖权。原告依据被告亨达香港公司出具的担保函向其主张保证责任，该担保函中并无约定香港法院对其争议享有排他性管辖权，现原告以主债务人和担保人为共同被告向本院提起诉讼，审理法院有权对主合同纠纷和担保合同纠纷一并管辖。被告何金秀、邓少平、何彦丰与原告签订的《最高额保证合同》中，已明确约定适用我国内地法律解决双方争议，该约定符合《合同法》第126条第1款关于涉外合同当事人可以选择处理争议所适用的法律的规定，应予准许。原告与被告亨达香港公司之间未约定适用法律，根据《合同法》第126条第1款的规定，应以最密切联系原则确定适用法律。鉴于亨达香港公司提供保证担保的行为以及其所担保的借贷行为均发生在广州市，故应适用内地法律解决本案争议。

2. 最高额抵押权的认定标准是什么

最高额抵押权是指为担保债务的履行，债务人或第三人对一定期间内将要连续发生的债权提供抵押财产，债务人不履行到期债务或者发生当事人约定的实现抵押权情形时，抵押权人在最高债权额限度内就该抵押财产优先受偿的权利。《担保法》和《物权法》均规定了最高额抵押权。本案发生在《物权法》实施之前，故而应适用《担保法》的规定。《担保法》第59条规定："本法所称最高额抵押，是指抵押人与抵押权人协议，在最高债权额限度内，以抵押物对一定期间内连续发生的债权作担保。"第60条规定："借款合同可以附最高额抵押合同。""债权人与债务人就某项商品在一定期间内连续发生交易而签订的合同，可以附最高额抵押合同。"根据以上规定，最高额抵押权的认定标准为：（1）最高额抵押权所担保的债权是将来发生的不特定债权，而不是已经发生的确定债权；（2）最高额抵押权所担保的债权是一定期间内连续发生的债权，而不是只发生一次的债权；（3）最高额抵押权所担保的债权设有最高限额。本案涉诉的所有抵押合同中，双方当事人均明确了在一定期间内（2007年6月11日至2009年12月30日期间），担保人对借款人百里通公司向原告的借款在最高限额范围内提供抵押担保。该约定符合最高额抵押合同的法律特征，属于最高额抵押。

3. 最高额抵押权所担保债权的决算期应如何确定

最高额抵押权所担保的债权虽然是不特定的，但最高额抵押权的实现则依赖于抵押权所担保的债权实际数额的确定，而确定最高额抵押权所担保的债权实际数额的日期，就是决算期。

最高额抵押合同中约定担保的债权最高限额并非抵押权实际担保的债权数额，因此，最高额抵押合同中应有决算期的约定。当事人约定了决算期的，约定的债权确定期间届满时，抵押权人的债权确定。抵押合同中没有约定债权确定期间或约定不明的，担保法及司法解释没有规定决算期的确定情形，理论上依最高额抵押担保的债权发生的基础法律关系而定决算期，一般应当以该法律关系终了的同时届至。最高额抵押合同订有存续期间并已为登记的，此项期间届满之时即为决算期。本案中，抵押合同中的当事人均明确了抵押人对 2007 年 6 月 11 日至 2009 年 12 月 30 日期间发生的债务，抵押人向债权人在约定的最高限额内承担担保责任，因此决算期应当自主债务的履行期届满之日即 2009 年 12 月 30 日。原告提起诉讼后，庭审中，原告表示，因百里通公司未能按时归还上述借款本息，在 2009 年 12 月 30 日前，原告不会再向该公司发放任何新贷款。由此表明，虽然涉案最高额抵押担保的决算期尚未届满，但上述合同所担保的不特定债权在原告起诉后已没有继续发生的可能性，最高额抵押所担保的不特定债权据此得以确定。在现行物权法上，抵押权人的债权确定事由已有明确规定。《物权法》第 206 条规定，有下列情形之一的，抵押权人的债权确定：(1) 约定的债权确定期间届满；(2) 没有约定债权确定期间或者约定不明确，抵押权人或者抵押人自最高额抵押权设立之日起满 2 年后请求确定债权；(3) 新的债权不可能发生；(4) 抵押财产被查封、扣押；(5) 债务人、抵押人被宣告破产或者被撤销；(6) 法律规定债权确定的其他情形。因此，本案依《物权法》第 206 条的规定，亦可以认定抵押权人的债权确定。

4. 最高额抵押权所担保的债权范围应如何确定

最高额抵押权所担保的债权的范围，即决算期届至时实际发生的最高限额内的债权余额。根据最高人民法院《担保法解释》第 83 条的规定，抵押权人实现最高额抵押权时，如果实际发生的债权余额高于预定的最高限额的，超过部分不具有优先受偿效力；如果实际发生的债权余额低于最高限额的，以实际发生债权余额为限对抵押物优先受偿。当事人在抵押合同约定的最高限额是否限于原本，按照《担保法解释》第 81 条的规定，应以当事人的约定为准；未明确约定担保的债权范围的，一般认为应当包括原本、利息及违约金、损害赔偿金等。本案中，涉案的最高额抵押合同中，均已明确抵押人提供抵押担保的债权范围是 2007 年 6 月 11 日至 2009 年 12 月 30 日期间百里通公司向原告借款的本金及相应利息、罚息、复利、诉讼费用。因此，最高额抵押权所担保的债权的最高限额只限于原本及相应利息、罚息、复利、诉讼费用等。

5.《物权法》实施前设立的最高额质押权是否有效

最高额质权是指为担保债务的履行，债务人或第三人对一定期间内将要连续发生的债权提供质押财产，债务人不履行到期债务或者发生当事人约定的实现质权情形时，质权人在最高债权额限度内就该质押财产优先受偿的权利。《物权法》颁布之前，《担保法》仅规定了最高额抵押权，而未规定最高额质押，但实践中最高额质权已经普遍存在，如许多银行先后推出的最高额度的存单质押等。本案中，2007 年 6 月 11 日，被告亨达利水泥厂与原告约定：亨达利水泥厂自愿以其持有亨达利水泥制品公司的 30%股权及收益，就原告在 2007 年 1 月 1 日至 2008 年 12 月 31 日期间向百里通公司发放的贷款，在人民币 1.3 亿元内向原告提供质押担保，并在亨达利水泥制品公司办理了质押登记。该合同内容符合最高额质押合同的法律特征，应认定为最高额质押合同。该质押设立时《担保法》没有规定该物权类型，若严格按照物权法定原则，应为无效，但物权法定原则在适用时应当得到缓和。因此，该合同意思表示真实，并已办理了质押登记手续，质权成立。如前所述，该最高额质押合同约定的决算期从 2007 年 6 月 11 日起算，至 2009 年 12 月 30 日届满。原告提起本案诉讼时，最高额质押所担保的不特定债权得以确定，故原告向亨达利水泥厂主张质押权，应当予以支持。

6. 最高额保证的决算期如何确定

最高额保证是指保证人于最高额限度内就一定期间连续发生的债权所提供的保证。《担保法》规定了最高额保证合同，第 14 条规定："保证人与债权人可以就单个主合同分别订立保证合同，也可以协议在最高债权额限度内就一定期间连续发生的借款合同或者某项商品交易合同订立一个保证合同。"最高人民法院《担保法解释》第 23 条规定："最高额保证合同的不特定债权确定后，保证人应当对在最高债权额限度内就一定期间连续发生的债权余额承担保证责任。"本案中，2007 年 6 月 11 日，被告亨达利水泥制品公司、亨达利水泥厂、亨达利集团，被告何金秀、邓少平、何彦丰分别与原告签订的《兴业银行最高额保证合同》中约定：上述被告自愿就原告在 2007 年 6 月 11 日至 2009 年 12 月 30 日期间向百里通公司发放的贷款向原告提供连带责任保证担保，其中保证最高本金限额为人民币 1.94 亿元。该约定符合最高额保证合同的法律特征，且无违反我国现行法律规定，属于有效的最高额保证合同。上述最高额保证合同约定的决算期从 2007 年 6 月 11 日起算，至 2009 年 12 月 30 日届满。原告提起本案诉讼时，最高额保证所担保的不特定债权得以确定。原告向各保证人主张连带保证责任，亦未超过合同所约定的保证期间（自每笔主债务履行期限届满之日起计 2 年内），故应予支持。

7. 共同抵押物之间的担保责任应如何承担

共同抵押权是指为共同担保同一债权，而于数个不同的财产上设定一个抵押权。关于共同抵押权，现行法并没有规定，但司法解释承认之。最高人民法院《担保法解释》第 75 条第 2 款规定："同一债权有两个以上抵押人的，当事人对其提供的抵押财产所担保的债权份额或者顺序没有约定或者约定不明的，抵押权人可以就其中任一或者各个财产行使抵押权。"根据该规定，当事人未约定各个抵押财产所负担的金额的，抵押权人可以就其中的任一或者各个财产行使抵押权。这时，共同抵押物之间承担"物"的连带责任，每个抵押物之价值均担保着全部债权。根据该规定的反面解释，当事人以特别约定限定各个财产的负担金额的，各个财产分别以其价值按照其应负担的金额担保债权人的债权受偿。这种共同抵押的各个财产对于同一债权的担保，系分别负责，各担保物相互间并无连带关系。本案中，抵押合同的当事人以特别约定限定了各个财产担保的最高限额，各担保物在所担保的最高债权限额内承担按份责任，彼此不发生连带责任。

8. 共同保证人之间的保证责任应如何承担

共同保证的保证人为二人以上，这就产生了共同保证人之间保证责任的承担问题，据此，共同保证有按份共同担保和连带共同保证之分。两个以上的保证人与债权人约定保证份额的，为按份共同保证；两个以上的保证人与债权人没有约定保证份额或者约定不明确的，为连带共同保证。关于共同保证，《担保法》第 12 条规定："同一债务有两个以上保证人的，保证人应当按照保证合同约定的保证份额，承担保证责任。没有约定保证份额的，保证人承担连带责任，债权人可以要求任何一个保证人承担全部保证责任，保证人都负有担保全部债权实现的义务。已经承担保证责任的保证人，有权向债务人追偿，或者要求承担连带责任的其他保证人清偿其应当承担的份额。"最高人民法院《担保法解释》第 19 条第 1 款规定："两个以上保证人对同一债务同时或分别提供保证时，各保证人与债权人没有约定保证份额的，应当认定为连带共同保证。"第 20 条规定："连带共同保证的债务人在主合同规定的债务履行期届满没有履行债务的，债权人可以要求债务人履行债务，也可以要求任何一个保证人承担全部保证责任。""连带共同保证的保证人承担保证责任后，向债务人不能追偿的部分，由各连带保证人按其内部约定的比例分担。没有约定的，平均分担。"

需要明确的是，连带共同保证与连带责任保证是不同的。连带责任保证是保证的一种方式，是保证人与主债务人之间的"连带"；而连带共同保证是共同保证的一种形式，是保证人之间的“连带”。连带共同保证就其方式而言，可以是一般保证，也可以是连带责任保证。本案中，各保证人之间对保证方式没有进行约定，就债务人对债权人的债务，承担连带保证责任；同时，各保证人之间对保证份额没有进行约定，因此，各保证人间向债权人承担连带清偿责任。

9. 混合担保中各担保人的担保责任承担有无先后顺序

《担保法》第 28 条规定：“同一债权既有保证担保又有物的担保的，保证人对物的担保以外的债权承担保证责任。”“债权人放弃物的担保的，保证人在债权人放弃权利的范围内免除保证责任。”这里的物的担保仅限于债务人提供的物的担保，即在债务人提供抵押或质押担保的情况下，物的担保责任承担先于保证人保证责任的承担。同一债权既有保证又有第三人提供物的担保的，债权人可以请求保证人或者物的担保人承担担保责任。这时，物的担保责任和保证人的担保责任承担没有先后顺序，债权人有权任意选择保证人或物的担保人承担担保责任，而对方不得以未同时起诉物的保证人或保证人为由行使抗辩权。对此，最高人民法院《担保法解释》第 38 条第 1 款规定：“同一债权既有保证又有第三人提供物的担保的，债权人可以请求保证人或者物的担保人承担担保责任。当事人对保证担保的范围或者物的担保的范围没有约定或者约定不明的，承担了担保责任的担保人，可以向债务人追偿，也可以要求其他担保人清偿其应当分担的份额。”《物权法》第 176 条规定：“被担保的债权既有物的担保又有人的担保的，债务人不履行到期债务或者发生当事人约定的实现担保物权的情形，债权人应当按照约定实现债权；没有约定或者约定不明确，债务人自己提供物的担保的，债权人应当先就该物的担保实现债权；第三人提供物的担保的，债权人可以就物的担保实现债权，也可以要求保证人承担保证责任。提供担保的第三人承担担保责任后，有权向债务人追偿。”本案涉及的同一债权上同时设定了抵押担保、质押担保、保证担保。由于各担保人之间均未对担保的份额进行约定，故上述担保应认定为混合共同担保，各担保人应依其担保方式共同对涉诉主债承担担保责任。此外，在上述混合担保中，既有主债务人百里通公司提供的抵押担保，又有被告亨达利水泥制品公司、亨达利水泥厂、亨达利集团、何金秀、邓少平、何彦丰、亨达香港公司提供的保证担保，依照上述有关规定，上述保证人仅对百里通公司提供的抵押物不足以清偿主债权的部分承担共同连带责任。

（评注人：范李瑛）

75. 动产质权纠纷

司法案例

胡建平诉余新成等案

浙江省杭州市中级人民法院（2010）浙杭商提字第1号

基本案情

抗诉机关：浙江省杭州市人民检察院。

申诉人（原审原告）：胡建平。

被申诉人（原审被告）：余新成。

被申诉人（原审第三人）：童红梅。

胡建平因与余新成、童红梅质押合同纠纷一案，不服浙江省淳安县人民法院（2009）杭淳商初字第310号民事判决，向检察机关申诉。浙江省杭州市人民检察院于2009年8月24日作出杭检民抗（2009）第19号民事抗诉书，向本院提出抗诉。本院于2009年9月23日作出（2009）浙杭民抗字第25号民事裁定，提审本案。本院依法组成合议庭，公开开庭审理了本案。浙江省杭州市人民检察院指派检察员连宏星出庭。胡建平及其委托代理人卢强军，童红梅及其委托代理人唐志来到庭参加了诉讼。余新成经本院传票传唤无正当理由拒不到庭。本案现已审理终结。

经审理查明：余新成与童红梅于2000年12月20日登记结婚。2007年2月15日，童红梅购买雪佛兰轿车一辆，价税合计97 500元。机动车注册登记编号为浙AF9612，登记所有人为童红梅。2007年9月30日，余新成与童红梅登记离婚，领取离婚证。离婚协议约定，夫妻共有房屋归童红梅所有，房屋抵押的贷款由童红梅归还；其他各自名下的财产归各自所有，即浙AF9612轿车登记在童红梅名下，归童红梅所有。2008年6月7日，余新成向胡建平借款，出具借条一份，载明："今借胡建平人民币陆万叁仟元整（￥63 000.00元），定于2008年8月10日归还。本借款以浙AF9612号轿车作抵押，特此为据。"事后，余新成交付车辆、钥匙、机动车的相关证书和单据，但未办理抵押登记。借款期限届满后，余新成未归还借款。2008年8月11日，胡建平就借款部分提起诉讼，该案已经二审终审作出判决。关于车辆抵押或质押问题，胡建平在该案中未请求处理。2009年2月20日，胡建平就担保部分提起诉讼，请求确认车辆质押成立并就质物价值优先受偿。

一审诉辩主张

胡建平诉称：2008 年 6 月 7 日，余新成向其借款 63 000 元，承诺于 2008 年 8 月 10 日前归还，并将浙 AF9612 雪佛兰轿车作抵押，同时将该车及 2 把车钥匙、车辆出厂检验单、机动车登记证书、机动车行驶证、汽车销售合同、机动车销售统一发票、车辆购置税缴税凭证、车辆完税证明、征费专用卡交给胡建平。由于余新成未归还借款，胡建平于 2008 年 8 月 11 日向法院起诉。经一、二审法院审理，终审判决余新成于该判决生效后 10 日内归还胡建平借款 63 000元，以及负担一、二审的案件受理费与财产保全申请费。但余新成至今未履行判决。余新成与童红梅于 2000 年 12 月 20 日登记结婚。2007 年 9 月 30 日登记离婚后，仍旧以夫妻名义居住在一起。浙 AF9612 号雪佛兰轿车系其夫妻关系存续期间以童红梅的名义购买。为此起诉，诉讼请求：(1) 要求确认车辆质押成立。(2) 要求处理质押财产浙 AF9612 雪佛兰轿车，并以所得价款对（2008）淳民二初字第 889 号案件的借款 63 000 元及其利息优先受偿。(3) 本案诉讼费用由余新成承担。

余新成经原审法院传票传唤，无正当理由拒不到庭参加诉讼，故未进行答辩。

童红梅辩称：胡建平在借条上写明“以浙 AF9612 轿车作抵押”，即胡建平、余新成的真实意思表示是抵押，不是质押。童红梅和余新成在 2007 年 9 月 30 日登记离婚，车辆登记的所有人为童红梅，余新成借款时该车为童红梅个人财产的事实清楚。抵押应当登记，只要胡建平通知童红梅办理抵押物登记，童红梅就会表示不同意抵押的意见。因此，胡建平、余新成是恶意串通用童红梅的车辆作抵押，不办理抵押物登记，侵犯童红梅的合法权益。童红梅没有将车辆质押给胡建平的意思表示，因此质押合同不能成立。综上，请求驳回胡建平对童红梅的诉讼请求。

一审法院认定证据有：(1) 借条复印件；(2)（2008）淳民二初字第 889 号和（2008）杭民二终字第 1182 号判决书复印件；(3) 车辆和钥匙的照片复印件、出厂车辆检验单、机动车登记证书、机动车行驶证、机动车销售统一发票、车辆购置税缴税凭证、车辆购置税完税证明、公路征费专用卡、机动车保险单、雪佛兰特约售后服务中心免费项目检查表；(4) 结婚证复印件、身份证复印件；(5) 民事上诉状复印件；(6) 离婚协议书复印件。

一审判决

一审法院认为：动产的抵押与质押的区别是，抵押不转移抵押物的占有，而质押动产必须转移给债权人（质权人）占有。余新成将担保债权实现的车辆移交给胡建平占有，符合质押的特征。法律规定，质权须经订立质权合同和交付质押财产设立。本案质押的浙 AF9612 轿车登记在童红梅名下，在童红梅与余新成分割夫妻共同财产时分归童红梅所有。童红梅没有将其车辆出质给胡建平的意思表示，故胡建平与童红梅之间不存在质权合同。余新成将童红梅的车辆出质给胡建平占有系无权处分。《合同法》第 51 条规定，无处分权的人处分他人财产，经权利人追认或者无处分权的人订立合同后取得处分权的，该合同有效。童红梅至今未追认余新成将童红梅的车辆出质的行为，余新成事后也没有取得该车辆的处分权，因此，胡建平、余新成之间的质权合同没有法律效力。关于胡建平是否善意取得质权的问题。在余新成交付浙 AF9612 轿车和该机动车登记证书时，胡建平明知车辆所有人是童红梅，仍接受余新成无权处分的质押车辆，显然不是善意取得。胡建平即使知道余新成与童红梅曾是夫妻关系，不知道其离婚的事实，其内心也只能推出该车辆是余新成与童红梅婚姻关系存续期间购买的，是余新成和童红梅的共同共有财产。《物权法》第 99 条规定，处分共同共有动产需要全体共同共有人同意。余新成未经童红梅同意，不得处分共同共有的车辆。胡建平接受该车辆质押，存在明显的过失，不具备动产质权善意取得的要件，不能适用善意取得制度取得该车辆的质权。胡建平要求确认车辆质押成立，并就该车辆行使优先受偿权的诉讼请求，不予支持。依照《民事诉讼法》第 64 条第 1 款，判决如下：驳回原告胡建平要求确认车辆质押成立和行使优先受偿权的诉讼请求。案件受理费 80 元，由原告胡建平负担。

再审诉辩主张

浙江省杭州市人民检察院抗诉认为：原审判决适用法律确有错误，导致实体处理不当：（一）本案车辆质押合同成立且生效。《担保法》和《物权法》都对动产质押作了明确的规定：动产质押是指为担保债务的履行，债务人或者第三人将其动产出质给债权人占有，债务人不履行到期债务或者发生当事人约定的实现质权的情形，债权人有权就该动产优先受偿。《物权法》同时还规定质权自出质人交付质押财产时设立。由此可知，动产的抵押与质押的区别是，抵押不转移物的占有，而质押必须转移给债权人占有。本案中，余新成与胡建平订立的借款合同中虽然约定是抵押车辆，但实际上却是将车辆交付给胡建平占有，来担保其债务的履行。根据上述法律规定，胡建平与余新成之间实际上签订的是质押合同，且完成了质押物的交付行为，当事人之间的车辆质押合同已经成立且生效。（二）本案胡建平的行为具备了动产质权善意取得的要件，胡建平对被质押车辆享有质权。根据最高人民法院《担保法解释》第 84 条及《物权法》第 108 条的规定，认定动产质权的善意取得，需要符合如下要件：（1）出质物为动产；（2）出质人对出质物无处分权，但出质人是合法占有出质物；（3）质权人是善意，即不知道出质人无处分权；（4）质押合同已成立，质物已交付。本案中，被申诉人余新成向胡建平借款时，签订了书面的车辆质押合同，并将车辆交付给胡建平实际占有，而且还将该车仅有的 2 把车钥匙、车辆出厂检验单、机动车登记证书、机动车行驶证、汽车销售合同、机动车销售统一发票、车辆购置税缴税凭证、车辆完税证明、征费专用卡交给胡建平，同时将其与童红梅的结婚证复印件及两人的身份证复印件交给了胡建平，用以证明他对该车享有处分权。胡建平在签订质押合同时虽然知道车辆登记的所有人是童红梅，但在接受了上述车辆、相关证件及提供的婚姻关系证明和身份证件的情形下，胡建平有理由相信车辆是余新成夫妻的共有财产，且余新成享有对该车的处分权。而实际上余新成已经离婚，其对该车没有处分权，是由于余新成隐瞒了离婚的事实，并将车辆及相关证件交付给胡建平，使胡建平相信其有车辆的处分权。因此，根据上述法律规定，胡建平的行为具备了动产质权善意取得的要件，他应当取得对质押车辆的质权。（三）原审判决由胡建平承担其为善意的举证责任，系适用法律错误。根据善意取得制度的立法本意，动产质权可适用善意取得制度的缘由在于其公信力，即动产以占有为其公示方法，善意取得中受让人的善意来自于对无处分权人占有动产这一事实所产生的权利推定的信赖，即对物权公示的公信力的信赖。而在现实生活中，动产占有人并非处分权人的情形比比皆是，在出质人合理占有动产的情形下，让质权人超越普通人的注意义务去分辨出质人是否为有处分权人，甚至让质权人承担其为善意的举证责任，是有失公平的。本案中，余新成的行为足以使胡建平相信其具有车辆处分权，且胡建平已经尽到了一般的注意义务，并不存在原审判决所认定的“明显过失”，胡建平无须对其善意承担举证责任。相反，被申诉人童红梅认为胡建平接受车辆质押是非善意的，根据最高人民法院《民事诉讼证据规定》第2条即“当事人对自己提出的诉讼请求所依据的事实或者反驳对方诉讼请求所依据的事实有责任提供证据加以证明。没有证据或者证据不足以证明当事人的事实主张的，由负有举证责任的当事人承担不利后果”的规定，应当由其提供证据证明胡建平与余新成签订车辆质押合同时明知余新成是无处分权人的事实，而童红梅却未能提供相关证据来证明该事实，那么童红梅就应当承担举证不能的不利后果。原审判决依据《民事诉讼法》第64条“当事人对自己提出的主张，有责任提供证据”的规定，认为胡建平应当承担其为善意的举证责任，系适用法律错误。

再审中胡建平称：原审认定申诉人不是善意取得，明显认定事实错误，并且适用法律不当：（一）胡建平系善意取得浙AF9612号雪佛兰小汽车质押权。根据《物权法》第106条的规定，余新成是无处分权人，适用该规定，而原审法院认为其没有代理权或是共同共有人无权处分该车辆，从而认定申诉人不具备善意取得要件，明显认定事实错误。申诉人是善意取得的。余新成将浙AF9612雪佛兰小汽车、汽车钥匙2把、车辆登记证书、汽车行驶证和所有证件及结婚证复印件与身份证复印件等交给申诉人，根据记载，该车辆是婚后取得，特别是车辆登记证书是证明所有权的，申诉人有理由相信余新成对该车辆享有所有权，其车辆交付质押是行使所有权的反映。应当由童红梅提供证据证明申诉人知道或应当知道余新成没有处分该车辆权利事实。如该车辆作为共有财产，余新成与童红梅系夫妻关系，其行为构成表见代理行为，适用最高人民法院《民法通则意见》第89条的规定。（二）原审判决适用《合同法》第51条的规定，主张质押合同无效，系适用法律不当。《合同法》第51条规定合同有效的情形，但不能推断出不具备上述情形合同就无效的结果。由于申诉人取得的质押权系特别取得的物权，应适用《物权法》第106条的规定，该规定是明确《合同法》规定有效合同情形以外，也具有合同效力的特别情形。因此，原审适用法律错误。胡建平请求撤销原审判决。

余新成经本院传票传唤，无正当理由拒不到庭参加诉讼，故未进行答辩。

童红梅辩称：余新成交给胡建平材料中的结婚证是余新成自己所持有的结婚证复印件，童红梅的身份证也是复印件，胡建平应知道复印件不具有法律效力。余新成与胡建平之间是抵押关系，而非质押关系。（2008）淳民二初字第889号判决也可以看出是抵押关系，余新成出具的字据也明确是抵押。本案中的车辆抵押需要办理登记手续，而双方始终未去办理登记。童红梅2007年9月与余新成离婚，童红梅委托其姐姐管理教育孩子，并将车辆交给姐姐，余新成是从童红梅姐姐处借得车辆。车辆的行驶证、购置发票等都是童红梅的名字，余新成不是车主。胡建平在得到车辆时就已知道车主是童红梅，其不是善意取得。胡建平对车辆只是使用，并不是物权法中的占有，余新成向胡建平借款并用车辆抵押，没有童红梅的授权委托，童红梅对此不知情也未有意思表示，本案不存在质押合同，童红梅的权利受到侵害。据此，童红梅请求本院再审维持原审判决。

再审判决

杭州市中级人民法院再审查明的事实与原审认定的事实一致。再审审理中，童红梅提供（2009）杭淳商初字第240号民事调解书，欲证明案涉车辆已于2009年2月4日经原审法院调解确认归余昌忠所有，用以抵偿童红梅、余新成的8万元借款。胡建平认为该案原审法院在明知车辆已保全的情况下，没有解封就将车辆调解给余昌忠，程序上存在问题。杭州市中级人民法院认为，该案与本案质押合同纠纷无关联，本案处理结果如与该案车辆抵偿借款的调解内容有矛盾，应在本案依法裁判后通过其他途径妥善解决，本案再审不应受该案调解结果影响，因此童红梅所提供的该份证据对本案不具有证明效力。

杭州市中级人民法院再审认为：（一）本案的定性。《物权法》第 208 条第 1 款规定："为担保债务的履行，债务人或者第三人将其动产出质给债权人占有的，债务人不履行到期债务或者发生当事人约定的实现质权的情形，债权人有权就该动产优先受偿。"根据该条文对动产质权的定义，动产质权作为担保物权的重要特征之一即是动产质权须转移质押标的物的占有。标的物占有的转移，使动产质权具有留置作用，同时也导致出质人丧失对质物的使用、收益、处分的权利。抵押和动产质押虽都属于物的担保，均为担保物权，但抵押的标的为不动产和不动产物权以及动产，且不转移标的物的占有，而动产质押的标的仅限于动产且必须转移标的物的占有。动产质权以出质人转移质物的占有为成立要件，是其区别于抵押的本质特征。本案中，余新成向胡建平出具的借条虽载明"本借款以浙 AF9612 号轿车作抵押"，但实际已将车辆移交给胡建平占有，原审将本案定性为质押合同纠纷是正确的。被申诉人童红梅所称余新成与胡建平之间是抵押关系，而非质押关系，与法律规定不符，本院不予采信。（二）胡建平对车辆质押是否构成善意取得及质押合同的效力问题。本案中，余新成以自己无所有权的车辆出质给胡建平，该车辆质押合同是否有效以及童红梅作为车辆的所有权人能否向胡建平主张权利，涉及胡建平对质权的善意取得问题。《物权法》第 106 条规定："无处分权人将不动产或者动产转让给受让人的，所有权人有权追回；除法律另有规定外，符合下列情形的，受让人取得该不动产或者动产的所有权：（一）受让人受让该不动产或者动产时是善意的；（二）以合理的价格转让；（三）转让的不动产或者动产依照法律规定应当登记的已经登记，不需要登记的已经交付给受让人。受让人依照前款规定取得不动产或者动产的所有权的，原所有权人有权向无处分权人请求赔偿损失。当事人善意取得其他物权的，参照前两款规定。"据此，胡建平对质权构成善意取得仍需同时具备该条文所规定的三要件，余新成将车辆交付给胡建平，虽符合占有转移的要件，但该交付行为并非构成善意取得的唯一要件。本案车辆质押合同的效力仍需衡量胡建平占有该车辆时是否出于善意，即胡建平不知道余新成无处分权，且无重大过失则构成善意取得。判断胡建平是否为善意，理论上虽应采取推定的方法，应由童红梅对胡建平占有该车辆时的恶意进行举证，但是，本案中的有效证据显示，余新成向胡建平交付浙 AF9612 轿车时，机动车登记证书明确载明车辆所有权人是童红梅，即使胡建平不知道余新成与童红梅离婚之事实，胡建平也仅能推断该车辆系余新成与童红梅的共同共有财产，在未经童红梅同意的情形下，余新成不得单独对该车辆作出处分。因此，根据在案证据已可证实胡建平未尽一定程度的注意义务，原判认定胡建平在接受车辆质押时存在明显过失，不构成善意取得，车辆质押合同不成立，符合《民事诉讼法》第 64 条第 2 款"人民法院应当按照法定程序，全面地、客观地审查核实证据"之规定，也符合最高人民法院《民事诉讼证据规定》第 66 条所确立的综合判断证据原则。现申诉人胡建平及检察机关对质押合同效力，胡建平构成动产质权善意取得等适用法律所提申诉、抗诉理由均无法成立，本院不予支持。综上，原判认定事实清楚，适用法律正确，审理程序符合法律规定。本案经本院审判委员会讨论决定，依照《民事诉讼法》第 186 条第 1 款、第 153 条第 1 款第 1 项之规定，判决如下：

维持浙江省淳安县人民法院（2009）杭淳商初字第 310 号民事判决。

本判决为终审判决。

案由与焦点

1. 案由

本案的一级案由为“物权纠纷”，二级案由为“担保物权纠纷”，三级案由为“质权纠纷”，四级案由为“动产质权纠纷”。

为担保债务的履行，债务人或者第三人将其动产出质给债权人占有的，债务人不履行到期债务或者发生当事人约定的实现质权的情形，债权人有权就该动产优先受偿。在“质权纠纷”三级案由下，包括以下四级案由：(1) 动产质权纠纷；(2) 转质权纠纷；(3) 最高额质权纠纷；(4) 票据质权纠纷；(5) 债券质权纠纷；(6) 存单质权纠纷；(7) 仓单质权纠纷；(8) 提单质权纠纷；(9) 股权质权纠纷；(10) 基金份额质权纠纷；(11) 知识产权质权纠纷；(12) 应收账款质权纠纷。动产质权纠纷是指以动产为出质财产设定质权而引发的担保物权纠纷。

2. 焦点

本案焦争议的焦点主要有两个：一是将担保物交付债权人占有的担保，应当认定为抵押担保还是质押担保？二是担保人以占有的无权处分物为担保自身债务而出质他人，第三人是否善意取得质权？

评注与问题

1. 债权人只起诉债务人而未起诉担保人的，法院能否依据对主合同当事人所作出的判决或者裁定，直接执行担保人的财产

最高人民法院《担保法解释》第 128 条第 1 款规定：“债权人向人民法院请求行使担保物权时，债务人和担保人应当作为共同被告参加诉讼。”第 130 条规定：“在主合同纠纷案件中，对担保合同未经审判，人民法院不应当依据对主合同当事人所作出的判决或者裁定，直接执行担保人的财产。”根据该规定，主合同纠纷和担保合同纠纷为两个不同的法律关系，不属必要共同诉讼的范围。当事人既以主合同起诉债务人又以担保合同起诉担保人，人民法院可以合并审理；当事人单独起诉债务人而未起诉担保人承担担保责任的，人民法院不能追加担保人作为共同被告；当事人起诉债务人的判决生效后未得到执行，又以担保纠纷提起诉讼的，人民法院应当受理。本案中，因余新成向胡建平借款 63 000 元未按时归还，胡建平就借款纠纷于 2008 年 8 月 11 日向法院起诉，一、二审法院均判决余新成于该判决生效后 10 日内归还胡建平借款 63 000 元。由于余新成未履行判决，胡建平又以质押纠纷提起诉讼，要求确认车辆质押成立并请求处理质押财产浙 AF9612 雪佛兰轿车，以所得价款对（2008）淳民二初字第 889 号案件的借款 63 000 元及其利息优先受偿。这是符合法律规定的。

2. 合同约定的是车辆抵押，实际上却将抵押物交付债权人占有，当事人之间是抵押担保还是质押担保

《物权法》第 179 条第 1 款规定：“为担保债务的履行，债务人或者第三人不转移财产的占有，将该财产抵押给债权人的，债务人不履行到期债务或者发生当事人约定的实现抵押权的情形，债权人有权就该财产优先受偿。”这是关于动产抵押的规定。《物权法》第 208 条第 1 款规定：“为担保债务的履行，债务人或者第三人将其动产出质给债权人占有的，债务人不履行到

期债务或者发生当事人约定的实现质权的情形，债权人有权就该动产优先受偿。”这是关于动产质押的规定。根据上述规定，动产的抵押与质押同为担保物权，但抵押的标的为不动产和不动产物权以及动产，且不转移标的物的占有；而动产质押的标的仅限于动产且必须转移标的物的占有。动产质权以出质人转移质物的占有为成立要件，是其区别于抵押的本质特征。本案中，余新成与胡建平订立的借款合同中虽然约定的是抵押车辆，但实际上余新成将担保债权实现的车辆移交给胡建平占有，符合质押的特征。因此，双方之间的担保法律关系性质应为质押关系，而非抵押关系。

3. 夫妻将共有财产变更为一方个人财产的协议，是否产生物权变动的效力

根据《中华人民共和国婚姻法》（以下简称《婚姻法》）第 17 条第 1 款的规定，夫妻在婚姻关系存续期间取得的财产，除法律另有规定或者当事人另有约定外，归夫妻共同所有。《婚姻法》第 39 条第 1 款规定：“离婚时，夫妻的共同财产由双方协议处理；协议不成时，由人民法院根据财产的具体情况，照顾子女和女方权益的原则判决。”根据该规定，夫妻在离婚时有权对夫妻共有财产进行分割，共有财产经当事人协议分割后，原属于夫妻共同所有的财产变更为一方单独所有的财产，原共有人的财产所有权消灭而取得了共有财产的价值补偿权。因此，夫妻关于共同财产分割的协议发生物权变动的效果，即夫妻将共同财产约定为一方个人所有的，自约定生效之日起所有权转归该个人所有。但不动产未经登记或动产未经交付的，不得对抗第三人。本案中，余新成与童红梅婚姻关系存续期间购置的浙 AF9612 轿车，虽登记在童红梅名下，但应推定为夫妻共同财产。2007 年 9 月 30 日，余新成与童红梅登记离婚，领取了离婚证。离婚协议约定，夫妻共有房屋归童红梅所有，房屋抵押的贷款由童红梅归还；其他各自名下的财产归各自所有。即浙 AF9612 轿车登记在童红梅名下，归童红梅所有。该离婚协议中的约定在 2007 年 9 月 30 日附随婚姻关系解除生效后，协议书中关于轿车归属的内容生效，浙 AF9612 轿车由夫妻共同财产变更为童红梅个人所有的财产。

4. 无处分权人将占有的动产质押给第三人的，质押合同的效力如何

《物权法》第 210 条第 1 款规定：“设立质权，当事人应当采取书面形式。”质押合同作为债权合同，作为质权取得的原因行为时，必须是有效合同。《合同法》第 51 条规定：“无处分权的人处分他人财产，经权利人追认或者无处分权的人订立合同后取得处分权的，该合同有效。”质押合同是处分质物的行为，质物作为质押合同的标的物，质押人应当有处分权。质押人无处分权而实施了处分行为，该合同为效力待定行为。无权处分行为未经权利人追认，无权处分的人订立合同后也未取得处分权的，该合同则确定成为无效合同。本案中，2007 年 9 月 30 日余新成与童红梅登记离婚后，离婚协议中浙 AF9612 轿车归童红梅个人所有的约定生效，余新成对该轿车的共有权消灭。2008 年 6 月 7 日，余新成因向胡建平借款 63 000 元，而将其占有的浙 AF9612 雪佛兰轿车及 2 把车钥匙和其他相关单证交给胡建平，以担保自己的债务。因余新成对用于质押的轿车已丧失所有权，童红梅对余新成出质行为不予追认，因而余新成的出质行为属于无权处分行为，余新成与胡建平之间的质押合同无效。

5. 动产质权可否适用善意取得制度

《物权法》第 106 条第 1 款规定了善意取得的条件：“（一）受让人受让该不动产或者动产时是善意的；（二）以合理的价格转让；（三）转让的不动产或者动产依照法律规定应当登记的已经登记，不需要登记的已经交付给受让人。”第 3 款规定：“当事人善意取得其他物权的，参照前两款规定。”根据该规定，除所有权外，质权等也可有善意取得的适用。参照所有权善意取得的条件，动产质权善意取得的条件是：(1) 出质人对出质物无处分权；(2) 质权人是善意的；(3) 质押合同已成立，质物已交付质权人占有。此处所谓善意，是指受让人不知道或不应知道让与人无处分财产的权利。受让人是否为善意，应由否定其为善意的人举证证明，即主张

受让人为非善意的一方，应负举证责任。本案中，再审法院认为，在判断胡建平是否为善意的问题上，理论上虽应采取推定的方法，应由童红梅对胡建平占有该车辆时的恶意进行举证，但是，本案中的有效证据显示，余新成向胡建平交付浙 AF9612 轿车时，机动车登记证书明确载明车辆所有权人是童红梅，即使胡建平不知道余新成与童红梅离婚之事实，胡建平也仅能推断该车辆系余新成与童红梅的共同共有财产，在未经童红梅同意的情形下，余新成不得单独对该车辆作出处分。胡建平未尽一定程度的注意义务，在接受车辆质押时存在明显过失，不构成善意取得，胡建平及检察机关对质押合同效力，胡建平构成动产质权善意取得等适用法律所提申诉、抗诉理由均无法成立。再审法院的这种认识是正确的。试想，如果车辆登记在余新成名下，离婚时双方协议该车辆归童红梅所有，此时余新成以该车辆为自己的债务提供质押担保的，本案的处理结果会有何不同？

（评注人：范李瑛）

76. 转质权纠纷

司法案例

王瑞祥诉林敬志案

浙江省湖州市中级人民法院（2010）浙湖商终字第127号

基本案情

上诉人（原审被告）：林敬志。

被上诉人（原审原告）：王瑞祥。

上诉人林敬志为与被上诉人王瑞祥质押合同纠纷一案，不服德清县人民法院（2010）湖德武商初字第22号民事判决，向本院提起上诉。本院于2010年3月26日立案受理后，依法组成由审判员孙健含任审判长、代理审判员陈静和沙季超参加评议的合议庭审理本案，书记员陈蓉担任记录。经过阅卷和调查，询问当事人，本案现已审理终结。

经审理查明：2008年1月25日，案外人王孝祥与王瑞祥签订借款协议一份，双方约定王孝祥向王瑞祥借款人民币150 000元，并以其所有的车牌号为浙A005H7的轿车一辆作质押。王孝祥借款后，将该车交付给王瑞祥。2008年12月31日，王瑞祥向林敬志借款人民币50 000元，双方约定借款期限为两个月。借款后，王瑞祥将其占有并登记在王孝祥名下的该车转质给林敬志。2009年3月6日，王瑞祥以林敬志保管不当致使车辆丢失为由函告林敬志，要求林敬志返还该车。2009年3月11日，林敬志向法院起诉，要求判令王瑞祥立即归还借款人民币50 000元，并支付利息人民币5 000元。经一审、二审法院审理，终审判决王瑞祥归还林敬志借款人民币50 000元。现王瑞祥要求林敬志返还车辆未果而诉至法院。

另查明：涉案车辆的车主为王孝祥。王瑞祥未经王孝祥同意，将涉案车辆转质给林敬志。

一审诉辩主张

王瑞祥向法院提起诉讼，请求判令林敬志返还王瑞祥质押财产三菱戈蓝轿车一辆或赔偿王瑞祥损失人民币150 000元。

林敬志辩称：第一，王瑞祥借款时，林敬志并不知道用于本案的质押财产系其本人所有。王瑞祥是利用发票所载姓名和王瑞祥姓名很相似这一点来欺骗林敬志的。后来，王瑞祥告知，该车是其偷窃所得，但借款时林敬志对这一点并不知情。第二，王瑞祥诉称，该车系王瑞祥质押给林敬志的，但其并未对这一主张提供相应的证据予以证明。

一审判决

一审法院经审理认为：本案争议的焦点一：车牌号为浙A005H7的三菱戈蓝轿车的来源问题。审查认为，虽该车的登记车主为案外人王孝祥，但王瑞祥与王孝祥之间不仅存在合法有效的民间借贷关系，而且因该主合同关系产生了合法有效的质押合同关系，王瑞祥基于王孝祥的实际交付行为而享有对该车事实上的控制与支配，故王瑞祥对该车系合法占有。林敬志虽辩称该车来源不合法，系"黑车"，但对其主张无相应证据予以佐证，故法院不予采信。本案的争议焦点二：林敬志是否应返还质押财产。审查认为，第一，结合（2009）浙湖商终字第337号生效民事判决书内容及双方在本案的庭审抗辩陈述，可以认定双方均认可涉案车辆在借款当时即已转移给债权人即本案林敬志占有，故林敬志占有该车的事实存在，双方之间的质权自交付质押财产时设立。第二，林敬志作为本案质权人，应尽善良管理人的注意义务，即在整个质权存续期间，对其实际占有的质押财产以具有相当经验或知识及诚实信用之人所应为之注意，应履行比处理自己事务更多注意的义务，不得懈怠。现有林敬志质证无异议并经本院依法予以认定的派出所询问笔录和林敬志的庭审承认，能证明质押财产被盗，且林敬志未能提供证据证明其对质押财产已经尽到善良保管之义务或对质押财产之毁损、灭失无过错，应推定其具有主观过错，违反了妥善保管质押财产之义务，须对王瑞祥承担相应的损害赔偿责任。对损害的具体数额，王瑞祥未能举证证明，依据本案实际情况并参照车辆折旧率计算方法，由法院酌情认定。另无相关证据证明该车的具体去向或其实际毁损程度，应推定该车已失其下落，属于返还不能之情形，故该院对王瑞祥请求林敬志返还质押财产的诉讼请求不予支持。据此，依照《物权法》第212条、第215条第1款、《民事诉讼法》第64条第1款之规定，判决：一、林敬志在判决生效之日起7日内赔偿王瑞祥车辆损失人民币90 000元。二、驳回王瑞祥的其他诉讼请求。若林敬志未按判决指定的期间履行给付金钱义务，应当依照《民事诉讼法》第229条规定，加倍支付迟延履行期间的债务利息。案件受理费减半交纳人民币1 650元，由王瑞祥负担人民币660元，林敬志负担人民币990元。

二审诉辩主张

被告林敬志不服，上诉称：（1）一审法院认定事实有误，林敬志与王瑞祥之间的质押合同（转质）合同应属无效。根据已经查明的事实，本案的质物浙A0057H轿车为王孝祥所有，王瑞祥在一审中提交的《借款协议》用以证明该车辆系出质人王孝祥质押给王瑞祥，王瑞祥进而将车辆转质给林敬志，一审判决对该证据予以认定。根据最高人民法院《担保法解释》第94条第2款之规定，王瑞祥的"转质"未得到王孝祥的同意，林敬志与王瑞祥之间的质押合同无效。（2）一审判决适用法律错误，有权针对质物浙A0057H轿车提出赔偿请求权的主体，只能是原出质人王孝祥。本案质权人是王瑞祥，而不是林敬志。王瑞祥与王孝祥有质押合同关系，王瑞祥是质权人。王瑞祥取得质物后，擅自转质属无效行为，林敬志没有取得质权。质权人王瑞祥擅自转质车辆，应由其向王孝祥承担赔偿责任。《物权法》第215条规定的赔偿请求权，其请求权基础在于对质物的所有权，而不是质押合同项下的合同权利，所以本案提起质物赔偿请求权的唯一适格主体只能是出质人王孝祥。即使本案的转质合同有效，仅基于质押合同关系，王瑞祥无权向林敬志主张质物的赔偿请求权。一审判决侵害了王孝祥的合法权益。王孝祥作为浙 A0057H 轿车的所有人，应当由其向侵权人主张赔偿请求权。本案质物在王瑞祥转质后下落不明，王瑞祥的质权消灭，针对质物的损失赔偿款，王瑞祥无权优先受偿，应由王孝祥享有。（3）一审程序违法。一审在没有进行相关鉴定的情况下，对车辆损失认定有很大的随意性。应有相关鉴定部门参照相同车型、相同使用年限的车辆，按公平合理的方式确定车辆损失的价值。请求二审法院撤销原判，依法改判。

王瑞祥答辩称：（1）原判认定事实正确，转质有效。因为《物权法》第 217 条有相关规定，条文含义内容包含了责任转质和承诺转质，本案属于责任转质，不需要出质人同意。本案林敬志依据的是担保法的司法解释，系适用法律错误，应以物权法为准。（2）原判适用法律正确，王瑞祥作为提出赔偿请求的主体适格。根据上诉状，涉案车是质押财产，债权债务同时产生质权并存，作为本案的双方当事人，林敬志属于转质权人，王瑞祥是转质人，因此有权提出。王瑞祥享有转质权的，享有利益的，只要在合理的范围内，法律无法限制。由于本案的林敬志未尽保管义务，导致车辆遗失，转质人有权请求赔偿。出质人王孝祥是否向王瑞祥提出与本案无关。王孝祥可以向王瑞祥还清借款后，如果车子未交付，可以另行主张，一审判决正确。（3）原判程序合法，由于林敬志将质押的车辆遗失，无法评估价格，因而原判的计算合情合理，并无违法。林敬志未在一审中提出鉴定，因此一审判决正确。请求二审法院驳回上诉，维持原判。

双方当事人在二审中均无新的证据提交。

二审判决

本院确认原审法院审理查明的事实。另查明：涉案车辆的车主为王孝样。王瑞祥未经王孝样同意，将涉案车辆转质给林敬志。

第一，根据最高人民法院《担保法解释》第 94 条第 2 款之规定，“质权人在质权存续期间，未经出质人同意，为担保自己的债务，在其所占有的质物上为第三人设定质权的无效。质权人对因转质而发生的损害承担赔偿责任。”本案中，王孝样将车辆质押给王瑞祥，王瑞祥在其质权存续期间，未经王孝样同意，将车辆转质给林敬志的行为应属无效。《物权法》对该种情形下的质押行为的效力问题未予提及，责任转质和承诺转质仅为学理上的探讨，最高人民法院《担保法解释》该条款也未失效。故本院确认林敬志与王瑞祥之间的质押合同无效。

第二，根据《合同法》第 58 条的规定，“合同无效或者被撤销后，因该合同取得的财产，应当予以返还；不能返还或者没有必要返还的，应当折价补偿。有过错的一方应当赔偿对方因此所受到的损失，双方都有过错的，应当各自承担相应的责任。”本案林敬志与王瑞祥之间的质押合同无效后，林敬志应向王瑞祥返还质押财产。因林敬志在占有质物期间，未尽妥善保管义务，致使质押财产被盗，具有过错，应向王瑞祥承担相应的损害赔偿责任。王瑞祥作为合同的相对方，有权向林敬志主张损害赔偿。

第三，一审法院依据本案实际情况并参照车辆折旧率，对损害赔偿数额作出酌情认定，无明显不当。且林敬志在一审中并无提出鉴定申请，涉案车辆被盗，更是无法进行鉴定。对林敬志的该节上诉请求，本院不予支持。

综上，上诉人林敬志的上诉部分有理，本院予以采信。原审认定事实基本清楚，程序合法，实体处理无不当。依据《民事诉讼法》第 153 条第 1 款第 1 项之规定，判决如下：

驳回上诉，维持原判。

二审案件受理费 3 300 元，由上诉人林敬志负担 3 000 元，由被上诉人王瑞祥负担 300 元。

本判决为终审判决。

案由与焦点

1. 案由

本案的一级案由为"物权纠纷"，二级案由为"担保物权纠纷"，三级案由为"质权纠纷"，四级案由为"转质权纠纷"。

转质权纠纷是指质权人于质权存续期间，为担保自己债务的履行，将出质财产再次予以出质设定质权而引发的纠纷。

2. 焦点

本案争议的焦点主要有两个：一是转质人未经出质人同意将质物转质的行为是否有效；二是转质期间质物灭失的，转质人是否有权向转质权人主张损害赔偿。

评注与问题

1. 质权人将其占有的质物设立新的质权行为的性质如何认定

质权人在质权存续期间，为了担保自己的债务，在其占有的质物上设立新的质权，将质物移交于第三人占有的行为，称为转质。质权人得以质物转质的权利，称为转质权。因转质而取得质权的人，称为转质权人。转质可分为承诺转质和责任转质。所谓承诺转质，又称同意转质，是指质权人经出质人同意，为担保自己的债务，而将质物占有转移给第三人，就质物再设定新质权的行为。所谓责任转质，是指质权人在质权存续期间，无须经过出质人的同意，而以自己的责任将质物转质于第三人，设定新质权。最高人民法院《担保法解释》第 94 条第 1 款规定："质权人在质权存续期间，为担保自己的债务，经出质人同意，以其所占有的质物为第三人设立质权的，应当在原质权所担保的债权范围之内，超过的部分不具有优先受偿的效力。转质权的效力优于原质权。"第 2 款规定："质权人在质权存续期间，未经出质人同意，为担保自己的债务，在其所占有的质物上为第三人设立质权的无效。质权人对因转质而发生的损害承担赔偿责任。"该解释明确规定了承诺转质和责任转质。本案中，王孝样将车辆质押给王瑞祥，王瑞祥在其质权存续期间，未经王孝祥同意，将车辆转质给林敬志的行为应认定为责任转质。

2. 责任转质是否具有法律效力

最高人民法院《担保法解释》第 94 条明确承认承诺转质，否定责任转质。《物权法》第 217 条规定："质权人在质权存续期间，未经出质人同意转质，造成质押财产毁损、灭失的，应当向出质人承担赔偿责任。"《物权法》是否承认转质，学理上解释不一。有观点认为，这是关于责任转质的规定，《物权法》没有规定承诺转质。[①] 有观点认为，《物权法》既承认责任转质，也承认承诺转质。[②] 有观点认为，《物权法》规定了责任转质，没明确规定承诺转质，但在解释上自应认为它认可承诺转质。[③] 有观点认为，《物权法》不提倡转质，也没有禁止转质。为了保护出质人的利益，《物权法》特设第 217 条，采取的原则是，未经出质人同意，不允许

① 参见梁慧星、陈华彬：《物权法》，44 版，353 页，北京，法律出版社，2007。

② 参见王利明、尹飞、程啸：《中国物权法教程》，515 页，北京，人民法院出版社，2007。

③ 参见黄松有主编：《〈中华人民共和国物权法〉条文理解与适用》，641 页，北京，人民法院出版社，2007。

转质，质权人转质的要承担赔偿责任。[①] 有观点认为，《物权法》第 217 条肯定了责任转质。[②] 本案终审法院以《物权法》未提及责任转质为由，认定王瑞祥与林敬志之间的转质行为无效，显然持《物权法》不承认责任转质的观点。本案中，当事人的质押担保行为发生在《物权法》实施以后，你认为王瑞祥与林敬志之间的转质行为的效力，应当如何认定？

3. 责任转质后转质人对于质物的损失，应否向出质人承担赔偿责任

《物权法》第 217 条规定："质权人在质权存续期间，未经出质人同意转质，造成质押财产毁损、灭失的，应当向出质人承担赔偿责任。"责任转质期间，质押财产毁损、灭失的，应当向出质人承担赔偿责任，责任转质的有效与否，对转质人向出质人承担的该赔偿责任不产生任何影响。承认责任转质效力的学者也认为，"未经出质人同意而进行转质的质权人对质押财产的任何毁损、灭失都应当向出质人承担赔偿责任，即使这种毁损、灭失是由于不可抗力造成的"[③]。本案中，王瑞祥在其质权存续期间，未经出质人王孝样的同意，将车辆转质给林敬志，林敬志在占有质物期间致使质押财产被盗，按照《物权法》的规定，作为转质人，王瑞祥对质物被盗给出质人造成的损失，应当向出质人承担赔偿责任。

4. 责任转质后，转质权人对于质物损失的赔偿责任性质是什么

责任转质后，转质权人对于质物损失向转质人承担的赔偿责任性质，是转质行为有效的违约赔偿责任，还是转质行为无效的缔约过失赔偿责任，取决于对责任转质的态度。

如果承认责任转质，责任转质对于转质权人发生如下效力：(1) 转质权人对于质物取得新质权，享有一般质权人所享有的权利，同时负有一般质权人所负担的义务。(2) 在转质权所担保的债权和原质权所担保的债权均已届清偿期、转质权人的债权未获清偿时，转质权人可对质物行使变价权。(3) 转质权人就质物所卖得的价金享有使其债权优先受偿的权利。[④] 由此可见，转质权人在转质生效后享有一般质权人所享有的权利，同时负有一般质权人所负担的义务。因此，转质人清偿了转质权人的债务后，转质权人继续占有质押财产的法律基础和权利依据也随之丧失，应当返还质押财产于转质人，这是其合同义务；转质人作为合同的相对方，有权向转质权人请求返还用于质押的财产；当质物灭失时而不能返还时，转质权人应当向转质人承担违约损害赔偿。

如果否认责任转质，责任转质无效，按照合同无效的后果，转质权人应当向转质人承担缔约过失赔偿责任。本案中，二审法院根据《合同法》第 58 条"合同无效或者被撤销后，因该合同取得的财产，应当予以返还；不能返还或者没有必要返还的，应当折价补偿……"的规定，确认林敬志与王瑞祥之间的质押合同无效，林敬志应向王瑞祥返还质押财产。因林敬志在占有质物期间，未尽妥善保管义务，致使质押财产被盗，具有过错，应向王瑞祥承担相应的损害赔偿责任。王瑞祥作为合同的相对方，有权向林敬志主张损害赔偿。

民事行为的性质决定了其应当适用的法律，而适用的法律不同，决定了判决结果的不同。你认为本案中的转质权人是否应当向转质人承担损害赔偿责任，应当承担何种损害赔偿责任？

5. 转质期间质物灭失的，转质权人的质权是否因质物灭失而消灭

质物灭失，质权标的不存在，质权消灭。但因为质权的效力及于质物的代位物和代偿物，因此，如果质物灭失有代位物或代偿物时，动产质权继续存在于质物的代位物或代偿物。本案中，转质人王瑞祥未经出质人的同意，将质物转质给其债权人林敬志占有。林敬志占有质物期

---

① 参见胡康生主编：《中华人民共和国物权法释义》，467 页，北京，法律出版社，2007。

② 参见郭明瑞、房绍坤主编：《民法》，249 页，北京，高等教育出版社，2010。

③ 郭明瑞主编：《中华人民共和国物权法释义》，397 页，北京，中国法制出版社，2007。

④ 参见谢在全：《民法物权论》（下册），修订 2 版，277 页，台北，三民书局，2003。

间，因保管不当导致质押车辆被盗，不能追回，质物灭失。无论转质是否有效，林敬志均应当向转质人就该质物的灭失承担损害赔偿责任。林敬志就质物灭失的损害赔偿责任承担后，该赔偿款就成为质物的代位物，转质人王瑞祥基于其质权及于质物的代位物的效力，其质权将继续存在于该代位物上，并不因为质物的灭失而消灭。就该赔偿款，王瑞祥在对王孝祥的债权到期而不能受清偿时，得就该赔偿款优先受偿。

（评注人：范李瑛）

77. 应收账款质权纠纷

司法案例

都市典当公司诉海洋港饭店等案

北京市第二中级人民法院（2009）二中民终字第 14968 号

基本案情

上诉人（原审被告）：北京海洋港国际大饭店有限公司。

法定代表人：张爱华，董事长。

被上诉人（原审原告）：北京都市典当有限责任公司。

法定代表人：方飚，董事长。

原审被告：张爱华。

原审第三人：中国建设银行股份有限公司北京铁道专业支行。

负责人：齐建铁，行长。

上诉人北京海洋港国际大饭店有限公司（以下简称“海洋港饭店”）因与被上诉人北京都市典当有限责任公司（以下简称“都市典当公司”）、原审被告张爱华、原审第三人中国建设银行股份有限公司北京铁道专业支行（以下简称“建行铁道支行”）典当纠纷一案，不服北京市丰台区人民法院（2009）丰民初字第 04101 号民事判决，向本院提起上诉。本院于 2009 年 7 月 22 日受理后，依法组成由法官周荆担任审判长，法官芦超、郑亚军参加的合议庭，于 2009 年 9 月 7 日召集双方当事人进行了询问。本案现已审理终结。

经审理查明：2008 年 5 月 6 日，上诉人海洋港饭店作为甲方与原审第三人乙方建行铁道支行、丙方被上诉人都市典当公司三方签订《租赁权质押典当协议书》约定，北京爱华物业管理有限公司与乙方曾于 1997 年 7 月 23 日签订《房屋租赁合同》，租赁面积 1 200 平方米，租赁期限 20 年，自 1997 年 8 月 1 日至 2017 年 7 月 31 日，年租金为 3 179 880 元，物业管理费每年为 432 000 元，年租金及年物业管理费合计为 3 611 880 元，双方签约后 10 日内，乙方以支票形式一次性支付当年租金及管理费，以后的租金及管理费在每年的 1 月 31 日前支付，甲方经合同变更，替代原出租方作为 1997 年 7 月 23 日签订的《房屋租赁合同》的出租方，原租赁合同约定的内容不变，甲方因资金紧张，拟将其租赁权即甲方的租赁受益权质押给丙方，以从丙方贷款，乙方对甲方质押租赁权的行为表示认可并同意，同时同意甲方与丙方未解除借贷关系前，将本应付给甲方的年租金及年物业管理费全部交付给丙方作为留置款，丙方根据甲方质押租赁权的金额，拟贷款给甲方350万元，每月综合管理费为3.5%，即每月综合管理费为122 500元，前3个月的综合管理费甲方一次性支付给丙方，如甲方延长贷款期限，以后的综合管理费按月支付，甲方租赁权质押给丙方后，丙方同意贷款给甲方350万元，扣除前3个月综合管理费后，甲方实际应得3 132 500元，经甲方与丙方协商，甲方贷款期限为3个月，自2008年5月7日至2008年8月6日，甲方倘若提前还款，丙方应将多收的综合管理费退还给甲方，倘若甲方到期后不能还贷，甲方应向丙方申请办理贷款延期手续并签订相关补充协议并及时交付续当综合管理费，如甲方不按照约定及时交纳续当综合管理费，丙方将按贷款金额每日5‰计算收取滞纳金直至甲方补交续当综合管理费之日止，甲方同意由其法定代表人承担个人无限连带担保责任等。2008年5月8日，都市典当公司将3 132 500元支付给海洋港饭店，并出具了当票。此当票记载，当物名称为房屋质押，典当金额为350万元，综合管理费为367 500元，典当期限为由2008年5月8日起至2008年8月7日。典当期满后，海洋港饭店未归还都市典当公司贷款，亦未再支付综合管理费，也没有支付滞纳金。

2008年10月30日，北京市第二中级人民法院向建行铁道支行发出（2008）二中执字第1331号协助执行通知书，要求建行铁道支行将应当支付给海洋港饭店的年房屋租金及物业费交至该院，用于偿还海洋港饭店拖欠杨学文的债务。但建行铁道支行未将此款交至北京市第二中级人民法院。2009年3月4日，都市典当公司在中国人民银行征信中心应收账款质押登记公示系统办理了海洋港饭店应收租金及物业费的质押登记。由于都市典当公司对北京市第二中级人民法院发出的协执通知提出了执行异议，2009年4月29日，北京市第二中级人民法院作出（2009）二中执异字第00024号裁定，认为因都市典当公司主张的担保物权成立与否，应根据本案的诉讼结果确定，故裁定（2008）二中执字第1331号协助执行通知书中止执行。

本案一审审理期间，一审法院依据都市典当公司之申请，于2009年5月26日作出（2009）丰民初字第04101号财产保全裁定，冻结建行铁道支行应向海洋港饭店支付的年租金及物业管理费共计3 611 880元，冻结海洋港饭店在建行六里桥支行的内存款4 665 620元及张爱华持有的北京黄河房地产开发有限公司的全部股权。

一审庭审中，都市典当公司认为《租赁权质押典当协议书》约定的月综合管理费3.5%，实际包括月综合管理费和利息，其中月综合管理费费率为2.4%，月利率为1.1%。

一审诉辩主张

都市典当公司起诉称：2008年5月6日，都市典当公司与海洋港饭店及建行铁道支行签订《租赁权质押典当协议书》约定，都市典当公司向海洋港饭店贷款350万元，海洋港饭店用其享有的对建行铁道支行的租赁物收益权作为质押担保，贷款期限为3个月，即自2008年5月7日起至2008年8月6日，每月综合管理费为3.5%，若海洋港饭店提前还贷，都市典当公司应将多收的综合管理费退还给海洋港饭店，若海洋港饭店到期后不能还贷，应向都市典当公司申请办理贷款延期手续并签订相关补充协议并及时交付续当综合管理费，如海洋港饭店不按照约定及时交纳续当综合管理费，都市典当公司将按贷款金额每日5‰计算收取滞纳金直至海洋港饭店补交续当综合管理费之日止。2008年4月30日，都市典当公司给海洋港饭店开具当票，当物名称为房屋租赁收益权质押，典当金额为350万元，综合管理费为367 500元，典当期限为自2008年5月8日起至2008年8月7日。此笔典当款扣除综合管理费后余额3 132 500元，都市典当公司已于2008年5月8日支付给海洋港饭店。现当期已到，海洋港饭店经都市典当公司多次催促按照协议执行未果。故诉至法院，请求判令海洋港饭店、张爱华连带向都市典当公司还款350万元，支付综合管理费及违约金至本金实际履行日止，请求判令建行铁道支行按照合同协助履行支付质押款。

海洋港公司、张爱华在一审中答辩称：事实属实。双方约定的违约金过高，应按银行利率的 4 倍计算，其他无异议。

建行铁道支行在一审中述称：由于此前北京市第二中级人民法院已要求建行铁道支行将租金和物业费交付申请人杨学文，因而建行铁道支行不同意都市典当公司协助履行的请求。

一审判决

一审法院判决认定：海洋港饭店与建行铁道支行、都市典当公司三方签订的《租赁权质押典当协议书》系各方当事人真实意思表示，且不违反法律及行政法规的规定，应为有效合同。此合同签订后，都市典当公司履行了贷款义务，海洋港饭店在贷款期限届满后，没有还贷，亦未交纳续当综合管理费，其行为已经构成违约，应当返还当金，给付利息、综合管理费以及滞纳金。关于当金数额，都市典当公司在交付当金时预先扣除当金利息 115 500 元，违反了《典当管理办法》第 37 条第 2 款“典当当金利息不得预扣”之规定，因此应当以扣除利息后的余额 3 384 500 元作为典当本金。关于月综合管理费用，应以本金 3 384 500 元为基数，按月综合管理费率进行计算。都市典当公司所称 2.4%的月综合管理费率符合《典当管理办法》第 38 条“财产权利质押典当的月综合费率不得超过当金的 24‰”之规定，该院予以认可。都市典当公司按当金总额 350 万元计算而多收取的前 3 个月的综合管理费，应予扣减。关于当金利率，应当依照《典当管理办法》第 37 条之规定，按中国人民银行公布的银行机构 6 个月期法定贷款利率及典当期限折算后执行，都市典当公司要求按月利率 1.1%计算当金利息，该院不予支持。《租赁权质押典当协议书》中约定的海洋港饭店迟延交纳续当综合管理费应按贷款金额每日 5‰计算收取的滞纳金过分高于海洋港饭店迟延履行行为给都市典当公司造成的损失，且海洋港饭店、张爱华均提出要求法院予以调整，故该院予以适当降低。张爱华作为海洋港饭店之保证人，应当承担连带清偿责任。对都市典当公司要求行使应收账款质权之诉请，该院认为，由于本案质权登记的时间为 2009 年 3 月 4 日，而此前北京市第二中级人民法院已于 2008 年 10 月 30 日向建行铁道支行发出了协执通知，要求其将房屋租金及物业费交至该院，且 2008 年 11 月都市典当公司已经知悉了此协执通知的存在，而其仍于 2009 年 3 月 4 日办理质押登记，故应当认定应收账款质权不成立。因此，对都市典当公司要求建行铁道支行协助履行支付质押款的诉请，该院不予支持。综上所述，依照《合同法》第 107 条、第 114 条，《物权法》第 228 条之规定，判决如下：

一、海洋港饭店于判决生效后 15 日内返还都市典当公司当金 3 384 500 元；

二、海洋港饭店给付都市典当公司 2008 年 8 月 8 日至 2009 年 4 月 7 日期间的综合管理费共计 649 824 元，扣除海洋港饭店多支付的前 3 个月综合管理费 8 316 元，余款 641 508 元，于判决生效后 15 日内给付；

三、海洋港饭店于判决生效后 15 日内按每月 81 228 元的标准给付都市典当公司自 2009 年 4 月 8 日至当金实际偿还之日的综合管理费；

四、海洋港饭店于判决生效后 15 日内以按中国人民银行公布的银行机构 6 个月期法定贷款利率及典当期限折算后的利率计算给付都市典当公司自 2008 年 5 月 8 日至当金实际给付之日的利息；

五、海洋港饭店于判决生效后 15 日内以同期银行贷款利率的 4 倍为标准计算给付都市典当公司当金 3 384 500 元自 2008 年 8 月 8 日至综合管理费给付之日的违约金；

六、张爱华对判决一至五项承担连带清偿责任；

七、驳回都市典当公司其他诉讼请求。

如果未按判决指定的期间履行给付金钱义务，应当依照《民事诉讼法》第 229 条之规定，加倍支付迟延履行期间的债务利息。

二审诉辩主张

海洋港饭店不服，提起上诉。其主要上诉理由是：都市典当公司、海洋港饭店签订《租赁权质押典当协议书》，都市典当公司起诉要求海洋港饭店返还当金，意味着该合同解除，都市典当公司没有理由再收取综合管理费。一审判决按同期银行贷款利率的 4 倍计算违约金过高，显失公平，应按照银行逾期贷款罚息的规定在同期贷款基准利率基础上加罚 30%～50%。海洋港饭店请求二审法院撤销一审判决第三项、第五项，由都市典当公司承担诉讼费。

都市典当公司服从一审法院判决。其未向本院提交书面答辩意见，但其在本院庭审中口头答辩称：一审判决认定事实清楚，适用法律正确。都市典当公司、海洋港饭店签订《租赁权质押典当协议书》是当事人的真实意思表示，合法有效。都市典当公司请求二审法院维持原判。

张爱华服从一审法院判决。其未向本院提交书面答辩意见，但其在本院庭审中口头答辩称：张爱华同意海洋港饭店意见。

建行铁道支行服从一审法院判决。其未向本院提交书面答辩意见，但其在本院庭审中口头答辩称：本案与建行铁道支行关系不大。

本院经审理查明的事实与一审法院查明的事实一致。

上述事实，有《租赁权质押典当协议书》、当票、电汇回单、收款收据、协助执行通知书、查询报告、中止执行裁定书、北京市丰台区人民法院（2009）丰民初字第 04101 号财产保全裁定、当事人陈述等在案佐证。

二审判决

北京市第二中级人民法院认为：海洋港饭店与建行铁道支行、都市典当公司签订的《租赁权质押典当协议书》是各方当事人的真实意思表示，其内容未违反有关法律、行政法规的强制性规定，合法有效，各方均应依约履行。合同签订后，都市典当公司履行了贷款义务，海洋港饭店在贷款期限届满后，没有还贷，亦未交纳续当综合管理费，构成违约，应当返还当金、给付利息、综合管理费以及滞纳金。海洋港饭店上诉主张都市典当公司起诉要求返还当金就意味着该合同解除、不应再收取综合管理费的上诉主张没有合同依据，亦无事实及法律根据，故其上诉请求不成立，本院不予支持。一审中，海洋港饭店提出合同约定违约金过高，要求按照银行利率的 4 倍计算，一审法院考虑海洋港饭店的意见酌情适当降低违约金并无不当，海洋港饭店关于违约金应按照银行逾期贷款罚息的规定在同期贷款基准利率基础上加罚 30%～50%计算的上诉意见本院不予采纳。综上，一审法院判决认定事实清楚，适用法律正确，处理并无不当，应予维持。依照《民事诉讼法》第 153 条第 1 款第 1 项之规定，判决如下：

驳回上诉，维持原判。

一审案件受理费 50 143 元、保全费 5 000 元，由都市典当公司负担 10 143 元（已交纳）；由海洋港饭店、张爱华负担 45 000 元（于本判决生效后 7 日内交纳）。

二审案件受理费 70 元，由海洋港饭店负担（已交纳）。

本判决为终审判决。

案由与焦点

1. 案由

本案的一级案由为“物权纠纷”，二级案由为“担保物权纠纷”，三级案由为“质权纠纷”，四级案由为“应收账款质权纠纷”。

债务人或者第三人以应收账款出质为债权人设定质权的，因应收账款质权的设定、实现等而引发的纠纷为应收账款质权纠纷。

2. 焦点

本案争议的焦点包括：一是双方当事人约定的违约金数额能否单方请求变更？二是应收账款质权的登记是应收账款质权的生效要件，还是对抗要件？

评注与问题

1. 典当与典权有何区别

典权是指一方依典契支付典价，占有他人不动产而为使用、收益的权利。典权设定并经登记生效后，典权人在典权存续期内，对典物有占有、使用、收益的权利；典期届满，出典人有权将原典价返还于典权人而回赎典物，逾期不回赎典物的，典权人即取得典物的所有权。典权在传统民法上属于用益物权，我国司法实践中曾承认典权，但《物权法》不承认典权。典当不同于典权，典当是指债务人以一定财物或权利交付于债权人（从事典当业务的当铺）作担保，向债权人为金钱借贷，在一定期限（回赎期限）内，债务人清偿债务后可取回担保物；期限届满而债务人不能清偿的，担保物即归债权人所有，或者由债权人以其价值优先受偿。本案中，海洋港饭店因资金紧张，拟将其租赁受益权质押给都市典当公司，以从都市典当公司贷款。2008 年 5 月 8 日，都市典当公司将 3 132 500 元支付给海洋港饭店，并出具了当票。此当票记载，当物名称为房屋质押，典当金额为 350 万元，综合管理费为 367 500 元，典当期限为由 2008 年 5 月 8 日起至 2008 年 8 月 7 日止。海洋港饭店与建行铁道支行、都市典当公司三方签订的《租赁权质押典当协议书》系各方当事人真实意思表示，且不违反法律及行政法规的规定，成立有效典当关系。

2. 典当与质权的关系如何

典当在传统民法上被称为营业质权，是质权的一种特殊形式。营业质权是指以质押借贷为营业而适用当铺业管理规则的特殊质权。从事质押营业者一般称为当铺，也有典当行、典卖行等称谓。与普通民事质权不同，营业质权人是以质押借贷为经营活动的业主，并应具有法人资格及经金融管理机构等部门特批的经营此种业务的资质。《典当管理办法》第 3 条规定：“本办法所称典当，是指当户将其动产、财产权利作为当物质押或者将其房地产作为当物抵押给典当行，交付一定比例费用，取得当金，并在约定期限内支付当金利息、偿还当金、赎回当物的行为。本办法所称典当行，是指依照本办法设立的专门从事典当活动的企业法人，其组织形式与组织机构适用《中华人民共和国公司法》的有关规定。”根据该办法，我国司法实践承认营业质权。在营业质权中，借贷与质押密不可分地形成一个整体法律关系，二者无主从关系可言。但营业质权作为质权的一种，又具有质权的一般特性，即当质押借贷的款项不能按期返还时，营业质权人有权以质物即当物的变价优先受偿。用于质押的标的，可以是动产，也可以是财产权利。本案中，借款人海洋港饭店以其租赁受益权质押给都市典当公司以获得贷款。2008 年 5 月 8 日，都市典当公司将 3 132 500 元支付给海洋港饭店，并出具了当票。此当票记载，当物名称为房屋质押，典当金额为 350 万元，该质权的标的为应收账款权利。

3. 应收账款质权的设立条件是什么

应收账款质权是指以应收账款所表示的现有或预期债权为客体的质权。按照《应收账款质押登记办法》第 4 条第 1 款的规定，应收账款是指权利人因提供一定的货物、服务或设施而获得的要求义务人付款的权利，包括现有的和未来的金钱债权及其产生的收益，但不包括因票据或其他有价证券而产生的付款请求权。根据《物权法》第 228 条的规定，以应收账款出质的，当事人应当订立书面合同；质权自信贷征信机构办理出质登记时设立。本案中，2008 年 10 月 30 日北京市第二中级人民法院向建行铁道支行发出了协执通知，要求其将房屋租金及物业费交至该院，2008 年 11 月都市典当公司已经知悉了此协执通知的存在，但此时的应收账款质权尚未办理质权登记，因为《物权法》对应收账款质权采登记生效主义，因此未登记的应收账款质权不产生质权的效力，自然不能产生物权的对抗力。都市典当公司于 2009 年 3 月 4 日在中国人民银行征信中心应收账款质押登记公示系统办理了海洋港饭店应收租金及物业费的质押登记，此时，作为质权标的应收账款债权已被法院作为协助执行的对象，无法再作为质权的标，故应收账款质权虽经登记也为无效。

4. 当事人约定的违约金数额能否单方请求变更

《合同法》第 114 条规定：“当事人可以约定一方违约时应当根据违约情况向对方支付一定数额的违约金，也可以约定因违约产生的损失赔偿额的计算方法。”“约定的违约金低于造成的损失的，当事人可以请求人民法院或者仲裁机构予以增加；约定的违约金过分高于造成的损失的，当事人可以请求人民法院或者仲裁机构予以适当减少。”《典当管理办法》第 37 条规定：“典当当金利率，按中国人民银行公布的银行机构 6 个月期法定贷款利率及典当期限折算后执行。典当当金利息不得预扣。”根据以上规定，本案中，《租赁权质押典当协议书》中约定的海洋港饭店迟延交纳续当综合管理费应按贷款金额每日 5‰计算收取的滞纳金过分高于海洋港饭店迟延履行行为给都市典当公司造成的损失，且海洋港饭店、张爱华均提出要求法院予以调整，故该院予以适当降低符合法律规定。

（评注人：范李瑛）

78. 留置权纠纷

司法案例

格兰德公司诉万邦公司案

浙江省高级人民法院（2009）浙海终字第149号

基本案情

上诉人（原审原告）：Grand Rodosi Inc.（格兰德罗德西公司）。

法定代表人：Maria Germanakou，该公司董事。

被上诉人（原审被告）：舟山万邦永跃船舶修造有限公司。

法定代表人：王海斌，该公司董事长。

上诉人Grand Rodosi Inc.（格兰德罗德西公司，以下简称“格兰德公司”）与被上诉人舟山万邦永跃船舶修造有限公司（以下简称“万邦公司”）船舶修理合同纠纷一案，不服中华人民共和国宁波海事法院（2009）甬海法舟商初字第52号民事判决，向本院提起上诉。本院于2009年12月1日受理后，依法组成合议庭，于2010年2月2日公开开庭进行了审理。上诉人格兰德公司委托代理人童登勇，被上诉人万邦公司委托代理人徐捷、郭敏辉到庭参加了诉讼。本案现已审理终结。

经审理查明：格兰德公司系“Grand Rodosi”轮的船舶所有人。2008年6月4日，“Grand Rodosi”轮当时的经营管理人STAMFORD公司通过代理Goerge Moundreas & Company S. A（乔治蒙德里亚斯船舶经纪公司，以下简称“乔治公司”），以电子邮件的方式向万邦公司询问有关“Grand Rodosi”轮的修理事项，其中说明修理项目中的钢材更换量为647吨。同年6月9日，万邦公司以电邮方式向STAMFORD公司发出“Grand Rodosi”轮的修理报价单，其中注明：总价1 874 207美元，折扣后应付总额1 789 173美元，暂定维修期48天，包括4天入干坞（基于650吨换板量）；支付条件为船舶离开船坞之前支付修理费的50%，修理工作完成后30天内支付25%，修理工作完成后60天内支付25%；工作时间自船舶抵达船厂后次日0820时起算等。同年6月18日，STAMFORD公司回复电邮给乔治公司，针对万邦公司的修理报价确认相应的修理工程条件，其中付款方式、价格、修理期限与报价单一致，并约定船舶到达时间。同年6月20日，万邦公司收到STAMFORD公司的确认邮件。同年8月26日，“Grand Rodosi”轮抵达万邦公司船厂进行修理。船东分别于2008年12月16日、12月26日、12月30日、2009年1月16日、1月25日、1月30日、2月8日、2月20日向万邦公司要求增加船舶的修理项目。万邦公司于2009年1月7日、2月12日向格兰德公司提交完工单，船东代表于2009年2月13日至2月21日期间陆续签收了完工单。2009年3月2日万邦公司与船东代表签署了“Grand Rodosi”轮修理费用最终和解账单金额确认书（Confirmation of MV Grand Rodosi Final Repair Invoice Settlement）（以下简称“修理费用最终确认书”）。内容为：“……基于双方的协商，特此确认以4 300 000美元的净额作为‘Grand Rodosi’轮的最终修理费用金额。双方再无任何索赔。”该确认书盖有“Grand Rodosi”轮的船章、万邦公司的公章以及万邦公司代表ZHUJINGYANG、船东代表Michael S. Zolotas，Michail Georgious，George Megoulis，John E. Konstantinidis的签名。格兰德公司于2009年3月3日和3月5日向万邦公司分别支付了修船费860 000美元和1 290 000美元。同月10日，万邦公司在网上向中华人民共和国舟山海关申报了“Grand Rodosi”轮的离厂手续，网上材料填报船舶进厂日期为2008年8月24日，预计出厂日期为2009年3月13日，船舶下地废物预报为废钢铁321 500公斤，申请企业为万邦公司，申请人为王元海，审核人为陆文峰，无海关审核意见。同年3月13日，“Grand Rodosi”轮离开船厂驶往舟山锚地停泊。同年4月22日，万邦公司以格兰德公司未支付到期修理费为由向格兰德公司发出对涉案船舶的留置通知，并于同月24日在网上撤销了前述离厂申报。之前的2009年3月5日、6日，万邦公司分别向格兰德公司代理舟山航姆国际船舶代理有限公司（以下简称“航姆公司”）出具了内容基本相同的《罗度士（GRAND RODOSI）轮船公司情况简介》、《关于罗度士（GRAND RODOSI）轮船东公司情况简介》，后文内称：“船东公司STAMFORD NAVIGATION INC是希腊一家国际航运公司，该船东与我司是第一次合作，该轮总修费为430万美元。已首付工程修费50%。我司正在要求船东立即支付剩余款项。由于未付款项数额巨大，且该船东公司资金状况非常差，存在很大的风险，特此报告海事。现经过六个月的修理，所有厂修工程项目已完工。”

2009年6月2日至7月8日，格兰德公司就本案多次向原审法院提出先予执行的申请，请求该院裁定责令万邦公司立即向海关重新申报“Grand Rodosi”轮离港，并停止对该轮进行各种形式的留置或滞留。原审法院均于申请同日口头答复格兰德公司，因格兰德公司在本案中无该项诉讼请求，故其就本案提出先予执行请求于法无据，不予准许。2009年7月17日格兰德公司以其通过中华人民共和国浙江之海律师事务所向万邦公司支付了修理款14 539 805.00元人民币（格兰德公司汇进浙江之海律师事务所账户215万美元所兑换的数额），被万邦公司无理退回，故请求将该款向原审法院提存，并提出海事强制令申请。原审法院准许格兰德公司提存的申请，并就此与万邦公司联系，万邦公司要求格兰德公司按合同约定支付美元，否则万邦公司无法向外汇管理部门核销该笔款项。后原审法院将该笔款项退回至浙江之海律师事务所，该所将人民币折换美元后，于2009年7月28日通过原审法院美元账户向万邦公司转付了船舶修理款215万美元，该款于7月30日进入万邦公司账户。2009年7月29日万邦公司向海关申报了“Grand Rodosi”轮离厂手续，该轮于2008年7月30日离港出境。原审法院另认定：万邦公司分别于2009年6月10日和8月24日向舟山引航站支付了涉案船舶的引航费和停泊费，以及码头停泊费和锚地停泊费。格兰德公司在2009年4月22日前未向海关、商检、边防、海事等部门申报过离港手续。

2009年3月13日，格兰德公司以万邦公司迟迟不允许所修船舶离厂开航，延误船期，造成巨额损失为由，向原审法院提起诉讼。同年4月16日，将诉讼请求变更为：（1）万邦公司赔偿格兰德公司船期损失共计2 125 450美元；（2）万邦公司赔偿格兰德公司燃油损失共计171 000美元；（3）万邦公司赔偿船舶滞期期间委托的两名现场技术专家滞留船厂150天所产生监督费用175 305美元及住宿费用50 000美元；（4）万邦公司退还格兰德公司多收取的船舶修理费用共计700 000美元；（5）万邦公司承担本案全部诉讼费用。2009年8月25日，格兰德公司又以万邦公司非法留置为由增加诉讼请求，请求法院判令万邦公司赔偿因其非法留置造成的船期损失（2009年4月7日至2009年7月29日）及燃油、船舶吨税等损失，共计130万美元。

一审判决

宁波海事法院经审理认为：涉案船舶修理合同签订地、履行地及被告所在地均在该院管辖范围内，故依法对本案具有管辖权；本案双方当事人没有约定解决争议所适用的法律，且双方在诉讼中均引用中华人民共和国法律，故本案应当适用中华人民共和国有关法律进行审理。格兰德公司委托广东敬海律师事务所上海分所的律师就本案进行诉讼，授权范围包括提起诉讼，广东敬海律师事务所上海分所在起诉书上盖章，又指派授权律师出庭陈述诉讼请求和事实理由，其形式符合法律规定，该院依法予以受理并无不当。

本案涉案船舶进厂修理前，“Grand Rodosi”轮当时的经营管理人STAMFORD公司与万邦公司通过电邮就“Grand Rodosi”轮的有关修理事项磋商达成了一致意向，其形式符合我国合同法规定的合同要约和承诺的成立要件，且格兰德公司、万邦公司对船舶修理合同的形式和内容均无异议，合同合法有效。涉案修理合同履行过程中，作为船舶修理合同相对方的STAMFORD公司不再为“Grand Rodosi”轮的经营管理人，但万邦公司提交的工程完工单均有船方代表（船长）的签字，该修理合同仍然继续履行。从本案双方于2009年3月2日签署“修理费用最终确认书”的行为以及格兰德公司在本案中以合同之诉起诉的行为看，格兰德公司有意概括继受STAMFORD公司的合同权利、义务，成为修理合同的相对方。而万邦公司接受格兰德公司签署结算单及格兰德公司支付修理费215万美元的行为，亦认可了格兰德公司作为修理合同的一方。故格兰德公司在本案中选择违约作为诉因对万邦公司提起诉讼，符合《民事诉讼法》的规定。根据双方当事人的诉辩意见，原审法院对本案的争议焦点归纳并评析如下：

一、关于万邦公司在2009年3月2日前是否有违约行为以及万邦公司是否多收取了修理费用的问题

格兰德公司认为依据合同关于修理期限48天的约定，修理工程的完工时间应为2008年10月14日，故应从次日开始计算万邦公司因违约而造成格兰德公司的损失。而万邦公司认为修理工程实际的完工时间是2009年2月初，由于船方故意拖延，直至2月21日才签完所有的完工单。完工时间迟于约定的时间，是由于格兰德公司一直有追加的修理项目，加之涉案船舶到厂时间比约定的到达时间晚二十多天，从而导致工程延期。结合双方庭审中均确认修理工程的完工时间为2009年2月21日，原审法院确认2009年2月21日为“Grand Rodosi”轮涉案修理工程的最终完工时间。格兰德公司还主张万邦公司应退回其多收取的修理费70万美元，万邦公司认为双方于2009年3月2日最后确认修理费为430万美元，应当约束双方当事人，其并无多收取修理费的事实。原审法院认为，格兰德公司在2008年12月16日至2009年2月20日期间多次要求万邦公司增加修理项目，故之前有关修理期限48天的约定已被双方的实际履行行为变更，修理期限的计算应以万邦公司完成格兰德公司追加的修理项目为前提和基础。格兰德公司在2009年2月20日还有追加的修理项目，万邦公司在2009年2月21日完工属于合理期限，故万邦公司不存在履行修理合同不当而延期的违约行为。而且，格兰德公司与万邦公司于2009年3月2日以和解的方式签订了“修理费用最终确认书”，确认以430万美元作为“Grand Rodosi”轮最终的修理费用净额，且双方再无任何进一步索赔。确认书是双方对涉案船舶该次所有修理项目费用的最终确认，是当事人意思表示一致的体现，对双方均有约束力。从确认书的内容可以看出，该确认书已经考虑了之前双方是否存在违约问题，并以430万美元最

终的结算金额作为和解结果。故即使2009年3月2日之前万邦公司存在违约拖期的行为，其违约责任亦已被该“修理费用最终确认书”所吸收。综上，格兰德公司主张按合同约定，涉案船舶的修理期限到2008年10月14日为止，应自次日计算万邦公司违约造成的损失及万邦公司多收取修理费的主张均与事实不符，依法无据，不予支持。

二、关于万邦公司是否应承担涉案船舶修理完工后没有及时离港的责任问题

1. 万邦公司于2009年4月22日宣布留置船舶前是否违反了修理合同的附随义务

格兰德公司认为其依约在离厂前支付了修理费的50%后即有权离港，但万邦公司没有履行修理合同的附随义务，即协助格兰德公司向海关等部门办理船舶试航、离港出境的申报手续，这是涉案船舶没有离厂的原因。而万邦公司认为其已于2009年3月10日依照有关规定向海关申报了涉案船舶的离厂手续，涉案船舶没有离港的原因是格兰德公司自己不准备走，没有向有关部门申报离港手续。经原审法院向有关部门核实，外籍船舶修理完毕离港的申报流程为：首先船厂应向海关提出船舶离厂申请，经海关审核同意后，船方应向海关申报离港手续，并向商检、边防部门办理离港手续，并根据这三个部门签发同意离港的联系单向海事部门申请离港，向前三个部门申报离港手续的次序可以不分前后，最后再由海事部门同意船舶离港。而船舶修理完毕后是否进行试航由船方自行决定。万邦公司于2009年3月5日收齐格兰德公司支付的船舶离厂前50%的修理款后，即于同月10日在专门的网站上向海关申报涉案船舶预计离厂的时间，该行为已经初步完成了其作为修理合同的修理方应尽的附随义务，其后的离港手续应当由格兰德公司完成。由于格兰德公司自身的原因，未向有关部门申报离港，故格兰德公司提出因万邦公司违约造成涉案船舶未能及时离港的主张，无事实依据，理由不足，不予支持。至于万邦公司在2009年3月6日向格兰德公司代理航姆公司出具了《关于罗度士(GRAND RODOSI)轮船东公司情况说明》的行为，由于格兰德公司未能举证证明万邦公司将该材料递交给了海事部门，故其主张由于万邦公司将该材料递交海事部门造成船舶未能及时离港证据不充分，不予采纳。况且即使万邦公司确实将该材料递交给了海事部门，但是否批准船舶离港属于海事部门行政许可的范畴，并没有法律、法规规定海事部门必须依修理方的意见作出相应的行政行为。格兰德公司亦未能证明其在申报离港时由于万邦公司向海事部门递交该材料，致使其遭到海事部门拒绝批准涉案船舶离港。事实上，根据前述的外籍船舶离港的程序，由于格兰德公司当时尚未向海关、商检、边防等部门办妥离港申报，其不可能向海事部门申报离港，更不会因此而遭到拒绝批准船舶离港。故格兰德公司以此为由主张万邦公司违反合同附随义务，不当阻碍涉案船舶及时离港的主张，无事实依据，不予采纳。

2. 万邦公司于2009年4月22日宣布留置船舶及4月24日撤销申报的行为是否构成违约

根据法律规定，债权人享有留置权的前提是依法占有留置物。万邦公司向海关提出涉案船舶预计出厂申报之后，即已将船舶离港之“锁”打开，但在格兰德公司申报离港之前，该轮仍在万邦公司可控制之下，万邦公司对该轮仍具有领管力，万邦公司随时可以撤销申报以继续“锁”住船舶离港，这种事实状态仍属万邦公司合法占有船舶状态的延伸。万邦公司支付涉案船舶的引航费和锚地停泊费的行为更彰显万邦公司占有该轮的意思表示。因格兰德公司在可离港时不申报离港，时至2009年4月24日，当后期修理款届清偿期时（船舶修理于2009年2月21日完工，格兰德公司依约分别应于完工后30日内即3月23日前，及60日内即4月22日前各支付修船款的25%），万邦公司撤销船舶出厂申报，其有权以占有的事实状态继续享有留置权。同时，本院认为享有留置权是一种事实状态，无须宣布。万邦公司所谓“宣布留置”的行为没有法律意义，即使其没有留置权亦不会对格兰德公司造成任何权益损失，故万邦公司宣布“留置”的行为及撤销船舶出厂申报的行为均不构成违约。格兰德公司理应按时支付到期修理款以消灭万邦公司的债权及留置权。万邦公司在格兰德公司支付全部到期修理款之后，及时解

除留置并无不当。因此，万邦公司已及时履行修理合同的附随义务，并通过合法的留置权阻止涉案船舶在有关到期债务未清偿前办理离港手续，无须对涉案船舶未及时离港承担法律责任。

三、关于万邦公司是否需要赔偿船期损失和燃油损失以及现场技术专家现场监督费用问题

由于格兰德公司对此问题没有提供有效证据予以证明具体数额，加之其主张万邦公司赔偿损失的前提是万邦公司存在违约行为，由于万邦公司在履行涉案船舶修理合同过程中并不存在违约行为，故格兰德公司要求万邦公司赔偿船期损失、燃油损失和有关费用的主张，证据与理由均不充分，不予支持。

综上，格兰德公司诉请无事实与法律依据，不予支持。本院依据《民事诉讼法》第 64 条第 1 款、第 235 条，《合同法》第 263 条、第 264 条，《海商法》第 25 条第 2 款，《物权法》第 230 条、第 231 条、第 240 条的规定，于 2009 年 9 月 22 日判决：驳回格兰德公司的诉讼请求。一审案件受理费 225 960 元人民币，由格兰德公司负担。

二审诉辩主张

原告格兰德公司不服，上诉称：（一）原判对修船合同法律关系及履约事实的认定与事实不符。其一，修船合同和委托单等原始文件显示，“Grand Rodosi”轮修船合同从约定的 2008 年 8 月 24 日开始，修理期限为 48 天。万邦公司至 2009 年 3 月 4 日才履行修船合同约定的修船后期的试航义务，超期修船长达 113 天，万邦公司对增加项目没有提出修理时间另行增加的请求，延迟完工系万邦公司自身管理不力、投入不足等原因造成。其二，根据合同以及实际确认的修船项目，万邦公司最终收取的费用比实际价格高出 70 万美元，该款项应予退还。格兰德公司为使“Grand Rodosi”轮尽早离开，无奈签署“修理费用最终确认书”只是权宜之计，不是真实意思表示。（二）万邦公司的违约情形及其非法留置的法律责任。其一，2009 年 3 月 5 日修船试航当天，格兰德公司根据合同约定已付清了 50%的修船费，剩余 50%应在修理试航完工、船舶离港之后的 30 天、60 天内分别支付。而在船舶还没有试航离港情况下，万邦公司通过不正常手段强行要求格兰德公司提早付清该笔款项并且非法留置船舶。其二，从 3 月 6 日船厂指派的随船技术员工全部离开停泊在公共锚地的船舶时起，“Grand Rodosi”轮已完全脱离了船厂的控制，即便欠款只属于合同债务而不存在占有留置。（三）万邦公司违约行为给格兰德公司造成的严重损失。其一，修理期无端延后以及非法留置造成的船期损失。期租合同已办理了法定的公证认证手续，真实有效，应予认可。其二，因万邦公司非法留置而产生的船期耽搁损失 1 499 400 美元，油耗 171 000 美元，驻厂技术专家和代表的旅宿费用 9 万美元，船舶港务费、吨税（每月 21 万余元人民币）等，均应由万邦公司承担赔偿责任。（四）根据《海关法》、《船舶进出港管理办法》等规定以及浙江省电子口岸网站网上出厂申报的法定程序，修船试航完毕后，船东方面可以在同一天向边检、卫检、海关，最后是海事申报引航并获准出口放行，但其前提是船厂向各口岸机关履行修复试航完毕的申报，填报相关承修船舶文件并报海关审核，以及送相关修船材料给报关行核销并取得完税凭证，并将上述履行完毕情况通报船东的当地船代。在船厂未履行上述申报义务的前提下，修船试航完工的船舶仅通过当地的船代（航姆公司）是无法申报离港的。请求撤销原判，改判支持格兰德公司一审全部诉讼请求。

被上诉人万邦公司答辩称：（一）48 天修理期间系基于船方的最初报修量而由船厂临时报出的预估时间，该期间因船方提出追加工程而发生变更。合同实际履行过程中，船东代表不断追加新修理项目，仅最后阶段书面加账工程单就有多份，其中直至 2009 年 2 月 20 日仍有增加的工程单。船厂于 2009 年 1 月 7 日已向船东代表提供了除部分追加工程项目外的完工单，而船东代表一再拖延签署完工单。原审法院将 2009 年 2 月 21 日认定为修理完工日，已作出对格

兰德公司有利的认定。（二）2009年3月2日“修理费用最终确认书”确定的430万美元系经双方协商由约510万美元的实际修理费折让后的金额，该确认书在法律性质上属于双方共同签署的协议，格兰德公司及其代理人以相关行为表明其对430万美元最终价格的确认。“修理费用最终确认书”中记载的系双方纠纷或争议解决的一揽子价格，双方再无任何进一步索赔。（三）试航既非修理“完工”前必经的前置程序，也非“船舶离港”前必经的前置程序。格兰德公司所谓“船舶离港前船厂应申报的四大前提义务”说法缺乏事实及法律依据。其列举的《海关法》并无船厂需履行的四大前提义务的规定，《船舶进出港管理办法》并不存在，“浙江省电子口岸网站网上出厂申报的法定程序”所涉及的是船厂向海关进行船舶出厂申请申报的手续，船厂于2009年3月10日即已履行该手续。船舶离港手续应由船东完成，一审法院的相关认定并无不当。（四）只要债权人对该财产具有一定的控制力，能对该财产进行管领、控制，就构成法律上的占有。船厂不阻碍船舶离港不等于失去对船舶占有。船厂宣布留置系为满足担保法关于拍卖留置物的程序性需要，一审法院相关认定并无不当。（五）格兰德公司所谓的“损失”并无充分、有效证据加以证明，“租船合同”依法不能作为认定本案事实的有效证据。格兰德公司恶意在美国启动B规则下的扣押，致使万邦公司遭受巨大损失。请求驳回上诉，维持原判。

二审中，双方当事人均未提交新的证据材料。经审理，本院查明的事实与原判认定的一致。

二审判决

浙江省高级人民法院经审理认为：

（一）涉案船舶实际修理完工时间及超过合同约定修理期限的原因

上诉人格兰德公司认为合同约定的修理期限为48天，从2008年8月26日“Grand Rodosi”轮抵达船厂起算，工程完工时间应为2008年10月14日。而万邦公司提出，格兰德公司在船舶修理期间一直有追加的修理项目，直至2009年2月20日仍要求追加工程项目，原判依据格兰德公司签署完所有完工单的时间认定完工时间，该认定对格兰德公司有利。经查，万邦公司与“Grand Rodosi”轮当时的经营管理人STAMFORD公司达成的船舶修理合同，对维修期确实暂定为48天（Temporarily quoted repair period：48 days），虽然万邦公司仅提交格兰德公司在2008年12月16日至2009年2月20日之间多次要求增加修理项目的证据，即“Grand Rodosi”轮加账工程单（一审证据4），而未提供证据证明格兰德公司在2008年10月14日之前有要求追加工程项目的情况，但由于格兰德公司之后要求增加修理项目的行为实际上是对修理工程延期的追认，因而，可以认定双方对船舶修理期限的约定已进行了变更。原判依据格兰德公司签署完毕完工单的日期，确定涉案船舶完工日为2009年2月21日并无不妥。至于格兰德公司以其一审提交的“2008年9月21日和9月23日的邮件”内容，主张修理期限拖延的原因是万邦公司自身投入不足造成，但该证据形成于境外，未按规定办理公证认证手续，不符合证据的形式要求，原判对该证据未予认定亦无不妥。况且，格兰德公司也未在2008年10月14日修理工程不能完工时，要求万邦公司承担相应违约责任，反而在12月底向万邦公司提出增加工程项目。因此，本案双方当事人在合同实际履行过程中已经对48天的履行期予以变更，船舶修理期限延长的原因在于格兰德公司增加了修理工程的项目。至于格兰德公司上诉提出涉案船舶于2009年3月5日才试航，其修理工程完工日不应在3月5日之前的主张，因该主张与其在2009年6月15日出具的“关于‘Grand Rodosi轮整改通知书’的回函”中确认的事实并不一致（格兰德公司在该函中确认修理工程于2009年2月初完工，且船级社经全面检验后于2

月 19 日签发证书予以通过），且与双方 2009 年 3 月 2 日签署“修理费用最终确认书”的行为相矛盾，故格兰德公司相应的主张不能成立。

（二）涉案船舶未及时离港的原因

格兰德公司上诉认为万邦公司未向各口岸机关履行相关申报等手续，导致涉案船舶不能及时离港。经查，万邦公司于 2009 年 3 月 10 日就“Grand Rodosi”轮向海关申报，该申报材料已于当日经海关审核通过，而格兰德公司也认可该轮业经船级社检验并颁发了证书，处于适航状态，故“Grand Rodosi”轮离港并无阻碍。虽然格兰德公司认为万邦公司还应履行其他申报手续，但其不能提交相应的具体规定，即使还有其他手续需要万邦公司协助办理，其也可以要求万邦公司予以配合，但本案中并无证据表明格兰德公司曾向万邦公司提出给予配合的要求。此外，万邦公司 2009 年 3 月 6 日出具的“关于罗度士（Grand Rodosi）轮船东公司情况的说明”，从其内容看，该函件系万邦公司向格兰德公司的代理航姆公司所作的说明，并非提交给海事部门的报告，即使该材料被提交到海事部门，也未必导致海事部门不准许船舶离港。因此，“Grand Rodosi”轮未及时离港不能认定系万邦公司的原因造成。

根据原审法院向有关部门核实，外籍船舶修理完毕离港的申报流程为：(1) 船厂向海关提出船舶离厂申请，经海关审核同意；(2) 船方向海关、商检、边防部门办理离港手续，上述三部门签发同意离港的联系单；(3) 船方根据同意离港联系单向海事部门申请离港，海事部门同意船舶离港。格兰德公司对上述离港申报流程并未提出异议，因此，当万邦公司 3 月 10 日向海关申报，并经海关审核通过后，其他手续应由格兰德公司自行申报，但本案中并无证据表明格兰德公司在 4 月 22 日万邦公司行使留置权前向有关部门申报船舶离港，故原判认定“Grand Rodosi”轮未及时离港系由于格兰德公司自身原因造成，并无不妥。

（三）万邦公司对涉案船舶行使留置权是否有事实和法律依据

《物权法》第 230 条规定：“债务人不履行到期债务，债权人可以留置已经合法占有的债务人的动产并有权就该动产优先受偿。”本案中，对涉案船舶在 2009 年 3 月 4 日试航离开船厂后，万邦公司是否仍合法占有该船舶，双方存有争议。涉案船舶因试航离开万邦公司船厂后，特别是 3 月 10 日万邦公司向海关的申报获批准后，涉案船舶只要履行完相应的离港手续即可离港出境，但由于格兰德公司未向有关部门履行船舶离港的申报手续，“Grand Rodosi”轮事实上一直未离开港口而留在舟山锚地，为此，万邦公司还向舟山引航站支付了锚地停泊费等相关费用。鉴于“占有”是一种事实状态，万邦公司与 STAMFORD 公司订立船舶修理合同，“Grand Rodosi”轮抵达万邦公司船厂后，该轮即已由万邦公司占有；修理工程完工后，“Grand Rodosi”轮离开船厂进行试航，虽然试航完成后该轮并未驶回船厂，而是停泊在公共锚地，但该轮锚泊期间的相关费用均系万邦公司向有关部门支付，该公共锚地可视作万邦公司租用的场地，涉案船舶仍处于万邦公司力量作用的范围内；格兰德公司在本案中并未举证证明万邦公司以强制手段强行阻拦“Grand Rodosi”轮离港，该轮未离港的原因系格兰德公司未向有关部门申报，与万邦公司并无关联，因此，万邦公司对涉案船舶的占有为合法占有。根据双方约定的修理费支付条款以及“修理费用最终确认书”确定的修理费金额，船东应在船舶离开船厂前支付 50%（50 percent to be paid before vessel’ s departure from shipyard），即 215 万美元；修理工作完成后 30 天内支付 25%（25 percent to be paid within 30 days after completion of repair works），即 107.5 万美元应在 3 月 23 日之前支付；修理工作完成后 60 天内支付 25%（25 percent to be paid within 60 days after completion of repair works），即剩余 107.5 万美元应在 4 月 22 日之前支付完毕。格兰德公司于 2009 年 3 月 3 日和 3 月 5 日共支付 215 万美元后，船舶可以离开船厂，万邦公司向海关进行了船舶出厂申报，即已履行了交付占有物的义务，但格兰德公司未继续履行其作为船东应完成的申报离港手续，致使“Grand Rodosi”轮仍锚泊在舟山公共锚地，至3月23日第二期修理费届清偿期时，格兰德公司应依约支付相应款项，但其并未支付，此时，万邦公司依法已对其修理工作成果“Grand Rodosi”轮享有留置权，因此，万邦公司在最后一期修理费清偿期届至而格兰德公司仍未付款时，向海关撤销船舶出厂申报，对“Grand Rodosi”轮行使留置权，符合法律规定。

（四）格兰德公司的损失是否存在及万邦公司对此应否承担赔偿责任

如前所述，万邦公司在履行船舶修理合同过程中并不存在违约行为，修理期限延长主要系格兰德公司不断增加工程量造成，修理工程完工后，万邦公司已履行了相应的申报义务，在格兰德公司逾期未履行付款义务时行使留置权也符合法律规定，故格兰德公司主张万邦公司应赔偿其船期、燃油费等损失，并无事实和法律依据，本院不予支持。因此，本院对格兰德公司主张的损失是否属实亦无审查的必要。至于，格兰德公司提出万邦公司最终收取的修船费比实际价格高出70万美元，其签署“修理费用最终确认书”只是权宜之计，并非真实意思表示的主张，因格兰德公司并未提供证据证明其受胁迫的事实，相反，确认书明确写明“基于双方的协商”，也加盖了双方公章或船章，并由双方代表签名，应认定系双方当事人真实意思表示，故格兰德公司该主张不能成立。

综上，格兰德公司的上诉理由均不能成立，不予支持。原判认定事实清楚，适用法律正确，实体处理并无不当。依照《民事诉讼法》第153条第1款第1项之规定，判决如下：

驳回上诉，维持原判。

二审案件受理费225 960元人民币，由上诉人格兰德公司负担。

本判决为终审判决。

案由与焦点

1. 案由

本案的一级案由为“物权纠纷”，二级案由为“担保物权纠纷”，三级案由为“留置权纠纷”。

债务人不履行到期债务，债权人可以依法留置已经合法占有的债务人的动产，并有权就该动产优先受偿。因留置权的成立、实现等引发的纠纷为留置权纠纷。

2. 焦点

本案争议的焦点形式上是船舶修理合同纠纷，实质上是万邦公司是否享有对修理船舶的留置权问题，即万邦公司对涉案船舶行使留置权是否有事实和法律依据。

评注与问题

1. 涉外民事诉讼的管辖与法律适用如何确定

最高人民法院《民事诉讼法意见》第304条规定：“当事人一方或双方是外国人、无国籍人、外国企业或组织，或者当事人之间民事法律关系的设立、变更、终止的法律事实发生在外国，或者诉讼标的物在外国的民事案件，为涉外民事案件。”《民事诉讼法》第259条规定：“在中华人民共和国领域内进行涉外民事诉讼，适用本编规定。本编没有规定的，适用本法其他有关规定。”在我国进行涉外民事诉讼，必须适用我国的民事诉讼法。诉讼程序依法院所在地法，是一项国际惯例，我国法院审理涉外民事案件，自应依照我国的民事诉讼法进行。本案中，原告为外国企业，因此原告与被告之间的纠纷为涉外案件；原告在中华人民共和国领域内进行涉外民事诉讼，应当适用我国《民事诉讼法》的规定；涉案船舶修理合同签订地、履行地及被告所在地均在受案法院的院管辖范围内，故受案法院依法对本案具有管辖权。

《民法通则》第 145 条规定："涉外合同的当事人可以选择处理合同争议所适用的法律，法律另有规定的除外。""涉外合同的当事人没有选择的，适用与合同有最密切联系的国家的法律。"本案中，双方当事人没有约定解决争议所适用的法律，且双方在诉讼中均引用中华人民共和国法律，故应当适用中华人民共和国有关法律进行审理。

2. 合同权利概括承受方的法律地位如何

合同权利的概括承受是指合同当事人一方将合同权利、义务全部或者部分地概括转移给第三人，由该第三人全部或者部分地享受合同权利并承担合同义务。《合同法》第 88 条规定："当事人一方经对方同意，可以将自己在合同中的权利义务一并转让给第三人。"由于合同承受不仅包括合同权利的转移还包括合同义务的转移，所以合同一方通过合同将其权利、义务进行概括转移时，必须取得对方同意。在取得对方当事人同意后，合同承受才能生效，从而使承受人取代转让人的法律地位，成为合同关系的当事人。在全部承受的情况下，转让人脱离了合同关系。本案涉案船舶进厂修理前，"Grand Rodosi"轮当时的经营管理人 STAMFORD 公司与万邦公司通过电邮就"Grand Rodosi"轮的有关修理事项磋商达成了一致意向，其形式符合我国合同法规定的合同要约和承诺的成立要件，且格兰德公司、万邦公司对船舶修理合同的形式和内容均无异议，合同合法有效。涉案修理合同履行过程中，作为船舶修理合同相对方的 STAMFORD 公司不再为"Grand Rodosi"轮的经营管理人，但万邦公司提交的工程完工单均有船方代表（船长）的签字，该修理合同仍然继续履行。从本案双方于 2009 年 3 月 2 日签署"修理费用最终确认书"的行为以及格兰德公司在本案中以合同之诉起诉的行为看，格兰德公司有意概括继受 STAMFORD 公司的合同权利、义务，成为修理合同的相对方。而万邦公司接受格兰德公司签署结算单及格兰德公司支付修理费 215 万美元的行为，亦认可了格兰德公司作为修理合同的一方，故格兰德公司在本案中选择违约作为诉因对万邦公司提起诉讼，符合我国《民事诉讼法》的规定。

3. 二审判决作出前当事人可否申请先予执行

先予执行是指人民法院在案件受理以后，终审判决作出之前，因为当事人一方生活或者生产或者权利维护的迫切需要，根据一方当事人的申请，裁定对方当事人向其支付一定数额的金钱或者其他财产，实施或者停止某种行为，并立即付诸执行的一种制度。先予执行是与终审判决生效之后的强制执行相对应的制度，是用裁定来解决当事人之间实体权益的，因此当事人申请先予执行的事项应当是诉讼请求中的事项。《民事诉讼法》第 98 条规定了先予执行的条件：一是当事人之间权利义务关系明确，不先予执行将严重影响申请人的生活或者生产经营的；二是被申请人有履行能力。本案中，2009 年 6 月 2 日至 7 月 8 日，格兰德公司就本案多次向原审法院提出先予执行的申请，请求该院裁定责令万邦公司立即向海关重新申报"Grand Rodosi"轮离港，并停止对该轮进行各种形式的留置或滞留。因格兰德公司在本案中无该项诉讼请求，故其就本案提出先予执行请求于法无据，不应予以准许。

4. 债务提存的条件及效力如何

根据《合同法》第 101 条第 1 款的规定，债务人在债权人无正当理由拒绝受领标的物等情形时，债务人可以将适于提存的标的物提交给提存机关。债务人将标的物提交给提存机关后，债务人与债权人间的债务关系即归于消灭，债务人不再负清偿责任，提存物的所有权也因提存而转移于债权人。本案中，格兰德公司应当向万邦公司支付的修理费的货币种类为美元而不是人民币，其应支付的修理费数额为 215 万美元，而不是其兑换额人民币 14 539 805.00 元，因此，万邦公司拒绝接受格兰德公司的债务履行理由正当，人民法院作为提存机关受理债务人的提存申请后经过审查，发现提存人提存的理由不能成立，有权撤销提存人的提存行为，将提存物退还提存人。因不符合提存条件，提存机关将提存物退还提存人之后，债务人的债务履行行为视为没有发生。

5. 留置权人占有债务人动产的合法性如何认定

《物权法》第 230 条第 1 款规定："债务人不履行到期债务，债权人可以留置已经合法占有的债务人的动产，并有权就该动产优先受偿。"根据该规定，债权人合法占有债务人的动产，是其留置权成立的条件之一。本案中，对涉案船舶在 2009 年 3 月 4 日试航离开船厂后，万邦公司是否仍合法占有该船舶，是万邦公司留置权能否成立的关键。涉案船舶因试航离开万邦公司船厂后，特别是 3 月 10 日万邦公司向海关的申报获批准后，涉案船舶只要履行完相应的离港手续即可离港出境，但由于格兰德公司未向有关部门履行船舶离港的申报手续，"Grand Rodosi"轮事实上一直未离开港口而留在舟山锚地，为此，万邦公司还向舟山引航站支付了锚地停泊费等相关费用。鉴于"占有"是一种事实状态，万邦公司与 STAMFORD 公司订立船舶修理合同，"Grand Rodosi"轮抵达万邦公司船厂后，该轮即已由万邦公司占有；修理工程完工后，"Grand Rodosi"轮离开船厂进行试航，虽然试航完成后该轮并未驶回船厂，而是停泊在公共锚地，但该轮锚泊期间的相关费用均系万邦公司向有关部门支付，该公共锚地可视作万邦公司租用的场地，涉案船舶仍处于万邦公司力量作用的范围内，因此，万邦公司对涉案船舶的占有为合法占有。

6. 债权人留置的动产与债权属于同一法律关系应如何认定

《物权法》第 231 条规定："债权人留置的动产，应当与债权属于同一法律关系，但企业之间留置的除外。"这里的"同一法律关系"，指的就是关联关系。本案中，根据双方约定的修理费支付条款以及"修理费用最终确认书"确定的修理费金额，船东应在船舶离开船厂前支付 50%，即 215 万美元；修理工作完成后 30 天内支付 25%，即 107.5 万美元应在 3 月 23 日之前支付；修理工作完成后 60 天内支付 25%，即剩余 107.5 万美元应在 4 月 22 日之前支付完毕。格兰德公司于 2009 年 3 月 3 日和 3 月 5 日共支付 215 万美元后，船舶可以离开船厂，万邦公司向海关进行了船舶出厂申报，即已履行了交付占有物的义务，但格兰德公司未继续履行其作为船东应完成的申报离港手续，致使"Grand Rodosi"轮仍锚泊在舟山公共锚地，至 3 月 23 日第二期修理费届清偿期时，格兰德公司应依约支付相应款项，但其并未支付。格兰德公司应当支付的修理费和万邦公司占有被修理的船舶均基于"Grand Rodosi"轮的维修合同这一法律关系，此时万邦公司依法已对其修理工作成果"Grand Rodosi"轮享有留置权，因此，万邦公司在最后一期修理费清偿期届至而格兰德公司仍未付款时，向海关撤销船舶出厂申报，对"Grand Rodosi"轮行使留置权，符合法律规定。

7. 留置权产生何种法律效力

债权人对合法占有的债务人的动产取得留置权以后，留置权人在其债权未受偿前，得扣留留置物，拒绝一切返还请求。这是留置权产生第一次效力时的一种权利，是留置权的基本效力之一。本案中，格兰德公司虽因万邦公司逾期交船的行为造成了船期损失等，但因万邦公司对占有的船舶有留置权，该留置权效力的产生，阻却了债权人拒绝履行交付占有物义务时的违约责任。因此，格兰德公司主张万邦公司承担违约损害赔偿的请求不能成立。

（评注人：范李瑛）

79. 占有物返还纠纷

司法案例

中材公司诉王晓宏案

陕西省汉中市中级人民法院（2010）汉中民终字第452号

基本案情

上诉人（原审被告）：王晓宏。

被上诉人（原审原告）：中材汉江水泥股份有限公司。

上诉人王晓宏因与被上诉人中材汉江水泥股份有限公司（以下简称“中材公司”）占有物返还纠纷一案，不服汉中市汉台区人民法院（2010）汉民初字第66号民事判决，向本院提起上诉。本院依法组成合议庭，对本案进行了公开开庭审理。上诉人王晓宏及其委托代理人叶亚坤，被上诉人中材公司的委托代理人余伟到庭参加了诉讼。本案现已审理终结。

经审理查明：2004年11月，被上诉人（原审原告）中材公司指派上诉人（原审被告）王晓宏到其单位设在西安市的办事处工作，从事销售水泥及协助收回水泥欠款工作。由于西安金西源物资贸易有限公司欠原告公司欠款，陕西省建筑构件公司又欠西安金西源物资贸易有限公司欠款，经三方协商债权转让，即由陕西省建筑构件公司直接将欠款归还给原告公司。后陕西省建筑构件公司将西安普林房地产开发有限责任公司位于西安市旭景名园小区住宅房一套8＃金亚轩23—E面积117.68平方米，抵给原告公司所有。因被告在原告设立的西安办事处工作，便暂以被告个人名义，由西安普林房地产公司出具了收据，价款为447 372元。2007年12月，被告回原告公司要求解决其清收公司债权期间的提成，得知自己已被原告解除劳动关系。此后双方对收款提成及房屋归属交涉未果。2008年6月，被告便向诉争的房屋所在的旭景名园物业管理中心交纳2005年至2007年的物业管理等费用，2008年6月以后，被告对该房屋进行维护装修居住。经原告与被告协商未果，原告遂向法院提起诉讼，请求判令位于西安市旭景名园住宅楼8＃金亚轩23—E面积为117.68平方米的房屋归原告公司所有。被告则认为该房屋系其在清收欠款中以物抵债给原告公司所有，但因在清收欠款中应得的提成（报酬），原告未予解决，故以此房折抵其应得的报酬。审理中，被告一并请求判令原告返还自己交纳的房屋物业管理费用和装修款及自己应得的提成工资，因双方意见分歧较大，调解未果。原审另查明：2008年6月11日，被告向物业管理中心交纳了暖气、天然气等费用21 124.28元，自2008年6月以后，被告对该房屋进行了维护、装修居住。

一审判决

汉中市汉台区人民法院认为：原告经三方协商达成债权转让取得诉争房屋，事实清楚，被告对该房屋的取得及抵作原告的债权无异议；原告以被告的名义由房地产开发有限公司给被告出具收据，双方对此亦无异议，应予以确认。但并未因此而改变房屋的权属，该房屋仍然属原告所有。故原告请求判令该房屋归其所有的请求符合法律规定，应予支持。被告请求由原告支付自己交纳的物业管理等费用，因该费用因其房屋而产生，故该费用应当由原告支付。自2008年6月以后，被告未经原告同意，擅自对该房屋装修居住，按照权利、义务相一致原则，其后所产生的物业等费用应由被告自己承担；其装修所产生的费用，亦应由被告自行承担。被告请求解决其在单位工作期间，为原告公司清收欠款，原告未予支付所约定的提成工资，因属另一法律关系，双方可协商解决。依照《民法通则》第71条、第72条之规定，遂判决：（一）位于西安市旭景名园住宅楼8＃金亚轩23—E面积117.68平方米的房屋一套，归原告中材公司所有。（二）由原告中材公司返还被告王晓宏支付的物业管理费21 124.28元，限判决生效后10日内付清。案件受理费4 300元由原、被告各负担2 150元。

二审诉辩主张

王晓宏不服，上诉称：（一）原审认定事实有误：其一，本案从2005年到一审立案时已有5年之余，这期间被上诉人并未向法院主张过权利，其起诉已超过法定诉讼时效，应予以驳回。其二，上诉人为被上诉人清收回欠款3 000余万元，但被上诉人却不执行公司规定，至今未支付上诉人提成工资；被上诉人领导曾多次许诺算账，否则可用房屋抵提成工资，多退少补，不然怎么会让上诉人签购房合同？被上诉人在上诉人签合同时明知上诉人会因此取得房屋权属的法律后果，但依然同意上诉人签约并取得该房屋产权，这一事实与以房屋抵债（工资提成）相吻合，原审法院应当采信认定上述事实却并没有认定。其三，本案讼争房屋原来是毛坯房，水暖管道、地面、屋面等需要处理、养护并缴纳物业管理费用，否则会造成财产损失，房屋既然登记在上诉人名下，上诉人对房屋进行装修处理等无须征求被上诉人同意。被上诉人主张该房屋权属，应返还上诉人对房屋的装修、维护费用，否则就构成不当得利，一审对此未予以认定错误。（二）原审适用法律不当。其一，根据《物权法》、《城市房地产管理法》的相关规定，房屋权属确认是房地产行政主管部门的职权，人民法院不应以民事诉讼直接确认。其二，既然判决房屋归被上诉人，而却没有判决被上诉人承担房屋装修、维护费用，明显不当。故请求二审撤销原判决，驳回被上诉人的起诉。

被上诉人中材公司答辩称：（一）原审认定事实清楚。本案诉争标的房屋是答辩人通过债权抵账转让取得的，来源合法。被答辩人王晓宏当时是答辩人在西安办事处的负责人，当时为了便于抵账房屋的管理，才暂时以被答辩人的名字开具的购房款收据而已。被答辩人出具的“承诺书”充分证明房屋所有权归答辩人所有，被答辩人仅是房屋的代管人，并非房屋所有权人。（二）原审适用法律正确。目前，诉争房屋所有权证并没有办理在任何人名下，根本不是被答辩人所称的应适用《物权法》、《城市房地产管理法》调整的范畴。故请求驳回上诉，维持原判。

经审理查明，原审判决认定的案件事实与二审庭审查明的事实一致，本院予以确认。

另查明：上诉人王晓宏于2005年12月23日给被上诉人中材公司的“承诺书”称：“由于

西安金西源物资贸易有限责任公司欠中材公司水泥款，所以西安金西源物资贸易有限责任公司将西安市旭景名国住宅小区的住房一套（8＃金雅轩 23—E、117.68 平方米）抵付中材公司水泥欠款，目前该房屋以中材公司职工王晓宏的名义开具了售房发票。现王晓宏郑重承诺该房屋的所有权属于中材公司所有，无论何时该房屋的所有权均与王晓宏个人没有任何法律关系。”2007 年 12 月 20 日，王晓宏又给中材公司书面提出“我的五点问题”，要求公司解决其工资及清收欠款提成问题，但公司至今未予以解决。王晓宏在一审中提供房屋维护、装修费用票据 10 张，包括购买木地板、地板砖，橱柜制作，铝合金门窗制作，购马桶、面盆、乳胶漆、灯具、房门，购水泥、石沙以及房屋维护、装修人工费用等共计 72 274 元。二审中，被上诉人的委托代理人对本案房屋进行实地查看后确认房屋已进行了维护、装修。经本院主持调解，上诉人表示同意返还属于被上诉人所有的房屋，同时要求被上诉人除承担一审判决的物业管理费外，另外承担其房屋维护、装修费 70 000 元及要求被上诉人对其应得工资提成进行一次协商；被上诉人的委托代理人在参与调解时暂同意上诉人的调解意见，但表示需请示公司领导后才能签署调解协议，后因故未在调解协议上签字，故调解未果。

二审判决

汉中市中级人民法院认为：本案房屋系被上诉人中材公司通过用其债权抵账受让取得，该房屋的所有权应归被上诉人享有，且上诉人王晓宏给被上诉人出具的“承诺书”也明确认可该房屋所有权归被上诉人，虽然房屋暂以“王晓宏”名义签订购房合同及开具购房款收据，但并不影响该房屋所有权的归属。目前，并无相关证据表明本案房屋已进行房屋权属登记，故本案属于民事诉讼受案范畴。上诉人所称与被上诉人因清收公司欠款工资提成形成的纠纷，属另一法律关系，双方可协商解决或另案诉讼处理，故上诉人因此节纠纷未解决而占有本案房屋，已构成侵权，上诉人应当依法将房屋返还给被上诉人。因此，本案实质上应属于因侵权形成的占有物返还纠纷，而非房屋所有权确认纠纷，原审对此法律关系认识有误，本院予以纠正。

上诉人因向被上诉人提出的相关问题未得到解决，而以占有被上诉人所有的房屋的方式来抵销其应得的报酬，继而对房屋进行了维护、装修，并居住使用，虽然方法欠妥当，但并非出于恶意。其对房屋进行维护、装修后，房屋并未因此受损或降低价值，相应的应是增加了房屋的价值。根据《物权法》第 243 条的规定，上诉人维护、装修房屋的行为应属于善意行为，上诉人向被上诉人返还房屋后，被上诉人应当承担上诉人支出的房屋维护、装修费用。鉴于本案在审理中，被上诉人对上诉人已支出的房屋维护、装修费用没有明确提出异议，且确认房屋已经过维护、装修，则所产生的费用应予以认定。因此，上诉人要求被上诉人承担维护、装修房屋的费用 70 000 元的请求，本院依法予以支持。关于本案诉讼时效问题，因上诉人出具的“承诺书”中并未涉及时效，另被上诉人是在上诉人维护、装修房屋后 2 年内提起的本案诉讼，故上诉人称被上诉人对本案的起诉已超过诉讼时效规定的理由并不成立，本院不予采信。

综上，原审判决由被上诉人支付上诉人缴纳的房屋物业管理费正确，本院予以维持。原审认定部分事实不准确，适用法律不当，本院依法予以纠正。依照《民法通则》第 72 条、第 117 条第 1 款、第 134 条第 1 款第 4 项，《物权法》第 243 条，《民事诉讼法》第 153 条第 1 款第 2、3 项之规定，判决如下：

一、维持汉中市汉台区人民法院（2010）汉民初字第 66 号民事判决第二项；

二、撤销汉中市汉台区人民法院（2010）汉民初字第 66 号民事判决第一项；

三、由上诉人王晓宏返还被上诉人中材公司所有的位于西安市旭景名园住宅楼 8＃金亚轩 23—E、面积 117.68 平方米的房屋一套；

四、由被上诉人中材公司支付上诉人王晓宏维护、装修房屋费用70 000元。

以上执行内容限判决生效后10日内履行完毕。

上诉案件受理费1 000元，由中材公司负担。

本判决为终审判决。

案由与焦点

1. 案由

本案的一级案由为"物权纠纷"，二级案由为"占有保护纠纷"，三级案由为"占有物返还纠纷"。

不动产或者动产的占有状态是一种受法律保护的法律事实，占有的事实本身具有权利推定效力。所有人、占有人、第三人等因占有及侵害占有等引发的纠纷为占有保护纠纷。在"占有保护纠纷"二级案由下，包括以下三级案由：(1) 占有物返还纠纷；(2) 占有排除妨害纠纷；(3) 占有消除危险纠纷；(4) 占有物损害赔偿纠纷。占有物返还纠纷是指占有人因占有物被他人非法侵占，依法请求非法占有人返还该占有物的纠纷。

2. 焦点

本案争议的焦点包括：(1) 购房款收据上记载的交款人应否是房屋所有权人？(2) 取得占有而未办理权属登记的房屋，其所有权是否发生转移？(3) 占有人以房屋所有人身份的占有是否因时效经过取得占有物所有权？

评注与问题

1. 债权让与效力的发生对受让人和债务人有何不同

债权让与是指债权主体的变更，债权人的债权由第三人承受，即第三人参与债的关系而成为新的债权人。债权让与通常是由债权人与第三人订立债权让与合同，受让人自让与合同成立之时取得受让的债权，债务人自收到债权让与通知之时产生向受让人履行债务的义务。债权人或受让人未通知债务人债权让与的，该让与对债务人不发生效力，债务人仍得向原债权人履行债务，该履行为有效履行。本案中，西安金西源物资贸易有限公司欠原告公司欠款，陕西省建筑构件公司又欠西安金西源物资贸易有限公司欠款，经三方协商由陕西省建筑构件公司直接将欠款归还给原告公司。三方达成的协议为债权转让协议，该协议成立之时原告中材公司取得了对陕西省建筑构件公司的债权，陕西省建筑构件公司产生了向原告中材公司履行债务的义务。

2. 代物清偿的成立条件是什么

代物清偿是指债务人以他种给付代替原定给付，债权人受领该给付而使债的关系消灭。依诚实信用和实际履行原则，债务人应以法律规定或者合同约定的标的履行，不得以他种给付代替原定给付。但在债权人同意的情形下，债务人也可代物清偿。他种给付物可以是动产，也可以是不动产。他种给付物的所有权转移给债权人后，代物清偿成立。代物清偿一经成立，即发生债的关系消灭的效力。本案中，陕西省建筑构件公司欠原告中材公司欠款，本应以金钱支付方式履行以消灭债务，但原告同意陕西省建筑构件公司将西安普林房地产开发有限责任公司位于西安市旭景名园小区住宅房一套8＃金亚轩23—E面积117.68平方米抵顶债务，以房屋代替金钱给付，并已将房屋的占有转移给原告。因此，从形式上代物清偿已经成立。需要讨论的问题是，在用于抵顶债务的房屋尚未办理房屋权属登记的情况下，代物清偿实质上是否发生？

3. 占有不动产与取得不动产所有权之间是什么关系

《物权法》第 9 条规定："不动产物权的设立、变更、转让和消灭，经依法登记，发生效力；未经登记，不发生效力，但法律另有规定的除外。"第 14 条规定："不动产物权的设立、变更、转让和消灭，依照法律规定应当登记的，自记载于不动产登记簿时发生效力。"根据以上规定，不动产所有权的取得应当自记载于不动产登记簿时发生效力，占有不动产而未进行不动产登记，不取得不动产所有权；相反，如果未占有不动产但进行了不动产登记，取得不动产所有权。本案中，债务人陕西省建筑构件公司将西安普林房地产开发有限责任公司位于西安市旭景名园小区住宅房一套 8＃金亚轩 23—E 面积 117.68 平方米，抵给原告公司所有。但本案房屋尚未办理房屋权属登记，虽然原告通过抵债已实现对上述房屋的占有，但并未取得抵债房屋的所有权，只是基于代物清偿协议取得了占有该房屋的权利和请求转移该房屋所有权的请求权。终审法院认为，"本案房屋系被上诉人中材公司通过用其债权抵账受让取得，该房屋的所有权应归被上诉人享有"，这是不正确的。

4. 占有的保护请求权与物权请求权有何区别

占有是指占有人对物有事实上管领力的事实。占有保护请求权是指当占有受到侵夺、妨害或者有被妨害之虞时，占有人得请求返还占有、排除妨害或者防止妨害发生的权利。占有保护请求权与物权请求权，同属于物上请求权，形式结构相似，但它们是不同的。前者旨在保护占有的事实状态，后者旨在保护物权；前者以占有被侵夺为成立要件，后者以他人的无权占有为成立要件。二者各自独立，互不相妨，可以发生竞合关系，可以合并行使，也可以先后行使。[①] 本案中，被上诉人未取得诉争房屋的所有权，不存在物权请求权的行使问题；但被上诉人因抵债取得了房屋的合法占有，作为占有人其占有利益受法律保护，在其占有被上诉人侵夺时，得请求返还占有。

5. 当事人互负给付义务，债务就可以抵销吗

抵销是指当事人双方互负给付义务，将两项债务相互充抵，使其相互在对等额内消灭的行为。在民法上，抵销有法定抵销与合意抵销之分。法定抵销与合意抵销的区别之一在于，法定抵销要求当事人互负债务的种类、品质相同。法定抵销的债务之所以以同一种类的给付为必要，是因为只有给付的种类相同时，当事人双方才有相同的经济目的，通过抵销才可满足当事人双方的利益需要。本案中，上诉人对被上诉人的提成款支付请求权，与被上诉人对上诉人的占有物返还请求权，给付的种类、品质不同，不符合债的法定抵销的条件，因此，即使上诉人对被上诉人提成款的支付请求权成立，上诉人除非与被上诉人协商一致，否则不能行使法定抵销权。上诉人利用抵账房屋收据以自己名义开具的便利，未经被上诉人同意而占有使用本案房屋，已构成对被上诉人占有利益的侵害，应当依法将占有的房屋返还给被上诉人。

6. 占有物返还时占有人对占有物的装修应当归于何方

占有人对占有不动产进行的装修，属于民法添附中的动产与不动产附合。添附是指不同所有权人的财产结合在一起或不同人的劳力与财产结合在一起，而形成一种新的独立财产的法律状态。《物权法》没有将添附规定为所有权的取得方法，但民法理论和司法实践均承认之。动产与不动产附合后，应由不动产所有权人取得动产所有权，动产所有权归于消灭。至于动产所有权人是否有权要求不动产所有权人给予补偿或赔偿，则取决于动产所有人附合时的主观心理状态。《物权法》第 243 条规定："不动产或者动产被占有人占有的，权利人可以请求返还原物及孳息，但应当支付善意占有人因维护该不动产或者动产支出的必要费用。"本案中，上诉人

① 参见崔建远：《物权法》，170 页，北京，中国人民大学出版社，2009。

因向被上诉人提出的相关问题未得到解决，而以占有被上诉人所有的房屋的方式来抵销其应得的报酬，继而对房屋进行了维护、装修，并居住使用，虽然方法欠妥当，但并非出于恶意。其对房屋进行维护、装修后，房屋并未因此受损或降低价值，相应的应是增加了房屋的价值。因此，上诉人维护、装修房屋的行为应属于善意行为，上诉人向被上诉人返还占有的房屋后，被上诉人应当承担上诉人支出的房屋维护、装修费用。

7. 占有物返还请求权的行使是否有期限限制

占有物返还请求权又称占有回复请求权，是指占有人于其占有物被侵占时，可以请求返还其占有物的权利。《物权法》第245条第1款规定："占有的不动产或者动产被侵占的，占有人有权请求返还原物……"第2款规定："占有人返还原物的请求权，自侵占发生之日起一年内未行使的，该请求权消灭。"关于该期间的法律性质，有学者有认为是除斥期间而非诉讼时效，理由在于诉讼时效可因事由而中断或中止，而且自受害人知道或者应当知道侵害时开始起算，如果按照诉讼时效来规定，此项期间可能远比1年要长，将使权利处于长期不稳定的状态。并且，通常情况下，占有物返还请求权因除斥期间经过而未行使的，占有人对占有物若享有物权的，可以基于物权主张物的返还请求权。有鉴于此，没有必要对占有物返还请求权的行使赋予更长的期间。[①] 也有学者倾向于该期间为权利时效期间，因为其对象为请求权，而非形成权。[②] 本案中，终审法院采纳了诉讼时效的观点，认为"被上诉人是在上诉人维护、装修房屋后两年内提起的本案诉讼，故上诉人称被上诉人对本案的起诉已超过诉讼时效规定的理由并不成立，本院不予采信"。对此问题，你如何认识的？

（评注人：范李瑛）

① 参见胡康生主编：《中华人民共和国物权法释义》，522页，北京，法律出版社，2007。

② 参见崔建远：《物权法》，172页，北京，中国人民大学出版社，2009。

80. 占有物损害赔偿纠纷

司法案例

牛向勇诉赵海宽案

河南省南阳市中级人民法院（2009）南民一终字第416号

基本案情

上诉人（原审原告）：牛向勇。

被上诉人（原审被告）：赵海宽。

上诉人牛向勇与被上诉人赵海宽为占有物损害赔偿纠纷一案，南阳市宛城区人民法院于2009年5月10日作出（2008）宛民初字第1778号民事判决，原审原告牛向勇不服，向本院提起上诉。本院依法组成合议庭进行了审理，上诉人牛向勇及其委托代理人涂克伟、被上诉人赵海宽及其委托代理人景超到庭参加了诉讼。本案现已审理终结。

经审理查明：牛向勇系仁爱专家诊所的负责人，与豫RB9572号面包车的所有人牛向晓系亲兄弟，其受在深圳打工的弟弟牛向晓的委托，对牛向晓所有的豫RB9572号面包车进行保管，停放于牛向勇经营的诊所内。2008年6月7日，牛向勇之弟牛向甫在仁爱诊所内为患者马天应治疗，赵海宽之子赵毅为其患病在家的奶奶治病来到诊所求医。后赵毅在酒后驾驶停放于诊所内的豫RB9572号面包车，载着牛向甫、马天应驶往赵毅家为其奶奶上门治病，在行驶至S103线（南新路）270公里＋653米处，豫RB9572号面包车与由南向北行驶的豫RDF279号面包车迎面相撞，造成两车受损、赵毅和马天应死亡、牛向甫和豫RDF279号面包车驾驶人受伤的交通事故。该事故经南阳市交通警察支队第六大队作出责任认定，认定赵毅承担此事故的主要责任，豫RDF279号面包车驾驶人承担次要责任，牛向甫、马天应无责任。现牛向勇以赵海宽之子赵毅、牛向甫擅自偷开其保管的车辆，造成车损损失为由，诉至本院，请求赵海宽在继承赵毅财产的份额内，赔偿3 000元的经济损失。牛向勇放弃追究牛向甫的赔偿责任。

原审另查明：赵毅1988年8月12日出生，生前系93550部队现役军人。

一审判决

南阳市宛城区人民法院认为：牛向勇基于豫RB9572号面包车所有人牛向晓的委托代为保

管该车，在占有、保管该车期间，他人对该车造成的非法损害，依据物权法的规定，有权以物的合法占有人的身份对非法损害人提起损害赔偿之诉。现牛向勇请求赵海宽赔偿车损，依据最高人民法院《民事诉讼证据规定》第 2 条“当事人对自己提出的诉讼请求所依据的事实或者反驳对方诉讼请求所依据的事实有责任提供证据加以证明。没有证据或者证据不足以证明当事人的事实主张的，由负有举证责任的当事人承担不利后果”的规定，牛向勇应当对赵海宽已亡之子赵毅擅自偷开豫 RB9572 号面包车的事实以及车损的具体损失提供有效证据加以证实。赵毅虽有驾驶豫 RB9572 号面包车的事实，但在牛向勇弟弟牛向甫随车同行，另基于牛向甫系诊所坐诊医生的情况下，不足以认定赵毅擅自偷开的事实。另外，牛向勇主张的 3 000 元损失及赵海宽继承遗产的事实，在赵海宽不予认可的情况下，牛向勇也未能提供证据予以证实。故对牛向勇的诉讼请求不予支持。原审依据《物权法》第 245 条之规定，判决：驳回原告牛向勇的诉讼请求。案件受理费 50 元，由原告负担。

二审诉辩主张

牛向勇上诉称：2008 年 6 月 7 日晚，在上诉人不知情的情况下，被上诉人之子赵毅和在上诉人经营的仁爱专家诊所坐诊的牛向甫将上诉人之弟牛向晓委托上诉人保管于诊所的豫 RB9572 面包车开出，后发生车祸致该车损毁。赵毅及牛向甫之行为，已对上诉人构成侵权并应承担赔偿责任。因牛向甫系上诉人之弟，上诉人放弃追究其民事赔偿的权利。赵毅因已在车祸中死亡，且其财产已被被上诉人继承，现请求被上诉人在其继承财产的份额内，承担上诉人 3 000 元损失的赔偿责任。请二审撤销原判，支持上诉人的诉讼请求。

赵海宽答辩称：上诉人非豫 RB9572 面包车的所有人，又未有车辆所有人的损害赔偿诉讼委托，其无权提起诉讼。被上诉人之子应上诉人经营诊所工作人员、上诉人兄弟牛向甫邀请担任司机，驾驶豫 RB9572 号面包车，运送病号的同时也为牛向甫给其奶奶治病。豫 RB9572 号面包车的车损应由被帮工人牛向甫承担。上诉人诉请的 3 000 元损失无事实依据，应驳回上诉人的上诉。

二审查明的事实与一审查明事实相同，业经一审庭审质证，当事人双方均无异议，本院予以确认。

二审判决

南阳市中级人民法院认为：被上诉人之子赵毅到上诉人诊所为其家人求医，后驾上诉人汽车载到该诊所就医的另一病人随同乘该车的该诊所坐诊医生、上诉人之弟牛向甫出诊，其驾车行为应视为经该诊所许可的行为，而不能认定为偷开。因牛向甫乘车出诊，系履行其在该诊所的职务行为，而牛向甫在该诊所的地位，形成对上诉人牛向勇的表见代理；牛向甫随车同行出诊，是对赵毅驾该诊所汽车的许可。故牛向勇上诉称赵毅偷开其诊所汽车的理由不能成立。而且，现赵毅已死亡，牛向勇也没有证据证明其有遗产被其父赵海宽继承。故牛向勇请求赵海宽代赵毅赔偿车损没有事实和法律依据，其上诉理由不能成立，本院不予支持。原审认定事实清楚，处理适当。依照《民事诉讼法》第 153 条第 1 款第 1 项的规定，判决如下：

驳回上诉，维持原判。

二审案件受理费 50 元，由牛向勇负担。

本判决为终审判决。

案由与焦点

1. 案由

本案的一级案由为“物权纠纷”，二级案由为“占有保护纠纷”，三级案由为“占有物损害赔偿纠纷”。

因占有物被侵占或者妨害而造成损害的，占有人请求侵害人承担损害赔偿责任而引发的纠纷为占有物损害赔偿纠纷。

2. 焦点

本案争议的焦点在于，赵毅对车辆的占有使用是因为表见代理效力产生而形成的有权占有，还是偷开车辆而产生的无权占有？

评注与问题

1. 如何区分有权占有与无权占有

占有是民事主体对物进行实际的管领、控制，在性质上是一种事实。占有可能因多种原因发生，既可以因合同关系产生，也可以因其他原因产生；占有人对标的物的占有可能有正当的权源，也可能没有正当的权源。有权占有是指具有法律的根据或原因的占有，基于合同关系的占有即属于有权占有；无权占有是指没有法律的根据或原因的占有。无权占有人可以分为善意占有与恶意占有。善意占有是指占有人不知道或不应知道无占有的权利而进行的占有；恶意占有是指占有人知道或应当知道无占有的权利而仍进行的占有。本案中，牛向勇基于豫 RB9572 号面包车所有人牛向晓的委托代为保管该车而对车辆的占有，即属于有权占有。而赵毅对于豫 RB9572 号面包车的占有，二审法院认定牛向甫借用车辆给赵毅使用的行为构成对牛向勇的表见代理，赵毅对牛向勇保管车辆的使用应为有权占有。你认为赵毅对车辆的使用是有权占有，还是无权占有？

2. 无权代理人和第三人实施的民事行为无效时，是否成立表见代理

表见代理是指行为人无代理权而以本人名义与第三人为民事行为，但有足以使第三人相信行为人有代理权的事实和理由，善意相对人与行为人实施民事法律行为，该后果由本人承担。《合同法》第 49 条规定：“行为人没有代理权、超越代理权或者代理权终止后以被代理人名义订立合同，相对人有理由相信行为人有代理权的，该代理行为有效。”本案中，牛向勇基于保管合同取得对豫 RB9572 号面包车的占有后，将其占有的车辆停放在其经营的诊所内。诊所的坐诊专家牛向甫未经占有人牛向勇的同意，将停放在诊所内的车辆交给赵毅使用，并随车出诊。牛向甫诊所坐诊医生的地位、将车辆交给赵毅驾驶并乘车出诊的行为，使赵毅有理由相信牛向甫经过了牛向勇的同意。因此，终审法院认定牛向甫形成对上诉人牛向勇的表见代理。你认为终审法院的这种认定正确吗？

3. 帮工人在从事帮工活动中致人损害的应否承担赔偿责任

最高人民法院《人身损害赔偿解释》第 13 条规定：“为他人无偿提供劳务的帮工人，在从事帮工活动中致人损害的，被帮工人应当承担赔偿责任。被帮工人明确拒绝帮工的，不承担赔偿责任。帮工人存在故意或者重大过失，赔偿权利人请求帮工人和被帮工人承担连带责任的，人民法院应予支持。”本案中，如果赵毅的帮工行为成立，被帮工人应当是牛向甫。赵毅酒后

驾驶导致两机动车相撞并应承担此事故的主要责任，存在重大过失，对牛向勇车辆的损失，应当与牛向甫承担连带赔偿责任。对于牛向勇放弃追究牛向甫民事责任的行为，根据最高人民法院《人身损害赔偿解释》第5条的规定，赔偿权利人起诉部分共同侵权人的，人民法院应当追加其他共同侵权人作为共同被告。赔偿权利人在诉讼中放弃对部分侵权人的诉讼请求的，其他共同侵权人对被放弃诉讼请求的被告应当承担的赔偿份额不承担连带责任。请结合《侵权责任法》关于连带责任的规定，分析如何确定共同侵权人的诉讼地位。

4. 占有物的损害赔偿请求权与一般的侵权损害赔偿请求权有何不同

《物权法》第242条规定："占有人因使用占有的不动产或者动产，致使该不动产或者动产受到损害的，恶意占有人应当承担赔偿责任。"按其反面解释，对于因使用占有物而造成的损失，善意占有人不承担赔偿责任。仅就善意占有人而言，即使依据《民法通则》的有关规定，其行为已经引起了侵权损害赔偿责任，但按照《物权法》第242条的规定，也不应承担侵权损害赔偿责任。这表明，《物权法》第242条排除了权利人对善意占有人的侵权损害赔偿请求权。至于恶意占有人，只要其使用占有物导致了损害，就应当承担侵权损害赔偿责任，《物权法》第242条的规定不排斥权利人对恶意占有人的侵权损害赔偿请求权。[①] 本案中，牛向勇对占有享有占有利益，而牛向甫和赵毅对车辆的占有难以成立善意占有，作为恶意占有人应当对车辆造成的损害承担连带赔偿责任。

5. 被继承人的债务必须由继承人承担吗

所谓遗产债务，是指被继承人生前个人依法应当缴纳的税款和其他个人所负的债务。被继承人因侵权行为而承担的损害赔偿的债务属于遗产债务。继承人表示接受继承，就应当在继承的遗产范围内以继承的遗产为限，承担被继承人遗产债务的清偿责任。如果继承人共同继承遗产的，各共同继承人对遗产债务应当承担连带责任。本案中，被继承人赵毅死亡后，没有遗嘱，应当适用法定继承。其父作为法定继承人，在继承开始后上诉人请求损害赔偿前，没有放弃继承，视为接受继承。但继承的标的是遗产，在原告不能证明被告已经继承了死者遗产的情况下，自然也不存在在接受遗产范围内承担遗产债务的问题。

（评注人：范李瑛）

① 参见崔建远：《物权法》，162页，北京，中国人民大学出版社，2009。

第五部分

婚姻家庭纠纷

81. 婚约财产纠纷

司法案例

王喜德诉吴红元等案

河南省浚县人民法院（2010）浚民初字第555号

基本案情

原告：王喜德（男）。

被告：吴红元（女）。

被告：吴建江，系被告吴红元之父。

被告：马文秀，系被告吴红元之母。

原告王喜德与被告吴红元、吴建江、马文秀婚约财产纠纷一案，本院于2010年4月12日受理后，依法由审判员路畅独任审判，于2010年6月24日公开开庭进行了审理。原告王喜德及其委托代理人马玉峰，被告吴红元、吴建江、马文秀及其委托代理人李爱星均到庭参加了诉讼。本案现已审理终结。

经审理查明：原告王喜德与被告吴红元2009年4月经人介绍相识，2009年5月16日（农历4月22日），原告王喜德和张某某、靳某某一起到被告家给吴红元小见面礼1 001元；5月19日（农历4月25日），原告王喜德和张某某、靳某某、王某某一起到被告家给马文秀大见面礼10 001元；7月27日（农历6月6日），原告王喜德和张某某、靳某某、王某某一起给了马文秀下帖礼20 000元，同时给了马文秀一个30 000元的存折，后又将该存折取出现金后给了马文秀作为建房押金。原告王喜德称还有其他彩礼款4 000元（包括给被告吴红元购买了两枚戒指价值2 000元，给吴红元下车钱1 000元，给吴红元之弟钥匙钱1 000元），但未提供证据。2009年8月16日（农历6月26日），原告王喜德与被告吴红元举行了典礼仪式，后同居生活，但未办理结婚登记手续。2009年农历10月份，二人因琐事发生纠纷开始分居。

另查明，被告吴红元的嫁妆有：电脑1台、电脑桌1张、电脑椅1把、梳妆台1个、被子6床、台灯1个、脸盆1个、电动车1辆（已被被告吴红元骑走）。

诉辩主张

原告王喜德诉称：2009年4月我与被告吴红元经人介绍认识，于2009年6月份未办理婚姻登记手续即开始同居生活，由于性格不合，因生活琐事发生矛盾，于2009年10月份分居，现已解除同居关系。由于在同居前被告向我索要彩礼65 000元，造成我家庭生活困难，我请求判令3被告返还彩礼65 000元。

被告吴红元辩称：原告王喜德所述数额及性质不实，我没有索要彩礼，我们在恋爱期间，我仅接受原告王喜德赠送30 000元存折1个，且已由原告王喜德支取，花费到生活中，不应返还。另外，我们典礼时，我父母为我陪送了电脑1台、电脑桌1张、电脑椅1把、梳妆台1个、被子6床、比德文电动车1辆、台灯1个、脸盆1个，请求判令原告王喜德返还。

被告吴建江、马文秀辩称：原告王喜德列举主体错误，我们没有参与原告王喜德与吴红元的定亲仪式，更没有参与其经济交往，并非本案适格被告，请求驳回原告的起诉。

举证、质证及认证情况

原告为支持其主张向法庭提交的证据及被告的质证意见为：

1. 证人张某某、王某某、靳某某的当庭证言。主要证明原告王喜德经张某某、靳某某之手给被告吴红元小见面礼1 001元；经张某某、王某某、靳某某之手给被告马文秀大见面礼10 001元，经张某某、靳某某、王某某之手给被告马文秀下帖礼20 000元，同时给被告马文秀一个30 000元的存折，是盖房用的押金，后来原告王喜德和吴红元将存折取出，并与张某某、靳某某一起将30 000元现金给了被告马文秀。

被告吴红元的异议为：张某某不是媒人，原告王喜德给我的是存折，不是现金，我和原告王喜德一起去刘砦信用社取出30 000元现金后，我们一起去郑州、北京旅游花费了18 000元，没有押金的事，30 000元是彩礼钱。我没见过证人王某某到我家送彩礼，30 000元存折是王喜德给我的，与我父母无关。取钱时证人靳某某没在场，她也没去过我家，30 000元钱没给我妈，是王喜德亲手给我的。证人是原告王喜德的亲属，有利害关系。

被告吴建江、马文秀的异议为：我们没有参与，不知道给了多少钱，不存在押金的事。我们不认识证人王某某。原告王喜德与我女儿生气后王某某去过我家两趟，以前没见过。

2. 鹤壁市淇滨区钜桥镇王寨村村民委员会出具的证明一份。主要证明原告王喜德因女方索要巨额彩礼造成家庭困难。

3被告的异议为：内容不属实，不符合客观实际，村民结婚给付彩礼不可能向村委会汇报，对王爱民是否是村委会主任有异议，该证明与本案无关。

3. 周大生珠宝质量保证单一份。用以证明原告王喜德给被告吴红元购买戒指一枚，价值856元。

被告吴红元的异议为：我不知道，客户名称不详细，非正规发票，不能证明给了我。

被告为支持其主张向法庭提交的证据及原告的质证意见为：

1. 发票一张、收据一张。用以证明被告吴红元的嫁妆有电脑、电脑桌、电脑椅和梳妆台。

原告王喜德的异议为：电脑、电脑桌、梳妆台是我购买的。电动车被告已骑走，床单、被子被告已带走。发票不能证明电脑等物品已送到我家，买梳妆台不是正规发票，未加盖公章，无购买人姓名。

2. 证人吴一某、周某某的书面证言各一份。主要证明被告吴红元的嫁妆。

原告王喜德的异议为：证人未到庭接受质证，不能保证证人签名的真实性。

3. 证人吴二某、徐某某的当庭证言。主要证明被告吴红元的嫁妆有电脑、电脑桌、电脑椅、电动车、梳妆台、6床被子、台灯1个。

原告王喜德的异议为：证言不属实，我不认识证人，证人与被告有亲属关系。

河南省浚县人民法院对证据的分析与认定：原告王喜德提供的证人张某某、王某某、靳某某的证言能够相互印证原告王喜德给付被告彩礼款的时间、地点及具体数额，内容真实，本院予以采信；鹤壁市淇滨区钜桥镇王寨村村民委员会出具的证明，证据形式合法，被告未提供相反证据证明其内容不实，本院予以采信；周大生珠宝质量保证单不能证明原告购买的戒指已给付被告吴红元，被告吴红元又予以否认，原告王喜德未能提供其他证据相印证，故该证据不能证明原告王喜德给被告吴红元购买了戒指。被告吴红元提供的发票、收据和证人吴一某、周某某、吴二某、徐某某的证言能够相互印证，本院予以采信。庭审中，被告吴红元认可其已将电动车骑走，本院予以确认。

法院判决

河南省浚县人民法院经审理认为：我国法律明文规定严禁借婚姻名义收受他人财物，如果双方未办理结婚登记手续，收受财物的一方应当予以返还。原告王喜德先后给被告吴红元的小见面礼 1 001 元、给被告马文秀的大见面礼 10 001 元、下帖礼 20 000 元均属于婚约彩礼款的范围，应当予以返还。因为原告王喜德与被告吴红元已经在一起共同生活 4 个多月，结合本案实际情况，被告应当酌情予以返还，以返还 70％为宜，即被告吴红元应当返还 700.70 元（1 001 元×70％），被告马文秀应当返还 21 000.70 元（30 001 元×70％）。

原告王喜德给被告马文秀的 30 000 元建房押金属于其个人财产，应予全额返还。原告王喜德称另外 4 000 元是给被告吴红元购买了两枚戒指价值 2 000 元，给吴红元下车钱 1 000 元，给吴红元之弟钥匙钱 1 000 元，但未提供相应证据予以支持，被告又予否认，本院不予支持。

被告吴红元的嫁妆属于其个人财产，原告王喜德应予返还，原告王喜德称被告已带走，但未提供相关证据，本院不予采信。综上，依据《婚姻法》第 3 条第 1 款，最高人民法院《关于适用 < 中华人民共和国婚姻法 > 若干问题的解释（二）》（以下简称《婚姻法解释二》）第 10 条第 1 款第 1 项，《民事诉讼法》第 64 第 1 款之规定，判决如下：

一、被告吴红元于本判决生效后 10 日内返还原告王喜德彩礼款 700.70 元；

二、被告马文秀于本判决生效后 10 日内返还原告王喜德彩礼款 21 000.70 元；

三、被告马文秀于本判决生效后 10 日内返还原告王喜德建房押金 30 000 元；

四、原告王喜德于本判决生效后 10 日内返还被告吴红元的嫁妆电脑 1 台、电脑桌 1 张、电脑椅 1 把、梳妆台 1 个、被子 6 床、台灯 1 个、脸盆 1 个；

五、驳回原、被告的其他诉讼请求。

如果未按本判决指定的期限履行给付金钱义务，应依照《民事诉讼法》第 229 条之规定，加倍支付迟延履行期间的债务利息。

案件受理费 1 425 元，减半收取 710 元，由原告王喜德负担 145 元，被告吴红元负担 15 元，被告马文秀负担 550 元（被告负担部分暂由原告垫付，待判决生效后随判决主文一并执行）。

如不服本判决，可在本判决书送达之日起 15 日内，向本院递交上诉状 12 份，上诉于河南省鹤壁市中级人民法院。

案由与焦点

1. 案由

本案的一级案由为“婚姻家庭、继承纠纷”，二级案由为“婚姻家庭纠纷”，三级案由为

"婚约财产纠纷"。

婚约财产纠纷实际上即为通常意义上的彩礼纠纷。以缔结婚姻关系为目的而由男女双方中的一方向对方或者对方的家庭支付的一定金钱或者其他财产为彩礼。因彩礼的给付、返还等引发的纠纷为婚约财产纠纷。

2. 焦点

本案的诉争焦点在于彩礼数额的认定，是否应予返还；陪嫁物品有哪些，是否应予返还。

评注与问题

1. 男家给付女家财物的名称对彩礼范围的认定是否有影响

彩礼一词，来源于西周时期的"采择之礼"，在古代"采"与"彩"通用，彩礼乃是由"采择之礼"简化演变而来的。整个中国古代社会通行聘娶婚，即以男方向女方家庭交付一定数量的聘礼或聘财作为结婚条件而成立婚姻。据史书记载，聘娶婚始于伏羲，而大备于周。在婚姻关系的形成上，聘娶婚要求履行礼制要求的程序。早在西周时期就创制了"六礼"。六礼备谓之"聘"，六礼不备谓之"奔"。据《礼记》、《仪礼》所载，六礼为：纳采、问名、纳吉、纳征（亦称纳币）、请期、亲迎。"六礼"以纳征为中心，聘财的多寡依双方的身份、地位而定。"六礼"程序到后来虽有变通，但聘娶婚的本质则始终如一。至今它对于我国民间婚姻的成立，仍产生很大的影响。

彩礼，亦称聘财、聘礼、聘金等。按《现代汉语词典》的解释，"彩礼"专指"订婚时男家送给女家的财物"。从我国的习俗来看，彩礼一般是指男女订婚或结婚时，男方以结婚为目的给付女方或女方家的财物（多为金钱，也有一些贵重物品，数额一般较大）。从全国各地的风俗习惯来看，男家送给女家的财物名目繁多，名称不一，有小见面礼、大见面礼、押柜礼、下帖礼、下车钱、钥匙钱、改口钱、过礼钱、杂事钱，等等。无论从理论上，还是从实务上来说，男家给付女家财物的名称，不会影响到对彩礼范围的认定。本案中，人民法院认为原告王喜德先后给被告吴红元的小见面礼 1 001 元，给被告马文秀的大见面礼 10 001 元、下帖礼 20 000 元均属于婚约彩礼款的范围，应当予以返还。原告给被告马文秀的 30 000 元建房押金属于其个人财产，应予全额返还。人民法院的判决无疑是正确的。

2. 彩礼在什么情况下应当返还

关于彩礼的返还，最高人民法院《婚姻法解释二》第 10 条规定：当事人请求返还按照习俗给付的彩礼的，如果查明属于以下情形，人民法院应当予以支持：（1）双方未办理结婚登记手续的；（2）双方办理结婚登记手续但确未共同生活的；（3）婚前给付并导致给付人生活困难的。前 2 种情形的适用，应当以双方离婚为条件。依照上述规定，如果双方未办理结婚登记手续，收受财物的一方应当予以返还。本案中，原告王喜德与被告吴红元未办理结婚登记手续，只是在举行了典礼仪式后即同居生活，现已解除同居关系，被告吴红元收受原告王喜德的彩礼应予返还。

3. 彩礼的性质是什么

对于彩礼给付行为的性质，学界尚无统一的认识，归纳而言，主要有以下几种观点：

（1）所有权移转说（也称为赠与说）。该说认为，婚约期间的财物赠与只是一种民事赠与关系，一旦所赠与的财物交付对方，所有权就发生移转，即使婚约解除，受赠人也无须返还受赠财产。

（2）附解除条件的赠与说。该说认为，赠送彩礼是附有解除条件的赠与行为。所谓附解除条件的赠与行为，是指已经发生法律效力的赠与行为，在当事人所约定的条件不成就时仍保持其原有效力（赠与行为合法有效存在），当条件成就时，其效力便消灭，解除当事人之间的权利义务关系（赠与行为失去法律效力）。赠送彩礼行为，实际上是预想将来婚约得到履行（男女双方正式结婚），而以婚约的解除为解除条件的赠与行为。其中，婚约的解除是所附的条件。如果条件不成就（婚约未解除），那么赠与行为继续有效，彩礼归受赠人所有；如果条件成就（婚约解除），赠与行为则失去法律效力，当事人之间的权利义务关系当然解除，赠与财产应当恢复到订立婚约前的状态，彩礼应当返还给赠与人。

（3）定金说。该说认为，订婚是一种双方的民事法律行为，婚约是一个民事合同。彩礼是订婚的双方为保证婚约履行而约定的一种担保方式。男方把一定价值的财物或金钱交与女方，双方都应以彩礼的价值为限承担违约责任，即男方毁约，无权要回彩礼，而女方毁约应双倍返还彩礼，应适用定金规则解决彩礼纠纷。

（4）显失公平说。该说认为，民事活动应遵循公平原则，婚约期间的赠与是一种特殊的赠与，这种赠与是以期望和对方结婚为动机的，一旦结婚，这种赠与就实现了一定程度的公平。如果婚约解除，赠与方就得不到任何报答，似乎不公平。有的赠与的财物价值较大，如一律不予返还，则显失公平。因此，对一些价值较大的赠与，应以显失公平为由申请撤销。

本案中，一审判决就彩礼的性质语焉不详，你认为上述观点何者更为合情、合理、合法？

4. 婚约财产纠纷诉讼的主体是否包括婚约当事人的父母等其他亲属

按照《婚姻法解释二》第 10 条的规定，当事人有权请求返还按照习俗给付的彩礼。这里的“当事人”，是指婚约当事人，即订婚的男方或女方。但是实际生活中，订婚不仅是男女双方的个人行为，而是在男女双方亲友和其他参与人的参与下进行的，因此给付彩礼的问题并不单纯是订婚男女双方之间的事情，更多地涉及两个家庭之间的往来。而且彩礼款的具体数额，一般也是在男女双方的直系亲属作出明确同意的表示后达成的，这种彩礼款的给付是男女双方两家的行为，绝对不是其个人的行为。所以，对于彩礼的给付人和接受人，不能仅仅局限于准备缔结婚姻关系的男女双方当事人，而应作广义的理解。就给付人而言，因为大多数情况下彩礼的数额都比较大，都是给付方全家用共同财产给付的，有时甚至是全家共同举债给付的，所以，彩礼既可以是婚姻关系当事人本人所为的给付，也可以是婚约关系当事人的亲属所为的给付，如父母、兄弟姐妹等。因此，为最大限度地保护公民的财产权利，防止应诉方以起诉人不适格作为抗辩理由，应当对“给付方”作扩大解释。同样的道理，就收受该彩礼一方而言，既包括由婚约关系当事人接受彩礼的情形，也包括其亲属接受给付彩礼的情形。在习俗中，一般是父母代收彩礼，即使由本人亲自接收，儿女为表孝心，感激父母多年的养育之恩，也会将一部分或大部分交由父母，真正用于其结婚置办各种物品的反倒很少。双方父母在彩礼的交付过程中扮演着重要的角色，甚至有的彩礼收送双方根本就是订立婚约双方当事人的父母。如果仅规定订立婚约双方才是返还彩礼的主体显然于理不合，于法不公。因此，父母可以成为此类纠纷的当事人。本案中，人民法院没有采信被告吴建江、马文秀关于“原告列举主体错误，我们没有参与原告与吴红元的定亲仪式，更没有参与其经济交往，并非本案适格被告，请求驳回原告的起诉”的辩称，判决被告马文秀返还原告王喜德彩礼款 21 000.70 元、建房押金 30 000 元既符合实际的权利义务状态，也能真正解决纠纷。

5. 彩礼返还数额的确定应考虑哪些因素

由于赠送彩礼与纯民事交易不同，婚约财产纠纷中的彩礼返还掺杂了许多人文因素，还有众多其他原因也会影响着女方返还的数额。所以，在确定彩礼返还数额时不应照搬合同法理论，像其他附条件合同一样，在解除合同时全额返还。关于婚约财产纠纷中的彩礼返还数额，存在着不确定的因素，到底该返还多少，应由法院根据公平原则及诚实信用原则，综合考虑以下因素，酌情决定女方的返还数额。

（1）同居生活时间的长短。从男方的角度来讲，潜意识中有一个占有女方的欲望，尽管这种欲望不合法也不合理，但确实在其心中占有十分重要的位置。如果和女方共同生活时间短了，解除同居关系时就认为吃了亏，要求女方返还彩礼的愿望就强烈。相对来说，与女方共同生活时间长了以后，就认为自己心理上有了些补偿，让女方少返还一些彩礼也能接受。

（2）彩礼数额的大小。彩礼数额越小，男方的损失越小。对于一些小额的付出，其经济能力可以承受的，也就不再向对方追究。

（3）双方当事人的过错大小。有过错的一方要在道义上和经济上付出代价。如果男方有过错，自觉理亏，其返还要求就低；反之，如果女方有过错，男方自觉理由充足，男方返还要求会得到社会舆论的支持，其要求就会提高。这样的要求也是符合法律精神的，毕竟执行法律的本质在于伸张正义。这里判定过错的重要标准是看彩礼是赠与还是索要，索要彩礼明显要比收受赠与彩礼的主观恶性大。另一个重要标准是看引起解除同居关系的原因，如同居期间又与他人订婚，实施“家庭暴力”，虐待对方，有赌博、吸毒等恶习屡教不改等。

（4）是否生育子女。现在农村传宗接代的观念仍然很流行，受传统观念的影响，如果同居生育了子女，尤其是男孩，解除同居关系时男方的吃亏感会大为降低，同时要求女方返还彩礼的欲望也降低了。

本案中，正如一审判决指出的：“因为原告王喜德与被告吴红元已经在一起共同生活 4 个多月，结合本案实际情况，被告应当酌情予以返还，以返还 70%为宜。”很显然，该判决是在充分考虑了上述各种因素后作出的，既体现了照顾女方利益原则，又体现了法律的公平正义及诚实信用原则，无疑是公平合理的。

（评注人：张迎秀）

82. 离婚纠纷

司法案例

陈银泉诉沈会云案

广东省惠州市中级人民法院（2003）惠中法民一终字第58号

基本案情

上诉人（原审原告）：陈银泉（男）。

被上诉人（原审被告）：沈会云（女）。

上诉人陈银泉为与被上诉人沈会云离婚纠纷一案，不服惠东县人民法院（2002）惠东法民初字第282号民事判决，向本院提起上诉。本院立案受理后依法组成由郭志文任审判长，审判员徐国华和苏丹红参加评议的合议庭审理本案，书记员郑丽君担任记录。经过阅卷和调查，询问当事人，本案现已审理终结。

经审理查明：2002年5月初，陈银泉与沈会云经各自妹妹介绍相识，而后谈恋爱，陈银泉与沈会云在恋爱期间偶尔有同居生活。2002年7月5日，双方到惠东县增光镇人民政府登记结婚，婚后双方偶尔同居生活，但未形成稳定的家庭关系，亦无生育子女。陈银泉于2002年8月27日提出按当地风俗举行婚礼时，沈会云认为时间过于仓促，要求以后再择日举行婚礼，陈银泉则认为2002年8月27日举行婚礼事关重大，由此对沈会云不满，双方因此产生矛盾。2002年9月16日，陈银泉即向原审法院提出离婚诉讼。沈会云不同意离婚，表示如陈银泉坚持离婚则应赔偿其20 000元。

一审判决

广东省惠东县人民法院经审理认为：原、被告双方虽属自主婚姻，但相识时间不长便登记结婚，婚前感情基础不牢，婚后又未形成稳定的夫妻生活，未能建立真正的夫妻感情，原告要求离婚，本院予以支持。被告要求原告赔偿20 000元，鉴于本案的实际情况，原告确实对被告造成一定的损害，导致被告无心工作，生活困难，应予酌情补助，其余部分不予支持。依照《婚姻法》第32条和第42条的规定，判决如下：

一、准许原告陈银泉与被告沈会云离婚。

二、由原告陈银泉在本判决发生法律效力后15日内一次性支付4 000元给被告沈会云为生活困难补助费。

三、各人衣物归各人所有。

案件受理费500元，由原告陈银泉负担。

二审诉辩主张

陈银泉不服，上诉称：一审判决认定事实不清。被上诉人照常工作，何来“原告确实对被告造成一定的损害”？由于结婚后被上诉人不肯嫁到我家里生活，导致离婚，这不是我的过错，而且我为了婚姻支付了一定费用，倒不如认为被上诉人对我造成一定损害更加准确。一审判决认定我对被上诉人确实造成一定的损害，与《婚姻法》规定的损害事实是不相符的。一审判决我支付被上诉人4 000元生活困难补助费，系适用法律错误。我家里生活困难、债台高筑。上诉请求：依法撤销（2002）惠东法民初字第282号民事判决书的第（二）判项；本案一、二审诉讼费由上诉人、被上诉人各承担一半。

沈会云答辩称：一审判决认定事实属实。一审判决是按本案的实际情况而判决的，上诉人确实对我造成一定的损害，导致我无心工作。我怎么会说坚决不嫁到男方家中居住成家呢？这完全是上诉人要离婚而捏造的。每当我想起离婚这事心里就悲痛万分。当你的姐妹遇到这种情形，心里会愉快吗？你的感受会怎样？结婚后不久，就要提出离婚，这不是玩弄女性的流氓行为又是什么？离婚是上诉人一手炮制的。上诉人家中的经济收入较好。虽说上诉人的工资不高，但加上出差等，远超过其本人工资，上诉人借了5 000元给其单位；上诉人父母种有果园，年收入纯利几千元以上，上诉人父亲是地理、风水先生；上诉人有三个妹妹在厂里做工，每人每月收入不少于700元。请求二审法院判决上诉人支付我8 000元，以弥补我精神伤害、贞操损害、劳力损失等。

二审期间，本院主持双方调解，但上诉人仍坚决要求离婚。

二审判决

广东省惠州市中级人民法院经审理认为：上诉人与被上诉人相识仅2个月即登记结婚，彼此间缺乏了解，婚姻基础较差，登记结婚后也未开始共同生活，说明夫妻间尚未建立起夫妻感情，现上诉人坚决要求离婚，应予准许。双方登记结婚后，上诉人仅因择日举行婚礼的事由就要求离婚，本身有一定的过错，也确实给被上诉人的身心造成一定的伤害。考虑到被上诉人因离婚问题致无心工作，影响了生活，一审判决上诉人给予适当的经济帮助并无不当，本院予以维持。上诉人家庭是否经济困难，不影响上诉人应承担的法律责任。上诉人上诉无理，本院不予采纳。原审法院程序合法，实体处理正确。依照《民事诉讼法》第153条第1款第1项的规定，判决如下：

驳回上诉，维持原判。

二审诉讼费500元由上诉人负担。

案由与焦点

1. 案由

本案的一级案由为“婚姻家庭、继承纠纷”，二级案由为“婚姻家庭纠纷”，三级案由为“离婚纠纷”。

因感情破裂，夫妻双方或者一方向婚姻登记机关请求离婚或者向法院起诉离婚的，就是否同意离婚以及子女抚养、财产分割、离婚损害赔偿等引发的纠纷为离婚纠纷。

2. 焦点

本案是一起婚前缺乏了解草率结婚而引起的离婚纠纷，双方当事人除了对是否离婚各执己见之外，对离婚后的损害赔偿以及对生活困难一方的生活补助都有不同的主张。

评注与问题

1. 诉讼离婚中，法院判决离婚的法定理由是什么

法定离婚理由是法院审理离婚案件判决准予或不准予离婚的法定条件，是离婚制度中的关键问题。《婚姻法》第 32 条第 2 款规定：“人民法院审理离婚案件，应当进行调解；如感情确已破裂，调解无效，应准予离婚。”据此，感情破裂是我国法院判决离婚的法定理由。感情破裂是指夫妻感情已不复存在，双方不能继续共同生活且无和好的可能。同时，根据《婚姻法》第 32 条的列举，以下情形可以作为认定夫妻感情确已破裂而判决准予离婚的具体标准：(1) 重婚或有配偶者与他人同居的；(2) 实施家庭暴力或虐待、遗弃家庭成员的；(3) 有赌博、吸毒等恶习屡教不改的；(4) 因感情不和分居满二年的；(5) 一方被宣告失踪，另一方提出离婚诉讼的；(6) 其他导致夫妻感情破裂的情形。根据 1989 年 11 月 21 日最高人民法院《关于人民法院审理离婚案件如何认定夫妻感情确已破裂的若干具体意见》的规定，其他导致夫妻感情破裂的情形主要有以下几种：(1) 夫妻一方有生理缺陷或其他原因不能发生性行为，且难以治愈的；(2) 婚前缺乏了解，草率结婚，婚后未建立起夫妻感情，难以共同生活的，或双方办理结婚登记后未同居生活、无和好可能的；(3) 夫妻一方患精神病久治不愈，另一方请求离婚的；(4) 包办、买卖婚姻，婚后一方随即提出离婚，或者虽共同生活多年，但确未建立起夫妻感情的，或一方欺骗对方结婚的；(5) 一方被依法判处长期徒刑，或其违法犯罪行为严重伤害夫妻感情的。

本案中，双方当事人相识仅 2 个月即登记结婚，婚前缺乏了解，属于非常典型的草率结婚。但实践中仍应注意，因草率结婚引起的离婚案件，认定其夫妻感情确已破裂时，要仔细考查其婚后是否已经建立起夫妻感情，如果当事人虽然草率结婚，但是婚后建立起了夫妻感情，双方并没有太尖锐的矛盾，则不应当轻易将其视为夫妻感情确已破裂，而是需要将“婚前缺乏了解草率结婚”与“婚后未建立起夫妻感情”结合起来认定，防止出现“闪婚闪离”的现象。本案当事人婚前缺乏了解草率结婚，婚姻基础较差，登记结婚后也未形成稳定的家庭关系，亦无生育子女，说明夫妻间尚未建立起夫妻感情，现男方坚决要求离婚，调解无效，应准予离婚。

2. 婚姻中的过错方是否享有离婚诉权

本案中，上诉人仅因择日举行婚礼的事由就要求离婚，过于草率，给被上诉人的身心造成

一定的伤害，对造成闪婚闪离的不良后果，具有一定的过错。从历史的角度来考察，过错在离婚法上曾占有极其重要的地位。中世纪以后，法律对夫妻离婚条件进行了严格限制，只有符合法定离婚理由的，才允许离婚，最初规定的法定离婚理由中，绝大多数都是因一方的过错行为而导致的离婚，其中享有离婚诉权的是无过错的另一方婚姻当事人，这一立法被称为“过错主义”离婚立法。在此种离婚原则的指导下，离婚被看做是对有过错一方的惩罚和对无过错一方的补偿。在过错主义之下，过错方是不能依据自己的过错而提出离婚的。这对过错方起到了制裁和预防的作用，对于无过错一方起到了保护的作用。

过错主义以婚姻双方当事人在婚姻中的过错为离婚的前提，然而，并不是每对希望离婚的夫妻在婚姻中都有过错，有些只是纯粹因为性格不合或基于其他原因而无法继续生活在一起。因此，采用过错主义的离婚立法原则将会使这些夫妻永远笼罩在痛苦之中。同时，过错主义的离婚立法原则使得婚姻双方在离婚时互相寻找对方的过错、攻击对方的弱点，会激化当事人之间的矛盾。有时，无过错一方为了报复对方，在感情明明已经破裂，婚姻已无可挽回的情况下仍坚决不提出离婚，给双方都带来极大的痛苦，给社会发展带来更多的不利影响。因此，各国纷纷掀起了离婚法的改革运动，将离婚立法由过错主义转向破裂主义，将婚姻关系破裂作为裁判离婚的唯一理由，而不再坚持过错主义的离婚立法原则。我国1980年《婚姻法》在立法上首次确立了破裂主义，以夫妻感情确已破裂作为我国判决离婚的标准。2001年《婚姻法》修正案，仍然坚持了“感情破裂”的离婚立法原则。因此，法院不能以原告有过错为由，以判决其不离婚作为惩罚的手段。在婚姻关系破裂时，依夫妻一方或双方的请求即应准予离婚。

3. 离婚损害赔偿的适用范围有哪些

离婚损害赔偿是指配偶一方因法定的过错行为导致离婚的，无过错一方有权要求对方进行损害赔偿。离婚损害赔偿作为一种民事责任和离婚救济措施，主要功能在于填补损害，精神慰抚，预防和制裁违法行为。《婚姻法》第46条规定了离婚损害赔偿的适用范围：“有下列情形之一，导致离婚的，无过错方有权请求损害赔偿：（一）重婚的；（二）有配偶者与他人同居的；（三）实施家庭暴力的；（四）虐待、遗弃家庭成员的。”据此，《婚姻法》将离婚损害赔偿的过错行为严格限定在4种情形之内。只有以上4种情形，是离婚时无过错方损害赔偿请求权的发生根据；不属于以上情形的其他过错，如赌博、吸毒等恶习，虽然也可能会导致离婚，但不在请求赔偿的法定理由之列。本案中，双方当事人登记结婚后，上诉人仅因择日举行婚礼的事由就坚决要求离婚，确实具有一定的过错，也确实给被上诉人的身心造成一定的伤害。但该过错并不属于《婚姻法》第46条所列举的法定过错，因此，被上诉人无法依据《婚姻法》的规定获得离婚损害赔偿。

4. 离婚时生活困难一方是否可以要求对方进行经济帮助？离婚经济帮助的性质是什么

经济帮助是指夫妻离婚时，一方生活确有困难，经双方协议或由法院判决，由经济条件较好的另一方对其进行必要的经济资助的制度。《婚姻法》第42条规定：“离婚时，如一方生活困难，另一方应从其住房等个人财产中给予适当帮助。具体办法由双方协议；协议不成时，由人民法院判决。”据此，夫妻离婚时，生活困难一方可以要求对方进行经济帮助。

对于离婚经济帮助的性质，到目前为止还没有正式的法律作出过明确的解释。多数学者认为，离婚经济帮助不是夫妻法定扶养义务的继续和延伸，因为夫妻间的相互扶养义务是以双方存在婚姻关系为基础的，这种法定的扶养义务随着双方离婚而解除。因此，离婚经济帮助只是一种从原夫妻关系中派生出来的，对在离婚时处于弱势一方的救助和帮助的义务。这种救助和帮助的义务是以双方存在的原有婚姻关系为基础条件的。现实生活中，有些夫妻共同生活多年，最终分道扬镳。当初在婚姻关系存续期间，夫妻一方为了家庭的稳定和发展作出了较大的牺牲，放弃了自我发展和锻炼的机会，此时则因年老体弱且没有一技之长，离婚后很难自谋职业维持生活。所以，夫妻双方虽然解除了婚姻关系但仍需要建立一种制度来平衡各方利益，体现法律的公平正义。离婚经济帮助制度设立的主要目的在于保护离婚当事人的合法权利尤其是离婚时弱势一方的利益，从更进一步来讲，主要是为了平衡当事人之间的利益，维护法律的公平正义。

5. 离婚时的经济帮助需要具备哪些条件？是否以给付方有过错为前提

适用离婚经济帮助必然要求具备一定的条件，按我国法律的规定，离婚经济帮助需要具备以下条件：(1) 一方生活困难。所谓生活困难，根据最高人民法院《关于适用〈中华人民共和国婚姻法〉若干问题的解释（一）》（以下简称《婚姻法解释一》）第 27 条的规定，“一方生活困难”，是指依靠个人财产和离婚时分得的财产无法维持当地基本生活水平；一方离婚后没有住处的，属于生活困难。据此，生活困难有两个判断标准：一是依靠离婚时分得的财产和个人财产无法维持当地基本生活水平；二是离婚后没有住处的。(2) 经济帮助仅限于离婚之时。经济帮助的请求只能在离婚时提出，对于具有合法夫妻身份关系的双方当事人，婚姻关系存续期间不存在经济帮助一说，因为配偶之间的扶养义务是法定的。而离婚后，也不能再提出经济帮助的请求。(3) 经济帮助要在力所能及的范围之内。《婚姻法》第 42 条关于经济帮助的规定，使用了“适当”一词。这就告诉我们，离婚时的经济帮助不是无限度的，而是要考虑双方的经济能力、谋生能力、婚姻存续时间的长短等综合因素，然后确定是否给予经济帮助，以及经济帮助的数额多少和帮助的方式。(4) 经济帮助不以一方有过错作为条件。离婚时的经济帮助和离婚损害赔偿在性质上有很大的不同。离婚时的损害赔偿的构成要件之一就是要求配偶一方有重大过错，而离婚时的经济帮助则不以给付方的过错为条件，而是基于法律公平公正的理念，对于离婚时的生活困难一方进行救济，实现法律的调控功能。请结合本案，你认为上诉人陈银泉是否应给予被上诉人沈会云以适当的经济帮助？

（评注人：刘鎏）

83. 离婚后财产纠纷

司法案例

袁艳丽诉陈守志案

河南省商丘市中级人民法院（2009）商民终字第949号

基本案情

上诉人（原审被告）：陈守志（男）。

被上诉人（原审原告）：袁艳丽（女）。

上诉人陈守志为与被上诉人袁艳丽离婚后财产纠纷一案，不服河南省商丘市睢阳区人民法院（2008）商睢区民初字第1116号民事判决，向本院提起上诉。本院于2009年9月1日立案受理后，依法组成由王兴海任审判长，审判员彭世峰和朱金礼参加评议的合议庭，在本院第四审判庭公开开庭进行了审理，书记员高纪平担任记录。上诉人陈守志及委托代理人闫素梅、耿雷，被上诉人袁艳丽到庭参加了诉讼。经过阅卷和调查，询问当事人，本案现已审理终结。

经审理查明：陈守志与袁艳丽1995年10月2日登记结婚，双方系合法夫妻关系。2007年11月袁艳丽外出打工期间，陈守志以夫妻感情破裂为由向法院提起离婚诉讼，要求依法判令双方离婚，但对双方的婚前财产和婚后共同财产并未涉及，2008年3月15日，法院依法缺席判决双方离婚。2008年的“五·一”节期间袁艳丽打工回来，双方因故产生矛盾后，袁艳丽于2008年6月24日提起离婚诉讼，要求与陈守志离婚，陈守志此时告知袁艳丽双方已经离婚并将离婚判决书作为证据提交到法庭，袁艳丽因此撤回了离婚诉讼。双方当事人在夫妻关系存续期间，先后取得了宅基地两处并以被告的名义进行了土地产权登记，其中一块土地登记号为商集用（2000）商第09—0093号，面积为168.64平方米；另一块土地登记号为商集用（2000）字第09—0068号，面积为157.5平方米，上述两处宅基地均坐落在商丘市归德路东侧蔡庄。1998年年初，双方当事人对其居住的三间旧房进行扩建，新增主、配房各1间，门楼1间并拉起了院墙，使面积为168.64平方米的宅基地成为一处独院。2003年年初，双方又出资新建了楼房三层9间，配房4间并拉起了院墙，使面积为157.5平方米的宅基地成了另一处独院。上述两处房产均未办理产权证。袁艳丽的婚前财产有：四组合柜1套，茶几、写字台、梳妆台各1套，椅子2把，被子12床。另查明，袁艳丽于2007年10月8日从陈守志处拿走现金10 000元。

现袁艳丽于2008年7月24日向河南省商丘市睢阳区人民法院提起诉讼，请求依法判令陈守志返还原告的婚前财产，并依法分割双方婚姻关系存续期间的共同财产。

一审判决

河南省商丘市睢阳区人民法院经审理认为：原、被告作为夫妻共同生活了十余年，其间出资建筑的两处房产应为夫妻共同财产，夫妻关系解除时应当进行分割。被告陈守志作为原告提起离婚诉讼时对上述两处房产未涉及，法院也未作处理，而在原告袁艳丽两次提起诉讼时，被告均否认有两处房产的事实，据此可认定被告在主观上具有隐瞒和占有原告财产的企图。《婚姻法》第47条第1款规定："离婚时，一方隐藏、转移、变卖、毁损夫妻共同财产，或伪造债务企图侵占另一方财产的，分割夫妻共同财产时，对隐藏、转移、变卖、毁损夫妻共同财产或伪造债务的一方，可以少分或不分。离婚后，另一方发现有上述行为的，可以向人民法院提起诉讼，请求再次分割夫妻共同财产。"据此，原告要求分割并多分财产的请求于法有据，应当予以支持。对于被告抗辩的共同财产已由双方协议分割的理由，首先，从离婚协议的形式要件看，协议内容为被告书写，下方落款无原告签名或捺印，且协议仅此一份，原告对其真实性予以否认。其次，被告持此协议提起离婚诉讼时法院未作为有效证据采纳，且在法院判决离婚后不久原告打工回来，被告仍隐瞒已离婚的事实，据此可认为离婚协议不具有客观真实性，被告关于财产已协议分割且已履行的抗辩理由不能成立。对于原、被告共有的两处房产，因未依法办理产权证，双方仅享有使用权。同时，因建筑时间、面积有差别，其中宅基地使用面积为157.5平方米及其上的建筑物房屋间数较另一处房屋的间数多，按原告应予多分的原则以其使用权归原告享有为宜，但考虑到原告已实际得到了被告支付的现金10 000元的事实，该款由原告支付给被告作为房屋补偿款较为适当。对于被告辩称的原告的婚前财产除毁损的外已被其全部拉走的抗辩理由，因被告未提交充分有效的证据来证实其理由成立，对此抗辩理由不予采纳。原告对其婚前财产现在的状况也未提供有效证据予以证明，故对原告要求返还婚前财产的诉讼请求，不予支持。综上所述，原告要求分割共同财产的事实清楚，证据确实充分，理由正当，其诉讼请求应予支持，判决如下：

一、原告袁艳丽与被告陈守志夫妻关系存续期间取得的共同财产中的两处宅基地及其上的房屋，其中土地登记号为商集用（2000）字第09—0068号面积为157.5平方米的宅基地及其上的房屋和独院归原告袁艳丽使用，另一处土地登记号为商集用（2000）字第09—0093号面积为168.64平方米的宅基地及其上的房屋和独院归被告陈守志使用。原告袁艳丽补偿给被告陈守志房款10 000元。上述有履行内容的款项于判决生效后5日内履行完毕。

二、驳回原告袁艳丽的其他诉讼请求。

一审案件受理费1 800元，由被告陈守志负担。

二审诉辩主张

被告陈守志不服一审判决，上诉称：（1）原审将土地证号为商集用（2000）字第09—0093号土地及上面的房屋认定为上诉人与被上诉人的夫妻共同财产，属认定事实错误。该宅基地及上面的房屋不属于双方共同财产，依法不能分割。商集用（2000）字第09—0068号土地是上诉人的家庭共有财产，该宅基地是村委会于1999年按人头分给上诉人夫妻及孩子的，在分割共同财产时，应适当照顾孩子利益。（2）上诉人与被上诉人之间在上诉人提起离婚诉讼之前，已达成离婚协议，协议中已对家庭财产作出处分，原审法院对该协议不予认定不当。(3) 原审法院适用《婚姻法》第 47 条规定错误，上诉人没有隐藏、转移、变卖、毁损夫妻共同财产或伪造债务，原审法院无端对上诉人进行主观推定具有隐瞒和占有被上诉人财产的企图，进而判决上诉人少分家庭财产属适用法律不当。请求撤销原判，依法改判。

被上诉人袁艳丽辩称：(1) 所谓“离婚协议”是上诉人自己所写的，被上诉人根本不知情，原审法院否认了这份假“协议”的效力是正确的。(2) 一审时，被上诉人提供的证据能够证明两处房产均是夫妻共同财产，且上诉人也未提出异议，原审法院按夫妻共同财产进行分割并无不当。(3) 上诉人在被上诉人不知情的情况下，提起了离婚诉讼，故意占有被上诉人财产，共同财产应少分或不分。请求驳回上诉，维持原判。

二审查明事实除与原审查明事实相同外，另查明：(1) 上诉人陈守志与被上诉人袁艳丽于 1995 年 10 月 27 日登记结婚，婚后生育一男孩，叫陈晨，现年 13 岁，从 2008 年 6 月起，跟随被上诉人生活。(2) 被上诉人外出打工期间，上诉人于 2007 年 11 月 16 日向河南省商丘市睢阳区人民法院起诉，要求与被上诉人离婚，河南省商丘市睢阳区人民法院于 2008 年 3 月 15 日作出 (2008) 商睢区民初字第 4 号民事判决，判决内容为：准予陈守志与袁艳丽离婚；婚生子陈晨由陈守志抚养，袁艳丽不支付抚养费。

二审判决

河南省商丘市中级人民法院经审理认为：上诉人陈守志与被上诉人袁艳丽因夫妻感情破裂，双方均同意离婚的事实清楚。由于原审法院于 2008 年 3 月 15 日作出 (2008) 商睢区民初字第 4 号民事判决，未涉及共同财产问题，被上诉人为此提起诉讼，要求分割共同财产，理由正当。一审中，被上诉人向法庭提供的土地登记申请书及审批表，汤本金、刘守江出庭作证的证言，能证明土地登记号为 (2000) 字第 09—0093 号面积为 168.64 平方米的宅院，是双方于 1998 年对其居住的三间旧房进行扩建，新增了主、配房和门楼及院墙。土地登记号为 (2000) 商字 09—0068 号面积为 157.5 平方米的宅院系双方于 2003 年新建。两处宅院均系夫妻关系存续期间所建造，故应认定为夫妻共同财产。

关于对夫妻共同财产如何分割的问题。上诉人与被上诉人共同建造的两处宅院，其中土地面积为 157.5 平方米的宅院较另一处宅院的房屋间数多且建筑时间晚，原审法院将此宅院判决给被上诉人使用，基本适当，理由是：其一，上诉人自己写的离婚协议无被上诉人的签名或指印。在原审法院判决离婚后不久被上诉人打工回来，上诉人仍隐瞒已离婚的事，说明该协议不具有客观真实性，对被上诉人没有约束力。其二，上诉人在被上诉人打工期间，提起离婚诉讼时，隐瞒了有两处房产的事实，主观上具有过错。其三，依据《婚姻法》第 39 条的规定，离婚时，对夫妻的共同财产应本着照顾子女和女方权益的原则判决。且针对两处宅院房间不一样的情况，原判由被上诉人另补偿上诉人 10 000 元。据此，上诉人称原审法院将大宗财产判决给被上诉人，侵害了上诉人的合法财产权益与事实不符。

综上，原审认定基本事实清楚，判决结果并无不当，上诉人称原审认定事实和适用法律错误的理由不能成立，本院不予采信。依照《民事诉讼法》第 153 条第 1 款第 1 项之规定，判决如下：

驳回上诉，维持原判。

二审诉讼费 1 800 元，由上诉人陈守志负担。

本判决为终审判决。

案由与焦点

1. 案由

本案的一级案由为“婚姻家庭、继承纠纷”，二级案由为“婚姻家庭纠纷”，三级案由为“离婚后财产纠纷”。

离婚后财产纠纷是指婚姻关系解除后发生的财产纠纷。例如，离婚时一方隐藏、转移、变卖、毁损夫妻共同财产或者伪造债务侵占另一方的财产，另一方在离婚后才发现上述行为的，向人民法院请求再次分割夫妻共同财产而引发的纠纷；当事人因履行财产分割协议而引发的纠纷；男女双方协议离婚后 1 年内就财产分割问题反悔，请求变更或者撤销财产分割协议而引发的纠纷。

2. 焦点

本案是一起离婚后财产纠纷案件，表面上看来双方对上诉人提供的离婚协议是否有效存在争议，而该争议所涉及的最终问题则是，在离婚缺席审判的情况下，上诉人隐瞒有两处房产的事实，是否具有隐瞒和占有被上诉人财产的企图，是否可以适用《婚姻法》第 47 条的规定。

评注与问题

1. 离婚诉讼中，一方当事人不到庭的，是否可以进行缺席审判

近年来，离婚案件缺席审判数量增多，许多问题日益凸显。当被告下落不明，而原告离婚心意已决，或者一方基于抗拒心理拒不到庭时，法院只能作出缺席审判。我国缺乏系统的缺席审判制度，对缺席审判的规定，散见于以下条文中：《民事诉讼法》第 129 条规定：“原告经传票传唤，无正当理由拒不到庭的，或者未经法庭许可中途退庭的，可以按撤诉处理；被告反诉的，可以缺席判决。”《民事诉讼法》第 130 条规定：“被告经传票传唤，无正当理由拒不到庭的，或者未经法庭许可中途退庭的，可以缺席判决。”《民事诉讼法》第 131 条第 2 款规定：“人民法院裁定不准许撤诉的，原告经传票传唤，无正当理由拒不到庭的，可以缺席判决。”针对离婚案件，《民事诉讼法》第 62 条规定：“离婚案件有诉讼代理人的，本人除不能表达意思的以外，仍应出庭；确因特殊情况无法出庭的，必须向人民法院提交书面意见。”

尽管法律有关于缺席审判的相关规定，但离婚案件因其自身的特殊性，当事人对婚姻意愿的表达必须由本人亲自实施，具有人身不可替代性，须双方当事人亲自到庭才能解决。婚姻案件缺席审判不能兼顾双方当事人的利益，容易出错，但如果不缺席判决，又会导致案件超审限，使法官陷入两难境地。为了切实保护双方当事人的利益，法院通常不厌其烦地反复传唤当事人，或者反复劝说原告一方撤诉，较少有准予离婚的判决。本案中，上诉人趁被上诉人外出打工，在被上诉人并不知情的情况下，以夫妻感情破裂为由向法院提起离婚诉讼，要求依法判令双方离婚，最终法院缺席判决双方离婚。从表面上看，该判决并没有违反法律规定，但实际上已经使诉讼的公正性大打折扣。针对离婚案件特点，有学者提出了完善离婚案件缺席审判制度的建议：当原告缺席时应按撤诉处理；被告缺席时，则要审查当事人是否经合法传唤、法律文书送达是否规范、缺席方当事人缺席有无正当理由等，一方面不延误审限，一方面尽量避免损害当事人的权利。对我国离婚案件缺席审判制度的完善，你有什么好的建议？

2. 如何认定离婚协议书的效力

离婚协议书是指婚姻双方基于共同的意思表示以解除婚姻为目的，就夫妻关系存续期间的共有财产的分割，子女的抚养，债权、债务的承担等相关问题所达成的契约。离婚不仅是婚姻关系的解体，夫妻身份的解除，同时结束的还有婚姻当事人之间的财产关系。因此，夫妻双方在离婚时所签署的离婚协议书必须要对家庭财产的处理以及子女的抚养问题达成一致的意见，如夫妻共同财产如何分割、共同债务怎么清偿、子女由哪一方抚养、抚育费的数额以及给付的方式等。离婚协议书是婚姻当事人意思自治的充分体现，其是否有效就要看该协议书是否是当事人的真实意思表示，是否有双方当事人的签字认可。本案中，上诉人在被上诉人不知情的情况下向法院提起离婚诉讼，并提交了离婚协议书，该协议内容为上诉人书写，无被上诉人签名或捺印，且协议仅此一份，被上诉人又对其真实性予以否认，因此，可以判断该协议书不具有客观真实性。

3. 对于隐藏夫妻共同财产的行为如何进行认定及处理

《婚姻法》第 47 条第 1 款规定："离婚时，一方隐藏、转移、变卖、毁损夫妻共同财产，或伪造债务企图侵占另一方财产的，分割夫妻共同财产时，对隐藏、转移、变卖、毁损夫妻共同财产或伪造债务的一方，可以少分或不分。离婚后，另一方发现有上述行为的，可以向人民法院提起诉讼，请求再次分割夫妻共同财产。"本案中，上诉人在诉讼离婚时，就对双方的婚前财产和婚后共同财产并未涉及，而在被上诉人两次提起诉讼时，上诉人均否认有两处房产的事实，同时提交了伪造的离婚协议书，试图证明夫妻共同财产已由双方协议作出处分，据此可认定上诉人在主观上具有隐瞒和占有被上诉人财产的企图。两审法院对这一事实的认定是正确的。鉴于上诉人有企图侵占原告财产的过错行为，按照法律规定，在分割夫妻共同财产时，可以少分或不分。法院将双方当事人共同财产中房屋间数多且建筑时间晚的宅院判决给被上诉人使用，体现了法律的公平正义，并无不当。

4. 如何区分家庭共有财产和夫妻共同财产

在家庭财产纠纷中，人们经常把夫妻共同财产与家庭共有财产相混淆。因此，准确界定家庭共有财产和夫妻共同财产的范围，对于解决家庭财产纠纷具有重要意义。本案中，陈守志不服一审判决，上诉称商集用（2000）字第 09—0068 号土地是村委会于 1999 年按人头分给上诉人夫妻及孩子的，是上诉人的家庭共有财产，不属于夫妻共同财产。那么，实践中如何区分家庭共有财产和夫妻共同财产？

家庭共有财产是指家庭成员在家庭共同生活关系存续期间共同创造、共同所得的财产；夫妻共同财产则是指夫妻在婚姻关系存续期间所得的，除夫妻个人特有财产以外的共有财产。家庭共有财产的一个显著特点就是它是家庭成员共同劳动、共同创造、共同所得的财产，这是它与夫妻共同财产的一个最大区别。所以，是否由家庭成员共同劳动、共同创造、共同所得是认定该项财产是否是家庭共有财产的基本条件。本案中，双方争议的宅基地及其地上房屋是在婚姻关系存续期间取得并建造的，其中宅基地虽然是以户为单位而取得的，但建造房屋的财产来源是夫妻共同所有的财产，因此，该房屋应当认定为夫妻共有。

5. 对于未取得产权的房屋，离婚时可以进行分割吗

房产作为价值较大的不动产，对多数当事人而言是婚姻中投资最大的一项财产，因此，离婚时的房产分割是当事人十分关注的问题，也是离婚时极易引起夫妻争议的焦点。本案中，双方当事人争议的财产即为两处房产，而该房产却都没有进行房屋产权登记。

在实践中，离婚时的房产分割情况相当复杂，婚姻法没有针对离婚时的房产处理作出特别规定，最高人民法院在近几年颁布的几个婚姻法司法解释中确定了离婚时房产处理的若干规则，其中，《婚姻法解释二》第 21 条规定："离婚时双方对尚未取得所有权或者尚未取得完全

所有权的房屋有争议且协商不成的，人民法院不宜判决房屋所有权的归属，应当根据实际情况判决由当事人使用。”“当事人就前款规定的房屋取得完全所有权后，有争议的，可以另行向人民法院提起诉讼。”也就是说，对尚未取得所有权的房屋，其所有权是否会取得，何时取得都是不确定的，所以法院不宜判决房屋所有权的归属。在本案判决中，双方争议的两处房产由于当事人没有取得房屋的产权登记，法院最终只判决由当事人使用，而并未就其所有权的归属作出判决。因此，双方当事人可以在取得房产证后，再单独就房产分割问题向法院起诉，法院届时会对该房产的归属作出判决。

（评注人：刘鎏）

84. 离婚后损害责任纠纷

司法案例

蔡喜梅诉董志学案

河南省舞阳县人民法院（2010）舞民初字第123号

基本案情

原告：蔡喜梅（女）

被告：董志学（男）

原告蔡喜梅因与被告董志学离婚后损害赔偿纠纷一案，本院受理后，依法组成由刘志方任审判长，审判员孔伟宏和代理审判员孙静参加评议的合议庭公开开庭进行了审理，书记员刘昭君担任记录。原告蔡喜梅及其委托代理人李建亮，被告董志学均到庭参加了诉讼。经过阅卷和调查，询问当事人，本案现已审理终结。

经审理查明：原告蔡喜梅与被告董志学于1992年10月6日登记结婚，婚后生有2女，由于双方发生矛盾，经常吵闹，后发展到被告打骂原告，夫妻感情出现裂痕。2008年12月22日晚，被告与第三者同居被原告当场逮着，给原告造成极大的精神创伤，身体健康受到严重影响。2009年5月，被告董志学向河南省舞阳县人民法院提出离婚诉讼，经舞阳县人民法院及漯河市中级人民法院审理后，判决双方离婚。当时原告没有提出精神损害赔偿，2010年3月，原告蔡喜梅以被告在双方婚姻关系存续期间与第三者同居为由，根据《婚姻法》第46条第2项的规定，要求被告进行损害赔偿，支付原告精神损害赔偿金18 000元。

诉辩主张

原告诉称：原、被告本是夫妻，1992年登记结婚，婚后感情很好，生有2女，但被告重男轻女，因原告没有生男孩，被告便故意疏远原告，后发展到打骂原告。2006年，被告开始与第三者同居。2008年12月22日晚，被告与第三者同居被原告当场逮着。因被告长期与第三者同居，给原告造成极大的精神创伤，并直接导致原告患高血压、心脏病等疾病，现仍在治疗。2009年被告起诉离婚时，原告没有提出精神损害赔偿，舞阳县人民法院判决双方离婚。原告现根据《婚姻法》第46条第2项的规定，要求被告支付原告精神损害赔偿金18 000元。

庭审中，原告蔡喜梅提供了证人蔡德民、蔡春保出庭作证，证明原告于2008年12月22日晚发现被告与第三者同居的事实。

被告辩称：原告所诉没有事实根据。原告之所以起诉，是为了侵占被告的财产。在法院当初审理离婚案件时，原告并没有提出精神损害赔偿的要求，被告也没有与他人同居的情况存在，双方离婚不是由第三者存在才导致的。原告所提供的证人蔡德民、蔡春保均与原告有亲属关系，其证言不足为信。原、被告离婚后，夫妻共同财产独院一处法院判给原告所有，并由原告补偿被告50 000元，除去子女抚养费，下余19 500元原告拒不履行。现在原告在双方离婚之后又起诉要求损害赔偿，明显就是为了侵占这部分财产。

河南省舞阳县人民法院经审理查明：原、被告双方于1992年10月6日登记结婚。由于双方发生矛盾，2009年5月，被告董志学向本院提出离婚诉讼，经本院及漯河市中级人民法院审理后，判决双方离婚。现原告蔡喜梅以被告在双方婚姻存续期间与第三者同居为由，要求被告进行损害赔偿。庭审中，原告蔡喜梅提供了证人蔡德民、蔡春保出庭作证，证明原告于2008年12月22日晚发现被告与第三者同居的事实，但被告以二证人与原告有亲属关系为由，不予认可，而二证人确与被告有亲属关系。

法院判决

本院认为：有配偶者与他人同居后，无过错方有权请求损害赔偿。但根据最高人民法院《婚姻法解释一》第2条的规定，“有配偶者与他人同居”的情形，是指有配偶者与婚外异性，不以夫妻名义，持续、稳定地共同居住。原告证明2008年12月22日晚发现被告董志学与其他异性共同居住，被告以证人与原告有利害关系为由不予认可，且原告没有提供证明被告董志学与婚外异性不以夫妻名义，持续、稳定地共同生活的充分证据，原告要求被告赔偿精神损害赔偿金18 000元的诉讼请求，缺乏事实根据，本院不予支持。依照《婚姻法》第46条、最高人民法院《婚姻法解释一》第2条之规定，判决如下：

驳回原告蔡喜梅的诉讼请求。

本案诉讼费250元，由原告蔡喜梅负担。

如不服本判决，可在判决书送达之日起15日内，向本院递交上诉状，并按对方当事人的人数提出副本，上诉于河南省漯河市中级人民法院。

案由与焦点

1. 案由

本案的一级案由为“婚姻家庭、继承纠纷”，二级案由为“婚姻家庭纠纷”，三级案由为“离婚后损害责任纠纷”。

离婚后损害责任纠纷是指婚姻一方有重婚，与他人同居，实施家庭暴力或者虐待、遗弃家庭成员的行为，无过错的另一方请求有过错的一方给予损害赔偿而引发的纠纷。

2. 焦点

本案争议的焦点是离婚损害赔偿问题。在离婚损害赔偿中，法定事由有哪些？夫妻离婚之后，无过错方是否还可以另行起诉要求损害赔偿？这是本案所要解决的问题。

问题与评注

1. 什么是离婚损害赔偿

离婚损害赔偿是指配偶一方因法定的过错行为导致离婚的，无过错一方有权要求对方进行损害赔偿。这一制度在资本主义国家或地区的民事立法中已有几百年的历史。《法国民法典》第266条规定："如离婚的过错全在夫或妻一方，则该方得被判赔偿损害，以补他方因解除婚姻而遭受的物质和精神损害。"《日本民法典》第151条规定："因离婚而导致无责配偶一方的生活有重大损害时，法官可允其向他方要求一定的抚慰金。"

我国早在《婚姻法》修订之前，对是否应建立离婚损害赔偿制度的讨论就十分激烈。赞成该项制度的人认为，离婚损害赔偿作为一种民事责任和离婚救济措施，可以起到填补损害，精神慰抚，预防和制裁违法行为的功能。否定该项制度的人则认为，婚姻失败了，夫妻双方都有责任，夫妻间的对与错只有轻重之分，不可能有一个是完全无过错的。在全面参考了社会各界不同的建议和意见之后，《婚姻法》第46条规定了离婚损害赔偿制度，同时婚姻法的有关司法解释又先后作出了较为详细的规定，从而形成了我国的离婚损害赔偿制度体系。

2. 什么样的行为属于过错行为

《婚姻法》第46条规定："有下列情形之一，导致离婚的，无过错方有权请求损害赔偿：(一)重婚的；(二)有配偶者与他人同居的；(三)实施家庭暴力的；(四)虐待、遗弃家庭成员的。"据此，《婚姻法》将离婚损害赔偿的过错行为严格限定在四种情形之内。这种严格的列举，使得凡是不符合离婚损害赔偿条件的，其诉讼请求就一律得不到支持，限制了离婚损害赔偿制度的适用。例如，同样是违反夫妻忠实义务的行为，有配偶者与他人同居就属于法定的过错行为，而通奸行为则不属于法定过错。这两种行为主要的区别在于是否有持续、稳定地共同居住。通奸双方没有共同生活，而有配偶者与他人同居则是持续、稳定地共同居住。本案中，原告蔡喜梅正是由于没能提供证据证明被告董志学有与婚外异性不以夫妻名义，持续、稳定地共同生活的事实，因而败诉。通奸和有配偶者与他人同居这两种行为虽然在形式上有所不同，但本质上并没有根本的区别，都属于违反忠实义务的行为。生活中很多夫妻感情破裂都是由一方的通奸行为导致的，但是依据我国目前的法律规定，通奸行为却不属于提起离婚损害赔偿的条件。

因此，学者们对离婚损害赔偿的适用范围应否扩大的问题展开过激烈的争论。有人认为，《婚姻法》第46条列举的四种情形远远不能包含离婚损害赔偿的范围，如赌博、吸毒等恶习不仅会影响夫妻感情，还会给家庭带来沉重的经济负担，而通奸、嫖娼、卖淫等违背公序良俗的行为不仅会严重伤害夫妻感情，还会严重侵害配偶另一方的名誉，而有配偶者与他人同居与通奸行为并没有本质上的区别，但以上行为都不在请求赔偿的法定理由之列。因此，应将离婚损害赔偿的适用范围适当扩大。也有人提出反对意见，认为通奸、嫖娼、卖淫等行为属于道德问题，应由道德加以调整，离婚损害赔偿的范围不能扩大。你认为我国离婚损害赔偿的适用范围是否应当扩大?

3. 无过错方如何在离婚损害赔偿诉讼中取证

离婚损害赔偿制度的建立给离婚案件中无过错的一方当事人提供了法律援助，制裁了过错方，维护了婚姻当事人的合法权益。但是在离婚诉讼中，包括在离婚时提出损害赔偿请求适用的举证原则是"谁主张，谁举证"，举证不能将承担否定的法律后果。由于婚姻的绝对隐私性和过错行为的隐蔽性，无过错方在收集证据时往往感到非常困难，很难收集足够的证据来证明对方存在法定过错行为，尤其是对方存在重婚、与婚外异性同居生活行为的时候。当事人历尽千辛万苦所提交的证据，往往因为证据的单一性而无法相互认证，或者其真实性受到质疑很难被法院认定。有时无过错方采取跟踪、偷拍、窃听等不择手段的极端措施获取了有力证据，却因为搜集渠道存在问题导致其合法性存在争议而不被认可，甚至还要承担侵犯对方隐私权、名誉权的责任。本案中，原告蔡喜梅就是因为不能提供有力的证据证明董志学在婚姻关系存续期间有与婚外异性同居的行为，因而败诉。

针对这一问题，我国学者建议立法机关对离婚损害赔偿中的相关证据的采集和使用作出配套的解释和规定，明确界定当事人收集证据的非法手段与合法途径，采取措施以减轻无过错方的举证责任。必要时可以考虑举证责任倒置，由过错方承担举证责任，如果其不能提出充分确凿的证据证明自己没有重大过错行为，就要承担因此产生的不利后果。同时，法院应依法行使职责，在当事人取证困难的情况下，依当事人的申请对案件中确因客观原因难以个人之力收集的证据调查取证，以维护无过错方的利益。并且可以考虑规定居民委员会、村民委员会、物业管理部门等有义务向司法机关出具共同居住事实的证明，从而不断地完善离婚损害赔偿中举证责任的规定，保护婚姻中无过错一方当事人的合法权益。你对完善离婚损害赔偿制度中的举证责任有些什么好的建议？

4. 离婚损害赔偿应于何时提出

本案中，原告蔡喜梅是在法院判决离婚将近一年以后才提出了损害赔偿的要求，这是否是她败诉的另一个原因？离婚损害赔偿应于何时提出？我国《婚姻法》虽没有关于离婚损害赔偿的法定期限的规定，但在最高人民法院的司法解释则有明确说明。《婚姻法解释一》第 29 条中规定：“人民法院判决不准离婚的案件，对于当事人基于婚姻法第四十六条提出的损害赔偿请求，不予支持。在婚姻关系存续期间，当事人不起诉离婚而单独依据该条规定提起损害赔偿请求的，人民法院不予受理。”第 30 条规定，无过错方作为原告向人民法院提起损害赔偿请求的，必须在离婚诉讼的同时提出；无过错方作为被告的离婚诉讼案件，如果被告不同意离婚也不提起损害赔偿请求的，可以在离婚后一年内就此单独提起诉讼；无过错方作为被告的离婚诉讼案件，一审时被告未提出损害赔偿请求，二审期间提出的，人民法院应当进行调解，调解不成的，告知当事人在离婚后一年内另行起诉。《婚姻法解释二》第 27 条规定：“当事人在婚姻登记机关办理离婚登记手续后，以婚姻法第四十六条规定为由向人民法院提出损害赔偿请求的，人民法院应当受理。但当事人在协议离婚时已经明确表示放弃该项请求，或者在办理离婚登记手续一年后提出的，不予支持。”

据此，我们可以看出，婚姻法的司法解释关于离婚损害赔偿的法定期限的规定是较为严格的。无过错方作为原告向人民法院提起损害赔偿请求的，必须在离婚诉讼的同时提出。这是因为，无过错方对于离婚的后果有充分的思想准备，能够在起诉离婚时同时提出损害赔偿的请求。而无过错方作为被告时，对离婚的结果是没有充分的思想准备的，因此，允许无过错方有一个补救的机会。本案中，当初的离婚诉讼是由董志学向法院提出的，当时作为被告的蔡喜梅并没有一并提出离婚损害赔偿的请求，而是在离婚后的近一年后才提出了这一请求，因此，按照规定，蔡喜梅是享有这一权利的。

5. 第三者能否作为侵权人承担离婚损害赔偿责任

《婚姻法》在设立离婚损害赔偿时，并没有明确承担损害赔偿责任的主体。《婚姻法解释一》第 29 条中规定：“承担婚姻法第四十六条规定的损害赔偿责任的主体，为离婚诉讼当事人中无过错方的配偶。”合法婚姻关系中的无过错配偶能否在离婚诉讼中追究第三者的损害赔偿责任，一直是我国学者争议的话题。有学者认为，第三者介入他人婚姻的情形属于道德问题，不应将道德调整的问题纳入法律范畴，并且第三者不是离婚诉讼的当事人，离婚时夫妻解除婚姻关系的行为，主体只能是夫妻，而离婚损害赔偿之诉是离婚诉讼的牵连之诉，其诉讼主体也只能是夫妻。如果将第三人纳入离婚损害赔偿中，会人为地扩大、激化矛盾，使离婚不再是配偶双方权利、义务的平衡与救济，而是三方甚至多方的事情，复杂了离婚案件。而有学者则认为，离婚损害赔偿的责任主体应包括第三人。因为从配偶权的绝对权性质看，配偶以外的任何人都是配偶权的义务主体，都负有不得侵害配偶权的义务，如果第三者出于故意，明知他人有配偶而与之重婚或者同居，侵害了合法婚姻关系配偶一方的利益，此时第三者则构成侵权行为，有责任赔偿受害人的损失。你认为婚姻中的无过错一方配偶可否追究第三者的离婚损害赔偿责任？

（评注人：刘鎏）

85. 婚姻无效纠纷

司法案例

王海清诉余晓婷案

甘肃省张掖市中级人民法院（2010）张中民终字第420号

基本案情

上诉人（原审被告）：余晓婷（女）。

被上诉人（原审原告）：王海清（男）。

上诉人余晓婷为与被上诉人王海清婚姻无效纠纷一案，不服甘肃省山丹县人民法院（2010）山民初字第688—2号民事判决，向本院提起上诉。本院依法组成由审判员李建芬任审判长、审判员张永超和代理审判员郭永旺参加评议的合议庭审理本案，书记员王晓娟担任记录。经过阅卷和调查，询问当事人，本案现已审理终结。

经审理查明：余晓婷与王海清于2009年6月经人介绍相识，由于余晓婷未满20周岁，王海清私自篡改了女方户口本、伪造了女方身份证。双方于2009年9月23日在婚姻登记机关领取了结婚证，同年10月6日举行了结婚仪式。婚后夫妻感情一般，未生育子女。2010年3月27日，余晓婷离开家回到其娘家居住，之后一直与王海清分居生活。2010年5月11日，王海清向法院提出离婚诉讼。另查明，余晓婷与王海清在同居期间无共同财产、共同债权、共同债务。王海清给余晓婷家送彩礼现金36 000元（其中：见面红包800元、订婚30 400元、过礼钱3 800元、杂事钱1 000元），送给余晓婷“四金”（即金耳环、金戒指、金项链、金吊坠），其中金戒指价值1 496元，余晓婷离家时将金戒指带走，其余“三金”留在王海清家中。

另查明，余晓婷陪嫁财产有：现金存折1个（金额10 000元，存款人为余晓婷，该存折由余晓婷保管）、长虹42英寸彩色电视机1台、容声电冰箱1台、小天鹅全自动洗衣机1台、台灯1个（上述4项合计11 800元）、电动摩托车1辆、被子两床、褥子1条、毛毯两条、夏凉被1条、四件套床罩1套。

一审诉辩主张

王海清诉称：余晓婷与王海清在结婚登记时不到20周岁，就是现在仍然不到20周岁。请求法院支持王海清的诉讼请求：依法准予离婚。余晓婷与王海清在同居前，王海清给余晓婷家送的彩礼现金有：见面红包 800 元、订婚 30 400 元、过礼 3 800 元、杂事钱 1 000 元，共计 36 000元。送给余晓婷“四金”（即金耳环、金戒指、金项链、金吊坠），其中金戒指价值1 496 元，余晓婷离家时将金戒指带走，其余“三金”留在王海清家中，请求判令余晓婷返还彩礼现金 36 000 元和金戒指 1 枚。

王海清提交了如下证据：(1) 余晓婷真实的户口本和身份证；(2) 王海清申请介绍人赵金霞出庭作证，赵金霞证明送“过礼”钱和“杂事”钱时余晓婷母亲不在场，将钱交给了余晓婷家的其他人。余晓婷陪嫁电动摩托车 1 辆已不在王海清家，已由余晓婷骑走。

余晓婷辩称：余晓婷在结婚登记时确实未满 20 周岁，但因王海清私自篡改女方户口本、伪造女方身份证，最后得以登记。王海清给余晓婷家送的彩礼现金只有见面红包 800 元、订婚 30 400 元，共计 31 200 元，但没送过礼钱 3 800 元、杂事钱 1 000 元。故法院不应支持王海清全部返还彩礼的诉讼请求。余晓婷陪嫁的 10 000 元已用于王海清与余晓婷共同生活，应在返还的彩礼中扣除。

余晓婷提交了如下证据：余晓婷申请介绍人赵金霞出庭作证，介绍人赵金霞证明其亲自看到的余晓婷陪嫁财产清单：现金存折 1 个（存款人为余晓婷、金额为 10 000 元）、长虹 42 英寸彩色电视机 1 台、容声电冰箱 1 台、小天鹅全自动洗衣机 1 台、台灯 1 个、电动摩托车 1 辆、被子两床、褥子 1 条、毛毯两条、夏凉被 1 条、四件套床罩 1 套。

一审判决

甘肃省山丹县人民法院认为：本案系一起在办理结婚登记时一方未达法定婚龄而引起的婚姻效力有无的纠纷，同时又涉及宣告婚姻无效后的财产处理问题。根据《婚姻法》第 10 条第 4 项的规定，应当宣告王海清与余晓婷的婚姻关系无效。同时依据《婚姻法》第 12 条之规定，被告对王海清交付给被告的彩礼应依法部分返还。理由如下：(1)《婚姻法》第 6 条规定，结婚年龄，男不得早于 22 周岁，女不得早于 20 周岁。余晓婷与王海清虽在婚姻登记机关领取了结婚证，但因余晓婷至今未达到法定婚龄，所以余晓婷与王海清的婚姻关系无效，不受法律保护，应属同居关系，应依法予以解除。(2) 王海清主张送给余晓婷彩礼款为 36 000 元，余晓婷辩称彩礼款只有 31 200 元，对过礼钱和杂事钱 4 800 元不予认可。经证人赵金霞（婚姻介绍人）作证证明过礼钱和杂事钱 4 800 元送给了余晓婷家人，赵金霞作为介绍人，实际参与彩礼的给付过程，其关于过礼钱和杂事钱 4 800 元的陈述较为清楚，该证言较为客观真实，符合当地民风习俗，应予认定，故对彩礼款应以 36 000 元予以确认。王海清为缔结婚姻，送给了余晓婷一定数额的彩礼，现双方分居，王海清要求余晓婷返还彩礼的请求，依法予以支持。但本案中，余晓婷与王海清共同生活了一段时间，对彩礼应依法部分返还。对于王海清要求余晓婷返还在订立婚约过程中给其购买的金戒指，属婚约一方给付对方一定价值的财物，希望以此来增进双方的感情，进而促成婚姻的成立，这种财物的给付，属于正常的人际交往，应依法视为赠与，故对王海清要求余晓婷返还金戒指的主张不予支持。余晓婷要求以陪嫁的 1 万元抵顶彩礼的主张，因余晓婷未提供相应证据证明钱用于同居期间共同生活消费，且该存折中的存款已实际不存在，存折自始由余晓婷持有，故对余晓婷的该项主张不予支持。余晓婷的其他陪嫁财产属个人财产，应归其所有。为保护权益人的合法利益，维护正常的社会生产、生活秩序，依据《婚姻法》第 10 条第 4 项、第 12 条之规定，判决如下：

一、王海清与余晓婷的婚姻无效。

二、余晓婷返还王海清彩礼现金 28 800 元，限于本判决生效后 10 日内给付。

三、余晓婷的婚前个人财产：长虹42英寸彩色电视机1台、容声电冰箱1台、小天鹅全自动洗衣机1台、台灯1盏、被子两床、褥子1条、毛毯两条、夏凉被1条、四件套床罩1套，仍归其所有，由其带走，限于本判决生效后10日内执行。

案件受理费100元，减半收取50元，由王海清承担25元，余晓婷承担25元。

二审诉辩主张

余晓婷不服一审判决，上诉称：(1) 要求追究被上诉人王海清私自篡改女方身份证领取结婚证的违法责任，同时追究山丹县清泉镇婚姻登记机关的违法责任；(2) 上诉人余晓婷陪嫁的10 000元存折，已用于与被上诉人王海清婚姻存续期间家庭共同日常生活开支，请求法院予以认定；(3) 过礼钱及杂事钱4 800元具体交与谁，应查清后再予认定；(4) 彩礼数额不清（主要指原判认定见面红包800元、订婚30 400元中的400元的出处），要求出示收据、协议，彩礼部分判决不公；(5) 彩礼已按当地风俗办理婚嫁物品，已无现金返还，请求根据花费清单调查落实；(6) 上诉人余晓婷的婚前个人财产电视机、电冰箱等，已由男方家使用至今，上诉人余晓婷主张不要物品，请求法院按原价判决，由被上诉人王海清返还上诉人余晓婷现金。请求二审法院撤销原判，将本案发回重审或依法改判。

上诉人余晓婷提供了新的证据：(1) 被上诉人伪造的余晓婷的户口本和身份证；(2) 办理婚嫁物品的花费清单；(3) 上诉人的婚前个人财产电视机、电冰箱等，已由男方家使用至今，有一定耗损的照片。

被上诉人王海清答辩称：(1) 上诉人陪嫁的10 000元存折一直由其自己保管，未用于共同生活开支；(2) 过礼钱和杂事钱4 800元由介绍人赵金霞将钱放在了上诉人家中的桌子上；(3) 上诉人用彩礼办理的婚嫁物品，是根据其自己的喜好购买的，应由其带回，并返还现金给被上诉人。原判事实清楚，适用法律正确，请求二审法院维持原判。

二审查明的事实与一审判决认定的事实一致，本院依法予以确认。

二审判决

张掖市中级人民法院经审理认为：上诉人余晓婷与被上诉人王海清之间的婚姻关系，因余晓婷在王海清向法院起诉离婚并申请宣告婚姻无效时，仍未达到法定婚龄，被法院依法判决宣告婚姻无效，双方不具有夫妻的权利和义务，属同居关系，现双方已分居生活，同居关系自行解除。双方在同居期间因财产问题发生的争议，协商不成时，由法院依法予以判处。

关于上诉人余晓婷要求追究被上诉人王海清、婚姻登记机关违法责任的上诉理由，经审查，因上诉人的请求事项不属于法院审理的范围，本院不予支持。

关于上诉人余晓婷主张陪嫁的10 000元存款（存折）已用于家庭共同日常生活开支的上诉理由，因上诉人未能提交相关证据，证明存款已用于家庭共同生活开支，且根据上诉人提交的存折的取款记录，至2010年3月27日双方分居时，存折存款余额也在5 000元以上，而该存折又一直由上诉人保管持有，故上诉人主张存款10 000元已用于家庭共同生活开支的上诉理由不能成立，本院不予支持。

关于上诉人所提过礼钱和杂事钱4 800元具体交与谁，应查清后再予认定的上诉理由，经审查，介绍人赵金霞在一审当庭作证时，已证实当时将钱放在了上诉人家中的桌子上，虽未指明将钱给了上诉人家中的哪一个人，但这也符合谈婚期间双方往来中的客观实际情况，合乎正常情理，上诉人所提异议不能成立，本院不予采信。

关于上诉人主张彩礼数额不清、彩礼部分判决不公的上诉理由，经审查，上诉人对其提出异议的800元的红包、30 400元中的400元的部分，在一审当庭质证时并未提出异议，是明确予以认可的，该上诉理由明显不能成立，本院不予采信。原审在确定彩礼款数额为36 000元的事实基础上，鉴于上诉人与被上诉人已共同生活了一段时间的事实，根据本案实际情况，判令上诉人返还给被上诉人大部分彩礼并无不当，上诉人主张彩礼部分判决不公的理由不能成立，本院不予采信。

关于上诉人所提彩礼已办理婚嫁物品，无现金返还的上诉理由，经审查，原审对上诉人主张的婚前个人财产，已判决归上诉人本人所有，对上诉人提交的花费清单上所列的购买衣物、给红包的支出费用，因系双方缔结婚姻期间发生的费用，并具有自愿赠与的性质，不论该数额是否确实，按当地习俗因双方均有支出，上诉人单方要求扣除的理由，不合乎当地风俗习惯和本案实际情况，本院不予支持。

对上诉人要求被上诉人按其婚前个人财产的原价返还现金的理由，因被上诉人明确表示不同意，在上诉人的个人财产原物存在的前提下，上诉人单方要求按原价返还现金的理由不符合法律规定，本院不予支持。

综上所述，原判认定事实清楚，适用法律正确，判处并无不当，上诉人余晓婷主张的各项上诉理由均不能成立，其上诉请求本院不予支持。案经合议庭评议，依据《民事诉讼法》第153条条第1款第1项之规定，判决如下：

驳回上诉，维持原判。

二审案件受理费100元，由上诉人余晓婷负担。

本判决为终审判决。

案由与焦点

1. 案由

本案的一级案由为“婚姻家庭、继承纠纷”，二级案由为“婚姻家庭纠纷”，三级案由为“婚姻无效纠纷”。

婚姻无效纠纷是指婚姻关系的一方当事人或者其他相关利害关系人，以已经办理结婚登记的婚姻缺乏法定的有效婚姻要件，申请法院宣告婚姻无效而引发的纠纷。

2. 焦点

本案争议的焦点在于未达法定婚龄婚的效力，但究其更深层次的争议本质，却在于无效婚姻的阻却事由及宣告婚姻无效时的财产处理。

评注与问题

1. 离婚案件中发现婚姻无效，应如何处理

最高人民法院《婚姻法解释二》第3条规定：人民法院受理离婚案件后，经审查确属无效婚姻的，应当将婚姻无效的情形告知当事人，并依法作出宣告婚姻无效的判决。在审判实践中，当事人可能由于对法律的不了解而对自己的婚姻状态认识不准确，或者出于其他目的，就自己本来属于无效的婚姻关系，提起离婚诉讼。对于当事人以离婚为由起诉到法院的婚姻纠纷

案件，在审理过程中，法院经审查认为该婚姻存在的状态确属无效婚姻的情形的，法官应当行使释明职责，将婚姻无效的情形告知当事人，可以同时告知当事人将起诉离婚的诉讼请求改变为申请宣告婚姻无效的诉讼请求，也可以依职权改变案件的案由，依法直接作出宣告婚姻无效的判决。本案是原告先提起离婚诉讼，法院在审理过程中确定该婚姻存在的状态确属无效婚姻的情形，最终宣告该婚姻关系为无效婚姻。倘若原告在庭审中改变诉讼请求，以被告不满法定婚龄为由，申请宣告与被告的婚姻关系无效，是否允许呢?

2. 未达法定婚龄者已达法定婚龄，还能申请宣告婚姻无效吗

婚姻法规定的婚姻无效的原因是相对原因，申请宣告婚姻无效存在着阻却事由，即使婚姻成立时具有法定的无效原因，如果申请时双方的情况已经不具备无效婚姻的法定要件的，不得宣告婚姻无效。换言之，无效的原因在宣告婚姻无效前已经消失的，其婚姻即转化为有效的婚姻关系，此为无效婚姻的有效化。本案中，试分析，假若原告提起诉讼时已满 20 周岁，法院还能宣告该婚姻无效吗?

3. 在处理彩礼纠纷时能否适用民风习俗

婚姻家庭法是在各国特有的历史条件下产生和发展起来的，并深深地植根于本民族的传统文化中。社会环境、风俗人情、生活方式等对婚姻家庭法都有重大影响。风俗习惯是人们在长期生活实践中形成的世代沿袭的行为模式，它具有民族性、地域性、文化传统性和稳定性等特点。风俗习惯大多起源于人们的生存需要的活动，同人们的生活环境有着密切的关系，自然而然地对婚姻家庭有着巨大的影响。在彩礼交付实践中，一般情况下介绍人会参与彩礼的给付过程。本案中，过礼钱和杂事钱 4 800 元的交付，赵金霞作为介绍人的陈述，一、二审法院都认为符合当地民风习俗及谈婚期间双方往来中的客观实际情况，合乎正常情理。这表明民风习俗在处理此类纠纷时的适用起着重要的作用。对彩礼纠纷的处理，民间还有“谁先提出解除婚约，谁就得在财产上作出让步”的风俗或者传统习惯，你认为法院在处理案件时，能按照此习惯处理吗?

4. 订婚期间的财物往来，一方主张是赠与，另一方主张是彩礼，应如何认定

男女双方在订婚期间的财物往来情况十分复杂，究竟是男女双方为增进感情的自愿赠与还是按照习俗给付的彩礼，有时难以区别，这应从交付财物的场所、价值以及双方的经济实力上作出分析。一般来说，凡是迫于社会旧习惯势力交付给对方的财物，支付人往往选择公开场合，或者让介绍人转交，交付钱物的价值也往往较高，甚至超过了支付人所能承受的经济实力。对于这样的“钱物”，虽非接受人直接、公开地索讨，亦应视为按照习俗给付的彩礼。本案中，原告送给被告的“四金”(即金耳环、金戒指、金项链、金吊坠)，表面上是原告送给被告的，实质上是迫于社会旧习惯势力交付给对方的财物，而法院认为，“四金”属婚约一方给付对方一定价值的财物，希望以此来增进双方的感情，进而促成婚姻的成立，这种财物的给付，属于正常的人际交往，应依法视为赠与，故对原告要求被告返还金戒指的主张不予支持。你认为，法院的这种认识妥当吗?

5. 婚姻登记程序存在瑕疵，当事人该采取何种救济手段

现实生活中，常常有当事人以结婚登记程序中存在瑕疵为由申请宣告婚姻无效或撤销该婚姻，如一方当事人未亲自到场办理婚姻登记、借用或冒用他人身份证明进行登记、婚姻登记机关越权管辖、当事人提交的婚姻登记材料有瑕疵等。在结婚登记程序存在瑕疵时，如果同时欠缺了结婚的实质要件，在法律规定的情形内，法院可以宣告婚姻无效。但对仅有程序瑕疵的结婚登记的法律效力，现行法缺乏明确规定。我们认为，当事人以婚姻登记中的瑕疵问题申请宣告婚姻无效的，只要不符合《婚姻法》第 10 条关于婚姻无效的四种规定情形之一，法院应判决驳回当事人的申请。

在我国现行的法律框架下，结婚登记在性质上属于具体行政行为，即行政确认行为。当事人对已经领取的结婚证效力提出异议，虽然不属于法院民事案件的审查范围，但当事人可以向民政部门申请解决或提起行政诉讼。据此，最高人民法院《关于适用〈中华人民共和国婚姻法〉若干问题的解释（三）》（以下简称《婚姻法解释三》）第1条第2款规定："当事人以结婚登记程序存在瑕疵为由提起民事诉讼，主张撤销结婚登记的，告知其可以依法申请行政复议或者提起行政诉讼。"这表明以结婚登记程序存在瑕疵为由主张撤销结婚登记的，应提起行政复议或行政诉讼。本案中，王海清篡改女方户口本、伪造身份证，最后得以登记。但余晓婷在结婚登记时未达法定婚龄，欠缺结婚的实质要件，所以，法院宣告此婚姻无效是正确的。

（评注人：张迎秀）

86. 撤销婚姻纠纷

司法案例

张亚诉叶赛案

广州市天河区人民法院（2009）天法民一初字第 3020 号

基本案情

原告：张亚（男）。

被告：叶赛（女）。

原告张亚诉被告叶赛撤销婚姻纠纷一案，本院受理后，依法组成由审判员杨小森任审判长、人民陪审员刘艳婵和杜杰参加评议的合议庭，书记员黄金馨担任记录，公开开庭进行了审理。原告及其委托代理人王友生、何海涛，被告叶赛到庭参加了诉讼。本案现已审理终结。

经审理查明：原告张亚与被告叶赛于 2001 年 2 月经人介绍认识，2004 年开始同居。2009 年 1 月 16 日，两人在广州市越秀区民政局办理结婚登记，婚后没有生育子女，也没有共同财产和债务。在原、被告持续几年的恋爱交往过程中，原告曾向被告借款。在办理结婚登记前，原告张亚因觉得双方性格不太和谐而迟迟不愿办理结婚登记。在办理结婚登记手续前后的一段时间内，原告张亚曾因为对与被告叶赛结婚的恐惧而出现过诸如失眠、情绪易紧张、手臂抖动等的应激症状并先后到广东省人民医院、中山大学附属第三医院做过检查和治疗。2009 年 9 月 21 日，原告张亚以其受被告胁迫办理了结婚登记，违背其真实的结婚意思表示为由，向法院提起撤销婚姻关系的诉讼。

诉辩主张

原告诉称：原告张亚与被告叶赛原本是恋爱关系，在双方交往的过程中，原告张亚因双方性格不是特别和谐，因此对被告叶赛提出的结婚想法一直不予同意，甚至因此害怕结婚而到医院寻求心理咨询。在原、被告交往的过程中，原告曾向被告借款，被告也常以此为借口要求结婚，被告曾多次威胁原告，声称若不同意结婚，则会去原告工作单位闹，并要原告声誉扫地。原告迫于被告的压力，于 2009 年 1 月 16 日与被告在广州市越秀区民政局办理了结婚登记手续。但因原告系受被告胁迫而结婚，双方性格本就不和谐，因此虽然已经登记结婚，双方并无一般新婚夫妻所应有的幸福可言，这段婚姻对于双方都是痛苦的。原、被告在办理结婚登记后没有生育小孩，也没有共同财产和债务需要处理。

综上所述，被告胁迫原告办理了结婚登记，违背了原告的真实意思表示，依据《婚姻法》的相关规定，现诉至人民法院。请求判令：（一）撤销原告张亚与被告叶赛的婚姻关系；（二）原告自愿承担诉讼费用。

被告辩称：在结婚以前我与原告同居了5年，5年之中原告一直推脱迟迟不同意结婚。原告实际是因为存在婚姻恐惧症而导致双方结婚以后感情破裂，原、被告之间确实有债务关系，但我并不是因为债务而胁迫原告结婚。原告之前曾声称，撤销婚姻后，双方可以继续修复感情，待双方修复感情后可以重新结婚，对原告的虚情假意我不同意调解和好。为了达到撤销婚姻的目的，原告私下联系律师准备材料，然后由我在上面签字，但作为女人，我也不愿意背上胁迫他人结婚的名声，这可能会严重影响我将来的人生，因此对于开庭审理中的承认胁迫原告结婚的意见，本人特重新提出更正，即我没有因为任何金钱上的或其他任何理由威胁过原告张亚，是张亚自己同意结婚，并不止一次许诺要好好过。因此，本人不同意撤销婚姻。至于后来与原告的争吵，是因为原告找别的网友，与原、被告登记结婚没有关系。因此，我同意调解离婚。

法院判决

广东省广州市天河区人民法院经审理认为：公民有结婚和离婚的权利和自由，合法的婚姻关系受我国法律的保护，任何一方采取胁迫等方式强迫对方违背真实意思而结婚的，被强迫一方有权申请法院撤销。

本案原、被告于2001年2月经人介绍认识，在持续几年的恋爱交往过程中，原告张亚认为双方性格不太和谐而迟迟下不了结婚的决心，被告叶赛在庭审中也承认对原告张亚有过如果不结婚就到张亚工作单位去闹和破坏张亚名誉的胁迫行为，但被告在庭审结束之后的2010年3月18日又向本院递交了《不同意撤销婚姻关系的声明》，否认在与原告张亚的恋爱结婚过程中存在有胁迫原告结婚的事实，并同时提交了显示日期“2009.10.25”签名“张亚”的《保证书》。本院认为，因被告否认存在胁迫原告结婚的事实，而原告又没有提供其他有效证据证明被告叶赛存在胁迫其结婚的行为，同时原告虽然主张在办理结婚登记的前后时间内出现过失眠、精神易激动等病理性过激行为，并曾到广东省人民医院和中山大学第三附属医院做过检查和治疗，但亦没有提供证据证明其治疗的疾病与结婚，或与被告叶赛的胁迫有何种关系，同时被告叶赛对原告主张的胁迫结婚的事实不予认可。因此，依据《民事诉讼法》第64条第1款“当事人对自己提出的主张，有责任提供证据”的规定，本院认为，原告主张被告胁迫其结婚的证据不足，故对原告的意见本院不予采纳。

综上所述，原告张亚没有提供证据证明被告叶赛存在有胁迫其结婚的事实，同时也没有提供证据证明其结婚前后治疗的疾病与结婚或被告的胁迫具有何种关系，原告张亚的撤销婚姻关系的请求，不符合《婚姻法》第11条的规定，本院不予准许。

原告张亚表示自愿承担本案诉讼费，本院予以准许。

综上所述，依照《婚姻法》第11条、《民事诉讼法》第64条第1款之规定，判决如下：

驳回原告张亚的诉讼请求。

本案受理费300元由原告张亚负担。

如不服本判决，可在判决书送达之日起15日内向本院递交上诉状，并按对方当事人的人数提出副本，上诉于广东省广州市中级人民法院。

案由与焦点

1. 案由

本案的一级案由为“婚姻家庭、继承纠纷”，二级案由为“婚姻家庭纠纷”，三级案由为“撤销婚姻纠纷”。

撤销婚姻纠纷是指一方当事人因对方当事人胁迫而与之办理了结婚登记后，以胁迫为由请求法院依法撤销该婚姻关系而引发的纠纷。

2. 焦点

从表面看来，本案争议的焦点在于胁迫婚姻的效力，但究其更深层次的争议本质，却在于不具有结婚合意的婚姻是否具有法律效力。

评注与问题

1. 如何正确理解“胁迫”

根据《婚姻法解释一》第10条的规定，胁迫是指行为人以给另一方当事人或者其近亲属的生命、身体健康、名誉、财产等方面造成损害为要挟，迫使另一方当事人违背真实意愿结婚的情况。此处的胁迫必须具备以下条件：(1) 须有胁迫的故意，即行为人有通过胁迫行为使受胁迫者产生恐惧心理，并基于恐惧心理而被迫同意结婚的故意。(2) 须有胁迫行为，即行为人实施了以对受胁迫者及其近亲属的生命、身体健康、名誉、财产等方面造成损害为要挟的不法行为。(3) 须受胁迫者同意结婚与胁迫行为之间具有因果关系，即受胁迫者之所以作出同意结婚的意思表示，是因为胁迫行为致使其产生恐惧心理而为。因受胁迫而结婚，是意思表示真实性的重大瑕疵，严重违背婚姻自由的原则，应当否定其法律效力，赋予受胁迫方请求撤销该婚姻的权利。

2. 当事人双方都受胁迫，能提出撤销婚姻请求吗

在现实生活中，多数情况下，胁迫行为人是一方当事人，受胁迫者是另一方当事人。但在特殊情况下，受胁迫者亦可能是双方当事人。因受胁迫而结婚的并不仅限于结婚当事人一方对另一方胁迫，也有双方均受第三方胁迫而结婚的情形。例如，刘某与李某是好友，刘某有一子，李某有一女，两人年龄相当，刘某与李某遂决定结为亲家，并瞒着刘子与李女订了婚。后刘子与李女不同意结婚，刘某与李某以自杀相威胁，二人无奈结婚。试考虑，如结婚的双方当事人均受他人胁迫而缔结了婚姻，该婚姻能撤销吗？受胁迫的双方当事人都有权要求撤销婚姻吗？

3. 可撤销婚姻的原因有扩大必要吗

当事人须具有结婚合意始得结婚，是我国婚姻自由的必然要求。基于人格独立和意思自治原则，各国法律均将男女双方合意作为结婚的必备条件。结婚合意是由婚姻的本质决定的，是当事人对双方确立夫妻关系的意思表示完全一致。尽管在夫妻间的权利、义务中强制性规范较多，但是否创设婚姻关系则完全源于当事人的内在意愿。没有当事人的意思表示，法律不可能将婚姻关系的权利、义务强加于不特定人。

具有法律效力的结婚合意必须符合的条件之一，是同意结婚的意思表示必须真实。意思表示不真实的结婚合意有以下几种情形：一是意思表示虚假，即当事人一方或双方根本没有结婚

的真实意思，而以结婚为达到某种目的的手段，对外作出同意结婚的意思表示；二是意思表示不自由，即当事人因受威吓、胁迫、暴力干涉而作出的同意结婚的意思表示；三是意思表示错误，即当事人因受欺诈或出于重大误解而陷于错误的认识，从而作出的同意结婚的意思表示。

《婚姻法》只笼统地规定“结婚必须男女双方完全自愿”，对于结婚意愿的认定则缺乏细致的规定。在可撤销婚姻的规定中，只有因胁迫结婚的可作为可撤销婚姻，而对假结婚、欺诈、错误等同样也是结婚意愿不真实的，法律未作无效或可撤销处理。这实际上变相地承认了这些“婚姻”的合法性，导致“结婚必须男女双方完全自愿”的规定被架空。然而可撤销婚姻制度的主要价值在于保护婚姻当事人的婚姻自主权，因受胁迫而结婚属于非自愿的婚姻，其他形式的非自愿的结婚也属于欠缺结婚合意这一法定要件。试分析可撤销婚姻的原因有扩大的必要吗？

4. 撤销婚姻的机关只有法院吗

《婚姻法》第 11 条中规定：“因胁迫结婚的，受胁迫的一方可以向婚姻登记机关或人民法院请求撤销该婚姻。”受胁迫方既可依行政程序到婚姻登记机关申请撤销婚姻，也可以依诉讼程序到法院申请撤销婚姻。《婚姻登记条例》第 9 条规定：“因胁迫结婚的，受胁迫的当事人依据婚姻法第十一条的规定向婚姻登记机关请求撤销其婚姻的，应当出具下列证明材料：（一）本人的身份证、结婚证；（二）能够证明受胁迫结婚的证明材料。婚姻登记机关经审查认为受胁迫结婚的情况属实且不涉及子女抚养、财产及债务问题的，应当撤销该婚姻，宣告结婚证作废。”在依行政程序处理时，当事人对婚姻登记机关准予撤销或不准予撤销的决定不服的，可依法申请行政复议，提起行政诉讼。依行政程序还是依诉讼程序提出撤销婚姻的请求，可由受胁迫方自行选择。但是，如果涉及子女抚养、财产及债务等问题，只能经由诉讼程序处理。本案中，原告张亚与被告叶赛婚后没有生育子女，也没有共同财产和债务，故也可以向婚姻登记机关提出撤销婚姻的申请。

5. 在规定的撤销婚姻的时效期限内没有行使撤销婚姻请求权，可采取哪种救济途径

《婚姻法》第 11 条中规定：“受胁迫的一方撤销婚姻的请求，应当自结婚登记之日起一年内提出。被非法限制人身自由的当事人请求撤销婚姻的，应当自恢复人身自由之日起一年内提出。”《婚姻法解释一》第 12 条规定：这里的“一年”不适用诉讼时效中止、中断或者延长的规定。据此，请求权人行使撤销婚姻请求权的期间是除斥期间，即权利人在此期间不行使权利，法定期间届满，便发生该项权利消灭的法律后果，请求权人便不能请求撤销其婚姻。因为受胁迫者在被胁迫结婚的 1 年期间完全有提出撤销婚姻请求的条件，受胁迫者不及时行使权利，视为对胁迫婚姻的认可，从而使该婚姻合法化。试分析，如果受胁迫者在法定期间内，由于种种原因没有行使撤销婚姻请求权，其婚姻就转化为有效婚姻，受胁迫者就会一直处在一种不自愿的婚姻关系中，那么法律该怎么救济他（她）呢？

（评注人：张迎秀）

87. 夫妻财产约定纠纷

司法案例

曾月凤诉陈北溪案

福建省厦门市中级人民法院（2001）厦民终字第365号

基本案情

上诉人（原审原告）：曾月凤（女）。

被上诉人（原审被告）：陈北溪（男）。

曾月凤因与陈北溪夫妻财产约定纠纷一案不服福建省厦门市开元区人民法院（2000）开民初字第1561号民事判决，向本院提起上诉。本院受理后依法组成由陈国英任审判长，审判员林凯和代理审判员徐建伟参加评议的合议庭进行审理。经过阅卷和调查，询问当事人，本案现已审理终结。

经审理查明：曾月凤与陈北溪于1990年10月13日登记结婚，1991年3月生育一女陈鑫。由于性格差异，两人婚后感情一般，常因家庭经济等生活琐事产生纠纷。双方当事人于1997年5月3日签署一份生活协议书。生活协议书开宗明义写道：男、女双方多年来的夫妻生活、工作的矛盾，所致女方受到精神上痛苦的折磨，多次提出离婚。经双方的亲属、朋友多方调解，双方为有利于日后的生活、工作、学习，自愿并同意签订生活协议书如下："男、女双方为了女儿的生活、学习、成长，双方共同经营这个家。对于日常生活费用的开支各负一半，单月由男方支付，双月由女方支付；双方除了家庭的生活开支外，亲属开支、交际开支或其他开支由双方各自支付；双方的经济收入与支出各自自理；男方不得干预女方的生活、工作、学习需要；男女双方互相尊重，各自名下的财产归属各自所有。"1999年曾月凤起诉至法院，请求判令离婚。法院当时判决不准离婚，但双方关系并没有改善。2000年6月8日，曾月凤再次提起离婚诉讼。双方争议的财产有：位于龙海市角美镇小路洋D幢504室住房一套；址在龙海市角美镇24米街职工住宅301室住房一套（尚有人民币38 392元的房款未缴纳）；址在厦门市港龙花园B1幢4层404室住房一套；址在厦门市信隆城福隆路6层B座住房一套。

一审诉辩主张

曾月凤诉称：双方于1990年10月13日登记结婚，婚后生有一女，由于性格差异，没有建立好夫妻感情，一直发展到行同路人。本人曾于1999年10月向法院提起诉讼要求离婚。法院判决不准离婚。半年过去，双方的关系没有改善，夫妻感情确已破裂，请求判令与被告离婚，婚生女由本人抚养，合理分割共同财产。

陈北溪辩称：不同意离婚。与原告还是有感情的，双方夫妻感情出现这种局面，是因为二人收入差距较大。上次判决不准离婚后，因为工作忙，与原告沟通较少。被告保证负责今后家庭开支及女儿的费用。

一审判决

厦门市开元区人民法院经审理认为：原、被告双方婚后常因生活琐事发生矛盾，没有建立好夫妻感情，原告再次起诉离婚，现被告也表示同意，应予准许。婚生女随被告生活时间较长，以随被告共同生活为宜。对双方共同购置的家用电器及4套住房根据双方的实际需要和保护妇女、儿童的合法权益的原则合理分割。依据《婚姻法》第25条第2款、第29条、第31条之规定，判决：

一、准予原告曾月凤与被告陈北溪离婚；

二、婚生女陈鑫随被告陈北溪共同生活，原告曾月凤应自本判决生效当月起每月20日前支付陈北溪子女抚育费人民币500元至该女独立生活止；

三、夫妻共同财产：飞利浦电脑、松下空调、韩国冰箱各1台、家具1套归被告陈北溪所有，松下29英寸彩色电视机、松下DVD、万宝冰箱各1台归原告曾月凤所有。

四、址在龙海市角美镇24米街职工住宅301室住房一套归原告曾月凤所有，尚未交纳的购房款人民币38 392元由被告陈北溪负担（被告应于本判决生效后1年内支付给原告），址在厦门市信隆城福隆楼6层B座住房一套与原告曾月凤之父曾主祥共有都归原告所有，址在龙海市角美镇小路洋D幢504室、址在厦门市港龙花园B1幢4层404室住房各一套归被告陈北溪所有。

二审诉辩主张

原告曾月凤不服，上诉称：对婚生女抚养权归属的认定，应有利于小孩的成长。婚生女陈鑫生于1991年，已进入生理发育期，从有利于女孩的生理健康角度，由上诉人抚养婚生女更为适合；再者，上诉人经济收入比被上诉人好，可以为婚生女提供更优越的生活、学习条件。对婚姻存续期间所得的财产，双方是采取约定财产制而不是原审法院认定的共同财产制。1997年5月3日，双方签订了一份生活协议书，对所得财产已作了明确的规定：各自名下的财产归属各自所有。请求撤销原审判决第二、三、四项，并依法改判。

被上诉人陈北溪辩称：一审法院认定事实清楚，适用法律正确。港龙花园和信隆城的房屋是二人共同出资购买的。本人有能力让婚生女健康生活。

双方当事人对结婚时间、婚生女陈鑫的出生时间、曾提起离婚诉讼等事实没有异议。另查明，1995年3月，双方共同购置了址在龙海市角美镇小路洋D幢504室住房一套；1997年，双方共同购买了址在龙海市角美镇24米街职工住宅301室住房一套（尚有人民币38 492元的房款未交）。1997年6月，曾月凤向厦门龙潭房地产开发有限公司购买址在厦门市港龙花园B1幢4层404室房屋一套，交易价人民币463 961元。收房之后，曾月凤对该房进行了装修，并购置了家用电器等。1998年7月，曾月凤与其父亲曾主祥共同购置了址在厦门市信隆城福隆楼 6 层 B 座，价值人民币 541 532 元的住房一套。审理中，曾月凤表示，愿将龙海的 2 套房屋归被上诉人陈北溪所有。二审审理期间，双方当事人之女表示：愿意与爸爸共同生活，要常回家看看妈妈。

二审判决

福建省厦门市中级人民法院经审理认为：生活协议书中的“男、女双方互相尊重，各自名下的财产归属各自所有”一段话，何时所加，诉讼中双方说法不一。曾月凤主张在 5 月 3 日，陈北溪仔细阅读生活协议书并作修改的情况下，为更加明确协议的内容，签字当时就添加了这段话；陈北溪则反驳说，是签字很长时间以后才添加的。因生活协议书是如曾月凤所说有两份还是如陈北溪所言只有一份，诉讼中只有双方当事人的陈述，没有其他证据佐证，无法确定。所以，对曾月凤所持的生活协议书中“男、女双方互相尊重，各自名下的财产归属各自所有”的话语不予认定。但是，即使对双方当事人存在争议的这段话不予认定，只要联系双方签订生活协议书的背景，仔细解读生活协议书的内容，依然可以确定双方当事人之间存在一种财产约定制的法律关系。签订生活协议书的背景是什么呢？从生活协议书中可以清楚看出，当时双方婚姻出现严重危机，一方多次提出离婚。正是在这样的背景下，双方签署了生活协议书。对于日常的生活费用的开支，生活协议书中不仅明确双方各负一半，而且还对支付方式作了约定，即单月由男方支付，双月由女方支付。接着，生活协议书还进一步就双方各自支付的范围列举了三种情形即亲属开支、交际开支、其他开支。进而，生活协议书概括式写道：“双方的经济收入与支出各自自理。”这里收入的“各自自理”，可以解读为各自所有，否则双方在生活费用、亲属开支、交际开支等方面斤斤计较又有何意义呢？购置数十万元的房产，并花费十余万元进行装修，购买家电等，显然远远重要于每月的生活费用或者亲属开支、交际开支，依当事人的约定，属各自自理的范畴。购置房屋不动产，购房合同的买方以谁的名义、如何付款，对被上诉人陈北溪而言，是极为重要的。因为，与一般的夫妻不同，陈北溪与曾月凤之间有一个生活协议书。假如，如陈北溪所主张，港龙花园 B1 幢 4 层 404 室和信隆城福隆楼 6 层 B 座的两套房产，是夫妻二人共同购置的，则购房合同上买方必是上诉人与被上诉人二人，对双方如何付款也应当有约定。因为，这是一对月生活费用逢单逢双分别支付，连亲属开支都要各自自理的夫妻。从发生的事实看，无论是港龙花园 B1 幢 4 层 404 室，还是信隆城福隆楼 6 层 B 座的房屋，购房合同的买方或者是曾月凤或者是曾月凤与其父亲，陈北溪的姓名没有作为买方出现在购房合同文件上。陈北溪在诉讼中没有就其如何参与支付港龙花园和信隆城两套房屋的房款提出令人信服的证据。

二审诉讼中，当事人的女儿表示：愿意与爸爸共同生活，会常常回去看妈妈。作为父母的被上诉人、上诉人应当尊重年龄超过 10 周岁的女儿的选择。本院认为，本案中，10 周岁的女儿与其父亲共同生活如同与母亲共同生活一样，都可以健康成长。综上，1997 年 5 月之后，上诉人曾月凤与被上诉人陈北溪之间存在财产约定制的法律关系。原审法院将曾月凤或者曾月凤与其父亲名义，在 1997 年 5 月之后购买的港龙花园和信隆城的两套房屋认定为夫妻共同财产并作相应的分割不当，所作判决应予撤销。港龙花园 B1 幢 404 室的房屋（包括装修和室内的家用电器等）属曾月凤的个人财产，信隆城福隆楼 B 座住房一套为曾月凤与其父亲曾主祥的共同财产。二审审理中，曾月凤表示，愿意将在龙海的二套房屋归陈北溪所有，可以照准。依照《民事诉讼法》第 153 条、《婚姻法》第 19 条之规定，判决如下：

一、维持厦门市开元区人民法院（2000）开民初字第 1561 号民事判决第一、二、三项。

二、撤销厦门市开元区人民法院（2000）开民初字第 1561 号民事判决第四项。

三、址在龙海市角美镇24米街职工住宅301室、址在龙海市角美镇小路洋D幢504室住房各一套（尚未交纳的购房款人民币38 392元由被告陈北溪负担）归被上诉人陈北溪所有。

本案一、二审案件受理费各人民币5 826元，分别由上诉人曾月凤、被上诉人陈北溪各负担2 913元。

案由与焦点

1. 案由

本案的一级案由为“婚姻家庭、继承纠纷”，二级案由为“婚姻家庭纠纷”，三级案由为“夫妻财产约定纠纷”。

夫妻双方在婚姻关系成立之前或者之后，有权经由协商对双方个人财产和共有财产的所有权归属进行约定，因履行该约定而引发的纠纷为夫妻财产约定纠纷。

2. 焦点

本案争议的焦点在于双方是否存在财产约定的法律关系。本案双方签署的生活协议书是否属于财产约定的书面形式，约定是否明确？这是本案最大的争议。

评注与问题

1. 法院判决不准离婚的案件，当事人是否可以再次起诉离婚

本案中，上诉人曾月凤曾于1999年10月向法院提起诉讼要求离婚，法院判决不准离婚。半年过去，曾月凤再次起诉请求判令与被告离婚，法院是否应予准许呢？《民事诉讼法》第111条第7项规定：“判决不准离婚和调解和好的离婚案件，判决、调解维持收养关系的案件，没有新情况、新理由，原告在六个月内又起诉的，不予受理。”最高人民法院《民事诉讼法意见》第144条规定：“当事人撤诉或人民法院按撤诉处理后，当事人以同一诉讼请求再次起诉的，人民法院应予受理。原告撤诉或者按撤诉处理的离婚案件，没有新情况、新理由，六个月内又起诉的，可依照民事诉讼法第一百一十一条第（七）项的规定不予受理。”从这两条规定可以看出，对于法院判决不准离婚和调解和好的离婚案件，以及原告撤诉或者按撤诉处理的离婚案件，在没有新情况、新理由的情况下，原告在6个月内又起诉的，法院将不予受理。但如果在6个月内出现新的情况、新的理由的，或者被告提出离婚请求的，则不受限制，法院应当受理。本案中，上诉人曾月凤是在半年之后再次起诉离婚的，已经过了6个月的限制，因此法院应当受理，且再次起诉离婚，也可以视为是感情破裂的标志，法院应作出合理的判决。

2. 夫妻财产约定有哪些形式

随着我国社会经济的迅速发展和社会文明程度的不断提高，人们的自我意识和权利意识也在不断增强，夫妻以契约形式对财产进行约定的情况在我国越来越普遍。我国《婚姻法》中明确规定了夫妻约定财产制度的具体内容和方式，把约定财产制提升到与法定财产制同等的地位，且赋予其优先适用的效力，充分肯定了夫妻约定财产制度在我国夫妻财产制度中的重要地位。

关于夫妻财产约定所采用的形式，在1993年11月公布的最高人民法院《关于人民法院审理离婚案件处理财产分割问题的若干具体意见》第1条中曾规定：“夫妻双方对财产归谁所有以书面形式约定的，或以口头形式约定，双方无争议的，离婚时应按约定处理。”但2001年

《婚姻法》第19条中则明确规定："约定应当采用书面形式。没有约定或约定不明确的，适用本法第十七条第十八条的规定。"这表明，《婚姻法》在修订后对夫妻财产约定的形式作出了限制性要求，明确规定了夫妻财产制的约定必须以书面的形式进行。这样规定的目的主要是基于证据上的考虑，因为口说无凭，易发生纠纷，而书面约定就可以起到凭证的作用，确保其证明性、公示性和稳定性，更好地维护当事人的利益，维护交易的安全。因此，在夫妻关系存续期间，当任何一方主张争议的财产曾约定归其个人所有时，该方应提出这种书面证据，以证明自己的主张，而不能在没有书面约定的情况下推定财产归个人所有。没有书面约定或虽有书面约定但约定不明确的，则应根据法定财产制的有关规定确定应属夫妻共同财产或一方的个人财产。但是，在现实生活中仍然有很多夫妻只进行口头上的财产约定，如果是这种情况，你认为其口头约定的效力是否能被承认呢？

3. 夫妻对财产的约定是否要进行公示

在婚姻法的修改过程中，有一种观点认为，夫妻财产约定仅采用书面形式的方法已无法满足市场公信力的要求，我国的夫妻财产约定制度若想真正在实践中被广泛应用，还必须为其建立一种适合我国国情的公示方法。关于公示的方法，我国婚姻法并没有作出规定，《婚姻法》第19条中规定："夫妻对婚姻关系存续期间所得的财产以及婚前财产的约定，对双方具有约束力。夫妻对婚姻关系存续期间所得的财产约定归各自所有的，夫或妻一方对外所负的债务，第三人知道该约定的，以夫或妻一方所有的财产清偿。"这一条虽然并不是对公示方法的规定，但却表明，夫妻对财产的约定必须为第三人所明知才能对外产生效力。

关于公示的方法，有学者建议采用公证的方式进行，这样既可以保证约定的真实性，又可以增强约定作为证据时的证明力，可以达到公示公信的效果。反对者则认为，夫妻对财产约定的情况进行公证，不符合公证自愿的原则，而且公证只具有证明的效力，不是约定生效的要件，只要当事人能够证明他们之间存在合法的约定，都应当肯定其有效性。因此，公证约定只是由当事人选择决定的一种方式，可以鼓励当事人选择适用，而不应作强制性要求。有学者则建议采用由婚姻登记机关登记的公示方法，在婚姻登记机关确立一个夫妻财产约定登记部门，其查询只是面对特定对象，如司法机关工作人员、当事人的委托律师、相关利害关系人等。这样可以确保夫妻财产约定的内容只在有限的范围内对外公开，避免当事人暴露自己的财产状况等隐私。你认为夫妻对财产的约定是否要进行公示？

4. 如何确认夫妻之间存在财产约定

本案中，双方虽然签署了一份"生活协议书"，但其中并无"夫妻财产约定"的字样，这能否认定为有效的财产约定呢？

判断夫妻间是否存在财产约定，不是非要有一份标有"夫妻财产约定"或者"财产各自所有"字样的协议不可，关键还是要审查协议书的背景、内容等细节。分析本案双方当事人所签署的"生活协议书"的背景之后我们不难发现，双方当事人是在婚姻出现严重危机、家庭濒临破裂的背景下签订"生活协议书"的，这就表明双方当事人对今后的婚姻生活有了经济各自独立的念头。因而协议书中对于日后的日常生活费用的开支，明确约定双方各负一半，同时对支付方式作出了单月由男方支付，双月由女方支付的约定，而且就支付的三种范围进行了列举。通过这些细节，联系之后发生的购房过程、装修房屋等具体情形，可以得出结论，协议书中所作出的"双方的经济收入与支出各自自理"的约定，可以解读为各自所有。因此，上诉人与被上诉人在生活协议书签订之后，即存在一种财产约定的法律关系。二审法院的上述认定，无疑是正确的。

5. 夫妻离婚时如何确定子女抚养方

本案中，双方当事人有一婚生女陈鑫生于1991年，双方都希望能够取得对女儿的抚养权。

婚生女到底与谁共同生活，这是本案另一争议所在。

《婚姻法》第 36 条规定："父母与子女之间的关系，不因父母离婚而消除。离婚后，子女无论由父或母直接抚养，仍是父母双方的子女。离婚后，父母对于子女仍有抚养和教育的权利和义务。离婚后，哺乳期内的子女，以随哺乳的母亲抚养为原则。哺乳期后的子女，如双方因抚养问题发生争执不能达成协议时，由人民法院根据子女的权益和双方的具体情况判决。"据此我们可以看出，法院审理离婚案件，对子女抚养问题，是从有利于子女身心健康，保障子女的合法权益这一角度出发解决问题的。作为一个将满 10 周岁的女孩，只要在一个温馨和谐的环境中，与父亲共同生活和与母亲共同生活一样，都可以健康成长；并且根据最高人民法院《关于人民法院审理离婚案件处理子女抚养问题的若干具体意见》第 5 条规定："父母双方对十周岁以上的未成年子女随父或随母生活发生争执的，应考虑该子女的意见。"本案当事人的女儿陈鑫将满 10 周岁，已经有自己的判断能力。二审诉讼中，陈鑫表示：愿意与爸爸共同生活，会常常回去看妈妈。因此，父母应当尊重女儿的选择。

（评注人：刘鎏）

88. 同居关系纠纷

司法案例

张倩诉郑杨案

河南省商丘市中级人民法院（2009）商民终字第 1396 号

基本案情

上诉人（原审被告）：郑杨（男）。

被上诉人（原审原告）：张倩（女）。

上诉人郑杨为与被上诉人张倩同居关系析产、子女抚养纠纷一案，不服虞城县人民法院（2009）虞民初字第 312 号民事判决，向本院提起上诉。本院 2009 年 12 月 22 日立案受理后，依法组成由审判员王兴海任审判长、审判员朱金礼和彭世峰参加评议的合议庭审理本案，书记员高纪平担任记录。合议庭在本院第四审判庭公开开庭进行了审理，上诉人郑杨的委托代理人杨凤美、葛磊，被上诉人张倩到庭参加了诉讼。经过阅卷和调查，询问当事人，本案现已审理终结。

经审理查明：郑杨与张倩同系虞城县公安局干警，未经结婚登记，于 2001 年 3 月 21 日，按习俗举行结婚仪式，以夫妻的名义同居生活，事后未补办结婚登记手续。同居后，双方一直与郑杨的父母共同居住于虞城县小学路西段 163 胡同 1 号的房屋，该房屋系双方同居前郑杨父母所建。2003 年 9 月 9 日双方生育一男孩郑某。同居期间双方感情一般，常因琐事生气、吵架、打架，严重伤害了双方的感情，导致无法维持同居关系，现双方已分居。张倩于 2009 年 3 月 17 日向虞城县人民法院提起诉讼，请求抚养孩子郑某。在开庭审理过程中，郑杨与张倩均要求抚养郑某，并由对方承担抚养费，互不相让。后经多次调解，张倩坚决要求抚养郑某，可以不让郑杨承担抚养费，可以放弃个人财产和分割共同财产。郑杨也坚决要求抚养郑某，不放弃由张倩承担抚养费，共同财产依法分割。郑杨与张倩无法达成调解协议。另查明，张倩现在月工资 1 275 元，郑杨现在月工资 1 313 元。

一审诉辩主张

张倩诉称：儿子郑某现年只有 5 岁半，张倩一直与儿子郑某生活在一起，有着很深的母子感情。而郑杨是公安局干警，工作繁忙，对孩子从来不管不问。为了在郑杨与张倩解除同居关系后，郑某依然能享受到母爱，以利于其健康成长，张倩请求抚养儿子郑某，并由郑杨承担抚养费。

张倩提交了如下证据：(1) 郑某的出生证明，以证明郑某的年龄；(2) 邻居出具的郑杨与张倩分居前，张倩与郑某一起生活的证明一份。

郑杨辩称：郑某从出生时起，一直随郑杨和祖父母生活在一起，特别是在郑杨与张倩分居后，张倩离家住到别处，郑某仍然跟随郑杨及祖父母生活，与祖父母感情很好，其祖父母要求且有能力帮助郑杨抚养郑某。郑杨请求儿子郑某随其生活，并由张倩承担抚养费。

郑杨提交了如下证据：(1) 邻居、同事出具的郑杨与张倩分居后，郑杨及其父母与郑某一起生活的证明二份；(2) 郑杨与张倩分居后，郑某现随郑杨和祖父母生活在一起的照片，以证明郑某的生活是快乐的。

一审判决

虞城县人民法院经审理认为：郑杨与张倩未经结婚登记，即以夫妻的名义同居生活，双方系同居关系，现双方已分居，法律对此并不干预。但双方同居期间生育的子女与婚生子女享有同等的权利，双方同样对子女有抚养教育的权利和义务。解除同居关系时，双方生育的子女由哪一方抚养，由双方协商；协商不成时，应根据子女的利益和双方的具体情况判决。本案郑杨与张倩对郑某的抚养问题协商不成，无法达成由一方抚养的协议。考虑双方均系虞城县公安局干警，经济收入基本相同。因郑某现随被告生活，与祖父母感情较好，其祖父母要求且有能力帮助被告郑杨抚养，但张倩为抚养郑某亦付出较多，起诉前，一直与郑某共同生活，母子情深，其又坚决要求抚养郑某。双方解除同居关系后，无论郑某由哪一方抚养，对郑某的身心健康必然带来一定的负面影响。综合以上因素，根据子女的利益和双方的具体情况，郑某由双方轮流抚养较为合理，即先由郑杨抚养 6 年，再由张倩接着抚养 6 年。抚养费由双方各自负担。

依照最高人民法院《关于人民法院审理未办理结婚登记而以夫妻名义同居生活案件的若干意见》第 8 条、第 9 条之规定，判决：郑杨与张倩生育男孩郑某，自 2009 年 3 月 17 日起至 2015 年 9 月 9 日止，由郑杨抚养；自 2015 年 9 月 10 日起至郑某年满 18 周岁止，由张倩抚养。抚养费各自负担。上述判决于判决生效之日起 10 日内履行完毕。诉讼费 300 元，由原告张倩负担。

二审诉辩主张

被告郑杨不服一审判决上诉称：原审认定事实不清，判决郑某由上诉人及被上诉人各轮流抚养 6 年违反法律规定，剥夺了孩子 10 周岁以上的选择权，由于上诉人和被上诉人均在公安局工作，工作比较忙，孩子自小一直由奶奶抚养，现其爷爷也已退休在家，孩子由上诉人抚养对孩子的成长和学习较为有利。

被上诉人张倩答辩称：原审判决孩子郑某由上诉人与被上诉人各抚养 6 年，抚养费各自负担，不符合被上诉人的意愿和诉求。郑某并没有单独随其祖父母生活过一天，更不用说多年，且上诉人的父母在一审举证期限内和庭审中并没有要求帮助上诉人抚养孩子的意思表示，上诉人在一审庭审中已明确承认自己工作忙对孩子从来不管不问。原审法院也已确认上诉人郑杨有吵骂、殴打被上诉人的事实，上诉人存在过错，为了不改变孩子的生活习性，更好地有利于其成长，法院应当基于事实判决由被上诉人抚养孩子，上诉人支付定期的抚养费。

二审中双方当事人均无新的有效证据举证。

二审查明的事实与一审判决认定的事实一致，本院依法予以确认。

二审判决

河南省商丘市中级人民法院经审理认为：上诉人郑杨与被上诉人张倩 2001 年 3 月 21 日按当地习俗举行婚礼，并同居生活，但未办理结婚登记，双方系同居关系。同居后，双方一直与上诉人的父母同住，并于 2003 年 9 月 9 日生一男孩郑某，双方感情一般，常因生活琐事生气、吵架、打架，严重伤害了双方的感情，导致无法维持同居关系，现双方已分居。双方同居期间所生男孩郑某与婚生子女享有同等的权利，上诉人郑杨与被上诉人张倩对郑某均有抚养和教育的权利和义务。解除同居关系时，对其子女由哪一方抚养，由双方协商；协商不成时，应根据子女的利益和双方的具体情况判决。对郑某的抚养问题，双方达不成由一方抚养的一致意见。原审法院考虑到原、被告双方均系虞城县公安局干警，经济收入基本相同，郑某现随父亲郑杨和祖父母生活在一起，感情较好，其祖父母要求且有能力帮助郑杨抚养，而被上诉人张倩作为郑某的母亲，也与郑某的感情较深，其又坚决要求抚养郑某，为不影响郑某现在的学习生活环境和身心健康，原审法院判决郑某由上诉人郑杨与被上诉人张倩轮流抚养，抚养费各自承担并无不当，上诉人郑杨要求由其全部抚养郑某的上诉请求，本院不予支持。

综上，原审认定基本事实清楚，基本证据充分，审判程序合法，判处正确，上诉人所提上诉请求本院不予支持。经本院审判委员会讨论，依照《民事诉讼法》第 153 条第 1 款第 1 项之规定，判决如下：

驳回上诉，维持原判。

二审诉讼费 300 元，由上诉人郑杨承担。

案由与焦点

1. 案由

本案的一级案由为“婚姻家庭、继承纠纷”，二级案由为“婚姻家庭纠纷”，三级案由为“同居关系纠纷”，四级案由为“同居关系子女抚养纠纷”。

同居关系纠纷是指具有同居关系的男女当事人因解除同居关系而引发的共有财产分割纠纷和子女抚养纠纷。在“同居关系纠纷”三级案由下，包括以下两个四级案由：（1）同居关系析产纠纷；（2）同居关系子女抚养纠纷。同居关系子女抚养纠纷是指因同居关系的解除而对同居期间所生子女抚养问题引发的纠纷。

2. 焦点

本案争议的焦点在于，解除同居关系时非婚生子女的抚养归属问题。

评注与问题

1. 非婚生子女与婚生子女的法律地位有区别吗

《婚姻法》第 25 条规定：非婚生子女享有与婚生子女同等的权利。1989 年 12 月最高人民法院《关于人民法院审理未办理结婚登记而以夫妻名义同居生活案件的若干意见》第9条规定：解除非法同居关系时，双方所生的非婚生子女，由哪一方抚养，双方协商；协商不成时，应根据子女的利益和双方的具体情况判决，哺乳期内的子女，原则上应由母方抚养，如父方条件好，母方同意，也可由父方抚养。子女为限制民事行为能力人的，应征求子女本人的意见。1993年11月最高人民法院《关于人民法院审理离婚案件处理子女抚养问题的若干具体意见》（以下简称《离婚案件子女抚养意见》）对父母离婚时的子女抚养问题也作出了具体规定，这是我国当前处理离婚案件时有关解决子女抚养纠纷的具体规范文件。依据上述法律规定，未经结婚登记，即以夫妻名义同居生活的父母所生子女尽管是非婚生子女，但其与婚生子女享有同等的权利，父母双方同样对该非婚生子女有抚养教育的权利和义务。不管父母是解除同居关系还是离婚，对子女抚养归属的确定是没有区别的。所以，在父母解除同居关系时，应按《婚姻法》、最高人民法院《离婚案件子女抚养意见》的规定确定子女的抚养归属。

2. 解除同居关系或离婚时，一方要求独自抚养子女是否准许

最高人民法院《离婚案件子女抚养意见》第10条规定："父母双方可以协议子女随一方生活并由抚养方负担子女全部抚育费。但经查实，抚养方的抚养能力明显不能保障子女所需费用，影响子女健康成长的，不予准许。"在解除同居关系或离婚诉讼中，如果直接抚养子女方收入较高，完全有能力且愿意独自抚养子女，不要对方承担子女抚养费，双方又已经达成协议，这是准许的。但需注意的是，如果一方为了达到离婚目的或为争要孩子，不要对方负担子女抚养费，而事实上一方要求离婚是真，独自抚养子女只不过是为了达到离婚目的的一个手段。而对方正是抓住这一方坚决要求离婚的心理先不同意离，而后也就"顺水推舟"，同意离婚，即达成所谓的"协议"。遇到这种情况，法院应对当事人做思想教育工作，使当事人认识到，夫妻离婚不能使子女的利益受到损害，子女的抚养费应由双方合理承担。本案中，原告张倩在开庭审理的多次调解过程中，坚决要求抚养郑某，可以不让被告承担抚养费，但原告张倩月工资只有1 275元，抚养能力显然不能保障郑某所需，会影响到子女的健康成长。因此，法院没有准许是正确的。

3. 父方与母方抚养子女的条件基本相同，双方均争养子女，有相对优先直接抚养条件吗

最高人民法院《离婚案件子女抚养意见》第4条规定："父方与母方抚养子女的条件基本相同，双方均要求子女与其共同生活，但子女单独随祖父母或外祖父母共同生活多年，且祖父母或外祖父母要求并且有能力帮助子女照顾孙子女或外孙子女的，可作为子女随父或母生活的优先条件予以考虑。"这种情形中，将祖父母、外祖父母的条件作为父母优先直接抚养子女的条件考虑，属于相对优先直接抚养条件，只在父亲母亲直接抚养子女的条件基本相同，且双方均要求子女与其共同生活时适用。本案中，郑某随父母同祖父母生活在一起，即使原、被告分居后，郑某也是随父亲郑杨和祖父母生活在一起的。因此，法院没有支持原告的抚养子女的主张是妥当的。

4. 轮流抚养的条件有哪些

鉴于轮流抚养存在一些弊端及司法实践中存在的问题，对轮流抚养的方式一般情况下不宜采用，特殊情况下适用这种办法必须把握以下条件：（1）争养或者拒养子女态度坚决且条件基本相同，矛盾有可能激化的。（2）子女年龄必须在2周岁以上、10周岁以下；如子女年满10周岁，则应考虑该子女的意见。因为2周岁以下的子女随父或随母生活，最高人民法院在《离婚案件子女抚养意见》中已有明确规定。而10周岁以上的未成年人，智力已发育到一定程度，对事物有了一定的认识和判断能力，因此，10周岁以上的未成年子女是否愿意轮流随父或随母生活，应征求子女本人意见，由其自己作出选择。（3）住址相距不是很远的，以在同一市区内居住为宜。这样有利于子女入学、入托和生活的方便。（4）轮流抚养的周期以半年或1年为

宜，如子女已上学，应在每学年开学前搬到抚养方处生活。本案中，正如一审法院在判决中所指出的："考虑双方均系虞城县公安局干警，经济收入基本相同。因郑某现随被告生活，与祖父母感情较好，其祖父母要求且有能力帮助被告抚养。但原告为抚养郑某亦付出较多，起诉前，一直与郑某共同生活，母子情深，其又坚决要求抚养郑某。双方解除同居关系后，无论郑某由哪一方抚养，对郑某的身心健康必然带来一定的负面影响。综合以上因素，根据子女的利益和双方的具体情况，郑某由双方轮流抚养较为合理，即先由被告抚养6年，再由原告接着抚养6年。抚养费由双方各自负担。"很显然上述判决前三个条件都考虑得很周全，但轮流抚养的周期是6年。试分析如此长的轮流抚养周期有利于一个5岁半的子女的健康成长吗?

5. 父母采取何种"轮流抚养"方式，才能体现出"子女最高利益原则"

世界上多数国家都把"子女最高利益原则"作为决定监护权归属的基本依据。"子女最高利益原则"使夫妻享有平等的监护权，监护权的取得视谁的监护对子女具有最高利益而定。父母子女间的权利义务关系不因夫妻关系的消失而终止，相反，正因为夫妻离婚，更需要妥善解决好如何对子女尽好义务的问题。夫妻离婚在感情上、精神上受害最大的是子女，孩子注定只能生活在血亲关系不完整的环境里，而从心理学角度来看，母爱和父爱对孩子的身心发育均有较大的影响，一方代替不了另一方，缺少父爱或母爱的孩子，个性是欠完整的。感情上的失落，加上社会环境中的一些不利因素，很容易使得一些父母离异的孩子心灵上罩上阴影，心理、性格等方面发生扭曲，影响到他们的健康成长。在审判实践中，法院在审理离婚案件中决定子女的抚养归属问题时，始终是从有利于子女的身心健康，保护子女的合法权益出发的。但从上述轮流抚养的利弊分析可以看出，轮流抚养大多考虑了父母的要求，没能真正体现出"子女最高利益原则"。请结合本案，分析父母如何轮流抚养才能体现出"子女最高利益原则"?

（评注人：张迎秀）

89. 抚养纠纷

司法案例

霍某诉吴某等案

广东省佛山市中级人民法院（2006）佛中法民一终字第808号

基本案情

上诉人（原审被告）：吴某。

上诉人（原审被告）：陈某。

被上诉人（原审原告）：霍某。

上诉人吴某、陈某为与被上诉人霍某抚养权纠纷一案，不服广东省佛山市顺德区人民法院（2006）顺法民一初字第01862号民事判决，向本院提出上诉。本院受理后，依法组成由审判员林炜烽任审判长、代理审判员周芹和舒琴参加评议的合议庭审理本案，书记员韩莹担任记录。经过阅卷和调查，询问当事人，本案现已审理终结。

经审理查明：霍某与吴某、陈某的儿子吴国强于1996年8月14日登记结婚，婚后于1997年1月22日生育大女儿吴芷君。2000年9月间，霍某与丈夫吴国强先后到南非经商，2003年12月23日在南非共和国生育小女儿吴季茹（英文名为AH WHY SALLY、南非共和国国籍）。霍某与丈夫吴国强在南非共和国经商期间，大女儿吴芷君留在国内由吴某、陈某携带照顾，小女儿吴季茹出生后不久也送回中国交由吴某、陈某携带照顾。2005年7月31日，霍某的丈夫吴国强在南非死亡。霍某要求吴某、陈某将女儿吴芷君、吴季茹交由自己抚养照顾，但遭拒绝。遂于2006年4月11日向原审法院提起诉讼，要求原审法院判令吴某、陈某将女儿吴芷君、吴季茹交由其抚养。另查明，霍某现仍在南非工作，有稳定的收入。诉讼中，霍某表示，若两个女儿判归其携带抚养，其会从有利于两个女儿成长的环境，考虑工作地及居住地。

一审诉辩主张

霍某诉称：霍某是两个女儿的亲生母亲，在与丈夫吴国强到南非经商期间，因两个女儿年龄太小，担心她们到南非生活会出现水土不服等不利于身体健康的现实困难，加之初到南非，事业刚刚起步，工作繁忙，无法亲自履行父母对子女的抚养教育义务，夫妻两人才决定把年幼的两个女儿留在国内，交由吴某、陈某，也就是孩子的祖父母携带照料。现在孩子的生父去世，霍某从有利于孩子身心健康成长考虑，要求吴某、陈某将女儿吴芷君、吴季茹交由自己抚养照顾。请求法院支持霍某的诉讼请求，判令吴某、陈某将女儿吴芷君、吴季茹交由其抚养，并判令吴某、陈某将保管的吴芷君的出生证、中国护照、南非共和国居留证、股权证，吴季茹的南非共和国出生证、南非共和国护照、南非共和国出生关系证明交还其保管。

吴某、陈某辩称：大孙女吴芷君从3岁多起就随吴某、陈某共同生活，小孙女吴季茹出生后不久也由吴某、陈某携带照顾，两个孙女已随祖父母生活较长时间，已与霍某感情淡漠，我们儿子去世后，是两个孙女陪我们一起度过痛苦的时光，她们是我们的唯一感情寄托，况且孩子已和我们建立了深厚的感情，我们有能力并且愿意代替儿子继续照顾两个孙女。吴芷君的出生证、中国护照、南非共和国居留证、股权证，吴季茹的南非共和国出生证、南非共和国护照、南非共和国出生关系证明没有在被告处。故法院不应支持原告的诉讼请求。

一审判决

广东省佛山市顺德区人民法院经审理认为：未成年人的父母是未成年人的监护人。未成年人父母已经死亡或者没有监护能力的，由祖父母或外祖父母担任未成年人的监护人。霍某是吴芷君及吴季茹的母亲，其身体健康，且具有稳定的经济收入，完全有能力履行对两个女儿的监护义务。霍某要求吴某、陈某将女儿吴芷君及吴季茹交由其携带抚养，符合法律规定，原审法院予以支持。诉讼中，吴某、陈某否认吴芷君的出生证、中国护照、南非共和国居留证、股权证，小女儿吴季茹的南非共和国出生证、南非共和国护照、南非共和国出生关系证明在吴某、陈某处，霍某也没有提供证据证明上述证件原交由吴某、陈某保管，故对霍某要求吴某、陈某返还上述证件的诉讼请求，原审法院不予支持。根据《民法通则》第16条之规定，判决：（一）吴某、陈某应于判决发生法律效力之日起3日内将吴芷君及吴季茹交还霍某携带抚养。（二）驳回霍某的其他诉讼请求。本案受理费50元，由霍某负担。

二审诉辩主张

被告吴某、陈某不服一审判决，上诉称：

一、原审对霍某的情况认定错误。原审认定霍某在南非昇辉酒家工作，且有稳定的收入，其依据的是南非共和国公证书、昇辉酒家收入证明、陈小倩、盘祥辉出具的证明。然而，对上述几份证据仔细分析可知：（1）这几份证据实际上都是陈小倩和盘祥辉个人出具的证明，昇辉酒家没有盖过任何公章证实。既然是证明工作单位，理应由工作单位出具的证明才有证明效力。（2）这几份证据在形式上属于证人证言，根据最高人民法院《民事诉讼证据规定》第55条的规定，证人应当出庭作证，接受当事人的质询。然而，这两个证人并没有依法出庭作证，上诉人自然无法知悉其证言的真实性如何。（3）这几份证据都是在南非作出的，根据最高人民法院《民事诉讼证据规定》第11条的规定，在中华人民共和国境外形成的证据，应当经所在国公证机关予以证明，并经中华人民共和国驻该国使领馆予以认证。但上述几份证据都没有经过法律规定的公证与认证程序，不能作为合法证据予以采纳。（4）霍某于2003年12月23日生育小女儿AH WHY SALLY，而陈小倩和盘祥辉出具证明称霍某于2003年12月2日被聘用为副经理，一个快要分娩的女人被聘为酒店的副经理，不合常理。此外，除了陈小倩和盘祥辉出具的个人证明外，没有劳动合同、工资发放凭证、纳税证明等原始凭证，其工作证明的真实性可想而知。因此，所谓霍某在南非昇辉酒家工作的证据根本不具有证明效力，原审关于霍某“现仍在南非工作、有稳定的收入”的事实认定毫无依据。

二、霍某早已放弃了两个孩子的抚养权，现变更抚养权将对两个孩子的成长产生极其不利的影响。吴芷君和吴季茹出生后，一直均由两上诉人抚养照顾，而霍某在2003年与南非共和国籍的AH WHY JOHN办理了结婚登记后就没有再尽过抚养义务，早已放弃了两个孩子的抚养权。对于孩子抚养权的判决，应当从更有利于孩子的健康成长出发。两个孩子从小跟随两上诉人至今，早已习惯了与两上诉人共同生活，如果现在强行变更抚养权，让两个孩子随霍某去南非重新生活，对于两个孩子的成长没有任何好处。霍某现在没有工作和收入，其在南非也只是租房居住，且尚欠吴国豪、陈志华和吴婉玲三人共174 000元南非币的巨额债务无力偿还，根本没有能力履行监护义务。另外，吴芷君差不多年满10岁，已具有相当的识别能力，其与霍某的感情非常恶劣，不可能与霍某共同生活。从吴芷君的身心健康成长出发，应考虑其个人意愿，而不应强迫其与不喜欢的人共同生活。

三、原审遗漏当事人，程序存在严重缺陷。霍某于2002年10月24日就已经和南非共和国国籍的AH WHY JOHN办理了结婚登记，而吴国强在2003年也已和CHARIN PHUMBUA结婚。两人分别再婚之后，两个孩子由吴国强交给了两上诉人抚养，霍某没有再尽过抚养义务。吴国强虽已过世，但两个孩子还有继母，就是CHARIN PHUMBUA，两个孩子的第一顺序监护人应当是她，应当追加其为当事人参加诉讼。且霍某已经再婚，其现在的丈夫AH WHY JOHN对两个孩子的抚养是否赞同，将直接关系到两个孩子的切身利益，法院同样应追加AH WHY JOHN参加诉讼。

综上所述，原审认定事实不清，遗漏案件当事人，据此请求：(1) 撤销原审第一项判决；(2) 驳回霍某的一审诉讼请求；(3) 本案的一、二审诉讼费用由霍某承担。

上诉人吴某、陈某在二审期间向本院提供了下列证据材料：

1. 由盘祥辉出具，并经中华人民共和国驻约翰内斯堡总领事馆公证的声明书两份，以证实霍某在原审期间出具的收入证明是伪造的。被上诉人霍某质证认为，对该两份声明书的真实性无法确认，而即使声明书系真实的，因大使馆才有公证权，故该两份声明书的效力不及霍某于原审期间提供的公证书的效力。本院认为，双方当事人在诉讼期间分别提交的由盘祥辉出具的声明书，均履行了相关公证手续，但其内容却截然相悖，由于声明人盘祥辉并无出庭作证及接受诉争各方的质询，故本院对其先后出具的声明书均不予采信。

2. 中华人民共和国驻约翰内斯堡总领事馆公证书两份，以证实霍某于2002年10月24日与具有南非共和国国籍的AH WHY JOHN在约翰内斯堡登记结婚，而吴国强亦于2003年5月22日与CHARIN PHUMBUA在约翰内斯堡登记结婚。被上诉人霍某质证认为，该两份公证书并非由中华人民共和国驻南非大使馆所出具，且霍某与吴国强均是为了取得南非国籍而分别与当地公民登记结婚，但其两人在中国缔结的婚姻关系并未解除。本院认为，该两份公证书与本案诉争的抚养权归属不具有关联性，本院不予采纳。

3. 欠条一张，以证实霍某仍欠债务174 000元南非币未予归还。被上诉人霍某质证认为对该欠条的真实性没有异议，本院由此确认此份证据的真实性。

4. 声明一份，以证实吴芷君要求与其祖父母一起生活，而不愿与霍某生活。被上诉人霍某质证认为，对该声明的真实性无法确认，且吴芷君是无民事行为能力人，其所书写的声明没有效力。本院认为，由于本案审理的非属未成年人的父母已经死亡或者没有监护能力的情况下，未成年人的祖父母、外祖父母、兄姐等相互间对担任监护人而产生的争议，故吴芷君个人的意见并非本案裁判结果的决定或制约因素，本院不予采纳。

被上诉人霍某答辩称：原审认定事实清楚，适用法律正确，请求二审法院驳回上诉，维持原判。

被上诉人霍某在二审期间向本院提交了中国委托公证人出具的证明书一份，以证实霍某与吴国强在香港有夫妻共同财产约 437 373.12 元港币，该财产足以偿还霍某的债务。上诉人吴某、陈某质证认为对该证明书的真实性没有异议，本院由此确认此份证据的真实性。

二审查明的事实与一审判决认定的事实一致，本院依法予以确认。

广东省佛山市中级人民法院认为：经审查，本院对原审判决认定的“1996 年 8 月 14 日，原告霍某与两被告的儿子吴国强登记结婚，婚后于 1997 年 1 月 22 日生育大女儿吴芷君。2000 年 9 月间，原告与丈夫吴国强先后到南非经商”、“原告要求两被告将女儿吴芷君、吴季茹交由自己抚养照顾，但遭拒绝，遂于 2006 年 4 月 11 日向佛山市顺德区人民法院提起诉讼，要求佛山市顺德区人民法院判令两被告将女儿吴芷君、吴季茹交由其抚养，并判令两被告将保管的吴芷君的出生证、中国护照、南非共和国居留证、股权证，吴季茹的南非共和国出生证、南非共和国护照、南非共和国出生关系证明交还其保管”以及“诉讼中，原告表示，若两个女儿判归其携带抚养，其会从有利于两个女儿成长的环境，考虑工作地及居住地”的事实予以确认。

本院二审经审理查明：2003 年 12 月 23 日，霍某在南非共和国生育女儿吴季茹（英文名为 AH WHY SALLY、南非共和国国籍）。在吴季茹的出生证明中，记载其父亲为 AH WHY JOHN（南非共和国国籍）。霍某与吴国强在南非共和国经商期间，吴芷君留在国内由其祖父母吴某、陈某携带照顾，而吴季茹在南非共和国出生后不久也被送至中国交由吴某、陈某携带照顾。2005 年 7 月 31 日，吴国强在南非死亡。

二审判决

本院认为：被上诉人霍某在原审期间提出的诉求之一为请求判令上诉人吴某、陈某将吴季茹（英文名为 AH WHY SALLY）交由其抚养，由于本案中有确实的证据证明被上诉人霍某为吴季茹的生母，且上诉人吴某、陈某在接受本院二审询问期间明确表示其从未要求取得吴季茹的抚养权，并愿意将吴季茹交由被上诉人霍某抚养，故对于被上诉人霍某的该项诉求，可予以支持。至于吴芷君的抚养权问题，依《民法通则》第 16 条第 1 款之规定，未成年人的父母是未成年人的监护人。父母对于子女有抚养教育的义务；父母有管教和保护未成年子女的权利和义务。也就是说，未成年人的父母是未成年人第一序位的法定监护人，其对于未成年人享有法定的亲权，该亲权因父母子女间的身份关系之发生而自然发生，表现为父母对未成年子女以教养保护为目的，在人身和财产方面权利义务的统一。亲权不得随意抛弃、转让，非依法定事由亦不得被限制或消灭。根据《民法通则》第 16 条第 2 款之规定，未成年人不处于其父母的教养保护之下而受他人监护需要符合一定的条件，如未成年人的父母已经死亡，或者未成年人的父母尽管依然生存，但没有行使抚养、教育、保护等亲权的能力。本案中，吴芷君为吴国强与被上诉人霍某的婚生子女，吴国强与被上诉人霍某对吴芷君均有教育和保护的权利与义务。现吴国强虽已死亡，但被上诉人霍某作为吴芷君的生母，仍系第一序位的法定监护人，其对于吴芷君的亲权并未因此而受影响或限制，故其诉请行使抚养教育吴芷君的权利、义务，合法有据，应予以支持。上诉人吴某、陈某主张被上诉人霍某没有监护能力，但在诉讼期间没有提供确实、充分的证据材料以支持其事实主张，其提供的欠条等并不能全面客观地反映被上诉人霍某当前的经济状况，无法证实被上诉人霍某现已完全丧失行使亲权的行为能力；上诉人吴某、陈某另称被上诉人霍某早已放弃了吴芷君的抚养权，但如前所述，父母对未成年子女的抚养、教育、保护等权利、义务因其身份关系之发生而自然发生，不能因单方意思表示而随意抛弃、转让，即使有这样的行为，也应认定为无效。且本案中，吴国强与被上诉人霍某由于需先后到南非共和国经商，故将吴芷君留在国内由其祖父母即上诉人吴某、陈某携带照顾，而上诉人吴某、陈某对此一直未提出异议，此应视为相关当事人之间就吴芷君的委托监护问题达成了合意。但由于法定的监护责任自始未产生移转，故现作为吴芷君生母的被上诉人霍某要求原受托人将吴芷君交其携带抚养，由其本人自行履行全部监护职责，并无违反法律规定。此外，由于本案的审理对象并非系未成年人的父母已经死亡或者没有监护能力的情况下，未成年人的祖父母、外祖父母、兄姐等对担任监护人产生的争议，故并不适用最高人民法院《民法通则意见》第14条第1款的规定对案件作裁断。由此，上诉人吴某、陈某要求驳回被上诉人霍某的一审诉求，并将吴芷君判归其两人照顾和抚养，依据不足，理由不充分，本院不予支持。上诉人吴某、陈某主张被上诉人霍某与吴国强在南非共和国已分别再婚，故应将其两人的再婚配偶追加为当事人参加诉讼。对此，本院认为，上诉人吴某、陈某在原审庭审期间明确表示被上诉人霍某与吴国强均没有给付女儿的生活费，他们一直系以吴芷君的分红款作为生活费的，且吴芷君于被上诉人霍某与吴国强出国经商期间一直在国内由其两人携带照顾，故即使本案的被上诉人霍某与吴国强在南非共和国已分别再婚，但并没有相关证据材料反映吴芷君已与他人形成了有抚养事实的继父母子女关系，故原审未予追加AH WHY JOHN等参与诉讼并无不当，本院予以维持。

据此，依照《民事诉讼法》第153条第1款第1项的规定，判决如下：

驳回上诉，维持原判。

二审案件受理费50元，由上诉人吴某、陈某负担。

案由与焦点

1. 案由

本案的一级案由为“婚姻家庭、继承纠纷”，二级案由为“婚姻家庭纠纷”，三级案由为“抚养纠纷”，四级案由为“变更抚养关系纠纷”。

父母或者有负担能力的祖父母、外祖父母对未成年的子女、孙子女、外孙子女有抚养的义务，因抚养主体的确定、变更及抚养费的请求、给付、变更等引发的纠纷为抚养纠纷。在“抚养纠纷”三级案由下，包括以下两个四级案由：(1) 抚养费纠纷；(2) 变更抚养关系纠纷。因变更抚养关系而引发的纠纷为变更抚养关系纠纷。

2. 焦点

本案争议的焦点，在表面看来在于未成年人的父母一方死亡，另一方与死亡一方父母的监护顺序问题，但究其更深层次的争议本质，却在于委托监护是否意味着放弃抚养权。

评注与问题

1. 父母委托他人代为履行部分或全部监护职责，是否意味着放弃抚养权

根据《民法通则》第16条规定：未成年人的父母是未成年人的监护人。未成年人的父母已经死亡或者没有监护能力的，由下列人员中有监护能力的人担任监护人：(1) 祖父母、外祖父母……依此规定，在未成年人的父母一方死亡，另一方具有监护能力的，其监护顺序应在祖父母、外祖父母之前。最高人民法院《民法通则意见》第22条规定：“监护人可以将监护职责部分或者全部委托给他人。”这就意味着法律是承认委托监护的。实践中，父母由于客观原因，

如出国、被判刑入狱改造等，不能亲自履行监护职责的，允许父母委托他人代为履行部分或全部监护职责，但真正的监护人还是父母，父母仍是法定监护人。依照《婚姻法》第 21 条、第 23 条的规定，父母对未成年子女的抚养、教育、保护等权利、义务，因父母子女间的身份关系的发生而自然发生，子女一经出生，父母便当然地具有对未成年子女的抚养、教育、保护等权利、义务，该义务是法定义务、强制性义务，不能抛弃、转让，即使有这样的行为，也应认定为无效。父母委托他人代为履行部分或全部监护职责，并不意味着放弃抚养权。本案中，正如二审判决所指出的，霍某与丈夫吴国强由于需先后到南非共和国经商，故将吴芷君留在国内由其祖父母即吴某、陈某携带照顾，而吴某、陈某对此一直未提出异议，此应视为相关当事人之间就吴芷君的委托监护问题达成了合意。但由于法定的监护责任自始未产生移转，故现作为吴芷君生母的霍某要求原受托人即祖父母吴某、陈某将吴芷君交其携带抚养，由其本人自行履行全部监护职责，并无违反法律规定。

2. 在确定对未成年人监护职责的履行方式时，是否考虑该未成年人的意见

未成年人的监护人履行监护职责的方式有两种：其一是亲自履行监护职责，表现为与未成年人在一起共同生活，亲自照顾其饮食起居；其二是委托他人代为履行部分或全部监护职责。监护人确定履行监护职责的具体方式，可根据其工作、生活、环境等多方面因素确定。实践中，未成年人的个人意见并不是监护人确定监护职责履行方式的决定或制约因素。但法院在指定监护人时，若被监护人有识别能力的，是否应征求被监护人的意见，请结合本案加以分析。

3. 祖父母、外祖父母在何种情况下享有优先抚养权

祖父母、外祖父母是孙子女、外孙子女的直系血亲，依婚姻法的规定，在一定条件下，祖父母、外祖父母对孙子女、外孙子女有法定的抚养义务。如果未成年人的父母未死亡或未丧失抚养能力，父母有当然的抚养权，祖父母、外祖父母亦无优先抚养权。试分析，配偶一方死亡，另一方送养未成年子女的，死亡一方的父母是否有优先抚养的权利呢？换言之，本案中假设吴国强死亡后，霍某要求送养两个女儿，吴国强的父母吴某、陈某是否享有优先抚养的权利呢？再假设本案是原告霍某与丈夫吴国强离婚，在确定两个女儿的直接抚养方时，如果霍某与丈夫吴国强抚养子女的条件基本相同，双方均要求子女与其共同生活，那么两个女儿由哪一方直接抚养为宜呢？

4. 继父母子女关系的形成条件有哪些

《婚姻法》第 27 条第 2 款规定："继父或继母和受其抚养教育的继子女间的权利和义务，适用本法对父母子女关系的有关规定。"据此，形成抚养关系的继父母与继子女间有法律规定的父母子女间的权利、义务。从审判实践来看，形成抚养关系的条件有：(1) 生父（母）与继母（父）再婚时，继子女未成年，随生父母与继父或继母共同生活，继父或继母对其承担了生活教育费的一部分或全部。(2) 继子女的生活教育费由生父或生母供给，但与继父或继母长期共同生活，继父或继母对继子女进行了生活上的照料和教育。(3) 成年继子女在事实上对继父母进行了长期赡养。本案中，上诉人吴某、陈某认为："霍某于 2002 年 10 月 24 日就已经和南非共和国国籍的 AH WHY JOHN 办理了结婚登记，而吴国强在 2003 年 5 月 22 日也已和 CHARIN PHUMBUA 结婚。两人分别再婚之后，两个孩子由吴国强交给了两上诉人抚养，霍某没有再尽过抚养义务。吴国强虽已过世，但两个孩子还有继母，就是 CHARIN PHUMBUA，两个孩子的第一顺序监护人应当是她。"但两个孩子在生父母霍某、吴国强再婚后，既没有跟随生母霍某及其再婚丈夫 AH WHY JOHN 共同生活，也没有跟随生父及其再婚妻子 CHARIN PHUMBUA 共同生活，而是一直跟随祖父母吴某、陈某生活，霍某的再婚丈夫 AH WHY JOHN、吴国强的再婚妻子 CHARIN PHUMBUA 都没有对两个孩子进行抚养教育，故两个孩子与霍某的再婚丈夫 AH WHY JOHN、吴国强的再婚妻子 CHARIN PHUMBUA 均没

形成抚养教育关系。所以，上诉人吴某、陈某认为两个孩子的第一顺序监护人应当是 CHARIN PHUMBUA，缺乏法律依据。

5. 祖父母、外祖父母在什么条件下有抚养孙子女、外孙子女的义务

《婚姻法》第 28 条规定："有负担能力的祖父母、外祖父母，对于父母已经死亡或父母无力抚养的未成年孙子女、外孙子女，有抚养的义务。"依此规定，祖父母、外祖父母抚养孙子女、外孙子女的条件有以下三个：(1) 孙子女、外孙子女的父母死亡或无力抚养。对此条件的理解应注意，"父母已经死亡或无力抚养"有两种情况：第一是指父母双亡；第二是指父或母一方死亡，而另一方丧失抚养能力。如果父或母一方死亡，而另一方又未丧失抚养能力，那么祖父母、外祖父母就没有抚养孙子女、外孙子女的法定义务。(2) 孙子女、外孙子女是未成年人。(3) 祖父母、外祖父母有负担能力。本案中，虽然孩子的生父吴国强死亡，但霍某是吴芷君及吴季茹的母亲，其身体健康，且有稳定的经济收入，并未丧失抚养能力，所以作为孩子祖父母的吴某、陈某对其没有法定抚养义务。换言之，吴某、陈某对两个孙女没有抚养权。现霍某要求吴某、陈某将女儿吴芷君、吴季茹交由自己抚养照顾并非变更抚养权。因此，一审法院的判决即"被告吴某、陈某应于判决发生法律效力之日起 3 日内将吴芷君及吴季茹交还原告霍某携带抚养"及二审法院"维持原判"的判决并无不当。

（评注人：张迎秀）

90. 扶养纠纷

司法案例

马桂兰诉魏世中案

河南省焦作市中级人民法院（2010）焦民一终字第110号

基本案情

上诉人（原审被告）：魏世中（男）。

被上诉人（原审原告）：马桂兰（女）。

上诉人魏世中为与被上诉人马桂兰扶养纠纷一案，不服武陟县人民法院（2009）武民初字第632号民事判决，向本院提起上诉。本院于2009年12月31日受理本案后，依法组成由审判员史文辉任审判长、审判员柳涛和张卫芳参加评议的合议庭公开开庭审理了本案，书记员靳艳担任记录。上诉人魏世中及其委托代理人刘兴，被上诉人马桂兰及其委托代理人马桂梅到庭参加了诉讼。经过阅卷和调查，询问当事人，本案现已审理终结。

经审理查明：魏世中在前妻去世后，于1993年7月与马桂兰同居生活。双方均系再婚，婚前马桂兰生育有两个子女、魏世中生育有4个子女，双方子女均已成年。2008年12月27日，马桂兰在河南省人民医院看病就诊时，被诊断出骨髓增生异常综合征。马桂兰因此在河南省人民医院、詹店卫生院住院治疗，共花去医疗费29 699.13元。扣除马桂兰参加合作医疗报销的8 856.90元，实际支出医疗费20 842.23元。由于马桂兰、魏世中为生活琐事发生矛盾，马桂兰认为其住院期间魏世中拒不支付医疗费，而是马桂兰的妹妹及其他亲人替其支付了医疗费，马桂兰因此离家出走，之后一直与魏世中分居生活。另查明，马桂兰的妹妹马桂梅支付了马桂兰在詹店卫生院住院期间的17 498元医疗费。

一审诉辩主张

马桂兰诉称：马桂兰与魏世中于1993年7月开始同居生活，2008年12月27日马桂兰在河南省人民医院看病就诊时，被诊断出骨髓增生异常综合征，马桂兰因此在河南省人民医院、詹店卫生院住院治疗，实际支出医疗费20 842.23元。魏世中在原告住院期间拒不支付原告的医疗费，请求人民法院支持马桂兰的诉讼请求，判决魏世中履行夫妻扶养义务，并支付医疗费

10 000元。

魏世中辩称：马桂兰与魏世中同居时没有办理结婚登记，不存在婚姻关系。魏世中身患多种疾病，经济困难。马桂兰住院期间的医疗费全部是由魏世中支付的，魏世中已尽到了相应义务。

一审举证及质证、认证情况

马桂兰向本院提交了下列证据：（1）2009 年 4 月 24 日詹店镇郭庵村村委会证明 1 份、2009 年 5 月 22 日乔庙乡马村村委会证明 1 份，以证明双方系事实婚姻关系；（2）户口本；（3）马要洲、马卫东、马永庆的书面证言，证明马桂兰、魏世中系合法夫妻关系；（4）2009 年 5 月 2 日詹店镇郭庵村村委会证明，证明马桂兰就医疗费与魏世中发生争执，经村委会调解无效，魏世中未尽到扶养义务；（5）河南省人民医院病历、詹店镇卫生院病历；（6）医疗费票据 4 张、詹店镇卫生院及其工作人员共同出具的证明，以证明马桂兰花费了 29 838.13 元医疗费；（7）农村合作医疗证，农村合作医疗报销 5 517 元，以证明马桂兰所患是再生障碍性贫血，失去劳动能力，需要有人扶养。

魏世中向本院提交了下列证据：（1）2009 年 6 月 25 日詹店镇郭庵村村委会证明、程贵侠的书面证言、魏彩珍的书面证言以及程家宝、程家海、程家江的书面证言，证明马桂兰、魏世中不存在婚姻关系，也证明郭庵村村委会给马桂兰出具证明系伪证。（2）郭庵村村委会成员、大队会计、村委会持章人穆堂园对马桂兰提供证据的复印件批复 1 份，证明郭庵村村委会给马桂兰出具的证明系马桂兰妹妹口述，不是村委真实意思表示，村委会未对此事进行过调查。（3）马桂兰、魏世中媒人魏海旺、魏永昌的证明 1 份，证明双方同居时间是 1994 年秋。（4）程家江、程家宝、程家海、洪淮、李勉国共同出具证明 1 份，张守相的证明 1 份，证明马桂兰、魏世中同居时间是 1994 年秋。（5）詹店镇卫生院出具的医疗费用证明，证明马桂兰在詹店镇卫生院住院期间医疗费 1 221.99 元，是魏世中支付的。（6）河南省人民医院住院病人费用清单及河南省人民医院出具的证明各 1 份，证明马桂兰在河南省人民医院住院期间的医疗费是魏世中支付的。（7）河南省人民医院原告主治医师王同宝出具的证明 1 份，证明马桂兰住院期间魏世中陪护。（8）2009 年 7 月 28 日詹店镇卫生院诊断证明 1 份，证明魏世中现正在患病，不能从事重体力劳动。（9）鲁东方证明 1 份，证明魏世中在证人处购药治病情况。（10）产品质量跟踪卡 5 张，证明魏世中现正在治病。（11）2009 年 7 月 18 日郭庵村村委会证明，证明魏世中家庭生活困难，身患重病，债台高筑。（12）2009 年 5 月 18 日郭庵村村委会证明 1 份，证明魏世中本人仅以两亩薄地为生，经济能力有限。（13）国家开发银行国家助学贷款借款合同 2 份、国家开发银行河南省分行国家助学贷款借款凭证 2 份，以证明魏世中女儿魏小敏因家庭贫困在银行借款维持其学业。（14）户口本，证明马桂兰有一子一女，均已成年，其子女应对原告尽赡养义务，证明马桂兰有赡养人，赡养义务优于扶养义务。（15）证人魏小敏、魏小盼的出庭证词，证明马桂兰住院期间，魏世中一直在医院陪护，也证明马桂兰的医疗费是魏世中支付的，也证明双方是 1994 年秋开始同居生活的。

经庭审质证，魏世中对马桂兰所举证据提出如下质证意见：（1）2009 年 4 月 24 日詹店镇郭庵村村委会证明是马桂兰的陈述，是村委会在没有任何依据情况下出具的，不能代表村委会意思，村委会已经否认该证明的效力，魏世中有推翻此证明的证据，该证据系无效证明，系伪证。（2）2009 年 5 月 22 日乔庙乡马村村委会证明系伪证，村委会不能证明双方是否结婚，该证明上没有写明双方同居的时间，不可能知马桂兰、魏世中同居的时间，不予认可，是伪证，不能作为定案依据。（3）户口本在打印方面没有合法的婚姻状况依据，仅根据日常生活或个人手法填写，不能证明马桂兰、魏世中是否有婚姻关系。(4) 2009年5月2日詹店镇郭庵村村委会证明系伪证，魏世中不知调解这回事。(5) 从病历可以看出，魏世中尽了扶养义务，病历上的联系人、陪护人、手术签字人均是魏世中。(6) 马桂兰看病时有些药物是根本不需要的，合作医疗报销了8 896元，马桂兰已全部取走。

经庭审质证，马桂兰对魏世中所举证据提出如下质证意见：(1) 2009年6月25日詹店镇郭庵村村委会证明形式要件不合法，没有村委会负责人签字属实，不排除是用空白章书写的，该证据不真实，不能作为支持被告反驳意见的理由。(2) 对郭庵村村委会成员、大队会计、村委会持章人穆堂园对马桂兰提供证据的复印件批复有异议，魏世中没有证据证明是谁书写的，不能否定马桂兰提交郭庵村村委会的真实性。(3) 按证据规则规定，证人应出庭接受当事人询问，以确认证言的真实性，是否系证人本人出具，也不能证明是证人真实意思表示，该证人是否存在，不属有效证据，不能支持魏世中的抗辩理由。(4) 证人张守相可能是魏世中姐夫，与魏世中存在利害关系，证人应出庭作证接受当事人质询，魏世中未提供其他证据佐证，不能支持魏世中的抗辩理由。(5) 詹店镇卫生院出具的医疗费用证明形式要件不合法，落款是詹店镇卫生院，不应加盖卫生院财务专用章，没有詹店镇卫生院院长及出具人签字属实，不能证明证据来源合法，去医院交费没有记录，是有人指导下出具的伪证。(6) 河南省人民医院马桂兰主治医师王同宝出具证明是在河南省人民医院诊断证明书上书写的，证人应出庭作证，医师签名看不清，不能证明魏世中的抗辩理由。(7) 2009年7月28日詹店镇卫生院诊断证明由于魏世中未提供病历档案证明其有病的情况，不能证明魏世中现身患有病。(8) 鲁东方证明没有证明人基本情况，证人未出庭作证，不能支持魏世中的抗辩理由。(9) 产品质量跟踪卡上没有魏世中基本情况，无住址和身份证号，与本案无因果关系，与本案无关联性。(10) 2009年7月18日郭庵村村委会证明形式要件不合法，没有村委会负责人签字属实，来源是否合法无法认定，是先盖章后书写内容。(11) 2009年5月18日郭庵村村委会证明与马桂兰所诉扶养纠纷无因果关系，不能支持魏世中的抗辩理由，与本案无关。(12) 国家开发银行国家助学贷款借款合同和国家开发银行河南省分行国家助学贷款借款凭证并没有有关出具单位红色印章来印证借款合同的真实性，被告提供复印件无原件佐证，不能证明其抗辩理由；借款凭证上的借款人魏小敏与本案存在利害关系。(13) 对户口本的真实性无异议，但对魏世中证明指向有异议，魏世中所述赡养义务优于扶养义务，只是其一面之词。(14) 证人魏小敏、魏小盼与魏世中系父女关系，魏世中代理人的询问不是证人真实的意思表示，马桂兰住院期间，两位证人均不在家，魏世中是否照顾马桂兰，是否拿有医疗费，证人均不知道。

一审判决

武陟县人民法院经审理认为：马桂兰、魏世中同居生活的时间是1993年7月，郭庵村村委会、马村村委会的证明可以佐证双方同居的时间和共同生活的情况。根据上述事实可以认定马桂兰、魏世中之间形成了事实婚姻关系。根据《婚姻法》的规定，夫妻之间有互相扶助的义务。马桂兰现在身患重病，已无劳动能力，生活上需要魏世中的关心和照顾。魏世中认为与马桂兰不存在婚姻关系，以其本人身患多种疾病，经济困难为由拒不履行扶助义务，其理由不足，本院不予支持。至于马桂兰主张的医疗费，无论由谁支付，都是双方应尽的付款义务。至于马桂兰的亲人朋友为其支付的医疗费，只是马桂兰的借款，是夫妻共同债务，债权人可另案起诉主张债权。故马桂兰向魏世中主张扶养费即医疗费的请求，本院不予支持。依据《婚姻法》第20条、《民事诉讼法》第64条之规定，经本院审判委员会研究决定，判决如下：

一、魏世中继续履行对马桂兰的扶养义务；

二、驳回马桂兰的其他诉讼请求。

诉讼费500元，由原告马桂兰承担350元，由被告魏世中承担150元，魏世中承担部分马桂兰已垫付，在执行时一并结算。

二审诉辩主张

被告魏世中不服，上诉称：根据上诉人魏世中原审提供的证据，魏世中与被上诉人马桂兰从1994年秋开始同居。原判认定双方于1993年7月开始同居证据不足。事实是被上诉人马桂兰在没有离婚的情况下与上诉人于1994年秋开始同居，魏世中与马桂兰不是事实婚姻关系，而是非法同居关系。另马桂兰在詹店卫生院治疗的全部医疗费也系由上诉人魏世中承担。现上诉人魏世中因给马桂兰看病已经负债累累，重病在身，已无能力扶养他人。综上，请求二审撤销原判，驳回马桂兰的诉讼请求。

被上诉人马桂兰未答辩。

二审中，针对争议的焦点，魏世中申请证人魏新中、魏彩莲出庭作证，二人均证明其借款给魏世中，由魏世中交了马桂兰的医疗费，并听说马桂兰与魏世中一块生活时与前夫并未办理离婚手续。经质证，被上诉人认为二证人的证言是虚假的。另上诉人魏世中还提供了程贵侠、魏彩珍、程家宝、程家海、程家江及郭庵村村委会的书面证言，以证明村委会不知双方的同居时间和1993年上诉人不可能与马桂兰开始同居生活。

二审判决

河南省焦作市中级人民法院经审理认为：根据魏世中、马桂兰在一、二审中提供的证据，关于魏世中与马桂兰开始同居生活的时间的确认，由于魏世中、马桂兰未办理结婚登记手续，故马桂兰、魏世中均是在庭审中提供证人证言或其他书面证言证明自己主张。依据最高人民法院《民事诉讼证据规定》第73条的规定，即“双方当事人对同一事实分别举出相反的证据，但都没有足够的依据否定对方证据的，人民法院应当结合案件情况，判断一方提供证据的证明力是否明显大于另一方提供证据的证明力，并对证明力较大的证据予以确认。因证据的证明力无法判断导致争议事实难以认定的，人民法院应当依据举证责任分配的规则作出裁判”。本案中，马桂兰与魏世中均提供了相关证据证明自己的主张，而未能举证出否定对方证据的有效证据，因此依据举证责任的分配原则，原判认定魏世中与马桂兰于1993年7月开始同居并无不当。

依据有效证据，本院审理查明的事实，除魏世中对詹店卫生院的治疗费用认为由其支付外，其他事实与原审法院认定的事实相同。

本院认为，至马桂兰向法院提起诉讼之日，马桂兰与魏世中生活已达十多年之久，其间，魏世中还将马桂兰所带子女抚养长大。因此，原判认定魏世中与马桂兰之间系事实婚姻关系并无不当。魏世中称马桂兰与其前夫未离婚，应提供证据证实。根据《婚姻法》的规定，夫妻之间有相互扶养的义务。故原判魏世中对马桂兰履行扶养义务符合法律规定。魏世中认为其与马桂兰之间系同居关系的理由，本院不予支持。魏世中上诉称其因给马桂兰看病已经负债累累，重病在身，已无能力抚养他人，但马桂兰现亦需他人照顾，因此，魏世中与马桂兰之间更应相互关心，相互照顾，特别是其子女亦应积极履行对父母的赡养义务，使其能够老有所养。依据

《民事诉讼法》第153条第1款第1项的规定，判决如下：

驳回上诉，维持原判。

二审诉讼费500元，其他费用30元，由魏世中承担。

本判决为终审判决。

案由与焦点

1. 案由

本案的一级案由为“婚姻家庭、继承纠纷”，二级案由为“婚姻家庭纠纷”，三级案由为“扶养纠纷”，四级案由为“扶养费纠纷”。

夫妻相互之间以及有扶养能力的兄弟姐妹之间具有法定的扶养义务，他们之间不履行以及不适当履行扶养义务发生的纠纷为扶养纠纷。在“扶养纠纷”三级案由下，包括两个四级案由：(1) 扶养费纠纷；(2) 扶养关系变更纠纷。扶养费纠纷是指负有扶养义务的人不履行或者不适当履行扶养义务而与被扶养人之间发生的纠纷。

2. 焦点

本案争议的焦点在于魏世中是否应对马桂兰承担扶养义务问题，而解决这一问题的关键在于对未办理结婚登记的婚姻效力的认定。

评注与问题

1. 法律对事实婚姻的认定时间是如何规定的

《婚姻法》第8条规定：“要求结婚的男女双方必须亲自到婚姻登记机关进行结婚登记。符合本法规定的，予以登记，发给结婚证。取得结婚证，即确立夫妻关系。未办理结婚登记的，应当补办登记。”《婚姻法解释一》第5条规定：“未按婚姻法第八条规定办理结婚登记而以夫妻名义共同生活的男女，起诉到人民法院要求离婚的，应当区别对待：(一) 1994年2月1日民政部《婚姻登记管理条例》公布实施以前，男女双方已经符合结婚实质要件的，按事实婚姻处理；(二) 1994年2月1日民政部《婚姻登记管理条例》公布实施以后，男女双方符合结婚实质要件的，人民法院应当告知其在案件受理前补办结婚登记；未补办结婚登记的，按解除同居关系处理。”

从上述规定可以看出，对未办理结婚登记行为性质的认定以1994年2月1日为分界点。如果男女双方于1994年2月1日以前同居，并且至1994年2月1日男女双方已经符合结婚实质要件的，认定为事实婚姻，产生婚姻的效力。如果男女双方于1994年2月1日以后同居，且没有补办结婚登记的，应认定为同居关系，不产生婚姻的效力。本案中，一、二审法院均认定魏世中与马桂兰于1993年7月开始同居，所以，魏世中与马桂兰虽然未办理结婚登记，他们的关系应是事实婚姻，双方的关系适用法律关于夫妻关系的规定，相互之间有互相扶养的义务。试分析，如果男女双方于1994年2月1日以前同居，并且至1994年2月1日不符合结婚实质要件，该行为应如何认定？

2. 当需要扶养的人既有扶养义务人（配偶）又有赡养义务人（子女）时，如何确定扶养义务人的先后顺序

关于扶养义务人的顺序，从各个国家的情况来看，在立法上主要有三种情况；一是采用概

括主义方式，即对扶养义务人只作原则性的规定，具体扶养顺序由当事人协议，协议不成时，可由法院裁决。如《日本民法典》第878条规定："负扶养义务者不能协议时，关于应实行扶养者的顺序，如当事人之间协议不成或不能协议时，由家庭法院确定。"二是采取列举主义方式，即对扶养义务人的顺序加以明确具体的规定。如《德国民法典》规定的扶养义务人的顺序为：(1) 配偶；(2) 直系血亲卑亲属；(3) 直系血亲尊亲属；(4) 近亲先于远亲承担义务；(5) 同亲等的扶养义务人有数人时，依收入和财产状况分担义务。我国台湾地区"民法"规定，扶养义务人有数人时其扶养顺序为：(1) 直系血亲卑亲属；(2) 直系血亲尊亲属；(3) 家长；(4) 兄弟姐妹；(5) 家属；(6) 子妇、女婿；(7) 夫妻之父母。同系直系尊亲属或直系卑亲属以亲等近者为先。负扶养义务有数人，而其亲等相同时，应各以其经济能力分担义务。三是法律无明文规定，但在确定扶养义务人时限定一些条件。如《俄罗斯联邦家庭法典》第98条规定：如果数人同时有义务扶养请求扶养的家庭成员，法院应根据他们的物质和家庭状况，确定每人应负担的给付扶养费的义务。

在我国，根据现行法规定的精神，确定扶养义务人的顺序应采取以下办法：首先由配偶、父母、子女承担扶养义务；当这些扶养人无扶养能力时，才由祖父母、外祖父母、孙子女、外孙子女、成年兄弟姐妹承担扶养义务。当扶养义务人有多个且均具有扶养能力时，往往由配偶、父母、子女共同承担。而当被扶养人的配偶、父母、子女无扶养能力，且其祖父母、外祖父母、孙子女、外孙子女、成年兄弟姐妹具有扶养能力时，可由他们共同承担扶养义务。本案中，魏世中主张，马桂兰有一子一女，均已成年，子女应对其尽赡养义务，赡养义务优于扶养义务。试分析，这种主张是否符合我国现行法律的立法精神？

3. 当扶养权利人有数人时，如何确定扶养权利人的先后顺序

关于扶养权利人的顺序，从各个国家的情况来看，在立法上规定主要有三种：一是采用概括主义方式，如《日本民法典》第878条规定：受扶养的权利者有数人，而扶养义务人的资力不足以扶养其全体时，关于应受扶养的顺序应采用由当事人协议的办法解决，协议不成或不能协议时，由家庭法院确定。二是采取列举主义方式，如《保加利亚人民共和国家庭法典》第81条规定，有数人需要扶养时，依下列顺序确定：(1) 子女、配偶或前配偶；(2) 父母；(3) 孙子女、外孙子女、曾孙子女、曾外孙子女；(4) 兄弟姐妹；(5) 祖父母、外祖父母和曾祖父母、曾外祖父母。三是法律无明文规定，如《罗马尼亚家庭法典》第92条规定：义务人没有能力向全体权利人提供扶养费时，法院可以根据需要，决定向其中一人提供扶养费或将扶养费在数个或全体权利人中进行分配。在我国，现行婚姻法对扶养权利人顺序的处理无明确规定。试分析，未来我国立法应如何确定扶养权利人的先后顺序？

4. 一方治疗疾病所负债务如何偿还

《婚姻法》第41条规定："离婚时，原为夫妻共同生活所负的债务，应当共同偿还。"为夫妻共同生活所负的债务，包括以下几种：(1) 因购置生活用品、修建或购置住房所负的债务；(2) 履行抚养教育和赡养义务、一方或双方治疗疾病所负的债务；(3) 从事双方共同的文化教育、文娱体育活动所负的债务；(4) 其他发生在日常生活中的应由双方共同负担的债务。本案中，马桂兰的妹妹马桂梅支付了马桂兰在詹店卫生院住院期间的17 498元医疗费，此费用是马桂兰用于治疗疾病所负的债务，应当是魏世中和马桂兰的共同债务，法院作出"至于马桂兰的亲人朋友为其支付的医疗费，只是马桂兰的借款，是夫妻共同债务。债权人可另案起诉主张债权"的判决，无疑是正确的。

（评注人：张迎秀）

91. 赡养纠纷

司法案例

叶花让诉雷中贤等案

河南省郏县人民法院（2011）郏民初字第9号

基本案情

原告：叶花让。

被告：雷中贤，系原告长子。

被告：雷现中，系原告次子。

原告叶花让诉被告雷中贤、雷现中赡养纠纷一案，2010年10月15日本院受理后，依法由审判员陈丽丽独任审判，书记员朱彦军担任记录，于2010年10月28日公开开庭进行了审理。原告叶花让，被告雷中贤、雷现中到庭参加了诉讼。本案现已审理终结。

经审理查明：原告叶花让共生育6个子女，长子雷中贤、次子雷现中、三子雷中现、长女雷耐、次女雷新、三女雷锋；长女雷耐1988年去世，三子雷中现1990年去世，其他子女均已成家。雷耐的两个女儿雷伟敏、雷伟红，雷中现的儿子雷超飞均由原告及雷中贤抚养成人。原告丈夫雷世贵于1971年去世。原告叶花让现年已81岁，生病后落下后遗症，生活不能自理。村民小组给原告叶花让分有一份责任田，现由长子雷中贤耕种，原告叶花让每月享有60元低保金，无其他经济来源。原告叶花让平时跟随其长子雷中贤生活，日常饮食起居均由长子雷中贤照顾。1989年因赡养及其他问题，原告叶花让曾将次子雷现中诉至法院，经法院调解达成协议，（1989）郏法民字第109号调解书第2项规定：雷现中每月给原告叶花让生活补助费5元（自1989年9月1日起执行）。次子雷现中曾经给过原告叶花让部分现金，也买过东西，但实际上未按调解书履行全部义务。其他子女、孙子、外孙女均在不同程度上对原告尽了一定的义务。2010年10月15日原告叶花让诉至法院，请求二被告尽赡养义务。

诉辩主张

原告诉称：原告是年过八旬的老人，共有6个子女，已过世两个，现仍有两个儿子、两个女儿。三女儿雷锋赡养原告几年了，现也没有能力管原告了；二女儿雷新因离婚，管了原告1

个月，现也没法管了；两个儿子对原告不管不问，一分钱也不给原告；次子雷现中夫妻二人还经常骂原告，村干部多次规劝他们，他们也不听。原告现在生活不能自理，恳请法院依法判令：(1) 二被告每人每月支付原告生活费300元并负责日常护理和饮食；(2) 二被告承担原告住院的花费；(3) 原告的责任田可以由两个被告分别耕种，同时原告要求让二被告轮流给其端饭，一轮一个月；(4) 诉讼费由被告承担。

原告提交了如下证据：(1) 原告的身份证，以此证明原告现年已81岁，已无劳动能力。(2) 村委会出具的原告生活困难，日常生活均由长子照顾的证明1份。

被告雷中贤辩称：原告是我母亲。怎么赡养都行。

被告雷现中辩称：分家时原告没分给被告东西，被告妻子坐月子期间原告也没有照顾，原告也不曾为被告看护孩子。原告还多次诬陷被告，说被告打她、骂她、骂村干部，还说被告假结扎、违反计划生育，这些被告都接受不了。赡养原告应当，但原告还抚养了两个外孙女、一个孙子，他们也有义务赡养原告。

法院判决

河南省郏县人民法院经审理认为：子女对父母有赡养扶助的义务，子女不履行赡养义务时，无劳动能力的或生活困难的父母，有要求子女付给赡养费的权利。现原告年事已高，丧失劳动能力，无经济来源且生活不能自理，要求被告给付生活费，符合有关法律规定，应予以支持。但原告每月还有60元的低保金，要求每月300元过高，应以每月50元为宜。因原告已无劳动能力，要求责任田让二被告分种，符合法律规定，二被告应付给原告相应的口粮，以每人每年付125千克为宜。由于原告的责任田现由雷中贤耕种，原告又跟随雷中贤生活，故原告2010年、2011年的口粮由雷中贤支付，麦收后可把原告责任田的二分之一交给雷现中耕收。鉴于原告与被告雷现中之间关系不够融洽，雷现中又不同意轮流给原告端饭，让雷现中直接对原告进行日常护理欠妥，应折合为护理费由二被告按份承担一部分为宜，每月支付护理费100元，较为符合情理。因原告在其长女、三子去世后，抚养了他们的子女，现这几个孙子女已成人，且独立生活，根据法律规定，有负担能力的孙子女、外孙子女，对于子女已经死亡或子女无力赡养的祖父母、外祖父母，有赡养的义务。因此，原告抚养的孙子、外孙女也应对原告尽赡养义务，对雷现中该辩称意见予以采纳。原告虽未起诉其他子女和其抚养的孙子、外孙女，但应保留他们的赡养份额。故原告今后因病所支付的医疗费用，仍应按6份分担。依照《婚姻法》第21条、第28条之规定，判决如下：

一、被告雷中贤、雷现中每人每月付给原告叶花让生活费50元、护理费100元。从2010年11月1日起执行，判决生效后付2010年的费用，今后每年1月1日前、4月1日前、7月1日前、10月1日前支付当季度的生活费、护理费。

二、原告叶花让的责任田从2011年麦收后由被告雷中贤、雷现中各耕收二分之一，2010年、2011年的口粮由雷中贤负责给付，今后二被告每人每年7月1日前付给原告叶花让小麦125千克。

三、今后原告叶花让生病花费由被告雷中贤、雷现中按医院正规收费发票各承担六分之一。

案件受理费100元，由被告雷中贤、雷现中各负担50元。

如不服本判决，可在判决书送达之日起15日内向本院递交上诉状，并按对方当事人的人数提出副本，上诉于河南省平顶山市中级人民法院。

案由与焦点

1. 案由

本案的一级案由为“婚姻家庭、继承纠纷”，二级案由为“婚姻家庭纠纷”，三级案由为“赡养纠纷”。四级案由为“赡养费纠纷”。

子女对父母，孙子女、外孙子女对祖父母、外祖父母负有赡养义务，因被赡养人请求赡养义务人履行赡养而引发的纠纷为赡养纠纷。在“赡养纠纷”三级案由下，包括两个四级案由：（1）赡养费纠纷；（2）变更赡养关系纠纷。被赡养人请求赡养人给付赡养费的纠纷为赡养费纠纷。

2. 焦点

本案争议的焦点在于子女对父母的赡养、孙子女对祖父母或外孙子女对外祖父母的赡养，是否应附有条件以及赡养的具体内容。

评注与问题

1. 父母要求子女赡养的权利在何种情况下丧失

《婚姻法》第21条中规定：“子女对父母有赡养扶助的义务。”“子女不履行赡养义务时，无劳动能力的或生活困难的父母，有要求子女付给赡养费的权利。”尽管这一规定明确了子女对父母的赡养义务，但并不是说在任何情况下，子女都要无条件地赡养父母。例如犯有故意杀害、遗弃、虐待子女罪的父母或犯有奸污女儿罪的父亲，原则上丧失要求受害子女赡养的权利。因为上述犯罪都是严重伤害父母子女感情的行为，严重地侵犯了子女的合法权益，同时也违反了权利、义务相一致的原则，让身心受过严重伤害的子女赡养致害人，无论从法理、伦理上，还是从思想感情上，都不适宜。试分析，如果仅有上述行为而未构成犯罪的，子女仍有赡养父母的义务吗？如果父母侵害了他人或其他亲属的权益，能免除子女的赡养义务吗？

父母因为生活困难或其他客观原因，对子女没有进行过抚养教育，子女独立生活后，仍应尽赡养扶助父母的义务。因为这不是父母自身的过错，与父母故意遗弃、虐待子女是性质完全不同的问题，子女不能以此为借口不尽赡养义务。换言之，在这种情形下，父母并不丧失要求子女赡养的权利。本案中，被告所辩称的“被告妻子坐月子期间原告也没有照顾，原告也不曾为被告看护孩子。原告还多次诬陷被告，说被告打她、骂她、骂村干部，还说被告假结扎、违反计划生育”，并不属于司法实践中丧失赡养请求权的情形，因而法院未认定原告丧失赡养权，是正确的。

2. 子女对父母的赡养方式如何确定

赡养方式可以是共同居住、生活在一起，进行直接赡养；也可以是分开居住，而定期提供生活费用或提供粮食等生活物品，也包括定期的体力上的扶助，精神上的尊重。随着社会文明程度的提高，人们精神上的需求必将愈来愈大，且趋向多样化。精神上的尊重和体贴对父母来说，尤为重要，是对父母一生辛劳的抚养子女成长的伦理要求，缺乏这种认识，就难以自觉地履行赡养义务，即便给点钱，让老人吃“嗟来食”、“白眼饭”，对父母冷嘲热讽，也会有害于父母的身心健康，老人也不能安度晚年。采用何种赡养方式，由各方当事人协商确定，如协商不成，由法院判决。本案中，正如一审判决指出的，鉴于原告与雷现中之间关系不够融洽，雷现中又不同意轮流给原告端饭，让雷现中直接对原告进行日常护理欠妥，应折合为护理费由二被告按份承担一部分为宜，每月支付护理费100元，较为符合情理。

3. 子女对父母的赡养程度如何确定

赡养程度即子女应给予父母赡养的水平、标准。应按照父母的实际需要、子女的经济能力、当地的生活水平3个要件相对均衡来决定。所谓需要是以正当且必要的需求为限。当然正当的赡养需要，不以衣、食费用为限，还应包括医疗费、护理费。子女对父母的赡养程度，如果只有1个子女，应当是与自己维持同一生活水平，如果有多个子女且生活水平不同的，应维持到子女中的中等生活水平。本案中，正如人民法院所指出的，“原告每月还有60元的低保金，要求被告付赡养费每月300元过高，应以每月50元为宜。因原告已无劳动能力，要求责任田让二被告分种，符合法律规定，二被告应付给原告相应的口粮，以每人每年付125千克为宜。由于原告的责任田现由雷中贤耕种，原告又跟随雷中贤生活，故原告2010年、2011年的口粮由雷中贤支付，麦收后可把原告责任田的二分之一交给雷现中耕收”。法院的上述意见，充分考虑了父母的实际需要、子女的经济能力、当地的生活水平，是对3个要件充分均衡后确定的，无疑有利于原告的晚年生活。

4. 赡养父母能否以“分家析产”、“继承遗产”为前提

子女对父母履行赡养扶助义务是法律规定的，只要子女有赡养能力，就要无条件赡养，子女不能以分家作为赡养父母的条件。父母有财产要赡养，没有财产也要赡养；分过家的要赡养，没分过家的也要赡养；分家公平的要赡养，分家不公平的也要赡养。子女不能以分家作为赡养父母的条件。本案中，法院没有支持被告“分家没分给我东西”的理由是正确的。

在实践中，还有的子女主张以“继承遗产”作为赡养父母的条件。如实践曾出现过下面的调解书：“原告某某由被告某某负责赡养，原告去世后，其所有遗产由被告继承。”试分析，“先继承遗产后赡养父母”的主张于法有据吗？赡养人能以放弃继承权为理由而拒绝履行赡养义务吗？

5. “子女已经死亡”的含义如何把握

《婚姻法》第28条规定：“……有负担能力的孙子女、外孙子女，对于子女已经死亡或子女无力赡养的祖父母、外祖父母，有赡养的义务。”这里的“子女已经死亡”可以有两种理解：第一种理解是祖父母、外祖父母的子女中一人或几人死亡。如果按照这种理解，祖父母、外祖父母的子女中一人或几人死亡，那么就由死亡子女的子女对其承担赡养义务，这也就是所谓的“代位赡养”。第二种理解是祖父母、外祖父母的子女全部死亡。在被赡养人有多个子女的情况下，其中某一个子女死亡时，应由生存的其他子女承担赡养义务，在被赡养人还有其他生存子女时，孙子女、外孙子女不承担赡养义务。如果按照这种理解，祖父母、外祖父母不管有几个子女，必须全部死亡，才能由有负担能力的孙子女、外孙子女对其承担赡养义务。祖父母、外祖父母只要有一个生存的子女，就由生存的子女负赡养义务，其孙子女、外孙子女不承担赡养义务。按照《婚姻法》的规定，子女对父母的赡养义务在一般情况下是无条件的，而孙子女、外孙子女对祖父母、外祖父母承担赡养义务是有条件的，其条件之一是“子女已经死亡”，既然子女对父母的赡养义务是无条件的，其赡养义务的位序就应排列在前。因此，这里的“子女已经死亡”就应当理解为“全部子女都已经死亡”。也就是说，只有全部子女都已经死亡的祖父母、外祖父母才应由其孙子女、外孙子女负赡养义务；如果仅是其全部子女中的一人或几人死亡，而其还有其他子女生存，该祖父母、外祖父母仍应由其他生存的子女赡养，而不应由其死亡子女的子女即孙子女、外孙子女代位赡养。

本案中，法院认为：因原告在其长女、三子去世后，抚养了他们的子女，现这几个子女已成人，且独立生活，根据法律规定，有负担能力的孙子女、外孙子女，对于子女已经死亡或子

女无力赡养的祖父母、外祖父母，有赡养的义务。因此，原告抚养的孙子、外孙女也应对原告尽赡养义务。同时法院还认为，原告虽未起诉其他子女和其抚养的孙子、外孙女，但应保留他们的赡养份额。请结合本案，分析法院的这种认识是否妥当。

（评注人：张迎秀）

92. 收养关系纠纷

司法案例

曾思茂等诉曾祖安案

重庆市黔江区人民法院（2010）黔法民初字第 02317 号

基本案情

原告：曾思茂。

原告：吴平香。

被告：曾祖安。

原告曾思茂、吴平香诉被告曾祖安解除收养关系纠纷一案，本院于 2010 年 5 月 27 日受理后，依法由代理审判员李源独任审判，适用简易程序于 2010 年 6 月 23 日公开开庭进行了审理。原告曾思茂及二原告的共同委托代理人陈绍康，被告曾祖安到庭参加了诉讼。本案现已审理终结。

经审理查明：原告曾思茂、吴平香系夫妻关系，因婚后一直未生育，故于 1969 年经人介绍，将当时仅 2 岁零 8 个月的被告曾祖安（原名倪尔明）收为养子抚养成人，并为其托媒说亲操办婚事，使之成家立业。1980 年二原告在祖业的三间木瓦房旁修建木瓦结构厢房三间，其后，被告便与原告一起装修该房屋，该三间房屋现由二原告居住使用；1994 年原、被告及家人共同将原告祖业的三间木瓦房拆除新建成砖混结构一楼一底房屋三间。该三间房屋现由被告居住使用。共同生活期间，原、被告双方关系较好。直至 2004 年，双方因种种原因导致关系不和便分家各自生活。其后，双方关系进一步恶化并时常发生矛盾。2008 年 1 月 23 日，在村干部冯文政的调解下，曾思茂与曾祖安达成协议，约定由被告曾祖安负担二原告生活费 700 元/人/年，并约定于每年 10 月底一次性付清。后双方又协商将生活费变更为 1 500 元/年（2 人），以两年为依据计算一次性付清 3 000 元，以此类推至二原告亡故止，后终因被告之妻不同意而致该协议未能履行。现二原告向重庆市黔江区人民法院提起诉讼，要求解除收养关系，同时补偿二原告抚养被告期间支出的教育费、生活费。

诉辩主张

原告诉称：二原告于 1960 年结婚，因未生育，故于 1969 年经人介绍收养同乡村民简春香、倪月福的儿子曾祖安（原名倪尔明）为养子，当时被告才2岁零8个月。二原告收养被告后，对被告视同亲生儿子对待，含辛茹苦将被告抚养成人，并为被告托媒说亲操办婚事。1980年，二原告在祖业的三间木瓦房旁修建木瓦结构厢房三间，1994年，原、被告便共同将原告祖业的三间木瓦房拆除新建成砖混结构一楼一底房屋三间。共同生活期间，原、被告双方关系较好，直至2004年，双方因种种原因导致关系不和便分家各自生活。其后，双方关系进一步恶化并时常发生矛盾。2007年年底，双方发生矛盾后请村干部在场调解达成协议，约定由被告每年支付二原告生活费1 400元。协议达成后，被告至今不予支付，同时，被告及其妻还多次谩骂二原告并曾动手抓打原告。更有甚者，2010年，原告曾思茂生病在民族医院住院治疗期间，被告及其妻对此却充耳不闻，视而不见，不但不给付一分钱的医疗费，甚至连看望、护理也不履行。二原告对被告及其妻的言行实在无法容忍，故起诉至法院，要求：(1) 依法解除原、被告间的收养关系；(2) 依法分割原、被告共有房产（砖混结构一楼一底，三间），判令原告享有二分之一的产权；(3) 要求被告补偿二原告抚养被告期间的教育费、生活费共计15 000元；(4) 由被告承担本案的诉讼费用。

为证明其主张，二原告向法庭出示了以下证据材料：(1) 曾祖安对曾思茂的负担协议一份，证明原、被告间发生矛盾后在冯文政的调解下达成由被告负担原告生活费用的事实；(2) 黔江区阿蓬江镇麒麟村村民委员会的证明一份，证明原、被告间的纠纷经调解达成协议，后因曾祖安之妻不同意，该调解未能履行；(3) 对冯素珍的调查笔录一份，证明二原告收养被告的情况及共同生活期间修建房屋的情况，同时证明曾思茂在2010年生病住院期间，被告未去看望的事实。

被告辩称：二原告收养被告并将被告抚养成人是事实，但原告诉称的某些事实不属实，被告没有打骂过二原告，且村委会参与调解原、被告之间的纠纷只有一次；对原告要求解除收养关系及对共同生活期间所修建的房屋进行分割没有意见，但不同意补偿二原告抚养被告期间的教育费、生活费，也不同意承担本案的诉讼费用。

对原告提交的证据，被告质证后认为：(1) 对证据1没有异议；(2) 证据2的证明内容不完全属实，被告同意按照每年1 500元的标准支付生活费；(3) 冯素珍的证词不真实，曾思茂生病住院期间并不是被告不去看望，而是原告不要被告去看望。

被告无证据向法庭出示。

法院判决

重庆市黔江区人民法院审理认为：原告曾思茂、吴平香于1969年收养曾祖安并将曾祖安抚养成人，该收养行为发生在《中华人民共和国收养法》（以下简称《收养法》）颁布之前，故虽未经相关部门登记，但已在原、被告间形成事实上的收养关系，应受法律保护。我国婚姻法规定，国家保护合法的收养关系，养父母与养子女间的权利和义务适用父母子女关系的有关规定，二原告作为养父母已尽到责任和义务，将曾祖安养育成人，而曾祖安作为养子，从2008年起便未支付养父母的生活费用至今，且在原告曾思茂生病住院期间，既不支付医疗费用，也不去医院看望，未能尽赡养父母的义务。二原告要求解除与被告间的收养关系，被告也表示同意，本院予以确认，故对曾思茂、吴平香与曾祖安间的收养关系依法予以解除。同时，根据收养法的规定，因养子女成年后未赡养养父母而解除收养关系的，养父母可以要求养子女补偿收养期间支出的生活费和教育费，故对二原告要求被告支付收养期间所支出的教育费、生活费的请求，其合理的部分，本院予以支持；鉴于被告16岁时已参加劳动，能以自己的劳动收入养活自己，结合本地区历年来的生活水平和曾思茂家庭的实际状况，酌情考虑8 000元较为适宜。至于原告要求确认被告现居住的砖混结构一楼一底房屋三间中的二分之一的产权归其所有的问题，因该房屋涉及其他家庭成员的利益，故在本案中不宜作出处理，可另行主张。综上所述，根据《收养法》第 27 条、第 30 条第 1 款的规定，判决如下：

一、解除原告曾思茂、吴平香与被告曾祖安间的收养关系；

二、由被告曾祖安于本判决生效之日起 10 日内支付原告曾思茂、吴平香补偿费 8 000 元；

三、驳回原告曾思茂、吴平香的其他诉讼请求。

本案案件受理费 120 元，由原告曾思茂、吴平香负担。

如果未按本判决指定的期间履行给付金钱义务，应当依照《民事诉讼法》第 229 条之规定，加倍支付迟延履行期间的债务利息。

如不服本判决，可在判决书送达之日起 15 日内，向本院递交上诉状。

案由与焦点

1. 案由

本案的一级案由为“婚姻家庭、继承纠纷”，二级案由为“婚姻家庭纠纷”，三级案由为“收养关系纠纷”，四级案由为“解除收养关系纠纷”。

因收养他人子女为自己子女而引发的纠纷为收养关系纠纷。在“收养关系纠纷”三级案由下，包括两个四级案由：(1) 确认收养关系纠纷；(2) 解除收养关系纠纷。解除收养关系纠纷是指收养人与被收养人就收养关系是否解除而发生的纠纷。

2. 焦点

本案是一起因收养所引发的纠纷。由于养父母子女关系恶化，双方都希望解除收养关系，而本案双方争议的主要焦点就在于解除收养关系之后，养父母是否可以要求补偿收养期间支出的养育费。

评注与问题

1. 没有办理登记的收养是否有效

近年来，国内公民依法收养意识有所增强，收养登记数量不断增长，大量弃婴和儿童通过收养得到了妥善安置。但由于种种原因，我国目前仍然存在大量的事实收养。所谓事实收养，是指当事人符合法律规定的实质条件，但未办理法定的收养手续，便公开以养父母子女关系长期共同生活，也为群众所公认的收养行为。这样的事实收养是否产生合法有效的收养关系呢？

《收养法》第 15 条规定：“收养应当向县级以上人民政府民政部门登记。收养关系自登记之日起成立。”可见，收养必须要进行登记才具有法律效力。但该法对此前已经产生的收养关系并无追溯力。最高人民法院《关于学习、宣传、贯彻执行〈中华人民共和国收养法〉的通知》第 2 条规定：“收养法施行前发生的收养关系，收养法施行后当事人诉请确认收养关系的，审理时应适用当时的有关规定；当时没有规定的，可比照收养法处理。对于收养法施行前成立的收养关系，收养法施行后当事人诉请解除收养关系的，应适用收养法。”1984 年最高人民法院《关于贯彻执行民事政策法律若干问题的意见》第 28 条规定：“亲友、群众公认，或有关组织证明确以养父母与养子女关系长期共同生活的，虽未办理合法手续，也应按收养关系对待。”

据此可以确认，事实收养关系是否受法律保护，应从时间上予以界定。1992 年 4 月 1 日

《收养法》施行后形成的事实收养关系不受法律保护，此前的事实收养关系则受法律保护。本案中，曾思茂、吴平香夫妇与曾祖安的收养关系始于1969年，双方共同生活长达四十余年，以父子母子关系相称，并得到当地群众的公认，虽未办理收养登记手续，但已经形成事实收养关系，依法受法律保护。

2. 收养关系是否可以解除

收养制度设立的目的是完善家庭关系，使幼有所依、老有所养。因此，合法有效的收养关系受法律保护。然而，当收养关系的继续维持对收养人或者被收养人不利时，必然会涉及收养关系的解除。世界各国法律对解除收养关系的具体规定有很大的区别，有的国家如葡萄牙、阿根廷等国规定禁止解除收养关系，而大部分国家则采取"许可主义"态度，规定如出于重大事由的需要时，法院可依职权解除收养关系。

《收养法》第26条规定："收养人在被收养人成年以前，不得解除收养关系，但收养人、送养人双方协议解除的除外，养子女年满十周岁以上的，应当征得本人同意。收养人不履行抚养义务，有虐待、遗弃等侵害未成年养子女合法权益行为的，送养人有权要求解除养父母与养子女间的收养关系。送养人、收养人不能达成解除收养关系协议的，可以向人民法院起诉。"第27条规定："养父母与成年养子女关系恶化、无法共同生活的，可以协议解除收养关系。不能达成协议的，可以向人民法院起诉。"据此，我国收养关系当事人可以依协议解除收养关系，也可以通过法院经审判解除收养关系。因此，我国法律在关于收养关系解除的问题上采取的是许可主义。本案中，曾思茂、吴平香夫妇与养子曾祖安关系恶化，已无法维持养父母子女关系，因而可以解除收养关系。

3. 解除收养关系后养子女是否可以恢复与生父母的权利义务关系

《收养法》第29条规定："收养关系解除后，养子女与养父母及其他近亲属间的权利义务关系即行消除，与生父母及其他近亲属间的权利义务关系自行恢复，但成年养子女与生父母及其他近亲属间的权利义务关系是否恢复，可以协商确定。"从这一规定可以看出，收养关系的解除并不会必然导致养子女与生父母权利义务关系的恢复。对于未成年的养子女，为了保护未成年人的健康成长，其与生父母的权利义务关系会自然恢复。而对于已经由收养人抚养成人的被收养人，因为其已经具有了独立生活的能力，已经不再需要父母的养育和监护，如果在收养关系解除后自动恢复其与生父母的权利义务关系，就意味着被收养人必须当然地承担赡养生父母的义务，这在许多情况下，可能会造成不公平的结果。本案中，被收养人曾祖安已经是一个成年人，在解除了与养父母的收养关系后，是否恢复与生父母的权利义务关系，可以由当事人自己协商确定。

4. 收养关系解除后，养父母是否可以要求成年养子女支付生活费

收养关系解除后，养子女与养父母及其他近亲属间的权利义务关系即行消除。但这并不意味着，养子女就可以对养父母年老后的生活撒手不管。站在权利和义务相一致的角度，养父母在养子女年幼时尽了抚养义务，就可以在晚年时得到养子女的赡养。尽管养父母子女关系已经解除，但养子女经养父母抚养成人的事实是无法改变的。如果因为收养关系的解除，养父母失去了养子女的赡养，权利和义务的不对等对养父母而言是有失公平的。因此，只要养父母缺乏劳动能力又无生活来源，经养父母抚养的成年子女就仍然有给付生活费的义务。这一义务，可以称为后赡养义务。对此，《收养法》第30条中规定："收养关系解除后，经养父母抚养的成年养子女，对缺乏劳动能力又缺乏生活来源的养父母，应当给付生活费。"这一规定体现了民事法律的公平原则，也充分体现了中华民族老有所养的道德观念。本案中，原告曾思茂、吴平香并没有要求曾祖安在解除收养关系后支付一定的生活费。但是如果随着时间的推移，两位老人年事趋高，并逐渐丧失了劳动能力，且无生活来源，此时，二原告如果再起诉要求被告给付

生活费，法院是否会支持其诉讼请求？

5. 收养关系解除后，养父母是否可以要求养子女补偿收养期间支出的生活费和教育费

《收养法》第30条中规定："因养子女成年后虐待、遗弃养父母而解除收养关系的，养父母可以要求养子女补偿收养期间支出的生活费和教育费。"养父母收养养子女，一方面使养子女在他们的抚养、教育下健康成长，另一方面也为了在自己晚年时能够老有所养。乌鸦反哺、羔羊跪乳，中华民族自古重视孝道，养父母将年幼的养子女抚养成人，付出的心血和代价是巨大的，成年的养子女理应赡养养父母。养子女成年后对养父母不尽赡养义务，甚至有虐待、遗弃养父母的行为，不仅严重伤害了养父母的感情，也是一种违法行为，因此而导致收养关系解除的，无论养父母是否缺乏劳动能力和缺乏生活来源，养父母都有权要求养子女补偿收养期间为其所支出的生活费和教育费。本案中，法院在判令原、被告解除收养关系的同时，由被告曾祖安补偿原告曾思茂、吴平香8 000元生活费和教育费是合理的。

（评注人：刘鎏）

93. 监护权纠纷

司法案例

徐业香诉吴月珍等案

江苏省宿迁市中级人民法院（2008）宿中民一终字第 0220 号

基本案情

上诉人（原审原告）：徐业香。

被上诉人（原审被告）：吴月珍。

被上诉人（原审被告）：张成标。

上诉人徐业香诉被上诉人吴月珍、张成标监护权纠纷一案，不服江苏省宿迁市宿豫区人民法院（2007）宿豫民一初字第 2322 号民事判决，向本院提起上诉，本院立案受理后依法组成由陈加宽任审判长，代理审判员王静、钱月梅参加评议的合议庭审理本案，经过阅卷和调查，询问当事人，本案现已审理终结。

经审理查明：张×法系张成标、吴月珍之子，2000 年与徐业香举行结婚仪式，于 2002 年 7 月 24 日生育一子张××。张×法于 2007 年 4 月 11 日在上海打工期间受伤，经医院抢救无效死亡。雇主陈××于 2007 年 4 月 14 日一次性赔偿因张×法死亡的各项费用 32 万元。2007 年 6 月 1 日，徐业香与张成标、吴月珍对赔偿费用达成协议，约定："1. 张××抚养费 130 000 元；2. 张××的份额暂由吴月珍保管，视张××的生活环境而定；3. 如其母亲两年内没有改嫁，按每年 1 万元支付存于吴月珍手的款项。赔付所得人：张××：130 000 元（注：存单与密码由吴月珍保管）。"现张××随徐业香生活。徐业香与吴月珍、张成标就张××的财产管理问题产生纠纷，2007 年 7 月 10 日，徐业香请求宿豫区人民法院确认其对张××的法定监护权。2007 年 11 月 9 日，徐业香再次请求判令吴月珍、张成标交出张××名下的财产（银行存单）并由徐业香行使监管权。

一审诉辩主张

徐业香诉称：本人丈夫张×法在上海打工时因劳动事故而身亡，就其身后的财产分割，与吴月珍、张成标签署了协议书，但二人未按协议履行，不告诉本人张××名下的存款数额，也不告诉存款的地点和密码，现请求法院判令二人交出张××名下的财产（银行存单）并由本人行使监管权。

二被告吴月珍、张成标辩称：没有保管张××的钱（赔偿款）。

一审判决

江苏省宿迁市宿豫区人民法院经审理认为：未成年人之父母是未成年人当然的监护人。其监护人资格从未成年人出生时当然取得，无须任何程序和手续。本案中，徐业香是张××的监护人，其与吴月珍、张成标签订的协议中，对涉及张××财产处分的条款并未侵犯张××的权利，该条款合法有效，现徐业香主张变更该条款，由其自行行使财产的监管权证据不足，法律依据不充分，不予支持。依照《民事诉讼法》第128条和《民法通则》第16条、第18条、第57条之规定，作出如下判决：

驳回原告徐业香的诉讼请求。

案件受理费减半收取50元，由原告徐业香负担。

二审诉辩主张

原告不服，上诉称：上诉人是在受欺骗的情况下作出“存单与密码由吴月珍保管”的约定的，该约定并非上诉人真实的意思表示。被上诉人不告诉上诉人存款的密码，也不告诉存款的地点和数额，致使上诉人对张××的财产没有监督和管理的权利，损害了上诉人监护权的行使。请求二审法院撤销一审判决，依法改判被上诉人交出张××名下的存款单由上诉人监管。

被上诉人辩称：原判正确，请求维持。

江苏省宿迁市中级人民法院经审理，对一审查明的事实予以确认。二审中另查明，130 000元赔偿款（抚养费）原以张××的名义存入银行，现已被吴月珍改存在其名下。

二审判决

江苏省宿迁市中级人民法院经审理认为：上诉人作为张××的母亲，依据法律规定，是张××的法定监护人。作为法定监护人，上诉人当然享有对未成年子女张××的财产进行管理的权利。虽然上诉人与被上诉人吴月珍以协议的方式约定张××的财产暂由吴月珍保管，但此种约定的法律性质属于上诉人暂时将对张××财产的管理权委托给吴月珍。上诉人作为委托人，有权随时终止委托关系而无须征得吴月珍的同意。况且，协议也只是约定张××的财产暂由吴月珍保管，视张××的生活环境而定。现张××随上诉人生活，而吴月珍并不配合上诉人对张××的财产进行管理（擅自将张××的存单改存为自己的名字），根据张××日常生活、学习的需要，张××的财产由吴月珍保管对张××的健康成长并无益处。鉴于张××的130 000元赔偿款现已改存在吴月珍的名下，吴月珍应直接将该款交由上诉人进行管理。综上，上诉人要求对张××的财产进行管理的上诉理由成立，予以支持。一审判决不当，应予纠正。依照《民事诉讼法》第153条第1款第2项，《民法通则》第16条第1款，第18条第1、2款之规定，作出如下判决：

一、撤销宿迁市宿豫区人民法院（2007）宿豫民一初字第2322号民事判决；

二、吴月珍于本判决生效后10日内将属于张××所有的130 000元赔偿款交由徐业香管理。

一审案件受理费50元、二审案件受理费100元，合计150元，由被上诉人吴月珍负担。

案由与焦点

1. 案由

本案的一级案由为“婚姻家庭、继承纠纷”，二级案由为“婚姻家庭纠纷”，三级案由为“监护权纠纷”。

因非监护人侵害监护人的监护权、监护人侵害被监护人的合法权益等引发的纠纷为监护权纠纷。

2. 焦点

本案争议的焦点在于由谁来行使对未成年人的监护权。未成年人的父亲死亡后，对未成年人的财产如何进行管理和使用是孩子的祖父母与孩子的母亲非常关心的问题。我国封建社会曾存在限制丧偶女性改嫁的陋习，这种陋习在有些地区至今仍有一定的影响。有时，为了阻止丧偶的女性改嫁，孩子的祖父母会对孩子母亲的监护权予以限制。这种限制往往就成为婆媳之间的矛盾之所在。

评注与问题

1. 未成年人应当由谁来担任监护人

监护人是对无民事行为能力人和限制民事行为能力人的人身、财产和其他合法权益负有监督和保护责任的人。《民法通则》第16条规定：“未成年人的父母是未成年人的监护人。未成年人父母已经死亡或者没有监护能力的，由下列人员中有监护能力的人担任监护人：（一）祖父母、外祖父母；（二）兄、姐；（三）关系密切的其他亲属、朋友愿意承担监护责任，经未成年人的父、母的所在单位或者未成年人住所地的居民委员会、村民委员会同意的。”从这一规定可以看出，父母的地位在这里被刻意强调，只有在父母死亡或没有监护能力的情况下才可由其他人担任监护人。这充分表明，父母对未成年子女的监护与其他人对未成年人的监护是有区别的。父母对未成年子女的监护为父母身份所固有，从子女出生时起，就基于父母与未成年子女的身份关系而产生，其他任何人不能以任何理由限制甚至剥夺父母对未成年人的监护权。正如本案一审判决指出的，未成年人的父母是未成年人当然的监护人，其监护资格从未成年人出生时当然取得，不需要任何程序和手续。本案中，上诉人与被上诉人协议约定：如果上诉人2年内没有改嫁，按每年1万元支付存于吴月珍手的款项。这一约定实际上限制了上诉人的法定监护权，同时又限制了上诉人再婚的权利，是对上诉人婚姻自由权的干涉，违反了我国现行法律的规定，也明显有违公序良俗，因而该项约定应视为无效。

2. 监护人的监护职责有哪些

监护人在取得监护权之后，应按照设定监护的初衷，谨慎地履行监护义务，对被监护人的人身和财产进行保护和管理，以维护被监护人的合法权益。《民法通则》第18条对监护职责作了原则性的规定：“监护人应当履行监护职责，保护被监护人的人身、财产及其他合法权益，除为被监护人的利益外，不得处理被监护人的财产。监护人不履行监护职责或者侵害被监护人的合法权益的，应当承担责任；给被监护人造成损失的，应当赔偿损失。”最高人民法院《民法通则意见》第10条对《民法通则》第18条的规定作了进一步的补充和完善，列举了监护职责的具体内容，即“监护人的监护职责包括：保护被监护人的身体健康，照顾被监护人的生活，管理和保护被监护人的财产，代理被监护人进行民事活动，对被监护人进行管理和教育，在被监护人合法权益受到侵害或者与人发生争议时，代理其进行诉讼”。父母作为未成年人的法定监护人，对未成年人的财产进行管理属于监护职责的范畴，有权利协助子女妥善管理其财产。他人无正当理由占有子女财产时，就构成对父母监护权的侵害。因此，本案中，上诉人徐业香作为张××的法定监护人，依法享有对未成年子女的财产进行管理的权利。

3. 未成年人的父母可以将监护职责委托给他人吗

本案中，终审法院认为，上诉人与被上诉人约定：“张××的份额暂由吴月珍保管，视张××的生活环境而定”，该约定在法律性质上属于上诉人暂时将对张××财产的管理权委托给吴月珍。那么，未成年人的父母可以将监护职责委托给他人吗？

最高人民法院《民法通则意见》第22条对委托监护作了规定：“监护人可以将监护职责部分或者全部委托给他人。”实践中，有些未成年人的父母由于种种原因不能行使监护权，因而委托亲属、朋友等代为行使全部或部分监护职责，这种形式属于委托监护。委托监护是一种合同关系，只有监护人委托与受托人接受委托的意思表示一致才能成立。因此，监护人如果有正当理由，在不影响甚至更有利于保护被监护人合法权益的前提下，是可以将监护职责委托给他人代为行使的。但是，监护人将监护职责部分或全部委托给受托人后，虽然监护人资格与监护职责发生了分离，但这并不意味着监护人资格的丧失或转移，其监护人的资格仍然存在，不因监护人将监护职责委托他人履行而改变其监护人身份。因此，虽然本案上诉人暂时将对张××财产的管理权委托给吴月珍，但仍不改变其法定监护人的身份。

4. 受托人是否有权处分被监护人的财产

监护人与受托人之间就监护事项达成委托协议之后，即形成一种合同关系，受托人即负有依约定为委托人履行监护职责的义务，此时的义务实质上是一种合同责任，委托人负有监督的义务，如受托人未尽到监护职责，应负失职之违约责任。

本案中，被上诉人基于约定取得了监管张××存折的权利，此时被上诉人就应当为了张××的利益而管理好其财产，无权擅自进行处分。其擅自将张××的存单改为自己的名字，显然侵害了被监护人的利益，也使上诉人失去了对张××财产的有效监督。因此，法定监护人徐业香作为委托人有权解除合同，终止委托关系。此时，只要将其解除合同的意思通知对方即可，无须征得受托人的同意。

5. 如何对监护权的行使进行监督

为了监督监护人忠实地履行义务，世界各国民法都规定了监护监督机构和监护监督人，以此来监督和制约监护人积极履行职责，保护被监护人的利益。目前，我国法律没有关于监护监督人的规定，更没有规定监护监督机构，只是在《民法通则》第18条第3款作了笼统的规定：“监护人不履行监护职责或者侵害被监护人的合法权益的，应当承担责任；给被监护人造成财产损失的，应当赔偿损失。人民法院可以根据有关人员或者有关单位的申请，撤销监护人的资格。”这一规定并没有将监护监督职责落实到具体的人或部门，对监护监督机构如何行使监督权也没有作出实质性的规定，所以这样的监督几乎形同虚设，监督作用难以有效发挥。立法上的这种放任态度，使监护人在行使监护职权时处于无人监督、无人限制之下，监护人利用职权侵害被监护人利益的事情时有发生，对被监护人的利益保护极为不利。本案中，被上诉人之所以与上诉人签订协议，约定对张××的财产进行管理，就是担心儿媳改嫁后会不适当地处分张××的财产，侵害其财产权益。为了有效地监督监护人履行监护职责，有学者建议，我国应当专门设置监护监督机构，可以由有监护资格而又未担任监护人的被监护人的近亲属、被监护人住所地的居民委员会或村民委员会以及当地民政部门担任，民政部门专设“监护监督办公室”，专门负责本辖区监护监督事务的组织、安排，以便在被监护人的权益受到损害时，得到及时、有效的救济。你认为对监护权的行使应当如何进行监督？

（评注人：刘鎏）

94. 探望权纠纷

司法案例

程某诉周某案

上海市普陀区人民法院（2011）普少民初字第6号

基本案情

原告：程某（女）。

被告：周某（男）。

原告程某与被告周某探望权纠纷一案，本院受理后，依法由审判员陈勤独任审判，公开开庭进行了审理。原告程某的委托代理人、被告周某的委托代理人到庭参加了诉讼。本案现已审理终结。

经审理查明：原、被告原系夫妻关系，于2007年5月17日婚生一女周某某。2010年8月4日经上海市普陀区人民法院判决离婚，女儿随原告共同生活，被告每周周六上午10时至次日下午16时为探望女儿的时间。探望方式为被告至原告处将女儿接回家中探望，并于次日将女儿送回原告处。2010年10月22日、2010年11月18日原告携女儿周某某至上海市精神卫生中心接受少儿心理咨询，诊断结论为周某某处于焦虑状态，建议周某某逐渐与父亲接触、适应，逐渐过渡，如双方（父母）一起陪孩子玩来增加与父亲的接触。为此原告与被告协商，希望减少被告和女儿接触的次数，且认为女儿不宜在被告处过夜，待被告和女儿关系融洽后，再逐渐增加探望次数。遭到被告拒绝，双方因此产生纠纷。从2010年10月22日至今，原告未将女儿交由被告探望。现原告以因被告与女儿长期缺乏沟通，导致女儿在由被告探望后精神处于焦虑状态，正常生活及身心健康受到影响为由，于2011年1月起诉到上海市普陀区人民法院，要求变更被告行使探望权的时间为3个月一次，每次探望时间为上午10点至下午5点。

审理中，原告变更诉讼请求，要求被告行使探望权的时间为近期每个月探望一次，不过夜，探望时由原、被告一起带女儿外出，约半年后再逐渐增加探望的次数。被告不同意原告的诉请，坚持2周探望一次，并要求增加寒、暑假及春节的探望时间。同时，被告提出要求探望时接送孩子的地点由原告家中变更至原告所在小区的门卫室，原告对变更接送孩子的地点表示同意。

诉辩主张

原告诉称：原、被告于2007年5月17日婚生一女周某某，2010年8月4日，双方由普陀区法院判决离婚，女儿随原告共同生活，被告于每周周六10时至原告处将女儿接回家中探望，并于周日16时将女儿送回原告处。但被告几次探望后，导致女儿精神焦虑，在幼儿园整日哭闹，由于被告和女儿接触较少，故女儿现在不宜在被告处过夜，且前期也应当减少被告和女儿接触的次数，待被告和女儿关系融洽后，再逐渐增加探望次数。为此原告曾与被告协商，遭到被告拒绝。2010年10月22日至今，原告未将女儿交由被告探望。现原告诉至法院，要求变更被告行使探望权的时间为3个月一次，每次探望时间为上午10点至下午5点。

被告辩称：原告诉述不实，不同意原告的诉请。女儿不存在焦虑的状况，即使存在，也不能证明是由于被告探望引起的。被告在探望期间，和女儿关系融洽，为有利于女儿的成长，需要父亲经常探望，来增加与孩子之间的感情。但考虑实际情况，被告现可以将探望次数减少到2周一次，时间为周六上午10点至周日下午4点，同时要求增加每年寒、暑假及春节长假的后半段，为被告的探望时间。

举证、质证及认证情况

审理中，原告程某为证实其诉请，提供了以下证据：

1. 上海市普陀区人民法院（2010）普民一（民）初字第1361号民事判决书1份，证明原、被告离婚时，女儿随原告共同生活，被告一个月探望4次；

2. 上海青草地双语幼儿园三位带班老师出具的书面证明1份，证明周某某在被告探望后，神情呆滞，情绪反常，并表示不要去爸爸家；

3. 上海市精神卫生中心门诊急诊医药费专用收据联、上海市心理咨询中心儿少咨询记录卡，证明2010年10月22日、11月18日周某某在上海市精神卫生中心接受心理咨询，诊断的结论为周某某精神焦虑，医生建议被告减少与女儿的接触次数，逐步增加；

4. 上海市青草地双语幼儿园出具的证明1份及缺席儿童情况表1份，证明周某某2010年10月22日缺勤。

被告周某对自己的辩称意见提供以下证据：照片9张，拍摄地点在被告家中，照片中除了周某还有其父母，时间是在被告行使探望权两个月不到的期限内，证明周某某在被告处神情正常，非常快乐。

经质证，原告表示对被告所提供证据的真实性无异议，但照片形成的时间无法确定，不能证明周某某是在与被告接触，也不能证明地点是在被告家中。

被告表示，对原告提供的证据1无异议。对证据2有异议，该证据在形式上不符合证据要求，内容上也不予认可，因为证明上的签名，是否是老师本人签名，不能确定。对证据3的真实性无异议，但病历中的主诉内容均为原告及其母亲所诉，不一定是真实的情况。周某某的焦虑状态和被告行使探望权没有必然的联系，且医生也建议逐渐增加接触次数，故探望次数应当增加而不是减少。对证据4无异议。

庭审中，上海市普陀区人民法院出示了：（1）上海青草地双语幼儿园老师的调查笔录，三人均陈述称：2010年10月的一天，周某某在午睡时突然抽泣，说不要爸爸来接。该情况此后未再发生，此后周某某状况正常。（2）上海市精神卫生中心钱昀医生的调查笔录，钱昀陈述称：周某某2010年10月22日、11月18日二次来中心就诊，根据其母亲、外婆的主诉及对周某某的精神检查，诊断结论为周某某没有构成心理疾病，但处于一个焦虑状态。该诊断只是一个过渡性诊断，根据就诊时周某某家属的口述及当时对周某某精神状况的检查，建议父亲探望周某某时，不适宜把周某某留在家中过夜。

经质证，原、被告对三位老师的调查笔录均无异议。原告提出，2010年11月以后，周某某未再出现类似情况，恰恰证明了一旦停止被告探望后，周某某的状况有所好转。此外，在2010年10月9日之前，周某某还发生过类似情况，但老师没有注意。被告认为该证据与被告行使探望权没有必然的联系，由于周某某平时是由外婆接送的，被告以前与孩子接触较少，所以孩子提到不要爸爸来接，实属正常，但三人并未提到周某某不要去爸爸家。对医生的调查笔录，原告表示无异议，但提出由于医生说到焦虑状态发展到最后会变成焦虑症，所以原告才会要求停止被告探望，而且医生也表示父亲不适宜带孩子回去过夜。被告表示对该笔录的真实性无异议，但认为由于孩子较小，表达能力较差，焦虑状态每个人都可能存在，不是必然都会发展成焦虑症，不能在父亲家过夜，主要是根据原告及其母亲的主述得出的结论，故没有依据。

法院判决

上海市普陀区人民法院经审理认为：父母与子女之间的关系，不因父母离婚而消除。父母离婚后，不直接抚养子女的父或母，有探望子女的权利，通过探望，来行使对子女的教育和抚养权，切身感受子女各方面的成长状况，而另一方有协助的义务。子女的健康成长，离不开父母双方的共同关爱。但父母行使探望权的方式和时间，应充分考虑子女的需要，不能给子女的身心带来不利的影响。被告系周某某的生父，其要求行使探望女儿的权利，希望通过探望女儿，加强与女儿的感情交流，合情、合理、合法。原告提出，被告与女儿长期缺乏沟通，导致女儿在探望后精神处于焦虑状态，故不同意被告带女儿回家过夜。由于周某某年龄尚幼，心智及对事物的认知度、判断能力均未健全，原告作为孩子的母亲，应做好孩子的疏导、教育工作，以积极、主动的姿态，协助被告更好地探望女儿。但在切实保护被告探望权的同时，也应当充分考虑有利于周某某的健康成长，由于目前周某某对生活环境及共同生活的人依赖程度较高，而心理调节适应能力却较差，骤然改变熟悉的生活环境，对她的心理可能会造成一定的不适，对她正常的生活状态可能带来一定的影响。虽然原、被告离婚时，法院对被告探望女儿的时间、方式作了确定，但考虑到周某某的实际情况，目前被告在探望时暂不宜带周某某回家过夜，宜逐步增加被告的探望时间后带女儿回家过夜，给周某某一个适应期，有利于周某某在心理上有一个调适过程，逐步增强与被告之间的亲密度，使周某某能完全融入到被告的生活中，全身心地接受被告给予的父爱，周某某的健康成长，是原、被告的共同心愿。综上所述，被告行使探望权的时间与方式，应从有利于周某某的身心健康出发，结合原、被告的实际情况酌定。据此，依照《婚姻法》第38条的规定，判决如下：

一、自本判决生效之日起的第1、第2个月内，每月双周周六上午10时，原告程某将周某某送至上海市某路2 788弄小区门卫室，由被告周某接回家中探望，于当日下午4时，被告周某将周某某送至上述地点由原告程某接回。

二、自本判决生效之日起的第3个月起，每月双周周六上午10时，原告程某将周某某送至上海市某路2 788弄小区门卫室，由被告周某接回家中探望，于次日下午4时，被告周某将周某某送至上述地点由原告程某接回。

三、周某某每年寒假的第5日上午10时，原告程某将周某某送至上海市某路2 788弄小区门卫室，由被告周某某接回家中探望，于第10日下午4时，被告周某将周某某送至上述地点由原告程某接回。

四、周某某每年暑假的第 30 日上午 10 时，原告程某将周某某送至上海市某路 2 788 弄小区门卫室，由被告周某接回家中探望，于第 45 日下午 4 时，被告周某将周某某送至上述地点由原告程某接回。

五、每年农历正月初四上午 10 时，原告程某将周某某送至上海市某路 2 788 弄小区门卫室，由被告周某接回家中探望，于农历正月初六下午 4 时，被告周某将周某某送至上述地点由原告程某接回。

本案受理费人民币 80 元，减半收取，计人民币 40 元，由原、被告各半负担。

如不服本判决，可在判决书送达之日起 15 日内，向本院递交上诉状，并按对方当事人的人数提出副本，上诉于上海市第二中级人民法院。

案由与焦点

1. 案由

本案的一级案由为“婚姻家庭、继承纠纷”，二级案由为“婚姻家庭纠纷”，三级案由为“探望权纠纷”。

父母子女关系不因父母离婚而消除。离婚后不直接抚养子女的一方对子女享有探望的权利，另一方有协助的义务。因行使探望权而发生的纠纷为探望权纠纷。

2. 焦点

本案争议的焦点为探望权的行使时间和方式，即被告周某对婚生女儿探望的次数及探望时间长短应如何确定。近年来，随着离婚案件的不断增加，离婚后不与子女共同生活的一方要求探望子女而引发的纠纷也越来越多。但抚养孩子的一方常常基于怨恨心理，不愿履行协助探望的义务，阻挠对方探望子女，甚至随着子女年龄的增长，为了避免不必要的议论，自尊心也使他们拒绝、躲避探望。此时，探望权人该如何行使权利呢？

评注与问题

1. 探望权的行使方式有哪些

探望权是基于父母子女关系而享有的一种身份权，是指夫妻离婚后，不直接抚养子女的父或母有探望子女的权利。直接抚养子女的一方有协助非直接抚养方行使探望权的义务。关于探望权行使的方式，我国法律未作明确的规定，《婚姻法》第 38 条中规定：“行使探望权利的方式、时间由当事人协议；协议不成时，由人民法院判决。”探望权的社会价值在于既关爱未成年人，消减其心理压力，又满足父母的探望需求，解决社会矛盾。但在实际生活中，夫妻在离婚后基于怨恨、报复等心理，双方协商时一方往往会故意提出不合理的探望方式、时间，致使协议难以达成，甚至在一方探望子女时进行阻挠和干扰。本案中，原告和被告就在探望子女的时间、方式上产生了分歧，导致了矛盾的产生，才诉至法院要求解决纠纷的。此时，如果离婚双方当事人无法达成协议，法院就应根据探望权人的人品状况，健康状况，经济条件，居住环境，子女的年龄、健康等情况，本着对孩子身心有利的原则来确定探望的时间、地点和方式。

探望权的行使方式一般包括看望式探望和逗留式探望。看望式探望指不直接抚养子女的父母一方以看望的方式探望子女，探望权人可以到直接抚养方的住处探望子女，也可以在指定的地点探望子女；而逗留式探望是指在约定或者判决确定的探望时间内，由探望权人领走并按时送回被探望的子女。除此之外还包括书信往来、电话和网上聊天等形式。本案的判决采取的是逗留式探望，同时在充分考虑未成年人的身心健康的前提下，将逗留的时间逐渐延长，充分体现了子女利益的最大化原则。

2. 父母之外的第三人是否享有探望权

根据《婚姻法》第38条的规定，我国大多数学者认为探望权是指离婚后不直接抚养子女、不能与子女共同生活的一方所享有的看望以及接待子女的权利。但在审判实践中要求行使探望权的不仅有父母一方，未成年子女的祖父母、外祖父母、兄弟姐妹甚至其他近亲属，也常常会提出探望的要求。那么，父母之外的第三人是否享有探望权？对于这一问题，理论界存在不同的看法：一种观点认为，探望权是不直接抚养子女的父亲或母亲基于父母子女关系这种特定的身份而享有的权利，只能由其本人实施，不能任意扩大探望权的主体范围。① 另一种观点认为，探望权的主体范围应当扩大。我国现阶段的许多家庭中，祖父母、外祖父母常常会承担起照顾孙子女、外孙子女的责任。双方感情深厚，关系密切。不赋予祖父母、外祖父母探望权，不但破坏了老年人的天伦之乐，不符合人性和情理，也会使未成年人幼小的心灵受到严重的打击，对他们的成长极为不利。② 近几年来，无论是大陆法系国家还是英美法系国家的立法或实践，大都承认了父母之外的第三人有权向法院提出探望的申请，在有利于未成年子女利益的前提下均赋予祖父母、外祖父母与未成年子女交往的权利，并且不同程度地将探望权主体的范围扩展至兄弟姐妹、其他亲属。本案中，被告周某就提交了女儿与其祖父母在一起的照片，充分证明祖父母有探望孙子女的要求。你认为，探望权主体的范围是应当仅仅局限于不与子女共同生活的父亲或母亲，还是应当有所扩大？

3. 是否可以对探视行为进行限制

探望权的首要价值在于实现未成年子女的最大利益，因此为了保护未成年人的成长，避免对其有负面影响的父母滥用探望权，侵害未成年人的合法权益，法律在规定探望权的同时，也对探望权的行使作出了限制。《婚姻法》第38条中规定："父或母探望子女，不利于子女身心健康的，由人民法院依法中止探望的权利；中止事由消失后，应当恢复探望的权利。"所谓探望权的中止，是指探望权人符合探望权中止的法定理由时，由法院判决探望权人在一定时间暂停行使探望权的法律制度。《婚姻法》把"不利于子女的身心健康"作为探望权中止的唯一法定理由，这体现了婚姻法以子女利益为本位的立法宗旨。但这种概括的立法模式，未对"不利于子女身心健康"的具体情形进行列举，缺乏可操作性，可能会造成对探望权中止的任意解释和滥用。因此有学者建议，借鉴外国法的有益经验，以概括式规定和列举式规定相结合的模式，规定当探望权人患有精神病、严重传染性疾病、有吸毒、赌博等恶习以及虐待、骚扰子女等行为的，经利害关系人申请，并经法院裁定，可以中止甚至剥夺探望权人行使探望权。你认为父母探望子女在什么情形下可以认定为不利于子女的身心健康？本案被告周某的探望是否属于不利于子女的身心健康的情形？

4. 子女是否可以成为探望权的主体

本案中，原、被告双方就被告周某如何对婚生女儿进行探望展开激烈争论，互不相让，俨然将女儿作为自己的私有财产加以对待，令我们不禁想到作为被探望者的子女是否享有要求或拒绝父母探望自己的权利？

未成年人自其出生时起，便具有民事权利能力，在家庭中具有独立的法律地位，虽然不具

① 参见俞飞：《家庭纠纷解决》，178页，厦门，厦门大学出版社，2008。

② 参见蒋月：《婚姻家庭法前沿导论》，240页，北京，科学出版社，2007。

有完全的民事行为能力，但仍有表达自己意愿的权利。《婚姻法》第38条中规定："离婚后，不直接抚养子女的父或母，有探望子女的权利，另一方有协助的义务。"该规定完全没有考虑被探望者的意愿，未成年子女只有被探望的义务，而不享有表达自己意愿的权利。从法理上来分析，设立探望权制度的首要目的不是满足非直接抚养方思念子女的情感需求，而是实现儿童的最大利益，有利于儿童的健康成长。因此，在确定儿童的探视问题时应体现儿童的主体地位，未成年子女理应成为探望权的主体。在有充分的理由时，未成年子女有权要求甚至拒绝父母探望自己。首先，儿童与父母及其他亲属的正常交往是他们情感、生活的需要，因此儿童有权要求同父母双方经常保持直接联系。其次，对于10周岁以上的未成年子女，已经具有一定的识别能力，能够对与自己利益有关的事项作出较为正确的判断，因此在排除了客观因素的干扰之后，在有充分理由的前提下，还应赋予其拒绝父母探视的权利，以实现儿童利益的最大化。

5．如何对探望权进行强制执行

《婚姻法》第48条规定："对拒不执行有关扶养费、抚养费、赡养费、财产分割、遗产继承、探望子女等判决或者裁定的，由人民法院依法强制执行。有关个人和单位应负协助执行的责任。"由于探望权涉及子女的人身问题，为了避免强制执行过程中出现偏差，《婚姻法解释一》第32条进而规定："关于对拒不执行有关探望子女等判决和裁定的，由人民法院依法强制执行的规定，是指对拒不履行协助另一方行使探望权的有关个人和单位采取拘留、罚款等强制措施，不能对子女的人身、探望行为进行强制执行。"因此，当夫妻离婚后，直接抚养子女的一方不执行法院的判决，不配合另一方探望子女的，法院可以依法强制执行。

然而，与普通的民事案件执行相比，探望权的执行难度更大。其他的民事案件的执行都有明确的执行标的，而探望权的执行内容则是探望权的权利本身及其行使方式，未成年子女本身不具有可执行性。因此，探望权的执行标的具有抽象性。再加上探望权的执行期间长，执行结果具有事后性，或许法院还未能将这一次探视执行完毕，下一次探望的时间又到了。探望孩子是一个长期的过程，如果每次行使探望权时被执行人都无故拒绝，甚至阻挠、刁难，势必导致权利人频繁提起诉讼，司法的不断介入一方面难度极大，另一方面也不能有效地解决问题，治标不治本。而如果对直接抚养人进行处罚，也会极大地伤害未成年子女，不利于儿童的健康成长，这使得很多探望权执行案件难以达到理想的效果。因此，探望权如何适用强制执行需要很好地加以研究。关于探望权的执行难，你有什么好的对策和建议吗？

（评注人：刘鎏）

95. 分家析产纠纷

司法案例

郑永贵等诉郑永权等案

甘肃省陇南市中级人民法院（2011）陇民一终字第 19 号

基本案情

上诉人（原审原告）：郑永贵。

上诉人（原审原告）：雍金莲。

被上诉人（原审被告）：郑永权。

被上诉人（原审被告）：王芝芝。

上诉人郑永贵、雍金莲为与郑永权、王芝芝分家析产纠纷一案，不服成县人民法院（2009）成民初字第 100 号民事判决，向本院提起上诉，本院以（2010）陇民一终字第 73 号民事裁定书裁定，撤销成县人民法院（2009）成民初字第 100 号民事判决，发回成县人民法院重审。成县人民法院依法另行组成合议庭公开开庭审理了本案，并作出（2010）成民初字第 97 号民事判决。宣判后，郑永贵、雍金莲仍不服，向本院提起上诉。本院受理后，依法组成由朱学政任审判长，代理审判员杨劼和寇彩霞参加评议的合议庭进行了审理，书记员李秀梅担任记录。本案现已审理终结。

原审法院查明：王芝芝和其丈夫郑晓共生育了 3 个孩子，长子郑永贵、次子郑永权、女儿郑芳。1983 年王芝芝夫妇在北大街石家巷出资修建了坐北向南土木结构的瓦房 4 间。1991 年郑永贵与杨昭结婚，并生一女孩郑宁，婚后郑永贵与母亲共同居住生活，后郑永贵与杨昭离婚。1998 年 2 月，王芝芝之夫郑晓与承修人签订了建房合同，在其院内又修建了坐南向北砖混结构平顶房 4 间及坐东向西厨房一小间，修建平房时家庭成员还有郑永贵、郑永权、郑芳。2000 年郑永贵与雍金莲再婚，婚后二原告与父母另居生活。2002 年郑永贵夫妇在外租房居住，2007 年后郑永贵夫妇要求分割房产及承包地，经村、社多次调解未果。2008 年农历正月十一日王芝芝丈夫郑晓因病去世。

另查明：1980 年北泉村三社给郑晓、王芝芝、郑永贵、郑永权与郑芳 5 人共承包土地 3.878 亩，郑芳的承包地份额按半人划给，地块名称及亩数分别是同谷北路西一等田 1.248 亩、河东二等田 0.72 亩、滨河北路西三等田 0.6 亩、上坝四等田 0.42 亩、吴家房后二等田 0.33 亩（系郑芳的后补地）、同谷北路（自留地）0.56 亩。郑永贵耕种了上坝四等田 0.42 亩。2005 年，经北泉村、社集体决定，将郑永贵、王芝芝家承包的滨河北路西的0.6亩土地出卖，卖资9万余元。2007年，北泉村、社又将郑永贵、王芝芝家承包的吴家房后的二等田0.33亩出卖，卖资13万元，该款均由王芝芝保管。郑永贵、王芝芝均认可郑晓的丧葬费用由王芝芝从该款中支出。

又查明，郑永全户籍登记姓名为郑永权，郑永贵与郑芳户口均与王芝芝在同一家庭户口内。

一审判决

甘肃省成县人民法院经审理认为：原、被告诉争的两处房产虽然双方均未向法庭提交该房屋的产权证书，但王芝芝夫妇修建4间土木结构瓦房时郑永贵年龄尚小不具备出资能力，故该处房产属于王芝芝夫妇的共同财产，应由王芝芝夫妇二人均等分割。4间砖混结构的平顶房修建时郑永贵、郑永权、郑芳均已成年，是家庭中的劳动力，4间平顶房及一小间厨房应为郑晓、王芝芝、郑永贵、郑永权、郑芳5人的共有财产，由5人均等分割。郑永贵要求分割建房宅基地3间的请求无据可证不予支持。以家庭承包方式取得的农村土地被流转后获得的补偿款22万元属于家庭成员共有，郑永贵要求分割该款的请求于法有据应予支持。因原、被告均认可该款有一部分用于郑晓丧葬支出，故属于郑晓的4.888 9万元再不作为遗产进行分割。雍金莲要求分割房产及建房宅基、卖地款的请求主体不当，本院不予支持。被告辩称郑永贵丧失继承权的理由无据可证，不能成立。综上，原审法院判决：

一、由被告王芝芝、郑永权将坐落在成县城关镇北泉村三社北大街石家巷坐南向北砖混结构平房东端的1间房屋及院内坐东向西的1小间厨房交付给原告郑永贵使用、所有。

二、由被告王芝芝返还原告郑永贵土地补偿款4.888 9万元。以上两项限本判决书生效之日起30日内执行完结。

三、驳回二原告的其他诉讼请求。

二审诉辩主张

郑永贵、雍金莲不服原审法院的判决，上诉称：1983年我家修建土木结构瓦房时我出了力也出了钱，不能单凭我尚未成年就认定为是父母的共同财产，若按父母的共同财产分割则不符合客观事实。1998年修建的砖混结构平顶房资金是我和父亲摆摊补鞋挣的钱，弟妹们并未出资，因此，分割该房时应倾向我和我父母，而不能只按份平均分配。当初我搬出暂时居住是我父亲劝我去躲避计划生育的，但这并未隔断我对父母的赡养义务，父亲安葬的费用是全家卖地所得的卖地款。对于判决书认定雍金莲的请求主体不当，我认为是错误的，因为我与雍金莲是合法夫妻，作为家庭成员我妻子应有要回卖地款的权利。因此我请求撤销原审判决，并请求二审法院对瓦房与平房重新分割。

郑永权、王芝芝未进行答辩。

经审查，二审法院查明的事实与原审认定一致。

二审判决

甘肃省陇南市中级人民法院经审理认为：被上诉人王芝芝夫妇修建4间土木结构瓦房时上

诉人郑永贵 13 岁，王芝芝夫妇修建 4 间砖混结构平顶房时郑永贵、被上诉人郑永全及郑芳均已成年，系王芝芝家庭中的劳动力，郑永贵上诉虽称其在修建该上述两处房产时均已出资并参与了修建，但其未提交相关证据予以证实，故原审判决对该两处房产性质的认定及分割并无不当。2000 年上诉人雍金莲与郑永贵再婚，而上述两处房产的修建时间分别为 1983 年与 1998 年，当时雍金莲并非王芝芝家的家庭成员，且雍金莲也不具备法律规定，即丧偶儿媳对公婆尽了主要赡养义务的，可以作为第一顺序继承人的条件而继承王芝芝之夫郑晓（雍金莲之公公）的遗产，上诉人郑永贵、雍金莲请求分割本案的房产及卖地款的主体适格理由均不能成立，本院不予支持。综上，原审判决认定事实清楚，判处适当。根据《民事诉讼法》第 153 条第 1 款第 1 项之规定，判决如下：

驳回上诉，维持原判。

如果未按原审判决指定的期间履行义务，应当依照《民事诉讼法》第 229 条之规定，加倍支付迟延履行金。

二审案件受理费 1 000 元，由二上诉人郑永贵、雍金莲承担。

本判决为终审判决。

案由与焦点

1. 案由

本案的一级案由为“婚姻家庭、继承纠纷”，二级案由为“婚姻家庭纠纷”，三级案由为“分家析产纠纷”。

家庭共同体的维系是家庭共同共有存续的前提和基础，当一个大家庭经由协议被分割为几个核心家庭时，家庭财产的共同共有状态亦必然地随之而结束，此种情形即“分家析产”。在分家时因家庭共同共有财产的分割而引发的纠纷即为分家析产纠纷。

2. 焦点

本案是一起分家析产纠纷，所争议的焦点主要在于：原、被告所争讼的房产到底是家庭共同财产还是夫妻共同财产？上诉人雍金莲作为郑永贵的妻子，是否属于本案共有财产的共有人？

评注与问题

1. 如何认定家庭共有财产

家庭共有财产是指家庭成员在家庭共同生活存续期间共同创造、共同所得的共有财产。它是家庭财产中非常重要的一类，是保障家庭稳定存续和家庭成员生存与发展的物质基础。家庭共有财产的形成，应具备以下两个要件：一是家庭共同财产要以家庭成员的共同创造、共同所得作为条件。不是在共同生活期间共同创造、共同所得的财富，不发生家庭共有财产关系。因此，只有有收入的家庭成员才能成为家庭财产的共有人。该收入既可以是劳动所得，也可以是接受的继承、赠与等财产。二是家庭共同财产属于家庭成员共同出资购置。家庭成员共同出资购买物品，那么他们就共同拥有该项物品的所有权，成为财产共有人。本案中，被上诉人王芝芝夫妇 1983 年修建 4 间土木结构瓦房时上诉人郑永贵年仅 13 岁，也不能提交证据证明自己曾有过出资。因此，该房屋应属于王芝芝夫妇的夫妻共同财产，而不属于家庭共有财产。1998

年被上诉人王芝芝夫妇修建4间砖混结构平顶房时上诉人郑永贵、被上诉人郑永全及郑芳均已成年并参与了修建，所以该房屋被认定为家庭共有财产。上诉人郑永贵虽然提出1998年修建房屋的资金是他和父亲摆摊补鞋挣的钱，其他人并未出资，因此要多分割该房屋，但由于他不能提交相关的证据，所以其请求无法得到法院的支持。

2. 农村土地补偿款应归谁所有

本案中，上诉人郑永贵与被上诉人郑永权、王芝芝以及其他家庭成员共5人曾共同承包土地，后来所承包的土地被先后流转共获得补偿款22万元。这一补偿款应归谁所有呢？

我国宪法、土地管理法都明确规定了集体土地不能自由买卖，但规定国家为了公共利益可以征收并应当支付相应补偿费。这笔补偿费用包括土地补偿费、安置补助费及地上附着物和青苗补偿费三个部分。根据2005年7月29日最高人民法院《关于审理涉及农村土地承包纠纷案件适用法律问题的解释》的规定，土地补偿费是对集体土地所有权丧失的补偿，其分配主体应当是征地补偿安置方案确定时所有具有本集体经济组织成员资格的人；安置补助费是对被征地农户丧失土地承包经营权的补偿，只要该农户放弃统一安置，该笔费用应支付给被征地的农户；地上附着物和青苗补偿费是对被征地农户财产损失的补偿，应支付给承包方。可见，农村土地补偿费的受益者应当是土地的承包者。而我国农村承包经营是以家庭为单位的联产承包，以户主为代表承包土地的承包经营权并不属于户主个人，应属家庭成员共有，无论被征收的土地此前在家庭内部划归为谁耕种，征收发生后，都表现为家庭承包经营户承包土地的减少，是家庭成员共同的生活来源的减少，不是家庭某一成员或部分成员承包经营土地的减少。因此，征地分配的土地补偿费也应由家庭成员共享。本案中，当事人是以家庭承包的方式取得了被征收的土地，其所获得补偿款22万元是对所有家庭成员的补偿，因此应归家庭成员共同所有。

3. 共有人在什么情况下可以要求分割共有财产

共有是指两个以上的权利主体对同一物共同享有所有权的法律状态。根据《物权法》第93条的规定，共有包括按份共有和共同共有。按份共有是指共有人按照确定的份额对共有财产分享权利和分担义务的共有；共同共有是指共有人基于共同关系，不分份额地共享共有物所有权的共有。我国法律一般将家庭共有财产视为共同共有，在家庭关系存续期间，共有人不分份额地共同享有所有权。因为不可能有永远的共有，共有关系会因一定情况的出现而终止，当共有关系终止时，就应当对共有物进行分割。《物权法》第99条规定："共有人约定不得分割共有的不动产或者动产，以维持共有关系的，应当按照约定，但共有人有重大理由需要分割的，可以请求分割；没有约定或者约定不明确的，按份共有人可以随时请求分割，共同共有人在共有的基础丧失或者有重大理由需要分割时可以请求分割。因分割对其他共有人造成损害的，应当给予赔偿。"从这一规定可以看出，对于共同共有财产在一般情况下是不能分割的，只有在"共有的基础丧失"或者"有重大理由需要分割"时才可以请求分割。其中，夫妻一方死亡或离婚、家庭解散而分家析产、继承人分割遗产、合伙企业解散或破产等都可以被视为"共有基础的丧失"。而夫妻一方有隐藏、转移、变卖、毁损、挥霍共同财产或者伪造共同债务等行为的，或者一方负有法定扶养义务的人患有重大疾病需要医治，另一方不同意支付相关医疗费用等行为可以视为"有重大理由需要分割"。当以上这些法律事实出现时，共同共有人即可以请求分割共有财产。

4. 共有人的配偶是否有权要求分割共有财产

本案的另一争议内容是上诉人郑永贵的妻子雍金莲是否属于财产共有人？是否有权要求分割共有财产？

家庭关系的存在是形成家庭共有财产的前提。这就要求各个共有人之间都是同一家庭的成员，并且共同生活在一起。如果某人在共有财产形成之时并不属于该家庭的成员，或者某一成员已经脱离该家庭另组家庭，或者已经分家析产，则不能成为家庭共有财产的共有人。本案中，上诉人雍金莲虽然是郑永贵的妻子，但他们的夫妻关系是从2000年结婚之后才开始形成的，而所争讼房产的产生时间一个是在1983年，另一个是在1998年；王芝芝、郑永贵等人承包本村土地的时间也是发生在1980年。很显然，以上所争讼的家庭共同财产产生在郑永贵和雍金莲结婚之前，此时雍金莲并不是王芝芝家的家庭成员。同时，按照家庭共同财产的产生条件可以推出，家庭共同财产要以家庭成员的共同创造、共同所得作为条件。而雍金莲也并没有对所争讼的房屋作出过贡献，所以，她不属于该家庭财产的共有人。

那么，雍金莲是否可以通过继承的方式得到被上诉人王芝芝的丈夫，也就是雍金莲本人的公公郑晓的遗产呢？答案也是否定的。因为《继承法》并未将儿媳作为法定继承人加以规定，仅在第12条规定："丧偶儿媳对公、婆，丧偶女婿对岳父、岳母，尽了主要赡养义务的，作为第一顺序继承人。"显然，雍金莲也不符合丧偶儿媳这一法定条件，因此，雍金莲无法继承郑晓的遗产，也无权请求分割该财产。

（评注人：刘鎏）

第六部分

继承纠纷

96. 法定继承纠纷

司法案例

赖石玉等诉李小娥案

江西省赣州市中级人民法院（2007）赣中民一终字第121号

基本案情

上诉人（原审原告）：赖石玉。

委托代理人：肖笃炎，江西南芳律师事务所律师。

被上诉人（原审被告）：李小娥。

原审原告：赖余炫。

上诉人赖石玉为与被上诉人诉李小娥继承纠纷一案，不服龙南县人民法院（2006）龙民一初字第355号民事判决，向本院提起上诉。本院立案受理后，依法组成由审判员曾军任审判长、审判员袁海组成的合议庭审理本案。经过阅卷和调查，询问当事人，本案现已审理终结。

经审理查明：赖华英（1938年2月2日生）与赖余炫、赖石玉和赖余辉、赖余涛是同胞兄弟姐妹关系。赖余辉、赖余涛先于赖华英死亡，赖余炫小时候被送养。赖石玉在江西气压机厂工作，现已退休，住在赣州市。赖华英生前未生育，一人居住在龙南县龙南镇中山街解放选区（天桥），拥有编号为0584使用面积5.04平方米（一层）、编号为0585使用面积32.93平方米（二层）房产二处。赖华英早年在龙南县龙南镇原运输队工作。运输队解散后，赖华英以用草药给人治病为业。1997年2月17日，赖华英投保了九九鸿福终身保险，保额为5 000元，但未指定受益人。2000年后，陈友华（现住深圳）会按月寄钱给赖华英，并为赖华英支付保费。几年前，赖华英用草药治好了李小娥的病。近几年来，赖华英年老多病，李小娥出于感激，常去赖华英家照料其生活。赖华英与李小娥结下了较深的感情，情同母女。2006年春节，赖华英与李小娥一家人照了全家福照片。2006年4月10日赖华英在其家中，当着钟美琼、唐丽华的面立下口头遗嘱，即赖华英死亡后，其房产和银行存款给李小娥，保险和金首饰给陈友华。赖华英指定钟美琼执行遗嘱。2006年5月11日晚，赖华英突然死亡。5月12日，钟美琼宣布了赖华英的口头遗嘱，并保存了赖华英的房产证、存单、保险单和金首饰等赖华英的遗产。李小娥从赖华英存款中取出12 000元，用于火化赖华英的尸体和购置墓地安葬赖华英的骨灰。在办理赖华英的后事期间，钟美琼将赖华英的金首饰给了回龙南参加办理赖华英后事的陈友华，将赖华英的房产证和存单复印件给了李小娥。现赖华英的房产证、存单、保险单等原件由钟美琼保管。2006年5月20日，原告发现赖华英死亡。2006年9月19日，原告以系赖华英的兄弟姐妹为由而提起本案诉讼。

一审诉辩主张

原告赖石玉、赖余炫诉称：我们是被继承人赖华英的同胞兄弟姐妹，是她仅有的两个亲人，应作为法定继承人继承她的所有财产，即编号为0584使用面积5.04平方米（一层）、编号为0585使用面积32.93平方米（二层）房产二处，以及1997年2月17日赖华英投保的未指定受益人的、保额为5 000元的九九鸿福终身保险。但被继承人去世后，非亲非故的李小娥却以所谓口头遗嘱为由将被继承人的财产据为己有，侵犯了我们的法定继承权。请求法院判决其返还所有财产。

被告李小娥辩称：原告虽与被继承人有血缘关系，但并未尽到扶养义务，多年来，都是我一直在照顾被继承人，我们情同母女，因此，被继承人生前因为患病，不知还能活多久，于是当着两个证人钟美琼、唐丽华的面立下口头遗嘱，即赖华英死亡后，其房产和银行存款给我，保险和金首饰给陈友华。赖华英指定钟美琼执行遗嘱。虽然原告是被继承人的法定继承人，但应按照遗嘱由我继承房产和存款。请求驳回原告的诉讼请求，并由其承担全部诉讼费用。

一审判决

龙南县人民法院经审理认为：继承法规定，继承开始后，按照法定继承办理。有遗嘱的，按照遗嘱继承或者遗赠办理；有遗赠扶养协议的，按照协议办理。本案原告与继承人是同父母所生的兄弟姐妹。原告赖石玉是本案的法定继承人，享有法定继承权。因原告赖余炫与他人存在收养关系，根据《收养法》关于“养子女与生父母及其他近亲属间的权利义务关系，因收养关系的成立而消除”的规定，原告赖余炫在本案中不是法定继承人。被告是本案法定继承人以外的人，在本案中不享有法定继承权。赖华英一生未生育，晚年一人生活。由于赖华英年老多病，其身边确需有人给予照料。几年前，赖华英用草药治好了被告的病，被告出于感激，常去赖华英家照料其生活，尽了继承人以外的人的扶养义务。赖华英因此与被告结下了较深的感情，还与被告一家人照了“全家福”相片。对赖华英生前立下的口头遗嘱，即其故后所遗房产和存款遗赠给被告，依照《继承法》关于“遗嘱人在危急情况下，可以立口头遗嘱。口头遗嘱应当有两个以上见证人在场见证。危急情况解除后，遗嘱人能够用书面或者录音形式立遗嘱的，所立的口头遗嘱无效”的规定，口头遗嘱应是遗嘱人在危急情况下所立的遗嘱。所谓“危急情况下”，是指遗嘱人生前生命危笃之际，如病危、乘车船遇险等生死难卜的情况下。而当时赖华英立口头遗嘱时并非处于危急情况下，且在立下口头遗嘱后至其突然死亡期间，赖华英也非处于危急情况下，即赖华英能够用书面或者录音形式再立遗嘱，但赖华英有条件做而未做。因此，赖华英所立的口头遗嘱，当属无效。赖华英与被告未订立遗赠扶养协议，故本案不能按遗嘱办理，也不能按遗赠扶养协议办理。本案应按法定继承办理。原告赖石玉是有扶养能力和扶养条件的继承人，但原告赖石玉却缺乏证据证明其对赖华英尽了扶养义务。根据赖华英的遗赠意向和赖华英与被告一家人照的“全家福”照片，可以认定被告属于“继承人以外的对被继承人扶养较多的人”。被告对赖华英没有法定扶养义务，但却尽了较多的扶养义务。这是非常难能可贵的，是值得提倡的好的社会风气。本案中，分给被告适当的财产，是理所当然的。赖华英的遗产有房产证编号为0584、0585的房产、银行存款61 000元、九九鸿福终身保险保额5 000元。因保管赖华英遗产有关凭证的人不是本案被告，故原告诉求被告返还赖华英的房产证和存单等不当。据此，原审法院依照《收养法》第23条，《继承法》第10条、第13条第4款、第14条、第17条第5款之规定，作出判决：（一）确认被继承人赖华英所立的口头遗嘱无效；（二）被继承人赖华英遗产中的银行存款（含信用社股金）61 000元中的31 000元由原告赖石玉继承享有，30 000元分给被告李小娥享有；（三）被继承人赖华英遗产中的九九鸿福终身保险保额5 000元分给被告李小娥享有；（四）被继承人赖华英遗产中的房产（房产证编号为0584和0585，坐落在龙南县龙南镇中山街解放选区天桥）分给被告李小娥享有；（五）上述（二）、（三）、（四）项限判决生效后3日内履行完毕；（六）驳回原告的其他诉讼请求。案件受理费3 000元、实际支出费1 050元，合计4 050元，由原告承担2 050元、被告承担2 000元。

二审诉辩主张

原告赖石玉不服，上诉称：（一）原审判决认定事实不清，证据不足。根据被继承人赖华英生前的职业和存款金额的情况，可知赖华英生前既不需要上诉人对其履行扶养义务，也不需要被上诉人对其履行扶养义务，原判决认定被上诉人属继承人以外对被继承人扶养较多的人没有事实和法律依据。按原审判决认定的被上诉人出于感激，常去赖华英家照料其生活，也只是被上诉人基于感激和报答心理，在特定时间（圩日[①]）为赖华英提供了一定的劳务帮助，而劳务帮助也仅限于饮食方面。据此认定被上诉人属于继承人以外的对被继承人扶养较多的人同样缺乏事实和法律依据。（二）原判对遗产的处理不当。根据有关司法解释，对被继承人生活提供了主要经济来源，或在劳务等方面给予了主要扶助的，应当认定其尽了主要赡养义务或主要扶养义务。由于被继承人赖华英生前尚有生活自理能力，且有相对固定的经济来源，被告基于感激和报答心理，在特定时间为赖华英提供的生活照料行为不能视为被上诉人对赖华英尽了主要赡养或扶养义务。继承人有扶养能力和扶养条件，愿意尽扶养义务，但被继承人因有固定收入和劳动能力，明确表示不要求其扶养的，分配遗产时，一般不应因此而影响其继承份额。原审判决认定赖石玉缺乏证据证明其对赖华英尽了扶养义务与其查明的赖华英生前收入财产状况不符，其隐含的因原告不尽扶养义务，分配遗产时，可以少分的判决理由同样不能成立。因此，要求撤销原判，改判被上诉人分得与其照料行为相适应的适当遗产份额。

被上诉人（原审被告）李小娥答辩称：原审判决事实清楚，人证、物证齐全，被上诉人本身就不服。上诉人与赖华英只有血缘关系，二十多年来未尽照顾义务，要继承其遗产，道德良心和法理都说不过去。被上诉人十多年来一直照顾赖华英，感情深厚，情同母女。赖华英是天主教友，曾多次对教会的负责人徐炳辉和教友蔡顺妹、叶月惠、唐石惠等人都嘱咐过，她死后要把房屋、存款给被上诉人，保险金给陈友华。2006年4月10日，赖华英又把钟美琼、唐石惠叫到家中，立下口头遗嘱，死后要把房屋、存款给被上诉人，保险金给陈友华。赖华英生前认为公证要钱，叫人作证不要钱，又不知道自己的寿命有多长，所以没有去公证，采取了口头遗嘱，并委托了钟美琼作赖华英的代理、执行、监督人，赖华英这样安排是符合法律规定有效的。

---

① “圩日”即赶集、赶圩，客家人叫赴圩。在客家人的口语中，把约定俗成的集市交易称为“圩日”，人们到集市上交易或办事，就叫赴圩。

二审举证及质证、认证情况

二审期间，上诉人提交了其代理人询问证人沈大香、蔡顺妹、徐炳辉、吴梅清、吴朝生、吴凤英、钟永胜的笔录各1份，龙南县公安局询问证人沈大香、廖家模、黄月英的笔录复印件各1份，赖华英墓碑照片2张、李小娥原住处大门现场照片4张、李小娥一审授权委托书复印件1份，以证明以下事实：一是李小娥个人或与他人为获取赖华英遗产，而与钟美琼、唐丽华恶意串通，虚构遗嘱及遗嘱见证人；二是李小娥明显缺乏无偿照顾赖华英这一高尚风格的客观基础。被上诉人质辩称，上述证人证言所述不是事实，赖华英的寿衣是在其死后做的，是被上诉人经手在钟永胜处做的。墓碑上之所以刻上义女李小娥，是因为赖华英交代钟美琼说认了被上诉人为女儿，所以就尽这个责。被上诉人原住处大门上写字是因为被上诉人家公、家婆不讲道理，被上诉人在没办法的情况下写下的。本院认为，上诉人提交的上述证据并不能直接证明其主张的证明对象，也不能必然推理得出其证明对象的结论。因此，其提交的上述证据与其证明对象不具关联性，本院不予采纳。

上诉人还提交了《九九鸿福终身保险条款（98版利差返还型）》1份，以该件第6条载明“本合同的保险金额于每年的生效对应日按保险单载明的保险金额的5%增加”为据，主张原审认定遗产保险金一项有误，可推算认定为7 250元。因该证据不能直接确定可获保险利益的具体数额，本院责上诉人提交直接依据证明，逾期，上诉人未提交证据证明。本院认为，该项遗产尚未兑现，属依合同约定可获得的利益。因此，应表述为“被继承人赖华英投保的九九鸿福终身保险（起保时间自1997年2月18日零时起）的可得保险利益”。

二审期间，被上诉人提交了2006年5月12日的“赖华英生嘱证明”复印件1份，以证明被上诉人照顾了赖华英，遗产全部由被上诉人继承。还提供了2006年5月8日赖华英的X线检查报告和2006年2月10日至4月19日间赖华英的医药费收据18张，以证明赖华英患有心肌梗塞，到医院看了病。上诉人质辩称，关于“生嘱证明”，其形式不符合证据规则，证明主体不适格，与原审时被上诉人主张的口头遗嘱的内容不相符，作为独居老人对这么多人打招呼自己有多少钱，怎么处理，也不符合常理，所以，对该证据的真实性、合法性、关联性持异议。关于X线检查报告单，其结论很正常。收费收据等也只能证明赖华英患病，而不能证明赖华在此期间患有重病。本院认为，“生嘱证明”并非赖华英本人署名，不具有书面遗嘱的效力。如作为证人证言，则既不能确认签名的真实性，其形式也不符合证据规则的规定，因此，本院对该生嘱证明不予采信。而被上诉人提交的X线报告单和医药费收据所记载的内容也不足以证明赖华英在用药期间患有重病。

二审查明的事实与一审判决认定的事实一致，本院依法予以确认。

二审判决

江西省赣州市中级人民法院经审理认为：根据继承法的规定，公民可以立遗嘱将其财产遗赠给法定继承人以外的人。遗嘱人在危急情况下，可立口头遗嘱。危急情况解除后，遗嘱人能够用书面或录音形式立遗嘱的，所立的口头遗无效。本案中，在赖华英生前与其交往较密的证人唐丽华、钟美琼证明，赖华英生前曾立下口头遗嘱，由被上诉人继承其房屋、存款的遗产。证人证言之间可以相互印证，结合被上诉人在赖华英生前照料其生活的情况，可以认定这一事实。但被继承人赖华英立该遗嘱时并非处于危急情况之下，有条件采取书面或录音形式立遗嘱，故原审判决认定其所立口头遗嘱无效并无不当。因该口头遗嘱无效，根据继承法的规定，本案应属法定继承。法定继承人可以继承被继承人的遗产，同时，继承人以外的对被继承人扶养较多的人，也可以分得适当的遗产。上诉人赖石玉系被继承人赖华英的胞妹，是本案的法定继承人，赖华英的遗产应由其继承。但近年来，被上诉人李小娥常去赖华英家照料其生活。因对被继承人的扶养既可以是经济上的，也可以是精神上的，所以，原审判决认定李小娥为继承人以外的对被继承人扶养较多的人，可以分给其遗产，亦无不当。

根据继承法的规定，对法定继承人不分或少分遗产的情形是继承人有扶养能力而不尽扶养义务。本案中，上诉人要求继承遗产是基于其法定继承人的身份而提出的主张，被上诉人认为其不应分得或少分遗产，应提出上诉人未尽扶养义务的事实主张并举证证明。被上诉人虽已提供证据证明其对被继承人尽了较多扶养义务，但据此不足以证明上诉人未尽扶养义务。因此，原审判决在未认定上诉人对被继承人赖华英未尽扶养义务的情况下，以上诉人缺乏证据证明其对赖华英尽了扶养义务为由，适用《继承法》第13条第4款的规定，对上诉人予以少分遗产的处理欠妥。同时，原审判决未考虑被上诉人李小娥对赖华英的扶养主要是生活照料而非经济帮助的情况，分给被上诉人比上诉人更多的遗产，亦有不当。因此，根据继承法关于可以分给继承人以外的对被继承人扶养较多的人适当的遗产的规定，结合本案被上诉人给予赖华英生活照料和上诉人与赖华英异地生活等实际情况，应对原审关于遗产分割的处理予以适当调整。

综上所述，原审判决认定事实清楚，处理欠妥，应予纠正。据此，依照《民事诉讼法》第153条第1款第1、2项之规定，判决如下：

一、维持龙南县人民法院（2006）龙民一初字第355号民事判决的第一、四、五、六项；

二、变更龙南县人民法院（2006）龙民一初字第355号民事判决的第三项为：被继承人赖华英遗产中其投保的九九鸿福终身保险（起保时间自1997年2月18日零时起）的可得保险利益分给被上诉人李小娥享有；

三、撤销龙南县人民法院（2006）龙民一初字第355号民事判决的第二项；

四、被继承人赖华英遗产中的存款（含信用社股金）61 000元及其孳息由上诉人赖石玉享有。

一审案件受理费3 000元、实际支出费1 050元，二审案件受理费3 000元，共计7 050元，由上诉人赖石玉承担3 500元、被上诉人李小娥承担3 550元。

案由与焦点

1. 案由

本案的一级案由为“婚姻家庭继承纠纷”，二级案由为“继承纠纷”，三级案由为“法定继承纠纷。”

根据法定的继承人范围、继承顺序及遗产分配原则将遗产分配给继承人的继承方式为法定继承，因法定继承而引发的纠纷为法定继承纠纷。在“法定继承纠纷”三级案由下，包括两个四级案由：（1）转继承纠纷；（2）代位继承纠纷。

2. 焦点

本案争议的焦点在于被继承人生前所立口头遗嘱的效力认定，以及被告李小娥能否获得遗产以及遗产在其与原告之间如何分配的问题。

评注与问题

1. 口头遗嘱的效力应如何认定

本案中，被继承人赖华英生前在其家中，当着钟美琼、唐丽华的面立下口头遗嘱，即赖华英死亡后，其房产和银行存款给被告李小娥。如果此遗嘱合法有效，则遗嘱涉及的财产自应按照遗赠来处分给非法定继承人的李小娥。但《继承法》第17条规定："遗嘱人在危急情况下，可以立口头遗嘱。口头遗嘱应当有两个以上见证人在场见证。危急情况解除后，遗嘱人能够用书面或者录音形式立遗嘱的，所立的口头遗嘱无效。"也就是说，口头遗嘱如可作为分配遗产的法律依据，需具备三个要件：其一，需在危急情况下设立，没有其他条件可供选择。至于何谓"危急情况"，则主要是指遗嘱人生命垂危、在战争中或者发生意外灾害，随时都有生命危险而来不及或没有条件以其他形式设立遗嘱的状况。其二，必须有两个无利害关系的见证人在场见证。见证人应在当时或事后将口授内容记录下来，并由见证人、记录人在上面签字，以确保记录内容的真实性。其三，口头遗嘱设立后，被继承人未再有机会以其他形式设立遗嘱。根据法律规定，危急情况解除后，遗嘱人能够用书面或者录音形式立遗嘱的，所立的口头遗嘱无效。也就是说，只有当被继承人没来得及以其他效力更强的形式重新设立遗嘱便死亡了，之前的口头遗嘱才会生效。本案中，赖华英虽然在两个见证人见证之下设立了口头遗嘱，但其时她并未处在危急情况下，而是正常地待在自己家，且其在1个月之后才死于自己家中，完全有条件以自书遗嘱、录音遗嘱等形式重新设立遗嘱，所以，法院自然不能确认其所立口头遗嘱的效力。

2. 被送养的人（已与他人建立合法收养关系）是否有权继承其亲生兄弟姐妹的遗产

本案的原告之一赖余炫从小即被送养，与他人建立了收养关系。根据《收养法》第23条的规定，养子女与生父母及其他近亲属间的权利义务关系，因收养关系的成立而消除。同时，最高人民法院《关于贯彻执行〈中华人民共和国继承法〉若干问题的意见》（以下简称《继承法意见》）第23条又规定："被收养人与其亲兄弟姐妹之间的权利义务关系，因收养关系的成立而消除，不能互为第二顺序继承人。"因此，本案一审原告之一赖余炫不是被继承人的法定继承人，是继承人以外的人，且本案中，赖余炫也未实际上对被继承人有扶养照顾事实，即不具有"继承人以外的对被继承人扶养较多的人，可以分给他们适当的遗产"的情形，因此无权请求继承诉争遗产。试问，假如本案中被送养的赖余炫对被继承人生前照顾较多，判决情形又当如何呢？他在继承关系中的身份有何变化？

3. "继承人以外的对被继承人扶养较多的人，可以分给他们适当的遗产"在本案中应当如何适用

《继承法》第14条规定："对继承人以外的依靠被继承人扶养的缺乏劳动能力又没有生活来源的人，或者继承人以外的对被继承人扶养较多的人，可以分给他们适当的遗产。"本案中，被告李小娥因为赖华英用草药治好了她的病，出于感激，常去赖华英家照料其生活。赖华英与被告结下了较深的感情，情同母女，因而可以认定被告李小娥即属于《继承法》第14条规定的"继承人以外的对被继承人扶养较多的人"，按照规定，可以分给适当的遗产。这样的规定有利于维护邻里之间的互帮互助，有利于建立和谐社会中符合道德要求的良好人际关系，是法定继承的有益补充。另外，至于"适当"的尺度如何把握，最高人民法院《继承法意见》第31条解释为："依继承法第十四条规定可以分给适当遗产的人，分给他们遗产时，按具体情况可多于或少于继承人。"前已述及，因被继承人有固定收入，生活完全可以自理，因而被告李小

娥的照顾并未为其提供主要经济来源或者进了主要赡养义务，而是以劳务帮助、精神慰藉为主要内容的“扶养较多”，故此二审法院改判了遗产的分配，改变了一审判决中原告少、被告多的遗产分配原则，应为妥当。

4.“有扶养能力和有扶养条件的继承人，不尽扶养义务的，分配遗产时，应当不分或者少分”在本案中应如何认定

《继承法》第15条规定：“继承人应当本着互谅互让、和睦团结的精神，协商处理继承问题。遗产分割的时间、办法和份额，由继承人协商确定。协商不成的，可以由人民调解委员会调解或者向人民法院提起诉讼。”这是在遗产分割的问题上明确了民法基本原则当事人意思自治的适用。换言之，各继承人在遗产的获得上可根据情形采用“不均等原则”，除了各继承人协商一致的适用情形以外，在《继承法》第13条又明确规定了在一般性原则“同一顺序继承人继承遗产的份额，一般应当均等”之外，具体的需要特殊适用的情形，即“对生活有特殊困难的缺乏劳动能力的继承人，分配遗产时，应当予以照顾”，“对被继承人尽了主要扶养义务或者与被继承人共同生活的继承人，分配遗产时，可以多分”，以及“有扶养能力和有扶养条件的继承人，不尽扶养义务的，分配遗产时，应当不分或者少分”。

前已述及，原告之一赖余炫不是本案的法定继承人，那么只有原告赖石玉是被继承人唯一的法定继承人，遗产的分割即是在法定继承人与“继承人以外的人”也就是本案中“可以分得适当遗产”的被告李小娥之间进行。被继承人生前有固定收入，生活足以自理，虽然偶有病痛，但也未有证据显示被继承人向原告提出过扶养要求而原告不予扶养。对于最高人民法院《继承法意见》第33条规定的“继承人有扶养能力和扶养条件，愿意尽扶养义务，但被继承人因有固定收入和劳动能力，明确表示不要求其扶养的，分配遗产时，一般不应因此而影响其继承份额”中“明确表示不要求其扶养”不应作过高的标准认定。笔者认为，未明示要求继承人扶养即可认定为符合此条款，在遗产分配上不应影响其应得份额。

5.法定继承人的继承权是否一定会受到法律保护

在民法上，继承权的含义有客观意义上的继承权和主观意义上的继承权之分。客观意义上的继承权是继承开始前的继承人的法律地位，是自然人依照法律规定或者依照被继承人的遗嘱继承被继承人遗产的资格，其实质也就是继承人所具有的继承遗产的权利能力。主观意义上的继承权是继承人在继承法律关系中实际享有的继承被继承人遗产的具体权利。客观意义上的继承权是主观意义上的继承权的基础与前提，是一种期待权，本质上是没有财产标的的权利，或者说其根本就不是一种具体权利，它会因法律规定的继承顺序以及收养、结婚等而使主体的地位和权利的强弱有所差异；而主观意义上的继承权是一种具体的权利，一种既得权、特殊的财产权。只有发生继承法律关系时，客观意义上的继承权才能转化为主观意义上的继承权。①

作为一种具体的财产权，客观意义上的继承权主体还可能因法律的某些规定而有所变化，换言之，法定继承人的继承权并非都能受到法律的保护。比如，《继承法》第7条规定，继承人有下列行为之一的，丧失继承权：(1)故意杀害被继承人的；(2)为争夺遗产而杀害其他继承人的；(3)遗弃被继承人的，或者虐待被继承人情节严重的；(4)伪造、篡改或者销毁遗嘱，情节严重的。除了上述情形导致继承人丧失法律对其继承权的保护（更确切地说，是剥夺）之外，法律还允许继承人自主放弃继承权，但需在继承开始后、遗产分割前以明示的方式作出表示才能产生效力。

（评注人：李珂丽）

① 参见郭明瑞、房绍坤、关涛：《继承法研究》，16～19页，北京，中国人民大学出版社，2003。

97. 遗嘱继承纠纷

司法案例

赵德鹏诉赵德铭等案

云南省昆明市中级人民法院（2006）昆民三终字第589号

基本案情

上诉人（一审原告）：赵德鹏。

委托代理人：王晋繁、刘小波，云南刘胡乐律师事务所律师。

被上诉人（一审被告）：赵德铭。

被上诉人（一审被告）：赵德芬。

委托代理人：华世銧。

被上诉人（一审被告）：赵德芳。

委托代理人：郭孔贤。

被上诉人（一审被告）：赵德珍。

委托代理人：刘自清。

被上诉人（一审被告）：赵德华。

被上诉人（一审被告）：赵林。

上诉人赵德鹏为与被上诉人赵德铭、赵德芬、赵德芳、赵德珍、赵德华、赵林遗嘱继承纠纷一案，不服昆明市五华区人民法院（2005）五法民初字第343号民事判决，向本院提起上诉。本院立案受理后，依法组成洪琳任审判长、审判员万绍敏和代理审判员彭韬参加评议的合议庭审理本案，书记员朱莉担任记录。经过阅卷和调查，询问当事人，本案现已审理终结。

经审理查明：（一）继承人范围。被继承人赵延康出生于1916年10月16日，其与妻子李友芝（1987年4月30日去世，此后赵延康未再婚）生育7个子女。2004年1月2日，被继承人赵延康死亡，其父母已先于其本人死亡。（二）遗产。（1）1993年12月24至1997年12月23日，被继承人赵延康参加中国科学院昆明分院房改（购房合同于1997年12月21日订立），支付购房款25 175.21元（优惠2 709.41元）后（该款由原告赵德鹏支付）于2002年取得200214568号《房屋所有权证》，依法登记成为1—4—1号房屋所有权人。赵延康去世后，该房屋由5被告（赵林除外）共同管理。诉讼中，根据被告赵林要求，一审法院委托昆明市金字房地产评估有限责任公司于2006年3月24日作出“昆金房评字（2006）第JLF0304号《房地产估价报告》”，确认1—4—1号房屋价值人民币205 800元。（2）被继承人赵延康去世后，遗留有现金、存款以及抚恤金、丧葬费等合计120 666.38元。其中办理赵延康丧葬事宜支出费用11 258.20元，余款109 408.18元中的存款74 000元由被告赵德铭保管，其他款项由被告赵德珍保管。（三）公证书。1996年8月20日和1998年2月17日，昆明市盘龙区公证处作出（96）昆盘证字第1984号和（98）昆盘证字第316号《协议公证书》，对同日赵延康与赵德鹏订立的《协议书》予以公证。公证内容为：1—4—1号房屋的购房款由赵德鹏支付，赵延康的日常生活由赵德鹏照料，赵延康去世后该房屋先由赵德鹏继承、居住（1996年协议），取得产权后归赵德鹏所有（1998年协议）。（四）遗嘱。被继承人赵延康生前留有5份自书遗嘱（1996年至2003年）。涉及房屋和存款等款项的最后遗嘱为2003年3月3日的《临终留言》（房屋）：“九成里的房屋不能由赵德鹏继（承）。应由所属的赵林、德华、德珍、德芳、德芬、德铭平均继承”，购房款从遗款中赔还赵德鹏。2002年3月29日的《我的留言》（存款等款项）：赵德鹏已得1—4—1号房屋继承，不列入分配之列。

一审诉辩主张

原告赵德鹏诉称：1996年8月20日和1998年2月17日，昆明市盘龙区公证处作出（96）昆盘证字第1984号和（98）昆盘证字第316号《协议公证书》，对同日我与被继承人赵延康订立的《协议书》予以公证。公证内容为1—4—1号房屋的购房款由我支付，被继承人赵延康的日常生活由我照料，被继承人赵延康去世后该房屋先由我赵德鹏继承、居住（1996年协议），取得产权后归我所有（1998年协议）。据此主张1—4—1号房屋由本人继承所有权，被继承人的其他遗产依法分割。

被告赵林、赵德华、赵德珍、赵德芳、赵德芬、赵德铭辩称：1996年8月20日和1998年2月17日，昆明市盘龙区公证处作出（96）昆盘证字第1984号和（98）昆盘证字第316号《协议公证书》，对同日赵延康与赵德鹏订立的《协议书》予以公证。公证内容为1—4—1号房屋的购房款由赵德鹏支付，赵延康的日常生活由赵德鹏照料，赵延康去世后该房屋先由赵德鹏继承、居住（1996年协议），取得产权后归赵德鹏所有（1998年协议）。但原告赵德鹏未按照协议履行约定义务，故不应继承1—4—1号房屋。房屋应由所有法定继承人共同继承。

一审判决

昆明市五华区人民法院经审理认为：第一，根据赵延康于2004年1月2日死亡的事实，一审法院依法确认以其为被继承人的继承开始，本案当事人为其法定继承人。第二，《我的留言》、《临终留言》系法律规定的自书遗嘱，经公证的《协议书》虽在形式上为合同，但根据该协议书内容和法律对遗嘱的规定，以及被继承人在自书遗嘱中对协议书性质的表述，一审法院确认《协议书》为形式上有瑕疵的公证遗嘱。同时，根据法律对遗嘱效力的规定，一审法院确认本案中的公证遗嘱和自书遗嘱均系有效遗嘱。第三，根据被继承人生前已以遗嘱形式对遗产作了处理的事实和《继承法》第5条“继承开始后，按照法定继承办理；有遗嘱的，按照遗嘱继承或者遗赠办理”之规定，一审法院确定本案遗产应按遗嘱处理。第四，根据《继承法》第20条（自书遗嘱、代书遗嘱、录音遗嘱、口头遗嘱，不得撤销、变更公证遗嘱）之规定，公证遗嘱的效力优于其他形式的遗嘱。第五，根据《继承法》第21条（遗嘱继承或者遗赠附有义务的，继承人或者受遗赠人应当履行义务）之规定和遗嘱内容，一审法院确认公证遗嘱为附义务的遗嘱，即本应由全部子女共同承担的赡养义务概括由原告承担，原告应按照中华民族的道德观、价值观主要负责在经济和精神上照顾被继承人，其才能一人继承本应由全部子女共同继承的1—4—1号房屋。本案中，根据自书遗嘱内容，可确认原告并未履行遗嘱义务，故一审法院根据5被告（赵林除外）的抗辩理由和《继承法》第21条（没有正当理由不履行义务的，经有关单位或者个人请求，人民法院可以取消他接受遗产的权利）之规定，确定1—4—1号房屋按自书遗嘱处理。因此，根据《临终留言》，一审法院确定1—4—1号房屋由6被告按等分原则继承，并根据当事人的意思表示确定该房屋由赵德铭、赵德芬、赵德芳、赵德珍、赵德华共同继承所有（共同共有），由其共同补偿被告赵林继承份额折价款人民币34 300元。原告支付的购房款22 465.80元（已扣除优惠款2 709.41元）根据《临终留言》的意思表示为债务，应当从遗产中予以清偿。根据本案事实，一审法院确定由被告赵德铭从其保管的存款74 000元中支付原告该款项。第六，根据《我的留言》，原告赵德鹏在取得1—4—1号房屋后，方不列入存款等款项的分配之列。现因法定事由的出现，原告未能继承取得1—4—1号房屋，但其并未丧失对其他遗产的继承权，且被继承人的意思表示为平衡子女间继承遗产的权利，故在原告未能继承1—4—1号房屋的前提下，一审法院确定原告对存款等遗产（房屋除外）与其他当事人平等享有继承权。因此，一审法院确定本案当事人各继承86 942.38元（109 408.18元扣除债务22 465.80元）中的12 420.34元，相关款项根据案件事实，确定由赵德铭先从其保管的存款51 534.20元（清偿债务22 465.80元后）中补偿原告，被告赵林、被告赵德华及其自己份额各12 420.34元，余款1 852.84元转交被告赵德珍，再由被告赵德珍从其保管的款项35 408.18元和1 852.84元中（合计37 261.02元）补偿被告赵德芬、赵德芳及其本人份额。据此，一审法院依照《继承法》第5条、第10条第1款、第16条第2款、第20条第2款、第21条、第29条、第33条第1款和《民事诉讼法》第130条的规定，遂判决：（一）本市庆云街九成里1号1—4—1号房屋，《房屋所有权证》证号：200214568号，丘地号：FKM05381602719—3，所有权人：（赵延康）由赵德铭、赵德芬、赵德芳、赵德珍、赵德华共同继承所有（共同共有），由赵德铭、赵德芬、赵德芳、赵德珍、赵德华于本判决生效后5日内补偿被告赵林继承份额折价款34 300元人民币；（二）由被告赵德铭从其保管的存款74 000元中归还原告赵德鹏已支付的购房款22 465.80元，余款51 534.20元由赵德铭支付赵德华、赵德鹏、赵林及其本人继承份额12 420.34元。由被告赵德珍从其保管的款项35 408.18元及赵德铭保管的存款余款1 852.84元中支付赵德芬、赵德芳及其本人继承份额12 420.34元。

二审诉辩主张

原告赵德鹏不服一审判决，上诉称：（一）一审判决认定的事实错误。（1）一审判决认定上诉人未履行协议书中的遗嘱义务是错误的。协议书中内容包括两项，即：承担全部房款和照料被继承人的日常生活。购房款上诉人已全部支付，而上诉人自1986年到1999年都与被继承人共同居住，而其余被上诉人都未与被继承人共同居住过，更谈不上照料其生活。上诉人搬出庆云街还经常回去探望，被继承人住院期间也到医院看望、照料。（2）并非上诉人不愿意照料被继承人而是无法履行照顾义务，上诉人是应被继承人的要求搬出的。（3）上诉人与被继承人之间并不存在债权债务关系，上诉人出资并不是借钱给被继承人，一审却错误地认定为债权债务关系。（二）一审判决适用法律错误。上诉人已经证明上诉人已尽到照料被继承人的义务，一审适用《继承法》第21条是错误的。故，请求二审法院：（1）撤销一审判决；（2）判决昆明市庆云街九成里1号1—4—1号房屋归上诉人所有；（3）判决在被上诉人处保管的存款依法平均分配；（4）判令被上诉人承担案件一、二审诉讼费用。

被上诉人赵德铭答辩称：这个案子在一审经过了近一年的调查取证，根据协议书就找不出是公证遗嘱一词，上诉人第二次去公证后就以为房屋已到手了，所以就在 1998 年没通知父亲就搬走了，他不照顾父亲，所以一审法院判决是公平合理的。被上诉人认为协议书公证是双方所达成的协议，其中购房款到老父亲去世也不知道交了多少。上诉人说和父亲住了 13 年也不符合事实，在 1992 年父亲重新搬回庆云街，1993 年上诉人搬到土桥，是我大女儿在照顾我父亲。保姆我们请了十多个，但上诉人没请过一个。

被上诉人赵德芬答辩称：上诉人说其他人没有照顾老父亲而是由他照顾，这不是事实。协议上写明了要他照顾父亲的生活，父亲去世后房子才归他。上诉人住在九成里时，他一出差，他的老婆、子女就走了，父亲就来我们家，保姆都是我们去找的，上诉人没有请过。他搬走是自己搬走的，不是父亲要求的。一审法院的判决合情合理，请求驳回上诉，维持原判。

被上诉人赵德芳答辩称：上诉人认为和被继承人生活了 13 年是履行了照料义务，而实际上只有 11 年，协议签订后只住了 1 年，一审判决认定的是未履行协议中义务，与签订前的 10 年何干。当时协议签订前上诉人城内无房，工作离城很远，被继承人照顾上诉人住在家里，是上诉人依赖被继承人，不是照料。这一点被继承人也不认定。上诉人认为搬出后还常常回家看望，被继承人住院期间上诉人也在医院守护，其实常常回家谈不上，偶尔去一下有可能，被继承人住院期间上诉人没守护过，被继承人的临终遗言已说明。上诉人说不是不愿意照料老人而是无法履行，实际是被继承人不能忍受虐待才带着其他子女为他请的保姆于 4 月到其他子女家中住到 10 月才回家，在这期间上诉人未来看过一眼，连电话都没打过一次。在后面的几年中被继承人没有撤销协议，给了上诉人改正错误的机会，上诉人搬出后，其他子女为精神上安慰老人，规定了每周全家聚会，但上诉人没参加过一次。所以，上诉人的说法是没有道理的。

被上诉人赵德珍答辩称：父亲的房子是福利房。一审法院判原告败诉我们是支持的。坚持一审中答辩状和补充资料的意见。上诉人说他不履行协议中义务是正当的是不对的。上诉人骗父亲签了协议并公证，协议未撤销义务就不会终止。法律明确规定了子女有赡养父母的义务，没有任何法律条款可免除子女的赡养义务。尊老爱幼是中华民族的传统，老人生活不能自理是最需要照顾的，但这时与父亲签订了协议的上诉人却遗弃了父亲。他的行为应受到指责。上诉人提供的所谓父亲要求他搬走的证据是父亲死后我们才发现交给他的。上诉人说有证据证明其已履行了照料义务，请上诉人出示该证据。

被上诉人赵德华答辩称：上诉人是我兄弟，他工作是在跑马山，他是借住在父亲那儿，并非是照顾父亲。房改后，他哄骗我父亲去公证处所作公证是一个协议公证，并不是遗嘱公证。父亲留下的临终遗嘱是一个血泪史，写明由我们几个被上诉人共同继承遗产。

被上诉人赵林答辩称：应当按照法律文件办，对房屋给我哥哥的结论是父亲给我讲过的，房屋应判给他，而他就不参加分其他财产了。父亲到晚年，神志不是很清楚，一会儿这样想、一会儿那样想，这很正常。还是应以法律为依据。

二审查明的事实与一审判决认定的事实一致，本院依法予以确认。

结合案件事实和当事人诉辩主张，本案的争议焦点是：昆明市庆云街九成里 1 号 1—4—1 号房屋应如何处理。

二审判决

昆明市中级人民法院经审理认为：《民法通则》第 78 条规定："财产可以由两个以上的公民、法人共有。共有分为按份共有和共同共有。按份共有人按照各自的份额，对共有财产分享权利，分担义务。共同共有人对共有财产享有权利，承担义务。按份共有财产的每个共有人有权要求将自己的份额分出或者转让。但在出售时，其他共有人在同等条件下，有优先购买的权利。”最高人民法院《民法通则意见》第89条规定：“共同共有人对共有财产享有共同的权利，承担共同的义务。在共同共有关系存续期间，部分共有人擅自处分共有财产的，一般认定无效。但第三人善意、有偿取得该财产的，应当维护第三人的合法权益，对其他共有人的损失，由擅自处分共有财产的人赔偿。”第90条规定：“在共同共有关系终止时，对共有财产的分割，有协议的，按协议处理；没有协议的，应当根据等分原则处理，并且考虑共有人对共有财产的贡献大小，适当照顾共有人生产、生活的实际需要等情况。但分割夫妻共有财产，应当根据婚姻法的有关规定处理。”《继承法》第26条第2款规定：“遗产在家庭共有财产之中的，遗产分割时，应当先分出他人的财产。”本案中，上诉人与赵延康于1998年2月17日签订的协议书中已约定：“因赵延康单位进行房改出售昆明市庆云街九成里1号1—4—1号房屋，由赵德鹏全部一次性出资购买该房。赵延康日常生活由赵德鹏照料，待过世后，该房全部产权、居住权归赵德鹏所有。”在庭审中，被上诉人也一致承认该房房款是由赵德鹏支付的。故，该房产权的取得是来源于赵延康的单位福利和赵德鹏的出资，且从双方协议内容看，并不能反映出赵德鹏的出资是借款给赵延康。该房产权证虽是以赵延康名义办理，但对赵延康与赵德鹏内部关系而言，实际是双方的共同财产。因双方亦未对该房屋中各自份额作出约定，故该财产为双方共同共有。而根据1998年2月17日签订的协议书中约定，赵德鹏取得赵延康份额进而取得该房完全产权的前提条件是照料赵延康日常生活及待其过世。本案中，赵延康以临终留言形式确定昆明市庆云街九成里1号1—4—1号房屋全部产权由除赵德鹏外的其余6子女继承的行为是对该房屋全部产权的处理，属于部分共有人擅自处分共有财产的行为。故按照法律规定，该处分行为应归于无效。一审以赵延康的临终留言为依据，确认昆明市庆云街九成里1号1—4—1号房屋全部产权由除赵德鹏外的其余6子女继承的处理有不当，本院依法予以纠正。考虑到赵德鹏与被继承人赵延康共同居住时间较长且昆明市庆云街九成里1号1—4—1号房屋的取得系赵德鹏主要出资购买，该财产中亦包含有其一半的份额，加之赵德鹏继承的份额，赵德鹏对该房屋占有主要份额，参考该房的评估价值，本院确认昆明市庆云街九成里1号1—4—1号房屋归赵德鹏所有，由赵德鹏补偿其余6位继承人人民币6万元较符合案件事实及公平原则。另，对于赵延康遗留的存款109 408.18元，由7继承人均等继承。据此，依照《民法通则》第78条，最高人民法院《民法通则意见》第89条、第90条，《继承法》第9条、第10条、第26条第2款，《民事诉讼法》第153条第1款第2项及第107条第1款之规定，判决如下：

一、撤销昆明市五华区人民法院（2005）五法民初字第343号民事判决书。

二、坐落于昆明市庆云街九成里1号1—4—1号房屋归赵德鹏所有，由赵德鹏于本判决生效之日起10日内补偿赵德铭、赵德芬、赵德芳、赵德珍、赵德华、赵林每人人民币10 000元。

三、赵延康遗留的存款人民币109 408.18元（赵德铭保管有74 000元、赵德珍保管有35 408.18元）由赵德铭、赵德芬、赵德芳、赵德珍、赵德华、赵林、赵德鹏每人继承人民币15 629.74元。

一、二审诉讼费人民币3 868元，由上诉人赵德鹏负担人民币868元，由被上诉人赵德铭、赵德芬、赵德芳、赵德珍、赵德华、赵林各负担人民币600元。

评估费人民币1 000元，由赵德鹏负担人民币280元，由赵德铭、赵德芬、赵德芳、赵德珍、赵德华、赵林各负担人民币120元。

案由与焦点

1. 案由

本案的一级案由为“婚姻家庭继承纠纷”，二级案由为“继承纠纷”，三级案由为“遗嘱继承纠纷”。

遗嘱继承是指根据被继承人生前所立的合法有效的遗嘱将遗产分配给遗嘱指定的继承人的继承方式。因遗嘱继承而引发的纠纷为遗嘱继承纠纷。

2. 焦点

本案的二审判决撤销了原审判决，争议的焦点在于诉争房屋的所有权属性如何，以及遗嘱处分此房屋产权的效力如何。

评注与问题

1. 一方出资购买，登记在另一方名下的房屋产权应如何认定

本案中，作为继承人之一的赵德鹏与被继承人赵延康双方在协议中约定，由赵德鹏出全部资金购买在被继承人名下的房改房，实际上此房屋产权是来源于被继承人享受的福利政策以及赵德鹏的出资，因此，法院认定此房屋为双方共有财产，因未约定明确的份额，故应视为共同共有。[①] 但法院同时又认为，该房屋中包含有赵德鹏一半的份额，这是相互矛盾的，因为共同共有中并不存在共有份额问题。本案被继承人通过协议有条件（由赵德鹏照顾被继承人至终老）地将此房的全部产权给予赵德鹏，并无不当。但因协议内容定明生前居住、死后继承，且以赵德鹏对被继承人的生前照料为条件，而赵德鹏并未妥善尽到赡养义务，所以按照《继承法》第 21 条，“遗嘱继承或者遗赠附有义务的，继承人或者受遗赠人应当履行义务。没有正当理由不履行义务的，经有关单位或者个人请求，人民法院可以取消他接受遗产的权利”的规定本案中，其他继承人（赵林除外）一致辩称，赵德鹏并未按照协议约定，尽到照顾被继承人的义务，因此主张撤销其对诉争房屋的继承权。这种主张依法应予确认。

2. 被继承人立有数份遗嘱时应以哪个为准

公民生前通过遗嘱处分自己的财产给法定继承人或者国家、集体及法定继承人以外的人是其基本权利的行使，而且这种处分权可以数度行使，这充分体现了当事人意思自治的民法基本原则。遗嘱在设立后、生效前，往往会发生各种不同的情况，从而使立遗嘱人改变其先前对财产处分的意思，故此为保障遗嘱人的遗嘱自由，各国法律均允许遗嘱人修改所立遗嘱。《继承法》第 20 条规定：“遗嘱人可以撤销、变更自己所立的遗嘱。立有数份遗嘱，内容相抵触的，以最后的遗嘱为准。自书、代书、录音、口头遗嘱，不得撤销、变更公证遗嘱。”本案中，被继承人在将协议公证之后又以自书遗嘱形式取消协议内容，应为合法权利的行使。但问题在于，自书遗嘱不能撤销、变更公证遗嘱。换句话说，在法律规定的 5 种遗嘱形式中，公证遗嘱

① 按照最高人民法院《民法通则意见》第 88 条（已废止）的规定，对于共有财产，部分共有人主张按份共有，部分共有人主张共同共有，如果不能证明财产是按份共有的，应当认定为共同共有；而按照《物权法》第 103 条的规定，共有人对共有的不动产或者动产没有约定为按份共有或者共同共有，或者约定不明确的，除共有人具有家庭关系等外，视为按份共有。

具有最强的效力。从数份遗嘱的时间上判断，内容抵触的应以最后所立遗嘱为准，但之前若有公证遗嘱，则其后所立的未经公证的遗嘱不能撤销或变更公证遗嘱的内容。但前已述及，被继承人以协议形式对财产的处分行为可认定为遗嘱，虽经公证，但因所附条件未能满足，根据最高人民法院《继承法意见》第 43 条的规定，“附义务的遗嘱继承或遗赠，如义务能够履行，而继承人、受遗赠人无正当理由不履行，经受益人或其他继承人请求，人民法院可以取消他接受附义务那部分遗产的权利，由提出请求的继承人或受益人负责按遗嘱人的意愿履行义务，接受遗产”。本案中，其他继承人提出异议，法院予以认可，则否定了公证遗嘱的效力。而其后涉及房屋和存款等款项的有两个遗嘱：一是 2002 年 3 月 29 日的《我的留言》（存款等款项）：赵德鹏已得 1—4—1 号房屋继承，不列入分配之列；二是 2003 年 3 月 3 日的《临终留言》（房屋）：“九成里的房屋不能由赵德鹏继（承）。应由所属的赵林、德华、德珍、德芳、德芬、德铭平均继承”，购房款从遗款中赔还赵德鹏。这两个自书遗嘱在内容上存在冲突，试分析这两个遗嘱的效力。

3. 共有人之一以遗嘱形式处分共有财产的效力应如何认定

由赵德鹏出全部资金购买在被继承人名下的房改房，实际上此房屋产权是来源于被继承人享受的福利政策以及赵德鹏的出资，因此，法院认定此房屋为双方共有财产。对于共有人处分共有财产的效力，最高人民法院《民法通则意见》第 89 条规定：“共同共有人对共有财产享有共同的权利，承担共同的义务。在共同共有关系存续期间，部分共有人擅自处分共有财产的，一般认定无效。但第三人善意、有偿取得该财产的，应当维护第三人的合法权益，对其他共有人的损失，由擅自处分共有财产的人赔偿。”第 90 条规定：“在共同共有关系终止时，对共有财产的分割，有协议的，按协议处理；没有协议的，应当根据等分原则处理，并且考虑共有人对共有财产的贡献大小，适当照顾共有人生产、生活的实际需要等情况。但分割夫妻共有财产，应当根据婚姻法的有关规定处理。”学理上一般将共有人擅自处分共有财产认定为无权处分，须经其他共有人追认方为有效，在满足善意取得要件时受让人可依法取得受让财产的所有权。[①] 按照《物权法》第 97 条的规定，除共有人之间有约定以外，处分共同共有的不动产或者动产，应经全体共同共有人同意。《继承法》也在第 26 条第 2 款规定：“遗产在家庭共有财产之中的，遗产分割时，应当先分出他人的财产。”上述各个法律条款都一致否定了共同共有人对共有财产的处分行为的效力。本案中，赵延康以临终留言形式确定昆明市庆云街九成里 1 号 1—4—1 号房屋全部产权由除赵德鹏外的其余 6 子女继承的行为是对该房屋全部产权的处理，对于依法应属赵德鹏所有的部分，赵延康虽无权处分，其遗言中对此部分的处分，应属无效。

4. 民事行为经公证后产生的法律效果是什么

根据《中华人民共和国公证法》（以下简称《公证法》）第 2 条的规定，公证是公证机构根据自然人、法人或者其他组织的申请，依照法定程序对民事行为、有法律意义的事实和文书的真实性、合法性予以证明的活动。有的法律行为必须采用公证形式方为有效，如彩票开奖，但大多数情况下，采用公证的形式是由当事人之间约定而行的。那么，包括遗嘱在内的民事行为，经过公证之后，会产生怎样不同的后果呢？对此，《公证法》第 36 条明确规定：“经公证的民事法律行为、有法律意义的事实和文书，应当作为认定事实的根据，但有相反证据足以推翻该项公证的除外。”也就是说，民事行为经公证之后，产生了较强的证据效力，在民事诉讼中具有了较强的证明力，更易为法院所采信。甚至以给付为内容并载明债务人愿意接受强制执行承诺的债权文书，债务人不履行或者履行不适当的，债权人可以依法不经审判，直接向有管辖权的人民法院申请执行。正因如此，《继承法》第 20 条规定，自书遗嘱、代书遗嘱、录音遗

---

① 参见杨立新：《物权法》，161 页，北京，中国人民大学出版社，2007。

嘱、口头遗嘱，不得撤销、变更公证遗嘱。换言之，法律赋予了公证遗嘱比其他形式的遗嘱以更强的法律效力。

民事行为经公证以后，产生了更强的证据效力或者证明力，那么，民事行为经过公证以后，可否撤销呢？根据《公证法》第39条的规定，当事人、公证事项的利害关系人认为公证书有错误的，可以向出具该公证书的公证机构提出复查。公证书的内容违法或者与事实不符的，公证机构应当撤销该公证书并予以公告，该公证书自始无效；公证书有其他错误的，公证机构应当予以更正。并且，第40条又规定了当事人、公证事项的利害关系人对公证书的内容有争议的，可以就该争议向法院提起民事诉讼。综上，经过公证之后，与公证内容有利害关系的当事人如有异议，可向公证机构申请复查或者向法院提起民事诉讼。

（评注人：李珂丽）

98. 被继承人债务清偿纠纷

司法案例

梁燕贞等诉梁顺灼案

广东省佛山市中级人民法院（2003）佛中法民一终字第 2459 号

基本案情

上诉人（原审被告）：梁顺灼。

委托代理人：林迎星，广东泰扬律师事务所律师。

被上诉人（原审原告）：梁燕贞。

被上诉人（原审原告）：梁燕勤。

被上诉人（原审原告）：梁燕娟。

三被上诉人的委托代理人：卢惠嫦，广东华鸿律师事务所律师。

被上诉人（原审原告）：梁顺伟。

被上诉人（原审原告）：梁顺强。

两被上诉人的委托代理人：陈勇志。

被上诉人（原审原告）：梁顺荣。

被上诉人（原审原告）：梁顺广。

上诉人梁顺灼为与被上诉人梁燕贞、梁燕勤、梁顺伟、梁顺强、梁顺荣、梁顺广被继承人债务清偿纠纷一案，不服广东省佛山市南海区人民法院（2003）南民一初字第 181 号民事判决，向本院提起上诉。本院立案受理后，依法组成由黄军任审判长、代理审判员何式玲和罗凯原参加评议的合议庭审理本案，书记员余珂珂担任记录。经过阅卷和调查，询问当事人，本案现已审理终结。

被继承人梁志源 2000 年 9 月 13 日死亡（农历二零零零年八月初六），于 2000 年 9 月 26 日办理死亡注销。被继承人何女 1999 年 10 月 14 日死亡（农历一九九九年九月初六），于 1999 年 10 月 25 日办理死亡注销。本案当事人均为被继承人梁志源、何女的子女。梁顺发亦是被继承人的儿子，已于 1997 年 8 月 25 日死亡，没有代位继承人。南海区黄岐街道办事处黄岐村岐东村民小组证明梁志源持有岐东股份公司股份 20 股；何女持有持有岐东股份公司股份 20 股；何杏娥（何杏）持有岐东股份公司股份 20 股；梁顺发持有岐东股份公司股份 12.87 股。南海区黄岐街道办事处黄岐村岐东村民小组还证明：何杏娥（无子女）是梁志源的伯婆，其在岐东股份公司股份20股归梁志源所有。上列共计72.87股记载在梁志源2001年和2002年岐东股份公司股息分配表上。2001年和2002年梁志源岐东股份公司股息35 474元，由梁顺灼领取。南海区黄岐街道办事处黄岐村岐东村民小组还证明梁志源、何女有坐落于黄岐城区岐东村永安里五巷13号房屋一间，面积约46.55平方米，并持有集体土地使用权证。梁顺灼收取了该房屋2002年5月、6月、7月租金共1 050元。

一审诉辩主张

原告梁燕贞、梁燕勤、梁燕娟诉称：作为被继承人梁志源、何女的法定继承人，要求坐落于黄岐城区岐东村永安里五巷13号房屋一间及该房集体土地使用权由其三人继承。何女、梁志源在岐东股份公司股份72.87股份已由梁顺灼领取该股份2001年和2002年股息35 474元和遗产房屋租金1 050元，也应由法定继承人共同继承。

被告梁顺灼辩称：梁燕贞、梁燕勤、梁燕娟的起诉已过诉讼时效，且被继承人梁志源生前立下口头遗嘱，遗产由5个儿子继承，是合法有效的，故请求驳回梁燕贞、梁燕勤、梁燕娟的诉讼请求。

一审判决

广东省佛山市南海区人民法院经审理认为：原告梁燕贞、梁燕勤、梁燕娟的起诉符合法律规定，本案的权利人还包括梁顺伟、梁顺强、梁顺荣、梁顺广，应当追加4人为共同原告。法院已明确告诉梁顺伟、梁顺强、梁顺荣、梁顺广，如明确表示放弃实体权利，可不作为原告参加诉讼，如既不愿参加诉讼，又不放弃实体权利，则仍是本案共同原告。依照《继承法》的相关规定，何女、梁志源生前未立有遗嘱，其死亡后的遗产继承应按法定继承办理。何女、梁志源的遗产范围包括：坐落于黄岐城区岐东村永安里五巷13号房屋一间，面积约46.55平方米；岐东股份公司股份72.87股份及已由梁顺灼领取的该股2001年和2002年股息35 474元；遗产房屋租金1 050元。原告梁燕贞、梁燕勤、梁燕娟要求坐落于黄岐城区岐东村永安里五巷13号房屋一间及该房集体土地使用权由其三人继承的诉讼请求，违反法律规定，不予支持。该房应得的财产所有权应由何女、梁志源的法定继承人即梁燕贞、梁燕勤、梁燕娟、梁顺灼、梁顺伟、梁顺强、梁顺荣、梁顺广共同继承。原告梁燕贞、梁燕勤、梁燕娟又诉请何女、梁志源在岐东股份公司股份72.87股份及已由梁顺灼领取的该股份2001年和2002年股息35 474元和遗产房屋租金1 050元，由法定继承人共同继承的诉讼请求，没有违反法律规定，应予以支持。梁顺灼辩称：梁燕贞、梁燕勤、梁燕娟的起诉已过诉讼时效，且被继承人梁志源生前立下口头遗嘱，遗产由5个儿子继承，是合法有效的，故请求驳回梁燕贞、梁燕勤、梁燕娟的诉讼请求的主张，因被继承人死亡后，梁燕贞、梁燕勤、梁燕娟、梁顺灼、梁顺伟、梁顺强、梁顺荣、梁顺广一直没有对遗产作出处理，房屋还在被继承人的名下，股份分红是2001年及2002年由梁顺灼领取的，而梁燕贞、梁燕勤、梁燕娟在2003年1月13日提起诉讼，故梁燕贞、梁燕勤、梁燕娟的诉请并没有超过诉讼时效。关于口头遗嘱问题，证人没有出庭作证，且原告梁顺荣当时在场，亦不确认此事。被告梁顺灼举证不足，不予采信。被继承人的安葬等费用，应在遗产列支或由继承人分摊，现被告梁顺灼以何女、梁志源丧葬和梁顺发迁墓等费用229 584元由其支出，而反驳原告梁燕贞、梁燕勤、梁燕娟的诉请，因被告梁顺灼没有提出反诉，本案中不作审理，梁顺灼可另案主张。原告梁顺荣、梁顺广经合法传唤，无正当理由拒不到庭，依法缺席判决。

综上所述，依照《民事诉讼法》第130条、第134第1、2、3款，《继承法》第5条、第10条第1款第1项、第13条第1款的规定，判决：(一)被继承人何女、梁志源的遗产：坐落于黄岐城区岐东村永安里五巷13号房屋一间应得的财产所有权由梁燕贞、梁燕勤、梁燕娟、梁顺灼、梁顺伟、梁顺强、梁顺荣、梁顺广共同继承产权各占八分之一。(二)被继承人何女、梁志源的遗产在黄岐岐东股份公司股份72.87股，由梁燕贞、梁燕勤、梁燕娟、梁顺灼、梁顺伟、梁顺强、梁顺荣、梁顺广各占八分之一。(三)被继承人何女、梁志源2001年和2002年股息35 474元和遗产房屋租金1 050元，由梁燕贞、梁燕勤、梁燕娟、梁顺灼、梁顺伟、梁顺强、梁顺荣、梁顺广各占八分之一。(四)驳回原告梁燕贞、梁燕勤、梁燕娟其他的诉讼请求。本案受理费2 863元，财产保全费180元，共计3 043元，由梁燕贞、梁燕勤、梁燕娟、梁顺灼、梁顺伟、梁顺强、梁顺荣、梁顺广各负担380.3元。

二审诉辩主张

被告梁顺灼不服，上诉称：(一)一审法院违反法定程序。(1)被上诉人梁顺广经一审法院二次合法传唤，都不到庭，被上诉人梁顺荣经一次传唤，也不到庭，作为原告，根据《民事诉讼法》的规定，已经视为撤诉。(2)被上诉人梁顺伟、梁顺强、梁顺荣、梁顺广从未表示必须作为原告，但一审法院以"如既不愿参加诉讼，又不放弃实体权利，则仍是本案共同原告"进行了追加。事实上，上述4人应作为第三人参加诉讼，无须一定要作为共同原告，由于主体错误，造成上诉人无法确定诉讼参与人，无法举证，无法进行诉讼。(3)本案审结超过6个月普通程序结案期限且未告知延期，已违反法定程序。(二)一审法院认定事实明显不清。(1)在一审开庭中，原告梁顺伟、梁顺强一再阐明父亲梁志源病危时，已经立有口头遗嘱全部遗产归上诉人所有。另本案中还有其他证人证言证实口头遗嘱之事。(2)在一审开庭中，梁顺伟、梁顺强一致强调已将全部遗产36 000元全部用于父亲、母亲、弟弟以及何杏娥的墓葬、每年的祭祀、生辰忌日等费用，由于不够用，另上诉人已经补贴进去19万余元。(3)一审法院对遗产的债权予以分割，但对其债务予以规避，书面告之以反诉明显不妥，债权、债务均应予继承，均应分割。(三)一审法院适用法律错误。(1)父亲梁志源死亡于2000年9月26日，被上诉人于2003年1月13日才起诉要求确认法定继承，明显超过2年诉讼时效。本案应首先确认继承权，对于确认继承权明显超过诉讼时效。(2)本案不构成侵权之诉，所有领取股红、出租房产，均得到一审原告梁顺伟、梁顺强等人同意。(3)本案适用继承权的法律、法规及有关司法解释，不应从侵权出发。综上所述，一审法院在适用法律(尤其对于诉讼时效的认定)、明显违反法定程序以及事实认定上全部错误，导致错误判决，上诉人因此提出上诉。请二审法院查明事实，根据法律的规定，支持上诉人的诉讼请求。请求：(一)撤销原判；(二)改判为被上诉人不具有继承权，驳回被上诉人一审全部诉讼请求；(三)一、二审诉讼费由被上诉人承担。

上诉人梁顺灼在二审期间申请证人梁顺棠出庭作证，证明梁志源病危时立有口头遗嘱，明确表示将其遗产交由其5个儿子梁顺灼、梁顺伟、梁顺强、梁顺荣、梁顺广代管，用于日后丧葬、祭祀等开支。梁燕贞、梁燕勤、梁燕娟不同意对该证人证言质证，认为证人梁顺棠应当在一审期间出庭作证，接受当事人的质询。而梁顺伟、梁顺强对证人证言无异议。本院认为，证人梁顺棠的证言不属于最高人民法院《民事诉讼证据规定》第41条规定的"新的证据"，本院对该证言不予采纳。

被上诉人梁燕贞、梁燕勤、梁燕娟答辩称：(一)上诉人梁顺灼的上诉请求毫无事实及法律依据。首先，原审判决是依据事实、证据及法律作出的判决，是公正、合法的判决。一审中，答辩人向法院提供了大量支持答辩人的证据，并在庭上经过了被答辩人梁顺灼的质证，一审判决依据证据确认了继承人和被继承人的关系，确定了法定遗产的范围，再依据《民事诉讼法》和《继承法》作出判决，将被继承人名下的遗产分别由其8个子女即8个合法继承人各得1/8，是相当公平的，既没有剥夺任何人的继承权，又没有偏袒其他继承人。其次，被答辩人不服一审判决，并在上诉请求中，提出改判所有被上诉人都不具有继承权，言下之意即只有被答辩人才有继承权，被继承人的遗产应由其一人继承，其他人无继承权，其私心利欲之重可见一斑。被答辩人无权剥夺答辩人法定继承人的资格和身份，《继承法》已经实施了近二十年，明确规定法定继承中继承权男女平等，配偶、子女、父母为第一顺序继承人。本案审理过程中，被答辩人企图以答辩人是女性为由提出无继承权，是法理难容的。再次，被答辩人提出上诉并非有什么事实依据，而是其要与答辩人斗气，所谓你要告我，我就要告回你，毫无意义，其请求也理应得不到二审法院的支持。（二）被答辩人上诉状中多次提到被上诉人梁顺伟、梁顺强同意和支持被答辩人的意见的说法，其实里面大有文章。梁顺伟、梁顺强作为一审原告及二审的被上诉人为什么始终站在梁顺灼那边，就是因为他们两人与梁顺灼参加了分钱。梁顺伟、梁顺强与梁顺灼是同一阵线的。（三）被答辩人无情无义，对家事不但不主持公道，带好头，一直以来都不念姐弟兄妹之情。而三个答辩人一直坚守兄妹姐弟之情，并时刻在尽女儿的本分。请求二审法院驳回被答辩人的上诉，维持原判，由被答辩人承担上诉的一切费用。

被上诉人梁顺伟、梁顺强答辩称：（一）我们从未诉过梁顺灼，被法院追加为原告后，我们仍然认为梁顺灼继承合法、从未侵权，至于口头遗嘱，我们在场见证并予以确认。（二）我们父亲口头遗嘱已经将其遗产（主要是分红、一点租金）交给梁顺灼，由其管理，用以祭祀，我们没有异议。（三）对于一审判决，我们确认父亲、母亲、弟弟丧葬、买墓地所花费229 584元。原审法院主体倒置、混淆事实，完全错误。

被上诉人梁顺荣答辩称：本人对原审判决无异议，服从该判决。但基于判决后梁顺灼上诉一事，本人坚决维护一审判决。但在此特别提出的是，对梁顺灼在上诉书中提到的我父亲梁志源在病危时已经立有口头遗嘱，将全部遗产归上诉人梁顺灼所有以及上诉中提及的全部遗产现金36 000元已全部用于父亲、母亲、弟弟以及何杏娥墓葬、每年祭祀、生辰忌上，并在不够时上诉人已经贴进19万余元的事情，本人肯定地讲，根本无此事，全部是上诉人的虚造。

被上诉人梁顺广在二审期间没有答辩。

二审查明的事实与一审判决认定的事实一致，本院依法予以确认。

终审判决

广东省佛山市中级人民法院经审理认为：最高人民法院《民事诉讼法意见》第54条规定："在继承遗产的诉讼中，部分继承人起诉的，人民法院应通知其他继承人作为共同原告参加诉讼；被通知的继承人不愿意参加诉讼又未明确表示放弃实体权利的，人民法院仍应把其列为共同原告。"原审法院依据上述规定通知本案的其他继承人梁顺伟、梁顺强、梁顺荣、梁顺广作为共同原告参加诉讼，程序合法。梁顺荣、梁顺广虽然经合法传唤没有参加诉讼，但未明确表示放弃实体权利，该两人仍应列为本案原告，不能按撤诉处理。梁顺灼上诉认为原审法院违反法定程序于法无据，本院不予支持。

梁顺灼主张其父亲梁志源病危时立有口头遗嘱，指明其遗产由其5个儿子梁顺灼、梁顺伟、梁顺强、梁顺荣、梁顺广管理，用于日后丧葬、祭祀等开支，但梁顺灼对其主张无证据支持，本院对此不予采信。本案的被继承人生前未立有遗嘱，所以本案适用法定继承来处理遗产。原审判决对此认定正确，应予维持。

梁顺灼上诉主张被继承人丧葬、祭祀费用应在遗产中抵消，并由各继承人分摊，原审法院未对上述债务予以分割不当。《继承法》第33条第1款规定："继承遗产应当清偿被继承人依法应当缴纳的税款和债务，缴纳税款和清偿债务以他的遗产实际价值为限……"继承中的清偿债务是指清偿被继承人的个人债务，即清偿被继承人生前个人依法应当缴纳的税款和生前用于个人需要所欠下的债务。本案中，用于被继承人丧葬、祭祀的费用不属于被继承人生前所欠债务，不应以被继承人的遗产清偿。对父母生养死葬是子女应尽的义务。梁顺灼认为其已支出的二十几万元应由各继承人分担，但本案是法定继承纠纷，梁顺灼的该项请求不应当在本案中处理，原审法院没有对丧葬、祭祀等费用进行处理正确，应予维持。对丧葬、祭祀等费用的争议当事人可另案诉请解决。

本案当事人均对诉争遗产的范围无异议，只是就遗产的分配引发争议，故本案属于因遗产分割而引起的纠纷。遗产分割的时间是指继承开始后，即被继承人死亡后，各继承人实际取得遗产的时间，它可由继承人协商确定。因此，不能把遗产分割的时间当做继承开始的时间。本案的诉讼时效起算点不应是被继承人死亡，继承开始之日，而应当是遗产分割过程中继承人知道或应当知道其权利被侵害之日。结合案情，本案诉争的遗产南海区黄岐城区岐东村永安里五巷13号房屋和黄岐岐东股份公司72.87股的所有权，自被继承人死亡，继承开始后，一直未更改至任一继承人名下。该遗产尚未分割，继承人的权利未被侵害，梁燕贞、梁燕勤、梁燕娟要求法院确认其对本案4项遗产继承权的诉请均未超过诉讼时效。原审判决对此认定正确，应予维持。梁顺灼上诉认为梁燕贞、梁燕勤、梁燕娟要求确认继承权明显超过诉讼时效，缺乏事实和法律依据，本院不予支持。

据此，依照《民事诉讼法》第153条第1款第1项的规定，判决如下：

驳回上诉，维持原判。

二审案件受理费2 863元，由上诉人梁顺灼负担。

案由与焦点

1. 案由

本案的一级案由为"婚姻家庭继承纠纷"，二级案由为"继承纠纷"，三级案由为"被继承人债务清偿纠纷"。

被继承人死亡时遗留的尚未清偿的债务应由被继承人的遗产清偿，由此引发的纠纷为被继承人债务清偿纠纷。

2. 焦点

本案争议的焦点是用于被继承人丧葬、祭祀的费用是否应在分割遗产时先予清偿，以及如何起算原告梁燕贞、梁燕勤、梁燕娟诉请分割遗产及保护遗产继承权的诉讼时效。

评注与问题

1. 被继承人丧葬、祭祀的费用是否应在分割遗产时先予清偿

根据《继承法》第33条的规定，继承遗产应当清偿被继承人依法应当缴纳的税款和债务，缴纳税款和清偿债务以他的遗产实际价值为限，但超过遗产实际价值部分，继承人自愿偿还的

不在此限。也就是说，按照我国继承法的规定，遗产分配应贯彻“先偿债后分割”的原则，遗产须在清偿完被继承人生前所欠债务之后才能在各继承人、受遗赠人之间进行分割。此处应予清偿的债务须为被继承人死亡时遗留的、应由被继承人清偿的财产义务，其中既包括被继承人个人负担的债务，也包括被继承人在共同债务中应负担的债务额，主要包括的类别有：(1) 被继承人应缴纳的税款；(2) 被继承人因合同之债而生之给付债务；(3) 被继承人因不当得利而生之返还债务；(4) 被继承人因受无因管理而生之给付债务；(5) 被继承人因侵权行为而生之赔偿债务。上述债务皆为因被继承人的行为或其他原因而导致的须由被继承人本人为主体而承担的债务，与这些类别的债务相异的，因被继承人死亡而产生的丧葬、祭祀的费用，虽因死亡事实而生，但这些费用产生的法律根据却是源于被继承人的近亲属或者法定继承人与其他主体之间的合同行为而致，而被继承人因死亡而丧失民事主体资格，故不能视为被继承人的债务，从而不能归入《继承法》第33条规定的债务之列。一审、二审法院均未对此笔费用予以分摊处理，认为当事人可另案诉请，并无不当。当然，如果各继承人协商一致，在遗产分割前先行从遗产中支付此项费用，亦无不可。

2. 诉请分割遗产及保护继承权的诉讼时效应如何起算

本案中，被继承人梁志源2000年9月13日死亡，2001年和2002年梁志源岐东股份公司股息35 474元，由梁顺灼领取。而原告梁燕贞、梁燕勤、梁燕娟在2003年1月13日提起诉讼，请求继承被继承人的房屋及股息等遗产。于是被告梁顺灼在诉讼中辩称：梁燕贞、梁燕勤、梁燕娟的起诉已过诉讼时效，这种观点是错误的。继承权虽然始于被继承人死亡之时，但本案中，至三原告起诉之前，被继承人的房产并未办理过户登记，仍在被继承人名下，也就是说，继承虽已开始，但继承人并未实际分割遗产，因而本诉讼性质上应认定为遗产分割请求之诉。此项请求权从性质上而言属于形成权，权利人得随时行使，并不因时效而消灭。[①] 而且，我国相关法律并未对遗产分割的具体时间作明确规定，而贯彻遗产分割自由的原则。即使将本案看做继承权侵权纠纷，其诉讼时效的起算也不应从被继承人死亡时开始，而应从权利人知道或应当知道权利被侵害时起算。本案原审判决认定，遗产分割的时间是指继承开始后，即被继承人死亡后，各继承人实际取得遗产的时间，它可由继承人协商确定。因此，不能把遗产分割的时间当做继承开始的时间。本案的诉讼时效起算点不应是被继承人死亡，继承开始之日，而应当是遗产分割过程中继承人知道或应当知道其权利被侵害之日。结合案情，本案诉争的遗产南海区黄岐城区岐东村永安里五巷13号房屋和黄岐岐东股份公司72.87股的所有权，自被继承人死亡，继承开始后，一直未更改至任一继承人名下。该遗产尚未分割，继承人的权利未被侵害，梁燕贞、梁燕勤、梁燕娟要求法院确认其对本案4项遗产继承权的诉请均未超过诉讼时效。二审法院维持此认定，应为妥当。

3. 诉讼中被追加为原告后，当事人经合法传唤后拒不到庭，是否视为撤诉

本案一审是由梁燕贞、梁燕勤、梁燕娟三人作为共同原告提起诉讼程序的，原审法院通知本案的其他继承人梁顺伟、梁顺强、梁顺荣、梁顺广作为共同原告参加诉讼，但诉讼过程中，梁顺广经一审法院二次合法传唤，都不到庭，被上诉人梁顺荣经一次传唤，也不到庭，上诉人(原审被告) 梁顺灼因此上诉称，被上诉人梁顺广经一审法院二次合法传唤，都不到庭，被上诉人梁顺荣经一次传唤，也不到庭，作为原告，根据《民事诉讼法》规定，已经视为撤诉，原审法院仍将二人作为原告违反法定程序。对此，应如何认定呢？最高人民法院《民事诉讼法意见》第54条规定：“在继承遗产的诉讼中，部分继承人起诉的，人民法院应通知其他继承人作为共同原告参加诉讼；被通知的继承人不愿意参加诉讼又未明确表示放弃实体权利的，人民法

① 参见魏振瀛主编：《民法》，4版，612页，北京，北京大学出版社、高等教育出版社，2010。

院仍应把其列为共同原告。”原审法院依据上述规定通知本案的其他继承人梁顺伟、梁顺强、梁顺荣、梁顺广作为共同原告参加诉讼，程序合法。梁顺荣、梁顺广虽然经合法传唤没有参加诉讼，但未明确表示放弃实体权利，该两人仍应列为本案原告，不能按撤诉处理。梁顺灼上诉认为原审法院违反法定程序于法无据，故而得不到法院支持。

4. 如梁顺灼被诉承担丧葬费用，则本案其他当事人的诉讼地位如何

本案上诉人梁顺灼在诉讼中主张对丧葬费用在各当事人之间进行分割，因此笔费用不属于被继承人的生前债务，法院未予认定，建议当事人另案起诉。如梁顺灼并未清偿丧葬费用，而殡仪馆等债权人诉至法院，要求梁顺灼予以清偿，那么，其他继承人是否需要参加诉讼呢？如需要参加诉讼，其诉讼地位又当如何？这里，首先需要厘清的问题是，丧葬费用基于合同关系而产生，假如当时与殡仪馆签订合同的当事人只是梁顺灼一人，则被告就只涉及梁顺灼本人。虽然丧葬费用通常情况下应在各被继承人之间分担，但基于合同的相对性，如果洽谈合同当时未与殡仪馆约定合同一方为各继承人，则不应认定为各个继承人之间具有连带债务关系。换言之，因缔约关系而生之债务，主体自当以约定为限，在此情形下，其他当事人不必参加诉讼，而只需在诉讼终结之后分担各自应承担的部分债务即可。反之，如果与殡仪馆约定为共同债务，则各继承人为连带债务人，可自行申请或者由法院追加为第三人参加诉讼，并承担判决结果所确定的义务。

（评注人：李珂丽）

99. 遗赠纠纷

司法案例

张学英诉蒋伦芳案

四川省泸州市中级人民法院（2001）泸民一终字第621号

基本案情

上诉人（原审原告）：张学英。

委托代理人：肖文远，泸州五月花律师事务所律师。

被上诉人（原审被告）：蒋伦芳。

委托代理人：孙林、黄萍，泸州理光律师事务所律师。

上诉人张学英为与被上诉人蒋伦芳给付受遗赠的财产纠纷一案，不服泸州市纳溪区人民法院（2001）纳溪民初字第561号民事判决，向本院提起上诉。本院立案受理后，依法组成由时小云任审判长、柳飓和易晓东任审判员的合议庭，公开开庭审理了本案，书记员冯玲担任记录。上诉人的委托代理人肖文远，被上诉人蒋伦芳及其委托代理人孙林、黄萍到庭参加了诉讼。本案现已审理终结。

经审理查明：蒋伦芳与黄永彬于1963年5月登记结婚，婚后夫妻关系较好。因双方未生育，收养一子（黄勇，现年31岁）。1990年7月，蒋伦芳因继承父母遗产取得原泸州市市中区顺城街67号房屋，面积为51平方米。1995年，因城市建设该房被拆迁，由拆迁单位将位于泸州市江阳区新马路6—2—8—2号的77.2平方米的住房一套作还房安置给了蒋伦芳，并以蒋伦芳个人名义办理了房屋产权登记手续。1996年，遗赠人黄永彬与原告张学英相识后，二人便一直在外租房非法同居生活。2000年9月，黄永彬与蒋伦芳将蒋伦芳继承所得的位于泸州市江阳区新马路6—2—8—2号的房产以80 000元的价格出售给陈蓉，但约定在房屋交易中产生的税费由蒋伦芳承担。2001年春节，黄永彬、蒋伦芳夫妇将售房款中的30 000元赠与其子黄勇在外购买商品房。

2001年年初，黄永彬因患肝癌晚期住院治疗，于2001年4月18日立下书面遗嘱，将其所得的住房补贴金、公积金、抚恤金和卖泸州市江阳区新马路6—2—8—2号住房所获款的一半40 000元及自己所用的手机一部，赠与张学英所有。2001年4月20日，泸州市纳溪区公证处对该遗嘱出具了（2000）泸纳证字第148号公证书。2001年4月22日，遗赠人黄永彬去世，张学英与蒋伦芳即发生讼争。

本院受理该案后，因蒋伦芳申请，泸州市纳溪区公证处于2001年5月17日作出（2001）泸纳撤证字第02号《关于部分撤销公证书的决定书》，撤销了（2001）泸纳证字第148号公证书中的抚恤金和住房补贴金、公积金中属于蒋伦芳的部分，维持其余部分内容。

另查明，遗赠人黄永彬在患肝癌晚期住院期间，一直是由蒋伦芳及其亲属护理、照顾，直至去世。

一审诉辩主张

原告张学英诉称：原告与被告蒋伦芳之夫黄永彬是朋友关系，黄永彬于2001年4月18日立下遗嘱，将自己价值约60 000元的财产在其死亡后遗赠给原告。该遗嘱于2001年4月20日经公证机关公证。2001年4月22日遗赠人黄永彬因病死亡，遗嘱生效，但被告蒋伦芳控制了全部财产，拒不给付原告受赠的财产。现请求法院判令被告给付原告接受遗赠约60 000元的财产，并承担本案诉讼费用。

被告蒋伦芳辩称：黄永彬所立遗嘱的内容侵犯了被告的合法权益，遗赠的抚恤金不属遗产范围，公积金和住房补贴金属夫妻共同财产，遗赠人黄永彬无权单独处理；遗赠涉及的售房款是不确定的财产，所涉及的条款应属无效。此外，遗赠人黄永彬生前与原告张学英长期非法同居，黄永彬所立遗赠属违反社会公德的无效遗赠行为。请求判决驳回原告的诉讼请求。

一审中，经蒋伦芳申请，泸州市纳溪区公证处于2001年5月17日作出（2001）泸纳撤字第2号《关于部分撤销公证书的决定书》，撤销了（2001）泸纳证字第148号公证书中的抚恤金和住房补贴金、公积金中属于蒋伦芳的部分，维持其余部分内容。

一审判决

泸州市纳溪区人民法院经审理认为：遗赠人黄永彬患肝癌晚期，临终前于2001年4月18日立下书面遗嘱将其财产赠与原告张学英，并经泸州市纳溪区公证处公证。该遗嘱虽是遗赠人黄永彬的真实意思表示且形式上合法，但在实质赠与财产的内容上存在以下违法之处：（1）按照国家有关政策规定，抚恤金是死者单位对死者直系亲戚的抚慰。黄永彬死后的抚恤金不是黄永彬个人财产，不属遗赠财产的范围。（2）遗赠人黄永彬的住房补助金、公积金属黄永彬与蒋伦芳夫妻关系存续期间所得的夫妻共同财产，按照《继承法》第16条和《遗嘱公证细则》第2条之规定，遗嘱人生前在法律允许的范围内，只能按照法律规定的方式处分其个人财产。遗赠人黄永彬在立遗嘱时未经共有人蒋伦芳同意，单独对夫妻共同财产进行处理，侵犯了蒋伦芳的合法权益，其无权处分部分应属无效。（3）泸州市江阳区新马路6—2—8—2号住房一套，系遗赠人黄永彬与蒋伦芳婚姻关系存续期间蒋伦芳继承父母遗产所得，根据《婚姻法》第17条第4项之规定，为夫妻共同财产。但该房以80 000元的价格卖给陈蓉，遗赠人黄永彬生前是明知的，且该80 000元售房款还缴纳了有关税费，并在2001年春节，黄永彬与蒋伦芳共同又将该售房款中的30 000元赠与其子黄勇用于购买商品房，对部分售房款已作处理，实际并没有80 000元。遗赠人黄永彬在立遗嘱时对该售房款的处理显然违背了客观事实。

公证是对法律事实的真实性和合法性给予认可。泸州市纳溪区公证处在未查明事实的情况下，仅凭遗赠人的陈述，便对其遗嘱进行了公证，违背了《四川省公证条例》（已废止—笔者注）第22条“公证机构对不真实、不合法的行为、事实和文书，应作出拒绝公证的决定”的规定，显属不当。2001年5月17日泸州市纳溪区公证处作出的（2001）泸纳撤证字第02号

《关于部分撤销公证书的决定》，撤销了（2001）泸纳证字第148号公证书中的抚恤金、住房补贴金、公积金中属于蒋伦芳的部分，该决定实质上变更了遗赠人黄永彬的真实意思，根据《遗嘱公证细则》第23条的规定，公证机关对公证遗嘱中的违法部分只能撤销其公证证明。作为公证机关直接变更遗赠人的真实意思没有法律依据。

遗赠属一种民事行为，民事行为是当事人实现自己权利，处分自己权益的意思自治行为。当事人的意思表示一旦作出就成立，但遗赠人行使遗赠权不得违背法律的规定。且根据《民法通则》第7条的规定，民事活动不得违反公共秩序和社会公德，违反者其行为无效。本案中，遗赠人黄永彬与被告蒋伦芳系结婚多年的夫妻，无论从社会道德角度，还是从《婚姻法》的规定来讲，均应相互扶助、互相忠实、互相尊重。但在本案中，遗赠人自1996年认识原告张学英以后，长期与其非法同居，其行为违反了《婚姻法》第2条规定的一夫一妻的婚姻制度和第3条禁止有配偶者与他人同居以及第4条夫妻应当互相忠实、互相尊重的法律规定，是一种违法行为。遗赠人黄永彬基于与原告张学英有非法同居关系而立下遗嘱，将其遗产和属被告所有的财产赠与原告张学英，是一种违反公共秩序、社会公德和违反法律的行为。而本案被告蒋伦芳忠实于夫妻感情，且在遗赠人黄永彬患肝癌晚期住院直至去世期间，一直对其护理照顾，履行了夫妻扶助的义务，遗赠人黄永彬却无视法律规定，违反社会公德，漠视其结发夫妻的忠实与扶助，侵犯了蒋伦芳的合法权益，对蒋伦芳造成精神上的损害，在分割处理夫妻共同财产时，本应对蒋伦芳进行损害赔偿，但将财产赠与其非法同居的原告张学英，实质上损害了被告蒋伦芳依法享有的合法的财产继承权，违反了公序良俗，破坏了社会风气。原告张学英明知黄永彬有配偶而与其长期同居生活，其行为是法律禁止、社会公德和伦理道德所不允许的，侵犯了蒋伦芳的合法权益，于法于理不符，本院不予支持。

综上所述，遗赠人黄永彬的遗赠行为违反了法律规定和公序良俗，损害了社会公德，破坏了公共秩序，应属无效行为，原告张学英要求被告蒋伦芳给付受遗赠财产的主张本院不予支持。被告蒋伦芳要求确认该遗嘱无效的理由成立，本院予以支持。据此，依照《民法通则》第7条的规定，判决如下：

驳回原告张学英的诉讼请求。

案件受理费2 300元由原告张学英负担。

二审诉辩主张

原告张学英不服，上诉称：（1）遗赠人黄永彬所立遗嘱是其真实意思表示，且符合《继承法》的规定，属有效遗嘱，人民法院应依法保护。（2）遗嘱中涉及"抚恤金"和夫妻共有的"住房补贴金、公积金"，根据《继承法》第27条第4项的规定，也只能说将这一小部分确认无效，将无效部分所涉及的遗产按法定继承办理，黄永彬所立遗嘱所处分的个人财产应属有效遗嘱，依法应当得到保护。（3）本案属遗嘱继承案件，当然适用《继承法》，特别法优于普通法，这是适用法律的原则，也为《中华人民共和国立法法》（以下简称《立法法》）所确认。请求二审法院依法撤销一审判决，改判上诉人的受遗赠权受法律保护。

被上诉人蒋伦芳答辩称：（1）原审经多次开庭审理查明：公证程序违法，公证的内容不真实、不合法，该公证遗嘱无效，原审判决驳回被答辩人基于无效遗嘱提起的诉讼请求，是完全正确的。（2）被答辩人是基于与遗赠人长期非法同居关系，完全是以侵犯答辩人的婚姻家庭、财产等合法权益，而获得非法遗赠。因此，对被答辩人所谓受遗赠权不予保护，既合法，也合乎社会公理。（3）被答辩人明知遗赠人黄永彬系有妻之人，却长达数年与之非法同居，这不仅是感情、道德问题，也不仅是民事上的婚姻侵权赔偿问题，而是触犯刑法涉嫌重婚罪的问题。

对此，答辩人保留进一步依法追诉的权利。故请求二审法院判决驳回上诉，维持原判。

二审查明的事实与一审判决认定的事实一致，本院依法予以确认。

二审判决

泸州市中级人民法院经审理认为：本案属遗赠纠纷，首先应当确定遗赠人黄永彬临终前立下书面遗嘱将其财产赠与上诉人张学英这一遗赠行为本身是否具有合法性和有效性。遗赠是公民以遗嘱的方式将个人合法财产的一部分或全部赠给国家、集体或法定继承人以外的其他人，并于死后发生效力的法律行为。遗赠行为成立的前提是遗嘱，而遗嘱是立遗嘱人生前在法律允许的范围内，按照法律规定的方式处分自己的财产及其他财物，并于死后生效的法律行为。一个合法的遗嘱成立必须具备其构成要件。本案中，遗赠人黄永彬所立遗嘱时虽具完全行为能力，遗嘱也系其真实意思表示，且形式上合法，但遗嘱的内容却违反法律和社会公共利益。遗赠人黄永彬对售房款的处理违背客观事实。泸州市江阳区新马路 6—2—8—2 号住房一套，系遗赠人黄永彬与被上诉人蒋伦芳婚姻关系存续期间蒋伦芳继承父母遗产所得。根据《婚姻法》第 17 条“夫妻在婚姻关系存续期间所得的下列财产，归夫妻共同所有……夫妻对共同所有的财产，有平等的处理权”的规定，该住房为夫妻共同财产。但该房以 8 万元的价格卖给陈蓉，黄永彬生前是明知的，且该 8 万元售房款还缴纳了有关税费，并在 2001 年春节，黄永彬与蒋伦芳共同又将该售房款中的 3 万元赠与其子黄勇用于购买商品房，对部分售房款已作处理，实际上并没有 8 万元。遗赠人黄永彬在立遗嘱时，仍以不存在的 8 万元的一半进行遗赠，显然违背了客观事实，系虚假行为。并且，遗赠人黄永彬的遗赠行为，违反法律规定，剥夺了蒋伦芳依法享有的合法财产继承权。黄永彬与蒋伦芳系合法夫妻，他们的婚姻关系受法律保护。《婚姻法》第 24 条规定：“夫妻有相互继承遗产的权利。”夫妻间的继承权，是婚姻效力的一种具体表现，蒋伦芳本应享有继承黄永彬遗产的权利，但因黄永彬与上诉人张学英长期非法同居，黄永彬在病重住院期间，所立的遗嘱违反法律规定，将财产赠与与其非法同居的上诉人张学英，实质上剥夺了其妻蒋伦芳依法享有的合法财产继承权。因此，遗赠人黄永彬所立书面遗嘱，因其内容和目的违反法律和社会公共利益，不符合遗嘱成立要件，该遗嘱应属无效遗嘱。遗嘱无效，其遗赠行为自然无效。

《公证暂行条例》（已失效——笔者注）第 2 条规定：“公证是国家公证机关根据当事人的申请，依法证明法律行为、有法律意义的文书和事实的真实性、合法性，以保护公共财产、保护公民身份上、财产上权利和合法利益。”公证机关作为行使国家证明权的机关，应当按照法定程序对所要证明的法律行为、文书和事实的真实性、合法性进行认真审查。《公证程序规则》（该规则为 2002 年颁行，现已为 2006 颁布的新规则所取代——笔者注）第 32 条明确规定：“法律行为公证应符合下列条件：……（三）行为的内容和形式不违反法律、法规、规章或者社会公共利益。”遗嘱行为属民事法律行为，因此，法律行为公证的条件就必须与民法上规定的民事法律行为成立的要件相符合。《遗嘱公证细则》第 17 条也规定：遗嘱内容不得违反法律规定和社会公共利益，对不符合前款规定条件的，应当拒绝公证。《公证暂行条例》第 25 条、《四川省公证条例》第 22 条规定：公证机构对不真实、不合法的行为、事实和文书应拒绝公证。因此，遗赠人黄永彬所订立的将其死后遗产赠与上诉人张学英的遗嘱虽然经过公证机关办理了公证手续，但因该遗赠行为本身违反了法律，损害了社会公共利益，属无效民事行为。《民事诉讼法》第 67 条规定：“经过法定程序公证证明的法律行为、法律事实和文书，人民法院应当作为认定事实的根据。但有相反证据足以推翻公证证明的除外。”故泸州市纳溪区公证处所作出的（2001）泸纳证字第 148 号公证书依法不能产生法律效力，本院不予采信。

本案涉及的法律、法规中《继承法》、《婚姻法》为一般法律；《公证暂行条例》系国务院制定，为行政法规；《四川省公证条例》系四川省人大常委会制定，为地方性法规；《公证程序规则》、《遗嘱公证细则》系司法部制定，为部门规章；皆为民事审判之依据，而《民法通则》为基本法律，依《立法法》第5章之规定，上位法效力高于下位法效力。《民法通则》的效力等级在法律体系中仅次于《宪法》，高于一般法律、法规和规章；后者若与《民法通则》规定不一致，应适用《民法通则》。加之《民法通则》是对我国民事法律基本制度的规定。故在审理民事案件中，在适用各法律、法规和规章时，应结合适用《民法通则》的相关规定。遗赠行为作为民事法律行为的一种，除应当具备继承法所规定的有关构成要件外，还必须符合《民法通则》对民事法律行为的一般规定。《民法通则》第7条中明确规定："民事活动应当尊重社会公德，不得损害社会公共利益。"此即民法的"公序良俗"原则。作为现代民法的一项基本原则，"公序良俗"原则充分体现了国家、民族、社会的基本利益要求，反映了当代社会中居于统治地位的一般道德标准，就其本质而言，是社会道德规范的法律化，在现代市场经济条件下，起着使社会道德观念取得对民事主体之民事行为进行内容控制的重要功能，在法律适用上有高于法律具体规则适用之效力。"公序良俗"原则所包括的"社会公德"与"社会公共利益"，又可称作"公共秩序"和"善良风俗"，两者的概念基本一致，相辅相成。在确定"公序良俗"原则中"社会公德"或"社会公共利益"的法律内涵进行具体法律适用时，必需也只能通过不同历史时期法律具体规定所体现的基本社会道德观念和价值取向加以确定。因此，并非一切违反伦理道德的行为都是违反社会公德或社会公共利益的行为，但违反已从道德要求上升为具体法律禁止性规定所体现的维持现行社会秩序所必需的社会基本道德观念的行为则必然属于违反社会公德或社会公共利益的行为，依法应为无效民事行为。本案中，遗赠人黄永彬与被上诉人蒋伦芳系结婚多年的夫妻，本应按照《婚姻法》第4条的规定互相忠实、互相尊重，但黄永彬却无视夫妻感情和道德规范，与上诉人张学英长期非法同居，其行为既违背了我国现行社会道德标准，又违反了《婚姻法》第3条"禁止有配偶者与他人同居"的法律规定，属违法行为。黄永彬基于其与上诉人张学英的非法同居关系而订立遗嘱将其遗产和属于被上诉人的财产赠与上诉人张学英，以合法形式变相剥夺了被上诉人蒋伦芳的合法财产继承权，使上诉人实质上因其与黄永彬之间的非法同居关系而谋取了不正当利益。《民法通则》第58条规定，民事行为违反法律或者社会公共利益的无效。因此，遗赠人黄永彬的遗赠行为，应属无效民事行为，无效的民事行为从行为开始就没有法律约束力。

综上所述，遗赠人黄永彬的遗赠行为虽系黄永彬的真实意思表示，但其内容和目的违反了法律规定和公序良俗，损害了社会公德，破坏了公共秩序，应属无效民事行为。上诉人张学英要求被上诉人蒋伦芳给付受遗赠财产的主张，本院不予支持。被上诉人蒋伦芳要求确认该遗嘱无效的理由成立，本院予以支持。原审判决认定事实清楚，适用法律正确，依法应予维持。据此，依照《民事诉讼法》第153条第1款第1项之规定，判决如下：

驳回上诉，维持原判。

上诉案件受理费1 150元由上诉人张学英负担。

案由与焦点

1. 案由

本案的一级案由为"婚姻家庭继承纠纷"，二级案由为"继承纠纷"，三级案由为"遗赠纠纷"。

被继承人通过遗嘱的方式将遗产赠与法定继承人范围以外的人构成遗赠。因遗赠遗嘱的是否有效、履行等引发的纠纷构成遗赠纠纷。

2. 焦点

本案争议的焦点在于遗赠人黄永彬的遗赠行为是否有效。基于本案中遗赠人与受遗赠人张学英存在事实上的非法同居关系，其遗赠行为违反了我国民法中的公序良俗原则，因而对其行为的效力认定是本案的核心问题所在。另外，还有需要明确的一个问题是，公证过的民事行为可否部分无效。

评注与问题

1. 遗赠人所立遗嘱的效力应如何认定

《继承法》第16条第3款规定："公民可以立遗嘱将个人财产赠给国家、集体或者法定继承人以外的人。"此规定体现了法律对于公民个人财产所有权的充分保护。

根据继承法的规定，有效的遗嘱必须具备法定的形式要件和实质要件。从其实质要件来看，第一，遗嘱人在立遗嘱时必须具有遗嘱能力。无行为能力人或者限制行为能力人所立遗嘱无效；第二，遗嘱必须是遗嘱人的真实意思表示，受胁迫、欺骗所立的遗嘱无效；第三，遗嘱不得取消缺乏劳动能力又没有生活来源的继承人的继承权，要为他们保留必要的遗产份额；第四，遗嘱只能处分遗嘱人个人的财产。本案中，遗赠人黄永彬在所立遗嘱中，将其所得的住房补贴金、公积金、抚恤金和夫妻共同卖房所得的房价款的一半4万元等财产赠与原告所有，是其真实意思表示，并经过公证机关公证。

公证是公证机构对当事人要求公证的法律事实的真实性、合法性进行的审查。一切经过公证的行为都产生证据上的效力。在本案中，遗赠人所立的遗嘱经过了公证机构的公证，应当说，经过公证的遗嘱若在内容上合法，则其在法律上的效力也是肯定的。但是，由于其配偶尚在，遗嘱人黄永彬在遗嘱中所处分的财产为夫妻共有财产，这显然违反了继承法的有关规定精神，因此，该遗嘱属于部分内容无效的遗嘱。对已经公证的生效遗嘱，与继承权益相关的人员有确凿证据证明公证遗嘱部分违法的，公证机构经过调查核实确实违法的，应当撤销对公证遗嘱中违法部分的公证证明。因此，作为法定继承人的蒋伦芳有权请求公证机构撤销公证遗嘱中违法部分的公证证明。泸州市纳溪区公证处于2001年5月17日作出（2001）泸纳撤字第02号《关于部分撤销公证书的决定书》，撤销了（2001）泸纳证字第148号公证书中的抚恤金和住房补贴金、公积金中属于蒋伦芳的部分，维持其余部分内容，该决定书的内容应是合法有效的。受遗赠人有权依据该公证书主张对遗嘱有效部分所处分的财产的受遗赠权。一、二审法院在判决中均否定了（2001）泸纳证字第148号公证书的效力，这是正确的。但由于在一审诉讼中，泸州市纳溪区公证处已作出（2001）泸纳撤字第02号《关于部分撤销公证书的决定书》，特别是在二审中，上诉人张学英又要求确认遗嘱部分有效，并主张有效部分的受遗赠权，因此，法院应当就《决定书》的效力予以认定。

本案中，关于公证遗嘱的有效要件，只有遗嘱人处分财产的部分不符合法律规定，因而，不能因此而否定整个公证遗嘱的效力。当事人在立遗嘱处分自己的财产时，对于单独所有的财产有完全的处分权，对于不属于自己的财产则无处分权。换句话说，超出自己所有的部分，处分行为无效。本案中，公证遗嘱在利害关系人蒋伦芳的申请下，公证机构部分撤销了对夫妻共有财产中应属于蒋伦芳所有的财产的遗赠，属于对民事行为无效部分的否定和纠正，而非如判决书所说"实质上变更了遗赠人黄永彬的真实意思"。

2. 自然人遗嘱处分的财产范围有何限制

根据《继承法》第16条的规定，自然人可以依法设立遗嘱，处分个人财产，将个人财产指定由法定继承人的一人或者数人继承，也可以立遗嘱将个人财产赠给国家、集体或者法定继承人以外的人。此规定体现了法律对于个人财产所有权的充分保护。按照法律规定，自然人生前可以在遗嘱中进行处分的财产应为个人财产。如果其配偶仍然在世，那么可以处分的财产不应包含夫妻共有的部分。但本案中，从黄永彬遗嘱处分的财产性质看，遗赠人处分的财产范围已超出了其个人财产的界限，侵犯了蒋伦芳作为法定继承人应享有的合法财产权利。这主要表现在以下几个方面：

其一，遗赠人无权处分抚恤金。根据国家有关法律规定，抚恤金是职工死亡后，有关单位按照规定，给予死者家属的抚恤金，这并非对死者的经济补偿，而是用于对死者生前扶养、赡养的亲属的经济补偿，也是对死者家属的精神抚慰，性质上属于专属性的财产。按照规定，抚恤金只能由受抚恤的对象本人直接享有，不能作为死者的遗产进行分割或处分。因此，黄永彬生前用遗嘱将其死亡后可能得到的抚恤金赠与法定继承人以外的张学英，侵犯了作为其配偶的蒋伦芳的合法权益，其对抚恤金的处分行为在法律上无效。

其二，住房补助金是国家实行住房制度改革后，职工所在单位对职工住房进行的补贴。住房公积金，是指国家机关、国有企业、城镇集体企业、外商投资企业、事业单位及其在职职工缴纳的长期住房储金。无论是住房补助金还是住房公积金，都属于职工个人所有，主要用于职工及其家庭购买、建造、翻建、大修住房。根据国务院《住房公积金管理条例》的有关规定，职工死亡后，职工的继承人、受遗赠人可以提取职工住房公积金账户内的储蓄余额。黄永彬遗嘱处分的住房补助金、公积金尽管是其个人所有的财产，但系与蒋伦芳婚姻关系存续期间所得财产，应属于夫妻共同财产。因此，遗赠人黄永彬未经共同财产共有人蒋伦芳的同意即擅自处分的行为，同样侵犯了蒋伦芳的合法权益，该处分行为在法律上仍然无效。

其三，黄永彬与蒋伦芳共同出卖的房屋，其房价款属于夫妻共同财产。尽管黄永彬在遗嘱中有权处分共有财产中属于自己的一部分，但由于该8万元的房价款在黄永彬生前已由夫妻双方将其中的3万元赠与儿子黄勇，所剩房价款已不足8万元。因此，黄永彬在遗嘱中将房价款中的一半4万元作为自己个人所有的财产进行处理，违背了客观事实。其以遗嘱处分的出售房屋所得的房价款，已超出个人应得的范围，侵犯了共有人对共有财产享有的权利。

由此，遗赠人黄永彬所立遗嘱，由于遗嘱处分的财产部分超出了其个人财产的范围，其超出部分是无效的。

3. 公序良俗原则可否构成对自然人遗产处分权行使的限制

由于受遗赠人张学英与遗赠人黄永彬存在“婚外同居”这层特殊的关系，黄永彬在临终前立遗嘱将自己的财产赠与张学英，能否因此就否认遗嘱的全部效力，从而否认张学英的受遗赠权呢？这就涉及法律与道德的价值取向。法律与道德虽然同属于人们行为规范的范畴，有着密切的联系，但毕竟不是同一社会现象，两者之间有重要区别，特别是在适用范围上不同。道德所调整的社会关系的范围比法律调整的范围要广泛得多。道德规范不仅将触犯法律的行为作为其评判的范围，而且对许多法律不加干涉的行为也要评判其是非、善恶。法律不可能对社会生活的一切方面都作出规定和进行干预。因此，有人说“法律是道德的最低限度”。《继承法》第16条规定：“公民可以立遗嘱将个人财产赠给国家、集体或者法定继承人以外的人。”据此，任何公民都有权依法处分个人所有的财产，同时也有权接受他人赠与的财产，处分或接受财产都是公民依法享有的权利。从现行立法看，还没有对受遗赠人的资格予以限制的规定。在婚姻家庭领域，我们倡导社会主义婚姻家庭道德，《婚姻法》规定了实行婚姻自由、一夫一妻、男女平等的婚姻制度。该法第4条规定：“夫妻应当互相忠实，互相尊重；家庭成员间应当敬老爱幼，互相帮助，维护平等、和睦、文明的婚姻家庭关系。”夫妻互相忠实、互相尊重的规定是法律对夫妻关系的道德要求，有利于建立、巩固平等的夫妻关系，维护婚姻的稳定，减少婚姻纠纷。《民法通则》第7条规定：“民事活动应当尊重社会公德，不得损害社会公共利益。”该条规定是对权利滥用的禁止，要求民事行为不得违反“公序良俗”。“公序良俗”作为社会的一般道德标准，要求人们的行为都应当符合社会道德规范的要求，当道德规范上升为国家意志时，它对人们的行为具有普遍约束力，因此，违反法律的行为一定是违反道德的，但并非一切违反道德的行为都是违法的。道德是对人们行为的最高要求。黄永彬在与蒋伦芳婚姻关系存续期间，与张学英在外租房公开同居，违反了我国婚姻法确立的一夫一妻的婚姻制度，理应受到道德谴责，并依法受到法律制裁，但其对个人财产的遗赠处分权是依继承法的规定所取得的。黄永彬将个人财产遗赠给张学英的行为或许不符合道德要求，但并不能当然地认为是对财产处分权的滥用，从而认为遗嘱以合法形式变相剥夺了蒋伦芳的合法财产权，使张学英因与黄永彬之间的同居关系谋取了不正当利益，继而认定该遗赠行为属无效民事行为。我们认为，法院审理案件应遵循“以事实为根据，以法律为准绳”的原则，严格依法办案，只忠实于法律，而不受其他任何社会舆论、民众力量的影响。在法律有明确规定时，只服从和适用法律，而不能用道德代替或超越法律之上进行判案。当然，在法律没有规定或规定不明确时，用是否违反“公序良俗”的道德标准来予以评判，对法律予以补充也是可以的。请结合本案，谈谈你的看法。

4. 黄永彬以遗嘱方式遗赠给与其有同居关系的原告，该部分遗嘱内容效力如何？

本案中，对于黄永彬所立遗嘱中违反继承法明确规定的内容部分，即其无权处分的财产部分，应为无效是确定无疑的，也不发生任何争议。有争议的是对其有权处分的财产，其以遗嘱的方式遗赠给与其有同居关系的张学英，该部分内容是否无效。一、二审判决均认为这部分内容违反公共秩序、社会公德和违反法律，也是无效的，即适用《民法通则》第7条关于“民事活动应当尊重社会公德，不得损害社会公共利益……扰乱社会经济秩序”的规定，以民法基本原则作为判案依据。此即被认为是在继承法对当事人行为有明确规定，而该行为又不符合民法通则对民事法律行为的一般规定，而由法官适用民法基本原则予以自由裁量之处。应当承认，民法基本原则的一个非常重要的功能，就是赋予法官在审理案件遇有法无明文规定的法律问题时有一定的自由裁量权。那么，本案是否存在应当适用民法基本原则作为处理案件的依据的自由裁量的条件呢？

首先，依照继承法的规定，遗嘱或者说立遗嘱行为被认定无效，是因其具有违法的否定性因素。然黄立彬所立遗嘱，无论是从其本人的行为能力、意思表示，还是从处分的财产权利归属（均以有权处分为限，下同）、遗嘱的形式，均符合继承法的明文规定；继承法对受遗赠人的主体资格也未作出任何限制。所以，从遗嘱人、受遗赠人两方面来看，均不发生违反继承法的问题。而且，遗嘱自由的原则仅受继承法明文规定的保留特留份制度的限制，遗嘱人有权将其财产遗赠给法定继承人以外的民事主体，即遗嘱人有权“剥夺”法定继承人的继承权。

其次，本案所争议问题属有特别法明文规定的问题。在法律适用上，如果争议问题在特别法明文规定范围内，则应按照特别法优于普通法的原则处理；如果争议问题在特别法中没有规定，则可适用普通法的规定处理；适用普通法的规定处理争议问题，首先应是适用其具体条文规定，只有在具体条文也无规定的情况下，才发生适用其总则所规定的基本原则问题。这样一种法律适用方法本身就是对法官自由裁量权的限制，或者说是法官在行使自由裁量权时所要遵循的法律适用规则。

5. 本案中如何协调民法基本原则与继承法的法律适用问题

首先，即便本案存在适用民法通则的条件，但是否存在适用其基本原则作为判案依据的问题呢？本案发生的问题实质上是确认遗赠人立遗赠行为的效力问题，属有关民事行为效力确认问题。对此，《民法通则》第四章第一节有明文规定，且是具有“处理”功能的完整规定。而《民法通则》关于基本原则的规定，如第 7 条关于公序良俗原则的规定，并不包括问题的“处理”。在其第 58 条列举的无效民事行为情形之中，其第 5 项为“违反法律或者社会公共利益”。按一致的意见，违反法律是指违反法律、行政法规的禁止性规定，此处体现的是“法无明确禁止的行为不为违法”的基本原则；违反社会公共利益是指行为违背受公权所保护的公共秩序方面的要求，往往涉及国家基本制度、根本利益和社会稳定，所谓“社会公共道德”一般并不包括在内。社会公共利益（公共秩序）与社会公共道德不是同一层面的概念。《民法通则》在将基本原则具体化时，并没有将公共道德之违反作为否定性评价的一个内容，显然是其不确定性因素极多的缘故。

其次，有配偶者与他人同居即婚外同居行为确实为婚姻法所否定，但是否因有婚外同居行为而需要对行为人处分财产的权利或者说立遗嘱的行为进行限制，并以此来惩罚行为人，婚姻法中却并无此类规定。婚姻法对婚外同居行为的惩罚体现在离婚时的过错赔偿上，而且仅对婚姻关系中的有婚外同居行为一方而言。

综上而言，本案所涉及的有关遗嘱的形式、内容、要件等问题，在继承法中均有明文规定；婚姻法对婚外同居行为的处理和对行为人的惩罚也有明文规定；民法通则对无效民事行为也有明文规定；该三法对遗嘱人将其所有的财产遗赠给与其同居的人没有禁止。因此，遗嘱人将其所有的财产以遗嘱形式遗赠给与其同居的原告的行为效力问题，似不属法无明文规定的或者遗漏的问题，在裁量上似应遵循特别法优于普通法和法无明文禁止的行为不为违法的规则来解决法律适用问题。并且在处理遗嘱问题上，基于尊重遗嘱人的意愿和其所享有的所有权权能，一方面是不问其动机和目的的，即认定遗嘱效力问题，应以无因性原则对待；另一方面，遗嘱自由仅在法律明文规定的范围内受限制，在明文规定的范围以外不应受限制，即便遗嘱行为可能与某些法律基本原则相违背也是如此，如遗嘱在法定继承人中给男不给女，或给女不给男，是不能以所谓违反男女平等原则来否定其效力的。

（评注人：李珂丽）

100. 遗赠扶养协议纠纷

司法案例

马付山诉张金书案

河南省安阳市中级人民法院（2009）安民二终字第 558 号

基本案情

上诉人（原审原告）：马付山。

委托代理人：马存山。

委托代理人：常补元，林州市职工维权服务中心法律工作者。

上诉人（原审被告）：张金书。

上诉人（原审第三人）：岳瑞萍。

委托代理人：焦德琦，林州市司法局姚村法律服务所法律工作者。

上诉人马付山及上诉人张金书、岳瑞萍因解除遗赠扶养关系纠纷一案，不服林州市人民法院（2006）林民姚初字第 117 号民事判决，向本院提起上诉。本院立案受理后，依法组成由赵红艳任审判长、审判员丁伯顺和代理审判员魏文联参加评议的合议庭对本案进行了审理，书记员华姗担任记录。经过阅卷和调查，询问当事人，本案现已审理终结。

经审理查明：张金书原籍林州市任村镇盘龙山村，1995 年农历 12 月 17 日，马付山与张金书签订一份遗赠扶养协议，双方约定由张金书赡养马付山，马付山百年后的所有遗产由张金书继承。1996 年 2 月 11 日，张金书与第三人岳瑞萍结婚，现有子女两个，均未成年。同年建造三人间砖混结构平房一座及东屋、门楼、围墙院落一处。该房产院落东西长 13 米，南北宽 13 米。马付山居住北房东头，张金书及家属居住北房西头。该房产经本院委托安阳新兴联合会计师事务所评估，价值为 39 100 元，该房产所占土地使用权价值为 8 957 元。马付山与张金书及第三人共同生活期间，常因家庭琐事生气吵架，矛盾逐步升级，关系明显恶化，马付山外出生活至今。另查明，马付山与张金书及第三人除上述共有房产外，均无其他房屋可供居住。

一审诉辩主张

原告马付山诉称：我与被告张金书于 1995 年农历 12 月 17 日签订一份遗赠扶养协议，约定由被告张金书负责给我养老，我百年之后的所有财产由他继承。被告张金书于1996年2月11日与第三人岳瑞萍结婚，生了两个子女。同年，我拆除了旧房并与被告张金书共同投资盖了三间砖混结构的平房一座及东屋、门楼、围墙院落一处。我自己住在北房东头，被告张金书及家属住在北房西头。后来我们之间常发生口角，矛盾越来越多，关系非常不好，我无奈之下，搬出家里，借住在朋友处，生活极为不便。现请求法院判决解除我与被告张金书之间的遗赠扶养协议，判令被告张金书搬出我的房子，还我一个平静的生活。

被告张金书辩称：我自与原告马付山签订遗赠扶养协议后，与其共同生活，尽到了养老义务。收养关系已维持了十几年，没有理由随便解除。即使解除关系，我也应当得到三间房子的其中两间，因为房子是我方出资盖的，我可以补偿对方三分之一的房款，我会允许原告马付山无偿居住到老。而且，十几年中，我为原告马付山的生活支出了赡养费用及其他费用款共计41 090.9元，如果解除关系，上述费用原告马付山应当返还给我。另外，我照顾原告马付山的母亲3年之久，并承担了对方母亲丧事的全部费用，这些也应予返还。

一审判决

河南省林州市人民法院经审理认为：原、被告及第三人关系恶化，无法继续共同生活，原告请求解除遗赠扶养关系，本院依法予以准许。对双方共有的房产，因原告及被告家均无其他可供居住的房产，为保障双方的正常生活，该房产仍由双方共同使用为宜。因原告年老且该房产所占的土地使用权也属原告，故对该房产由原告和被告及第三人各半平均使用，即该房产的北房东半部及院落的东半部归原告使用，北房西半部及院落的西半部归被告及第三人使用。鉴于双方已解除遗赠扶养关系，为减少双方日后生活矛盾的发生，对双方的房产及院落自正中南北向立墙划界为宜。考虑到原告年老体衰，故由被告及第三人负责立墙，由原告给予被告及第三人适当的经济补偿。被告主张由原告给付其赡养费用的请求，理由不当，本院不予支持。根据《民事诉讼法》第64条第1款、《继承法》第31条第1款、《民法通则》第78条第1款、第83条、最高人民法院《民法通则意见》第90条的规定，判决如下：(一）解除原告马付山与被告张金书的遗赠扶养关系；(二）原告马付山与被告张金书、第三人岳瑞萍共有的北房东半部及院落东半部由原告马付山使用，北房西半部及院落西半部由被告张金书、第三人岳瑞萍使用；(三）被告张金书、第三人岳瑞萍在北房客厅内及院落中沿中线自北向南筑墙为界（该墙结构为砖混结构，自北向南全长13米，厚度为0.24米，北房内墙高至房顶，院落内墙高为2米)。(四）原告马付山补偿被告张金书、第三人岳瑞萍现金2 000元；(五）驳回原告其他诉讼请求。案件受理费50元，鉴定费500元，共计550元，原、被告各负担275元。

二审诉辩主张

原告马付山不服，上诉称：(1）原审判决适用法律错误，因本案是解除遗赠扶养协议纠纷，不适用《民法通则》第83条，本案判决结果对房屋产权归属不明。(2）该房屋占用的宅基地明显属我一人使用，在遗赠扶养关系已解除的情况下，对方无权使用。(3）原审判决让对方在北房客厅内及院落中沿中线自北向南筑墙为界，根本不符合客观事实，也根本无法让人生活。请求二审法院依法撤销原审判决第二、三、四项，改判张金书、岳瑞萍限期搬出，并判决上诉费用由其二人承担。

张金书、岳瑞萍答辩称：(1）对方要求我们限期搬出是无礼要求。本案争议的房产是家庭共有财产，我在被收养后，是我方投资造的房屋。(2) 本案判决解除遗赠扶养协议是错误的。双方关系已维持了十几年，还没有达到需要解除的程度，况且解除关系，对对方也不利，对方也没有举出需解除遗赠扶养关系的证据。(3) 我们认为房屋之间界墙不应在中间，应在三分二处，我方应享有三分之二面积，对方享有三分之一面积。

被告张金书、岳瑞萍亦不服原审判决，上诉称：(1) 原审判决解除遗赠扶养关系错误。马付山受他人挑拨，完全是被动地提出解除遗赠扶养协议关系，我们夫妻已尽到了扶养对方的义务，并服侍了对方母亲3年之久，承担了对方母亲丧事的全部费用。(2) 如果解除遗赠扶养协议关系，住房宅院应归我方，上诉人可给付对方三分之一的房价款，并准许对方无偿居住到寿终天年。(3) 原审判决住房使用权划分明显不公，且严重破坏了住房综合使用价值。(4) 如果解除遗赠扶养关系，对方应返还我方对其赡养费用及其他费用款共计41 090.9元。(5) 房屋现仍有5 800元债务，对方应当承担2 900元。要求二审法院撤销原审判决，支持我方的上诉请求。对此，马付山答辩称：(1) 原审法院判决解除遗赠扶养关系认定事实清楚，适用法律正确，上诉人称其服侍我母亲3年之久，并承担了对老人的丧事全部费用，是不符合事实的凭空捏造。(2) 原审法院查明房产土地使用权归我，建房是由拆除我的旧房材料及双方投资共建的，并非对方说的是其一方投资修建的。(3) 对方主张的第4条、第5条纯属没有事实和法律依据的无理诉请。

二审法院经审理查明的事实与原审法院查明的事实一致，本院依法予以确认。

二审判决

河南省安阳市中级人民法院经审理认为，上诉人马付山与上诉人张金书、岳瑞萍因关系恶化，无法继续共同生活，原审法院根据上诉人马付山的请求，依据相关法律规定，准许解除上诉人马付山与上诉人张金书之间的遗赠扶养关系并无不当。故上诉人马付山关于原审法院解除遗赠扶养关系适用法律错误的诉称及上诉人张金书、岳瑞萍以自己尽了扶养义务，原审法院判决解除遗赠扶养关系错误的诉称，均不能成立。因双方共有房产，且双方均无其他可供居住的房屋，原审法院根据上诉人马付山年老及该房产所占用的土地使用权属上诉人马付山的实际情况，对现房产进行划分处理，合情合理，亦无不当。故上诉人马付山关于该房屋占用的宅基地使用权属自己，在双方遗赠扶养协议已解除的情况下，对方无权使用的主张及上诉人张金书、岳瑞萍关于解除遗赠扶养协议后，住房宅院归自己，我方可以给对方三分之一的房价款，并准许对方无偿居住到寿终天年的主张，本院不予支持。上诉人张金书、岳瑞萍主张如解除遗赠扶养协议，对方应返还我方对其赡养费及其他费用共计41 090.9元，房屋现仍有5 800元债务，对方应承担2 900元，由于上诉人张金书、岳瑞萍没有提供证据证明其主张，且上诉人马付山不予认可，故对上诉人张金山、岳瑞萍的该项主张，本院依法不予支持。综上，原审法院认定事实清楚，适用法律正确。根据《民事诉讼法》第153条第1款第1项，判决如下：

驳回上诉，维持原判。

二审案件受理费50元，由上诉人马付山负担25元，上诉人张金书、岳瑞萍负担25元。

案由与焦点

1. 案由

本案的一级案由为“婚姻家庭继承纠纷”，二级案由为“继承纠纷”，三级案由为“遗赠扶养协议纠纷”。

自然人与他人签订扶养协议，由扶养人承担被扶养人的生养死葬义务，被扶养人承诺在其死亡后把遗产遗留给扶养人的协议即为遗赠扶养协议。因遗赠扶养协议的订立、履行等引发的纠纷即为遗赠扶养协议纠纷。

2. 焦点

本案争议的焦点在于原告马付山与被告张金书解除遗赠扶养关系后，协议执行期间双方对共同建造并居住的房屋所有权的划分，其中需要明确的是，遗赠扶养协议执行过程中形成的财产的性质，以及各共同生活的成员间的法律关系定位。

评注与问题

1. 遗赠扶养协议的法律性质应如何定位

遗赠扶养协议是在总结我国农村建国后实行的“五保”制度的基础上形成并逐渐发展而来的。所谓“五保”协议，是指无劳动能力、无生活来源、无赡养人和扶养人的，或者其赡养人和扶养人确无赡养能力或扶养能力的，由农村集体经济组织负担保吃、保穿、保住、保医、保葬的五保供养，并由乡镇人民政府负责组织实施的协议。这种“五保”制度是新中国成立初期农村社会保障体系的一个重要环节，但是，“五保”协议作为解决社会保障问题的有效手段之一，具有很强的社会福利性质。换句话说，为了保障农村成员中某些弱势群体的基本生存权，法律规定了农村集体经济组织的强制缔约义务，即，与那些缺乏劳动能力又无生活来源的鳏寡孤独者签订“五保”协议，予以照顾生活起居，负责生养死葬。但五保协议严格意义上来说，是一种单务合同，通常不涉及财产遗赠的问题，除非双方有扶养协议。① 而遗赠扶养协议则是双务法律行为，扶养人的义务自合同成立生效时始，自被扶养人死后安葬时止。被扶养人的义务则是在其死亡后，遗产归扶养人所有，此义务只能在被扶养人死后才能生效。也就是说，在被扶养人生存时，扶养人不得要求被扶养人将财产归于自己名下。既然是一种合同关系，则应本着平等协商的原则予以确立，在协议执行过程中，若扶养人一方未按协议要求履行义务，那么，被扶养人有权解除合同，但需赔偿扶养人因此而付出的费用。

按照我国现行法律的相关规定，“五保”协议可以转化为遗赠扶养协议，这在《继承法》第 31 条以及《老年人权益保障法》第 24 条中都得到了有效确认。根据《继承法》及其司法解释的规定，实行“五保”时，双方签订了扶养协议的，按照协议处理；没有扶养协议的，如死者有继承人要求继承，则按照继承的有关规定。此时，集体经济组织可以从死者遗产中扣除五保费用。如果未签订扶养协议，又无主张继承权的，则按照无人继承的财产处理，集体经济组织可作为继受遗产的合法主体。

2. 遗赠扶养协议的解除条件应如何把握

通说认为，遗赠扶养协议是一种有偿的双务法律行为，遗赠扶养协议中受遗赠的扶养人是以有偿的方式取得受扶养人的遗赠财产的，不同于单方行为的遗赠。但关于其性质的具体阐述，学说上有不同的观点。其一，认为遗赠扶养协议中的遗赠实际上是协议双方达成的以受扶养人的一定财产于其死后偿还其债务的约定，认为遗赠扶养协议是扶养契约与代物清偿预约相

① 最高人民法院《继承法意见》第 55 条规定：“集体组织对‘五保户’实行‘五保’时，双方有扶养协议的，按协议处理；没有扶养协议，死者有遗嘱继承人或法定继承人要求继承的，按遗嘱继承或法定继承处理，但集体组织有权要求扣回‘五保’费用。”

结合的结果。即，将遗赠扶养协议结构分开：首先，可将遗赠扶养协议视为扶养人负有生养死葬义务，被扶养人负有支付相应的金钱给付义务的契约。其次，被扶养人以身后财产清偿扶养契约构成代物清偿预约。其二，认为遗赠扶养协议是被扶养人与扶养人设定的以被扶养人生存期限为期的定期金钱给付合同。终身定期金须先由当事人一方向对方给付一定的金钱或土地等，在此基础上双方再约定由接受财产方以对方终身为期限定期给付金钱。其三，认为遗赠扶养协议本质上是附终身扶养条件的买卖合同。依照该合同，卖主将住房或住房一部分转移给买主所有，买主承担向卖主提供食物及扶养义务作为支付购买住房的价款，一直到卖主生命结束。以上三种观点虽相去甚远，但其共性都在于认为遗赠扶养协议是一种双方在平等、自愿的基础上达成的合同，因而内容可由双方当事人自由约定。那么，根据合同法的一般原理，在一方不按照协议的约定履行时，守约方则应保有其合同解除权的行使自由。尤其是，遗赠扶养协议不同于普通财产性合同的一点，在于其合同双方扶养人与被扶养人需实际生活在一起，对各自的人身利益直接产生影响，因而，对遗赠扶养协议当事人特别是作为被扶养人的老弱病残主体而言，对其协议解除权应予充分保障。如本案中，协议双方不能正常相处，则违背遗赠扶养协议的设立初衷，不利于被扶养人的利益保护。因而，除了通常合同解除需要的情形之外，作为特殊的合同形式，如果扶养人不能妥善地按照约定照顾被扶养人，尽其协议所定义务，或者被扶养人擅自将自己在协议中约定的财产再买卖或赠与他人，都可以作为另一方当事人解除遗赠扶养协议的理由。而且，即使双方并无上述违约情形，而只是客观上双方不能相处融洽，则任何一方都可基于此种理由向对方提出解除协议或者向法院申请解除遗赠扶养协议。

3. 遗赠扶养协议执行中共建房屋的所有权属性应怎样界定

要厘清遗赠扶养协议执行过程中共建房屋的所有权属性，首先需要解决的问题是，遗赠扶养协议当事人间是否为家庭成员关系。

本案中，张金书、岳瑞萍在上诉中答辩称：对方要求我们限期搬出是无礼要求，因本案争议的房产是家庭共有财产，我在被收养后，是我方投资造的房屋。这种说法是毫无根据的。本案中的原、被告之间并无血缘关系，既非自然血亲，又非拟制血亲，双方并无家庭成员关系，而是由于遗赠扶养协议而产生了彼此间的权利、义务，这种法律关系纯粹属于合同的范畴，而且被扶养人也并非因此而收养了扶养人，并与之具有了收养关系。按照《收养法》的规定，经过法定程序才能在扶养人与被扶养人之间建立受法律保护的扶养关系，当事人之间才会具有家庭成员关系。但本案中，张金书并非未成年人，不是被收养的适格主体，而是可独立签订双务合同的完全行为能力人。因而本案当事人之间虽然共同生活，但并不因此而具有法律意义上的家庭成员关系，而共同投资建造的房屋也不属于家庭共有财产，而是民法意义上的一般共有性质。因此，基于当事人一方意愿而解除遗赠扶养协议时，共有财产需进行分割。由于原、被告除争议房屋之外并无其他住处可以安身，本案中本着照顾当事人实际生活需要的原则，判决原、被告共同居住诉争房屋，并为避免生活中的矛盾，从院落中央立墙为界。这样的解决方案既兼顾了双方当事人的生活方便，又为双方的生活空间进行了隔离，符合生活的实际需要，应属合理、妥当。

4. 本案能否适用《民法通则》第 83 条

本案中，诉争房屋的产权是原、被告双方争议的焦点问题之一，原、被告均在诉讼中要求对诉争房屋享有大半产权，并要求判决将此房屋归自己所有。因该房产所占用的土地使用权属上诉人（原告）马付山，该房是在拆除了马付山的原有房屋后双方共同投资建造的，故法院认定此房屋为原、被告双方共同共有。对于共有财产，《物权法》第 99 条规定："共有人约定不得分割共有的不动产或者动产，以维持共有关系的，应当按照约定，但共有人有重大理由需要分割的，可以请求分割；没有约定或者约定不明确的，按份共有人可以随时请求分割，共同共有人在共有的基础丧失或者有重大理由需要分割时可以请求分割。因分割对其他共有人造成损害的，应当给予赔偿。”因遗赠扶养关系而产生的共有财产，在双方解除了遗赠扶养协议时，自然可以认定为“共有的基础丧失或者有重大理由需要分割”的情形，共同共有的房屋自应进行分割。对于共同共有财产的分割，《物权法》第 100 条规定：“共有人可以协商确定分割方式。达不成协议，共有的不动产或者动产可以分割并且不会因分割减损价值的，应当对实物予以分割；难以分割或者因分割会减损价值的，应当对折价或者拍卖、变卖取得的价款予以分割。”本案原、被告双方均主张居住该房屋的情形下，因原告及被告家均无其他可供居住的房产，为保障双方的正常生活，该房产仍由双方共同使用为宜。《民法通则》第 83 条规定了不动产相邻关系：“不动产的相邻各方，应当按照有利生产、方便生活、团结互助、公平合理的精神，正确处理截水、排水、通行、通风、采光等方面的相邻关系。给相邻方造成妨碍或者损失的，应当停止侵害，排除妨碍，赔偿损失。”据此，法院判决双方对诉争房屋共同使用的具体方案也是可行的。

5. 遗赠扶养协议解除后应如何善后

遗赠扶养协议作为协议的一种，应具备合同法所要求的合同效力的要件。在满足生效要件的条件下，双方均应按照协议内容履行各自的约定义务，否则，相对方可行使法定的合同解除权，以终止遗赠扶养协议的效力。那么，本案中，原告马付山诉请解除与被告张金书的遗赠扶养协议，法院予以支持，但解除协议之后，已经执行的协议部分（主要是被告张金书及第三人岳瑞萍对原告的扶养义务的履行）应如何善后呢？我国《合同法》第 97 条规定：“合同解除后，尚未履行的，终止履行；已经履行的，根据履行情况和合同性质，当事人可以要求恢复原状、采取其他补救措施，并有权要求赔偿损失。”本案中，原审法院认为，因双方共有房产，且双方均无其他可供居住的房屋，原审法院根据上诉人马付山年老及该房产所占用的土地使用权属上诉人马付山的实际情况，对现房产进行划分处理，合情合理，亦无不当。二审中，上诉人张金书、岳瑞萍主张如解除遗赠扶养协议，对方应返还其对马付山的赡养费及其他费用共计 41 090.9 元，房屋现仍有 5 800 元债务，对方应承担 2 900 元，由于诉人马付山不予认可，且上诉人张金书、岳瑞萍没有提供证据证明其主张，故对上诉人张金山、岳瑞萍的该项主张，法院依法不予支持。你认为，法院的这种处理合适吗？

（评注人：李珂丽）

图书在版编目（CIP）数据

民法实训教程/房绍坤主编．—北京：中国人民大学出版社，2013.3
21 世纪中国高校法学系列教材
ISBN 978-7-300-17016-9

Ⅰ.①民… Ⅱ.①房… Ⅲ.①民法-中国-高等学校-教材 Ⅳ.①D923

中国版本图书馆 CIP 数据核字（2013）第 052964 号

21 世纪中国高校法学系列教材
民法实训教程
主　编　房绍坤
副主编　于大水　石春玲　张迎秀　范李瑛
Minfa Shixun Jiaocheng

出版发行	中国人民大学出版社		
社　　址	北京中关村大街 31 号	**邮政编码**	100080
电　　话	010－62511242（总编室）		010－62511398（质管部）
	010－82501766（邮购部）		010－62514148（门市部）
	010－62515195（发行公司）		010－62515275（盗版举报）
网　　址	http://www.crup.com.cn		
	http://www.ttrnet.com（人大教研网）		
经　　销	新华书店		
印　　刷	涿州市星河印刷有限公司		
规　　格	185 mm×260 mm　16 开本	**版　　次**	2013 年 4 月第 1 版
印　　张	43.5 插页 1	**印　　次**	2013 年 4 月第 1 次印刷
字　　数	1 129 000	**定　　价**	69.80 元

21世纪高等院校法学系列精品教材

书名	ISBN	作者	定价
经济法学（第二版）	978-7-300-16089-4	张守文　著	45.00
判例刑法学（教学版）	978-7-300-14059-9	陈兴良　著	39.80
商法学（第三版）	978-7-300-13955-5	徐学鹿　主编	49.80
刑法总论（第二版）	978-7-300-14090-2	周光权　著	45.00
刑法各论（第二版）	978-7-300-14202-9	周光权　著	55.00
财税法学（第三版）	978-7-300-14098-8	张守文　著	46.00
民事诉讼法	978-7-300-13632-5	张卫平　著	39.80
侵权法学	978-7-300-13533-5	周友军　著	49.80
法律解释学	978-7-300-13251-8	王利明　著	32.00
物权法（第二版）	978-7-300-13040-8	崔建远　著	59.00
证据学（第四版）	978-7-300-12740-8	陈一云　主编	32.00
刑事诉讼法学（第三版）	978-7-300-16432-8	郑旭　著	45.00
刑事疑案演习（二）	978-7-300-12454-4	张明楷　著	39.00
中国宪法（第四版）	978-7-300-12301-1	许崇德　主编	29.80
普通公司法	978-7-300-11227-5	邓峰　著	68.00
网络法学	978-7-300-11004-2	刘品新　著	25.00
人格权法	978-7-300-10990-9	王利明　著	35.00
民法总论	978-7-300-10961-9	王利明　著	35.00
刑事疑案演习（一）	978-7-300-10576-5	张明楷　著	38.00
物权法原理	978-7-300-09459-5	申卫星　著	39.00
民事诉讼法学	978-7-300-08377-3	邵明　著	45.00

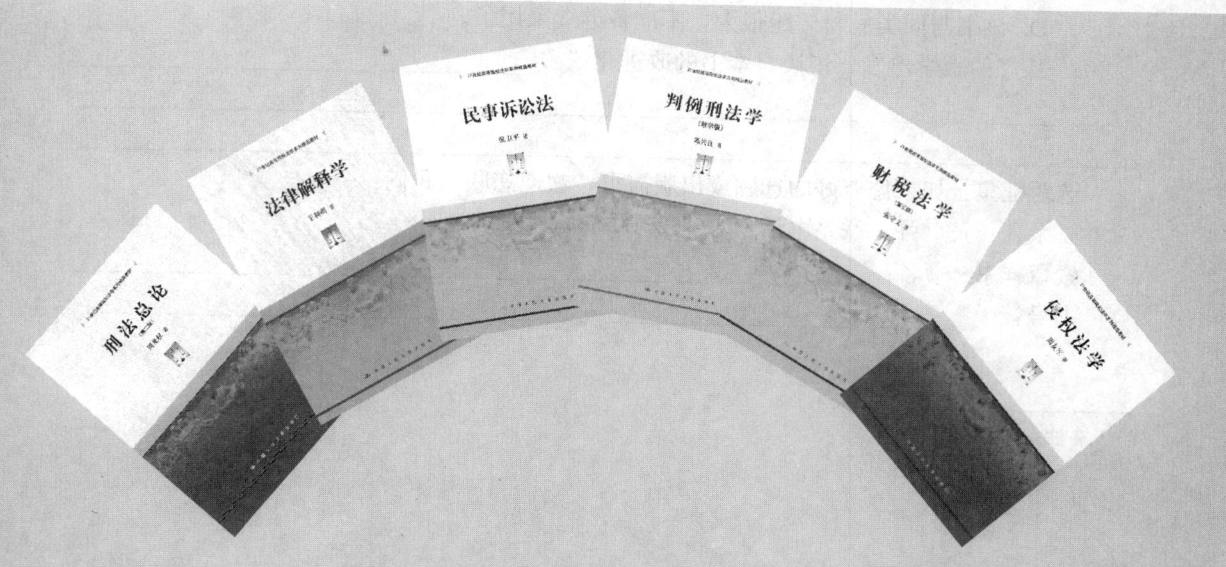

《　　　　　　》※任课教师调查问卷

为了能更好地为您提供优秀的教材及良好的服务，也为了进一步提高我社法学教材出版的质量，希望您能协助我们完成本次小问卷，完成后您可以在我社网站中选择与您教学相关的 1 本教材作为今后的备选教材，我们会及时为您邮寄送达！如果您不方便邮寄，也可以申请加入我社的**法学教师 QQ 群：83961183（申请时请注明法学教师）**，然后下载本问卷填写，并发往我们指定的邮箱（cruplaw@163.com）。

邮寄地址：北京市海淀区中关村大街 31 号中国人民大学出版社 411 室收

邮　　编：100080

再次感谢您在百忙中抽出时间为我们填写这份调查问卷，您的举手之劳，将使我们获益匪浅！

基本信息及联系方式：※

姓名：__________ 性别：__________ 课程：____________________

任教学校：____________________ 院系（所）：____________________

邮寄地址：____________________ 邮编：____________________

电话（办公）：__________ 手机：__________ 电子邮件：__________

调查问卷：※

1. 您认为图书的哪类特性对您使用教材最有影响力？（　　）（可多选，按重要性排序）
   A. 各级规划教材、获奖教材　　B. 知名作者教材
   C. 完善的配套资源　　D. 自编教材
   E. 行政命令
2. 在教材配套资源中，您最需要哪些？（　　）（可多选，按重要性排序）
   A. 电子教案　　B. 教学案例
   C. 教学视频　　D. 配套习题、模拟试卷
3. 您对于本书的评价如何？（　　）
   A. 该书目前仍符合教学要求，表现不错将继续采用。
   B. 该书的配套资源需要改进，才会继续使用。
   C. 该书需要在内容或实例更新再版后才能满足我的教学，才会继续使用。
   D. 该书与同类教材差距很大，不准备继续采用了。
4. 从您的教学出发，谈谈对本书的改进建议：____________________

____

____

选题征集：如果您有好的选题或出版需求，欢迎您联系我们：

联系人：黄　强　联系电话：010-62515955

索取样书：书名：____________________

书号：____________________

备注：※ 为必填项。